화란어 이외의 외국어 최초로 출간된
한국어판에 보내는 추천사

네덜란드 개신교 사상가인 아브라함 카이퍼 박사는 19세기 후반과 20세기 초반 네덜란드에서 매우 괄목할 만한 역할을 했다. 그는 신학자이자 목회자였으며, 네덜란드 최초의 정당인 반혁명당과 암스테르담에 자유대학교 그리고 개혁교회를 창설했다. 1891년 제1차 기독교 사회 대회에서 유명한 연설을 했고, 국회의원을 거쳐 총리가 되었다. 그는 모든 사회 영역에서 하나님의 뜻을 강조하는 확신에 찬 크리스천이었으며 사회 조직에 관해 '영역주권'이라고 하는 정교한 견해를 갖고 있었는데, 이는 정부가 모든 사회 기관의 상대적 자율성을 인정해야 한다는 의미이다. 그는 현재와 미래의 세계에 여전히 관련성이 있는 매우 중요한 책인《반혁명 국가학》에서 사회에 대한 자신의 견해를 명확하게 표현했다.

그 어느 때보다 우리는 국가 조직, 시장 경제 및 시민 사회의 역할을 재고해야 한다. 카이퍼 박사는 실제로 사회 발전에 대해 국제적인 시각을 갖고 있었다. 그는 미국 프린스턴에서 칼빈주의에 대해 강의했고 지중해의 모든 국가를 방문하여 이에 관해 글을 썼으며, 많은 국제적 네트워크를 가지고 있었다.

한국에서도 아브라함 카이퍼 박사가 주목받는 것은 놀라운 일이다. 나는 영감이 넘치며 혁신적인 나라 한국을 네덜란드 수상 자격으로 국빈 방문하는 동안 이것을 깨달았다.《반혁명 국가학》이 한글로 번역되어 한국인이 카이퍼 박사의 지혜와 신념 그리고 통찰을 배울 수 있게 된 것은 축하할 일이다. 거버넌스, 사회 경제적 발전 그리고 시민 사회의 역할에 관한 많은 이슈는 가치와 관련되어 있다. 그러므로 아브라함 카이퍼 박사는 여전히 영감의 원천이다. 한국어판《반혁명 국가학》을 적극 추천하는 바이다. 한국 국회의원들이 꼭 필독하기 바란다.

_ 얀 피터 발케넨더/ 전 네덜란드 총리, 전 기독교 민주연합(CDA) 대표,
로테르담 에라스무스 대학교 은퇴 교수

카이퍼 박사의 정치적, 사회적 관점은 '영역주권'이라는 개념에 집중되어 있다. 이 개념에 따르면 정치, 교육, 사업 등 삶의 다양한 영역은 국가의 통제를 받지 않고 각자의 주권이나 자율성을 가져야 한다. 모든 영역은 독립적으로 기능하고 공동선에 기여할 수 있는 자유를 가져야 한다.

나는 거의 30년(1983-2011)간 네덜란드 국회 상원의원이었다. 많은 사회 및 정부 문제를 다룰 때 카이퍼의 견해가 나의 토론에 크게 도움을 주었다. 종교개혁 이후 국가는 하나님께서 설립하신 기관이라는 인식은 국가의 업무에 관한 규범적 한계에 대한 성찰로 이어졌다. 아브라함 카이퍼 박사는 이에 포괄적인 기여를 했다.

국가의 특징은 법이다. 오늘날 우리는 민주적 사회 정의 국가를 말한다. 공의와 공동의 이익은 국가의 임무를 제한한다. 정의 국가로서의 국가는 확실히 우리 시대에 사회적 상호 관계에서 엄청난 힘을 가지고 있다. 안팎의 불의에 대해서는 반드시 싸워야 한다. 동시에 정부는 서로 다른 공동체의 사람들이 책임질 수 있는 여건을 조성해야 한다. 특히 지금과 같은 역동적인 문화에서 정부는 모든 사람이 책임감 있게 문화적 사명을 받아들이고 수행할 수 있도록 자극하고 여건을 조성해야 할 뿐만 아니라 발생할 수 있는 혼란도 예상해야 한다. 정부는 사회 악을 줄이고 예방해야 한다. 정부가 이 규범적 과업에 따를 때 항상 법치주의의 갱신이 가능하고, 적절한 정부 과업에 속하지 않는 것은 축소하게 된다.

카이퍼 박사의 이 책이 한국에서도 널리 알려지갈 희망한다. 건설적인 정치와 예언적인 정치는 함께 간다. 그것이 바로 복음의 소금이 정치에 작용하는 방식이다.

_ 에그버트 스휴르만/ 전 네덜란드 국회 상원의원, 자유대학교 개혁철학 명예교수

《반혁명 국가학》I, II권을 한국어로 번역한 것은 대단한 성과다. 네덜란드의 신학자이자 정치가인 아브라함 카이퍼 박사가 말년에 쓴 이 기념비적인 작품에는 기독교 정치에 대한 1400페이지의 생각이 담겨 있다. 이것은 대단한 작업이다. 물론 이러한 생각과 의견 중 일부는 상황에 따라 달라질 수 있지만, 이 책에는 기독교 신앙이 정치에서 발휘되는 방식에 대해 알고 싶어하는 모든 기독교인을 위한 보물이 포함되어 있다.

카이퍼 박사는 영적 멘토인 흐룬 판 프린스터러와 함께 기독교적 원칙에 근거하여, 프랑스 대혁명을 반대하는 입장을 취했다. '반혁명'이라는 단어는 정

치 분야에서 그리스도인들이 프랑스 혁명의 무신론적 원칙에 맞서 싸우고 있었다는 것을 의미한다. 프랑스 혁명은 정치에서 하나님을 버리고 합법적인 권위에 대해 반란하는 상징이었기 때문이다. 흐룬과 카이퍼는 이에 대해 반대하는 입장을 취했는데 기독교적 원칙에 근거하여 그렇게 했다.

네덜란드 하원의원으로 선출된 카이퍼 박사는 이러한 원칙들이 모든 정치적 문제에 대한 관련성을 보여주는 정책으로 해결되어야 한다고 보았다. 이 주장은 이러한 원칙의 본질과 관련이 있다. 이 원칙들은 성경에 의해 나타나며 모든 인간의 삶에 대한 포괄적인 기독교적 세계관을 지원한다. 만왕의 왕이신 그리스도의 것이 아닌 것은 세상에 단 한 치도 없다는 카이퍼의 표현은 잘 알려져 있다. 따라서 카이퍼 박사는 정치적 삶에 있어서 반혁명적 원칙들은 기독 정당을 위한 정치 강령에 나타나야 할 필요가 있다고 보았다.

1879년에 카이퍼는 이 정치 강령을 한 권의 책《아브라함 카이퍼의 정치 강령》(Ons Program)에서 공식화했다. 1년 후 카이퍼와 그의 동역자들에 의해 반혁명당이 창당되었다.《아브라함 카이퍼의 정치 강령》은 이 새로운 정당의 기반이 되었다. 이 책에서 카이퍼는 성경적 원리와 그것이 모든 종류의 정치 현안에 적용될 수 있는 방법을 제시하고 논의했다. 이 책은 반혁명당이 단일 쟁점 정당이 아니라, 뚜렷한 기독교적 관점으로 모든 범위의 정치적 주제에 대해 할 말이 있음을 보여주었다.

약 40년이 지나 80세의 나이에《아브라함 카이퍼의 정치 강령》을 확대하고 보다 정교하고, 보다 광범위하게 집대성했다.《반혁명 국가학》은 Ⅰ권이 원리고, Ⅱ권이 적용이다. 정의와 법에 대한 그의 생각은 확고한 기독교적 뿌리를 가진 정치의 성경적 토대를 마련하고 있다.

카이퍼는 이 책에서 원숙한 법적, 정치적, 신학적 사상을 표현한다. 그래서 오늘날 우리는 그를 '공적 신학자' 또는 '실천 신학자'라고 부른다. 나는 이 분야에 헌신하는 많은 한국의 크리스천들에게 이 책을 읽혀지길 바란다.

_ 룰 카이퍼/ 전 네덜란드 의회 상원의원(기독연합당), 캄펜 위트레흐트신학교 교수

1880년 카이퍼 박사는 자유대학교 개교식에서 '영역주권'이라는 제목으로 권위 있는 연설을 했다. 그는 다른 많은 나라와 마찬가지로 네덜란드도 위기에 처해 있다는 말로 연설을 시작한다. 그의 관점에서 볼 때 이 위기는 진보 또는 보존인가, 이상 또는 현실인가, 아니면 부요함 또는 가난인가 같은 문제가 아니다. 하지만 결국 권력의 문제다. 그런 다음 카이퍼 박사는 천지의 창조주이

시며 최고 주권자이신 하나님께서 자신의 신성한 능력의 일부를 인간에게 양도하신다고 말한다. 이것은 사회의 모든 권력이나 권위가 하나님의 능력에서 파생되고 그 능력에 근거한다는 것을 의미한다.

그러나 하나님께서 자신의 능력을 한 사람, 즉 절대 통치자에게 이전한다는 생각에 대해서는 단호히 거부한다. 우선 종교적 근거에서 그렇다. 하나님께서는 자신의 절대 권력을 죄인에게 결코 넘겨주지 않으실 것이라고 본다. 또한 역사가 절대적인 국가 권력이 항상 사회에서 자유의 결핍으로 이어진 것을 보여주기 때문이다.

카이퍼 박사는 의도적으로 다른 길을 택한다. 그는 사회가 모든 종류의 다양한 구조로 구성되어 있다고 본다. 이것을 설명하기 위해 '영역'이라는 단어를 사용한다. 그의 관점에서 이 모든 영역은 '자체적인 주권'을 가지고 있다. 그는 과학계, 상업계, 예술계의 영역을 말한다. 이러한 각 영역에는 자체적인 규범이 있으며 자체적인 권한에 의해 관리된다.

그는 바퀴와 기어의 이미지를 사용하여 다양한 영역이 서로 어떻게 관련되고 상호작용하는지 설명한다. 기어 시스템은 서로 다른 기어의 톱니가 서로 매끄럽게 맞물리는 경우에만 제대로 작동한다. 그러나 한 기어가 다른 기어의 특성에 관계없이 다른 모든 기어의 회전 방식을 제어하려고 하면 모든 것이 고장날 것이다. 사회도 마찬가지다. 그것은 많은 사회 구조로 구성된다. 각 구조에는 고유한 특성이나 특징이 있다. 그리고 이러한 모든 서로 다른 구조 간의 상호 작용은 풍부하고 다채로우며 역동적인 사회로 이어진다. 그러나 구조 중 하나가 최고가 되면(예를 들어 국가나 교회가 모든 권한을 갖게 되면) 다른 구조는 제자리를 차지하지 못하고 사회는 멈추게 되는 것이다. 국가는 사회가 번영하도록 허용할 책임이 있다고 카이퍼 박사는 보았다. 국가는 다른 구조들이 올바르게 기능할 수 있도록 각 사회 구조를 적절히 제한해야 한다. 국가는 또한 다양한 사회 구조의 권력으로부터 개인을 보호해야 한다.

카이퍼 박사의 권력, 권력의 신적 기원, 다양한 사회 구조에 대한 생각 그리고 각 영역의 책임 이론은 신칼빈주의 사상가들의 사상을 형성했다. 또한 그들은 일부 기독 정당의 정치적 견해의 기초를 형성한다. 카이퍼 박사는《반혁명적 국가학》에서 그의 사상을 정교화했다. 그래서 나는 이 책이 한국어로 번역되어 매우 기쁘다. 이 책이 하나님 나라의 도래에 크게 기여할 수 있기를 바란다.

_ 마틴 페어케르크/ 전 네덜란드 의회 상원의원(기독연합당), 기독교철학 박사

네덜란드 최초의 정당은 1879년 아브라함 카이퍼 박사에 의해 설립되었다. 이 정당의 이름은 반혁명당이었다. 그 이름은 프랑스 혁명(1789-1799)을 가리키는데, 카이퍼 당의 원칙은 이에 정면으로 반대했다. 이 정당은 역사적인 칼빈주의에서 유래한 전혀 다른 원칙들에 헌신했다. 반혁명당이 창당되었을 때 카이퍼 박사는《아브라함 카이퍼의 정치 강령》을 출간하여 이러한 원칙들을 설명하고 예방 접종, 자유 시장, 매춘, 학교 교육 및 전쟁과 같은 당시의 많고 시급한 사회적 문제들에 적용했다.

　당이 성장하고 새로운 세대가 당의 원칙과 그 적용에 대한 새로운 교육을 필요로 했을 때, 카이퍼 박사는 1916년에《반혁명 국가학》을 출판했다. 그가 성경적 기초에서 시작하여 역사적, 법적 자료를 통해 자신의 방식으로 작업한 것을 현존하는 많은 사회, 정치적 문제에 적용해 읽으면 좋은 참고가 될 것이다. 경건한 최고의 지성이 어떻게 어려운 문제들에 대해 지혜의 보물들을 제공하는지 발견하는 것은 기쁜 일이다. 이 책이 한국의 학자들, 정치인들 그리고 일반 독자들 모두에게 영감을 주기 바란다. 기초가 좋으면 그 국민은 하나님의 선하심 아래 번성하게 될 것이다.

_르네 판 바우든베르흐/ 네덜란드 아브라함 카이퍼 센터 디렉터,
암스테르담 자유대학교 철학교수

카이퍼 박사는 그의 영향력과 관심 그리고 그의 노력의 폭과 깊이가 여전히 우리 시대에 영향을 미치며 유익을 줄 수 있는 놀라운 인물이다.

　미국의 칼빈신학대학원과 칼빈대학교는 현재 카이퍼상을 주관하고 있다. 이 상은 1996년 제정되었으며 네덜란드 신학자 아브라함 카이퍼 박사의 이름으로부터 명명되었다. 이 카이퍼상은 매년 자신이 선택한 영역에 대해 뛰어난 공헌을 한 학자 또는 지역 사회 지도자에게 수여되며, 사회의 하나 이상의 '영역들'에서 사회, 정치, 문화적 중요성을 지닌 문제에 대한 종교적 참여라는 신칼빈주의 비전의 특징적인 아이디어와 가치를 반영한다.

　《반혁명 국가학》은 신앙, 과학, 정치, 경제 등의 분야에서 개혁주의의 통찰력을 보여준다. 이 책을 통해 주 예수 그리스도를 위해 함께 성경적이고 신학적인 삶의 기초와 세계관을 찾는 일에 연합하기 바란다.

_줄리어스 메덴블리크/ 미국 칼빈신학교 총장

카이퍼 박사의 글을 여러 언어로 사용할 수 있게 하는 것은 전 세계적으로 개혁주의 학문의 계보를 이어가는 데 매우 중요하다. 앞으로 수십 년 동안 한국어 사용자가 이 새로운 번역서를 읽을 수 있게 되어 매우 기쁘다. 기술 혁신을 통해 인간이 피조물을 통제할 수 있다고 약속하는 것처럼 보이는 현대에 카이퍼 박사의 저서를 우리에게 제공하는 것은 인간이 수세기 동안 잘못된 세계관을 가지고 있었음을 알 수 있게 해준다. 그의 모든 글을 통해 카이퍼 박사는 그리스도 중심적인 세계와 삶에 대한 관점이 어떤 시대에도 의미 있게 살아갈 수 있는 방법을 지속적으로 보여준다.

　바벨탑 사건 이후로 인간은 항상 성경의 삼위일체 하나님을 역사의 중심에서 제거하려고 시도하지만, 그것은 항상 인류에게 해를 끼쳐 왔다. 삶의 적절한 초점을 예수 그리스도를 중심에 두고 맞출 때, 우리는 일상 생활에서 많은 기쁨을 경험하게 된다. 카이퍼 박사는 이를 삶의 모든 영역에 적용했다. 우리도 그렇게 해야 하며, 이제 이러한 유형의 개혁주의 세계관을 구축하고자 하는 한국의 신세대들이 그의 글을 직접 접할 수 있게 된 것은 매우 흥분되는 일이다!!

_ 에릭 훅스트라/ 미국 돌트대학교 총장

아브라함 카이퍼 박사는 50년 동안 종교와 정치 사이의 긍정적인 관계에 대해 생각하고 그의 통찰력을 실천에 옮겼다. 그는 네덜란드 최초의 대중 정당을 조직하고 최초의 대중 일간 신문을 창간했으며 결국 1901년부터 1905년까지 총리로서 네덜란드 정치의 정점에 올랐다.

《반혁명 국가학》은 카이퍼 박사가 그의 경력의 종점에서 회고하면서 이러한 문제에 대해 성숙하게 성찰한 결실이다. 교육에서 자연 환경에 이르기까지, 외교 정책에서 군사 정책에 이르기까지, 단순히 자유 시장이나 국가 개입을 신뢰하지 않고 공중 도덕 규제에서 사회 복지 증진에 이르기까지 당시 네덜란드 정치의 전체 지평을 포괄하는 구체적인 정책 제안에 이르기까지 다루는 범위가 매우 넓다.

　이 권위 있는 작업의 도움으로 우리는 카이퍼 박사의 통찰을 오늘날 우리 자신의 상황에 적용하여 우리 시대와 장소에서 확고한 기독교 원칙에 서서 다른 사람들의 권리를 존중하며 공익을 위해 일하는 민주적인 제도를 발전시키는 정치적 비전을 제시할 수 있다.

　일반 시민과 활동적인 정치인들 모두가 공공 영역에서 신앙을 증거하고 모든 종교적, 사회적 다양성에서 국가의 발전을 위해 헌신한 그리스도인, 카이퍼 박사의 모범을 숙고함으로써 유익을 얻을 것이다.
_ 제임스 D. 브랫/ 미국 칼빈대학교 역사학 명예교수

네덜란드의 정치가 아브라함 카이퍼 박사의 주요 저작을 한국어로 번역한 것은 주목할 만한 성과다. 카이퍼 박사는 때때로 신학자, 철학자 그리고 많은 책의 저자로 인정된다. 그러나 나는 하나님께서 카이퍼 박사에게 주신 가장 큰 재능은, "세상을 내다보고 아직 존재하지 않는 제도를 구상한 다음 동료 기독교인들이 이를 세우도록 이끄는 능력"이라고 주장하고 싶다.

그는 유럽 최초의 기독민주 정당을 조직하고 이끌었다. 그는 교회와 국가로부터 독립된 기독교 대학인 자유대학교(Vrije Universiteit)를 설립했다. 그는 일간신문을 편집했고, 거의 모든 그의 책들은 자신이 편집한 신문이나 교회 주간지에 처음 실린 수많은 연설, 사설, 짧은 에세이로 구성되어 있다. 지금 여러분이 손에 들고 있는 위대한 작품의 놀라운 점은 그것이 정치적 행동의 한가운데서 생성되었다는 것이다. 카이퍼 박사는 하나님의 세계에서 정치와 정부가 해야 할 역할을 볼 수 있었고, 마을 사람들, 농부, 학계가 공공 정의와 하나님의 영광을 위한 일에 동참하도록 영감을 주었다. 왕을 위하여(Pro Rege).
_ 제임스 W. 스킬런/ 미국 공공 사법 센터 창립 회장

우리는 자유주의 질서가 그 신봉자들과 역사 비평가들로부터 점점 더 정밀한 조사와 압박을 받고 있는 시대에 살고 있다. 기독교 신앙과 인간의 존엄성, 권리 및 민주주의와 같은 이상 사이의 관계도 마찬가지로 의문을 제기하고 있으며, 많은 사람들이 인본주의적이고 자유주의적인 가치를 공상적이고 오해의 소지가 있다고 생각하여 포기하려는 유혹을 받고 있다.

흐룬 판 프린스터러와 아브라함 카이퍼가 창설하고 꽃을 피운 네덜란드의 반혁명 운동은 그 시대의 선도적인 사회적, 정치적 조류에 책임감 있고 비판적으로 참여했던 진정한 기독교적이며 칼빈주의적 원칙의 독특한 표현이었다.

《반혁명 국가학》에서 카이퍼 박사는 거의 40년 전 창설된 반혁명당의 강령을 재검토한다. 반혁명당의 원칙과 목표에 대한 이 광범위한 연구에는 현대에도 반향을 불러일으키는 많은 지혜와 지침이 포함되어 있다.

그리스도인으로서 우리는 충돌하는 세계관과 역사적 운동의 고통 속에서 신실할 수 있는 방법을 찾아야 하며, 반혁명 정당에 대한 카이퍼 박사의 표현

과 성찰은 비록 우리가 20세기 초 네덜란드와는 매우 다른 상황에서 살며 일하고 있지만 오늘날 우리에게 많은 것을 가르쳐 준다.

_ 조던 볼러/ 미국 액턴 연구소 종교와 자유 분과 연구원,
공공신학에 대한 아브라함 카이퍼 전집 편집장

아브라함 카이퍼 박사는 제네바의 개혁가 요한 칼빈(John Calvin)의 전통을 잇는 네덜란드의 신학자일 뿐만 아니라 언론인, 정치가 그리고 흥미로운 기독교 정치 이론가이기도 했다. 18세기에 대부분의 유럽 국가는 절대군주제 사상을 받아들였으며, 통치자는 신에게서 직접 권위를 받으므로 견제와 균형을 받을 필요가 없다고 주장했다.

이에 대해 프랑스 혁명은 전통적인 신적 권위와 인간적 권위를 근본적으로 거부하고 최고 권위를 국민에게 두었다. 나폴레옹 이후의 복원과 1848년의 혁명은 유럽이 보다 안정적인 형태의 정부로 향하는 길을 찾는 것이 얼마나 어려운지를 다시 한번 보여주었다. 더욱이 권위와 법의 기원에 대한 의문이 남아 있었고, 사회의 다양한 부문이 어떻게 참여하고 책임이 어떤 모습이어야 하는지도 불분명했다.

이러한 배경에서 카이퍼 박사는 다시 한번 하나님을 최고의 권위이자 정의의 원천으로 지적함으로써 정치적 사고를 새롭게 했다. 놀랍게도, 하나님의 주권에 대한 이러한 강조는 그를 급진적인 민주주의자로 만들었다. 하나님의 일반은총은 사람들이 선과 악에 대한 감각을 갖고 사회가 붕괴되지 않도록 보장한다. 더욱이 신적 권위는 주로 개인이 아니라 구조를 통해 형성된다.

결국 사회는 가족, 학교, 교회, 도시, 지역을 포함한 다양한 집단으로 구성된다. 삶의 이러한 각 영역에는 고유한 주권이 있으며, 다른 영역이 개입하는 것은 허용되지 않는다. 이 '영역주권'은 국가의 권력을 제한하고 다양한 세계관과 종교에 적합하다고 생각하는 대로 양육과 교육을 형성할 수 있는 기회를 제공한다. 게다가 카이퍼 박사는 중산층의 정통 개혁파 집단인 '서민층'(de kleine luyden)의 이익을 대변했다.

카이퍼 박사는 네덜란드 총리로 재직한 후 말년에 다시 한번 그의 《반혁명 국가학》(1916-1917) 두 권을 통해 자신의 견해를 표현했다. 이 작품의 첫 번째 번역본은 창세기 시작 부분의 정치적, 법적 의미를 논의함으로써 그의 정치 신학의 기초를 다루고 있다. 카이퍼 박사는 분명히 20세기 초 식민지 시대를 배경으로 글을 쓰고 있다. 하지만 동시에 그는 입헌 민주국가에 대해 놀라울

정도로 기독교적인 견해를 제시하고 있으며, 가령 동물과 자연을 다루는 문제에 대한 그의 생각은 21세기 초의 맥락과 매우 관련이 있는 것처럼 보인다.

제가 아는 바로는 카이퍼 박사의 이 중요한 저작이 다른 언어로, 심지어 영어로 번역된 경우도 없다. 금번에 이 책이 한국어로 번역된 것은 참으로 큰 업적이다. 저는 기꺼이 이 책을 읽을 것을 추천하며 한국에서 영향력을 줄 것이라고 확신한다.

_ 안드레아스 J. 벡/ 벨기에 루벤복음주의 신학대학 명예 학장

"번역은 제2의 창작"이라지만, '번역이라는 창작'은 쉽다 말하기 어렵다. 번역은 직접 글을 쓰는 것 못지 않게 힘든 일이다. 카이퍼의 문체는 백 년이 넘은 것이다. 그리고 카이퍼의 글은 독특함이 있다. 심지어 그가 지어낸 단어도 있을 정도다. 라틴어, 히브리어, 헬라어, 독일어, 불어, 영어 등 원문을 그대로 인용하는 것도 특징이다. '번역이 반역'이 되어서는 안 되기에 최대한 저자의 의도를 살피려 했다. 19-20세기 세계적 거장 아브라함 카이퍼의 〈반혁명 국가학〉을 번역하고 감수한 것은 번역자에게 큰 영광이다. 번역은 노동이라지만, 카이퍼의 책은 가슴 설레게 하는 매력이 있다.

《반혁명 국가학》이 정치학 교과서라 불릴 수 있지만, 행간에 숨어 있는 카이퍼의 신학적 터치는 신학자인 역자에게 상쾌함을 선사하기도 한다. 부디, 한국 교회가 《반혁명 국가학》을 통해 바른 성경적이며 기독교적 정치를 배우게 되길 바래본다.

_ 임경근/ 《반혁명 국가학》 역자, 다우리교회 담임목사

아브라함 카이퍼는 위대한 칼빈주의 신학자이며, 대설교가, 대 목회자, 저술가 그리고 저널리스트이자, 정치가로 수상의 자리까지 올랐고, 칼빈주의 세계관으로 정치를 했다. 그는 25세에 〈칼빈과 라스코의 교회론 비교 연구〉로 신학박사가 되었고, 26세에 시골교회 목사를 시작으로 33세에 왕궁 크기와 맞먹는 암스테르담 중앙교회의 담임을 했다.

그리고 1880년 10월에 이른바 '영역주권'(Souvereiniteit van Eigen Kring) 사상을 선포하고, 자유대학교를 세워 교수와 총장으로 일했다. 카이퍼는 여러 곳에서 명예 법학박사, 정치학 박사를 받기는 했지만, 그는 법학이나 정치학을 전공하지 않은 칼빈주의 신학자였다. 그러나 '칼빈주의 세계관'을 토대로 정치, 법률, 경제, 사회, 문화, 예술, 역사, 과학 등에 역사의 배후에 움직이시는 하나님

의 주권을 세워 나갔다. 그는 약 200여 권의 저술을 통해 19세기의 자유주의, 계몽주의, 합리주의, 신비주의에 빠져 방황하는 국민들을 깨우고 "성경으로 돌아가자!", "16세기 요한 칼빈의 사상으로 돌아가자!"라고 외쳤다.

나는 1977년 《칼빈주의 사상과 삶》을 시작으로, 2022년에 출간한 《아브라함 카이퍼의 사상과 삶》에 이르기까지 카이퍼 박사의 사상을 한국에 알려 왔다. 《아브라함 카이퍼의 사상과 삶》은 영어, 불어, 독일어로 번역되어 한국인의 카이퍼 연구를 유럽에 알렸다.

카이퍼 박사는 '삶의 모든 영역에 그리스도가 왕이 되게'(Pro Rege) 하는 것에 그의 일생을 다 바쳤다. 그는 먼저 교회개혁을 외쳤지만, 동시에 문화개혁, 사회개혁, 정치개혁을 동시에 일구어냈다.

오늘날 한국의 교회는 말할 것도 없고 정치계, 법조계, 문화계가 사회주의적 혁명이론이 지배적이어서 불신앙적이고, 하나님 없는 무신론적 세계관 위에 기초해서 지극히 혼란스러운 상황에서, 카이퍼 박사의 《반혁명 국가학》은 엄청난 파장을 일으킬 것이다. 《반혁명 국가학》은 다른 말로 하면 《기독교 국가학》이라 해야 한국의 독자들에게는 이해가 빠를 것이다. 이 책이 모든 사람에게 널리 읽혀지기를 강력히 추천한다.

_ 정성구/ 전 총신대 총장, 전 대신대 총장

카이퍼 박사는 《아브라함 카이퍼의 정치 강령》(1879)을 쓰면서 현실 정치에 참여하여 이 책 《반혁명 국가학》(1917)으로 그의 정치를 마감했다.

정치는 원리와 무관할 수 없고 원리는 세계관에 기초하므로, 원리를 따른 정치만이 책임있는 정치라 생각했다. 그가 현실 정치에 참여할 때는 세 가지 세계관, 곧 프랑스혁명을 지지하는 세속적 세계관, 로마카톨릭 세계관, 그리고 칼빈주의적 세계관이 병립했다.

카이퍼 박사는 여러 세계관과 여러 정치 원리가 현실적으로 존재한다는 다원주의적 인식으로부터 출발한다. 카이퍼 박사 자신은 하나님의 은혜로운 주권과 하나님의 부름에 응답하는 신자의 책임을 다함께 가르치는 칼빈주의 원리가 국가 운영에 가장 좋은 원리를 제공해 준다고 믿었다. 그래서 한편으로 이 원리가 내포하는 내용을 〈원리편〉에서 펼치고 다른 한편으로는 국가 안의 개별 영역과 사안에 구체적으로 적용하는 〈적용편〉을 쓴다.

이 책의 1차 독자는 카이퍼 박사가 지도자로 평생 이끈 반혁명당 당원들과 지도자들이었다. 반혁명당 당원들이 하나님의 백성으로 어떤 원리를 가지고 정치에 참여하며, 개별 정책과 문제에 원리를 어떻게 적용할지 지침을 주기를 카이퍼 박사는 원했다.

세계에서 최초로 네덜란드어에서 번역된 이 책을 어떻게 사용할 지는 한국 그리스도인과 한국 그리스도인 정치인들에게 달려 있다. 카이퍼 박사는 자신이 이 책에서 한 작업은 네덜란드 국가와 사회의 특수한 역사와 특수한 상황에 제한된, 매우 특수한 숙고와 특수한 접근을 담고 있다고 끊임없이 의식했다.

그러므로 이 책에 담긴 생각과 사례를 곧장 이 땅에 적용할 수 있다고 생각하면 그것은 큰 오산이다. 철저한 분석과 이해를 거쳐 특수한 것과 보편적인 것, 적용 가능한 것과 불가능한 것, 교육되고 훈련되어야 할 것들에 대한 치밀한 토론과 준비가 필요할 것이다.

위대한 한 기독 정치인의 삶과 사상의 결실이며 후속 세대에 남기는 유언과 같은 이 책이 한국 그리스도인들을 자극하여 삶의 모든 영역에서 그리스도의 주되심을 인정하는 하나님의 백성으로 신실하게 살아갈 수 있도록 깊고도 넓은 영향을 줄 수 있기를 바란다.

_ 강영안/ 서강대 명예교수, 미국 칼빈신학대학원 철학신학 교수, 한동대 석좌교수

카이퍼 박사는 프랑스혁명이 퍼트린 인본주의 사상에 맞서 기독교 진리를 삶의 기초로 회복시키는 운동의 기수였다. 하나님의 주권과 창조 질서가 부정되자 자유, 평등, 박애 대신 폭력과 혁명의 시대가 열렸다. 카이퍼 박사는 목회자와 신학자로서 신앙 회복운동을 이끌었을 뿐 아니라 반혁명당을 조직해 기독교적 정치를 실천했다. 이 책에는 그의 일생에 축적된 지혜와 통찰이 담겨 있다.

오늘날 카이퍼 박사는 공공신학(public theology)의 원조로 주목을 받고 있다. 그의 공공신학의 중심은 하나님 주권사상이다. 모든 권력은 우주의 주권자인 창조주 하나님에게서만 나온다. 그 분은 세상의 단 한치도 왕권을 포기하지 않았다고 선언했다.

정부가 모든 것을 좌우하려는 국가주의에 대항하여 "영역주권 사상"을 주창했다. 현대 사회의 모든 것이 정치의 영향을 받는다. 하지만 정치가 모든 것은 아님을 역설했다. 특히 교회와 국가는 각각의 영역 속에서 고유한 역할을 담당함으로 하나님의 통치를 실현해야 한다고 했다. 이는 사회계약설과 민중 주권설이나 국가주권설에 대치되는 독특한 사상이다. 창조주 하나님의 주권이 다원화된 민주사회에서 어떻게 드러나야 할지를 잘 보여주었다.

카이퍼 박사의 전기를 쓴 프랑스마는 그의 "영향력으로 인해, 보수주의가 승리하고 자유주의는 좌절되었으며 사회주의는 억제되었다. … 그리스도의 왕권이 천명되었다"라고 했다. 그로 인해 "온 나라 전체가 새로워"졌다고도 했다. 그가 이끌었던 기독교 세계관 운동의 열매는 지금도 유효하다. 그렇기에 지금도 세계 곳곳에서 그 논의가 활발하게 이루어지고 있다. 다원주의와 포스트모더니즘이 위력을 발휘하는 지금 한국의 기독교 정치인만 아니라 지성인과 교회 지도자들이 이 책에 관심을 기울여야 할 이유가 여기에 있다.

_ 신국원/ 총신대 신학과 명예교수, 기독교세계관학술동역회 이사장

카이퍼 박사의 개혁신학을 이해하기 위해, 총신대학교 신학대학원 교수들과 토론하며 내린 개혁신학의 정의를 소개한다. "개혁신학은 요한 칼빈 중심의 종교개혁 신학에 기초해 성경의 최고 권위, 오직 은혜로 얻는 구원, 하나님의 통치와 문화 변혁 등을 강조한다." 이 정의로 볼 때 개혁신학은 가장 성경적이다. 그것은 인간의 구원 문제를 다루는 것과 더불어 온 우주 만물에 하나님의 통치가 미치고, 사회의 문화를 변혁하는 것이다. 아브라함 카이퍼 박사가 시도한 것이 바로 하나님의 통치와 문화 변혁이었다.

오늘날 대한민국과 세계가 직면한 문제는 사회, 심지어 교회까지 깊이 스며든 프랑스혁명 정신의 부정적 영향인 무신론 사상과 합법적 권위에 대한 반항이다. 이것을 극복해야만 만왕의 왕이신 하나님의 통치가 온 세상에 미치고, 온 세상이 가장 행복해질 것이다. 이를 위해서는 이 책을 반드시 읽어야 한다. 이 책이 그 과제에 대한 정답을 주기 때문이다.

오늘날 대한민국과 세계가 직면한 문제는 사회, 심지어 교회까지 깊이 스며든 프랑스혁명 정신의 부정적 영향인 무신론 사상과 합법적 권위에 대한 반항이다. 아브라함 카이퍼 박사가 시도한 것은 바로 하나님의 통치와 문화 변혁이었다.

정치인뿐만 아니라, 사업가, 교수, 교사, 법조인, 군인, 미술가, 작은 규모 장사를 하는 분과 직장의 신입 사원까지 하나님의 뜻에 순종하기 위해 살아가는 그리스도인이 된다면 세상은 변혁될 것이다. 오늘을 사는 기독 정치인들은 정치 영역에서 변혁의 사명에 순종해야 한다.

_ 박성규/ 총신대학교 총장

대한민국은 분열의 시대를 살고 있다. 정치가 앞장서서 분열을 만들고 부추기고 있어 국회의원 한 사람으로서 참 부끄럽다. 내 편, 내 신념이 아니면 모두 적으로 두고 파괴하는 게 정의가 된 세상이다. '우리'란 공동체 의식은 점점 옅어지고 있다.

이런 시절에 우리에게 통찰력을 줄 아브라함 카이퍼 박사의 《반혁명 국가학》이 한국에 출간되는 것을 참으로 감사하게 생각한다. 지금 우리에게 필요한 것은 파괴가 아닌 질서의 회복이다. 청산이 아닌 조화이다.

신학자이자 정치가, 교육가였던 아브라함 카이퍼 박사는 삶과 정치에서 이를 실천했던 분이다. 잘못된 제도를 개선하고 문제해결 정치를 통해 창조질서를 회복하고자 했다. 무질서한 변화는 결국 소음이다.

좌로도 우로도 치우치지 않고 '질서 있는 변화'가 절실한 때 카이퍼 박사의 지성, 감성 그리고 영성이 담긴 글이 지금의 대한민국에 좋은 나침반이 되어 주길 진심으로 소망한다.

_ 조정훈/ 대한민국 제21대 국회의원

ANTIREVOLUTIONAIRE STAATKUNDE

반혁명
국가학

|

원리

ANTIREVOLUTIONAIRE STAATKUNDE

반 혁 명
원리
국 가 학

아브라함 카이퍼 지음

최용준 · 임경근 옮김

국제제자훈련원

국가 모든 영역에서 그리스도가 왕이 되게 하라

"인간 존재의 전 영역 중에
만물의 주권자이신 그리스도께서
'내 것이라'라고 주장하지 않으시는 곳은
단 한 치도 없다"

– 아브라함 카이퍼 박사의 자유대학교 개교 연설(1880. 10. 20) –

아브라함 카이퍼 박사(Abraham Kuyper 1837-1920)의 《반혁명 국가학》(Antirevolutionaire Staatkunde)은 창조주 하나님께서 주신 '영역주권'이라는 가치로 국가 전반을 바라보는 사상입니다. 국가의 모든 영역은 하나님 앞에서 각자의 주권을 가지고 독립적으로 기능하며 공동선에 기여할 수 있는 자유를 가져야 한다는 사상입니다.

'반혁명'은 '프랑스 혁명의 무신론 원칙'에 반대한다는 의미입니다. 이 세상은 창조주 하나님의 창조 질서 아래에서 바르게 기능하기 때문입니다.

아브라함 카이퍼 박사는 신학적으로 스위스 제네바의 종교개혁자 요한 칼빈(Jean Calvin, 1509-1564)의 신학을 더욱 발전시킨 신칼빈주의(NeoCalvinism) 신학자로, 하나님의 절대 주권을 삶의 모든 영역으로 확대하여 지금도 전 세계적으로 적지 않은 영향을 미치고 있습니다. 또한 그는 네덜란드의 수상을 역임한 정치가로서 국가 통치 사상의 기반을 구축한 인물입니다.

본서는 사랑글로벌아카데미(SaGA) 아브라함 카이퍼 연구소가 2020년에 아브라함 카이퍼 박사 서거 100주년 기념 프로젝트로 기획한 것으로 3년 동안의 긴 준비 과정을 거쳐 올해 사랑의교회 45주년 기념으로 출간하게 되었습니다.

또한 본서는 아브라함 카이퍼 박사가 1879년, 42세의 정치 초년생으로서 반혁명당 정강 정책으로 출판한 정치 강령(Ons Program, 《아브라함 카이퍼의 정치 강령》)을 더 깊이 발전시킨 것으로 1916-1917년에 그의 정치 사상을 집대성한 역작입니다.

카이퍼 박사가 창당한 반혁명당은 1980년에 다른 두 정당들과 연합하여 기독민주당(CDA: Christen-Democratisch Appel)이 되어 지금도 네덜란드의 주요 정당으로 활동하고 있습니다. 본서가 정치 영역뿐 아니라 모든 삶의 영역에서 그리스도를 왕으로 모시고 살아가며 '새로운 미래를 위한 새로운 토대'(New Foundation for New Future)를 구축하는 '거룩한 공유지'(Divine Commons)의 역할을 하기를 바랍니다. 그리하여 하나님께 기도를 올려 드리며 시작된 민(民)의 나라, 대한민국이 세계를 살리는 제사장 국가, 축복의 플랫폼으로 쓰임 받기를 바랍니다.

주후 2023년 11월 25일

사랑의교회 담임
사랑글로벌아카데미(SaGA) 총장　오정현 목사

아브라함 카이퍼 박사의 평전을 집필한 루이스 프람스마 박사는 《그리스도가 왕이 되게 하라》(Let Christ Be King)에서 《반혁명 국가학》에 대해 이렇게 말합니다. "카이퍼는 많은 역사적 회고들을 바탕으로, 읽기 쉽고 근본이 되는 이 책을 완성했다. 카이퍼 박사가 초기에 관심을 가졌던 많은 주제들이 다시 등장했다. 어떤 의미에서 보면 이 책은 그의 정치적 확신을 요약해서 제시한 것이라 할 수 있다." 프람스마 박사는 《반혁명 국가학》이 반혁명당 구성원들에게 교과서를 제공할 수 있게 된 것이라고 소개합니다.

카이퍼 박사는 《아브라함 카이퍼의 정치 강령》을 출간한 지(1879), 약 40년이 지난 1916-1917년 두 해 동안 《반혁명 국가학》 1, 2권을 집대성했습니다. 나이 80세로 주님의 품에 잠들기 3년 전입니다. 그로부터 약 100년의 세월이 흘러 2020년, 사랑의교회는 아브라함 카이퍼 서거 100주년을 기리면서, 사랑글로벌아카데미(SaGA) 아브라함 카이퍼 연구소를 통해 기독 정치의 100년 대계를 기도하며 방대한 《반혁명 국가학》 번역 출간을 결정했습니다. 그리고 3년 동안 번역자와 많은 분들의 기도와 지원과 땀과 눈물이 모여 2023년 11월 25일, 화란어 이외의 언어로는 세계에서 처음으로 한국어 출간을 하게 된 것입니다. 번역자로 수고하신 최용준 교수님, 임경근 목사님, 감수자로 애써 주신 김성수 박사님 깊은 감사를 드립니다. 모든 영광을 하나님께 올려 드리며, 이 책을 디딤돌 삼아, 오고 오는 대한민국 기독 정치인을 통해 이 책보다 더 탁월한 '기독교 세계관으로 본 정치 신학과 국가경영 철학서'가 출간되는 그 날이 오기를 기도합니다.

유종성 목사(SaGA 일터선교&글로벌네트워크아카데미 부학장, 아브라함 카이퍼 연구소)

네덜란드가 낳은 위대한 신학자요 목회자였으며, 언론인이고 교육자인 동시에 기독 정치가였던 아브라함 카이퍼(Abraham Kuyper, 1837-1920)의 역작인 본서를 우리말로 번역한 기간은 역자에게 큰 축복과 도전의 시간이었다. 이러한 작업을 하도록 허락해 주신 주님께 먼저 감사드리며 아울러 국제제자훈련원에도 깊이 감사의 뜻을 표한다.

본서는 카이퍼가 1916년에 출판한 마지막 도서로서 1879년에 카이퍼가 네덜란드 최초의 기독교 정당인 반혁명당(Antirevolutionaire Partij)의 정책을 정리하여 출판했던 "우리의 정강"(Ons Program)[1]을 좀 더 깊이 있게 설명한 것이다. 특히 흐룬 판 프린스터러의 사후에 반혁명당의 지도자가 되어 앞으로 어떤 원칙에 따라 이 당을 운영해 가야 하는지에 대해 그가 숙고한 결실이다. 본서는 원래 두 권으로 나누어 출판되었는데 역자가 번역한 것은 '원리'에 해당하는 Ⅰ권이고, 임경근 목사님께서 번역하신 Ⅱ권은 보다 실질적인 '적용' 부분이라고 할 수 있다. 실제로 내용을 보면 "우리의 정강"은 Ⅱ권의 내용과 겹치는 부분이 좀 더 많고 Ⅰ권은 거의 새로운 내용이라고 할 수 있다.

그동안 출판한 수많은 그의 책들이 있지만, 본서는 어쩌면 그의 사상을 집대성한 최후의 업적이라고 말할 수 있다. 비록 '반혁명 국가학'(Antirevolutionaire Staatkunde)이라는 제목을 붙였으나 그 내용을 보면 그의 칼빈주의

---

1 1879년 카이퍼는 반혁명당을 창당하면서 정강으로 *Ons Program*(Amsterdam: J. H. Kruyt)을 출간했고, 이는 Harry Van Dyke에 의해 *Our program: a Christian political manifesto*라는 제목으로 영어로 번역되어 2015년에 Acton Institute에서 출판되었으며, 이 영문판은 손기화에 의해 한글로 번역되어 《아브라함 카이퍼의 정치 강령》이라는 제목으로 2018년에 새물결플러스에서 출간되었다.

적 개혁신학, 성경적 세계관, 기독교 철학, 법학, 교회사, 교리사, 정치학, 국제정치학, 지리학, 경제학, 생물학, 언어학 등 그의 모든 학문적이면서도 경험적인 지식과 깊은 통찰력이 곳곳에서 묻어 나오는 것을 볼 수 있다. 이처럼 그는 다양한 학문을 넘나들면서 논지를 전개하고 있어 내용을 올바로 이해하고 번역하기가 쉽지 않았다. 더구나 그는 한 세기 전인 1920년에 서거하였기에 독자들이 원서의 문맥을 이해할 수 있도록 역자가 먼저 연구하면서 수많은 각주를 달지 않으면 안 되었다.

이 방대한 저작을 아직 영어로도 번역되지 않은 가운데 최초로 다른 언어인 한국어로 옮기는 것은 매우 어려운 일이었다. 카이퍼는 원래 여러 언어에 능통한 대학자이다. 따라서 본서를 원어로 읽어보면 네덜란드어로 시작하다가 독일어 학자들을 인용할 때에는 독일어로, 영어권 학자들의 책은 영어로, 불어를 사용하는 학자들을 인용할 때에는 불어를 그대로 사용한다. 기타 라틴어와 헬라어 그리고 히브리어 등의 고전어도 거침없이 적고 있다. 따라서 이 역서는 단지 네덜란드어뿐만 아니라 이 모든 언어를 이해해야 제대로 번역할 수 있다고 말할 수 있다. 다시 말해 어떤 부분은 역자의 역량을 벗어나는 내용도 있어 상당히 난해한 작업이었다.

따라서 본서를 번역하는 것은 방대한 공부의 연속이었다. 아직도 역자는 여러 면에서 부족함을 많이 느낀다. 역자보다 카이퍼를 더 잘 아시는 분들께서 보완해 주시길 바랄 뿐이다. 동시에 본서를 거의 일 년 가까이 번역하면서 배운 점은 너무나 많다고 할 수 있다. 동시에 본서를 번역할 초기에 많은 도움을 주었던 한동대의 조교 신희준과 정지윤 두 학우에게 감사를 표하며 나아가 최종 점검하면서 더욱 자세한 설명을 통해 도와준 분으로, 네덜란드의 즈볼러(Zwolle)에 있는 기독교 대학인 Viaa[2]에서 가르치다 은퇴하신 프랑크 판 덴 보스(Frank van den Bos) 교수님께도 깊이 감사드린다.

---

2 Viaa는 vie(leven, 생명)와 aa(aqua, 물)의 합성어이다. 따라서 Viaa는 문자 그대로 '생수'를 의미하며, 예수님은 "나를 믿는 사람은, 성경이 말한 바와 같이, 그의 배에서 생수가 강물처럼 흘러나올 것이다"라고 말씀하셨다(요한복음 7:38).

본서를 번역하면서 몇 가지 기준을 세웠음을 밝히고자 한다. 먼저 네덜란드어로 된 인명이나 지명은 가능한 네덜란드 발음으로 적었다. 다만 영어로 된 인명이나 지명이 더 많이 알려진 경우, 각주에 이를 언급했다. 하지만 Kuyper는 비록 네덜란드식 발음으로 하면 '까위뻐'가 더 가깝겠지만 편의상 '카이퍼'로 통일했고, Calvin도 프랑스어 발음은 '깔뱅'이 더 가깝겠지만 한국에서는 '칼빈'으로 쓰이고 있어 그대로 사용하겠다. (이는 편집 시 다시 조정되었다. 일러두기 참고. _편집자 주) 또한, 원문에 간혹 철자 오류나 성경 구절을 잘못 인용한 곳도 있는데 이것은 별도로 언급하지 않고 역자가 바로 수정했다. 나아가 본문의 내용을 독자가 더 잘 이해하도록 보충 설명하는 각주를 많이 달았는데, 별도의 언급이 없는 한 대부분 위키백과 및 인터넷 자료에서 인용했음을 밝혀둔다.

본서는 카이퍼의 성경적 국가관에 관한 원대한 비전을 제시한 책이다. 하지만 이것을 한국 상황에 어떻게 적용할 것인가는 우리의 책임이다. 그가 서언 마지막에 언급한 바와 같이 본서는 네덜란드와 19-20세기 초반이라는 시공간적 상황과 분리할 수 없기 때문이다. 그렇다면 우리가 집중해야 할 부분은 결국 그가 말하는 '원칙'(beginsel)이다. 카이퍼는 우리가 근시안적인 '이익'(belang)에 눈멀어서는 안 되며 하나님 나라의 관점에서 원칙을 철저히 지켜야 한다고 강조한다. 그 대표적인 내용 중 하나는 물론 영역주권(souvereiniteit in eigen kring)이다. 나아가 칼빈주의적 정치관과 국가관이 가장 바람직하다는 것을 매우 설득력 있게 전개하고 있다. 바라기는 본서가 한국에서 카이퍼의 이 깊은 사상을 이해하고 적용하는 데 조금이나마 도움이 되길 바란다. 오직 하나님께 영광!

2021년 9월
역자 최용준

차례

《반혁명 국가학》 발간사 _ 18

감사의 글 _ 20

역자 서문 _ 21

저자 서문 _ 28

제1장 서론 _ 37

제2장 "국가"라는 명칭 _ 117

제3장 국가의 본질 _ 125

제4장 국가의 개념 _ 163

제5장 국민 _ 175

제6장 영토 _ 197

제7장 중앙정부 _ 229

제8장 주권 _ 285

제9장 국가의 목표   _ 313

제10장 국제 관계   _ 335

제11장 남아프리카공화국과

           오란녀 자유국   _ 413

제12장 국가와 교회   _ 427

제13장 국가 정당   _ 491

제14장 반혁명당   _ 585

제15장 칼빈주의   _ 619

저자 추천 도서   _ 713

미주   _ 714

"칼빈주의는 우리나라의 헌법적 자유의 기원이며 보루이다."

– 흐룬 판 프린스터러 Groen van Prinsterer

독학을 하는 사람에게는 모험가의 기질이 있기 마련이다. 나는 레이던 (Leiden)[1]에서 6년간 공부하면서 법학 강의를 한 번도 수강하지 않았다. 그래서 "도대체 언제까지?"(Quousque tandem)[2]라는 말을 들었고, 아마도 고전적 법률가 세계로부터 "당신을 어떻게 생각하고 있는 것인가!"라는 소리를 듣게 될 것이다.

여기서 모험에 대해 말하려는 것은 아니다.

나는 강요에 흔들리지 않고, 자유롭게 내 삶을 살아왔다. 이 작품을 저술하는 일도 강요를 당하는 것보다 훨씬 매력적인 일이었기 때문에 저항감을 갖지 않았다. 나의 연구가 처음부터 정치 영역을 향한 것은 아니었다. 나는 학문 분야 중에서 역사에 관심을 가졌으며, 특별히 교회사를 가장 좋아했다. 레이던 김나지움(Leidsche Gymnasium)의 교사였던 드 프리스(M. de Vries)[3] 박사는 항상 나에게 영감을 주었고, 가장 적합한 과목으로 교회사를 소개해 주었다. 그리고 스홀턴(J. H. Scholten)[4] 박사 또한 같은 방향으로 나를 이끌어 주었다. 특히 스홀턴 박사가 내게 많은 영향을 주었다. 근대적 사고를 가진 스홀턴과 정통주의 노선을 따르는 위트레흐트(Utrecht)의 교수들을 비교하면 흥미로운 현상을 발견할 수 있었다. 스홀턴의 글은 칼빈주의적 작품에 대한 기억을 제공했지만, 정통주의 성향의 교수들에게서는 이 점을 거의 찾아 볼수 없었다. 스홀턴은 우리나라에서 활동했지만, 취리히의 알렉산더 슈바이처(Alexander Schweizer)[5] 박사와 같은 노선에 있었다. 슈바이처는 1844년 취리히의 오렐과 휘슬리(Orell, Füssli) 출판사가 발간한 그의 "개혁교회의 신앙론" (Die Glaubenslehre der reformierten Kirche)에서 칼빈, 불링거(Bullinger), 히페리우스(Hyperius), 피터 마터(Peter Martyr)[6], 알스테드(Alstedt)[7]를 각 장에서 인용하면서, 자신의 근대적 신학을 옛 개혁신학과 역사적으로 연관시켰다. 그 결과 결정론이 예정론의 자리를 대체하였다. 여기서 그의 신학적 정체성이 드러났다.

그 당시 나는 16세기 우리 조상들이 견지했던 입장에 대해 본래부터 따뜻한 공감을 가졌으나 이 근대적 신학에 매력을 느꼈고, 슈바이처와 스홀턴에게 큰 영향을 받았다. 그런데 나의 인생에서 처음 한 중요한 선택은 흐로닝언(Groningen)[8] 신학부의 경진대회였다. 나는 그 대회에 답안을 보내 선정되었다. 나는 사실 경진대회에 대한 생각이 없었는데, 드 프리스 교수가 답안 제출을 촉구했다. (경진대회의) 질문은 칼빈의 교회관, 그리고 폴란드 학자이며 일반적으로 요한네스 아 라스코(Johnnes à Lasko)[9]라고 불리는 이반 라스키(Ivan Lasky)의 교회관에 대한 것이었다. 그렇게 나는 자연스럽게 칼빈과 친숙해졌다. 그리고 16세기 교회와 국가의 관계는 서로 내적으로 밀접하게 연관되어 있었기에, 나의 연구들[10]은 그때부터 나를 어느 정도 정치적 방향으로 이끌었다.

그런데도 나는 여전히 정치계와는 어떠한 접점도 없었다. 나는 신학자였고, 16세기 우리 조상들이 정치 영역에 영감을 준 것을 구현해야 한다는 충동을 조금도 느끼지 못했다. 나는 이전에 흐룬 판 프린스터러(Groen van Prinsterer)[11]의 책을 전혀 읽지 않았다. 그런데, 정치적 관심이 커지게 된 중요한 계기가 있었다. 그것은 1853년 내가 로마 가톨릭의 주교제도의 교권체제에 대한 반대에 열을 올렸을 때였다.[12] 베이스트(Beesd)[13]에서 나는 개신교 목사로서 보수적 방향과 다른 행동을 취하지 않았다.

이것은 야간학교(nachtschool)[14]라는 곳에서 살랑거리는 삶과 구별된다. 나는 신학과 정치를 분리하는 것과, 다른 한편으로 1578년[15] 대신 1789년[16]을 기독교적인 역사·정치적 노선으로 선택하는 것이 불가능함을 깨달았다. 나로 하여금 역사적 삶을 살게 한 것은 부흥운동(Réveil)[17]의 영감도 아니고, 초자연주의 신학의 발견도 아니었다. 이것은 꽤 넓은 지지를 받던 옛 흐젤스카펀(Gezelschappen)[18]의 남은 자들과 만나면서 이루어졌다. 개혁교회 진영에는 신학과 정치가 분리될 수 없는 하나라고 말하는 고유의 문헌이 있었다. 그러나 이 진영에서는 신학적·정치적 삶이 너무 시대에 뒤떨어진 것처럼 보였다. 오웬(Owen)[19]이 밝은 불을 비추듯이 당시에 큰 영향을 주었고, 알렉산더 콤리(Alexander Comrie)[20]가 새로운 활력을 불어넣으려고 노력했지만 그에 동조하는 사람이 그의 시대에는 거의 없었다.

당시 암스테르담[21]의 삼총사였던 디벳츠(Dibbets), 베흐트홀트(Bechthold)와 퀼러(Kühler)는 흐로스헤이더(Grosheide)와 함께 우리의 타협을 모르는 개혁주의자들을 구하기 위해 노력했는데, 그들은 통찰력을 가지고, 분명하게 적극적인 적용을 시도하는 것이 필요하다고 반복하여 외쳤다. 그 내적 힘이 새롭게 된 상태로 지속될 수 있는 것이 우리 민족의 토대이다. 그러나 우리나라 칼빈주의 국민은 경건한 훈계에 만족한 적이 없었다. 그들은 하나님의 말씀이 크고, 완전하게 뿌리내린 고유의 삶과 세계관을 느끼기 전까지 편히 쉴 수 없었다. 이미 도르트 총회(Synode van Dordt)[22] 시기에도 우리 민족의 토대는 단순히 경건에만 놓여 있지 않았다. 그것은 의심의 여지없이 '신학적, 또한 정치적으로' 형성되었다.

당시 만들어진 "푸른책"(Blauwboekjes)[23]을 읽고 또 읽어 보라! 그 책은 곧 빛을 보게 한다. 그 저자들은 진정 신학적 감정을 가지고 있었고, 그 시대의 가장 심오한 신학적 질문들에도 익숙했다. 도르트 총회가 우리나라의 신앙고백에 5개 조항을 추가하여 구성된 도르트 신경은 신학적 문제의 근본을 다루는 것으로, 너무 심오했다. 그래서 18세기 대부분의 국가 개혁교회(de Hervormden) 교인들은 이것을 거의 이해하지 못했고, 거듭된 시도에도 파악하지 못했다. 하지만 16세기와 17세기 사람들은 말이 끄는 예선(曳船) 위에서나 시장터에서 이러한 심각한 문제들을 다루었다. 여기 우리나라에서도 그러했으며, 녹스(Knox)[24]의 인도 아래 있던 스코틀랜드에서도, 그리고 '필그림파더스'(Pilgrim-fathers)의 인도 아래 있던 아메리카에서도 그러했다.

당시 사람들은 하나님의 영광을 피상적으로 생각하는 것을 정말로 혐오했다. 그들의 경건한 마음에 깊이 울려 퍼진 것은 영혼을 움직이는 시편 곡조였다.

"주님, 당신의 말씀과 성령으로 당신의 길을 저에게 알려주십시오.

이 말씀이 어디에 있는지, 그리고 '당신의 발걸음이 어디로 향하는지' 가르쳐 주소서."

그리고 다시

"하나님을 경외하는 영혼은 하나님과의 은밀한 연합을 경험하게 되나이다.

구원의 비밀은 그의 평화의 약속을 통해 그의 친구들에게 나타납니다."

또는

"당신의 음성을 듣는 백성들은 얼마나 복 된지요.

주님, 그들은 주님의 얼굴빛으로 나아갑니다."

그런 다음 거룩한 기쁨으로 흘러 들어가려면

"당신은 그들의 자랑이며 그들의 힘의 근원이십니다.

당신의 호의만이 영광을 가져옵니다.

우리는 고개를 들어 영광의 면류관을 씁니다.

당신에 의해, 오직 당신에 의해, 영원한 복이 옵니다.

하나님은 우리에게 이생의 전장에서 방패가 되시며,

우리의 왕은 이스라엘의 하나님에 의해 주어졌습니다."

이 옛 백성들의 흔적은 내가 1870년 암스테르담으로 옮겼을 때에 이미 부분적으로 사라져 있었다. 대학에서는 그 당시 목소리를 높이던 정통주의 신학이 칼빈주의를 거의 모르고 있었다. '부흥운동'은 '야간학교' 운동으로 모습이 바뀌었다. 권위 있는 신학자들은 성경의 진정성과 성경본문을 비평적으로 선별하는 일로 너무 바빴다. 진정한 교의학은 문서들 아래로 사라져갔다. 그때 나는 '발견'했다. 1873년에 나는 지금은 고인이 된 흐빈(Gewin) 목사와 함께 레이던의 한 헌책방에 간 적이 있다. 그곳에서 발견한 장서들을 전부 구매했는데, 그 속에서 나에게는 여전히 무덤의 언어였던 옛 칼빈주의가 말을 걸어왔다. 그렇게 나는 옛 문헌을 접하게 되었고, 특히 디벳츠를 통해 영적 유산을 상속받게 되었다. 이것이 나를 움직였고, 나는 《일반은혜》(De Gemeene Gratie)[25]라는 저작에서 옛 칼빈주의적 정치를 다시 조명하여 우리 시대에 적용하게 되었다. 이로 인해 신칼빈주의(Neo-Calvinisme)라는 개혁신학이 출현한 것이다. 그리고 다시금 옛 개혁신학은 이 나라에서 여전히 건강한 회복을 추구하는 국가 개혁교회(Hervormde Kerk)와 그 교회에서 떨어져 나온 개혁교회(Gereformeerde Kerken) 모두에게 큰 힘이 되었다.

하지만 당연하게도 거기서 멈출 수 없었다. 바울이 고린도와 로마에서 발견했고 우리 칼빈주의자들이 16세기에 느꼈듯이, 종교와 정치는 그야말로 떼려야 뗄 수 없는 관계였다. 이것은 바울 시대에도 사실이었고, 칼빈 시대에도 다르지 않았으며, 그때와 마찬가지로 지금도 이어지고 있다. "형제들이여, 여러분의 부르심을 목도하십시오. 여러분들은 현명하지도, 강하지도, 많지도 않습니다."[26] 빌럼 판 오란녀(Willem van Oranje)[27] 공은 귀족들과의 협약이 전혀 그를 지원하지 않았고, 오히려 '서민'(kleyne luyden)[28] 중 일부만 힘을 보냈다며 실망하고 탄식했다. 그리고 이름과 권력이 높이 있는 거의 모든 이들은 흐룬 판 프린스터러에게 관심을 주지 않았다. 그의 호소에 귀를 기울였던 사람들은 주로 소시민이며 지혜로운 시골 사람들이었다. 사도 바울 시대에 지배적 정신이었던 그리스·로마 철학이라는 '학문'은 다소 출신 남자(바울)가 기록한 것을 경멸하고 무시하는 눈으로 바라보았다. 경멸의 눈으로 바라본 당시의 '학문'과 대조해서 그 맞은 편에 또한 소책자로 인쇄한 로마서(로마인에게 보낸 편지)를 놓아보라. 그리고 물어보라. 개념의 깊이와 더 고귀한 빛을 비춤으로 바울이 최선을 다해 제시한 인생관과 세계관이, 당시 로마와 그리스의 지식인들이 예언한 모든 것을 무색케 하지 않는가. 따라서 고대 최초의 기독교인들처럼, 칼빈주의자들과 함께 3세기가 지난 지금도 다시 하나님의 말씀을 듣고 그에 기초한 인생관과 세계관이 신학에 공감하고 고백하며, 영웅적으로 씨름하고 영적으로 즐기는 법을 철저히 안다는 것은 결코 이상한 일이 아니다.

그러므로 신칼빈주의가 다시 시작되어 믿음의 백성들이 신학적 원리 아래 자리하게 해야 한다. 칼빈주의는 멈출 수 없고, 또 멈추어서도 안 된다. 확실히 칼빈주의는 본디 신학적이지만, 동일하게 그 성격상 정치적이다. 사람들은 이미 1870년대에 이런 모습을 보았다. 그러나 우리 개혁교회 신앙고백이 이를 통해 더 풍성해지거나, 정치적 노력이 자동적으로 생기지는 않았다. 1870년에 새싹이 돋아나기 시작했다. 1878년에 우리는 반혁명당 정강을 제시했다.[29] 1879년에 등장한 정강 해설을 살펴보라. 이 책이 결국 신칼빈주의적 정치를 일으킬 수 있었다. '반혁명'은 더 넓은 의미를 가진 명칭이지만, 네덜란드에선 예로부터 내려온 칼빈주의적 뿌리에서 역사적 삶의 꽃을 피운 것이다. 그러므로 자연스럽게 옛 영웅 정신의 부흥에서 칼빈주의적 기본으로 회귀해야 했다. 그 자체로 정말 영광스러운 부흥이지만 19세기 초반에는 이것을 느끼지 못했었다. 이 사실은 슬퍼하는 것만으로는 충분하지 않은 심원한 것이었다. 먼저 흐룬 판 프린스터러가 그것을 직시했다. 그의 "아카이브 연구"(Archief-studiën)가 그를 이 방향으로 이끌었다. 흐룬은 임종 시 선택 교리를 포함해 개혁교회 신앙고백에 동의했다. 하지만 어느 정도 유보는 했지만 그의 역사의식으로 인해 훨씬 이전부터 칼빈주의에 합류했다. 그가 전국기독학교교육(Christelijk-Nationaal Schoolonderwijs)[30]의 규칙에서 고백한 것은 아직은 지나치게 방법론적이었으며, '교회의 심장'인 선택 교리는 빠져 있었다. 그러나 곧 그의 열정적 양심의 소리는 전국으로 울려 퍼졌다. "칼빈주의에서 우리 헌법의 자유를 위한 기원과 보증이 주어졌다." 꼭대기에 슐라이어마허(Schleiermacher)[31]라는 깃발을 펄럭이는 윤리학파의 선박은 독일 루터교의 바다 위를 심하게 표류했다. 부흥 운동은 실용적이고 이타적인 활동에 주력했다. 단지 개혁주의적 중심인물만이 포괄적이고 중심적인 세계관을 출현시키려는 충동과 필요를 느꼈다. 그러나 이것 또한 바울 시대와 같은 권위 있는 학문이라는 열매를 맺을 수는 없었다. 이 명예는 학문의 압박 속에서 신앙의 용기로 자신의 머리를 들어야 했다. 정치적으로 '지혜롭고 고귀한' 사람이 아니라, 다소 출신 남자의 시대와 종교개혁자의 시대처럼, 작고 조용한 출신들에 의해 이 일이 이루어졌다. 당신은 우리의 옛 칼빈주의자들이 국가 권력과 지배, 또 재세례파들과 대항해서 싸운 것을 알 필요가 있다. 그러면 당시 칼빈주의가 정치적으로도 민초들에게서 발전하고 성숙하게 되었다는 것을 알게 될 것이다.

나는 동일한 지향과 의도를 새롭게 환기시키고, 이를 바탕으로 이미 깨어 있는 것으로 밝혀진 장소로 사람들을 인도하는 일을, 먼저 "우리의 정강"(Ons Program)에서 시작하고 나중에 "일반 은혜"에서 어느 정도 완성하려고 노력했다. 그러나 여기서 멈출 수는 없었다. "우리의 정강"은 이미 1879년에 빛을 보았다. 투쟁이 시작되었을 때, 나는 여전히 정치 분야에 적응하는 데 부족한 점이 많았다. 그리고 이 첫 번째 정치적 저술이 부족하고 충분하지 않았음을 오랫동안 열린 눈으로 지켜보았다. 하지만 매일 여러 업무로 인해 후속 연구를 시작할 시간을 내지 못했다. 청력이 나빠져 연구에 더 많은 시간이 주어졌을 때 이를 위해 시간을 낼 수 있었으며, 이러한 넉넉한 시간적 여유로 인해 출판할 작품을 완성할 수 있었다.

나는 이 책의 두 부분에 대해 될 수 있으면 첫 번째 책과 같이 '상세 해설'(Nadere Toelichting)이라는 간단한 제목을 붙이고자 했다. 하지만 출간 직전 최종 단계에 이 제목을 취소했다. 적어도 첫 권에는 이 제목이 적당하지 않다고 사람들이 평가했다. 뇌수종에 걸린 아이는 치료를 받아야 한다. 많은 사람의 조언에 따라 나는 이 책의 제목을 "반혁명 국가법"(Antirevolutionair Staatsrecht)이 아니라, "반혁명 국가학"(ANTIREVOLUTIONAIRE STAATKUNDE)이라고 붙였다. 국가법이라는 표현은 너무 포괄적인 개념이기에, 각각의 모든 반혁명 정치의 일반 체계와 그 다양한 형태가 국가와 시대에 따라 차이가 있음을 별도로 다루어야 했을 것이다. 그것은 내가 사용 가능한 시간을 훨씬 초과했을 것이며 나의 독학 능력의 범위를 넘었을 것이다. 그에 비해 '국가학'은 요구하는 바가 그렇게 높지 않다. 이것은 실용적 측면에서 풍부한 자료를 택하는 개념이며, 따라서 자연스럽게 네덜란드를 위해 그리고 이 시기의 우리의 원리를 설명하는 연구로 제한될 수 있다. 국가법(recht)이라는 개념에는 아니지만, 국가학(kunde)이라는 개념에는 민족적이고 역사적인 한계가 자연스럽게 주어져 있다.

1916년 6월, 든 하흐[32]

카이퍼

제1장

서론

§1. 추가 해설의 필요

반혁명당의 원리인 정강에 대한 해설이 "우리의 정강"이라는 제목으로 1879년 3월에 암스테르담에서 크라위트(J. H. Kruyt) 출판사를 통해 출간되었다. "우리의 정강"은 당시에 자연스럽게 제기된 요구에 의해서 만들어졌다. 이 요구를 제한된 수준 정도로 충족시키는 데 중점을 두었기 때문에 모든 요구를 충족시키지는 못했다. 이런 요구는 우리 당의 창시자였던 기욤 흐룬 판 프린스터러가 1876년 5월 19일에 숨을 거둠으로 인해 발생했다. 흐룬 판 프린스터러는 생존해 있는 동안 반혁명당의 정치적 존재 및 목적의 화신으로서, 자연스럽게 우리 모든 당원에게 생명력을 불어넣는 구심점 역할을 했다. 그러나 그가 우리를 떠난 후에 당을 새롭게 결집하고, 그의 생각을 구체적으로 정책에 반영하여 대중에게 광범위하게 전할 필요가 있었다.

나는 법학자가 아니기에 칼빈주의적 시민의 지도자로 섬기는 것은 결코 가볍지 않은 일이었다. 그러나 다른 대안이 없었기에 오랜 투병 후 1878년 다시 잡지 "드 스탄다르트"(De Standaard)[33]의 편집장을 맡아 어렵지만 이 사명을 감당하게 되었다. 500쪽에서 한 쪽 모자란 책이 벌써 5판이나 세상의 빛을 보게 되었는데, 나는 더욱 자세한 설명을 제시하여 부족한 부분을 보충함으로써 원하는 목적을 이루고자 했다. 이것은 단지 우리 당 내부뿐만 아니라 다른 사람을 위한 것이기도 했다. 이 분야의 전문가 바위스(Buys) 교수도 반혁명당의 정치 목적을 더욱 명료하게 하려는 나의 작업에 찬사를 보냈다.

동시에 나는 네덜란드 정치 상황에서 우리 당의 의미를 더 분명히 하기 위해 더욱 완전하고 체계적인 반혁명당 해설이 필요하다고 확신했다. 우리가 일단 해체되어 전면에 나서지 못한다면, 야당의 위치에서 정부의 구석으로 자리를 옮기고 말 것이다. 그리고 네덜란드의 정치적 방향의 노선이 부분적으로 변화되는 순간이 온다면, 1878년에 출간한 안내서만으로는 불충분할 것이다. 지금까지 피상적으로만 다룬 부분에 대해 좀 더 심도 있는 안내서의 출간을 더는 미룰 수 없었다. 한 가지, 시간 부족으로 인해 작업이 지연된 부분이 있다. 그런데 법학자들의 관대한 판단에 호소하는 것은 시치미 떼는 일이 될 것이다. 그들의 직무와 관련하여 경쟁을 벌이는 것은 내 뜻과 거리가 있다. 나는 법학자는 아니지만, 국가학, 법과 관련하여 두 개의 명예박사 학위를 가지고 있다. 첫째는 미국 프린스턴(Princeton) 대학에서 받은 명예 법학박사 학위이고, 둘째는 루뱅(Leuven) 대학에서 받은 것이다. 나는 신학자 출신으로 실용적 정치인이다. 나는 "우리의 정강"을 발표했을 때와 같이 동료들만 염두에 두지 않을 것이다.

그렇다고 내가 여기 제시하는 것이 완전히 무의미하고 글로만 남겨두는 것이 더 나을 것이라는 것은 전혀 아니다. 콘스탄틴 프란츠(Constantine Frantz)[34]는 그의 저서 "모든 국가학의 기초로서 국가의 본성론"(*Die Naturlehre des Staats als Grundlage aller Staatswissenschaft*, Leipzig und Berlin, 1870) 10쪽에서 이렇게 말한다. "그런데도 부인할 수 없는 경험은 역사가 알고 있는 위대한 정치가 중 법률 교육을 통해 두각을 나타낸 사람이 소수에 불과하다는 것이다." 이와 관련해 그는 "법을 공부하지 않았지만, 인간의 삶을 깊이 성찰할 수 있었던", 유명한 인물을 언급했다. 그는 리슐리외(Richelieu)[35], 크롬웰(Cromwell)[36], 나폴레옹(Napoleon)[37]을 그 예로 언급했다. 나는 내 사상의 영역을 넘어서는 주장을 하거나 이런 정치적 거장들과 교제하는 명예로운 자리에 도달하려고 애쓰지 않을 것이다. 나는 그저 본서 Ⅰ권뿐만 아니라 Ⅱ권에서도 나의 정치적 통찰을 설명하고자 한다. 그래서 마침내, 더 큰 권리를 요구하지 않고, 단지 나와 사상적 동지의식을 공유하는 사람들의 확신을 강화하기 원한다. 나는 이로써 '만일 큰 것과 작은 것을 비교할 수 있다면'(si magnis parvum componere licet)을 간과하지 않기를 희망한다. Ⅰ권에서 나는 '원리'를 설명할 것이다.

§2. 법 개념

먼저 '법'(Recht)에 대해 입장을 밝히고, 출발해야 한다. 루돌프 그나이스트(Rudolph Gneist)[38]가 '법치국가'(Rechtstaat)를 우선시한 것처럼 국가의 생명이 법의 테두리 안에 갇히도록 허용된 것은 아니다. 이 개념에 대한 비판이 여전히 의무일지라도, 자기 국민의 정치적 삶에 방향을 부여하고자 하는 사람은 누구든지 법의 의미와 중요성을 설명해야 한다는 요구를 피할 수 없다. 여기서 단어의 파생 과정에 대해 명확히 말할 수는 없다. 아렌스(Ahrens)[39]는 그의 책 "자연법"(Droit naturel) 제1권 107쪽 2번 디제스텐(Digesten)에서 "법을 공부하는 사람은 법이라는 이름이 어디서 유래했는지 알아야 한다"(Juri operam daturum nosse oportet, unde nomen Juris descendit)라는 말을 인용했다. 법을 공부하는 사람은 법이라는 명칭이 어디서 파생되었는지 알아야 한다는 것이다. 그러나 법을 이해하는 것은 의미가 없다. 루돌프 폰 예링(Rudolph von Jhering)[40]은 "법의 목적"(Zweck des Rechts) 제2권 12-74쪽에서 도덕 개념을 단어를 통해 파악하려는 시도는 일견 지혜로워보이지만 실상 적절한 것으로 볼 수 없고, 이 생각이 '법'이라는 단어에는 조금 덜 적용된다는 점을 밝혔다.

법이라는 단어는 원래 게르만어 레흐트(recht)에서 나왔는데, 그리스어로는 디크(dik), 라틴어로는 유르(jur), 스칸디나비아어로는 프라보(pravo), 고딕어로는 타이수스(taihsus), 히브리어로는 미쉬파트(misjphath)로, 형태뿐만 아니라 의미도 다양하기에 하나의 의미로 설명하고 정의하기가 쉽지 않다. 아렌스의 잘 알려진 견해, 곧 우리나라 말의 '법'이라는 단어가 두 점 간의 가장 짧은 거리의 직선에서 유래한 것이라는 견해에 대해서는 그 누구도 확실한 증거를 찾지 못했다. '직선'(Recht)이란 언어학적으로 '비뚤어진 그리고 굽은' 것의 반대말로 이해해야 한다. 바이간트(K. F. L. Weigand) 박사는 그의 "독일어 사전"(Deutsches Lexicon) 제2권 447쪽에서 우리말의 법이 라틴어 렉투스(Rectus)와 연결된다는 진리를 알려준다. 렉투스는 레게레(regere)에서 나왔는데, 그것은 '다스리다'라는 이미지를 제공한다. 또한 레게레에는 '질서를 유지하다', '법을 제정하다', '통치하다'라는 이미지도 포함되어 있다. 왼편의 반대말인 오른편(rechterhand)이라는 단어에 고정된 설명은 그리스도께서 '아버지 오른편에'

앉으셨다는 말에서 볼 수 있는 것처럼, '권한을 행사하다'라는 의미가 있다. 또한, 이 단어에서 파생한 판사(rechter)도 같은 의미가 있다. '곧음'(recht)은 힘의 결과로서 어떤 질서를 확립하거나 회복시킨다. 그 반대는 약간 굽음, 왼쪽, 혼란스러움, 무질서함이다. 법 개념은 이러한 반대 개념에서 비롯되지 않았다.

법은 그 기원이 완전히 독립적이다. 법이 그것의 독립적 기원으로 인해 반대(antithese)를 창조했다. 법의 개념은 진(眞), 선(善), 미(美)처럼 독립적이다. 개념으로서의 선은 도덕적 성격을 가지며, 미는 미적 영역, 그리고 진은 실제와의 일치를 특징으로 한다. 그래서 법의 개념은 '반드시 해야 하는' 것과 반대되는 '해서는 안되는' 것을 포함한다. 법은 진, 선, 미와 마찬가지로 존재(zijnde)의 자기 고유의 범주이다. 마찬가지로 선의 범주 자체도 악한 자가 창조한 '선이 아닌 것'의 반대이다. 미의 범주도 그것의 모순인 '추함'을 생산한다. 마찬가지로 진의 범주도 거짓이라는 반대개념 없이 생각할 수 없다. 이와 마찬가지로 법의 범주 또한 파괴하는 부정으로서의 불법을 그 자체의 반대개념으로 가진다.

진은 현상과 본질 사이의 정체성을, 선은 의도를, 미는 형태를 지향하듯이 법은 관계, 즉 하나님과 피조물 그리고 피조물과 피조물 간의 관계의 의미에 중점을 둔다. 그런 관계가 없다면 혼란 외에 아무 것도 없다. 그리고 만약 그런 관계가 존재한다면 그것들이 우연의 놀음인지, 아니면 모든 피조물 위에 있는 힘에 의해 제정되고 질서 있게 되었는지에 대한 질문이 생길 수 밖에 없다. 만약 후자라면, 관계들의 어떤 어긋남을 내버려 둘 것인가 아니면 벌을 주거나 회복을 통해 반전시킬 것인가 하는 문제가 발생할 때, 이러한 관계를 조정했던, 즉 관계를 제정했던 '의지'에 따라 생각하게 된다. 경험적으로 알 수 있는 것은 그러한 확실한 관계가 있으며, 이러한 새로운 관계는 피조물에서 나올 수 없다는 사실이다. 오히려 그 관계의 기원과 존재는 피조물을 초월해 방출되는 의지에 기원한다. 그리고 이 의지는 자신에게서 흘러나오는 것을 유지하기 위해 힘을 소유하고 시행한다. 따라서 법이란 하나님께서 우리에게 제정한 질서로서, 우리와 그분의 관계 및 피조물 간의 상호관계를 규율할 뿐만 아니라, 심판과 회복을 통해 손상된 곳을 복구시키는 것으로 이해할 수 있다.

§3. 법 감각

우리의 정신에 법과 불법 사이를 판가름할 정신적 '감각'이 없다면 이 모든 것은 우리의 의식 영역 밖에 있을 것이다. 우리에게 미각, 후각, 시각, 청각 등이 있듯이 우리의 정신도 진리와 거짓, 아름다움과 추함, 그리고 도덕적인 의미에서 건전하거나 혐오스러운 영향을 주는 것을 느낀다. 그리고 우리의 정신에는 이처럼 실제로 옳고 그름을 떠나 법이나 불법의 차이에 반응하는 감각인 개념이 존재한다. 이것은 우리에게 주어진 선천적인 옳고 그름에 대한 감각이며 앞서 언급한 네 가지 감각 중 가장 강력한 것이다. 많은 사람이 좋고 나쁜 것에 대해서는 때때로 매우 약하게 반응하지만, 진실이나 거짓말에 대해서는 훨씬 더 강하게 반응한다. 가장 강력한 반응은 '불법'이 있다고 느낄 때의 반응이다. 이것은 그냥 넘어가지 못한다. 이것에 대해서는 거의 모든 사람이 매우 격렬하게 반응한다.

법의 특정한 내용을 제외하고, 우리에게는 법(정의)이나 불법(불의)에 대한 매우 강력한 '감각'이 있는 것 같다. 이 감각은 그 내용이나 우리가 옳으냐의 질문과는 별개로 인간이 가지는 독특한 특성이다. 그러므로 자신의 법에 대한 개념이 완전히 잘못되어 있는 탓에, 자신에게 정당하게 일어나고 있는 일을 불의로 여기는 사람은 종종 이 불의에 대한 잘못된 감각에 대해 옳은 사람보다 강하게 때로는 더 격렬하게 반응한다. 만약 우리에게 법과 불법에 대한 '감각'이 있다고 확정한다면, 그후에 제기되는 질문은 그 법의 내용을 어떻게 배울 수 있느냐 하는 것이다.

§4. 법의 기원

법 지식이 특정 국가, 특정 연도, 특정 사건에서 법으로 간주되는 것과 관련된 법 지식을 의미한다면, 헌법, 법률, 결정, 규정 등 성문법이 법학 지식의 직접적 기원이라고 말할 수 있다. 부분적으로는 '관습법'과도 관련이 있다. 그러나 이 실정법의 근원을 논쟁의 여지가 없는 방식으로 알아낼 수 있는 것은 아니다. 변호사는 변론을 통해 이 불확실성을 찾아내고 제거하려 노력한다. 그러면 결정은 다양한 단계의 재판부에 맡겨지겠지만, 그 결정은 적어도 항상 같은 방법을 따른다. 두렵게도 법이나 결정의 조문(條文)에 메이게 되는 것이다. 이 방법은 적지 않은 사람들이 원하는 것처럼 기록된 것으로부터 자유로울 수 있다. 종종 중도를 걷기도 한다. 그러나 후자의 경우도 매우 다른 출처에서 파생될 수 있는 자유로운 부가요소가 성문법에 연결된다. 우리는 이미 관습법 또는 풍습을 언급했다. 여기에 추가로 생소한 법, 도덕적 동기, 혹은 일반적인 국민의식을 참고하는 이전 법원 판례가 있다. 그러나 법관의 주된 임무는 법을 발견하는 것이 아니라 '발견된' 법을 가장 정확히 파악하고 적용하는 것이다.

실정법을 만드는 임무를 부여받은 정치권력은 다른 측면의 노력을 기울여야 한다. 이 입법과 법적 권한은 법률에서 법을 발견하는 것이 아니라, 다른 곳으로부터 법에 적용하는 것을 의미한다. 그래서 지금까지 법으로 유효했던 다른 곳에서 빌린 시금석과 비교하며 시험해야 한다. 자코뱅당[41]이 보인 광란의 순간에 입법부가 스스로 정의를 만들거나 마법을 행사할 수 있다고 상상했을 수도 있다. 하지만 이것은 아주 예외적인 경우이다. 대체로 법을 만든 자 또는 법령이나 결정을 시행하는 자는 자신이 더 높은 권력의 기관에 불과할 수 있다는 것과 이 큰 기관이 본질적인 면에서 법을 존중하고 불법을 거부하는 것을 결정하고 제공한다는 것을 충분히 의식하고 있었다. 이 경우 첫째로 그 근원을 알고 그 법에서 어떤 더 높은 지식이 나오는지를 밝히는 것이 중요하며, 둘째로 그 근원에서 법이 흘러나오게 해야 하며, 셋째로 발견된 법을 올바른 형태로 부어서 특정 민족과 특정 상황이 요구하는 대로 적용해야 한다. 이 발견된 법을 상위 권력에 이양하는 것은 궁극적으로 지존하신 분이 모든 법의 기원이심을 완전히 부정하는 것이다.

거룩하신 하나님을 신뢰하고 그분 앞에 경배하며 무릎 꿇는 사람은, 마지막 순간까지 모든 피조물을 초월하는 전능하신 주님 외에 법의 기원으로 다른 이를 생각할 수 없다. 이러한 총체적 신앙의 기쁨을 알지 못하는 사람은 법의 기원을 피조물 가운데서 설정할 수밖에 없다. 인류의 사고가 몇 사상가의 흐릿한 추측 위에 서 있다. 그리고 법적 천재성을 부여받은 것으로 판명된 사람의 사고는 평범한 인류의 사고 위에 있다. 만약 이를 통해 가능한 과학적 사고가 법을 위한 자료를 인간 본성에서 발견하고, 역사가 본성적 자료에 추가 법칙을 제공하고, 철학이 이 추가된 법 자료를 전 생명현상과 그에 관한 우리의 지식으로 연결 짓는 데 성공하여, 전반적으로 하나의 잘 짜인 구조 또는 순전하게 작동하는 유기체라는 인상을 준다고 생각해보자. 그러면 사람들은 믿음의 결핍이 상실케 했던 것, 말하자면, 백성을 강제하고 벌을 주겠다고 위협하여 자신에게 복종시키기 위해 시민 통치자가 어딘가에서 법을 빌리고, 법과 불법이 무엇인지를 밝혀내는 더 높은 권력을 발견했다고 생각한다.

원리적으로 이 두 가지 체계 중 첫째는 법을 하나님으로부터 유래하는 것으로 본다. 그리고 둘째는 법을 인간에서부터 세워 나가면서 전자와 날카롭게 대립한다. 그러나 결과적으로 이 두 체계는 적어도 예상보다는 서로 덜 벗어나 있다. 사람의 본성과 역사와 철학에서 유래하는 자료 외에 아무런 자료 없이 법체계를 세우려는 자는 인간이 왜 그런 본성을 가지게 되었는지, 어떻게 역사적 과정 가운데 그것을 표현했는지, 무엇이 그 이해를 가능하게 했는지를 설명해야 할 요구 앞에 놓인다.

반대로 모든 법의 기원이 하나님께 있다고 보는 사람은 이 일반적 믿음을 인간의 본성, 인간의 역사적 진행 과정, 그리고 철학적으로 구별된 부분을 요약함으로 지식을 얻는다. 따라서 이 두 가지 원리는 모든 것을 서로 대치되는 것으로 보며, '하나님으로부터 법'을 보거나 '인간으로부터의 법'을 본다. 후자를 선택하면 법의 쇠퇴로 이어지며, 그 법은 하나님에게 '복종'하지 않고 인간에게 종속된다. 그 요구는 항상 내키지 않는 마음을 불러일으키는 것으로 끝난다. 한쪽이 다른 쪽만큼 자신을 동일하게 높다고 생각하기 때문이며, 의심 받기 전에 정의감을 가장하여 스스로 보복하는 것은 '내키지 않기' 때문이다.

§5. 하나님으로부터 나온 법

법의 기원을 인간 곧 인간의 '본성'과 '역사적' 과정 그리고 '철학적'이고 통합적 사고에서 찾으려는 노력은, 르네상스 이후 중세의 법률관과 단절하고 이른바 '근대' 법을 발전시키는 데서 점점 더 지배적이 되었다. 그런데 그것은 끊임없이 문제를 이동시키는 자기기만으로 설명할 수 있다. 프루동(Proudhon)[42], 바쿠닌(Bakonini)[43], 크로폿킨(Krapotkin)[44], 네탸쉐프스(Netjaschefs)[45], 모스트(Most), 뮐베르거(Mühlberger) 및 라인스도르프(Reinsdorf)와 함께 무정부주의와 허무주의에 자신을 던지는 사람은 누구나 다음과 같은 진술을 지속할 수 있다. "하나님이 아니라 사람으로부터!" 이 경우 지배권뿐만 아니라 구속력 있는 모든 관계도 사라지고, 절대적 자유의지의 권리 외에는 다른 권리를 인정하지 않는 완전히 독립적 인간만 남는다. 여기서 법적 구성에 대한 언급이 부재하고, 유기적 응집력을 찾기 힘들며, 조직에 대한 고려도 이뤄지지 않는다.

모스트, 라인스도르프, 그리고 1878년의 허무주의자들은 매우 위험한 조직을 만들었다. 이 조직은 특히 시카고에서 한동안 활동했다. 그러나 모든 무정부주의자나 허무주의자들의 조직은 항상 기존 정치 및 사회생활 조직을 파괴시키는 '치료제'로 이해되었다. 한편 두 운동은 모두 그들의 지도자가 법의 신적 기원과 인간적 기원 사이의 대립을 신적 존재의 완전한 배제를 통해 해결하는 데 실제로 성공했다는 것을 자랑할 수 있었다. 그들은 모든 정신적 동기를 배제하는 가장 절대적인 유물론에 집착했고, 사람과 사람을 묶는 모든 결속력을 풀었다. 각 개인의 의지를 제외하고는 '아무것도' 남지 않았다. 따라서 모든 질서 있는 관계나 연결이 더는 존재하지 않게 되었고, 결국 모든 사람이 다른 상위법을 인정하지 않고 '자신의 법'만 인정하게 되었다. 따라서 무정부주의와 러시아의 허무주의라는 두 방향은 사회와 국가의 모든 삶을 몰락시킴으로 종말을 고했다. 이에 관해 둘 다 법의 신적인 근원을 부인함으로써 그런 논리적 결과를 낳았음을 인식해야 한다.

이런 관점의 논리적 결과에 주춤하면서 가족과 사회, 교회와 국가에서 인간과 인간의 공존이 필요하다고 보았던 사람들은 심오한 생각을 다른 사람에게 맡기고, 수면 위를 바라보는 일에 몰두함으로써 법의 인간적 기원에 대한 생각을 유지하지 못했다. 특히 지난 세기 진화 사상에 휩쓸린 사람들은 인간의 본성과 역사와 철학에서 찾은 세 가지로 법이라는 집을 짓는데 화강암과 청석만으로 충분하다고 생각했다. 암석들을 채취한 채석장에 대한 모든 추가 조사는 자신과 상관없는 일이라고 생각했다. 진화론에 기초하여 인간의 생명을 포함한 모든 생명체를 분석할 때, 결국 인간은 무에서 나오는 생명 세포로 전락해 버렸다. 그리고 인간은 그렇게 설명을 요구하는 모든 것을 그 탓으로 돌렸다. 또한 마치 인간에게 근본적으로 존재한 것 같은 요소들을 아주 가까이에 둘 수 있었는데, 그것은 법의 기원에 대한 개념 설명을 위해서 등, 나중에 필요했기 때문이다. 심지어 헤켈(Haeckel)[46]은 한 번도 본 적이 없는 원생동물과 전자(electron)에도 모든 종교, 도덕, 예술적 감각의 첫 싹이 존재한다고 주장하기를 주저하지 않았다. 이런 식으로 만들어진 진화론은 그것을 추천하는 자료가 있기에 한동안 거의 일반적 타당성이 있는 것처럼 오인된 이론임에도 불구하고 이미 오랫동안 일반적으로 통용되고 있다. 그러나 그 어떤 경우도 진화론은 여기서 해결책을 제공하지 못한다. 결국 이 생각을 유지하고 싶다고 해도 스스로 혼돈과 자기기만에 빠지게 된다.

진화론자들이 우연에 대해 경의를 표하고, 단순한 조합의 출현에 질서나 규칙성이 없는 방식으로 그들의 체계를 가져왔다면 그렇지 않을 것이다. 그러나 이것은 그들의 이론이 용납하지 않는 것이다. 모든 새로운 구성은 이 체계의 요구로 고정된 법칙이 된다. '비약' 이론조차도 이 법칙의 불가결성을 없애지 못하고 오히려 더 강화한다. 그것이 무형의 원재료에서 생겨났다고 가정하는 것만으로는 충분하지 않다. 확정된 법칙에 따라 다양하게 변하는 물질의 출현뿐만 아니라, 그 물질에 내재된 작용과 함께 그 물질의 존재 자체가 설명을 요구한다. 그 재료는 도대체 어디에서 왔는가? 그것의 기원은 무엇인가? 그 재료에서 창조적 힘이 어떻게 생겨났는가? 그리고 이것은 그 작용에 상응하는 법칙과 함께 발생했다. 이 두 가지 질문은, 비록 물질의 첫 입자에 있는 미생물로 내려가더라도 충분하고 결정적인 답을 요구한다. 그 기원은 모든 물질적 존재보다 더 높은 질서에 있어야 한다.

뿐만 아니라 그 첫 번째 원인이나 기원에서 생각과 의지가 있었음이 틀림없으며 그 의지는 힘과 연결되어 있다. 완전한 무형의 상태에서 가장 원시적 형태로 전환되는 과정 가운데, '행위 작용'(daad-actie)과 '의지 작용'(wilsactie)이 생명을 불어넣는 동기가 되어 최초의 물질을 창조한다. 그리고 최소한으로 형성된 요소에서부터 다양하고 풍부하게 구성된 더 강력한 행동을 할 운명으로 넘어간다면, 이 모든 것에서 어떤 식으로든 응집력, 변이, 작용이 있었을 것이다. 그 결과 단일 원자, 분자, 전자, 또는 어떤 원소라고 불리는 것이 생겨났다.

둘째로, 하나가 다른 하나에서 진화하려면 이 모든 것에 대해 어떤 의지가 있어야 한다. 셋째로, 이 생각의 주체는 모든 것에 자극을 주어 다양한 현상을 나타나게 하려는 의지와 이 의지를 실현할 수 있는 능력도 있어야 한다. 이 모든 것을 창조하는 생각도, 이 모든 것을 다스리는 의지도, 이 모든 것을 실현하는 힘도 원시 물질 속에 숨을 수 없다. 오직 자유로운 주체에서만 생각될 수 있다. 그래서 그것은 모든 것을 생각하는 존재, 곧 모든 것에서 원하는 모든 목표를 직시하는 존재, 원하는 것을 실현하는 힘이 만물의 기원에 앞서고 가능하게 만든 존재여야 한다.

사람들이 이렇게 생각하고 뜻을 정하고 행동하는 더 높은 원리를 범신론적 차원에서 물질 자체에서 찾으려 했다고 하더라도, 원자와 원자 입자에서 물질의 무한 분할은 그 모든 물질을 초월하는 스스로 존재하는 존재를 가리킨다. 무한히 나누어진 것들의 통일을 의도하며 나아가는 힘이 하나의 존재로 불리고 그 통일체 안에서 하나가 된다. 사람들은 이미 종료된 창조의 연속을 단세포에서 계속된 진화로 대체하지만, 성경의 첫 번째 장에서 보고된 것처럼 항상 제1 원인에 도달하게 된다. 그 원인으로부터 모든 구성요소를 포함하여 하나의 단위로서의 우주의 기원과 생존에 관한 모든 데이터가 비롯되었다.

순전히 논리로는 하나님을 인정할 수 없다. 논리와 종교는 그 성격이 다르다. 이제 우리가 모든 시대와 모든 민족의 역사에서 신앙의 종교적 감각이 인간의 영적 삶에서도 발견됨을 알게 된다면, 종교적 감각과 발견된 논리적 결과 사이에는 완전한 일치가 있음을 볼 것이다. 그리고 만물의 근원이신 분을 예배하는 것은 전능하신 하나님 안에서 각각의 존재와 연합으로서 정당화되고 모든 존재의 최종적 근거에 대해 요구되는 설명을 제공한다. 피조물의 '상호 관계'는 같은 하나님에 의해 규제되고 인증되어야 하는 것이 분명하다. 무생물에 관한 이러한 관계를 '자연법칙'이라고 부른다. 생물들 간의 관계에 관한 한, 그 관계는 '법'이라는 이름을 지닌다. 후자는 성경에서 '하나님의 법'이라는 단어로 사용된다. 그리고 '법'은 특히 죄인의 '칭의'에서 두드러지며 '성화'와는 구별된다. 바로 이런 의미에서 '법'을 의식을 가진 피조물이 그분과 맺어야 하는 관계와 하나님에 의해 확립된 질서로 받아들인다면, 하나님만이 전적으로 독립적 본성을 가지며 우리의 지식도 그분에게서 또는 그분을 통해서만 올 수 있다. 그래서 하나님만이 법의 원천이시다. 이분에게서 파생된 법은 도움을 주는 법칙으로 작용할 수 있지만, 하나님 '외에' '그' 법의 독립적 기원은 상상할 수 없다.

§6. 법과 도덕

법과 도덕은 서로 인접해 있기에 그 경계가 종종 모호하다. 이전에 사법 기관을 통해 집행되었지만, 현재는 그로부터 벗어나 도덕적 삶의 영역으로 이동한 법률들이 있다. 특히 모든 종류의 성적(性的) 영역이 그러했다. 경건에 대해서도 마찬가지 현상이 나타난다. 구약에서 하나님은 여러 가지를 법으로 요구하셨는데, 그것이 우리에게는 경건이라는 자발적 존경의 표시로 지시된 것이다. 성경 속 '법' 개념과 관련하여 도덕과 경건을 분리, 구별해보면, 도덕은 동료 피조물의 관계, 경건은 하나님과 우리의 올바른 관계를 존중하는 것에 중점을 두고 있다. 도덕과 경건은 구별되지만 연합하여 하나의 전체를 이루며, 사람들 사이의 '법'과 차이를 이룬다. '법'은 우리의 의도와는 별도로 우리 삶의 틀을 설정하는 반면, 도덕과 경건은 우리가 그 법의 틀에서 '선한 양심'을 어떻게 다룰 것인지를 보여준다.

우리의 의도나 의지와 상관 없이 우리에게 부과된 일을 했을 때 법에 의한 의무를 다한 것이다. 영국에서는 상점이나 여관의 소유주가 닫힌 문 뒤에서 제4계명에 반하여 저주를 하더라도, 일요일에 금지된 시간 동안 문을 닫아두면 법과 법률을 준수한 것이다. 태평양의 무인도에 난파되어 해안으로 상륙한 선원이 그 나라의 법을 준수하지 않을 수도 있지만, 자신의 경건한 의도에 따라 주일에는 일을 쉰다. 세금 청구서를 받는 국회의원은 그 세법에 반대하고 여전히 모든 면에서 그것에 대해 비판하더라도, 기간이 만료되기 전에 완납해야 한다. 법은 인간 사이의 다양한 관계를 '외적으로' 규제할 수밖에 없다. 따라서 '외적으로' 제어할 수 있고 검증 가능한 이러한 관계를 스스로 규율하며 체계적으로 유지한다. 법이 사람과 사람 사이의 상호 관계를 규제하기 위한 것(사법)인지, 아니면 정부 하에 있는 사람들의 공적인 사회관계를 규제하는 것(공법)인지는 여기서 중요한 논점은 아니다.

법은 항상 근본적으로 도덕성, 경건과 구별된다. 법은 당신이 '전심'이나 '무관심'으로, 심지어 '혐오감'으로 행동하는지 여부와 관계없이 빚을 면제하는 것 이외에 다른 것에 관심을 두지 않는다. 하지만, 도덕이나 경건은 원리적으로 항상 '의도'를 중요시한다. 따라서 의무 이행은 '법적'인 성격을 지닐 수 있는 동시에 '도덕적'일 수도 있다. 이스라엘에서 3년마다 과부와 고아를 위해 자기 땅에 대한 십일조를 성문에 놓는 사람은 율법이 그렇게 요구했기 때문에 인간에 대한 동정심이 없이도 법률상의 의무를 행한 것이다. 반면에 그렇게 할 수 있음에 감사하는 마음으로 과부들을 곤경에서 도운 사람은 동시에 '도덕적' 행동을 한 것이다.

그러므로 법과 도덕의 영역은 두 개의 완전히 다른 영역을 포함하지만 끊임없이 '서로' 중복되어, 법은 겉으로 나타나는 관계를 규제하고 의도는 행동에 도덕적 동기를 부여하는 방식으로 움직인다. 또한 이로부터 인간에게 주어진 법은 매우 제한적이다. 인간에게 주어진 법은 순수한 영역에서 매우 제한적인 영향을 미칠 뿐만 아니라 생명 전체, 즉 우리 자신의 육체, 영혼, 동물계, 심지어 물질계와의 관계를 포함한다. 과수원이나 밭에서 열매가 썩도록 내버려 두는 것이 죄인 이유는, 율법이 그것을 용납하지 않기 때문이 아니라 도덕적 감각이 그것을 정죄하기 때문이다. 실천적인 율법학교에 재학하는 것은 교육적일 수는 있지만, 우리를 마땅히 있어야 할 곳으로 인도하지는 못한다. 하나님은 이스라엘을 위해 그런 율법학교를 세우셨고 자세한 율법을 주셨다. 그러나 항상 두려운 경고가 수반된다. "율법에 기록된 것이 무엇이든 그렇게 하지 않는 사람은 저주를 받을 것이다."[47] 모든 도덕적 동기를 법적 관계로 전환하는 것에서부터 '노동의 신성함'의 체계가 생겨났다. 이에 대해 '도덕적' 동기와 거룩한 '의도', 그리고 '믿음'을 출발점으로 하는 신약에서는 모든 율법이 사랑의 계명으로 요약된다. 모든 율법은 마음을 다하고 뜻과 힘을 다해 하나님을 사랑하고 이웃을 자신과 같이 사랑하는 것이다.[48]

그러므로 '경건한 것'과 관련해 '도덕적인 것'은 모든 더 고상한 인생의 유일한 참된 동기이다. 법의 개별적 집행은 '봉사'를 실현하는 것이다. 우리 인간 세계에 죄가 없었더라면 이것이 필요 없었을 것이다. 자연스럽고 순전히 내적인 충동, 즉 도덕적 동기만으로도 인간은 상상할 수 있는 최대한의 지점까지 하나님의 모든 법을 성취했을 것이다. 원시림 속의 아메리카 인디언이 자신의 눈앞에 있는 지형과 길을 잃지 않기 위해 어떻게 가야 하는지에 대해 아직 손상되지 않은 눈으로 보는 것처럼, 우리 각자는 자신만의 삶의 길을 발견한다. 하나님께서 우리가 어떻게 행동하기를 바라시는지는 모든 면에서 자명하다. 죄를 짓지 않았던 인간은 분명히 그것을 알았을 것이다. 그리고 다른 방식으로 그것을 원하지 않았다면, 그는 그것을 성취했을 것이다.

그리스도께서 하나님에 대한 사랑에 관해 "네 영혼을 다하고 마음을 다하며 뜻을 다하고 힘을 다하여"라고 말씀하셨다. 죄가 없었다면 도덕적 동기의 의도가 온전한 법의 전 영역을 포괄했을 것이다. 법적 동기와 도덕적 동기 사이의 효과적 차이는 생각할 것도 없었을 것이다. 그렇게 법과 도덕은 동일시 될 수는 없지만 연결되어 있다. 법은 우리에게 '외부로부터 부과되는 의지'이지만, 도덕은 '우리 안에서 발생하는 의지'이다. 양자는 의지의 표현인 점에서 일치하며 수나사와 암나사처럼 서로 다르지만 상호 연결된다. 하지만 죄가 들어오면서 인간의 의지와 의도는 하나님의 뜻과 일치하지 않게 되었을 뿐만 아니라, 나아가 하나님의 뜻을 대적하려는 충동을 불러일으켰다. 그 결과 법은 완전히 다른 성격을 가지게 되었다. 도덕적 행동과 분리된 법은 이제 강압적 수단이 되었다.

법은 일반은총 안에서 적어도 외적으로 인간의 삶을 위한 특정한 규범적 틀을 확립하고 유지하기 위한 목적을 가졌다. 법은 도덕적 동기와는 별개로 형벌을 통해 법의 적용을 받는 사람들 사이에서 어느 정도 질서 있는 인간의 삶을 유지할 수 있는 틀이다. 이런 식으로 법과 도덕은 부분적으로 자기 영역으로 후퇴했다. 도덕적인 것은 항상 전체를 포괄했고, 인간 사이의 법 집행은 제한적이었다. 그리고 이제 도덕적 규칙만 늘어나고 인간의 법적 집행으로부터 물러난 이 광활한 영역에서 법은 무시를 받으며, 중요하지 않게 된 것은 아닌지 묻는다면, 부정적으로 대답할 수밖에 없을 것이다. 하나님 쪽에서 법의 영역은 의식적 관계가 존재하는 모든 것을 포괄한다. 왜냐하면 그것은 예외 없이 모든 것을 규율하기 때문이다. 그 바깥의 영역은 정부가 유지하는 법의 집행 영역에 속하지 않는다. 그 넓은 영역에 걸쳐 하나님의 법 집행은 이미 부분적으로 양심과 죄에 대한 고통의 섭리적 연결 속에 존재한다. 하지만 그것은 적어도 믿음이 가져오는 칭의를 통해 그 완성을 찾지 못하는 한, 최후의 심판에서만 완전한 형태로 논의될 수 있다. 따라서 칭의와 최후의 심판이 둘 다 진가를 발휘하는 한, 하나님의 법이 가진 만유를 다스리는 특성은 손상당하지 않는다. 반면에 인간의 법 집행은 계속 고유한 형태를 유지하는데, 첫째는 매우 '제한된' 범위를, 둘째는 '외형'을, 셋째는 '강압적' 성격을 그 특징으로 한다.

그러나 이것이 결코 도덕의 활발한 부흥을 감소시키지는 못했다. 우리의 세속적 법 개념과는 달리 도덕적인 것은 항상 '모든 것을 포괄하는' 속성을 지닌다. 생각이나 말이나 일 중 어느 하나도 그 영역 밖에 있지 않기 때문이다. 다른 한편, 그 '내면적' 특성은 겉으로는 결코 그것을 만족하게 할 수 없다. 셋째, 도덕의 '자유로운 주도'다. 원하지 않으면 존재하지 않는다. 이것은 도덕적 동기가 강압 때문에 부여된 법을 스스로 전환할 수 있음을 의미한다. 그러므로 법적 의무를 이행할 때, 더는 강압이나 처벌에 대한 두려움이 아니라 자신의 선천적 통찰력에 의해 기꺼이 법에 복종할 수 있다. 법적 의무를 이행하기 위해 강압이나 도덕적 의도에 대한 두려움이 작동하지 않고, 다른 사람들처럼 대수롭지 않게 참여가 이뤄진다. 이것은 후에 관습법에 가까워지는 공동의 질서를 가져온다.

낙원에서 타락이 없었다면 죄가 부재하기 때문에, 교육과 개발을 통한 점진적 성장과 법적, 도덕적 수준이 높아지는 것을 절대 막지 못했을 것이다. 이에 대해서는 두말할 필요가 없다. 우리는 어린아이로 태어나고, 마침내 여기서 우리의 임무를 완료하면 더 높은 질서의 세계로 들어간다. 이 모든 것은 '죄가 없는' 세상에서는 법과 도덕의 정체성에 절대로 부족하지 않을 것이다. 신생아의 무의식에서 성인의 의식으로, 소년의 원시적 단순성에서 남성의 원숙함으로, 미약한 의식에서 정교한 의식으로의 전환은 삶의 경험의 열매다. 문화는 죄 없이 탄생할 수 없었다. 이것은 이전의 타락한 상태를 보여준다. 죄와 관련된 이러한 자연적 발전은 공통적인 것은 아니다. 베들레헴의 구유에 있는 아기가 그 증거이다.

§7. 민족 도덕과 관습

법과 마찬가지로 도덕성을 익히기 위한 기초실용학교는 도덕과 관습이다. 나아가 자기 고정적 예의범절도 부분적인 관련이 있다. 이를 위해 두 가지가 협력한다. 첫째, 우리 자신에게 동일하게 남아 있으려고 하는 타고난 경향, 둘째, 우리 자신의 동기와 다른 사람의 동기의 평등성. '도덕'은 행위의 방식을 뜻하며, 비슷한 경우에는 반복하고 강제하지 않아도 지속된다. 도덕이 우리 자신만을 위한 것이면, 관습은 일부 개인적 특이성에서만 그 근거를 찾을 수 있으며, 따라서 그 한 사람에게만 제한된다. 그러나 일상생활에서 비슷한 일을 하는 방식이 타인에게도 확립된 것처럼 보인다면 그 방식은 공통점을 형성한다. 개인적이거나 스스로 그러지 않으려는 사람들조차도 곧 모방하려는 충동을 가지게 된다. 따라서 모든 사람이 그러한 일을 하는 방식을 어린 시절부터 시작하여 성장하는 가운데 배운다. 이상하게 보이는 것에 더 이목이 집중되기 때문에, 이 '이상의 발견됨'을 피하게 된다. 이런 식으로 이전의 비자발적인 삶의 표현이 고정되어 관습이 된다. 따라서 이 관습은 자신이 속한 집단에서는 확실히 널리 퍼져 있지만 다른 집단의 관습과는 상당히 다를 수 있다. 신성한 것으로 여겨져 온 코르시카섬(Corsica)[49]의 피의 복수나, 보르네오섬(Borneo)[50]의 다약족(Dajaks)[51] 사이에서 행해진 머리 사냥을 생각해보라. 그렇지만 이런 극단적인 것을 제쳐둔다면, '관습'은 민족들 사이에서 적어도 부분적으로는 유사한 기본 성격을 지닌다.

이러한 유사성은 인간 본성을 가진 모든 민족의 정체성, 그가 속한 가정과 사회적 어려움의 유사성, 그리고 이 사회적 어려움을 해결하려는 방식의 역효과에 대한 동일한 경험 속에서 발견된다. 이런 식으로 한 사람이 실험하고, 다른 사람도 그렇게 함으로써 점차 가장 덜 해롭고 효과적인 행동 규칙을 발견하게 되었다. 반면에 관습은 더 높은 동기보다 그러한 방식의 행동을 요구하지 않았다. 그 어떤 민족에게서도 거짓말을 무죄라고 선고하고, 혼전임신이나 술취함 등과 같은 비난받을 수 있는 관습이 삶의 순환계에 스며드는 것을 본 적이 없다. 바른 언어관습에 따르면 이 모든 것이 민족의 '도덕'으로 정의되지 않는다. 그것들은 민족의 '죄'다.

이것은 사람들의 모든 집단에서 민족의 도덕을 고착시키는 데 도덕적 비판의 요소가 개입되어 있다는 것을 보여 준다. 그런 다음 어떤 문제를 해결하려고 할 때마다 여러 다른 흐름이 생겨난다. 하나는 더 낮은 질서, 다른 하나는 더 높은 질서로 구별되는데 여기서 민족정신은 더 높은 질서를 제압하려고 한다. 그리고 민족의 도덕은 더 높은 요구가 승리하고, 주변 민족의 존중을 보장하는 관례를 확립하는 경우에 형성된다. 우리에게 낯선 민족들에 대한 지식을 풍부하게 해준 여행자들은 더 일반적인 의미에서 대중적인 도덕을 극찬하곤 했다. 그렇지만 그것은 사실과 다르다. '도덕'이라는 단어 자체는 항상 어떤 민족이 의미하는 것, 그런 민족이 자신의 눈으로 볼 때 낮춰보지 않고 높이는 의미를 유지하고 있어야 한다.

한 민족의 도덕성은 우발적이거나 자의적인 관계에서 비롯된 것이 아니라, 도덕적 개념에 직접 영향을 미치는 여러 방식으로 나타나는 질문들로부터 이 개념에 대한 비판을 수용하게 되기 때문이다. 그 결과 결함이 있지만, 도덕적 비판을 불러일으키고 도덕으로 계획된 결론에 이르게 된다. 종종 도덕적으로 높은 지위나 높은 수행자, 따라서 영향력 있는 종족 수장이나 정복자는 거의 영향을 미치지 않는다. 그러한 사람은 자신에 대해 확고한 결론을 내렸고, 다른 사람이 그를 따르는 나름의 투쟁이 발생했다. 개인을 정신적 존재로 볼 때 모든 도덕성은 개인적 주도에서 출발하지만, 모방은 많은 사람과의 관계를 만들었다. 이것은 '단두마차'[52]의 변덕을 말하는 것이 아니다. 이것은 조롱을 동반하지만, 그로 인해 민족도덕의 일치를 확증한다. 그리고 도덕적으로 더 높은 사람이 온 국민을 사회적 사다리에서 더 높은 단계로 올라가도록 할 때에만 초기에 고정된 도덕이 변화되기 시작하여 더 높은 단계로 올라간다.

민족도덕으로서의 '도덕'의 작용과 구별되는 것은 질서와 법의 기능을 촉진하는 '관습'의 능력이다. 기록된 법은 나중에 생겨난다. 모든 실정법은 관습법의 형태로 나타나기 시작했다. 관습법은 오늘날에도 동양에서 찾아볼 수 있지만, 여전히 우리 가운데에도 법에 따라 제정된 법률과 함께 존재한다. 이슬람 국가에는 샤리아[53]외에도 아다트[54]나 우르프[55]가 있는데, 이것들은 여전히 매우 중요하다. 또한 매매, 제방 관리, 공공도로 사용 등에서 규정된 법이 규제하는 것과 거의 같은 기반으로 묶이는 모든 종류의 관습이 있는데, 심지어 하나 이상의 서양 국가의 재판에서도 여전히 유효하다.

이러한 관습적 권리는 한편으로 당사자 간의 분쟁에서 양측이 체결한 합의를 고수해야 하는 불가피한 필요성에 기인하며, 다른 한편으로는 해당 국가, 민족, 사안의 종류와 성질로 인해 자체적으로 제공하는 특성에 기인한다. 그러한 관습법은 한 사람이 동일한 토양, 기후, 운송 수단, 화폐, 사업 또는 기업들 사이의 동일한 연결 하에서 다른 사람들과 함께 생활함으로써 발생하는 의무에서 생겨난다. 이 첫째 필요성에서 자연스럽게 둘째, 즉 지속적인 다툼과 주먹싸움에 대한 보증을 생성해야 한다. 우선은 효과적 합의가, 곧 이어 유사한 합의가 점차 더 넓은 범위에서 자리를 잡고 이 합의를 자명하게 만들어 첫 약속을 불필요하게 만든다.

이 관습법은 모든 종류의 영향력 있는 상황에 의해 결정되고 점차 법의

식에 의해 조정된다. 마침내 고대성, 보편성 및 효과성의 권위에 의해 '불문율'로 자리잡았다. 누구에게 복종해야 하는지가 서술되지 않은 관습법은 '전통'(adat)처럼 정부의 조례와 비교할 수 없을 정도로 더 신성한 성격을 지닌다. 관습법은 관습과 근본적으로 다르다. 관습법은 각 집단 사이에 구속력 있는 유대를 확립하는 데 직접적이고도 강압적 권위를 행사하지만, 대중적 도덕성은 점차 증가하는 자유로운 삶에서 나타나는 힘이다. 법과 도덕의 차이는 항상 남아 있는데, 법의 경우 우리에게 '낯선' 더욱 높은 의지가 강요를 하지만, 도덕은 우리 '자신의' 의지에서 생겨나며 하나님의 뜻에 부합한다. 관습법은 우리 안에 있는 모든 것이 저항할지라도 복종을 요구하지만, 대중의 도덕성은 사람들의 공감에 의해서만 유지될 수 있기에 끊임없이 변화하고 변경된다.

§8. 관례와 예절

사람들의 공동생활을 지배하는 이 두 가지 자발적인 규정 외에도 이와 완전히 다른, 그 자체로는 결코 법적이거나 윤리적 성격을 가질 수 없는 관례나 예의나 교제 형식이 있다. 이러한 삶의 형태와 교제 형식은 삶의 위기에서 비롯된 것으로 본질을 건드리지 않지만, 사회 형태에 영향을 미친다. 길에서 만나 서로 인사하면서 손으로 악수하는 관례는 당신에게 다가오는 사람이 강도나 도적일 수 있다는 두려움에서 비롯되었다. 인사말이 없으면 이 사람은 언제든지 배신할 수 있다는 것으로, 당신은 이러한 강도에 맞설 준비를 할 수 있었다. 그러나 그러한 모든 위험이 사라진 후에도 이러한 관례는 특히 동양에 남아 있으며, 우리 가운데에도 일부 남아있다. 교제와 소통에 질서 있는 특성을 부여하기 위해 모자를 벗거나 고개를 숙이거나 악수를 하며, 다른 나라에서는 손에 입을 맞추거나 포옹을 하거나 얼굴을 서로 맞대기도 한다.

심지어 때때로 동물에게서도 그러한 모습이 관찰된다. 목을 강하게 아래로 굽혀 비둘기에게 인사하는 뻐꾸기를 생각해보라. 또한 생일이나 이름이 주어진 날에 서로 축하하기, 혼인, 탄생, 사망, 출산에 방문하기, 애도, 장례식 인도, 예정된 시간에 서로를 방문하기, 작은 선물, 명함 주기, 축제 복장으로 만찬에 참여하기, 새해에 복 기원하기, 남성이 여성 앞에서 일어나 앞서가기, 적절한 복장으로 선한 관행을 존중하기, 다른 사람이 말할 때 방해하지 않기, 누구보다 먼저 스스로 기꺼이 섬기는 자라고 명명하고, 인정된 직함을 사용하여 서면으로 자신을 지칭하며, 주소에서 동등한 용어와 직함 사용하기, 나이가 많은 분들을 위해 어린 사람들이 먼저 일어나기, 다수보다 소수를 배려하기, 심지어 걷는 방식, 테이블에 앉는 방법, 포크와 나이프, 숟가락과 포크, 유리잔과 컵, 접시를 사용하는 방법 등 요컨대, 염치가 없는 사람들을 삶의 교제에서 추방하는 것과 같은 모든 태도는 이러한 사회생활을 유지하고, 삶의 수준을 더 높이 유지한다. 영국의 시민 생활을 우리나라의 그것과 비교하면, 그 사람들이 우리보다 더 앞서 있음을 볼 수 있다. '품위'는 이 고귀한 예절의 가장 완성된 형태이지만, 그 예의에서도 어떤 민족은 다른 민족보다 훨씬 뒤처져 있다. 이러한 형태의 예절은 대부분 기사시대에 형성되었는데, 군대에서도 이러한 것을 볼 수 있다. 일반적인 문명은 점점 더 넓고 낮은 단계로 내려가는 모임에서 이러한 유연한 형태의 시민법을 부여하는 경향이 있다.

그리고 그들은 삶을 더 즐겁고 고상하게 만들 뿐만 아니라 나아가 법의 의미와 도덕성을 높이기 위해 '노력할 수' 있다. 그러나 항상 그렇게 하지는 않는다. 이러한 형태의 완전히 외적인 특성은 그에 상응하는 내적 일치가 없는 경우가 많다. 따라서 가식적인 모습이 너무 자주 나타나서 그 배후에 숨어 있던 것이 때로는 명백한 거짓말로 드러나기도 한다. 가령 유다가 겟세마네에서 그의 스승에게 인사의 입맞춤을 했을 때, 이것은 부분적으로 그 당시의 일반적 예절 형식에 따라 이루어졌지만, 그 목적은 사실상 배신을 위한 것이었다.

그리고 그런 심각한 타락이 아니더라도 세련된 태도는 우리 사이에서도 사회적 거짓말을 너무 자주 드러내었다. 온갖 형태의 존경심이 마음속에 원한과 괴로움으로 스며들었다. 여성에게 끝없이 칭찬하지만, 눈에는 정욕이 있고 영혼의 도덕성에 대한 첫째 개념을 배신한다. 당신이 거기 있는 한 당신을 칭찬하고 존경하지만 등 뒤에서는 문지르고 오점마다 흠집을 낸다. 비록 이러한 어두운 그림자 측면이 명백히 보이지만 그렇다고 해서 이 고귀한 형태의 좋은 측면을 무시해서도 안 된다.

거친 모임에서는 질투와 시기, 심지어 교활한 폭행, 똑같이 강력한 관능적 열정이 펼쳐지지만, 질투는 포효로 표현되고, 폭행은 땅에 던져지고, 심지어 공적으로도 치욕적 공격에 열정을 쏟는다. 그리고 바로 이러한 이유로 고상한 행동 방식이 어떻게 개인의 안전을 높이고 육체를 쫓아내며, 정의감을 발전시키고 도덕적 인식을 일깨우는지를 간과해서는 안 된다. 연로한 사람이나 더 높은 지위에 있는 사람을 피하면, 자신의 개인적 권리와 기타 권리에 집중하게 된다. 이것은 여성에 대한 존중을 크게 가능하게 하고, 성별 간의 관계를 세련되게 한다. 자신의 명예를 높이는 것은 비천함과 사악함으로부터의 보호막이 된다. 이러한 형태로 인한 피해가 많은 면에서 진심으로 유감스럽지만, 그 대가로 얻은 이득이 그 피해로 인해 결코 무효가 되지 않는다는 사실을 부인할 수 없다. 그리고 국가와 국가를 비교하는 것은 고귀한 형태가 종종 도덕적으로 민족성을 강화시키듯이 거친 형태가 민족적 성격을 떨어뜨린다는 것을 결정적으로 증명한다. 흑인이 벨기에와 콩고에서 생활하는 것과 줄루족(Zulu)이 영국과 남아프리카에서 생활하는 것을 비교해보라.

더욱 정교한 형태의 의사소통은 더 성숙한 인간 존재가 되게 하고, 더 높은 관점을 유지하게 한다. 이것은 훨씬 더 명확하게 빛으로 비춰질 것이고, 여기에 인간 타락의 후유증이 슬금슬금 들어올 수는 없을 것이다. 도덕과 관습 형태는 오늘날과 같이 다양할 것이지만, 순수한 운명에 있어서는 항상 인간 본성에 있는 공통의 뿌리에서 생겨날 것이다. 그리고 마찬가지로 좋은 예절은 가짜로 인해 기만되지 않도록 보호를 받는다. 일반은총이 비록 다양한 결점과 각종 죄의 선동 아래 놓였을지 모르지만, 그것은 부패를 억제하도록 했고 점점 역사의 흐름 속에서 고귀한 문화 발전으로 우리를 풍요롭게 했다.

§9. 법 계시

따라서 법사상의 수용과 법의 내용을 명확히 구분해야 한다. 법과 도덕은 서로 대치하고 있다. 법은 우리가 하나님과 피조물을 향해 서 있는 관계를 조율하기 위해 우리에게 주어진 의지이다. 도덕은 하나님의 의지에 부합하는 우리 자신의 의지를 표현하는 것이다. 민족도덕과 관습은 사회를 위해 우리에게 규정되고 저절로 생겨나는 요구이다. 여기에 습관, 예의, 예절이 추가되는데, 그것은 상호소통 가운데 개인의 안전과 가치평가를 보장한다.

하나님께서 어떻게 우리에게 법에 대한 인식과 지식을 주셨는지를 좀 더 자세히 살펴보자. 그분 안에 모든 법의 기원과 샘이 있다는 것을 아는 것만으로는 충분하지 않다. 어떻게 그 원천에서 법의 신성한 물이 흘러나오는지를 알아야 한다. 이 질문에 대해, 창조 직후, 하나님과 인간의 관계가 깨어지기 이전에는 하나님의 생각 자체가 인간의 삶에 들어왔다고 답변할 수 있다. 그 생각은 하나님의 의지적 표현으로서 인간의 영혼에 맑은 수정처럼 반영되었다. 그러나 하나님과의 단절로 인해 이 수정 같은 반영은 모든 명확성을 잃어버렸다. 인간 안에서 밝게 비친 하나님의 첫 형상이 어두워졌다. 죄로 인해 어둠이 계속 들어오게 되었다. 그래서 추가적 계시가 필요해졌는데, 부분적으로는 모든 민족을 비추는 일반은총이고 부분적으로는 타락한 이스라엘에 비치고 마침내 그리스도 안에서 완성된 특별은총이다. 이 두 가지가 수단으로 작용했다. 한편으로 더 높은 영감에 대한 포용성과 민감성이 완전히 사라지지는 않았으나, 절반이 말라버린 가지의 생명이 완전히 죽어 없어지지 않도록, 이미 시작된 타락을 중지시키고자 하는 것이다. 그리고 다른 한편으로, 하나님께서 특별한 방법으로 계시하고자 하신 것을 사람의 의식에 끌어들이는 것이다.

구원의 계시가 효과적이기 위해서는 세 가지 요구사항을 충족시켜야 했다. 첫째, 인간은 법을 어긴 것에 대해 개인적으로 속죄하고, 타락한 영혼의 삶이 근본적으로 성화됨으로써 타락의 결과를 완전히 파기해야 했다. 둘째, 다른 한편 인간은 타락으로부터 돌아서야 했다. 셋째, 낙원에서 따라야 했던 더 높은 단계로의 발전을 다시 보장하고 실현해야 했다. 이 세 가지를 통해서만 침해된 하나님의 법을 회복할 수 있고 그 법에 대한 잃어버린 지식을 새롭게할 수 있으며, 더 나아가 삶의 발전에서 그 법에 대한 사면을 보장받을 수 있다. 지금 우리의 목적을 위해 잃어버린 법 지식의 갱신이 중요하지만, 법 지식의 경우 기억에 각인되는 것으로는 충분하지 않다. 가장 아름다운 건축에 제공되는 판금작업을 볼 수 없는 상태에서 더 높은 건축 공학을 가르칠 수는 없다. 눈이 볼 수 있도록 해야 한다. 이것은 자연스럽게 다시 태어나는 것과 같다. 법에 대한 개념이 회복되지 않은 법 지식은 당신의 법의식을 심화시키고 맑게 할 수 없다.

이것을 아는 사람 중에도 법 계시의 '방법'(modus quo)에는 의견이 일치하지 않는다. 그럼에도 불구하고 확실한 것은, 참으로 하나님께서 우리가 잃어버린 법 지식을 계시하시는 분이라는 것이다. 물론 완전히 자연스러운 방식으로만 일어난다는 조건이 붙지만 말이다. 이것은 어떤 외적 소통을 불가피하게 거부하면서 기적의 가능성을 반대한다는 말이다. 이런 관점에서 세 가지가 인정된다. 첫째는 자연 현상들의 중개자, 둘째는 일반 영감, 셋째는 삶의 경험이다. 인지(認知)가 우리 안에 자연스럽게 생길 수 있다는 것은 부정할 수 없다. 한 사람의 인지는 종종 다른 100명의 인지와 관련이 있다. 그리고 비슷한 인지가 한 집단이나 심지어 민족 전체에 나타날 수 있다. 이것이 어떻게 이루어졌는지는 설명할 수 없지만, 이 사실은 인정된다. 하나님 외에는 어느 누구도 이런 인지를 유발하고 고치는 행위자가 될 수 없다. 그러나 인간은 더 많은 것을 인정한다. 특히 예술 분야에 속한 사람들과 전문가들은 영감을 부정할 수 없다. 시인이나 화가의 풍부한 영감에는 거의 믿을 수 없는 것들이 존재하지만 영감이 존재한다는 사실이 인정되며, 이를 부정하는 것은 불가능하다. 그렇다면 예술 분야에서 부인할 수 없는 것을 예언의 영역에 적용하지 못할 어떠한 이유가 있겠는가?

그리고 여기에 세 번째로 삶의 경험도 추가된다. 모든 영감을 차치하고, 인간들 사이에는 명백한 다름이 분명히 존재한다. 영혼의 긴장 정도의 차이, 맛과 감각의 차이, 재능과 능력의 차이. 그리고 사회 속에 이렇게 다른 재능을 가진 사람들이 그들의 경력을 마무리하는 곳에서, 사람은 운명과 소명 사이에서 일정한 일관성에 어긋나는 매우 다양한 결과를 끊임없이 경험한다. 이제 아주 드물게 이 모든 것에서 스스로 계시하시는 하나님의 법을 이해하고 파악하며, 흡수할 수 있는 법 천재가 있다고 가정해보자. 그는 법이 전적으로 모든 법의 샘 근원이신 하나님으로부터 온다는 것과, 법이 어두울 때에도 동일한 하나님께서 우리의 구원을 위해 그분의 더 높은 빛을 비추셨다는 사실을 인정할 것이다.

하지만 여기에는 기적의 등장이나, 직접적 통고나 선포를 믿기를 거부하는 법학자들이 많이 있다. 실제로 학자들은 믿지 않는 영적 집단과 같은 관점에 서 있다. 물론 그들도 겉으로는 그렇지 않고, 법 분야에서 하나님의 위엄을 고백하기까지 한다. 하지만 믿지 않는 학자들은 여전히 그렇게 하길 꺼려하고, 인간 자신으로부터 나오지 않는 다른 설명을 인정하지 않는다. 그러할지라도 그들은 인간 안에서 나오는 이 사상과 영광이 어디에서 오느냐는 질문에 대답을 해야 한다. 우리에게는 아무런 차이가 없다. 이미 반쯤 지어진 건물을 비슷한 스타일로 해체하는 것은 반쯤 무너진 건물을 먼저 복원한 다음 완성하는 것과 같을 수 없다. 그러므로 우리는 본질적으로뿐만 아니라 지적으로도, 타락하고 퇴화한 인간 본성의 회복이 일반적 성장에 의해서는 불가능하고 약품과 수술을 통해서만 가능하다는 우리의 원리를 포기할 수 없다. 개인의 중생과 모든 세대를 위한 하나님 아들의 성육신은 예언, 직통 계시와 함께 결합하여 우리에게 없어서는 안 될 '특별' 선물이다. 이는 우리를 법에 대한 지식으로 인도하는데, 그 지식은 하나님 안에 있고 하나님으로부터 우리에게 온다.

§10. 부분적으로 성경에서

그런데 이런 관점을 가지고, 법에 대한 지식을 얻기 위해 성경을 읽는 것 외에는 다른 방법이 없다고 말하는 것은 실수이다. 이것은 부상당한 팔에 두른 붕대가 그 팔 자체라고 생각하는 것만큼 어리석은 일이다. 이제 우리는 '도덕'의 삶뿐만 아니라 '경건'의 삶도 제쳐 두고 '법'에만 제한적으로 집중할 것이다. 낙원에서 대홍수까지 1,656년의 기간이 지났다. 또는 칠십인역에 따르면 2,242년이 흘렀고, 다시 대홍수 이후부터 첫 족장까지 365년 혹은 1,245년의 기간이 있었다. 처음에 언급된 기간 이후 2천 년이 훨씬 넘는 기간 동안, 법 분야에서 우리에게 하나님의 지침을 제공하는 특별계시는 어디에 있는가? 아브라함의 부르심부터 이스라엘의 언약까지 600년이 넘는다. 그후 1,656년과 365년과 600년을 모두 합친 2,621년간 조직적인 법질서가 보고되지 않는다. 이 과정에서 수천 년 동안 법적 관계는 시민, 정치 분야에서 자연스럽게 발전했다. 중국, 일본, 이집트, 바빌론, 심지어 아메리카에서도 이것에 대한 증거는 아직도 나타나고 있으며, 이 문서들은 그 당시 이미 법규가 얼마나 다양하게 발전했는지를 보여준다.

우리가 이렇게 묘사해 본다면, 다양한 면을 가진 법이라는 육체는 흉터와 붕대와 고약에 의해 추하게 되었지만, 여전히 우리를 위한 다방면의 법제도를 묘사하고 있다고 말할 수 있다. 이 모든 것은 전적으로 성경 밖에서 일어난 일이다. 그리고 이미 너무나 다방면으로 발전된 법의 한가운데 족장, 모세와 아론, 선지자, 마침내 그리스도와 그분의 사도들이 나타났다. 특별한 법 계시는 완전히 새로운 조건을 만들기 위한 개발이 아직 충분히 이뤄지지 않은 대륙에서는 나타나지 않았지만, 당시 세계사의 중심인 바빌론, 페르시아, 이집트, 그리스 그리고 로마와 같은 교차점에는 나타났다. 특별계시는 인간의 삶을 먼저 창조하는 것이 아니라, 이미 활발하게 진행 중인 인간 삶의 한가운데서 발생한다. 이것은 민족의 삶의 형태에 법의 형상을 수놓는 것으로부터가 아니라, 모든 민족 사이에서 관습법을 발견하고 종종 사회, 정치 생활에 질서를 부여하는 것으로 시작된다.

빌라도가 예수님에게 가증한 일을 저지른 뒤에도, 그리스도의 이방인 사도는 자기가 편지를 보낸 신자들에게 로마 황제에 대한 복종 의무를 요구하기를 주저하지 않았다. 그래서 법을 연구할 때, 우리를 위해 법과 하나님의 긴밀한 관계를 발견하기 위해서 성경을 법의 기원으로 이해하면서 '시작'할 수는 없다. 오히려 법 영역의 의미는 특별계시 그 자체가 살며시 들어온 그 지점에서 조사하기 시작해야 한다. 특별계시의 유래와 기원이 새로워보이지만, 이것은 창조를 통해 우리에게 주어진 것을 토대로 하고 있다. 이 계시는 항상 기존의 것을 고수하기 때문에 전체 지식의 출발점은 기존의 것과 다를 수 없다. 특별계시의 경륜의 시대를 제외하면 광범위한 규모로 결함이 많음에도 불구하고, 모든 면에서 삶의 질을 고양시키는 전면적인 법적 장치가 있었다. 이것은 어떻게 완성되었는가? 이것은 무엇보다도, 옳고 그름에 대한 감각을 가지고 있는 인간의 타고난 능력에 의한 것이다.

이미 언급했듯이 이러한 타고난 능력이 몇 가지 있다. 우리는 보고, 듣고, 느낄 수 있으며, 같은 방식으로 무엇이 아름답고 추한지, 좋고 나쁜지, 공평하고 불공평한지를 감지할 수 있다. 누구나 자기기만을 통해 우리가 이 모든 일에서 잘못을 느낄 수 있다는 것을 알고 있다. 그것에 대한 능력 자체는 우리 안에 있다. 그것은 인간 존재의 자연적 속성에 속한다. 이 모든 것이 어린 아이의 의식에서 나중에 깨어난다. 결함이 있지만, 그래도 존재한다. 바보조차도 그것을 가지고 있다. 맛을 느끼지 못하는 사람도 혀와 입천장이 있으며, 냄새를 맡을 수 없는 사람에게도 여전히 후각 기관이 있다. 그리고 진, 선, 미에 대한 감각과 법 감각을 가지는 능력도 다르지 않다. 물론 차이는 있다. 가장 약하고 가장 덜 발달한 것은 미에 대한 맛이다. 옷과 보석류는 항상 보이지만 미의 맛은 가짜가 얼마나 많은지 모른다. 하층 계급만큼이나 고등교육을 받은 사람들 사이에도 그것에 거의 무감각하다. '취향에 대해서는 논쟁하지 말라'(De gustibus non est dispatandum), 즉 '취향은 다르다'라는 구호는 강하지만, 미에 대한 우리의 취향이 희석되고 왜곡된 것은 그리 강하게 표현되지 않는다.

도덕적 영역과 진리 영역에서도 마찬가지이다. "그게 그렇게 심각하다고 생각합니까?"라는 조롱 섞인 질문으로 '사교적이고 호화로운 생활을 즐기는 사람'[56]에게 도덕주의자는 몇 번이고 무시를 받는다. 정직함의 영역도 자주 죄책감의 지배를 받는다. 사람이 육욕에 빠져 살 경우 일부다처제, 음행, 로마서 1장 26절 이하의 부자연스러운 죄, 음주, 도박 등을 생각하게 된다. 다시 말하지만, 최소한 이 모든 것을 간과하지는 않더라도 용인하는 도덕적 해이에 짜증을 낼 필요가 있다. 그러나 바로 이와 관련하여, 우리가 죄에 빠짐으로 인해 옳고 그름의 감각이 아픔을 상대적으로 훨씬 덜 느끼게 된다는 것은 정말 놀랍다.

확실히 이 감각은 우리의 미적 감각이나 도덕적 감각만큼 강하지는 않다. 모든 민족에게서 성에 대한 순수한 감각은 낡아 멸종되었을 정도라고 할 수 있다. 이탈리아인처럼 수준 높은 사람들도 진리 영역의 민감성이 거짓과 투쟁하면서 고통을 겪었다. 여러 민족을 살펴볼 때, 옳고 그름에 대한 감각은 모든 국가에서 여전히 보이는데, 때로는 약하기보다는 오히려 너무 날카롭다. 그리고 그것은 종종 자발적으로 회복하여 모든 곳에 나타나서 '정의감'을 완화시키보다는 지나치게 강조한다. 그래서 이것을 순전히 형식적인 의미로 생각하게 한다. 이것은 예술 세계 안에서 발휘되는 미적 감각과 비슷하다. 하층 노동자 계급의 어떤 사람에게 있는 풍부한 음악적 재능이 수년간 숨겨져 있다가 전문가에 의해 정말 우연히 발견되는 일이 자주 있다. 선천적으로 뛰어난 성악가는 이미 어렸을 때부터 음악적 재능에 대한 감각이 있으나, 그것을 알지 못한 채 수년 동안 살면서 종종 자신도 모르게 풍부한 청음을 발휘하지 못하고 사장시켜 버릴 수도 있었다. 음악적 재능은 처음부터 있었지만, 성악 세계의 신비는 그에게 생소했다. 그는 요람에서부터 음악적이었으나, 음악의 풍부함을 알지 못했다. 미술 분야에서도 태아 적부터 그림에 풍부한 재능을 가진 사람이 왕립박물관의 유명한 작품들을 알지 못하고 성인이 되는 일이 똑같이 일어날 수 있다.

법과 불법에 대한 감각도 마찬가지다. 심지어 예리한 정의감은 어머니의 젖을 먹는 아기에게도 존재한다고 말할 수 있다. 물론 그에 반응할 수 있는 어떤 사실이 의식에 스며들지 않았더라도 말이다. 정의감은 공의의 하나님께서 인간에게 창조하신 감각, 능력 그리고 감각-가능성이다. 그 감정이 잠들었거나 약해진 사람이 있다면 그는 인간적 본성은 손상을 입은 것이다. 감각은 교육을 통해 생기는 것이 아니다. 이것은 대학을 졸업하는 법학 박사에게서와 같이 붉은 피부색을 가진 사람들과 줄루 흑인들에게서도 분명히 나타난다. 이 사실에 대한 적용이 먼저 이러한 감각을 일으키는 것은 아니다. 법을 따르고 불의에 반대해야 한다고 느끼는 능력은 본래 존재한다.

대상이 없더라도 반응할 수 있다. 그것은 실패하더라도 불의에 대해 옳은 것을 제시함으로써 작동한다. 팔이 부러진 채 길가에 누워있는 자기 아이를 발견하고, 이 아이를 때렸다고 의심되는 한 남자가 일정 거리에서 도망치는 것을 본 사람은 정의감으로 그를 따라잡으려 노력할 것이다. 물론 나중에 그 사람이 범인이 아닌데 착각한 것으로 드러날 수도 있다. 이 정의감은 사람들이 처음 함께 살던 때부터 있었다. 비록 이 정의감이 삶의 관계를 올바르게 정리하는 질서를 만들어 내지는 못했지만, 이 타고난 정의감을 통해 생겨난 규정은 객관적이기보다 주관적 의미에서 법적 성격을 지닌다.

정의감은 성스러운 마법 지팡이에 의해 깨어난 것처럼 강력했다. 잘못된 법을 옹호하는 사람은 누구나 하나님께서 그를 부른 소명을 수행하고 있다고 착각한다. 불의가 우리를 괴롭히지 않는다 하더라도, 불의를 계속 방치하는 것은 직무유기이고, 더 이상 느끼지 못하는 것은 타락이다. 반면에 유린당한 정의감이 우리 속에 여전히 강력하고 생생하다면, 우리에게 신성한 법이 상처를 입었을 때 신성모독이라는 느낌이 일어나고, 더 높은 힘이 우리를 부르는 것 같은 경험을 한다. 그리고 우리 힘이 닿는 한, 그 침해받은 법을 복원하고 잘못을 바로잡아 복수해야 한다고 느낀다. 이러한 인식은 자기 안에 그런 느낌이 생기는 사람이라면 누구나 다른 사람의 불의에 대해 반대하게 하고, 자기 속에 발생하는 동요와 요동을 통해 다른 생각을 할 수 없게 만든다. 혹은 다른 사람들이 곧 그의 부름에 귀를 기울일 것이라는 생각으로 이끈다. 이때 개인의 반응은 두 가지 형태로 나타난다. 첫째, 법 위반이 하나님의 명예를 손상시킨다는 인식을 가지는 것이다. 둘째, 주변의 법을 위반하는 자에게 되갚아 줘야 한다는 인식을 가지는 것이다. 원래 죄가 없던 사회에서는 법에 대한 어떤 공격도 일어날 수 없었기 때문에 이 모든 것은 그 자체로 생각될 수 없다. 반면 법에 대한 존중이 침해당하고 죄로 인한 위반이 발생하자마자 개인적, 종교적, 사회적 동기에 의한 세 가지 저항이 생겨났다. 첫째는 태생적 정의감이다. 둘째는 법이 하나님께 속한 것이기에 그것을 위반하는 것은 하나님을 거스르는 것이라는 생각이다. 셋째는 우리의 구제 요청이 다른 사람들의 반응으로 인해 강화되는 것이다.

요컨대 양심, 종교, 여론 덕분이다.

이러한 반응은 타락 전에는 상상도 할 수 없었던 불의가 일어나면서 시작되었는데, 죄 많은 세대에서 더욱 분명해졌다. 불의에 대한 정의감의 반응이 인간의 타락한 상태 때문에 순수성, 신성함, 일치성을 상실해 갔다. 먼저, 불의에 대한 우리 감각의 '순수성'은 감정이 충분히 작용하지 않기 때문에, 혹은 우리의 바른 눈이 이익으로 인해 완전히 또는 부분적으로 가려졌기 때문에 줄어들었다. 그리고 우리는 기울어진 저울의 균형에 주의를 기울이지 않고 비뚤어진 것을 당연한 것으로 간주하게 되었다. 둘째로, 법이 하나님의 것이라는 인식이 점차 약화된 결과 '거룩함'은 사라지고 오직 사람이 법을 세웠다는 주장이 일반적으로 받아들여졌다. 셋째로, '일치성'이 상실된다. 이 분야에서도 사람들 사이에 끝없는 차이가 발생하기 때문이다. 한 사람은 옳은 법을 선포하고 다른 사람은 노골적 불의로 혐오하며, 결국 재산을 절도 당하거나 게임에서 동전을 바꾸듯이 정의와 불의가 혼재하게 된다. 그래서 60세기가 지나서 정의감이 완전히 무뎌지는 것은 그 자체로 상상이 불가능한 일은 아니다.

지금은 그렇지 않지만, 우리의 연약함과 일탈에도 불구하고 법을 '지지'하고 불의에 '대항'해야 한다고 느끼는 능력은 있는데, 심지어 타락한 집단 안에서도 그렇다. 그리고 이것은 부분적으로 약해졌지만, 칼빈의 영향을 받은 사람들은 이 열매를 가리켜 '일반은총'이라고 고백한다. 일반적 야만성이 중단되는 것도 이 때문이다. 이것이 1795년 9월 운동과 1871년 파리의 코뮌 운동가들에 의해 잠시 드러났으나 신속히 파괴되었다. 우리 안에 창조된 법 '지식'이 있는지 여부와 상관없이 모든 타락에 맞서 인간들 사이에서 질서 있는 사회를 가능하게 한 정의'감'은 유지되었다. 이에 대한 함정에서 발생한 위험이 일반은총에 의해 극복되었는지는 충분히 평가할 수 없다. 이 일반은총은 특별은총으로부터 오지 않기 때문에, 이스라엘 밖의 모든 나라, 특히 로마의 강력한 시민 국가에서, 적어도 사법 아래에서 일어난 모든 법적 집행은 자연적 인간 생활에서 설명되어져야 한다. 성경은 우리에게 특별한 성격의 세부 사항을 알려주지 않는다. 성경이 아니라 이스라엘 이외의 민족의 본성, 역사, 학문으로부터 법의 위상이 마치 왕처럼 높아져야 한다.

§11. 일반은총

성경 밖에서, 일반은총에 의해 수행되는 자연적인 법 집행이 성취하는 바가 있기 때문에 자연으로부터 분리할 수 없는 법적 감각이 있다는 점을 인정해야 한다. 이로 인해 기독교 이전의 법 집행이 모두 계시 밖에서 일어났다고 단언할 수는 없다. 이것이 사실인지에 대한 의혹은 유물론자에게서만 제기되는 경향이 있다. 더 높은 어떤 것이 그에게 계속 말하는 곳에도 이신론자(Deist)[57]로 남아 있었거나, 불가지론 속에서 미궁에 빠지기도 했다. 건전한 의미에서 '믿는' 사람은 누구든지 그리스도 이전이나 이후에 이 땅에 있는 사물의 모든 행로를 포함하고 규제하는 전능하신 하나님 아래 있다는 것 외에 다른 것을 상상할 수 없다. 물론 이점을 고려할 때 주의해야 할 것은 일반계시와 특별계시를 구분하는 경계선을 모호하게 하거나 없애지 않도록 하는 것이다.

사도 바울이 아테네의 아레오바고에서 행한 연설, 즉 사도행전 17장 22절이 우리에게 전하는 가르침, 이스라엘 외의 지구상의 민족이 마치 빛이 전혀 들지 않는 군용천막에 있는 것처럼 하나님에 의해 버려진 게 아니라는 사실이다. 이방 민족 사이에는 이스라엘과는 달리 기존 상태에서의 단절, 기적의 지속적 진입, 그리고 낙원으로부터는 설명할 수 없는 새로운 요소들의 도입으로 자연 상태의 변화가 일어났다. 오히려 이집트와 바빌론, 인도와 페르시아, 그리스와 로마, 켈트족과 독일인 사이에서 역사적으로 드러난 모든 것은 창조의 산물인 자연생활에서 유일하고 독보적인 원인과 근원을 발견한다.

하지만 이 창조물은 하나님의 섭리 체계 밖으로 방출된 적이 결코 없다. 그분의 능력이 없이는 한순간도 아무것도 존재하지도 작동하지도 않았으며, 그의 위엄에서 나오지 않은 힘은 우리 종족의 삶 어디서도 찾을 수 없다. 이집트에 람세스가 있다면 바빌론에는 함무라비가 있고, 그리스에 소크라테스나 솔론(Solon)[58]이 있다면 로마에는 키케로나 카이사르(시제)가 있다. 이 막강한 사람들도 여전히 '그분의' 피조물이며, '그분에게서' 지혜와 능력이 나왔고, '그분이' 기회와 시간을 주셔서 역사에 빛을 발한 것이다.

　물론 이것을 전능한 하나님께서 인간의 능력이 부족한 부분에 단지 보조 역할을 제공하신 것으로 이해해서는 안 된다. 하나님과 그러한 외적 관계는 생각해서도 안 되고, 할 수도 없다. 그분은 자연에 접근하는 것이 아니라 자연 안에서 일하시며, 자신의 전지적 능력을 통해 자연을 자신이 정한 목표로 자연스럽게 인도하신다. 역사는 신이 태엽을 감아 놓으면 저절로 돌아가고, 언젠가는 멈추는 시계 장치가 아니다. 오히려 이 삶 전체는 하나의 유기적 종합이다. 전능하신 하나님께서 역사하고 계시므로, 이 육체에서 신경이 진동하지 않고 근육이 경련을 일으키지 않으며 정맥이 엉망이 되지 않는 것이다.

　거듭된 역사는 우리의 실존에 엄청난 변화를 가져다준 아주 특별한 인물과 사건에 대해 말해준다. 역시 이 모든 것에는 계시가 관련되어 있다. 하지만 인간적인 것과 자연적인 것이 너무 밖으로 향하지 않은 채 특별계시에 대한 언급이 전혀 없는 방식과 정도에 머문다. 평범함과 비범함이 교대로 나타나는 것이 자연의 특징이며, 이것은 모든 영역에서 발견된다. 가령 지진은 특별하다. 별똥별이 나타나는 것도, 월식과 일식도 특별하다. 타는 듯한 더위나 영하 20도까지 내려가는 대기의 변화도 특별하다. 때로는 우리에게 주어지는 추수도 특별하다. 다른 모든 말을 뒤처지게 하는 순종 말도 특별하며, 거인의 큰 키도 특별하다. 이전 박람회에서는 각종 특출한 인간의 발명품을 자랑했다. 이 '특별한 것'은 어디에서나 계속된다. 학교, 군대, 함대에서도 계속된다. 누가 제2의 드 라위터르(de Ruyter)[59]가 될 것인가? 누가 나폴레옹과 같은 장군이 될 것인가? 자연 영역을 초월하여 법적, 정치적 성격을 넘어서는 특별한 인물은 없다. 특별한 사건이 상황을 바꾸는 경우도 일반계시의 경계를 넘지 않는다. 그러나 일반계시와 특별계시의 구별은 이러한 예외적인 모습과 현상에 의해 결코 없어지지 않는다. 특별계시가 일반계시와 차이를 보이는 점은 자연과 결합하고 그것을 변형시키며, 상처를 치유하여 더 높은 위치로 올리는 '새로운 요소'의 진입이라는 점에 있다.

다른 한편으로 하나님의 섭리와 질서, 즉 하나님의 계시가 자연적 방식이 아닌 특별한 방식으로 인식될 수 있는 것으로 여겨서는 안 된다. 네덜란드 신앙고백[60] 제2장은 이것을 아주 정확하게 표현했다. "우리는 두 가지 수단으로 그분을 안다. 첫째는 전 세계의 창조, 보존 그리고 통치를 통해서이다." 그리고 "둘째, 그분은 그분의 거룩하고 신적인 말씀을 통해 더욱 분명하고 완전하게 자신을 우리에게 계시하신다." 법 집행은 원래 씨앗처럼 창조 때 주어졌고, 역사와 피조물의 보존에 의해 발전되었다. 따라서 그분의 종 모세가 제시했던 율법이 최초의 것은 아니다. 노아 이전의 다양한 사회에도 법 집행의 부재는 상상할 수 없는 것이었다. 비록 그것과 관련된 모든 결핍에도 불구하고, 이것은 이스라엘의 법 집행 외부에서처럼 그 이전에도 하나님 또는 신들에 의해 부과된 힘으로 여겨졌다. 모든 작품은 그 주인을 드러낸다. 주인이 그 작품에서 더 경지가 높아지면 높아질수록, 그가 그의 작품에서 보여주는 계시는 더 풍부하다. 하나님에 대한 개념 자체가 최고 수준의 탁월함을 설명하므로, '최고의 예술가이자 건축가'[히 11:10]이신 하나님은 세상의 모든 예술가들을 훨씬 초월하신다.

그리고 하나님의 자기 계시는 그분의 창조 작업에서 인간 예술가의 표현의 풍부함과 다양함을 능가했다. 하나님은 자신의 창조 작품을 멀리하지 않으시며, 이신론자들이 말하는 것처럼 저절로 돌아가도록 내버려 두지 않으신다. 오히려 매 순간 매 세기마다 그분의 손가락은 계속해서 역사하며, 초 단위로 모든 피조물의 움직임과 보존에 관여하신다. 따라서 하나님의 계시를 성경이 우리에게 제공하는 것으로 제한하여 생각할 필요가 없다. 동시에 창조와 역사에서 나타나는 이 일반계시를 특별계시와 같이 간주하려는 시도도 반대해야 한다. 반쪽 신자는 특별계시의 특별한 면들을 가능한 약화시켜서 일반계시와 동등하게 만들어 특별한 면들을 희석하려는 경향이 있다. 그 결과 특별계시는 가능한 깎아내리고 일반계시는 가능한 추켜세워서 양자를 동등한 선에 두려고 한다. 여기에 도사린 위험은 두 계시의 서로 다른 독특한 성격에 대해 올바르게 평가하지 못함으로써 '기적'을 일반계시의 도구인 일상적 질서를 깨트리는 것으로 본다는 것이다.

그러므로 여기서 아주 가볍게 나타나는 두 극단에는 동등한 저항이 제공되어야 한다. 한쪽 극단은 아담, 노아, 아브라함, 모세, 그리스도의 계보에 하나님에 대한 계시가 없는 것처럼 생각하는 '특수주의'이다. 다른 한쪽 극단은 구원의 특별한 계시를 항상 하나님의 평범한 자기 계시의 산물로 축소시키고 단지 정도의 차이로만 이해하려는 '거짓된 보편주의'이다. 특별계시는 법에 대해서도 그 자체의 의미를 지니지만, 일반적인 법의 형태는 그것에서 발생하지 않았다. 특별계시는 생명의 영감과 교정과 보완을 제공해 주었지만, 이스라엘 밖의 나라들 사이에서는 법 개념이 창조와 타락, 그리고 일반은총의 결과로 생겨났다. 따라서 이제 법이 그 내용을 어디서 받았는지에 대해 질문해야 한다.

§12. 하나님께서 우리를 다스리시는 법

법이나 불법의 감각을 경험할 수 있는 능력이 인간의 본성에 창조되었고 법에 대한 특별계시가 확인, 수정, 보충의 역할만을 한다면, 법의 내용에 관해 두 가지 입장을 가질 수 있다. 하나는 이것을 인간의 조작과 우연의 장난으로 본다. 아니면 이것을 하나님께서 인간의 자연스러운 형식적 법 의식에 자신의 방법으로 보이시고, 친히 부여한 것으로 받아들이는 것이다. 타락 이후 불의가 정의와 대립하게 된 것이 자연적 상황으로 이해된다. 당연히 후자를 선택해야 한다. 이는 특정 단체가 조항별로 작성한 정관 법령과 우리의 양심에 어긋난다고 비판하는 법을 비교할 때 바로 느껴진다. 엄숙한 단체들은 그러한 정관들을 정상적 법적 근거의 기초로 선택할 수 있다. 하지만, 그 외에도 번역과 우연에서 파생된 정관의 구조를 따르는 수많은 다른 단체들도 있다. 도덕적 성격의 질문을 제외하고, 단체의 모든 회원은 그러한 법령을 따르고 있으며, 그들은 그것이 사람이 만든 것임을 알고 있다. 그 누구도 그러한 사회 또는 스포츠 정관을 하나님께서 부여한 것으로 보지는 않는다. 그것은 법적 상징들이 들어 있는 장난감 상자이다. 그렇지만 '그' 법과 거의 같은 모양을 하고 있다. 그것은 모두 일반적 인간 생활과 관련된 살아 있는 법적 상징의 모조품이다.

이제 이 개별 단체의 법은 미뤄두고 일반적인 법에 대해 살펴보자면, 하나님께서 우리를 다스리는 법과 피조물, 사람 또는 동물과 관련하여 우리를 다스리는 법을 구별해야 한다.[61] 법 연구에서 하나님의 법에 대한 언급은 점점 줄어들고 있다. 하나님은 정의의 창조자이자 법 내용의 원천으로서의 명예를 박탈당하셨다. 뿐만 아니라, 이제는 우리, 우리의 인격, 우리의 강점과 재능, 우리의 재산과 수입, 나아가 우리의 삶에 관한 법이 하나님께 있다는 것도 거의 잊히고 있다. 경건함에서 감정을 말할 수 있고, 이타적 경향을 키울 수 있지만, 하나님의 법에 대해서는 듣지 못한다. 법 집행에 대한 성찰은 신성한 영역에서 거의 밀려났다. 그것은 이미 너무 인본적으로 변했다. 그리고 '모든' 법, 심지어 처음부터 하나님께서 우리를 다스리시는 법은 다시는 고려되지 않는다. 시편 119편을 읽으면, 인간이 얼마나 길을 벗어났는지를 성경의 이러한 관점과 연결하여 알 수 있다. "주님, 저에게 당신의 법을 가르쳐 주십시오!" "나는 당신의 법을 찬양합니다!" 이런 기도는 다른 곳에서도 많이 찾을 수 있는데, 여기서 정말 중요하다.

이뿐만이 아니다. 하나님께서 우리를 다스리시는 법이 주목받지 못하는 일이 계속 이어지고 있다. 모든 구원하는 믿음의 핵심인 '칭의'는, 무엇보다도 모든 피조물이 하나님께서 우리를 다스리시는 법을 존중해야 한다는 사실에 근거한다. 모든 불의에 대한 비난은 그 안에 있는 하나님의 권위를 경멸하는 데서 나온다. 그리고 모든 정의감이 흐려지고 활력을 잃는다. 만일 하나님께서 마땅히 받아야 할 권리를 그분에게 드린다면, 모든 경건 안에서 첫 번째 충동은 자리하지 못한다. 그것이 '오직 하나님께 영광'(Soli Deo gloria)이다. 단순히 구원받기 위한 종교가 아니라, 우리가 그것 때문에 멸망하더라도 하나님께 확실한 권리를 드리는 것이다. 순교자의 정의감이다. 즉, 십자가의 피를 통한 평화가 무슨 뜻인가! 그렇지 않으면 지상에 있는 하나님의 법을 만족하는 것이 모든 기독교 신앙의 출발점이 되어야 할 것이다. 하나님의 법을 침해하는 것을 넘어 경건한 소란을 피우는 것은 모든 죄의 특징이며, 종교를 왜곡시킨다. 이것은 종교, 특히 기독교를 반대 방향으로 왜곡시키고, 지상의 모든 법 집행에서 하나님의 확고한 기초를 박탈한다. 하나님께서 우리를 다스리시는 법을 무시하고 의롭게 된 믿음을 과시하는 것은 많은 사람들이 생각하는 것보다 더 의심스러운 방식으로 사회와 국가의 법을 훼손한다. 사람들은 범법자를 단지 부패한 환경의 희생자로 보며, 모든 처벌을 불행한 사람에 대한 공격으로 여겨 반감을 갖는, 법에 대한 그릇된 이론을 안다. 종교개혁 시대에는 혼란스러운 사회 상황에서 '이신칭의'에 대한 새로운 강조가 다시 한번 법과 질서에 대한 존중을 불러일으켰다. 반면에 우리 시대에는 칭의에 대해 더 듣기를 원하지 않는 현대 종교 개념이 정의의 결속을 느슨하게 하는 것을 반복해서 목격하게 된다. 공의를 마땅히 하나님께 기인한 것으로 돌리지 않으려는 법적 개념은 골고다의 십자가를 이해하지 못하게 하며, 세상 생활에서 공의의 끈을 점점 더 풀게 한다. 하나님께서 인간 사이에 확립된 법을 존중하도록 우리에게 요구하실 권리가 있다는 이 깨달음이 사람들의 마음에 강해질 때만 지켜야 할 성벽인 법의 요새가 다시 일어설 수 있다.

하나님께서 우리를 다스리시는 법은 이와 완전히 같지는 않다. 첫째, 그 법은 주로 우리와 개인적으로 관련이 있으며 우리 내면의 영적 생명에 숨겨진 인격적 교제를 다룬다. 둘째, 그 법들은 예배에서 다른 것들과 연합한다. 셋째, 그 법들은 양심을 요구한다. 넷째, 도덕 분야에 적용된다. 다섯째, 그 법들은 우리의 시간과 힘과 재능들을 요구한다. 그리고 여섯째, 우리가 사용할 수 있는 재원에도 적용된다. 그러나 이 모든 것을 여기서 논의할 필요는 없다. 피조물과 피조물 사이의 관계를 조율하는 법만이 우리의 연구 대상이다. 나머지 부분은 교의학, 윤리학, 예배학 그리고 부분적으로는 구제활동 등에서 다루어진다. 우리의 주제 밖에 있는 하나님의 법도 분명히 언급되고 강조되어야 한다. 왜냐하면 교의학과 윤리학에서도 하나님의 법을 옹호하려는 충동이 계속해서 약해지고 있기 때문이다. '우리에 대한 하나님의 법'의 광범위한 복합성 안에서 우리에게 법을 부여한 그분의 신성한 권리가 모든 시민법과 공법의 기원으로서 존재한다. 강압과 처벌에 의한 법을 강조하는 국가는 후진적이다. 우리의 타고난 법의식이 해당 법률을 어떻게 평가하는지 알고 있다면 수준이 높은 것이다. 그러나 법의식이 가장 높은 국민은 그들이 가진 의식 속에서 신적인 질서를 보고 존중하며, 하나님을 위해 순종하는 사람들이다. 영국 장로교인들이 이 가장 높은 수준에 단기간에 도달한 적이 있다. 그들의 강령은 요한일서 3장 7절의 "의를 행하는 자는 그(그리스도)의 의로우심과 같이 의롭고"였다. 여기서 의란 '하나님의 법'을 뜻한다.

§13. 법적 본능

하나님께서 사람들을 다스리시는 법 계시와 관련하여 가장 먼저 떠오르는 질문은, 이 계시가 자리를 잡을 수 있었던, 또 일어날 수 있는 다양한 방법에 대한 것이다. 이 법은 인간이 자신과 그 환경의 관계에 적용되는 규칙을 나타내는 역할을 한다. 그리고 이와 관련해 환경의 개념은 인간이 접촉하는 모든 것, 특히 동료 인간과 동물과 지구상의 선한 것을 포함한다. 여기에 언급된 법에 대한 지식은 다음과 같이 세 가지 방향으로 생각할 수 있다. 첫째, '본성적으로 우리 자신의 것'이다. 둘째, 우리에게 말씀한 것, 곧 말씀이나 꿈이나 이미지로 전달된 것이다. 셋째, 자연과 역사가 우리에게 제시한 자료에서 우리 자신이 추론하는 것이다. 이 세 가지 모두에서 옳고 그름을 느낄 수 있는 능력이 사람 안에 있다고 생각된다. 법적인 지각에 대한 영적 감각이 존재하고 일하는 그곳에서만 법에 대한 지식이 흡수될 수 있다.

법 개념이 자연적으로 만들어지거나 각인된 것으로 이해하는 첫 번째 형태의 의사소통은 본능 또는 '선천적' 발상의 종합으로 간주될 수 있다. 동물의 본능이 훨씬 더 강하고 견고한 형태로 나타나기 때문에 본능은 사람보다 덜 발달한 동물로 거슬러 올라간다. 동물의 본능은 두 가지로 구분할 수 있다. 동물 안에 있으나 아직 완전히 설명되지 않은 기술적인 본능은 우리의 감탄을 불러일으킨다. 예술가는 거미줄의 절대 정밀도를 정확히 측정할 수 있겠지만, 이것을 모방할 수는 없다. 이 기술적 예술 작품은 이전에 그런 거미줄을 본 적도 없는 최근에 태어난 거미가 스스로 완성한다. 이 부분은 여전히 연구할 대상이지만, 그것은 앞다리가 아니라 거의 전적으로

뒷다리로 만든다. 우리 인간의 예술에서 그런 본능적으로 타고난 기술은 결코 볼 수 없다. 모든 종류의 기술적 및 화학적 과정이 우리 몸에서 처음부터 일어날 수 있지만, 사람이 무의식적으로 겪거나 의도하지 않게 자동으로 호흡하여 성취하는 것과는 별개로, 본능은 거미줄에 비교할 만한 기술적으로 완벽한 행동을 할 수 없다. 동물의 본능은 그 기술적인 정확성에 제한되지 않는다. 닭이 자기 둥지에 접근하는 고양이를 대적하여 날갯짓하고 병아리를 돌보는 모성애는 용기, 대담함, 기회의 결단력으로 나타나는 것과 전혀 다른 본능적 행동이다. 이것은 적어도 부르심과 의무감과 매우 밀접하게 관련되어 있다.

다윈주의자들은 유전된 습관을 언급함으로써 이 동물 본능의 신비를 설명하려고 한다. 기술적 본능이 있기 전에 이것은 통용되지 않는다. 그러나 습관에 의한 상속은 항상 본성으로 흉내내는 것으로, 언제나 정확성이 부족하다. 그에 비해 조류의 세계에서 관찰되는 능동적 본능은 기계적으로만 해석하기에는 너무나 강한 의무감의 요소를 보여준다. 습관 그 자체가 같은 개인에게 주어진다면 그 자체로 훌륭한 기술을 부여할 수 있다. 오두막에 살면서 계단을 한 번도 알지 못했던 흑인은 마천루는 고사하고 5층에서 내려오라고 해도 벌벌 떨며 두려워하겠지만, 뉴욕의 보이스카우트는 한 번도 미끄러지지 않고 10층 계단을 능숙히 내려올 것이다. 반면 유전에는 항상 변이가 발생한다. 산지 사람의 몸이 저지대 주민에게는 없는 특이한 형태를 보이며, 해안에서 태어난 아이가 성인 상태에서 광산의 남자와 다른 모습을 보인다는 것은 인정할 수 있다. 하지만, 이러한 습관의 결과로 인한 명백한 상속은 본능처럼 규칙적으로 나타나는 것과는 다르다. 상속은 항상 끝없는 다양성을 보이지만 본능은 꾸준하다. 벌집, 제비 둥지, 거미줄 또는 당신이 원하는 무엇이든지 택해 보라. 언제나 이 규칙이 확인된다.

실제로 본능은 자연에서 만들어진 속성과 다르지 않다. 심장은 우리가 규제하지 않아도 맥박을 조절하고, 허파도 우리가 제어하지 않지만 공기가 들어오고 나감을 조절한다. 마찬가지로 본능은 동물이 상상하고 원하고 결정하는 방식이 아니라 동물 외부에서 오는 힘에 의해 작동한다. 비슷한 본능이 사람에게서도 발견될 수 있는데, 어른보다 아이가, 부유한 선진국보다 원시 민족이 더 강하다. 심지어 인간의 본능은 걷는 법을 가르치기 위한 목발이나 목줄에 불과하며, 그가 걷는다고 해도 다시 넘어질 것이라고 말할 수도 있을 것이다. 사실 부분적으로는 그렇다. 우리가 더 풍부한 의식, 자제력, 능력의 발달로 인해 부유해질수록 본능적 효과의 흔적은 더욱 적게 발견될 것이다. 하지만 자세히 살펴보면 그렇게 판단하는 사람이 잘못되었음을 알 수 있다. 확실히 발달하지 않은 무의식적 본능 행위의 대부분은 의식적 행위로 넘어가지만, 이것으로 본능 전체를 잃었다고 말하는 것은 잘못이다. 지적 지식에서 분별하는 지혜, 연기의 재치, 즐겁게 장악하는 것, 천재성도 본능과 관련이 있다. 의심할 여지없이, 거룩한 영역에서 이것은 하나님의 영의 인도로 간주하여야 하지만 결코 지혜, 재치, 이해, 천재의 모든 현상에 적용되지는 않는다. 이러한 요소들은 강도나 절도처럼 도덕적으로 나쁜 경우에도 나타난다. 부도덕한 문학에서도 천재성을 모조리 부정할 수는 없다. 재치, 장악, 기술은 꽤 자주 상당한 영향력을 발휘한다. 반대도 마찬가지다. 교육 수준이 낮은 사람조차도 때때로 성가신 말과 황소를 다룰 수 있는 훌륭한 능력을 갖추고 있음을 알 수 있다. 특히 우리에 갇힌 뱀과 야생 동물을 다루는 여러 기술은 항상 이와 비슷한 본능적 힘을 나타낸다.

피히테(Fichte)[62]는 "인간학"(Anthropologie)[63] 473쪽에서 '본능이란 어떤 것을 하려는 능력이다'라고 개념을 정리했다. "마치 의도적인 것처럼 보이는 특징을 지니지만, 실제로 본능의 영역에서는 모든 목적이 사라지는 것처럼 보인다." 이것이 진리처럼 보이지만, 이 중요한 요소를 무시하라. 인간에게는 본능적인 것이 근본적으로 두 단계를 가진다. 동물에게 있는 것과 같은 순수 기술적 요소와 마법적 충동에 눌려 발생하는 의식적 행동이다. 물에 빠진 사람을 구하려 물속으로 뛰어드는 사람은 완전히 의식적으로 행동한다. 가능하면 먼저 옷을 벗어도 되지만 그에게는 물속으로 뛰어들면서 자신의 생명의 대가를 치르겠다는 마법적 충동이 한 번 이상 있다. 어머니가 아이를 구하기 위해 이렇게 한다면 여전히 자의식적 자기희생에 대해 말할 수 있지만, 대부분은 이런 생각이 전혀 없다. 성급한 사람이 그렇게 하지만, 많은 경우 더 풍부한 통찰력을 가진 사람은 자신이 그것을 할 수 없다는 것을 느낀다. 한 사람을 구하려다 둘 다 익사할 것이라는 명확한 이해가 중요하다. 본능적 측면에는 정의감이 포함된다. 폭풍우가 치는 날씨에 배가 해안에 부딪혀 선원들이 돛대 위에서 도움을 요청할 때, 마을 사람들은 무관심하게 불을 끄고 잠자리에 들 수 없다. 본능적 충동은 사람들을 모래 언덕과 해변으로 밀어내고, 구조대원이 구명정을 실은 바지선의 열쇠를 가지고 집에서 나오게 만든다. 이와 다르게 행동하는 것은 법을 위반하는 것이 될 것이다. 죽음과 씨름하는 선원들을 구하기 위해 시도해야 할 법 말이다. 이 모든 것은 본능적 연민이 의무감과 함께 작동한 고강도 의식에서 나온다. 어린아이가 바닥이 대리석으로 된 위험한 계단을 기어오르는 것을 지나가던 당신이 보게 된다면, 아무리 바쁘더라도, 강력한 의무감과 함께 마법적 본능이 당신에게 그 아이를 그 계단 아래로 끌어당길 것을 촉구할 것이다. 이를 성공한다고 해서 자신의 선행을 지나치게 자랑할 필요가 없다는 것을 잘 알고 있지만, 그 아이의 어머니는 당신이 그 아이를 죽음의 위험에서 건져냈다 하더라도 그후에는 그 아이를 자유롭게 놓아주기를 요구할 '권리'를 가진다.

물론 여기에도 부패나 퇴보가 침입할 수 있다. 이것은 어머니의 가슴에서 볼 수 있다. 엄마가 되는 순간, 젊은 여성은 자신의 가슴을 부풀게 하는 젖이 자신이 낳은 아기를 위한 것임을 본능적으로 느낀다. 그 아이는 망아지나 강아지처럼 본능적으로 젖꼭지를 찾는 경향이 있으며, 이전에 배운 적이 없더라도 그 젖꼭지를 입술로 더듬어 빤다. 그러나 세련미로 타락한 문명이 모유를 말라 버리게 하고, 나중에 엄마가 자신의 아이를 먹이는 일을 유모에게 넘기도록 유혹한다. 하지만 자연의 법칙은 모든 여성의 가슴에서 나오는 모유가 그녀 아이의 유익을 위해 주어졌으며, 어머니는 자신의 아이에게 젖을 주고 아이는 본능적으로 어머니의 가슴을 찾아 입술 사이에 젖꼭지를 잡고 빨고 있다고 증언한다. 여기에도 의무감과 본능이 짝을 이루고 있고, 본능적으로 권리와 그 반대의 의무감이 태어났다. 모성 본능은 아기 침대에서 의심스러운 불꽃이 일어나거나, 독성이 있는 곤충이 침대로 기어가는 위험한 경우에도 나타난다. 즉, 어머니는 본능적으로 손을 들어 그 불꽃을 끄고 사랑하는 아기가 벌레에게 물리지 않도록 조치한다. 부분적으로 동물의 본능은 이 모든 것에서 인간의 본능보다는 떨어진다. 물론 동물의 본능이 인간의 본능보다 더 영리한 경우도 있지만, 동물은 본능 활동이 가능한 빨리 중단되도록 힘쓴다. 동물의 경우 3개월이 지나면 어미와 새끼와의 모든 관계가 사라지지만, 인간에게는 실제 교육과는 별도로 본능적 유대가 10년 이상 지속된다. 그리고 본능적 관심은 의식적 교육으로 대체되어 더 강력한 효력을 발휘할 것이다. 그러나 동물에게, 특히 새에게는 아주 사소한 양육이 더 제한적으로, 더 빨리 지나간다. 이렇게 본능적 연결과 의식적 교육을 더 길게 유지하면 동물에게는 없고 인간만이 가지고 있는 법의 감각이 작용할 수 있는 더 나은 기회가 제공된다. 그리하여 자녀는 어머니가 그녀의 자녀를 돌볼 권리가 있음을 깨닫게 되고, 이러한 '법' (rechts)에 대한 개념이 생겨난다. 그리고 나중에 잘못된 양육이 발생하면, 자녀는 더 나은 보살핌과 양육을 받을 '권리'(recht)가 있었다는 것을 알게 된다.

결론적으로 이 주장은 본능 자체가 우리에게 법적 지식을 전달한다고 보지 않는다. 본능적으로 우리에게 오는 것은 우리를 감각과 애정으로 사로잡고 행동으로 이끈다. 이것과는 별개로, 우리에게는 정의와 불의에 대한 감각이 있어서 법적 관계의 존재와 그 관계의 위반도 알게 된다. 우리의 합리적 사고는 우리에게 이러한 분별력을 가져다 주지만, 행동을 촉구하는 감각과 그것에 적용되는 법 감각의 연결은 실제로 우리의 사고 의식의 행위에 영향을 받지 않는다. 감각과 그에 따른 법적 충동은 우리 안에서 즉시 발생하고 자동으로 일치된 인식으로 인도하는데, 이는 우리의 생각이나 의지와 무관하게 본능적으로 나타난다. 한편 생각이나 자제력이 없는 상태에서, 우리가 존재할 권리가 없는 곳에 적용된 뒤 나중에 불의로 판명될 때가 있다. 마치 그것이 정의인 것처럼 화를 내는 위험을 무릅쓰는 것이 본능이다. 본능은 적용되는 영역이 분명히 있으며, 그 영역의 경계를 넘으면 뒤로 물러나야 한다.

사람들은 플라톤의 발자취에서 이전에 '생득적 관념'(ideae innatae)이라고 불렀던 것 혹은 선험성에서 해결책을 찾은 결과 같은 결론에 도달한다. 마치 우리가 연역적으로 추론하는 일반적 개념을 포함하여, 우리의 모든 관념이 먼저 귀납적으로 증명될 수 있는 것처럼, 칸트(Kant)[64]의 비판 이후에 널리 받아들여진 견해가 논리적 명료성에 도움이 될 수 있지만, 사고의 세계를 벗어나 실생활로 흡수되지는 않는다. 동물이 이것을 보여준다. 비둘기는 매나 참새를 처음 보지만, 자신의 생명을 위협하는 위험에 대해 즉시 인지하고 자신의 안전한 보금자리로 숨는다. 비둘기는 공중에서 선, 모양, 색조가 있는 것을 보지 못하지만 이동하면서 빠르게 '자기의 적'을 인식한다. 비둘기는 적과 관계 있는 것을 부리나 발톱으로 먹어치우지 않지만, 본능적으로 자기 위에서 펄럭이며 죽이려고 위협하는 이상한 현상을 즉시 알아차린다. 비둘기가 이성을 통해서나 혹은 조류학 수업을 받아 그런 지식에 이른 것이 아니다. 그런 맹금류를 본 적이 없어도, 비둘기는 본능적으로 자신이 적을 상대하고 있다는 것을 알아차린다. 비둘기와 더 작은 참새도 맹금류가 제공하는 것 같은 복합적 현상을 '이미지의 통일성'으로 바꾸고 특별한 조사 없이도 그것의 특징을 추측하는 능력을 소유한다.

그렇다면 사람이 사자나 말을 볼 때 선, 모양, 색상만 인식하는 것이 아니라, 외관을 직접 인식하며 종합적으로는 동물로 그려내고 구체적으로는 사자나 말의 형태로 인식한다는 사실이 얼마나 명확한가! 선, 모양, 음영을 하나로 묶는 것은 우리의 의식이 아니다. 우리 안에 있는 사물의 이미지이며, 우리는 이 이미지에 해당하는 것을 인식한다. 어린아이는 고양이를 볼 때 선, 모양, 음영, 움직임을 관찰하고, 고양이와 관련이 있는 것들을 추리하여 결론에 도달하지 않는다. 그냥 즉시 자기 앞에 나타난 일체의 이미지 전체를 파악하고 이 피조물과 노는 것을 즐긴다. 하나님 자신 안에 그분의 전능하신 창조가 원했던 완벽한 그림이 처음 나타났다. 동물의 창조는 선, 모양, 음영의 조합에 의해 흥미로운 것을 얻을 수 있는 실험이 아니다. 피조물의 형상 자체가 하나님 앞에 순수한 형태로 섰고, 선과 모양과 음영은 거기에 나타난 형상을 실현하는 보조로만 작용했다. 그 형상 자체가 우선이고, 목표이자 주요한 것으로 남아 있다. 그 형상을 실현하는 데 사용되는 조합은 그 목표에 종속된다.

　예술가도 마찬가지다. 단순히 몇 개의 운율이 있는 문장들이 조합되어 한 편의 시가 완성되는 것은 아니다. 시를 쓰면서 운율이 복잡해지기도 하지만, 하나님의 은혜에 가까울수록 그 반대의 일이 나타난다. 영혼에 일치하는 이미지가 시인을 사로잡아 그에게 이미지가 엿보이면, 그는 그것을 붙잡고 흡수한 다음 세상에 보여준다. 그 목적을 위해 리듬과 운율과 언어만 제공된다. 화가, 건축가, 조각가, 교향곡 지휘자에게도 다르지 않다. 실제 예술을 다루는 한, 전체 이미지가 항상 먼저 있고, 귀납법은 아무 상관이 없다. 나아가 작가가 보고 파악했던 본래 이미지로부터 영감을 받는 연역법, 즉 구체화와 실행만 있을 뿐이었다. 사물의 형상은 하나님 자신 안에서 창조보다 우선한다. 인간 예술가에게도 같은 현상이 발생한다. 동물의 세계에서도 동물이 스스로 형성하는 기술적이고 기계적인 현상이 반복된다. 동물이 스스로 형성하지 않는 경우도 마찬가지다. 마치 비둘기가 매와 같이 시야에서 위협적 이미지를 인식할 때와 같다. 동물에게 기계적인 것과 똑같은 현상이 인간에게는 유기적으로 나타난다. 한 살짜리 아이가 예술적 의미에서는 10년 된 거미나 제비보다 뒤떨어지지만, 이 아이의 긍정적이고 활동적인 상상력은 처음부터 시작해서 계속 발달된다. 숙련된 예술가에게 모든 광채가 계시되고 학식 있는 연구자와 철학자만이 이 상상의 삶에 대해 준비된 설명을 해 줄 수 있다. 하지만 어린 시절부터 그것은 예술이나 연구 또는 학습 없이 스스로 작동하며, 교육을 통해 풍부해질 수 있다. 그러나 법적 감각이 모든 종교, 도덕성 같은 것들에 기댄다는 것은 깨닫지 못했다.

　가인이 아벨에게 치명타를 입혔을 때 그가 무엇을 하는지 몰랐다는 것은 사실이 아니다. 담배 가게에 악당이 몰래 들어와 담배를 훔쳐 도망가는 상황에서, 그가 어떤 부분에서 해서는 안 될 것을 했는지를 이해하기 위해 법전을 펼칠 필요가 없다. 우리의 삶에는 옳고 그름에 대한 본능적인 지식이 있다. 종종 순수한 기원을 가진 존재에서 퇴화한 혈통이 된 불충분함과 잘못이 있지만, 그럼에도 불구하고 사람들 사이의 관계에서 특정 규범이 표현되고 보존된다. 우리 안에는 옳고 그름 사이의 투쟁을 느낄 가능성뿐만 아니라, 내재적이고 선천적이며 경험이나 교육으로 획득되지 않는 올바름에 관한 출발점이 있다. 우리 혈통의 부도덕한 발전에서 이러한 법적 본능은 우리 안에서 훨씬 더 강력하고 순전하게 작용했을 것이지만, 오늘날에도 제한적이고 결함 있는 형태로 사회에 여전히 영향을 미치며 강력한 지원을 제공한다. 이 법칙의 본능적 근원을 고의로 제거하기 위해 또 다른 사회 질서가 들어오면, 그 사회는 일시적으로 상당한 피해를 보게 된다. 물론 일시적이다. 본능은 우리 본성에 아주 깊이 뿌리를 내리고 있기에 자연 자체에서 발생하는 그러한 퇴행에 대해 항상 분명하게 반응해 왔다. 더욱 문명화된 삶의 가장 광범위한 영역이 한 세기 넘게 종교와 관계가 깨어졌고, 지금도 유물론의 광란 이후에 거의 모든 영역에서 종교적 애정 자체에 대한 갈증이 어떻게 나타났는지 보라. 우리의 결론은 다름 아닌, 모든 실정법, 모든 법률 연구, 모든 법 학문보다 인간에게 자연적으로 존재하는 것들, 즉 옳고 그름을 즉시 구별하는 우리의 타고난 법 감각이 선행한다는 것이다.

§14. 법적 관계 수립

두 번째로, 하나님의 법에 대한 의식적 지식이 얼마나 '말씀'이나 '꿈'이나 '이미지'로 전달되는지를 검토해야 한다. 본래 우리에게 내재한 것은 본능적으로 작동하며, 이 본능에서 의식적 지식으로 올라온다. 이와 반대로 외부로부터 우리에게 부과된 법은 우리의 의식에 직접 전달되며, 이후에 일상화와 다양한 적용을 통해 관습법으로 자연적 습관의 성격을 획득한다. 반면에 여기에서 언급된 객관적 법은 그 기원이 처음부터 우리의 의식으로 직접 향한다. 우리는 그것을 받아들인다. 그것을 스스로 소유하는 것이 아니라 흡수하는 것이다. 그것에 순종하거나 반대로 행동한다. 문제는 하나님으로부터 그러한 법의 전달이 있었는가 하는 것이다. 이것은 그러한 법적 부과가 특별계시 분야에서 일어났는지 아닌지를 의미하지 않는다. 그 문제는 나중에 다룰 수 있다. 제기되는 질문은 인간의 삶에 관한 것이다. 이것이 어떻게 창조 안에서 그 질서를 가지게 되었는지, 어떻게 타락으로 인한 격변 이후 보존되었는지에 관한 것이다. 이제 이 운명에서 우리가 이용할 수 있는 유일한 지식은 성경에서 우리에게 전해진 가장 오래된 역사 기록을 통해 제공된다. 이것은 다른 민족의 전통에서도 인간 삶의 시작을 가리키는 흔적을 식별할 수 없다는 것을 의미하지는 않는다.

하지만 이러한 전통은 제기된 질문에 신뢰할 수 있는 빛을 제공하기에는 너무 불확실하고 혼란을 가져올 수 있다. 그리고 현대 과학이 창세기에 나타난 자료에 대해 어떻게 판단하는지 생각할 필요는 없지만, "천지가 없어지기 전에는 율법(즉, 구약에 있는 계시)의 일점일획도 없어지지 않고, 다 이루어질 것"이라고 그리스도와 함께 고백한다(마 5:18 참고). 예수님이 "율법(즉, 구약의 계시)을 폐하러 온 것이 아니라 완성하러 왔다"라고 선언하신 것(마 5:17)을 믿는 사람에게도 전능하신 하나님을 법의 분야에서 모든 법의 샘이자 근원으로 여기는 정도가 점점 줄어들고 있다. 하지만 모세오경은 창조 당시와 그 직후를 자세히 기록했다.

여기서 우리는 처음부터 결정적인 딜레마에 직면해 있다. 즉 진화론에 따라 인간이 동물로부터 진화했다고 보든지, 아니면 하나님께서 창조하신 것으로 보는 것이다. 다윈 이전에도 이미 덜 광범위한 설명이 받아들여졌다는 사실을 잊지 말아야 한다. 마치 반(半)야만인으로 세상에 태어난 인간이 점차 문명화되어 인간이 된 것처럼 설명한다. 프랑스 혁명 시대에 대양의 섬 주민들을 가리키며, 순수한 자연 상태에 대해 열광하기도 하는 그런 것이다. 런던에서 '원주민협회'(Aboriginal Society)를 몰아쳤던 것이 논란이 되기도 했다. 하지만 이러한 사소한 것들은 여기서 주목할 필요가 없다. 여기에 나타나는 모순은 다윈주의에서 가장 심각한 결과로 이어지고 있는데, 20세기의 문제는 진화론이 창세기의 교리에 반한다는 것이다. 지금부터 우리가 지적한 그리스도의 진술을 바탕으로, 진화론이 가정한 것에 대해 기독교 정치인도 이의를 제기해야 한다는 것이 분명하다. 그러면 우리가 모세 문서에 있는 창조 이야기로부터 시작하고, 아담과 하와와 그 직계 후손에게 더 높은 편으로부터의 명령, 계명, 칙령이 부과되었는지에 관계없이, 말씀으로 직접 법적 부과가 발생했는지에 대한 질문이 자연스럽게 다른 곳으로 옮겨갈 수 있다. 꿈이나 환상의 이미지를 통한 계시는 당분간 잠잠할 수 있다. 그 점에서 다니엘에게 일어난 일은 특별계시와 관련이 있었다. 족장 시대에서 비슷하게 나타난 것은 이미 일반계시가 아니다. 더욱이 첫 번째 족장 전까지 성경에는 꿈이나 환상을 통한 계시가 전혀 언급되지 않는다.

반면 일반계시는 창세기 1장 26절과 28-30절에 나온다. 26절에서 사람에게 주어진 법이 처음으로 하나님의 섭리로 확립되었다. 그 말씀은 이렇다. "우리가 우리의 형상을 따라서, 우리의 모양대로 사람을 만들자. 그리고 그가, 바다의 고기와 공중의 새와 땅 위에 사는 온갖 들짐승과 땅 위를 기어 다니는 모든 길짐승을 '다스리게 하자.'" 하나님은 인간 즉, 남자와 여자를 창조하신 후 복을 주셨다. 그리고 인간은 이 복과 함께 중요한 사명을 '부여받았다'. "하나님께서 그들에게 말씀하시기를, 생육하고 번성하여 땅에 충만하라. 땅을 '정복하라'. 바다의 고기와 공중의 새와 땅 위에서 살아 움직이는 모든 생물을 '다스리라.'"

둘째로 창조질서가 그들에게 선포된다. 즉, 음식으로 사용할 수 있는 것과 짐승이 먹을 땅의 열매도 지정해 주셨다. 물론 이 두 가지 포괄적 규정은 '법적 명령'이었다. 남녀의 혼인은 육체적 충동으로 동물적 본능에 의해 허용된 것이 아니라, 인류를 번성시켜 땅에 '충만하게' 하는 하나님의 부르심에 따라 제시되었다. 따라서 성생활 전체도 거룩한 법으로 제정된 것이다. 그리하여 첫째로 지구상에 인간의 삶의 기초가 확립되며, 그 후에 둘째로 인간은 지구를 다스리게 된다. 인간은 땅을 충만하게 할 뿐만 아니라, '정복하고 다스린다.' 둘 다 관할권을 부여받은 것으로, '소유권'과 '통치권'을 포함한다. 결국 하나님 자신이 만물의 절대 소유자셨는데, 이제 그분의 절대주권으로 인간에게 이 모든 것을 사용하도록 권한을 부여하신다. 셋째로 인간의 지배는 물, 지구 표면 또는 공중에 사는 모든 동물 세계로 확장된다. 처음부터, 특히 고생물학 시대에 거대한 크기의 동물들이 인간에게 대항했지만, 그런데도 겉보기보다 위대한 인간은 이 모든 동물 세계를 절대적으로 지배한다. 넷째로 마침내 땅의 열매에 대한 권리가 사람과 동물에게 나누어진다. 그러므로 전체적으로 보면, 모든 것을 소유하고 자기 자신에게 복종시키는 주체는 사람이 아니라 창조주이시다. 그분은 전능하신 하나님이시며, 모든 피조물에 대해 절대적인 권위를 가지고 계시지만 이 권리를 사람에게 위임하시는 분이다. 이것은 분명히 인간이 피조물을 복종시키고 지배권을 행사하는 권리를 나타낸다.

따라서 우리는 모든 것을 포괄하는 최초의 법적 분배를 보게 될 뿐만 아니라, 법의 감각에서 본능적으로 발생하지 않고, 타고난 인식에서 의식을 관통하는 법적 허가를 보게 된다. 그것은 선포된 '말씀'을 통해 인간의 의식에 직접 부과된다. 물론 창조된 법의 감각과 관련하여, 법 감각이 본능을 통해서가 아니라, 계시인 말씀을 통해 인간 지식에 도달하게 된다. 이것은 '인간의 언어'를 전제로 하므로 더욱 놀랍다. 물론 진화론에 따르면 이것도 사물에서 시작되었으며, 첫 번째 사람은 전혀 언급되지 않는다. 진화론에 따르면 인간의 의식과 언어는 세대가 흐르면서, 모호한 개념과 무의미한 말로부터 의식적 지식과 사고를 명확하게 표현하는 언어를 나타내는 소리로 발전했다. 그러나 성경 이야기는 이러한 전체적 상상을 아주 분명히 배제한다. 가령 모세오경에 묘사된 최초의 사람은 반동물과 반야만인이 아니라 완전히 정상적인 인간으로, 특히 언어적 재능을 가졌다. 이것은 배운 것이 아니라 선천적으로 있는 것이었다. 언어는 하나님께서 사람을 창조하실 때 사용하신 것이다. 따라서 하나님은 인간에게 자신을 이해시킬 수 있었다.

셋째, 창세기 1장 29절에서 처음 부여된 권리의 제한은, 사람과 동물 간에 땅의 열매를 나누는 것이다. 인간은 모든 채소와 나무 열매를 자신의 먹거리로 취할 수 있는 권리를 받았지만, 푸른 풀은 동물에게 먹이로 주어졌다. 이 조항 역시 그것이 표현하는 땅의 자원을 '나누었기' 때문만이 아니라, 그것을 구별하는 근거인 법적 관점이 중요하다. 인간은 동물을 먹기 위해 동물을 도살할 권리가 없으며, 이에 관해 육식 동물 역시 전혀 거론되지 '않는다'. 성경에 따르면, 동물의 조직이 상당한 변화를 겪었다. 타락 이후 동물계의 상호살생이 상당한 정도의 법과 규율이 되었다. 그러나 동물학은 이에 반대하면서 화석이 인간이 나타나기 전에도 이빨과 발톱뿐만 아니라 내장에서도 모든 종류의 동물이 어떻게 삼켜졌는지 보여준다고 주장하며, 창세기에 나타난 내용을 부정한다.

동물 세계가 진화의 산물이 아니라, 어느 한 시점에서 전체적으로, 따라서 그 내부 조직도 하나님의 전능하신 주권으로부터 생겨났다면, 하나님의 전능함이 똑같이 적용되어야 한다는 것은 필연적인 결과다. 그러므로 생성과 조직 모두에 근본적 변화를 일으켜 처음에는 평화로운 상생을 목표로 했던 모습이 이제는 서로를 삼키는 것으로 변질된 것이다. 따라서 늑대가 다시 어린 양과 평화롭게 지낼 수 있는 미래를 우리에게 예언한다(사 11:6 이하). 하지만 전혀 옷을 입지도 않고 무장도 하지 않은 한 쌍의 인간이 모든 사나운 짐승들이 모여 있는 곳 한가운데에서 어떻게 하루라도 목숨을 잃지 않을 수 있었는지 상상하기 힘들 것이다. 아담이 혼자였을 때 '모든' 동물은 그가 어떻게 이름을 짓는지를 보기 위해 그 앞에 나왔다(창 2:19). 따라서 입증되지도 않았고 입증할 수도 없는 주장을 바탕으로 한 동물학자의 견해를 유지하려면, 많은 인류학자, 민족학자, 심리학자와 언어학자들이 반대하는 인류 기원의 통일성을 포기해야 한다.

우리는 이 주제와 관련하여 매우 중요한 문제를 다룰 수 없다. 따라서 우리는 첫 번째 사람은 동물을 도살하고 고기를 먹을 권리가 있었다고 하는 진술에 근거하여 이를 확증하고 기억한다. 일반적으로 우리는 그리스도의 모범과 성경에 나타난 바와 같이 사도와 함께 이렇게 고백한다. "그 바라는 것은 피조물도 썩어짐의 종노릇 한 데서 해방되어 하나님의 자녀들의 영광의 자유에 이르는 것이니라. 피조물이 고대하는 바는…피조물이 다 이제까지 함께 탄식하며 함께 고통을 겪고 있는 것을 우리가 아느니라"(롬 8:19-23).

넷째, 선악과를 먹는 것을 금하신 것은 하나의 법질서이다. 일반적으로 부여된 첫 번째 권한의 제한이 수반되었다. 일반적으로 부여된 권리는 여기에서 반복되며 "너는 이 동산에 있는 모든 나무의 열매를 먹고 싶은 대로 먹어라"[65]라는 말에서 확정된다. 이것은 그들이 다른 이의 선의에 의지하여 살고 있음을 표현하므로 소유자의 의지를 생각해야 한다. 누군가 나를 그의 집에 들여보낸다고 해서 내가 그 집에 있는 것을 사용할 권리가 있는 것은 아니다. 먼저 소유자가 나에게 그 권리를 부여해야 하며, 이러한 권리의 부여는 다시 강조하지만, 이 말씀과 관련이 있다. "너는 이 동산에 있는 모든 나무의 열매를 먹고 싶은 대로 먹어라." 따라서 이는 더욱 강조된 의미에서 법령을 구성하는 것이다. 이 말씀 직후에 '금지'가 따라오기 때문이다. 즉 정원 한가운데 있는 한 그루의 나무, 즉 선악을 알게 하는 나무로 불리는 이 나무는 금지되었다. 엄밀한 의미에서 인간은 여기서 또 하나의 법령을 듣게 되는데, 이 금지 명령을 위반할 경우 가장 심각한 처벌이 부과된 것이다. 우리가 사형이라고 부르는 것은 새로 창조된 사람이 하나님의 형상으로 창조된 덕분에 하나님과 함께 가졌던 교제로부터 즉시 배제되는 것이다. 죄의 결과로 일어나는 모든 슬픔과 비참과 치명적인 부패가 형벌인데, 그 형벌이 근원이며 핵심이었다.

추가로 제정된 법적 명령은 '혼인'이다. 이 내용은 다음과 같다. "그러므로 남자는 아버지와 어머니를 떠나, 아내와 결합하여서 한 몸을 이루는 것이다."[66] 여기에는 세 가지가 있다. 우선, 부모 권리의 확립과 동시에 제한이다. 젊은 아들이나 딸이 혼인할 나이가 되면 부모를 떠나지만, 그때까지는 부모의 집'에서' 자신의 위치와 임무를 가지며 다른 한편으로 부모의 돌봄을 받아야 함을 의미한다. 그러나 이 법적 관계가 계속되는 것은 아니다. 혼인을 원하는 사람은 누구나 부모의 집을 떠날 권리가 있으므로 부모의 권위 아래에서 풀려나 독립권을 얻는다. 다음으로, 여기에 혼인법 자체가 있다. 끝으로, 일부일처제이다. 성적인 면에서 고등 동물은 인간과 동일하다. 그런 동물에 대해 침묵하는 정도의 관심은 피할 수 없다. 음식이나 이름 짓는 데는 다르지만 성적 짝에서는 같다. 이점에서 오직 사람만 두 사람이 한 몸이 되어야한다는 명령을 받는다. 이는 짝짓기라 할 수 없다. 짝짓기는 하나의 육체를 만드는 것이 아니라, 단지 한 순간을 위해 두 육체가 섞이는 것이다.

다섯째, 하나님의 계명을 어긴 후 법률 심리, 유죄 판결, 선고, 형량 적용이 따른다. 심리, 평결, 그리고 수 세기에 걸쳐 가장 포괄적 형벌인 사형도 있다. 여기도 단어의 가장 엄격한 의미인 '법 집행'이 중요하다. 인간의 거주지는 변한다. 음식도 바뀐다. 형벌이 부과된다. 여성에게 해산의 고통이 더해진다. 무덤이 열린다. 하지만 여자의 씨가 뱀의 머리를 상하게 할 것이라는 복음은 멀리서 희망의 별빛을 비춘다. 그러나 이 순간부터 하나님의 법질서는 모든 인류를 저주와 파멸에 빠뜨린다. 더 심각한 것은 가인이 저지른 죄가 새로운 하나님의 법질서를 위반하였다는 것이다. 먼저 잘못을 부인함으로 법질서를 부인한다. 그 후에야 잘못을 인정하고 자기 저주에 빠진다. 살인자는 자기 죽음이 다가오고 있음을 느낀다. 가인은 하나님의 저주를 받았다. 타락이 너무 빨리 깊숙이 침투하여 세월이 흐른 후 "인간의 마음에 있는 생각이 '항상' 악할 뿐"[67]임이 드러났다. 두 번째 형 집행은 홍수에서 일어났다. 하나님은 누가 죽음의 심판을 피하고 누가 피하지 못할지를 스스로 결정하신다. 홍수 후에는 노아의 세 자녀에게 새로운 미래가 시작된다.

여섯째, 주목할 점은 홍수 이후에도 하나님의 뜻은 선포된 '말씀'으로 계시되고 부분적으로 수정된 법질서가 확립된다는 것이다. 여기에 포함된 첫 변화는 인간과 동물과의 관계에 관한 것이다. 인간은 이전처럼 동물에 대한 지배권을 유지하지만, 이제는 동물계가 "인간의 손에 넘겨졌다." 다시 말하자면, 지금까지 인간은 하나님의 법령에 따라 나무 열매와 채소만 먹었지만, 이제는 "살아 움직이는 모든 것이 그의 음식이 될 것이다."[68] 다른 한편 하나님은 인간의 생명을 들짐승들로부터 보호하는데, 분노적 요소에 대해서도 그렇게 하신다. 전자에 관해서는 "앞으로는 내가 모든 짐승으로부터 피를 흘리게 한 것에 대해 반드시 보복하겠다"[69]라고 선언하신다. 후자는 홍수가 반복되지 않을 것이라는 약속이다. 인간 죄에 대한 복수로서의 형 집행은 부정된다. 방주 밖에 남아 있어야 하는 것은 모두 물살에 휩쓸려 죽는다. 더 나은 미래도 보장된다. 들짐승은 다시 번성하며, 더 이상 대홍수는 없을 것이다. 무지개가 구름 속에 있었다. 마지막으로 가인의 죄가 반복되는 것을 막기 위해 하나님께서 제정하신 또 하나의 가장 중요한 법은, "사람의 피를 흘리는 자는 그의 피도 흘려야한다"[70]는 것이다. 하나님은 가인을 죽이지 못하게 하셨다. 복수를 허용하지 않은 것이다. 반면에 하나님의 형벌이 제정된다. 하나님의 형상으로 지음 받은 인간은 존엄하며, 모든 살인은 하나님께서 친히 죽음의 형벌로 처벌하신다. 동시에, 노아의 미래인 그의 세 아들에 대한 예언이 시작된다. 일반 계시는 끝났다.

마지막 일곱째, 우리가 마지막으로 발견하게 되는 것은 인간이 땅에 '충만해야 한다'는 하나님의 명령을 어기는 당대의 시도에 대한 하나님의 심판이다. 낙원에서와 대홍수 이후에 하나님은 두 번이나 사람이 생육하고 번성하여 '(그리고) 땅에 충만해야' 한다고 말씀했다. 이 명령에 대해 두 번이나 저항이 있었다. 이번에는 의도적 저항이었다. 바벨탑을 건설한 목적이 인간 종족이 땅에 흩어지는 것을 '막기 위함'이라고 강조된다. 이 저항에 대한 하나님의 거룩한 진노는 언어를 혼동케 하는 결정적 방법으로 나타난다. 언어의 일치는 인간을 모으나, 언어가 다양해지면 저절로 흩어질 것이다. 이는 다시금 '있을 수 없는 일'이라고 외치는 사건인데, 그 외침은 인간 언어가 최초에 몇 가지 소리에서 출발했다고 확신하는 사람들이 발하는 것이다. 그러나 언어가 하나님에게서 왔다고 고백하는 사람은, 하나님께서 언어를 인간에게 주기 전부터 아셨고, 창조에서 처음부터 인간에게 일반적인 형식으로 주셨다고 받아들인다. 오순절의 방언 기적은 이것을 소환한다. 이렇게 '일반'계시는 '말씀'에 의해 끝났다.

인간 수명은 이제 거의 1,000년에서 빠르게 감소하여 채 100년도 되지 않는다. 곧 데라에게서 첫 족장이 태어나고 '특별'계시의 서광이 수평선 위에 나타난다. 그는 조만간 이스라엘에 하나님의 완전히 다른 경륜을 가져올 것이다. 우리가 이미 언급했듯이, 열방에 하나님의 역사가 없었다는 말은 사실이 아니다. 스가랴 9장 1절에서 예언자 스가랴가 여호와께서 이스라엘의 열두 지파뿐만 아니라 모든 '인류', 즉 이방 민족들에게도 관심을 두고 계시다고 한 말은 세상 끝날까지 참 되다. 베들레헴의 빛이 전 세계에 비추자 이스라엘은 뒤로 물러났다. 하지만 열방에 대한 하나님의 더 큰 영향력이 점차 희미해졌다. 시와(Siwah)의 아문 크누비스(Amun-chnubis)[71]와 델피의 퓌티아(Pythia)[72]는 동방박사의 기교의 영향을 흐릿하게나마 보여주었다. 그리고 우리는 발람의 예언과 느부갓네살의 꿈을 통해, 하나님의 영이 고대 국가들에 매우 광범위한 영향을 미쳤을 것이라는 점을 배운다. 성경의 확고한 기초를 거부하는 사람은, 첫 족장과 함께 에브라다의 들판에서 '이 땅에' 임한 평화의 찬송을 천사들이 부를 때까지 말씀의 '일반'계시에 갇혀 있다. '이스라엘'뿐만 아니라 하나님께서 기뻐하는 '사람들'이 중요하다. 그리고 아브라함의 후손뿐만 아니라, 우리가 스가랴를 통해 들은 바와 같이 "우리 하나님의 눈이 '사람에게' 있다"[73]는 것이다. 즉, 위대한 족장의 후손뿐만 아니라 모든 인류라는 말이다.

십계명이 전적으로 이스라엘에만 선포되었지만 '일반'계시로 간주되어야 하지 않는가라는 질문에는 '아니다'라고 답해야 한다. 머리말이 그것을 보여준다. 이렇게 말씀한다. "나는 너희를 이집트 땅 종살이하던 집에서 끌어낸 주 너희의 하나님이다."[74] 신명기 6장 15절에는 이집트로부터의 구원이 안식일 계명과도 연결되었다. 넷째 계명에서 사람과 동물 모두 이 계명에 적용을 받으며, 이스라엘이 팔레스타인 지역에 들어가도 마찬가지다. 일반적으로 16세기에는 성경의 전체 내용이 특별계시인 것처럼 과장되게 여겨졌다. 의심할 여지없이 구원의 은총은 아담 이후 택함을 받은 자를 위한 것이지만, 경륜은 첫 번째 족장까지 '일반적인' 성격을 유지하고 있다. 그것은 특별은총이 아니라, 일반은총에서 시작된다. 칼빈은 '모든' 민족과 모든 '인간'을 위한 일주일의 일곱째 날을 거룩하게 하신 하나님의 규례를 창세기 2장에서 올바르게 추론했다. 창조 기사 직후에 하나님은 "그 일곱째 날을 복되게 하시고 거룩하게 하셨다."[75] 그러므로 낮과 밤의 순서에 따르는 모든 민족과 국가에 대한 주권적 권위의 시행은 연대기를 확립하고, 연대기에서 낮과 밤의 순서를 따라, 이제 또한 한 '주간'을 형성한다. 이 연대기적 순서를 통해 모든 인간의 삶에서 땅의 것들에 빠져 들어가지 말고 더 높은 존재에 최종 목표를 찾아야 한다는 요구가 나타난다. 그것은 말로 된 명령이 아니라 인간의 생체 리듬상 본성에 각인되었다.

§15. 유기적 존재의 법 계시

따라서 첫째, 인간에게는 법에 대한 감각 능력이 내재되어 있다는 것이 입증되었다. 다른 한편, 인간은 본능적으로 법을 형성하는 관계에 대한 지식을 가지고 있으며, 감각이 자연스럽게 그것을 요구한다. 나아가 모든 민족과 국가에 걸쳐 공통된 법적 질서가 확립되었을 뿐만 아니라, 그에 대한 확실한 지식이 말씀의 계시를 통해 그들에게 전달되었다.

그러므로 우리는 이제 어떻게 이러한 시작으로부터 피조물 특유의 법질서 자체와 이 질서에 대한 지식이 더욱 발전했는지에 대한 질문에 직면하게 된다. 지식의 원천으로서 우리는 인간의 '삶', 즉 그 삶과 그 '존재'와 '역사'를 지적했다. 존재로서의 인간의 삶은 유기적 구성을 보여주며, 개인의 고유하고 구별된 신체적 형태로 나타난다. 또한 서로 다른 신체적, 심리적 관계의 요구사항에 따라 연결되고, 자연적으로 매우 다른 국가 또는 지역에 위치하고, 다양한 기후 사이에 위치한다. 인간은 죽은 이미지가 아니라 살아 있는 존재이기 때문에, 자연스럽게 그들 사이에 만남이 일어난다. 그리고 만남은 그들이 서로 어떻게 상호 작용할지, 무엇을 할 수 있을지 허용하지 않을지, 무엇을 해야 하는지, 서로에게 무엇을 요구하는지, 이것이 어떻게 결정되는지, 그리고 재난의 때에 일상을 회복하는 방법에 대한 질문을 제기한다.

인생을 구성하는 일상적 질서를 인간 자신이 발명하지 않았다고 확언하고, 더 높은 힘에 의해 우리 본성에 각인된 어떤 것이라고 주장하는 한, 사람은 법적 관계와 관련이 있다고 생각할 수 있다. 모든 사람이 동일하고, 몸과 마음, 재능과 능력이 똑같다면 그렇지 않을 것이다. 모두가 완전히 고립된 존재로 창조되었다면, 질병도 알지 못하고, 항상 번영하면서 힘으로 평등하게 살았을 것이다. 그리고 맛과 성향이 비슷하다면, 그들은 어떤 식으로든 서로에게 의존하지 않고 모두 똑같이 풍부한 토양과 같은 기후에서 오래 살 것이다. 그러나 결국 함께 사라질 것이다. 그럴 경우 인간 생명은 원자적 정체성만 가진 존재가 될 것이다. 그러면 인류의 조직은 의미가 없어진다. 둘 다 법적 규제를 요구하는 다른 관계가 발생할 것이다. 당연히 일련의 완전히 같은 이미지에서는 조화의 문제가 발생하지 않는다. 고유한 번호 매기기도 의미가 없었다. 계급이나 법에 관한 요구가 완전히 동일한 경우에 효력이 있을 수 있다는 것은 말할 것도 없다.

따라서 인간 사이의 법 개념과 그 출현은 이 모든 것과 정반대 현상이 발생한다는 사실에 기인한다. 평범한 인간의 삶에는 똑같은 것이 아무것도 없다고 어떠한 과장도 없이 말할 수 있다. 같은 나무에 있는 두 잎도 절대 똑같지 않다는 말 역시 여기에 완벽하게 적용된다. 사람과 사람은 몸과 마음, 힘과 재능, 나이와 장수, 부와 번영, 거주지, 토양과 기후, 즉 그의 생명을 구성하는 모든 면에서 다르다. 그리고 개인은 하나의 형태로 형성되지 않는다. 이것과는 별개로, 조각 작품 전시처럼 나란히 서 있지 않고 서로 분리되어 있으나, 출생법 덕분에 각 개인은 다른 사람과 관련이 있다. 그리고 삶의 성향과 필요로 인해, 하나는 다른 하나와 끊임없이 떨어지려고 하거나 굳건하게 연결되려고 한다.

셋째, 이 관계는 자동적이 아니라, 강력한 바퀴처럼 꾸준히 작동한다. 사람 안에서 그 마음과 의지가 발생하고, 자신의 소원에 따라 조종 행위와 행동을 통해 자기 삶의 바퀴를 움직인다. 여기서 추가할 것은 죄가 현재 인간의 삶에서 계속해서 일어나며, 항상 평범한 관계를 이기적으로 일하는 관계로 대체하는 것을 목표로 한다는 것이다. 따라서 법의 문제가 모든 점에서 얼마나 중요한지를 즉시 느낄 것이다. 즉, '그것이 어떻게 되어야 한다'라고 스스로를 밀어붙이며, 그렇게 해서는 안 되는 것에 대해 반대하는 판단은 '불의'의 징벌에 해당한다. 법규를 제정하지만 부분적으로만 집행할 수 있고, 규정된 규칙을 부분적으로만 관리할 수 있는 정부의 문제는 아직 논의되지 않은 상태로 남아 있다. 지금 우리의 관심을 끄는 이 논쟁에서 우리는 하나님께서 정하신 대로 그분을 대신하여, 그분의 권위에 따라, 그분의 법정에서 적용되는 절대적이고 모든 것을 포용하는 의미에서의 법을 받아들인다.

현재의 관점에서 인간의 생명을 우리의 관점에 두고 우리는 우리 자신, 하나님, 동료 인간, 동물, 물질에 빚진 것이 무엇인지에 대한 잘 알려진 질문에 직면하게 된다. 다섯 가지 법적 문제는 이 세계가 혼란스러웠거나 야생적이었기 때문인데, "땅이 혼돈하고 공허하며, 어둠이 깊음 위에 있었다." 그러나 이 혼돈 위에 "하나님의 영은 물 위에 움직이고 계셨다."[76] 그리고 나아가 후속 창조를 통해 고정된 창조질서가 출범했다.

§16. 우리 자신과의 관련성

우리 자신과 관련하여 생각해볼 때, 자살을 계획하는 자에게 신실한 친구라면 "당신의 생명을 해하려 하는가? 당신은 그럴 권리가 없다!"라고 말하리라는 것을 누구나 안다. 우리는 스스로를 창조하지 않았다. 우리가 우리 것이라고 칭하는 몸은 우리가 스스로 만든 것이 아니라 사용하도록 받은 고귀한 예술 작품이다. 따라서 우리는 절대로 우리 몸에 대한 최종결정권이 없다. 마찬가지로 모든 사람은 이생에서 소명이 있다. 이 소명을 수행하는 능력을 차단하는 것이 그에게 달려 있지 않다는 것을 알고 있다. 여기서 멈추지 않는다. 육체의 부자연스러운 죄는 계속해서 커지고 있는데, 오난의 공포스러운 이야기[7]에서 그 이름을 따왔다. 여기도 처벌이 적용된다. "당신은 그럴 권리가 없다."

더욱이 일반적 심판은 우리의 시간 허비, 재능 낭비, 우리에게 주어진 힘의 남용을 정죄한다. 이것은 사람에 대한 모든 범죄가 '숨겨진 것에서' 기회와 형편을 찾고, 개인적 명예에 대한 얼룩처럼 모든 심판에 의한 비난으로 처벌된다는 사실에서 이미 분명하다. 그리고 모든 죄는 항상 같은 죄의 노예들 가운데서 변호인을 찾는다. 그런데 자살, 자기 명예 훼손, 자기 쾌락, 안일, 자기 타락, 자기 파괴 또는 자기 자신이라고 부르는 모든 잘못은 우리를 창조하신 하나님께서 우리에게 선물하신 명백한 권리를 침해하는 것이다. 하나님은 우리 인격 전체가 '할 수 있고' 유효한 것에 대한 소유자로서 '자신의' 권리를 주장하시면서, 우리를 풍요로운 삶의 과제로 부르셨다. 적어도 인간이 자신의 몸과 마음과 시간과 힘으로 원하는 것은 무엇이든 할 수 있다고 말하는 것은, 우리 자신의 유익을 추구하는 것으로 하나님을 부인하는 것이며 거짓에 근거한 것이다.

§17. 하나님을 향하여

두 번째 문제도 마찬가지로 우리 가운데 하나님께 속한 법(rechten)이다. 우리는 적어도 우리가 원하거나 원하지 않는 것을 하나님 앞에서 자유롭게 할 수 있다. 우리는 또한 하나님과 특정한 관계를 맺고 있다. 그 관계에서 명령과 금령이 발생한다. 하지만 인간의 교만으로 이에 대한 인식이 점차 사라지면서, 인간은 특히 유물론자, 관능주의자로서 그리고 과학에서 자신을 높인다. 그리고 정말 슬프게도 점차 자신의 내면으로 하나님을 부정하고 수치스럽게도 가장 비방적으로 그분의 이름을 모독하고 있다. 하지만 이것은 자연적인 것은 아니다. 우리 인간 본성의 부패가 아직 너무 심하게 진행되지는 않았지만, 하나님에 대한 강한 부정과 모독은 여전히 유대인과 기독교인뿐만 아니라 이방인과 이슬람교도 사이에서 어느 정도 가슴 아픈 괴로움을 불러일으키고 있다. 이로 인해 하나님을 '불의하게' 다루고 있다는 일반적 민족의식이 선포되었다. 비록 죄로 인해 약해졌을지라도, 하나님께 영광이 주어지고 그분의 것은 '합당하게' 그분께 주어져야 한다는 것이 당연한 상식이다.

둘째, 우리의 '숨겨진 삶 전체'가 추가된다. 모든 사람은 두 가지 삶의 형태를 가지고 있다. 하나님뿐만 아니라 그 자신과 부분적으로 동료 인간에게 알려진 삶과 세상은 알지 못하고 자기 자신과 하나님만 알고 있는 삶이 바로 그것이다. 시편 19편 12절의 "미처 '깨닫지 못한' 죄까지도 깨끗하게 씻어 주소서"[78]라는 기도를 통해, 우리 자신도 모르고 오직 하나님께만 알려진 죄의 세 번째 범주를 설정할 수 있다. 우리가 법의 지배를 받지 않는다면, 우리 자신의 양심이 우리의 숨겨진 생각, 계획과 목적, 의도와 심의에서 우리를 비난하는 일이 거의 없을 것이다. 우리의 성향과 상상 속에서 하나님의 의에 어긋나는 생각은 아무도 모르지만, 우리가 무릎을 꿇고 "나는 당신의 법을 어겼습니다"라고 고백하게 만든다. 여기에서도 우리는 하나님의 법을 매우 강조한다. 왜냐하면 경건과 도덕적 문제와 법에 대한 하나님의 법을 주장하려는 경향이 더 있기 때문이다. 그런 다음 자동으로 모든 법이 신성한 후광을 잃고, 자연적 참여, 권위, 합의에 기초한 사람들 간의 타협이 이뤄진 문제 해결로 축소되는 치명적 결과를 자동으로 낳게 된다. 더욱이 하나님의 법을 무시하는 법 집행은 '이신칭의'(以信稱義)를 직접 부인하는 것이다. 따라서 모든 기독교 신앙고백의 첫 번째 장과 어긋난다. 특히 종교개혁의 신앙고백은 항상 하나님의 법을 전면에 내세운다. 이러한 이유로 훌륭한 칼빈주의자로서 우리는 하나님께서 우리에 대해 가진 법의 실체를 정의하는 법적 개념이나 관점을 포기할 수도 없고, 또 해서도 안 된다. 하나님은 우리에 대해 갖고 있는 법의 현실과 그 완전한 실현을 분명하게 전면에 드러내지 않으신다. 하나님 앞에서 우리의 숨겨진 삶에 대한 비판은 양심의 비판 이외에는 통제할 수 없기 때문에 더욱 세심한 주의를 기울여야 한다. 따라서 도덕적 융통성에서 양심의 불만이 어두워진 것은 경건의 의미가 약해진 것으로, 법적 감각을 외식화한 것인지를 의심해야 할 것이다.

§18. 동물에 관하여

이 두 가지 법에 관한 문제에 대해 우리는 첫째로 우리 자신에 관해, 둘째로 우리가 영광을 돌려야 할 우리 주 하나님에 관해 살펴봐야 한다. 그리고 넷째와 다섯째 문제를 다루기 전에 세 번째 문제가 있는데, 이것은 가장 포괄적이어서 마지막에 다루는 것이 바람직하겠다.

넷째 문제는 인간과 '동물'과의 관계에 관한 것이다. 이것도 일반적으로 너무 무심하게 지나쳐서, 창조 질서와 마찬가지로 홍수 이후에 시행된 규례에서도 인간과 동물과의 관계가 매우 두드러지므로 더욱 그렇다. 우리의 삶에 대해 너무 일방적이고 영적으로 본 결과, 우리는 동물의 세계를 믿음의 관점에서 품는 데 아주 익숙해졌다. 심지어 신자들조차도 성경이 이 점에서 우리에게 말하는 것에 너무 무관심하다. 고린도전서 9장 9절에서 사도 바울은 "하나님께서 소를 걱정하신 것입니까?"라고 묻는데, 너무 일방적으로 집착하는 것은 좋지 않다. 이 질문은 성경의 비유적 의미로 그 정당한 의미를 이해해야 한다. 그럼에도 불구하고 동물 세계에 대한 영적 견해는 창세기 9장 10절에 있는 하나님의 말씀이 많은 사람에게 더 이상 말을 걸지 않아도 될 정도까지 발전했다. 그런데 하나님의 언약이 언급된다. 전능하신 분이 죄인과 언약을 맺으셨다는 것을 여러 면에서 이해할 수 있지만, 그것이 어떤 내용인지는 이해할 수 없다. "너희와 함께 한 모든 생물 곧 너희와 함께 한 새와 가축과 땅의 모든 생물에게 세우리니 방주에서 나온 모든 것 곧 땅의 모든 짐승에게니라." 성경이 우리에게 제안한 것처럼 생명의 구조에 더 친밀하게 공감하는 것은, 우리가 동물과 서 있는 관계가 우리에 의해 규정되는 것이 아니라, 오직 하나님에 의해서만 규정된다는 확신에 기초하고 있다. 하나님은 동물을 만드셔서 우리에게 복종시켰으며, 그들에 대한 지배권을 주셨다. 그리고 홍수 이후에는 그것들을 먹거리로 사용하고, 다른 한편으로는 해로운 짐승으로부터 우리를 위협하는 모든 위험을 막을 권리를 부여하셨다.

그러므로 잠언 12장 10절에서처럼 권위 있는 법규가 우리에게 남아 있다. "의인은 자기 가축의 생명을 돌보나." 동물을 굶기거나 목마르게 하는 것, 수로에 빠졌을 때 꺼내지 않는 것, 고통으로부터 보호하지 않는 것들은 혐오감을 불러일으킨다. 특히 애완동물이나 우리에서 키우는 동물도 우리의 돌봄과 도움을 받을 권리가 있고, 아플 때는 의료 서비스를 받을 자격이 있다는 것이 일반적 인간의 감정이다. 이것은 우리 재산의 가치를 유지하는 것뿐만 아니라, 동물의 창조주께서 우리를 대신하여 확립한 법적 관계를 요구하기 때문이다. 사람의 도움이 필요할 때 그것을 받아들이는 것이다. 그리고 우리의 도움이 필요한 동물에게 도움이 부족하다면 우리는 동물로부터 더욱 날카로운 비난을 받는다. '지나친 것'에 대해 인간은 자유로워야 한다. '지나친 것'은 인디언에게 줘 버리라. 동물에 대한 사랑이 이웃에 대한 사랑보다 커서 짐승을 돌보는 병적 경향은 때때로 찬사는커녕 오히려 비난을 받을 것이다. 여기에 중심 되는 진리가 있는데, 바로 이러한 이유로 동물과의 관계는 우리가 아니라 동물을 만드신 그분이 우리에게 임무를 맡긴 것이며, 부드러운 양심에 동물의 권리로서 우리에게 정해주신 것으로 확립된다.

§19. 자연에 관하여

같은 결론은 우리를 다섯 번째 문제로 이끈다. 그것은 인간과 물질세계와의 관계이며, 식물 세계와도 연결된다. 토지도 하나님의 것이다. 전능하신 분은 땅이 열매를 내어 인간과 동물을 위한 음식을 생산하게 하셨다. 특히 영국에서 오랫동안 일어났으며 이전에 로마의 라티푼디아(latifundia)[79]에서도 있었던 일로, 사람과 동물에게 음식을 공급하는 지역이 이 목적을 벗어나 사냥터로 변한 것은 하나님의 질서에 어긋나는 것이다. 이러한 잘못을 끝내기 위해 잉글랜드와 스코틀랜드에서 정의감이 부활했다. 이렇게 엄청난 양의 비옥한 땅을 쾌락을 위해 잘라내고 열매맺지 못하게 하는 불의가 저질러졌는데, 즉시는 아니지만 은폐된 불의가 느껴질 정도였다. 비옥한 땅에 물을 주지 않아, 모든 면에서 경작을 증진시킬 수 있는 야생 작물을 열에 시들게 했다. 샘을 파괴해 마실 수 없게 말려 버리고, 수로와 항구에 흙이 쌓이고 광산이 매립되기를 기다리며, 인류에게 봉사할 수 있는 지역에 접근할 수 없도록 했다.

이렇게 우리에게 필요한 것을 무시하여 우리의 의무를 다하지 못하게 되었다. 그중 한 가지만 언급하겠다. 역사를 통해 기독교 시대에 아프리카 북부 해안에서 무엇이 경작되고 번성했는지를 알 수 있다. 그리고 이슬람이 여기에 가져온 엄청난 쇠퇴를 보고 만지고 느낄 수 있다. 그 비옥하고 울창한 땅에 '불의'가 행해졌는데, 이 불의는 인간들 사이에 적용되는 기록된 율법이 아니라, 하나님께서 무생물의 산물에 대해 우리에게 부과하신 관계의 법에 따라 행해졌다. 화초를 재배하여 꽃과 풀이 화려하고 풍성해지는 것은 하나님께 영광을 올려드리는 것이다. 이것은 식물 세계에서 하나님께 드리는 것이다. 전능하신 분이 이 모든 것을 그분의 식물세계에 씨앗을 심어 놓았을 때에 제정된, 논쟁의 여지가 없는 법에 따른 것이다. 인간의 인식도 이제 이것을 느낀다. 광활한 지역에서 무한한 은둔과 광야에서 한때 자연의 풍요로움으로 번성하고 꽃을 피웠던 것을 생각하면, 아무리 마음이 부드러워도 자연스럽게 하나님의 창조적 예술의 자연 생산에 얼마나 많은 불의가 행해졌는지를 느낀다.

§20. 인간 상호관계

네 가지 문제 즉, 우리 자신, 하나님, 동물계, 자연과의 관계를 생각할 때, 하나님으로부터 나오는 법이 존중되었는지를 묻게 된다. 자살, 자기명예를 더럽히는 것, 자기경시는 우리 자신과 관련해 모독적이라고 말할 수 있다.

마찬가지로 하나님의 법을 모독하면 불신, 미신, 신성모독이 존경과 경배를 대신하게 된다. 지주가 하나님의 땅이 열매 맺는 것을 막고 땅을 몰수한다면, 그것도 하나님의 법을 위반하는 것이다. 그리고 인간이 하나님의 질서를 거슬러 하나님의 동물계를 남용하는 경우도 하나님의 법을 위반하는 것이다. 가령 한 가지만 언급해보겠다. 주인이 보살핌에 부주의하여 눈앞에서 양이 도랑이나 물에 빠졌는데도 손을 뻗어 구하지 않는 경우이다. 스스로 재판관이 되는 것도 범법자를 재판하시는 하나님의 법을 위반하는 것이다. 그러나 완전성을 위해, 법에 관한 논의가 일반적으로 서론 역할을 하는 국민과 정부 사이의 법적 관계를 생각할 때, 이 네 가지 방향의 관계에서 하나님의 법에 관심을 기울이게 된다. 그럼에도 불구하고 '인간과 인간 간의' 법적 관계가 자연스럽게 주요 문제로 대두된다. 이제 우리는 제기된 다섯 가지 문제 중에서 세 번째 문제, 즉 하나님께서 제정하신 것처럼 인간과 인간 사이의 삶의 상호 관계로부터 어떤 법 지식에 도달하게 되는지를 알고자 한다.

여기서 가장 먼저 주목할 것은 남녀 간의 불평등이다. 이미 첫 인간은 자신과 동등한 것이 아니라 부분적으로 다른 존재인 '여성'의 반대편에 서 있는 자신을 발견했다. 따라서 그는 스스로를 '그' 인간이 아니라 '일종의' 인간, 즉 '남성'이라는 존재로 확인했다. 성경은 하나님께서 이 문제에 대해, "여자는 남자를 '맞은편에서' 돕는 '배필'"[80]이라고 선언한다. 성적 구별은 영원히 지속되지 않는다. 예수님은 나중에 새롭게 펼쳐지는 삶에는 혼인이 없다고 말씀하셨다(마 22:30). 남성과 여성은 삶에서 같은 자가 아니라, '다른 자'로 등장한다. 성별의 차이는 양쪽의 성적 형성뿐 아니라, 육체 및 영적 부분과 성장에도 다르게 나타난다.

타락 후 우리 자신에게서 발견되는 절망적 상태에서, 이 구별의 순수성이 소수의 개인에게는 손상되지 않았을지도 모른다. 그렇게 우리는 반복적으로 여성스러운 남성과 남성스러운 여성을 만난다. 그렇다고 이것이 남성적 유형과 여성적 유형이 근본적으로 구별되고, 대다수 사람에게서 모든 측면에서 여전히 불평등한 것처럼 보인다는 사실을 바꾸지는 않는다. 육체적으로 남자는 더 강한 성향이 있어 더 열심히 일할 수 있으며, 기분에 좌우되는 사람보다는 사상가로서 더 예리하게 발전하고, 민감함보다는 의지력이 더 강하며, 정상적 관계에서는 둘 중에서 더 강하다. 이에 반해 여성은 동물보다 아름다움에서 더 뛰어나다. 남성에게는 없는 사랑스러운 매력, 외모의 아름다움, 더 친밀한 삶에 대한 풍부한 느낌, 부드러움과 따뜻함의 보물로 분위기를 채운다. 사랑은 두 피조물을 묶는다. 사랑만 흔들릴 수 있다. 사랑에 차이가 발생할 수 있다. 사랑은 의지의 선택으로 귀결될 수 있고, 외부로부터의 폭력에 대한 저항으로 귀결될 수도 있다. 그러면 누구의 의지를 따라야 하는가? 결국 모든 것이 그 사람에게 처분권을 부여한다. 책임은 안쪽만큼이나 바깥쪽으로 그에게 주어진다. 그리고 남자가 탈락할 때만 여자가 그 자리를 대신한다.

남편과 아내는 '홀로' 머물지 않기 때문에 후자가 추가되어야 한다. 이것이 우리의 약화된 자연 상태에서는 반복적으로 발생할 수 있지만, 본래는 그렇지 않다. 남자에게 있어 아이는 그의 아내로부터 태어난다. 이것은 법적 질서에 대한 새로운 의문을 제기한다. 당장은 아니다. 신생아는 아직 스스로 표현할 수 없다. 곧 아기는 자기 의지로 일어서고 이후 의지가 강제하는 것을 경험하게 된다. 자녀의 의지가 부모의 의지에 반하는 경우, 누구에게 권위를 부여할지 결정해야 한다. 여기서 폭력이 해결해야 한다면, 그것은 번갈아 주도권을 쥐게 될 것이다. 아이가 어리고 약할 때는 아버지나 어머니가 주인이지만, 부모보다 체력이 더 세진 뒤에는 아이가 주인이 된다. 지금 이 혼돈 속에서 결정하는 것이 강한 팔이 아니라 법적 질서가 조화로운 사회생활을 창조하는 것이라면, 누가 그것을 받을 자격이 있는지를 결정해야 한다. 생각할 수 있는 모든 영역 중에서 이것은 부모에게 주어져 있을 것이다. 이 각인된 법적 명령 덕분에 연약한 미망인이 종종 4, 5명의 자녀를 기르는 것이다. 그녀가 그들 중 누구와도 육체적으로는 경쟁할 수 없는데도 말이다. "네 부모를 공경하라"[81]가 처음부터 그 안에 심어 놓은 법적 인식의 결과이다. 질병, 출산, 사망의 경우 일반 가정에 제3자의 도움이 필요하다면, 이를 통해 가장 아래에서 섬기는 자와 가족 간의 관계가 생겨난다. 여기서 권리와 의무도 생겨난다. 가장은 당연히 전체를 규율하는 권위를 가진다. 명령과 순종이 있고, 다른 한편으로는 음식, 음료, 의복, 침대 등에 대한 권리가 있다. 또한 이와는 달리 때로 여행자나 방랑자가 일시적으로 보호를 요청할 수 있으며, 이와 관련하여 환대가 공동의 의무 및 권리가 되는 상태가 있다.

이런 방식으로 가족이 완전히 자유롭게 등장한다. 그리고 플라톤이 최고의 지혜로 가르친 것처럼, 환상에 현혹되지 않는 한 한 가족의 형성은 사회 전체를 지배하며, 따라서 정상적 상황에서 남편과 아내, 부모와 자녀, 형제와 자매, 자유인과 하인, 식구와 나그네 간의 법적 관계는 자동으로 정착된다. 그런 다음 이러한 법적 관계에 대한 법적 명령이 선포되지 않아도, 정상적 상황에서는 이 모든 것이 알지 못하는 새에 저절로 그냥 일어난다. 그리고 분쟁이 있으면 가장이 문제를 밝혀낸다. 생계유지와 하루 일과에 관련된 상호 의무에도 전적으로 동일하게 적용된다. 가장이 이에 대한 책임을 지지만, 모든 종류의 서비스와 도움을 줄 수 있는 그의 권리만이 이를 가능하게 한다.

§21. 혈족, 부족, 시민

그렇게 가장 원시적인 생활 그 자체로부터 광범위하게 나눠진 법적 질서가 인간 의식에 이르게 되는데, 그것에 기초하여 모든 법적 구성이 이뤄지게 된다. 이어지는 규정에 의하면 이제 가족을 떠나 '자신의 가족'을 구성하고 그 후 '이웃'과 접촉하게 되는 가족 구성원의 등장으로 인해 첫째 질문이 생겨난다. 이 두 가지 경우는 완전히 자연스럽게 진행된다. 가족에게서 혈족이 나온다. 이것은 동물계에서도 일어나는데, 멀리 있는 동물들의 경우는 인간의 규칙과 같이 고정된 관계로 이어지지는 않는다. 이러한 유대의 완전하고 풍부한 의미를 똑바로 느끼기란 어렵다. 왜냐하면 특히 대도시의 현대 생활에서는 우리의 혈족과 혈통 관계가 현저하게 약화되기 때문이다. 만약 인간이 옛 민족과 원시 상태로 되돌아간다면, 이는 우리에게 지속해서 이러한 관계의 중요성을 말해 준다. 이스라엘의 과거로부터 보존된 문서를 통해 우리는 모두 그것에 대해 알고 있다. 가부장적 사회로부터 나온 것은 그 자체의 법적 질서를 가지고 있다. 이와 관련하여 여전히 작용하고 있는 가족 관계의 권리와 의무는 예전과 거리가 멀지만, 지금도 우리 가운데 존재한다. 가령 이것은 알제리와 모로코의 베르베르족(Berbers) 사이에 있는 더 확고하게 형성된 가까운 가족 집단에서 분명하게 나타난다.

   이는 가까운 이웃이 있는 것과 관련이 있다. 여기서 많은 것은 거리에 달려 있다. 이웃이 먼 거리로 이사를 하면, 이웃에 대한 전체적 인식을 잃어버리게 된다. 반면에 그들이 더 가까운 이웃이라면, 그들 사이에 어떤 분명한 차이가 생긴다. 자녀들과 하인들 간의 관계가 발생할 수 있다. 토지나 열매와 관련해 어떤 분쟁이 발생할 수 있으며, 동물이 다른 사람의 마당에서 길을 잃을 수 있다. 화재 또는 유사한 사고가 발생하면 이웃의 도움이 어떻게 필요한지, 자녀의 출생, 질병, 사망의 경우 이러한 다양한 관계에서 질서, 휴식, 평화에 어떤 위험을 가져오는지를 보여준다. 강도, 살인, 정복욕도 발생할 수 있으며, 이로 인해 공동의 저항과 동맹의 지원도 필요하다. 처음에는 이 모든 것이 문서 조약으로 정해지지는 않지만, 나중에는 그렇게 된다. 삶의 필요가 자동적으로 권리와 의무 등에 대해 눈을 뜨게 한다. 그리고 그렇게 어떤 법질서가 삶 자체로부터 생겨나는데, 그것은 생명이 요구하는 것이다. 따라서 법질서는 삶 그 자체에 내재되어 있다. 국제 관계에 대한 원시적 권리와 의무의 확장은 정부 아래 국민이 형성되었을 때 나중에 다룰 수 있다. 여기서는 어떻게 삶의 상황에서 법적 조치가 나타났고, 이러한 법적 조치가 삶의 관계 자체에 의해 어떻게 보여지게 되는지만 다루겠다.

   가족이나 부족장은 외부로부터의 공격이 있으면 다른 도움을 요청할 권리를 가지고 가족이나 부족에 대한 책임을 진다. 위기 때 저항 의무는 당연했다. 부족 구성원에 대한 지휘권이 없으면 어떤 우두머리도 저항 의무를 다할 수 없다. 한 요소는 다른 요소에 자동적으로 포함된다. 이웃의 공격도 마찬가지다. 미친 황소나 야수에 의한 공격도 동일하다. 여기에도 공동의 위험이 있었다. 필요할 경우 함께 저항해서 위험을 피해야 했다. 물질적 요인으로 발생한 위험에서도 삶 그 자체는 홍수나 지진이나 산사태에 대응하여 공동으로 해야 할 일을 알려준다. 생명과 번영을 위협하는 기본적 힘은 자연에서도 반복적으로 나타나며, 이런 위협은 함께 여러 사람을 공격하기 때문에 삶 그 자체가 다시 한번 서로에 대한 도움의 필요성을 상기시키고 법과 의무를 규정했다.

가족과 혈통관계, 이웃으로부터 발생하는 권리, 의무와 직접 관련하여 '동산'과 '부동산', 그리고 그와 관련된 법적 요구가 있었다. 누구나 땅에서 아무리 작더라도 자신의 발 디딜 공간을 필요로 한다. 이것은 유목민과 수렵민만이 아니라, 농업이나 가축으로 생계를 유지하는 사람에게도 적용된다. 우리는 항상 땅이 필요하다. 한 조각 땅이 필요하다. 우리가 서 있고, 걸으며, 살 수 있는 땅이 필요하다. 둘째로 동산이 있다. 소, 천막, 집, 옷, 가정용품이나 천막 관련 물건, 무기, 장난감, 보석 등이다. 특히 이를 위해 필요한 한 조각 땅은 끊임없는 갈등의 원인이 된다. 물은 이 땅에서 저 땅으로 흐른다. 한 사람은 다른 사람의 땅이 더 비옥하기 때문에 뺏으려고 주시한다. 한 땅과 다른 땅의 경계가 불확실해 보인다. 한 소는 다른 소의 목초지를 뛰어넘어 풀을 훔친다. 공동으로 사용하는 저수지의 물고기를 한 사람이 다 잡으면, 다른 사람에게 해를 끼친다. 사냥한 결과물의 적절한 분배가 이뤄지지 않는다. 가까운 이웃집에서부터 위험이 오기도 한다. 다른 사람에게 없어서는 안 될 출구를 당신이 막기도 한다.

권리와 의무를 지정하는 규율을 이루기 위해 규정이 필요하다. 강도와 절도에 대해서는 고함을 쳐야 한다. 이를 얻으려면 이것에 속한 것과 저것에 속한 것이 분명해야 하며, 이것이 증명되면 처분된 것이 그 주인에게 돌아갈 수 있어야 한다. 나중에 성문법에서 규정을 찾아내지만, 대체로 원시적 상태에서 등장하는 권리와 의무 결정은 삶의 조각의 총합이 처음부터 협의나 합의를 통해서가 아니라, 원시적 형태로 삶 자체의 요구로서 나타난다. 내가 비상 상황에서 벗어나기 위해 넘치는 물을 당신의 밭으로 흘려 보낸 것은 잘못이므로 벌을 받아야 한다. 그 어떤 변명도 가능하지 않다. 누구나 그렇게 해야 한다는 것을 느끼고 안다.

그렇게 그것은 생명의 존재와 활동으로부터 필연적으로 흘러나오는 모든 조치에서 계속된다. 다른 곳에서 온 어린 딸과 혼인할 때, 지참금을 주거나 몸값을 줄 때, 재산을 처분할 때, 죽은 사람이 재산을 처분할 때, 매매할 때, 임차 혹은 임대할 때, 물 위를 이동할 때, 또는 그것이 무엇이든 간에, 생명의 존재 자체가 한 사람의 욕망과 다른 사람의 욕망을 계속해서 충돌시킨다. 그런 다음 충돌을 방지하거나 중지할 방법을 결정해야 한다. 이에 대한 좋은 질서의 정확한 표시는 일단 상위 문화에서 발견될 수 있지만, 이미 발생한 첫 싸움에서 생명 자체가 해결책을 보여준다. 그 해결책은 모든 사람이 옳고 공정하다고 느낀다. 물론 잘못된 사람은 그것에 대해 불평할 수 있지만 말이다.

§22. 역사 속의 법 계시

더 강력한 것은, 생명의 존재에서 발생하는 법에 '역사'가 우리에게 가져다 주는 지식이 더해진다는 점이다. 인간이 생명의 존재에서 처리할 수 있는 법적 지침에 아무리 많은 가치를 부여해도, 이 지식은 매우 불완전하다. 죄가 둘 사이에 개입하지 않고, 이기심이 다른 사람의 권리보다 더 강하지 않고, 교활한 이기적 욕망을 만들기 위해 모든 방법을 시도하지 않는다면 그렇지 않을 것이다. 죄가 없는 낙원 상태에서 본능적이고 타고난 정의감은 완전한 순결과 명료함으로 삶의 모든 지점에서 필요한 지침을 주었을 것이다. 삶의 감각과 정의감은 하나였을 것이다. 나와 당신 때문에 싸운다는 것은 상상도 할 수 없었을 것이다. 다른 한편, 우리가 이 순수한 상태에서 건강하지 않은 상태로 넘어갔기 때문에, 삶의 요구사항이 충분히 이해되지 않거나 더 나은 판단에 반하는 즉시, 법적 관계가 항상 충분히 모든 사람에 의해 명확하게 이해되는 것은 아니다.

'역사'는 우리에게 이와 관련하여 두 가지 도움을 제공한다. 우선, 법적 차이에 따라 요구되는 올바른 해결책은 여러 상황, 지역, 시대에 따라 전혀 동일하지 않다. 삶은 같은 모델을 기반으로 한 제작품이 아니며, 끝없이 변화가 일어나기 때문이다. 이러한 다양한 삶은 매우 다양한 관계를 수반하며, 이런 다양한 관계는 그 특성에 따른 법적 조치를 필요로 한다. 이전의 자연이론이 저지른 잘못은 이 진리에 반대 입장을 취했다는 점이다. 지금은 법치가 일반적 특성을 갖지 않는다고 주장함으로써 너무 멀리 나아가지만, 법도 모든 삶을 특징짓는 변이를 무시해서는 안 된다. 이것은 역사가 서로 다른 시대와 다른 민족들 사이에 상이한 온갖 종류의 법적 질서를 우리에게 보여준다. 그 효과는 역사적으로 추적될 수 있으며, 그 결과를 통해 자신의 법적 제도의 변형을 시험할 수 있다. 그러나 이것이 우리가 법에 대한 지식에서 역사에 빚진 유일한 열매는 아니다. 법 집행이 다른 곳에서 외면을 받더라도 자기 세계에서는 법의 개정이 드물지 않게 일어난다. 페르시아와 메디아[82]에서는 법의 불변성에 대한 중대한 법적 사상이 있었으나, 그 사상은 모든 인간 행위의 불완전함과 충돌하였다. 죄가 우리의 의식을 휩쓸어 버린 어둠으로 인해 우리 삶의 일반적 방향이 법질서(rechtsorde)를 향하고 있다는 것은 분명하다. 그러나 그것은 너무 많은 신비에 싸여 있고, 그것을 굳센 손으로 탐구하는 일이 미흡하기에 아직 실험단계에 불과하다. 이러한 상황에서 역사는 종종 우리에게 경험을 통해 다른 곳에서 수행한 시험이 어느 정도 성공했는지, 그리고 어느 정도와 어떤 방식으로 개선을 촉구하는지를 보여준다.

그러나 역사의 봉사는 제한되지 않는다. 그것은 우리에게 세계의 점차 확대되는 법질서의 요구사항을 알도록 가르쳐 주는 또 다른 중요한 도움을 제공한다. 처음에 마을에 살다가 대도시로 이주한 사람의 경우, 마을 소수의 법적 문제를 암스테르담과 같은 대도시가 가지고 있는 제도, 곧 질서 정연한 시민 사회에 불가결한 규칙, 규정과 비교하면 마을 의회가 조직해야 하는 법적 문제가 얼마나 덜 중요하고 적은 수인지를 느끼게 된다. 여기에는 평범한 가정생활을 거대한 호텔이나 큰 막사, 때로는 수백 개의 방이 있는 살림살이와 비교할 때 발생하는 차이가 동일하게 나타난다.

작은 영역에서 발생하는 법의 문제는 수적으로 적고 의미와 중요성에서도 단순하며, 의심스러운 점도 덜하다. 가정에는 기록된 가정 규율을 발견하기 어려운데, 인쇄된 가정 규율은 말할 것도 없다. 존경받는 가정의 아버지와 품위 있는 가정의 아내가 한눈에 그리고 짧은 말로 정리하고 다스리는데, 이를 바탕으로 모든 인간 사회가 작은 규모로 시작되었다. 규제와 질서에 대한 가장 일반적 질문에 대한 답은 생명의 존재 자체로 해결되었다. 때로 더 복잡한 문제가 발생하면 이전에 혹은 유사한 사례가 다른 곳에서 어떻게 처리되었는지 조사하며, 함께 대화함으로 당면한 문제에 대한 해결책을 찾는다. 비슷한 사건이 반복되면 점차 관습법이 특정 집단에 대해 형성되는데, 이는 가까운 집단에서의 관습법과 다를 수 있지만 경계선에 있는 경우를 제외하고는 만족을 제공한다. 여기에는 협의와 양보가 기여하며, 사람들은 더 세밀한 법적 질문에 대해서는 아직 너무 자세히 다루지 않는다. 가끔 몸싸움이 일어나긴 하지만 작은 규모에서는 거의 개의치 않으며, 대체로 삶 자체가 다시 관계를 회복시킨다. 함께 사는 집단이 수백 명에서 수만 명으로 확장된다면 모든 것이 많이 달라질 것이다.

좋은 질서를 유지하는 것은 훨씬 더 높은 요구를 불러일으키고, 발생하는 법과 질서의 문제는 더 많이 불평등하고 서로 통합되어 있으며, 사회의 연결망은 본질적으로 훨씬 더 세밀하다. 종종 서로를 이름이나 얼굴로 알지 못하는 경우 상호 적응할 가능성은 훨씬 적어진다. 이것은 법과 질서의 문제가 훨씬 더 세밀하게 조사되어야 하고 법의식이 더 예리하게 다뤄져야 함을 의미한다. 이와 관련하여 마을의 더 많은 가정 규율이 점차 수정되고 있으며, 대도시의 더욱 광범위한 삶의 범위는 가장 작은 분야의 생활을 더욱 명확히 하며 정화하는 효과를 가져 온다. 살인, 강도, 절도, 화재의 위험으로부터 마을 주민을 보호하는 것조차도 대도시의 시 규례가 농촌 살림에 영향을 미치며 효과를 나타내었다. 더 넓은 분야에서 법적 질서는 더 다양하고 정확한 방식으로 발전하고 있으며, 이를 통해 얻은 지식은 자동적으로 더 적고 더 낮은 집단의 법적 질서로 되돌아간다.

어떤 식으로든 더 이상 부족 관계로 충분하지 않을 때, 정부의 등장이 수반됨으로 더 넓은 범위의 역사적 사회생활을 통해 얻는 이익이 더 커진다. 이런 출현에 대해서는 여기서 논의하지 않을 것이다. 여기서는 정부의 법적 질서는 가설적 성격을 지닌다는 사실만 고려해야 한다. 법적 관계가 여전히 전적으로 삶의 관행에 기반을 두고 있다면 이 관계는 임시로 작동하며, 각 사건은 자체적으로 규율과 해결책을 찾는다. 특히 관습법은 이론에 의존하지 않고 실천에서 나왔다. 반면에 정부가 더 큰 도시 또는 전체 국가에서 확장된 삶의 범위에 등장하여 정의를 명령할 경우, 각 사건을 임시로 판단하지 않고, 발생할 수 있는 사건을 전제하며, 이에 대한 법적 명령을 설정한다. 그리고 관습법이 그러한 명령을 작성하는 데 큰 영향을 미칠 수 있지만, 이것은 또한 판단이 필요하며, 그런 다음 생각할 수 있는 전체 사례를 이론적으로 살펴보아야 한다. 이론적 사고는 빼놓을 수 없으며, 이것은 생명의 기본 형태와 그 변형에 대한 체계적인 조사로 이어진다. 이런 방식으로 법적 질서에 대한 지식이 자동적으로 안내된다.

§23. 개인과 민족의 법적 천재성

한 도시를 위한 규정을 만들 때 질서의 규정으로 만들어진 것이 점차 지역 전체의 사회 질서의 규정으로 변화하게 되면, 그것을 향한 열망은 더 증가한다. 이 경우 규정은 점차 '법률'의 성격을 지니게 된다. 이것은 일반적으로 규정에 대한 연구와 제안을 훨씬 더 숙련된 손에 맡기고, 훨씬 더 깊은 연구를 필요로 하며, 더 포괄적 조항을 요구하고, 이러한 조항의 결정을 훨씬 더 높은 권위의 손에 맡긴다. 이것은 더 많은 요소가 협력하여, 더 높은 질서의 영적 세력이 삶에서 하나님 자신이 명령한 법적 질서를 찾는 데 도움을 준다. 그리고 제정된 규정이 더 깊은 인상을 주고, 반대를 더 쉽게 극복하여, 더 안정된 상태를 만든다. 특히 전 생애를 바칠 수 있는 이 일을 수행하기 위해 삶에서 생기는 법의 참여에 대해 더 세밀하게 들을 수 있는 능력을 소유할 가능성이 커진다. 그들의 노동의 결실이 이제 실생활에서 기관의 선택에 더 종속된다면, 삶에 구체화된 좋은 법질서가 다음의 목적을 위해 이 삶에서 확고한 손으로 빼앗길 전망이 점점 더 많아져 정상의 참여를 개선하여 비정상을 끝낼 것이다.

그러나 이것으로도 역사가 우리에게 제공하는 사회적 축복에 대해 충분히 이야기한 것이 아니다. 여기에 두 가지를 더 추가해야 한다. 이 둘은 모두 법적 천재성으로 주어진 것인데, 각각 한 입법자의 법적 천재성과 한 민족의 법적 천재성으로 주어진다. 은사와 재능은 더 높은 영감에 따라 달라지는데, 우리에게는 완전한 신비에 싸여 있다. 왜 한 사람은 거의 말을 하지 못하고, 두 번째는 말을 잘하고, 세 번째는 웅변으로 군중을 이끄는지를 알 수 없다. 한 시인이 노래한 "우리 안에 신이 존재한다. 그분이 우리를 흔들면 우리는 뜨거워진다"(Est Deus in nobis, agitante calescimus Illo)[83]라는 말은 지금도 동일하다. 이 연설가의 진실은 다른 고등 예술에도 똑같이 적용된다. 발명가들, 알렉산더 대왕, 시저, 나폴레옹도 마찬가지다. 전능하신 하나님은 그러한 모든 재능과 은사를 자신의 주권으로 부여한다. 그리고 이것은 다른 모든 영역에 적용되고 법 영역에도 적용된다.

역사가 보여주는 것은, 거의 모든 나라가 법 천재를 많이 소유하고 있다는 것이다. 적어도 아테네의 솔론이 유일한 예는 아니며, 우리나라처럼 작은 나라도 하위흐 드 흐로트(Huig de Groot)[84]를 자랑할 수 있다. 이 법적인 천재들에게 수여된 특별한 은사는 다른 사람들보다 훨씬 더 세밀한 청각으로 법의 판단을 들을 수 있게 했는데, 그들은 하나님께서 생명 자체에서 일으키신 그것을 법적 언어로 재현할 수 있었다. 적어도 고대에는 솔론과 같은 사람에게 이것은 '법학'의 산물이 아니라, 오히려 '지혜', 즉 솔로몬이라는 이름에 영속된 진리에 대한 즉각적 이해였다. 이는 또한 계시록에서, 그리고 처음 등장했을 때 가장 발전된 사람들 가운데서 그 자리를 차지했다. 그들은 우리에게 분명하지 않은 것을 감지했다. 그것은 그들을 붙잡았고 그들의 모든 의식을 사로잡았다. 그리고 바로 이 사실 덕택에, 다른 사람들이 주저하면서 말을 더듬었던 것을 확실히 발음할 수 있었다.

그런데 여기에는 비슷한 천재성이 '때때로 한 민족에' 배정된다는 것이 두 번째로 추가된다. 독일 국민은 우리나라 사람보다 훨씬 더 철학적이다. 프랑스인은 삶의 모든 영역에서 맛에 대한 섬세함이 우월하다. 영국인은 실용적인 점에서 모든 대륙의 사람들과 차별된다. 그리스에서는 옛 예술이 사람들 사이에서 번성했다. 이스라엘은 종교가 가장 중요했다. 그리고 고대 로마인에게는 다른 어떤 사람들보다 강한 법적 천재성이 주어졌다. 하지만 모든 사람과 국가가 로마법을 따라야 한다는 말은 아니다. 게르만법은 이미 그것을 능가하는 요소를 포함하고 있으며, 여러 측면에서 기독교의 법적 분할은 광장의 법적 지혜를 능가한다. 그러나 이 준비가 없어서는 안 되겠지만, 법을 인식하고 그것을 가장 명확한 형태로 표현하는 은사는 로마인들에게 주어진 유례없는 선물이었다는 것을 주저 없이 인정해야 한다. 모든 것 위에 법을 두는 그들의 은사, 삶의 관계에서 하나님께서 정하신 것처럼 법을 추측하고 파악하려는 그들의 열망, 그리고 이 법이 좋은 형태로 나오도록 이끌어내는 재능은 아직도 여전히 상대할 자가 없다. 법에 대한 지식과 해석에 관해 로마가 세상에 제시한 열매는, 다른 민족이 아닌 바로 우리나라에 주어졌다. 법이 민족의식에서 더 강하게 말했든 법적 천재가 그것을 더 깊이 붙잡아 분명하게 보여주든, 그것은 전능자께서 인류 사회에 심어 놓으신 법적 관계에 대한 더 다양한 지식을 우리에게 제공한 하나님의 천재적 열매로 남아 있었다.

다만 죄가 우리의 모든 지식에 안개처럼 퍼져 있음을 덧붙여야만 한다. 그러므로 로마나 법적 천재에서 나온 것과 같은 모든 의견은 하나님의 절대 법에 대한 완전히 순수한 지식과 같다. 그분이 이것을 적용하시면서 삶의 이음새와 접합 부분에 새기셨기에 완전히 거부할 수 없으나, 삶의 통일성을 깨뜨리는 변형과 죄의 안개는 율법 지식에 끊임없이 변화를 주었다. 현재 외국인의 지위를 규율하는 사법 조항의 국제적 조화, 즉 법률문제에 대한 의견을 교환하기 위한 여러 국가의 법학자 회의를 통해 다양한 국적의 변호사가 연구를 수행하는 정기 간행물의 출판, 그리고 일반적으로 대학과 그 밖의 곳에서 시행되는 '법학'을 통해 가능한 한 변화의 영향을 극복하려는 시도가 이루어지고 있다. 정부와 정부 간의 조약이 이미 진행되고 있는 경우도 자주 발생하는데, 그들은 차이를 인식하면서 의견의 통일성을 추구한다.

그리고 일반적으로 교통량의 증가는 이전에 법적 개념에서 매우 명백했던 국가와 국가 간의 차이를 완화하는 데 영향을 미쳤다. 비슷한 과정이 국내에서 이루어졌다. 모든 국가나 지역이 중요한 도시가 아님에도 불구하고 선한 대의를 위해 자신의 법을 주장했던 시대가 있었다. 그러나 이것은 그리 오래지 않다. 이전의 차이가 종종 둘 이상의 과정에 영향을 미치더라도 같은 국가의 여러 부분이 더 긴밀하게 통합됨에 따라 이것은 이제 끝났다. 너무 강한 이해의 불일치를 극복하고자 하는 국가 간의 욕구를 통해 외부로부터 새로운 힘을 얻은 것처럼, 이 통일은 무엇이 옳은지에 대한 보편적인 감각을 국가 내적으로도 강화시켰다. 그런 만큼 현재 진행 중인 평등화는 삶에 존재하는 실제 차이점을 은폐하고 그들에 대한 정의를 수행하지 못할 위험이 있음을 인식해야 한다.

§24. 법학

이기적인 의도의 결과로 법적 결정에 지속적으로 스며든 죄책감의 일방성은 완전히 다른 성격을 띤다. 사회의 다양한 계층은 일반적으로 매우 다양한 욕망을 품었다. 이런 식으로 지위와 지위의 대립, 계급과 계급의 대립이 생겨났다. 그 결과 생겨난 투쟁에서 각 지배 집단은 유리한 법적 조항을 통해 자신의 지위를 강화하려고 노력했다. 그리고 자존감에 의해 요구되는 규정이 마치 스스로 발생하는 것인 양 법의 일반적인 개념을 공식화하려고 하였다. 심지어 성직자 계층도 모든 종류의 특권을 확보하려고 노력했는데, 이러한 특권은 교회의 비세속적 특성에 따라 예외적인 것으로 간주되었기 때문에 법의 일반적 개념에 나쁜 영향을 덜 미쳤다. 반면에 귀족, 대지주, 무역협회, 길드, 재단 등은 정부에 가한 영향력으로 공동의 법률 조항을 어지럽힐 수 있었다. 그래서 결국 자신의 이익을 위해 달려가서 다른 사람의 법적 지위를 짓눌렀다.

그것은 악한 의도로 법을 변조하는 일과 관련이 있었다. '모든 사람을 위한 평등한 법'에 대한 요구는 이것의 자연스러운 결과였다. 과장해서 하는 말이 아니라, 이는 일반적으로 박수받을 만한 가치가 있다. 특히 토지 소유에 대해서는 인구가 증가함에 따라 예외적인 규제가 더 까다로워졌고, 식민지국가들은 초기에 해외에서 보내오던 것을 자체적으로 소비하기 시작했다. 특히 사회 분야에서 법의 이기주의는 점점 더 진지한 투쟁을 요구했다. 마르크스주의의 등장은 법적으로 이런 계급 이기주의에 따라 어느 정도 촉진된 면이 있다. 그 후 19세기 중반에 증기기관, 기술의 발전, 더욱 쉬운 운송, 10배나 늘어난 부채, 인구의 가파른 증가, 특히 근로자에 대한 교육이 많이 증가하여 많은 사람이 지위에 대한 모든 독립성을 잃었고, 대규모로 흡수된 개인은 자본의 우위에 종속되었으며, 지배 집단은 평등을 깨뜨린 법적 조항을 거의 통과시키지 못했다. 하지만 개인의 독립성과 생존력을 유지하기 위해 고용된 근로자에게 없어서는 안 될 법 조항을 제정하는 것은 거부했다. 이에 대한 반응이 이제 본격화되어 많은 학대는 사라지고 있지만, 당분간 우리가 원하는 조화는 가져다 주지 않을 것이다. 투쟁이 끝날 때에만 미소지을 수 있을 것이다.

이미 언급했듯이 가장 절대적인 개인주의가 왕좌에 오르기 위해 무정부주의적 또는 허무주의적 법이라는, 의자의 네 다리를 모두 제거하려고 시도하는 완전히 다른 운동이 함께 진행되고 있다는 사실도 잊지 말아야 한다. 이제 모든 관할권을 이음새에서 제거하고 개별 인간의 자아를 절대 지배권으로 높이려는 시도는 결국 '창조주'를 완전히 제거하고 '피조물'을 자신의 권리를 높이기 위한 존재로 만들기 위한 노력이 아닌가? 이것은 성경의 낙원에서 발생한 죄의 본질이 나타난 것이다. 많은 피조물은 서로 '나란히' 서 있다. 이것이 그들 사이에 관계가 존재하는 이유이다.

오직 하나님만이 이러한 관계가 어떠해야 하는지 결정할 수 있다. 그리고 이러한 법적 관계의 규정, 그것과 그것만이 '법'이다. 모든 유기적 삶의 다양성이 수반하는 모든 변화와 함께 죄 때문에 나타난 변화를 포함하여, 이 모든 관계를 하나님께서 어떻게 질서 있게 하고 고정시켜 주셨는가를 알아내는 것이 모든 법 제정, 판결과 법 연구의 거룩한 과제이다. 법은 배운 환상에 의해 구상된 도식이 아니라, 바로 삶에 적용되는 것이다. 법은 삶에 나타난다. 그리고 인간의 학문이란 삶 자체에서 그것을 알아가는 것 이상이어야 한다.

법 연구는 하나님께서 제정하신 삶의 관계에 대한 해부와 치료이다. 우리는 우리 자신의 몸에 대해 환상을 가지지 않고, 하나님께서 창조하신 정맥 조직, 신경계, 근육의 얽힘, 피와 물, 화학적 및 물리적 구성 요소 사이의 관계를 연구한다. 그리고 하나님께서 우리 몸의 각 부분과 지체 사이에 결정하신 관계는 그분의 뜻대로 유지되어야 한다. 그렇지 않으면 몸은 병들어 죽는다. 팔이나 다리의 근육이나 신경 중 하나라도 삐끗하면, 팔이 뻣뻣해지거나 다리가 더 지탱하지 못한다. 또한 질병이 발생하면 건강한 상태가 끝나며, 질병을 극복하기 위해 사용해야 하는 수단이 결정된다. 법도 이와 다르지 않다. 인간 사회를 위해 하나님은 유기체처럼 어떤 부분과 구성원이 그것에 속하는지, 어떤 물질과 활동이 그 안에 흡수될 수 있는지, 그리고 그것들이 모두 서로 어떤 관계에 있어야 하는지를 결정하셨다. 그들이 쉬거나 움직이는 만큼 모든 기관이 건강하게 유지될 뿐만 아니라, 골절로 뻣뻣해지거나 독이 피에 스며들 때도 마찬가지다. 어떤 면에서 보더라도 그것은 항상 하나님께서 삶에 개입하시고 확립하신 관계에 대한 법적 지식으로 귀결된다.

법적 지식은 올바른 길을 유지하게 하고 항상 하나님께서 결정하고 의도하신 것에 대한 지식으로 귀결된다. 하나님께서 옳은 것을 느끼도록 감각 기관을 우리 안에 창조해 주셨을 때만 우리가 그것에 대한 지식을 얻을 수 있다. 그리고 이 감각으로 우리를 무장시킨 후, 하나님은 본능과 지각을 통해 우리가 법적 감각을 갖게 해주셨고, 창세기 1-9장에서 하나님 자신이 말씀하신 것을 통해 모든 사람을 위한 법의 확실한 기초를 놓으셨다. 그렇게 우리를 지향시키고 지각할 수 있게 하신 후에, 그분은 생활 자체와 역사에서 그분이 제정하신 법적 관계를 우리에게 계시해 주신다. 열방의 지도자들은 법을 실용적 지혜로 파악한다. 국가들 사이에 법적 천재들을 키우거나 소수 민족에게 특별한 법의식을 부여함으로써 이 실용적인 통찰을 명확히 한다. 그리고 마침내 입법자들을 낳고, 이들은 그들의 권위에 의해 잘 제정된 법 개념을 확립하는 방법을 알고 있다.

여기서 멈추지 않는다. 법에 대한 감각과 지식은 지속해서 강화를 요구한다. 우리가 민감한 어떤 감각과 마찬가지로 법에 대한 감각도 약하거나 강하게 작용할 수 있다. 그것은 우리의 얼굴, 청각, 취향, 예술 감각과 다르지 않다. 두 사람이 같은 물체를 보더라도 한 사람이 다른 사람보다 훨씬 더 많이 볼 수 있고, 같은 사람이 같은 물체를 두 번에 걸쳐 봐도 인상은 매우 다를 수 있다. 평범한 개인이 기념비적인 예술품을 처음 본 후 10년이 지나 예술가로서 동일한 작품을 두 번째로 본다면, 선, 형태, 음영을 완전히 새롭게 보게 될 것이다. 예술도 다르지 않다. 신입생으로 이집트 고대 박물관을 방문한 뒤, 10년 동안 이집트학 연구를 마치고서 같은 박물관으로 돌아온 사람은 처음에 관심이 없던 많은 것들에 눈을 뜨게 될 것이다. 우리의 법적 감각도 마찬가지다. 또한 이런 의미에서 어떤 사람은 다른 사람보다 훨씬 기분이 좋다. 어떤 사람은 거의 모든 정의감이 둔해지지만, 다른 사람은 법적 영역에서 최고의 전율을 느낀다. 한 사람은 불의를 인정하지 않지만 차분하고 침착한 상태를 유지하는 반면, 다른 사람은 그 핵심에 사로잡혀 법의 위반자를 공격한다. 그러므로 국민 가운데 법 감각이 약화되지 않도록 하는 것이 중요하다.

여기에 여론, 언론, 그리고 무엇보다도 종교 공동체를 위한 교육의 임무가 있다. 아이에게 불의에 대한 분노를 역사의 예나 환상의 이미지보다 논쟁을 통해 일으킬 수 있다. 우리 안에 있는 법의 감각은 말과 말을 통해 자극을 받는다. 삶의 사실을 매일 발표하는 언론은 그러한 사실을 통해 법적 감각을 자극할 수 있다. 그러나 종교 공동체, 우리의 경우 교회처럼 법을 옳다고 생각하고 긍정하는 능력을 날카롭게 하는 것은 모든 국가 사이에서 항상 발견되었다. 지상의 불의에 대항하여 신들에게 호소한다는 믿음은 이방 세계의 정의감을 날카롭게 했다.

그러나 그리스도의 십자가를 통한 대속교리만큼 기독교 국가들 사이에서 공의의 의미에 뿌리를 둔 것은 아무것도 없다. 몇몇 신학자들은 안셀무스(Anselmus)[85]가 그의 책 "하나님께서 왜 인간이 되셨는가?"(Cur Deus homo?)에서 공의에 대한 하나님의 생각을 불명예스럽게 보여주었다고 잘못 이해하여, 슐라이어마허와 함께 '십자가의 보혈을 통한 평화'를 '윤리적으로' 이해한다면 십자가의 열매가 더 풍성했을 것이라고 말한다. 우리가 앞서 지적한 구분에 따르면, 법적 요소와 윤리적 요소는 둘 다 골고다 위에서 완성된다. 어쨌든 기독교 유럽에서 법 개념과 법적 가치 평가는 골고다의 십자가를 통해서만 강화되었으며, 이 십자가의 독특성을 대중에게서 덮어버리려는 윤리적 측면의 노력이 법의식의 명료성에 적지 않은 해를 끼쳤다는 사실은 너무나도 분명하다. 사형제 폐지도 비슷한 의미로 작용했다. 범죄자가 사회와 사회 자체의 희생자인 것처럼 보는 형법의 새로운 이론이 있다. 이것은 마치 '거룩한 정의'(sancta justitia)는 결코 '보복'해서는 안 되며 오직 범인의 '교정'을 위한 것으로 여겨져야 한다는 주장으로, 법적 모티프를 도덕적 모티프로 대체하려는 것이다.

따라서 우리의 법 집행은 점점 더 사라질 위험에 처해 있다. 특히 학교와 언론과 교회는 감각 자체를 통하는 것보다, 권면과 배운 설명을 통해 우리가 정의감을 가질 수 있도록 해야 하며, 역사의 사실, 현재의 사실, 상상된 환상의 사실에 반응해야 한다. 특히 기독학교, 기독 언론, 교회는 이에 기여할 수 있다. 이 영역 안에 성경의 창세기 12장부터 제시되었고, 지속적인 영향력을 가진 특별계시가 작용하기 때문이다. 이에 대해서는 나중에 더 자세히 다루겠다. 여기서는 특별계시의 사실에 관해 기독교 분야에서 학교, 언론, 교회의 법적 감각을 강화하는 힘을 증가시키는 것으로서만 다룰 수 있었다.

그런데도 앞서 언급한 학교, 언론, 교회에서 의도한 영향력은 대부분 '법적 감각'을 날카롭게 하는 것으로 결정되는 반면, 이와 관련된 법 지식은 '법학'의 수확을 위해 훨씬 더 풍부한 결합을 기다리고 있다. 꽤 자주 일어나는 것처럼, 변호사가 학자로서 입법자의 자리를 대신하려 하고, 그가 법조문에 적어야 할 것을 거의 그에게 처방하려고 해서는 안 된다. 그는 더 겸손하고 더 집중하고, 그로 인해 더 고귀한 작업을 추구해야 한다. 여기서도 학문은 실제와 구별된다. 훌륭한 신학자도 완전히 부적합한 설교자가 될 수 있다. 진료를 하지 않는 의학교수, 가령 해부학만 가르친 교수는 최악의 수술 의사가 될 수 있다. 가장 뛰어난 대수학자도 국립 은행의 회계사보다 실용적 능력이 떨어질 수 있다. 따라서 모든 나라들의 판결도 그런 식으로 완전히 이해할 만하다. 일류 법학 교수가 업무를 시작하기 이전에 한 번 이상 의뢰인을 불충분하게 도왔던 미흡한 변호사였을 수 있거나, 실제 정치에서 국가 정책을 돕기보다 더 방해했을 수도 있다.

법학에는 고유한 유산과 소명이 있다. 첫째, 법률 분야의 현상을 '통계적'이고 '역사적'으로 수집하고 정리하여 평가해야 한다. 둘째, '철학적'이고 비판적인 평가를 통해 그 창의적 내용이 서로 조화를 이루는 법이라는 건물을 세워야 한다. 이를 위한 윤곽선의 원리를 추적해야 한다. 셋째, 법학은 그 결과에 이르기 위해 말하자면 명제에 관해 교조적으로(dogmatisch) 결론을 내려야 한다. 그러나 후자는 마치 법학의 소명인 것처럼 모든 토지와 사람에 대해 일반적으로 유효한 자연법을 설정하거나 바로잡지 않는다. 이것은 기본 노선에 관한 한 생각할 수 있지만, 나머지는 국가 및 실무 연구에 맡겨야 한다. 그리고 최종적으로 입법부와 판사의 손에 맡기되 상황을 적절히 고려할 수는 있다.

실망스러운 점은 이 법학이 종교의 권리를 행사하게 하는 것, 아니면 권리 행사를 제거하거나 종교 영역을 금지하는 것에 따라 원리적으로 두 학파로 나뉘는 경향이 있다는 것이다. 종교는 보조 수단으로만 사용되는 경우에 자격을 잃게 된다. 가령 증인들이 진실을 말하도록 강요하고, 범죄로 인한 더 큰 불쾌감을 두려워하며, 법정에 십자가를 매달고, 왕의 연설에서 하나님의 복을 구함으로써 종교적 모습을 구하고, 안식일을 지킴으로써 일꾼에게 안식을 가져다 주는 것, 이 외에도 훨씬 더 많은 예를 들 수 있다. 그러나 이런 모든 경우에서 종교는 하나님께 영광을 돌리거나 그분의 빛으로 법의 올바른 흔적을 발견하는 의무가 아니라, 제안된 목적을 달성하기 위한 수단으로 사용된다.

일반적으로 종교를 제거하는 것은 이러한 타락의 첫 단계이다. 결국 사법 분야에서 종교를 제거하는 데 이르게 하는 애석한 단계가 현재 프랑스에서 일어났다. 법 현실과 다른 곳의 주 정책에서는 많은 경우 아직 이 궁극적인 이정표에 접근하지 않았지만, 법률 연구에서는 더 이상 하나님을 법의 원천이요 창시자와 집행자로 삼지 않는 것이 매우 빈번히 보인다. 연구가 어떻게 인간 속에 주어진 것에 따라 결정되는지가 점점 분명해진다. 법이라는 왕궁을 위한 대리석 블록은 인간의 본성과 사고에서 취한 것이다. 모든 면에서 법학 연구는 인간적 자료로 제한되며, 실제로 법학 연구를 전적으로 지배하는 것은 다양한 철학 학파이다. 이교도 민족들 사이에서도 그들은 그 정도까지 가지는 않았고, 오히려 전체 법적 영역에서 신들로부터 약간의 영광을 끌어내는 것을 높이 평가했다. 이슬람은 모든 면에서 법을 알라와 연결시킨다. 또한 중세시대에 기독교 대륙에서는 법과 종교가 쌍둥이 자매처럼 연결되었다. 이 견해는 16세기 종교개혁 이후 국가에서도 지속되었다. 그러나 그 이후, 처음에는 인본주의, 다음에는 고전주의, 특히 근대주의, 불가지론, 무신론, 유물론에 입각한 법학 연구가 생겨났으며, 이는 법률 강의에서 아주 예외적으로만 하나님의 계시를 고려하는 원인이 되었다. 이것은 확실히 교파적 배경을 가진 대학과 학교에서 여전히 발견되지만, 그렇지 않은 교수진에게는 더 이상 발견되지 않는다.

이것은 특별계시와 일반계시에도 적용된다. 인간의 본성과 사회에서 주어졌다고 인정되는 것은 그 기원에 대한 추가 조사 없이 받아들여진다. 그것은 사용 가능한 것을 정상으로 간주하고 타락을 고려할 의무가 면제된 것으로 자동적으로 이끈다. 비정상적으로 보이는 것은 여전히 불완전한 발달의 자연적 열매로 간주되며, 징벌 개념은 저절로 완전히 무시된다. 아이는 아직 완전히 성장하지 않았기 때문에 처벌받을 수 없다. 그러면 처벌이 아닌 교육이 유일한 요구가 된다. 머지않아 우리가 여전히 부정하고 나쁜 것으로 비난하는 모든 것이 저절로 멈출 것이다. 모든 재판부는 명예로운 장례식만 기다리고 있다. 법의 모든 나사는 모든 인간이 온전해지는 영광의 날에 간단히 풀리게 될 것이다. 자신을 위한 개인으로서 모든 인간은 이상에 따라 생각하고 말하고 행동할 것이다. 법적 노예는 자유인이 될 것이다.

그리스도인으로 우리에게 이 견해에 반대하는 태도가 나타나는 것은 바로 이 차이에 있다. 즉, 법을 집행하면 다시 하나님께 영광을 돌리게 되며, 법 집행과 법 연구에서 다시 인간 타락에 대한 지식으로 돌아가게 되고, 그 결과 어두운 안개를 발견하게 될 것이다. 그리고 이제 이것을 고려하여, 하나님의 계시에서 그 자체로 제공되는 치료법을 받아들여 우리 타락한 세대에 거룩한 법의 복을 다시 보장할 것이다. 이것은 일반계시의 경우 이미 사실인데, 그것이 전적으로 다르거나, 법적 감각, 법적 본능, 타고난 법적 지식 등이 단순히 자연의 속성으로 이해될 경우이다. 그러면 하나님의 피조물과 영광으로 존중받는다.

하지만 이것은 더 명료한 빛을 발하게 되는데, 그 전제는 우리에게 주어진 성경에 있는 것처럼 특별계시를 고려하는 것이다. 오직 그 특별계시를 통해서만 다른 것으로부터 통용되는 주요한 법의 기반, 수정, 보완이 가능해진다. 이 특별계시를 사용하지 않고 그대로 둘 뿐만 아니라, 그 존재와 법률에 대한 적용 가능성을 부인하는 법학자는 반기독교적 태도를 보인다. 그러나 하나님의 특별계시의 존재와 타당성을 진정으로 받아들이는 사람은 그 특별계시로부터 방해받지 않는다. 라듐광선의 효과를 인식하지 못하는 의사는, 치료 중인 환자에게 사용하지 않고 그대로 둔다. 항공기술을 믿지 못하는 사람은 그것을 일반적인 것으로 여기지 않는다. 무선 전신 장치를 선내에 두지 못하는 선장은, 배가 난파한 경우에도 그것을 사용하지 않는다고 말한다. 그래서 기독교인이라고 고백하고 성경의 권위를 받아들이는 사람이 법학 공부를 할 때 결코 "나는 그것때문에 성경은 덮어 둔다"라고 말할 수 없을 것이다. 이것은 그에게서 학자의 자격을 박탈하고 그의 의식 속에서 이원론을 드러낼 것이다.

특별계시는 창세기 1-11장에 포함된 내용들이다. 우리는 앞서 설명한 것처럼 이 내용들이 이스라엘뿐 아니라 인류 전체에 영향을 미친다는 점을 안다. 그리고 또한 우리에게 사실과 말로 전해진 계시가 있음을 알 수 있다. 이것은 법의 기초를 형성하며, 중요한 역할을 했다. 그런데 법률가가 나중에 법 연구에서 마치 자신과 관련이 없는 것처럼 한다면, 어떻게 이 장들에 기록된 것을 신성한 계시로 받아들이기를 원하는가? 물론 이스라엘 아래의 법 집행, 예언의 법적 관점, 시편과 잠언의 법적 증언과 설명, 복음서와 사도들에 관한 법의 설명과 계시록에 나타난 무법성과 법적 표시와 관련하여서도 똑같이 적용된다. 학자가 어떻게 이 두 가지 조합을 위해 노력할 수 있겠는가? 즉, 한편으로는 "내가 이 모든 것이 참되다고 하나님께 고백한다!"라고 말하고, 다른 한편으로는 "마치 성경이 존재하지 않는 것처럼 법학 연구를 한다"라고 기록한다. 결국, 이것은 모든 논리의 조롱거리가 될 것이다. 그러나 한 명 이상의 전문 법률가가 어떻게 이러한 비논리적 결론에 갇히게 되었는지 상상할 수 없다.

신자에게 피할 수 없는 결과가 있는데, 비록 특별계시에서 신성한 권위를 가진 법의 일반적인 개념을 모두 적용할 수 있지만, 법에서 성경을 사용하기는 쉽지 않다는 것이다. 우리는 이미 그리스의 법철학을 가진 유럽의 기독교회에서, 종종 로마, 게르만, 이스라엘의 법사상이 임의성을 배반하는 방식으로 혼합된 방식을 지적했다. 이스라엘 율법에서 몇 조항을 취하고, 나머지를 놓아버리는 사람은 그가 무엇을 하고 있는지 깨닫지 못하는 것이 분명하다. 어느 누구도 한 법전에서 10개 또는 12개 조항을 강제하는 법으로 받아들이면서도 나머지 모든 것을 임의로 제쳐 놓을 수는 없다. 그는 그 법전의 권위에 굴복하지 않고 자신의 선택, 즉 임의성에 굴복한다.

내가 우리나라에도 적용되는 이스라엘의 법률 조항을 신의 권위에 근거하여 받아들인다면, 당연히 이스라엘에서 토라라고 간주하였던 '전체' 법전을 받아들여야 한다. 종교개혁 전까지는 위험한 불확실성이 남아 있었는데, 심지어 칼빈의《기독교 강요》[86]에서도 성경에 대한 호소가 종종 부가 설명 없이 이루어졌다. 하지만 16세기에 이미 이 점에 대한 고정된 규칙의 수립이 지연되어서는 안 된다는 인식이 생겼다. 특히 프란시스쿠스 유니우스 (Franciscus Junius)[87] 교수는 법학자가 특별계시와 어떤 관계에 있는지에 대해 답변했다. 내가 1880년에 출판한 "유니우스 선집"(Opera Selecta) 329-392쪽에서 그의 판단을 볼 수 있다. 내가 주목한 논문의 제목은 "모세의 정책 관찰" (De Politiae Mosis observatione)이다. 이 논문은 다음 질문에 답하려고 한다. "하나님의 백성이 지켜야 할 것, 그리고 그러한 모든 정책에서 지켜야 할 것이 아닌 것은 무엇인가?" 그리고 유니우스는 답변으로 마침내 38개의 논제를 제시하는데, 내가 출판한 책 339쪽에 인쇄되어 있다.

같은 질문을 아무리 자주 반복하더라도, 항상 두 가지 차이가 나타났다. 첫째, 성경에서 모든 민족을 포함하는 것과 이스라엘만을 포함하는 것 간의 차이였다. 둘째, 이스라엘과의 언약을 '잠정적'이고 '지역적'인 것으로 구별하는 것인데, 그것은 진행된 '원리'에서 구별되었다. 이것은 그것이 현세적이고 지역적인 것이 아니라, 우리와의 언약과 우리의 법과 행정을 다스리는 '원리'라는 이해와 함께 구별되었다. 물론, 지식이 풍부한 법학자가 그의 연구를 완전히 독립적으로 만들기 위해 히브리어와 구약 고고학에 대한 지식을 충분히 가진 경우는 드물다. 적어도 신학자 유니우스는 로마와 독일 법에서 부족한 것이 보완되었기 때문에, 여기에 미흡한 것이 문학적 측면에서도 보완될 수 있음을 충분히 증명했다. 다른 학부들과 마찬가지로 법학부도 고립된 상태에서 힘을 발휘하려 하지 말아야 한다. 다섯 학부는 함께 유기적으로 연결된 전체를 형성한다.

법학이 실제로 특별계시에 포함되지 않고, 그 안에서 행동하는 하나님의 권위에 대한 완전한 법을 수행하는 포괄적인 의미로 받아들여진다면, 법 연구는 우리에게 이기심, 고의, 범죄를 타도하고 우리의 고백에 따라 더 순수하고, 더 완전하며, 더 정확하게, 우리에게 하나님의 은총이라는 선물로 올 것이다. 타락의 끔찍한 결과를 극복하기 위한 그리스도 나라 헌법의 강력한 법칙은 "무엇보다 네 하나님을 사랑하고 이웃을 너 자신처럼 사랑하라"이다.

따라서 우리의 결론은 다음과 같다. 법은 하나님께서 그의 창조를 통해 정돈되길 원하셨던 관계의 종합이다. 인간으로서 우리는 그 법과 반대인 불의를 경험할 수 있는 감각을 받았다. 하나님께서 바라시는 관계는 우리의 본능적 인식에 각인되어 있으며, 우리에게 타고난 것, 우리 삶에 표시되고 역사에 제시된 것에 그 흔적이 남아 있다. 그것들은 하나님의 말씀을 통해 드러났고, 법적 천재에 의해 사람과 민족 안에서 이루어졌으며, 법의 실용적 지혜로 굳건해졌고, 마침내 유기적 관계에서 학문에 의해 전개되었다. 우리에게 필요한 것은 조건과 상황에 따라 다양하지만 모든 사람에게 일반적으로 작용하는 하나님의 법에 대한 지식이다. 그리고 타락의 결과를 전환하기 위해 하나님께서 우리를 위해 마련하신 관계에 스며든 왜곡과 변조를 처음부터 고려하는 법에 대한 지식도 마찬가지다.

제2장

"국가"라는 명칭

§1. 고대

'국가'(Staat)라는 명칭은 일반적으로 국민의 연합체를 의미한다. 이는 근대가 출현하면서부터 시작되었다. 고대에는 그런 말을 알지도 못했고 그런 단어도 없었다. 중세 시대에도 '국가'라는 말은 없었다. 16세기에도 이 단어는 극소수의 작가들에 의해서만 사용되었고, 18세기가 되어서야 보편화되었다. 고대에 관한 모든 성경 전문가는 '국가'라는 명칭이 성경에 전혀 없다는 것을 알고 있다. 여기에서 우리가 '민족들'이라고 말하는 고임(Góoim) 또는 에트네(Ethnê)와는 달리 이스라엘은 하암(Ha-Am) 또는 라오스(Láos)라고 부르지만, 정치적 맥락에 대한 일반적 이름은 나타나지 않는다. 성경은 '제국'이라는 표현을 알고 있으며, 하나님 나라의 의미와 지상의 군주가 통치하는 국가라는 의미에서 세계적 제국도 있다(단 7:13 참고). 하지만 구약이나 신약에서 '국가'라는 단어나 이에 상응하는 표현은 나타나지 않는다. 고대 그리스 시대에도 국가라는 일반적 표현을 아는 사람이 거의 없었으며, 그들은 '국가들'이 아니라 '도시들'을 조직했다.

따라서 '도시'를 의미하는 '폴리스'(polis)라는 단어는 모든 '정치' 영역에 그 이름을 결합시켰다. 폴리스, 주변 도시 또는 그에 속한 식민지라는 개념 아래에서 더욱 그렇다. 당시 로마 사람들은 왕국(regnum)과 제왕(imperium), 원로원(Senatus populusqae) 또는 공화국(res publica)이라는 일반적 용어 외에도, 도시(civitas), 시(urbs), 지방자치체(municipium)[88] 등의 표현을 사용했다. 그리고 이것은 원래 최소한 연방의 의미에서 반군주적 국가 형태를 지정하는 것이 아니며, 여전히 국민 연합체로서의 의미가 아닌, 모든 고도의 정치적 연대와 원리적으로 '도시'에 대해서도 그리스인들이 '폴리스'를 가지고 있던 것과 마찬가지이다. 로마제국 외곽에 있는 사람들은 성경에서처럼 '이방인'(Gentes), 또는 민족들이나 고임이나 럼밈(Leummim)이라는 이름으로 열등하게 여겨졌다. 따라서 로마인은 누가와 바울의 신약성경에서도 그랬던 것처럼 종종 이방 민족을 '야만인'이라 말했다(행 28:2,4; 롬 1:14; 골 3:11 참고).

§2. 중세

중세에 신성로마제국(Heiliges Römisches Reich)[89]이 유럽 전체에 제국의 통일을 다시 시도했을 때, 다양한 기독교 국가들이 이 황제국에 의존하고 있다는 인식이 있었다. 하지만 특별히 프랑스와 잉글랜드 쪽에서 이런 인식에 저항이 발생했는데, 이것을 강화하기 위해 교황파(Welfen)와 황제파(Ghibelijnen)[90] 간에 수 세기 동안 투쟁이 이어졌다. 하지만 신성로마제국과 완전히 동등한 지위에 올랐다는 것은 확실하지 않다. 동방교회가 떠난 후에도 기독교 국가(Christenheid)의 통일에 대한 생각은 사라지지 않았다. 유럽이 광범위한 일련의 동등한 제국들로 구성될 것이라는 생각은 아직 없었으며 이슬람, 특히 투르크족의 공격은 그들이 제국의 다수로 통일을 해결하지 못하게 하는 원인이었다. 적어도 십자군은 통일이라는 생각을 유지시켰으며, 그로 인해 다양한 독립적 민족의 정치적 연대를 위한 공통 용어의 필요성은 아직 부족했다.

황제와 교황 사이에 일어난 갈등의 결과로 이 단결은 이탈리아에서 점차 무너지기 시작했다. 도시 자유 국가에서의 삶이 르네상스 시대 못지않게 출현하였다. 피사, 제노바, 베네치아는 다른 많은 도시와 함께 아테네와 다른 곳에서 있었던 것과 유사한 상황을 재확립하고 도시 중심의 종속된 지역을 정치적으로 조직하려고 시도했다. 라틴어로 이것은 시비타스(civitas, 도시)라고도 불리는 고대의 레스 푸블리카(res publica, 공화국)로 불렸다. 라틴어는 공식 언어와 학습 언어로서의 독점을 잃을 때까지 이 모든 것을 표현하는 수단이었다. 이탈리아 공화국은 일반적으로 엘 스타토(el stato)라고 불렸다. 그 당시 마키아벨리(Machiavelli)[91]는 이 단어를 이탈리아어로 이미 일반적 개념으로 사용했다. 그는 《군주론》(El Principe)에서 "모든 국가는 공화국 또는 군주국이다"라고 말했다. 장 보댕(Jean Bodin)[92]이 이것을 1577년 그의 "공화국에 관한 여섯 권의 책"(Six livres de la République)에서 '국가'에 대해 말하면서 프랑스 문학에 소개했다. 후자는 훨씬 더 주목할 만하다. 보댕이 여전히 그의 작품 제목으로 '공화국'을 군주제에 대한 반대가 아니라, 현재 우리가 '국가'라고 부르는 것에 대한 일반적 표현으로 말하고 있기 때문이다. 그의 작품 제목으로 "공화국에 관한 여섯 권의 책"은 너무나 적합하다.

반면에 게르만 국가에서는 국민을 위한 '국가'라는 단어가 정치적 맥락에서 사용되기까지 훨씬 더 오랜 시간이 걸렸다. 공식적으로, 그것은 1794년 프로이센[93]의 '일반 국가법'에서 처음 발견되었다. 우리 네덜란드 사람들도 거의 '네덜란드 국가'라고 말하지 않고 대부분이 '네덜란드 연합 공화국' 또는 '연방'이라고 표현하는데, 이를 '군주제 반대론'(Monarchomachen)[94]의 의미로 이해해서는 안 된다. "마그데부르크의 세기들"(Centuriae Magdeburgenses)[95]과 위베르 드 랑게(Languet)[96] 곧 율리우스 브루투스(Julius Brutus)의 "폭군에 대한 저항에 관하여"(de Vindiciae contra tyrannos)[97], 그리고 오트만(Hottomann)[98]과 다른 칼빈주의자들 일부가 군주제 반대론의 방향으로 열성적이었지만, 이 나라에서는 그 열성이 민족정신을 지배하지 '못했다'. 우리나라 독립에서 오란녀 왕가가 차지한 장소는 이것을 스스로 잘라버렸다. 이 군주제 반대론이 판 올던바르너펠트(Oldenbarnevelt)[99]와 그를 추종하는 사람들에게 뿌리를 내렸을지 모르지만 칼빈주의자들에게는 확실히 그렇지 않았고, 오히려 공화국들은 근본적으로 칼빈에 반대했다.

§3. 근대로의 전환기

지금 우리가 '유럽의 국가들'과 '세계의 국가들'에 대해 말할 때 우리에게 '국가'라는 이름은 이탈리아 또는 프랑스 작가들의 직접적 영향을 받는 경우를 제외하고는 실제로 사용되지 않았다. 킬리안(Kilian)[100]조차도 그의 "어원"(Etymologicum)[101]에서 이러한 의미로 알지 못한다. 페르담(Verdam)[102]의 "중세네덜란드어사전"(Middelnederlandsch Woordenboek)에 보면, '국가'라는 단어는 '공화국'

이란 의미로 쓰인다고 말한다. 지금도 '국가'라는 단어의 사용은 독립적인 정치적 맥락에 있는 사람들의 집단에만 국한되지 않는다고 본다. 연방 시대와 마찬가지로 우리는 여전히 '의회'(Staten-Generaal)[103]에 대해 말하지만, 이제는 다른 의미로 사용된다. 당시 의회는 7개 주를 총괄하는 중앙 정부적 표현이었고, 그래서 리트레(Littré)[104]는 그의 "사전"(Dictionair)에서 다음과 같이 설명했다. 네덜란드 정부의 이름은 프랑스어로 에따 제네로(Etats génereaux)이며 지금 우리나라 의회의 이름이다. '국가 평의회'(Raad van State)[105]라는 이름은 n이 없는 단수 형태 스타터(State)로 프랑스의 콘세이 디타(Conseil d'état)를 모방한 것이지만, 그 이름은 군주제가 통치하던 때인 1531년 카를 황제[106] 시대에 설립되었던 '국가 평의회'를 상기시킨다. 국무원 이외에도 우리는 여전히 주의회[107]라는 이름을 가지고 있으며, 주 정부는 다시 한 번 현대적 의미인 대표위원회[108]와 구별되었다. 현재 사용되는 이러한 표현들은 모두 '지위'와 관련된 '국가'라는 단어의 고대적 의미로 거슬러 올라간다. 그런 다음 독립된 권력을 차지한 특정 집단을 언급하고, 그 집단의 권력을 대표하는 이름으로 '국가'라고 불렀다. 따라서 이 지위는 스스로 취한 것이 아니라, 대표권 또는 양도에 의한 것이었다.

우리말의 국가라는 단어가 생겨난 라틴어 스타투스(Status)는 어떤 식으로든 분야나 지위가 아니라 본디 '상태'에 불과하다는 것을 항상 염두에 두어야 한다. 오늘날 우리는 여전히 매우 유사한 의미에서 사망, 결함, 혼인 상태 등에 대해 말한다. 전체 인구에서 더 높거나 덜 독립적인 위치를 차지한 집단은 그 후 자신의 지위나 위치를 형성했으며, 국가라는 표현은 이러한 위치를 차지한 사람 위에 있으며 그 집단에 관계된 권력을 대표하는 것이다. 부분적 독립성에 대한 이해는 거의 항상 다른 계급 또는 집단과 동등한 권력의 관계로 표현되었다. 권력은 다양한 그룹, 지위, 도시 또는 지방의 부분적 독립에서 비롯되었지만, 공통 국가의 상호 맥락에서만 행사될 수 있었다. 이후에 교황과 황제 아래에서 존재하고 번성했던 기독교 국가의 통일성이 무너졌을 때, 유럽의 여러 민족이 각자 자신의 대중적 지위를 얻을 준비를 해야 하는 것은 당연한 일이었다. 그리고 '국가'라는 이름으로 이러한 '국가들'이 함께 유럽 인구를 형성하고, 함께 속하며, 국제적인 상호 관계를 맺게 되었다. 따라서 주 의회, 의회, 마지막으로 유럽 국가들이 있었으며, 빈에서 열린 회의에 이 자격으로 함께 참여하기도 했다. 그들은 자기 나라를 가리켜 '연방'(Gemeenebest) 또는 '제국'(Rijk)이라고 불렀지만, 다른 나라들과 관련해서는 유럽의 '국가들'(staten)이라고 칭했다. 그래서 독일의 정치학자들은 항상 일반 정치학에서 '국가연합'(Statenverbinding)에 대해 별도로 논의하는 습관을 지니고 있다.

§4. 우리 헌법

우리 헌법은 우리나라의 정치적 통일성을 정의하기 위해 네 가지의 다양한 표현을 사용함으로써 그 어떤 혼란도 일으키지 않는다. 그 표현은 첫째는 나라(Land), 둘째는 국민(Volk), 셋째는 왕국(Rijk), 넷째는 국가(Staat)이다. 물론 이 다양한 용어의 사용은 그 자체로 의미와 목적을 가지지만, 우리 헌법 제정자가 이러한 음영과 의미에 대한 명확한 개념을 형성했다고 말할 수는 없다. 왕국 재산을 나라 재산이나 국가 재산이라고 말하는 것이 이미 이것을 보여준다. '국가'에 관하여는 제24, 58, 59, 67, 94, 103, 113, 114, 118, 172, 176, 181조의 12개 조항에서 언급된다. 여기서 가장 중요한 표현은 '국가의 이익'이다. 국민에 대해서는 제25, 52, 78조에서 세 번만 언급된다. '나라'에 관해서는 제24, 25, 28, 30, 96, 171, 181, 186조에서 8번 언급된다. 그러나 나머지는 이전에 사용되지 않은 연합, 즉 '왕국'으로 제1, 2, 3, 4, 43, 52, 59, 61, 63, 75, 80, 81, 90, 122, 123, 126, 129, 141, 149, 164, 166, 168, 177, 180, 184, 186, 187, 189, 192조에서 총 30번 이상 등장한다. 따라서 무엇이 가장 중요하게 의도된 것인지 알 수 있다. 나라, 국민, 국가가 아니라 왕국(regnum)에 초점을 맞춘다. 이와 관련하여 공식 정부신문의 이름은 '왕국관보'가 아니라 '국가관보'이며, 같은 이름을 일반적으로 국가 공직이라고 부른다는 점이 주목을 끈다.

헌법에서 네 가지 용어가 다양하게 사용되는 것이 민족적 통일성을 상상하기 위해 변형된 표현을 찾으려는 어떤 시도에서 비롯된 것임에는 틀림이 없지만, 우리 헌법에서 그렇게 유지되었다고 말할 수는 없다. 제176조는 "채권자에 대한 '국가'의 의무가 보장된다"고 명시되어 있다. '국가의 이익'이라는 표현도 충분히 권장된다. 1814년부터 1848년에는 앞에서 언급된 네 가지 용어의 사용이 확실하게 정립되지 않았다. 특히 지방 자치 단체나 주에서 어떤 것을 마련할 수 없다는 구분이 의도된 경우에 '국가'에 속한다고 말하지 않고 '왕국'에 속한다고 말하는 것은 '국가'가 아닌 '왕국'에서 가장 강력한 국가적 통일성의 표현을 추구함을 뜻한다. 이것은 특히 교육의 경우 국민교육이 어떤 권위를 가져야 하는지에 대한 의문이 제기되었을 때 분명해졌다. 이전에는 지방 정부에 제기했지만, 이제 사람들은 교육이 주 정부나 국가의 업무가 아니라 거의 전적으로 '왕국의 일'이라고 보며, 비용도 지방재정이나 국가재정에서 더 가져오는 것이 아니라 정부 또는 '왕국'이 지급해야 한다고 본다.

그러나 '국가'라는 이름이나 단어는 독립적인 정치적 관계의 일반적 개념을 나타내기에, 이제 모든 언어로 고착화되어 주저 없이 사용된다. 이것은 국가의 본질을 독립적 현상으로 보려는 인식에 대한 필요성이 점점 더 대두되고 있기 때문이다. 이것은 특히 '국가법'과 이른바 '국가학'의 구분을 통해 더욱 명확해졌다. 1815년에 만든 우리나라의 고등교육법이 1876년에 수정되는 전환 과정에서 이것이 가능해졌다.[109] 1815년 8월 2일에 제63조 14항은 '자연법', '국가법 및 국제법', 유럽의 정치사, 통계 및 외교 분야에서 법학부의 고등교육을 명령한다. 한편 1876년 4월 28일에 제77조 102항은 법학부가 국가법, 국제법, 행정법, 국가경영학, 통계학, 정치역사에 대한 교육을 제공하도록 지시하는데, 하나의 대학에 대해 식민지, 이슬람, 남아프리카 법률 등이 추가되었다(제78조 참조). 박사 학위와 관련하여 우리 법률은 현재 주로 법학 박사 학위를 제공하고, 다른 하나는 정치학 박사 학위를 제공한다. 그런데 정치학의 경우, 국가 자체의 본질에 귀속되는 것과 법 본질에 적용되는 것을 구별한다. 따라서 이제 국가의 본질을 별도로 다루는 것이 가능할 것이다.

제3장

국가의 본질

§1. 의미 불안정

스트라스부르(Straatsburg)의 렘(Rehm) 박사[110]가 그의 "일반 국가론"(Allgemeine Staatslehre) 17쪽에서 '국가'의 기본 개념을 명확히 규정하는 것은 매우 어렵다고 언급하는데, 이는 완전히 틀린 말은 아니다. 그는 심지어 "국가가 무엇인지에 대한 통찰의 일치에 결코 도달할 수 없을 것이다"라고 말하기까지 한다. 우리가 앞에서 '국가'라는 이름에 대해 관찰한 것은 이 느낌을 확인시켜 준다. 프랑스가 국가라는 것을 의심할 사람은 없지만, 프랑스에는 모나코[111]가 있다. 그렇다면 모나코는 프랑스와 종류가 비슷한가? 모나코는 입헌군주제를 취하며, 왕가, 장관, 정부, 일종의 의회가 있으며 29개의 해외 영사관을 자랑하지만 인구가 2,000명 미만이고 크기는 1.25제곱킬로미터에 불과하다. 이러한 소국을 '국가'라고 할 수 있을까? 리히텐슈타인 왕국[112]은 약간 더 커서 인구가 약 만 명이나, 우리나라의 힐베르쉼(Hilversum)[113]보다도 작다.

이런 국가가 러시아, 영국 같은 나라와 같은 범주에 속할까? 법적 관점에서 보면 확실하지만, 이것은 법적 개념이 여기에 결정적이지 않다는 것을 의미하는 것은 아니다. 모나코를 독일제국이 형성될 때 독립의 일부를 포기한 바이에른(Beieren), 작센(Saksen), 뷔르템베르크(Wurtemberg), 심지어 프로이센(Pruisen)과 동일한 위치에 놓으면 더욱 분명해진다. 이집트는 국가였을까? 터키의 술탄(Sultan)은 명목상의 지배자일 뿐, 사실상 영국 왕이 그곳을 통치했기 때문에 법적으로는 국가가 아니다. 동인도제도의 식민체제는 유럽 전체와 거의 같은 인구를 가진 동인도제도와 같은 곳에서 국가의 지위를 빼앗아 간다. 이와 관련하여 레드슬롭(Redslob) 교수[114]는 "종속국"(Abhängige Länder, Leipzig, 1914)이라는 그의 저서에서 광범위한 국가들이 이미 절대 주권을 잃어버린 '특이한 지위'에 대해서 논했다. 결과적으로 실제 상태는 이론적 결과와 점점 더 충돌한다.

바로 이점이 '국가'의 개념에 대해 명확하고 충분히 확립된 개념을 형성하는 것을 어렵게 만든다. 앞에서 언급된 생각을 이해한다면, 그 개념을 결정할 때 어떤 국가 관계가 중요할지를 미리 결정하는 것이 어렵다는 것을 알게 된다. 우리가 국가에 관한 개념을 현실과는 별개로 철학적으로 확립하려고 시도하면, 그 결정이 각각의 철학 학파들을 형성하는 위대한 사상가들의 주관적 의지에 넘어가게 되며, 그 결과 그들은 우리에게 매우 다양한 정의를 제시하게 된다. 나아가 셋째로 정치적 관계 자체도 지속해서 중요한 변화를 겪고 있다. 그 결과 역사적 흐름은 한 나라가 '국가'인지 아닌지를 결정하기 위하여 지속적으로 그 특징을 변화시킨다.

몽골 유목민이나 흑인 부족에게도 영국의 입헌군주제나 미국이 설정하는 것과 같은 어느 정도의 정치적 연대가 있다. 그러나 유목민들에게 적합한 국가이념의 특징은 무엇인가? 가부장제와 가부장적 관계, 폭정 등은 모두 특정 형태의 국가적 삶을 제공하지만 이러한 모든 형태에 적용할 수 있는 '필수조건'(notae necessariae)을 어떻게 찾을 수 있을까? 슈탈(Fr. J. Stahl)[115]은 다음과 같이 정의한다. "국가는 물질적, 영적 재화의 보호와 개발, 특히 법과 정의의 집행 아래에 있는 정부 산하 국민의 연합이다"(Staatslehre, Berlin, 1910, 18). 하지만 두 민족으로 구성된 벨기에는 어떤가? 모든 종류의 매우 독특한 민족집단이 혼합된 미국은 어떤가? 러시아인, 폴란드인, 핀란드인은 한 민족이다! '법과 정의를 유지하는 것'을 마키아벨리의 국가론의 영향 아래 국가 목표로 생각하는가? 본국 통치가 계속되고 있는 아일랜드는 영국에 묶여있다. 그러나 다시 국가가 될 만큼 독립을 되찾을까? 그렇지 않다면 브륀스베이크(Brunswijk)[116]는 주(州)이지만 아일랜드는 그렇지 않은 이유는 무엇인가? 경험에서 국가 개념을 정의하면 불완전한 국가 형태, 축소된 형태, 국가 간의 연결로 인해 혼란을 겪을 것이다. 철학적으로 발견된 국가이념에서 출발점을 취하면, 당신의 이해와 실제로 일어나는 일의 불완전성으로 인해 끊임없이 갈등에 직면하게 된다.

§2. 국가와 죄

국가의 명칭과 기본 개념의 이 불안정성은 죄가 인류의 삶과 체계에 일으킨 혼란과 관련이 있다. 그리스도는 타락 후에 발전한 것처럼 보이지만 파괴된 인류의 삶을 대체하는 것으로 '하나님 나라(왕국)'의 하나 됨을 지속적으로 제시하신다. 하나님 나라에는 더 이상 '국가'의 분열이 없으며, 완전히 다르고 어떤 것도 방해할 수 없는 깨어지지 않는 유기적 통일만 있다. 이 나라에서 하나님은 만유이시며 만유 안에 계시고 그 만유는 하나가 될 것이다.

평화주의자가 인류의 통일을 회복하기 위해 모든 모순을 제거하려는 것은 하나님 나라 또는 천국이라는 개념으로 그리스도께서 선포한 것과 같은 생각이다. 차이점은 평화주의자가 우리의 현재 상태에서 우리 혈통의 연합을 꿈꾸지만, 그리스도는 마치 죄가 사라진 후 먼저 기다리는 것처럼 우선 하나님 나라의 도래를 예언하신다는 것이다. 그분은 이렇게 말씀하셨다. "하나님 나라는 볼 수 있게 임하는 것이 아니요…하나님의 나라는 너희 안에 있느니라."[111] 그리고 그 어떤 동료들보다도 이 통일에 주목했던 사도(바울)는 모든 것을 포괄하는 그리스도의 왕국에 들어가기 위해서는 지상에서의 모든 통치와 권세를 없애야 한다고 선언하기를 주저하지 않는데, 그것은 승리를 위한 우리 인류의 통일을 완수하기 위함이다. 인간 사회에서 출현한, 자신의 주권을 가진 다양한 국가는 이것과 일치하지 않으며, 오히려 그것에 맞서 싸운다. 하나님의 왕국과 함께 시작될 새로운 상태는 창조 때 주어진 것과 다시 완전히 일치할 것이며, 그때 들어온 행복의 상태는 완성에서 완전한 '영광'의 나라가 될 것이다.

창조에 주어진 가능성은 죄로 인해 타락하여 실현되지 못했다. 각 개인과 인류와 인간 사회에 대한 죄의 영향으로 통일이 아닌 분열의 상태가 생겨났고, 그 분열 속에서 통일의 힘 대신 온갖 해체의 힘이 지배하고 있다.

일반은총이 역사의 흐름 속에서 인간의 삶이 더 타락하지 않고 견딜 수 있는 상태를 가능하게 했다. 모든 면에서 하나님의 선하심이 우리의 불안한 삶에 치유와 기쁨을 가져다 주었지만, 통일은 오지 않았고 인간의 삶은 깨어짐의 연속이었다. '국가'에 대한 생각이 생겨난 것도 이 깨어짐의 결과이다. 이런 생각은 창조 계획에 포함되지 않았으며, 하나님의 왕국에서는 상상할 수 없는 것이다. 국가에 대한 생각은 타락 후 인간 사회가 받아들여야 했던 깨어지고 죄 많은 특성의 결과이다. 이것은 타락한 상태가 계속되는 한 지속될 것이다.

그러나 하나님 나라가 그리스도 아래에서 유기적 통일에 도달하여 새로운 인류를 온전한 통일로 모으면 '국가와 국가가 공존하는' 것도 생각할 수 없으므로, '국가'에 대한 생각은 영원히 사라진다. 그렇다고 민족 간의 차이도 사라진다는 뜻은 아니다. 오히려 성경은 천국에서 전능자를 찬양하는 노래가 '모든 나라와 민족과 방언에서' 나올 것이라고 우리에게 증언한다.[118] 획일성이 아니라 풍성한 조화를 이루는 다양성이 새 생명의 특징이 될 것이다. 반면에 우리가 그것을 알고 불완전한 상태에서 축복하지만, 국가는 그곳에 더는 존재하지 않을 것이다. 개별 국가들은 분열의 요인이 되지만 완전한 인류의 천국에서는 신성한 통일의 도장이 인간 사회 전체에 새겨질 것이다.

만일 우리 사회로부터의 죄의 요소가 고려되지 않는다면, 국가의 어떤 활동이 사라지게 될지 궁금해하는 순간, 이 이상의 자기 추천은 눈에 번쩍일 것이다. 물론 전쟁은 더 이상 존재하지 않을 것이다. 수 세기에 걸쳐 고안되고 발명되고 사용된 모든 것이 국방을 달성하기 위해 끊임없이 증가해 왔지만 결국 이것도 육지와 바다와 하늘에서 완전히 사라질 것이다. 모든 경찰, 소방관, 형법, 교도소에 대해서도 마찬가지다. 민법은 완벽한 질서로 확립될 것이며, 이를 시행하기 위해 법규나 판사, 변호사, 재판을 요구하지 않을 것이다. 국방부는 해군과 법무부를 위한 일과 자리가 더 이상 필요하지 않을 것이다. 국제분쟁이 더 이상 발생하지 않으면, 외교부는 전혀 불필요하게 될 것이다. 저주의 결과 자연에 격변이 없었으면, 자연과의 싸움과 자연의 교정은 더 이상 제기되지 않을 것이며, 이 모든 것 외에도 정부에 의해 규제되고 명령 받던 모든 것들이 가정, 가족, 성별, 부족과 민족의 유기적 관계와 관련하여 조정될 것이다. 이제 우리가 모든 곳에서 이것을 인식하는 국가의 통치는 하나님 나라의 완성과 함께 더 생각할 필요가 없을 것이다.

국가는 창조 계획의 본질적 부분은 될 수 없지만, 타락의 쓰라린 결과와 그와 관련하여 죄와 저주의 결과를 완화하기 위하여 일반은총에 의해 처음 도입되었다. 국가는 외과적이고 의학적인 요소다. 인류의 삶에 대한 유기적 모습이 아니라, 우리 사회에 죄가 밀어닥친 파열 이후 신성한 의사가 처방한 붕대이다. 국가는 일종의 외과적 붕대와 마찬가지로 비정상적인 것이다. 먼저 붕대로 감는데, 이는 골절이나 상처나 질병을 통해 신체의 자연스러운 움직임이 실현되지 않을 때 적용된다. 국가는 다른 수술용 붕대와 마찬가지로 신체의 필수적 부분이 아니라 덧대고 보존하고 회복하는 치료법이다. 하지만 완성 단계인 완전한 회복이 이루어지면 붕대는 그 목적을 달성한 뒤에 성가신 것이 되므로 제거될 것이다. 사회가 거듭나서 성화되고 죄와 비참에서 구속된 인류 사회에는 더 이상 국가와 정부와 판사가 필요 없다. 두 발의 조화로운 사용을 회복한 지체 장애인은 자연스럽게 그가 기대던 목발을 버릴 것이다. 그렇다면 이제 국가를 무시해도 되는가? 그렇지 않다. 지체 장애인에게 목발이 손에 남아 있다면, 어떤지 조심스럽게 지켜보라. 그가 지쳐 목발을 눈앞에 있는 불 속에 던지는 것보다 더 잔인한 것이 있는지 스스로 물어보라. 국가는 시각 장애인을 위한 안경, 청각 장애인을 위한 보청기, 마비된 사람들을 위한 강철 코르셋과 같다. 지체 장애인, 시각 장애인, 청각 장애인에게 목발, 안경, 보청기, 코르셋만큼 높은 가치를 지닌 것은 없다. 따라서 이것들은 모두 결함이 지속되는 동안은 도움이 되며 최고의 가치를 갖지만, 동시에 완전한 회복이 이루어지면 즉시 폐기된다. 그러므로 국가 역시 타락한 우리에게 주신 하나님의 은총이라는 선물 중 하나이지만, 완성 이후 오는 천국에서는 모든 국가가 자동으로 그리고 반드시 폐기되어야 한다. 네덜란드 신앙고백 제36장은 당시 국가 정부에서도 받아들여졌는데, "우리는 인류의 타락으로 인해 선하신 하나님께서 세상의 질서와 세계가 법과 정치에 의해 지배되어, 인간의 무법성이 통제되고, 사람들 간에 좋은 질서가 형성되도록 왕과 왕들, 왕자들과 정부들을 제정했음을 믿는다"라고 말한다. 즉 국가는 오직 죄로 인해 존재하는 것이다.

§3. 법치국가, 그나이스트

이 점에서 성경이 우리에게 말하는 것은 특히 19세기에 슈탈과 같은 그리스도인 정치가가 주장했던 것과 근본적으로 다르다. 로테(Rothe)[119]의 "신학적 윤리"(*Theologische Ethik*, Wittenberg, 1845-1847)는 이것을 가장 멀리 몰고 갔지만, 전체적으로 영원한 '법치국가'에 대한 설명이 이미 더 지배적이었다. 로테는 더 높은 그의 견해로 볼 때 인간 삶의 완성은 국가에서 스스로 길을 개척해 나갈 것이라고 판단했다. 심지어 교회조차도 국가 안에 녹아들 수 있다. 육체적, 지적, 윤리적 그리고 영적으로 가장 풍요롭고 조화로운 발전을 흔들리지 않는 걸음으로 도달하기 위해 필요로 하는 모든 것과 다양한 인간적 유대(verbinding)에서 요구될 수 있었던 모든 것은 그의 생각으로는 자신을 정화하고, 고상하게 하고, 완전하게 한다면 저절로 주어진 것처럼 국가 안에 존재한다. 신지학(Theosophie)과 초자연주의가 이러한 이상적 개념의 표현에 섞여 있다. 로테는 이상적 완성을 추구해야 한다는 것을 완벽하게 잘 이해했지만, 사람들은 그에게서 그 전에 있어야 했던 균열을 알아차리지는 못한다. 그것은 마치 '국가개념'의 발전으로 완벽함이 등장할 수 있을 것이라는 것과 같다. 법치국가의 열광자들은 이것을 지금까지 받아들이지 않았지만, 원리적으로는 법치에 따라 내적으로는 민족발전에 그리고 외적으로는 국가의 구조에서 승리로 이끌기 위해 우리를 미래로 인도할 것이며 인류가 점차 이상을 실현하게 될 것이라고 주장한다.

그나이스트 박사는 그의 저서 "법치국가"(*Der Rechtstaat*, Berlin, 1872) 제2장(7-21쪽)에서 이 사상을 간단하고 실용적으로 설명했다. 그가 법치국가를 좋은 법 집행으로 이해한 것은 아니었다. 그는 법치국가의 의미를 훨씬 더 깊이 이해했다. 그는 자신의 개인적 성향과 경향에도 불구하고 인간이 자신의 인격 형성을 위해 동료와의 유대감을 배제할 수 없다는 생각에서 출발한다. 그 유대감과 연대감은 가족생활에 국한되지 않고 항상 더 넓은 범위로 확장된다. 가족에서 친족으로, 친족에서 스스로 또는 임의로 형성되는 민족 전체로 확장된다. 주변의 소규모 집단들에 대해 너무 지나치게 불가항력을 느낀다면, 이러한 소규모 집단 사이에서 자연스럽게 공동 저항을 제공하고 연방적 연대를 구성할 것이며 모든 자유와 독립의 공격자에 대해 똑같이 강력한 힘을 확립하기 위해, 가능하다면 훨씬 더 강력하고 민족 전체적으로 단결하려고 방어 또는 합병을 강화할 수 있는 유대를 맺을 것이다. 니므롯과 같은 대단한 사람이 무기의 힘으로 점점 더 작은 주변 집단을 자신에게 복종시키는 데 성공한 것으로 보인다. 혼인은 각각 다른 지위를 맡고자 하는 두 집단을 통합할 수 있다. 요컨대 모든 종류의 방식으로 더 작거나 더 큰 집단은 행정적으로나 정부적으로 통합할 수 있으며, 특히 이런 집단 형식 간의 국제 관계는 이런 형식에 결함이 있는 형성, 확실한 안정성과 내구성을 제공한다.

그러나 이런 형식 간의 혼란과 투쟁이 진정되기 시작하자마자 내부에 불안이 발생한다. 처음에 각국에서 다양한 요소들을 묶고 가까이 결합한 것은 이웃에게 경계를 늦추거나 해외에서 폭력을 휘두르는 사람 때문에 놀라움에 휘말릴 위험이 매우 많았기 때문이다. 따라서 외부의 위험은 내부의 평화를 보장했다. 그러나 외부의 위험을 피하고 여러 국가 간의 경쟁이 특정한 국제 균형을 형성하자마자, 모든 주민 사이의 사소한 차이를 극복하게 했던 유대감이 약해지고, 이제 불꽃이 타올라 곧 국내 생활에 불이 붙을 것이다. 한 사람의 이익이 다른 사람의 이익과 충돌한다. 산골의 동포들과 갈등을 일으키는 것은 산에 사는 사람들이다. 비소유자들과 분쟁을 일으키는 것은 소유자들이다. 출신과 성분의 대립이 나타난다. 지역적, 지방적 특성으로 인해 분쟁이 발생하며, 이는 곧 유전적으로 이어져 확대될 것이다. 종교도 이런 분쟁에 개입될 수 있다. 가족 싸움은 복수를 일깨울 수 있다. 점차 정당은 정부를 장악할 준비를 할 수 있다. 정치적 정당 뒤 사회적 정당들의 기치 아래 나타날 수 있다. 그리고 개인적 불화가 이 모든 것 중에 섞일 수 있으며, 같은 도시나 마을에서 증오와 적개심이 서로를 뒤흔들 수 있다. 이러한 파괴적 힘에 직면하여, 무엇보다 영적이고 종교적 지도자들은 진지하고 고상한 소명이 있다. 즉 죄를 돌이키게 하고, 더 부드러운 감정을 배양하고, 이기심과 교만과 탐욕을 이기도록 고상한 감각을 일으키는 것이다.

그럼에도 불구하고, 이 영적 힘은 분열을 일으키는 요인을 되돌리기에는 역부족이다. 이것은 우리가 개인적으로나 집단으로서 잘못되었다고 느낄 때, 우리에게서 발생하는 완전히 다른 인식 사이의 차이 때문이다. 그나이스트는 우리에게 개인적으로 행해진 불의를 용서하고 그것을 적의 탓으로 돌리지 않으려는 경향이 있지만, 그 불의를 느끼게 될 때 우리 마음이 매우 다르게 움직인다고 강조하면서 우리가 아니라 우리 계급, 우리 가족, 사회 계층, 우리 집단, 우리 정당이 영향을·받는다고 말한다. 이 경우 너무 빨리 용서하면 '의무를 게을리 한다'는 인상을 받게 될 것이다. 그런 다음 우리는 굴복하거나 용서해서는 안 되며, 문서화된 법을 그리고 공동 이익에 대한 타협 없는 방어를 고수하는 것이 '명예의 빚'(een eereschuld)이라는 인상을 받는다. 사회단체와 정당이 종종 서로 대립하는 쓰라림을 경험한다. 이런 잘못된 상태에 직면하여 법치국가는 성취해야 할 고귀한 소명이 있다. 그리고 사람들이 법의식의 작동에 대해 열린 눈을 가지고 있다면, 법치국가는 그것을 능히 할 수 있다.

이것은 법 개념이 인간 본성에 속함을 의미한다. 법에 대한 지식은 그 개념으로부터 단순히 추론될 수 있는 것이 아니다. 오히려 법에 대한 지식은 더 높은 발전에 도달할수록 자기와 그와 함께 모든 사람이 더 높은 법질서에 복종하며, 그때만이 인간 사회에서 행복의 상태가 증진될 것이라는 확신을 가져온다. 이 개념은 이기주의적 욕망, 열정, 욕심으로 인한 분노의 충동, 그리고 우리를 더 죄짓게 하는 요인이 무엇이든 간에 더 높은 법질서로 넘어가야 한다는 것을 우리 안에서 증언한다. 이것은 부분적으로는 양심에서 나오는 일에 의해 부분적으로는 여론을 포함하여, 영적 의미에서 우리에게 가해진 영향에 의해 이루어진다. 그렇지만 결국 이 작업은 법치국가 역할을 하는 국가를 통하는 것 외에, 우리 안에서 결코 다른 방법으로 이루어지지 않는다. 우리는 분쟁이 발생하는 모든 지점에서 무엇이 옳은지 그른지를 결정할 수 없다. 적어도 외부 관계와 행동에 관한 한 국가의 법만이 우리에게 이를 더욱 확실하게 가르쳐 줄 수 있다.

더 높은 법질서의 특징인 법은 삶의 다양한 관계에 점점 더 많은 압박을 가하는 데 성공했으며, 국가는 범죄자와 악의적인 사람들에 대해 공개적으로 확립된 법질서를 유지하는 데 성공했다. 따라서 어린 시절부터 사람은 누구나 이 법적 명령에 따라 생활하는 데 익숙하다. 종교와 지성이 결합하여 이 법적 관계를 더욱 순수하게 해결하고 합법성을 지지하기 위해 법치국가의 옹호자들이 가르치는 것처럼 더 높은 도덕적 이상이 대중생활에서 점차 실현될 것이다. 경관이나 보초를 통해 불량한 녀석들의 어린애 같은 버릇없는 행동을 통제하는 경찰국가와 관계하는 대신, 사람들은 대제사장처럼 우리 모든 인간의 삶을 살리고, 성화시키고, 우리 눈앞에 맴도는 이상을 역사적 현실로 바꾸는 국가와 관계를 맺을 것이다. 이 모든 것에서 국법의 행동과 법치국가의 이상은 필수불가결한 것으로 보인다. 왜냐하면 그나이스트가 9쪽에 언급했듯이, 고귀한 본성을 지닌 인간은 인격체로서 자기 동료를 향해 "자비롭고 정의롭게 되기 위하여" 이해관계와 싸울 수 있기 때문이다.

하지만, "다른 계급과 싸우는 사회계급"은 결코 이렇게 할 수 있어 보이지 않았다. 점점 더 명료해지는 법의식에 기초한 법치국가의 영향력의 승리만이 백성 가운데 있는 적대세력의 자멸을 가져올 수 있다. 이 과정이 계속될수록 백성들은 자기의 이상에 더 가까이 다가갈 것이다. 그나이스트는 "그러나 이 모순과 함께 법치주의의 실질적 기초가 시작된다"라고 주저 없이 선언한다(9쪽). 인간 지식은 우리에게 심리적으로 그의 도덕적 의무감에 들어가서 저항하고 극복하도록 심리적으로 우리에게 가르친다. 이렇게 똑같은 일이 민족 안에 작동한다. "인류 공동체의 영원한 사명은 이해와 속박의 대립관계를 '국가라는 유기체를 통해' 지배하는 것이다." 인간이 개인적으로 자신의 도덕적 의무를 부정할 수 없는 것처럼, 그 어떤 백성도 모든 국가의식을 포기할 수 없다. 아리스토텔레스의 구호에 따르면, '인간은 본질상 정치적 동물'이다.

법치국가는 국가에서만 더 높은 소명을 완수할 수 있을 뿐이다. 그리고 더 높은 도덕적, 법적, 국가적 의식이 인간의 본성에 주어진다. 따라서 그리스도의 교회는 도덕성에 대한 생각을 설교할 뿐만 아니라, 침투를 허용하므로 법치국가를 자연스럽고 자유롭게 준비하지 않을 수 없다. 교회라는 지속적 기관은 가족과 사회에서 보호를 필요로 하는 것에 대한 첫 번째 보호를 제시하며, "분리된 계급과 사람들이 인간과 문화적 목적을 위해 평화롭게 공존할 수 있도록 한다"(10쪽). 그나이스트는 '국가'와 '교회'가 천년이 넘는 기간 동안 상호 간의 꾸준한 협력과 지속적인 반대를 통한 '국가이념의 이중 담지자'라는 사실을 주저 없이 인정한다. 이 투쟁을 끝내고 조화롭게 해결하기 위해서는 개별적으로나 집단으로 더 높은 권력을 주장해야 했다. 교회가 개별적이고 도덕적으로 행함으로 이것이 시도되었지만, 법치국가를 통하지 않고서는 한 국민 전체를 위해 이루어질 수 없었다.

그는 로테처럼 교회를 국가 안에 완전히 융해시키려는 데까지는 가지 않고, 우리를 더 높은 이상의 실현으로 이끌지 못하도록 하는 것이 국가라고 본다. 법치국가는 인간의 공존에서 또한 민족과 민족이 이루는 국제적인 관계에서 우리의 부분이 될 수 있고 도달할 수 있는 가장 높은 부분이 됨으로써 높이 인정받을 만한 도구이다. 우리는 죄와 부패가 아니라 불완전함 때문에 행복의 상태에서 멀리 분리되어 있다. 그래서 그는 먼저 그리스도의 재림으로만 가능해질 하나님 나라의 도래에 관해 말하지 않는다. 그것은 규칙적인 역사 발전과 함께 우리를 점차 완성의 상태로 이끌 하나의 연속적 과정이다. 법치국가에는 내적으로 진정 존중받을 수 있는 측면이 있다는 것은 부정할 수 없으나, 슈탈조차도 여기서 너무 멀리 갔다. 나중에 다룰 다른 고려 사항은 별도로 하고, 일단 그 기본 생각을 받아들일 수 없다. 마치 중단 없는 과정이 현재 우리를 둘러싸고 있는 것에서 벗어나 이상적인 행복의 상태로 인도할 것처럼 말이다. 성경이 우리에게 계시하는 죄와 화해, 재림에 관한 모든 것은 이 생각과 완전히 반대되는 것이다.

§4. 블룬칠리

영국 헌법에 너무 깊이 빠져 있던 루돌프 그나이스트보다 취리히(Zürich) 와 뮌헨(München)에서 연달아 교수를 지낸 요한 카스파 블룬칠리(Johannes Caspar Bluntschli)[120]는 특히 벌써 6판이 나온 그의 "일반 국가론"(Allgemeine Staatslehre)을 통해 유사한 생각을 유럽에 소개했다. 그는 특히 법인(rechtspersoon) 개념을 통해 국가를 이해할 수 있다고 보았다. 조금 과도하게도 그는 인간을 인격체로 이해하는 것처럼 국가를 파악해야 한다고 생각했다. 국가도 "영혼과 육체가 있다"(19쪽). 몸에는 신체 부위가 있고 그 영혼에는 영(geest)이 있다. "국가에는 국가 정신, 국가 의지 및 국가 기관이 있다"라고 말했는데, 이것은 이미 서론에서 다루었던 것처럼, 그가 국가를 '남성적'으로 교회를 '여성적' 인격으로 보았다는 사실을 보여준다. 그는 국가란 "한 특정한 나라의 정치적으로 조직된 민족인"이라고 정의한다(24쪽). 이 은유적 과장과는 별개로, 이 개념에는 국가 자체가 스스로 발전하고 성장하며, 점차 이상적 위치에 도달하여 마침내 그 근거의 완성을 자체적으로 찾을 수 있다는 생각도 포함된다.

그러나 블룬칠리에 관해서만큼은 여기서 특별히 언급할 가치가 있다. 그가 국가를 민족적 관념에서 분리하고, 그것이 민족적 특수성이 아니라 국가로 나타나는, 사회에서 벗어난 일반적 '인류적' 본성이라고 주장하는 점때문이다. 이제 그는 국가개념과 국가이념을 구별하게 되었는데, 절대 국가라는 좁은 개념에서 국가의 이념을 찾지 말고, 세계 여러 나라의 모든 것을 포용하는 개념을 찾아야 한다고 주장한다. 27쪽에서 그는 말한다. "한 '개인'으로서의 인간과 전체로서의 '인류'는 창조에서는 원초적이고 지속적인 대립개념이다." 이어서 그는 "따라서 사법과 국가법 사이에도 차이가 있다"라고 덧붙였다.

이 설명은 이제 인간이 아직 발달의 매우 낮은 단계에 있다는 생각으로 이어진다. 그는 깨어있는 것보다 더 많은 꿈을 꾸기 때문에 정신적 혼란 상태에 있다. 의지는 영향력이 있지만, 아직 우리 인류 모두를 위한 의지의 작용은 아니다. 따라서 인류는 아직 유기적 존재를 시각화할 수 없었다. 다가오는 세기에야 만능을 아우르는 세계 제국의 실현을 경험할 수 있을 것이

다. 그러나 국가에 대한 이 높은 이상을 실현하기 위해 이미 노력이 이루어
졌다. 알렉산더 대왕은 제국을 세우는 것을 목표로 삼았다. 로마인은 그것
을 위해 노력했고 달성한 것처럼 보였다. '신성로마제국'도 같은 이상을 추
구했다. 나폴레옹은 그것을 실현할 가능성을 믿었다. 그러나 이런 종류의
모든 노력은 마침내 완전히 실패했다. 따라서 인류는 세계 제국이라는 이
상을 실현할 만큼 충분히 성숙하지 못했으며, 세계 제국에 대한 그 생각을
포기해야 한다고 말한다. 그는 기독교 국가 및 교회가 여전히 절망적으로
분열되어 있는데도, 그 연합에 대한 기대를 포기하지 않고 있다고 진술한
다(27쪽). 그러나 성경적으로는 다른 해석이 필요하다.

자기 생각을 계속 발전시키면서 그는 우리에게 세계 제국을 향한 두 가
지 충동을 보여준다. 첫째, 그 이상에 담긴 군사력의 충동에 의해 압도적인
군대로써 그 이상을 실현하려고 노력했으나 이는 항상 실패로 끝났다. 그
러나 둘째는 완전히 다른 힘이다. 그는 "문명화된 유럽인들은 이미 높은 목
표에 집중하고 있다"라고 주장한다(27쪽). 그 결과에 도달할 때까지 얼마나
걸릴지는 모르지만, 최종 결과는 분명히 나타날 것이다. 한편, 거스를 수 없
는 시간은 그 임무를 중단하지 않고 민족을 하나로 모으고, 인류 전체의 통
일 의식을 일깨우기 위해 계속 노력하고 있으며, 이것은 국가 질서의 자연
스러운 준비다. "유럽의 영혼은 전 세계에 더욱 확고히 시선을 집중하고 있
다. 아리안 종족은 전 세계에 질서와 법을 요구한다고 느낀다"(33쪽). 이상하
게 보일지 모르지만, 미국이 최근 몇 년간 평화주의(Pacifisme)의 강력한 흐름
의 근원이었던 이 막강한 과정에서 배제되었다는 사실이 그 자체를 설명한
다. 이것은 모든 종류의 민족들이 혼합된 미국 인구가 유럽의 주요 종족이
보여주는 강력한 조직이라는 인상을 주지 않지만, 평화주의는 로테와 블룬
칠리가 주창하듯 세계 제국의 찬양자와는 다른 동기에서 진행된다는 이중
적 상황을 설명한다.

이 주창자들의 주장은 모든 나라와 민족 기원의 하나 됨과 법의식에 있
는 법의 힘에서 비롯된다. 반면에 평화주의자(Pacificisten)에게는 도덕적 동기,
즉 전쟁에 대한 혐오가 전면에 있다. 그것은 일찍이 16세기에 많은 침례교

인 사이에서, 특히 퀘이커교도(Quakers)[121] 사이에서 생겨났다. 이 생각은 지금 매우 광범위한 영역에 자리를 잡고 있다. 또한 퀘이커교도가 주장한 것과 같은 영적(geestelijk) 동기뿐만 아니라, 모든 전쟁이 재정적(finantieele) 손실로 우리를 위협하는 것에 대한 반대도 더 큰 규모로 이어진다. 그리고 모든 전쟁을 특징짓는 잔인함에 반대하는 인류애적(philanthropisch) 동기가 있다. 또 경제적 진보를 방해받지 않으려는 물질적(materieel) 이해관계가 있다. 국가 예산이 전쟁과 해군의 예산에 의해 압력을 받지 않으려는 정치적(politiek) 동기도 있다. 그리고 국가와 국가 간의 긴장 관계를 악화하지 않으려는 국제적 관점이 있다. 절대 법치국가의 옹호자들인 로테, 그나이스트, 블룬칠리가 주로 목표로 하는 것은 상상의 이상을 철학적으로 추구하는 것인 반면, 평화주의자가 염두에 둔 것은 더욱 실용적 결과를 위해 현재 군대와 함대에 드는 막대한 재정을 경제적, 사회적으로 사용하는 것이다. 따라서 평화주의자에게는 더 많은 국제적 형제애가, 그리고 완전한 법치국가를 추구하는 광신자들에게는 하나의 세계 제국에 대한 생각이 전면에 등장한다. 비록 하나의 세계 제국에 대한 생각도 점점 더 국제적 흐름에서 사라지고 있음을 인정해야 하지만 말이다.

그런데도 블룬칠리는 다음과 같이 말한다. "세계 제국에서 먼저 진정한 인간 국가가 나타나고, 국제법이 완성될 것이다"(34쪽). 그러나 그는 다시 다음과 같이 말한다. "'민족들'이 '인류'를 지지하자, 몇몇 '국가들'이 동등한 관계로 세계 제국에 올 것이다." 그는 소수 국가를 세계 제국의 '팔다리'라고 칭함으로써 모든 것이 한 몸에 녹아있는 것처럼 설명한다. 그러나 그는 다시 말을 덧붙인다. "세계 제국은 소수의 국가를 해체하거나 민족들을 사라지게 만드는 것이 아니라 자유와 정의를 더 잘 보호해야 한다는 소명이 있다. 따라서 국가가 가장 높지만, 아직 실현할 수 없는 개념은 다음과 같다. 즉 '국가는 조직된 인류'이다." 그래서 사람들은 이렇게 말할 것이다. "그러면 소수 민족은 한 국가 안에 주(州)들만 형성하는가?" 그렇지 않다. 그는 여전히 그것을 국가라고 부르고 있다. 마지막으로 이 다른 비판도 간과되어서는 안 된다. 즉, 몇몇 나라들 안에서 인간들을 보는 사람은 법을 놓치고, 그 결과 그것들을 세계국가의 회원으로 다시 낮추게 된다는 것이다.

§5. 평화주의

인간 사회를 개선하는 데 영향을 미치는 법치주의 개념이나 평화주의의 열망을 부정하는 것은 분명 불가능하다. 법 인식과 법적 실제에 대한 열망과 폭력이 철회될수록, 더욱 고도의 문화가 자유롭게 발전할 수 있고 국가적 삶도 더 높은 형태를 취할 수 있다. 한편으로 멕시코와 중국 그리고 다른 한편으로 노르웨이와 스위스에서 발생하는 현재의 사회상을 비교해보면, 이 네 국가의 국민 생활이 매우 큰 차이가 있음을 느낀다. 이러한 차이는 아프리카 흑인 민족의 상태와 비교한다면 훨씬 더 크게 나타난다. 한 국가가 3세기 이전의 상태와 현재 상황을 비교해보면 일반 문화에서 이뤄진 매우 상당한 진보를 관찰할 수 있다는 것도 부인할 수 없다. 이러한 발전에서 더 정확한 법적 감각에 대한 각성이 두 경우 모두 법을 시행하는 더 나은 방법에 이바지했음을 의심할 수 없다. 법치국가를 찬양하는 사람들은 확실히 그들이 옳았음을 보여준다. 민족의 힘과 생명이 작동하는 한, 그들은 가만히 있지 않고 앞으로 나아간다. 여러 측면에서 이러한 진보는 삶의 행복을 촉진한다. 법을 주관적, 객관적으로 발전하게 했다는 점에서 문화의 진보는 결코 작은 부분이 아니다.

평화주의에 대해서도 어느 정도는 동일하다. 국가의 상호관계는 이제 평화의 사도직에 대한 열정으로 모든 면에서 자신을 알릴 정도로 개선되었다. 가장 강력한 군사적 조처를 하는 데에, 우리는 '평화를 원한다면 전쟁을 준비하라'(si vis pacem para bellum)는 선언으로 시작해야 한다고 느낀다. 다시 말하면, 우리는 바로 그 이유로 평화를 더 잘 보장하기 위해 전쟁을 준비한다. 호전적 태도와 타인의 구원에 대한 모든 존경심도 예전의 용맹한 과시도 잠시 잠잠해졌다. 철을 먹는 사람들이라고도 불리는 그들은 나폴레옹 시대보다 조금 덜 앞장섰다. 평화에 대한 외침은 이미 더 널리 퍼졌고 어리석게도 오해를 받았지만, '땅에서는 평화'라는 성탄의 복음은 열방 간의 관계에 거의 보편적으로 적용되었다. 과거에는 영웅주의와 전리품을 통해 민족정신을 만족하게 하려고 전쟁이 시작되었다. 그러나 이제는 대중 정신이 거의 이것을 반대하며, 전쟁에 대해 혼란스러워 하는 사람들만이 대중적인 영향력을 가졌다. 국제적 차이의 모든 원인이 점차 해결되었다. 평화회의가 우리의 영광이 되었다. 이전에는 평화궁(Vredespaleis)과 같은 기념비는 생각할 수 없었지만, 이제는 예외 없이 모든 국가의 여론으로부터 경의를 표하는 것이 되었다. 모든 민족이 벽을 건축하는 데 돌을 기부하기 원했다. 무엇보다도 러시아 황실은 이러한 공식적 평화 운동이 자국에서 시작했다는 사실을 여전히 즐긴다.

§6. 실제적 진보

더 많은 것을 말할 수 있고 말해야 한다. 법의 승리와 평화에 대한 열망이 모두 중요한 의미에서 승리했다는 사실은 명백할 뿐만 아니라, 법치국가와 평화주의운동 모두 우리의 진심 어린 동의를 받을 자격이 있다는 사실을 인정해야 한다. 마키아벨리의 체제는 너무 오랫동안 정치적 불명예의 낙인을 지녔다. 자세히 검토해 보면 오랫동안 생각했던 것보다 더 오래 견딜 수 있는 것으로 판단된다. 그러나 '국가의 안전이 최고의 법이 될 것이다'(Salus rei publicae suprema lex esto)라는 것이 국가의 고위 집단에서 너무 오랫동안 받아들여졌다는 사실을 바꾸지는 않는다. 나는 여기 숨어 있는 진리의 일부에 관해 이미 설명했다. 그러나 '필요 때문에 법을 위반할 수 있다'라는 진실이 무시될 수 없다는 사실을 인정한다고 해도, 유럽 외교가 마치 진리와 법이 없는 것처럼 행동한 것이 세기마다 다르지 않다는 것은 분명하다.

최근에 오스트리아-헝가리가 보스니아와 헤르체고비나 지역을 합병하자, 베를린이 빈의 황제를 가두고 갑자기 합병했다. 독일이 합스부르크의 동맹국으로서 이 행위를 방패로 덮었고, 다른 강대국들은 이 합병을 인정하며 항의 없이 끝났다. 그리하여 마키아벨리적 도덕성이 자리를 잡았다. 핀란드가 러시아에 편입된 것도 마찬가지라고 할 수 있는데, 러시아도 마찬가지로 조약으로 이를 이뤄냈다. 공적 도덕에 대한 이 두 가지 범죄는 모두 20세기에 발생했다. 위대한 국가 건설에 대한 건축학적 설명을 하고자 우리 뒤에 놓여 있는 것에서 역사를 조사하는 사람은, 거의 대체로 힘이 법 위에 있었다는 슬픈 지식 이외에 다른 결과를 찾을 수 없다.

국제 관계에서 그렇게 했다면, 훨씬 작은 규모인 민간인 생활에서도 그 렇지 않으리라는 법이 없다. 사법에 대한 유사한 위반이 법과 법학에서 지 속적으로 발생했는데, 정확하게 그 결과로 인한 것이다. 그렇지 않으면 사 생활에서 교활한 사람은 즉시 법안에서 배짱이 있는 사람이 될 권리가 있 다고 생각했다. 법치국가에 대한 믿음이 적어도 이 악을 가라앉히고 점점 더 가라앉기를 원하는 한, 그것이 환영받는다는 생각은 의심할 여지가 없다. 법의식이 의식과 실천에 더 집중적으로 작용하도록 허용하는 것은 우리 사회에서 동물주의적인 것에 대한 진정한 인간의 승리로 나아가는 단 계다. 판사의 판결은 움켜쥔 주먹의 인간성 안에서 승리한다. 지금까지 우 리는 슈탈이 법치국가에 박수를 보냈고, 누구든지 그러한 풍부한 사상에 타협하려는 반혁명적 욕구가 있지 않다는 것을 충분히 이해하고 있다.

평화주의에 대해서도 마찬가지다. 그리스도처럼 고난을 겪을 수 있는 사 람은 수 세기에 걸쳐 육지와 바다에서 일어난 전쟁의 비참함을 혐오한다. 전쟁에 대한 혐오는 그리스도인의 피 속에 있다. 전쟁의 공포는 우리 각자 를 공포로 채운다. 전쟁을 통해 추구된 구원은 비록 피를 흘리더라도 강력 한 국제 문제를 해결하는 것이 아님이 역사적으로 입증되었다. 그것은 개 인적 야망을 충족시키고 복수를 축하하며, 큰 자의 불의한 욕망을 충족시 키기 위해 작은 자를 더욱 압박하기 위한 것이었으며, 이로써 우리의 저주 는 반대로 된다. '법을 통한 평화'라는 구호는 우리에게 최고가 아니며 내 적으로도 전적으로 사실이 아니지만, 그런데도 무력을 즉시 행사하는 것보 다 더 높은 관점이 생겨나게 한다.

또한 국제적 차원에서 인류는 동물의 힘보다 점점 더 강해져야 한다고 생각하는 것처럼, 야생 동물의 관습을 따르고 있다. 선을 그리고 이웃의 경 계를 넘어 재산을 약탈하고 살인하기 위해 그렇게 해야 하는가? 동물과 같 은 열정은 여성에 대한 존경심을 완전히 버리고 호랑이와 하이에나의 침입 을 생각나게 했다. 이것은 과장이 아니다. 군사적 분노가 그러했다. 부어던

(Woerden)[122]과 나르던(Naarden)[123]의 더 끔찍한 장면은 말할 것도 없고, 여전히 기억된다. 인간의 자의식이 마침내 이것에 반항했다. 적십자의 구급차는 이러한 동물적 열정에 맞서 더 높은 인류의 기치를 올렸다. 성벽이 없는 도시는 더 이상 공격할 수 없다. 무장하지 않은 농부에게는 더 이상 총을 쏠 수 없다. 법이념은 가장 날카로운 화포를 동반한 포병중대에까지 지반을 튼튼하게 했다. 그리고 전쟁을 시작하는 것과 관련해서 전쟁의 '추구'는 모든 면에서 배격된다.

남은 것은 인간이 마침내 복종하는 어려운 필수조건이다. 교통망 덕분에 모든 분야에서 국제 관계가 향상되었다. 이전에 알려지지 않았던 것은 사랑받지 못했지만, 이제는 더 많은 명성이 더 나은 지식으로 이어지고 있다. 우리가 진심으로 박수를 보내는 이익이 있다. 그리고 모든 평화주의자가 우리를 미혹할 수 없도록 다가오는 지속적 평화에 대한 꿈을 꾸었는지, 그렇다고 우리가 그들의 지속적 노력을 지원하는 것을 막지는 않는다. 그리스도인으로서 우리는 그리스도를 통한 평화 외에는 어떤 평화도 알지 못한다. 그때 영원한 평화는 그분의 왕국이 이루어질 때만 올 수 있다. 그러나 이것은 우리가 '법을 통한 평화'라는 특정한 상대적 가치는 부정할 수 없으며, 이것이 평화주의자들이 불순하게 사용하더라도 평화의 시편에서 우리가 동의하는 이유다.

§7. 너무 높은 기대치

반면에 우리가 인정할 수 없고 인정해서도 안 되는 것이 있다. 법치국가가 우리를 모든 불의로부터, 평화주의가 우리를 모든 폭력으로부터 해방할 것이며, 점진적 진보와 함께 미래의 예상되는 순간이 곧 도래하여 하나님 나라의 문이 우리에게 다시 열릴 것이라는 주장이다. 우리는 이 기대를 공유할 수 없고 공유해도 안 된다. 왜냐하면 그것은 불순한 자료에 기초했기 때문이다. 우리는 하나님의 계시에 대한 유일하고도 정확한 자료를 설정해야 한다. 인류가 이 모든 세기 동안 투쟁해온 비참이 단지 '아직 완전하지 않음'으로만 설명될 수 있으며, 방해받지 않는 행복의 완결함이 꾸준히 증가하면 이 비참이 대체될 것이라는 말은 사실이 아니다. 성경의 계시는 이것에 반대하고, 고통스럽게도 경험은 성경의 증언에 다시 도장을 찍고 말았다. 이것에 대해 확실한 것이 있다면, 바로 고등 문화가 죄를 정제한 것이다.

그렇지만 민족의 마음속에 있는 죄로 얼룩진 열정은 절대 없어진 것이 아니다. 오늘 우리에게 나타나는 것처럼 사회의 상부나 하부 집단의 상태를 십계명으로 점검하는 사람은 분명히 이전 세기보다 실망이 덜하지 않을 것이다. 거룩하신 하나님을 경배하는 것에 관한 첫 세 계명은, 비록 완전히 다른 방식이기는 하지만 우리가 과거보다 훨씬 더 심하게 위반하고 있다. 노동자의 일을 위하여 일요일에 휴식하지만, 안식일의 성화를 망각하고 있다. 부모에 대한 존경심은 점차 줄어들었다. 권총은 장난감이 되었다. 사람들은 밤에 약탈하기 위해 이웃집을 지하로 파서 들어가지 않지만, 대신 서류를 위조하고 수십만 명의 사람들과 함께 조용히 나라를 떠난다. 간통과 그에 수반되는 것은 많은 분야에서 제2의 본성이 되었다. 다른 사람의 선과 쾌락에 대한 욕망은 불타는 욕구다. 요컨대 형태는 바뀌었으나, 모든 명령은 여전히 상부 집단에서처럼 하부 집단에서도 아직도 여전히 발에 짓밟히고 있다. 난폭함은 가라앉고 잔인함은 부드러워졌으나, 이제 교활한 지성은 손의 폭력에서 근력에 대한 승리를 즐긴다.

그러나 누구든지 죄의 빛이 약해지고 곧 사라질 것이라고 상상할 수 있는 사람은, 자기 삶의 현실을 모르거나 원리적으로 타락한 상태임을 보여준다. 청소년은 100년 전보다 수준이 낮다. 한편으로 문학은 높이 비상했지만, 다른 한편으로 과거 예외적인 경우에만 출판사를 찾았던 것처럼 포르노 사진을 불러냈다. 삶은 덜 혐오스러운 다른 형태와 모양을 취했다. 공존의 전체 색조가 변경되었다. 또한 더 풍부한 자선활동과 예술에 대한 고귀한 사랑에서 상당한 이익이 있다고 믿을 만하다. 하지만, 누구든지 어떤 이기심, 자부심, 야망, 탐욕, 감각적 정욕의 죄를 하나님의 거룩한 법에 반대하는 것으로 이해하는 사람은 그것이 과거보다 더 검지는 않더라도, 거의 검게 보인다. 그리고 그의 유대는 우리시대의 시민의 덕에 대한 신용보다 더 진하다. 혹은 수준 높은 의사의 강의를 듣고 싶다면, 위트레흐트(Utrecht)

의 카우버르(D. J. Kouwer) 교수가 1914년 3월 26일 행한 강연 '부족한 이상주의'를 들을 수 있다. 그는 다음과 같이 말한다.

"영아 사망률이 감소함에 따라 모든 연령층의 일반 사망률이 감소하므로 죽음에서 벗어난 인간의 삶에서 얻을 수 있는 중요한 이득이 있다. 그러나 어디에서나 아이가 더 적게 태어나기 때문에 그 이익은 감소한다. 이와 관련된 국가로 프랑스가 잘 알려져 있으며 독일과 영국도 빨리 프랑스에 근접하고 있다는 것을 누구나 알고 있다. 프랑스는 이미 출산율이 마이너스다. 즉 총인구가 감소했다! 1908년 프랑스의 1,100만 가구 중 자녀가 없는 가구가 200만 가구이고, 자녀가 한 명뿐인 가구는 300만 가구로 집계 되었다. 인구 수치가 정기적으로 갱신되는 일본과 캐나다 온타리오 주만이 아직 출생 감소에 이바지하지 않았다."

"법률은 무엇이며 경고는 여기서 어떤 이점이 있나?" 그는 계속 말한다. "한편으로는 과도한 부와 풍요함, 다른 한편으로는 가난과 질병, 그리고 모든 악은 거의 항상 어디서나 이기심에서 비롯되었다. 그들은 거창한 말로 가리고, 가족을 칭찬하는 설교를 하며 가족의 번영과 건강과 힘을 약속하고, 인종의 강화와 고양을 예언한다. 그러나 인간의 이기심이 사람에게 들고 따르려는 경향이 없었다면, 어느 누구도 이러한 이상주의적 구호가 공중으로 흩어졌으리라는 사실을 부인하지 못한다. 특히 교리 설교를 거의 들어보지 못한 부류의 사람들이 자기기만으로 미소를 지으며 그것을 점령했다. 그런데도 국민은 이미 그들을 따르고 있다. 사회 민주당과 페미니스트들이 그 길을 닦았다. 노동자 계급은 번영과 지적 발달에서 진보를 보인다. 이런 식으로 점점 더 인간이 계산하고 자녀 수를 회계 항목으로 바꾸는 문명 수준에 도달한다. 비록 엄격한 로마 가톨릭 지역이 다른 곳보다 악의 진행이 느릴 수 있지만, 교회가 통제할 수 없는 홍수에 대항하는 힘을 점점 더 잃고 있다는 것은 분명하다. 로마 가톨릭 역시 인구가 감소 추세에 있다."

"조직적 출산 제한과 함께 태어나지 않은 생명의 습관적 근절은 계속된다. 자주 인용되는 수치로, 뉴욕에서 매년 수정란에 대해 자행되는 8만 건의 범죄는 20세기의 관습에 익숙한 사람에 의해 과장된 것으로 간주된다. 그 수치는 얼마나 많은 정신적 육체적 고통을 표현하고 있는가! 그들의 몸을 떨고 있지만, 그들 자신을 '어머니 보호 협회'[124]의 기관이라고 부르는 '새로운 세대'는 임신을 종결할 수 있는 어머니의 권리를 옹호한다. '이것은 어느 정도까지 현대적 관점이다'라고 말하면서 과거의 국가들이 이 문제에 얼마나 반대했는지를 설명했다."

"1869년 교황 비오 9세(Pius IX)[125]는 임신의 순간부터 배아를 인간으로 인식해야 한다고 선언했으며, 거의 모든 문명국가의 형법은 같은 태도를 보였다. 하지만, 대중의 의식에서는 그 경계가 모호한데, 영혼이 있는 수정란과 그렇지 않은 수정란 사이를 분리한다. 권위 있는 의사 집단도 여전히 수정란을 '세포 복합체'로 부르며 배아의 생명에 대한 인식을 나타낸다."

"법이 대부분 사람이 가진 견해를 반영하는 것으로 간주할 수 있는 한, 태어나지 않은 생명에 대한 경외심이 지난 세기에 증가한 것이 관찰되었다. 이 존경심은 당연히 대부분의 의사에게서도 발견된다. 그러나 매우 드문 질병이 발생할 때의 낙태 권유 이외에 여성을 구할 수 있는 다른 방법을 알지 못한다. 지금 우리나라 도덕법 제251조는 그 행위에 대해 유죄가 있는 모든 사람을 엄중한 처벌로 위협하고 있으며, 그의 진료 규칙에 따라 정당한 근거에서 이를 행한 의사에게도 예외를 두지 않는다. 다만 범죄자와 동일시되지 않도록 다른 법조문을 요구했다. 그러나 나의 동료인 헥토르 트리브(Hector Treub)[126]가 이것을 간결하게 설명했듯이, 헛되게도 의사는 '용인된 범죄자'의 역할에 만족해야 한다."

"개인적으로 나는 동료 전문가들 쪽에 함께할 수 없는데, 특히 우리 시술의 규칙이 잘 정의된 전체가 아니어서, 의사들이 이러한 선을 매우 임의적 방법으로 택하는 경향을 반복해서 보여주기 때문이다. 우리는 아직 임신이 특정 질병에 미치는 영향에 대해 충분히 알고 있지 않으며, 이 점에서 우리의 지식은 여전히 매우 부족하다. 이러한 단순한 시술에 익숙해지면서 낙태를 유발한 것으로 보이는 상황의 수가 예상대로 빠른 속도로 확장되었다. 모든 종류의 정신이상자가 질병을 방어하기 어려운 사람들의 영역에 포함되었다."

"이로써 의사와 법학자가 유전의 법칙을 오용하는 것을 보고, 그들은 범죄자인 미치광이에 비해 도덕적으로 합법적 문제를 매우 쉽게 대하는 것을 본다! 이른바 사회적 표시도 유효한 것으로 인식된다! 나는 의사들이 여기서 매우 위험한 길을 택했다고 생각한다. 사실, 오늘날의 의사들은 태어나지 않은 아이에 대한 존경심이 줄어드는 데 부분적으로 연루되어 있다! 따라서 그들은 또한 문명 세계의 인구 감소에 대해 부분적으로 유죄다."

"여성 운동도 '어머니 파업'이 일어난다면 이에 협력하겠다고 위협하고 있다. 여성이 추구할 수 있는 위대한 이상은 모성이다. 시대를 통틀어 사회적 또는 개인적 상황이 이를 가로막았으며 오랫동안 그렇게 될 것이다. 그러나 우리 시대에는 여성들 사이에서 폭풍해일이 급증하는 것을 볼 수 있으며, 이는 그들 자신의 대열에서 대규모로 모성애를 뒤로 밀어내고 있다."

"그는 아내와 어머니로서의 임무를 다하는 것 외에도 가사도우미의 임금노동으로 인해 노동계급 가족의 도덕적, 육체적 번영이 이미 훼손된 상황에서 현대인의 열망에 대해 깊은 슬픔을 표했다. 양육과 훈육에 어머니 전체가 더 필요하지 않은가? 그러나 여성 운동가들은 더 잘 알고 있다. 즉, 어머니의 반나절 노동이 그녀에게 매력적으로 보인다. 하루의 반은 가족을 위한 것이고 다른 하나는 계약직을 위한 것이다. 따라서 가능한 한 적은 수의 아기를 원하는 것이다. 여성의 각성과 해방! 그 구호에 어느 누가 박수를 보내지 않겠는가? 모성을 모욕적으로 무시함으로써 여성을 높인다면, 누가 이것을 받아들일 수 있겠는가? 의심할 여지없이 여성 운동의 근간이 되는 많은 좋은 것을 부정하는 것은 어리석은 일이다. 그러나 여성 지지자들의 산아제한을 지지하는 여성운동은 스스로를 더럽히며 파괴하는 것이다. 어머니 됨의 제한, 종족의 단절, 인종의 파괴는 일종의 대규모 자살이다. 시선이 과거로 향하고 미래의 안개를 뚫어 볼 수 있는 한, 인류 역사가 우리에게 가르치는 것을 바라보라."

좀 더 추가하겠다. 알버르트 하흐펠트(Albert Hachfeld)[127] 박사는 1913년 포츠담에서 출판된 그의 저서 "부녀자 인신매매와 그 국제법에서의 투쟁"(Der Mädchenhandel und seine Bekämpfung im Völkerrecht) 17쪽에서 다음과 같이 쓰고 있다. "우리 시대에는 이 불명예스러운 사업(중세 시대와 마찬가지로)을 공개적으로 실행하는 것이 더 불가능하다. 그러나 결코 악의 규모가 줄어들지 않았다. 오히려 그 문제를 실질적으로 조사한 전문가들은 '부녀자 인신매매가 우리 시대만큼 널리 퍼진 적이 없었으며', 특히 그렇게 정교하게 수행된 적이 없다고 주장하는데, 그것은 옳다. 정확히 19세기에서 20세기로 넘어가면서, 이 수치스러운 매매 방식이 증가하여 모든 사람이 그것에 맞서 싸워야 한다고 느끼게 되었다."

§8. 평화주의의 약점

평화주의도 다르지 않다. 의심할 여지없이 통치자들은 한동안 전쟁을 두려워했지만, 재정적 어려움을 생각하면서 무력 실험을 중단한 것을 얼마나 오랫동안 유지할 수 있을까? 1914년의 격렬한 전쟁[128]이 그 해답이다. 최소한 더 나은 의도가 자리를 잡았고 더 정확한 외교 관계가 도입되었다는 사실을 부정할 수 없다. 또한 어떤 정치가도 지금처럼 무시무시한 학살을 유발하고, 스스로 책임져야 하는 전쟁에 직면하게 될 것을 쉽게 예상하지 못했다. 과거에는 평화를 소망하는 것으로 끝났지만, 이제는 분쟁 발생 시마다 평화로운 해결책을 찾기 위해 사회가 무엇을 해야 하는지를 반복적으로 고심해야 한다. 카네기는 의심할 여지없이 평화를 위해 가장 큰 금전적 기부를 했다.[129] 하지만 그는 혼자가 아니다. 사람들은 전쟁에 항의하고 평화를 촉구했다고 해서 자신이 책임을 면할 것이라고 생각하지 않는다. 그러나 사람들은 전쟁이 과거의 일이었음이 틀림없다는 것과 이교 로마에서 이미 언급한 '영원한 평화'가 기독교 국가에서는 빠를수록 좋다는 확신을 증명하기 위해 노력을 기울이지 않는다.

중재위원회는 적어도 작은 기적을 이루어 1871년 이후 독일과 프랑스 간의 평화가 반세기 동안 유지되었다. 이것은 몇 번이고 반복되었다. 그럼에도 불구하고 군사주의는 세계 평화에 대한 갈증이 어떻게 발생했는지를 설득력 있게 보여준다. 이는 도덕적 힘이 되었고, 그 결과 우리는 기뻐할 수 있었으며, 이는 의심할 여지없이 풍성한 열매를 약속했다. 그러나 우리가 이것을 아무리 진심으로 인정하고, 아무리 따뜻하게 박수를 보낸다고 해도 전쟁의 신을 섬긴 일이 거의 과거의 일이 되고, 모든 민족이 하나의 신성한 유대로 합쳐질 것 같던 모든 사람의 기대는 자기기만으로 거부되었다. 그리고 1914년은 우리에게 깊은 부끄러움을 안겨주었다.[130]

확실히 우리 인류의 하나 됨을 회복하려는 이상적인 욕구에서 시작하여 현재 파편화된 모든 것의 해체는 모든 것을 포용하는 하나의 세계 제국에서 바람직하고 자연스럽다. 그래서 그럴 수도 있고, 그래야만 했고, 그렇게 될 것이다. 그러나 성경의 강력한 증거는 우리가 이것을 천천히 증가하는 문명의 결과로 기대하는 것을 금한다. 우리의 하나 됨을 회복하고 인류를 모두 재결합시킬 하나님 나라의 출현은 예수의 재림이 가져올 큰 재앙 이후 영원한 그 나라에 들어가야만 가능하다. 그때까지 성경은 준비된 발전의 어느 시점에서 하나 된 인류의 영원한 평화가 시작될 수 있을 것 같은 모든 가능성을 차단한다. 그리고 성경의 증언 외에 경험의 증거가 등장하는데, 이것은 성경의 예언에 동등한 가치의 인을 새기는 것이다.

그런데도 피비린내 나는 폭력을 저지르기 위한 국가의 도구가 점차 줄어들고 사라져 가고 있는지를 중세와 종교개혁 시대와 그 이후의 시대를 확실히 검토해 보면, 전쟁을 위해 검을 가진 사람들의 비율이 실제로 크게 줄어들었음을 인정할 수 있다. 아시아에서 유럽으로의 행진에서는 거의 모든 사람이 검을 들고 전투에 나섰다. 당시 상황은 성경에 나오는 옛날 이스라엘에 존재했던 것과 똑같았다. 다윗의 계산 결과(삼하 24:9 참조) 북이스라엘 열 지파에서는 10만 명의 용사가 8번, 남유다에서는 5번이나 있었다. 모두 합쳐서 100만이며 10만은 3번이나 된다. 다윗 시대의 팔레스타인 인구는 분명히 우리나라 인구의 3분의 2를 넘지 않았다. 따라서 같은 기준으로 볼 때 이 군사의 수는 지금 우리나라의 거의 2백만 명의 군사에 해당한다. 그 이후 전 국민이 무장한 상태는 끝났다. 군대와 함대는 상대적으로 줄어들었다. 종종 용병 부대가 사용되었고 용병대장들도 고용되었다. 사람들이 주장하듯, 나폴레옹이 군대를 구성하는 것을 알았지만, 그의 가장 강력한 군대도 별 큰 인상을 주지 못했다. 그래서 사람들은 1914년 8월 1일 이후 강대국 가운데 서로 대치해 있으면서 계속 반복하여 수십만이 배치되는 대규모 군대와 그것을 비교한다. 워털루(Waterloo)[131]는 유럽의 운명을 결정했지만, 워털루에서 나폴레옹은 246발의 포문을 가진 7만 1,900명 이하의 군대를 가졌다. 그에 비해 강대국 군대는 370발의 포문으로 무장한 13만 7,000명 이하의 군대를 동원할 수 있었다.

각 강대국은(해군에서 힘을 모으고 있던 잉글랜드는 적어도 초기에는 제외하고) 수백만 명의 군대를 조직했다. 워털루에서 싸웠던 군대의 규모가 발칸 지역에서도 너무 작다고 거부당했을 것이다. 그리고 다시 한번, 러시아는 셀 수 없이 많은 군대에 백만 명의 새 병력을 추가하고, 자신만의 공격 방법을 만들 준비가 된 것처럼 보였다. 불행하게도 그것을 주장하는 대신, 중세와 그 이후에 얻은 것은 다시 완전히 상실되었다. 더 이상 비교적 작은 규모의 군대를 가진 민족이 아니라, 과거처럼 다시금 전 민족이 군대로 참가했던 것을 슬퍼해야 한다. 강력한 쇠퇴이지만, 여기서 파괴의 도구는 훨씬 더 강력한 특징을 지녔다. 과거에는 총알이 닿지 않던 거리도 이제는 닿게 되었다. 폭발은 훨씬 더 치명적이다. 1903년과 1904년에 만주에서 일어난 전쟁으로 수많은 인명이 희생되었는데, 이것은 이전의 모든 계산을 넘어선 것이다. 이제 해저와 공중에서도 전투가 벌어진다. 전투 기간도 며칠에서 몇 주로 늘어났다. 여기에 그러한 현대전이 발발하지 않고서도 항상 자신을 방어할 수 있어야 한다는 필요성에서 야기되는 재정적 파멸이 추가된다. 이제는 함대 동원조차 하루에 발표될 수 있다. 우리가 싸우고 있는 재정적이고 경제적 파산에 대해 금세기 초에 모든 내각과 의회에서 올라온 절망의 외침을 이해한다. 슬프다! 그것은 얼마나 무서운 것인가!

§9. 시대별 문화

그러나 분명한 사실은, 이 문제에 직면한 사람이 불완전성에 대해서는 알지만 죄의 부패에 대해서는 알지 못한다는 것과, 재앙을 예상하지만 그리스도의 왕권, 재림 또는 하나님 나라에 대해서는 잘 모르는 사람이 다가오는 이상을 믿는 것을 중단할 수 없다는 것이다. 사람들은 수백 년을 수천 년으로 연장한 뒤 그것을 미래에 대한 환상에 도움을 요청함으로써 쉽게 만들어버린다. 우리는 다른 방법이 없다는 것을 이해하고, 후회하는 것보다 오히려 더 기뻐한다. 따라서 성경의 권위를 고려하지 않는 영역에서도 우리가 소중히 여기는 이상은 굳게 잡고 있으며, 그러한 이상에 집착하는 것은 기분과 마음에 매우 좋은 영향을 미친다. 오히려 성경의 요한계시록에 집착하는 사람들과의 협력은 적어도 끊어진다.

우리는 한순간도 다른 모든 유토피아에 속지 않도록 항상 확실하게 말해야 한다. 역사는 고대 니느웨와 바빌론이 있던 아시아 심장부에서 확실히 고도의 문화를 발전시켰지만, 그것이 우리를 이상에 더 가깝게 하지는 못했다. 그 문명은 완전히 몰락했고, 우리에게 폐허만 남겨 주었다. 이집트에도 문화 세계가 출현했는데, 많은 면에서 훨씬 더 높은 수준이었다. 우리에게 남겨진 것은 폐허 이상이었는데, 석관에서 인간의 모습을 매우 생생하게 관찰할 수 있는 상태로 발견되었을 정도다. 그러나 이 이집트의 의미는 인류를 더 높은 수준으로 이끌지 못했다. 이 문화도 인류의 삶에 대한 별다른 인상을 남기지 못하고 사라졌다. 여기에 덧붙여, 더욱 풍성한 그리스와 로마 문화가 우리를 더욱 매료시키고 영감을 줄 수 있었으나, 이 문화 세계는 마침내 아시아 통치자들의 압력으로 완전히 사라졌다. 그 후 인류는 다시 시작했다. 또한 인도와 중국, 심지어 미국에서도 그다지 높지는 않지만 매우 풍부한 문화 세계가 나타났다. 이 문화는 적어도 중국에서는 이전 식으로 중단되지는 않았지만, 더 진보가 이뤄질 수 없는 순간에 도달했다. 이들 국가에서도 더 높은 이상에 대한 접근의 흔적이 없다. 이슬람은 바그다드(Bagdad),[132] 페스(Fez),[133] 그라나다(Grenada)[134]에서 가장 확실하게 경이로움을 만들어 냈고, 그다지 빈약하지 않은 문화를 창조했다. 하지만 여기서는 대중적 영감이 너무나 급격히 종말을 고했으며, 모든 것이 소멸했다.

그러므로 역사는 한때 떠오르는 문화 운동이 '영구기관'에 복종하는 것이며, 항상 우리 인류를 한 단계 더 높이 고양시킬 것이라는 인상을 주지 않는다. 확실히 인간의 삶에는 제한된 시간 내에 우리를 매우 높은 수준으로 발전시키고, 우리를 아이에서 소년으로 소년에서 성인으로 끌어 올릴 힘의 기복이 있었지만, 그 힘의 쇠퇴를 통해 다시 정지되거나 심지어 퇴보를 겪게 된다. 《로마제국 쇠망사》(Decline and Fall of the Roman Empire)에서 기번(Gibbon)[135]이 고전 문화의 몰락에 대해 우리에게 그토록 예리하게 말해 주는 것은, 역사가 다음과 같은 질문을 준다는 것이다. '세상의 종말이 가깝지 않다면, 우리 인류를 진리와 아름다움의 보화로 부유하게 만든 것이 아무도 예측할 수 없는 방법으로 우리로 하여금 삶의 폐허에서 다시 한 번 완전히 새로운 세계 문화를 일으키게 한다는 것은 누구도 알 수 없다.' 그런 징조가 없지 않았다. 매콜리(Macauly)[136]가 이미 그 가능성을 찾았다.

현재 우리 문화가 삶에 훨씬 더 깊숙이 침투하고, 더 넓은 영역을 포괄하며, 훨씬 더 강력하게 개입하는 것은, 의심할 여지없이 그것이 거룩한 세례의 영감으로 되살아났다는 사실에 기인한다. 모든 이전 문화가 잃어버렸던 어떤 것이 현재 우리가 아직 연명하고 있는 시기에 침투하여, 더 오래 지속되는 강력한 예언으로 우리 사회 전체에 기독교적 각인을 새겨두었다. 그러나 지난 세기 초부터 현재 문화는 되도록 '비'기독교적이고 심지어 '반'기독교적인 방향으로 발전했으며, 이것이 삶에 균열을 남겼다. 그런데 그것은 회복의 전망보다 그렇게 계속 유지하려는 경향이 강했다. 현재의 계시, 역사, 경험이 우리에게 교훈하는 것에 따르면, 다른 점성술로 운명을 점칠 것이 아니다. 오히려 주님의 재림이 임박하며, 그분의 임재로 모든 나라를 포함할 하나님 나라를 위한 자리를 만들기 위해 마지막 최고의 문화시대는 멸망할 것이다. 혹은 이 문화시대는 쇠퇴로 인해 점차 종말을 맞이하는데, 이것은 전반적인 붕괴의 시간을 거쳐서 다시 한 번 우리 사회를 훨씬 능가할 완전히 새로운 문화시대를 일으킬 것이다. 그것은 역사 과정이 완료되기 전, 재림과 함께 마지막 문화시대가 될 것이다. 법치주의와 평화주의에 대한 일방적 개념을 낳은 사상과 성경, 역사, 경험에 기초한 사상이 서로 구별되고 나뉘는 지점은, 이 견해의 지지자들이 죄의 부패를 떠날 수 없으며 국가라는 형태가 인간을 강타한 골절에도 불구하고 하나님께서 질서 정연한 사회를 만들기 위해 우리에게 명령하신 외과용 붕대에 불과하다는 데 있다. 그 결과 이상의 성취가 그리스도의 재림과 함께 그 결핍의 상태를 대체할 자리를 잡을 것이다. 모든 국가 형태는 그리스도의 왕국을 포괄하는 하나의 인류, 곧 전 인류 속으로 사라질 것이다.

따라서 국가라는 형태는 일시적인 도움의 수단이라는 가치를 부정할 수 없지만, 국가는 죄의 부패 요인을 해소하고 무효로 할 힘도 없고 결코 파멸로부터 완전한 회복을 가져올 수도 없다. 이는 국가와 국가 사이의 국제 관계와 마찬가지로 국가라는 생태에도 철저하게 적용된다. 그것은 오직 마지막 위기일 뿐이며, 그리스도의 재림은 민족들의 삶에서 사회적 암을 제거하고, 그의 세계 제국의 형태로 그리스도의 몸 안에서 모든 민족을 하나의 인류로 통합할 것이다. 따라서 국가는 창조로부터 온 것이 아니라, 죄로 인해 타락한 후 하나님에 의해 인간의 삶에 주어졌다.

§10. 오해

여기서 자주 발생하는 오해를 막아야 한다. 사람들은 드물지 않게 홍수 심판 이전에, 부패가 길어지면서 발생한 비참한 상황 이후에만 국가가 외적 수단으로 인식되어 외과용 붕대로 적용된 것처럼 생각한다. 그러나 우리는 이런 완전히 기계적인 표상을 추종해서는 안 된다. 물론 죄가 들어와 자연과 사회에 타락이 닥쳤고, 새로운 삶의 형태로서 국가는 그 비참한 상태에서 자동으로 출현한 것이었다. 그렇지만 그것은 이미 하나님의 계획에서 시작되었고, 그에 대한 준비는 창조에서부터 이루어졌다.

따라서 적용된 수술 붕대와 국가에 대한 비교는 국가가 어떻게 생겨났는지를 부분적으로만 설명한다. 그것은 부상이나 질병의 경우 자신을 보존하거나 치유하는 수단이다. 사람들은 혈액 응고에 대해 안다. 얼굴이나 손에 가벼운 부상이 있으면, 정맥 출혈이 발생한다. 이것은 혈액 손실뿐만 아니라, 독성이 있는 미생물이 혈액으로 흡수될 위험을 초래한다. 이 위험은 수분 응고에 의해 자연스레 사라진다. 이것은 결정화와는 다르다. 액체가 혈액에서 배어나오고, 작은 상처가 응결되고 두꺼워지며, 절반이 굳어 혈액이 응고되면서 더는 미생물이 들어갈 수 없게 된다. 여기서 사람들은 기계적이 아니라 '유기적'인 도움을 주어야 한다. 붕대를 감지 않아도 모든 위험을 피할 수 있고, 상처는 곧 치유된다. 열에 대해서도 마찬가지다. 신체에서 잘못된 행동이 일어나면 종종 혈액 매개 질환에서 경고와 치유 요소로 열이 나타난다. 자연은 모든 면에서 이와 비슷한 현상을 보이며, 이것은 영적으로도 계속된다.

양심의 행동은 정상적이지 않다. 사람들이 양심을 죄에 대한 내면의 경고와 저지른 죄에 대한 신비한 책망이라는 좁은 의미로 이해한다면, 예수님께 대해서는 합당한 의미의 양심을 말할 수 없다는 것이 너무나 당연하다. 우리가 좁은 의미에서 '양심'이라고 부르는 것은 자기인식과 자기책임이 아니다. 만일 모든 죄가 사라지고 모든 죄책이 용서된다면, 완성의 때에는 복된 피조물을 비판하고 비난하는 양심도 없을 것이다. 모든 복을 받은 영혼의 평화를 방해하려는 목적은 잃게 될 것이다. 그와 반대 죄로 인해 많은 의미에서 부서진 인생은 완전히 다르다. 이 상태에서는 양심이 치료 수단이다. 감각 신경이 우리에게 육체적 접촉에 대해 경고하는 것처럼, 종종 위험을 초래할 수 있으므로, 양심은 자연이 타락하자마자 우리의 영적 본성에서 저절로 생겨났다. 양심은 천사들에게서 생각할 수 있는 것 이상으로, 우리의 본성에 속한 것이 아니지만, 하나님의 경륜에 의해, 타락 이후 우리 안에서 자연스럽게 생겨나고, 우리 안에서 증거하며, 경고하고, 우리를 처벌하여 강력한 죄에 대항하여 이기는 데 도움을 준다. 우리가 죄성에 의해 완전히 타락하여 영적 위생과 나중에 법 집행이 필요하게 된 인간 사회에서, 국가는 이런 방식으로 하나님의 명령 아래 등장한 것이다.

따라서 창조 덕분에 우리 인류는 죄와 부패의 결과, 자동으로 국가적 삶에서 보존과 부분적 회복의 수단을 나타낼 가능성을 만들어냈다. 그러나 두 가지 유보 조건이 있다. 부상 후 응고는 저절로 진행되고, 내부 손상 후

치유열도 저절로 발생한다. 하지만 국가의 출현은 그렇지 않았다. 국가의 등장은 일반은총의 열매로 하나님의 섭리 체제에 의한 것이다. 정부가 없는 국가는 없다. 모든 종류의 명백한 자료들로 그런 정부의 출현을 설명할 수 있다. 그러나 역사적으로 그 과정은 결국 하나님의 섭리 체제의 결실이다. 정부가 삶과 죽음에 대해 절대적 권위를 행사하는 것은 오직 하나님의 체제에 의해서만 가능하다. 따라서 국가가 자연에 합류하더라도 국가의 출현에 작용하는 단순한 자연적 과정은 없다. 이 국가의 출현에는 하나님의 '은총'이 있다. 대홍수의 원인에 관해 우리가 아는 자료에 의하면, 우리는 적어도 인류가 처음 존재한 이후의 세기 동안 점차 더 순수한 형성과 부분적 정제에 도달한 것이 아니라, 그와는 반대로 자연적 삶의 과정이 완전히 야만적이며 동물처럼 되었다. 적어도 신앙이 있는 정치학자가 국가의 개념을 제시할 때에 홍수 이전의 상황에 대한 하나님의 말씀에 기록된 내용을 완전히 배제한다면 크나큰 잘못을 저지르는 것이다.

§11. 대홍수와 일반은총

신앙이 없는 정치학자가 이것에 주의를 기울이지 않는 것은 당연하지만, 성경을 하나님의 계시로 받아들이는 정치학자는 이 점을 배제해서는 안 된다. 그는 국가의 출현이 노아 홍수의 결과라는 지식을 확고히 받아들여야 한다. 창세기 6장은 우리 인류가 질서, 안정, 규칙의 상태에 도달했거나, 느리지만 자유로운 발전을 통해 원시 상태에서 어느 정도 문화의 상태로 발전했다고 말하지 않는다. 오히려 "사람의 죄악이 세상에 가득함과 그의 마음으로 생각하는 '모든' 계획이 '항상' 악할 뿐임"을 우리에게 설명한다.[137] 이보다 더 강하게 표현할 수는 없었을 것이다. 죄가 우위를 점하고 다수가 악을 선택했다고 말하는 것이 아니다. 오히려 마음의 '모든' 생각이 '모든' 날 동안 '항상' 악할 뿐이었다. 노아 가족에게만 더 고귀한 성격의 무언가가 남아 있었다. 우리 인류의 증가하는 타락과 지속적인 부패가 강조되면서 땅 위에 사람 지으셨음을 "하나님께서 얼마나 후회하시며 마음 아파하셨는지"[138], 심판이 이미 시행되어 인류 전체가 지구상에서 사라질 것으로 보였다. 그 후에야 노아에게 예외가 나타나는데, 홍수 후에 그에게 주어진 은혜는 하나님의 언약으로 일반화되고 무지개라는 표징으로 확증되었다.[139]

이 모든 것을 불신하는 사람은 성경을 폐기하고 신앙을 가진 정치인과 결별했다. 반면에 믿음을 굳게 붙잡는 사람은 홍수 이후에 국가가 하나님의 일반은총에 의해 생겨났다는 것 외에 다른 결론을 내릴 수 없다. 국가는 창조에 이미 포함된 자료들을 사용하고, 세계 제국의 고상한 이상을 가졌지만, 결국 그리스도의 특별은총에 의해 폐기될 것이다. 그러나 여전히 하나님의 특별한 행위 때문에 시작되어 정부에 더 높은 권위를 줬으며, 정확하게 더 높은 권위 안에 민족을 감싸는 국가라는 유대를 두었다. 더 나아가 성경은 하나님의 일반은총이 우리에게 가져다준 국가 형태를 보여주면서, 이러한 인간 전체의 허구적 연합을 실현하기 위한 계획이 시내산 평지에서 어떻게 나타났는지를 설명한다. 이 계획은 실패했고 그 후부터 이미 창세기 9장 5-6절에서 하나님은 국가 형태를 제정하시고 인봉하셨다. 누구든지 성경에 있는 하나님의 계시를 우리와 함께 고백하는 사람은 다음과 다르게 가르칠 수 없다. 첫째, 국가는 피조물이 아니며, 죄와 저주를 통해서만 필요하게 되었다. 둘째, 국가는 지상에서 하나님 나라와 같은 최고 이상을 실현할 수 없다. 셋째, 국가는 하나님 자신이 왕이 되시는 하나님 나라가 드러날 그리스도의 재림 이후에는 존재하지 않을 일반은총의 기초이다.

따라서 국가가 한 집단의 개인을 가족과 연결하고 더 많은 족보의 형태로 연결하는 수단, 이를 통해 완전히 유기적 일치체로 간주되는 것은 잘못이다. 심지어 그렇게 제안된 것도 잘못이다. 그 이유는 다음과 같다. 첫째, 가족은 창조 자체에서 남자와 여자 간의 구별을 거듭하면서 계속되는 강력한 매력에 의해 지속된다. 둘째, 창조에서 주어진 우리 세대의 재생산 방식이 있다. 셋째, 초기 연약함에서 자립에 이르기까지 점차 그리고 부모의 보호 아래 성장할 수 있는 아이의 탄생이다. 넷째, 두 성별의 상호보완적 성격에 의해 매우 독특하면서도 전체적인 삶이 있다. 이론적으로는 아마도 첫번째 인간처럼 성인 상태에서 성별이 없는 인간으로 세상에서의 삶을 시작했다고 말할 수 있겠지만, 그러한 환상은 인간적 삶에 대한 통찰을 줄 수 없다. 실제적인 결과를 얻으려면 항상 현실에서 시작해야 하는데, 그 현실은 단순히 전 인류의 세계가 두 성별로 나뉘어 생겨났고, 모든 새로운 개인이 혼인을 통해 계속 재생산되며, 서로 도움이 필요한 상호요구가 생겨난다고 우리에게 가르친다. 비록 죄가 이러한 성별 관계와 상호 의존성에도 작용했다는 사실은 인정되어야 하지만, 실제로 죄와 비참함을 넘어서는 것으로 간주하더라도 가족이 과거보다 훨씬 더 엄격한 의미에서 죄와는 별개로 인간과 인간 사이의 자연스러운 결합의 형태였을 것이라는 사실은 남아 있다.

심지어 여기서 멈추지 않았을 것이다. 가족 연대는 성별 연대로, 그리고 다시 부족 연대로 발전한다. 이것이 다시 민족 연대와 세계 연대로 발전하지 않을 이유가 없을 것이다. 이 모든 더 좁거나 더 넓은 유대는 '유기적' 특성을 보여주었을 것이다. 즉, 인공적 집합체는 얻지 못했을 것이며 어떤 인위적 연결을 '적용함' 없이 각 부분이 인류 전체의 구성원이라고 느꼈을 것이다. 이것은 합의나 조약에 의한 것도 아니고 훨씬 덜 강제된 것도 아니며 전적으로 자연스럽게 이뤄진 것이다. 다른 방식으로는 불가능할 것이다. 우리가 톱과 망치를 사용하여 나무에서 신체 부위를 모방하여 만들 수는 있겠지만, '신체'라고 부르는 유기적으로 연결된 생명체가 아닌 마네킹만을 얻을 것이다. 살아 있는 신체는 수정란에서 스스로 자라 자동으로 팔다리의 관절을 펼치고, 인위적 방법에 의해 외부로부터 운동력이 주입되는 것이 아니라 내적 작용에 의해 운동력이 자연스럽고 자동적으로 나옴을 느낀다. 이처럼 자연적으로 완전한 유기적 상태와 발전은 창조에서 주어진 유기적 결합의 요소가 방해받지 않고, 규칙적이며, 연속적으로 기능할 수 있는 것으로 오직 우리 인류에게만 가능했을 것이다.

그러나 이것은 죄 때문에 불가능해졌다. 모든 면에서 받아들여진 '사랑'이 방해받지 않고 스스로 역사할 수 있었다면, 우리 인류는 더 활기차고, 발전하며, 여러 단계에서 연속적으로 합쳐질 수 있었을 것이다. 죄는 사랑의 정반대이고, 그 뿌리에 '이기심'이 있다. 그러므로 자연 상태로 남아 있다면 마치 자석에 의해 묶인 것처럼 자연적이고 유기적인 연결에 의해 서로 결속해 있었을 테지만, 더 발전할수록 점점 더 '분열되지' 않을 수 없을 것이다. 그러므로 성경은 죄가 분명히 사망을 낳지만[140], 높고 거룩한 사랑은 상호 결속하면서 더 고귀한 행복과 거룩한 기쁨만이 피어나는 영원한 힘이 될 것이라고[141] 단호하고 분명하게 말한다. 율법과 예언은 이 점에서 다르지 않다. 사랑으로 하나님을 경배하고 이웃과도 결속하는 것이 율법과 선지자의 강령이다. 대제사장적 기도에서 완성의 이상은 "아버지께서 내 안에 계시고 내가 아버지 안에 있는 것과 같이, 그들도 하나가 되어 우리 안에 있게 하여 주십시오. 그래서 아버지께서 나를 보내셨다는 것을 세상이 믿게 하여 주십시오."[142]이다. 인류 삶의 '그' 동력인 사랑이 육체와 영혼에 영감을 주는 것은 성경이 항상 거짓 영지주의에 반대하면서 강조하는 깊은 진리이다. 사랑은 인류의 삶에 원동력으로 인류의 유기적 형성과 깊은 결속을 허용한다. 그리고 그것이 바로 가족이 우리 인간 존재의 어둠 속에서 빛의 등대처럼 항상 높은 이유이다. 왜냐하면 가족 안에서 원래의 창조 질서는 여전히 풍부한 구현을 이루기 때문이다.

§12. 국가 형성

국가에게 부족한 것은 바로 완전한 유기적 특성이다. 국가는 하나의 '구성'이다. 여기에는 오해가 있을 수 없다. 국가를 구성하고 국가에 거주하는 '국민'을 지칭한다면, 유기적 국가에 대해 꽤 잘 말할 수 있다. 반면 자신의 이해와 그 개념에 따라 국가를 본다면 국가의 유기적 성격은 불가능하다. 국가는 인류학적 자료로부터 스스로 나왔거나 인간 존재의 뿌리에서 자라난 것이 아니라 외적 행위에 의해 생겨났다. 영토와 국민과 정부, 이 세 가지가 있다면 진정한 의미에서 국가를 말할 수 있다. 가족에 대해서도 그런 식으로 말할 수 있다. 집이나 천막이 있고, 가정을 구성하는 사람들이 있으며, 가족 안에도 부모의 권위는 질서를 만들고 유지한다. 그런데 그러한 요소는 가족 구성 자체에 의해, 그리고 그 구성 내부에 주어진다. 반면 국가는 국민만이 본질이고 정부는 추가된 것이다. 가족은 스스로 창조 세계로부터 유기적으로 발생하지만, 국가는 자연 세계에 스스로 추가하는 인간의 행위로 발생한다. 그리고 그로 인해 정부가 나타난다. 가족이라는 혈관이 계속 작동하는 한, 가장과 족장이 자동으로 주어진다. 이것은 이스라엘에서도 볼 수 있다. 반면에 거대한 집합체가 합쳐져야 하고 집합체가 하나의 지도력에 의해 이끌림을 받으면, 정부가 기계적으로 추가된다.

이것은 주로 세 가지 방식으로 나타날 수 있다. 첫째, 외부로부터의 위험에 직면해서 더 엄격한 조직에 도달하기 위해 족장들이 함께 모여 전체적 권한을 가진 족장을 지정하는 것일 수 있다. 둘째, 개인이 폭력을 휘둘러 특정한 집단의 사람들을 자신에게 굴복시키고 그들에게 권위를 강요할 수 있다. 셋째, 이 다양한 요소들이 합쳐져 정치적 단결을 이루되 조약을 통해 그렇게 할 수 있다. 역사적으로 모든 종류의 국가 형태가 발생했지만, 기본적으로 불가항력과 폭력에 대항한 결속과 단합을 확고히 할 필요성이 있었다. 그리고 이는 국가의 설립으로 이어졌거나, 적어도 특정한 개인이 집단에 대해 행사하는 정치적 권위의 행동으로 이어졌다. 일부 유목민 무리나 잊힌 섬 같은 곳에서는 여전히 가족과 부족의 연대의 결과로 아직 일정한 단일성을 형성하는 집단의 잔재가 나타날 수 있다. 그러나 좁은 의미의 정치 분야에서는 그것이 완전히 사라졌고, 높은 권위의 등장은 적어도 '초기'에는 항상 도구적 성격을 유지했다. 물론 처음에는 완전히 '기계적' 성격을 가졌던 것이지만, 역사의 과정에서 국민의 삶과 함께 점차 성장하는 것을 막지 못했으며 오히려 수반하였다. 특히 유기적이고 유전적인 군주제는 변화된 상황을 받아들이며 안정감을 주었고, 따라서 가족이라는 구성에서 나온 아버지라는 이름이 종종 공권력으로 옮겨졌다. 그리고 최고 평의회의 구성원이 '아버지들'(Patres)로 불리거나 위대한 일을 한 군주(Vorst)가 조국의 '아버지'(Vader)로서 존경을 받고 종종 사랑을 받았다.

그러나 항상 유기적 질서가 뒤집혀졌다. 가정에서 자녀는 아버지에게서 왔지만 국가에서 그러한 아버지는 백성의 자녀에게서 나왔으므로, 이는 이미 유기적 개념을 배제한 것이다. 이러한 전환점은 거대한 식민지화의 시작을 가져왔고, 후에 유럽에서 미국으로 넘어가게 되었다. 이로 인해 국가 형성을 위한 더욱 자유로운 행동이 완전히 주도권을 갖게 되었다. 이와 관련하여 식민지화의 영향은 고대와 전혀 다르지 않다. 그리스의 튀로스 (Tyros)[143]를 생각해보라. 그리고 카르타고(Carthago)[144]는 이미 그 당시 식민지에서 국가 형성이 어떻게 이뤄졌는지 잘 보여준다. 그러나 일반적으로 거대하고 강력한 식민지는 모국과 관련된 채로 남아 있었다. 특히 이 체제는 로마의 권력 아래 계속되었다. 스페인도 같은 생각을 했다. 네덜란드도 남아프리카 와 아메리카 동부에서 같은 노선을 취했다. 영국도 곧 신속하게 그렇게 했 다. 그럼에도 불구하고 여러 식민지 중 몇몇이 스스로 주도하여 단체 설립 을 시작할 수 있었다. 거기서 빠져나온 사람들 사이에 체결된 '자유협정'이 정치적 연대를 위해 기능하였다.

이러한 생각은 워싱턴(Washington)[145]과 그의 영웅들 사이에서 팽배하였다. 영 국이 에드먼드 버크(Edmund Burke)[146]의 긴급한 충고를 듣지 않고 식민지를 포기 하려 하지 않았을 때, 점차 영국이 우위에 있지는 않다는 확신이 자리를 잡 았고, 당시에 아주 먼 거리도 아랑곳하지 않고 독립적으로 행동하기로 결 정했다. 사람들은 그 일을 아직 파리의 특징인 혁명 정신으로 행한 것이 아 니었다. 오히려 미국인들은 여전히 하나님의 인도하심을 매우 강하게 느 꼈다. 결국 이 국가는 헌법에 다음과 같이 기록했다. "주님께서 우리 자신 의 행정관을 선택할 수 있는 권한을 주셨다." 그러나 이 모든 것은 주민들 이 스스로 자신들의 정치적 운명을 결정해야 한다. 이 생각은 받아들여졌 으며 주민들은 스스로 정치적 운명을 결정해야 했고, 국민의 미래에 해로 운 것으로 판단되는 경우 영국 왕실의 권위와 결별할 수 있는 권리를 가졌 다는 생각의 출발을 낳았다. 따라서 워싱턴 지도부가 한 것은 파리의 자코 뱅당(Jacobijnen)이 했던 것과 동등한 것이다. 토머스 제퍼슨(Thomas Jefferson)[147]은 그 렇게 주장했으나 알렉산더 해밀턴(Alexander Hamilton)[148]은 이에 반대하면서, "미 국 혁명이 파리 혁명과 거의 관계가 없는 것은, 프랑스 소설의 간통한 아 내(echtbreukige vrouw)가 뉴잉글랜드의 품위 있는 청교도 여성(matrone)과 관계가 없 는 것과 같다"라고 주장했다. 해밀턴의 이러한 사상은 '기독교적이고 헌법 적인 국민단체'(Christelijke Constitutioneele volksgroep)의 창설로 이어졌다[1801년 4월에 베이아드 (Bayard)에게 보낸 편지를 참고하라]. 그는 다른 곳에서 이렇게 썼다. "프랑스와 미국에서 벌어지고 있는 일 사이에는 실질적인 일치점이나 유사점을 찾을 수 없다."

§13. 미국에서

다른 한편, 미국의 식민지화와 함께 완전히 다른 동기가 등장했다. 비록 지금까지 모든 국가 구성에서 '전체 민족'이라는 관점이 유지되었지만, 이미 미국에서 벌어진 대규모 식민지화나 이주의 경우는 전체 민족이 새로운 국가로 유입되는 것과 아무런 상관이 없었다. 그러한 유입은 우리 대륙에서 이뤄진 대규모 민족 이동의 경우일 것이다. 그때에는 아시아에서 유럽으로 항상 전체 민족이 들어왔는데, 그들은 유럽의 옛 거주자들을 몰아내고 복종시켰으며, 그래서 점차 크고 작은 나라를 세우기 시작했다. 비록 이러한 민족국가들 대부분을 같은 왕권 아래로 통합하는 데 '지배적 힘'이 영향을 미쳤다. 그렇다고 해서 자발적으로 세워진 몇몇은 절대로 연합할 수 없었다는 말은 아니다. 오히려 언제나 민족 집단은 하나의 연대를 이루고 살고 있으며, 대체로 서로 관계를 이룬 민족 집단이 존재했다.

독일적 요소가 로마적 요소와 충돌하면서 변화가 나타났다. 이 변화는 프랑스와 스페인에서, 그리고 부분적으로는 영국에서도 일어났다. 이것은 원자론적 결합이 아니라 항상 전체 민족 집단과 관련된 일이었다. 그러나 신대륙에서는 이것이 지속될 수 없었다. 특히 미국은 이주로 인해 가장 많은 주민을 공급받았다. 구대륙의 여러 지역과 심지어 아시아에서 집단이 아닌, 대부분 독립된 가족들이 이주해왔다. 멕시코와 더 남쪽에서는 상황이 좀 바뀌었지만 해방은 나중에야 이루어졌고, 미국은 기조를 유지했다. 식민화에 기반을 둔 국가 구성은 합의에 따른 것 외에 다른 기원을 가질 수 없으며, 이 때문에 조약이론이 국가 구성의 기초로 점점 더 전면에 등장했다. 식민지화에서 합의에 따른 국가 구성은 루소(Rousseau)[149]와 그의 추종자들이 《사회계약론》(Contract Social)[150]에서 추진한 것과는 상당히 달랐지만, 미국에서는 자유시민의 헌법이 각자의 방식으로 온전히 빛을 발했고 여전히 미국의 국가론은 매우 특이한 관점에서 돋보인다. 민족이 아니라 개인이 이주자로 들어온 미국에서는 그러할 수밖에 없다. 이로 인해 미국의 상태는 여전히 유럽의 상황과 전적으로 구별된다. 영원히는 아니지만 처음에는 그랬다. 장기적으로 이주는 미국 자체 인구 증가의 원인으로 영향을 끼치지 않을 것이다.

확실히 이것은 조만간 끝날 것이다. 그리고 그동안 미국, 캐나다, 브라질, 아르헨티나에서는 서로 이질적이었던 요소들이 점점 더 강력하게 함께 성장하여 새로운 민족이 형성될 것이다. 이미 미국을 방문하거나 미국인과 접촉하는 모든 사람은 미국 생활의 고유한 유형을 보기 시작했으며, 이 유형이 외부에서 들어오는 요소를 어떤 식으로 점점 더 동화시키는지를 알아차릴 것이다. 당분간 미국의 삶을 지배하는 것은 인종이 아니라 혼합이다. 이것은 조약이론에 예상치 못한 영향을 줄 수밖에 없었다. 조약이론은 마치 국가가 하나님의 경륜과는 상관없이 전적으로 인간의 의지로만 건설된 것처럼 판단한다. 유럽 철학은 국가의 형성에서보다 성숙한 삶의 발전이라는 자연적 결과를 존중하기 위해 이러한 사상을 전개했다. 나아가 이 사상은 국가의 구성이 특히 법치국가와 평화주의를 통해 '영원한 평화'가 삶을 윤택하게 할 위대한 세계 제국의 이상을 가져오는 데 성공한 것처럼 설명한다. 국가는 '인간의 발명품'으로서 모든 인류를 정당하게 구원하고 복을 줄 수 있을 것이고, 성경과 역사가 높은 지도력 아래 정치 발전에 대해 증명했던 모든 것은 이제 '낡은' 정치로 불릴 것이다. '근대적 국가'는 인간의 창조물, 특히 학자들이 창조한 것이라고 볼 것이다.

이러한 관점은 긍정적 평가를 받고 있는 법치주의와 평화주의와 함께 약간의 비판을 받아야 했다. 국가란 창조에 의해 유기적으로 발전된 것도 아니고 타락의 결과 외과적 붕대같이 필요하게 된 것으로 정치 철학자들에 의해 발명된 것도 아니다. 이것은 자비로우신 하나님의 보편은총에 의해 드러난 것이다. 그리고 세계 제국의 '영원한 평화'라는 이상은 그리스도의 나라가 임할 때 완성될 것이다. 국가는 실질적 '본질'이 없는 '개념'으로서, 혼란에 쉽게 취약해진다는 느낌이 있다. 따라서 16세기 이후 '국가'는 어쩔 수 없이 의도하지 않은 어떤 것으로서 만들어졌다. 그리고 이것은 이전 장에서 설명한 것처럼 국가의 명칭이 '개념'으로서의 '국가'로 16세기 이후부터 더 일반적으로 받아들여졌는지를 설명한다.

제4장

국가의 개념

§1. 본질과 실존 방식

아리스토텔레스 이후로 '우시아'(Oesia), 즉 사물의 '본질'은 매우 다양한 방식으로 이해되었으며, 결국 거의 모든 것, 심지어는 연장이나 신제품도 '본질'로 인정되었다. 본질(Essentie)과 실존(Existentie)은 마침내 서로 같은 내용의 개념으로 통합되었다. 라이프니츠(Leibniz)[151]는 이러한 혼란을 피하고자, '본질'이 '영원한' 성격임을 강조했다(Nouv. Ess.[152] III. 3. § 19). 볼프(Wolff)[153]는 이것을 반복하면서 그의 주장을 더욱 분명하게 했는데, '본질'은 영원할 뿐만 아니라 필연적이고 불변하는 것이다(Vern. Ged.[154] I. § 40-42). 칸트는 본질을 사물의 모든 필연적 표시의 첫 기본개념이라고 부른다. 헤겔(Hegel)[155]은 절대적으로 적절한 것만 사물의 '본질'로 본다. 지금은 이러한 견해가 많이 갈리지만, 본질은 태초에 창조적 세계관에서 사물을 확립하는 것으로 점점 더 이해되고 있다.

가족과 마찬가지로 혈통과 민족 속에도 본질이 존재하지만, 그렇다고 이것이 민족의 무엇에서 '국가'를 만드는 것은 아니다. 국가의 본질은 '국민'에게 있다. 그렇지만 다른 한편으로 국민을 국가로 만드는 것은 영원한 것도 필연적인 것도 불변하는 것도 아니다. 국가는 단일체가 아니라 결합체(combinatie)이다. 국가는 국민과 그 국민에 대한 자동으로 생기지 않은 권위에 기초한다. 어떤 존재가 국가에 기인하고 있는지에 대한 질문의 경우, 그에 대한 답은 국가의 필연적 '본질'인 국민의 실존 형식과 어떤 관계를 맺는지에 달려있다. 그리고 인간 사회가 발전하는 특성에 달려있거나 삶의 유대가 끊어진 후 인류의 완전한 붕괴를 막기 위해 고안된 외부 적용 양식에 국가가 적용되는지에 달려있다. 첫째, 느낌에 집착하는 사람은 우리 인류의 본성에서 유기적으로 발생하는 필수 존재를 국가에서 찾는다. 반면 죄로 잃어버린 인류의 본래적 유대를 부분적으로 대체하기 위해 정부 형태의 수술 기구만 볼 수 있는 사람들은 '본질'을 '국민'에게 돌릴 수는 있지만 국가에는 돌릴 수 없다. 그들에게 국가는 국민의 본질이 드러나는 일시적이며 가변적 형태에 지나지 않는다. 레드슬롭 박사는 그의 저서 "종속국"(Abhangige Lander, Leipzig 1914)의 3쪽에서 이렇게 말한다. 국가는 국민과 영토로 구성된다. 또한 그 나라의 국경 안에 있는 사람들에 대한 권위도 없어서는 안 된다. 그러나 여기서 우리는 국가이념에 대한 기본적 이해를 발견한다. "여기서 우리는 가장 친밀한 국가의 생명력이 존재하는 현상을 만난다." 따라서 점점 더 많은 사람이 국가의 개념으로 '조립된' 개념을 보고, 국가의 세 가지 구성 요소를 발견한다. 즉, 세계의 한 지역을 점유하고, 정부에 의해 관리되는 국민이다.

자신의 국토와 자체적 정부를 가진 국민은 한 국가에 살고 있으며, 이것을 일반적으로 국가라고 한다. 네덜란드는 '국가'(Staat), 벨기에는 '국가'(Staat), 덴마크는 '국가'(Staat)라고 부른다. 하지만 매우 큰 국가, 특히 대규모 군주 국가는 '제국'(Rijk)이라는 단어를 선호한다. 그래서 국가는 자신의 영토에 있는 국민과 정부이며, 이 개념에서 국민이 주요 개념이고, 실제적으로 국민만이 진정한 의미에서 본질에 속한다. 국가는 영토가 아니며 그 땅에 있는 국민과 정부이다. 또한, 국가는 단지 그 영토의 국민을 다스리는 정부만도 아니다. 항상 국민이 출발점이며 영토와 정부는 부차적이다. 국민은 늘 그랬듯이 움직일 수 있고, 정부도 바뀔 수 있으나, 국가는 국가로 남는다. 16세기 알바(Alba) 공작[156] 시대에 이곳 육지에서 배를 타고 바다로 나가 다른 곳에서 조국을 찾겠다는 생각이 떠올랐을 때, 그 생각이 실행되었다면 국가는 옮겨지고 절대 파괴되지 않았을 것이다. 마찬가지로 스페인 정부는 이곳에서 철수할 수밖에 없었고, 정부의 권한을 잃었지만, 국가는 그대로 남아 있었다. 프랑스에서 왕권이 무너진 후 또는 영국에서 스튜어트 왕가[157]가

쇠락한 후에도 국가는 계속해서 국가로 존속했다. 따라서 관점이 어떻든 간에 국가의 본질에 관한 한, 이 본질은 국민 바깥에서는 찾을 수 없으며 국민이 국가가 된다는 결론에 도달하고 정부는 이에 추가된다. 따라서 국가의 개념은 국토와 국민과 정부인데, 세 가지 개념의 합이나 집합이 아니라 국민이 가장 결정적 요소로 일정한 영토에 정착하여 인정할 수 있는 권위 아래 사는 것임을 보여준다.

§2. 일반 국가론

콘스탄틴 프란츠가 그의 저서 "국가의 성격"에서 '자연에서' 국민적 삶의 토대를 찾았다고 믿었을 때, 그의 시도는 의심할 여지없이 너무 일방적이었다. 그는 서론 9쪽에서, 국가론은 국민의 의지나 이성 또는 신의 의지가 아니라 자연으로부터 출발해야 한다고 선언한다. 그의 주장으로는 그 세 가지 원리 중 어느 것도 국가의 기초가 될 수 없었다. 다른 기초를 찾았는데, 결론은 '자연'이었다. 이 발견은 너무 일방적인데다, 국가 자연론을 구축하려는 그의 시도는 실패했다. 하지만 그는 현실과 역사적 자료를 벗어나 국가를 철학적 논제들로 구성하기 위해 점점 더 강제적 방법을 사용하는 것에 대해 정당한 이의제기를 했다. 그는 책 88-101쪽에서 이에 관한 최선의 논지를 펼쳤으며, 이는 그 가치를 인정받아 마땅하다. 18세기 말과 19세기 초 철학이 취했던 고공비행의 강력한 유혹으로 인해 학자들은 거창하게 이론을 구상하고, 새로운 정치 체계를 고안했다. 하지만 그것은 실제 국민상황에는 맞지 않았다. 그때부터 특별히 '일반 국가론'에서 해법을 추구하는 움직임이 나타났다. 이때 거의 모든 철학자는 자기 생각에서 나온 국가론이 모든 국가와 국민에게 적합한 바로 '그' 국가 형태라고 상상했다.

이 생각은 루소보다 훨씬 이전에 나타났다. 그러나 프랑스 혁명을 계기로 모든 민족이 고정된 유형에 따라 조직되어야 하고, 그런 식으로 오래 기다려야 행복국가를 맞이할 수 있다는 가르침이 확산되었다. 역사학파는 사비니(Savigny)[158]와 함께 이 체계를 중시하는 입장에 맞서 행동을 취했다. 기존 학파와의 통합을 통해 칭송을 받은 것에 비해 이 학파의 영향은 기대에 못

미쳤다. 그리고 학파를 이어가며 철학의 유산에 대해 끊임없이 만화경을 뒤집으며 나아갔고, 항상 새로운 것을 일반적으로 유효한 이론으로 발전시키려 했다. '일반 국가론'은 군단이 되었다. 그런데 여기에는 실패와 거리가 먼 한 가지가 숨어 있었다. 그것은 마치 우리가 추상적인 것에서 이상 국가를 상상해야 한다거나, 마치 모든 국가의 정부가 미국에서처럼 새롭게 발견된 유형을 따라 자기 가정살림을 더 빠르고 좋게 바꿀 수 있는 것 외에는 다른 부르심이 없다는 듯이 거짓 확신을 가지도록 했던 것이다. 삶의 다양성은 더 이상 고려되지 않았다. 획일성은 점점 근대적 삶의 저주가 되었다. 이제 더 이상 몸에 맞게 측정되고 배송되기 전에 신체 자체에 맞게 조정된 옷을 입지 않게 되었다. 오히려 고정된 크기에 따라 재단되어 철학적인 기성복 창고에 전시된 의복을 입을 것인데, 그 즉각적인 결과는 전시된 옷이 대중 생활의 현실에 맞지 않는다는 것이다. 그 결과 불안감이 스며들었고 분노와 불만이 그치지 않았다.

정치적 공감이 일반 국가론에 의해 믿을 수 없을 정도로 단순화되었다는 주장이 있다. 나라의 특수한 상황은 고려되지 않았다. 국민이 갖고 있는 특징적 성향은 중요하지 않았다. 역사는 그 의미를 잃어버린 과거에 속했다. 사람들은 항상 먼 곳에 있는 이상에 도달했으며, 그 이상은 일련의 짧은 진술과 눈에 띄는 구호로 전달되었다. 점점 증가하는 언론의 영향력은 간결한 이론을 촉진하는 데 이바지했는데, 특히 판단할 권한이 거의 없고 심지어 작은 빛조차 흡수할 수 없는 집단에서 그러했다. 이웃 국가의 유사 정당들은 국가적으로 고유한 모든 것을 매우 효과적으로 추진하고, 프로그램에서 모두에게 새롭고, 더욱 바람직해 보이는 것을 제시함으로 서로를 지원했다. 이러한 근대적 일반이론은 실제 경험이 없는 교사들에 의해 간결한 소책자와 교과서를 통해 다가오는 세대에게 주입되었다. 특히 선거일에는 그러한 일반 국가론자들이 여러 번 만나는 것을 높이 평가하고 선전했다. 그리고 아주 피상적인 교육만 받은 대중 연사들이 의회에 입성했는데, 이 '일반 국가론'의 열매가 곧 많은 사람이 찾는 인기상품이 되었고 나라와 국민에 대한 지식은 점점 더 부차적인 것이 되고 말았다.

진지한 정치가들은 이미 이것의 위험성을 점점 더 깨닫게 되었다. 그리고 영국의 루돌프 그나이스트, 독일의 라반트(Laband)[159]가 특수 이론에 대한 심층 연구를 통해 일반 이론에 대한 모호한 편향을 회복했다는 것을 기뻐할 수만은 없다. 그의 정치적 방향의 역사적 특성 덕분에 흐룬 판 프린스터러는 우리를 더 나은 길로 인도했으며, 우리가 다시 좌파로 미끄러지는 것을 막기 위해 항상 우리 중에서 진력했다. 그는 '네덜란드 사상'에 대해 몇 번이고 언급했는데, 이것은 혁명 이론의 세계적 추세에 맞서 이 국가 유형으로 항의를 함으로써 이루어졌다. 이것이 사비니의 추종자들에게도 자주 발생했기 때문에, 반대편 극단으로 치우치지 않도록 주의해야 한다. 따라서 역사 발전에서 특별한 국가에 주의를 기울이는 것은 고대인에 대한 건전하지 않은 편애를 쉽게 조장한다. 인본주의 또한 고대 고전 양식의 아름다움에 사로잡혀, 나중에 등장한 국가의 삶이 지닌 기독교적 색조보다 그리스적 이상을 선호했다. 마찬가지로 낭만주의 시대에도 사람들은 중세에 우리의 영광이었던 것에 대해 다소 병적인 향수를 가졌지만, 젊은 사람들의 필요를 만족시키는 일은 찾아 볼 수 없었다. 이런 식으로 우리는 역사에서 '배우는 것'이 아니라 '봉사'에 빠지고, 자신의 열정으로 미래에 대한 소명감을 잃어버린다.

§3. 역사학파

　　우리가 역사를 거슬러 올라감으로써 우리를 새롭게 하고 너무 성급하게 앞으로 나아가는 것을 막을 수 있는 것은 감사한 일이다. 동시에 우리가 그 시대를 살았던 과거로 미끄러지지 않도록 하는 것은 여전히 중요한 의무로 남아 있다. 과거는 그 정도로 충분하다. 과거의 가치 있는 열매는 우리 시대를 위한 형태로 바뀌어야 한다. 우리는 과거에 우리를 실망시킨 것과 도달해야 할 목표를 놓치게 만든 것이 무엇인지를 검토해야 한다. 역사에 대한 특색 없는 미화는 없어야 한다. 우리를 따뜻하게 하는 것은 우리가 과거를 평가하고, 비판적 판단으로 그것을 바라볼 수 있다는 데 있다.

　　이것이 바로 우리가 일시적인 것에서 일반적인 것으로, 국가적인 것에서 일반 인류에게로, 그리고 특별한 것에서 자신의 삶의 영역으로 들어가는 것, 즉 다른 경험을 고려하는 것이 절대로 없어서는 안 되는 이유이다. 이것을 간과함으로 인해 많은 학자들이 그들 이론의 침체 가운데 막다른 골목에 이르렀다. 많은 국가 정당들이 단기간에 꽃핀 후 시들어 생을 다했다. 그 원인은 여기서 나온 거짓 보수주의이다. 이것은 현재라는 집에 자신을 가두는 것인데, 많은 행복한 가정을 평범하게 바꾸어 놓았다. 역사적-특별한 것(het historisch-speciale)에 대한 그런 과장된 사랑은 미래 발전에 대한 영향력을 잃게 만든다. 그래서 혼란의 기간이 지나도 삶의 불씨가 꺼지지 않았던 각 백성이 여전히 외치며 살아남아 있다.

이를 위해 '일반 국가학'이라고 불리는 것 역시 우리를 성숙하게 해야 하며, 비교 국가학은 항상 우리를 그것에 민감하게 만들어야 한다. 건강하고 충분한 비판은 당신이 특정한 것에서 일반적인 것으로, 그 일반적인 것에서 선도적인 사상을 찾아내게 한다. 이것은 국가적 삶의 목표가 무엇이며 그것을 찾는 방법을 알 때만 가능하다. 그 목적과 그것으로 이끄는 생각을 잊은 사람들은 국가와 국민의 삶을 가장 고귀하고 거룩한 것으로 연결하는 결속을 잃게 된다. 특별한 것과 눈앞에 보이는 것에만 너무 집착하는 사람은 내면의 깨달음에서 빛나기 시작하는 열정의 불꽃을 의도치 않게 소멸시킨다. 자기 국가의식에서 파생된 융통성 없는 소매정책 때문에 시(詩)가 나타난다. 이것은 짧은 산문이 되고, 그 산문에 영혼이 잠든다. 반혁명당은 한 편으로는 빌더르데이크(Bilderdijk)[160], 흐룬 판 프린스터러 , 다 코스타(Da Costa),[161] 엘아우트 판 수터르바우더(Elout van Soeterwoude)[162]에 의해 역사적 과정으로 인도되었다. 국가적 영광의 시대였던 칼빈주의 시대에 매우 활기차게 살았음에 대한 감사를 다 표현할 수 없다. 하지만 다른 한편으로 우리의 고귀한 사상가들과 성악가들은 항상 이상 앞에 놓여 있었고, 그 보편적이고 인간적이며 고귀하고 신성한 이상의 근원은 열정과 반대자들에게조차 놀라웠던 에너지로부터 기원한다.

§4. 기독교적 요소

과거와 단절되는 것은 자체적인 활력을 약화시킨다. 그러나 모든 칼빈주의자는 여전히 16세기부터 흘러나오는 영감으로 인해 '역사적으로' 남아 있다. 그럼에도 불구하고 우리는 사비니 학파의 정치인들이 자주 그랬던 것처럼, 이 '역사적인 것'을 그 자체로 떠맡지는 않는다. 우리 국가학의 역사적 성격은 항상 이 '기독교적'이라는 명예로운 단어로 먼저 세례를 받아야 한다. 그 '기독교적' 역시 뒤나 '옆'이 아니라 그 앞에 와야 하며, '하이픈'으로 함께 연결되어야 한다. 우리는 '역사적이며(en) 기독교적'이지도, '기독교적이며 역사적'이지도 않다. 하나의 고상한 개념으로 요약하면, '기독교적-역사적'(Christelijk-Historisch)이다. 우리는 적어도 1789년과 그 후 이어진 몇 년 동안 그 치욕적인 존재를 아주 오랫동안 확장했던 것이 그리 많이 묻히지 않았다는 사실을 적어도 부인하지 않기 위해 반혁명당원으로 행동했다. 오히려 감사하게 받아들이는 것은, 그 당시 발생한 폭풍이 우리나라에 정화를 가져왔고, 우리 안에 잠자던 생명력을 다시 일깨워 새로운 영감을 주었다는 것이다. 혁명은 우리의 국가적 삶이 전능자와 묶여 있던 유대를 끊었고, 스스로를 하나님처럼 숭배하는 인간 영혼의 그 저주를 물리치고, 불변하며 저항할 수 없는 유익을 받게 했다.[163]

그러나 모든 국가 구성을 지배하고 있고, 또 지배해야 하는 일반적 기본 개념에 대한 이러한 인식이 우리를 이론의 획일성에 빠지도록 유혹해서는 안 된다. 국가의 성질과 과거와 관련해 모든 국가를 차별화할 때, 삶이 활기에 찬다. 그리고 동일한 국가에서 원리적으로 정당들은 고유의 통찰력을 가진다. 일반적 원리뿐만 아니라 국민과 나라의 고유한 성격의 적용과 관련해서도 서로 대조를 이룬다. 따라서 우리는 일반적으로 원리의 요구사항을 먼저 개별적으로 처리한 다음, 이와는 별도로 우리의 신념에 따라 우리나라의 일반 이론과 완전히 분리되는 것이 가능하다는 것을 인정한다. 그럼에도 불구하고, 우리는 이러한 장황함을 국가 학자에게 맡기는 것을 선호한다. 그리고 훨씬 더 제한된 목적을 위해, 논의되는 매 주제에서 연속적으로 이론의 요구사항들을 적어도 실제적으로 설명한다. 이렇게 방법을 정의하는 것이 더 바람직해 보인다. 그런 식으로 우리는 특히 우리 자신의 조국에서 구체적이고 실제적으로 활동해야 한다.

§5. 법 연구와 국가학

법과 이른바 국가학 사이에 불미스러운 의미로 스며든 구별은 필연적으로 각 민족의 특성과 각 민족이 거주하는 나라의 특수한 조건에 이전보다 훨씬 더 강력한 관심을 갖게 했다. 이것은 더욱더 바람직한 것이다. 또한 고등교육에 관한 법률 제1조에서 알 수 있듯이, 이러한 통찰의 변화가 분명히 나타난다. 1815년 8월 2일 제정된 법에 따르면, 제85조는 두 종류의 법학 박사 학위를 받을 가능성을 열어주었다. 하지만 국가학 박사 학위는 전혀 고려되지 않았는데, 그 당시 구별은 전혀 다른 의미였다. "법학부의 박사 학위는 두 종류가 있을 것이다. 박사 학위는 '로마와 현대 법학박사'와 단순한 '법학 박사'이다." 후자는 "외국인들과 학문적 학위를 바라는 사람들"을 대상으로 한다. 그러나 이제 1875년 헌법 제130조에 의거, 1905년 6월 6일 법학부에서 법학, 국가학, 현대 로마-네덜란드법이라는 '세 종류'의 박사 학위를 취득할 기회가 생겼다. 이 세 번째 박사 학위는 케이프에서 이곳에 공부하기 위해 온 사람들을 위해서만 제정되었으므로 여기서 더 고려하지 않겠다. 반면에 첫 번째와 두 번째 박사 학위의 구분은 매우 중요해졌고, 이 두 박사 학위의 구분으로 인해 법학부라고 지정하는 것조차 정확하지 않게 되었다. 이 구분은 좁은 의미의 법학 연구에서 국가학을 분리하여 국가 자체를 탐구하고 그 연구와는 완전히 독립적으로 법적 영역을 조사하는 것으로, 한편으로는 사법이지만 다른 한편으로는 공법, 즉 헌법과 민법을 포함한다. 따라서 이 구별은 또한 지속해서 학부의 분리로 이어질 수 있었다. 그렇기 때문에 한편 법학부가 유지되었고 그 학부에서는 법학을 세 종류로 나누어 충분히 연구하지만, 법학부 외에 국가학을 배치하여 국가 그리고 그 역사와 관련된 과목만 다룰 수 있었다.

또한 두 법령에 명시되어 있는 교육 과목에도, 1815년과 1875년의 견해 차이가 눈에 띈다. 1815년 헌법 제63조에는 위트레흐트와 흐로닝언에서 로마법, 공법, 사법에 관한 교육만 규정되었으며, 두 곳에만 유럽의 정치사, 통계학, 외교학이 추가되었다. 다른 한편, 국가 경영학으로부터 실제적인 국가학이 추가되었다. 이 중대한 변화는 국가학이 법적 관계에 대해 충분한 지식을 가지고 있지 않고, 국민 사이에서 유효한 사회적 관계를 고려해야 한다는 신념이 점점 증가했음을 보여준다. 이는 국민의 삶에 독특한 특징을 부여한다. 고등교육법에서 나타난 것과 같은 관점의 변화가, 완전히 다른 형태이기는 하지만 일반 학문 분야에서도 나타났다.

과거 국가학은 일반적으로 첫째는 국가론, 둘째는 헌법, 셋째는 정치학, 그리고 넷째는 역사로 나뉘었다. 역사는 또한 한 국가와 여러 국가의 역사로 나뉘었다. 보조 학문으로 추가된 네 분야는 첫째로 국가 경제와 통계이다. 여기에 제시된 계획은 19세기 초 여전히 고정된 영역으로 간주하였던 것과는 다르다. 하지만 그 이후 국가 경영학은 점점 더 통합적 분야가 되었고, 이제는 전공의 명예를 위한 경쟁에서도 많은 주목을 받았다. 그 결과 법학과 실제 국가론은 점점 더 분리되었다. 폰 몰(R. von Mohl)[164]은 그의 "국가학 백과사전"(Encyclopädie der Staatswissenschaften)에서 이미 두 학문을 완전히 분리시켰다. 그는 일반 국가론을 우선하는데, 이것은 헌법에서 완전히 분리된 부분인 국제법에 해당한다. 그는 셋째 부분으로 정치 윤리학을 추가하고, 그 뒤에 국가학 또는 정치학을 두며, 그 다음에 별도로 역사학을 추가한다. 같은 맥락에서 블룬칠리는 그의 "일반 국가론"과 "일반 국가법"(Allegemeine Staatsrecht)을 별도로 출판했다. 그 외에 등장한 경제학 관련 분야들은 점점 더 풍부하고 독립적으로 발전했다.

국가의 출현으로 형성된 법적 관계와는 별도로, 국가의 독립성에 관한 연구가 점점 더 주목을 받았다. 이는 법적 문제들과는 상관없이 모든 철학 체계에서 국가에 관한 고유 이론뿐만 아니라, 국가 경영학이 점점 더 많은 관심을 끌게 되었다. 이것 때문에 국민의 뚜렷한 성격과 구성이 점점 더 확립되어야 했다. 이것은 국내 경영을 고정된 하나의 유형으로 설명하려는 것을 꾸준한 목표로 삼는 마르크스주의에 대한 저항 때문이었다. 법과 법의 주체는 더 이상 혼동되지 않았다. 국가를 하나의 주체로 보는 지식은 마침내 가치 있는 실현의 길을 발견했다. 따라서 철학 이론의 우월성에 반하여 국가 개념의 구성 부분을 논의할 때 각 민족의 고유한 본질을 강조하고 현실을 개념으로 설명하는 것이 점점 더 필요해 보인다. 그렇지만 개념의 보편성으로 현실을 희생해서는 안 된다. 개념 자체에는 세 가지 구성 요소가 있다. 바로 국민, 영토, 정부이다. 따라서 이 세 가지는 각각 그 자체로, 그리고 다른 두 가지에 대한 별도 설명이 필요하다.

§6. 정치 윤리

그것을 설명하기에 앞서 왜 우리가 '정치 윤리'(politieke zedeleer)를 별도의 학문으로 삼지 않아야 하는지를 간략히 설명하겠다. 별도의 국가 윤리를 주장하는 사람들은 모든 윤리적 진지함이 조롱받게 되는 마키아벨리의 이론에 의해 강요받는다고 느낀다. 그 이론은 종종 상당히 과장되고 잘못 제시되었지만, 거의 모든 의도의 진실과 순수함이 정치 분야에서는 완전히 쓸모없는 것이라고 국가학에서 배제했다. 이 정도로 폰 몰과 그의 동료들은 마키아벨리즘이 여전히 적지 않은 부분에서 외교를 지배하고 있음을 정확하게 파악했다. 최근 보스니아와 헤르체고비나의 합병에서 아주 슬픈 방식으로 밝혀졌듯이 베를린 조약이 오스트리아에 의해 너무나 공개적으로 깨어졌을 때, 독일은 공법 위반을 간접적으로 지지했으며 어떤 강대국도 이 폭력 행위에 대항해 국제법(het volkenrecht)을 보호하지 않았다. 그러나 이 악을 격퇴하기 위해 별도의 외교 윤리에 의지해서는 안 된다. 윤리는 하나이며, 적용이 다른 것이다.

전쟁이 일어나면 평소에는 모든 사람이 존중하던 하나 이상의 윤리적 금지 조항이 사라진다. 이것은 모든 영역에서 사실이다. 밤에 이웃의 창문을 부수고, 그의 집에 들어가면 안 된다. 그러나 그 집에서 화재가 났는데 주인이 조용히 위층에서 자고 있어 초인종을 눌러도 깨어나지 않는다면, 그의 집으로 올라가 식구들을 구조하지 않는 것이 비윤리적일 것이다. 거짓말 자체는 허용되지 않는다. 그러나 지나가는 사람이 당신의 마당으로 들어왔고 살인자가 칼을 들고 그를 쫓아 들어와 당신에게 그 사람이 당신의 마당에 들어왔는지 물어볼 때, 당신은 그 살인자에게 사실을 인정할 의무에서 벗어나게 된다. 반대로 그 질문에 정직하게 답한다면, 당신의 마당으로 도망쳐 들어온 사람이 죽은 것에 대해 부분적으로 책임이 있다. 이러한 상황에서 일반적 규칙에 대한 단순한 참조에 머물지 말고, 윤리 자체와 윤리적 목표 사이의 연결에 대해 더욱 깊이 있는 고려가 필요하다.

문제는 정치가들이 다른 사람들보다 더욱 그러한 윤리적 문제가 가져오는 고통스러운 어려움에 직면하고 있다는 사실이다. 그리고 정치가들이 그러한 위험 속에서 내린 선택에 대해 윤리적으로 만물박사인양 현학인 척 정죄할 권리는 없다. 그러나 평범한 시민 이상의 정치가가 이러한 인과적 문제에 직면하고 있음을 인정하더라도 예외를 규칙으로 삼고, 외교관에게는 평범한 윤리적 기준이 적용되지 않는다고 결론이 도출되어서는 안 된다. 오히려 두 가지 방법이 있다. 첫째, 윤리 그 자체에서 규칙이 목표에 얼마나 멀리 떨어져 있으며 그 목표에 따라 통제될 수 있는지에 대한 질문은 일반적으로 그리고 다양한 적용에서 철저한 검토를 거쳐 결론에 도달해야 한다. 둘째, 정치 분야에서는 윤리 원리 자체로 허용하고 부분적으로 요구되는 것 외에는 규칙에서 벗어나는 일이 절대 승인되지 않아야 한다.

윤리는 더 높은 의지와 더 높은 섭리에 대한 순종의 표현이어야 한다. 그래서 오직 하나의 윤리만 있다. 일반적으로 적용할 수 있는 규칙의 기회, 변형, 예외의 차이는 어느 정도 그리고 어떤 조건에서도 제쳐 놓을 수 없으며, 매우 진지하게 고려되어 확고한 결론에 도달해야 한다. 이 연구의 결과는 일반적으로 유효하며, 가족, 사회, 상업, 국제 영역 등 모든 영역에 적용되고 각 영역에서 일반적 규칙을 따르는 방식으로 적용된다. 어떤 경우에는 명령이나 금지 규정의 기각을 허용하지 않지만, 일반적인 규칙의 적용과 관련하여 '다양성'과 '예외'를 요구하는 더 높은 규칙이 무엇인지가 분명히 드러난다. 따라서 매우 중요한 문제는, '경우에 따라' 검토할 수 있도록 정치 외교관에게도 반드시 제시되어야 하지만 윤리적으로 해결되어야 한다.

이제 국가의 개념으로 돌아가서 우리는 우선 국가의 세 가지 구성 부분 중 가장 중요한 요소인 '국민'에 대해 살펴보겠다.

제5장

국민

§1. 지체를 가진 육체로서의 인류

국가 자체는 본질이 아니다. 당신은 국가에서 본질로서의 '국민'을 발견한다. 즉, 인간 혈족 중에 한 부분으로서 많은 집단 중의 하나이다. 그것을 모두 모으면 인류가 된다. '한 몸'으로 이루어진 것을 인류라고 말할 수 있다면, 국민은 자연스럽게 '지체'로서 그 몸을 구성한다. 의심의 여지없이 인류는 각 사람으로 구성되고, 가정으로 구성되고, 가족과 혈통 또는 더 추가되는 집단으로 구성된다. 하지만 이것 자체는 우리에게 전체로서의 유기적 통찰을 주지 못한다고 말할 수 있다. 자신의 몸이 물질과 수분으로 구성되어 있다고 말하는 것과 같다. 육체가 시체가 되면 이것은 실제로 마지막으로 남은 유일한 분석이지만, 더 연결되지 않은 먼지 물질과 수분 입자 자체는 결코 몸을 만들지 못한다. 몸은 지체로 구성되며, 함께 특정 목표를 바라보고 은밀한 정신 작용에 의해 움직이며, 함께 하나가 된 전체를 이루는 화학 구성 요소들로 구성된다.

인류를 유기적 전체로 생각한다면, 인류를 구성하는 개별 요소는 많은 '지체'를 형성해야 한다. 유기적 존재 방식을 가지고 있고, 이미 형성된 집단을 결합한 지체는 팔이나 다리, 위나 장에서와 마찬가지로 이미 집단 요소의 집합을 포함할 수 있다. 이것은 신체의 '지체'이며 가장 완성도 높은 집단이다. 바이올린이나 하프를 연주하거나 펜과 붓을 움직이는 손은 단일한 엄지와 집게손가락보다 더 높은 집단을 구성하지만, 각 손가락은 이미 몸의 지체이다. 그것의 지체 됨은 당신이 사고로 그것을 잃어버리는 즉시 명백하게 드러난다. 인류의 몸도 마찬가지다.

또한 그 몸 안에서 모든 지체가 한 종류인 것은 아니며, 집단별 사람들의 연합이 인류의 모든 삶에 중요할 수 있지만, 이 모든 집단의 구성원이 거대한 몸의 '지체'는 아니다. 에베소서 4장 16절과 고린도전서 12장 12-18절을 참고하라. 지체는 가장 완성된 집단 구성만을 고려할 수 있다. '국민'은 가족보다 더 높은 집단이기 때문에 '국민'만이 인류의 큰 몸에서 자신의 지체라는 부분을 가질 수 있다. 어떤 의미에서 이 민족이 소속된 국가의 유대와 같이, 여러 민족이 하나의 국가 형태로 결합할 수 있는 유대는 여기서 고려되지 않는다. 국가 구성이 무너져도 국민은 그대로 있다.

그러므로 요한계시록이 우리에게 보여주는 장면에서 왕의 왕을 높이는 영광의 찬양은 '제국'이나 '국가'에서 나오는 것이 아니라 "모든 '민족'과 '나라'와 '언어'에서"[165] 나온다. 사회의 유기적 성격이 '국가'에게서가 아니라 '민족'에게서 나타난다. 우리 세대에는 한 요소로부터 다른 요소로 움직이는 경향이 있다. 명백한 이유가 없더라도 작은 크든 공존하며, 사회를 이루며, 함께 존재해야 하는 필요성이 존재한다. 연합을 지향하는 열망은 너무나 강하게 작용하여 개인은 너무 강한 독립의 흐름 속에서 자신의 '주체성', 즉 개성을 잃을 위험을 끊임없이 느끼게 된다. 따라서 '자유'를 향한 열망에 대해 반작용이 있다. 완성은 자연스럽게 우리 인류 전체의 하나 됨을 추구한다. 그러나 이 높은 목표를 당분간 달성할 수 없는 한 우리는 '민족' 공동체라고 부르는 더 작은 규모의 통합에 만족하는데, 이것이 국가 형성에서 자신을 유지하고 통합하는 수단이 된다.

§2. 용어의 기원: 국민과 민족

'국민'(volk)이라는 단어의 유래를 살펴보면 원래 대량, 많음, 다수라는 단어에서 나왔다는 인상을 받는다. 이런 의미로 모든 게르만어에서 국민(volk, folc, fölk, volck)이 발견된다. 그 기원과 관련하여 라틴어 단어 포폴루스(populus)가 음성학적 법칙에 따라 폴크(volk 또는 folc)와 같은 계통으로 이어진다. 이러한 변화는 주로 리투아니아어에서 발생하는데, 특별히 국민은 풀카스(pulk-as)로 적는다. 그리고 고대 슬라브어에서는 더 짧게 플르크(pl'k)로, 보헤미아어나 체코어는 플러크(pluk)라고 적는다. 이 단어들 전체와 라틴어를 비교해보면 플라(pla)와 플레(ple)에서 플레누스(plenus)와 플레베스(plebes)가 만들어졌다. 포풀루스는 국민(volk)과 같은 어원이며, 둘 다 '대다수'라는 같은 의미를 가진다. 유기적 통일성은 '나치오'(natio)라는 단어에서 훨씬 더 분명히 나타난다. 이 단어에서 우리말의 '민족'(natie), '민족의'(nationaal) 등이 파생되었다. '겐스'(gens)라는 단어도 마찬가지다. 나치오는 결국 '나스키'(nasci, 낳다)와, 겐스는 기그노(gigno, 수를 세다)와 연결되어 둘 다 출생의 기원이라는 점에서 일치를 보여준다.

대중(massale)이라는 단어도 모두 원래 한 개념으로, 혈육적 친교에 의해 연결된 비슷한 집단의 사람들을 의미하지만, 민족(natie)은 여전히 국민(volk)보다 혈통 공동체임을 더 명확하게 표현한다. 비록 게르만어는 아니지만, '민족의'는 대중적(populair)이나 민족 공동체보다 내적 개념을 더 강하게 표현한다. 여기서도 마찬가지로 출생을 의미하는 라틴어 겐테스(gentes)는 외국 사람들을 가리키는 데 사용되었으며, 자국 내에서는 전체 국민보다 민족을 더 많이 언급한다는 것에 주목할 만하다. 그러나 어원적으로 발생하는 의미가 무엇이든, '국민'(volk)과 '민족'(natie)은 항상 단일한 국가적 결속 자체는 고려하지 않고, 상호 연합하여 나타나는 수많은 관련 집단을 가리켰다.

§3. 유대인, 아랍인, 쿠르드인, 집시

이것은 여전히 일부에 해당하는 경우다. 유대인은 전 세계에 흩어져 있기에 그들 사이에 일반적 결속이 거의 없는 것으로 알려져 있다. 그러나 어느 누구도 유대 '민족'이라고 말하기를 주저하지 않는다. 시오니즘(Zionisme)[166]은 그런 결속을 되살리려고 하지만, 아주 작은 부분에서만 성공했을 뿐이다. 그런데도 민족으로서의 유대인의 연합에 대해서는 의심의 여지가 없다. 회당적 연결도 일반적 조직이 없고, 이스라엘에는 더 이상 대제사장도 없다. 언어적 통일성도 거의 대부분 상실되었다. 히브리어가 여전히 작은 집단에서 사용되지만, 일반적으로 유대인은 자신이 살고 있거나 체류하는 국가의 언어를 사용하며, 언어학적으로 거의 의미가 없는 현지어를 사용하는 자체 회당이 생겼다. 유대인이 영적이며 종교적 연합에 의해 결속되어 있다고 말할 수 없다. 불신앙과 심지어 물질주의로 인해 한 나라 이상의 전체 집단에서, 특히 부유한 유대인이 조상의 종교에서 떠났기 때문이다. 폴란드와 다른 동유럽 국가에는 아직 고유 의상이 조금이나마 남아 있지만, 서유럽에는 거의 사라졌다. 그런데도 유대인 가족은 여전히 거의 자기들끼리만 혼인하고, 항상 제삼자에 대항해서 강한 단결심을 가지고 살아간다. 러시아와 루마니아 유대인에게 위험이 닥칠 때마다, 서유럽의 모든 유대인이 연대한다. 팔레스타인에서도 이 두 나라에서처럼 서양의 돈이 프랑스, 영국, 미국, 네덜란드의 부유한 유대인을 통해 꾸준히 빈곤한 유대인에게 전달되었다. 특히 로스차일드 가문[167]이 이러한 분위기를 조성했다. 어떤 국가 관계와 단절되어 있어도 한 '민족'으로 수 세기가 지나도록 계속 살아남는 이보다 더 명확한 예를 찾는 것은 불가능하다.

이 예시를 매우 강력하게 말하는 이유는 다양한 지역에서 유대인의 외모, 체형, 얼굴 모습, 전체적 신체가 거의 일치하지 않기 때문이다. 유대인은 암스테르담(Amsterdam)에서 고등 독일어를 사용하는 집단과 포르투갈에서 온 집단으로 분류되기 때문에, 무의식적으로 완전히 다른 종족에 속한다는 인상을 준다. 작가처럼 여행 기회를 찾는 사람은 한 편으로는 폴란드 유대인과 다른 한편으로는 모로코 유대인과 친분을 쌓게 될 텐데, 둘 다 같은 나라에 속한다고 믿는 것은 거의 폭력과 다름없다. 그럼에도 불구하고, 훨씬 더 친밀한 '그 민족'이라는 단어가 유대 민족에게 적용되는 것이 바람직하다. 더 친하게 사귀면 두 유형의 가족들 모두 독특한 성격, 언어, 삶의 방식을 가지고 있다는 사실이 바뀌지 않으며, 두 집단이 같은 출신임을 의심한 것은 착각이라고 분명하게 확신하게 될 것이다.

이것은 아랍인에게도 어느 정도 비슷하게 말할 수 있다. 아랍, 아프리카 북부 해안, 시리아 또는 인도에서 아랍인을 만날 때마다, 당신은 항상 외형에 의해 그들의 혈통을 첫눈에 알아볼 수 있다. 이는 심지어 아랍인이 아랍에 자체적 국가를 세우지 않았을 때도 그러했다. 그들은 터키 술탄의 지배를 많이 받았는데, 현재 알레포(Aleppo)[168]와 메디나(Medina)[169]를 연결하는 철도 노선은 이 지배를 강화할 것이다. 하지만 남부 아라비아, 특히 예멘에서는 완전히 독립된 집단을 아직 발견할 수 있다. 마르캇(Markat)의 이맘(Imam)은 오마르(Omar)에서 그의 지위를 유지하고 있으며, 특히 베두인족(Bedouïnen)[170]은 여전히 가부장적 유대만을 가지고 있다. 와하브주의자들(Wahhabieten)[171]만은 견고하게 형성되기를 원했지만, 많은 집단은 연합을 통해 특정한 연대에 묶여 있다. 따라서 아랍인은 수 세기 동안 민족으로 활동했으며, 국가를 형성하지 않고 독특한 민족형태를 유지한 상당히 많은 집단의 예이다.

국가를 형성하지 않고 여전히 무리를 지어 사는 유목민에 대해서도 어느 정도 동일하게 말할 수 있다. 이들은 단호한 강인함으로 수 세기 동안 자기 민족의 유형을 유지했다. 오늘날 가장 유명한 민족은 아르메니아를 약탈한 잔혹 행위로 알려진 쿠르드족(Kruden)[172]이다. 그들의 거주지 중 터키 일부는 페르시아의 통치를 받았지만, 여전히 소수의 작은 지역을 제외하고는 독립적인 민족으로서 자신을 유지했다. 쿠르드족은 수 세기 동안 여전히 민족이지만, 국가를 형성하지 않은 채 자신을 유지해온 강력한 예이다. 그러나 국가를 형성하지 않은 채 민족으로 형성된 훨씬 더 강력한 예는 집시들이다. 이들도 유목민으로서 세계의 세 대륙에 걸쳐 있는데, 민족으로서의 통일성은 의식하고 있지만 공식적 연대는 거의 없다. 이들을 하나로 묶는 것은 공통된 기원과 삶의 방식, 생각, 식습관, 존재 방식이다. 따라서 아무도 자신들이 한 민족임을 부인하지는 않지만, 조직은 거의 없다. 결국 헝가리에 정착하고 유목민 생활을 포기한 상당히 큰 집단조차도 이 신비로운 민족의 오래된 전통을 계속 유지하고 있다.

유대인, 아랍인, 쿠르드인, 집시의 숫자는 서로 차이가 매우 크다. 유대인은 현재 1,100만 명 이상, 아랍인은 400-500만 명, 쿠르드인은 200-250만 명, 유럽의 집시는 100만 명 미만이며, 다른 곳에서는 그 수를 계산하기가 매우 어렵지만 적은 무리가 있다. 유대인과 아랍인, 쿠르드인과 집시는 모두가 인정하듯 그들 자신의 민족성은 가지고 있지만 국가 형태는 거의 없다. 특정 집단에게 '국민이라고 할 만한' 국가 형태가 나타날 것을 기대하기는 힘들다. '국민'과 '민족'의 개념에는 삶 자체에서 나타나는 통일성이 표현되어 있다. 인류의 일부를 국민으로 만드는 것은 단지 국가의 형성이 아니다. 이들을 하나의 유대로 묶을 때 국민에서 국가가 형성되는 것이다.

§4. 국민의 두 개념

이것을 전면에 내세우면, 우리는 '국민'의 개념이 점차 변화하고 있음을 인식하게 되는데, 이제 가장 확실하게 국민이라 불리는 것에 대한 두 번째 개념이 구별되어야 함을 곧바로 깨닫게 된다. 인류라고 하는 큰 몸의 지체로서 자연스럽고 유기적인 집단이 별개의 민족들로 분류되는 것이 혼란스러워졌다. 약탈과 권력에 대한 욕망은 한 민족이 다른 민족들의 독립을 빼앗았다. 사악하고 폭력적 민족은 자신의 권력 아래 다른 민족의 일부를 가져와 이질적 요소들을 결합하기 위해 준비했다. 처음에 정치적으로 '올라 포드리아'(olla podrida)[173]가 등장했다. 그러나 점차 수 세기에 걸쳐 이 정치적 혼란의 일부는 그 특이성을 많이 잃어버렸다. 그래서 다소 이상한 요소들이 새로운 민족적 통일로 녹아들곤 했다. 유럽의 여러 큰 국가가 이것을 보여준다. 프랑스인은 의심할 여지없이 프랑스 국민이라 불린다. 남부와 북부의 차이는 여전히 눈에 띄고, 북부 해안에는 플란데런족(Vlaamsch), 왈롱족(Waalsch), 브르타뉴족(Bretonsch) 등이 있으며, 피레네(Pyreneën) 산맥에는 여전히 바스크족(Baskisch)과 카탈루냐족(Catalonisch)이 있지만, 전체 민족 구성은 이제 하나의 프랑스로 통합을 이루며 자신을 '조국의 아이들'(les enfants de la patrie)이라 부르면서 하나임을 느낀다.

원래 완전히 갈라졌던 모든 종류의 구성 요소가 점차 서로 성장하여 유기적 단일체가 될 수 있다. 특히 게르만 민족과 로마 민족이 갈리아에서 섞여 있었으나, 로마인이 아니라 게르만족 프랑크인이 그 땅의 이름을 프랑스로 지었다는 것은 주목할 만하다. 이것은 또한 켈트족, 픽트족, 스코트족, 앵글로-색슨족, 노르만족이 함께 사는 영국에서도 일부 볼 수 있다. 물론 아일랜드(Ierland)와 하이랜드(Highlands) 지역에 여전히 생소한 요소들이 존재한다. 그런데도 영국은 민족적 통일성을 유지했다. 여기서도 마찬가지로 기원은 크게 다를지라도 역사의 힘을 통해 내적으로 더 강한 요소가 다른 집단들을 동화시킬 수 있었다. 적어도 실제 영국과 스코틀랜드에서 그러한 강력한 민족적 단결이 생겨났으며, 누구도 매우 뚜렷한 영국적 민족성이 존재하지 않아야 한다는 주장에 대해 더 이상 이의를 제기하지 않는다.

§5. 이원성 유지

그러나 항상 그러한 융합이나 동화가 이뤄진 것은 아니다. 예를 들어, 왈롱족[174]과 플란데런족[175]이 서로 연합하여 한 국가가 되었지만, 각자 고유성을 유지하면서 여전히 두 개별적 요소로 남아 있는 벨기에를 생각해보라. '벨기에의 한 국민'이나 '벨기에 국민'은 명목상의 호칭일 뿐이다. 벨기에는 두 민족으로 구성된 국가이며, 따라서 민족의 통일을 모른다. 강대한 프랑스와 친족 관계를 형성하고 있던 왈롱 민족은 특히 1830년부터 벨기에에 프랑스적 고급문화를 전했다. 그래서 프랑스어가 오늘날에도 여전히 상위 계층에서 가장 많이 사용되고 있다. 그렇지만 훨씬 더 많은 플란데런 사람들은 왈롱 국민과 동화되지 못한다. 벨기에는 국가적 통합을 달성하지 못했다. 뿐만 아니라 플란데런적 요소의 자연적 권리를 옹호하는 힘은, 벨기에가 하나의 국가로서 번영할 수는 있지만 국가로서의 유기적 통합은 이루어지지 못함을 아주 잘 보여준다.

이것은 오스트리아–헝가리(Oostenrijk-Hongaarsche)에서도 두드러지며, 다양한 집단에서 국민적 통일을 끌어내려는 모든 시도는 실현되지 못했다. 오스트리아와 헝가리는 나란히 위치해 있고 왕정으로 연결되어 있지만, 계속해서 두 국민으로 남아 있다. 헝가리에서는 마자르인(Magyaren)이 인구의 절반 이상을 차지하지 않으며 루마니아인이 이미 많이 늘어나기 시작했다. 그리고 오스트리아는 매우 다양한 인구를 가진 여러 종류의 왕정 국가들의 집합체인 국가이기에, 국민의 통합을 바탕으로 국가적 연합을 이루려는 시도가 생겨날 수 없다. 체코인과 헝가리인이 한 고유한 '민족'이라는 것을 누구도 부인하지 않지만, 그들에게 민족 개념은 국가 개념과 일치하지 않는다.

러시아는 다른데, 이 나라에서는 러시아 민족이 통치하면서 계속해서 폴란드인, 핀란드인, 유대인 등을 동화시키려는 노력을 기울이기 때문이다. 이것은 부분적으로만 성공할 수 있다. 그러나 오스트리아 국민에 대해서는 말하기 어렵지만, 러시아의 경우 확실히 러시아 국민, 심지어 가장 엄격한 의미에서 러시아 국가가 되었다고 말할 수 있다. 기원의 일치로부터 민족의 일치가 유기적으로 발생할 때 민족개념의 실현이 가능하다. 그 실현은 정신적으로(geestelijk) 더 막강한 것에 의해서나 더 강력한 몇몇 집단에서 더 작은 요소를 흡수하는 것으로는 이뤄지기 어렵다. 그리고 그것은 불가항력과 폭력이 결합해, 서로 간섭하지 않는 곳에서 완전히 사라진다.

폭력의 행사는 하나였던 국민을 분열시키고, 국민의 일부가 다른 국가연합의 일부와 접촉하게 만든다. 분열되어, 같은 국민의 한 부분이 다른 국가 연합 일부와 접촉하게 되는 것이다. 독일을 생각해보라. 독일인이 국가적 통일을 이루었음은 논쟁의 여지가 없다. 하나의 강력한 독일제국이 되었다 해도 인구가 계속 증가하여 이미 6,800만 명을 넘어섰기 때문에, 모든 독일인을 수용하지는 못하며 국민적 단결 또는 국가적 연합을 이루기 어렵고 국민도 그것을 더 원하지 않는다. 그러나 여전히 오스트리아-헝가리 왕국 아래 사는 1,200만 명의 독일인은 독일어를 사용하는 모든 민족이 하나의 '국가'로 통일되는 것을 미래의 이상으로 품고 있다.

부분적으로 비슷한 현상이 발생한다. 우리 국민이 주로 프리스인(Friezen), 플런데런인, 색슨(Sakers)인의 합병에서 나온다면, 벨기에서 플란데런어를 구사하는 민족이 우리와 공통된 역사와 기원과 언어적 통일성을 가지고 있다는 것을 간과할 수 없다. 1813년 이 자연적이고 역사적인 민족의 통일을 회복하려는 시도가 있었다. 그러나 16세기 종교의 차이로 발생한 파열이 이것을 막았다. 따라서 우리 네덜란드는 혼합되지 '않았지만', 벨기에는 혼합되어 살되 완전히 섞이지는 않고 두 민족이 하나의 유기적 국민이라는 연대를 이루게 되었다. 남부 지역에서 플란데런족이 취한 행동은 정치적 목표와는 거리가 멀고 어떤 정치적 의도도 없어 보인다. 그래도 민족적 혈족 관계가 다시 회복되고 같은 민족의 두 공동체가 다시금 하나 이상의 영역에서 공존하는 것이 중요하다.

§6. 국민의 네 가지 의미

'국민'이라는 단어가 점차 세 가지 의미를 띠게 되었다는 것은 모순되지 않는다. 완전하게 되려면 우리는 네 종류를 말해야 하지만, 귀족정치에 반대개념으로서의 국민은 여기에서 논의할 수 없다. 로마인은 이런 의미에서 '플렙스'(plebs)라는 단어를 사용했는데, 우리가 보았듯이 '포풀루스'(populus)가 같은 어근에서 유래했다. 반면에 프랑스에서는 '르 퍼플러'(le peuple)라고 하는데, 우리말로는 국민이지만 프랑스에서는 하층 대중이라는 뉘앙스를 가지고 있다. 심지어 사회 민주주의 단체인 '헛 폴르크'(Het Volk)라는 이름조차도 이러한 입장을 상기시킨다. '국민'이라는 단어의 매우 독특하고 다른 사용을 무시하더라도, 우리는 이것을 세 가지 다른 용도로 사용한다. 첫째, 인류는 기원, 특성, 언어에 의해 구분된 집단으로 구성된다. 여기서 중국인, 흑인, 몽골인 등을 말할 수 있다. 둘째, 비슷한 성격의 집단에 대해서도 말할수 있다. 가령 독일에 사는 독일인과 멀리 떨어져 있는 독일인 집단의 경우가 해당한다. 그리고 셋째, 기원과는 전혀 상관없이 같은 국가에 사는 거주자를 생각해볼 수 있다. 가령 벨기에 왕은 그 나라에 거주하는 국민이 두 혈통이라고 할지라도 그들에게 '나의 국민'이라고 부르며 연설할 것이다.

그러나 벨기에 헌법에서 '퍼플러'(peuple)라는 단어는 거의 사용되지 않으며, 벨기에인의 이중적 기원을 고려하여 항상 '민족'(nation)을 언급하고 있다. 헌법 제25조는, '국가에서 나오는 모든 힘'을 말하지만, 까다로움을 피하려는 이 시도는 그리 성공하지 못했다. 그런데 우리가 앞에서 '나스키'를 언급했듯이, '민족'이라는 단어는 네트러(naître)에서 파생되었으며, 퍼플러라는 단어보다 기원의 통일성을 훨씬 더 강력하게 표현한다. 명백히 어떤 경우에도 '국민'이라는 단어는 완전히 다른 배경을 가졌지만, 공통의 기반을 가진 사람들에 대한 은유로 사용되었다. 반대로 그것의 유일하게 정확하고 독창적인 적용은 우리 인류를 육체적 형태로 나누는 것을 의미한다. 함께 속한 집단에 남아 있든지 아니면 점차 별개의 집단으로 나누어졌는지에 관계없이 역사적 과정에만 의존하여 우리 인류의 육체적 주요 분류의 다양한 구획에 있는 사람들에게 수정된 의미가 아닐 경우 '국민'이라는 이름을 부여했다. 가령 그 기원에 비추어볼 때 스칸디나비아 사람들은 하나의 민족이지만, 역사적 과정에서 둘로, 이제는 다시 세 국민으로 나누어졌다.

§7. 국민과 인종

그럼에도 불구하고, 물리적 기원을 너무 일방적으로 강조해서는 안 된다. 이로 인해 '인종'과 '국민'이라는 두 개념이 합쳐질 것인데, 이는 유럽뿐만 아니라, 부분적으로 아시아, 그리고 더 나아가 아프리카와 오스트레일리아와 아메리카의 원주민들 사이에도 일어날 수 있다. 엄격한 의미에서 인종은 물리적으로 나눌 수 있다. 그 차이가 오로지 물리적인 것 같지 않은가? 영혼과 육체가 불가분리적으로 연결되어 있다면, 이것은 불가능하다. 중국인을 흑인과 비교하면 중국인의 신경 무감각과 흑인의 신경 과민성 간의 대조가 즉시 나타나는데, 이 근본적 차이가 두 집단의 특성을 완전히 지배해야 한다면, 어떻게 다를 수 있을까? 그러나 이것은 각 인종에서 종족 구별의 모든 지배적 특성을 부정하지 않는 종속적 성격의 새로운 차이가 발생한다는 사실을 바꾸지 않는다.

생명의 발전과정에서 매우 분명한 구별을 보였던 인종은 다양성을 가지고 있다. 같은 인종에서 이러한 구별은 출발점만큼 물리적인 차이가 있을 수 있지만, 역사 과정에서 더 많은 사회적 차이에 의해 확립된다. 아랍인과 유대인은 실제로 한 인종이지만, 서로의 사회적 발전은 너무 달라서 완전히 두 집단으로 분리될 수밖에 없었다. 이 분리는 정확히 두 나라를 별개의 '국민'으로 만들었다. 인종 차이는 죄가 가져온 타락이 시작된 후 삶의 일치를 유지하기에는 너무 일반적이고 포괄적이다. 이것은 흑인의 경우처럼 더 부한 삶의 발전을 고대할 때 생각할 수 있지만, 인간의 삶의 발전이 더 높이 날아오르는 순간 유지될 수 없다. 그렇게 인종은 함께 살 수 없고, 민족의 다양함으로 뿔뿔이 흩어져야 한다는 뿌리 깊은 차이가 생각, 존재 그리고 인생관에 드러난다.

이를 위해 꼭 필요한 것은 바로 사회생활의 풍요이다. 다양성의 분산이 규칙적이고 방해받지 않는 경로를 가질 수 있었다면 우리 인류 전체는 가족분할, 혈통 분할, 부족 분할과 민족 분할에 합류했을 것이며, 이 분포는 각 인종에 따라 독립적이지만 같은 방법으로 자리를 잡았을 것이다. 가족, 혈통, 부족, 민족 모든 것이 순수하고 혼합되지 않은 채로 남아 있었을 것이다. 오늘날에도 몇 세기 동안 세계에서 거의 완전히 고립된 알프스 계곡에서 발견되는 것처럼, 단일 목축 또는 농가가 정착해 있으며 가족 자체가 고립되어 산다. 그러나 모든 면에서 교란된 것은 바로 이 변이의 규칙적 분포이다. 그 결과 국가의 족보적 통일은 본래적 하나의 분리를 통한 것처럼 외적 요소들과의 '혼합'으로 피해를 보았다.

§8. 혼합

혼합은 혼인, 우정 그리고 폭력을 통해 이루어졌다. 특히 혼인을 통한 혼합은 하나님께서 제정하신 세계 질서에서 자족함이 날카롭게 분리되는 관계를 결속시키는 규칙이기에 여기서 주목을 받는다. 삶의 과정은 항상 두 가지 측면에 초점을 맞추어야 하는데, 하나는 변화의 풍부함의 보존과 순수성에 있고, 다른 한편 변화에서 통일성을 유지하는 것이다. 인류의 첫 가정에는 남매 사이의 혼인 외에는 어떤 혼인도 생각할 수 없었다. 반면에 혼인이 친족 간에 너무 가까우면 근친상간으로 정죄를 받는다. 같은 가족 간의 혼인과 근친혼 금지는 둘 다 같은 결과, 즉 변화와 통일이 동등하고 정당하게 반영되는 사회를 목표로 한다. 사람이 사는 영역이 모든 변화에 대해 자유롭게 방임할 만큼 충분히 풍부하고 숫자도 충분하면, 국민이 형성되고 이들 간의 혼인이 규칙이 되었다. 그런데 여기서 그 국민 밖에 있는 사람들은 예외였다. 처음에 다른 영역에서 혼인으로 받아들여진 것은 그다음 자신의 영역으로 동화되어, 동화된 영역의 삶을 풍요롭게 하는 역할을 한다. 나중에 외국인과의 혼인이 지속되는 곳에는 계속해서 삶이 풍요로워질 것이라고 말할 수도 있다. 그러한 혼합 가정에서 위대한 인물이 매우 자주 태어날 것이다. 특히 왕실에서 분명히 드러난다. 물론 안타깝게도 비참한 열정으로 생명력이 무너진 왕조도 분명히 있었지만, 일반적으로 많은 왕실이 부유하고, 강력한 인물을 소유하여 기뻐할 수 있었다고 할 수 있다.

이것은 특히 해외의 높은 귀족들 사이에서 다른 나라의 귀족들과 혼인할 준비가 되어있는 고관 귀족 가족들 사이에서 종종 볼 수 있다. 그렇지만 끊임없는 혼합의 가장 풍성한 열매는 의심할 여지없이 왕실이며, 이러한 혼합은 고정된 규칙이다. 이 부인할 수 없는 측면을 강조하기 위해 오란녀 왕가의 기원인 호헨촐레른(Hohenzollern)[176]과 합스부르크(Habsburgers) 왕가[177]를 언급할 필요가 있다.

혼합의 두 번째 원인은 '외국인'이다. 한 집단은 확실히 자신이 거주하는 국가의 경계를 폐쇄할 수 있지만, 이로 인한 이익이 감소하기 때문에 이를 취소하지 않을 경우 너무 빨리 피해를 받는다. 이제 서서히 다가오는 외국인이 작은 규모로 발생하는지, 아니면 대규모 유입으로 이어지는지에 따라 두 가지 유형으로 나뉜다. 첫 번째 경우는 현재 이미 조율된 상태이고 국적 부여를 통해 완료되며, 일반적으로 그리 중요하지 않다. 우리나라에는 외국인의 수가 일반적으로 1퍼센트를 넘지 않는다. 독일에서는 6,800만 명 중 150만 명, 프랑스에서는 그 3분의 1인 50만 명이 조금 넘는 외국인이 전체 인구인 3,900만 명의 일부를 차지하고 있다. 한편 이러한 소수의 꾸준한 유입과는 매우 다르게, 제3의 세력에 의해 강제 침략이 발생하면 국민의 본성이 훼손된다. 오늘날 바스크인은 유럽을 침략하고 많은 땅을 차지한 가장 오래된 집단에서 남은 소수이다. 가장 오래된 민족이 켈트족, 갈리아인, 훈족 등에 의해 거의 완전히 압도당한 것이다. 세 번째는 로마인인데, 이 집단은 너무 강력해졌다. 그리고 마침내 독일인이 이주하여 중부와 서유럽 전역의 통치자로 다시 자리를 잡았다. 이러한 침략의 결과로 침략하는 민족이 나라의 주인이 되었지만, 억압된 민족의 문화는 작은 단위로 새로 들어오는 민족의 정신에 동화되었다.

이 풍부한 혼합이 만들어져 새로운 요소에 건강한 활력을 제공했다. 동시에 과거에 번성했던 삶의 문화가 미래의 보물로 인정되었다. 이를 통해 이미 풍부한 상태가 되었다면, 어느 정도 같은 풍부함이 예전에 하나였던 것을 나눴기 때문이라고 말할 수 있다. 존 몰리(John Morley)[178]가 트란스발(Transvaal)[179]과 관련해 필자에게 한번 언급한 내용에 진실이 있다. "작은 민족들이 땅의 소금이다." 우리 같은 작은 나라에는 작은 세부적 면들이 강대국 영국보다 훨씬 더 발전했다. 소규모의 가정생활은 대형 호텔의 접견실과 상당히 다른 특징을 가지고 있다. 스칸디나비아의 통일은 항상 많은 사람에게 이상으로 남아 있었지만, 독립된 세 왕국으로 분열함으로 인해 훨씬 더 중요한 삶의 발전이 일어나지 않았다.

그러므로 마치 사람들이 한 민족에게서 끊임없이 자기를 동일시하는 현상과 관계를 지었던 것처럼, 민족들을 위한 우리 인류 혈통의 구분이 모든 면에서 균일하게 흐르는 시내의 바닥을 만들고, 민족들이라는 바닥 위에 봄을 맞이함으로 점점 같은 물을 흐르게 할 것 같은 모든 상상을 포기해야 한다. 오히려 모든 민족은 끊임없이 변화할 수 있는 내면적으로 연관된 살아 있는 유기체이다. 이로 인해 자연의 유기적 특성이 유지된다. 우리 네덜란드 민족은 원래 게르만족에서 비롯되었는데, 게르만족은 여러 부족으로 나뉘었다. 그 후 별개의 부족 일부가 분리되었고, 그중 일부가 우리 민족으로 이어졌다. 이 분리된 부분은 그 후 자신의 지방으로 유지되었고, 여러 세기에 걸쳐 거의 국가처럼 유지되었다. 마침내 이 부분들은 다시 하나로 통일되었다. 16세기에 지방들과 일반국토 사이에 일어난 분열조차도 다시 한 번 더 높은 민족적 통일로 귀결될 것이라고 말할 수 있다. 따라서 수 세기 동안 분리, 결합, 분열, 분할, 부분을 다시 함께 모으는 과정이 있었다. 이 끊임없는 변화 속에서도 하나의 국가로 남아 오히려 다양성이 풍성해졌고 항상 우리를 좋은 지혜로 인도해 온 통일사상을 더 강하게 표현하는 데 성공했다.

§9. 언어

한 민족의 통일은 '언어의 통일'을 통해 가장 잘 표현된다. 특히 그 언어가 사람을 지탱해주면 삶의 의미를 찾는 데 도움이 된다. 영국인, 프랑스인, 독일인은 에스페란토어를 만국어로 사용할 필요를 느끼지 않는다. 특히 영국인은 왜 외국어를 하지 않느냐는 질문에 미소를 짓는다. 비록 작더라도 벨기에는 거대한 세계적 동향에 잘 적응한다. 나라를 떠나는 거의 모든 벨기에인은 유창하게 프랑스어를 구사하며, 이러한 언어적 이점 덕분에 어디든 갈 수 있다. 모든 유럽 사람들의 진술에 의하면 인류학, 사회학 또는 통계학적 측면에서 작은 벨기에가 스위스처럼 강대국 대우를 받는다. 하지만 우리는 스칸디나비아 국가들과 비교하면 항상 뒤처져 있다. 네덜란드인은 언어에 능숙하다는 평가를 받는다. 그러나 이것은 우리 민족의 일부에게만 해당하며 이 때문에 우리 민족은 전체적으로 유럽 사회에서 매우 고립되어 있다. 의심할 여지없이, 우리나라는 언어라는 작은 영역에 국력에 대한 큰 인정을 빚지고 있지만, 민족들 간의 관계에서는 종종 우리 언어가 고통스럽게 제약을 받는다.

그러나 우리는 국가 구성을 통해서가 아니라 우리의 기원과 과거에 의지하여, 우리가 하나의 '고유한 국민'이라는 사실을 분명하게 확립하게 된다. 우리가 생활하는 국가의 결속이 우리 국민의 본성과 독립적 성격을 보호하고 강화한다는 사실을 인정해야 한다. 국가적 결속과는 별개로, 자국어를 소유하는 것은 서유럽의 다른 민족들과 함께 자신의 세계관과 사고의 세계를 가지고 자기 민족을 형성한다는 결정적이고 만족스러운 증거이다. '언어는 바로 국민이다!'라는 구호는 자세히 보면 꽤나 강한 표현일 수 있다. 적어도 오스트리아와 벨기에는 그와 다르다는 것을 보여준다.

모든 동포가 우리를 위해 그리고 우리가 그들을 위해 의사소통을 하도록 만드는 고유 언어를 소유하고 있다는 것은, 언젠가 가능할 수 있는 가장 좁은 국가 결속보다 더 강력한 삶의 유대와 내적 통일성을 보여준다. 물론 그렇다고 해서 우리 사회의 언어 영역에서 '끊임없이' 집단이 서로 대립하고 첨예한 차이를 보이는 것을 막을 수 없다. 장미는 완전히 독립적 성격을 지닌 식물의 일종이며, 최소한 이 식물이 내면의 화려함을 풍부하게 표현하는 것을 막지는 못한다. 그것이 우리 종족에 귀속되고 우리 국민적 존재가 여전히 명성을 가질 수 있는 것은 바로 고유한 민족성을 소유했기 때문이다. 언어는 의식적 삶의 의식적 표현이다. 언어는 항상 자신에게 말하는 집단이 다른 집단과 내적 감각으로 구별되고 특정 언어로 내적 존재를 표현하는 능력이 우리 국민에게 있으며, 우리 국민을 구성하는 모든 사람의 공통 속성임을 보여준다.

우리의 언어가 완전히 혼합되지 않은 것은 아니다. 앵글로색슨어와 프랑스어에서 영어가 등장하게 된 것과 유사한 과정이 실제로 부르고뉴 시대에 우리나라에서 이뤄졌다. 그리고 때때로 우리에게도 이런 이유로 비역사적 언어 순화를 위한 순수주의적인 목소리도 등장한다. 우리 네덜란드어는 앵글로색슨어처럼 변형되지 않았다고 자랑할 수 있다. 우리 네덜란드어는 네덜란드어로 남아 있었지만, 두 가지 방식으로 외국어 특히 프랑스어의 요소를 흡수했다는 사실을 부정해서는 안 된다.

특히 행정과 군사 업무에서는 거의 모든 옛 표현들이 사라지고 많은 생소한 표현이 사용되었음을 결코 잊을 수 없다. 우리나라의 국가 전환기에 연대는 장, 대위는 수장이라고 부르는 것이 가능했지만, 그런 오래된 표현들은 일반적인 용어나 심지어 공식 용어로도 더 이상 사용되지 않는다. 1815년에는 '연대'를 '사단'이라고 부르려고 했으나, 지속되지 못했다. 여단, 연대, 대대, 중대, 심지어 분대는 이제 표준 용어가 되었다. 우리는 대포와 기관총, 장교와 병사, 중위와 부관을 말하면서 아무도 이 단어를 해석할 생각을 하지 않는다. 부서, 조수, 과장, 감사 등 행정 업무에 스며들어온 외래어도 마찬가지다. 독일에서 순수주의는 1870년 전쟁 이후에 등장한 용어로 기존 용어를 완전히 제거하지 못했다. 하지만 더 많은 것이 있다. 우리는 오프트(ooft, 과일)를 프라위트(fruit, 열매)로 사용하거나 프루흐트(vrucht, 열매)로 사용하곤 했는데, 둘 다 라틴어 프룩투스(*fructus*)에서 유래한 것이다. 그렇게 우리는 우리가 놓쳤을 수도 있었던 그러한 표현에서 외국에서 기원한 언어를 사용한다. 그런 표현들은 이미 우리 어휘에 포함되었다. 만약 이것이 이뤄지지 않았다면, 우리 언어는 빈약해졌을 것이다.

일련의 외국 단어들이 계속되고 있는데, 그 단어들 대신 원래 네덜란드어 기원의 다른 단어로 대체할 수는 있다. 그러나 그 외국 단어들은 언어활용에서 더 이상 배제될 수 없으며 실제로 우리 언어를 풍부하게 해주었다. 우리말에는 '재미'(pleizier)와 '즐거움'(vermaak)이라는 단어가 있다. 이 중 첫째 단어는 더 일반적이고 둘째 단어는 결과적으로 더 차별화된 맛을 가진다. 따라서 두 단어 모두 독특한 것을 표현한다. 시편 기자는 "하나님의 법을 '즐거워한다'(vermaak)"[180]라고 말하는데, 아무도 그 표현에서 기쁨(vermaak)을 재미(pleizier)로 대체하려고 생각하지 않을 것이다. 반면에 아이들이 즐겁게 놀고 있는 것을 보는 어머니가 "애들아, 정말 즐겁니(vermaak)?"라고 말하지 않을 것이다. 당연히 손님은 이해조차 하지 못할 것이다. 오히려 "애들아, 정말 재미있니(pleizier)?"라고 물을 것이다. '문방'과 함께 '방문', '경축'과 함께 '축하', '상상'과 함께 '환상', '음식 목록'과 함께 '메뉴', '손님 되기'와 함께 '숙박', '예의'와 함께 '주의', '공지'와 함께 '광고', '신청'과 함께 '구독' 등을 사용한다. 우리 언어 순수주의자들은 프랑스인들과 동맹을 맺고 이러한 프랑스 어법을 억제하기 위해 큰 노력을 기울이고 있지만, 이 모든 외국 기원 단어들을 금지하는 것은 성공하지 못할 것이며 권장되지 않을 것이다. 흔히 사용되는 좋은 네덜란드어 단어를 프랑스어로 불필요하게 대체하는 연사와 작가에 대해 저항해야 한다. 때로 그것은 허세를 부리는 것이기도 하다. 그러나 여기서 지나치게 일방적인 과장은 해롭다.

언어는 국경의 벽으로도 구분되지 않는다. 끊임없이 증가하는 국가 간의 교류에서도 일정한 수의 자주 사용하는 단어를 주고받을 수밖에 없다. 우산(regenscherm)과 양산(zonnescherm), 회중시계(zaakuurwerk)와 성냥(vuurhoutje)은 그 자체로 귀중한 말이지만, 우리는 단순히 우산(parapluie), 파라솔(parasol), 시계(horloge)와 성냥(lucifer)이라고 말한다. 일반적으로 받아들여지는 표현인데도 이를 반대하는 순수주의를 장려해서는 안 된다. 부르고뉴 시대와 프랑스 시대에 우리 네덜란드어가 프랑스어 단어의 명료함에 이끌렸다는 것을 이해한다. 하지만 우리 언어가 유기적 구조에서 한 지점에 있지 않고, 흠 없이 독립적 성격을 계속 유지했다는 사실에 우리는 기뻐할 수 있다. 우리는 프리슬란트 농부에게서 이전에 특정 지역에서 일반적으로 사용되었던 언어가 마침내 공식적으로 완전히 대체되어 소멸할 수 있음을 본다. 이런 일이 네덜란드어에서는 일어나지 않았다. 독일어라는 강력한 영향력에 맞서 우리의 언어를 독립된 형태로 보호할 수 있었다는 사실은, 여러 주가 모인 네덜란드의 국민이 독립성을 지켰고 국가 전체의 통일을 굳건히 했음을 의미한다.

언어 영역에서 네 종류의 현상이 나타난다. 첫째로 독일, 스칸디나비아, 중국, 일본 등의 경우처럼 자국 언어를 거의 혼합하지 않은 국민이 있다. 둘째로 우리나라의 경우처럼 자신의 언어를 자신의 식물처럼 관리할 수 있었으나 혼합을 허용했던 민족이 있다. 셋째로 영어에서 볼 수 있듯 두 언어가 혼합되어 새로운 형태의 언어를 낳은 민족이 있다. 그리고 넷째로 원래의 언어를 완전히 버리고 완전히 다른 언어로 교체한 민족이 있는데, 특히 불가리아 민족이 그렇다. 원래 그들은 핀란드어를 사용했지만, 슬라브족이 되어 현재 불가리아어인 슬라브어를 발전시켰다. 이것은 여전히 심리적 수수께끼로 남아 있다. 모든 언어에서 가장 작은 세부 사항까지, 가장 섬세한 발음, 단어들의 선택, 활용, 변형, 구성의 속박에서 내적 감각, 삶의 내적 움직임, 가장 부드러운 생각을 아주 독특한 표현으로 나타내던 핀란드어를 기본으로 사용했고 본질상 슬라브인과 달랐던 이 사람들이 어떻게 인간의 감정, 인식, 상상, 생각이 완전히 다른 구성에 기원을 둔 언어의 형태로 전환할 수 있었는지는 거의 설명할 수 없는 것처럼 보인다.

우리가 아는 한 매우 다양한 이 언어들은 그 다양함에도 불구하고 우리가 생각하는 것보다 훨씬 더 강한 심리적 관계를 맺고 있다. 이는 모든 언어가 궁극적으로 하나의 원래 언어로 거슬러 올라갈 수 있다는 인식 때문에 강화된다. 그러할지라도 자국민을 가진 하나의 국가가 자국의 언어를 가지고 자국의 특성을 유지한다면, 그것이 훨씬 더 강하고 명확하게 된다. 또한 우리의 미래에는 멸시받지 않을 보장이 있지만, 우리의 언어에 가치를 부여한다는 중요한 의미를 담고 있다. 우리 '민족의 단일성'은 '국가의 단일성'에 기인할 수 없음이 분명하다. 민족의 단일성은 우리 국가의 단일성보다 앞서 있었고 그보다 독립적이다. 국가가 민족을 창조한 것이 아니라, 자체적 유기체로서의 민족에게서 '국가'의 기계적 유대가 필요하다는 것이 긍정적 방식으로 증명되었다. 일반적으로 민족이 먼저 나오고, 그 후에야 국가가 성립된다.

식민화에 의해 형성된 국가에서도 잠시 변화된 상황이 발생하지만 원리적으로 이것은 계속된다. 청교도가 미국에 갔을 때, 그들은 소속될 국가를 찾지 못했고, 그들 스스로 소규모의 국가적 연대를 설립했다. 그들은 자유롭게 자신의 신앙을 고백하려는 충동에 응답하는 동시에 민족적 통일감을 유지하기 위해 그러한 선택을 한 것이다. 종교가 동기인 같은 신앙을 고백하는 사람들 사이에서 나타난 국가적 특성이었다. 미국에서 작고 새로운 국가를 만들기 위해 이런 모험을 한 것은 같은 '종족'과 '고백'을 가진 동족들이었다. 그런 서로 다른 국가들이 워싱턴의 영도 하에 연합하여 비로소 미합중국이 생겼다. 한 세기가 지난 후에도 모든 유럽 국가들과 심지어 아시아에서 건너온 이민자들이 그 새로운 연방에서 피난처를 찾았다. 오래된 역사적 요소는 밀려나기도 했지만, 원래의 민속적 요소는 상황을 전체적으로 통제하는 것처럼 훌륭한 방식으로 유지될 수 있었다. 이곳에 함께 사는 거의 1억 명 가운데 오늘날에도 여전히 '영국적' 요소가 있으며, 이는 소수가 다수에 동화되면서 나타난 특징이다. 이러한 강력한 동화의 작업을 통해 새로운 국민의 모습을 만들어 '그 미국인처럼' 영국 국민의 변화를 보여주고, 자체적 의미를 가지면서 여전히 역사적으로 발전하고 있다. 그것은 기계적 연합으로 중단되지 않았다. 역사적으로 매우 분명한 우월성을 가지고 매우 독특한 요소들의 상호성장이 있었다. 그 '자기' 국민, '강력한' 국민이 여기에서 유기적 결속으로 스스로 형성되고 있다고 말할 수 있다.

§10. 개량

국민을 이루기 위해 그 기원을 이루는 족보적 연대가 혼합되지 않은 상태로 지속될 필요는 없다. 이미 혼인 생활에서 다른 출신과 혼합하고 연결한다는 것이 드러난다. 원초적으로 시작된 이 혼합은 이제 그러한 국민이 존재하게 되는 후속 과정에서 더 폭넓은 비율을 나타낸다. 이것은 매우 작은 규모이지만 꾸준한 귀화를 통해 일어난다. 하지만 한 국가가 다른 국가를 제압하고, 독립을 제지하며, 흡수하고, 그들에게 동화시키는 것이 더 큰 규모로 이어질 수 있다. 켈트족이 바스크인에게, 로마인과 독일인이 켈트족에게 이렇게 했다. 낯선 개인이나 소규모 집단의 느린 처리로 인해 방식은 다를지라도 같은 과정이 발생할 수 있다. 따라서 처음부터 정착한 민족이 이러한 외국적 요소들을 다룰 수 있는 충분한 동화력을 가졌는지, 그리고 그러한 간섭이 아무리 강력하더라도 고유한 유형을 유지할 수 있는 복원력이 있는지가 중요하다. 미국에서 그랬다. 반대로 멕시코와 중남미 국가에서는 스페인적 요소가 나중에 들어왔지만, 발견한 땅에 스페인어와 스페인 정신을 전달할 수 있는 능력이 있음이 입증되었다. 그래서 민족 특성처럼 언어에서도 두 유형 중 어느 것이 더 강하냐에 따라 다른 결과가 나타난다.

그러나 이 혼합이 다른 모습을 나타내더라도, 유기적으로 얽힘으로써 민족이 성장한다. 식민지 형성에서도 항상 민족이 '일차적'이며 국가는 '이차적'이다. 민족의 존재는 항상 국가의 형성에 앞서야 하며, 이것이 일어나지 않은 곳에는 오스트리아와 벨기에처럼 국가가 계속해서 비정상적인 성격을 보인다. 특히 오스트리아-헝가리에서는 기계적으로 형성된 상태가 영구적으로 지속될 수 있는지가 매우 문제시되고 있다. 수년 동안 정치권에서는 나이 많은 황제가 죽은 뒤에 등극하는 후계자가 국가의 통일을 지속시킬 수 있을지에 대한 의문이 제기되었다. 우리는 나중에 국가에서 국민을 둘러싼 유대에 관해 이야기할 것이다. 이제는 국가사상과 분리된 '국민'의 개념이 존재할 권리가 있다. 한 정부 아래에 살고 있으나 족보적으로 함께 속하지 않는 사람들에게 '민족'이라는 단어를 사용하는 것은 부자연스럽다. 특히 언어적 통일이 지배하는 곳에서 외세는 독일에서처럼 통일을 방해할 수 있지만, 그 자체가 국민의 통일을 향한 움직임을 막을 수는 없다.

우리는 여기서 '제국'(rijk)이 아니라 '국가'의 개념을 논하고 있다. 오스트리아만 제국이라는 명칭을 가지고 있다. 우리와 독일인이 프랑스를 프랑크레이크(Frankrijk)라고 말한다는 사실은 예외이다. 프랑스인은 그렇게 말하지 않고 라 프랑스(La France)라고 말한다. 국가에서 제국이라는 개념이 나온 것은 로마 제국에서만 그랬다. 그것이 신성로마제국의 옛 독일 황제에게 전달되었고, 1871년 이후 독일제국이 두 배로 커지면서 오스트리아로 넘어갔다.

영국도 이제 세계 제국으로서 '대영제국'이라는 이름을 부여했다. 그러나 그 자체로 모든 국가는 그곳에 사는 국민의 이름을 따서 명명되었다. 러시아, 영국, 프로이센, 이탈리아, 일본, 중국과 같은 강대국들도 있다. 그러므로 우리가 지금 논의하고 있는 경우에 '제국'이라는 개념은 생각할 수 없다. 오스트리아(Oostenrijk)는 제국(Rijk)이 아니고 하나의 민족(volk)이다. 동쪽(ten Oosten)에 있는 국가들의 집합체이다.

제6장

영토

§1. 네덜란드라는 우리나라의 이름

콘스탄틴 프란츠는 1870년 출판된 그의 저서 "국가의 본성론"(Die Naturlehre des Staates als Grundlage aller Staatswissenschaften)에서 국가학 전체를 단순하게 결합하는 경향에 반대했다. 그의 일방적 과장은 이미 우리가 본 바와 같다. 그는 점점 더 전면적으로 악을 공격했으며, 역사뿐만 아니라 현실을 고려하려는 노력이 너무 적은 것에 대해 항의했다. 이 점에서 그는 "영국 문명사"(History of the civilisation of England, Leipzig, 1865)를 쓴 버클(Buckle)[181]과 같은 정신이 있다고 간주할 수도 있다. 그 이후로, 우리가 이론적으로 그렇게 부를 수 있다면 정치 공학은 더욱 온건한 형태로 나타났다. 특히 블룬칠리는 그의 "일반 국가론"(Stuttgart 6th ed. 1886) 255-299쪽, '국가의 외부적 특성에 의한 기초'에서 국토의 토양, 기후, 비옥도, 토지 분할, 국가와 사유 재산 간의 관계에 대해 더 나은 설명을 하고 있다. 아렌스는 이미 그의 "유기적 국가론"(Organic Staatslehre, 1850) 201쪽 이하에서 지금까지 이어진 누락에 주의를 기울였다. 그런데도 실제 자료들로 계산을 더 자세히 한 사람은 블룬칠리였다. 슈탈은 "국가론"(Staatslehre) 99쪽에서 국민과 나라에 관한 짧은 한 장을 5쪽으로 포함시켰는데, 1856년 당시 그가 국가론을 집필할 때 이 부분은 여전히 너무 부수적인 것이었다.

우리 네덜란드인에게 우리가 사는 이 땅을 생각하는 것은 특별한 매력이 있다. 모든 것을 고려할 때, 우리는 우리의 언어뿐만 아니라 다른 언어로도 자신의 '땅' 이름을 지은 유일한 국민이다. 우리 이름에는 국민이 아니라 '국토'(het land)가 중심이 되는 듯하다. 우리는 낮은 땅에 사는 주민들이라는 의미의 네덜'란드인들'(Nederlanders)이며, 여기에는 국민을 표현하는 이름이 없다. 다른 곳에서 영토는 영국, 스코틀랜드, 독일 등과 같이 국민의 이름을 따서 불린다. 그렇지만 우리나라의 이름에는 국민적 이름이 없으며, 이제는 자세한 표시 없이 그저 우리가 자리 잡은 '낮은 땅'(het lage land)라는 이름을 따서 불린다. 그리고 이것은 또한 우리나라를 가리켜 프랑스인은 '페이바'(Pays-Bas), 영국인은 '네덜란드'(Netherland), 독일인은 '니더란트'(Niederland), 이탈리아인은 '파에시 바시'(Paesi Bassi) 등으로 부르는 이유이기도 하다. 다른 나라의 경우 국민의 이름에 '땅'이라는 단어를 사용하는 것은 예외적이다. 북유럽과 남유럽, 미국, 아시아, 아프리카에서 땅이라는 단어는 하나의 국민 또는 국가 이름에 거의 사용되지 않는다. 아마도 미국의 메릴랜드를 거론할 수 있겠지만, 그곳은 단지 하나의 주일뿐이다. 또한 아시아에 있는 기독교의 '성지'(Heilige Land)에 대해 말하지만, 땅이라는 단어는 히브리어나 그 파생어에도 나타나지 않았다.

일반적으로 국민을 나타내는 '나라'라는 단어는 서유럽의 중심에만 있다. 북유럽에서는 덴마크, 노르웨이, 스웨덴, 남유럽에는 이탈리아, 스페인, 포르투갈 등을 가리킨다. 프랑스는 제외되지만, 우리가 속한 중간 집단은 도이칠'란트'(독일), 네덜'란드', 잉글'랜드', 스코틀'랜드', 아일'랜드'를 가리킨다. 우리나라는 또한 러시아를 루슬란트(Rusland)라고 부르지만 러시아어, 프랑스어, 영어로는 그렇게 부르지 않는다. 자세히 살펴보면 잉글랜드, 스코틀랜드, 아일랜드를 골라내야 한다. 이 세 국가를 합쳐 그레이트 브리튼(Great Britain)이라고 불리지만, 그 이름에는 '랜드'라는 단어가 나오지 않는다. 하지만 프랑스어 번역인 앙글레테르(Angleterre)에는 랜드에 해당하는 단어 '땅'(terre)이 들어 있다. 그리스(Griekenland)를 언급할 수도 있지만, 그리스인은 자기 나라를 그리스라고 부르지 않으며, 프랑스어나 영어로도 그렇게 부르지 않는다. 독일과 네덜란드어에서만 이 제국의 이름에 접미사 '란트'(land)를 붙인다. 그리고 여전히 그린란드(Groenland)와 티에라 델 푸에고(Vuurland)[182]에 대한 이야기가 있지만, 이것은 완전히 다른 이야기다. 우리는 그린란드와 마찬가지로 티에라 델 푸에고를 찾았지만, 땅(land)은 있어도 국민(volk)은 없었다. 그러므로 '란트'라는 단어는 여기서 국민의 이름 없이 땅만을 지칭하기 위해 사용되었다.

따라서 국민 이름 또는 국가 이름에 '란트'를 추가하는 것은 예외로 남아 있으며, 이 특별한 예외로 인해 우리가 일반적으로 인정하는 이름으로 '국민'에 대해 완전히 침묵하고, '국토'만 언급되는 독특한 특성이 발생했다. 이것은 서부지역에서 우리와 매우 밀접한 관련이 있는 벨기에와 뚜렷하게 대조된다. 벨기에인은 켈트족의 동부에서 왔으며 벨기에 지방 중 어느 곳도 그 이름에 접미사 란트를 표시하지 않는다. 플란데런(Vlaanderen), 브라반트(Brabant), 헤네하우언(Henegouwen)[183] 또는 다른 무엇이든 란트라는 단어는 붙이지 않는다. 반면에 우리나라에는 란트라는 단어가 남홀란트(Zuid-Holland), 북홀란트(Noord-Holland), 프리슬란트, 제일란트(Zeeland), 헬데를란트(Gelderland)와 같이 5개 주 이상의 이름에 등장한다. 이는 세계 어느 다른 왕국에도 찾아볼 수 없는 현상이다. 이것은 우리나라가 특이한 모습을 가지고 있다는 것을 의미한다. 이는 어느 정도 그곳에 거주하게 된 사람들에 의해 형성되었다고 말할 수 있다. 우리의 간척지 배치는 영토의 상태에 의해 요구되었다. 우리는 매립을 통해 토지를 만든 사람들이다. 따라서 다른 사람들과 마찬가지로 민족학적 관점에서뿐만 아니라 국가학적 관점에서도 '땅'(land)을 '나라'(land)로 고려하는 것이 우리의 방식이다.

§2. 조국

그러나 '나라'의 의미가 국민에게 부차적 의미를 갖는 것처럼 이해되어서는 안 된다. 반대되는 인식을 위해서는 '조국'(vaderland)이라는 단어를 나라의 구성으로 언급하면 된다. 이는 프랑스 혁명의 강력한 전투 노래인 마르세예즈(Marseillaise)[184]에서 잘 나타난다. 모든 민족적 삶의 국제적 폐지를 의미하는 '가라, 조국의 자녀들이여'(Allons, enfants de la Patrie)라는 구호는 대중의 현재를 급상승시키는 영감의 표현이었다. 국민적 이름도, 우리 조상을 생각나게 하는 말도, 우리를 사로잡는 음색도, '조국'에 대해 자주 언급되는 소리도 아니다. 사람들에게 울부짖는 "'네덜란드'의 혈통"(Wien Neêrlands bloed)은 결코 빌헬무스(Wilhelmus)[185]에 일치하는 "'조국'에 충성함"(het vaderland getrouwe)과 같은 말투가 없다. '홀란트인'(Hollander)은 우리 국민의 일부만을 일컫는다. 네덜란드는 우리를 차갑게 만드는 용어인 반면 조국은 우리 가슴을 관통하는 소리다. 그 이유는 상상하기 쉽다. 독수리에게 둥지요 사자에게 굴인 것이 우리 가족에게는 우리 '집'이고 우리 국민에게는 '조국'이다. 인구는 물리적으로 땅에 비해 엄청나게 적다. 어둑어둑할 즈음에 기차로 나라를 돌다보면, 일하거나 산책하는 사람들을 가끔 볼 수 있다. 반면 마을과 초원, 개울과 운하가 있는 땅은 눈앞에 넓게 펼쳐져 있다. 자연은 당신의 상상력을 즐겁게 한다. 그 나라는 국경이 있다. 국경의 반대편에는 다른 나라의 주권이 지배하지만, 그 경계 안에서 우리 국민은 주인이자 주권자이다. 이 나라는 우리 것이다. 그것은 모두 우리의 것이다.

과거 수 세기 동안 이곳은 우리 조상의 나라였지만, 이제는 우리의 나라이고 곧 우리 자녀의 나라가 될 것이다. 우리는 그것에 관심이 있고 그 안에 살고 있다. 해 아래 살도록 우리에게 할당된 장소다. 그것이 우리의 심장이 그 '조국'에 매달린 이유다. 국제적으로 민족적 특성을 너무 많이 무너뜨리는 일관된 사회 민주당원의 심장이 아니라 이 나라, 이 토양, 우리 조상들의 유산을 이해하는 역사적 감각을 가진 사람들의 심장이다. 그래서 지금은 그들의 후손인 우리를 위한 것이다. 동시에 그 '조국'의 울창한 소리 속에 지속적인 것과 쇠퇴하는 것의 대조가 표현된다. 톨런스(Tollens)는 "우리의 요람이 있던 곳이 우리 무덤도 있을 장소"라고 노래했다. 여기에서 요람이 있는 곳까지 신경 쓰는 듯, 그 당시 시대를 특징짓는 유치한 피상성이 울려 퍼진다. 우리는 '출생국'과 '고향 땅'을 말하며, 지역이 아니라 그 지역이 우리에게 말해야 하는 것과 결합한다. 우리는 잠시 지나가는 나그네들이다. 한 세기가 지나지 않아 우리 가운데 어느 누구도 살아 있지 않을 것이다.

한 민족은 흐르는 물이 위에서 맑게 흐르고, 강바닥을 통해 흘러가다가, 바다로 몸을 던지는 개울과 같다. 시대마다 사회를 구성하는 사람이 끊임없이 변하고 사라지는 현실에서 나라, 조국, 조국의 땅은 그대로 머물면서 대대로 살아가며 일하고 공급을 받는 사람들에게 견고하고 자립적으로 존재한다. 모든 세대를 이어온 영구적이고 지속적인 유산의 이미지는 대대로 거주하면서 그들의 삶을 가능하게 했다. 우리도 영원히 안식할 때 새로운 세대가 나타나 거주하게 될 것이다. 따라서 땅은 세대를 이어가는 민족의 단일성을 보여준다. 그래서 우리 조상의 땅은 우리를 인간적이고 개인적 존재로부터, 모든 민족의 과거와 현재의 희로애락을 공유하는 공동생활체로 격상시켜준다. 우리나라는 모든 민족이 동의하며 증언한 것처럼 훌륭한 재능을 가진 '우리 조상들'이 창조하여 마련한 땅을 모든 적에 맞서 지키고, 영광스러운 열정 가운데 국민의 삶의 터전으로 보전한 것이다. 그래서 조국의 이름은 우리 '조상들'이 유산으로 결정한 나라를 정의하는 아주 중요한 의미를 지닌다.

식자들이 증명하듯이 우리는 땅 자체가 우리를 국민이 되게 하는 데 어떻게 이바지했는지 너무도 분명히 느낀다. 우리가 다른 땅에 정착했다면 우리는 결코 오늘날의 우리와 같은 국민이 되지 못했을 것이다. 우리 '조상들'은 후손들을 교육했다. 뿐만 아니라, 우리가 민족으로 살았던 땅 자체도 우리 국민성 형성에 영향을 미치는 특성을 갖고 있었다. 그리고 우리 조국의 소중한 본질은 우리에게 두 가지를 의미한다. 한편, 고상한 정신을 우리에게 전해준 '우리 조상'의 땅이고, 다른 한편, 우리가 독특성을 갖는 데 강력하게 도움을 준 조상의 '땅'이다. 우리나라와 관련해서 이것을 돋보이게 하고 싶은 충동을 더 많이 느꼈다. 여러 민족과 나라 중 우리나라가 국가의 개념을 설명하는 모델로 가장 적합하기 때문이다. 국가론, 국가법, 국가경영을 체계화하는 데 있어 우리나라를 '땅으로서' 고려하지 않았던 수많은 정치학자들의 잘못을 느끼도록 말이다. 역사적 요소는 자주 언급하지만, 지질학적, 지리적 요소는 너무 적게 말한다.

§3. 지역

그러나 우리가 사는 나라가 우리 민족에게만 중요한 의미를 지닌 것은 아니다. 오히려 '모든' 민족에게 그들이 거주하는 나라의 특성과 상태가 민족적 성격의 형성과 국가 생활의 역사적 과정에 영향을 미쳤다는 점을 일반적으로 강조할 수 있다. 따라서 '영토'의 일반적 중요성을 고려할 필요가 있다. 이 경우 나라가 위치한 '지역'(de zone)에 주목해야 한다. 예를 들면, 부와 구성에서 '토양의 상태'에, 육지와 물의 '교통망'에, 그리고 국경의 '다른' 편 나라와 민족의 상태, 즉 '주변 환경'이 중요하다. 따라서 '나라 자체', 나라 '아래'와 '위', 그리고 그 '주변'에 있는 것은 우리의 관심 대상이다.

따라서 '지역'이 처음 지정된 경우 여기에서 자연의 영향을 매우 다르게 느낄 수 있다는 추가적 표시가 필요하지 않다. '더운' 습지에 있는 국가들이 있고, '추운' 지역에 있는 국가들도 있으며, '중간 기후' 지역에 있는 국가들도 있다. 물론 이어지는 상태가 있기 때문에 측정기를 이용해 세 영역으로 고정시킬 수는 없지만, 일반적으로 지역의 구분은 지배적 결정으로 가능하다. 자바(Java)[186]와 네덜란드와 그린란드는 생활 조건이 전혀 통일되지 않는다. 그린란드에는 인간의 삶이 거의 사라졌거나 적어도 줄어들었다. 자바에는 인간 삶이 풍부하고 압도적이지만 뼈대가 없다. 반면 네덜란드에는 풍요와 강력한 발전을 위한 모든 조건이 마련되어 있다. 따라서 지리적으로나 역사적으로 중간 지역이 일반적 의미에서 인간 문화에 대한 가장 풍요로운 약속을 제공한다는 것은 확실하다. 그리스도의 교회도 더운 지역에는 매우 제한적으로 뿌리를 내릴 수 있었고 너무 추운 북쪽에서도 계속 번성하지 못했지만, 중부 지역에서는 늘 가장 번성했다. 그러므로 어느 정도까지는 태양이 국민의 생활을 지배한다고 말할 수 있다.

이처럼 온도에 따라 세 지역으로 나뉘는데, 추운 북쪽의 주민은 주로 가정에서 생활을 즐기고 야외에서는 거의 움직이지 않은 반면, 너무 더운 남쪽에서는 주택에 대한 개념이 제대로 발전되지 않았고 대부분 야외 나무 그늘에서 생활이 이루어진다. 중간 지대에만 주거지와 그 주변을 둘러싸고 있는 공간에서 일상생활이 자유롭게 이뤄진다. 북쪽의 긴 밤과 남쪽의 짧은 밤은 비슷한 구별을 가져오지만, 이와 관련해 1년에 걸쳐 하루가 짧고 긴 것을 생각하면 중간 지대가 가장 좋다. 계절 구분도 같은 결과로 이어진다. 중간 지역에만 계절의 변화가 삶을 지배한다. 북부에는 온화한 계절이 너무 짧아 빙판과 변덕스러운 추위를 이겨낼 수 없으며, 남부에는 서늘한 계절이 거의 없다. 이런 점에서도 역시 중간 영역이 가장 좋다. 여기서 겨울은 토양에 휴식을 주고, 가정생활을 강화하며, 육체적으로나 정신적으로 온전히 재충전할 수 있을 만큼 지속된다. 반면에 여름은 번잡함에서 벗어나기에 충분한 의미가 있다. 따뜻한 곳에서 더 머무르고자 하지만, 봄과 가을에는 중간 단계, 곧 가장 좋은 위치에 있는 국가가 이상적 성격을 지닌 두 전환기를 형성한다.

이런 지역의 차이는 사람의 특성에도 현저한 영향을 미쳤다. 부분적으로는 종족조차도 지역 차이에 따라 나뉜다. 어두운 피부색은 일반적으로 남쪽에서 발견되며, 북부 영역에서는 거의 발견되지 않는다. 중간 지역에서 남쪽에서는 색조가 다소 흰색이 아니지만, 여전히 기본적인 색조는 남아 있다. 근육의 과다, 신경, 혈액 순환 간의 관계는 거의 그 국민이 사는 지역의 영향을 받는다. 따라서 인간 본성은 여러 지역에 따라 상당한 차이를 나타낸다. 너무 춥지도 덥지도 않은 중부 지역에서 인간 본성은 어느 정도 맑은 정신, 자제력, 강한 의지력을 특징으로 한다. 하지만 더운 지역에서는 바로 약해지기 시작하거나, 과도하게 자극된 열정으로 순간적으로 폭발하거나 금방 가라앉는다. 이것이 공법, 민법, 형법에 미치는 영향은 추가 설명이 필요하지 않다. 전체 국가 정부와 법적 질서는 민족의 특성에 의해 통제되는 것이 아니다.

또한 한 민족이 항상 그 자연에 가장 적합한 지역에 정착할 수는 없었다. 아시아에서 유럽으로 그리고 유럽의 동쪽 경계에서 서쪽으로 깊숙이 몇 세기에 걸쳐 민족의 변화가 일어난다. 그리고 새롭게 부상한 더 강력한 민족이 특정 지역에서 예전 정착민을 공격하거나 압도하여 피정복민은 동화되거나 더 서쪽과 남서쪽으로 밀려났다. 따라서 하나 이상의 민족이 정착하여 살던 곳에서 쫓겨나, 그들의 특성에 맞지 않는 지역으로 밀려났다. 특히 그런 경우에는 국가 상태가 국민 성격에 영향을 미쳤다. 특히 스페인 북부와 부분적으로 모로코로 강제 이주된 게르만족의 경우가 그러했다. 이것은 주목할 만하다.

그러나 그 지역이 민족의 특성에 큰 영향을 미칠지 모르지만, 밝혀진 바에 따르면 인간의 본성은 지역에 익숙해진다. 이는 유럽의 모든 식민정부가 독자적으로 파견된 공무원과 관리들과 자발적으로 식민지로 떠난 상인들이 조심스럽게 살아가면서 가장 더운 기후에도 적응한 데서 알 수 있다. 미국의 흑인 집단은 이 점을 훨씬 더 분명하게 보여주는데, 남부에서 강력하게 나타나지만 북부에서도 기후에 대한 적응이 나타난다. 여기서도 하나님의 섭리는 상실되지 않는다. 일찍이 사도 바울은 아테네의 아레오바고에서 매우 단호하게 말했다. 하나님은 "인류의 모든 족속을 한 혈통으로 만드셔서, 온 땅 위에 살게 하셨으며, 그들이 살 시기와 '거주할 지역의 경계를 정해' 놓으셨다"(행 17:26 참고). 동물은 특정 지역이나 구역에 거의 묶이지 않지만, 인간에게는 이것이 적용되지 않는다. 이는 하나의 같은 조상에게서 온 모든 사람의 기원과 연결되어 있고, 그 자체로 공유하는 특성의 변형이 있기 때문이다.

그러므로 항상 기본 원리를 고수해야 한다. 개신교 찬양 중 하나는 이렇게 노래한다. "오, 주님은 모든 사람의 거주지, 그가 일할 영역을 다스리는 왕이십니다." 우리의 삶과 본성의 발전에 대한 지역과 영역의 영향은 우연이 아니라 하나님의 섭리적 계시이다. 특히 이러한 관점에서 감사와 경배가 필요하다. 민족적 특성은 우리 인류 전체와의 친교를 위한 국제적 경향에 절대 희생되어서는 안 된다. 다양성을 통해 더 풍성한 삶을 이룰 수 있지만, 너무 편향된 요구는 국제적인 빈곤을 만들 것이다. 나라의 다양성은 지역과 주변 환경의 독특성과 가장 밀접한 관련이 있으므로, 국가론에서 '땅'을 '민족'의 보조물로만 보는 것은 매우 피상적이며 충분한 고려가 이뤄지지 않은 것이다.

§4. 토양

사람이 공기 중에서 '바닥으로 스스로' 떨어지는 것처럼, 땅이 민족구성에 미치는 영향은 지역에서 훨씬 더 강력하게 나타난다. 여기서 땅의 크기, 하층토, 성질, 구성은 구별되어야 한다. 땅이 국민에게 너무 '작을' 수도 있고 '클' 수도 있다. '광물'이 풍부하거나 빈약할 수도 있고 '비옥'하거나 '척박'할 수도, 돌이 많을 수도 있다. 땅이 '평지'거나 '고지대'일 수도 있다. 그 땅에 거주하는 민족에게 네 가지 변수가 가장 중요하다. 현재 네덜란드에는 600여만 명이 3만 4,000제곱킬로미터에 이르는 영토에서 살고 있다. 영토가 10배가 넘는 노르웨이에는 거주하는 인구가 채 250만 명이 안 되는 것과 비교된다. 벨기에와 러시아의 차이는 훨씬 더 크다. 벨기에는 2만 9,000제곱킬로미터에 인구는 단지 750만 명에 불과하지만, 러시아는 2억 2,700만 제곱킬로미터에 1억 7천만 명의 인구가 있다. 벨기에와 우리 지역에서는 거주지를 찾기가 거의 불가능하지만, 러시아는 전 지역이 주민들을 수용한다. 이러한 구별 자체는 사회 전체에 영향을 미치며, 정부의 방식에도 영향을 미친다. 땅이 작은 나라에서는 정부가 생활 전체를 세부 사항들까지 감시하고 감독할 수 있지만, 너무 큰 제국에서는 경찰과 행정의 힘이 늘 부족하다.

§5. 지하자원

국민 생활에서 중요한 것은 국가의 토양이 '광물'을 보유하고 있느냐이다. 석탄, 금속, 석유 등의 광물은 수 세기 동안 국가, 정부와 인구 모두를 풍요롭게 할 수 있다. 풍부한 광산이 더 깊은 곳에 있는지, 더 높은 곳에 있는지에 따라 다시 차이가 난다. 석탄, 철, 석유를 채굴하는 광산을 소유한 사람은 이 지하자원뿐만 아니라 다른 나라에도 독립적이 된다. 우리나라는 광산이 부족해 국민의 번영이 많은 제약을 받는다. 심지어 우리나라의 국방도 방해를 받는다. 최근 몇 년 동안 우리나라에 이전에 알려지지 않았던 석탄이 발견되었다. 한 벨기에 기술자가 이 탄광이 있는 곳보다 훨씬 더 깊은 층에 다른 지하자원이 많이 있다는 의견을 개진했다. 이것이 점점 더 주목을 받고 있으며, 앞으로 국민의 발전에 큰 영향을 줄 것이다. 한 나라의 땅 밑에 있는 석유가 무엇을 의미하는지를 우리는 이미 인도 열도를 통해 잘 알고 있다.

깊은 광산이 있는 벨기에 서부와 남부 지역을 네덜란드의 흐로닝언, 드렌터(Drente)[187]와 비교하면, 광산 노동자들의 삶이 전체 인구에 미치는 영향을 곧바로 느낄 수 있다. 또 광공업 인구가 자체적으로 느끼는 긴장된 분위기가, 혁명적 폭발이라는 정부에 정말 심각한 위험을 초래할 수 있는지를 알 수 있다. 광부들은 하루 대부분을 땅 '아래에서' 보내야 한다. 이로 인해 낮의 건강한 영향과 햇빛과 바람의 신선한 공기 정화를 누리지 못하기에 우울하고 쾌활함이 부족하며 긴장이 지나쳐 쉽게 반항적인 행동을 쏟아낸다. 따라서 파업은 우리나라와 같은 나라에는 잘 알려져 있지 않지만, 광산 국가에서 매력적인 것이 된다. 그리고 이로부터 다시 한번, 나라의 크기 못지않게 지하자원 보유 정도가 국민의 분위기와 성향에 특징을 남기고, 이와 관련하여 정부도 그 임무를 나름대로 성취하는 것이 중요함을 알 수 있다.

§6. 토양의 비옥함

거주하는 국민의 관점에서 '토양의 비옥도'를 고려할 때 나라와 나라의 차이는 훨씬 더 커진다. 가장 단순한 사람도 씨 뿌리는 사람의 비유에서 토양의 비옥도에 얼마나 의존하는지를 알 수 있다. 돌이 많아 땅의 깊이가 없는 곳, 거칠고 다듬어지지 않아 가시들이 농작물을 질식시키는 곳, 그리고 '좋은 땅'이 있다. 하지만 그 좋은 땅에서도 30배, 60배, 100배라는 차이를 보게 된다. 예수님이 설명하신 씨 뿌리는 사람의 비유에서 나오는 차이는 지금도 여전히 존재한다.[188] 우리는 우리나라에서 이것을 알고 있다. 남홀란트와 제일란트의 초원과 들판은 매우 비옥하지만, 펠뤼어(Veluwe)[189]와 북림부르흐(Noord-Limburg), 그리고 다른 곳에서는 반반이다. 그러나 우리나라 전체는 비옥한 나라로 간주될 수 있으므로 이 차이는 아주 작다. 이집트와 티그리스, 유프라테스 땅과 같지는 않다. 가나안 땅이 한때 비옥했던 것처럼, 600만 명 이상의 인구에 3만 4,000제곱킬로미터의 목초지와 밭, 숲과 과수원, 사냥터와 내륙의 물 등을 보아 우리 토양이 풍부하다고 말할 수 있다.

한편, 암석이 많은 토양이어서 수확에 대한 모든 기대를 만족시키지 못하는 지역에서는 상관관계가 상당히 다르다. 토양의 칙칙함이 작물을 시들게 만들고, 토양이 대부분 모래여서 영구적 거주지로 선택할 수 없다. 아라비아, 페르시아, 아시아, 러시아, 보르네오 같은 섬들, 심지어 부분적으로 뉴기니에서 인구가 매우 적고 발전하지 않는 이유는 주로 토양이 충분히 만족스럽게 수확물을 생산하지 못한다는 사실로 설명될 수 있다. 이는 토양의 특성이 더 높은 수확에 적합하지 않기 때문일 수도 있고, 오늘날의 메소포타미아에서처럼 그 땅이 황폐해지고 방치되었거나 필요한 비료를 많이 제공하지 못했기 때문일 수도 있다. 구아노(Guano)[190] 비료 및 다른 곳의 화학인공 비료가 이전에 메마른 땅을 어떻게 되살리는지를 볼 수 있다. 그러나 여기서 어떤 개선이 이루어지든, 토양의 비옥함이나 척박함이 국민에게 갖는 중요성은 계속해서 주장되고 있다.

그리스가 지배하던 시대에 약속의 땅이던 소아시아는 현재 터키의 잘못된 관리로 인해 가장 가난한 나라 중 하나가 되었다. 그리고 한때 그 놀라운 풍요로 모든 통치자를 매료시켰던 성지들은 지금은 성경에서 보는 것과는 달리 상상할 수 없을 정도로 황폐한 상태에 있다. 일시적으로만 메마른 지역이 그러하다면, 땅이 황량한 상태로 영원히 버려진 대초원과 거의 폐기된 땅의 사람에게 토양의 영향이 얼마나 더 강한지를 느낄 수 있을 것이다. 이것은 유목민의 가난을 설명한다. 그렇지만 완전히 사람이 살 수 없는 파괴적인 상태조차도 극복될 수 있다. 그러므로 특히 토양의 상태는 사람이 국가, 그 영토에 있는 국민 또는 그 영토의 영향력이 어떻게 더 확장되는지 질문이 제기되는 상황에서 매우 중요한 것이다. 서로 가까이 있어도 가장 두려운 모순이 때때로 이 지점에서 발생한다. 풍부한 자바 옆에 보르네오가 있다는 것을 이해하는 사람은 그 빈약한 인구를 거의 중요하지 않게 생각한다. 그리고 여기서도 토양의 상태가 민족의 번영에 어떤 의미가 있는지, 그것이 국가와 민족의 정부 형태에 어떻게 지속적으로 반영되는지는 더 이상 설명할 필요가 없다.

§7. 평지와 산악지역

나라와 나라의 세 번째 차이는 나라가 위치한 지역이 '평지'인지 '산지'인지에 의해 발생한다. 산악 지역에 사는 주민은 평야 지역에 사는 주민보다 좋지 않은 날씨에 더 많이 노출되어 있다. 그들은 훨씬 더 작은 영역 안에 있다. 그들 생활의 움직임은 서로 많이 닿지 않는다. 원래 그들은 대체로 더 강하고 자연적이지만, 일반적 발달 수준은 더 낮다. 고지대보다 계곡이 훨씬 더 풍요로운 삶을 누리게 된다. 산악 지역에 사는 사람은 소년 때부터 총으로 사냥하면서 성격이 영웅적이 된다. 그들은 대개 의사나 약사가 없어 자기의 건강을 더 잘 돌본다. 싸움할 때에도 그들은 보통 평지에 사는 주민을 이긴다. 그들이 매우 높은 산지에서 살지 않더라도 산의 고원이 높이 솟아 오른 평야를 제공함으로써, 사회 공동체가 더 커지고 사회적으로 평안함과 즐거움을 얻는다. 평균 고도 500~1,000미터인 지역에 사는 주민은 계곡과 평야에 사는 사람들보다 더 근육질이고 건강하다. 따라서 역사의 흐름은 항상 산악인들이 평야의 부유한 주민들을 갑자기 습격하고 약탈하며, 마침내 복종시켰음을 보여준다. 옛날부터 아르메니아[191]인이 쿠르드 족으로부터 받은 고통은 오늘날에도 이어진다.

지금은 그렇게 크지는 않지만, 고지대와 저지대와 같이 위도 전체에 걸쳐 있는 지역에 대해서도 부분적으로 같은 구별이 가정되어야 한다. 우리는 특히 극도로 평평한 나라에 살기에 이 점을 잘 이해한다. 독일, 스위스, 티롤(Tirol)[192]을 여행하는 것이 우리에게는 관습이 되었다. 우리 가운데 많은 사람이 여러 방향에서 훑어보면 한 민족의 삶이 우리 조국 영토와는 완전히 다른 모습을 보여주거나, 혹은 사방이 높고 낮은 산으로 벽처럼 둘러싸여 갇혀있다는 것을 잘 이해하게 된다. 땅이 평지인지 산지인지에 따라 주민들이 다르고 다르게 살며, 다르게 발전한다. 특히 나라를 운영하고 통치하는 방식이 종종 땅이 평평하거나 높낮이가 있는지에 의해 결정된다.

§8. 세계 지배에 대한 영향력

더욱 일반적 의미에서 우리가 사는 자연 전체가 우리 내면의 삶에도 강력한 영향을 미친다. 이렇듯 인간은 살아가는 지역에 따라 그 자신을 드러내기 때문에, 완전히 다른 곳에 있는 인간을 거의 이해하지 못한다. 절반이 얼어있는 지역처럼 자연의 변화가 거의 없는 곳에는 보통 마음의 분위기도 거의 변하지 않는다. 분위기는 단단하고 뻣뻣하지만, 현명하고 차분하다. 반면에 아름다움의 힘과 다양성이 진동함으로 자연이 몇 번이고 그를 사로잡는 지역에서는, 인간은 자신감을 잃어버리고, 끊임없이 그를 붙잡고 있는 자연의 힘을 느끼고 떨며 두려워한다. 그 힘은 다시 깨어나서 급격하게 덮친다. 그 결과 끊임없이 불안하고 두려워하는 삶에 익숙해진다. 특히 계곡에서 신앙생활을 하면 그 효과를 분명히 볼 수 있다. 고대의 북극 지역의 이교에서는 강력한 인간이 신들의 삶에 참여한다고 생각했다. 실제로 그 신학은 신비로운 장면으로 채워져 있다. 반면에 동양, 특히 열대 지역에서는 두려운 애니미즘, 정신을 약화시키는 신비주의, 보이지 않는 세계에서 왔다고 하면서 무언가가 뒤틀린 사람에게 일어날 수 있는 일에 관한 질문이 모든 삶을 지배한다. 다시 말하지만 이것은 극단적 경우이다. 인구와 관련하여 평범한 상태를 유지하고 토양이 너무 메마르지도 과도하지도 않은 나라는 열대의 풍요함에 빠지지 않는다. 평범한 다산을 유지하며, 산봉우리가 너무 많지 않고 평지가 풍부하며, 산지가 너무 높지 않은 보통의 나라가 가장 행복한 나라에 속한다고 말할 수 있다. '중간이 가장 안전한 길' (medio tutissime ibis)이라는 격언은 여기에도 충분히 적용된다.

이것만으로도 유럽은 아시아, 아프리카, 미국과 비교하면 크기는 작지만, 실제로 우리 시대의 전체 기간 동안 세계의 운명을 지배하는 영광을 누렸다. 동아시아와 남아시아에서 발생했던 문명은 고립된 채로 남아 있었다. 티그리스와 유프라테스 평원에서 일어난 문명은 곧 다시 가라앉았다. 이집트는 한동안 강력했으나 아시아와 아프리카에서 나타난 인간의 삶은 이슬람 아래 일시적으로 권력이 재개된 이후에 쇠퇴했다. 오직 그리스와 로마인, 켈트족과 독일인에 의한 유럽의 노력만이 세계의 패권을 장악했다. 물론 유럽은 그 패권을 다시 잃을 수 있다. 중국, 일본, 인도에서 일어나는 아시아의 회복이 우려를 낳고 있다. 지난 2천 년 이상의 역사를 되돌아보면 유럽의 민족들은 '거주할 땅'을 찾아 다녔다. 온대 지역의 땅, 평범하지만 비옥한 땅, 광산이 너무 넘치지 않는 땅, 대부분 평야와 산악이 중간 정도로 변화무쌍한 땅들이었고, 그들은 지금도 세계의 주인이다. 모두에게 해당되는 것은 아니지만 그들 대부분은 상당히 많은 부분에서 장막을 쳤던 땅의 지형으로부터 영향을 받았다.

§9. 교통망

국민이 거주하는 영토는 육지와 수로에 의해 다양하게 접근된다. 그리고 국토를 관통하는 교통망으로 말미암아 그 성질이 완전히 다른 영향을 받는다. 여기서 육로에 대해 간략히 설명하겠다. 아시아와 아프리카에서도 철도 체계는 엄청난 규모로 확장되었다. 과거에 통행하고 이용되던 육로는 점점 중요성을 잃어간다. 그런 육로가 두세 개 나라에 걸쳐 있기도 했던 옛 시대와는 상당히 다르다. 여기서 더 널리 알려진 예를 들자면, 중동에서 갈릴리 바다를 따라 디베랴 지역을 통과하는 두로와 시돈으로 가는 길은 수 세기 동안 광활한 지역에 걸쳐 삶의 조건과 관계를 만들어 왔다가 이후에 완전히 사라졌다. 초기에 유럽의 심장부에서 알프스를 거쳐 이어진 거대한 도로는 베네치아(Venetië)와 제노바(Genua)를 넘어 동양과의 교류를 유지하게 하면서 카라반들이 횡단하는 지역에 많은 영향을 미쳤다. 그리고 그 길은 거의 모든 곳에서 교역에 큰 영향을 미쳤다. 자신이 선호하는 무역과 여행 경로를 선택할 수 없었고, 거의 모든 교통량이 역사상 가장 많이 사용된 주요 도로에 묶여 있었다.

어떤 이유로든 새로운 도로가 부분적으로라도 건설될 경우 그 결과는 거의 항상 돌이킬 수 없었고, 그러한 도로에 의해 오랫동안 번영했던 지역은 급속히 쇠퇴하고 반대로 새로운 지역은 급부상했다. 철도를 건설할 때에도 부분적으로 이와 비슷한 현상이 나타났다. 예전에는 우편 차량과 승합마차들이 잘 정해져 있는 고정된 도로를 지나갔고, 주요 도로가 지나가는 모든 마을에는 온갖 종류의 숙박시설, 식당, 술집들이 들어섰다. 그러나 철도의 발명으로 이러한 차량 서비스가 단계적으로 중단되어 일부 마을은 큰 피해를 보았으나, 역이 들어선 다른 지역은 이러한 변화의 혜택을 받았다. 그러나 훨씬 더 많은 사람이 우리와 같은 평평한 나라보다 산악지역에서 그러한 변화의 영향을 알아차린다. 철도도 이점을 고려하여 산을 신경 쓰지 않고 터널을 통해 연결된다.

국가 대부분을 가로지르는 모든 도로는 그것이 지나가는 지역에 유리하며, 당연하게도 그로부터 너무 먼 좌우 지역은 활력을 잃는다. 철도의 유무와 관계없이 항상 큰 도로를 따라 국민의 삶이 펼쳐지며, 이와 대조적으로 그러한 시골 도로가 없어졌거나 없어질 지역의 국민의 삶은 계속해서 쇠퇴한다. 국민이 거주하는 땅에서 도로를 연결하는 '거리'와 '도로'는 주민의 삶과 정부에게도 적지 않은 영향을 미친다. 교통망이 좋은 지역에는 정부의 눈과 손이 어디에나 있지만, 반대로 이러한 교통망이 없는 나라에서는 평화와 질서를 유지하는 일이 쉽지 않다.

§10. 수로망

육지에서의 교류보다 훨씬 더 중요한 것은 호수, 강과 운하, 특히 바다를 통한 '수로망'이다. 네덜란드 이민자의 정착지에 의해 우리에게 잘 알려진 미시간 호수와 같은 호수, 그보다 다소 작은 레만(Lac Leman)이라고 불리는 제네바의 호수, 그리고 하를렘머미어(Haarlemmermeer)[193]로 불렸던 호수에서는 수로, 어업 등에 의해 그 주변이 발전하였고 이로 인해 국민의 삶 전체가 영향을 받았다. 의심할 여지없이 하를렘머미어의 매립은 상당한 이득을 가져왔지만, 지역 전체가 겪은 변화는 이전 상황이 이 작은 호수의 산물이었음을 보여준다. 물론 여전히 프리슬란트에 남아 있는 훨씬 작은 호수들도 영향력이 작지는 않지만, 조만간 프리슬란트의 상황이 앞으로 얼마나 많은 측면에서 변할 것인지는 매우 분명하다. 이 모든 그림 같은 호수들이 사라졌기 때문이다. 현재 자위더르제(Zuiderzee)[194]의 전체 크기를 훨씬 넘어서는 호수들이 아시아와 아프리카에서 발견되는데, 그곳에서 일반적으로 육지와 사람, 그리고 국민의 삶과 관련하여 호수가 가지는 중요성에 대해서는 추가 설명이 필요하지 않다.

호수의 중요성이 아무리 강력하더라도 큰 강과는 그 의미가 결코 같지 않다. 대부분의 학생은 도나우강(Donau)과 라인강(Rijn)[195]을 안다. 지도는 독일 북부에 있는 엘베강(Elbe)[196]과 베제르강(Wezer)[197]이 얼마나 중요한지 보여준다. 러시아 남부는 돈강(Don)과 볼가강(Wolga)이 없이는 상상이 불가능하다. 중국의 강은 전국을 지배하고 있다. 남미 아마존강의 길이는 5,000킬로미터 달하며, 집수 면적이 650만 제곱킬로미터에 이른다. 북미의 미시시피 강은 길이가 2,000킬로미터 이상이지만, 집수 면적은 절반이다. 특히 아메리카에 관해서는 할 말이 많다. 가령 남미에는 모든 하천의 면적이 전체 면적의 50.2퍼센트 이상을 차지하며, 북미의 경우는 수치는 낮지만 여전히 36.7퍼센트이다. 이것은 이미 국민 생활이 이러한 하천과 강에서 어느 정도 영향을 받는지를 이해할 수 있게 해준다. 그리고 운하 체계는 유역의 중요성을 더욱 증가시킨다. 그리고 일부 유역이 거의 증가하지 않는 곳에서 더욱 그러한데, 이처럼 인간의 손이 완전히 독립적이고 풍부한 수로망을 만든 것이다.

이제 나일강이 이집트에 어떤 존재였는지에 대한 기억은, 그러한 거대한 강이 그 나라와 거주하는 사람들에 대해 얼마나 많은 영향을 미칠 수 있는지를 충분히 말해준다. 말 그대로, 이집트를 '만든' 것은 나일 강이며 지금도 '만들고 있다'. 고대 테베(Thebe)[198]와 아부 하메드(Abu Hamed)[199]에서 홍해로 흘러가는 나일강 유역을 건설할 수 있다면, 모든 이집트는 메말라 사라질 것이고 그곳에 사는 사람은 그 땅을 떠나야 할 것이다. 왜냐하면 홍해 연안의 아라비아 사막에 인접한 리비아 사막이 함께 사라지고 말 것이기 때문이다. 누구나 인정하듯, 나일 강은 예외이지만 중국, 러시아, 미국, 심지어 독일과 우리나라에서 큰 강의 영향은 막강하다. 강력한 강이 거의 모든 방면으로 국민 생활에 얼마나 영향을 주었는지는 누구나 느낀다. 큰 강과 심지어 작은 강도 황량한 나라를 비옥한 나라로 바꾸고, 여러 분리된 지역을 쉽게 오갈 수 있게 한다.

많은 나라 중 유역이 '없는' 지역과 '있는' 지역이 나란히 있는 곳에서, 주민의 삶은 거의 항상 흩어진 지역에 있으며, 국토의 건조한 지역은 종종 부분적으로 황량하다. 도시와 마을은 강변에 지어졌다. 육교와 다리는 반대편 지역과의 소통을 유지할 수 있게 한다. 어업은 새로운 생계를 제공한다. 거의 모든 곳에서 나라의 지도는 국민의 가장 바쁜 삶이 거의 모든 지역에서 강변을 따라 얼마나 발전할 수 있었는지를 보여준다. 그래서 벨기에에는 스헬더강(Schelde)[200]이 있고, 우리나라에는 마스강(Maas)[201]과 라인강이 있다. 이 두 강이 우리 국경에서 끊어지면 우리나라 전체가 그 광채와 부를 잃어버리고 빈곤해질 것이다. 유역은 들판에 물을 공급하고 공기를 새롭게 하며 피를 강화한다. 더군다나 우리 지역과 독일에서 라인강을 따라 발전한 것과 같은 삶은 드렌터나 폼머른(Pommeren)[202]보다 더 높다. 더 남성적인 힘을 배반하고 더 많은 시를 부르며 삶의 분위기를 높이고 과장하지 않고 강력한 흐름이 국가를 풍요롭게 할 뿐만 아니라 사람들을 활기차게 만든다고 말할 수 있다. 독일에서는 '라인, 라인강에서 우리의 포도나무는 자란다'라고 노래할 수 있지만, 낭만주의는 포도주잔보다 더 나은 것을 알고 있었다. 중세 시대의 삶의 광채는 여전히 성 도랑에서 우리에게 노래한다. 지금은 공장이 성곽을 대부분 대체했지만, 그 공장의 생활은 유역에서도 선호된다. 강물이 삶을 깨우고 겨울의 추위가 한동안 그 삶을 굳히면 강변의 행복한 주민들은 강물이 얼은 매끄러운 빙판에서 스케이트를 타며 여전히 행복해한다.

그러나 여기서 멈추지 않는다. 왜냐하면 국토를 가로지르는 강물에서 무역도 발생하며, 이 무역으로 인해 이미 더 강력한 수익을 남겨 국민의 사회적 상황이 더 높은 수준으로 올라가는 데 오랜 시간이 걸리지 않는다. 생활수준이 높아지고 빈곤이 줄어들며 부족한 자원을 더 이용할 수 있다. 이러한 번영의 증가는 정부를 가능하게 하고, 더 많은 정부 자원을 확보하게 한다. 그에 따라 재정이 더 잘 제공되어 정부는 일상을 위해 더 많은 일을 할 수 있게 되고, 공동 및 교통수단을 더 쉽게 만들고, 전기를 제공하여 사람들이 저녁에 어둠 속에서 방황하지 않도록 한다. 또한, 정부는 더 많은 휴식과 오락을 제공할 수 있다. 공원과 산책로가 조성되고 음악연주회가 열리며 예술을 장려한다. 학문은 더 풍부한 지원을 받을 수 있다. 요컨대, 물이 땅으로 흘러 들어가면 그 땅은 번성하고 국민도 번영한다. 곧 모든 국민의 생활수준이 더 높아지고, 이에 따라 정부도 더 관심을 끌게 되었다.

§11. 해변에 접한 영토

강과 하천이 주민에게 혜택을 주는 복보다 더 강한 것은, '해변'에 거하는 주민들이 항해를 통해 얻게 되는 고도의 생활력이다. 특히 노르웨이와 이탈리아와 같은 큰 반도 국가와 영국과 일본과 같은 섬 제국의 경우에 그렇지만, '바다 해안'이 있는 국가도 마찬가지다. 사방이 육지로 둘러싸인 내륙국가 국민은 무언가가 부족하다고 느낄 것이다. 바이에른, 뷔르템베르크, 작센은 자립할 만큼 부유하게 발전하지 못했다. 한편 부분적으로 오스트리아-헝가리는 해안이 없기 때문에 아무런 고통도 받지 않았다고 말할 수도 있다. 이 강력한 제국은 아드리아해(Adriatische zee)를 출구로 가지고 있지만, 그 거대한 광활함에 걸맞지 않았다. 최근까지도 이 제국은 꾸준히 발칸의 제국이 무너졌을 때 살로니카(Saloniki, 데살로니카)[203]로 가는 길을 모색하여 에게해(Aegeïsche)로 가는 길을 찾으려 했지만, 적어도 지금은 그냥 소원일 뿐이다. 최근에는 세르비아에 대한 제국 정부의 불만이 느껴질 정도로 분명하게 표현되고 있다.

모든 나라는 어디를 보든 바다를 향하며, 바다를 찾고 해안을 향해 자유롭게 움직일 수 있도록 해변까지의 거리를 절대 멀지 않게 하려고 한다. 육지와 비교해서 바다가 너무 지배적이어도 안 되지만, 영토는 합리적 시간 내에 바다에 도달할 수 있어야 한다. 남미는 동양과 서양에 대해 너무 떨어져 있다고 느낀다. 또한 북부 고지대에는 수자원이 너무 넘치며, 우리가 사는 지구의 중부 지역은 자연적으로 복 받은 지역으로 더 유리한 조건들을 가지고 있다. 위대한 문화 민족이 거주하는 북반구에서 물이 차지하는 면적은 그들이 거주하는 땅의 면적과 비슷하다. (즉 123만 천 제곱마일의 물에 대해 111만 7천 제곱마일의 육지가 있다.) 바다 가운데 있는 육지는 사람에게 '세계 공동체'를 열어주고 삶이 고도로 발전하는 기회를 제공한다.

그러나 해안의 위치는 그 자체로 상당히 중요하다. 해안의 바다는 공기의 신선도를 증가시킨다. 바다를 항해하는 법을 배워 삶의 용기와 힘, 독립의식과 대담한 의지력을 높인다. 또한 해안은 풍부한 생선을 제공하여 국민의 식단을 풍성하게 한다. 해안은 한 항구 그리고 다른 항구마다 교류를 제공한다. 바다는 목욕탕에서 충분히 가치를 매길 수 없는 위생 강화제 역할도 한다. 잊지 말아야 할 사실은, 바다의 풍경이 사소한 것을 억누르고, 힘과 장엄함에 관한 인상을 줄 정도로 강력하고 숭고한 성격의 자연스러운 장면을 우리에게 제공한다는 것이다. 해변에 사는 사람 중 종교적 열정이 부족한 경우는 거의 없다. 일반적으로 물질주의는 그곳에서 지지를 얻지 못했다.

성지도 해안을 따라 펼쳐져 있었지만, 항구가 매우 많지는 않았기에 무역은 결코 호황을 누리지 못했다. 건축에서와 마찬가지로 무역에서도 두로와 시돈이 더 앞섰다. 그러나 바다는 요르단강처럼 이스라엘에게 그 위엄을 발했다. 팔레스타인의 물은 또한 성도들을 끌어들였다. 당신은 요르단 강에서 세례자 요한을 만날 것이다. 이스라엘이 한 민족으로 창조된 강력한 기적은 홍해에서 이루어졌다. 그리고 예수 그리스도께서 걸었던 곳은 디베랴 바다였다. 이곳이 항상 우리가 읽는 갈릴리 바다와 나사렛의 호수다. 요한계시록도 바다에 있는 밧모 섬에서 기록되었다. 사도 요한은 오른발로 바다를 밟고 서 있는 천사를 보았다(계 10:2). 이 모두는 항상 숭고함과 바다를 연결하는 신성한 지역의 표식이며, 생명이 큰물에서 발산하는 힘을 느끼게 한다. 이것은 수직적인 것이다. 그렇지만 여기서 수평적인 것, 즉 우리가 '세계와의 교제를 펼쳐 보임'이라고 부르는 것 또한 말할 수 있다. 육지는 다른 지역을 가로질러 가야하기에 항상 세계와의 교제가 방해를 받지만, 항해술을 이해하는 사람에게 바다는 세계의 모든 지역, 국가, 지역에 개방되어 있다. 바다는 우리를 자유롭게 한다. 우리의 옛 선장들이 썼던 '선장인 나는 내 배의 선장이신 하나님과 함께 있다'라는 표현은 국가적 유대마저 극복하고, 국제적 연결 없이 더 먼 나라를 방문하기 위해 바람과 파도 앞에 표류하는 자아를 나타낸다. 항해만큼 인류의 통일성을 강력하게 유지하는 것은 없다.

또한 항해는 언어의 차이도 극복한다. 그것은 민족의식에 둘러싸여 자신의 민족성에만 공감하는 비좁은 결속으로부터 우리를 해방시킨다. 바다는 넓고 우리의 영혼을 넓혀준다. 모든 지역과 나라의 상품이 항구에서 항구로 운송된다. 동물은 먹이에 의해 영역에 묶여 있지만, 인간은 이런 일방적인 것에 의해 매이지 않는다. 일반적으로 우리 인간의 본성은 무역, 정확하게는 해상 운송을 통해 가장 잘 표현된다. 우리는 우리 자신을 격리하여 작은 공간이나 집에 가두기를 선호하는 경향이 있다. 그러나 해상 항해는 일반적 영향을 미치며 항해학은 지금 물 위에서 우리에게 설교하는 선구자와 같다.

무엇보다도 항해는 우리를 고양시키고 강화할 뿐만 아니라, 강력한 정부 기관이기도 하다. 우리에게 식민지라는 개념을 제공한 것도 항해다. 고도로 발전한 사람은 항해를 통해 더 낮은 집단의 사람들을 알게 되었다. 나라마다 그들은 최고 권력으로 자리매김했다. 무역은 멀리 떨어진 지역으로 이전되었으며, 우리 문화의 열매도 점차 무르익었다. 처음에는 거의 탐욕과 욕망이 이 모든 먼 땅을 차지하게 했지만, 점차 더 건강하고 고귀한 소명이 생겨났다. 이제는 바다를 항해하여, 동양 국가에도 복과 풍요로운 미래를 가져다 주었다. 극동에 그리스도의 복음을 전파한 것도 바다를 통한 교역이라는 사실을 덧붙여야 한다. 유럽에서 특히 중국 내륙으로 큰 선교가 이루어졌는데, 중국 서부에서 여전히 그 열매를 볼 수 있다. 그리스도의 교회는 선교가 점점 더 많이 수행될 정도로 확장되었다. 그렇지만 해상도로가 이곳 국가에게 접근할 기회를 제공하지 않았다면, 이것은 결코 가능하지 못했을 것이다.

§12. 국제적 상황

'땅'의 중요성과 관련하여 주목해야 할 마지막 요소는 이웃 땅의 '위치'와 관련되어 있다. 큰 강이 하나 이상의 국가에 걸쳐 확장되면 그 영역도 고려되어야 한다. 우리나라가 그 예이다. 마스강과 라인강은 모두 다른 곳에서 우리나라로 들어와 통과하여 우리 해안인 북해로 흘러간다. 여기서 우리 동쪽 국경의 작은 강은 중요하지 않은 반면, 라인강은 국가의 근접성을 고려할 때 물리적으로나 법적인 측면에서 심각한 우려를 유발할 수 있다. 물리적으로 겨울철에 눈이 빠르게 녹거나 비가 많이 내리면 이 거대한 강이 우리나라에도 범람하게 되고, 제방의 붕괴와 홍수로 우리를 위협한다. 따라서 이 위험은 우리가 수해에 대비하도록 만들었고, 이런 식으로 사람, 나라, 정부를 보호하는 창조적인 대책을 마련하게 했다.

이웃의 중요성은 여기서 끝나지 않는다. 라인강과 같은 거대한 강물을 따라 만하임에서, 심지어 더 높은 곳으로부터 중요한 수상 운송 무역이 운행된다. 만약 라인강 하구가 다른 사람의 손에 들어가게 되면, 우리 이웃들은 고통스러울 것이다. 특히 바다로의 수출은 내륙국가로 하여금 세계와 교제할 수 있도록 하므로 이런 무역은 더 큰 의미가 있다. 따라서 라인 강을 엠던(Embden)[204] 방향으로 흐르게 하려는 독일의 끊임없는 계획과 새로운 시도는 자신의 해양 공동체를 만들어 우리가 지금까지 누리던 혜택을 종결시키려는 것이다. 우리 이웃 국가가 자연 상태와 환경을 자신의 이익으로 전환하는 데 성공할 수 있을지는 매우 의심스럽지만, 라인강 하구에 대한 우리의 이득이 우리 이웃의 손에 있다는 것은 부정할 수 없다. 이것은 꾸준히 그들에게 유감을 불러일으켰으며, 때때로 양국 간 관계에 긴장을 일으켰다. 특히 지난 3년 동안 독일 정부가 라인강에 부가된 권리를 상당 부분 변경하려 했고, 우리 정부는 이 목적을 위해 만들어진 제안에 반대해야 했다. 사실 독일 제국의 몇몇 다른 국가들도 베를린의 제안에 반대했지만, 가장 실망스러운 것은 이 문제에 대한 외국 세력과의 협상이 거의 거절당했다는 것이다. 물리적인 이웃 독일은 국가법과 마찬가지로 상호 관계에서 이런 장애가 없지 않다. 또한 우리는 안트베르펀(Antwerpens)이 속한 이웃 나라 벨기에가 현재 스헬더에 관해 제기하고 있는 모호한 문제에 대해서도 잘 알고 있다.

여기서 멈추지 않는다. 우리는 범게르만주의(Pan-Germanisme)를 외치는 사람들의 목소리를 몇 번이고 다시 듣게 된다. 우리에게는 약간 습관처럼 되었는데, 종종 그들을 조롱하는 듯 어깨를 으쓱하기도 한다. 하지만 이 질문은 미래에도 완전히 무의미한 것은 아니다. 어떤 의미에서 우리의 유산에는 독립적 성격이 결여되어 있다. 우리의 것은 갈릴리 옆과 위를 소유한 두로와 시돈과 같은 해안선이다. 만약 우리 영토가 동쪽에 붙어 있었다면 동쪽에 있는 거대한 나라의 지원을 받았을 것이고, 독일은 우리나라에서 자연스럽게 해안을 똑같이 유지했을 것이다. 그 역사가 달리 흘러간 것은 우리 지방의 위치와 상태로 인해 인구가 독일 중부 지역의 인구보다 훨씬 빠르게 증가했다는 부인할 수 없는 사실 때문이다. 지금 우리에게 거의 믿기지 않지만, 실제로 16세기와 17세기에 작은 우리나라는 훨씬 더 큰 독일보다 유럽의 정치에서 더 중요한 비중을 차지했었다.

특히 30년 전쟁은 독일을 소진시킨 반면, 스페인에 대한 반란은 우리를 강철로 만들었다. 이 영웅적 시기 이후 해변을 낀 우리 영토의 위치는 나라를 놀라울 정도로 풍요롭게 했다. 독일이 부분적으로 잠깐 우리의 배후지였던 적이 있었지만, 이것은 지속되지 못했다. 18세기는 상호관계에 변화가 생겼으며, 이제 우리는 모든 면에서 독일의 10분의 1을 넘지 않는다. 이러한 상황에서 범게르만주의는 이제 해안, 항구, 식민지들을 소유한 작은 네덜란드가 발전하고 번성하는 것을 거북한 불균형으로 간주한다. 독일은 북쪽으로 가는 길을 찾지만, 우리의 독립성 때문에 독일의 자연스러운 해양 진출은 차단된다. 따라서 범게르만주의자들은 이제 우리가 독일에 합류해야 하고, 이를 통해 최고의 영광을 얻을 수 있었던 강력한 독일제국 일부가 된다고 주장한다. 독일 자체에서도 매우 소수의 추종자만 있는 이 허위의 불법성은 명백하다. 자체 노력을 통해 16세기와 17세기의 네덜란드는 더 높은 사회 문화적 발전을 이뤄 독일보다 앞섰다.[205] 그 후 독일은 후퇴하고 느리게 유지되었지만, 우리는 매우 빠르게 전진했다.

우리는 우리나라와 그 식민지에 대한 관점이 범게르만주의자들의 마음속에 있는 탐욕에 거의 저항할 수 없게 만든다는 것을 이해한다. 그러나 독일은 이전 시대의 약함을 통해 우리나라에 대항할 권리를 상실하고 말았다. 이전에는 우리가 네덜란드-독일인이었지만 이제는 완전히 독립된 국가가 되었으며, 성실함과 끈기의 혜택을 계속 누릴 권리가 있다. 그럼에도 불구하고 우리 이웃의 성과를 항상 주시하는 일이 중요할 것이다. 특히 우리 학문 세계는 종종 너무 눈에 띌 정도로 독일적 형식을 취한다. 심지어 언어적으로도 우리 네덜란드어가 칸트와 헤겔의 언어로 치환되는 경우가 드물지 않다. 예전에는 라틴어가 학문적 언어였지만, 이제는 독일어가 우리 민족성을 훼손하고 있다. 아무리 심각하게 경고해도 지나칠 수 없는 위험성이 있는데, 독일어로 글을 쓰는 학자들은 독일 대학의 후계자라는 인상을 독일 지역에 자주 제공한다. 극히 작은 부분까지도 우리에게 외국어를 선택하도록 강요한다면, 우리는 우리 조국의 독립을 수호하기 위해 꾸준히 변화해야 할 것이다.

§13. 언어의 위험

이와 관련된 언어적 관심도 무시되지 않아야 한다. 16세기 동프리슬란트 (Oostfriesland) 사람은 특히 엠던에서 네덜란드어 풍의 독일어를 사용했다. 그래서 오늘날 네덜란드 동부의 국경 지역에 사는 사람은 네덜란드어를 더 의식적으로 사용하며, 그 지역이 독일화 되는 것에 대해 우려하고 있다. 또한 언론, 교과서, 핸드북, 심지어 사무실과 잡지의 구어체에서 독일어 사용이 증가함에 따라, 이것이 얼마나 위험을 가져올 수 있는지를 느낀다. 이웃 나라가 더 풍요롭고 수준 높은 삶으로 발전함에 따라, 이웃과의 관계에서 위험도 항상 증가한다. 벨기에 쪽에서는 플란데런어가 독일어보다 우리말에 훨씬 더 가깝기 때문에 언어적 장애와 위험은 그다지 심각하지 않다. 과거에는 독일 쪽도 마찬가지였다. 반면 오늘 독일 동부 지역은 한 가지 이상의 측면에서 많은 위험한 결과를 낳고 있기에, 우리의 걱정은 절대 지나친 것이 아니다.

특히 최근 그 근방에서 동쪽을 향하는 위험이 급격히 증가했다. 1900년에 우리나라에서 독일로 건너가 정착한 사람은 남자 8만 8,085명과 여자 3만 5,105명이었다. 10년 후 1910년에 이 숫자는 남녀 모두 합쳐 14만 4,175명으로 증가했다. 따라서 10년 동안 2만 명 이상, 연간 2,000명이 증가한 것이다. 특히 남녀의 불균형을 고려할 때, 우리 국경을 넘어가는 것이 우리에게 국가적 위험을 초래할 수 있음을 느끼게 된다. 과거에는 이른바 계절노동자[206]가 적어도 여름에는 이곳에서 숙소를 찾기 위해 독일로부터 왔다. 그러나 이제는 상황이 완전히 역전되어 네덜란드 여성보다 더 많은 8만여

명의 네덜란드 남성들이 국경을 넘었다. 이 모든 사람은 독일 가정에서 임시 숙소를 찾아야 한다.

이것은 자신의 언어를 사용할 모든 기회가 대부분의 사람들에게서 사라짐을 의미한다. 그러한 상황이 도덕성에 주는 위험을 제외하더라도 모국어가 이 대중들로부터 사라지며, 가족생활이 박탈되는 피해가 나타난다. 가족 전체가 국경을 넘는 곳에서도 청소년을 위한 네덜란드 학교가 부족한 경우가 많고, 모국어로 된 예배도 유지되기 어렵다. 그들은 독일어를 점점 더 많이 사용하게 되고, 조국으로 돌아오면 가족들에게 독일적 윤리와 독일어를 가져올 것이다. 분명히 우리나라의 월급을 인상하는 것에 반대하는 사람이 이에 대한 책임을 져야 한다. 여기서 더 일자리를 찾을 수 없는 사람은 더 높은 임금을 위해 국경을 넘어 일자리를 찾을 수 있는 곳으로 가야하며, 그곳의 더 나은 삶은 자연히 매력적으로 느껴진다.

이웃 나라도 이 점에서 우리나라에 상상할 수 없는 영향력을 행사하고 있다. 우리나라의 많은 휴가 여행을 생각해 보라. 우리 국민은 형편이 된다면, 적어도 여름철에 몇 주 또는 며칠 동안 국경을 넘으려는 성향을 매우 강하게 드러낸다. 이것은 영국인보다 훨씬 더 강하다. 상대적으로 라인란트(Rijnlanden)[207] 지역과 하르츠(Harz)[208] 지역으로 가는 네덜란드 휴양객들의 비율이 상당히 높다. 더 큰 재력을 가진 사람은 스위스로 가겠지만, 이들 또한 독일을 통과한다. 오늘날 플란데런 운동(Vlaamsche beweging)도 벨기에에 적지 않은 여행객을 끌어들인다는 것을 인정해야 하지만, 독일은 확실히 휴양객이 적은 비용을 들일 수 있는 장소가 더 많은 나라이다. 라인강 주변에는 거의 어디에서나 네덜란드 휴가객이 있음을 볼 수 있다. 이러한 독일 여행 및 체류는 국가적 추세에 영향을 주고 있다. 그리고 온천지역 방문객은 거의 만장일치로 독일 온천지역을 선호하므로, 환자들은 의사에게 그다지 영향을 받지 않으며 독일어 관습과 독일어에 익숙해진다.

여기에 적어도 1914년 8월 이전에 우리 사회 민주당원과 독일 '동료들' 사이의 친밀한 관계가 더 가까워져 독일에서 개최되는 회의에 네덜란드 대표들이 자주 참석하는 등 교류가 더욱 활발해졌다. 이 모든 것이 언어적 융통성이 많은 네덜란드인의 인식에 어떤 영향을 미쳤는지 추측하기 쉽다. 국가적인 것을 희생할 수 있는 것이다. 심지어 더 일반적 의미에서 이웃 국가가 너무 넓은 국경을 가지고 있고, 인구도 훨씬 더 많고, 부유하게 발전했다. 모든 분야에서 독일인이 우리를 앞질러야 '하는' 것 같은 대단함을 보여준다. 상위의 무역 관계자들과 왕실에서는 영국어가 여전히 균형추를 제공할 수 있으며, 중산층은 어느 정도 프랑스어를 선호하긴 한다. 그렇지만 전체적으로 보아 독일 인근 지역이 우리나라에 가장 큰 영향을 미친다는 것은 의심의 여지가 없다.

§14. 우리의 위치

이웃나라 간에 퍼지는 영향력은 우리에게 매우 중요한 의미가 있다. 왜냐하면 우리는 세 강대국에 의해 둘러싸여 있기 때문이다. 서쪽은 영국, 동쪽으로는 독일 그리고 남쪽으로는 프랑스이다. 우리와 프랑스 사이의 남쪽에 있는 벨기에는 플란데런이 점점 더 발전하고 있지만, 브뤼셀에서는 프랑스어가 항상 지배적이며 대다수 인구가 여전히 플란데런 출신인데도 프랑스어를 말한다. 모든 영향력 있는 언론은 프랑스어로 나온다. 심지어 헨트(Gent)[209]와 브뤼허(Brugge)[210]에서도 상위 계층은 하급 직원에게는 플란데런어를 말하지만, 네덜란드인이 방문하면 프랑스어를 한다. 우리는 최근 헨트 대학에서 벌어진 충돌을 알고 있다. 벨기에의 플란데런어가 제일란트에서도 영향력이 없으며, 전체적으로 우리에게 벨기에는 프랑스의 영향권에 거의 완전히 흡수되어 있다. 오랫동안 다양한 측면에서 그 변화를 위한 시도가 있었지만, 지금까지 성공하지 못했다. 물론 벨기에를 방문하는 대부분의 네덜란드인은 벨기에에서 여전히 자기 모국어를 포기할 수 밖에 없음을 고백해야 한다.

벨기에와 함께 1억 6천만 명이 넘는 세 개의 강대국들 사이에서, 인구가 6백만에 불과한 우리 같은 작은 나라의 위치는 정치적 관점에서 볼 때 매우 비관적이다. 우리나라의 서쪽, 동쪽, 남쪽에 있는 세 제국은 특히 1870년 이래로 치열한 갈등을 겪어왔는데, 이는 결국 1914년에 민족 간의 전쟁으로 발전했다. 처음에는 이 긴장이 주로 프랑스와 독일의 관계에만 적용되었다. 독일 황제가 해상에서 매우 중요한 군사력을 만드는 데 성공하면서 독일에 대한 영국의 질투가 점차 심화되었다. 우리 나라는 유럽의 제국뿐만 아니라 식민지 관점에서도 육지와 바다에서 끊임없는 불안을 경험해야 했다. 영국이 일본과 동맹을 맺은 지금은 더욱 그러한데, 일본은 남해에서 해양 세력을 점점 더 발전시키고 있으며, 이 지역에서 정치적 지위를 주장한 모든 미국, 유럽, 호주 지역에서 예사롭지 않은 면모를 보이고 있다. 일본과 러시아 간의 전쟁 중에 이미 투쟁의 반향이 우리 군도에서도 느껴졌다. 독일과 프랑스가 육지의 패권을 놓고, 독일과 영국은 해상의 패권을 두고 갈등 중이라는 사실은 이 투쟁들에 우리가 개입될 때(하나님께서 이를 막으시겠지만), 우리가 소유하고 있는 인도[211] 전체가 피해를 볼 수 있다는 것을 뜻한다. 따라서 우리가 19세기 후반에 육지와 바다에서 국방을 너무 소홀히 여기는 용납할 수 없는 실수를 저질렀다는 사실이 점차 인식되고 있다. 요즘에는 이 분야를 더 깊이 다뤄야 할 필요성이 점점 더 분명해지고 있다. 이것이 우리에게 매우 과도한 재정적 부담을 안겨주고 있으며, 이로 인해 야기된 금융 위기는 다시 국가의 정부 전체에 영향을 미치고 있다. 이것은 세 강국이 우리나라에 어떤 문제를 일으키고 있는지, 그리고 그것이 어떻게 민족과 민족, 나라와 나라의 '이웃관계'가 사회 경제적 관계뿐만 아니라, 궁극적으로 정치적, 국가법적 관계에도 영향을 미칠 수 있는지를 보여준다.

§15. 영토 대 국가이론

이것이 확실히 '모든' 영토에 '그' 정도로 적용되는 것은 아니지만, 여전히 이웃관계에서 발산되는 영향은 좋든 나쁘든 점점 더 많이 고려해야 할 요소가 되었다. 피비린내 나는 발칸 전쟁은 적어도 여덟 개 국가에게(알바니아를 지원한 이탈리아와 오스트리아를 포함한다면) 이것을 한 번에 보여주었다. 이 전투에서 결국 한 군주가 칼을 뽑고 마침내 루마니아를 행동하게 만들었는데, 이는 영토와 영토의 근접성 때문이었다. 덴마크는 반세기가 넘도록 강대한 독일의 작은 이웃 나라가 직면한 비극적 운명을 보여주었다. 러시아라는 이웃에 맞서 스웨덴은 이웃 노르웨이에 저항할 것을 강요하고 촉구하면서 스스로 안전을 확보해야 할 필요성을 느끼고 있다. 러시아와 독일의 이웃 관계는 점점 더 긴장 관계를 형성했고, 이는 가장 무서운 전쟁으로 끝났다. 핀란드는 이웃 나라에 의해 무너졌다. 멕시코는 이웃 미국을 위험으로 느낀다. 불쌍한 트란스발은 잠시 이웃에게 굴복했다. 대한제국과 만주는 일본에게 이웃 관계가 가져다 준 큰 비용을 지급해야 했다. 튀니지와 모로코는 프랑스가 알제리에서 어떻게 하는지를 보았다. 위험은 항상 옆 나라에서 발생한다. 그러므로 자기 국가의 영토만 계산하는 것이 절대 충분하지 않으며, 국민의 상황과 국민의 미래를 위해 이웃 국민과 나라가 종종 더 중요하다. 특히 자주 보듯이 혁명 운동이 한 나라에서 다른 나라로 퍼진다. 1795년과 1848년[212]은 우리에게 이에 관해 이야기하고 있다.

따라서 법적 관계에 대한 일방적 이론이 압력을 받고 있으며, 일반적으로 특별한 국가론에서처럼 '나라로서의' 영토에도 점점 더 진지한 관심을 기울이고 있다. 모든 국가가 땅을 고려하는 것이 우리의 경우처럼 큰 의미가 있다고 말할 수는 없다. 우리가 말했듯이, 우리는 거의 국민이 땅을 만들었고 땅이 국민을 만들었다고 할 수 있다. 우리나라에서 일어난 것처럼 국민과 땅의 강한 상호작용이 다른 나라에서는 거의 발생하지 않는다. 단일 도시로서 베네치아는 이 점에서 암스테르담과 경쟁할 수 있지만, 전체 국가에 관한 한 땅과 사람이 서로에게 미치는 영향은 완전히 고유하다고 할 수 있다. 따라서 우리에게 나타난 것으로부터 일반적으로 적용 가능한 규칙을 도출하는 것은 불가능하다. 불가리아와 세르비아처럼 매우 큰 불평등 없이 땅을 주고받을 수 있는 국가가 있다 하더라도, 국민과 땅은 거의 항상 어느 정도 함께 성장했다. 그리고 국민성은 적어도 어느 정도 더 오랫동안 거주한 후에 마침내 기후와 토양의 특성과 더 일치하게 된다.

따라서 모든 국가를 위한 만병통치약으로서 국가법적 성격의 이론을 실행하려는 시도는 자연에 반하는 것이다. 이것은 국가론과 국가라는 전문 헌법 분야에서 너무 멀리 갈 수도 있다. 유럽에 거주하는 민족 중 일부 유사한 혈통과 기원, 어느 정도 모든 민족에게 공통된 인간 본성에서도 비슷한 규정을 요구하는 자료들이 제시되는데, 국가적 특수성이 확실하다는 것을 부정해서는 안 된다. 종종 매우 무시되지만, 사람에 대한 연대는 사람의 고유한 성격뿐만 아니라 해당 나라의 특수한 상황을 고려할 때 항상 더 정확하고 번영할 것이다. 특히 식민지 세력조차도 정부가 자신의 국가적 법령과 규정을 식민지 영토에 아무 생각 없이 적용하려고 시도하는 것은 얼마나 근시안적이고 무익한지를 잊지 말아야 한다. 식민지에서도 완전히 다른 민족의 특성뿐만 아니라, 고유한 관리와 행정을 위한 토지와 기후의 특별한 조건이 매우 중요하다.

§16. 지역적 차이

이와 관련하여 중요한 단계로 한 걸음 더 나아가, 식민지에 관한 별도의 법률을 도입할 필요가 있다. 뿐만 아니라 대규모의 광범위한 국가에서는 여러 지방의 다양한 위치와 상황에 관심을 기울일 필요가 있다. 우리나라와 같은 작은 나라에서도 제일란트와 프리슬란트는 상당히 다르다. 18세기 말 우리 조국의 통일 이전에 이 차이는 의심할 여지없이 '너무' 강한 지방주의를 발전시켰는데, 이 차이는 확실히 부분적으로 그 지방의 위치와 조건에서 비롯되었다. 정부가 이 문제에 너무 깊이 들어가면, 한 지방에 함께 사는 통일성에 반대를 제기하고 더욱 심각한 특수주의를 향해 나아갈 수도 있다. 그러나 종종 통일성을 너무 지나치게 강조한 나머지 드렌터와 베튀어(Betuwe)[213] 같은 지역들과 제일란트의 섬들 사이의 현저한 차이점을 충분히 고려하지 않았다는 것도 부정할 수 없다. 우리 지방법에서 가장 큰 도시와 가장 작은 마을에 대해 도입된 유사한 법에 대해서조차도 충분히 진지하게 항의할 수 없다. 우리 시의회 전체가 이로 인해 고통 받고 있으며, 이미 너무나 어려운 '학교 문제'가 그로 인해 더 어려워졌다. 이러한 어려움은 같은 국가의 다양하고 매우 다른 지역 사이에서 발생하는 같은 차이가 아닌, 매우 큰 지역과 아주 작은 지역 간의 차이에 기인한다. 그러나 여기서는 주로 숫자만 고려되고 그 의미는 종종 무시된다.

이러한 수치의 차이는 국가의 통일성을 국가 전체에 대해 매우 멀리 퍼트리는 정부와 입법이, 국민 집단과 일부의 고유한 성격뿐만 아니라 같은 국가의 여러 지역의 위치와 상태의 차이도 고려하지 않았다는 것을 보여준다. 이것이 우리만큼 작은 나라의 경우 이미 어느 정도 해당된다면, 프랑스의 마르세이유(Marseille)[214]와 아라스(Arras)[215] 같은 곳이 입법과 행정의 단조로움 때문에 어떻게 피해를 보았는지에 대해 추가 설명이 필요하지 않다. 이 평등 정착 체계는 분노에 찬 프랑스에서 우리에게 뚫고 들어왔으며, 벨기에도 그다지 다르지 않다. 영국에는 내적 규정에 따라 이러한 단조로움을 막으려는 시도가 있었고, 얼스터(Ulster)[216]에서 발생한 어려움은 단일성과 다양성 사이의 투쟁이었다. 미국에 널리 퍼졌으며 지금은 영국에서도 지지자들을 얻고 있는 '연방'이라는 개념도, 이와 마찬가지로 단일성의 단조로움에 대항하여 특별한 다양성을 변호하는 것으로 설계된 것이다. 단일성은 행정을 더 쉽게 만들어 공무원과 변호사의 숫자를 줄이더라도 종종 매우 어렵고 복잡한 연구를 할 수 있게 해준다. 그러나 국민성의 자연스러운 발전을 저해하고, 거의 항상 지역적으로 나라와 주민을 아는 사람을 모든 직무에서 배제시키며, 모든 행정에서 가장 엄격한 통일성을 시행하기 위해 젊은 이가 모든 거주지에서 구석구석으로 파견되는 해로운 영향을 미친다. 그런 상황이 우리에게 발생했다. 노르웨이는 상황이 이보다 더 나빴다. 이러한 단일성이 분명히 행정부에 견고함을 제공할 것으로 보였지만, 사실은 착각이었다. 통일된 관리가 더 쉬워지는 몰라도 더 견고하지는 않다.

마지막으로 땅이 국민을 위한 것이라는 의미는, 마치 국가가 '독립적 존재'를 가진 것처럼 생각하는 것에 대해 우리가 처음부터 반대했던 것을 재확인한다. 따라서 우리는 국가에서 국민이 일정한 한계 내에서 식별할 수 있는 토지 영역에 대해 가정한 기계적 형태를 될 수 있는 대로 존중하지 말 것을 촉구했다. 이 형태는 결과물이며 결과적인 것이지, 국민이 자신을 드러내는 상태나 상황의 원인이 아니다. 집시나 훨씬 더 큰 규모의 유목민 무리처럼 국민성이 방랑적이라면, 어떤 국가도 통합을 이룰 수 없다. 우리가 이미 언급했듯이, 또 다른 이유로 유대인들 사이에서도 비슷한 현상이 발생한다. 우리는 이미 아랍인을 언급했다. 모나코나 리히텐슈타인과 같은 작은 곳에서 주권 '국가'를 보고 싶은 것은 그 자체를 조롱하는 아이러니다.

국가 형태는 어떤 이유로든 상당한 수의 사람을 확보하는 것이 필요하다고 증명되는 경우에 먼저 필요하고 또한 가능해진다. 사람이 속하고 살아가는 집단이 국민으로서 행동하기 위해서는 항상 내적인 유대로 묶여야 한다. 이 집단은 일어나 서서 일하기 위해 항상 발아래 '영토'가 있어야 한다. 그리고 국가연합은 이후의 추가적 연결 수단이다. 모든 집단의 사람이 스스로 가입하고 모든 나라가 그 땅을 제공하는 것처럼, 국민 생활이 유기적이고 스스로 부상하는 존재는 국가연합이 유일할 것이다. 반면에 지구의 상황은 여러 부분에서 완전히 다르다. 어떤 국민도 자신이 원하는 대로 영토를 만들거나 주문할 수 없으며, 한 국민이 다른 사람에게 피난처만을 필요한 지역으로 강요할 수 없다. 일단 재배치가 일어나면 국민은 나라에게, 나라는 국민에게 독특한 표식을 한다.

지금은 국가 개념에서 본질적인 것을 찾을 수 없는데, 국가는 유기적인 면을 스스로에게서 나타내는 것이 아니라 국민에게 의존하며, 그 자체로 국민에게서만 국가의 형태가 나타나는 데 본질이 있다. 따라서 그러한 국가 형태는 거의 무한히 변할 수 있지만, 한 국가의 국민은 국민으로서 같이 유지된다. 국민은 변화를 겪지 않더라도 국가연합은 완전히 사라질 수도 있다. 오스트리아는 강대국이자 국가로서 그 구성에서 의심할 여지없이 강력한 모습이다. 그러나 오스트리아 군주의 경우, 지금까지 그의 개인적 탁월함으로 인해, 특히 사라예보(Serajewo)의 공포[217] 이후 황제의 죽음으로 인해 제국 전체가 갑작스럽게 붕괴하지 않을까하는 끊임없는 두려움이 있다. 그렇게 될 때 물론 보헤미아의 체코인, 서부의 독일인, 북부의 폴란드인은 방해받지 않고 계속해서 지구상의 같은 지역에 거주하겠지만, 그들을 연결하는 국가연합은 해체될 것이다.

국가개념에 없어서는 안 될 세 가지 구성 부분 중 국민은 스스로 주어지고 영토는 국민이 발견하며, 정부만이 추가로 세 번째 요소가 된다. 국민이 사라지면 주민이 없는 영토만 남고, 정부도 저절로 사라질 것이다. 세계 일부의 근원적인 붕괴가 일어나 우리나라의 땅 전체가 가라앉으면, 국민도 정부도 없을 것이다. 그러나 어떤 주어진 순간에 정부만 사라져도 영토와 국민은 '남고', 새로운 정부의 구성으로 즉시 국가가 회복될 것으로 생각하는가? 국민과 영토와 정부는 절대 동등하지 않다. 국민과 영토는 항상 첫 번째이자 영구적 요소이며, 정부의 출현을 통한 '국가'의 등장은 이 두 요소에서 비롯된다. 따라서 나폴레옹 3세가 국적 이념(Nationaliteits-idee)을 통한 밀어붙이기를 실패한 원인은, 한 '민족'에게 국가 전체의 존재를 요청한 것이 아니라 잘못 '섞인' 것을 다시 강제로 나누려고 했다는 것이다.

제7장

중앙정부

§1. 서문

이 장의 머리글에서 우리는 '중앙정부'(Overheid)에 관해 이야기하고, 다음 주제인 '중앙'에 대해 추가로 논의할 것이다. "프리스 스크랩북"(Friesche Placquaetboek A. 1583) 4, 381쪽에는 다음과 같이 적혀있다. "그 어떤 사람도…적에게 편지를 보내서는 안 되며…먼저 해당 정부에게 보고하여 '그들의 정부'로부터 동의를 얻어야 한다." 여기서 정부는 우리식으로 '행정부'를 말하는데, 이는 지역과 지방 자치체는 물론 국가 행정부에도 적용된다. 하위 정부는 자신보다 높은 권위를 인정한다. 여기서 우리는 권위를 행사하는 권력이 더 높은 권위에 종속되지 않을 때에 관해 논의하기 때문에, 고위 중앙정부만이 적절한 용어다. 따라서 우리의 주장은 간결함을 위해 중앙이라는 추가적 단어가 생략된 경우에도 그런 의미로 이해되어야 한다.

§2. 가족에서 출발하다

우리가 이미 앞에서 지적했듯이 개혁주의 사람들은 항상 이렇게 고백했다. "사람들의 무법성이 억제되고 사람들 사이의 모든 것들이 선한 질서 안에 운영되도록 하나님께서 정부를 세우셨다"(de Confessie A'. 1618, 제36장 참고). 그리하여 하나님은 세상이 법과 제도에 의하여 운영되도록 '제도적 권위자'를 제정하셨다. 여기서 제기되는 질문은, 죄가 없었다면 모든 인류는 기능에 방해가 되지 않은 유기체로서 하나님께서 원하시는 길을 따랐을 것인데, 그렇다면 인류에게는 어떤 상황이 발생했을 것인가이다. 이 질문은 이전의 경우처럼 '가족'으로 돌아가지 않는 한 대답할 수 없다. 가족은 항상 '개인'

을 최우선으로 하는 혁명 원리의 충동 아래서는 사용하지 않게 되었으나, 이제 다시 등장하지 않을 수 없다. 이미 블룬칠리는 그의 "일반 국가론" 제6판 15쪽에서 그것을 말했다, "국가는 단순한 가족의 범위를 초과할 때만 언급된다. 유대인 족장 야곱의 가족 사건은 많은 사람이 모이는 핵심이 될 수 있지만, 그 일이 일어났을 때, 개별 가족이 있을 때만 가능하다…실제 국가 형성이 가능하다." 1850년 아렌스는 그의 "유기적 국가론" 95쪽에서 달만(Dahlman)에게 다음과 같이 시인했다. "최초 가족은 최초 국가이고, 독립적으로 대표되는 모든 가족은 국가이다." 물론 이 가족은 "국가에서 가장 최초의 기초 교육 수준" 이외의 어떤 것도 될 수 없다는 전제가 항상 있다.

콘라트 보른하크(Conrad Bornhak)[218]는 그의 "일반 국가론"(Allgemeine Staafslehre 2e ed., Berlin, 1909)에서 훨씬 더 나아간다. 18쪽에서 그는 아리스토텔레스가 가족보다 국가가 선행한다고 말한 것을 비판하면서 이렇게 단호하게 표현한다. "국가는 법적 사건이 아니라 성적 사실이다. 국가는 집으로부터 가정에 기반한다. 이것이 여러 세대에 걸쳐 점진적으로 한 가족으로 확장되는 것처럼, 같은 부족의 여러 가족 구성원이 연결되어 원래 국가인 가족국가가 형성된다. 이것은 자연스럽게 가족에서 자랐다." 국가를 정상적 사회의 형태로 보는 한 이 견해는 너무 지나치다. 보른하크가 죄로 인한 인간의 삶의 단절을 생각하지 않기 때문이다. 그러나 이것과는 별도로 그 또한 가족에게 돌아가는데, 이것은 거의 전적으로 오래된 입장이다. 슈탈도 "국가론" 45쪽에서 이 점을 훨씬 더 분명하게 말한다. "첫 번째 국가는 가부장적이고 질서 있는 가족이다. 나중에 가장 건강한 존재로 이끄는 조건은 다음과 같다. 말하자면, 여전히 작은 규모로 밀집되어 있는 가족, 부족, 국가, 교회 등이다." 이제 가족으로 돌아가는 사람은 자연스레 가정으로 돌아갈 것이다. 여기에서도 주목해야 할 점은 슈탈이 국가 개념을 창조 자체에서 잘못 추론한 것이다. 국가를 존재하게 한 것은 첫째로 죄이다.

따라서 우리는 피할 수 없는 질문으로 돌아간다. 타락이 일어나지 않았다고 가정하면, 가족이 생겨난 후에 우리 인간 사이에서 어떤 관계가 정상적이고 자연스럽게 형성되었을까? 결국, 하나님은 가족 안에서 친히 모든 결속의 출발점으로 첫 연대를 마련하셨다. 이 연대에서 남자와 여자는 육체적으로 하나 됨을 형성했다. 하나님께서 이렇게 말씀하셨다. "둘이 하나가 되어라."[219]

§3. 혼인

역사적으로 세 가지 일이 발생했다. 첫째, 혼인은 새로 창조된 아담과 하와 두 사람의 연합이었고, 이전에는 어떤 가족도 관련이 없었다. 둘째, 혼인은 같은 부모에게서 태어난 형제와 자매의 결합이었다. 그리고 셋째, 혼인은 근친상간 금지 하에 다른 부모에게서 태어난 두 사람 간의 언약이었다. 결국, 이미 남자와 여자의 하나가 되는 과정에 우리 인류가 점차 분리되는 여러 부분을 함께 결합하는 요소가 있다. '개성'은 개인적이고 나뉘며 분열되는 반면, '가족'은 이미 혼인 자체를 통해 이에 대한 균형을 형성하고 있다. 개성은 분리되지만, 남자와 여자의 결합이 함께 유대감을 형성한다. 하나님께서 인간을 두 성별로 나누시어 인간에게 주신 충동 덕분에, 이 두 가족 또는 성별의 결합으로부터 새로운 가족을 통해 새로운 사회적 세포가 생겨났다. 이 모든 것은 인간의 발명이나 힘이나 의지의 산물이 아니다.

모든 피조물의 원인인 전능하신 하나님을 믿지 않는 사람도 여기에 인간을 넘어서는 힘이 작용할 뿐만 아니라 유일한 요소라는 사실을, 그리고 우리가 하나님의 전능하심에 대해 말하는 곳에서 사람은 자연이 남녀의 인간 창조에서 역사 전체를 지배하고 상호연결의 첫째 요소를 시작한 거대한 계획을 세웠음을 인정해야 한다. 인간에게 성적 유대를 무력화시키려는 의지가 있다고 이의를 제기할 수 있다. 그러나 모든 시대의 역사는 수많은 대중이 이것을 의도하지 않았거나 할 수 없었다는 것과 그러한 모든 시도가 우리에게 파괴적 판단을 가져다 준다는 것을 알려준다. 지금도 하나님의 뜻에 반대하는 모든 저항은 도덕적 타락과 멸망이라는 피할 수 없는 형벌로 이어진다는 것을 알 수 있다. 인류는 원자 덩어리가 아니라 유기체로 존재하며, 신체를 유기적으로 연결하는 주요 결합 중 하나는 서로 성별을 찾는 것이다.

그러므로 한 사람이 다른 사람에게서 태어나는 것을 상상할 수 있다면, 그러한 연결은 여전히 혼인 생활에 있을 것이다. 하나님께서 우리의 본성에 포함시킨 성적 차이는 항상 구속력이 있다. 그러나 물론 혼인에서 오는 구속력은 아버지와 어머니로부터 아이가 태어나면서 무한히 강해진다. 그것도 절대적으로 필요하지는 않았다. 첫째 남자가 아버지도 어머니도 없으며 그가 맞이한 여자 역시 부모 없이 왔다는 사실을 고려할 때, 나머지 모든 사람도 같은 방식으로 존재하게 되고, 남자에 의한 성행위나 여자에 의한 아이의 양육이 없을 수도 있었을 것이다. 이것이 우리 인간의 삶을 어떻게 빈곤하게 만들었을지 말할 필요도 없지만, 그것이 가능했을 수 있다는 것은 논쟁의 여지가 없다. 그리고 지금은 이렇게 설정되지 '않았다'는 사실과는 반대로 '어머니에게서 아이로의 마음을 묶는' 유대감이 삶에 얽혀있다는 사실은 다시금 우리의 계획이나 발명도 아니고 우리의 욕망이나 정욕도 아니라, 하나님의 최고의 섭리이며 의지의 표현이고 그분의 행동이라는 것을 보여준다.

  또한, 먼저 우리 인간은 아담과 하와에게는 가능할 수 없었던 무력한 아기로 시작하며, 모든 인류는 아담이 존재한 방식으로 존재하게 되지 않았다. 우리에게는 이미 세 가지 요소가 결합되어 있다. 첫째, 남자와 여자의 성적 차이였다. 둘째, 모든 새로운 인간은 이미 존재하는 인간 부부에게서 태어난다. 셋째, 인간은 세상에 성인으로 오지 않고 나약한 아기로 태어나며, 생애 초기에는 아버지와 어머니의 돌봄에 의존한다. 여기에 죄가 들어와 기혼자가 이혼하고, 고의로 임신을 피하며, 자녀에 대한 보살핌과 양육을 소홀히 할 수 있다는 사실도 이 모든 일에서 우리 앞에 주어진 숭고한 명령을 손상시키지 못한다. 모든 부패가 스며들어 계속 퍼지고 있을지라도, 하나님의 창조인 가족은 우리 인류를 하나로 묶는 큰 고리로 남아 있다. 이것은 이 연합의 전체 계획과 요구되는 것을 꾸준하게 낳는 방식으로, 다수가 함께 묶여 있다. 이는 하나님에게서 나오며, 그분에 의해 유지된다. 반대 세력이 일부다처제, 일처다부제, 모권제[220], 거세 등 모든 부자연스럽고 비자연스러운 성적 죄를 비롯해 이제 다시 신맬서스주의(Neo-Malthusianisme)[221]를 통해 무엇을 제시하든 간에, 일부일처제 질서, 가족 창조의 가능성, 가족 번성에 대한 욕망, 부모 자녀 간의 사랑은 우리에게 가장 높고 고귀한 형태의 사회를 제공한다. 한편으로는 아름답고 고귀하게 나오는 모든 것은 하나님에게서 온 것이고, 부패를 가져온 것은 무엇이든 인간에게서 나온다. 따라서 죄를 제외하고 가정생활은 항상 최고의 이상을 실현했을 것이다.

§4. 가족의 질서

가족에는 '질서'가 자동으로 나타난다. 죄가 있든 없든, 함께 모인 모든 것에는 특정한 질서가 있다. 이것은 화학 화합물에서도 마찬가지이며, 동물계나 식물계에서도 종속되는 규칙과 법이 있다. 질서 없는 유기적 화합물은 생각할 수 없다. 이 질서를 위반하면, 그 존재는 파괴될 수 있다. 이제 이것은 우리 인간의 몸에도 있고, 마음에도 있으며, 모든 인간 사회에도 있다. 죄로 인한 타락이 일어났을 때, 이 질서는 처음부터 언급되지는 않았지만 존재 자체에 속하기 때문에 항상 거기에 있었다. 그리고 그 질서는 존재를 창조하신 그분 이외에 다른 기원을 가질 수 없다. 혼인과 자손이라는 가족 창조는 자연 자체의 본질에서 하나님께서 행하신 일이기 때문에, 가정생활의 질서는 우리에게서가 아니라 하나님에게서 나온 것이다. 적용의 차이가 있지만, 가정에서의 공생의 기초는 하나님의 방식으로 지어진 세상 질서, 곧 사물의 본성 안에 주어진 것이다.

안타깝게도 이제 그 질서는 매우 혼란스러워졌다. 우리는 하나님께서 명령하신 질서로만 생각해야 했다. 아무 방해도 받지 않았다면 어떤 혼란도 없었을 것이다. 자녀가 없는 사람도 없고, 나이가 많은 여성과 사는 청년도 없으며, 되받아치는 악처를 가진 약한 남성도 없고, 과부나 자녀 상실도 없을 것이다. 우리는 이제 죄에서 비롯된 이 모든 결과를 잠시 잊고 만약 죄가 가족을 파괴하지 않았다면, 응집력 있는 질서로 모든 가족에게 발생했을 혼인 생활을 그 완전함 속에서 가족과 어린 시절의 삶으로 상상해야 한다. 이렇게 이해하면 가족의 질서에 힘과 권위가 있다.

모든 가족은 자연적으로 머리와 같은 존재를 가지고 있다. 남자가 이 머리였다. 남자가 육체적으로나 정신적으로 여자보다 더 뛰어났기 때문이다. 여자가 남자보다 우월한 것이 없는 것은 아니지만, 그것은 '질서'의 확립과 유지를 위해 시행되지는 않았다. 남자는 가족을 유지하기 위해 깨어 있어야 했고, 아내와 아이들을 위해 음식과 주거지를 마련해야 했으며, 외부 위험으로부터 가족을 보호해야 했다. 따라서 그로부터 모든 일을 할 때 지도력과 힘이 나와야 했다. 그러나 반대로 남편이 줄 수 '없고' 아내에게서 나와야 하는 것은 부드러움, 장식, 삶의 고양 그리고 번성할 수 있는 요소들이다.

이렇게 확립된 질서가 가족의 머리에 의해 유지되어야 한다. 아버지, 어머니, 일곱 자녀를 가족으로 상상할 때 아무도 "아홉 명 개인의 연속이다"라고 말하지 않는다. 그러나 각 사람이 이 아홉 명으로 유기적 일체를 형성하고, 고유한 위치와 부르심을 가지고 있음을 만지고 느끼면 좋을 것이다. 우리 몸에 있는 눈과 귀, 손과 팔, 다리와 발처럼 각 지체는 몸에서 자신의 역할을 감당하며 각자의 위치를 차지한다. 그리고 우리의 머리는 모든 것이 협력하여 좋은 질서를 보장하게 해야 하듯, 가정에서도 각자는 자신의 무언가를 가지고, 자신의 임무로 부름을 받은 자신의 자리를 차지한다.

죄가 없었다면 이 모든 것이 왜곡되지 않고 정상적으로 작동했을 것이다. 하나님께서 이 모든 것들을 너무나도 아름답게 지으셨기에, 그분의 거룩한 질서만 유지된다면 모든 것이 잘 기능했을 것이다. 그러므로 가정에서 권위를 행사하는 사람은 누구나 하나님의 은총으로 그렇게 하는 것이다. 그리고 하나님의 방법으로 모든 가족을 인격으로 대우하면서 필요한 경우에는 엄격한 처벌로 자신의 확고한 의지를 유지한다. 가족은 언약에 의한 집합이 아니다. 혼인 조건들은 논의되지 않지만, 어떤 경우에도 요람에 있는 갓난아기는 어머니나 아버지와 계약을 맺지 않으며, 인간이 아닌 하나님과 계약을 맺는다. 하나님만이 정상적 관계에서 가족을 생각하고 질서를 부여하여 창조하신 후, 명령하셨음을 부인할 수 없다.

§5. 형제와 자매
그러나 이것 또한 충분하지 않다. 결국 가정에는 남편과 아내, 그리고 이 부모와 자녀 사이의 관계뿐만 아니라, 혼인을 통해 형제자매인 자녀들 사이의 관계도 발생한다. 이 형제자매들 사이에는 새로운 관계가 생긴다. 세 가지 면에서 그렇다.

첫째, 아이들처럼 함께하는 것이 아니라, 어른이 되어 성적으로 자신의 소명을 느끼는 형제자매 사이이다. 둘 다 교제하고 도움을 주어야 하지만, 자매가 형제에게 도움을 주는 것은 자매가 형제에게 요구하는 도움과는 완전히 다른 성격을 지니고 있다. 여기에는 자의성이 없다. 당신은 형제에게서 정상적 상태의 육체적 힘, 지성, 통찰력, 의지력을 발견하게 될 것이다. 자매에게서는 느낌을 만족시키고, 부드러움과 내면의 따뜻함으로 매혹하는 것을 발견한다.

둘째, 여기에 재능과 은사의 차이가 나타난다. 모든 아이가 높은 능력을 갖춘 것은 아니다. 마리아와 마르다 유형은 계속해서 구별된다. 그리고 이것으로부터 자연스럽게 사실적 질서가 발생하는데, 각각 그의 재능과 은사에 따라 서로를 돕도록 부름을 받기 때문이다.

여기서는 나이 차이에서 비롯되는 세 번째 차이가 드러난다. 같은 가정에서 16세의 어린 딸은 몇 달밖에 안 된 아기와는 완전히 다른 위치를 차지하는데, 이러한 차이는 5, 6, 7세까지의 모든 어린이에게도 유효하다. 아직 아주 어린 아이는 하나님의 질서에 따라 더 성숙한 자매에게 복종한다. 20년 후 누이들보다 훨씬 더 크게 자랄 5, 6살 소년은 어릴 때는 누이들에게 순종해야 한다. 이것은 사실이다. 왜냐하면 아버지와 어머니가 그렇게 설정했기 때문이다. 그리고 그러한 약속과 질서가 말로 이루어지지 않았더라도, 언니는 당연히 동생을 돌보고 책임을 져야 하며, 하나님의 질서에 따르면 막내 형제자매들은 어느 정도 항상 순종해야 한다.

따라서 가정에서는 하나의 권위만 적용될 뿐만 아니라, 매우 다양하게 내려오는 권위까지도 있다. 모든 가족의 머리인 남자는 가족에게 일어나는 모든 일에 대해 완전한 책임을 진다. 이웃, 공무원 또는 판사는 문제가 있으면 남자를 머리로 언급한다. 남편의 권위 아래에서 어머니는 가정에서 돌보는 일에 책임이 있으며, 남편이 집에 없을 때도 그렇다. 그런 다음 권위는 다시 자녀 중 장남에게, 그리고 그로부터 내려가는 형제자매 사이에서 나이가 많은 사람에게 부여되며, 이는 책임감과 부모의 명령이 내려가는 권위의 행사를 규제하는 방식으로 이루어진다. 따라서 언니가 옆에 있던 동생이 물가로 너무 멀리 나갔음을 알았는데도 강제로라도 데려오지 않은 경우, 그녀 자신과 모든 사람은 그녀가 자매의 의무를 저버리고 하나님 앞에서 죄를 지었다고 느낄 것이다. 거룩하게 제정된 하나님의 질서는 여기서 강조하여 말한다. 마음이 건전한 사람은 이에 대해 '아멘'이라고 답한다.

여기에 서서히 인간의 발달이 보인다. 동물의 경우 성장이 매우 빠르므로 동물 간에 지속 가능한 관계가 확립되지 않는다. 첫째 단계에서는 동물에게도 매우 강한 의존, 책임, 연대가 종종 드러난다. 암탉은 새끼를 위해 어미 고양이와 죽을 때까지 싸우지만, 여기서 수컷 동물은 거의 나타나지 않는다. 이런 사실을 제외하면, 이 동물계의 특이성은 보통 양육과 성장이 매우 짧고, 처음에는 너무나 강하던 애착과 연대가 때때로 몇 주 만에 흔적도 없이 사라져 완전히 남이 된다는 것이다. 그러므로 느린 성장은 인간에게 주어진 자연의 질서다. 즉 하나님의 질서 덕분에 자녀들이 부모에게 의존하는 것이며, 따라서 그 의존에서 주어진 권위와 복종의 관계가 우리에 대한 하나님의 성화된 예비하심이다.

그래서 낙원의 상태에서는 '자연학'이 우리에게 완전히 적용 가능하다. 게오르크 옐리네크(Georg Jellinek)[222]가 1893년 하이델베르크에서 행한 연설인 '국가론에서의 아담'(Adam in der Staatslehre)에서, 국가론과 국가법에 대한 그의 견해를 바탕으로 한 인류가 최초의 인간에 의해 형성되었다는 사상에 의해 지배된다는 사실을 지적한 것은 실수가 아니다. 이 강연은 그의 저서 "저작과 강연 선집"(Ausgewählte Schrifte und Reden, Berlin, 1911) 제2부 23쪽에 실렸다. 물론 창조로부터가 아니라 진화로부터 최초 인간의 행동을 설명하려는 다윈의 유혹을 받으면 아담의 의미는 완전히 사라진다. 그러나 반대로, 하나님의 전능하심을 통해 우리와 함께 첫 사람의 창조를 믿는 사람은 누구든지 아담과 하와가 하나님께서 그들의 후손과 족보와 함께 자신의 위치를 부여한 곳에서 인간의 정상적 사회를 위해 주어진 하나님의 질서를 찾는다. 그리고 이것이 유일한 관심점이라면, 지금은 황폐한 자연 속에서 방황하는 '타락한' 인간으로부터 어떤 결론도 내리지 않는다. 정상적 상태만이 규칙을 설정할 수 있다. 우리는 옐리네크가 국가 분야에서 이른바 '자연학'에 반대 주장을 하는 것에 동의한다. 왜냐하면 이 자연학 이론은 인간에게서 결론을 도출했기 때문이다. 즉 그것이 낙원에서 하나님 의해 확립된 것이 아니라, 인간이 악마의 힘에 의해 '수치를 당하고', 자기 잘못으로 '타락했다'는 것이다. 그것에서 파생된 자연은 실패할 수밖에 없다.

또한 옐리네크뿐만 아니라 다른 곳에서도 인간 사회가 정적이며 그 자체로 유지되도록 계획된 것이 아님을 근대적 관점이 깨달았다는 사실을 발견할 수 있다. 하지만 이와는 다르게, 매우 낮은 상태에서 더 높은 이상적 상태로 점점 발전한다는 것은 오해이다. 무엇보다도 예수님은 결정적으로, 다가올 이상적 하나님 나라에는 더 이상 혼인이 없다고 말씀하신다. 마가복음 12장 25절을 보면 사람이 죽음에서 살아날 때는 장가도 시집도 가지 않고 하늘에 있는 천사들과 같다. 예수님께 속한 사람은 죽음 이외에는 그런 상태에 들어갈 수 없다. 그러나 그 전환 방식은 죄를 제외하면 배제되었을 것이다. 죽음은 죄의 결과이다. 에녹에게 일어난 사건은 죽음이 들어오지 않더라도 이 땅이 제공하는 것보다 더 높은 영광으로의 전환이 여전히 기다리고 있음을 보여준다. 그러므로 인간의 상태가 죄와는 별개로 고정되어 있었다고 말하면, 성경을 오해하고 잘못 읽은 것이다.

낙원 상태는 우리가 상상할 수 있는 가장 높은 상태가 결코 아니었다. 이상적 나라는 낙원을 훨씬 넘어서 요한이 계시록에서 우리에게 보여주는 이른바 '영광'의 상태에서만 실현된다. 물론 이것은 이상적 영광의 상태에서 혼인이 소멸된다는 예수님의 말씀에서 가장 분명히 드러난다. 하나님께서 이 경륜의 시대를 위해 세우신 조건에서 혼인은 사회 질서의 주요 연결 고리다. 죄를 고려하지 않으면, 인간 사회는 혼인에서 흘러나온다. 혼인은 인류라는 성전 건물 전체를 하나로 묶는 시멘트다. 예수님 자신의 증언대로라면 이상적 상태에서 이 모든 혼인과 유대, 곧 인간 사회의 모든 시멘트가 떨어져 나가 더 높은 끈으로 대체된다. 성경이 낙원 상태에서 발전이 없는 정지된 삶을 상상한 셈이지만, 그 생각이 얼마나 무의미한 것인지를 알 수 있다. 오히려 성경은 우리에게 어느 정도 발전된 상태를 제안하고 있는데, 그 발전이란 모든 근대적 '국가 환상'이 우리에게 그럴싸하게 제안하는 모든 것을 훨씬 넘어서는 것이다.

만약 타락이 없고, 아우구스티누스(Augustinus)가 '하나님의 도성'(Civitas Dei)이라고 부른 것이 낙원 상태에서 방해받지 않고 자발적으로 나타나 수 세기 동안 계속됐다고 생각하면, 이것이 현재 몇몇 집단, 특히 이스라엘에서 부분적으로만 실현된 것이라고 생각될 것이다. 이것은 가부장제를 이상으로 받아들이는 질서정연하게 연결된 인구 집단에 있는 계보이다. 남성 우선순위와 장자 상속제(de primo-genituur, 元祖) 아래서 나타난다.

후자의 추가 결정은 각각의 혼인이 항상 한 남성의 탄생으로 이어질 뿐이었다면 불필요했을 것이다. 그러나 이것은 생각할 수 없는 일이었다. 모든 부부가 계속해서 자녀를 낳아도 한 명은 남성이고 다른 한 명은 여성으로 두 명을 넘지 않으며, 일단 태어난 모든 사람이 죽지 않고 이 지구에서 끝없이 살 것이라고 가정하지 않는 한, 인류의 확장이 나타나리라는 것에 대해서는 의문의 여지가 없었을 것이다. 그러나 사람은 이것을 받아들이지 않았다. 일단 태어난 사람이 죽지 않고 아주 긴 생애를 보낸 후에도 계속해서 더 높은 존재 상태에 있는 에녹과 엘리야처럼 될 것이라고 상상하며, 인류는 그 자체로 모든 부부가 두 명 이상의 자녀를 낳기를 요구한다. 그러나 이것은 자연스럽게 한 아이가 다른 아이보다 우선이 되는 문제를 제기했다. 규제해야 하고, 특정 권한이 있어야 했다. 부모가 사라지고 혼인한 자녀들 6, 7, 10명이 나란히 있을 경우, 모든 사람이 누가 자신에게 권위를 가지고 자신이 누구에게 속해 있는지를 알 수 있게 하려고 '우선순위'를 세워 그를 따르도록 해야 했다.

§6. 장자 상속제 De Primo-genituur

다시 말하지만, 이것은 인간의 선택 또는 하나님의 결정에 달려 있다. 어떤 아이가 먼저 태어나야 하는지는 오직 하나님의 능력이 결정할 수 있었다. 따라서 더 큰 탁월성에 기반을 둘 수 있는 '원조'로 주 하나님은 종종 맏아들을 선택하셨다. 이것은 타락 후에 고정된 규칙이 될 수 있었다. 따라서 두 가지가 함께 흐른다. 생명의 빛을 먼저 볼 사람을 정하시고, 맏아들의 우월성을 창조할 수 있는 분은 오직 하나님이셨다. 그리스도는 '두 가지' 면에서 '장자'라는 직함을 가지셨다. 골로새서 1장 15절은 그리스도에 관해 "그는 보이지 않는 하나님의 형상이시요 모든 피조물보다 '먼저 나신' 이"라고 말씀한다. 그리고 18절에 그리스도는 다시금 "죽은 자들 가운데서 제일 먼저 [살아]나신 이", 즉 새 창조에서 '가장 먼저 나신 분'라고 말씀한다. 원조가 죄를 범한 결과로 남아 있는 것이 이제는 많은 불확실성에 노출되었고, 인간의 법칙에서 더 많은 결정을 끌어내야 한다는 사실은 이것에 의해 부정되지 않는다. 따라서 첫째, 몇 명의 아들이 나란히 서야만 했다. 둘째, 하나님만이 생명의 빛을 먼저 볼 수 있는 사람을 결정하셨다. 셋째, 하나님만이 장남에게 권세를 부여하여 그것을 행사할 수 있는 높은 자격을 주셨다.

딸보다 아들의 우선권과 최초의 세대가 확립되면서, 고정된 삶의 관계 하에서 우리 인류를 유기적으로 하나로 묶는 고정된 질서가 시작되었다. 부부에게서 가족이 나오고, 가족에게서 후손이, 후손에게서 부족이, 부족에게서 함께 하는 집단이, 그리고 이 집단에서 '자손' 즉, 이스라엘이 나왔으며 이들은 '이스라엘 자손'이라고 불렸다. 그리고 이 모든 집단은 세계의 일부로 나누어졌으며, 하나의 인류 하나의 인종으로 서로 연결된 전체로서 하나의 단일 권위 아래 형성했을 것이다. 이것은 마치 정지된 상태가 아니며 이미 완성된 것처럼 보이지도 않는다. 모든 관계에서 죄가 가져온 결과와는 별도로, 성경은 우리에게 완전의 '단계들'을 보여준다. 특히 사랑장인 고린도전서 13장은 이것을 잘 보여준다. 여기서 사도는 이렇게 선언한다. "우리는 부분적으로 알지만 온전한 것이 올 때는 부분적인 것은 사라진다. 내가 어릴 때는, 말하는 것이 어린아이와 같고, 깨닫는 것이 어린아이와 같고, 생각하는 것이 어린아이와 같았다. 그러나 어른이 되어서는 어린아이의 일을 버렸다. 지금은 우리가 거울로 영상을 보듯이 희미하게 보지만, 그때에는 얼굴과 얼굴을 마주하여 볼 것이다. 지금은 내가 부분밖에 알지 못하지만, 그때에는 하나님께서 나를 아신 것과 같이 내가 온전히 알게 될 것이다."[223] 즉 절대적인 완전함이다. 죄가 들어온 이후에 가장 고귀하고 신성한 이상에 대한 이러한 실현이 더 '자연스럽게' 올 수 없으며, 그리스도의 초림과 재림 사이에 결속되어 있음을 알게 될 것이다. 그러나 죄가 오지 않았다고 생각한다면, 그 완성은 하나님께서 인류의 삶에 창조하신 무한한 사랑의 띠에 의해 스스로 드러날 것이 당연하다. 그것은 모두 창조로부터 생겨났을 것이고, 전능하신 하나님 나라에서 완성되었을 것이다.

§7. 자손

평화주의자가 다시 붙잡고 있는 이상은 그때 저절로 실현되었을 것이다. 최초의 사람이 타락한 후에도 900년이 넘게 살았음을 생각하면 더욱 이해하기 쉬워진다. 지금 우리 이전 6,000년을 계산해보면, 끊이지 않고 지속된 발전은 아마도 수십 명의 족장 아래 계속되었을 것이다. 이스라엘에서 이 인간 사회의 족보적 유형이 부족함에도 어떻게 새로워졌는지 보면 놀랍다. 이스라엘뿐만 아니라, 다른 곳에서도 족보가 수년 동안 많은 관련 부족 집단의 상태를 지배해 왔다. 그러나 하나님의 계시를 통한 인도 아래, 특히 이스라엘에서 이 족보적 연대가 얼마나 많이 강조되고 있는지 놀라울 정도다.

우리는 이미 '이스라엘 자손'이라는 이름을 언급했는데, 그것은 야곱이 죽은 후 수 세기 동안 야곱의 온 가족에게 주어진 것이다. 이스라엘 지파는 계속 나뉘었는데, 이는 가나안 땅을 여러 지역으로 나눈 것을 상기시켜준다. 그리고 실제로 이 지파를 세분화하는 것은, 모든 사람에게 완전히 같지는 않았지만 일반적으로 가족, 친척, 인종과 부족의 분할이었다. 이것이 지속되었으므로 이스라엘은 적어도 포로가 될 때까지 민족적 인식을 형성했다. 이 사실은 죄로 인해 변질과 파열이 일어나지 않았다면, 어떻게 모든 인류가 하나의 권위 아래 함께 살 수 있는가를 생각하게 만든다. 그렇지만 과거 이스라엘 자손의 기원에 대해서는 짧게 언급하고 있음을 명심해야 한다. 이스라엘의 증조부인 데라는 성경에서 원주민으로 나타나지 않는다. 오히려 데라의 전체 족보가 아담에게까지 거슬러 올라간다. 창세기 11장에서는 노아와 셈으로 거슬러 올라간다. 노아의 족보는 창세기 5장에서 우리에게 알려진 아담까지 거슬러 올라간다. 하지만 아브라함 이전에 있는 모든 족보는 이스라엘의 역사에 더 이상 포함되지 않는다.

아브라함, 이삭, 야곱에게서 일어나는 일은 인류 전체를 포함하지 않고, 인류로부터 분리되어 있다. 아브라함이 '세상 열방의 복이 되기' 위해 부르심을 받은 목적에 관해서는 창세기 12장 3절을 참고하라. 이스라엘 자손은 별도의 집단으로 남는다. 모든 국가를 하나로 묶는 결속은 이 집단에만 예언적 이상으로 남아 있다. 그렇지 않으면 우리 인류는 완전히 산산조각이 났을 것이다.

§8. 세계 제국, 평화주의, 재림

이 단편화로부터 통일성의 회복으로 이어지는 과정에는 두 종류의 사상이 있다. 하나는 성경에서 우리에게 계시되는 것이다. 다른 하나는 현재의 운명에 만족하지 못한 세상에서 온갖 형태로 나타나는 것이다. '통일 사상'은 세계 정복자에 의해 광대한 고대 제국과 세계 제국이라는 강력한 개념으로 끊임없이 개진되고 시도되었다. 우리는 알렉산더 대왕과 나폴레옹만 언급해도 세계 제국 창시자의 이미지를 떠올릴 수 있다. 그리고 이러한 세계 제국은 로마인에게 있던 황제의 통치뿐만 아니라 우리가 본 것처럼 신성로마제국을 생각나게 한다. 영국 또한 우리에게 이러한 이미지를 점점 더 많이 보여준다. 영토가 3,000만 제곱킬로미터 이상이고 인구가 4억 이상인 대영제국은 이미 과거보다 훨씬 더 크다. 스페인은 중세와 그 후에 세계 제국으로 간주된 세계적 강국이었다. 대영제국 외에 러시아가 크기와 인구가 엄청나게 증가하고 있으며, 현재 2,300만 제곱킬로미터에 가까운 영토에 이미 1억 7천만 명의 인구를 가지고 있다. 그리고 이 인상적 현실 옆에는 전쟁을 추방하고 영원한 세계 평화를 보장하려는 우주적 평화주의가 있다. 하지만 고도의 상상력으로 훨씬 더 앞서가고 있다. 그리고 이제는 이미 평화궁에서 개최된 만국평화회의(Vredesconferentien)[224]에서 모든 국가를 포괄하는 세계 연방 또는 국제연맹[225]을 만드는 것을 생각하고 꿈꾸면서 모든 함대와 군대를 폐지하고 세계정부 운영에 필요한 최소한의 중앙 군대만 남겨, 필요하면 반항적 집단이나 문제를 일으키는 민족을 힘으로 다스리기 원한다.

그들이 평화를 목표로 하는 한 진화론 사상은 모두에게 박수를 받을 만하다. 하지만 진화론 사상이 새로운 국가를 설계하려고 할 때, 그 나머지에 대해서는 몽상적인 것으로 거절될 수 있다. 그 대비가 주목을 끈다. 환상 세계에는 세계 제국과 세계 연방이라는 더 웅장한 창조물이 있지만, 현실 세계에는 더 막강한 함대와 여전히 거대한 군대가 계속되는 제국에 의해 무장을 하게 된다. 마치 평화주의의 이상을 부끄럽게 하려는 듯이 말이다. 그러나 이 고통스러운 오산의 원인은 분명하다. 진화론자들은 하나님의 창조를 알지 못하며, 하나님을 사람의 기원으로 생각하지도 않는다. 그러므로 그들은 인간 유기체의 균열이 정상적이고 규칙적인 발달의 모든 기회를 차단한다는 것을 보지도 못하고 볼 수도 없다. 평화주의적 이상은 그 자체로는 우리의 것이다. 우리는 세계 제국을 믿고 영원한 평화를 믿지만, 그것들을 오직 십자가의 열매로서 믿는 것이다. 가족, 친족, 혈통, 부족 생활의 슬픈 혼란은 평범한 사람이 아닌 사탄의 영향으로 발생하지만, 언젠가 그리스도께서 그 사탄의 영향력을 영원히 파괴할 것이다. 이것이 바로 우리에게 말씀하는 그분의 재림에 대한 예언이다. 그런 다음 심판이 오고, 심판과 함께 부활이 온다. 결국 영원한 평화의 나라가 임한다. 그 전에는 임하지 않는다.

§9. 일반은총

타락과 함께 죄에 빠진 상태는 심판을 위한 그리스도의 재림과 인류 전체를 아우르는 하나님의 거룩한 왕국의 계시까지 계속되어야 한다. 은총이 개입하지 않으면 인간 사회가 야만주의의 잔인함을 겪으며 끊임없는 해체 상태가 될 것이다. 성경은 홍수가 임할 당시의 일반적 상태에 대해 우리에게 분명히 말한다. 창세기 6장 5절은 "사람의 죄악이 세상에 가득 차고, 마음에 생각하는 모든 계획이 언제나 악한 것뿐"이라고 말하는데, 이것은 사람의 자녀들에 대한 비관론자의 판단이 아니라 모든 사람의 마음을 아시는 분의 판단이었다. 그래서 6절은 다음과 같이 말한다. "땅 위에 사람 지으셨음을 후회하시며, 마음 아파하셨다." 그 오염된 세계는 홍수에 잠겼다.

홍수 후에 칼빈주의자들이 언약에 근거한 '일반은총'이라고 부르는 것이 나타났다. 창세기 9장 8절 이하를 보면 다음과 같다. "이제 내가 너희와 너희 뒤에 오는 자손에게 직접 언약을 세운다. 내가 다시는 홍수를 일으켜서 살과 피가 있는 모든 것들을 없애는 일을 하지 않을 것이다." 나는 일반은총에 대해 필요한 설명을 하고자, 같은 제목으로 1902년에 캄펀(Kampen)의 콕(J. H. Kok) 출판사에 의해 세상에 나온 세 권으로 된 저작을 집필했다. 따라서 이 중요한 주제를 여기서 다시 자세히 설명할 이유는 없다. 일반은총은 죄가 가져온 멸망이 계속되었음에도 인간 사회를 가능하게 한다. 주 하나님은 창조 시 인간 안에 부여하신 능력에 의해 발전이 이뤄지게 하셨다. 그리고 특별한 은총도 허락하셔서 이스라엘 백성의 탄생, 새 언약으로 인한 교회의 삶, 우리 인류의 역사에서 그리스도의 교회가 확장되어 마침내 그리스도의 재림을 통해 완성이 이루어질 수 있도록 하셨다.

일반은총에 의해 창조된 상태에는 그 주된 결과이자 세계 질서로서, 하나님의 섭리적 지도에 의해 가정생활에서 정치 생활로 발전한 다양한 민족의 국가 생활의 출현이 자리 잡고 있다. 여기서 제기되는 주된 질문은, 개인뿐만 아니라 모든 형태의 인간 사회를 위한 정의와 법을 제정하고 더 나아가 유지하는 데 필요한, 그리고 이 권위에 저항하는 사람들에 대한 처벌, 즉 자유를 박탈하고 개인을 처벌하며 필요하다면 사형 집행이 가능한 힘의 수단을 가진 절대적 권위가 있느냐이다. 그러한 권한은 합의나 조약으로 세워질 수 없다. 모든 사람이 동의하더라도, 특정 경우 A가 B를 죽일 권리가 있다는 것에 동의할 권리는 여전히 부족하다. 사람은 살인할 수 없으므로, 모든 인간이 함께 관습에 따라 사형을 제정할 수 있는 권리를 상실한다. 또한 어느 누구도 어떤 사람을 임명하여 그에게 시민의 자유를 박탈하거나 재산을 빼앗을 권리를 부여할 수 없다. 우리는 이 주제로 돌아올 것이지만 시내산의 십계명, 즉 살인하지 말라 도둑질하지 말라는 등의 계명은, 인간이 합의나 계약에 의해 그러한 것을 용인하는 권리를 박탈한다.

따라서 조약의 모든 가능성이 사라지면, 다음 두 가지 중 하나만 남게 된다. 모든 더 높은 법과 성스러운 도덕에 반하는 폭력적인 사람이 그러한 일을 하도록 강제로 권한을 부여하는 것, 아니면 하나님의 창조법에 따라 하나님의 신성한 권위가 유지될 기관을 설립하는 것이다. 전자를 선택하는 사람은 결국 인간 사회의 국가법에 도달한다. 이는 법에 대해서는 의문이 없으며, 폭력과 불가항력이 인간 사회를 동물적 차원으로 격하시키고 도덕적이고 합법적 요소들을 파괴하며, 인간 존재를 참을 수 없는 자기 비하로 이끈다. 이러한 관점에서 볼 때, 폭력은 처음부터 있을 뿐만 아니라 언제나 계속되며, 심지어 지금도 다음과 같은 의문을 일으킨다. '공무원의 권위는 어디에서 나오는가?' 이에 대하 '상위 권력에서' 이외에 다른 대답은 없다. 그리고 이에 갈증을 느낄 수 있는 사람은 누구나 기존의 법체계를 뒤집어 자신의 법체계로 대체할 수 있는 명백한 권리를 가진다는 이해에 도달한다. 이것은 결국 무정부주의가 아니라 허무주의로 끝날 것이다. 모든 합리적 법 토대는 권위 아래에서 사라진다. 이제 계약적 근거는 없어지고, 다른 어떤 것도 상상할 수 없거나 남아 있지 않는다.

그러나 우리 인류를 창조하신 하나님이 계시며, 그분이 우리의 창조주로서 우리 종족 전체를 절대적으로 통제하신다는 고백은 남아 있다. 그러면 전능하신 하나님께서 우리 가운데 이 권세를 어디서 어떤 방법으로 세우셨느냐는 질문에 대해 우리는 가정에서 유일하게 가능하면서도 결정적인 대답을 찾는다. 가족은 인간의 발명이나 구성물이 아니며 하나님의 창조물이다. 그 가족에서 질서가 수립되고, 그 질서로부터 머리가 임명됨으로써 사람이 아니라 하나님만이 가정의 질서를 세우셨다. 그리고 가정에서 더 넓은 세대로 권위의 확장과 이전을 확립한다.

§10. 십계명
무엇보다도 여기에 두 가지 강조점이 필요하다. 우선 십계명을 언급해야 한다. 성경을 따라 사는 사람에게 십계명은 인간이 발견한 것이 아니라 하나님에게서 직접 나오고, 그분의 신성한 권위에 의해 제정된 것이다. 이스라엘을 위해 제정되었으며, 그들이 인정하는 것뿐만 아니라 하나 이상의 계명, 특히 제4, 5, 10계명의 내용이 이를 증명한다. 그렇지만 기독교인이 모든 시대와 모든 민족에게 유효하다고 주저 없이 선언하게 하는 보편적 성격이 있다. 이 십계명에 하나님의 권세는 율법에 대한 모든 중요한 위반에 대항해 제정되었다. 그런데 지금까지 관심을 기울이지 못한 것은, 국민이 그들의 정부에 복종하고 그 권위를 존중해야 한다는 독자적이고 의도적인 계명은 존재하지 않는다는 점이다. 그럼에도 불구하고 그런 계명이 없을 수는 없었다. 십계명이 선포되었을 때 시내 광야에 있던 사람은 영적으로 반항하며 계속 권위에 도전했다. 모세와 대제사장 아론까지도 그러한 죄에 빠졌다. 그렇다면 이 법 안에 살인, 절도, 간음, 우상숭배 등의 모든 주요한 죄들은 금지되지만, 이스라엘 위에 하나님께서 정하신 권위에 복종하는 의무는 생략되었을 것이라고 생각할 수 있을까? 그것은 불가능하다. 어떤 일반 입법자도 국가 전체를 규제하며 통치하는 원리를 건너뛰지 않는다. 그러나 동의하는 사람에게는 설정된 이 권위에 복종하라는 계명이 별도로 취해지지 않으므로, 반드시 주어진 계명 중 하나에 포함'되어야' 한다.

이것이 가정된다면, 겉보기에 빠진 것 같은 계명이 다섯 번째 계명 안에 있다는 것은 의심의 여지가 없다. 즉, '너희 부모를 공경하라'이다. 모든 교회도 항상 이렇게 이해했다. 하이델베르크 요리문답은 제104번 질문인 "제5계명에서 하나님의 뜻은 무엇입니까?"에 대해 이렇게 답한다. "나의 아버지와 어머니, 그리고 '내게 대하여 권위를 가지고 있는 모든 사람을' 내가 존중하고, 사랑하며, 순종하고 그들의 모든 선한 가르침과 징계에 내가 마땅히 순종하라는 것입니다. 그것은 하나님께서 그들을 세워 우리를 다스리시기 때문입니다." 따라서 이제 모든 의심은 사라진다. 제5계명은 하나님께서 제정하신 공무원에 대한 순종을 우리에게 명령한다. 가정의 권위가 인간의 상상력에 기초한 것이 아니라 오직 하나님의 행위에 기초한 것이기 때문에, 공무원의 권위 또한 하나님의 제도와 그 안에서만 그 근거를 찾는다. 특히 왕들의 '하나님의 은총으로'라는 표현이 오해되어서는 안 된다. 제5계명에서 정부의 권위는 가족의 머리에 뿌리를 두고 있으며, 따라서 그것이 인간의 발명이나 제도가 아니라 신적 행위의 산물이라는 것이 분명하다.

결론은 창세기 9장 5-6절에 나오는 것처럼, 살인이 죽음의 형벌로 위협받는 것이다. 특별히 루터가 정부라는 추가적 기관을 정당하게 인정한다고 말했다. 그러므로 사형에 관한 문제는 이와 관련하여 매우 중요하며, 일반적으로 기독교적 관점과 다른 태도를 보이는 저명한 학자들이 이 점에 대해 주저하고, 이 신성한 진술의 중요성을 간과한 것은 이해하기 어렵다. 따라서 두 번째로, 가정에 관한 법에는 사형법도 포함된다는 놀라운 사실을 강조해야 한다. 그것은 창세기 38장 24절의 유다와 관련하여 기록되었다. 유다는 그의 며느리 다말이 음행하여 임신했을 때에 족장으로서 주저하지 않고 화형에 처하라고 명령했다. 여기서 유다 자신의 죄는 별개이지만, 그가 아버지로서 며느리가 저지른 죄에 대해 딸을 사형에 처할 수 있는 권한과 권리를 부여받았음을 분명히 보여 주었다.

§11. 가장의 권위

신명기 21장 18-21절은 유다의 진술이 단순한 분노의 표현이 아니라 적절한 법적 진술임을 증명한다. 그런데 이것은 역사적 이야기가 아니라 법안 자체이다. 여기서 어떤 사람에게 순종을 거부하고 가정의 징계도 소용이 없는 '반항적이고 고의적인 아들'이 있다면, 그와 그의 아내는 그 불순종하는 아이를 성문으로 데려와 그의 문제를 그곳 사람들에게 설명해야 했다. 그런 다음 부모의 단순한 선언만으로 추가 조사나 추가 증거 없이도, 그 악한 아들은 돌에 맞아 죽게 된다. 부모가 자녀를 법정에 데려가 고소하고, 판사가 판결을 내리는 것이 아니다. 그들이 성문에 도달하기 전에도 이미 그 아들이 죽어야 하는 것은 확실하다. 도시의 시민이 아니라 오직 부모가 결정한다. 이 질서정연한 법적 관계에서도 유일하게 약화된 부분이 있다. 첫째, 부모로서 자녀를 집에서 죽여서는 안 된다. 이는 아마도 분노로 살인할 수도 있기 때문일 것이다. 둘째, 부모가 자신의 권위에 따라 자녀를 사형으로 정죄하고, 반항하는 아들을 돌로 치도록 시민에게 맡기는 것은 부모 자신이 형을 집행하지 않게 하려함이다. 이것은 일종의 도덕의 완화책(verzachting)이다. 프란츠 불(Traut Buhl)[226] 교수의 "이스라엘 백성의 사회적 관계"(Die Sozialen Verhältnisse der Israeliten, Berlin, 1899, 29쪽 이하)를 참고하라.

판사는 칼을 직접 사용하지 않고 집행자에게 맡긴다. 그러한 절차를 사려 깊지 않다고 생각하고 있는 사람도 있음을 다시 한번 보게 된다. 신실한 신자조차도 판사가 사형 선고를 내린 사람을 교수대에 매달아야 한다고 제안한 적이 없었을까? 이렇게 자신의 자녀에게 적용된 아버지의 '생명과 죽음의 권리'는 족장들 사이에서나 이스라엘에서만 일어나지 않았고, 거의 모든 민족의 보편적 법이었다는 사실을 명심해야 한다. 아이스키네스(Aeschines)[227]에 따르면, "티마에움"(Timaeum) 74쪽에서 그리스인 아버지는 혼인식 날까지 딸이 순수한 처녀 상태를 유지하지 않으면 딸의 목숨을 앗아갈 절대적 권리를 가졌다. 이것은 솔론 시대부터 아테네에서 우리에게 알려졌으므로 구식이 아니다. 고대 로마법에서 '가장의 권위'에 '생명과 죽음의 권리'도 포함되었다는 사실은 일반적인 지식이다. 그런데 이 강력한 법은 나중에 황제 통치 아래서 축소되어 마침내 사실상 폐기되었다. 하지만 법의 발전이 가장 급격히 이루어진 곳에서도, 아버지가 가족의 가장으로서 자신의 아이를 죽일 수 있는 권리는 일반적으로 처음부터 인정되었다. 이러한 '생명과 죽음의 권리'가 저절로 사라진 것은 사안의 성격상 이상하지 않다. 모든 것을 고려할 때, 정부가 나타나자마자 이것이 중단되었다.

그런데 정부가 아버지를 대신하여 행동해야 했지만, 정부의 지도 아래서도 그러한 권리가 수년 동안 아버지에게 남아 있었다는 것도 사실이다. 심지어 이것은 가장 법적으로 발달한 민족들 사이에서도 그러했다. 그것은 삶의 결정권을 포함하여 처음부터 가족의 머리에서 어떻게 정부의 법률이 제정되었는지를 강력하게 보여 준다(P. F. Girard[228], Manuel de Droit Romain 2e ed., Paris, 1898, 132쪽 이하 참고). 트로프롱(Troplong)은 그의 "로마인의 민법에 미친 기독교의 영향"(De l'influence du Christianisme sur le droit civil des Romains, Paris, 1893, 258쪽)에서 브루투스(Brutus)[229]가 어떻게 정치적 이유로 아들을 죽였는지, 그리고 그의 아들이 농업당을 선택했기 때문에 카시우스(Cassius)[230]가 어떻게 같은 행동을 했는지를 지적한다. 그것이 분노의 발작이 아님을 트로프롱이 의도적으로 다음과 같이 말했다. "카시우스가 아들을 국내 법정에 데려가는 것이 목격되었다. 그래서 나는 친척과 친구의 조언을 받아들인다." 사람은 이 문제의 중요성을 과소평가 하지 않았다. 법적으로도 고도로 발달된 민족의 본래적 견해에 따르면, 가족의 부계 권위는 결코 가정적이고 교육적인 성격이 아니라, 법적 제도와 법 집행을 의미했다. 가족은 하나님의 전능하신 직접적 제도이기 때문에 더욱 강조되어야 한다. 그리고 그것으로부터 하나님은 자신이 확립하신 세계 질서의 첫 번째 영역에서 확실한 권위를 제정하셨고, 이 권위에 의해 법이 확립되도록 하셨다.

이렇게 확립된 정의가 처벌이나 심지어 사형에 의해 어떻게 유지되었는지는 명백하다. 다른 형벌은 여전히 교육학적으로 설명될 수 있다. 그런데 사형은 매우 심원한 의미를 가지고 있는데, 선고가 이루어지고 사형이 집행되면 교육적 의미가 사라지기 때문이다. 여기에는 모든 교육적 논쟁이 사라진다. 그리고 좋은 법질서를 위한 개인의 희생에 기초하여 확립된 권위를 토대로 법질서의 유지가 일어난다. 이것은 합의나 조약이나 동의에서 결코 추론할 수 없다. 피의 복수와 보복법(jus talionis)이 이와 관련되어 있다는 것은 부정할 수 없다. 이러한 형태의 처형은 저절로 사라지고, 상급 정부가 더 넓은 범위에서 법을 집행하고 범죄자에게 처형을 적용할 수 있는 것처럼 보인다는 사실은, 여기서 상기시킬 필요는 없지만 부정할 수도 없다. 그리고 과도기적으로 정부는 가족의 우두머리로부터 정당하게 법적 권리를 인수했지만, 아직 해당 법률을 집행할 충분한 권한은 없었다. 이 경우 변경된 상황들이 생겨 오래된 법적 질서가 여전히 부분적으로 준수되었다. 또한, 이 점에서 이스라엘에 관한 한 이전 형식이 여전히 작동하는 것처럼 보이지만, 더 높은 법은 이미 이러한 형식을 바꾸었다.

§12. 신적 기원

이제 이 두 가지를 함께 추가해야 한다. 첫째, 십계명의 율법에서 정부의 권위는 여전히 가족의 권위에 전적으로 포함되어 있다. 둘째, 가족법은 원래 처벌로 사형을 집행할 수 있는 권리를 가지고 있으며, 인간은 '진화'하여 동물로부터 발생한 것이 아니라 '창조'에 의해 하나님의 형상인 '올바른 상태로' 창조되어 모든 정부 권위가 신적 기원을 가짐을 말한다. 그러나 부모의 권위는 가정의 질서에 대한 일종의 규제가 아니라, 최고 질서의 법적 표현이다. 따라서 가족을 단순히 국가의 '원형'이라고 말할 수 없다. 오히려 모든 국가의 권위는 원래 가족에 기초하며, 가정생활에서 더 광범위하고 포괄적인 형태로 발전한 것이다. 따라서 중요한 것은 가족의 질서가 육체적, 정신적으로 하나님 자신에 의해 시작되었고, 그래서 가족 권위의 이 신적 기원은 이 가족 권위에서 발생하여 모든 권위로 넘어간다. 이제 아버지가 자녀에 대해 하나님으로부터 받은 권위는 자연스럽게 수직적으로 내려와 손자와 증손자 등에 대한 권위도 포함하게 되었다. 일반적으로 이 권위는 세대와 부족을 거쳐 계보로 퍼져, 결국 모든 인류까지 퍼져 나간 것이다. 그러한 권위의 족보적 확장에 대해서는 역사상 제한된 흔적만 확인할 수 있다. 이스라엘 아래에도 이미 너무 산산조각이 나고 손상되었다. 정상적 질서로 확립된 것이 비정상이 되었고 가정 밖에서 정부의 권위가 출현하지 않았다면, 모든 인간 사회는 결국 산산조각이 났을 것이다.

그런데도 위베르 드 랑게가 그의 "폭군에 대한 저항에 관하여"에서 이스라엘에 일어난 일을 일반적 법적 규범으로 만들려 한 시도는 실패로 간주된다. 그는 74쪽에서(Treitschke[231] 편집, Leipzig, 1896) 이교 지역에서 일어난 일을 지적했는데 그다지 모호하고 피상적이지는 않았다. 그가 이스라엘에 대해 우리에게 기록된 것뿐만 아니라 그의 결론에 대한 실제 증거를 도출했다는 것이 중요하다. 그러나 이러한 호소는 사실이 아니다. 성경이 이스라엘에 대해 우리에게 말하는 것은 전적으로 특별은총 경륜의 시대에 해당하며, 그 근거로 일반은총 경륜의 시대에 다른 모든 나라에서 일어난 일에 대한 증거를 결코 제공할 수 없기 때문이다. 이스라엘에서 하나님은 이스라엘 민족의 역사적 과정에 우림과 둠밈, 제비뽑기, 예언, 직접적 계시를 통해 양자 사이의 주인 역할을 하셨다. 여기에 신성한 개입이 있고 신성한 계시가 있다. 이것은 뚜렷한 사명을 가진 사람의 직접적 표시다. 그러나 이와 관련하여 이스라엘에서 일어났던 모든 것이 전적으로 독특하고 예외적 성격을 가지고 있기 때문에, 여기서 결론으로 도출된 정부 권위의 성격과 질을 모든 민족에 다양한 방법으로 적용하는 것은 허용되지 않는다.

이 모든 민족에서 특별한 하나님의 섭리적 예외성이 빠져 있으며, 전체 역사적 과정은 완전히 평범한 하나님의 섭리 과정으로 이해되어야 한다. 특히 '하나님의 은총으로'라는 현재의 공식을 부당하게 사용하는 것에 대해 여기에서는 가장 엄격하게 반대해야 한다. 이 점에 대한 군주적인 추정은 하나님의 위엄을 정당하게 영화롭게 하는 것이 아니라, 공의와 진리로 왕관을 쓴 사람이나 왕실이 마땅히 가져야 할 수준이 부족함에도 권위를 영속시키려는 것에 대해 반대하는 것이다. 하나님께서 사울은 제비를 통해, 다윗은 예언을 통해 신성하게 지정하셨지만, 이스라엘 가운데 모든 영적이고 특별한 간섭은 결국 메시아에게 초점이 맞추어져 있다. 그로 인해 신적인 기원에 따라 그리스도의 왕국에 가장 깊은 뿌리가 있다.

이러한 이유로 이것은 다른 국가의 원수들에게 결코 이전되어서는 안 되며, 일반적으로 거부되어야 한다. 랑게와 같은 칼빈주의자는 평범한 행정관의 권위를 이스라엘의 특별한 계시에서 가져오려는 유혹을 받는 경우가 많았다. 원리적으로 아담은 첫 사람이라는 사실에서 신적인 권위의 사명이 주어졌고 노아도 마찬가지였다. 그러나 아브라함은 특별한 부르심을 받았다. 성경은 다음과 같이 말한다. "내 도움으로 지도자들이 바르게 다스리고, 고관들 곧 공의로 재판하는 자들도 올바른 판결을 내린다"(잠 8:16). 여기에 적어도 어떤 특별한 소명이 표시된 것은 아니다. 모든 왕족과 모든 재판관이 일반적으로 언급되고 있다는 사실은, 모든 민족과 사람들에게 같이 일어난 것이 하나님의 섭리 체제에서 일어난 일이며 다른 어떤 일도 있을 수 없다는 것을 확실히 증명한다.

§13. 하나님의 은총으로

이 점에 대한 어떤 망설임도 절대 허용되지 않는다. 특별하고 직접적인 부르심과 계시를 경험한 이스라엘과 같이 초자연적 능력이 높은 권위를 가진 사람이나 집에 부여되었을 때 '하나님의 은총으로'를 말할 수 있었다. 하지만 이스라엘을 제외하고는, 높은 권위가 어느 한 왕실에만 특별한 방식으로 이루어진 것은 아니므로 일반적 왕가에서 '하나님의 은총으로'라는 표현은 이처럼 예외적 의미로 이해되지 않을 수 있다. 이전에는 가족의 아버지와 어머니가 '하나님의 은총으로' 주어졌다고 말할 수 있었고, 직접적인 의미에서 가족의 머리에 배치되었다고 할 수 있었다. 왜냐하면 부모에게 주는 자녀라는 선물은 항상 하나님의 직접적 창조적 행위로 간주되었기 때문이다. 대권자로부터 군주나 그의 가문에 대한 모든 위임은 항상 인간 행위에 묶여 있다. 이것은 하나님으로 인해 일반적 사물의 질서 밖에서 임시로 이루어질 수 없는데, 이스라엘 밖에서는 하나님께서 개인을 직접 임명한 곳이 없었기 때문이다.

그러나 경제, 과학 또는 미학 분야의 다른 모든 섭리 성향과 높은 권위자의 권한을 동일시하는 것은 문제가 되지 않는다. '하나님의 은총으로'라는 표현을 반대하는 사람은 항상 이 점에서 특별한 임명이 없었을 뿐만 아니라, 섭리조차도 여기서는 특별한 가치가 없다고 말할 준비가 되어 있다. 이는 어떤 분야든지 상관없이 어떤 사람들에게 해당되는 모든 상위 소명과 전적으로 일치했기 때문이다. 큰 재산을 소유하고 관리해야 하는 사람은 누구나 일할 사람을 임명하고, 그에 따른 규칙을 결정할 권한이 있으며, 노동의 결실을 두고 원하는 대로 행동한다. 그래서 여기에도 왕좌에 있는 것처럼 권위 있는 머리가 있었다. 학문 분야에서는 토마스 아퀴나스, 칼빈, 라이프니츠, 칸트와 같은 학자들은 의심할 여지없이 위대한 권위를 행사했으며, 인정받는 수장으로서 제자들을 중심으로 한 학파를 시작하고 관리했다. 음악 분야의 바흐(Bach)와 바그너(Wagner)[232]도 마찬가지라고 말할 수 있다. 문자 그대로 전 집단을 지배하는 인정된 권위자들이 등장하지 않는 인간 질서의 단일 영역이란 존재하지 않는다. 이것은 순수 기술 분야와 무역 분야에서도 계속된다. 요컨대 지도력이 느껴지지 않고 인식되지 않는 영역은 단 한 곳도 상상할 수 없다. 이것을 지적하면서, 자신의 분야에 있는 이 모든 권위자에 대해 같은 말을 해야 하는지 묻게 된다. 하나님의 은총을 받은 철학자 칸트, 하나님의 은총을 받은 음악의 마법사 바흐, 하나님의 은총으로 전기 분야의 발명가가 된 에디슨. 이것이 우스꽝스러운 것임을 이제 인식하더라고, 주인의 권위를 높이기 위해 이 죽은 칭호를 왕가에 계속해서 붙인다면, 그것이 자동적으로 무의미한 말이 되지는 않을 것이다.

이에 반하여, 인간 사회의 모든 분야에서 활동한 천재들의 선택으로 인해 하나님의 직접적 행동은 왕권을 물려받은 세습 왕자보다 훨씬 더 두드러진다는 점에 주목해야 한다. 경제, 과학, 예술 분야에서 모든 것은 그 사람과 그에게 주어진 은사와 재능에 달려 있다. 그러나 이것은 많은 세습 왕자들의 경우와는 거리가 멀다. 정부의 천재는 왕실에서도 생겨날 수 있지만, 이것은 여전히 예외로 남을 뿐이다. 이 천재라고 명확하게 불리는 몇몇 군주에 반해, 동시대 사람들 중에 특별한 것이 없어도 탁월한 다른 세습 왕자가 항상 존재한다. 그들은 곧 일반적 의미에서 좋은 통치자가 될 것이다. 천재는 항상 특별한 것이다. 평범한 것은 천재에게 일반적으로 부족한 것이다. 그래서 만약 '하나님의 은총'이 천재에게 할당된다면, 이 '하나님의 은총으로'는 군주와 마찬가지로 미켈란젤로와 에디슨에게도 동등한 권리를 부여했을 뿐만 아니라, 그 반대의 경우도 마찬가지다. '하나님의 은총으로'라는 표현은 황제들과 왕들보다 희귀한 천재들에게 훨씬 더 엄격한 의미로 부여되어야 한다. 그러나 많은 세습 왕자들에게는 특별한 말이 없고 거의 아무 재능도 없는 반면, 많은 천재에게는 모든 청중이 그 특별한 재능이나 달란트에 감탄한다. 미켈란젤로나 바흐를 아는 사람들은 그들의 예술 작품에서 '하나님의 은총으로'를 느끼지만, 많은 세습 왕자들에 대해서는 왜 그들이 뛰어난지 거의 알지 못한다. 이 기준에 따라 문제를 판단하고 왕들의 신성한 권리에 대해 의문의 여지가 없다면, 왕실법전의 서론에 나오는 '하나님의 은총으로'라는 명예 칭호는 빠르면 빠를수록 위대한 천재들의 전기로 이동하는 것이 더 좋을 것이다.

§14. 천재와 높은 권위

이 문제는 완전히 다르다. 사람들 중에 높이 있는 것은 자격을 갖추게 하겠지만, 이 자격이 '높은 권위'를 수행하는 자에게만 주어질 것이라는 점은 의심의 여지가 없다. 인간에게는 위대하고 멋진 일들이 반짝인다. 사도 요한, 아우구스티누스와 같은 스승, 라이프니츠(Leibnitz) 같은 사상가, 루벤스(Rubens)[233]나 렘브란트(Rembrandt) 같은 예술가, 드 라위터르(de Ruyter) 같은 제독, 폰 몰트케(von Moltke)[234]와 같은 장군은, 단순히 그들의 이름만 언급해도 즉시 어떤 정신적 힘, 재능의 압도적 충만이 당신에게 흘러가는 것을 느낄 것이다. 이들이 자신의 분야에서 자신의 각 재능으로 강력한 영향력을 행사했고, 여전히 행사하고 있다는 것을 부인할 수 없다. 다만 그들은 법적 영역에서는 높은 권위를 부여받지 못했다. 그들은 인간 사회의 법을 제정하여, 법 위반 시 처벌하고 필요하다면 사형을 선고하며, 필요한 경우 칼로 다른 나라와의 분쟁을 해결하는 책임을 지지는 않았다. 반면에 왕위를 이어받는 왕자와 왕족은 전쟁을 치르는 바로 그 높은 권위를 가진다. 이 고위 권위는 신적인 것이다. 우리의 창조주이신 전능하신 하나님만이 우리 삶을 위해 우리에게 율법을 부과할 절대적 권리를 가지고 있다. 하나님은 우리의 육체적 삶을 지배하는 생물학적 법칙에서 물리적으로 이것을 행하고, 우리의 감각과 의지를 지배하는 정신적 법칙에서도 그렇게 하신다. 그러나 그분의 전능하신 통치는 이것에만 국한되지 않는다. 그분은 국민의 정치적 연합을 위한 법과 통치도 주관하신다.

이처럼 지상에서 최고 권위의 소유자로 행동하는 사람은 결국 그 위에 하나님 외에는 아무도 없으며, 보통 상태에서는 하나님 자신 또는 인류 족보의 우두머리로서 해야 할 임무를 완수해야 한다. 이것은 완전히 독특한 성격의 작업이며, 인간의 다른 어떤 일과도 비교할 수 없는 일이다. 피조물로서 어떤 사람에게도 속하지 않는 권력을 행사하는 것은 사람의 생명을 압박하여 위험에 빠뜨리고, 사형 선고를 통해 생명을 빼앗을 수 있거나, 전쟁이나 폭동의 경우 생명을 위험에 처하게 할 수 있다. 그래서 이것은 본질적으로 하나님만 행사하는 것이다. 인간 사회의 지배와 생활의 성향이 우리 인류의 조건을 완전히 지배하기 때문에, 여기서 인류는 매우 독특한 성격으로 나타난다. 따라서 완전히 정확할 뿐만 아니라, 그러한 능력을 입은 사람의 칭호에는 그들이 '하나님의 은총으로' 통치한다는 사실을 표현한다.

여기서 유일하게 무의식적으로 우연히 발견되는 것은, 이 표현이 군주가 있는 경우에만 그 직함에 포함되었고, 위원회나 대통령을 언급할 때에는 종종 생략되었다는 것이다. 우리 공화국에서 정부는 대체로 총독의 지도하에 있는 의회에 기반을 두고 있었다. 하지만, 의회의 위원회도 총독도 하나님의 은총으로 통치하는 것으로 섬기지 않았는데, 이것은 아주 적은 수의 주와 투표권이 있는 계급과 도시의 고도의 위선과 일치한다. 루이 나폴레옹은 1806년 6월 5일 그의 법령에서 "하나님의 은총과 국가의 헌법적 법률을 통해, 네덜란드의 왕"이라는 표현을 처음으로 제시했다. 그는 1813년 12월 6일, 그의 법령에서 다음과 같이 기록했다. "우리 빌럼은 '하나님의 은총으로' 오란녀 나사우(Oranje Nassau)의 왕자이며, 네덜란드 연합의 주권적 군주로…." 그러나 군주들은 그들의 높은 권위의 유일한 근원으로서 하나님의 권위의 위엄을 인정했지만, 시 당국은 인정하지 않았다는 의미가 아니다. 이 점은 내가 "석좌 강좌"(Stone Lectures, New York-Chicago, Fleming H. Revelle Company, 1898) 108쪽 이하에서 미합중국의 탄생에 관해 쓴 부분에서 잘 입증하고 있다. 여기에서 특히 관심을 기울여야 하는 부분은, "하나님은 미국 국민이 자신의 정부를 선출하도록 권한을 부여하셨다"라는 표현이다(Franklin B. Hough 235, American Constitution, Vol. II. Albany, 1872, 555). 제퍼슨은 프랑스 혁명의 이념에 더 의지하는 것으로 알려져 있으나, 당시 지도자였던 해밀턴은 이것을 항상 강력히 반대했다. 내가 이미 지적한 그의 진술은 잘 알려져 있다. "프랑스 소설 속의 믿음 없는 아내가 뉴잉글랜드의 청교도 대모와 다른 것처럼, 프랑스 혁명은 미국 혁명과 다르다"(J. T. Morse[236], Thomas Jefferson, Boston, 1883, 147).

높은 권위를 누가 장악하느냐는 집행위원회나 국민 스스로에게, 혹은 군주에게조차 원리상 거의 차이가 없다. 세 경우 모두 '하나님의 은혜로'라고 동등하게 선포할 수 있다. 집행 위원회와 국민 집회는 인원이 자꾸 변하고 권위를 대표자에게서 취하기에, 결과적으로 높은 권위는 둘째 경우에서만 시행된다는 어려움이 있다. 반면 그 문제 자체에 관해서는 상당히 옳다. 자기 위에 더 높은 권위가 없는 권위, 그가 백성을 위한 법을 공급하고, 필요한 경우 개인의 자유와 재산과 생명을 보장하면서 그 법을 유지하고, 전쟁이나 폭동에서 시민의 생명을 보호한다. 그 권위는 오직 원리적으로 하나님에게 있다. 물론 이 땅에서 어떤 사람에 의해 행해질 수 있지만, 오직 하나님의 이름으로 시행되며, 그래서 언제나 '하나님의 은총으로'라는 성격을 지닌다. 이 권위가 왕이나 군주에게 더 분명하게 나타나, 평생 지속되는 업무 수행이 더 안정감을 지니게 된다. 혈통을 따라 계보적으로 계속된다는 사실만이 군주가 지닌 높은 권위의 신적 기원을 느끼게 했고, 군주가 이를 통해 공화국 정부에서 자신의 영광을 위해 그것을 남용하였다. 이것 자체는 공식문서로는 표현되지 않는다. '은총'(gratie)은 은혜(genade)이다. 은혜에는 자신의 공로나 개인적 권리가 있을 수 없다. 이 공식에는 겸손, 부적합, 그리고 자신에게는 취할 것이 아무것도 없다는 것, 오직 하나님께 감사하는 것, 그리고 노동에 대한 대가도 아니고 공로에 대한 보상도 아니며, 자신의 탁월함으로 주어진 것도 아니라는 표현이 들어 있다. 자신의 부질없음을 선언함으로 모든 권위와 특권이 하나님의 은혜 덕분임을 아는 것이다.

§15. 정부의 독립적 지위

창조 자체에서 나오는 하나님의 명령에 의해 가족의 머리가 있다면, 우리가 '정부'라고 부르는 '가족 관리자'는 아버지의 권력과 같은 정부의 권위로 독립적 지위를 얻었으며, 이것은 하나님의 고도의 섭리 아래에 있다. 죄가 둘 사이를 찢어 놓지 않았다면, 가족의 머리인 아버지의 권위는 여성 위에 남성을 선택함으로써 자녀와 후손의 가족으로 계보를 통해 확대되었을 것이다. 즉, 첫째는 원조를 선택함으로, 그리고 둘째는 가족의 머리가 자동적으로 집안의 머리, 혈육의 머리, 부족의 머리, 마지막으로 인류의 머리가 되었을 것이다. 그것은 둘 사이에 개입하는 인류 쪽의 그 어떤 결정도 없이 이루어진다.

그럼에도 불구하고, 인류의 이 족보 체계는 파편, 즉 두 종류의 파편으로 분해된다. 이는 한 종류에는 어떤 족보적 연결이 계속되는 반면, 다른 종류에는 자기 스스로 선 자의 응집이 자리를 잡는다는 사실에서 구별된다. 이스라엘은 홍해를 지나 구원 받고 광야로 들어갔을 때 하나로 연합했다. 족보로 연결된 아브라함 가족 혈통은 고센으로부터 왔다. 하지만 이스라엘 민족과 관계가 먼 민족의 무리들이 합류했다. 출애굽기 12장 37-38절은 이렇게 말한다. "이스라엘 자손이 라암셋을 떠나서 숙곳에 이르니 유아 외에 보행하는 장정이 육십만 가량이요, '수많은 잡족'과 양과 소와 심히 많은 가축이 '그들과 함께 하였으며'"(강조는 필자의 것). 민수기 11장 4절에서 이 사람들이 다시 언급된다. "그들 중에 섞여 사는 다른 인종들이 탐욕을 품으매." 이 낯선 사람들의 기원에 대한 질문은 제쳐두고라도, 그들이 완전히 다른 기원을 가졌고, 공동체 안에 혼합이 이뤄졌다는 사실을 보여주는 것으로 충분하다. 그들은 고립된 개인이나 가족들이었으며, 다른 집단과 분리되어 현재 이스라엘과 함께 그 보호 아래 살고 있었다. 다른 방법은 없었다. 죄가 사회에서 만든 분열의 결과, 인류의 붕괴는 그 자체로 모든 종류의 분리된 집단이 합쳐져야 했고, 새로 형성된 이 집단은 다시 분리되고 서로 대립하게 되었다. 가인에 대해 알려진 내용, 그의 후손들이 정착했다는 내용과 마찬가지로, 라멕과 그의 아내인 아다와 씰라에 대해 읽은 내용은 이것이 어떻게 일어났는지 보여준다.[238]

이러한 분열적 광기에 대한 반응은 피할 수 없는 일이었고, 결국 바벨에 모여 다시 함께 집을 꾸리려는 반대 시도가 이뤄졌다. 이것은 이전의 분열 경향만큼이나 하나님께서 제정하신 계보적 연합에 반항하는 시도였다. 계보적 통일성은 감각과 성향의 통일성, 그리고 피의 통일성에서 저절로 발생하는 따뜻한 공감에 있었다. 그러면 함께 소속되었다는 생각이 나타나고 타고난 애착이 지배한다. 그러나 이러한 자연적 결속이 풀리고, 이기심과 탐욕과 지배가 자리를 잡으며, 시기심과 반감, 마침내 적대감이 표현되었다. 이러한 집단의 특성은 일반적 인간의 성격을 약화시키고, 갈기갈기 찢어지게 했으며, 다른 소원 때문에 방해받지 않고, 필요하다면 강제로 다른 사람에게 자신의 의지를 강요하도록 압도했다. 가인과 라멕, 이 두 경우에 폭력 행위가 곧바로 전면에 등장한다.

만약 죄가 들어오지 않았다면, 고도로 지배적인 종족이 형성되지 않았을 것이고, 지금의 불화 대신 조화를 이루었을 것이라고 말하는 것이 아니다. 인류의 독특성은 창조주의 부요함이 드러나는 일반적 유형의 인간에 대한 다양성에 있다. 하나님의 사역에는 통일성이나 획일성의 빈곤은 없지만, 끝 없는 다름의 풍요는 항상 차별점을 둠으로 빛난다. 그것은 식물계와 동물계에 존재하며, 인간 세계에도 다르지 않다. 항상 다양하고 변화한다. 이 변화는 죄로부터 나온 단절의 결과가 아니라, 본질적인 것이다. 별이 빛나는 세계에도 다르지 않으며, 곧 영원 속에 나타날 것이며, 천사의 세계에서도, 선한 천사의 세계나 사탄의 세계에서도 마찬가지이다. 오직 죄에 의해 인류의 이 풍요로운 다양성이 일방적으로 발전되었고, 최고의 조화 위에 세워진 것이 완전한 부조화 상태로 퇴보하고 왜곡된다. 현재 가장 후진적 종족에서 발견되는 유형은 더 이상 인간적이라고 말할 수 없다. 불협화음으로 모든 교향곡을 잃어버린, 일방적으로 연대를 찢는 형태가 나타났다. 인간과 인간 사이의 소외를 일으킨 것은 바로 이 일방적 기원이며, 다양한 변이의 유사 전형이다. 그래서 한 명 이상의 학자들이 인류 기원의 통일성조차 포기하는 경향이 있다. 이는 물론 진화론에 따라 촉진된 반인간적 사상이다. 그러므로 하나님의 질서에서 의도된 것은 조화로운 변화일 뿐이었는데, 이것이 이제는 그 고유종의 병렬 질서로 선전되고 있다.

§16. 신체적, 언어적 다양성

두 측면을 관찰해 보자면, 먼저는 사람과 사람 간의 '신체적' 차이고, 다른 것은 '언어'의 차이에 대한 것이다. 신체적 구별과 관련해서는 피부색, 머리카락 색깔, 머리카락 모양이, 최근에는 특히 두개골의 차이, 눈의 위치, 신경의 민감성 등이 번갈아 가며 강조되었다. 이러한 구분은 더 세분화된다. 먼저 사람들은 유럽인, 아시아인, 아프리카인, 아메리카인과 같은 세계 4대 지역 거주민에게 나타나는 네 가지 기질의 구별에 대해 말했다. 블루멘바흐(Blumenbach)[238]는 그의 체계에서, 린나이우스(Linaeus)[239]의 이 네 종족에 다섯 번째 종족인 남태평양 섬 거주민 종족을 추가했다. 지난 세기의 중엽, 독일에서는 5개 종족으로 나뉘는 구분이 고수되었지만, 프랑스에는 여전히 퀴비에(Cuvier)[240]가 세운 체계가 유지되었다. 바람직한 것은 세 종족, 즉 백인과 흑인과 황인으로, 이것은 노아의 세 아들인 셈, 함, 야벳으로 나누는 것이다. 그러나 두개골에 관한 한 입 모양과 관련하여 머리 모양이 특히 강조되었다. 따라서 우리 가족은 머리가 큰지, 중간인지 작은지에 따라 긴 머리 (Dolicho-kephalen), 중간 머리(Mero-kephalen), 작은 머리(Bracho-kephalen)로 나뉜다. 다르게는 앞니가 구부러지거나 곧은 위치에 따라, 윗턱돌출(Rognathen)과 아랫턱돌출 (Orthognathen)로 나뉜다. 또 어떤 사람은 이 두 개를 합쳐서는, 아래턱이 돌출된 긴 머리가 더 고등한 문화에 가장 적합한 인종이라고 보았다. 헤켈은 머리카락에 더 중점을 두어 두 가지 주요 집단으로 나누어, 각각을 두 가지 유형으로 더 세분화하였다.

그 이후 새로운 분류가 나타났는데, 헤켈의 분류와 관련하여 뮐러(F. Müller)는 자세한 설명을 통해 언어 차이에 따라 12개 종족으로 분류했다. 페쉘크롬프(O. Peschelkromp)는 이 체계를 7가지 인종과 연결했다. 첫째 변형 이후에 차이가 점점 더 강해지고, 일정해져서 가장 높은 유형과 가장 낮은 유형을 비교할 때, 실제로 우리 인류의 통일성을 의심할 수 있다는 것이다. 그러나 이런 의심은 성경을 굳게 붙잡는 자들에게서는 낙원 이야기와 그리스도의 영원한 왕국에 관한 예언에 의해 사라질 뿐만 아니라, 성경을 거부하는 사람에게서도 모든 인류 유형이 성적으로 혼합되어 아이를 낳는다는 냉정한 사실 때문에 모든 힘을 잃는다. '존재'의 차이에는 있을 수 없는 그 무엇이다.

다른 한편, 변화가 발생하는 근본적인 차이가 이제는 신체적이고 언어적이다. 혹은 육체적으로나 정신적으로 예리하고 강하게 그리고 한쪽으로 치우쳐 발전하는데, 어떤 시점에서는 부분이 함께 더 높은 단결을 구성하고 결합하지만, 거의 모든 영역에서 통일로 되돌아가는 것을 거부한다. 이 점을 지적해야 하는데, 한편으로는 변화의 풍부함을 깎아내리지 않아야 하고, 다른 한편으로는 변화를 죄로 인한 파열을 감추기 위한 주장으로 오용해서는 안 된다. 인종의 분열만큼 정확하게 죄가 우리 인종의 단일성에 어떤 충격적인 힘을 가했는지를 보여주는 것은 없다.

§17. 추가적 차이점

지금도 같은 방식으로 계속해서 인종 유형에서 가장 큰 부족의 다양성을 말하게 되는데, 이것을 일반적으로 인종학적(ethnographisch)[241] 차이라고 한다. 이것에 의해 우리는 러시아인, 영국인, 프랑스인 등의 차이는 그리 많이 언급하지 않고, 인도-게르만족, 슬라브족, 로마족 등의 민족지학적 집단에 대해 언급한다. 셋째로 추가 구분이 있는데, 일례로 인도-게르만족을 인도인, 페르시아인, 게르만인, 스칸디나비아인 등으로 나눈다. 마지막으로 더 세분하면 게르만인 중에서 작센, 바이에른, 프로이센으로, 그리고 슬라브인 중에서 러시아인, 폴란드인, 세르비아인 등으로 나눈다. 또한 로마인 중에서 프랑스인, 이탈리아인, 스페인인, 루마니아인 등으로 나누고, 마지막으로 더 세분화하여 제일란트인, 홀란트인, 프리스인 등과 같이 더 많은 지방 구분이 추가될 수 있다. 민족지학적 계통을 따라, 모든 하부의 차이점이 가진 공통점은 인종적 변이가 계속해서 나타날 수 있다는 점이다. 그러나 각 하부 변이는 아버지에게서 아들, 그리고 자손에게 발생하는 새로운 변이와 함께 현상의 불변성도 보여준다. 따라서 민족지학적 차이가 인종적 차이에 추가되고, 부족의 차이가 민족지학적 차이에 더해졌을 때, 여기에 다시 지역적 차이가 더해지면, 변이는 쉬지 않고 진행되었다.

세 가지 완전히 다른 점이 이미 언급된 것에 추가된다. 첫째로, 가족의 차이다. 특히 군주와 귀족 가정에서 신체적으로나 정신적으로 두드러진다. 가령 합스부르크 왕족의 턱과 입술, 부르봉 왕족의 높은 허리, 호엔촐레른 왕가의 지적 성숙도를 생각해보면, 우리 오란녀 왕가에도 충분히 적용할 수 있다. 둘째로, 각 가족이 발전시키는 독특한 특성이 겉보기에는 사소하지만 가장 가까운 이웃들 사이에서도 가족과 가족을 구별할 수 있게 한다. 셋째로, 성격의 개인적 차이가 추가되는 두 가지 변형은 높고 낮은 신분에서 항상 반복된다. 어느 정도 많은 가족과 친밀하게 아는 사람은 어느 자녀들이 어떤 유형의 아버지와 어머니를 선호하는지, 어떤 유형의 혼합 유형인지 즉시 알 수 있다. 아버지 유형을 보여주는 두세 사람 사이에서 가족의 삶이 더 강해지면, 개인적 특이성이 다시 깨어나 자녀들에게 나타나게 될 것이다. 또한 인종적 차이에 대해 방금 파악했기 때문에, 이 모든 특별한 차이는 이제 완전히 진행된다. 즉, 이 모든 차이에서 한편으로 하나님의 창조적 사고의 풍성함이 드러나지만, 다른 한편으로 이러한 변화가 죄에 의해 더욱 날카로워지고 종종 죄의 경향과 결합하여 잘못된다는 것이다. 순수한 변형은 부분을 조화롭게 연결하겠지만, 이러한 변형은 죄로 인해 자신을 변조함으로써 분열의 결과를 가져온다. 이것이 정부 당국의 모든 근본적인 결정에서 고려되어야 한다.

§18. 이 차이점들에 대한 정부의 권위

원래 가정에서 머리의 권위 자체는 하나님의 질서에 따라, 즉 피와 영으로 작동하는 혈족에 의해 지지를 받고 지원되었기 때문에 결코 문제가 된 적이 없다. 하지만 오늘날에는 정부의 권위가 파열과 분열을 일으키는 일방적 경향이 있는 변수들과 모든 분리되고 경쟁하는 요소들과 마주하고 있다. 국가적 단일한 사회가 가능할 수 있도록 하는 것이 정부 당국의 소명이다. 이를 통해 공존이 지속될 수 있다. 따라서 정부가 분리와 단절을 처리할 수 있는 권한이 없다면 정부의 권위는 없는 것이다. 싸워야 할 악은 안팎에서 올 수 있다. 정부는 경찰과 군대, 함대와 함께 법원을 도울 수 있어야 한다.

정부가 장악해야 할 분열과 위반으로 산산조각 난 대중에게서 동시에 자연분해를 막아내고 정부의 권위를 지지해주는 완전히 다른 근거가 발견되지 않는다면, 이것은 생각할 수 없는 것이다. 그리고 이제 이러한 근거는 항상 우리 인간 의식 속에 하나님 쪽의 일하심에 영향을 미쳐, 정부로 하여금 스스로 유지할 수 있는 가능성을 만들어 준다. 대다수의 사람이 먼저 하나님의 위엄을 고백하는지는 여기서 문제가 아니다. 두 가지 근본적 질문은 다음과 같다. 첫째, 하나님은 사람들에게 이런 경향과 능력을 주셔서 인간이 그것을 인식하지 못하지만 그분을 따르게 하시는가? 둘째, 주 하나님께서 자신의 섭리 체계에서 역사적 인물과 역사적 자료를 다루시며, 이러한 경향을 유지하고 필요한 경우 이를 강화하시는가?

§19. 권위의 신비로운 기초

의심할 여지없이, 정부는 그 권위의 초대와 행사에서 파열을 더욱 악화시키기 위해 정부에서 나오는 모든 구속력 있는 요소를 방해하도록 고안된 모순적 요소에 직면한다. 그러면 정부의 무력을 통해서만 악을 차단하고 제거할 수 있다. 정부가 그 목표를 달성하는 것은 이제 어떻게 이루어지는가? 악을 원하는 사람은 극히 소수이고, 반대로 대다수 사람에게 정부에 대한 모든 반대는 죄이며 정부를 지지하는 것이 하나님의 뜻임을 깨닫게 하는 것이다. 이것을 '공통 여론'이라고 부른다. 하지만 대다수 국민이 정부에 대한 모든 경의를 제거하고 일반적 반란을 일으키면, 정부 자체가 위험에 처하게 된다. 이런 대다수의 반대는 정부를 무력화시키고 권력을 파괴할 것이며, 대다수 국민의 도덕적 경외심에 의존할 수 없는 정부가 통치의 종말에 가까워지게 된다. 제대로 무장하지 못한 시민과 잘 무장된 용병 사이에 여전히 투쟁이 있을 수 있지만, 정부의 권위는 근거가 없이 흔들리고 구부러지며 마침내 무너진다. 한동안 이 결과가 결정되지 않은 상태로 남아 있을 수 있지만, 최종 결과는 결코 의심할 여지가 없다. 이러한 성격의 모든 투쟁은 사람들 자신에게 정부의 출현을 존중하고 지지하기 위한 근거가 있을 때만, 얼마나 정부가 안장에 확고하게 서 있을 수 있는지를 보여주었다.

이러한 자료들은 항상 보이지 않는 힘의 작동으로 구성되는데, 신하들이 의식적으로든 무의식적으로든 통제되고 정부의 결정으로 진행되는 모든 것에 '순응'하거나 '복종'한다. 따라서 정부에 복종하는 도덕적 근거는 논쟁거리가 아니다. 준수하고 순종하는 것 외에 다른 방법은 없다고 느낄 수 '있기' 때문이다. 이렇게 작동하는 힘을 자연, 우리 마음속의 도덕법과 공적 양심이라고 부르기 원하고 '전능하신 하나님'이라고 부르지 않는다면, 말장난에 지나지 않는다. 더 강력한 의지가 우리에게 작용하지 않는 한, 우리의 '의지'는 구부러지지 않는다. 그 '의지'는 자연이나 도덕적 '운명'에 있지 않으며, 의지가 있는 것 외에는 우리에 대한 힘으로 나올 수 없으며, 의식적으로 만물을 통제하려는 의지의 경우, 그러한 의지는 살아계신 하나님 안에 있을 수밖에 없다.

따라서 우리가 볼 때 하나님의 뜻에 반하는 것을 정부가 추진하기 원하면, 평온한 네덜란드인조차 잠시도 주저하지 않고 정부에 '대항하는' 태도를 보일 것임을 알 수 있다. 이 경우를 제외하고, 예외적으로 백성이 복종하지 않는 경우는 자신이 그것을 권장하고 더 낫다고 생각하기 때문이다. 또한 처벌에 대한 두려움 때문이 아니라, 자기 내면의 감각이 '그가 해야 함'을 하나님의 방식으로 말해주기 때문이다. 자신의 통찰력은 오만한 철학자와 악의를 품고 악을 꾀하는 자에게 작용한다. 반대로, 평범한 시민은 이런 확신이 대다수의 사람과 일상에서 '관습적 의무'로 바뀌더라도 하나님의 뜻에 충실하게 복종한다. 물론 그 높은 권위를 '가진 사람'이 누구인지는 완전히 다른 질문이지만, 우리는 한 민족으로서 그리고 개인으로서 더 높은 손에 의해 우리에게 부여된 의무 관계 아래에 살고 있다는 것을 깨닫는다. 그 관계가 삶이든, 죽음이든, 권리든, 폭동이든, 전쟁이든 우리에게 다가오는 것은 주 하나님 자신이 성령을 통해 내면으로, 나아가 교육적으로, 그리고 역사적으로 삶을 통해 우리 안에 일하신 것의 심리적 결과이다. 자체 협의, 합의, 동의, 협정선 내에 있는 모든 것은 협의권을 가질 수 있으며, 이는 고위 당국의 '책임자가 될 사람'을 지정하는 데 적용된다. 그러나 고위 당국에 복종하려는 내적 충동은 결코 그러한 근원으로부터 올 수 없고, 그렇게 하려는 성향과 충동과 자극은 어떤 식으로든 우리 안에서 하나님의 방식으로만 이루어질 수 있다.

§20. 종교의 기능

이에 대한 증거는 종교가 항상 국민의 생활 속에, 또한 국민의 삶을 위하여 가지고 있었고 아직도 가지고 있는 중요성에 존재한다. 우리는 예부터 하나 이상의 국가에서, 종교의 실을 위한 자리가 남아 있지 않은 국가 예복에 밑단이 항상 존재해 왔다는 점에 대해 이의를 제기하지 않는다. 이것은 아직도 그렇다. 그러나 전체 국민의 의복에 비해, 그 밑단은 여전히 믿을 수 없을 정도로 좁았다. 물론 여기서 시대와 시대를 구분해야 한다. 국민 번영의 평범한 시대에는 민족의 의식 안에 민족을 신들에게 묶는 유대에 대한 아주 희미한 기억 외에는 아무 것도 남아 있지 않다. 제사장들은 그 목적을 위해 지정된 날에 희생 제물을 제단에 가져올 수 있으며, 이러한 제물이 축제로 이끄는 기회가 된다. 사람들은 그 제물보다 축제를 더 높이 평가할 수 있다. 모든 것이 잘되고 있다고 보이더라도 사람들을 신들에 묶는 유대감은 거의 눈에 띄지 않을 수 있다. 이것은 이교 국가에 일어났으며, 종종 아직 기독교에서도 나타난다.

하지만 그냥 내버려두라. 사악한 전염병이 일어나고, 지진, 홍수, 폭우 등의 요소를 내버려 두라. 사람들을 한꺼번에 압류하거나, 전쟁의 위협을 받고, 역경이 군대를 반격하게 놔두라. 그러면 '모든' 사람에게서 각성과 종교적이고 의존적 느낌이 깨어나고, 모든 나라와 지역에서 기도와 희생, 약속과 언약에 대해 읽고 듣게 될 것이다. 종종 새로운 예배 제도에 대해서도 말이다. 그런 다음 사람들이 신들을 화나게 했고, 신들과 화해하려고 노력해야 하며, 구원은 신들에게서만 올 수 있다는 관념이 살아난다. 번영의 때에 신들을 섬기는 것을 잊고 무시한 것이 양심을 건드린다. 사람들은 그 의무에 대한 거룩한 헌신에 미치지 못했다고 느끼고 인정한다. 그리고 적어도 한동안은 기회가 온다. 그것은 이교 국가들 사이에 있었고 지금도 아직 그렇다. 사건의 심각성이 모든 사람을 졸고 있는 상태에서 깜짝 놀라게 하는 것처럼, 기독교 국가에서도 언제나 다르지 않았다. 사람들은 그것을 1914년에 보았다.[242]

지금도 매년 의회의 회기 개회식에서 왕위 수행자가 '하나님의 복'을 기도한다. 그렇게 하려는 충동이 너무나도 강력하기에, 무신론이 자신의 종교적 감정을 무감각하게 만들었다는 것을 모두가 알고 있는 왕실의 장관도 이 기도문을 빼서도 안 되고 뺄 수도 없다는 것을 느꼈다. 다른 한편, 왕직 수행자들은 너무나 강력한 확신에 차서, 왕권 수행 기간 중에 최종 형식문으로 '여러분, 이제 우리는 하나님의 거룩한 보호하심 안에서 명령합니다'라는 정형구를 넣지 않은 그 어떤 법안도 의회에 제출한 적이 없다. 1813년

'하나님의 은총으로'라는 표현을 법률의 제목에 포함할 의무가 생략되었음을 인정해야 했지만, 1813년 12월 6일에도 왕실의 결정은 다음과 같은 말로 시작되었다. "우리, 빌럼 '하나님의 은총으로' 오란녀 나사우 왕자, 통일된 네덜란드 주권 군주." 그리고 1813년 이후로 단일 법령이나 법이 발효되지 않았다. 고위 권력의 출현은 그 안에서 반복되었고, 모든 장관은 이것에 반대 서명을 했다. 그러나 철학적인 면은 항상 저항해 왔다. 헌법적으로 하나님의 은총을 확립하려고 시도하지만, 이 철학은 이 문제에 참여하는 권리를 가진 왕족과 장관들에 대해 비판하고 반대하지만, 그것을 실제적으로 공식의 생략이나 삭제로 연결하지 못했다. 누구나 높은 권위와 전능하신 하나님 사이의 연결을 거부하거나 끊으려고 시도하는 것이 사람들에게 얼마나 혐오감을 불러일으킬지를 느꼈던 것이다.

1814년 헌법 제28조, 제29조, 제31조가 군주와 의회에 부과하는 선서에서 "그러므로 전능하신 하나님 진정으로 저를(우리를) 도와주소서"라는 표현이 필수적이라고 말한 것은 주목할 만하다. 제63조 의회의 구성원은 의석을 차지하기 전에, 맹세와 약속 중에서 선택할 수 있지만, 제28조, 제29조, 제31조에서는 그렇지 '않았다'. 여기서는 맹세가 의무화되었고, 제69조에서는 약속이 선택적이었다. 아마도 메노나이트를 고려해서 허용된 것으로 보인다. 1798년부터 1813년까지 15년 동안 맹세가 사라지고, '시민의 손'과 '약속'에 연결되었다. 그런데 1813년에 그에 반대하는 일반적 인식이 (선택 사항일 경우에만) 나타났으며, 맹세가 다시 도입되었다. 우리나라에서든 북미에서든 종교적 사역자는 전능하신 하나님과의 종교적 유대와 국가의 명예를 위해 국민이 일어섰다는 주장에 굴복했다. 알려진 바와 같이 미국에서는 입법부 회기가 여전히 기도로 시작되고, 대통령은 지정된 시간에 모든 국민에게 감사와 기도의 메시지를 보낸다. 고대의 신탁이 얼마나 결정으로 중요할 수 있는지를 이미 이 작업의 서론에서 강조했다. 국민에게 도덕적 힘이 존재하는 한, 정치적 무관심(동기가 무엇이었든지)으로 인간의 공동체적 삶에 대한 의식이 하나님께로부터 왔으며, 인류를 섭리적 질서 가운데 인도하신 분이 하나님이라는 사실을 부정할 수 없다. 최고 권위에 대한 존중은 전적으로 그리고 배타적으로 이 신념에 기초하고 있다. 그리고 정부가 국민이 인식하는 그 사람 또는 사람들과 다르지 않으며, 국민이 양심으로 묶는 힘을 가지고, 그들에게 복종하고 순종해야 한다는 인식을 가진다. 수백만 명으로 구성된 전체 국민이 한 명의 왕위 수행자나 권력을 가진 위원회에 복종하는 것은 추론이나 처벌에 대한 두려움만으로는 설명될 수 없다. 대중은 하나님께서 부여하신 복종의 의무를 수용한다는 동기로 순종하고 순복한다.

§21. 우리의 인격

우리 위에 있는 권위에 복종해야 하는 이 타고난 의무감은 자녀와 부모 사이에 자연적으로 존재하는 관계 덕분에 가정에서 처음으로 깨어난다. 그러나 이것은 외적으로 전파되는 교리가 아니라, 출산 자체에서 하나님께서 제정하셨고 아이의 첫 번째 연약함에서 확인되는 사실적 관계다. 사람들이 신체적으로는 자신의 육체적 존재를 물질적으로 설명할 수 있지만, 결코 이런 식으로 자신의 '인격'을 인간이라고 설명하지는 않는다. 인간의 기원은 아버지의 정자나 어머니의 난자에서 찾을 수 없다. 아버지와 어머니의 성행위가 '인격'을 육성할 수는 없으므로, 우리의 자아는 세계 질서에 독립적으로 배치되어야 한다. 이것 자체로도 세계 질서와 우리 자신 사이에 일정한 고정된 관계가 생긴다. 그러므로 우리 사람에 대하여 세계 질서는 개인적 사고와 의지의 방식으로 기원과 유지를 찾아야 하며, 바로 여기에 우리 위에서 모든 것을 통제하고 우리를 하나의 유기체인 인격적 집단에 묶는 힘을 인식하는 것이 있다.

따라서 다음의 양자 사이에는 선택의 여지가 없다. 하나는 피히테를 좇아 존재하는 모든 것을 비우고 자신의 영혼을 창조하도록 압박하는 것이고, 다른 하나는 기존의 모든 것을 비우는 것이 견딜 수 없는 것임을 인식하고 유대(band)를 인정하는 것이다. 그런 식으로 우리는 자신의 의지로 선택하는 것이 아니라, 우리를 존재하게 하는 더 높은 힘에 의해 인격적으로 결속되어 있다. 이기주의는 이러한 개인의 결합을 반대한다. 전체는 개인을 분쇄하려고 시도하지만, 소속감은 모든 방법으로 끊임없이 되살아난다. 우리의 본성은 아늑하고 싶은 충동을 없앨 수 없다. 기둥성자(zuilenheilige)는 사람이기를 중단했다. 과도한 자기 상상력은 때때로 개인을 기둥성자에 더 가깝게 이끌 수 있으며, 욕심이나 경솔함이 강도도 고립시킬 수 있다. 하지만 강도조차도 자신의 억압적 외로움에서 벗어나기 위해 조직을 구성하려고 한다. 그리고 평범한 사람들이 모여드는 곳마다 함께 있다는 느낌이 항상 모든 것을 지배하고, 오직 단합만이 우리 마음의 지울 수 없는 충동에 만족감을 준다는 것을 몇 번이고 보여주었다.

이러한 단결에 대한 지속적 만족을 찾을 수 없었지만, 끊임없이 흔들리고 해체하는 요소를 억제하기 위한 권위를 드러내고 유지해야 했다. 이 목적을 달성하기 위해서는 무엇보다 변화와 결정을 지닌 권력이 그 권위를 행사할 수 있다는 확신이 양심에 깊숙이 뿌리 박혀 있어야 한다. 그래서 사람의 힘과 판단이 매우 부족하다는 것과 하나님에게서만 안식이 가능하다는 인식이 자리 잡아야 한다. 더 높은 권위가 개인적 삶을 더 높은 조화를 위한 공동생활과 연결시킬 수 있다는 인식도 또한 필요하다. 여기에 권위를 가진 인간의 힘과 그에 관한 양심이 상호연결되어야 한다는 인식이 통합되었다. 그리고 고도의 과학적 사고구조로부터 삶의 실천적 지평으로 돌아가, 추상적 학문을 기초로 하여 자연적인 행동이나 자기 자신의 독창성의 산물을 높이는 일을 추구한다. 그것은 자연이 그러한 결과를 생산할 수 없다는 것, 또는 이 자연에 '인격의지', 곧 하나님께서 말씀하셔야 했거나 우리가 자기 마음의 시(gedichtsel)로부터는 절대로 바라는 추수를 할 수 없었다는 것, 또는 우리 훨씬 위에 존재하시는 씨 뿌리는 자가 우리 의식이라는 밭에 수확을 위한 발아할 씨앗을 뿌렸어야 했다는 것을 알려준다. 이것이 한 쌍의 인간으로부터 생겨난 것처럼, 모든 인류에게 자연적으로 존재했을 족보 사회가 깨지지 않았다면 자연스럽고 아주 정상적으로 일어났을 것이다. 그런데도 정부는 가부장적 특징으로 스스로 자신을 알렸을 것이다.

다른 한편, 이 유대가 깨지고 그 결과 전체가 부분적으로 붕괴하였으므로, 정부는 자신의 헌법에 따라 출현해서 개인적이든 집단적이든 인간을 유익하게 하고, 그래서 부족하지만 모든 죄악된 반항에 대항해 하나님의 권위를 인간에게 유지시킨다. 정당한 이유 없이 동료를 살해하려고 하는 사람에게 벌로써, 또 의무감에서, 그것을 행한 사람의 생명을 빼앗는 것은 본래 더 높은 권능, 즉 전능하신 하나님께만 있을 수 있는 권위를 행사하는 것이다. 본래 권한은 더 높은 권력에서만 행사되는 것이다. 즉, 전능하신 하나님 안에서만 할 수 있다. 그렇지 않으면 그러한 정부 행위는 법 집행이 아니라 살인 그 자체가 될 것이다. 그러므로 창세기 9장 5절은 그 중요성에 대한 신성한 진술은 담고 있다. 그리고 어떤 동기로든 원리적으로 정부의 사형에 대한 권리를 박탈하면, 의도하지 않았더라도 정부의 높은 권위를 뿌리에서 잘라버리는 것이다. 이 하나님의 말씀은 이스라엘의 특별한 지위를 고려하여 말한 것이 아니라 노아의 후손 전체, 즉 '인류 전체에게' 말한 것이다. 하나님께서 우리 개인의 의식, 대중의 양심, 그리고 어디에도 없는 인간 연대 의식 속에서 일하셨다는 것으로부터 이미 추론할 수 있었던 것, 그리고 그렇게 우리 본성과 양심에 고정된 것은 철학적 측면이나 실제적 측면에서가 아니라, 하나님 측면의 직접적 선언을 통해 독단적 재가를 받았다.

살인자를 사형 집행하는 것에 반대하도록 부름 받은 사람은, 인간 생명을 침해하지 않고 법을 실행하여 하나님의 명령을 지키는 사람이다. 여기서는 사형법의 적용에 대해 자세히 설명할 수 없다. 여기서 유일한 질문은 정부가 그것에 대한 권리를 가졌는지, 그리고 이 권리가 하나님의 높은 권위의 기관과 도구가 아닌 다른 사람에게, 따라서 정부에게도 주어질 수 있는지의 여부이다.

§22. 최고 권위의 확고성

'하나님의 은총으로'의 관점에서 하나님의 말씀에 엎드리는 자의 확신과 법에 대한 철학적 근거만 받아들이는 자의 확신이 원리적으로 일치할 수 있다. 정부의 권위는 개인의 양심, 역사의 목소리, 질서 있는 사회의 필수 불가결성에 있다. 그리고 이미 본질적으로 흔들리지 않을 정도로 고정되어 있기에 무정부주의자나 허무주의자나 아주 작고 광적인 집단도 흔드는 데 성공하지 못했다. 그리고 이것은 모든 대중을 법의 통일 아래로 끌어들일 필요성에 관한 것일 뿐만 아니라, 이러한 접근의 의미에서도 정부가 인간보다 더 높은, 즉 신성한 권위의 도구이자 보유자라는 점에 관한 것이다. 하나님의 거룩한 말씀 밖에서도 이 높은 권위는 비판의 여지가 없는데, 논리적 일관성을 피하지 않는 사람에게 그것은 오직 하나님에게 그 기원이 있으며 정부로부터 유추할 수 있다.

철학적으로 형성된 것을 초월하는 하나님의 말씀에 머리를 숙이는 사람들은 부정할 수 없는 선호가 있는데, 하나님의 말씀을 고백하는 사람들을 위한 성경이 자연과 양심으로부터 그렇게 강하게 말하지만, 때로는 인간의 상상력을 통해 뒤처져 있는 것을 '절대적 확실성으로 높인다'. 오류가 종종 우리를 명백한 진리보다 더 많이 이끌지 않는다면 필요 없을 것이지만, 그런데도 지식이 많고 숙련된 사람조차도 여전히 하나님께 영광을 돌리는 것보다, 견딜 수 없는 이론을 계속 위반하는 것을 선호한다는 사실에서 큰 의미가 있다. 크로폿킨과 그의 동료 전사들 역시 현명한 학자이다. 그리고 우리의 유일한 불만은 그들의 마음과 양심에 있는 하나님의 행동이 적어도 일시적으로 그 효과를 잃었다는 것이다. 자연에 대해 하나님께서 의도하는 대로 경건한 의미로 말할 수 있을 것이라는 칼빈의 덜 신중한 진술조차도 하나님을 비활동적인 분으로 만들도록 오용된다. 이 마당에서 가장 유명한 학자들이 하나님의 이름을 거의 언급하지 않는 방식이 일반적인 과학계에서 특정 시기 동안 반복된다면, 믿는 청년들에게도 이것의 쓴 열매가 나타나 진리가 흔들릴 것이며, 전능하신 하나님의 최고 권위에 대해 논의할 때 침묵을 유지하기를 선호할 것이다.

이러한 정치적 빈곤에 직면하여 성경은 그것을 무조건 믿는 사람들에게 완전한 치료제를 제공한다. 성경은 이스라엘의 국가 생활에 대해 말할 뿐만 아니라 세계적 위치를 차지하고 있다. 그것은 '이스라엘 자손'의 특별한 조건뿐만 아니라, 일반적 인간 조건과 다른 모든 국가 사이의 정부 권위에 관한 법과 통치를 확립하여 하나님 안에서 그 권위의 기원을 확립한다. 이와 관련하여 우리는 이미 잠언 8장 15-16절을 언급했다. "나로 말미암아 왕들이 치리하며 방백들이 공의를 세우며, 나로 말미암아 재상과 존귀한 자 곧 모든 의로운 재판관들이 다스리느니라." 이것은 지혜를 언급하지만, 전체 연결에서 나타나는 것처럼 추상적 지식을 나타내는 것이 아니라, 창조에 관한 기사에 나타나는 하나님의 의식이 의인화된 것이다.

예레미야 27장 5절에 보면 여호와는 땅과 사람과 짐승의 창조주로서 자신이 원하시는 대로 토지와 부를 준다고 선언하신다. "내가 보기에 옳은 사람에게 그것을 주었노라." 이것은 일반적 명제로, 이어서 "이제 내가 이 모든 땅을 '내 종' 바벨론의 왕 느부갓네살의 손에 주고"(6절)라고 말씀한다.[243] 그는 3대에 걸쳐 그의 아들과 손자가 왕위에 있을 것이나 그 후에는 그의 나라도 강한 족속들과 위대한 왕들을 섬길 것이다.[244] 마찬가지로 다니엘 2장 21절은 "왕들을 폐하시고 왕들을 세우시며"라고 말하고, 4장 25절은 "지극히 높으신 이가 사람의 나라를 다스리시며 자기의 뜻대로 그것을 누구에게든지 주시는 줄을 아시리이다"고 말씀한다. 5장 18절에서 다니엘은 벨사살 왕에게 "지극히 높으신 하나님이 왕의 부친 느부갓네살에게 나라와 큰 권세와 영광과 위엄을 주셨고"라고 했으며, 21절에서는 "지극히 높으신 하나님이 사람 나라를 다스리시며 '자기의 뜻대로 누구든지 그 자리에 세우시는 줄'을 알기에 이르렀나이다"라고 말한다. "인자"와 관련하여 다니엘 7장 14절은 "모든 백성과 나라들과 다른 언어를 말하는 모든 자들이 그를 섬기게" 했다고 설명하며, 그리스도 역시 마태복음 28장 18절에서 "하늘과 땅의 모든 권세를 내게 주셨으니"라고 말씀하신다.

더 구체적으로 말하면 로마서 13장에서 사도 바울은 1절 이하에서 로마 제국의 수도에 사는 주민 가운데 그리스도인이 된 성도에게 진심으로 말한다. 그들은 황제가 아니라, 그리스도의 왕권에 복종한다는 것이다. "각 사람은 위에 있는 권세들에게 복종하라 '권세는 하나님으로부터 나지 않음이 없나니 모든 권세는 다 하나님께서 정하신 바라'. 그러므로 권세를 거스르는 자는 하나님의 명을 거스름이니 거스르는 자들은 심판을 자취하리라"(롬 13:1-2). 정부는 "…하나님의 사역자가 되어 악을 행하는 자에게 진노하심을 따라 보응하는 자니라. 그러므로 복종하지 아니할 수 없으니 진노때문에 할 것이 아니라 양심을 따라 할 것이라"(롬 13:3-5) 성경의 마지막 책에서 그리스도께서 재림하실 때 다시 그리스도의 통치와 관련이 있는 정부의 높은 지위에 대해 말씀한다. "그의 옷과 넓적다리에는 '왕들의 왕', '군주들의 군주'라는 이름이 적혀 있었습니다"(계 19:16, 새번역).

때때로 성경은 특정한 이교도 왕을 언급하기도 한다. 그의 이름은 이사야 45장 1절에 나타난 페르시아의 왕 고레스이다. "여호와께서 그의 기름 부음을 받은 고레스에게 이같이 말씀하시되 내가 그의 오른손을 붙들고 그 앞에 열국을 항복하게 하며 내가 왕들의 허리를 풀어 그 앞에 문들을 열고 성문들이 닫히지 못하게 하리라." 또한 시편 148편 11절 이후처럼 땅의 모든 임금에게 다음과 같이 말한다. "세상의 왕들과 모든 백성들과 고관들과 땅의 모든 재판관들이며 총각과 처녀와 노인과 아이들아 여호와의 이름을 찬양할지어다. 그의 이름이 홀로 높으시며 그의 영광이 땅과 하늘 위에 뛰어나심이로다"(시 148:11-13). 그러므로 성경에서 이스라엘의 왕들, 특히 다윗과 그의 집에 대한 특별한 의미에서 하나님의 통치에 대한 모든 증거가 가장 설득력 있는 방식으로 주장되었지만, 이교도의 왕들과 영주들 사이에서도 일반은총 덕분에 하나님의 은총과 다르게 다스리는 사람은 없다. 이러한 성경의 권위를 인정하지 않고, 단호하게 반대하는 사람은 돌이킬 수 없다. 모든 사람이 자신의 주장에 대한 책임을 받아들였다. 교회에서 가르치는 바대로 성경의 권위에 대한 그들의 믿음을 버리고, 학자로서 성경과 모순되는 개념을 옹호한 사람은 용납할 수 없다. 성경 말씀에 대한 충성을 맹세하는 정치가는 이스라엘 밖에서도 유효한 정부 권위의 신성한 기원을 확립했다. 그들을 통해 하나님의 은총에 대해 의문을 결코 제기할 수 없다.

§23. 최고 권위의 소유자

정부의 권위가 '하나님의 권위'에서 기원한다는 점은 확립되었지만, 그 권위를 수행할 특정인이 그 권위를 행사할 권리에 대해서는 추가적인 표시가 없다. 먼저 가정에서 파생된 하나님의 권위가 하나님에 의해 제정되었다는 것을 알 수 있었다. 만약 죄가 개입되지 않았다면, 이것은 방해 받지 않고 순서에 따라 세대를 걸쳐 계보적으로 계속되었을 것이다. 하지만 죄의 운명적 영향 아래 계보 질서는 부분적으로만 유지되었고 한동안만 지속되었다. 결국 인류의 한 몸은 시간이 지남에 따라 집단과 조각으로 분해되어 지구상에 흩어져 있다.

하나님의 권위는 온전한 요구를 지속적으로 시행할 것을 요청했다. 이 신적 권위의 도구로서 계보적 맥락을 벗어난 정부는 법을 제정하고 법을 집행하도록 권한을 부여받은 행동을 하였다. 즉, 사람의 재산 일부를 세금의 형태로 가져가고 범죄와 법과 정의의 위반을 방지하며, 자유나 신체적 고통을 박탈하여 그들을 처벌하고, 반란 또는 전쟁의 경우와 같이 필요한 경우 사형을 집행했다. 정부의 권위 밖에 있던 강도, 살인, 폭행이라 불리는 것이, 이제 정부가 그렇게 함으로 '합법적인 집행'이 된다. 이것은 죄를 짓는 것이 아니라 규정을 행사하는 것이다. 이를 반대하는 것은 '하나님을 적대하는 것'이다. 이는 결코 조약, 합의, 협의 또는 약속에 의해 정당화될 수는 없다. 여기서 무정부주의자가 생각하는 그것 아니면 하나님의 제도 중 하나를 선택해야 한다.

이제 완전히 다른 질문이 있다. '누가 정부로서 일하기 위해 법을 소유하느냐'는 것이다. 따져보면, 하나님의 은총에 의한 정부 권위의 필요성은 추방되었지만, 하나님의 권위의 기관 또는 도구로서 자신의 권리를 주장할 수 있는 사람은 누구인가? 두 번째 질문은 하나님께서 창조할 권리로 인해 세우신 세계 질서가 아니라, '그분의 섭리적 질서와 집행'에 관한 것이다. 개인적으로 단지 자신만을 위해, 혹은 자기 자신과 그들의 상속자들을 위해 권위를 장악하거나 위임 받은 사람들이 등장하는 것은 사람의 자녀들로부터 온다. 이것은 훌륭한 질서 가운데 일어날 수 있지만, 이 또한 각종 폭력과 권력의 남용, 심지어 교활함과 속임수로 이루어질 수도 있다. 그러나 사람의 행위로 무엇을 하든지 그 결과는 하나님의 손 안에 있고, 그분의 섭리 질서에 의해 준비되고 제정되었으며, 마침내 그분의 섭리적 통치 아래 성취된다.

널리 알려진 정부조차도 모든 정부 권한이 확립된 목표에 따르지 않고, 권한을 오용할 수 있다. 죄가 가족 자체의 혼인 질서를 훼손하지 않고도 가족을 파괴할 수 있듯이, 비슷한 죄가 재세례파와 무정부주의자처럼 정부의 권위를 범죄로 낙인찍지 않고도 국민과 국가의 삶을 파괴할 수도 있다. 모든 인류를 뿌리 뽑으려는 죄는 정부 영역에서도 가장 수치스러운 것이다. 그렇지만 정부의 권위는 거룩하게 남아 있으며, 궁극적으로 하나님의 섭리 제도를 복 받은 해결책으로 삼아 사람들을 인도한다. 아이를 굶어 죽게 만드는 타락한 어머니가 있어도, 모성의 성품은 절대 감소하지 않는다. 마찬가지로 쓰라린 역경만이 죄를 깨뜨릴 수 있으므로, 이러한 역경을 초래한 체계는 적어도 모욕을 당했다. 인류가 죄를 통해 족보적 유대를 깨뜨렸을 때, 정부의 결속은 최소한 국가에서 사회의 부분적 통일을 회복하기 위해 외부로부터 이뤄져야 했다. 그 정부의 결속은 부분적으로 필요의 압박에서 나왔지만, 적어도 폭력과 범죄를 통해서도 나타났다.

§24. 권위의 필요성

이 프로세스가 세부적으로 어떻게 수행되었는지는 부분적으로만 추적이 가능하지만, '필요'와 '폭력'이 정부 기관이 더 넓은 범위에서 성공하게 된 두 가지 요인은 사실 확실하게 입증될 수 있다. 인류의 몸이 신체적으로나 심리적으로 건강했다면, 외부적으로 부과된 권위에 대한 이러한 필요성은 느껴지지 않았을 것이다. 다리나 팔이 부러지면 깁스가 필요하다고 느낀다. 하지만 팔과 다리가 방해받지 않고 작동하는 한, 다른 한 걸음을 나아가기 전에 팔과 다리의 정상적 움직임을 방해할 수 있는 모든 것을 제거한다. 따라서 정부의 권위에 대한 필요를 언급하는 경우, 두 가지 종류를 생각할 수 있다. 한편으로는 하나님께서 정하신 대로 우리 본성에서 발생할 필요이고, 다른 한편으로는 창조 때가 아니라 죄의 장악에 의해 막 시작된 필요이다.

인간의 본성에서 비롯되는 필요는 서로 잘 어울리며 함께 살고자 하는 욕망으로 나타난다. 이 갈망은 줄어들 수 있고, 결국 사람에 대한 미움으로 바뀔 수 있는데, 이것은 죄를 짓게 하며 하나님께서 우리에게 주신 본성과 어긋난다. 개인은 대중에 대항하여 자신을 지키려 한다. 진정한 성격은 먼저 개인의 독립을 향한 궤도와 좋은 조화를 이루는 친교를 향한 궤도 사이에 나타난다. 조화가 결핍되면 양방향으로 비상사태가 발생할 수 있다. 개인이 친교를 과소평가하거나, 대중이 개인의 독립적 권리가 출현하는 것을 막을 수 있다. 그러나 이것과는 별개로 전 역사와 국민의 삶은 지금도 사회와 단결의 필요성을 우리 본성에서 무시할 수 없다는 결정적 증거를 제공한다. 독방 감금은 가장 가혹한 처벌 중 하나임이 입증되었다. 아이들은 아이들을 찾고, 젊은이들은 젊은 사람들을 찾으며, 모든 이들이 또래를 찾는다. 그리고 한때 친족 관계, 우정, 이해 관계의 공동체, 삶의 과업의 통일을 통해 유대가 형성되었던 곳에서는 이러한 유대가 점점 더 가까워지는 것을 보는 것이 일반적이다. 마을 사람은 공통 관심사를 느끼고 동료는 서로를 찾는다. 모든 것이 함께 공동체를 이루고 있다. 외로운 방황은 거의 모든 사람의 가슴에 있다.

공동체적 유대가 인간에게 원래의 역할을 더 이상 증명할 수 없을 때, 더 큰 집단을 자기 방식으로 통합할 수 있는 또 다른 유대가 '필요'하다는 것은 자명하다. 그 유대는 어느 정도는 삶 전체와 집단의 존재를 모두 포함해야 했다. 따라서 이 영역을 그 자체로 폐쇄하고, 다른 영역과는 차단하는 정부 기관이 필요하다는 것은 당연한 일이었다. 아늑한 분위기 자체로 완전한 만족을 찾을 수 있었거나 방해 요소로 인한 위협을 받을 수 있었을 것이다. 그러면 모든 것이 저절로 사라졌을 것이다. 그러나 이제 일부 사람이 문제를 일으키고 소란으로 위협하는 반작용을 피할 수 없어서 어떤 부족함이 있든 간에 '외부적 유대'가 만들어졌는데, 여기서 나타난 첫째 원리가 '정부의 권위'이다.

§25. 두 번째 필요성

두 번째 필요는 우리의 원래 본성에서가 아니라, 모든 면에서 인간의 생명을 위협한 죄의 결과에 대한 두려움에서 비롯된 것이다. 그러므로 아벨의 모습은 죄로 타락한 직후 인류 사회가 위협당하고 있는 것을 보여주었기 때문에, 매우 심각하게 다가온다. 이제부터 인간은 '범죄'에 대해 생각해야만 했다. 강한 사람은 그의 폭력으로, 약한 사람은 그의 교활함으로 제삼자의 존재에 위험이 되었다. 그러므로 '한숨'과 '긴장'이 필요했다. 즉, 그처럼 임박한 위험에 맞서 단결해야 하고, 따라서 그의 형제 가인의 희생자였던 아벨과 같이 각자 자신의 권리를 보호하기 위해 함께 굳건히 서야 할 '필요'가 있었다. 안타깝게도 형제가 형제를 쳐 죽였다는 사실은, 가족이 제공하는 보호가 부족할 수 있으므로 가족은 그대로 남겨두더라도 더 광범위하고 확고한 관계를 보장하는 정부 기관이 필요하다는 것을 설득력 있게 보여주었다. 그 긴급한 필요는 죄와 범죄의 혼란에서 저절로 생겨났다.

필요는 거기서 멈추지 않았다. 인간의 범죄뿐만 아니라, 주변의 자연도 매우 심각한 위험으로 점점 더 위협을 가하고 있다. 오늘날 사람들은 동인도의 야생 동물의 위험에 대해 알고 있다. 매년 수만 명의 희생자가 발생한다. 공격에 대해 예전에는 전혀 알려지지 않았던 방어책이 있다. 이제 고독한 사람이 다른 사람과 함께 사는 사람보다 훨씬 더 쉽게 넘어져 희생양이된다. 당시 그토록 끔찍했던 이 위험은 함께 사는 것과 사람과 사람이 서로 뭉치도록 더 강력하게 촉진했다. 자연의 요소에 대해서도 마찬가지라고 말할 수 있다. 죄의 심판 아래 무서운 파괴가 시작되었고, 바다와 조류, 지진과 사이클론, 역병과 화제의 폭력으로 버려진 사람은 끊임없는 혼란에 빠졌다. 한 사람이 다른 사람에게 피난처를 구하고, 사람들이 함께 대처함으로 한 개인이 도저히 해결할 수 없는 공동의 위험이 해결된다. 거침없는 자연의 위협에 대해 정부의 권위만이 제공할 수 있는 연대가 중요해졌다.

세 번째로, 지금까지 거주했던 곳이나 지역에서 아직 사람이 살지 않는 새로운 곳으로 이주할 때 겪는 불평등이 있었다. 그들이 들어간 지역은 매우 거칠고 위험했으며 개울 위의 다리, 홍수에 대한 제방, 도로, 연결 경로는 전혀 생각할 수도 없었다. 지난 세기에 북아메리카에서 이루어진 무인지역으로의 이주는, 이 모든 것이 국가의 지원에 의해 조직되고 보호되어야지, 그렇지 않으면 고통스러운 실패로 끝난다는 것을 보여주었다. 그 당시의 이주자들이 지금 새로운 지역으로 이주하고 있는 사람과 비교해 보면, 얼마나 더 무력했는지 모른다. 생각해보면 다른 사람들과 함께 알려지지 않은 지역으로 떠나는 것을 선호하는 것이 얼마나 더 좋은지가 당연하며, 바로 이러한 연대에서 인도하는 권위에 대한 필요성이 생겨났다.

따라서 자신의 본성과 인간 외부의 자연에서 발생한 욕구가 스스로 집단으로, 특정 집단의 가족과 세대의 통합으로 이어졌고, 그 결과 정부가 나타나 주도적 역할을 했다. 사람들이 정착한 영토도 비슷한 영향을 미쳤다. 인류의 확장으로 인해, 어느 지역에 정착한 사람들에게 매우 다른 지역에서 그들의 국경에 나타나는 매우 모호한 집단의 사람들을 볼 수 있는 것은 당연했다. 그들이 유목민인지 이미 영구적으로 도시로 이주했는지는 중요하지 않았다. 유목민 무리조차도 매년 같은 지역에서 여러 장소로 이동한다. 이제 국경의 한계와 경계를 정해 그 경계를 계속해서 존중해야 할 필요성이 점증하여 한 사람이 여러 사람을 대신하여 말하고 행동해야 하는데, 이러한 일은 결국 정부가 해야 할 일이 된다.

§26. 무력 행사

두 번째 요인은 단결을 요구하고 형성, 유지하는 권위를 결합하는 데에 수동적인 동시에 능동적인 '무력 행사'이다. 원래 하나님께서 확립하신 족보적 유대가 인류의 모든 부분을 단결하고 죄 없는 상태로 영구적으로 묶었더라면, 우리 자신의 이익이나 만족을 위해 폭력을 사용하려는 그 어떤 경향과 시도도 없었을 것이다. 지금은 그 반대 상황이 발생했다. 지역과 지역의 차이가 매우 의심스러운 방식으로 작동했다. 소를 모으는 집단은 스스로 살찐 목초지를 찾아 소에게 좋은 물을 제공한다. 이제 육체적으로 더 강력하고 수가 더 많은 집단은 자신의 땅이 약한 이웃의 땅보다 생산에서 더 불리하다고 보았으므로, 당연히 이웃들을 쫓아내고 더 유리한 영토를 차지하려는 유혹을 받는다. 이를 위해 정복하는 집단은 자신을 조직하고, 무장하며, 명령을 내리는 지도자에게 복종해야 했다.

만약 그러한 지도자가 원래 있던 집단을 쫓아내고, 그와 같은 수익성 있는 영토를 소유한 후 자신의 집단으로 만드는 데 성공하면, 이 집단은 이제

이 지역을 잘 유지하여 덜 유리한 곳으로 추방된 사람들이 다시 침략자들을 몰아내고 '그들의' 땅이었던 곳을 차지하지 않도록 해야만 했다. 그러한 이유로, 피정복 집단이 일시적으로 이 지도자에게 복종하는 것으로는 충분하지 않았지만, 그들은 자신의 권위와 권력에 따라 추방된 집단이 다시 나타나지 않고, 복수하지 않도록 그를 '지속해서' 지지해야 할 의무가 있다고 생각했다. 권위 행사와 권위에 복종시킴이 첫 공격에서 자연스럽게 발생했고, 추방된 사람들에게도 똑같은 일이 수동적으로 뒤따랐다. 그러나 공격을 받고 부유한 지역에서 쫓겨날 위험에 처한 집단은 자신의 방식으로 조직을 정비하고 저항과 반격에 대비해야 했으며, 이를 위해 그들이 신뢰하는 용감하고 용맹한 지도자 아래 복종해야 했다.

그러한 우두머리의 출현은 임명을 받거나 자기의 탁월한 기술을 통해 일어날 수 있다. 다가오는 폭력에 맞서 스스로 방어해야 하는 것이 삶과 죽음의 문제라면 굴복하고 복종해야 했다. 그렇지 않으면 지탱할 수 있는 일말의 가능성마저 사라지기 때문이다. 우리 종족이 점점 더 넓은 영역으로 퍼지는 과정에서 폭력과 그로부터 발생하는 권위의 행사는 처음 시작부터 계속 반복되어야 했다. 지역과 지역이 매우 달랐다. 그들은 중간 지점 가까이에 머무르는 것을 선호했으며, 추가적 이동은 그것이 가능한 다른 집단에 남겨두었다. 전에 모르던 비옥한 장소가 발견되면, 곧 소문이 나서 다른 욕망을 자극하여 같은 방향으로 몰려들었다. 그래서 희망과 희망이 충돌했다. 이로 인해 대결이 필요해졌다. 이러한 상황에서 지도력은 가장 강한 사람에게만 위임될 수 있었다. 그리고 그가 모든 사람과 그들의 이익을 위해 일했다는 사실은 다른 사람들이 그에게 복종하는 것을 촉진했다.

그러나 일단 더 나은 지역을 확보하기 위해 시작된 폭력 행위는 멈출 수 없었고, 다른 대상에 초점을 맞춰 지속해서 더 나은 토지를 얻기 위해 이어졌다. 비슷한 현상이 아프리카 흑인 부족들 사이에서 계속해서 발생한다. 한 집단이 비싸고 큰 가축 무리를 얻는 데 성공하고, 다른 집단이 물리적으로 이를 빼앗으면, 더 강한 집단이 소를 습격하고 이들을 쫓아낼 것이 분명하다. 오늘날 페르시아와 아르메니아의 쿠르드족 사이에서도 이 일이 발생하고 있다. 그리고 수확물을 모은 후에 매번 똑같은 일이 일어나는 것을 본다. 사냥 훈련을 받은 어느 산악 부족은 거의 농업에 종사하지 않고 계곡으로 내려간다. 그곳에서 농업을 통해 자연을 개발한 농경 부족을 발견한다. 공격자는 수확물을 모으는 데 필요한 모든 노동이 완료될 때까지 기다린다. 그리고 풍성한 수확이 헛간으로 옮겨질 때, 이들을 습격하고 그들의 노동의 열매를 훔쳐간다. 가축과 농업을 넘어 특정 지역에서 발견되는 보석이나 귀금속, 진주 등 보물도 공격자의 먹이가 되는 경우가 많았다. 이미 창세기의 에덴동산에 이러한 설명이 있다. 2장에서 우리는 '금이 나는' 하윌라 땅과 '베델리엄과 호마노'(간단히 말해 지구 표면 아래나 위에 있는 모든 종류의 보물과 부)에 대해 읽는다.

기후와 비옥함, 풍부한 물과 교통을 위한 강, 모든 것이 지역을 매력 있게 만든다. 그곳에 정착할 수 있어서 운이 좋았던 부족은 여러 면에서 욕심 많은 집단이 등장하는 것을 끊임없이 보았다. 그리고 수비로서의 공격이 언제나 그리고 자연스럽게 우두머리 아래 조직되어야 한다는 인식이 생겼다. 일종의 삼손이 권력을 잡을 수 있었고 나머지는 그에게 복종해야 했다. 정부는 폭력을 가함으로, 그리고 폭력을 당함으로 출현한다. 심지어 이것은 더 진전되어 살인, 인간 납치, 노예화로 점철될 수 있다. 지금도 험난한 지역에는 더 강한 집단이 약한 집단을 공격하여 무장한 남자를 죽이고 여성과 아이들을 데려가는 사례가 많다. 로마의 전설에서도 강도에 대한 소문을 들을 수 있고, 비슷한 이야기를 베냐민의 역사에서 읽을 수 있다. 특히 일부다처제의 죄가 이 악의 원인이 되었다. 이러한 극단의 범죄는 제쳐두고, 노예를 얻기 위해 전체 집단이나 부족을 정복하는 것은 세계 절반의 역사를 지배할 정도로 나라마다 엄청나게 일어났다. 특히 국가가 이미 자리를 잡은 국가에 들어갔을 때, 목표는 가능한 한 첫 거주자들을 추방시키는 것이 아니라 경제적 복종이었다.

상당히 인간적 특성을 지닌 봉건제도는 소유개념에 그 기반을 두고 있다. 지배 집단은 정복된 집단에게 섬김을 받게 되었다. 우리나라가 자바에 도입한 문화 체계조차도 그러한 폭력적 조직과 완전히 이질적이지는 않지만, 이 체계에도 위장된 세금이 포함되어 있다는 것을 인식해야 한다. 이런 식으로 역사는 모든 곳에서 우리에게 족보적 연결이 도약한 후, 사회화에 대한 요구와 죄로 인해 발생하는 폭력을 제지하는 정부 권위에 복종하게 된 방법을 보여준다. 둘 다 연합의 필요성을 보고 느꼈다. 이것은 특정 질서가 없으면 성공하거나 지속될 수 없다. 그 질서는 유지할 권한이 없으면 성립될 수 없다. 그 권세의 복을 경험할 수 없다면 복종해야 했다. 실질적으로 위압적인 정부의 권위와 폭력에 대한 복종은, 인간에 관한 모든 것을 지배하는 하나님의 영역으로부터 발산되는, 고위 행정부와 직접 관련된 국민의 생각이었다. 그러므로 '생명'조차도 사형수든 폭동의 경찰이든 전쟁 발발 당시의 군사적 의미에서든, 질서와 규칙의 희생양이 될 수 있다.

정부의 권위는 인간에 대한 반성에 몰두하거나, 약속과 합의를 통해 양측의 권력과 법을 규정하는 분쟁 사회에서는 발생하지 않았다. 정부의 권위는 하나님에 의해 우리 사회에 부여되었으며, 족보적 연결이 끊어진 후에는 죄에서 필요에서 그리고 삶에 대한 충동에서 비롯되었다. 권위는 자각하고 스스로 행동하는 사람들의 삶을 위해 항상 필요하고 본질적이다. 이것이 전적으로 창조의 법령과 일치했다면, 이 권위는 하나님 자신의 권위였고, 그의 섭리는 모든 생명을 다스렸으며, 하나님 자신이 세우신 가장에 의해 가부장적 의미에서 도구적으로 행사되었을 것이다. 그러나 죄가 들어왔을 때, 하나님의 권위는 상처를 입지 않고 남아 있었지만, 하나님의 권위가 인간 속에서 작용했던 기관, 즉 기구는 사라지고 말았다. 결국, 이 기관은 계보적 구성을 중단했다. 이것은 이제 외부에서 '결속으로' 놓여야 했다. 그리고 이것이 정부의 출현을 가져왔다.

§27. 섭리적 제도

이 결과는 아직 달성되지 않았다. 이것으로 하나님의 권세가 어떻게 죄 많은 상태에서 초자연적 개입 없이 정부를 통해 도구적으로 자신을 유지할 수 있는지는 아직 분명하지 않다. 이것은 이스라엘과는 달랐다. 이스라엘에서는 주님에 의해 초자연적 개입이 일어났다. 랑게와 그의 발자취를 따른 많은 칼빈주의자가 이스라엘에서 일어난 일을 다른 국민의 삶에 적용하도록 허용한 것은 매우 심각한 잘못이다. 열방에게 선지자가 나타나지 않았고 우림과 둠밈도 없었으며, 군주들과 그들의 입법이 이스라엘과 시내산의 입법과 같이 계획적이고 특별한 계시에 의해 이루어지지 않았다는 것은 의심의 여지가 없다. 특별계시의 인도를 받지 못했지만, 하나님께서 제비뽑기의 질서와 성향을 남겨 두신 그러한 모든 나라에도 공무원은 당연히 하나님의 은총에 의해 다스릴 수 있도록 했다. 이제 이것은 오직 하나님의 섭리에 달려 있다.

일부 민족의 신탁이 고대에도 관여했다는 사실은 이미 서론에서 언급했다. 하지만 우리는 그러한 신탁이 단순한 속임수에 근거한 것처럼 이론과 모순되는 경향이 있을지라도, 결코 예언과 이스라엘의 모든 하나님의 계시와 동등하다고 간주해서는 안 된다. 사람들은 모든 꿈의 의미를 부인할 수 없다. 스베덴보리주의(Swedenborgianisme)[245]는 여전히 흥미로운 심리적 현상이다. 아직도 여전히 우리의 관심을 끌만한 요소들이 심령주의에 존재한다. 남자와 여자의 특별한 삶에 대해 설명하지 못하고, 더 높은 요인이 주는 영감과 징후를 중요하게 여긴다. 우리가 기독교 전체를 고백할 때, 더욱 더 애착을 가지는 것이 있다. 하나님께서 인류에 직접적으로 개입하시는 것과 거룩한 영역 밖에서 가령 수필과 같은 영역에서 단순한 인간적 영감만으로는 설명할 수 없는 영감이 얼마나 많이 지배하는가를 알 수 있다.

그러나 우리의 삶과 자의식에 대한 하나님의 끊임없는 활동을 아무리 진심으로 인정하더라도, 특별계시를 하나님의 섭리와 한 선상에 놓아서는 안된다. 특별계시는 이스라엘에서만 모든 민족을 이끄는 완전히 독특한 성격을 지니고 있다. 하나님의 섭리적 경륜은 나머지 민족의 역사에서 분명하지만 경계를 넘지 않는 평범한 방식으로 선언되었다. 고레스에 대하여 다음과 같이 말하는 이사야 45장은 여기에 규칙을 설정한다. "여호와께서 그의 기름 부음을 받은 고레스에게 이같이 말씀하시되 내가 그의 오른손을 붙들고 그 앞에 열국을 항복하게 하며 내가 왕들의 허리를 풀어 그 앞에 문들을 열고 성문들이 닫히지 못하게 하리라. 내가 너보다 앞서 가서 험한 곳을 평탄하게 하며 놋문을 쳐서 부수며 쇠빗장을 꺾고, 네게 흑암 중의 보화와 은밀한 곳에 숨은 재물을 주어 네 이름을 부르는 자가 나 여호와 이스라엘의 하나님인 줄을 네가 알게 하리라. 내가 나의 종 야곱, 내가 택한 자 이스라엘을 위하여 네 이름을 불러 너는 나를 알지 못하였을지라도 네게 칭호를 주었노라"(사 45:1-4). 하나님의 방법에 대한 이 설명은 특별한 관심을 끈다. 왜냐하면 그것은 이스라엘 역사의 일화이기 때문이다. 하나님께서 고레스에게 직접 계시를 주신 적이 없다는 것은 의심할 여지가 없다. 여기에서 의미하는 바가 이스라엘의 역사와 직접 관련이 있고, 그러므로 바로에게 일어났던 것처럼 여기서도 특별계시를 상상할 수 있을지라도, 고레스는 하나님의 평범한 섭리 세계에 정착했다. 바빌로니아에 대한 페르시아인의 승리는 평범한 역사적 사건이었지만, 그 평범한 사건에서 하나님은 인간의 마음과 정신에 미치는 영향력에 의해 그분의 지시에 따라 일어났음을 여기서 표현하셨다. 역사를 형성할 인간의 의지에 대한 일련의 표현을 사용하고 고수하는 하나님의 섭리 체계를 약화할 권리가 인간에게는 없다. 이런 의미에서 우리는 하나님의 섭리적 행위는 기억으로만 확장되고, 역사는 인간의 의지 표현의 종합으로 축소된다는 이신론에 도달한다.

§28. 섭리적 실행

그러므로 신학자들은 '협력'과 '관리'뿐만 아니라 유지와 관련하여 하나님의 '경륜'을 심오한 연구의 주제로 삼았다. 하나님은 역사에 등장하는 인물을 위해 조상을 창조하시고, 어느 시점에서 그 인물에게 나타나야 할 의미와 능력을 준비하시고 그들을 위해 모든 기회와 상황을 마련해 주셔서 요청되는 발전을 이루기 위한 재능을 계발하는 데 필요한 사람을 만나고 찾을 수 있도록 하신다. 이것은 모든 가족과 모든 사람의 가족에게도 마찬가지며, 겉보기에는 중요하지 않지만 심지어 동물 생활에도 그렇다. 예수님은 하나님의 허락 없이는 참새 한 마리도 땅에 떨어지지 않는다고 말씀하셨다.[246] 그리고 하나님께서 우리 머리카락도 다 세신 바 되었으므로, 하나님께서 허락하지 않으시면 우리는 머리카락 하나도 잃지 않는다고 말씀하신다.[247] 따라서 인간이 '하나님'을 (그렇게 표현할 수 있다면) 기록을 위해 국가와 국민의 역사만 채우시는 분으로 이해한다면, 그것은 불신앙이며 하나님을 끌어내리는 것이다. 모든 신자는 자신의 개인적 삶에서 어떻게 모든 것이 하나님의 인도를 받고 있는지 알고 고백한다. 신자는 하나님의 섭리에 따라 특정한 어머니와 아버지에게서 태어나 특정한 교육을 받고, 특정한 여성을 아내로 맞이한다. 나아가 전 생애 동안 매일 아침저녁으로 하나님의 씻겨 주심과 그분이 허락하신 삶에 감사한다. 이것들은 우연이 아니다.

역사상 한 민족에게 특정 정부가 나타나거나 특정 사람이 왕자로서 왕위를 차지하게 되고, 하나님의 명령에 따라 국정을 인도한다. 그리고 하나님은 그를 사용하여 이 모든 것을 직접 세우고 준비하신다. 다만 여기서 사람이 쉽게 잘못하는 지점이 있는데, 하나님의 모든 작정은 정부와 정부 직원뿐만 아니라 모든 개인의 삶과 심지어 동물 세계를 위해서도 계속된다는 것이다. 마침내 아이를 얻으려는 기도가 응답된 부모는 하나님의 은총으로 아기를 얻는다. 학위를 얻기 위해 노력하고 마침내 그것을 받은 사람은, 자신이 하나님의 은총으로 받았다는 것을 안다. 이렇게 삶의 관계를 획득하는 것이다. 따라서 그것은 오랫동안 추구한 목표를 달성하기 위해 수행한 연구의 성공과 관련이 있다. 우리 삶에서 중대한 사건을 보거나 기도와 소원이 응답될 때, 우리에게 주어진 모든 것이 하나님의 은총으로 받아들여졌다.

마을, 도시 또는 시골을 위해 정부를 위임받았다고 생각하는 사람들, 그리고 무엇보다도 이 땅에 전능하신 하나님 외에 아무도 없는 사람에게 이 생각은 유효하다. 한 군주의 손에 권력을 줬을 때 전적으로 탁월한 성격을 지니길 소망한다. 우리에게 속한 것이 더 중요할수록, 우리에게 다가오는 하나님의 섭리와 집행을 당연히 더 많이 바라보게 된다. 우리는 매일 건강을 누리며 감사를 드리지만, 길고 의심스러운 병을 앓고 난 뒤 마침내 의사가 "이제 다 나았습니다"라고 말하면, 우리 자신의 피를 통해 회복된 느낌이 흘러넘치는 기쁨을 느끼면서 건강할 때 하나님의 은혜를 더 높인다. 물론 우리가 거리에서 걸려 넘어져도 방해받지 않고 일어날 수 있다면 감사할만한 가치가 있다. 하지만 우리가 급행열차를 탔는데 그 기차가 탈선하여 희생자들이 나왔음에도 상처 없이 떨어진다면, 우리 영혼은 하나님의 은혜를 더 찬양할 것이다.

모든 일은 같지 않다. 큰 것과 작은 것, 일시적인 것과 영구적으로 중요한 것 사이에는 차이가 있다. 그러므로 정부 권력에 복종하는 것은 여느 사건과 마찬가지로 민족과 조국과 관련된 것이다. 모든 면에서 결정적이고 완벽하게 자신에게 맡겨진 그의 조국에 대한 권위를 부여하신 것은 하나님의 은총에 의한 것이다. 물론 이것은 군주에게만 적용되는 것이 아니라, 시 행정부에서처럼 공화국의 대통령이나 주지사에게도 적용된다. 선장조차 이것을 정말 옳게 표현한다. "선장인 나는, 내 배의 선장이신 하나님 옆에 있다." 왜냐하면 바다에서 그보다 더 나은 사람은 아무도 없기 때문이다. 공화정을 주장하는 사람들이 일반적으로 서두에 '하나님의 은총으로'를 생략하는 것은, 단지 '군주적' 권위만이 거룩한 기원으로, 당연히 모든 유효한 진리와 상충될 것이라는 생각을 부당하게 제기하고 키웠다. 이것을 명확하게 선포한 후에, 우리는 세습 군주제가 한 사람뿐만 아니라 때로는 수 세기에 걸쳐 같은 집안에 그러한 특별한 권한을 부여한다고 덧붙인다. 군주들은 그 자체가 아니기 때문에, 그들 스스로 머리가 되어 통치하지 않으며, 전능하신 분이 거저 베푸시는 은총에서만 그들의 권위를 얻는다는 것을 덧붙일 필요가 있다.

§29. 결론

우리가 도달한 결론은 다음과 같이 요약할 수 있다.

1. 하나님의 뜻에 따라 가정에 질서가 세워졌는데, 그 질서는 본래 하나님 안에 있는 가장 높은 권위가 기관으로서의 아버지를 통해 가족의 모든 구성원을 다스리도록 한 것이다.

2. 가부장적 권위는 남성 장자에 의해 가족과 혈통의 계보적 연결에서 가부장적으로 계속될 운명이었다.

3. 확립된 질서는 죄로 인해 왜곡되었다. 계보적 연결은 각종 지점에서

단절되었으며, 가정질서는 사형을 포함하여 부분적으로 형법적 성격을 가지게 되었다.

4. 그 결과 인류가 점점 더 파편적으로 분열되기 시작하고, 심지어 원자처럼 뿔뿔이 흩어졌다. 이때, 임명된 우두머리들 사이에 단결하려는 충동이 전 집단에서 저절로 생겨났다. 이 결과는 부분적으로는 인간 본성의 유쾌함과, 부분적으로는 능동적이며 수동적인 폭력행사와 관련되어 있다.

5. 그렇게 생겨난 정부의 권위는 완전히 해체되었을 법한 것 주위에 외과적 붕대를 감았다.

6. 정부의 권위는 하나님의 권위의 도구이다. 그러므로 지상에서 그 이상의 권위가 없고, 법률과 규칙을 세우고, 필요한 자금과 응급처치를 요구할 수 있으며, 필요한 경우 자유와 생명도 제한할 수 있다.

7. 신적 권위의 소유자로 합법적으로 행동할 수 있는 사람을 지정하는 것이 이스라엘의 경우에는 초자연적 지정에 의해서만 이루어졌다. 다른 대부분의 국가의 경우에는 상황의 발전 때문에, 항상 사람을 창조하시고 은사를 주시며, 사건의 과정을 지시하고 통제하는 분이 하나님이심을 이해함에 따라 이루어졌다.

8. 이 문제에서 하나님의 섭리 체계가 더 중요할수록, 그 결과는 민족과 국가의 운명을 더 많이 제어한다. 이것을 목표로 하는 하나님의 섭리 체계는 '하나님의 은총으로'라는 공식으로 표현된다. 이 공식은 그 자체로 모든 인간의 삶과 이생의 모든 권위에 적용되지만, 군주제에서 특히 인기가 있다. 이는 이 공식이 여기에서 규칙으로서의 높은 권위가 출생이나 관계로 인해 사람에서 사람으로 전달되기 때문인데, 이 권위는 그들 자신의 머리됨에서가 아니라 하나님의 은혜로운 섭리에 의해서만 얻어진다.

제8장

주권

§1. 주권이라는 단어

주권(souvereiniteit)의 개념은 치안에 관한 의미에서 정부의 권위로 점점 더 제한되어, 고위 정부의 권위에 대한 수정된 표현이 되었다. 주권을 뜻하는 우리말은 프랑스어 수브렌테(souverainité)에서 비롯되었으며, 그 프랑스어는 라틴어 수페라니타스(superanitas), 중세 단어인 수프라 포테스타스(supra-potestas)와 다르지 않다. 주권의 소지자는 그보다 우월한 권력이나 권위가 없을 경우 사용되었다. 여기에는 나중에 넣으려고 시도된 것이 포함되지 않았다. 지상에서 만물이 이 최고의 권력에 복종하여 주권과 정부의 주권을 위하여 자기 외부의 어떤 것에 굴복할 필요가 없었던 것이다. 그 단어는 그 자체로 그 범위 내에 있는 모든 것에 대해 자유롭게 처리할 수 있는 권한을 가진 권위를 표현할 것이다. 이 설명에 대해 지금은 진지하게 항의할 수 없다. 그럼에도 불구하고, 이 권위는 전능자에게만 생각할 수 있는데, 오직 하나님에게만 속한 것으로부터 인간에게 이전된다.

§2. 하나님의 주권의 두 영역

하나님 안에는 존재하는 모든 것에 대한 절대적 주권이 있다. 그리고 존재하는 모든 것은 어떤 식으로든 그 존재를 하나님께 빚지고 있으며, 생존은 전적으로 하나님의 전능하심에 의존한다. 창조자는 자신이 좋아하는 대로 피조물을 창조할 수 있는 절대적 권위와 능력을 갖고 있다. 따라서 그가 어떤 일을 하면, 그런 방식으로 그것을 모으고, 그러한 환경과 조건에서 그 것을 할 수 있는 절대적 권위와 힘을 가진다. 그의 의지가 그렇게 한다면,

동기가 있든 없든 존재하는 모든 것이 규칙, 법 또는 질서에 구속된다. 그것들을 세우는 분은 창조주이다. 확립되고 임명받은 자를 보존할 힘도 오직 창조주에게만 있다. 이것이 유일한 참된 주권이라면, 하나님만이 주권자이시지 사람은 주권자가 될 수 없다. 하나님은 '자신의' 주권 행사를 위한 기구로 한 사람이나 몇 사람들을 사용할 수 있지만, 이 경우 기구로 활동하는 사람은 '이양에 의한' 의미를 제외하고는 결코 주권적이지 않다. 하나님의 주권은 모든 것을 포용한다. 이는 사람뿐만 아니라 창조 전체에 관한 것이며, 인간의 공개적 활동뿐만 아니라, 모든 관계에서 인간 내외의 전 존재도 통치하는 것이다.

따라서 매우 '제한된 의미를 제외하고는', 주권적 섭리가 하나님에 의해 '그 어떤 피조물에게도 이양될 수 없다'는 것이 본질이다. 하나님 안에 주권적 능력이 있다는 것이 중요하다. 태어날 아이에게 고귀한 은사나 재능, 심지어는 특별한 본성을 부여할 힘조차도 아이의 아버지나 어머니가 줄 수 없다. 일반적으로 놀라운 천재로 드러난 아이의 부모도 매우 평범하고 단순한 시민이었다. 육체적으로도 그렇다. 아름다운 목소리는 성악가를 의미하지만, 사람이 그러한 목소리를 연습하여 발전시키고 끌어낼 수는 있을지라도 그러한 목소리를 본성적으로 불러일으킬 수는 없다. 강철 주먹으로 우승을 차지한 권투 선수도 마찬가지다. 규칙과 질서에 관해서도 매우 유사한 현상이 나타난다. 하나님의 주권은 결코 국민의 정부에게만 관심이 있는 것이 아니라, 예술 분야의 창조물과 학문 영역의 개발에도 똑같이 결정적이다. 그분이 제정한 법은 이 두 영역에도 적용되며, 그분은 이러한 법과 관련하여 종종 역사의 한 부분을 지배하는 결과를 제공하는 일종의 코리파 나무[248]이다.

기술 분야에서도 다르지 않다. 오직 하나님만이 수 세기 동안 중대한 발견을 억제하고 원하는 때에 드러내는 능력을 가지셨지만, 그러한 기술적 발명이 국가의 운명을 통제하는 것은 드문 일이 아니다. 출판 기술, 증기기관차, 마법 같은 전기의 세계, 육군과 해군의 최신 군사 발명품을 생각해보라. 움직이고 움직이게 하는 모든 것이 가장 과감한 국가 정책이나 가장 신중한 정부보다 국가와 국민의 미래에 훨씬 더 강력한 영향을 미친다. 그러므로 모든 피조물의 존재와 생존을 결정하는 하나님의 주권이 다스리는 영역과 일부 사람이 파생된 주권으로 결정하는 매우 제한된 영역 사이에 분명한 구분이 이루어져야 한다.

§3. 하나님의 주권 이양

이 첫 번째 구별 외에도 두 번째 구별이 있다. 인간에게 하나님의 주권이 이양되는 것이 단지 국토와 국민의 정부만을 의미한다고 생각하는 것은 분명 잘못이다. 우리 사람에 대한 하나님의 주권은 '다양한' 방법으로 인간에게 위임되어 행사된다. 하나님의 주권적 능력은 모든 무생물에도 있다. 그리고 인간에게 맡겨진 권력은 그리 크지 않다. 자연에 대한 우리의 능력은 무생물에 대한 하나님의 모든 능력을 절대 포함할 수 없다. 그것은 주로 우리의 작은 행성에 국한되어 있는데, 이 작은 행성에서조차 우리는 여전히 연구할 것이 너무 많다. 그런데도 인간은 자연에 대한 주권적 힘을 작지 않은 규모로 행사하고 있다. 이것은 이제 거의 모든 삶의 영역에 적용된다. 사실, 우리는 이미 인간에게서 뿜어져 나오는 수많은 행동의 위엄에 끊임없이 놀라움을 금치 못하고 있다. 이것은 훨씬 더 강력하고 놀라운 일들이 우리를 기다리고 있다는 확신을 준다. 우리는 바다의 주인이자 전문가가 되었다. 융프라우(Jungfrau)[249]에 기관차를 타고 올라간다. 공중은 항공술로 우리의 통제 하에 있다. 잠수함은 바다의 거울 표면 아래에서 마법처럼 보인다. 사냥과 농업, 무역과 산업의 전체 분야에서 주권적 인간의 힘이 전 지역을 밝힌다. 그리고 이것은 훨씬 더 실제적 의미를 가지고 있다. 인간 생활 안에서 고유 기업은 법령, 규칙, 법률을 제정하고, 운영진의 수장을 임명하며, 그들이 형성하는 영역에서 자립적으로 힘을 찾는다. 이때 공식적으로는 단체 법률을 통해 자신보다 높은 권위를 존중하지만, 전적으로 설립체(stichting)의 범위 내에서 운영된다.

국가라는 몸도 그리 자유롭지 못한 작은 부분을 위하여 그러한 주권적 단체에 의해 지배된다. 이제 거의 모든 국가는 선거 단체를 통해 그러한 주권을 행사하는 방법을 알고 있다. 고위 정부와 구별되는 이 주권은 가정과 가문에서 더욱 두드러지며, 그리스도의 교회에서 가장 강력하다. 체르노비치 출신의 오이겐 에를리히(Eugen Ehrlich)[250] 교수는 최근 법의 사회학적 특성에 대한 그의 훌륭한 논문에서 정치 단체조차도 원자처럼 흩어지기를 원하지 않는다면, 가족을 통해 그리고 가족으로부터 자양분을 공급받아야 한다고 지적했다. 가족에서 아버지는 여전히 최고의 주권자로 인정되고 있으며, 가족의 주권으로부터 역사의 과정을 거쳐 마침내 모든 정치적 주권이 발전했다.

생명과 죽음의 권리가 실제로 가정에 적용되었을 때, 가정은 가장 강력한 주권의 두 가지 표현인 생명을 '낳는' 것과 '중단시키는' 것을 모두 가졌으나, 정부는 생명을 파멸하는 권리만으로 제한되어야 했다. '생명과 죽음의 권리'라는 용어는 한편으로는 아이를 낳는 생명의 권리(jus vitae)와 다른 한편으로는 아이의 목숨을 앗아갈 '죽음의 권리'(jus necis)라는 이중 권리를 뜻한다. 그리고 '영적으로만' 적용되나 똑같이 확고하고 강하게 적용되는 것은 그리스도의 교회에서 자신의 영역과 관련되어 가지고 있는 주권이다. '두 개의 칼' 이론을 둘러싼 투쟁에서 국가 주권이라는 개념 자체가 먼저 확고하게 발전했다. 그리고 교회가 항상 '자신의 영역에서' 주권을 옹호하는 데 자신을 한정한 것은 아니며, 형법을 행사해서라도 그 영역 밖에서 권력을 확보하려고 너무 자주 시도했다는 사실은 부인할 수 없다. 그리고 신자들은 그리스도의 계명에 대한 자유로운 후속 조치에서, 지상 정부의 어떤 권한에도 교회를 방해할 수 있는 권세가 부여되지 않았다고 믿는다.

§4. 영역주권

국가의 전능성을 주장하는 것에 대해서는 항상 모든 진지함과 힘을 동원해 항의할 뿐만 아니라 저항해야 한다. 국가의 전능성을 주장하는 것은 상상할 수 있는 가장 견딜 수 없는 폭정이다. 강압적 성격을 가진 많은 사람들은 아첨과 유혹, 공약의 반영을 통해 그들 뒤에 있는 대중의 지지를 얻는 방법을 알고 있다. 그리고 이내 하나님의 자리에 앉아 전능자인 척 연기하면서, 자신의 지배욕과 소유욕을 극도로 잔인한 방식으로 추구한다. 자코뱅당도 다르지 않았다. 지금도 비록 방식은 다르지만, 전능한 국가라는 교리가 다시 자리를 잡고 있으며, 우리는 국가 주권이라는 핑계로 우리의 개인적, 사회적 자유가 점점 침해되는 매우 심각한 위험에 다시금 노출되고 있다. 진정한 주권은 하나님께만 있다. 이 하나님의 주권은 모든 것을 포괄하고, 가장 명확한 의미에서 절대적이며, 어떤 것에 의해서도 결코 제한되거나 축소될 수 없다.

하나님의 주권에 대한 일반적이고 포괄적인 이해는 양심의 법에 따라 모든 의식 있는 피조물에 자명하다. 하나님의 명예나 위엄에 부적합한 어떤 것이라도 명령하거나 강요하는 것을 지상에서 느끼는 사람은, 그렇게 하도록 요구하는 지상의 주권으로부터 떠나는 것이 허용되지 않는다고 생각한다. 그러나 주권 뒤의 하나님의 본래 주권은 어떤 사람에게도 이전되지 않았으므로, 그의 양심은 자연스럽게 순종을 거부할 의무를 느낀다. 두 번째로, 주권의 이양은 제한된 의미가 아닌 다른 방식으로 일어나지 않으며, 이러한 이양은 하나님께서 그것을 놓아주서서 사람이 자기 멋대로 행사할 수 있다는 것을 절대 의미하지 않는다. 주권은 하나님 안에 있으며, 인간은 자신의 기관이나 도구로만 사용된다. 또한 세 번째로, 이양된 사람들에 의해 행사되는 주권은 분리되어 있다. 그것은 많은 별개의 영역에 퍼져 있으며, 영역마다 다른 성격을 지닌다. 가족의 영역, 교회의 영역, 과학과 예술의 영역, 기술과 발명의 영역, 무역과 산업의 영역, 농업, 사냥과 어업의 영역, 그리고 마침내 자유 사회단체의 영역도 있다. 이 모든 영역 위에는 인간을 도구로 사용하시는 하나님의 최고 권위가 있다. 따라서 이러한 각 영역에서 '자신의 영역 안에' 있는 주권을 존중해야 하며, 각 보유자는 이를 보호해야 한다.

그 옆에, 그리고 부분적으로 그 아래에는 국가에서 구체화를 추구하는 '법과 정의의 치안적 주권'이 있다. 이 치안적 주권은 다른 모든 영역의 상호관계를 공식적으로 보호할 수 있는 권한을 어느 정도 가지고 있다. 이로 인해 질서 있는 인간 사회가 가능해진다. 하지만 정부가 모든 종류의 특수 영역과 다른 특별한 주권이 흘러나오는 주권을 가지고 있다고 생각해서는 안 된다. 결코 그럴 수 없다. 가족, 교회 등의 주권적 권위는 정부의 주권적 권위만큼이나 하나님으로부터 직접 흘러나온다. 정부는 자신의 영역 안에 다른 주권을 '만들지' 말며 자신을 규정하고 '인정해야' 한다. 그리고 공공 영역에서 지원을 요청하거나 충돌할 경우, 번영을 가능하게 하거나 충돌을 방지해야 하는 경찰의 역할을 수행해야 한다. 그 이상은 될 수 없다.

§5. 학문의 영역

학문 분야에서도 이것은 너무나 명백하기 때문에 어떤 측면으로부터라도 우리의 입장에 대한 원리적 논쟁도 두려워할 필요가 없다. 학문은 정부가 할 수 없는 연구와 사고 작업에 관한 법을 준수한다. 논리는 학문의 왕권을 알지 못한다. 학문은 그 자체로 절대적 주권을 가진다. 비록 그 영역에 제한된 주권이지만, 생명법의 엄격한 요구가 인간 사회의 모든 분야에서 자신을 주장한다는 의미에서 그렇다. 하지만 이것은 정부가 학문의 유산에 매우 민감한 방식으로 개입할 수 있는 권한을 갖고 있다는 사실을 절대 손상시키지 않는다. 학문에 필요한 것은 완전한 이동의 자유와 연구의 성공에 필수적인 요구를 충족시키는 것이다.

사람들은 학문이 얼마나 많은 면에서, 적어도 학위의 분류 때문에 이동의 자유가 제한되는지를 너무 잘 알고 있다. 자체적으로 대학과 고등학교를 설립하는 정부는 시민 전체가 비용을 지급하도록 한다. 이 수입원 덕분에 학교에 모든 자원을 제공하며, 공직을 위해 경쟁할 수 있는 권리를 학위에 부여함으로써, 부적절하게 학문의 발전을 통제한다. 이것은 정확하고 실험적인 학문에는 훨씬 덜 적용된다. 많은 근본적 착상을 위한 창의성의 여지가 없다. 하지만 그러한 학문의 유산에 들어가자마자, 그 발전에서 더욱 성숙하고, 풍부한 문화를 가진 모든 국가의 신학적, 철학적, 도덕적, 정치적, 미적 영역에 대한 큰 차이와 모순이 나타난다.

이 분야에 관한 한, 정부는 학교를 설립, 규제, 유지하는 권한을 가지고 있으며, 위험한 방향성을 가진 학자를 반대 없이 임명함으로써 경쟁이 거의 불가능한 상황을 만든다. 공립대학의 예산이 매년 수백만 길더에 이르지만, 중요한 사립 경쟁은 거의 상상할 수 없게 되며, 대학 학문연습과 교육을 다른 방향으로 도입하려는 사람들이 정부에 의해 강요되는 곳에는 먼저 국립대학에 공동 지불해야 하는 것이 너무 적다. 정부가 사립대학이나 전문대학의 졸업장을 인정하여, 공립대학과 사립대학의 이름으로 '시민효과'(effectus civilis)²⁵¹에 관한 차이가 없도록 하지만, 정부는 그 졸업장을 추천하기보다는 사전에 이 졸업장이 지닌 가치에 대한 인식 강화를 촉진한다. 우리나라에서는 자유로운 학문과 공식적 학문 간의 싸움이 상당히 격하게 진행되었다. 특히 학문 분야에서는 주권이 자신의 지성 범위 내에서 얼마나 확고하게 적용되는지, 다른 한편으로 학문의 자유를 주권적으로 행사하는 권리를 정부가 얼마나 다양하게 제한하는지 느낀다. 암스테르담의 자유대학교²⁵² 개교 당시 초대 총장인 내가 개교 연설을 위해 선택한 주제가 바로 '영역주권'(souvereiniteit in eigen kring)이었던 것은 공상이 아니라 삶에서 나온 것이었다.

§6. 미의 영역

미학 분야에서도 마찬가지다. 아름다움은 그 자체 세계를 형성하며, 그 계시에서 자체적으로 묶여 있는 것 외에는 아무것도 할 수 없다. 따라서 이 영역에서도 그 자체의 주권은 자유롭게 행사되어야 한다. 여기서 적용되는 법은 학문 분야만큼 엄격하지는 않다는 것을 인정해야 한다. 사고의 세계는 그 자체로 존재하는 반면, 미의 세계는 주체의 감각과 독립적으로 생각될 수 없다. 이로 인해 '취향에 대해서는 논란이 없다'라는 거짓 논제에 이르게 되었다. 더 짧게 우리말로 번역하자면, '취향은 다르다'이다. 더 낮은 미적 형태에서의 주관적 감각이 더 높고 빛나는 요소의 완전한 개념에 도달하기에는 너무 불확정적이다. 누군가의 취향이 얼마나 잘못되었든 상관없이 여전히 인기가 있는 경우가 종종 있다. 더 높은 곳에서는 순전히 주관적인 것이 점점 더 물러가기도 한다. 심각한 차이도 항상 손이 닿지 않는 곳에 있으며, 우리 취향에 영향을 받지 않고 오히려 우리를 지배하거나 적어도 우리를 장악한다. 그리고 미적 영역에도 하나님께서 설계하시고 창조하신 법칙이 적용된다. 누구도 자신을 미의 영역에서 제사장으로 섬길 권리가 없다는 것을 인식하고, 아름다움의 조화를 잡으려 하지 않고 이에 무조건 굴복하지도 않는다. 어떤 분야에서도 약한 사람은 이러한 신성한 조화의 영역에서처럼 정부를 향해 의식적으로 자율적 행동을 하지 않는다. 하나님의 은혜로 첫 질서의 창조를 통해 그의 천재성을 보여주었던 예술가가 처방전에 따른 명령에 굴복할 것이라고는 상상조차 할 수 없다. 또 이렇게 표현해볼 수 있다. 성악가 또는 화가가 '하나님의 은총으로'라는 표현에 '영역주권'이 너무 강하고 엄격하게 표현되어 있어, 아름다움에 대한 봉사가 완전히 독립적이고 명백한 개념에서의 섬김과 다른 지를 의심하는 작가가 없다는 것을 설명한다.

이것이 사실이라고 해도 정부가 예술 분야에서 가장 높은 수준의 지배력을 어떻게 행사할 수 있는지는 너무 분명하다. 여기서도 아름다움의 세계를 위한 훈련이 가능하다는 주장이 발생한다. 아름다움의 개화에는 헌신과 다재다능한 희생이 필요하고, 정부는 위임을 통해 모든 것을 호의에 넘겨주고 수단을 제공함으로써 예술을 유지하고 홍보하며 특정 방향으로 인도할 수 있다. 토르베커(Thorbecke)[253] 집권 하에서 예술은 정부의 문제라고 하지 않았는데, 그것은 그 주권의 명예를 인정한다는 의미였다. 당시 모든 예술에서 정부의 지원이 철회되자 예술이 빈곤해졌고, 완전히 자격 없는 사람들이 그 영역에서 주인처럼 행동하기 시작했다. 그 결과 지난 세기 중반에 불명예스러운 시기를 보냈는데, 특히 건축에서 당시에 지지받던 괴물 같은 유산을 어떻게 제거할 수 있을지 궁금해 했다.

§7. 종교의 영역

그것은 종교적 영역에서도 부분적으로 계속된다. 열린 마음을 가진 사람은 정부가 교회에서 예배는 드리지만 교회를 통치해서는 안 된다는 것을 조건 없이 인정한다. 신성한 영역에서 영역주권은 무조건 적용되어야 한다. 그리스도의 교회에서는 그리스도만이 왕이시다. 정부의 통제가 교회에도 계속되었던 것처럼, 교회에서의 법이 정부에게 주어진다고 말하는 것은 무의미한 생각이다. 이런 생각이 1619년 전후에 일부 주에서 발생했지만, 로마 가톨릭, 칼빈주의자 그리고 더 깊은 종교적 영성을 가진 사람에 의해 항상 전부 부인되었다. 로마 황제 시대에 순교자들이 피를 흘린 것은 그분의 교회에서 그리스도의 절대적이고 유일한 주권을 위한 것이다.

그러나 역사는 이 신성한 영역에서 우리 모두에게 너무나 많은 것을 보여준다. 정부는 군주들과 정부들이 그리스도의 교회를 통치하도록 엄청난 힘을 기울였다. 1618년부터 1619년에 도르트레흐트에서 열린 총회에서도 정부는 교회를 완전히 자유롭게 내버려 두지 않았다. 교회가 공개적으로 행동하고 건물, 재단 등을 필요로 하고, 무엇보다도 매우 중요한 수단을 처분할 수 있게 되면, 정부는 다소 민감한 방식으로 교회의 완전한 자유를 훼손할 수 있는 권한을 가지고 있었다. 세례와 혼인식에서 교회는 지금도 자유롭지 않다. 그러나 이것이 사실이라 하더라도, 원리적으로 교회의 영역주권은 결코 부인될 수 없다. 또한 교회가 공공 영역에 나타나고, 그 공공 영역에서 정부가 경찰과 재정에 관한 특정 참여를 완전히 자제할 수 없다는 것은 사실이다.

§8. 가정의 영역

초등학교와 교육을 포함한 가족의 삶에 다소 제한적이지만, 동일한 부분이 존재한다. 영어로 말하면 '내 집은 내 성이다'(My home is my castle). 전체 사회 체계가 놓여 있는 기본적 진리의 표현이다. 인권, 이웃의 이익 등도 가족생활에서 존중되어야 하지만, 가족생활 자체는 자체 법을 준수한다. 그것은 정부가 아니라 하나님께서 가족생활에 대해 정한 것이다. 우리나라 민법은 배우자의 관계, 부모와 자녀의 관계, 상속 규정 등에 관한 조항을 정해 놓았을 수 있다. 그렇지만 이러한 조항 중 상당수가 정부에서 비롯된 것이 아님이 분명하고, 정부에 의해 시행될 수도 없다. 제158조에 따르면 "배우자는 서로에게 충성, 도움, 지원에 대해 빚을 지고 있다"라고 규정되어 있다. 제159조에 따르면, "배우자는 한 번의 혼인 행위로 자녀를 부양하기 위해 계속 결속해야 한다." 그리고 제160조에 따르면, "남편이 혼인의 머리라는 것을 교육하는 것"과 훨씬 더 많은 것들은 혼인에 대한 고상한 관념을 나타낼 수 있지만, 이 모든 것은 정부가 아닌 하나님의 명령에 의해 적용된다. 결코 정부에 의해 유지될 수 없다.

§9. 정부의 개입

이것은 정부가 일부다처제를 금지하고 상속권을 규제함으로써, 가정생활에 매우 광범위한 영향력을 행사할 수 있다는 사실을 바꾸지 않는다. 이것은 같은 방식으로 평생 계속된다. 농업은 정부의 법이 아니라 하나님께서 제정하신 자연적인 자체 법률을 준수한다. 자연의 주권적 기본 규칙에 반하여 이국적 규칙의 틀 안에서 농업을 강요하려는 정부는 밭을 파괴하고 피해만 입힐 것이다. 이것은 마치 모든 산업과 무역에 흐르는 물을 사용하는 것과 다르지 않다. 우리 인간의 삶에 대한 이러한 모든 표현이 꽃을 피우려면, 삶의 각 부분에 대해 일의 본성에 따라 규정된 규칙을 따라야 한다. 어떤 정부도 독립적으로 개입할 권한이나 결정권이 없다. 정부도 명령하지 말고 순종해야 한다. 인간 생활의 이 모든 영역은 인간이 발명한 것이 아니다. 하나님께서 창조하신 것이며, 이에 의해 자체적 틀로 설정되어 있다.

주권의 창조자를 각 영역으로 방향을 바꾸도록 하는 것은 사람도 정부도 아니다. 창조자는 가족, 농업, 산업, 무역, 해운, 어업의 하나님이시므로 여기서 '영역'주권을 결코 무시할 수 없다. 이 모든 것이 하나님의 법에 따라 가족과 사회에서 자체적으로 행해지고, 그 주권이 모든 이해 당사자들에 의해 존중되는 한, 정부는 그 주권 밖에서 모든 것을 각 영역에 자연스럽게 맡길 수 있다. 오해가 발생하거나, 지원이 부족하거나, 비생산적 마찰이 있거나, 잘못된 의도를 주장하거나, 제삼자에게 피해를 줄 위협이 있는 경우에만 정부가 개입해야 한다. 그러나 정부의 목표는 항상 삶에 개인적 생각을 강요하는 것이 아니라, 영역주권의 영향을 방해하는 모든 장애물을 제거하여 주권이 다시 온전히 주장할 수 있도록 하는 것이어야 한다. 가장 행복하고 부요한 국민의 삶은 정부가 시급한 것으로 판명된 곳이 아니라, 모든 영역에서 자유로운 삶을 포함하며 자기 영역에서 주권을 회복하는 곳에서 이뤄진다. 그것이 성공한다면 다른 모든 간섭은 중지된다.

모든 인간 삶의 영역을 창조하신 하나님께서 신성한 주권을 가지고 율법을 제정하셨다는 것은 우리의 첫째 원리이며, 그것은 항상 모든 사람의 목적이자 노력의 방향이어야 한다. 이러한 각 영역에서 하나님께서 제정하신 법이 집행되고, 유지되어야 한다. 정부는 원천적 주권이 아니라, 하나님 안에 있고, 하나님으로부터 파생된 주권을 가지며, 우리 삶 전체에 영향을 미치지 않는 주권을 가지고, 거주민들 간과 다른 민족, 또는 식민지와의 치안 관계를 규율한다. 따라서 정부는 법을 제정하고, 법에 복종하며, 세금을 요구하고, 필요하다면 자유를 박탈하며, 마지막으로 전쟁과 마찬가지로 사형과 같이 생명과 죽음의 처분도 할 수 있는 등, 다른 '영역주권'과의 특징적 구별을 보여준다.

§10. 자유권

이제 인간의 삶에서 하나님의 절대주권이 표현되는 두 가지 방식 사이의 근본적 구별을 설명할 것이다. 하나는 우리 삶의 모든 부분의 고유한 영역을 통한 방식이다. 다른 하나는 하나의 같은 정부 아래 모두를 통합하는 집단적 영역을 통한 방식이다. 이중 후자는 단호하게 강조되어야 한다. 왜냐하면 정부의 권위에 반하는 국민의 자유권은 이 구별을 근거로 한 주장에 의해서만 옹호될 수 있기 때문이다. 여기서 하나님의 주권적 토대를 소홀히 하거나 그것을 원하는 사람은 정치를 하나님의 최고 권능에 묶는 것을 반대하고, 정부와 국민 사이의 정치적 영역에서 행복한 조화로 이끄는 유일한 길을 막는다. 그런데도 정부의 주권이 하나님으로부터 파생된 것이 아니라 그 자체로 있다고 가정한다면, 전제와 폭군의 절대주의가 위협을 가하고, 국민의 자유는 더 발붙일 공간을 찾을 수 없게 된다. 또는 반대의 관점을 취하여 국민의 의지에서 고위 권위를 추론하면, 정부 권력은 완전히 사라지고 대다수 국민은 다수의 권력이 정부의 태도를 보임으로써, 자유의 기치 아래 방종이 난무하는 폭정을 경험하게 된다. 전체의 '통일성'과 '개인'의 자기 권력 사이의 대립은 조화롭게 해결되어야 한다. 이 조화는 이상이나 실제 의미에서 결코 구현될 수 없고, 개인과 전체라는 두 삶으로 부르신 그분께 복종하여 '그분의' 위대함을 인정하고 영광을 돌릴 때에 가능하다.

§11. 신정정치 배격

얼마 전 보르도의 유명한 헌법 교수인 레옹 뒤귀(Léon Duguit)[254]는 그의 책 "헌법 조약"(Traité de Droit Constitutionel, Paris, 1913) 제1권 24쪽에서 이것을 신권 교리라고 부르고, 자신이 고백한 자유주의 체계는 민주주의 교리(28쪽)라고 말했다. 우리가 옹호하고 있는 '신정정치'라는 명칭에 대해 우리 쪽에는 큰 이의가 없다. 결국 우리의 신념은 모든 '권위'(κράτος) 즉, 자신 위에 다른 지배권을 갖거나 용납하지 않고, 모든 지배권이 하나님께만 있으며 인간 삶의 모든 영역에서, 곧 정치에서 그 누구도 하나님 대신 최상위의 권력이 될 수 없다는 것이다. 그것이 비역사적이라고 비난받을 수 있다는 사실을 부정하지 않지만, 지금도 우리의 반대자들은 그 '신정적' 지정을 통해 우리 체계에 완전히 부정확한 빛을 비추려 한다.

이 '신정정치'라는 이름은 과거에는 신들이 표징이나 신탁이나 사제를 통해 국가 문제에 대해 그들의 뜻을 알리고 계시된 뜻에 순종할 것을 요구한 것 외에 다른 의미가 없었다. 이러한 생각은 동방의 고대 제국들에 있었다. 이 모든 제국에서 사제들은 나랏일에 일정한 권한을 부여받았지만, 통치자들이 사제들이나 복술가들의 도움으로 신들을 추방할 때에는 자신을 불확실성 안에 제한시켰다. 그러나 '신정정치'라는 이름은 역사적으로 하나님의 직접적 지도를 받던 이스라엘의 군대를 위해 독점적으로 사용되었다. 아브라함의 부르심에서 느부갓네살과 나중에 티투스(Titus)에 의한 시온의 성전 파괴에 이르기까지, 아브라함의 자손들은 다른 어느 곳에서도 일어나지 않았던 통치행위를 경험했었다. 하나님은 족장들과 모세에게는 우림과 둠밈을 통해 직접 계시하고, 나중에 예언에 의해 강화된 지성소에서 자기 백성 가운데 거하셨다. 이 통치행위는 '초자연적' 성격을 가졌다. 이와 같은 통치는 그 이후로 시행된 적이 없다. 이스라엘에도 더 이상 존재하지 않는다.

우리 사이에 많은 오해와 혼란을 일으킨 큰 실수는 신정 통치와 관련하여 구약에서 반복적으로 연관되고 배열된 것이 역효과를 가져와 일반 국민의 정부에 적용되었다는 사실이다. 슬프게도, 특히 칼빈주의자들도 이러한 실수를 범했다. 우리는 신정정치라는 이름을 결코 무효화할 수 없다. 이것은 모든 정의와 이성에 반하여 생각 없이 유포된 것에 지나지 않을 것이다.

§12. 로마 가톨릭교회의 입장

역사의 흐름은 정부의 주권에 대한 견해를 적지 않게 지지해왔다. 페트루스 롬바르두스(Petrus Lombardus)[255]와 토마스 아퀴나스는 주권이 하나님께 있다는 것을 매우 분명한 것으로 간주했다. 로마서 13장 1절에서 벗어나지 않는다. 그러나 토마스는 여기서 세 가지 종류 즉, '원리'와 '형식'과 '사용'을 구별해야 한다고 말하면서, 탁월한 권위의 원리는 하나님으로부터 근원을 추론할 수 있지만 정부가 사용하는 방법은 인간으로부터 유래한 것이 확실한데 특히 '다수', 즉 '국민' 전체라고 본다. 이 견해는 한편으로 토마스가 여전히 아리스토텔레스의 영향 아래 있다는 것을 보여주며, 다른 한편으로 중세 시대에는 교회 측에서 교황의 주권의 유익을 위해 군주의 주권을 약화하려 했다. 이것을 백성이 군주를 만든다고 규정하는 것보다 어떻게 더 잘 관철시킬 수 있었을까?

벨라르미누스(Bellarminus)[256]와 수아레스(Suarez)[257]도 같은 의견이었다. 물론 벨라르미누스는 모든 권세는 하나님에게 있지만, 하나님의 권세는 한 사람에게만 부여되는 것이 아니라 많은 사람에게 맡겨져 있다고 말한다. 수아레스는 더욱 단호하게 말한다. "일의 성격상, 주권은 곧 바로 공동체 안에서 쉼을 누린다. 권위가 특정인의 손에 넘겨진다면, 그 사람은 백성의 동의를 통해 그것을 소유해야 한다는 것은 너무나 분명하다"(De legibus, 1 III, C 2, § 2). 로마 가톨릭 정치인 중 최근의 혁명적 집단으로 르 실론(Le Sillon)[258]이라는 조직이 있었는데, 기본적으로 수아레스의 사상을 갱신했다. 하지만 1910년 8월 25일 교황 비오 10세(Pius X)의 편지는 이들을 다음과 같은 이유로 강력하게 비난했다. "르 실론은 원래 공권력을 군중 속에 배치하고 거기로부터 그것을 행정관리에게 넘어가도록 했으나, 그것은 늘 백성에게 원초적으로 머무르고 있다."

주권의 개념은 로마 정치인 사이에서 별다른 변화를 겪지 않지만, 권위는 단 한 번이 아니라 영원히 하나님으로부터 내려온 것이 분명하며 백성이나 군주에게 위임된 것이다. 주권은 하나님 안에 '있으며', 군주이든 사람이든 기관이자 도구일 뿐이다. 빛은 태양 안에 있고 태양으로부터 우리에게 '발산된다'. 그런데 태양으로부터 나온 빛은 거울에 의해 반사되지만 태양으로부터 거울 안으로는 전달되지 않는다. 그러므로 빛은 태양이 아니라 거울에서 찾을 수는 있지만, 태양에 남아 있으며 매 순간 우리에게 발산된다. 여기서 인간 중개자는 주권의 거울이며, 이 거울을 대중에게서 찾아야 하는지 아니면 단일 지배자에게서 찾아야 하는지에 대한 질문은 의회 앞에서만 적절하게 해결할 수 있는 문제다. 그러므로 원리 문제에 대한 논쟁은 중세 시대와 종교개혁 투쟁과 관련되어 있다. 이제 통치자가 '초자연적으로' 부름을 받았는지 아니면 역사적 과정에서 하나님의 섭리 체계에 의해 부름을 받았는지에 대한 질문이 중요하다.

이 논쟁은 '우리가 어떻게 하나님의 섭리 체계를 상상해야 하는가'라는 완전히 다른 질문으로 향한다. 가장 절대적인 왕권의 옹호자들조차도 사무엘하에서 군주들이 이름과 성으로 하나님에 의해 임명되었다고 주장하지 않았다. 역사 과정에서 군주의 임명을 인간의 사실, 자료와 분리하기로 했고, 이것은 하나님의 직접적 지시에 호소할 수 있도록 최종 판단에 이바지한다. 루이 15세는 1770년 12월의 간행물에서 이렇게 표현했다. "우리는 오직 하나님의 면류관을 붙들고 있으며, 법을 만들 권리는 의존하거나 나누지 않고, 우리에게만 있다." 이에 대해 조제프 드 메스트르(Joseph de Maistre)[259] 백작과 드 보날드(Bonald)[260]는 반대했다. 드 보날드는 그의 "원시 입법"(Législation primitive, 5e edit., 1857) 41쪽에서 다음과 같이 썼다. "권력은 그것을 행사하는 사람이 신성으로부터 가시적으로 나오는 질서에 의해 임명되었다는 의미가 아니라, 그것이 사회 질서의 자연적이고 근본적인 법칙에 따라 구성된다는 사실에 의해 정당하다. 보쉬에(Bossuet)[261]는 우리가 하는 모든 일에 반대하는 법은 무효이며, 공격자의 경우 저항할 수 없는 사건의 힘으로 되돌려진다고 말한다."

여기서 우리는 단지 주 하나님을 관찰하는 것만으로도 하나님의 섭리를 파괴할 위험을 느낀다. 드 메스트르는 적어도 하나님의 섭리 제도를 그 자체의 지속적인 요소로 생각하려고 시도했다. 그는 하나님의 '직접적인 개입'에 대해 다음과 같이 말했다(*Soirée de St. Petersbourg, Paris, 1872, I. 207*). "그것은 그것을 구성하는 국가적 단결에서 명백하다. 자신이 무엇을 하고 있는지 알지 못한 채, 같은 목적을 위해 돌진하는 다수의 의지가 단순히 고용된 것임을 보여주는 경우도 마찬가지이다. 무엇보다도, 수많은 상황과 우리의 어리석음과 범죄를 이용하여 질서를 유지하고 질서를 확립하는 것은 놀라운 일이다." 그러나 아무리 풍부한 생각을 표현하더라도, 드 메스트르는 하나님의 섭리 체계를 소중히 여기며, 드 보날드처럼 이신론의 가장자리에 있는 것이 아니다. 국민이라는 개인과 군중에 너무 많이 의존하고, 로마 가톨릭 측 사람들이 신적 의지와 인간적 의지의 협력으로 옹호하는 것과 유사하다. 이미 자유의지 교리에 대해 매우 다양한 방식으로 생각하고 있지만, 여기에서 아주 가볍고도 상당히 자연스럽게 매우 분명한 결론에 도달한다.

§13. 우리의 신앙고백 및 교리문답

'섭리' 교리에 관한 로마 가톨릭 측과 칼빈주의 측의 정치적 견해차는 충분히 논의되지 않았다. 우리 개혁교회의 신앙고백 제13조를 보면, 하나님의 섭리가 통치하고 지시하며, 처리한다는 성격이 매우 분명히 언급되어있다. "우리는 선하신 하나님께서 창조하신 후에 피조물을 우연이나 운명에 버려두지 아니하시고, 자기의 거룩한 뜻에 따라 인도하시고 다스리시는 것을 믿는다. 그러므로 하나님의 정하심이 없이는 이 세상에서 어떠한 일도 일어나지 않는다. 그러나 하나님은 이 세상에서 일어나고 있는 죄의 근원이 아니며, 그로 인해 비난받으실 수 없다. 하나님의 능력과 선하심은 무한하여 우리가 감히 이해할 수 없어서, 마귀와 악한 자들이 부당하게 행할 때도 하나님은 자신의 모든 역사를 옳고 공의롭게 조율하시고 행하신다." 하이델베르크 요리문답 제27문에 대한 답에서도 "섭리란 하나님께서 전능하고 무소부재한 능력으로 하늘과 땅과 모든 만물을 보존하고 다스리시는 것을 말한다. 그렇게 다스리심으로 꽃잎과 풀잎, 비와 가뭄, 풍년과 흉년, 양식과 음료, 건강과 질병, 번영과 궁핍, 이 '모든' 것들이 사실상 우연히 생기는 것이 아니라, 아버지 하나님의 자애로운 손길로부터 오는 것이다"라고 말한다. 제28문에 대한 대답에서도 마찬가지로, "세상 만물이 온전히 하나님의 손안에 있으므로 그의 뜻이 아니고서는 어떠한 일도 일어나지 않는다"라고 증언했다.

반면에 트렌트 공의회(Leuven bij Hullegaarde, 23)의 결정으로 탄생한 "로마교리문답서"(Catechismus Romanus)를 살펴보면 하나님의 섭리에 대한 고백이 얼마나 제한적인지를 즉시 느낀다. "창조주이자 만물의 생산자이신 하나님에 대한 우리의 고백은 우리가 그 일을 완료하고 완성한 후에 그분이 하신 일들이 이제는 그의 전능하신 능력 없이 지금부터 존재한다고 생각해야 할 정도로 이해되어서는 안 된다. 창조주이신 하나님의 최고 권능과 지혜와 선하심으로 모든 것이 이루어져야 했으므로, 그분이 그들을 창조하신 것과 같은 능력으로 그들을 지키지 않고, 그의 영원한 섭리가 아니라도 모든 것이 즉시 쇠퇴하지 않을 것이다"(Sapientia, 11, 20 참고). "하나님은 자신의 섭리를 통해 존재하는 모든 것을 보호하고 지시하실 뿐만 아니라 무언가를 움직이고 영향을 미치는 것들을 주도하시며, 두 번째 원인의 행동을 방해하지 않으면서도 그들을 인도하고, 그분의 숨겨진 능력에 의해 몇 가지 일에 작용하신다." 그리고 '모든 것을 지키시고 다스리시는 하나님'(Deus omnium conservator et rector)이라고 덧붙인다.

이 두 고백을 비교하면 개혁교회는 매우 자유롭지만, 로마교리문답은 섭리 교리에 근거한 추론처럼 생각할 때 자유의지 교리가 도출될 수 있다는 점에서 얼마나 덜 자유로운지 분명히 보여준다. 이 "로마 리문답서"에 부족한 것이 있다고 말할 수는 없다. 에피쿠로스주의[262]와 이신론은 배제된다. 하나님의 능력으로 만물을 '유지하는 것'은 주저하지 않고 고백되며, '주관자'와 '우리에게 행동을 촉구하고'(ad motum et ad actionem impellit)라는 표현은 하나님의 섭리적 '경륜'에 대한 의심의 여지를 주지 않는다. 하지만 선택된 단어들과 문장에는 이 교리의 고백에서 신중하게 관찰되어야 할 내용이 부족하다.

§14. 문제의 미해결성

우리는 여기서 화를 내지 않는다. 인간 사고가 모순을 조화롭게 연결하기 위해 헛된 노력을 기울인 내적 문제가 있다. 개혁주의 고백은 한순간도 주저하지 않았고, 칼빈주의자들도 손에 넣지 못한 신비에 대한 열쇠를 더 자유롭고 확고하게 표현하기 위해 노력했다. 특히 기도에서 이러한 모순은 더욱 분명히 나타난다. 기도에 대한 응답이 가능하다고 믿지 않고 고백하는 사람은 결국 기도를 포기하고, 더는 기도하는 사람이 될 수 없다. 반면에 기도에 대한 응답이 이루어질 수 있다고 가정하면, 즉시 심각한 어려움에 직면하게 된다. 이에 대해 그리스도는 자신의 제자들에게 다음과 같은 말씀을 통해 분명하게 말씀하셨다. "내가 진실로 진실로 너희에게 이르노니 너희가 무엇이든지 아버지께 구하는 것을 내 이름으로 주시리라"(요 16:23b). 그분은 더 일찍 더 많은 사람에게 증언하셨다. "그러므로 내가 너희에게 말하노니 무엇이든지 기도하고 구하는 것은 받은 줄로 믿으라 그리하면 너희에게 그대로 되리라"(막 11:24). 그분은 더 일반적으로 외치기도 하셨다. "구하는 이마다 받을 것이요 찾는 이는 찾아낼 것이요 두드리는 이에게는 열릴 것이니라"(눅 11:10). 그러므로 그리스도를 고백하는 사람으로서 주저하지 말아야 한다. 기도에 대한 응답이 있다. 이 인식과 함께 우리가 해결 불가능한 문제에 직면하는 경우에 어떻게 동시에 둘 다 참일 수 있는지가 문제다. 한편으로는 하나님의 섭리가 그것을 영원부터 명령했다. 그러나 하나님의 자녀 마음에 욕망이 떠오르는 것을 알게 되며, 하나님께 드려지는 기도에서 기도 제목이 응답될 수 있기를 빈다.

물론 이 신학적 문제를 여기서 더 설명할 수는 없다. 우리 인간적 이해는 여기에서 멈춘다. 지금까지 이 문제를 해결하고 성공한 대담한 시도는 없었으며, 우리도 그러한 모든 노력이 결코 성공하지 못할 것이라고 주저 없이 선언한다. 기도하려는 충동과 죄책감, 죄의 고백과 우리 자신의 책임에 대한 고백과는 별개로 요컨대, 역사에서 인간적 요소의 전체적 의미에서 중요한 것은, 인적 요소에 의존할 수 있는 가능성이 배제되어 있음에도 불구하고 눈앞에 눈가리개를 두어 모든 것을 미리 준비하시고 통치하는 하나님의 섭리가 의미하는 바를 믿고 고백하는가이다. 일반적으로 우리는 열방의 역사에서 그러한 모든 결정적 영향을 우리 눈앞에서 분명히 볼 수 있다. 그리고 노년에 자신의 삶을 되돌아보는 사람은 자신의 삶에 대해 자신의 운명에서 하나님께서 역사하셔서 목표를 정하고 이것을 인도하셨다는 인상을 얻지 않을 수 없다.

역사는 무작위적인 모자이크 조각의 흔들림이 아니다. 역사의 계획, 배열, 계승, 그리고 연속적 세대에는 서로에 대해 전혀 알지 못했던 사람들이 있다. 서로를 본 적도 알지도 못했던 사람들이 각자 자신의 방식으로 이 하나님의 계획과 섭리를 이루기 위해 협력했다. 모든 사람은 그 장면에 소수의 사람이 등장하지 않았을 경우에 역사의 과정이 얼마나 달라졌을지 느낀다. 고레스나 알렉산더 대왕, 루이 14세나 나폴레옹이 없었다고 생각하면, 모든 사람은 상황이 어떻게 달라졌을지 의아해할 것이다. 이 통치자들을 낳은 부모는 이것을 원하고 의도했을까? 자녀들에게 있던 그런 위대한 생각과 천재성, 영웅적 힘이 그 부모에게도 있었을까? 이것은 사실일 수 없다고 생각된다. 나폴레옹의 아버지가 아니라, 그를 부르신 하나님께서 그를 유럽 사람들의 채찍으로 우리 대륙에 보내셨다. 모든 중요한 사람의 등장, 그들을 지배한 생각, 그리고 그들의 삶의 과정을 결정하는 의지의 표현은 그들의 삶에 종종 전환점을 가져왔다. 지배 세대가 오래된 줄기에서 새로운 자손이 돋아나는 것을 보았는가 아니면 죽어버린 것을 보았는가의 문제이다.

우리의 모든 발전에 그토록 중대한 영향을 미쳤던 위대한 기술적 발명도 마찬가지이다. 그 사실, 즉 그 역사의 단편들이 거기에 있다. 아무도 그것을 부정할 수 없으며, 그들이 역사의 과정에서 함께하는 연결과 결속을 부정할 수 없다. 수 세기 동안 일어난 일에서 우아한 모자이크만을 존경한다면 역사는 잘못 인도되고 오해된다. 운이나 우연을 언급하는 모든 지식인을 흥분시키고 내려놓지 못하게 하는 것에 대해 눈을 감는 것은 방자한 일이다. 사람의 배후와 전 인류를 태아에서부터 다스리시는 알 수 없는 위대한 힘을 상상하지 않는 한, 이 모든 것을 사람에게서 설명하는 것은 절대로 불가능하다.

§15. 인간으로는 설명이 불가능하다

원할 경우, 인간은 출발점(시작)이 되는 근원인간(Centrale Urmensch)에서 '자연'으로 돌아갈 수도 있다. 자연은 그 기원에서 모든 싹을 지니고 나중에 발아할 원동력을 가져 싹들을 순서대로 나오게 한다. 인간은 자연을 뛰어넘어 마침내 모든 것을 생산하고 결정하며, 통제하고 실현하는 '이념'에 도달할 수 있다. 그러나 어떤 길을 택하든지 눈에 보이는 것 그리고 물질의 경계를 넘어 보이지 않으며 형언할 수 없는 세계로 침투해야 한다. 결국 둘 중에 남은 하나를 선택해야 하는데, 우주를 위대한 미지의 존재에 매어 달고, 불가지론적으로 신비로운 어떤 것 앞에 무릎을 꿇는 것, 아니면 우리 주 예수 그리스도의 아버지 앞에 예배하며 머리를 숙이는 것이다. 세 번째는 없다.

어떤 식으로든 모든 것을 통제하는 영예를 '인간에게' 끌어들이는 데 성공할 수 있다면 이에 대한 저항은 이해할만 할 것이다. 상상 속의 하나님으로부터가 아니라, 실제 인간으로부터 세상과 삶을 설명하는 것은 항상 자존심을 가진 인간에게 가장 선호되는 생각이었다. 그러나 이 노력은 맞든 틀리든 인간이 자신으로부터 '인간성으로' 돌아가야 할 때 고통스러운 빛과 함께 나오게 된다. 수천 년의 역사에 걸쳐 펼쳐진 강력한 세계의 문제에 직면한 소수의 인간은 육신의 무력감을 느낀다. 가장 대담한 사상가도 이것을 스스로 느낀다. 그러므로 그는 자신이 발명하거나 성취한 것을 어떤 식으로도 언급하지 않고 항상 일반적으로, 그리고 수 세기에 걸쳐 인간의 천재성을 착취한다. 하나님의 지혜, 전능함, 거룩함에 대해 경외심으로 엎드려 절할 수 없는 사람은 일반적으로 하나님의 생각(Godsidee)을 인간의 이념(idee)으로 대치한다. 그는 자신이 직접 작업한 것이 아님을 인정하며, 이름을 말할 수 있는 많은 사람이 그와 함께 문제 일부만 생산했음을 인정한다. 역사 전체와 과정에서 세계의 문제를 설명하기 위해 그는 또한 항상 인류 '전체' 즉 인간의 본성으로 돌아가, 인간의 이념에 숨겨진 것을 기적적인 발전으로 펼쳐갔다.

그러나 그러한 체계로 무엇을 할 수 있는가? 결국, 인간과 인류의 출현 이전에 그 발상의 실현뿐만 아니라 발상 자체가 창의적 힘에 선행되었다. 그리고 그 발상에서 싹이 나서 나중에 인간의 본성, 천재성, 힘에서 결실을 맺는다. 자신을 존재하게 하고 인류에 대한 이념의 모든 보물을 생각하고, 그의 후손들에게 그것을 수행한 것은 하나의 '원시인간'(Urmensch)이 아니었다. 그렇지만 이 모든 풍부한 생각과 힘은 연속적 세대의 어느 곳에서나 생겨났는데, 부분적으로는 스스로 만들었지만 부분적으로는 그들을 통제한 역사에서 나타났다. 따라서 인간을 자신의 형상으로 만드신 하나님을 원시인간의 창조에서 제거하려는 진화의 시도는 실패했을 뿐만 아니라 실패'해야만' 했다. 인간이 인류의 기원을 어떤 원소로 규정하든 간에, 이 단자 뒤에 생각과 능력, 사상과 힘의 총체성을 숨겨야 한다는 것이 확립되었다. 인류가 거기에 있었고 그 출현 과정이 시작되었다.

인간으로서 사람은 자신의 위대함에 대한 생각으로 아무것도 얻지 못했다. 인간은 나중에 발전시킬 싹을 과거로 밀어냈다. 이 싹을 발명하고 존재하게 한 것은 그 자신이 아니었다. 모든 것이 유래한 사고와 깨달음의 힘은 그에게서 오는 것이 아니라, 독립적으로 존재한다. 그리고 그 힘은 그의 존재와 착취를 단일체로 그리고 교제로만 설명할 수 있는 근원이다. 인류로서 인간과 그의 인간다움에서, 인간이 어떤 물질, 자연, 또는 영으로 돌아가든지 그것은 완벽하게 동일하게 유지된다. 그리고 후자의 선택에서 사람이 영을 위해 선택하는지, 무의식적인 힘으로 선택하는지, 또는 의식적인 기능으로 선택하는지에 따라 애니미즘이나 기독교에 도달하게 된다. 인간의 기원에서 자신을 낮추려 하지 않았고 높이려는 시도가 있었는데, 그것이 가치 있다고 말하는 한, 물질이나 자연 혹은 원소로부터 우리 존재와 우리 역사에 대해 설명하는 모든 것은 우리의 신성한 이상을 빼앗아간다. 반대로 창조주이며 섭리자로서 우리를 높이시는 그분으로부터 우리의 존재와 우리 역사에 대해 설명하는 것은, 유일하게 우리를 높이며 우리에게 생기를 불어넣어줄 수 있다.

§16. 모자이크가 아니다

우리는 지금까지 성공한 적이 없다는 것을 인정하며, 개인으로서 그리고 우리 자신의 책임감과 함께 이 기원과 우리 삶의 과정을 조화시키는 데 성공하지 못할 것으로 예상한다. 사물의 체계와 역사의 과정을 이 땅에 살고 있거나, 살았거나, 앞으로도 계속 살아갈 수많은 개인의 자유의지의 표현이 있는 모자이크로 상상하는 사람은 무슨 일이 일어나고 발생하는지 알 수 없다. 또 섭리 체제에 대해 알 수 없는 그러한 신 이외에 다른 어떤 신도 상상할 수 없다. 인간 개개인이 자신의 주도에 따라 일하지만, 전능하신 하나님께서 이 모든 것을 인식하신다. 그런데도 함께 묶고 분명한 연결을 시킨다고 상상하려는 시도조차도 여기서 아무런 결과를 낳지 못한다. 삶의 모든 일은 사람에 의해 이루어지며, 각자가 자기 생각과 의지를 언제나 자유롭게 따르고 수행할 수 있다. 그러면, 주 하나님은 개입할 기회가 전혀 없다. 우리가 할 수 있는 일은 아무것도 없으며, 오직 하나님께서 사람을 통해 모든 것을 마련하고, 배열하고, 명령하고, 실행하신다. 하지만 사람이 무엇을 하든지 자신이 주도권을 가지고 하며, 그것에 대해 책임지고 감당해야 한다는 것이 이와 상충한다는 것을 고백한다. 우리는 둘 중 어느 것도 놓을 수 없지만, 우리의 인식에는 변함없이 모순으로 남아 있다.

통계는 우리에게 미스터리한 분야이다. 특히 버클이 "영국 문명사"(History of the Civilisation of England)를 출판한 이후로 우리에게 명확한 수치들로 보여주는 통계와 같은 결과는 국가별로 거의 모든 좋고 나쁜 사건들이 고정된 비율로 해마다 반복된다는 것을 입증한다. 국가별로 자살이 없는 해가 없을 뿐만 아니라, 매년 거의 같은 수로 자살이 발생한다. 심지어 물에 빠지거나, 목을 매거나, 총을 쏘거나, 기차에 몸을 던지는 자살도 거의 같은 수로 발생한다. 지금 당신이 그러한 불행한 사람의 가족을 알고 있고 그와 같은 자살이 어떻게 일어났는지 조사하고 있다면, 당신은 자신의 삶에서만 말하고 설명할 수 있는 개인적인 것 외에는 그 사람의 삶의 특별한 상황에 대해 다른 아무 것도 듣지 못할 것이다. 모든 것이 가능한 고도로 개별화된 현실이지만, 모든 사람이 일반 법칙을 따르며 산다. 이것은 거의 같은 수와 독특한 방식으로 해마다 반복된다.

지금 우리의 모든 삶의 결과를 한 국민으로서 우리 사회에도 적용한다면 (과거와 현재의 이스라엘을 제외한 '모든' 국민과 마찬가지로 초자연적인 존재가 남아있는 곳), 모든 것이 정부의 출현으로, 함께 일한 인적 요소들에서 그 전체적 설명이 이루어졌다. 그러할지라도 그러한 인적 요소와는 완전히 분리된 모든 것이 하나님의 섭리적 지침에 의해 배열되고, 주문되며, 질서 잡힌다는 것을 고백한다. 그분의 섭리적 의지가 역사하는 것은 우리에게는 수수께끼처럼 보인다. 우리는 이것을 설명할 수 없고 조화시킬 수도 없다. 그러나 정부를 위해 행동하는 모든 사람은 자신이 이 모든 일을 자신의 책임으로 수행하는 방법을 매우 잘 느끼지만, 역사를 읽는 독자는 그 배후에 하나님께서 이 일을 인도하시고, 특히 정부 인사의 임명에서 그의 백성들 사이의 역사의 흐름을 통제하셨다는 것을 알게 된다. 어디에서나 인류의 행위이고 인류가 행동하는 것이다. 초자연적 개입은 전혀 없다. 그런데도 인도하심은 하나님의 손에 있었다.

§17. 모든 것이 하나님의 섭리

이것은 정부의 사안뿐만 아니라 모든 면에서 그렇다. 정부의 구성은 혼인 계약과 마찬가지로 인간적 약속이다. 그러므로 '하나님의 은총으로'이라는 표현은 필요한 경우 우리 삶의 모든 것에 적용될 수 있다. 믿고 범사에 감사하며 기도하는 사람은 자신의 책임이 있다는 것을 충분히 인정하면서도 다른 한편으로 하나님의 섭리에 의해 전적으로 통제된다. 이것은 삶의 양면이며, 모든 점에서 구별되지만 우리에게 설명할 수 없는 방식으로만 하나가 된다. 정부의 문제도 예외는 아니다. '정부'의 활동이 절정에 달했을 때 우리는 이것이 우리의 펜에서 유래하지 않는 거룩한 공식을 사용한다는 것을 이해한다. 사무실에서 사무원을 고용하지만, 충분히 주의하지 않으면 사업을 망칠 수 있다. 그 직원을 회사로 인도하신 분은 하나님이 맞다. 하지만 우리는 사무원이 하나님의 은혜로 우리에게 왔다고 기록하지는 않는다. 그것이 그렇지 않아서가 아니라, 일의 성격상 공문서는 해당되는 일과 관련된 내용을 포함하기 때문이다. 보육원에 제빵업자가 온다면 _(이것은 물론 주권의 문제이지만) 우리는 주권이라는 귀한 단어를 사용하지는 않는다. 모든 것이 가치와 의미면에서 동일하지는 않다. 우리가 일반적으로 높은 사람들에게 하는 엄숙한 말을 낮은 영역에서 사용한다면 우스꽝스럽게 여길 것이다.

우리는 '하나님의 은총으로'의 사용을 계속 소중히 여긴다. 최고 권위를 가진 사람 또는 사람의 지시에 따른 신성한 의지로 지상에서 더 높은 권위를 갖게 된 사람은 하나님께 직접 의존하는 것이 아니라, 더 높은 권위의 중개자에게만 의존한다. 지상에서 더 높은 인간의 권위도 하나님에게 직접 의존하지 않고 보다 더 높은 권위의 중개자에게 의존한다. 반면 지상에서 가장 높은 권세를 가지고, 하나님의 권세 외에는 아무것도 가지지 않는다면 '하나님의 은총으로'라는 표현은 분명히 의미를 지닌다. 이것은 모든 종류의 고위 정부에 의해 사용될 수 있다. 특히 이것은 군주제 경우의 권위에만 유효하다. 영연방에서 정부 사람들이 직접 하나님 아래에 있지 않고, 그들을 임명한 사람 아래에 있다는 사실 때문이다. 미국에서 이 구별은 분명하게 나타났다. 헌법은 '우리의 행정관을 선택할 수 있는 권한을 주님께서 우리에게 주셨기 때문에'라고 적고 있다. 이는 하나님의 주권에 대한 전적으로 순수한 고백이지만, 이로써 "하나님의 은총에 의한 '민족'"이라고 말할 수는 없었다.

§18. 국민주권

여기서 국민주권에 대한 잘못된 개념으로 인해 오도되지 않아야 한다. 국민주권이 '본래' 국민에게 있는 권위의 고상함을 말하는 것이라면, 그렇게 이해된 국민주권은 혁명체제의 근본적 오류라 말할 수 있다. 이에 대해 모든 힘을 다해 싸워야 할 것이다. 반면에 합법적으로 구성된 공화국에서 전능하신 하나님의 권위가 국민에 의해 도구적으로 행사된다는 것을 나타내려 한다면, 그것은 전적으로 옳으며 논쟁할 필요도 없다. 미국 독립전쟁 중에 공직자를 임명한 미국 국민은 하나님 주권의 소유자로서 그 기관과 도구였다. 물론 지금은 그러한 사건이 발생한 상황에서 '국민주권'을 말하는 것이 혼란스러울 수 있지만, 미합중국에서 하나님의 주권은 '기관'인 국민에 의해 효력을 발휘한다. 사악한 의미에서 하나님의 존엄을 거스르는, 우리가 거부하는 국민주권은 군주의 주권과 반대되는 것이 아니라 그것과 일치하는 것으로 이해하는 것이 적절하다. 주권은 오직 하나님에게 있지만, 그의 높은 권위를 실행하기 위한 기관이자 도구로서 군주나 국민을 스스로 취할 수 있다. 원래의 주권이 아닌 하나님에 의해 이양(위임)된 주권으로 존재한다. 군주 자신은 주권자가 아니라 하나님 주권의 기관이다. 또한 국민 자체도 주권적이지 않고, 오직 하나님의 이름과 하나님으로부터만 이 권위를 행사한다. 이것은 혁명정신을 부정했고 여전히 부정하고 있다.

1789년부터 혁명 측에서 고수한 것은 바로 주권의 '본래' 본질과 기원이 국민에게 있다는 것이었다. 하나님의 전능은 아무런 상관이 없다. 주권은 하나님의 전능함과는 아무런 관련이 없으며, 하나님이 아니라 인간이 다스린다는 것이다. '신도 주인도 아니다'라는 말은 어떤 예외도 인정하지 않는다. 그러므로 국민이 자신의 주인이자 주관자이다. 사람이 통치할 사람을 임명하는 곳에는 이렇게 선택된 사람이 '군주'가 아니라 국민의 '종'이며 국민이 책임을 진다. 이것은 하나님의 권세를 전복시키고, 모든 국가의 생활에서 전능자를 제거하는 것을 목표로 하는 국민주권 개념이다. 이것은 정말 죄악된 이해이다. 미국과 같은 나라에도 이처럼 가짜 국민주권이 선포되었다. 그러나 이에 진지하게 반대할 수는 없었다. 하나님이 '군주'와 그의 후손에게 파생적 주권을 부여하는 것을 기뻐하신 것처럼, '국민에게도' 그렇게 하셨다. 일반적 형태의 국가처럼 국민이 스스로 주권을 소유했고, 이제 국민은 그것을 정부에게 넘겼다. 공화국에서도 본래의 주권은 계속해서 오직 하나님에게 머물러 있지만, 이제 국민은 그것을 행사하기 위한 기관과 도구로 선택되었다. 정부는 이제 하나님의 은혜로 국민 위에 서 있는 역할을 하지 않으며, 국민 자신이 행정부를 임명할 수 있는 높은 권한을 갖게 되며, 국민과 행정부 사이의 합의된 관계를 법이 규제한다.

여러 나라에서 주권적 권위로 옷 입은 국민이 무슨 지혜로 말하는지를 조사하기를 원하면, 완전히 다른 질문이 등장하게 된다. 이것은 원래 아메리카의 주에서 그랬던 것처럼 모든 국가 구성원이 머리를 맞대고 수행할 수 있다. 이 경우 참여할 수 있는 권리는 일반적으로 성별과 나이와만 관련이 있었다. 그러나 완전히 다른 조항이 지침을 제공할 수 있다. 특정 가족이나 개인을 대표하는 가문이 등장할 수 있다. 원래 네덜란드의 7개 주에서 사람의 말이 얼마나 복잡하게 구성되었는지 잘 알려져 있다. 끝이 없을 정도로 많은 형태가 시대를 거듭할수록 다양해지고 수정되어, 사람들이 발언을 하고 권위를 주장할 수 있었다. 아직 우리는 이러한 차이점을 살펴보지 않았다. 중요한 것은 자신의 움직임과 권리에 따라 행동하지 않고 선출되거나 임명받은 행정관이 있다는 것이다.

대체로 행정관은 생존해 있는 동안이 아니라 일정 기간만 권한을 행사한다. 임의적으로 행동하는 경우는 거의 없다. 대부분은 '위원회'에 의해 임명되며, 권위가 여러 사람에게 나뉘어 있다. 그러한 행정관이 로마에서처럼 총독, 시장, 왕이나 황제의 직함을 가졌는지 아닌지는 여기서 구별되지 않는다. 폴란드에는 선출된 왕이 통치하고 그의 죽음 이후에 다른 사람이 다시 왕으로 선출되는 관습이 있는데, 이는 전적으로 같은 노선에 있다. 행정관을 선택하는 것은 그보다 높은 권한에 의해 임명이 이루어짐을 의미한다. 그러므로 행정관이 통치하는 것은 그가 아니라 그를 임명하는 사람이다. 그는 누구에게나 책임을 부여하고 해임할 수도 있으므로 높은 권위를 가진다. 한번 선출되고 임명된 행정관은 자기 판단에 따라 행동할 수 있지만, 거의 '잠자는' 주권일 수 있다.

행정관에게 부여한 권한이 줄어들 수 있겠지만, 분명한 사실은 그러한 행정관이 땅에서 어떤 권위도 가지고 있지 않다고 말할 수 없다는 것이다. 그를 임명한 사람은 그의 상사다. 그러한 모든 경우에 국민의 주권과 관련이 있다. 그러나 1789년 이래로 불리는 국민주권은 결코 아니다. 국가의 모든 권한은 하나님께 있으며, 사람들이 어떤 형태로든 스스로 행정관을 선출한 경우, 그것은 하나님께로부터 온 것이다. 그 행정관은 가령 미국에서 누군가를 개인적으로 처벌하거나 발판에서 목숨을 잃거나 전장에서 목숨을 걸도록 강요할 힘이 있는데, 그의 임명 중개자를 통해서만 가능하다. 규정의 차이가 발생할 수 있음은 이미 1830년 8월 25일 벨기에 헌법 제25조에 명시되어 있다. "모든 권력들(les pouvoirs)은 국가에서 나오며, 헌법에서 정한 방식으로 행사된다." 그 다음은 양원이 '먼저'이고, 그 다음은 국왕이다. 이 설명과 순서는 여기에서 '국가'를 사용하여 권위를 가지려는 의도임을 분명히 보여준다. 그것은 '권력'(le pouvior)이 아니라, 국가에서 나온 '권력들'(les pouviors)이다. 당연히 직무가 아닌 다른 방법으로는 이해할 수 없다. 따라서 훨씬 더 강하게 표현되는데, 가령 베른(Bern) 주[263]의 1893년 6월 4일 헌법 제2장에 따르면, "주권은 국민 전체에 있다. 유권자들이 직접 행사하고 당국과 관리들이 간접적으로 행사한다."

이 점에 대한 추가 논의는 대표에 관한 행위로 옮겨 가는데, 여기에서 원래의 주권, 정부 주권, 영역주권에 대한 세 가지 질문이 있다. 그러므로 다음 세 가지 명제에 관해 살펴보겠다. 첫째로 주권, 즉 자신보다 높은 권력이 없는 권력은 원래 하나님 안에만 존재한다. 따라서 근원과 기원으로서 국민의 주권이 있으며, 이 권위에 대해서는 의문의 여지가 없다. 둘째로 하나님의 주권을 소유한 여러 국민과 그에 따른 기관이 될 사람의 지정은, 이스라엘을 제외하고는 초자연적인 것이 아니라 자연스러운 방식으로, 따라서 인간에 의해 이루어진다. 그리고 셋째로 인간에 의한 이 표시도 그 질서가 군주제 통치로 이어지든지, 공화국의 형태로 이어지든지 하나님의 섭리에 의한 것이라는 점이다.

제9장

국가의 목표

§1. 우리 개혁주의 신앙고백

칼빈주의자 측은 종교개혁 시대에 국가가 수립된 목적에 대해 의심의 여지를 두지 않았다. 우리의 신조는 또한 제36조에서 다음과 같이 분명하게 명시했다. "인간의 타락으로 말미암아 우리의 자비로우신 하나님께서 왕, 군주와 국가의 관리를 세우셨음을 믿는다. 하나님은 세상의 법과 제도에 의해 인간의 무법성이 억제되고 인간 사이의 모든 것이 선한 질서 안에 운영되기를 원하신다." 그 다음에 추가 설명을 위해 덧붙인다. "모든 인간은 지위나 환경이나 신분에 관계없이 국가에 순종해야 하며, 세금을 납부해야 하고 그 관리들을 존중하고 존경하며, 하나님의 말씀에 어긋나지 않는 한 모든 일에서 그들에게 순종하고, 주님이 그들의 직무를 온전히 인도하셔서서 우리가 모든 경건과 품위 안에서 평안하고 조용하게 살도록 그들을 위하여 기도해야 한다." 엄밀히 말하면 성경적이라고 할 수 있는 이 관점에서 '국가에서 함께 사는 것'의 결정은 어렵지 않았다. 그런 점에서 우리 종족의 족보적 결속이 더 이상 가부장적 화합을 표현할 수 없다는 것이 분명해지자마자, 정부의 권력이 잃어버릴 수 없었던 것을 조정했다. 우리 종족의 통일은 그 후 민족의 다양성으로 대체되었다. 마침내 고정된 관계를 구축하여 각 국가에서 단결을 확립하기 위해 정부가 생겨나고, 국민의 단결은 국가의 형성에 의해 정부의 권위 자체로 집중되었다.

국가는 원래의 창조 체계에서 완전히 벗어났다. 타락 후 어떤 국가도 형성되지 않았고 어떤 정부도 나타나지 않았다고 상상해 보라. 정부와 국가도 비정상적 현상이며 민족이 필수불가결하게 등장하여 정착한 인류의 일부에 외과적, 의학적 목적으로 영향을 미치는 붕대와 같다. 그러나 분명하게도 이러한 죄와 타락이 정부, 국가와 관련이 있는 것처럼, 자신의 국가 목적에서 이러한 점들을 고려하지 않는 사람은 국가 목적의 문제가 발생하자마자 당황하게 된다는 것을 쉽게 이해할 수 있다. 이것은 정부도 마찬가지다. 그러나 우리 종족이 왜 민족들로 나뉘어야 했는지, 그리고 왜 이 민족들 위에 좋은 질서를 유지할 힘이 세워질 수 있었는지도 알 수 없다. 죄 밖에서는 자연 질서 자체로 충분했을 것이다.

§2. 두 가지 입장

그러나 국가의 '목적'이라는 질문에 대한 답은 피할 수 없었기 때문에, 곧 두 의견이 충돌하게 된 것은 당연한 일이었다. 그들은 '한 국민' 즉, 한 집단의 사람들과 '각자의 인격'을 가진 사람들과 관련이 있었다. 국가는 개별 개인을 사적인 개인으로 섬기거나 집단적 개인을 하나의 민족으로 묶는 기관으로 생각할 수 있다. 처음에는 전체의 붕괴를 피하고, 개인이 자신과 가정을 국가의 보존과 복지에 봉사하도록 움직이는 것이 문제였다. 이후 후자의 문제가 시작되었다. 실제로 이것은 소수의 이익을 공동의 이익에 강제로 복종시킨 통치자의 우월한 권력에 의해 행해졌다(그리고 이것은 종종 통치자의 이익을 의미한다). 반면에 고귀한 발전의 경우, 특히 그리스 세계에서 일어난 것처럼 폭력의 지배를 이념의 지배로 대체하였다. 폭력자가 아니라 철학자, 곧 아리스토텔레스는 특히 국가사상(staatsidee)을 너무 강하게 밀어붙여서 개인이 스스로를 완전히 자발적으로 종속된 질서로 취급하도록 했다.

결과적으로 국가는 그것이 무엇에 관한 것이든, 대중의 인식을 실재 즉 시민이 받아들이는 유일하고도 유효한 목표라고 주장했다. 국가를 위해 자신을 희생하는 것은 명예로운 사람이었다. 국가가 먼저 존재했고, 시민은 국가에 내용을 제공하는 것처럼 보였다. 아테네와 같은 도시 인구의 가장 큰 부분은 노예로 구성되어 있었으며, 우리가 노동자 계급이라고 부르는 사람들뿐만 아니라 기술, 상인 계급 전체도 실제로 시민으로 계산되는 범주 밖에 있었다. 상대적으로 소수였고 참가할 권리를 가진 사람인 완전한 시민은 그들 자신이 주인이자 주권자라는 것을 이해했다. 동시에 그들은 큰 군중을 다스리는 권력을 가졌기 때문에, 그들의 개인적 자유에 대해 권위를 희생할 필요가 없다고 생각했다. 그들은 국가였고 국가의 통치는 그들 자신의 위대함 위에 세워졌다. 따라서 모든 군주적 지배욕, 모든 절대왕정과 폭정이 그리스 철학자의 학당에서 생겨났다. 완전히 다른 사상체계가 사람의 마음을 장악해야 했고, 결국 자유의 닻이 파도 속으로 가라앉아버렸다. 그래서 고대 국가법에 대한 호소가 자주 나타났다.

그러다가 불행하게도, 1789년 이후 사람을 교란시키는 과도한 시도가 나타났고, 그해 혁명에서 나온 시대정신의 결실로 이제는 수용할 수 없는 생각이 등장했다. 마치 한 사람, 개인이 가장 중요한 것처럼 말이다. 국가의 목표가 '개인 시민의' 행복 증진에서 발견할 수 있는 것처럼 말이다. 공적 일의 목표는 사적 유익을 이루는 것이었다. 바코 판 페룰람(Baco van Verulam)[264]은 이미 이 발상의 발전에 첫 번째 자극을 주었다. 영국은 에드먼드 버크(Edmond Burke)의 지도 아래 처음에는 파리의 혼란에 반대했지만, 여기서 '내 집은 나의 성'이라는 영어 표현은 비웃음을 당했다. 스미스(Smith)[265]와 코브덴(Cobden)[266] 경제학파뿐만 아니라, 정치 영역에서 매컬리(Macauley) 같은 사람도 개인을 전면에 부각시키며, 국가의 목적이 각 시민의 '사적' 이익 증진을 추구하는 것임을 매우 강조했다.

§3. 독일 철학

당시 독일 철학은 법이념을 전면에 내세워 '보편'과 '특수'에 관한 관심의 대립을 없애는 것을 처음으로 생각해냈다. 이것은 이미 칸트가 그의 "법론"(Rechtslehre) § 47 이하에서 주장한 것인데, 국가의 목표는 헌법과 법의 추상적 원리 사이에 국민의 이해와 행복이 아니라 전체적 일치에 이르는 완전한 국가의 실현이다. "이상적인 국가는 국민의 복지와 행복이 아니라, 헌법이 법적 원리에 부합하는 상태이다." 칸트는 피히테로부터 이에 대한 근거를 찾았다. 또한 외트뵈시(Eötvös)[267]는 그의 "근대 이념론"(Moderne Ideeën) 제2권 91쪽에서 개별 시민의 안전한 법적 상태 외에는 국가의 다른 목표가 없으며, "국가의 목표는 개인의 '안전'이다"라고 말했다. 경찰국가는 시민들을 억압하고 억눌렀지만, 이제 국가는 '법치국가'가 되어야 한다. 따라서 최고 수준에 해당하는 상황을 만드는 목표를 설정했고, 시민에게 가장 높은 권리를 보장했다. 국가는 법치국가가 되었다. '국가 생활의 규칙과 철학적으로 발전된 법률 개념의 일치'라는 공식에서 정부의 행동이 유효할 것이라는 데는 의문의 여지가 없다. 이 견해는 일관성 있게 적용되어, 일반 총무처가 폐지되고 외교, 사법, 재무부만 유지되었다. 국가 업무는 법의 형성, 선언, 유지로 제한될 수 없다. 사법 업무 외에도 모든 정부에게는 토지와 교통, 시민 훈련과 교육, 무역과 산업, 그리고 농업이 요구하는 것 등 이해관계가 가능한 매우 광범위한 임무가 할당되었다. 이것은 다수의 협력과 고정된 규율 하에서만 이뤄질 수 있다. 이 모든 이익을 자신의 독과점 하에 끌어들이고자 하는 국가에게 화가 있을 것이다. 하지만 그 반대의 경우도 마찬가지인데, 만일 정부가 정치세력의 도움과 지도가 필요한 곳에서 잘못된 이론에 기초하여 시민의 삶에서 의도적으로 그것을 철회한다면, 사회는 경색되고, 약화된다.

과학과 예술조차도 이러한 지원과 도움 없이는 어려움을 겪는다. 토르베커는 법치국가를 의인화하여 예술은 국가의 문제가 아니라고 선언했다. 젊은 예술 생활은 그의 평가가 힘을 잃은 후에야 예술적 발전이 어떻게 이루어졌으며, 그의 진술이 과장과 일방성을 통해 얼마나 잘못을 범했는지를 보여줬다. 지금 우리 사이에서 문화로 존경받는 것을 정부가 무시해서는 안 된다. 여기에도 분명히 경계가 있으며, 이것을 정부는 엄격하게 준수해야 한다. 영역주권은 여기에서도 엄격한 요구 사항을 적용한다. 모든 이해관계에 영향을 미치는 것을 감시해야 하는 사람은 (그리고 정부도 마찬가지이다) 어떤 영역에서도 그것이 자신에게 무관심하다고 말할 수 없다. 절대적인 절제는 그 유일한 임무였다. 개인적 이해관계도 있고 기업적 이해관계도 있지만, 사회적이고 연합적인 이해관계, 문화적 이해관계, 이상적 이해관계도 있다. 지금은 국가와 정부의 몫이어서 이 문제에 대해 결코 강요하지 않지만, 정부의 도움이 필요한 경우 그것을 거부할 수 없다. 정부는 스스로 번창하고 번영할 수 있는 것이 독자적으로 발전하는 데 방해가 되어서는 안 된다. 오히려 정부의 도움과 지원이 없이는 망해버릴 곳에 시들어 버린 것이 생존하고, 다시 꽃을 피울 수 있도록 도와야 한다. 정부는 가능한 한 종교에 대한 강압적 태도를 멀리해야 한다. 종교적 영역에는 지도가 필요하지 않을 수도 있다. 그럴지라도 비상시 정부의 지원이 필요한 상황이 발생할 수 있으며, 비상시에 항상 극도로 섬세한 이 작업을 수행하지 못한다면, 정부는 소명의 임무를 감당할 수 없음을 증명하는 것이다.

§4. 불충분한 법치국가

헤겔은 이미 칸트와 피히테의 형식적 법이념이 해결될 수 없다는 것을 깨달았고, 그가 '인륜'이라고 부르는 국가의 목적을 찾는 것을 선호했다. 그는 국민이 국가 기관에 의해 더 높은 윤리적 수준으로 상승하고, 국가와 국민 모두 윤리 원리를 구체화할 것으로 이해했다. 이것은 플라톤적 사상으로 돌아가는 것이다. 셸링(Schelling)[268]은 국가도 인격적 하나님께 영광을 돌리는 수단이라는 고백을 했는데, 이것은 슈탈에게도 영감을 준 근본적 이념이었다. 로베르트 폰 몰은 그의 "국가학 백과사전"에서 처음으로 보편적 인간과 특수한 국민의 성향과 본성을 조사하여 이로부터 국가 과제, 그리고 국가 목표로서 국가의 보편적이고 특수한 상황을 최상의 상태로 설명했다. 그는 74쪽에서 "인간의 본성에서 일관되게 발전하는 모든 것은 '또한 정당화된다'"라고 말했으나, 해외에 관해서는 75쪽에서 다음과 같이 선언한다. "이와 관련하여 존재, 안전, 다른 국가의 삶의 목적 추구를 직접 손상하지 않는 국민과 국가의 모든 목적이 허용된다."

아렌스는 그의 "유기적 국가론" 92쪽에서 크라우제(Krause)[269]의 철학에 존경을 표하며, 유기적 의미에서 국가에 대한 그의 사상을 더 설명하기 위해 노력한다. 하지만 그는 자신이 아직 거기에 이르지 못한다는 것을 인정하고 다음과 같이 말한다. "우리는 일방적이거나 해체, 붕괴 또는 역행 교리가 국민과 국가 생활의 고등교육 본능에 의해 제거된 때부터 국가의 진정한 목적에 대한 지식을 기대한다." 이것은 아렌스 이후에 유일하게 올바른 입장이었지만, 결과가 없는 빈약한 증언이었다. 하체크(Jul. Hatschek)[270] 박사는 "일반 국가법"(Allgemeines Staatsrecht) 제1권 20쪽에서 "비교법에 근거한 일반 국가법"에 기초하여, '특별한' 목적은 저절로 '일반적' 목적으로 표시된다고 말한다.

콘라드 보른하크는 그의 "일반 국가론" 26쪽에서 그리스 절대 국가와 칸트와 폰 훔볼트(von Humboldt)[271]의 개인주의 국가 간의 모순에서 시작하여 다음과 같은 인식에 도달했다. "인간의 가장 높은 목적이 지상에 있는 것처럼, 인간을 위한 상태도 지상에 있다." 그는 국가가 "자신을 위한 목적이 아니라 사람을 섬기기 위함"을 그 목적으로 삼고 있다고 말한다. 이 기본 개념에는 "고대 개념보다 기독교-게르만적 국가 개념에 대한 선호"가 있다. 블룬칠리는 그의 "일반 국가론"에서 국가의 목적을 명시했다. 그는 363쪽에서 '강대국'과 '세계적 강국'을 그리고 '중소국'을 '소국'과 구별하지만(367쪽 참고), 그런데도 모든 국가 생활의 목표를 소수의 삶의 과제, 즉 개성의 전개, 성품의 발달, 각 개인의 본성적 계시, 그리고 자신의 가족, 국가, 인류를 위한 삶의 조화에서 찾는다. 그에 따르면, 개인과 개인이 대립할 경우에 국민과 국민이 대립하는 것이 아니다. 블룬칠리는 국민의 성향에 따라 그들의 힘을 최대한 발전시키는 것이 가능하다고 말한다. 그리고 개인이 '불법적인 공격'에 노출될 수 있는 곳에서는 국가의 사명이 오직 개인의 사적 자유를 보호하는 것이며, 반대로 국가는 개인의 성향을 방해하거나 억압할 권리가 없다.

원리적으로 이 관점과 구별되는 견해를 슈탈이 밝혔다. 그는 "국가론" 28쪽에서 다음과 같이 말했다. "국가의 목표는 인간의 상황을 더 완벽하게 만드는 데 있을 뿐만 아니라, 무엇보다 하나님의 계명을 시행하는 데 있다. 혜택이나 특권을 자유롭게 추구하는 것이 아니라, 위반할 수 없는 질서에 복종하는 것이다. 국가 개념에서처럼 정부는 가장 높은 기관이므로 정부 개념에서 가장 높은 사명은 하나님의 계명을 유지하는 것이다." 그러나 국가의 목적에 대한 정의가 '형식적-법적'으로 여전히 너무 일방적으로 해석되는 반면, '탐내지 말라'라는 제10계명은 이미 십계명을 지침으로 삼는 것이 얼마나 신중한 것인지를 그 자체로 보여주고 있다. 슈탈은 삶의 실제적 요구와 동떨어진 일방적 공식 법률가처럼 말하지 않는다. 하지만, 그의 견해는 많은 부분에서 여전히 철학적이고 추상적인 것으로 남아 있다. 슈탈 역시 국가와 낙원의 타락 사이의 연결을 완전히 설명하지 못했다. 일반 국가론의 저자들은 그들의 시대와 환경에서 지배적인 사상에 부분적으로 영향을 받는 모습을 보여준다. 블룬칠리도 364쪽에서 '작은 국가들'에 대해 논의할 때, 우리 시대에 그들이 존재할 권리가 모호하며 자신을 강력한 권력의 보호 아래에 두는 것만으로 미래를 가질 수 있다고 지적하지 않는가? 이것은 마치 우리에게 독일제국 연방에서 피난처를 찾아보라는 요청으로 들린다.

§5. 하나님의 도성

한편 이러한 모든 표현이 명확하지는 않다. 푈리츠(Pölitz)[272]는 그의 "철학 핸드북"(Handbuch der Philosophie) 제2판 제2장에서 국가의 목표가 "조건 없는 법치 하에서 인류의 궁극적 목적에 대한 모든 시민의 가장 자유로운 근사치"에 있다고 말한다(아렌스, "유기적 국가론" 104쪽 참고). 그러면, 우리 인류의 궁극적 목표는 국가 목표로 이관되고, 법은 조금 연결된다. 법 자체도 이 관점에서 매우 유연하고 융통성 있는 크기(hoegrootheid)가 된다. 그사이 우리가 국가를 교정이 아니라 인간 사회의 최고의 선으로 받아들이는 즉시, 그러한 모든 정의(definities)에 의존'해야' 한다. 그러나 일반적으로 이러한 모든 분석을 통해서는 인간은 국가에서 '인류'로 넘어가지 못한다. 그것은 일반적으로 창조 때의 인류 본성과 우리 인류의 형통에 씨앗들이 모여 발전하게 되고, 인류의 창조로 유기적 연결에서 의도되었던 것으로부터 점점 더 풍부한 그림을 그리게 된다는 일반적 정의이다. 그리고 유일한 추가 정의는 법의 통치에서 취해진다. 이는 항상 오싹하거나 임박한 불의에 관한 법 집행의 회복을 의미하므로 항상 악과 선 사이의 투쟁에 해당한다. 또한, 아우구스티누스가 말한 플라톤적 시도와 폰 슐레겔(F. v. Schlegel)[273], 드 메스트르, 슈탈이 각각 자신의 방식으로 한 해석은 '하나님의 도성', 즉 하나님 나라의 희미한 그림자에 감탄했다. 그렇지만 그리스도의 재림에 대한 더욱 정확한 이해, 마지막 심판과 새 하늘과 새 땅의 도래는 사상의 세계를 지속적으로 매료시킬 수 없었다.

사실 국가의 목표에 대해 말한 모든 것 중에서 우리 세대에서 육체적으로나 정신적으로 창조된 풍요로운 기질의 발전에 국가가 협력하도록 부름을 받았다는 것 외에 다른 결과는 거의 유추될 수 없다. 가장 순수한 정의의 통치는 개인과 그가 속한 사람들 사이에 올바른 관계의 정착을 가져옴으로써 그것을 발전시키는 데 도움이 된다. 종합하자면 개인은 전체의 꽃이 만발하는 길에 서 있지 않고 오히려 협력했고, 반대로 전체가 개인을 우울하게 하지 않고 그의 힘의 발전을 도왔다. 법은 첫째, 올바른 관계를 지적하는 한 그리고 둘째, 이러한 올바른 관계가 방해받을 때마다 이중의 역할을 수행했다. 이기주의를 통해서든 악의적 의지를 통해서든 그것들을 그렇게 많이 복원하는 것이다.

이 생각이 아무리 좋게 들려도, 이것은 결코 국가에서 끝나지 않는다. 이 모든 것에 대해 인류 전체에 대해, 또는 공적이거나 사적 단체에 가입한 모든 종류의 사람들에 대해서도 똑같이 말할 수 있다. 국가는 인류의 유기체 전체의 기관인 것처럼 기능할 수 없다. 신체 기관은 각각 고유한 기원과 기능 유형과 목적을 가지고 있다. 그러나 국가는 그렇지 않다. 형식과 표현은 다르지만, 본질적으로는 비슷하다. 우리 몸에 두 개의 눈과 두 개의 귀, 두 개의 팔과 두 개의 발이 있다면, 한쪽 눈과 한쪽 귀는 다른 쪽과 다소 다를 수도 있고, 한 손이나 발도 다른 쪽에서 다른 것을 가질 수 있지만, 양자는 '기관으로서' 각각 같은 역할을 한다. 눈이나 팔로만 이루어진 몸은 상상할 수 없을 것이다. 그러나 국가는 크기, 인구 수, 위치, 경제력, 회복력이 다르지만 모두 '국가'이므로 운영상 같지는 않더라도 유사하다.

국가에서 인류 삶의 기관을 보면, 당신은 오직 한 종류의 기관 즉, 몇 '국가'만을 가진 인류의 몸만 상상하게 된다. 그러한 단순한 장기 체계는 가장 낮은 종의 존재들과 함께 발생하며, 한 국가에서 우세한 최고 수준의 생활 수준에서는 그 발생이 우리 안에서 창조된 성품이 발전하고, 개인과 전체가 그것과 올바른 관계에 있어야 하며, 이 올바른 관계가 훼손되거나 방해를 받는 경우 올바른 비율을 복원할 권리가 있다. 당신은 삶의 모든 표현에 귀속될 수 있지만, 국가의 고유한 특성은 정확히 어디에 있는지를 구체적으로 나타나지 '않는다'.

§6. 심리가 관계를 지배하다

더 강하게 말할 필요도 있다. 우리가 위에서 인정했던 것처럼 '육체적'인 것이 중요하다. 우리 인류가 창조 당시 받은 발전의 목표와 성향이 육체적 면에 의존하지만, 처음에는 '정신적' 생활에 의해서 지배되었다. 이것은 헤겔이 말했던 '인류'가 종교는 물론이고 예술, 학문과 관련하여 미래를 지배한다는 사실로 이어진다. 그리고 국가가 이러한 정신적 상황에 대해 행동할 수 있고 또한 행동해야 하더라도 이러한 정신적 순간은 '영적'이고 '비물질적' 성격을 가지고 있으므로, 결코 국가에 그 기원이나 생명력을 가져오지 않는다는 추가 주장은 필요하지 않다. 따라서 인류, 국민 또는 개인에게 주어진 성향의 발전을 위해 국가로부터 추론하려는 시도는 실패할 수밖에 없다. 국가는 이 모든 상황에서 '지원 역할'만 수행할 수 있다. 국가는 국민, 인류의 탄생과 훈육을 위해 제빵업자나 유모가 될 수는 있지만, 절대로 어머니가 될 수는 없다.

§7. 완성

그러나 아직 충분히 말하지 않았다. 우리가 지금 이 지상에서 사는 상태가 완성에 이르면, 꾸준하고 지속적인 발전을 거치지 않고 인류의 궁극적 목표가 상쇄되듯이 현존하는 것이 사라질 것이다. 이로 인해 국가를 통해 추구하려는 모든 상상력이 무참하게 깨어질 것이다. 성경의 이러한 종말론에 대항해 모든 저자는 국가의 목표에 대한 입장을 취해야 한다. 성경에 대한 이 긍정적 간증을 믿든지 거부하든지 선택해야 한다. 우리에게 국가를 가르쳐 줄 교사는 "나는 기독교인으로서 성경이 예언하는 것을 고백하지만, 내 지식으로는 그것을 고려하지 않는다"라고 말할 수 없다. 누구든지 그리스도와 성경의 권위에 복종하지 않는 사람은 자신의 개인적 삶에서와 마찬가지로 학문에서 성경을 무시할 수 있다. 그러나 정직과 양립할 수 없는 갈등에 처해 있는 한, 이른바 믿음을 가진 저자라고 불리는 사람들이 지금까지 과학 분야에서 믿음을 포기해왔다. 성경은 그들에게 마치 우화로 가득 찬 묶음에 지나지 않는다.

우리는 하나님 말씀의 권위에 지속적으로 경건하게 무릎을 꿇는다. 여기서 성경적 재림과 종말 교리가 정치적 교리에 대해 가져야 하는 입장을 덧붙이지 않을 수 없다. 베드로후서 3장 10절은 다음과 같이 말한다. "그러나 주의 날이 도둑 같이 오리니 그날에는 하늘이 큰 소리로 떠나가고 물질이 뜨거운 불에 풀어지고 땅과 그 중에 있는 모든 일이 드러나리로다." 그리고 12-13절로 이어진다. "하나님의 날이 임하기를 바라보고 간절히 사모하라 그날에 하늘이 불에 타서 풀어지고 물질이 뜨거운 불에 녹아지려니와, 우리는 그의 약속대로 의가 있는 곳인 새 하늘과 새 땅을 바라보도다." 베드로후서의 진위에 대해 매우 다양한 의견이 있었기에 이 확고한 문장 자체는 논쟁의 여지가 있지만, 이것은 분명한 진리이다. 그리스도 자신이 재림에 대해 분명히 말씀하셨다. 마태복음 24장 29절 이하에 이렇게 나온다. "그날 환난 후에 즉시 해가 어두워지며 달이 빛을 내지 아니하며 별들이 하늘에서 떨어지며 하늘의 권능들이 흔들리리라. 그때에 인자의 징조가 하늘에서 보이겠고 그때에 땅의 모든 족속들이 통곡하며 그들이 인자가 구름을 타고 능력과 큰 영광으로 오는 것을 보리라…천지는 없어질지언정 내 말은 없어지지 아니하리라…그런즉 깨어 있으라"(마 24:29, 35, 25:13). 그리고 더 나아가 마태복음 25장 31절 이후에서 이렇게 말씀한다. "인자가 자기 영광으로 모든 천사와 함께 올 때에 자기 영광의 보좌에 앉으리니 모든 민족을 그 앞에 모으고 각각 구분하기를 목자가 양과 염소를 구분하는 것 같이 하여 양은 그 오른편에 염소는 왼편에 두리라"(마 25:31-35). 이사야 65장 17절까지 거슬러 올라가서 예언되었다. "보라 내가 새 하늘과 새 땅을 창조하나니 이전 것은 기억되거나 마음에 생각나지 아니할 것이라."

요한계시록 21장 1절도 이렇게 설명한다. "또 내가 새 하늘과 새 땅을 보니 처음 하늘과 처음 땅이 없어졌고 바다도 다시 있지 않더라." 그러므로 현재 상황이 이 지구에서 얼마나 지속될 것인지를 결정할 수 없다는 생각이 들며, 아무도 확실하게 이것에 대해 어떤 표시도 할 수 없다. 다만 확실한 것은, 현재 진행 중인 세계 과정이 갑자기 중단되며, 그렇게 되면 다음으로 현존하거나 존재할 모든 것이 사라지고 '새 하늘과 새 땅'이라고 하는 완전히 새로운 상태로 대체될 것이다.

따라서 학자들이 국가가 인류를 완전한 최종적 발전에 이르게 하는 신비한 힘을 가지고 있다고 믿게 만드는 것은 수용할 수 없다. 구약의 선지자들과 예수님 자신의 진술과 요한계시록의 묵시적 예언에 따르면, 하나님과 그리스도에 대해 대적하는 불의는 끝날 것이다. 이것은 인간이 더 높은 완전성에 도달하기 때문도 아니고 덕이 분노를 정복하기 때문도 아니다. 하나님께서 이 모든 경륜의 시대를 끝내셨기 때문에, 그리고 무의식적 개입을 통해 완전히 새로운 경륜의 시대를 여시기 때문에 기존의 모든 곤경이 끝나는 것이다. 결국 국가는 인류의 구주가 아니었다는 것이 증명되고 오히려 무력함이 드러날 것이다. 그리고 우리 세대의 구주로서 새로운 무죄 상태를 생명으로 가져오실 그리스도께서 나타나 모든 것을 '새롭게 창조하실' 것이다. 국가는 완전한 실패로 끝날 것이고, 승리는 오직 그리스도와 함께 남을 것이다. 국가는 우리를 잃어버린 낙원으로 되돌릴 힘이 없음을 증명할 것이다.

이제 우리에게 낙원을 돌려줄 수 있다. 주간지 "드 헤라우트"(De Heraut)의 '완성'에 관한 기사에서 자세히 설명된 바와 같이, 지질학자들과 천문학자들도 미래에 대한 약속에 주목해야 한다. 일부 과학자들도 기존 세계의 갑작스러운 붕괴와 몰락은 우리 행성에서 인간 생명의 '무한한 과정'이 없음을 보여준다는 데 만장일치로 동의한다. 그들은 이 결과를 매우 먼 미래로 연기하여 독자들의 인식을 약화할 수 있다. 하지만 실제로 결과에 대한 그들의 기대는 하나이다. 이것을 다음과 같이 요약할 수 있다. 결함 없는 과정이 아니라, 갑작스러운 종료, 존재했고 존재하는 것이 사라져 이상이 실현될 때까지 기다린다. 이것은 일시적 교정과 외과적 지원으로서의 국가의 개념과 조화를 이루지만, 마치 국가가 '집단에서의 인간의 삶'의 자연스럽고 최고의 발전을 우리에게 준 것이라고 보는 많은 사람의 의견에는 부합하지 않는다. 기독교 신앙을 고백했으면서도, 국가에 대한 이러한 견해에 빠진 국가학자들이 왜 그렇게 많은지 이해할 수 없다.

§8. 타락과 비참

인간이 첫사랑에서 떨어진 후 우리가 인류로서 하나님의 피조물과 관계하는 것이 아주 다르게 변했다. 즉 죄와 비참에 빠져 삶의 외적 행복과 내적 완전성이 왜곡되었다. 우리는 악마의 영향을 받고 저주의 결과를 겪는 인류가 되었다. 가장 눈에 띄는 결과 중 하나는 전 가족의 족보적 일관성이 깨어지고, 전체가 가족과 친족과 개인으로 분열된다는 것이다. 이렇게 중단 없이 계속되었다면 모든 더 높은 발전은 우리 인류에서 단절되었을 것이며, 비열함, 소유욕, 탐욕, 살인이 우세했을 것이고, 인간의 모든 발전은 완전히 파산으로 끝났을 것이다. 이것은 하나님의 두 은총에 의해 방지되었는데, 첫째는 특별은총으로 그리스도의 왕국을 예비하신 것이고, 둘째는 지상에서 우리 인간의 삶을 가능하게 하고 특별은총이 꽃을 피울 수 있는 토대를 마련해 준 일반은총이다. 이 일반은총은 국가와 민족의 유기적 맥락에서 인간 집단이 출현하고, 민족을 함께 유지하고 성숙하게 만드는 '정부'의 등장을 포함한다.

'국가'는 교정과 지원기관으로서 국민에게 주어진 외과용 붕대처럼 함께 협력함으로써, 우리 삶의 신체적, 심리적 발전을 가능하게 했다. 그리스도 안에 있는 특별은총은 주권을 가지고 이 세상에 들어왔다. 그리고 언젠가는 그분의 왕권 아래에서 악마의 교란적 세력을 하나님의 능력이 꺾을 것이다. 이로 인해 고귀한 형태의 낙원을 보게 될 것이다. 그 사이에 국민 집단, 즉 임명된 정부 아래에서 함께 지속하는 사회가 발전했고, 정부는 점점 더 국가의 형태를 취하여 아픈 사람의 육체를 묶는 붕대 같은 역할을 한다. 그렇게 이해되고 구상된 국가의 목적은 다리가 골절된 불행한 사람에게 목발을 주고, 다른 방법으로는 더 걸을 수 없는 사람들에게 외과용 붕대를 감는 것이다. 원한다면 더 이상 넘어지지 않으면서 나아갈 수 없는 사람들을 모든 방향으로 부드럽고 빠르게 움직일 수 있는 멋진 휠체어에 배치하여, 다리가 마비되었지만 아무것도 그를 괴롭히지 않는 것처럼 행동의 제약 없이 움직이게 한다. 그러나 이것이 장애인에게서 장애를 없애지 못한다. 완전한 치유의 시기가 되면 환자를 인공 차량에서 빼내고, 부러진 다리를 원래의 힘으로 되돌리며, 이제는 더 이상 악마의 속이는 말이 아니라 그에게 주어진 생명을 증가시키고 천사의 보호 아래에서 즐기게 할 것이다. 그 일은 재림 때 이루어진다.

§9. 외과용 붕대

국가는 더 앞으로 나아갈 수 없는 인류가 '스스로 걸을' 수는 없지만, 다시 '움직일' 수 있도록 하는 역할을 가지고 있다. 이 외에 다른 목적이 없다. 장애인이 목발을 짚고 사무실에 나가 일하고 임금을 받아 가족을 부양할 수 있게 되었을 때, 사무실에서 일하거나 임금을 받고 자손을 돌보는 것은 목발이 아니다. 이 모든 것은 사람의 의지, 능력과 적성의 표현이다. 하지만 여기서 목발은 그가 다른 방법으로는 할 수 '없는' 일을 가능하게 하고, 그의 의지의 '통제 하에' 움직이는 것이다.

국가도 마찬가지다. 국민이 발전하고 나아가 전체적으로 그리고 소수의 구성원을 통해 점진적으로 더 많은 능력을 갖추게 되는 것은, 성향과 추진력, 재능, 천재성, 의지, 기회의 결과이다. 이 모든 국민은 최소한 국가나 정부에 빚지고 있다. 국가와 정부는 그것이 부재할 때 후진적이 될 수 있는 이 모든 권력과 은사의 발전이 이제는 국민과 개인의 관점에서 이루어지도록 일하며, 그 안에서 국민과 개인의 지위를 높인다. 국가는 지구상에서 더 높은 권한이 없는 정부와 함께 출현해, 고삐를 잡고, 실제로 자신에게 종속된다고 생각하는 사람들의 집단을 지시한다. 그러한 국가의 목적도 대중의 분열과 집단의 붕괴를 막는 것이다. 인류 전체의 통일성은 더 회복될 수 없으며, 집단 단위의 유대감만이 가능하다. 이 유대는 자의적이지 않지만, 원리적으로 전체 족속이 여러 민족으로 나누어진다. 인종 구분조차도 너무 많은 군중으로 이어지기 때문에 따를 수 없었다. 다른 한편, 개별적으로 상호 관련된 집단에서 자동으로 일어난 일은 부분적으로 관련된 집단의 집합체를 위해 도처에서 나타났다. 심지어 순수하게 집단적으로 따르기도 했다.

어떤 동기가 되었든 정부의 행동 목적, 곧 국가 맥락에서 더 넓은 집단의 행동 목표는 절대 다르지 않았다. 분열할 것을 결속시키는 것 외에는 결코 다를 수 없었다. 이 맥락에서 정리를 진행하고, 정상적 인간 삶의 발전으로 돌아갈 수 있는 확립된 규칙의 제약을 통해 유지를 가능하게 하는 것이다. 정부와 그 권위 아래 형성된 국가의 삶은 내적 부패의 확산을 부분적으로 막는다. 죄가 정신적으로, 그리고 저주가 물리적으로 하나님에 의해 창조되고 규제된 인간 생명의 자유롭고 순수하고 정상적인 발전을 해체하고 시들게 함으로 위협하는 인간의 삶 가운데 정부가 등장한다. 그러나 새로운 생명이 정부나 정부에 의해 설립된 국가로부터 나온다는 의미는 결코 아니다. 식물이 약해지고 반쯤 썩었더라도 그것을 되살리고자 하는 사람은 시든 가지에 새로운 생명을 주입하지 않고, 장애물을 제거하고, 식물 고유의 생명을 풍부하게 하거나 강화하는 요소를 도입한다. 인간 생명 창조의 고상한 목적은 절대로 정부나 국가 형태로부터 나오지 않는다. 그것은 우리 인종의 창조와 우리 인간에게 속한 지구의 창조에 주어져 있다. 여기서도 잡초를 제거하고 해충과 곤충을 박멸하고 가라앉은 것을 묶고 말라 버린 것을 비옥하게 하지만, '생명 자체'는 결코 정원사에게서 나오지 않으며, 생명력이 어떤 역할도 할 수 없다. 인류의 성장, 발달, 발전은 국가나 정부에서 오는 것이 아니라, 하나님께서 창조하신 인간의 본성에서 비롯되며, 토양, 기후, 구름 물방울과 관련하여 발아한다. 죄와 저주는 이것의 작동을 방해했다. 국가는 정부의 활동을 통해 물질 세계의 도덕적, 자연적 부패로 인한 불의를 막고, 적어도 부분적으로는 정상적 삶의 각성을 허용하기 위해 설립되었다.

정부나 국가는 삶의 발전을 촉진하고 지도하는 것 외에는 다른 어떤 것도 발산할 수 없다. 특히 생명 자체를 발산할 수 없다. 부패를 막고 인간 삶에서 병자들의 약한 부분을 강화하는 것이 국가의 유일한 목적이다. 정부는 국가 형태를 통해 자신과 다른 민족 사이의 경계를 존중하지 않는 이웃 민족에 대항하여 행동하는 집단 또는 사람들을 방어한다고 덧붙일 수 있다. 이것은 물론 부패를 중지시키는 것이다. 국가 간 공격에도 이기심, 권력욕 또는 소유욕이 자리한다. 이것이 생겨나는 것에 대한 방어는 자극하는 독소를 막는 것이다. 죄와 저주를 완전히 잊고 죄와 저주가 알려지지 않은 세력으로 남아 있는 상태를 상상해 보면, 정부도 없고 국가도 형성되지 않았을 것이다. 그러므로 타락이나 국가를 고려하지 않는 사람은 정부와 국가의 목적과 출현을 설명하지 못한다. 이는 마치 인간의 본성에서 생각할 수 있는 질병을 고려하지 않고 약국, 병원, 도구함, 실험실의 존재 목적도 설명하지 못하는 것과 같다. 그 당혹스러움 속에서 사람들은 다른 것에 의지했다. 사람들은 '국가의 목적'이 아니라, 땅 위에 있는 '창조의 목적'이 무엇인지를 국가의 목적으로 이해했다.

§10. 법의 도움

지난 세기 법이 국가 생활의 표현으로 인정된 것은 중요한 의미를 지니고 있다. 이것이 과장이더라도 우리의 죄 많은 상태, 즉 모든 관계를 깨고 변조하도록 위협하는 상황에서, 법 지식, 법 규정, 법 유지가 전면에 등장하는 것에 대해 그 누구도 이의를 제기하지 않을 것이다. 죄가 없으면 그렇지 않을 것이다. 하지만 어쩔 수 없다. 마땅히 있어야 하는 것처럼 그 자체로 바르게 서 있는 것이 거의 없다. 그러한 상황에서 서로에 대해, 그리고 많은 사람이 함께 일반적 상황에 대해 불평에 이은 불평이 발생한다. 이러한 관계가 맞는가? 이 순간에 따른 직접적 결과로, 관계는 어떻게 되어야 하는가? 일단 이것에 대해 합의가 이루어지면, 자동으로 세 번째 질문에 도달한다. 구부러진 활을 다시 펴고, 올바른 위치를 유지할 방법이다. 이 모든 것은 이제 법률 지식, 법 심판, 법 규제, 법 유지, 즉 가장 넓은 의미의 법의 지원에 영향을 미친다. 그러므로 법의 의미가 한동안 전적으로 국가이념으로 간주되었다는 것은 전혀 이해할 수 없는 것은 아니다. 이것은 헌법 국가에서 국가의 신분을 주장한다.

결핵에 걸린 군주의 궁전에는 위생과 약물치료, 폐의 모양, 폐로 들어가는 것, 폐가 정상적으로 다시 숨을 쉴 방법, 가장 좋은 처방을 쓸 수 있는 사람으로 가득 차 있다. 이것은 건강한 군주의 궁전에서는 일어나지 않는다. 결핵과 그 치료에 관한 관심을 일으키는 것은 질병이다. 이것도 마찬가지이다. 법은 정상적인 낙원의 상태에서는 거의 다루어지지 않을 것이다. 법에 대한 관심을 끄는 것은 대중 생활에서의 위법이다. 그리고 율법의 일방적 중요성만큼 정확하게는, 국민의 삶에서 자의적 행동이 얼마나 아프고 부당한지를 느끼고 느낀다. 타락의 시작점을 발견한 사람은 누구나 이것을 이해하지만, 타락과는 별개로 우리 인간의 삶을 정상적 현상으로 설명하려는 사람에게는 율법이 전면에 오는 것을 절대 설명할 수 없다.

§11. 저주의 영향

왜 우리는 여기서 저주를 계속 지적하는가? 저주는 죄가 '물리적으로' 했던 것과 같이 '정신적으로' 같은 왜곡을 낳았다는 점에 근거한다. 우리 주변의 모든 자연은 정상이 아니다. 정부와 국가는 범죄를 되돌리고 정의를 유지하는 목표를 스스로 설정했을 뿐만 아니라, 하천과 해변에 의한 질서와 같이 인간 자신에게 매우 위생적으로 적용되는 자연의 파괴를 막는 목표도 가지고 있다. 따라서 법치국가의 독점은 생명의 필요성이 생겼을 때 그 자체로 무너졌고, 기술적 발견은 또한 세계 교류와 관련된 '물리적' 악의 중단을 요구했다. 인생은 법적 측면과는 완전히 다른 측면을 가지고 있다. 인간은 영혼과 몸으로 되어있다. 영혼만이 얻을 수 있는 보물이 있지만, 육체적 요소와 관련된 건강이나 황금이라는 보물도 있다.

법치국가의 모든 헛된 요구에 반하여, 이러한 물리적 삶의 측면은 항상 모든 국가에서 적용되어 왔다. 만약 삶의 모든 면을 사적 주도에 넘겨 버릴 수 있다고 판단된다면, 그것은 정부의 직무유기이며 국가 생활의 상처 부위가 될 것이다. 인간의 존재와 삶은 양면적이다. 우리는 천사가 아니라 인간이다. 우리는 정신과 육체라는 양면으로 존재한다. 따라서 넓은 물리적 분야에서 국가사상과 정부를 거부하는 것은 인간 본성에 대한 오해다. 도로, 전력 개선, 소방대, 해안 등대의 건설 등에서 절대적으로 없어서는 안될 필수 요소는 국가 생활이 단순한 권리로 흡수될 수 없다는 많은 증거를 제공한다. 부패만이 계속되는 죄악에 대항한 법의 유지가 점점 더 전면에 등장했다. 이것은 어떻게 죄인이 여기에 있게 되었으며, 가장 멀리 나간 사람들이 죄와 저주로 간주하지 않는 경향이 있었는지를 설명해 준다.

§12. 오직 하나님께 영광

국가의 목표가 아니라 인간 사회의 목표가 무엇인지 묻는다면, 정부가 알아야 할 국가 생활의 지도력에서 기억해야 할 것으로 '오직 하나님께 영광'을 말할 수 있다. 당신은 창조로 돌아갈 수 없으며, 하나님은 우리 세계와 인류를 자신을 영화롭게 하려고 이 세계에 존재하도록 부르셨다. 당신은 하나님의 전능하심을 하나님 이외의 목적으로 이용할 수 없다. 자신이 하나님이신 구속주 안에서 하나님의 사랑은 인간의 자기희생 형태를 취했다. 하나님으로 취해진 하나님 안에서 사랑은 그 자신과 자신의 영역에 흡수되는 것 외에는 아무것도 아니다. 흡수가 아니라, 하나의 생명 행위가 스스로로부터, 스스로를 통해, 스스로에게로 향한다. 다소 사람 바울의 말보다 이것을 더 풍부하게 표현할 수는 없다.[274] 우리 인간 존재의 목적은 우리 자신이나 다른 피조물이 아니라, 오직 하나님 안에 있다.

여기서 '그에게'라는 표현이 결정적이다. 창조주는 피조물 안에서 스스로를 영화롭게 하기 원하신다. 당신은 예술가에게서 이것의 그림자를 발견할 수 있다. 실제로 루벤스와 렘브란트도 그의 작품에서 영광을 얻는다. 최고의 예술가라도 마지막에 하나님 앞에 선다면, 무릎을 꿇고 하나님께 감사와 영광을 돌릴 것이다. 하나님 위에는 아무도 없다. 하나님은 무릎을 꿇을 수 없다. 하나님은 감사할 수 없다. 모든 것은 그분에게서 나오고 그분을 통해 이루어지며, 그분 안에서 끝난다. 창조의 삶, 곧 우리 인류의 삶은 만물에 숨겨져 있던 생명의 풍성한 보화와, 그 계시에서 전능, 지혜, 거룩함, 그리고 그 신성한 아름다움을 계시하는 것 외에 다른 목적이 없다. 능력, 재능, 은사는 피조물에 맡겨져 저장되며, 이제 하나님께서 결정하고 숨겨 놓은 모든 것이 그분에게서 나오고 그렇게 진행될 때 나타나는 것은 하나님의 영광이다. 피조물은 그 안에서 하나님의 영광을 볼 수 있으므로 그것에 놀라며 감사해야 한다. 타락이 끔찍한 것은 처음에는 천사의 세계에서, 그리고 낙원에서, 전능하신 하나님의 자기 영광이 사탄의 의도에 따라 방해받고 영원히 끊어졌다는 것이다. 그 대신 사탄이 그 존재를 짐작하지 못했던 '은혜'의 능력이 즉시 나타났다.

타락한 세상의 삶에 그러한 방향을 제시하는 은혜가 있으며, 하나님의 영광은 그의 사역에서 계속된다. 인간 세계는 언젠가 하나님께서 정하신 모든 영광을 드러낼 것이다. 칼빈주의 측에서 가져온 것처럼, 이 은혜는 한편으로 전적으로 보편적 성격을 가진 은총으로 충격적 힘을 가지고 있다. 다른 한편으로 그것은 완전한 은총으로서 우리 인류에게 선을 가져오는 핵심이다. 이 핵심에 하나님의 완전한 위엄이 드러난다. 첫째 은총은 '일반은총'이라고 부르며, 둘째는 특별은총이라고 한다. 정부가 우리에게 주어졌고 국가적 삶이 생겨난 것은 '일반은총'의 경륜이며, 만물의 완성이 가까워질 때, 특별은총의 열매인 천국 또는 하나님 나라가 실현될 것이다. 이 왕국은 이미 준비되었고 보이지 않으며, 예수님이 말씀하신 것처럼 우리 안에 있지만 외면적 얼굴을 가지고 있지 않다(눅 17:20).

§13. 교회

하나님의 섭리는 세계와 그 세계에서 우리 인류가 타락 후에도 멸망되지 않고 계속 존재한다는 것으로 귀결된다. 모든 것이 타락 직후에 멸망되었다면, 하나님께서 만물의 싹과 핵심에 감추신 위엄의 보화가 절대 드러나지 않았을 것이며, 하나님의 영광이 그의 창조 사역에서 실패했을 것이다. 이것이 허용되지 않았으므로, 타락 후에도 이 지구는 멸망하지 않았고 인류도 망하지 않았으며, 우리 인류는 피조물에 숨겨진 모든 힘, 은사, 재능, 보화를 드러낼 가능성이 열려 있다. 이것은 항상 죄와 저주와의 마찰이 있기 때문에 천천히 진행되었다. 따라서 긴 기간이 소요된다. 그러나 수 세기 동안 자연의 보화와 인간의 삶에 숨겨진 보화는 매번 더 풍부하고 풍성해졌다. 점점 더 시간이 많이 지나 지난 세기, 그리고 20세기는 모든 종류의 영역에서 발전이 이뤄졌다. 이것은 우리가 완전함으로 완성을 맞이하게 될 것이라는 기대를 불러일으키기도 했다. 결국 과학조차도 그 모든 광신주의를 떨쳐버릴 수 없었다. 이것은 잘못된 길로 이어졌다. 물론 자연과 인류 속에 숨겨진 모든 보물의 개발은 끝까지 계속될 것이다. 하나님은 그의 피조물 안에서 완전히 영광을 받으실 것이다. 하지만 우리 삶에 숨어 있는 암은 절대 극복되지 않을 것이다. 모든 것이 재림 시까지 지속될 것이며 마침내 모든 것 곧, 첫 번째 세계는 사라지고 '새 하늘과 새 땅'이 나타날 것이다.

그러나 그동안 더 많은 일이 일어나고 있다. 특별은총의 섭리가 계속되고, 특히 정부와 국가의 출현은 시편 기자의 표현과 같이 '제비에게' 새끼를 위한 보금자리를 제공하는 것으로 팔을 뻗는다.[275] 정부가 질서 정연한 국가의 삶을 만든 곳에서만, 그리스도의 교회가 세워질 수 있다. 그러나 택함을 받은 자만이 그리스도의 교회의 몸을 형성하기 때문에 여전히 불확실성이 남아 있다. 이 땅에서 이 거룩한 집단에 속한 사람과 그렇지 않은 사람을 정확하게 구별할 수 있는 고정된 표식은 없다. 이 모든 불확실성에도 불구하고, 교회는 미래에 올 거룩한 모습이며, 나머지 세상 사람은 아무도 참여 할 수 없을 것이다. 그리고 정부의 지도와 국가 공동체에서만 가능한 질서 있는 인간 삶이 어떻게 교회의 존재 가능성을 제기하고 확인했는지가 몇 번이고 분명해진다.

이 두 가지 이질적 현상 사이의 충돌은 피할 수 없다. 순교가 일어나야 했다. 그런데도 인류의 영속성은 일반은총의 경륜의 시대에 수 세기에 걸쳐 발전해오면서, 두 가지 목표를 추구하면서 이미 상당한 정도로 달성되었다. 한편으로 하나님께서 피조물에 주신 것을 더욱 풍성한 계시로 드러내며, 다른 한편으로 이미 신자들에게 재림 이후에 일어날 천국을 준비하는 것이다. 그리고 정부는 국가 구성에서 죄와 저주를 억제하고, 자연적 싹으로부터 생명을 재창조함으로써 홍수 이후 수 세기 동안 계속 협력하고 있다. 두 가지 모두에서 특히 국가의 목적이 아니라, 이 지구에서 우리 인류의 '삶의' 목적과 국가 기능과 관련된 높은 이중 목적을 수행하는 것은 정부다. 이 둘에서 반복되는 국가의 직접적 목표는 없다. 인류의 생존이라는 목표는 이원적으로 남아 있지만, 국가는 인간이 스스로 만들어 내지 못했던 이 목표를 모든 인간의 삶에서 달성할 수 있도록 지원한다. 이것은 하나님께서 우리에게 명령하신 것이다.

역사의 완성이 완전한 행복의 상태로 끝나지 않고, 재림 이후에도 모든 인간을 복주시지 않는 이유는 현재의 맥락에서 논의할 필요가 없는 신학적 질문이다. 여기서는 기독교 정치가들이 국가의 목적에 대한 불신자의 생각을 받아들이고, 성경에서 우리에게 계시된 확실하고 분명한 것을 옆에 재껴두는 것이 얼마나 모순되고 비논리적인지 분명하게 알게 된다. 인류의 삶은 그 자체의 법칙을 따른다. 정부와 같은 다가오는 요소 또는 국가와 같은 비정상적 삶의 형태조차도 삶 자체를 대체할 수 없다. 정상적 삶이 방해받지 않고 암에 걸리지 않았더라면, 정부도 없고 국가도 없었을 것이다. 따라서 양자의 목적은 정신적으로나 육체적으로 우리 안에 있는 죄와 저주라는 파열을 극복하고 연결하는 것 외에는 결코 다른 것이 없다.

제10장
국제 관계

§1. 국가 간의 관계

　다양한 국가들의 경계는 엄격하게 보호되어야 하지만, 이들 국가를 서로 완전히 차단하는 벽은 이 경계에 건설될 수 없다. 특히 두 국경이 맞닿아 있으면 국가와 국가 사이에 항상 어떤 상호 관계가 있다. 이 관계는 다양한 종류로 존재할 수 있으며, 일반적이거나 특수한 성격을 가질 수 있다. 여기에서 국제법은 이상적인 것이다. 또한 모든 종류의 동맹, 특별 조약, 보호국, 식민지 재산을 가리킬 수 있다. 우리가 앞에서 보여주려고 시도한 바와 같이 국가는 자연스럽지 않은, 다소 인공적인 것이다. 국가가 죄와 저주의 결과들에 대응하기 위하여 개입할 때, 각 정부는 자국의 영역에서 드러나는 죄와 저주 외에 다른 것에 관해서는 뒤따르는 조치를 취하지 않는다. 죄와 저주는 국가 경계를 존중하지 않는 악마의 힘이다. 저주에 관련해, 전염병이 발생하면 이 움직임은 우편에 있는 국가와 좌편에 있는 국가 사이의 경계로 막지지 않는다. 양쪽 정부가 협력하여 조처해야 한다. 심각한 가축 질병도 동일하다. 또한 산에서 내려와 바다로 흐르는 강은 땅의 어떤 경계에서도 스스로 방해받지 않고 계속 흘러가며 그 길에 방해되는 것을 파괴한다. 이것 역시 여러 국가의 정부들이 협의하고 협력하도록 강요할 수 있다.

　저주와는 별도로 일상적 삶의 필요가 그러한 모든 심의와 협력을 필연적으로 요구할 수 있다. 고속도로와 철도를 따라가는 교통과 마찬가지로 우편, 전신, 전화로 생각을 전달하려면 이것이 필요하다. 해외여행에 대한 자연스러운 욕구, 서로 다른 두 나라 사람들 간의 끊임없는 혼인, 유산 규정

등은 국제 질서 없이는 불가능하다. 여기에 광범위한 무역이 추가되는데, 가축과 상품의 교환을 의미한다. 이 모든 것이 이미 실질적이고 물질적인 이익 보호를 위해, 각 경우의 상호 법적 관계 규정을 제외하고는 범죄자가 국경 내에 숨어 있지 않도록 요구한다. 한 국가의 거주자가 국경을 넘어 다른 국가에서 범죄를 저지르거나 강도짓을 시도하거나, 다른 국가로 도피하여 자국의 법망을 피하려고 할 수 있다. 이 모든 것은 국가들에 매우 일반적 성격의 상호 이해의 특정 요구를 부과한다. 그런데 시대정신에 따라 끊임없이 늘어나는 결정으로 자신을 스스로 규제한다. 과거에는 이웃나라에서 일어났거나 진행되는 사건을 거의 돌아보지 않았고, 서로의 삶을 어렵게 하려는 고상하지 않은 욕망이 적지 않았다. 지금도 특히 정치범의 인도와 관련하여, 아직 만족스러운 해결책을 찾지 못한 이러한 성격의 문제들이 있다. 그러나 아서르(Asser)[276]의 강력한 주도 덕분에, 적어도 문명화된 나라에서는 우리가 앞에서 열거한 것과 관련된 모든 것이 상호이해를 통해 이뤄졌다고 말할 수 있다. 이것은 우리가 서로에게 호의를 베푸는 정도가 아니라, 일반 사회의 요구에 대한 자연스러운 복종에 가깝다. 따라서 이러한 노력으로 인한 모든 조치가 국제법의 특성을 갖는 한, 모든 국제법은 더 높은 '지상적' 권위에 의해 부담이 갖게 되는 것이 아니다. 이것은 자체적으로 하나님의 질서를 따르기 때문에 자발적으로 받아들여질 수 있다.

§2. 주권과 국제적 의무

국제적 권리와 의무를 규율하는 권위는 하나님 외에는 가질 수 없다. 이에 기초하여 상호 국제적 의무의 자발적 특성과 이행될 수 있는 권리가 더욱 강조되어야 한다. 주권자가 지구상에서 자신보다 높은 다른 권한을 인정하지 않는다는 사실에 기초한 주권의 '필수 요건'을 엄격히 고수한다면, 주권 국가는 어떤 권리나 의무를 인정할 때까지 지구상에서 권한을 갖지 못할 수도 있다. 그러한 권세는 지상에는 없으며 오직 하나님께만 있다. 국제법의 위대한 신비는 어떻게 자신의 영역 안에서 국가의 주권을 선언할 수 있는지에 있다. 지구상에서 그들은 그들보다 더 높은 권위를 가지고 있지 않다는 것을 인정하고, 국제법상 그러한 주권 국가들에 부담과 의무가 부과될 수 있으며, 그에 따라 행동해야 한다는 것을 존중해야 한다. 논리적으로 '하나'는 '다른 것'을 배제한다. 주권 국가는 관습법(het Gemeene Recht)에 종속되지만, 다른 모든 분야에서 적용 가능한 법이 정의되고 유지되어야 한다고 주장함으로 이를 피하려는 시도가 있었다. 국제법 분야에서는 법률로 법을 만드는 권한과 침해당한 법을 유지하고 강제하여 복종시키는 권한 이 두 가지가 모두 전적으로 부족하다는 현실에 직면한다.

우리 인류가 모두 하나였다면 하나의 행정부 아래에서 살았을 것이고, 이 보편적 인류의 행정부는 하나의 일반법(algemeen wetboek)에서 그들 사이의 모든 국가의 권리와 의무를 선포했을 것이다. 뿐만 아니라 불법 행위를 처벌하도록 사법 제도를 명령했을 것이며, 그것과 또한 정해진 법에 대한 준수를 강제할 수 있는 형 집행을 위해 지정된 권한으로 모든 것이 저절로 진행되었을 것이다. 그러나 그러한 일반적 세계정부는 없다. 따라서 국제법은 계약에 의존해서는 안 된다. 이와 관련하여 실행되는 것은 전적으로 사상누각(沙上樓閣)이다. 사람들은 지구 위에서 국제법의 기원을 나타내 보일 수 없다. 그것을 정의하는 '성문법'(lex scripta)이 없다. 모든 정부는 자신의 이익에 가장 적합한 것으로 보이는 것을 만들 수 있다. 학자의 의견과 마찬가지로 여론은 확실히 '찬성'(pro) 또는 '반대'(contra)의 판결을 내린다. 그러나 다른 모든 분야에서조차 법의 개념이 여전히 표류하고, 흔들리며, 변할 수 있고, 불확실하다는 것을 아는 사람은 왜 다른 모든 분야에서 이뤄졌던 법에 관한 모든 숙고가 한 순간에 국제법의 영역에서 모든 중요성을 잃고 만 것인가 라는 의문을 가지게 될 것이다. 스스로에게 맡겨진 이 숙고는 법과 관련된 고조된 불확실성의 크기를 낮추는 것이다.

그 결과 사람들은 법전, 법관 그리고 집행 권한이 없는 모든 '불문법'을 모든 나라, 민족, 국가 위에 통치하는 권력까지 높이기를 시도하게 된다. 이 생각은 열방 가운데서 이 권리가 하나님 안에 있음을 인정할 때 가능하다는 것은 말할 필요도 없다. 세부적 불확실성은 남아 있을 수 있지만, 하나님의 전능하신 공급을 믿는 사람들에게는 법의 윤곽이 고정되어 더 깊은 법 인식이 주어진다. 여기에 오류가 있을 수 없다. 하나님의 전능하심을 인정하지 않는 사람들은 인간 본성 안에 국제법의 최종 닻이 있다는 것을 믿게 하려고 했다. 우리를 역사적 전통에 묶어 놓고, 우리가 '법사상'의 규칙을 믿게 만들며, 법 개념의 정확성에 대한 증거를 제공하고자 했지만 성공하지 못했고 성공하지도 않을 것이다. 이것이 강조되지 않으면, 인간의 본성에서나 역사의 과정에서, 또는 법사상 자체에서 하나님께서 되셔야 하는 더 높은 권세의 권위를 그들이 넘보게 된다.

기독교 쪽에서는 이에 대해 충분히 주의를 기울일 수 없다. 우리가 자국의 국경 내에서 이동하는 한, 법의 원천은 여전히 지상 입법자, 법의 '기원', 법의 '정의'(definitie), 법의 '유지자'인 판사에게 있다. 우리는 이것이 전적으로 옳다고 말하지는 않지만, 적어도 사람들은 이런 의미로 생각을 한다. 그러나 이런 식으로 국제법의 영역, 즉 '모든 국가 위에 있는' 상위 영역 또는 그 인간 법령인 인간 입법자의 영역에 들어가기 위해 국가의 경계를 넘지 않으면, 인간 재판관이 당신을 실망시킬 것이다. 그리고 당신이 하나님의 권위 아래 있지 않으면, 당신 나라의 모든 법은 허공에 매달리게 된다. 두꺼운 책자 묶음은 확실히 여기에 지침을 제공하지만, 이로부터 뒤따르는 것은 조약이 체결된 국가들에게만 구속력이 있다. 다른 국가들과 관련하여, 다른 어떤 것도 의지할 수 없다. 이 책들에서 계속되는 정신에 의지할 수 있는 한, 당신이 그들을 부를 수 있기 전에 증거가 요구되는 타당성과 정확성에 대한 전례만을 가지게 된다.

§3. 국제법

국제법은 위엄을 유지할 수 없다. 그래서 보편적이고 '거룩한' 성격을 가져야 한다. 하나님의 질서는 모든 조약을 제외하고도 필요하다면 그러한 조약에 대해 파괴적 비판을 할 수 있는 권한을 가지고 있다. 이것을 민족들의 양심에 맡겨 모든 사람이 함께 복종하도록 부른다. 하나님의 권위에 대한 이러한 존중은 절대적이어야 한다. 왜냐하면 민족 대 민족의 관계에서만큼 강한 정복욕이나 소유욕에 따라 법을 어기려는 유혹이 그렇게 강력하게 나타나는 곳은 없기 때문이다. 이 유혹은 외교관들 사이에서 해결되는 분쟁이 있는 곳에서 민감하게 발생한다. 정치가에게는 그의 나라와 국민의 이익을 위해 다른 나라 정부를 견제한다는 것보다 더 중요한 감정은 없다. 그러나 더 넓은 범위의 민족들은 그러한 외교적 논쟁에 휘말리지 않는다. 인간 본성의 다른 어떤 열정도 비교할 수 없는 민족적 열정은 발생하지 않는다. 1870년 프랑스-독일 전쟁은 전쟁터에 있는 문화적 민족들 사이에서 이 열정이 무엇으로 이어질 수 있는지를 우리에게 가르쳐 주었다. 이는 1914년 세계 대전에서도 분명하게 드러났다. 민족적 열정만큼 인간을 동물화하는 것은 없다.

역사는 거의 모든 세기에 걸쳐 인간이 법에 승복하려는 국제적 경향이 있다는 만족스러운 증거를 제공한다. 가장 교활한 언어는 '거룩한 정의'(sancta justitia)의 의복에 있는 터무니없는 불의를 당신에게 제시하기 위해 고안되었다. '국민의 복지가 최상의 법'(salus reipublicae suprema lex esto)이라는 생각이 항상 국제 분야에서 법적 인식을 지배해 왔다. 당신에게 다가오는 군대에 직면하여, 그의 나라와 그의 국민을 불평등하게 대하는 것은 군주나 정치가에게 닥칠 수 있는 가장 어려운 일이다. 마키아벨리를 정죄할지라도, 정직한 역사의 독자라면 강력한 국제 갈등의 위협이 있을 때 법에 대한 존중이 종종 최소화된다는 사실을 인정할 것이다. 한때 적에 대한 잔인함과 피의 욕망이 유럽에서, 지금은 특히 아시아와 아프리카에서 반복해서 발생하고 있다. 이는 멕시코에서 일어났고 이제는 미국에도 존재한다. 그리고 1914년 세계 대전이 격분하여 하늘을 향해 울었다. 그런데도 국제법이 그토록 유익했다는 사실은, 그 법이 법의 이념에서만 근거를 찾을 경우에는 설명될 수 없다. 오히려 이것은 하늘과 땅의 심판주이신 하나님의 능력과 함께 인간이 가진 공의의 능력을 고려할 때만 이해될 수 있다. 대부분의 평화주의 운동이 이 진지한 인식에서 나왔다. 이것은 퀘이커교도들과 함께 처음 나타났고, 여전히 하나님에게서 오는 정의만이 우리에게 가장 아름다운 평화의 메아리를 가져올 수 있다는 사실을 깨닫고 있다.

§4. 평화주의

평화주의는 두 가지 목표에 초점을 맞추고 있다. 한편, 지금까지 정부가 검을 뽑아 미래에 대한 무분별하고 위험한 오만을 억제하기 위해 노력해 왔다는 것을 느끼고 고백한다. 반면에 어떤 사람들은 인류 전체의 하나 된 미래에 대해 열광하며 점차 우리에게 다가올, 검이 낫으로 변할 낙원을 꿈꾼다. 더 이상 군대도 함대도 없는 '지상의 평화'를 실현하는 것이다. 이 두 운동은 이제 어느 정도 서로를 지원할 수 있지만 서로 혼동되어서는 안 된다. 미래에 대한 전혀 다른 기대, 그리고 여기서도 역시 하나님의 말씀을 받아들이거나 성경의 권위를 거부하는 것이 근본적 차이를 발생시킨다.

자신의 본성, 역사, 오늘날 자신의 주변에서 여전히 인식되고 있는 것과 성경에 의해 조명된 이 모든 것에서 생명의 이미지를 끌어내는 사람은 우리의 본성과 사회에서 사람 사이뿐만 아니라 국가 사이의 분쟁과 투쟁을 불타오르게 하는 방해하는 힘이 있다는 것을 알고 있다. 암 부위의 근원적 절제는 말할 것도 없다. 이 악은 계속해서 다른 형태를 취할 수 있으며, 원리적으로 그것은 처음부터 암의 독성이 가진 치명적 영향을 보여준다. 그러한 위치에 서 있는 사람들은 군대와 해군의 폐지, 영원한 평화, 모든 분쟁과 전쟁의 최종적 종결을 믿을 수 없다. 그는 그리스도의 재림으로만 죄와 저주가 끝날 것을 알고 있으며, 따라서 거짓 유토피아에서 벗어나게 된다. 그는 이 땅에서 우리에게 투쟁이 여전히 부과된다는 것을 알고 있다. 그러나 그에게 돌이킬 수 없이 분명한 것은, 이것이 어떤 식으로든 악을 막도록 노력해야 한다는 가장 심각한 의무를 덜어주지는 않는다는 것이다. 여기에 대해 그리스도인이 가장 따뜻한 공감을 가지고 있다. 그는 평화주의가 거부하는 모든 총기 위협에 대해 하나님께 감사할 수 있다. 또한 그는 영원한 평화를 갈망하지만, 그리스도의 재림 없이는 그것을 기대할 수 없다.

반면에 다른 사고방식을 지지하는 사람들은 자신이 이것을 결정할 수 없다고 생각한다. 그들은 성경을 제쳐두고 그리스도의 재림을 통한 이 세상의 완성을 고려하지 않는다. 그들은 문화를 통한 인간 삶의 꾸준한 발전만을 믿는다. 이것과 관련하여 그들은 땅의 고랑을 팠고 밭을 전체적으로 흙

같이 할 것을 여전히 기다리고 있음을 인정하지만, 현재는 평화회의와 중재재판소에 집착한다. 따라서 목표는 예외 없이 모든 국가 간의 합의에 도달하여 가능하면 모든 분쟁을 외교적으로 극복하고, 분쟁이 발생하면 중재 법원에서 해결하는 것이다. 그런 다음 모든 국가는 이 목적을 위해 구성된 단체 또는 해당 목적을 위해 지정된 정부에 위임하여, 모든 국가에 대한 통제권을 행사하고, 잘못을 저지른 국민에게 책임을 묻는다. 그리고 어떤 성격의 분쟁인지 폭로하고, 기꺼이 듣지 않을 국가들을 정죄하며, 필요한 경우 무력으로 복종을 강요한다. 모든 군대는 없어지고 모든 함대는 철거를 위해 팔려야 한다고 생각한다. 그러면 세계 제국의 통치 집단은 복종을 강요할 힘의 수단을 갖게 될 국제 경찰력밖에 남지 않을 것이다. 모든 고등, 중등, 초등 교육은 그것이 가능하고 그렇게 되어야 한다는 확신을 학생들의 마음에 깊이 새겨주어야 할 것이다. 모든 문학도 같은 정신으로 일하도록 노력해야 할 것이다. 결국, 모든 민족은 평화만을 원할 것이다. 여전히 전쟁에 관해 이야기하는 사람에게는 조롱과 경멸이 보상으로 주어질 것이며, 예언은 보편적인 행복을 더 크게 말할 것이다. 다가오고 있는 이 일을 즐기면서 아무도 해군과 군대가 모든 민족의 보물을 삼키는 시대가 있었는지, 그 수수께끼를 스스로 설명할 수 없을 것이다.

성경 밖에서 평화주의자의 두 번째 열망에 맞서 싸우는 것은 전적으로 불필요하다. 유토피아는 항상 환각으로 사라지고, 사악하게도 전쟁은 계속해서 이 환각을 끊임없이 방해한다. 평화에 목마른 이 두 선지자 사이에는 조화로운 해결책이 없다. 둘 다 자신의 이상을 확고하게 붙잡지만, 차이도 있다. 한쪽은 하나님을 믿고 다른 쪽은 사람에 대한 믿음밖에 없다는 것이다. 다행히도 이 출발점의 차이가 우리가 모두 바라는 평화의 노래에 동의하는 것을 방해하지는 않는다. 우리는 결코 군사적 허세에 공감하지 않는다. 그리고 부분적으로는 흥미진진한 유토피아주의자들이 우리를 지원한다.

§5. 중재 재판소

중재 재판소(de Arbitrage) 또는 중재 법원(het Scheidsgerecht)은 이미 우리의 진지한

표어가 되었지만, 아직 뭔가 미심쩍은 부분이 있다. 먼저 이 중재 재판소의 도입을 위한 조치가 실제로 러시아의 차르에게서 시작되었다는 점이다. 다른 한편, 상징적이라고 불리는 것은 유럽이나 미국의 거대한 수도 중 하나가 아니라, 거의 시골인 헤이그의 평화궁에서 중재 재판소의 발상이 자리를 잡았다는 점이다. 표트르 대제(Czaar Peter)[277]는 17세기 러시아와 네덜란드 사이의 연결 고리를 확립했다. 인구 규모는 작지만 과거 영광을 누렸던 민족을 떠올려보면, 러시아 황제의 선택은 의심할 여지없이 역사적으로나 지리적으로 모두 옳았다. 그러나 현실을 바로 파악한 사람은 평화회의나 중재 재판소에 큰 기대를 걸지 않는다. 1899년 7월 29일 조약의 조인에서 바라던 합의는 열강에 의해 모두 파기되었다. 그리고 지금까지 조약 당사자들의 '영예와 상관없이 생명이 걸린 중요한 관심사들'로 인해 강력한 유보가 나타났다. 1904년 2월 12일 코펜하겐(Kopenhagen)에서 체결된 네덜란드와 덴마크 간의 조약은 양측 모두 생략된 조약이었다.

이것은 이미 예견되었다. 아르헨티나의 국제법 전문가인 카를로스 칼보(Carlos Calvo)[278]는 그의 "국제법의 이론과 실제"(Le Droit International Théorique et Practique) 제4판(Paris, 1887) 제1권, 790쪽에서 다음과 같이 말한다. "중재는 명예나 국가적 존엄성이 직접 위태롭고 친밀한 느낌, 말하자면 제3국이 스스로 판단할 수 없는 경우를 제외하고는 모든 종류의 불일치 또는 국제적 논쟁과 관련될 수 있다." 그에 못지않은 권위자인 케프켄(Geffcken)[279]은 다음과 같이 말했다. "국가는 권력과 명예의 지위에 관한 질문을 중재 재판소에 쉽게 제출한다"(Heffter, Europäische Völkerrecht, 231쪽 참고). 또한 르노(Renault)[280]는 드 라프라델(de Lapradelle)[281]과 폴리티스(Politis)[282]의 "국제 중재 개요"(Recueil des Arbitrages Internationaux) 서문에서, 중재 재판소 조약은 "모든 경영에 적합하지 않은 섬세한 도구로, 사용이 정당한 경우 전문가의 세심한 손으로 다루어야 한다"고 말했다(11쪽). 그리고 봉피스(Bonfils)[283]는 그의 "국제 공법 핸드북"(Manuel de droit international public) 225쪽에서, 지금까지 "국가의 주권 또는 독립"에 대한 분쟁이 포함된 어떤 중재 계약도 체결되지 않았다고 말한다. 일부 남미 공화국 간에 거의 모든 것을 포괄하는 조약들이 체결되었지만, 얼마 지나지 않아 두 국가 간의 전쟁 발발을 막지 못했다는 점에 유의해야 한다. 그러므로 그러한 중재 합의가 평화를 보장할 수 있다고 상상하는 것은 잘못된 것이다. 이 모든 정치적 균형 속에서 강대국 중 하나가 자기 보존을 위해 결정을 내릴 필요가 있었다. 따라서 르노는 앞서 언급한 서문에서 다음과 같이 설명한다. "나는 정의에 따라 특정한 종류에서 중재의 조직과 근거가 항상 정부의 호의에 의존하기 때문에, 실제로 사전에 이루어진 이러한 약속을 그다지 중요하게 생각하지 않는다는 것을 인정한다"(7쪽).

1904년 네덜란드와 덴마크 간에 체결된 절대 중재 조약은 고유한 상태를 유지할 모든 기회를 얻고 있다. 이 두 국가 간에 심각한 갈등이 발생할 가능성이 거의 없었고, 압력을 받는 입장에 처해 있었기 때문이다. 덴마크는 독일과 오스트리아와의 전쟁으로 북 발트 해 운하를 건설하는 것에 의해 영향을 받았다. 이후 러시아에는 손트(Sont)를 통과하는 자유로운 통행이 중요한 관심사로 남아 있었다. 조기 사망한 국제법 분야의 권위자인 러시아의 마르텐스(Martens) 박사는 덴마크와 네덜란드의 자기 중립을 강력하게 주장하여 코펜하겐이 절대 중재 합의 체결을 위한 네덜란드의 제안을 채택하는 데 이바지했다. 1914년 5월 덴마크 왕이 네덜란드 국회의사당을 방문했을 때 출판된 "법을 통한 평화"(Vrede door Recht)의 기념호에서 나는 몇 가지를 더 자세히 설명했다.

§6. 중재 발상

그러나 여기에서 중재 발상의 한 판 승리가 과소평가 되어야 한다고 추론해서는 안 된다. 나는 첫 번째 평화회의의 결과에 만족할 수 없으며, 이에 대해 하원에 간략히 공지했다. 남아프리카공화국의 대표자들이 인정되지 않았다는 사실과 아르메니아 청원자들에 대한 대우는 이미 그 자체로 진심 어린 불편함을 불러일으켰다. 곧 남아프리카공화국에서 전쟁이 발발하여 1902년 트란스발과 오란녀 자유국[284]이 대영제국 식민지로 합병되었는데, 이것은 나에게 큰 실망감을 주었다. 특히 러시아 황제가 첫 번째 평화회의를 소집한 것이, 중재 발상을 실현하기 위해서만이 아니라 부분적 군축을 촉진하기 위함이었음을 기억한다. 그런데 분명하게 그러한 노력이 이루어지지 않았고, 오히려 전쟁이 이어졌다. 유럽 전역에서도 1899년에 가능하다고 생각조차 하지 못했던 군비의 증가가 이뤄졌을 때 씁쓸함을 느꼈다. 그렇지만 내가 1901년에 영광스럽게도 결성했던 내각이 덴마크와 맺은 조약에서 알 수 있듯이 진지하게 중재를 넘었다는 것은, 결코 유토피아주의자들만이 평화를 위해 봉사할 준비를 하는 사람들이 아니라는 충분한 증거를 제공한다. 당시 4명의 장관은 멜빌 판 린든(H. H. Melvil van Lynden), 엘리스(Ellis), 루프(Loeff), 판 베이더(Van Weede)였다. 그중 특히 주목할 만한 것은, 부제독 즉 군인인 엘리스가 우리 하원에서 그 조약을 따뜻한 마음으로 방어한 것이다.

　지난 10년 동안 중재재판부는 업무를 훌륭하게 수행했다. 러시아 함대가 북해를 건너 일본에 도착하여 영국 어부들을 쫓아내는 용서하기 힘든 실수를 범했는데, 영국이 일본의 동맹국이었기 때문에 선전포고가 급히 뒤따랐을 것이다. 그 위험한 순간에 파리의 중재 재판소가 유럽을 위해 이미 반쯤 흔들리는 평화를 다시 확립했듯이, 중재 발상이 우리에게 여러 번 아름다운 놀라움을 가져다줄 가능성이 적지 않았다. 19세기를 되돌아 볼 때, 잊을 수 없는 것은 외교 기술이 각각의 외무부서가 가지고 있는 한 무더기의 고충을 해결하기 위해 너무나 자주 명예를 구했다는 점이다. 일시적으로는 옆으로 제쳐둔 것들이 심각한 문제를 가져올 준비가 되어있었는데, 그것은 전쟁이 바람직한 것으로 판명될 때 삶에 심각한 긴장을 불러일으킬 것이다. 주어진 순간에 가장 첨예하게 만날 수 있는 고충이 밀려나면서 반대당이 권력을 잡았다. 적어도 상당히 높은 관점에서 방어할 수 없는 이러한 관행은 이제 완전히 끝났다. 잉글랜드가 프랑스와 반대되는 태도를 보이다좀 더 우호적인 태도를 준비하면서 이 두 강력한 제국 간의 오래된 불만을 의도적으로 해결했으며, 이후에는 적어도 이 두 국가 사이에 유용한 불만을 쌓아 두는 오래된 전술이 끝났다.

　중재 발상은 근거를 얻었으며, 봉피스는 그의 책 "국제 공법 핸드북" 542쪽 이하에서 중재 위원회를 찬성하며 여러 의회에서 이미 말하고 행한 내용을 함께 읽어 영예를 구했다. 그 어떤 외교관도 이전과 같이 줄을 손상하는 모든 매듭에서, 평화를 방해할 계기를 대담하게 찾지 않는다. 지금까지는 중재 재판소에서 아주 사소한 성격의 분쟁만이 해결되었고 이것이 당분간 계속될 것이라는 우려가 있다. 이것에 대해 불평하는 사람은 과거에 평화를 깨뜨린 사소한 원인이 전체 국민의 강렬한 감성을 불러일으킬 수 있고, 사소해 보이는 일 뒤에 매우 심각한 갈등이 숨어 있음을 잊어서는 안 된다. 그리고 한 순간의 예고로 전쟁을 선포하는 것처럼, 이제는 유럽에 대해 국가 또는 국가 집단의 '힘의 관계'에 관한 것보다 큰 전쟁을 생각할 수 없다는 것을 인정해야 한다. 정확히는 힘의 관계가 전쟁을 불가피하게 만드는 곳에서 공개적으로 나오지 않는 것이 바람직하다는 것을 부정할 수 없다. 그렇지 않으면 당혹감에서 벗어나기 위해 또 다른 사소한 사건이나 그의 시도를 정당화하기 위해 판도라 상자를 열 위험이 있다. 따라서 이러한 위험하고 가연성이 높은 물질을 제거하는 것이 유익하다.

우리는 그리스도의 재림 이전에 "영원한 평화"가 올 수는 없음을 확신하지만, 유토피아와 평화에 대한 우리의 사랑이 군사적 성향에 대해 침묵하게 하는 것을 결코 허용해서는 안 된다. 우리의 공감은 평화에 대한 맹세로 남아 있으며, 유혈 사태는 항상 우리에게 미움으로 남아 있다. 물론 우리 자녀들에게 조국을 위해 목숨을 걸어야 하는 것이 하나님의 의무라고 말해야 하는 무서운 순간이 네덜란드에도 올 수 있다. 1914년 8월에 이것을 느끼지 못한 사람이 누구겠는가?[285]

§7. 중재는 약속이다

중재는 의문의 여지가 없는 '약속'이다. 이것은 고등 법원의 법적 행위가 아니다. 따라서 상위 권위자는 당사자들의 결정이 내포하는 것을 관찰하도록 강요하지 않는다. 매우 드문 유토피아주의자인 판 폴런호우펀(van Vollenhoven)[286] 교수는 이와 다른 생각을 가졌다. 그런 이유로 무기를 확보하기로 한 결정의 준수를 관찰할 권리와 의무가 있고, 해당 목적을 위해 확실한 국제 경찰력이 있는 특정 국가의 정부가 지정되어 주도권을 잡아야 한다고 생각했다. 그러나 그의 제안은, 그러한 계획의 실현에 대해 생각할 수 있는 사람이 얼마나 적은지를 확인하게 해주었다.

그는 자신의 계획 속에 전 세계를 이상적으로 자연스럽게 포함시킨다. 과거의 혁명적 대중들이 어떻게 무력으로 등장하여, 국가의 군대를 전복하고 무장을 해제하는 데 성공했는지 생각해보라. 아프리카와 호주를 제외하고 지금 아시아, 미국, 유럽 전체 정부가 혁명적 혼란에 대응하고 그것을 진압할 수 있는 충분한 군사력을 가지고 있지 않다면 어떻게 될지 질문해보라. 그러한 경찰력은 모든 군대가 폐지되더라도 먼 곳에까지 무장하지 않은 평화가 있을 수 있을 만큼 강력하고 엄청난 힘을 대표해야 한다. 소규모 국제군의 도움으로 조약의 준수를 보장해야 했던 권력은 이 경찰력에 대해 이미 무력함을 느꼈을 것이다. 러시아와 영국이 마음에 들지 않는 평결에 대한 합의를 거부했다고 생각해보자. 사형 집행 권한을 가진 권력은 그 권력을 행사하며, 자신의 임무를 수행해야 한다. 그러나 군대와 함대가 줄어들고, 그것을 하지 못하게 된다면 어떤 권력이 이를 감내할 수 있겠는가?

여기에 탈출구가 있더라도, 또 다른 심각한 반대가 여전히 남아 있다. 국민적 삶의 역사적 과정이 국가의 상호 관계를 용인하지 않았고, 절대 용납하지 않을 것이며, 주어진 순간은 모든 미래를 위해 불변으로 선언된다. 국가 상호관계의 변화는 조약에 의해서만도 군대에 의해서만도 결정되는 것이 아니다. 로마 제국의 권력이 종결되었을 때, 그 당시 로마 제국, 갈로-로마 지방, 이베리아 국가들, 침입하는 슬라브족과 게르만족들 사이의 관계를 수반하는 질서의 확립이 기대되었을 것이다. 이것이 공동 합의에 따라서만 변경될 수 있었다면 완전히 부자연스러운 주장이 나타났을 것이다. 로마 제국의 사회적, 윤리적, 정치적, 종교적 상황은 로마 제국이 멸망할 수밖에 없을 정도로 후퇴되고 약화되었다. 1차 및 2차 이주 민족에게는 중재 합의에 따라 중단될 수 없는 민족적 힘이 다가오고 있었다. 여기에는 중재 합의를 방해할 수 없는 역사적 과정이 있었다. 구세계가 가라앉고 새로운 세계가 밝았으며 중재 재판소나 그 결정의 집행을 맡은 권력이 없었기 때문에, 반세기 동안 역사적 과정의 저항할 수 없는 충동을 멈출 수 있었다.

§8. 자기기만

이것이 예전의 방식이었지만 이제 모든 국가가 그 형태를 유지하는 데 노력이 거의 필요하지 않을 정도로 고정된 형태를 취하고 있다고 상상해 보면, 그것이 자기기만이 아니고 무엇인가? 그런 달콤한 꿈에 빠져 보려 한다면 1800년과 1900년의 유럽 국가들을 비교해보라. 그러면 사실 스칸디나비아에서 시칠리아까지, 바르샤바에서 메츠까지 중요한 변화들이 없는 지역이 거의 없음을 보여준다. 이것은 이미 한 세기가 지난 후 유럽 국가 연합의 흔들리지 않는 안정을 믿게 될 경우이며, 우리 시대가 시작될 때와 같이 3세기 이상 유럽, 아시아, 미국을 지나갔을 것이다. 여기서 딜레마가 발생한다. 중재적 합의에 따라 생존 과정 자체의 요구에 의해 민족들간 상호 권력 관계의 조정을 지속해서 재정비하거나, 이것이 상상할 수 없는 발상이라는 것을 인식하고, 과거와 마찬가지로 갈등의 결실, 곧 일어나도 안 되고 실패해서도 안 되는 무력에 의해 이루어야 한다. 전 지구적 권력 균형의 역사적 변화를 막으려는 의도와 시도는 삶의 도리에 어긋나게 되고, 그 자체로 조롱거리가 될 것이다.

이러한 권력 관계의 꾸준한 변화는 인간 사회에 필수적이다. 그것을 반대하면 분노를 불러일으킬 것이고, 그것을 촉구하는 모든 힘은 전복될 것이다. 유럽 문화가 겪고 있는 세계 과정의 논리적 결과가 있다고 생각해 보자. 먼저 슬라브인, 그 후에 몽골인과 중국인이 우위를 차지한다면, 남아시아에 새로운 출현이 일어나고 아랍과 유럽 상황이 변하는 것을 막을 힘이 나타나지 않을 것이다. 이것에 의해 파괴될 위협을 받는 유럽의 어떤 세력도 그에 따르거나 기꺼이 받아들일 수 없다는 것도 동일하게 확실하다. 과거의 바스크족과 켈트족과 같이 로마인들이 그들의 권력의 종말이 다가오는 것을 보고 게르만 권력에 양보해야 했다고 가정해 보자. 그렇다면 게르만족은 그다음 차례로 슬라브족에게 복종해야 할 것이다. 프랑스와 다음에는 게르만족이 그 생존을 위해 죽음의 투쟁을 하지 않고 정치적으로 죽을 가능성이 있다. 이것은 그 자신의 실존에 대한 공격이고, 국가적 파멸을 완전히 마땅하게 만드는 도덕적 퇴보가 될 것이다.

역사의 판결은 한때 강력한 민족들이었으나 무덤에 쓰러져 멸망한 그들을 용서하거나 무죄를 선고할 수 없었다. 왜냐하면 중재 재판소가 자신의 소명을 완수하며, 이제 새로 떠오르는 세대를 위해 자리를 잡아야 한다고 판결했기 때문이다. 그러므로 우리는 결코 그런 식으로 일어나지 않을 뿐만 아니라, 나아가 '일어나서도 안 되고 일어날 수도 없다'고 선언한다. 라파엘 에리히(Rafael Erich)[287] 교수는 그의 책 "국제기구의 문제들"(*Problemen der internationalen Organisation, Breslau, 1914*) 280쪽 이하에서 이것을 분명하게 표현한다. 개인에게 너무나도 굴욕적인 싸움이 없는 자해는 강력한 민족이 자살하는 것과 같을 것이라고 그는 말한다. 어떤 측면에서 바라보더라도 중재 발상이 불러일으키는 과도한 기대는 조절될 필요가 있다. 고귀한 믿음을 가지고 영토를 확장하기 위해 계속 노력해야 한다. 그 아래에 있는 것은 아래로 가져와야 한다. 그러나 이사야 2장 4절의 예언이 이미 성취된 경륜의 시대에 있다고 스스로 상상한다면, 스스로 헛된 기대에 빠지고 다른 사람들도 그렇게 만들려고 하게 되는 것이다.

§9. 성경

구약에서는 칼을 쳐서 보습으로 만들고 창을 쳐서 낫으로 만든다는 거룩한 예언이 이스라엘에 대한 하나님의 말씀으로 미가 4장 3절과 요엘 3장 10절에서 두 번이나 반복되었다.[288] 하지만 성경에서 그분의 재림으로 완성되기 전에 얼마나 놀라운 날이 올 것인지를 우리에게 다음과 같이 말씀하신 분은 그리스도 자신이다. "난리와 난리 소문을 듣겠으나 너희는 삼가 두려워하지 말라 이런 일이 있어야 하되 아직 끝은 아니니라. 민족이 민족을, 나라가 나라를 대적하여 일어나겠고 곳곳에 기근과 지진이 있으리니"(마 24:6-7). 사도 요한은 계시록에서 인간 사회의 최종 결과로서 모든 것을 포용하는 평화의 왕국과 반대되는 모습이 이 땅에 지속될 것에 대해 끊임없이 언급한다. 과거에는 미래에 대한 통찰이 있었지만 근대 문화는 우리에게 매우 다른 상황을 가져 왔다. 예언적 묵시의 말씀이나 그리스도 자신이 적용하신 것보다 지난 19세기에 전장에서 더 많은 희생자가 나왔다. 그것은 무엇을 뜻하는가? 어쨌든 기독교 정치가들과 기독교 국가학자들이 인간 사회의 점진적이고 지속적이며 적절한 과정의 최종 결과에 대한 기대에 대해 계시록이 말씀하는 것을 제쳐두고, 아쉽게도 근대와 동질적이라고 선언하는 것은 불법으로 남아 있다.

우리가 모든 폭력과 유혈 사태를 혐오하고, 전심으로 중재를 지지하며, 일시적으로 전쟁에 반대하고, 그것을 막으려고 노력할 수 있지만, 다른 한편으로는 여기서도 실망할 것을 확신할 수 있다. 이 두 가지 신념은 최소한 경쟁하지 않는다. 연로한 어머니의 병에 대해 도움을 제공하는 사람은 누구든지 죽음의 위험을 피하고 사랑하는 생명을 연장하기 위해 검증되지 않은 수단은 사용하지 않을 것이다. 그러나 의학적 상담 후 그의 어머니가 죽음에 가까워지고 있으며 그것을 더 피할 수 없다는 것이 분명하다면, 어떤 식으로든 도움을 포기하지 않을 것이다. 평화주의자들이 동맹을 맺고 있으므로 우리는 전쟁을 피하려는 모든 시도를 가능한 한 오랫동안 지지하지만, 마치 평화가 영원할 것처럼 착각하지는 않는다.

그리스도의 분명한 진술이 모순되기를 기다리는 모든 사람이 재림의 이쪽에서 '영원한 평화'에 접근할 수 없다는 것은 확실하다. 특히 이 심각한 논쟁에 대한 이 논의에서, 베들레헴의 들에 있던 천사들이 '이 땅에 평화!'라고 부른 찬양을 들으려고 한 것에 호소하는 입장이 있다. 이 오해에 대한 경고가 나타났다. 그것은 이 말의 의미가, 예수님의 탄생과 함께 이제는 전쟁에 대해 이야기할 수 없고, 영원한 평화 상태가 열방을 축복할 완전히 새로운 삶의 상태로 이 땅에 들어왔다는 것이다. 이 하늘의 어조에 대한 이 생각 없는 호소는 성경 해석이 아주 낯선 사람들에 의해, 그리고 한 사람이 다른 사람의 말을 따라함으로써 지속된다.

반대로 숙련된 성경 주해자들은 (비록 세부적인 면에서 항상 견해가 통일되지는 않지만) '평화'로 번역된 단어가 평화가 아니라 '행복' 또는 '구원'을 의미한다는 점에 모두 동의한다. 그리고 이 구원의 인사는 인류 모두에게 적용되는 것이 아니라 하나님의 자녀들에게만 적용되는 것이다. '평화'(Eirênê)의 원래 의미로 돌아가고자 한다면, 골로새서 1장 20절의 "그[그리스도]의 십자가의 피로

[이룬] 화평"을 생각할 것이다. 특히 고뎃(Godet)은 이 진술을 주장했다. 그리고 실제로 베를린의 교수인 베른하르트 바이스(Bernhard Weiss) 박사와 괴팅엔의 교수인 요한 바이스(Johann Weiss)도 행복 또는 구원을 사전적으로 번역하는 것을 선호하는데, 여기에서 그들은 선택된 사람들만 의미한다는 것을 알고 있다. 마이어(Meyer)[289]의 "주석"(Kommentar) 제8판 331쪽도 참조하라. 그러므로 사람과 '민족들 사이의' 평화를 위한 '지상의 평화'라고 이해하면 정의의 외형조차도 놓치게 된다. 좋은 해석은 여기에 다른 '평화'가 없지만, 메시아를 믿고 그 믿음으로 인내하는 인류에게 하나님께서 부여하셨다는 것이다.

§10. 조약 밖의 국제법

중재로 달성된 상호관계도 국제법에 해당하므로 추가 표시가 필요하지 않다. 그러나 국민 간의 상호관계를 규제하는 법이 정부들 간의 합의에 따라 만들어지는 한에서만 존재하고 유효한 것으로 이해되지 않는다. 국민 간에 적용되는 법은 부분적으로 매우 확실하게 '성문'법이지만, 그 전에도 일반적 의미에서 같이 유효하고 지금 규정되지 않은 것도 마찬가지다. 부분적으로는 법적 인식과 부분적으로는 법적 관행에 기반을 둔 '관습'과 어느 정도 비교할 수 있다. 심지어 공통적 관계를 맺은 사람들, 결사와 사회에서조차 특정법은 항상 유효하다. 그리고 그 법의 요구사항이 기록되지 않은 경우에도 모든 사람이 족쇄를 느낀다. 문명 계급의 가족과 사람 사이에는 모임, 식사, 혼인 시 특별한 행동 규칙이 있는데, 사람들 특히 영국인은 서로 너무 강하게 밀착하여 이에 대한 모든 위반은 즉시 지적되고, 곧 그 단체에서 제거된다. 이것은 식사에서 나이프, 포크, 숟가락 사용에도 가장 작은 세부 사항까지 적용된다. 그들은 이 부분에서 매우 엄격하다. 이러한 목적을 위해 영국에서 출판된 설명서들이 아주 많으며, 이것은 영국 사교계에서는 어떻게 행동해야 하는지를 아주 상세한 사항까지 보여준다. 이것을 위반하여 죄를 짓는 사람은 그의 좋은 명예를 해치는 것이다. 반면에 우리에게는 그러한 설명서의 흔적이 거의 없다. 우리에게도 특정한 일반적 관습들이 있지만 덜 정확하다. 이러한 관습은 순전히 영국이나 프랑스를 본뜬 것이다. 그리고 특히 우리 시민은 이런 부분에 거의 신경 쓰지 않는다.

이러한 형태의 예의와 공동 관습을 제외하고는 우리뿐만 아니라 모든 사람이 설명된 모든 법에 더하여 준수해야 하는 옳고 공정한 것에 대한 감정이 있다. 모든 성문법 이외에, 시민 생활에서 모든 국민 사이에는 생명에 대한 일반적 법이 분명히 있으며 이를 어겨서는 안 된다고 느낀다. 사회와 생명에 대한 이 자명한 법은 그것을 규정하는 의지를 통해서가 아니라, 그것이 삶에 미치는 자발적인 효과를 통해 영향력을 행사한다. 나아가 사회와 생명에 대한 이러한 법은 결국 여론에 의해 뒷받침되고, 이를 어긴 사람을 소외시키고 제외한다. 또한 부분적으로는 모든 의식을 주관하는 사람이 알고 시행하는 상호 합의된 규칙에 따라 처벌한다. 국민 간의 상호 교류도 다르지 않다. 여기에서도 하나님께서 제정한 법이 적용된다. 그동안 종종 선포되거나 규정되지 않았던, 로마인이 이미 '만민법'(jus gentium)라고 불렀던 일반적으로 각인된 법 개념을 통해서 이것이 작동하기 시작한다. 이 만민법은 두 가지 목적을 가지고, 국민 간의 관계뿐만 아니라 모든 민족에서 국내법과 이와 관련된 규정을 언급한다. 이것은 삶을 지배해야 하는 신적 기원의 질서에 중점을 두고 있다.

헤프터(Heffter)[290]는 그의 저서 "유럽의 국제법"(Le droit international de l' Europe 3e ed., Berlin et Paris, 1873) 4쪽에서 국제법에 대한 세 가지 종류의 기원과 출처를 설명한다. 그는 이렇게 말한다. "많은 저자는 상호 행동 방식이나 심지어 아직 채택되지 않은 원리의 비유로 인해 체결된 조약에서 비롯된 주권 국가의 공식적 합의가 국제법 규칙의 유일한 원천이라고 가르친다." 두 번째로 그는 어떤 학자들은 "무엇보다도 국가의 사용을 기반으로 한다"고 말한다. 그리고 다른 학자들은 "모든 국가를 묶고 일종의 철학적 직관으로 요소들을 발견하는 우수한 자연법"이 있다고 말한다. 그러나 헤프터 자신은 이 세 가지 견해에 동의할 수 없기에 스스로 결론을 내린다. "진리는 국가의 상호동의 외에 다른 의무적 법률을 인정하지 않는다는 것이다. 그러나 유효하기 위해서는 조약의 공식적 제재나 관습법적 승인이 필요하지 않다. 관습법과 같은 조약은 특정한 종류의 국제법만을 구성한다."

드 파텔(de Vattel)[291]은 여기서 두 종류의 유효한 법을 말한다. "첫 번째는 국가의 '자연'(natural)법이고, 두 번째는 '실정'(positive)법이다." 나아가 다음과 같이 주장한다. "전자는 하나님과 우리 양심의 법칙이며, 따라서 불변하고, 국가의 실정법의 기초가 되어야 한다. 긍정적인 점은 세 가지다. 첫째, 보편적인 자발적 법이고, 둘째, 일반적으로 국가의 통일된 관행이며, 셋째, 관습법 또는 조약이다"(Chitty[292], *Commercial Law*, 250이하 참고). 알폰스 리비에르(Alphons Rivier) 박사[293]는 그의 "국제법 학서"(*Lehrbuch des Völkerrechts*, Stuttgart, 제2판 1899) 3쪽에서 이와 유사한 문장으로 설명한다. 국가는 서로 접촉하면서 "법적 규범을 구속력 있는 것으로 인식하고, 준수하려는 의지를 총체적으로 가지고 있다. 그들은 국민의 문명적 발전, 교제, 상호관계의 발전에 따라, 변화하고, 발전해야 하는 법에 대해 공통으로 의식하고 있다."

§11. 기독교의 영향

그의 생각에 기독교는 법의식을 강화했다. 특히 기독교 국가가 함께 있는 것을 '국가 공동체'라고 부른다. "국가 공동체의 구성원은 고대부터 기독교적 도덕에 참여하는 모든 국가보다 우선한다. 무엇보다 로마어와 게르만어를 사용하는 고대 유럽 국가들과 세계의 모든 지역에서 같이 생겨난 식민지국들이었고, 그 다음은 슬라브어 국가이다"(4쪽). 그러나 국제법의 근거는 "국가의 공통의식"에서 찾아야 한다(6쪽). 그러므로 그는 "법과 법적 규범의 개념을 너무 좁히고 국제법에서 입법부와 행정부 모두를 필수 사법적 강제로 무시하는" 사람들의 견해를 비판한다(7쪽). 이런 식으로 국제법 학자들이 실증적 국제법, 즉 조약에서 합의된 것을 인정하거나, 여기에 세속 입법자와 재판관이 없음으로 국제법에 대한 법 개념을 부정하거나 하는 딜레마의 압박을 느끼게 되는 일이 종종 발생한다.

라손(Lasson)[294]은 그의 "국제법의 원리와 미래"(*Prinzip und Zukunft des Völkerrechts*)에서 주저하지 않고 다음과 같이 말한다. "국제법은 법률이 아니고 국가의 도덕성도 아니며 어느 정도 '국가의 관습' 즉 자연 관습인데, 도덕적인 의미가 아니라 관습적이고 일반적 견해이다"(52쪽). 뮌헨의 교수였던 울만(G.

Ullmann) 박사는 "공법 핸드북"(*Handbuch des oeffentlichen Rechts*, I, II. 2, Freiburg in B., 1898) 제2판에 있는 그의 '국제법'에서 라손에 반대한다. 국제법의 법적 성격은 고수하지만 "인간 공동생활의 나타남" 외에 다른 근거를 찾지 못한다(5쪽). 이로부터 그는 다음과 같이 추론한다. "관련된 주체가 조직된 법률 제정 권한의 대상이 아니며, 법적 질서가 필요한 지역 사회 관계가 정치적으로 폐쇄된 지역 사회 생활의 구성 요소를 형성하지 않는다는 사실은 이를 바꾸지 않는다." 그런 다음 그는 기존의 준비가 인간의 의지에서 나온 사실에서 이에 대한 근거를 찾는다. 그것은 인간의 의식에 기반을 두고 있다. 법은 사람에게서 나온 것이다. "이러한 공통 관계가 연결된 민족의 공동생활 현상은 사회의 결정적 의지 요인에 의해 유발되는 사실과 사실의 복합체이다. 그러므로 의지의 결과물로서 그것은 공동의 삶이 반영되는 목적성, 이성의 필요성, 윤리적 허용 가능성에 대한 견해를 통해 인과적으로 결정된다. 국제 생활의 과정과 국가 생활의 과정이 인간의 행동 때문에 인과적으로 결정된다는 바로 그 사실은 국제 생활의 추진력과 규제력으로서 인간의 의지에 대한 규범의 타당성을 보여준다"(5쪽).

이 방향의 저자들은 모든 공식 입법과 법의 행정을 넘어서 국제법의 법적 성격을 유지하기 위해 끊임없이 당혹해한다. 그들은 법의 관습과 모든 '불문율'보다 앞서야 할 법의 감각으로 몇 번이고 다시 돌아가야 했지만, 신적 권위를 얻기 위한 더 높은 법을 고집스럽게 거부했다. 내국인들에게 적용될 법의 문제가 생기자마자, 그들은 항상 모든 법의 지배로부터 분리되도록 노력하거나 시행될 수 있는 성문법 밖에서 자신의 법을 바치기 위해 욕구를 인식하며, 노력하는 것도 아니다. 반면에 국제 분야에 다가오면, 입법자와 판사, 법 위반에 관한 법 집행자가 그리워진다. 여기서 그들은 이상적 권위자로부터 국제법의 타당성을 끌어내야 한다. 이것은 또한 그들이 더 높은 곳을 우러러보도록 이끌어야 한다. 그러나 그들에 따르면 이것은 어떤 상황에서도 허용되지 않는다. 그래서 리비어나 울만처럼 국민이 행하고 준비한 것에서 법의 동기를 도출하게 되고, 의지의 표현 없이 이 일을 하게 된다. 여기에 자의성과 우연은 배제되고, 의지의 표현은 다시 한 번

숙고와 성찰의 결실이었음이 확인된다. 따라서 마침내 인간은 의지 표현의 다리를 넘어, 인간의 발명품과 함께 안착한다. 다른 것은 인간 본성의 타고난 또는 태생적 본성에서 파생될 수 있다. 마지막으로, 이 순환 추론은 한 단계도 앞으로 나아가지 않는다.

§12. 국제법의 동기

이제야 질문이 나온다. '국제법의 한계는 무엇인가?' 다른 질문은 '인간 본성의 결정은 어디에서 오는가?'이다. 우리가 '법 서문'에서 주장한 내용은 여기에 완전히 적용가능하다. 국제법의 긍정적 부분조차도 여전히 혼란에 빠져있는 상황이다. 그것을 위반해도 유지되는 힘없는 모든 조약은 위험할 수 있다. 그러나 훨씬 더 큰 당혹감은 성문화되지 않은 권위의 표현으로서 국제법을 대면하는 것이다. 그러므로 국가를 상호관계로 묶을 수 있는 불문율 같은 것은 없다는 라손의 견해에 전적으로 동의하며 인정해야 한다. 혹은 그 불문율이 있다고 한다면, 인간에게서 근거와 동기를 찾기 시작한다고 하더라도, 반드시 개인에게서 인류로, 인류에게서 인간 본성으로 돌아가서 질문을 해결해야 한다. 그 인류의 본성은 어떤 원인과 구조로 이루어져 있고 이루어져 있지 않은가? 휴호 드 흐로트(Hugo de Groot)로부터 시작해 사람들은 국제법의 근원에서 이 수수께끼를 자세히 관찰했다. 그러나 점점 더 분명해진 것은, 하나님 안에 있는 모든 법의 근원을 고려하기를 거절한다면 이 수수께끼의 해결은 포기해야 한다는 것이다.

이 때문에 국제법에서 기독교 세계관이 정말 중요하다. 비록 열방의 상호관계를 규제할 법에 대해 별도의 계시가 우리에게 주어지지 않았다 하더라도, 여러 지역과 다양한 시대에 국제적 영역에서 일관되지는 않지만, 법적 의미가 역사적으로 존재해왔다는 것을 알 수 있다. 대부분 학자가 인정한 것처럼 기독교 국가들 사이에서 점차 그리고 처음으로 더 명확한 국제법적 이해가 있었고, 성경에 주어진 계시는 기독교 국가에서 국제법의 개념 발전에 매우 놀라운 영향을 미쳤다. 리비어는 그의 책 5쪽에서 1856년 3월 30일, 파리 조약에서 사르데냐(Sardinië)[295]와 5대 강대국이 국제법 제7조에 터키를 포함시켰으며, 문자 그대로 오스만 제국의 외무부는 "공법과 유럽 협력의 혜택에 참여하도록 인정받았다." 하지만 여기서 주목해야 할 것이 있다. 첫째, 사실 터키에게 항복이 여전히 유효하다는 점이다. 둘째, 터키에 적용되는 내용이 이슬람 세계 전체에서 아직 받아들여지지 않았다는 것이다. 셋째, 이슬람은 상이하게 발전했음에도 성경에 나온 법적 개념과 관계성을 나타낸다는 것이다. 항복은 외국인에게 영사 재판소의 관할권을 보장하는 규정이며 중국, 페르시아와 같은 다른 곳에서도 유효하다. 일본에게만 지난 세기말부터 폐지되었다.

§13. 요약

요약하면 다음과 같다. 첫째, 국제법과 관련하여 설명되지 않은 의미로, 한 사람이 법적 조항과는 별도로 다른 사람에게 잡혀 묶여 있다고 생각해도 하나님께서 각 사람에게 주시는 특정 권리를 존중하며, 같은 방식으로 국가들 상호 간에 정부는 특정 권리들을 존중하고 특정 의무들을 이행해야 한다. 이는 원래 각 법 개념 때문에 규정되고, 과거의 예에 의해 더욱 통제되고 있다. 낮은 계급의 사람들 사이에서 최소한으로 유지되는 법적 인식 덕분에, 고등 문화의 국민에게 점차 더 높은 중요성을 얻게 된다. 둘째, 모든 국가의 협력을 통해 그들 사이의 모든 갈등을 인식하고 이를 드러낼 수 있는 이 설명되지 않은 국제법에 대한 재판소를 만들려는 경향이 증가하고 있다. 셋째, 중재는 분쟁이 발생하는 경우 양 당사자의 자발적 약속을 통해, 적어도 중재 법원의 분쟁 중단, 해결을 보장할 것을 추구한다.

이 세 가지 중 첫 번째는 원리적으로 가장 높은 입법자에게서 나오는 모든 국가를 포함하는 법의 배경이며, 그분에 의해 대중 의식에 주입되었다. 두 번째는 모든 국가가 자발적으로 복종할 힘을 만들어 영원한 세계 평화를 준비하는 것이다. 세 번째는 자유로운 주도를 기반으로 훨씬 덜 높은 것을 목표로 하는 경우, 평화에 대한 임박한 위험을 예방하거나 방지하려는 시도이다. 이 세 가지는 하나의 전체를 형성하며 일반적인 성격을 가진다.

§14. 동맹과 연방

이 외에도, 동맹(Alliantie)[296]이나 연방(Federatie)[297]에서 해법을 추구하는 완전히 다른 기원과 의미를 가진 행동이 있다. 동맹에서 첫 번째 단계는 '협상'이다. 그리고 이 모든 행동이 달성하고자 시도하는 마지막 단계는 연방적 유대에 기초하고 있다. 이것은 국가의 독립을 훼손하게 될 최고 권위의 단일화이다. 일부 국가의 동맹은 권력에 대항하는 권력을 세우려는 노력이다. 국가들이 최고의 권위 없이 나란히 서서 서로 마주하려면, 반드시 불시의 공격으로부터의 보호가 보장되어야 한다. 한편, 한쪽의 국가 집단은 자동적으로 다른 쪽의 유사한 권력 집단에 반대한다. 이것은 종종 이해관계의 차이나 유사성, 위치, 과거의 여파, 국가 정치의 열망과 엄청난 위험들에 의해 일어난다. 그들은 또한 인종 차이와 종족 단위로 이끌릴 수 있다. 16세기와 17세기 교회의 차이도 또 다른 강력한 요인이었다. 어떤 원인으로 인해 발생하든, 공감하는 것과 반감을 가지는 것은 세기마다 눈에 띄지 않지만 다르게 작용해왔다. 주도권을 장악하기 위해 좌우 모두 끊임없이 노력해왔다. 이러한 노력이 발생하면 위협을 받는다고 느끼는 세력은 방어를 위해 준비하게 된다. 어느 정도 보장된 세계 평화를 위해서는 적어도 부분적으로는 일정한 균형이 이루어져야 한다. 양측 세력은 이 균형을 방해할 수 있는 모든 것을 항상 인식하고 방지해야 하며, 방해가 발생하면 속히 회복해야 한다.

큰 국가와 작은 국가의 역할은 상당히 다르다. 물론 더 작은 국가는 독립을 잃을 위험이 사라지지 않는다. 그들이 서로 연결되어 있든 없든, 그들의 지리적 위치는 견고하고 신속한 협력을 불가능하게 만든다. 발칸 반도에 있는 터키를 생각할 수 있다. 포르투갈, 스위스, 벨기에, 네덜란드, 덴마크, 노르웨이, 스웨덴, 이 7개국은 유럽에 너무 흩어져 있어서 그들의 군대나 함대는 그 어떤 형식으로도 즉시 협력할 수 없다. 게다가 이 작은 국가들의 과거, 위치, 입장은 1914년에 다시 분명해졌다. 거대한 유럽 전쟁이 발발했을 때 이 작은 국가들의 공감대는 같은 곳을 향하지 않았고 큰 차이를 보였다. 이 작은 국가들 각각이 유럽 분쟁에서 보호받기 위해 가까운 강대국에 합류하는 것이 좋은 선택으로 여겨졌다. 그러나 이 작은 국가 중 어느 나라도 그렇게 하려는 경향이 강하지 않았다. 스웨덴은 옆에 위치한 핀란드가 차르의 제국에 편입된 이후 러시아를 경계했다. 반면 덴마크는 아직도 여전히 러시아를 독립을 유지하기 위한 지지 기반으로 삼고 있다. 벨기에는 사상적으로 한 번도 하나가 된 적이 없다. 1830년의 여파로 인해 프랑스에 대한 공감대가 국민에게 널리 퍼졌지만, 정치가들 사이에서는 훨씬 더 많은 공감대가 런던을 향하고 있다.

§15. 약소 국가

부유한 식민지를 가진 우리와 같은 국가를 선택하는 일이 점점 더 어려워지고 있다. 지금 밝혀진 바와 같이 삼국동맹[298]과 삼국협상 사이에 세계대전이 발발하면, 유럽 속에서 우리나라의 방호(dekking)와 인도양 제도의 식민지의 보호가 상호 모순적인 조치를 부르게 될 것임을 누구나 느낀다. 포르투갈은 잉글랜드와 연결되어 스페인에 대항하며, 스위스는 인구의 인종적 차이로 인해 독일과 프랑스에 대한 공감대로 항상 분열되어 있다. 이 때문에 독립의 유지가 최고의 보증임을 감사할 것이다. 발칸 반도는 상황이 다르다는 것을 더 설명할 필요가 없을 것이다. 하지만 제2 발칸 전쟁에서 불가리아의 갑작스러운 전환을 보면, 그곳에는 공감대가 견고하게 구축될 수 없음을 알 수 있다. 상호 간의 질투는 처음에 국가의 힘을 통해 놀라운 방법으로 이룬 형제적 유대를 단번에 망쳐놓았다. 남미에서도 마찬가지다. 처음에는 스페인과 포르투갈을 상대로 굳건하고 충실한 협력을 이루었으나, 그 이후로 계속해서 서로 전쟁을 벌였다.

물론 작은 국가가 강대국에 합류하는 어려움은 완전히 다른 성격의 것이다. 다가오는 유럽 분쟁에서 어떤 세력이 서로 반대할 것인지 미리 알고 있었다면 그 수준은 높아질 수 있으며, 전쟁이 발발할 경우 적어도 어떤 동맹이 가장 필요하고 안전한지 미리 추측할 수 있다. 그러나 이것은 전혀 확실하지 않다. 지난 반세기 동안 강대국 간의 관계는 꾸준한 변화를 겪었다. 나폴레옹 시대부터 늘 프랑스와 날카롭게 대립해 왔던 영국은 이제 프랑스에

반혁명 국가학 | 원리

대해 첫 번째로 침묵을 지켰고, 공식적 조력자가 되었다. 이전에 프로이센, 오스트리아와 협력했던 러시아는 발칸을 위해 이미 1912년부터 오스트리아에 강한 반대 입장을 나타냈고, 1914년에는 독일과의 모든 우호 관계를 포기했다. 영국과 러시아는 아프가니스탄에 관한 한 적국이지만, 이제는 프랑스의 영감을 받아 연합했다.

나중에 전개될 전쟁에서 국제적인 체스 판의 말들이 어떻게 될지에 대한 불확실성 때문에, 소규모 국가가 동맹관계를 맺기 전에 자신을 의탁하는 것은 매우 위험하다. 그래서 나중에는 손을 떼고, 자유를 유지하는 것이 선호되었다. 우리를 위협하는 큰 전쟁이 1914년 국경 근처에서 발발하자, 이 정책은 최고의 정책이 될 수 있었다. 이것의 단점은 그로 인한 불확실성이 우리 국방계획을 불확실하게 만든다는 것이다. 소규모 국가는 모든 사태에 대해 준비할 수 없다. 네덜란드가 주로 해안, 동부 국경 또는 남부에서 방어해야 하는지 아닌지는 1914년 전쟁 이전에는 분명했다. 플리싱언(Vlissingen)[299] 요새에 관해 질문이 나왔을 때 명백해진 것처럼 국방에 대해 매우 다양한 요구가 나타났다.

이러한 불확실성은 식민지에서 아시아 정치도 고려해야 한다는 사실로 인해 더욱 심화된다. 일본은 동아시아에서 계속해서 성장하는 세계 강국이 되었고, 그중 남쪽 섬들을 매우 탐욕스럽게 주시하고 있다. 중국은 여전히 이민자를 우리 쪽으로 보내고 있다. 이를 생각해보면, 아시아에서 적절한 방어체계를 구축하기 위해 유럽에서 우리 해안을 개방해야 하고, 그리하여 다른 유럽의 강국들이 아시아 자체에서 해군력을 두드러지게 증강하지 않도록 조처해야 할 필요가 있는 것이다. 영국, 프랑스, 미국, 러시아 모두 1913년에 우리 함대 계획에서 제안한 대로 남쪽 바다에 해군을 두지 않았다.

§16. 중립화

이런 과정을 거치면서 위험한 지위를 얻게 된 유럽의 작은 국가들은 자연스럽게 중립국에 대한 생각을 하게 되었다. 벨기에, 스위스, 룩셈부르크,

콩고는 이제 모든 면에서 중립국으로 인정받았다. 러시아의 국제법의 주창자인 마르텐스(Martens)는 외교 경로와 글을 통해 덴마크의 중립을 주장했다. 독일이 이에 협조하지 않는 것으로 밝혀졌을 때, 마르텐스는 덴마크와 우리나라와 같은 국가를 '자체 중립화'(zelfneutraliseering)하는 대담한 계획을 세웠다. 그는 심지어 내가 제기한 이의를 완화하기 위해 개인 서신을 보내기도 했다. 그는 하나 이상의 세력의 반대에도 불구하고, '스스로 선택한 중립성'에 대한 인식이 점차 모든 면에서 인정받을 것이라고 기대했다.

실망스러운 점은 중립으로 선포되거나 인정된 국가가 이웃 두 국가 간의 전쟁에서 국경을 보장받으리라고 절대 확신할 수 없다는 것이다. 지난 세기말에 독일과 프랑스 간의 전쟁이 재개될 것으로 예상되었을 때, 독일군이 림부르흐를 통과하지 않더라도 벨기에 동부를 거쳐 프랑스 북부로 직접 통과해 프랑스를 침공하고, 북쪽에서 파리를 위협할 것이라는 소문이 이미 유포되었다. 이 소문이 적어도 1914년 동벨기에에서 입증되었다. 중립국이 귀중한 저항력을 포기할 수 있다는 생각은 결국 산산조각이 났다. 스위스와 벨기에는 1370년 이후 이미 이것을 잘 알아 군대를 점점 더 많이 증강했다. 스위스의 알프스 요새(Alpenvestingen)도 마찬가지였으며, 벨기에의 마스 요새(Maasforten)가 있는 안트베르펀(Antwerpen)은 더 큰 희생을 요구했다.

중립국의 국경이 더 높은 권위에 의해 신성하다고 선언될 수 있고 절대 넘어지지 않을 것이라고 확신한다면, 중립은 훌륭한 구제책이 되었을 것이다. 그러나 마키아벨리의 전쟁 도덕이 패권을 위한 거대한 투쟁에서 거부되지 않았다는 것이 점점 더 분명해지면서, 위험한 상황에서의 중립성은 의미 없는 메모에 지나지 않게 되었다. 국경과 해안에 두 개의 강력하고 경쟁적인 강대국이 있는 네덜란드와 같은 국가의 경우 자기 중립 성명은 상상될 수 없다. 우리 식민지는 아시아에서 마찰을 일으키는 데 무게를 둔다. 프랑스로부터 위협을 받을 수 있는 상황에 직면하여 벨기에와의 긴밀한 관계는 확실히 무언가를 약속할 수 있겠지만, 중립국으로 선언된 벨기에는 이것을 쉽게 허락하지 않을 것이다.

오랫동안 예상되었던 전쟁이 마침내 1914년에 발발했을 때, 우리의 지위는 매우 위태롭게 되었다. 국방부가 외교부와 관계하면서, 만약 전쟁이 일어나면 어떻게 될까에 대해 미리 계획을 세우지 않았다면, 매우 무책임하다고 생각할 수 있을 것이다. 그러나 나중에 발생할 전쟁이 1914년보다 더 많은 압력으로 우리에게 선택을 강요할 수 있다는 것은 분명하다. 중요한 선택은 아마도 더 이상 미뤄질 수 없을 것이다. 하지만, 서두르다가 선택이 사려 깊지 못함으로 고통 받지 않도록 반드시 해야 할 것이 있다. 그것은 그 사이에 있을 수 있는 세 가지 선택이다. 먼저 완전하고 풍부하게 계획을 세우는 것이다. 동시에 우리의 선택에 따라 실현 가능한 계획을 미리 준비하는 것이다. 그때 준비되지 않은 사람은 너무 늦고, 아무 생각 없이 너무 사소하게 받아들였기에 결과가 매우 치명적일 수 있다.

§17. 열강과 동맹

다른 한편, 대륙에서 강대국들은 전혀 다르다. 이들은 관망하는 태도를 보일 수 없어 미리 동맹을 맺었어야 했다. 사실 1914년 상황이 그랬고, 8월 1일에 보인 영국의 태도도 이와 모순되지 않았다. 아시아에서 영국은 일본과 동맹을 위한 조약을 체결하였다. 영국과 프랑스와의 이해, 프랑스와 러시아 간의 관계는 이미 1913년에 너무나 친밀하게 되어, 야당에 대해서는 거의 무관심했다. 영국 측의 실제 동맹은 며칠간 유지되었다. 강대국이 가지고 있는 위험은, 그들이 연합 공격을 성공하지 못할 경우 미래 전체가 난관에 봉착할 수 있다는 것이다. 오스트리아는 여전히 문제가 될 것이다. 오스트리아-헝가리가 없었다면 독일은 그 지위가 러시아에 비해 심각하게 약화될 것이다. 러시아에서는 슬라브 세력이 프랑스에 의지하여 중부 유럽을 해방할 준비가 되어 있었다. 강대국의 패망 혹은 미래가 한 전투의 결과에 따라 달라질 수 있다.

자국의 미래뿐만 아니라 유럽 전체의 미래가 힘의 지속적인 강화 또는 약화에 달려 있다는 것을 아는 정부는 국가 권력의 상호 균형을 주시한다. 그래서 동맹에 관한 발상은 점점 더 유럽 정치를 지배한다. 프랑스는 인구가 적기 때문에 동맹의 지원 없이는 독일을 이길 수 없다는 것을 알고 있다. 영국은 어떤 대가를 치르더라도 해상에서 떠오르는 강대국을 능가할 수 있어야 한다. 바다에서 패한 영국은 아시아의 제국이 즉시 상실되는 것을 보게 될 것이고, 아프리카와 아메리카에서와 같이 오스트레일리아에서도 대영제국의 폐허에서 떠오르는 아류제국들(epigonenrijkjes)을 보게 될 것이다. 따라서 각 강대국은 주어진 시간에 고군분투하는 세계 강대국의 균형을 이루고 유지하는 제일 나은 방법을 깨달아야 한다. 따라서 집단이 집단에 대항하도록 노력해야 한다. '화려한 고립'이라는 생각이 큰 매력을 가지고 있을지 모르지만, 그것이 타당하다고 말하는 한 그것은 단지 가식에 지나지 않는다. 영국조차도 러일 전쟁 이후 이 순수한 가식을 영원히 포기해야 했다.

1870년 이래로 거대한 강대국들은 유럽에서 마주하고 있다. 중무장한 상태에서 언제든 다시 생사를 건 투쟁이 시작될 수 있다. 여기서 모든 면을 시험하고 모색하여 상호이익이 어떻게 이루어지고 공감이 어떻게 작용하는지, 어떤 방향으로 최상의 결과를 기대할 수 있는지, 그리고 적어도 무엇이 그럴듯한가를 확인하는 정도에 도달하게 된다. 이때 외교는 더 작용할 수 없고 동맹이 형성되어야 한다. 여기서 '협정' 또는 '우호적 관계'만을 말하는 것은 무의미하다. 투쟁에 직면했을 때 누가 누구를 상대하고 상대하지 않을 것인지, 누구의 군사, 해양 지원을 신뢰할 수 있는가를 아는 것이 중요하다. 따라서 이 동맹의 발상은 평화주의의 추구와는 아무런 관련이 없다. 오히려 그것은 국가의 상호입장을 날카롭게 만들었다. 가장 강력한 동맹국은 가장 덜 강력한 국가를 독립성과 평등이라는 면에서 다정하게 존중해야 한다.

동맹이 우리가 동맹국들 사이에서 국제적 의미의 상호권리와 의무에 대한 착상을 개발하도록 이끄는 경우, 우리가 국내법에 따라 발전하는 데 도움이 된다고 말할 수 있다. 유럽의 6개국이 서로 3대 3으로 대립하는 경우, 세 나라와 다른 세 나라 사이의 공법 관계는 날카로워질 것이다. 이러한 국제관계의 개선은 자동으로 국제법 전체와 다른 국가에 이익이 될 것이다. 이로 인해 점점 더 많은 중재가 받아들여질 가능성이 크다. 그렇지 않으면 아마도 거절될 것이다. 그리고 마지막 경우에 동맹의 발상은 중재에서 승리하는 데도 도움이 된다. 그러므로 평화주의자의 이상이 연방에 훨씬 더 강력한 의미로 적용되는 것이다. 이는 동맹과는 완전히 다른 형태의 단합이지만, 범주에서 크게 벗어나지 않는다.

§18. 연방

연방은 작은 규모의 민족들이 있었을 때, 하나의 강력한 국가를 출현시킨 자체 합의 체계였다. 이에 대한 동기는 군주나 왕실이 자신의 영토를 확장하려는 욕망일 수 있다. 이와 별개로 많은 소규모 국가들이 압박을 받고, 독립을 강탈당할 위험에 노출된 것 때문일 수 있다. 자기 방어력을 강화하기 위해 같은 위험에 노출된 이웃 국가와의 공동 방어에 힘쓰고, 연합하게 된다. 또 동일한 군주가 두 국가에 대한 왕권을 가지고 있음으로 인해, 두 국가 사이에 형성된 유대가 완전한 연방적 성격을 갖지는 못해도 두 동기는 동등하게 작동할 수 있다. 그러나 그 연방의 성격은 양국 간에 동맹 조약이 체결되고 이 조약이 구속력을 획득할 때만 온전히 구현된다. 이것은 동맹국이 점점 더 밀접하게 결속되는 결과를 가져온다. 이로 인해 해외에서는 모든 것을 통합하는 단일 국가가 부각되었고, 그 구성부분의 국가적 성격은 점점 더 망각되었다.

거의 모든 유럽 국가들이 '개별 연합'이라고 부르는 것을 통해 반쪽 연방의 길로 들어서거나, 우리나라처럼 조약을 통해 '전체 연방'이라는 방법을 선택했다. 우리나라 주들은 자율적일 뿐만 아니라 점점 더 독립적이 되었다. 위트레흐트 연합이 조약으로 7개 주를 통합했을 때, 외부로부터의 모든 공격을 막아내고 18세기 말 네덜란드 통일 국가가 등장하게 되었다. 독일도 비슷한 과정을 거쳤다. 신성로마제국이 멸망한 후 게르만 영토에는 주, 군, 도시들로 가득 차 있었다. 그 후 적극적 통일로 하나가 된 이후, 1870년 독일제국이 형성되었다. 이 제국은 점점 더 연방 국가로 이동하고 있으면서도 다른 한편으로 점점 더 통일 국가로 나아갔다. 외국에 대해서는 이미 실제로 그렇다.

프랑스의 통일은 부분적으로는 개별 연합을 통해, 또 연방을 통해 이루어졌다. 오스트리아는 여전히 변화가 진행 중인 상황이다. 이탈리아는 카보우르(Cavour)[300] 아래에서 처음으로 통일을 경험했다. 같은 방식으로 스페인은 이미 16세기에 여러 국가의 통일을 이뤄냈다. 잉글랜드와 스코틀랜드는 1707년에 연합하였고 아일랜드와의 연합은 약 1세기가 지나서 이뤄졌다. 지방자치는 이제 연합의 유대를 다시 풀고 있으며 대영제국 전체에 연방의 발상을 복원하기도 했다. 마찬가지로 러시아는 혼란스러운 다양성의 상황에서 일치를 이루었다. 이는 스칸디나비아 제국에도 어느 정도 동일하게 적용된다. 대체로 강대국은 과거 다수의 작은 국가로 구성되어 있었는데 이 국가들이 정복, 개별 연합 또는 연방에 의해 함께 묶이거나 하나로 연합되었다. 군주제 원리는 많은 작은 국가를 하나의 큰 국가로 통합하는 데 이바지했다. 공화주의 사상이 지배적인 곳에는 연방 사상이 더 오래 지속된다는 것을 미국의 사례에서 알 수 있다. 그러나 또한 그것이 연방제를 점점 더 표면적으로 축소시킨다는 것을 발견하게 된다.

§19. 아메리카와 스위스 연방

멕시코, 아르헨티나, 브라질, 베네수엘라는 이와 관련하여 미국의 노선을 따랐다. 멕시코는 27개 자치주가 통합되어, 1857년 거의 통일된 국가가 되었다. 아르헨티나는 여전히 14개 주를 보유하고 있으며, 1860년 9월 25일 산타페(Sancta Fé)에서 국가의 통일을 선언했다. 브라질은 1891년 연합한 20개의 주로 구성되어 있다. 베네수엘라는 1904년 4월 27일 연합에 서명했다. 미국의 과정은 유럽의 과정과 분명히 다르다. 유럽에서는 많은 작은 주들이 거의 완전히 하나의 강력한 통일을 이루었지만, 미국에서는 연방 사상이 공식적으로 유지되었다. 두 대륙 모두 결과는 동일하다. 국제법 차원의 연방 국가는 외국에 의해 인정되지 않았다. 그래서 '국가'의 본래 의미가 점점 더 상실되었다. 미국 밖에서는 아무도 미시간이나 아이오와를 더는 독립 국가로 간주하지 않는다. 해외에서는 이 주들을 단지 미국의 지방으로만 이해한다.

유럽의 스위스에서는 본래 연방 사상이 가장 강력하게 유지되었다. 1874

년 5월 29일 연방 헌법 제9조는 다음과 같이 규정했다. "예외적으로 주 정부는 공공경제, 이웃관계, 경찰 관련 문제에 관한 조약, 외국과의 조약 체결 권리를 보유하지만, 이 초안은 연방과 다른 주의 권리에 반하는 내용을 포함해서는 안 된다." 하지만 제10조는 외국 세력과 협상할 경우 '연방 위원회'를 통해서만 하도록 규정한다. 주 정부는 다른 나라의 국경 관리들과만 교신을 유지할 수 있다. 그것은 주에 남겨진 매우 제한된 권리이지만, 외국과 접촉했던 미약한 자유의 흔적이라 말할 수 있다. 그러나 어떤 고유한 것이 거의 모든 연방국 안에서 금지되고 있다는 사실이야말로, 국가의 독립 개념이 얼마나 점점 더 소멸되고 지방 주 행정부 사상의 관계로 용해되고 있는지 보여준다.

국가 안에 있는 작은 국가들 스스로의 동의와 조약에 의한 경우를 제외하고는, 그들 정부의 신분변동(capitis diminutio)[301]을 인정하지 않았다는 것이 사실이다. 하지만 그러한 조약은 특정 기간을 지정하거나 추후 통지가 있을 때까지 국가의 독립성을 손상시키지 않았다. 반면, 그 조약이 영원히 그리고 취소할 권리가 없는 상태에서 그러한 국가를 연방의 관리 하에 두려고 하는 경우, 이는 사실 자살로 가는 것이다. 그리고 그러한 연합의 구성 부분의 독립성은 다른 곳보다 더 강력하게 보존된다는 것만 인정될 수 있다. 완전한 국가라는 개념은, 그러한 국가 위에 있는 권력이 법적으로 인정되는 즉시 효력을 발휘하지 못한다. 이로 인해 주권은 무너진다. 스위스 헌법 제3조의 "각 주는 주권을 가진다"와 같은 설명도 소용이 없다. 곧바로 이어지는 것은 "그들의 주권은 연방 헌법에 따라 제한되지 않기 때문이다"라는 것이다. 일시적이거나 취소할 수 없는 제한된 주권이란 형용모순(contradictio in terminis)이다. 그러면 그 국가는 용어상으로는 국가'였으나' 스스로의 조치를 통해 일부만 자율적인 상태로 바뀌는 것이 된다. 그 후 국가의 성격으로 독립성을 최고의 권위로 여기는 것은 사라졌다. 이로 인해 우리가 확신을 가지고 강조하는 바는, 국가란 결코 자기 존재를 소유하지 않으며, 오히려 비정상적으로 발생한 상태의 개념일 뿐이라는 것이다.

§20. 국가 연합과 연방 국가

독일의 국제법 학자들은 독일의 관점에서 이 문제를 논의하면서 점점 더 위험에 빠졌다. 여기에는 북독일, 남독일, 오스트리아 학자들의 사상에도 차이가 발견된다. 가령 포젠(Possen)의 하체크 박사는 세 종류의 '국가 연방'을 언급했다. 그는 자신의 "일반 국가법" 9쪽에서 다음과 같이 적고 있다. "따라서 우리는 국가 연방 중 하나를 아직 국가 상태가 아니라, 국가가 되는 '부분 국가' 상태로 이해한다. 다음은 한 부분이 국가 상태로 보이지만 다른 부분은 이와 동등하지 않은 수준으로 보이는 상태이다. 마지막으로, 두 부분이 '같은' 수준의 상태이다." 하체크는 특히 영국과 독일 간의 협상이 있었던 아프리카 내륙국가에 이 독특한 부분국가의 발상을 적용했다. 그러나 내륙국이 조약에 대해 전혀 알지 못한다면, 어느 누구도 '국가 연방'은 아무런 소용이 없다고 생각한다. '내륙국'에 관해 결정된 것은 영국과 내륙국 일부의 연결이 아니라, 정복에 대한 갈등으로 생긴 갈등을 피하고자 영국과 독일 사이에 맺은 조약이었다. 여기에는 법에 근거하지 않은 내륙국의 처분만 관련이 있다. 이것이 '부분국가'라고 불려짐으로써 전반적 국가 개념이 곧 바로 변조되었다. 국가는 하나님 외에 다른 권한이 없는 정부의 위엄 아래, 자기 땅 위에 자기 주민을 꼭 필요로 한다. 그런 정부는 만약 일시적이거나 최소한의 권한을 가진다면, 특정 주권에서 거리를 둘 수 있다. 그러나 국가가 없으므로 국가 동맹도 없으며 정부 아래에 있는 자신의 재산에 자유로운 국민이 없는 경우, 그 위에 권력이 없으며 그 위에 나아가는 국가가 함께 설립된 권력에 복종하지 않게 된다. 이것들은 완전한 국가상태가 아니다.

과거에도 이를 인정해서 연방 국가의 통일을 회피하고, 연방 안에서 독립 국가로 서로 연합함으로써 국가 연방의 탄생이 불가능한지 여부를 시험했다. 우리나라도 이것을 시험했다. 우리나라의 7개 주는 그 독립성과 자결권이 영향을 받지 않는다는 것을 처음부터 파악했다. 각 주는 다른 6개 주의 대표자들과의 협의와 결정을 위해 대표자들을 헤이그로 보냈다. 그러나 그 결정은 사절단에게 임무를 맡긴 자의 의견에 달려있었다. 파견 지역이나 도시가 아직 결론에 도달하지 못한 문제가 발생하면 그들을 보낸 자의 의견을 물은 뒤 기존 명령에 새로운 명령이 추가되었다. 이것은 의회에서와 마찬가지로 주 의회에서도 동일하게 진행되었다. 이것도 임무를 부여한 자의 권한에 기초하고 있다. 따라서 실제 결정은 홀란트주와 제일란트주 같이 훨씬 우월한 힘을 가진 곳에 의해 이뤄질 수 있었다. 특히 암스테르담이 자주 결정적 역할을 했다. 해외 강대국과의 협상도 진행했다. 그리고 군 명령체계는 하나였지만 전장에 있는 위원들도 연결되어 역할을 했다. 당시 우리나라의 고위 정치가가 1인자 자리에 오르지 않았다. 이것은 7개 주의 느슨한 연합이 우리나라가 세계 강국으로 발전하는 데 방해하는 것을 불가능하게 했다.

국가 연방에는 꼭 필요한 행동의 일치가 부족했다. 초기 총독들이 개인적 힘과 결단력을 통해 이 틈새를 메웠다. 그러한 불완전한 정권에서는 상황이 개선될 수 없었다. 이로 인해 우리 국경의 다른 세력이 권력을 잡았고, 우리의 부가 우리 자신의 회복력을 약화시켰다. 그리고 우리의 정치가들뿐만 아니라 우리의 주지사들도 개인적 중요성이 감소했고, 국가가 국민의 내적 분열이 위험 요소라는 것을 감지했다. 그리고 조상들의 정신이 프랑스의 혁명적 사상에서 물러났을 때, 결함을 가지고 있던 국가 연방 형태는 유대가 점점 약해져 1795년에 마침내 소멸하고 말았다. 각자의 결정이 다수결 원리와 부딪히고, 생각의 통일을 강조하는 평등의 요구는 7개 주가 가지고 있던 유대 관계에 처음부터 긴장을 가져왔다.

스위스에서도 꼭 그렇게 진행되었다. 스위스에서는 연방이 13세기부터 시작되어 1798년에 헬베틱 공화국(Helvetische Republiek)이라는 통일 국가가 형성되었다. 그러나 여기에는 국민의 사랑에 힘을 얻은 왕실이 없었다. 국가의 위치는 더 안전했으나 지리적 상황으로 인해 자동으로 분열이 이뤄졌다. 나폴레옹은 1803년에 이곳의 주 자치를 회복시켰다. 그러나 여기에도 이전 상황은 완벽히 회복될 수 없었다. 앞에서 살펴본 바와 같이 주(칸톤)를 위한 '주권 국가'라는 '이름'은 헌법에 남아 있었다. 이전 국가 연방은 스위스 헌법에 명시된 연방 국가가 되었고, 매우 큰 자율성이 유지되었다. 다른 한편으로 외교와 군대의 통일이 완전한 수준으로 요구되었다.

§21. 미합중국

아메리카 합중국도 추세가 비슷하다. 그곳에서도 그들은 자율성뿐만 아니라 실제로 개별 주의 주권도 강조하기 시작했다. 이것은 노예 문제로 인해 1861년에 연합에서 분리된 남부 주 헌법의 도입부에 가장 강력하게 표현되었다. 그러나 그것은 사실 영국에 대항한 혁명의 원래 정신을 표현한 것이다. "우리, 남부 연방국 시민과 각 주는 영구적인 연방 정부를 구성하고 정의를 수립하며, 국내의 평화를 보장하고 우리 자신과 후손에 대한 자유의 복을 확보하기 위해, 주권적이고 독립적 성격으로 행동하며, 이 헌법을 미국 남부에 공포하고 제정하기 위해 전능하신 하나님의 은총과 인도를 구한다." 18세기 영국에 대항한 조직도 동일한 노선을 따라 움직였다. 각 주는 주권을 가진다. 주권을 가진 주는 자유로운 선택에 의해서만 연방에 가입한다. 이 연방의 회의에서 각 주는 동등한 표결권을 가진다. 그리고 모든 결정을 위해 투표에서 만장일치가 필요하다. 군대를 위한 조항만큼은 모두를 구속하는 규정이다. 그렇지 않으면 영국에 대한 강력한 저항은 불가능했을 것이다.

우리나라는 1795년 이전의 미국을 본받았다. 스위스도 부분적으로 그랬다. 특히 우리의 사례는 거울처럼 비춰졌다. 사람들은 우리가 걸려 넘어졌던 이의제기(bezwaren)의 심각한 특징에 대해 직시하지 못했다. 사람들은 우리의 역사를 잘 알고, 우리가 어떤 어려움을 겪었는지 알고 있었다. 작은 홀란트(Holland)는 거의 2세기 동안 세계적 지위를 차지하며, 위험을 감수했다. 록아일랜드는 그 자리에 꼿꼿이 서 있었다. 1777년 11월 16일 필라델피아에서 뉴햄프셔, 매사추세츠, 로드아일랜드, 코네티컷, 뉴욕, 뉴저지, 펜실베이니아, 델라웨어, 메릴랜드, 버지니아, 사우스캐롤라이나, 노스캐롤라이나와 조지아 사이에 국가 연방이 체결되었고, 1776년 7월 4일에 영국 식민지의 모든 대표가 영국 정부로부터 분리되었다. 이제 13개 주는 '취소할 수 없는' 지속적 동맹이 되었다.

1781년 3월, 연합규약(Articles of Confederation)[302]의 일부로 이들 국가의 연방법이 비준되었다. 그들은 목표 지점에 도달했다고 생각했다. 그러나 영국과의 전쟁이 발발하여 거기에 이를 수 없다는 것을 알았다. 반복적으로 발생하는 통찰의 분열은 영국에 유익을 주었고, 성공에 대한 희망을 많이 감소시켰다. 그런 다음 연방을 재정비하기 위해 국가 회의를 개최하기로 했다. 이를 위해 1787년 5월 25일 필라델피아에서 만남이 이뤄졌다. 대표자들도 이 회의에 소환되었고 그 대표자들은 위임을 받았다. 그들은 받은 명령서를 외면할 수 없었다. 이 13명의 사람들은 유보 없이 이 일을 관철해야 한다고 결론내렸다. 그렇지 않을 경우 그 대의가 절망으로 사라질 것이라 생각했다. 그들은 곧 명령서에서 완전히 벗어난 상태에서 '국가의 연합'(bond van Staten)을 하나의 '연방 국가'(Bondsstaat)로 변모시켜야 한다는 결정을 내렸다. 이에 대한 초안이 9월 17일에 완료되었고, 대표자들은 즉시 서명했다. 이제는 문서를 개별 주로 보내어 그들이 문서를 수용하고, 따를 준비가 되었는지를 확인해야 했다. 그리고 9개 주가 연방에 가입하는 것으로 충분하다는 규정이 확정되어야 했다. 따라서 만장일치 규칙을 처음부터 제거했다. 1788년 9월 13일, 이미 11개 주가 참여한 상태로 연방이 구성되었다. 다른 주들도 합류하여 1789년 11월 21일에 전체 계획이 완료되었다. 연방의 이름도 그때 결정되었다. 제1조는 "이 연방의 형태는 '합중국'(the United States)이 될 것"이라고 규정한다.

그러나 지금도 여전히 연방 국가의 일부가 주권을 가졌는지에 대해 의문이 제기되고 있다. 보른하크는 그의 "일반 국가론" 257쪽에서 다음과 같이 말했다. "연방 국가와 단일 주 사이에 공유된 주권이 논리적으로 불가능한 것으로 드러났기 때문에, 연방 국가에는 일반적인 주권이 부여되고 단일 주는 비주권 국가로 선언된다." 그리고 나아가 주권은 연방 국가나 연방의 주에 있지 않고 모든 주의 국민, 즉 여기 미합중국 국민에게 있다고 말한다. 보른하크, 그리고 그와 함께 이 방향으로 움직이는 사람들은 토크빌(Tocqueville)[303]과 바이츠(Waitz)[304]의 이론에 반대했다.

지난 세기 중반까지 미국의 여론은 두 명제 사이를 오갔다. 웹스터

(Webster)[305]는 그의 "전집"(Works, 1851) 제3권 464쪽에서 소수의 국가에 대한 주권은 더 이상 있을 수 없다고 썼다. "미합중국의 헌법은 주권적 능력을 갖춘 여러 주의 국민 간의 연합 또는 조약이 아니라 국민의 채택을 기반으로 형성된 정부 국민이며, 자신과 개인들 간의 직접적인 관계를 형성한다." 이는 보른하크가 언급한 것과 같다. 그러나 토크빌은 자신의 책 "미국의 민주주의"(La Démocratie en Amérique, Paris, 1835) 제1권 244쪽에서, 연맹 국가는 불완전한 국내 정부였으며, 그러한 연맹에서는 민족 집합체가 특정 공동 이익을 위해 하나의 국가를 형성하게 된다는 것을 설명했다. 그리고 주권적으로 다른 모든 이해관계가 연합되고 연결 상태를 유지하는, 국가에 대한 완전히 새로운 발상을 구체화하였다. 나아가 그는 "우리는 어떤 합의된 이해관계에 의해 여러 민족이 실제로 하나로 합쳐지고, 다른 모든 사람을 위해 분리된 상태로 남아 있는 사회의 한 형태를 함께 발견한다"라고 말했다. 그 자신의 영역에서 연방 정부는 소수의 시민에 대해 적절한 직접적 권한을 행사했지만, 나머지에 대해서는 연방 국가의 개별 정부가 그 수장을 맡게 될 것이다.

바이츠의 "정치원론"(Grundzüge der Politik, Kiel, 1852) 155쪽 이하에 보면, 이 새로운 발상이 훨씬 더 정확하게 실행되어, 다음 세 가지 제안에 도달한 것을 알 수 있다. 첫째, 연방 국가 안에서의 전체 국가 생활은 연방 국가와 각 주로 나뉜다. 자체 영역에서 이 연방의 각 주는 주권을 가진다. 둘째, 중앙 권력과 개별 권력은 서로 완전히 독립적이다. 셋째, 국가 기능은 중앙 정부와 별도의 정부 간에 선명하게 분할되어야 한다. 넷째, 두 정부의 자립은 국민과의 직접적 유대에 의해 보장된다. 버지스(Burgess)[306]역시 그의 "정치학과 비교 헌법"(Political Science and Comparative Constitutional law) 제1권 4쪽에서 단일 주들의 주권을 고수하고 있다. 다른 학자들은 단일 주들의 주권이 사라졌음을 인정하지만 포스터(Foster)[307]는 그의 저서 "미합중국 헌법 해설"(Commentaries on the Constitution of the United States, 1896) 제1권 274쪽 이하에서 다음과 같이 말한다. "다른 측면에서 각 주는 자신의 국경 내에 있는 모든 사물과 사람에 대한 완전하고 완벽한 관할권과 모든 '주권적 속성들'을 가지고 있다."

이제 대양의 반대편에서는 주권 개념이 그러한 분열과 이탈을 허용하지 않는다는 것이 점점 더 인정되고 있다. 따라서 주권적 연방 국가와 동시에 일부 연방 주들의 주권을 유지하려는 모든 노력은 실망으로 끝나게 될 것이다. 남아 있는 것은 확실한 자율성이다. 그리고 이제 모든 아버지가 원하면 자신의 집에서 주권을 가지고 모든 선장이 "선장인 나는 내 배의 선장이신 하나님 옆에 있다"라고 고백하는 것처럼, 이제 이 자율성은 '영역주권'의 자격을 부여받게 된다. 그러나 이것은 동일한 것이 아니다. 왜냐하면 연방 정부는 가정이나 개인적 영역의 주권이 아니라 '정부적' 성격을 갖는 주권이기 때문이다. 그리고 이것은 두 부분으로 나뉘어서 작용될 수 없다. 모든 정치적 주권은 본성상 하나다. 그 자체와 하나님 사이에 중간 권력을 허용하지 않기 때문이다. 연방 국가는 그 자체로 생겨난 것도 아니고 정복자의 강요의 결과도 아니라, 연방 국가로 넘어가기 전에 주권자였던 국민의 자유 의지적 행위에서 비롯된 것임을 인정해야 한다.

그러한 첫 번째 주권적 주들이 자체적 의지의 선택과 조약에 의해서 새로운 국가로 넘어간 것은 매우 정당하다. 자카리아(Zacharia)[308]는 그의 저서 "국가에 관한 40권의 책들"(Vierzig Bücher vom Staate, Heidelberg, 1841) 제5권 152쪽 이하에서 연방 국가의 안정성이 각 연맹 주들의 헌법에서만 추구될 수 있다는 생각을 표출했다. 하지만 옐리네크는 그의 "국가 동맹"(Staatsverbindungen) 197쪽 이하에서 이 주장에 반대하며 예외적 상황이 벌어지더라도 조약은 필수적이라고 주장했다. 연방 국가는 다양한 최초의 주권적 주들의 의지를 자유롭게 표현한 산물일 수 있다. 그런데 '영원히'라고 불리는 연방 국가가 설립되자마자, 주들의 정치적 주권은 사라지는데 이것도 그들 자신의 협력을 통해서라는 것이다. 자율적 의지에서 오는 자기제한은 처음에 자유로움을 알고 자기 위에 그 어느 권력도 인정하지 않았던 사람에게서 계속 발생한다. 혼인을 생각해보라. 여기서 중요한 것은 그러한 자유의지를 통한 유대가 연방 국가와 '영원히' 체결되어 법적으로 취소될 수 없다는 것이다. 보른하크는 297쪽에서 "연방 정부의 일방적 종료에 의한 연맹의 해체는 제외"되지만, 자체 보존은 필요하다고 말한다. 그는 계속해서 이렇게 설명한다. "국가는 국제법상의 모든 의무로서 고유한 생활 조건을 가지고 있다.

정치적 존재가 위태로워지는 즉시, 모든 생존 가능한 국가는 그 유지를 다른 모든 것, 특히 법적 의무의 이행에 종속시킨다." 그는 이것이 실제로 법률 위반이지만, 그런데도 한때 소유했던 주권의 파생물이라고 말한다.

마키아벨리의 이론은 이 균열을 들여다본다. 자신의 약속을 계속 지키는 것이 불가능하다는 것을 미리 알고 있는 사람은 취소 권한 없이 그러한 약속을 체결해서는 안 된다. 그리고 만약 현재 국가 연합을 비난할 수 없다는 것이 문제의 본질이라면, 누구든지 그 연합에 가입하지 않거나 처음부터 가입을 거부해야 한다. 연맹이 또한 가입한 주의 주민들에 대해 직접적인 권한을 행사하리라는 것이 확인되자마자, 가입한 주의 주권은 포기된다. 같은 집단의 개인에 대해 '이중적'인 정치 주권은 있을 '수' 없다. 특히 미국과 관련하여 매우 중요한 점을 여기서 더 자세히 설명해야 하는데, 과거에 우리에게 준 것들과의 연결이 미국에 다각적 영향을 미쳤기 때문이다. 더글러스 캠벨(Douglas Campbell)이 그의 책 "홀란트, 영국, 미국의 청교도"(The Puritan in Holland, England and America) 제1권 234쪽에서 말한 것처럼, 위트레흐트 연합은 미국의 독립선언의 전주곡이었다. 위트레흐트 연합은 영국이 제임스 2세와 결별한 '권리장전'을 위한 소머스(Somers)[309]의 모델이 되었다. 로저스(Rogers)[310]의 "홀란트 이야기"(Story of Holland) 107쪽을 보라.

미국이 영국에 대항해 봉기했을 때도 마찬가지였다. 그 시작에 있었던 두 차례의 경건한 말들이 매우 특별했다. 목자가 자기 양들을 돌보아야 할 의무가 있는 것처럼, 모든 사람은 군주가 그의 백성을 사랑으로 돌보도록 하나님으로부터 임명되었다는 것을 알고 있었다. 프랭클린(Franklin)[311]이 말했듯이 "자유와 용기를 수호하는 네덜란드는 우리의 위대한 본보기였다." 또한 제임스 브라이스(James Bryce)[312]는 그의 "미국 공화국"(The American Commonwealth, 1888) 제1권 28쪽에서 이 점을 지적한다. 항상 네덜란드, 그리고 더 나아가 스위스에 대한 언급이 있었지만, 우리나라의 제도적 오류는 멀리했다. 워싱턴은 파리에서 영국과의 평화가 이루어졌을 때도 우리 제도를 처음 도입하고 모방했으나, 그것은 '무정부 상태보다 더 나빴다'.

그러나 무엇보다도 강조해야 하는 것은, 사람들이 지속 불가능한 것으로 확인된 우리나라의 사례와의 관계를 중단했음에도 우리 조상의 경건한 어조는 여전히 따랐다는 점이다. 연방법 제13조는 매우 엄숙하다. "세계의 위대한 통치자가 입법자들의 마음을 돌리려고 했지만, 우리 각자는 연방의회를 대표하여 상기 연맹 조항들을 승인할 권한을 부여받았다." 앞서 언급한 성명서에 나타난 대로 "주님께서 우리 자신의 행정관을 선택할 수 있는 권능을 주셨듯이"라는 문장은 제퍼슨의 영향 아래 프랑스 혁명 정신이 그 당시 미국 인구 일부에 스며들었기 때문에 매우 중요한 가치가 있었다. 이 혁명 정신은 하나님의 인도하심에 의지하는 것을 차단한다. 캠벨과 뱅크로프트(Bancroft)가 이것에 대해 약간 과장한 것이 사실이지만, 바잉톤(E. H. Byington)의 "잉글랜드와 뉴잉글랜드의 청교도"(The Puritan in England and New-England, London, 1896) 53, 99, 109쪽에서 영국 측조차도 이에 대한 네덜란드의 영향을 인식해야 한다고 말했다. 드리스데일(A. H. Drysdale)은 "영국 장로교의 역사"(History of the Presbyterians in England, London, 1889)에서 "'네덜란드' 장로교(홀란트에 있는)가 권위 있는 문서들로 서약하고, 종교의 관용적 원리에 따라 행동한 최초의 국가적 기관이었으며, 신앙과 양심의 오류는 그 성격상 사회 질서를 파괴하지 않는다면, 시민 행정관이 처벌할 수 없다는 원리에 따라 다른 나라들의 핍박받는 난민들을 환영하고 보호할 준비가 되어 있었다"라고 언급했다. 그리고 그는 다음과 같이 덧붙였다. "우리는 초기 영국 청교도들이 처음에 그들의 원리의 가치를 경험하고, 그것을 안전하고 실행 가능한 것으로 존중하는 법을 배웠던 것이 홀란트 장로교인의 호의적 친절함과 교회의 마음에 있었다는 사실을 잊어서는 안 될 것이다." 그런 다음 그는 윌리엄 스티븐(William Steven)의 "스코틀랜드 교회의 역사"(History of the Scottish Church, Rotterdam, 1832)에서 사실들을 인용한다.

우리는 그것을 자랑스러워 할 수 있다. 자유의 위대한 원리가 우리 네덜란드의 건강하고 민주적이며 대중적 발전의 출발점으로 종교 영역과 정치 영역에서 가장 중요한 위치를 차지했다. 네덜란드에서 이 훌륭한 결과는 우리 칼빈주의적 발전의 결실이었다는 사실에 감사한다. 그 당시 칼빈주의가 때때로 다른 견해를 들을 수 있도록 허용했다는 것은 부정되지 않는다. 국교에서 종교의 자유로의 극도로 느리게 이루어지지는 않는다. 그렇지만 네덜란드에서만은 과거 덕분에 개인의 자유에 대한 욕구가 정치적 영역에서도 발전할 수 있었음을 보여준다. 칼빈주의의 영향으로 이 신성한 자유의 원리가 처음으로 교회 영역에도 적용될 수 있었다. 칼빈주의적 의미에서 종교의 자유라는 이 위대한 원리가 어떻게 우리에게서 미국으로 넘어갔고, 그곳에서 전능하신 하나님의 최고 통치에 대한 경외심과 함께 강력한 종교적 자유 개념이 되었는지 알 필요가 있다. 그러면 그것이 미국에 얼마나 큰 복인지, 우리가 이 민주주의 원리를 칼빈주의의 역사적 정신으로 미래를 위한 가치를 유지해야 하는 도덕적 의무를 지는지, 그리고 이것이 미국과 또 그로부터 새로운 세계로 나아가야 하는지를 알게 될 것이다. 이것을 느끼지 못하거나, 혹은 더 심각하게 이에 대항하는 사람은 역사적 보물의 관리자(schatbewaarders)라는 명예로운 직책을 놓치게 된다. 미국인은 우리나라의 옛 보물로 스스로를 풍요롭게 만들었지만, 이방인과 같은 사람들은 우리나라 과거의 보석(de perelen)을 특히 파리 출신 이방인이 우리에게 강요했던 가짜 인공 장식품[313]과 바꾸려고 노력했다.

§22. 각 식민지의 국가 개념

국가와 국가 간 연합의 마지막 범주는 많은 식민지들이다. 역사적 중요성과 우리나라의 미래에 대해 의미가 있는 식민지 문제는 이 저작의 두 번째 부분에서만 논의될 수 있다. 국가들 간의 상호관계에 관한 한, 식민화의 일부만 검토할 대상이 된다. 따라서 대다수의 식민지는 이 범주에 속하지 않는다. 여기서는 원래 국가였거나, 국가로서 독립을 목표로 하는 식민지만 다루겠다. 우리는 이미 욕야카르타(Djogjakarta)[314]와 수라카르타(Soerakarta)[315]를 평범한 독립 국가로 언급했는데, 이곳들은 여전히 이전 국가 인식의 특징을 부분적으로 유지하고 있다. 그 반대의 경우 오랫동안 독립 국가가 된 캐나다, 케이프타운 등도 마찬가지며, 대영제국의 연대는 항상 그럴 것이다. 역사의 과정에서 대규모 식민지화로 이어진 동기는 사실 반복적으로 나타난다. 식민지화는 바다, 그리고 바다 덕분에 모든 연안 국가에서 해외 지역으로 나아갈 수 있는 접근 가능성에서 비롯된다.

본토에서 이웃한 지역의 식민지화가 시도되는 것은 아주 예외적인 일이며, 명목상의 식민지화 그 이상에 이르지 못한다. 러시아에서 그것을 발견할 수 있다. 러시아 지역 외에도 유목민이 거의 거주하지 않는 아시아 지역은 현지에서 자체 권력을 발전시키지 못했다. 훈족과 몽골족의 흐름이 여기서 유럽과 아시아 소아시아 전역으로 흘러나와 시리아까지 왔을 테지만, 예전의 파르티아인(Parthen)[316]과 스키타이족(Scythen)[317]이 함께 있었기 때문에, 나중에 이 지역은 러시아와 중국 사이에서 통합되지 못했다. 이것은 러시아에게 이 광대한 지역을 점점 더 독점하고 시베리아(Siberië)에서 블라디보스토크(Wladi Wlostock)까지 권력을 확장할 좋은 기회를 제공했다. 만주에서 포트 아서(Port-Arthur)[318]에 대한 시도는 최근 일본과의 전쟁으로 인해 확실히 실패했지만, 우랄(Ural)에서 블라디보스토크까지의 지역은 여전히 러시아의 것으로 남아 있다. 러시아는 동부 국경을 가지고 있어 다시 식민지를 찾고 있다. 그러나 이 거대한 지역은 유럽 쪽 러시아의 국경에 가까우므로 점점 더 식민지적 성격을 잃었고, 특히 철도 교통이 확장된 후 점점 더 하나의 러시아 제국의 필수적 부분이 되었다. 남쪽 메르브(Merw)[319]의 거대한 요새는 식민지 요새가 아니라, 제국의 방어를 위해 지어졌다.

따라서 반론의 여지 없이 식민지화가 바다에 의해 유발되었다고 말할 수 있다. 사람은 사는 곳마다 사방의 육지 경계선이나 바다와 마주쳤다. 국경을 넘어서는 것이 불가능했다. 거기에 또 다른 국가가 있어도, 대해 상의 흐름은 자유롭다. 이제는 해운의 발전과 함께 단거리 해상 운송이 곧 '대항해'로 확장되었고, 사람들은 아시아에서 지브롤터(Gibraltar)[320] 해협을 통해 대서양으로 왔다. 세계가 열려 서로 방문할 수 있고 관계를 맺으며 재화를 교역하여 풍요롭게 할 수 있다. 15세기 아메리카 대륙의 발견은 이 세계 항해의 문을 열고 생명의 자유를 열었다. 그러나 식민 이념은 신세계의 건국이라는 우월한 이념에 흡수되었다. 반면에 이 시대까지 수 세기가 지나도 태초부터 남아 있는 것도 있었다. 식민지화는 모두 바다를 통해 외딴곳, 지역 또는 국가들을 향했다. 마찬가지로 같은 동기가 초기에도 비슷한 결과를 가져왔으며, 아시아의 동해안에서 아직 발견되지 않은 아메리카와 호주의

해안에까지 이른다. 이 지역의 원래 주민들에 대한 전설은 그것을 알려준다. 그러나 이것은 궁극적으로 현재의 인류 사회로 이어진 역사적 과정을 완전히 벗어났다.

§23. 식민지화

이 과정에서 자기 고유의 위치를 획득한 식민지화는 페니키아인과 그리스인에 의해 처음 시작되었으며, 원래 흑해를 포함한 고대 세계의 바다로 이동하여 현재 세바스토폴(Sebastopol)[321]이라고 불리는 곳에서 지브롤터로 이동했다. 이 지중해 지역에서 식민지화를 촉발한 동기는 두 가지이다. 페니키아인은 무역을 원했고 그리스인은 하나의 강력한 공화국에서 새로운 연방을 계속해서 확장하려고 했다. 아프리카 북부 해안에서 페니키아인은 결국 독립 국가를 세웠지만, 이것이 그들의 관심사가 아니었다. 그들이 설립한 곳은 무역사무소였지만, 그 사무소는 군사적으로 보안이 필요했고, 그 결과 군사 요새화가 이뤄지면서 인구 일부가 곧 주변 지역에서 철수했다. 이로 인해 카르타고가 생겨났다.

페니키아인이 두로와 시돈에서 나왔을 때 그 동기는 새로운 국가를 건설하는 것이 아니라, 전적으로 이익에 대한 탐욕에 있었다. 당시 아시아는 산업의 대륙이었다. 페르시아와 인도에서 온 카라반들이 가져온 물품은 페니키아 상업 도시에 쌓였다. 문제는 그것을 어떻게 팔고, 어떻게 금으로 바꾸는가였다. 이 목적을 위해 아시아의 보물을 그 배에 싣고 처음에는 지브롤터 해협까지 모험을 떠났다. 아프리카 북서부 해안에도 준비된 구매자들이 있었다. 이렇게 더 견고한 관계가 수립되고, 나아가 페니키아의 식민지가 그 지역의 무역에서 생겨났다. 어떤 식으로든 식민지화에 대한 이의는 없었다. 두로와 시돈의 인구는 이민자를 공급하기에는 너무 적었다. 그것은 화물 운송에 머물렀고, 인구 이동으로 이어지지는 않았다.

오직 유대인은 자신의 국가가 멸망한 후 북서 아프리카 해안까지 이동해갔다. 그래서 튀니지, 알제리, 모로코에 아직도 수많은 유대인이 살고 있다. 우리가 '포르투갈 유대인'이라고 부르는 사람들은 대부분 난민으로, 처음에는 아프리카에서 포르투갈로 도망쳤고, 그들이 정말 위험해졌을 때 우리나라에 도움을 요청하기도 했다. 지금도 튀니지에 6만 명, 알제리에 5만 7천 명 그리고 모로코에 15만 명의 유대인이 있다. (*The Jewish Yearbook*, 1907, 238쪽 참고.) 전부 합치면 27만여 명이다. 그러나 자신의 나라가 멸망한 후 유대인이 이주한 것은 식민지화에 대한 욕구 때문이 아니다. '방랑하는 유대인'은 이러한 이민에 포함되는 것이지만, 이것은 자유 선택이 아니라 위기상황에서 다른 곳에 피난처를 찾도록 강요당했기 때문이다. 페니키아 식민 원정대의 상업적 성격은 이로 인해 전혀 바뀌지 않았다.

§24. 그리스의 식민지화

다른 한편, 전혀 다른 의미의 식민지화가 그리스의 식민화에서 나타났다. 그들이 무역 이해관계를 가지고 있다는 것은 자명했지만, 다른 곳으로 이동한 동기는 완전히 달랐다. 그리스인은 처음부터 남아프리카공화국의 보어인들(Boeren)[322]과 매우 비슷하게 '이주'하려는 욕구, 즉 그들이 태어난 곳에 머물러 있지 않고 넓은 세상으로 나가고자 하는 욕구가 강했다. 이 성향은 고향 도시에서의 정치적 분쟁으로 강화되었다. 초기에 그리스인은 아직 모국이라는 말을 사용할 수 없었다. 그들의 민족적이고 헬라적 이해가 급격히 발전했지만, 그들은 정치적으로 도시 국가 제도에 집착했다. 국토 때문이 아니라 아테네(Athene), 테베(Thebe), 스파르타(Sparta) 때문이었다. 그들에게 조국은 지역적 특성을 지녔다.

그리스 도시는 집합체였다. 사람들은 사방에서 모여와 함께 살기 시작했다. 그들 안에서 똑같은 일을 할 수 있고, 다른 곳에서도 집합체로 모일 수 있으며, 그래서 모(母)도시와 같은 권리를 가지고 같은 기반으로 모도시를 닮은 도시를 세울 수 있다는 생각이 강력하게 생겨났다. 만약 모도시의 정치가 불만을 불러일으키고, 사람들은 불이익을 느끼며, 고향에서 바람직해 보이는 역할을 할 기회가 없으면, 그들은 도시를 떠나 다른 곳에 자신의 도시를 세웠다. 그때 그들은 아무 것도 없는 곳에서 작은 자임을 느꼈지만, 모든 면에서 옛 모도시의 주민들과 '동등하다고' 느꼈다. 인구 증가도 이에 이바지했다. 그러나 인구 과잉과 정치적 갈등과는 별개로, 특히 이오니아 그리스인은 '이주'하여 스스로 국가를 설립하는 것을 가장 중요한 일로 여겼다. 이처럼 그들은 무역 정신이 있었으나, 덜 상업적이었고 인류학적이었다.

우리의 인류학적 발전의 관점으로 볼 때, 그들은 식민지화의 초기부터 여전히 구세계 바다에 묶여 있었다. 그렇기 때문에 이 두 가지 동기가 아닌 다른 방법으로는 이 식민지화가 발생하지 않았다. 첫째, 보물들을 모으려는 상업성이 있었거나, 아니면 모험적 성격을 가지고 새로운 도시를 찾기 위해 다른 곳으로 '이주'하는 것이다. 우리는 그것을 판단할 수 있을 정도로 아시아, 미국, 호주의 고대 식민지화에 대해 거의 알지 못한다. 다만 아시아의 심장부에서 아메리카 끝까지, 그리고 바다로 둘러싸인 호주 대륙은 이미 아담과 하와에게 주어진 낙원의 명령에 지나지 않는다고 말할 수 있다. 즉 창세기 1장 28절의 "생육하고 번성하여 땅에 충만하라. 땅을 정복하라, 다스리라"라는 하나님의 명령에서 '탐구욕'이 일어나고, 그 욕심은 여전히 작용하고 있다. 반면에 더 특별한 의미에서, 고대 세계의 해양 시대에 페니키아와 그리스인으로부터 유래된 식민지화가 한편으로는 무역을 통해 보물을 모으려는 욕망, 그리고 다른 한편으로는 모도시에서 새로운 도시가 생겨나 자신의 정치적 간섭에 대한 만족을 그 곳에서 찾고자 하는 이 두 가지 동기에 의해 이뤄졌음을 알 수 있다.

§25. 포르투갈과 스페인의 식민지화

포르투갈이 희망봉(Kaap)[323] 주변을 항해하기 시작하고, 바다 반대편에서 새로운 대륙이 발견된 15세기와 16세기에 두 가지 식민지화의 동기에 세 번째 동기가 추가되었다. 이 때문에 그들은 자기나라와 유사한 상황에 직면하게 되었다. 즉 아시아와 아메리카, 그리고 조만간 호주에서도 단순히 유목민들과 민족 집단이 아닌 유럽에서와 같은 국가들이 있다는 것을 발견한 것이다. 그곳은 종종 우리 대륙보다 인구밀도가 더 높았고, 문명도 유럽 문화에 비해 열등하지 않았다. 또한 아시아와 동방에는 우리가 속한 세계보다 훨씬 부요한 나라들이 존재하고 있었다. 그러나 아시아와 아메리카에는 상반된 특징들이 있었다. 아시아는 인구밀도가 높지만 아메리카는 매우 낮다. 아시아는 문화 발전에서 훨씬 더 풍부하고 성숙하다. 특히 아시아는 유럽인에게 적합하지 않은 답답한 기후 조건을 가지고 있지만, 거의 모든 미국 지역은 중앙부를 제외하고 유럽에서 온 이민자들이 견딜 수 있는 기후였다. 그 결과 되살아난 옛 페니키아인의 이주 욕구가 아메리카를 향하게 했다. 나라별로 생각해보면, 스페인 사람들 속에 있는 그리스인의 이주 욕구가 스페인으로 하여금 남미와 중미 전역을 찾게 하였다. 대신 페니키아인들의 상업적 이주는 네덜란드와 곧이어 영국에서 아주 강력하게 나타났다. 이것은 후에 영국인과 네덜란드인의 이주가 많았다는 데서 잘 알 수 있다. 이러한 구별은 시간을 정확히 지키지 않고 작동한다. 브라질의 요새는 한동안 우리의 관심사였으며, 수리남은 여전히 남미에서 우리의 영향력을 상기시켜준다. 스페인은 그리스의 식민지화 욕망을 더 많이 가졌고, 우리와 영국은 페니키아인의 상업적 이주 욕구를 많이 가지고 있었다. 그런데도 북미에서 강력한 영국 식민지가 일어났다. 희망봉에 매우 중요한 농장을 세운 것과 마찬가지로, 우리가 미시간과 일리노이로 이주한 것은 17세기의 청교도와 1840년 우리 조상이 북미로 이주한 동기와 같이 '종교적 박해' 때문이었다. 이주 동기를 혼동해서는 안 된다.

15-17세기의 대 식민지 시대에 발생한 세 번째 동기는 지배욕으로 가장 잘 설명될 수 있다. 사람들은 우리나라처럼 정부가 잘 구성되어 있는 국가들을 발견했다. 그리고 우리는 '출입허가'를 요청하지도 않고 우리를 그들의 새로운 '통치자'로 내세웠다. 이것은 그 국가들의 저항을 불러왔다. 1354년 단절의 해(het insnijdende jaar)가 여기에 결정적이었다. 이 해는 화약이 발명되어 우리가 패권을 쥘 수 있었다. 우리나라가 아시아나 아메리카에서 만난 것이 무엇이든, 우리에게 저항할 수 있는 강력한 군대는 없었다. 이 나라들은 연이어 중남 아메리카의 스페인 사람들에 의해 분열되었고, 스페인 식민지로 전환되었다. 브라질만 포르투갈의 소유가 되었는데, 가이아나는 토양과 기후 때문에 예외였다. 북아메리카도 정치적으로 질서가 잡혔다고 밝혀진 모든 것이 뒤집혔고, 얼마 지나지 않아 옛 아메리카 국가 연방 전체

가 해체되고 유럽에서 온 이민자들이 원주민 통치자들을 대신했다. 꽃을 피웠던 것이 사라지고 완전히 새로운 세계가 피어났다.

§26. 아시아의 식민지화

아시아에서는 그렇지 않았다. 여기에는 세 개의 강력한 제국이 있다. 인도 이전에 무굴제국, 미카도[324]가 있는 일본, 황제가 있는 중국이다. 아시아에서는 원주민을 대체하기 위한 이민이 이뤄지지 않았다. 첫째, 인구가 너무 밀집하고 많아서 대체할 수 없었다. 둘째, 남쪽의 기후가 모든 중요한 이주를 방해했다. 따라서 중국과 일본은 홀로 남겨졌다. 영국은 인도에서 투쟁을 벌였다. 주로 무역에 관심이 있었던 우리 동인도회사는 면직물 무역에 집중하여 저항이 없는 한 정치를 그대로 두었다. 인내와 신중함을 통해 점진적으로 군도 전역에서 실제 지배권을 갖게 되었다. 이 과정에서 중국과 일본을 제외한 거의 모든 국가 세력들이 그곳에서 자치권을 잃었다. 원주민 군주에게 맡길 수 '있는 것'은 무엇이든 머물도록 '허용했다'. 가능한 그들의 자율성을 침해하지 않았다. 우리나라의 더 높은 문화로 원주민을 지배하겠다는 목적을 제시하지도 않았다. 이러한 제한성 속에 다음의 두 가지 조건이 충족된다면 모든 것이 허용되었다. 첫째는 우리의 우월성이 깨어지지 않는 것이고, 둘째는 무역을 통해 보물이 우리에게 계속 흘러오는 것이다. 이로 인해 자주적 독립 국가들은 결국 그림자만 남았다. 모든 것이 '조약에 의해' 진행되었음에도, 즉 독립된 군주로서 유럽 국가와 협상하고 계약을 체결하는 것처럼 보일 수 있었지만, 그 본질은 이와 달랐다.

스페인과 동인도회사에서 시작된 두 개의 강력한 식민지화 흐름은 단기간에 아메리카와 남아시아 국가의 독립성을 빼앗아갔다. 이것은 반복적인 저항과 반란을 가져왔다. 아시아와 아프리카의 국가적 저항의 폭풍을 소멸시킨 것은 항상 아메리카 대륙의 스페인과 포르투갈, 그리고 나중에 우리나라와 영국의 몫이었다. 아메리카 대륙의 스페인과 우리나라와 영국이 아시아에서 발견했던 자유롭고 독립적 국가 생활은 간단히 말해 폐지되었다. 우리가 유럽에서 소유하고 그곳에서 발견한 두 국가 사이의 충돌에서 우리가 발견한 원리는 힘을 상실했고, 유럽의 식민지 정권이 그곳에 자리를 잡았다. 원주민을 더 높은 수준으로 끌어올려, 독립을 회복시키는 것을 목표로 하는 동기는 흔적을 찾을 수 없게 되었다.

스페인 사람들과 포르투갈 사람들은 우리 조상들보다 식민지 주민들에게 복음을 전파하는 소명에 충실했다. 거의 모든 스페인의 식민지들 심지어 필리핀까지 곧 기독교화 되었다. 반대로 영국 동인도제도와 우리나라 군도에서는 이 막중한 임무가 약하게 수행되었다. 외부 점령지들 특히 암본(Amböina)[325]에서 놀라운 진전을 이루었지만, 자바에서 이슬람은 거의 방해받지 않고 영향력을 유지할 수 있었다. 과거 3세기 동안의 네덜란드의 식민지 통치를 되돌아보면, 자기 회개와 죄의 고백이 있었다는 것을 알 수 있다. 불행히도 이익이 우리 마음의 전면에 있었고, 원주민의 도덕적, 기독교적 교육은 우리나라 회사의 거물들에 의해 거의 무시되었다. 이에 대해서는 이 책 Ⅱ권에서 더 자세히 설명하겠다. 유럽의 식민화가 자유 국가 생활을 강화하기는커녕 오히려 약화시켰고, 이익과 주권보다 더 높은 의도에 의해 인도되지 않았음을 분명하게 밝히는 것만으로 여기에서의 논의는 충분하다.

§27. 군합국De persoonlijke Unie

국가와 국가를 연결하게 한 동기들을 생각해볼 때, 군합국(君合國)이 세력을 얻지 못했다는 것은 박수를 받을 것이다. 한 군주가 두 나라를 다스리는 상황에 있는 국가와 국가 간의 연대는 네덜란드와 룩셈부르크에서 그 예를 찾을 수 있다. 우리나라의 마지막 왕이 서거한 뒤 여성의 세습을 금지하고 있는 룩셈부르크와의 연대가 깨어졌다. 이 조항은 현재 만료되었지만 당시에는 유효했기 때문에, 여왕이 아니라 나사우(Nassau) 왕족 가문의 로마 가톨릭 집안 출신의 대공이 왕위에 올랐다. 이 군합국이 네덜란드를 위한 것이든 룩셈부르크를 위한 것이든 실질적 이익을 가져왔는지 묻는다면 확답을 내릴 수 없다. 네덜란드의 경우 큰 위험이 발생하기 전에는 별 차이가 거의 없었거나, 룩셈부르크 때문에 전쟁에 나갔을 때 아무런 유익이 없었다. 그리고 룩셈부르크에 거주할 수 없었던 우리 왕은 국정을 거의 룩셈부르크 내각에 맡겨야 했다. 왕이 명목상으로만 통치하고 백성에 대해 거의 신경을 쓰지 않는다면 해를 입히게 될 것이다. 나라와 백성은 자기 군주의 훌륭한 보살핌에 전적으로 의존하기 마련이다. 따라서 룩셈부르크에서는 룩셈부르크만 다스릴 나사우 가문의 대공이 취임한 직후에 국민에게 훨씬 더 바람직한 상황이 벌어졌으며, 당시 왕관을 쓰고 있던 나사우 공주는 그 결과 국민에게서 열광적으로 찬사를 받았다. 군합국의 종식은 손실이 아니라 이득이었다.

핀란드는 러시아와의 군합국 체제를 통해 원하는 결과를 얻지 못했다. 이것이 해체되었다면 더 좋았을 것이지만 그것이 일어나지 않았으므로, 정반대 결과가 나타났다. 핀란드 국민과의 역사적 연대에 묶인 스웨덴은 러시아의 지속적 관심사가 되었다. 조만간 스웨덴과 러시아 사이의 전쟁이 터지면 차르 제국 북서부의 지위가 매우 약화될 수 있다는 두려움이 항상 있었다. 핀란드 백성 사이에는 급진적이고 사회주의적 정치사상이 더 많아졌고 상트페테르부르크(Petersburg)³²⁶로부터 더 많은 감시를 받았다. 따라서 핀란드의 군합국 체제는 독립을 상실하는 원인이 되었다. 핀란드는 마침내 러시아에 거의 합병되었다.

오스트리아-헝가리를 살펴보면, 헝가리뿐만 아니라 보헤미아(Bohemen)³²⁷, 스티어마르컨(Stiermarken)³²⁸ 등과 같은 군합국에게서 두 가지가 눈에 띈다. 첫째, 유럽 외교는 현재 황제의 죽음이 이 광범위한 유대의 결의로 이어질 것이라는 우려가 있었다는 것이다. 둘째, 여기서 군합국 체제보다 더 많은 요인이 상황을 지배했다는 것이다. 오스트리아와 헝가리가 공통으로 3개의 행정부를 가지고 있다는 사실은 군합국이 목표를 달성할 수 없을 것이라는 생각을 갖게 했다. 혼베드(Honved)³²⁹가 헝가리의 일반적인 지배 아래 남아 있다는 사실은 이 점을 보여준다. 군합국 체제보다 더 많은 요인이 있다. 부분적인 행정통합이 있고, 황제가 사망한 후에도 오스트리아와 헝가리가 하나로 남음으로, 합스부르크 왕가의 명성이 아닌 군합국에 추가되었다. 초기 군합국의 형태는 국가의 응집력을 확보하고 하나의 제국에서 모든 것을 해결함으로써 강력한 국가를 세우는 유일한 방법이었다. 그래서 부르고뉴 사람들

아래 있었던 우리나라, 카페(Capets) 가문[330]과 부르봉(Bourbons) 가문[331] 아래 있던 프랑스, 호헨촐레른 아래 있던 독일에서 이 제도를 시행했다. 덴마크도 이 방법 때문에 부상했다.

그러나 이 방법은 더 이상 통용되지 않는다. 국민은 과거와 마찬가지로 왕조의 이익이 그들의 미래를 결정하도록 허락하지 않는다. 국가를 개인의 권력 확장에 이바지하도록 강요한 왕실의 위신은 너무 많이 떨어졌다. 이제 사람들은 왕가의 힘을 키울 나라가 아니라, 군주가 국민의 이익을 위해 자신을 헌신하려고 거기에 있다고 생각한다. 따라서 국가 생활의 향후 발전을 위해 군합국 체제는 더 이상 중요하지 않다. 이 체제가 권력을 확장하는 수단이 되었을 때, 같은 군주 아래에 사는 국민에게 거의 아무런 영향도 미치지 않았고 국가들의 '연결'로 이어지지도 않았다. 대신 작은 일의 해결만 가능했다. 봉건체제가 무너진 후 유럽은 작은 국가들이 모인 하나의 거대한 모자이크로 분리되어야만 했다. 이제 이것은 더 이상 존재 이유가 없으며 사용되지도 않는다.

§28. 동맹

'동맹'은 국가와 국가 사이에 유기적 연결을 만들 수 없다. 그것은 본질적으로 일시적이며, 체결된 조약에 의존한다. 일반적으로 동맹은 접근, 깊은 이해, 한계 설정, 양국을 위협하는 위험의 성찰을 통해 시작된다. 점차적으로 '협상'이 생겨난다. 그리고 더 가까운 관계에서 해결책을 보게 되는데, 그것이 동맹을 맺는 것이다. 그러한 동맹은 조약에만 머물지 않는다. 반대로 동맹 조약은 위험과 이해관계의 통일의 결과일 뿐이라고 할 수 있으며, 이는 양국 모두에게 거의 동시에 발생한다. 외교가 조약을 체결했을 수도 있지만, 동맹 자체는 원리적으로 한 강대국 집단이 다른 집단에 맞선 긴장된 관계의 직접적 결과다. 그래서 그러한 동맹은 영속적 성격이 없다. 상황이 바뀌면 상호관계도 바뀐다. 역사에는 두 동맹국이 열린 전장에서 서로 '적대하는' 사례가 넘쳐난다. 그러니 그러한 동맹조차도 특정 민족의 힘을 부정해서는 안 된다.

동맹은 아마도 분쟁의 불을 끌 수 있을 것이다. 미래에 다시 위험해질 수 있는 미해결 갈등은 동맹과 관계되곤 한다. 동맹은 사람들이 점점 더 서로 접촉하고, 상대의 나라를 방문하고, 서로의 문학에 대해 알게 되고, 양측 언론에서 서로를 덜 공격하게 한다. 결과적으로 동맹은 사람과 사람 사이에 큰 정신적 단결을 가져오고, 오래된 불화를 잊게 하고, 무역 관계를 확대시킨다. 심지어 상호 혼인이 더욱 인기를 얻는다. 이것은 민족의 상호관계에 어느 정도 중요하지만, 동맹은 민족의 '유기적' 관계에 대한 열매를 거의 맺지 못했다. 나중에 동맹은 다시 해체될 것이다. 그 기계적 특성을 벗어날 수 없다.

§29. 중재

'중재'도 마찬가지다. 중재는 충돌을 막을 수 있지만, 국민과 국민을 연결하지는 않는다. 국민생활에서 주먹의 권리를 재판소의 권리로 대체하는 것은 확실히 부분적으로 같은 성격을 가진다. 다만 사적 분쟁에서는 법원에 '제출해야' 하지만, 국가의 경우 '자체의 선택'에 달려 있다는 차이점만 있을 뿐이다. 중재 체계는 법적 판결을 통해 '폭력'을 대체하도록 하여 평화의 유지를 목표로 한다. 중재는 갈등을 차단하고 전쟁을 방지하지만, 상태를 기계적으로 서로 다른 대상에게 넘겨준다. 평화는 더 이해관계가 없는 곳에서도 지속될 수 있다. 중재는 정상적 관계의 종료만을 방지하며, 더 친밀한 유대감을 형성하지는 않는다. 따라서 전쟁으로 인한 평화의 혼란이 위협을 받을 수 있는 경우에 매우 효과적이지만, 민족과 민족 사이의 '확고한 유대감'을 형성하지는 않는다. 옆집 이웃과 사소한 갈등이나 어려움에 빠질 때 그를 쉽게 법정으로 데려가지는 않을 것이다. 그러나 함께 집에 온다거나 지나치면서 서로 인사하기 등을 거의 하지 않을 가능성이 있다.

중재는 질병에 약을 적용하는 것을 의미하지만, 정상적 건강이 지속되는 한 효과가 없다. 따라서 정상적 건강 상태가 열정적으로 환영받을 것이다. 중재는 비상사태와 위험이 위협할 때의 구조 수단이기에 충분히 높이 평가될 수는 없다. 그러나 삶의 바다에 끊임없는 폭풍이 없다면, 이것은 완전히 불필요할 것이다. 중재는 국가 간의 '유기적' 관계를 강화하지 못한다. 그것은 국민의 삶에서 특별한 사건을 위해 봉사한다. 점진적으로 진행되는 평범한 삶에는 중재가 필요 없다. 우리나라는 덴마크와 절대 중재 협정을 체결했다. 그러나 그 이후로 10년이 넘도록 이것은 한 번도 소환되지 않았다. 평화가 조용하고 안전하게 계속되는 한 중재 조약은 효력이 없다. 중재 체계가 이미 우리에게 가져다 준 결실이 풍부하여 미래에도 여전히 약속되고 있지만, 그것은 국가의 유기적 유대감에 영향을 미치지 않는다. 동맹처럼 중재도 '기계적'인 특성을 가진다.

§30. 식민 관계

'이주에 의한 식민화'를 고려 대상에서 제외한다면, 그것은 식민 관계와 다르지 않다. 바다로 땅을 점령하는 것이 먼 땅의 보물과 개인적 공로로 자신을 풍요롭게 한다는 것 외에 다른 목적이 없는 한, 유럽 사람들과 동양 원주민간의 긴밀한 결합은 없다. 혼인을 하거나 가정부와의 성적 관계 등이 이루어질 수 있지만, 이것이 인종학적 의미에서 더 높고 풍부한 통합으로 이어지지는 않는다. 그렇게 작은 규모로 발전하는 혼혈 종족은 인종학적 중요성이 미미하고, 매우 작은 측면으로 제한된다. 적절한 가족 식민화가 없는 식민지는 원주민의 땅을 개간하고 광산을 채굴하며, 그곳에서 상품을 판매한다. 또한 식민지의 상품이 우리의 시장을 찾도록 할 기회를 제공하지만 그 관계는 경제적일 뿐이다. 광업, 제조, 시장 유통, 해상 무역이 주된 활동이지만, 언어와 도덕, 특히 종교에서조차 '점령한' 국민은 정복당한 국민에게 완전히 이질적일 수 있다. 이러한 상업적 관계는 '점령한' 국가를 풍요롭게 하지만 점령당한 나라를 '빈곤하게' 만든다. 스페인이 한 것처럼 식민지에 기독교적 성격을 부여할 수 있겠지만, 1898년에 푸에르토리코, 쿠바, 필리핀에서 일어난 전쟁은 식민지 행정이 더 높은 목표를 추구하지도, 지속적 유대감을 형성하지도 않음을 보여준다.

식민지 점령은 승리한 국가가 이주를 통해 식민지로 만든다. 그런 다음 두 가지 일이 발생한다. 발견된 기존의 것이 사라지고 포기되며, 침입한 식민지화가 그것을 발견한 민족과 섞이는 것이다. 우리는 인도네시아가 우리에게 무슨 의미가 있는지 알고 있으나, 그들 민족은 그 상황을 통제하기에는 수가 너무 적다. 그러나 남미와 중미, 그중에서도 특히 멕시코에 가면 실제로 새로운 인종을 낳은 인종학적 혼혈이 있음을 알게 된다. 또한 원래의 혼혈은 일반적으로 물라토(Mulatten)[332], 메스티소(Mestiezen)[333], 콰드론(Quadronen)[334]의 흑인 종족과의 혼혈로 강화된다. 이 민족학적 현상은 자연적으로 식민지 자체에서 유기적 결합으로 이어진다. 더욱이 캐나다, 케이프, 소아시아, 부분적으로는 아메리카, 유럽, 기타 국가에서와 마찬가지로, 이러한 유기적 연결은 그 자체로 '중복된' 것처럼 보이고 그다지 뚜렷하지 않다. 그러나 새로운 민족이 태어난다. 아메리카로의 이주는 여기에 모든 종류의 국적 요소를 추가할 수 있지만, 어떤 이주가 가장 강력한 인류학적 힘이 있는지는 항상 분명해진다.

그리고 변형된 형태임에도 불구하고 이러한 이주는 조국의 민족과 유기적으로 연결되어 새로운 민족을 형성한다. 그러므로 캐나다의 프랑스인의 경우와 같이 식민지인이 정치적으로 처음 행사했던 권력을 잃어버리고, 여기처럼 영국의 손에 넘겨져 원래의 유산, 이주자의 민족성, 그리고 유기적 연결이 유지된다. 요컨대 상업적 성격의 식민지 소유는 지배하는 사람과 원주민을 영구적 동맹으로 이끌 수 없었으며, 원주민을 정복해 독립을 빼앗고 파괴하는 것을 영예롭게 여겼다고 말할 수 있다. 이것은 결국 식민지화가 주된 동기였다는 것을 보여준다. 조국과 이주국 사이에 유기적 연결이 발생할 수 있게 하여 자신을 부정하지 않고 항상 역사적으로 지속하게 하는 것이 중요했다.

민족과 민족 간의 유기적 관계를 촉진하는 것도 민법적 조약의 원인이 될 수 있다. 혼인, 교육, 상속 관계를 제정함으로써 이 유기적 성격은 매우 강력하게 나타날 수 있다. 교통과 무역이 촉진되고 위생이 증진될 수 있다. 특히 국경에서는 두 국가 중 어느 나라가 우위를 차지할 것인지 궁금해지는 상황이 발생할 수 있다. 특히 슬레이스베이크(Sleeswijk)[335]와 트리에스트(Triëst)[336]에서 이것이 어떤 긴장된 관계를 가져왔는지 잘 드러났다. 그러한 모든 조약이 광범위한 영향을 미칠 수 있지만, 조약은 기계적 상태로 남아 때문에 폐기되거나 무효화될 가능성이 높다.

§31. 연방

마지막으로 '연방'이 남아 있다. 여기에는 두 가지 성격이 있다. 주 연방(Statenbond)과 연방 국가(Bondsstaat)이다. 먼저 각 주의 독립을 그대로 유지하면서 통합을 추구하는 생각이 관심을 받았다. 하지만 우리 네덜란드 공화국과 미국의 건국 초기에 얻은 경험은 이 주들의 연합만으로는 불충분하다는 것을 깨닫게 했다. 독일을 제외하고는, 모든 부분을 포용하는 연방만이 진정한 의미의 국가가 되었다. 반면, 남부 연방은 모든 부분을 포용함으로써 거의 모든 국가의 성격을 상실했고 연방의 요구를 따르게 되었다. 연방에 가입한 주들의 완전한 독립을 변호하기 위해 라반트, 로핀(Rofin), 옐리네크, 메이어(Meijer), 다른 사람들이 조약 규정을 고안했다. 이것은 연방 국가에 흡수된 나라가 하늘에 계신 하나님 외에는 지상에서 그 어떤 다른 권한도 그 위에 두지 않는다는 주장을 유지하는 것이 불가능하다는 것이다. 따라서 하체크는 독일 학자들과 마찬가지로 윌로우리(Willoughly)가 "아메리카 카운티 체계"(American Count. System, 1904, 7쪽)에서 연방 국가에서 자유 주를 계속 말할 생각을 하는 것은 자기기만이지만, 같은 방향으로 가는 자신의 노력 없이(Das Recht der modernenen Staatsverbindung, 47) 성공한 것으로 간주될 수 있음을 인정한다.

정권이 처음 들어서자마자 연방에 가입한 모든 주의 전체 인구는 일반 업무를 처리하기 위해 총선을 통해 국회 또는 의회를 선출한다. 이 선택으로 인해 발생하는 권한, 외교, 거느리는 함대와 군대가 있다면, 그러한 연방의 주는 더 이상 주권 국가가 아니다. 그들의 자치권은 여전히 높을 수 있어야 한다. 그들은 무력으로 예속된 것이 아니라 그들 조상들의 자유로운 선택으로 가입했다. 중요한 사안을 특정 제국에게 맡겼을 수 있다. 이것은 이 땅에서 그들 위에는 더 높은 힘이 없다는 기본 인식에 근거해서 행해졌다. 그 권력은 여전히 존재한다. 그 권력은 중앙 연방 기관에서 발언하며, 이것으로 그들은 중앙 기관의 권력 영역에서 철수할 권리에서 벗어나거나 상실했다. 그리고 독일을 위해 제정된 규정은 연방 의회의 조치로 크게 강화되었다. 바이에른, 작센, 뷔르템베르크, 바덴(Baden)[337]에 있는 왕실의 위엄을 해칠 수 있는 모든 것은 피했으나, 그 왕실에서도 최종적 주권이 그들에게서 끊어졌다는 것을 알 수 있다. 사적인 대화에서 가장 중요한 군주 중한 명이 이 사실을 진심으로 인정했다. 물론 이 주권의 고통은 보호국과 종주권에서 훨씬 더 진행되지만 둘 중 하나는 남아 있다. 주권이 지구상에서 더 높은 권위를 가지고 존재한다고 생각하거나, 아니면 이것이 불가능하다는 것을 당신이 인정한다면 연방(Federatie)이 주권을 연방 국가로 이전하는 것이 중요하다.

그 결과로 주의 수가 계속 감소하고 있다. 현재와 1세기 이전의 유럽의 주권 국가와 주의 수를 비교하는 사람은 그 수가 줄어들고 있다는 사실에 놀란다. 이것은 아시아와 아프리카, 특히 미국에서도 계속되고 있으며, 역사의 흐름은 미래에 4개 대륙의 소수 강대국만이 전 세계와 민족들을 지배할 것임을 보여주고 있다. 연방은 국민을 하나로 녹여버리는 강력한 조직이다. 이 연방적 결합이 세계 제국의 통합으로 이어질 것이라고는 상상하지 못했다. 오히려 반대로 유럽, 아시아, 미국의 초강대국들 사이에서 인류의 모든 유기적 단결을 조롱하는 삶과 죽음을 위한 상호 투쟁이 기다리고 있다. 오직 우리 왕이신 그리스도만이 점진적 발전을 통해서가 아니라 그분의 강력한 개입을 통해 그러한 유기적 연합을 가져올 수 있는데, 이것은 그분의 재림에 의해 실현될 것이다. 그러나 이것을 예상하더라도 각자가 여전히 국제법(Volkenrecht)에 대해 말하고, 아무도 주법(Statenrecht)에 대해 서로 말하지 않는다는 것은 우리에게 중요하다. 이미 여기서 우리가 제시한 생각은 국가 형태가 단지 부수적인 외과적 지원일 뿐이며, 본질적인 것은 국가 형태가 아니라 국민(volken)이라는 것이다.

§32. 주요 질문

국가법의 성격에 대한 우리의 판단을 지배해야 하는 주된 질문은, 여러 주가 함께 취합되어 자신을 세계 제국에 연결된 인류의 구성 부분으로 제시하는지 아니면 그것을 점진적으로 발전하는 것으로 이해하는지 여부이다. 전체 인류는 한 쌍의 인간에게서 나왔다. 그것은 관념적으로 하나일 뿐만 아니라, 느리게 진행되는 과정을 통해 자신을 하나로 드러내야 한다. 이일치는 기계적 접합이나 배제가 되어서는 안 된다. 분명히 그것은 인간의 작품이나 외교적 결과가 아니라 하나님의 창조의 산물이다. 이 창조에서 생명체를 연결하는 모든 것은 유기적 성격을 지니고 있다. 참나무나 삼나무, 너도밤나무나 소나무의 구성 부분이 하나의 핵에서 펼쳐지고, 유기적으로 상호작용한다. 이것은 고래나 사자 또는 벌레와 다르지 않다. 이 동물도 모자이크로 배열되지 않고, 상호유기적으로 연결된 부분의 신체 단위에 존재한다.

인간의 본성도 마찬가지이다. 우리의 몸도 하나로 합쳐지지 않고, 하나의 배아나 핵에서 유기적으로 함께 성장했다. 그리고 인류는 한 몸으로서 똑같은 성격을 지닌다. 그 인류라는 몸은 종족, 민족, 부족, 세대, 가족, 자연적 구성원들이다. 이제 유기체는 그 부분으로 완전히 분리되었고, 그 부분은 결속에서 벗어났다. 우리는 역사를 통해 인류의 상태를 알고 있다. 거의 모든 부분에서 혼란, 연결의 탈구와 풀림이 있었다. 이 혼란스러운 상황 속에서 함께 위험을 피하고, 공동의 이익을 증진하기 위한 연합과 협력의 중요성이 강조되었다. 작게 시작된 이 노력은 점차 더 큰 복합체로의 결합으로 이어졌다. 이것은 먼저 부족과 인류의 동맹으로 시험을 받았다. 그러나 곧 이것이 지닌 한계가 분명해졌고, 그들은 국가적 유대에서 탈출구를 찾았다. 따라서 이 국가적 유대가 인류 전체의 한 몸을 회복하게 하는데, 스스로 이끄는 유기적 부분이나 구성원을 창조하는지에 대한 의문은 피할 수 없다. 만일 그렇다면 이것은 연방을 통해 얻어야 할 것이다. 중재도 동맹도 우리에게 이것을 약속할 수 없다. 연방의 통합 체계가 모든 곳으로 퍼지고 있다. 이 결속으로 권력을 창출하기 위해 소수 국가의 주권을 무효로 하게 된다.

그 결과로 소수의 강대국만 남는데, 이들은 모든 것을 포용하는 세계 제국의 타고난 구성원으로서 자신을 통합하지 않는다. 반대로 같은 몸의 지체처럼 함께 모아 서로 봉사하는 대신 꾸준한 긴장 상태에서 서로 경쟁한다. 그러한 국가 간에는 장기나 팔다리 간의 생체에 존재하는 상태와 같은 유기적 특징이 없다. 손과 발, 눈과 귀, 코와 혀는 완전히 다르지만 서로 보완적이다. 이와 대조적으로 국가의 경우는 대부분 같다. 하나는 다른 하나의 반복이다. 그들이 영원한 평화 속에서 서로 단결할 수 있다고 하더라도, 같은 캐비닛의 서랍처럼 서로 밀려나지 않을 것이다. 이제 국가들은 정상적이고 자연적인 삶의 형태가 아니라, 인간 사회에 나타나는 죄와 저주와 타락의 결과로 생기는 무력감을 감당하고 극복하기 위한 인위적 현상으로, 우리가 하나의 외과적 붕대라고 부르는 것이다. 우리가 표현한 것처럼 국가들은 함께 세계적 유기체가 아닌 모자이크를 제공한다. 그 모자이크의 유기적 세계 전체로의 변형은 신성한 전능자의 개입을 통해서만 이루어질 수 있다. 이것이 바로 재림의 고백이다.

  국제법은 이미 가장 유익한 효과를 발휘하고 있지만, 죄의 쓰라린 열매로 발생한 잘못을 바로잡지는 못한다. 그것은 열방을 부르신 하나님 안에 있으며, 그분에게서 나와 국민과 정부의 양심으로 일한다. 그것은 역사적 과정에서 사실로 드러난다. 그러나 사람들 중에 고정된 표현이 없다. 그것에 대한 '성문법'이 없다. 적어도 통찰이 통일된 곳에서 죄책감을 비난하고, 통과된 심판을 집행할 힘은 모든 국가 위에 하나도 없다. 의심할 여지없이 국제법은 우리의 이익을 위한 힘이 되었다. 그것은 우리에게 도움이 되지만, 치유하거나 구원하지는 않는다. 국제법 연구는 우리에게 이상을 돌려줄 수 없다. 환상을 바라보는 사람만이 구원을 기대할 수 있다. 정확히 이것이 야말로 계시록 안에 존재하는 높고 신성한 것이다. 그것은 우리에게 실현되지 않을 유토피아에 대해 아첨하도록 가르치지 않으며, 객관성을 가지고 실제 상황을 우리에게 설명하며, 자기기만으로 종결되도록 우리를 이끌지 않는다. 이것은 오직 하나님의 전능하신 개입만이 우리에게 가장 간절한 소원을 들어주실 수 있다고 말한다. 이사야의 예언에 따르면 '영광'의 왕국은 '새 하늘과 새 땅'에서만 우리를 기다리고 있다.

반혁명 국가학 | 원리

§33. 남아프리카공화국

아메리카 합중국의 등장 이후 발생한 남아프리카공화국의 발흥과 몰락은 별도의 논의가 필요하다. 네덜란드 또한 이 국제법 역사에 밀접하게 관련되어 있었고, 나도 처음부터 관여하고 있었다. 그러나 둘 사이의 차이점은 미국은 '연방'이고, 우리는 연방이 아니라 '종주권 문제'와 '보호령 개념'을 가진 케이프를 다루고 있다는 것이다. 이에 관해 현재 상황을 다룬 후에 이 특정 주제를 별도의 장에서 다루는 것이 더 나을 것이다. 케이프에서 일어난 일을 설명하기 위해서는 너무나 많은 세부 사항이 필요하다. 그러므로 나는 종주권과 보호령의 문제로 곧장 돌아가려한다.

§34. 보호령

종주권과 보호령이라는 두 가지 형태의 관계에 대한 모든 논의에서, 둘 모두에 대한 이해가 매우 부족하다. 후자부터 시작해 보자. 정치권에서 '보호령'이라는 이름은 영국의 두 장미 시대, 즉 요크 공작 리처드가 호국경(護國卿)이라는 칭호를 받았을 때부터 시작되었다. 그 후 크롬웰이 비슷한 칭호를 갖고 자신을 영국과 스코틀랜드와 아일랜드의 수호자라고 불렀다. 나폴레옹 1세는 라인 지방을 점령한 뒤 '라인 연방의 수호자'라는 칭호를 자신에게 부여했다. 이는 보호자라는 이름이 프랑스에서는 지난 세기 전반기에 유럽 외 정복에 적용되어 있었음을 보여준다.

이것은 1842년 9월 9일에 타히티(Tahiti)[338] 곧 오타헤이트(Otaheite)와 체결한 조약에서 처음 모습을 드러냈다. 국제법적 보호령의 출현 하에서 오타헤이트와 그에 속한 제도 전체의 조용한 합병 외에 실제로 어떤 일이 일어났는지 이에 대해 좀 더 자세히 설명할 필요가 있다. 1768년 4월 프랑스 선원이 이곳에 상륙하여 최초의 관계를 수립했다. 1797년에 영국에 의한 선교 사업이 시작되어, 1812년 포마레(Pomaré) 2세 왕이 기독교로 개종했다. 1827년에 16세의 공주가 포마레 4세 여왕이 되어 정권을 잡자 사람들은 프랑스에 도움과 보호를 구했다. 그리하여 1842년에 보호 조약이 체결되었고, 이로써 정부 전체가 프랑스 총독의 손에 넘어갔다.

하지만 거기서 끝나지 않았다. 자유가 용납되지 않았고, 1880년 6월 29일 포마레 5세 왕과 프랑스 사이에 조약이 체결되어 포마레는 얼마 후 그의 주권을 '상실했다'. 이러한 결과가 나오자 프랑스는 한순간도 주저하지 않고, 1880년 12월 30일에 오타헤이트와 모든 주변 섬들을 프랑스에 합병하는 법령을 발포했다. 왕좌에서 퇴출당한 왕은 평생 연금으로 12,000길더를 받았다. 보호국은 1842년 프랑스가 내외의 적으로부터 왕실을 보호할 것이라는 위장 하에 설립되었다. 40년이 지나기 전에 프랑스는 전체 지역을 삼켰고, 마지막 왕은 중복 수당을 받았다. 처음에는 프랑스 왕권 정복의 쓴 열매를 보았지만, 1870년 재앙 이후 공화국은 그 밑에 더 확고한 기반을 느꼈다. 비스마르크(von Bismarck)[339]는 프랑스를 식민권으로 유인했으며, 공화국은 같은 방식으로 바뀌었다. 1874년 3월 15일 안남(Anam)[340]과도 유사한 조약을 체결했으며, 1884년에 더욱 강화되었다.

1881년 3월 12일에 선포된 튀니지의 보호령도 주목할 만한데, 튀니지에서 프랑스의 등장은 이탈리아에 준 괴로움으로 인해 유럽 전역에 긴장을 불러일으켰다. 1901년 인구 조사에서 7만 명의 이탈리아인이 튀니지에 거주하고 있었던 반면, 10만 명 이하의 유럽인과, 그중에 2만 4,000명(군인 제외) 이하의 프랑스인만 수용할 수 있는 것으로 나타났다. 1881년 프랑스가 보호국을 수립하기 시작했을 때, 프랑스인과의 관계는 훨씬 덜 호의적이었다. 점점 더 많은 사람이 이탈리아 식민지가 될 것이라는 생각으로 튀니지에서 처신했다. 프랑스는 알제리의 영주이자 주인이었다. 모로코는 당시 영국이 지배했다. 그것이 이탈리아 사람들이 오랫동안 튀니지를 바라고 있었던 이유이다. 이탈리아는 가치가 거의 없는 트리폴리(Tripoli)에 만족해야 했고, 오직 키레나이카(Cyrenaika)[341]만이 더 나은 미래를 약속했다. 1881년 이탈리아의 의도에 반하여 튀니지를 점령하는 것은 프랑스 측에서 극도로 위험한 일이었다. 이탈리아가 베를린이 그것을 막을 것이라는 기대를 갖지 않았다면, 전쟁이 발생했을 것이다. 그러나 모로코를 포함하여 시칠리아(Sicilië) 서부에 있는 북아프리카 해안 전체가 프랑스의 손에 넘어갔고, 멜리야(Melilla) 주변에 있는 7개의 요새와 해안 일부를 소유한 스페인만이 프랑스의 통치를 막고 있다.

물론 튀니지에서는 오타하이트보다 더 조심스러운 접근이 이뤄졌다. 튀니지의 술탄은 칭찬받았고, 모든 명예와 영광을 부여받았다. 니잠(Nizam)[342]의 기사단조차도 그의 통제 아래 있었다. 그의 아름다운 궁전도 그대로 남아 있었다. 사실, 그의 연봉은 엄청났다. 그는 사치스럽거나 방만한 정부의 모습을 거부했다. 이 모든 것이 내각에서 이루어졌고, 이 아름다운 겉모습 뒤에는 프랑스 총독의 권위가 더욱 깊이 침투했다. 튀니지를 방문했을 때 나를 매우 친절하게 맞아 준 후 내무부 장관이 되었던 피촌(Pichon)은 프랑스의 예술을 좋아하며, 그 주제에 능통한 것 같은 인상을 남겼다. 그러나 사실 프랑스는 그들의 모든 힘을 가져갔다. 술탄은 이제 튀니지에서 더 할 말이 없다. 그의 보호국은 후견인과 같지만, 실제로 그에게 어떠한 보호도 제공해 주지 않았다. 튀니지를 방문하는 사람은 궁전의 숨겨진 구석에 아직 거짓 술탄이 숨어 있다는 사실을 알아차리지 못할 것이다. 그들은 그것을 보지 못한다. 그리고 프랑스 지방을 다루는 것이라는 점 외에는 다른 인상을 받지 못한다.

마다가스카르[343]도 다르지 않았다. 여기서도 영국 선교는 성공적이었고, 1869년 라나발로나(Ranavalóna) 2세 여왕은 호와(Howa) 제국의 거의 모든 귀족과 함께 세례를 받았다. 그때는 더 나은 시대가 여명처럼 보였지만, 1883년 프랑스는 평화를 방해하기 시작했다. 프랑스는 왕실이 동쪽 해안의 프랑스 보호령을 인정해야 한다고 요구했고, 호와 정부가 이를 거부하자 수도인 타마타바(Tamatava)[344]와 타오마시나(Taomasina) 점령을 시작으로 전쟁이 이어졌다. 1886년 보호령이 받아들여졌지만, 계속 저항이 이어졌다. 프랑스는 1895년 뒤셴(Duchesne)[345] 장군의 지휘 아래 대규모 세력을 상륙시켜 이를 종식시켰다. 그 후 얼마 지나지 않아 1896년 1월 전체 보호 조약이 쓰레기통에 버려졌고, 곧 마다가스카르는 프랑스의 영구 식민지로 선포되었으며 여왕은 꼭두각시가 되었다. 그러나 영국 선교사의 영향에 의해 여왕이 다시 자극을 받자, 1897년 2월 왕실의 지위도 종식되었다. 여왕은 즉시 해임되었고 두 왕자는 공개 처형되었다.

조약을 가장한 공손한 방식으로 더 많은 부를 쌓고 통치권을 빼앗는 프랑스의 예는 이후 다른 곳에서도 이어졌다. 러시아는 이미 1873년 키와 (Khiwa)[346]와 그러한 보호 조약을 체결했다. 영국 역시 인도와 일부 아프리카에서 같은 방법을 사용했다. 그리고 이 점에서 우리나라는 프랑스보다 앞섰다고 말할 수도 있다. 어쨌든 욕야카르타와 수라카르타에서 우리도 튀니지의 프랑스인처럼 고대 왕조를 그대로 남겨두고 자율성을 부여하여, 부분적으로 국내 통치를 옛 자바 군주에게 맡겼다. 그러나 사실 우리의 힘은 모든 면에서 지배적이었으므로, 욕야카르타나 수라카르타를 방문하는 사람은 이 왕실의 진정한 힘을 믿지 않았다.

이제 그러한 보호국은 그 앞에 모든 모습을 보인다. 그렇게 약하게 건설된 국가에서 자신의 정부를 세우는 데 자신을 바치는 사람들은 대개 군주적 상황이 쇠퇴하고 있음을 알게 된다. 그런 원주민 왕은 자신의 상태에서 모든 종류의 반대와 싸우기 위해 노력한다. 거짓 통치자는 종종 그의 왕좌에 숨어 있다. 그는 재정이 부족하여 충분히 강력한 무력을 유지할 수 없다. 따라서 그러한 원주민 왕의 통치는 지속해서 걱정거리가 된다. 강력한 유럽 국가가 그러한 왕에게 조약을 제안하게 되면, 당연히 독립을 완전히 인정하지 않을 것이다. 국제법에 따르면 자국 통치자보다 그러한 유럽 통치자가 조약을 제안한다. 그는 이것을 받아들일 수도 있고 거부할 수도 있다. 하지만 거부는 항상 의심의 여지가 있는데, 그러한 유럽 강국이 실망하면, 아마도 자국의 경쟁자들과 시기하는 자들과 관계를 맺고 이들에게 자금과 탄약을 제공하여 왕을 몰락시키는 데 도움을 줄 것이다. 그러므로 자국의 내부적 분열은 보호령의 수용으로 이어지게 된다.

일단 이러한 보호령이 받아들여지면, 원주민 군주는 자신에 대한 강력한 지지를 보장받고, 자국 내의 반대 세력은 분쇄되거나 적어도 해가 없게 된다. 왕은 그의 나라가 보호령 아래에서 경제적으로 발전할 것도 알고 있다. 돈이 흐르기 시작할 것이다. 그는 자신의 야망과 목적의식을 기쁘게 할 수 있는 모든 것을 부여받을 뿐만 아니라 확신을 가질 것이다. 그는 정부의 고통에서 부분적으로 해방될 것이다. 규칙과 질서가 생길 것이며, 평화는 그의 궁정 생활을 더 즐겁고 풍요롭게 만들 것이다. 그러한 보호령은 양손으로 잡으며, 이를 거부하는 것은 어차피 도움이 되지 않는다는 것을 매우 잘 이해했기 때문이다. 강자는 선의든 악의든 그의 의도를 계속 이어갈 것이다. 마다가스카르에서 목격된 것은 한동안 예외였는데, 영국 선교부가 영국의 도움과 지원을 기대했기 때문이다. 덧붙여서, 보호령에서 좋은 점은 자국의 독립이 명목상 존중된다는 것이다. 독립 국가로서 조약이 체결되고, 조약이 제삼자에게 특정 권한을 이양하는 데 이바지하지만, 조약이 파기된 직후에는 관련 국가가 완전히 자유롭고 독립이 유지된다.

그러나 이 모든 것은 당연히 외형일 뿐이며 잘못된 깨달음임을 보여준다. 조약을 철회할 권리나 이것을 특정 시기에 체결할 권리가 있다면, 그 권리는 유지될 수 있다. 그러나 보호령은 모든 순간에 유효해야 한다. 보호하는 국가는 당연히 보호 받는 국가의 영주이자 주인이 되고, 원래의 왕실과 국민은 주권을 완전히 박탈당한다. 보호령은 잘못된 지위를 만들 수 밖에 없다. 보른하크가 그의 "근대 국가의 일방적이고 의존적인 법 관계"(*Einseltige Abhängige Rechtsverhältnisse unter den modern Staaten, Leipzig, 1896*)에서 올바르게 지적했듯이, 국가를 보호하는 국가보다 보호령 아래 있는 국가가 더 보호가 필요하다. 결국, 모든 보호 조약의 첫째 조건은 항상 자국의 권력이 외국으로부터 폐쇄되고 단절된다는 것이며, 보호국이 항상 외국에 대하여 자국의 자리를 대신하게 된다는 것이다. 다른 국가와 조약을 맺고 다른 국가에 대해 새로운 지위에 기초한 조약이 있어서 여전히 '국가'라고 불리지만, 외형과 이름만 남은 국가가 된다.

이러한 국제법의 형태는 위선이라고 해도 지나친 표현이 아니다. 가장 아름다운 외모 아래에서 약한 빛이 유혹에 굴복한다는 사실을 알고 속이며 유혹하지만, 사실은 그 빛의 몰락이나 모든 독립에서 물러남을 의미하지는 않는다. 따라서 거의 모든 식민지 세력이 눈을 뜨고서 속임수에 기초한 이 부도덕한 수단에 의지한 것은 기독교의 이름에 영예가 되지 않는다. 그 이유는 그것이 점진적으로, 그리고 거의 저절로 실행되도록 만들기 때문이다. 그렇지 않으면 피비린내 나는 투쟁이 일어났다. 유혹받고 있으며 위협받는 통치자는 마치 단독자로서 열린 함정으로 기어들어 간다. 안으로 들어가면 총이 그 뒤에서 발사되고 정치 여정은 끝난다. 그러므로 이 두 가지 악 사이에서 가장 바람직한 선택을 하기는 매우 어렵다. 갈등과 투쟁 속에서 더 나은 미래를 준비하기 위해 국제법 회의의 이러한 결정을 따르는 것은 부적절한 것이다. 그리고 그것은 항상 똑같은 부적절함으로 귀결된다.

실제로 국제법이 있지만, 이 법을 확립하고 적용하며 집행하는 힘이 지구상에는 부족하다. 국제법의 거물들이 법이라는 핑계로 실제로 하나님을 위한 법을 실천하는지 확신이 들지 않는다. 보호령에 관한 한, 나폴레옹이 몰락한 직후 크라쿠프(Krakau)[347]와 이오니아 제도(Jonische eilanden)[348] 보호국만이 예외였다. 빈 회의에서 러시아, 오스트리아, 프로이센 사이에 체결된 조약에 의해 크라쿠프는 자유롭고 독립적인 국가가 되었고, 이 새로운 국가의 보호는 이 세 국가에 위임되었다. 이러한 조치는 진정으로 크라쿠프가 논쟁이 되는 것을 막기 위한 것으로 생각할 수 있으며, 이것은 완전히 자유롭게 선언된 경우에게만 구현될 수 있었다. 크라쿠프는 러시아, 오스트리아, 프로이센이 행사할 권한에 대한 어떠한 규정도 없이 자유를 누렸다. 하지만 이 보호령은 지속되지 못했고 크라쿠프는 1846년 오스트리아로 넘겨졌다. 이오니아 제도의 자유 국가도 1815년 빈 회의 때문에 창설된 것이다. 그리스가 아직 자유롭지 못했고 이 제도를 지원할 수 없었기에 터키에 대항하여 이 섬들을 지원하기 위함이었다. 이 섬들을 보호하기 위해서는 함대가 필요했기 때문에, 오스트리아나 프로이센도 개입할 수 없었다. 따라서 이 섬들의 보호령은 영국과 아일랜드의 왕에게 주어졌다. 주 총독은 이 보호령의 대표자가 되었다. 독립의 표시로 이오니아 제도에는 자체 국기도 있다. 그리스의 해방 이후 이 보호령은 더는 의미가 없어졌다. 하지만 그리스 해방 이후에도 총독이 남은 것은 잘못된 의도로 이뤄진 것이며, 이 문제는 1864년 영국이 철수하고 그리스 왕이 이 군도의 군주가 되었을 때 해결되었다.

§35. 종주권

종주권은 보호령과 밀접한 관련이 있지만 기원과 의미가 다르다. 이 단어는 봉건법에서 비롯된다. 주권(souverain)이 수페르(super)에서 유래한 것처럼, 종주(suzerein)는 수스(sus)에서 파생되었다. 종주는 다른 봉신의 영지를 소유하고 있는 사람을 뜻한다. 특히 종주는 자기가 법을 선포(판결)함으로 영지를 사용하도록 하곤 했다. "자신의 고유한 법을 가진 영주의 위엄이 있었다"(Dignité d´un fief ayant justice en propre). 종주와 봉신은 대립 관계였다. 중세 시대에 교황파는 교황을 군주의 종주로 존경하는 경향이 있었다. 강대국이 폭력을 동원하지 않고 광대한 땅을 점령하려는 경향에서 보호령이 등장했다면, 종주권은 반대로 중요도와 가치에서 지배권의 제한을 통해 스스로 독립하려는 국민에게 탈출구를 제공했다. 1856년 3월 30일 파리조약[349]에서 봉건법에서 유래한 종주권이라는 단어가 현 외교 관행에 나타났다. 그 이후 발칸 반도의 국가는 봉신국가의 성격을 가지게 되었고, 오스만 제국은 종주권만 유지하기 위하여 좁은 의미의 주권을 잃었다.

종주권 아래 있는 국가는 일반적으로 자체 군대와 함대를 가질 수 있으며, 전적으로 자체 국경 내에 있어 마치 상급 기관으로부터 자유롭게 된 것처럼 독자적으로 행동한다. 발칸 반도 같은 그런 민족들이 종속되고, 독립을 위해 투쟁할 때 잠시 중단했던 민족들도 여기에 동의함으로써 강대국이 설립되었다. 종주권이 중간단계를 형성하기 때문에 경제적, 군사적으로 운명을 같이하는 사람들과의 협상을 통해 자신을 강화할 수 있는 기회가 마련된다. 크레타(Kreta)에서 어떤 일이 있었는지 잘 알려져 있다. 터키가 이 섬에 대한 모든 실체적 권력을 잃었을 때, 명목상 토지와 국민의 영주로 남아 있어야 한다고 주장했고, 열강은 이 요구를 인정했다. 세르비아와 불가리아처럼 크레타 섬도 종주권에서 풀려났다.

이집트만 해도 최근까지 완전히 불안정한 상태를 보여주었다. 세 가지 힘이 공식적이고 실제적으로 나란히 힘을 발휘했다. 터키의 술탄은 명목상 영주이자 주인이었고, 케디브(Khedive)[350]는 그의 명예 하에 국가를 통치하도록 부름을 받은 총독이었고, 다른 열강의 영사관과 동등한 영국의 대리인이 실제 지배권을 행사했다. 개인적으로 나는 1906년 크로머 경(Lord Cromer)이 키치너(Kitchner) 장군 이후 어떻게 그 나라의 왕이 되었는지를 확신할 수 있었다. 영국군이 케디브의 권위를 밀어주었다. 케디브로부터 나오는 모든 것은 순전히 '주 지방적' 성격을 띠었고, 사실상 자율성이 없고 대부분 형식에 불과했다. 영국 영사관의 관용과 승인 없이는 아무도 무엇을 할 수 없었다. 당연히 거기에는 반대가 있었고, 이 반대는 잉글랜드에 매우 바람직하지 않은 일로 발전되기도 했다.

이집트에는 여전히 고유한 민족적 의미가 살아 있다. 잉글랜드나 터키로부터 온 것이 아니라, 민족적 동질성(coterie)으로부터 실제적 위협이 여전히 존재한다. 그 당시 술탄은 여전히 카이로에 터키 왕을 대표하는 고등 판무관을 두었다. 그는 궁전에 살았지만, 권위는 순전히 명목상이었고, 오스만 제국에 유익을 끼친 한 장군의 명예 직책이었다. 특히 잉글랜드가 수단을 지배했고, 또 그렇게 하르툼(Khartoem)에서 알렉산드리아(Alexandriё)에 이르는 정치적 영역의 지배자가 되었을 때, 이 세 권력(술탄, 케디브, 잉글랜드 전능한 총독)의 조정은 결국 이뤄질 수 없었다. 런던에서는 형식적 지위를 실제 관계와 일치시키기 위한 계획을 심사숙고했다. 이집트 동전에는 아직도 여전히 술탄의 상징이 있고, 작은 이집트 군대는 여전히 터키 깃발을 펄럭였다. 한편 이것은 술탄과 메흐메드 알리(Mehemmed-Ali)[351] 사이에 발발했던 과거의 생사를 건 투쟁의 흔적이었다. 이제 모든 의미를 상실한 형식은 그저 국제법적 관계가 어떤 규칙에도 방해 받지 않는다는 증거를 제공한다. 법을 만드는 것은 거의 항상 실제적 힘뿐이지, 모든 법을 위반함으로 생성되지 않는다. 최근에 세계 대전이 발발한 직후 영국은 옛 계획을 계속 이어가 케디브의 자리를 빼앗고, 터키와 결별하고, 허수아비 술탄을 지명했다. 핀란드에 대한 러시아의 조치도 같은 결론으로 이어진다.

강대국이 전통적 국제법을 존중하여 목표를 달성할 수 있는 한, 그들은 그것에 호소한다. 소수 강대국은 그것에 엄격하게 묶여 있으나, 전통적 국제법이 방해를 받으면 '뻔뻔스럽게' 이를 제거한다. 19세기와 20세기에는 사람들이 수치심도 없이 이 방향으로 움직이고 있다. 아프리카에서는 네덜란드의 세력이 우선했다. 그 이후로 미개척 부족과의 수많은 조약이 체결되었다. 그때부터 작고 약한 국가에 대한 체계적인 공격이 시작되었다. 그리고 이것은 계속되고 있다. 네덜란드와 같은 삼류 국가가 국제법에 희망을 두지 않을 이유가 더 많다. 결국, 우리의 독립성을 유지하기 위한 결정적 보증은 전적으로 '자유롭게 살려는 의지'에 있다. 또한 군대와 해군이 그 의지에 제공할 수 있는 힘도 마찬가지이다. 우리 민족의 존재가 유럽과 아메리카의 대중적 견해에 불어넣을 수 있는 경의에도 마찬가지이다.

§36. 평화주의

평화주의가 유럽 또는 전 세계를 위해 국가 연맹 또는 연방 국가의 이념을 실현할 수 있는지, 만일 그렇다면 어느 정도까지 가능할 것인지에 대한 질문을 갖게 된다.

국가 연맹은 연합을 제공할 뿐이며, 연방 국가처럼 연합하는 국가들을 영원히 일치된 연합으로 둘러싸지는 않는다. 실질적으로 둘 사이의 차이점이 있다. 국가 연맹이 연맹 평의회 아래에서 동맹을 유지하는 반면, 연방 국가에서는 여러 주 거주자들이 연합에서는 '연방 의회'에, 독일에서는 '제국 의회'에 대표를 파견한다는 것이다. 이 의회와 제국의회를 위해 여러 국가 ㈜의 주민들이 모두 한 민족인 것처럼 함께 투표하며, 연합 상원에 여러 지역의 대표가 국가별로 등장한다. 연합에서 대통령(의장)의 선출은 국가별로 이루어지지 않으며, 공식적으로는 아니더라도 적어도 실제로는 투표권을 가진 전체 주민에 의해 이루어진다. 결과적으로, 대통령과 장관들에게서 발생하는 것처럼 의회와 실제 정부에서 이제는 '다수'가 아니라, 오로지 국가 ㈜별로 나눠진 주민의 전체적 '일치'만이 표현된다. 중앙 정부가 없고 모든 국가㈜의 차이를 아우르는 '의회의 일치' 없이, 의회 또는 제국의회에서 영구적 통합을 구축하려는 시도는 효과가 없음이 입증되었다. 우리나라의 고유한 공화국은 1581년부터 1795년까지 그것을 시도했지만, 끔찍한 약점을 드러내고 마침내 사라졌다.

오늘날 미국에는 훨씬 더 많은 수의 주들이 통일되어 있다. 그러나 어떤 나라에서도 단순한 통합이 이보다 더 위험한 국가는 없었다. 여기서 모든 주의 인구를 통합하는 것이 필요했다. 그리고 이 단일화된 의회에서 정부는 군주제 승계 또는 대통령의 고정된 임기로 국민의 선택에 의해 중앙 정부 역할을 했다. 독일에서는 항상 연합된 주권을 어느 정도의 주권으로 남겨두기 위해 모든 노력을 기울였다. 이는 바이에른, 작센, 뷔르템베르크, 바덴 주와 관련하여 부분적으로 성공적이었지만, 그 이상은 아니다. 항상 '독일의 황제'라고 말하는 것은 피해 왔고, 군주는 '독일 황제'보다 더 높은 공식적 칭호를 받지 못했다. 하지만 실제로 독일 전체가 지금은 하나가 된 것 같다고 느끼게 된다. 하나의 중앙 권력에 의해 주도되고 독립성을 유지하기 위해 하나의 중앙화된 국방력에 의존해야 한다. 그리고 유럽 상황에 변화가 생기는 경우 '특별한 예외'가 없다는 말은 결코 아니지만, 현재 하나의 연방에 함께 사는 개별 국가㈜는 매우 광범위한 자율성을 누리고 있음은 분명하다.

하지만 사람들은 외국에 대해서도 여전히 일정한 체면을 유지하려고, 적어도 뮌헨과 드레스덴에서 외교 대표가 더 작은 규모로 계속 존재할 수 있기를 시도한다. 이와 관련하여 사절 자신은, 그들이 단지 장식품에 불과하며 적절한 외교관이 아니라는 것을 너무 잘 알고 있다. 따라서 대부분의 외국 국가는 베를린에 보낸 특사를 소규모 외교관으로 인정하기로 했다. 뮌헨에서도 오스트리아-헝가리, 프랑스, 영국, 이탈리아, 러시아 이 5개 강대국만이 여전히 별도의 대표단을 유지하고 있다. 슈투트가르트에서는 러시아와 오스트리아-헝가리만이 별도의 외교 대표단을 두고 있다. 드레스덴에는 오스트리아, 영국, 러시아 대표단이 있다. 그리고 바덴의 대공궁전에는 별도로 임명된 외교관이 없다. 오늘날 이러한 격차는 그 거주지에서는 훨씬 덜 느껴지지만, 1902년 나와 회견한 옛 작센 왕은 이 외교적 황량함에 대해 비통함을 나에게 피력했다. 나는 스위스에서 여전히 지속되는 작은 예외에 대해 앞에서 이미 언급했으며, 그것이 얼마나 중요하지 않은지 말했다. 그리고 특히 미국에서는 주권적 공화국 중 하나가 아닌, 이제 외국과의 개별적 관계 이상의 그림자만 발견된다. 예전에 독립적이었던 모든 것이 연방에 통합되었다. 외국은 결코 다르게 생각하지 않으며, 스스로 결정하는 국가 통합의 중앙 정부와 다르게 생각하지 않는다.

제국(rijk)이라는 용어가 대부분 전적으로 군주제에만 사용된다는 것은 유감이다. 상대적으로 아주 작은 나라조차도 자신을 그 헌법에서 제국이라고 부르는데, 앞에서 지적했듯이 이것은 '왕국'의 합병뿐만 아니라 그 자체로도 마찬가지이다. 헌법 2조는 "유럽의 제국", 3조는 "제국의 경계", 4조는 "제국의 기본영역"에 대해 언급한다. 공식적으로는 아니지만, 독일제국은 독일연방이라고도 불린다. 그러나 공화국 국가기관의 경우 이 용어를 사용하지 않는다. 프랑스(Frankrijk)는 이름 자체로 제국이라고 불리는데, 오늘날은 그것이 오직 국가(état)라는 표현으로만 사용된다. 미국 연합 또한 이 단어를 피했다. 물론 왕(Rex 또는 Koning)에서 파생된 왕국(regnum)의 원래 의미와 함께 사용되는 사용법의 구별이 있는데, 제국이라는 말이 더 일반적으로 사용된다는 것을 배제해서는 안 된다. 그러나 이러한 배제는 국가라는 단어가 이중 의미가 있기 때문인데, 이는 네덜란드 국가(Staat)와 각 주(Staten)에서도 마찬가지이다. 이것은 하나의 연방에서, 사실 고도로 자치적인 지역만을 의미하는 주들(de Staten, 국가들)이 계속 논의되고 있음을 이해하기 위해서이다.

§37. 지속적인 평화

평화주의자들이 '국가 연맹'(Statenbond)으로 표현한 것이 참으로 전쟁의 최종적 추방과 영원한 평화의 출현으로 이어질 수 있는지에 대한 질문은 답을 요구한다. 평화주의자가 이것을 어떻게 상상하는 경향이 있는지 알려져 있다. 그들은 초기에 통일된 제국 아래 머리를 숙이지 않은 수많은 도시와 지방이 자체 군대를 갖고 방어를 구축하고, 이웃과 지속해서 협력했다는 부인할 수 없는 사실을 지적한다. 우리는 우리 주들(provinciën)에서 이것을 본다. 모든 사람을 하나로 묶는 단결이 항상 부족했기 때문에, 누구나 항상 자주적 방어를 준비했다. 이 개별 방어가 충분히 회복력을 갖추고 있지 않다면, 기회가 올 때마다 최소한 단독으로든 모집한 동료와 함께든 주저 없이 공격할 것이다. 사람들은 이러한 상황이 지속될 수 없으며 결국 사라진다고 말한다. 같은 조건이 발생했던 유럽의 거의 모든 지역에서 이것은 저절로 끝났다. 전쟁과 삶의 공유에 기초한 이러한 끊임없는 변화가 국가와 국민의 번영을 가로막고 있다는 것을 점점 더 깨닫게 되었다. 이런 식으로 사람들은 점점 더 많은 합의와 단결을 얻었다.

그러한 도시와 국가의 전체 집단은 스스로 또는 강력한 통치자에 의해 하나의 권위와 평등한 법의 행정 아래에 모여 연합하였다. 그 결과, 누구도 프리슬란트가 무장하고서 필요하다면 흐로닝언의 공격으로부터 자신을 방어할 수 있다고 생각하지 않았다. 외국에 대항해서가 아니라 다른 도시에 대항하여 암스테르담을 무장시키는 것은 광기라는 인상을 줄 것이다. 따라서 모든 도시는 점차 무장해제 되었고, 민병대는 처음에는 행진 부대로 출현했다가 마침내 완전히 사라졌다. 이전에 칼로 서로를 공격했던 것을 스스로 녹여 버리게 된 것이다. 이제 같은 방법을 모든 유럽에 적용해야 한다고 말한다. 유럽의 모든 국가가 서로 동맹을 맺고 가장 광범위한 자율성을 유지하면서, 하나의 강력한 전체를 형성하여 서로 대항할 문제가 없도록 하면, 자연스럽게 모든 국가가 평등한 상태를 누릴 것이다.

이것은 이미 우리 네덜란드에서와 다른 많은 국가에서 실현되었다. 영국이 어떻게 총과 칼로 싸우는 집단으로 나뉘지 않고, 이 모든 분열이 점차 허물어져 강력한 국가 통합을 이루었는지 살펴보라. 그것이 결국 모든 유럽이 가야 할 길이다. 유럽의 모든 국가는 하나의 중앙 지도력 아래 연방으로 연합할 것이다. 그런 다음 좋은 질서를 관리해야 할 중앙 권력은 대도시 시장이 현재 가지고 있는 것 외에는 아무것도 필요하지 않을 것이다. 너무 작지 않은 경찰력은 좋은 질서를 위반하는 모든 것을 통제할 수 있으며, 함대와 군대 자체가 사라지고 요새들이 무장에서 벗어나 매년 평화가 우리 대륙 전체에 점점 더 확실해질 것이다.

이 주장은 부인할 수 없는 사실에 근거하기 때문에 설득력이 있다. 자신의 칼로 개인적으로 방어하며 살거나 자신의 검으로 평지에서 살았던 시대는 우리보다 훨씬 뒤떨어졌다. 하나 이상의 성벽이 작은 요새처럼 둘러싸여 있다. 공통된 방어력은 없었다. 그들은 무장한 호위병력 없이는 나라를 지나갈 수 없었다. 그리고 나중에 농민들은 장전된 소총을 상자 침대 위에 걸어 두지 않으면 잠들지 못했다. 하지만 그 상황은 특히 사회를 함께 조직하고 경찰과 민병대에 의해 자신의 안전을 책임지는 도시의 출현으로 끝이 났다. 그리고 그 후의 기간에 모든 국민이 이를 행하도록 이끌렸다. 처음에는 지방과 도시에서만 볼 수 있던 것이 그렇게 조직되어 한 중심에서 강력한 힘이 한꺼번에 똑같이 수행되는 일이 실제로 일어났다. 이제 유일한 질문은 같은 방식으로 전체 대륙과 전 세계를 하나의 유기체로, 중앙에서 하나의 공통 방패 아래에 모든 국민을 함께 조직하고 보호할 것을 한 번 더 예언할 충분한 근거가 있는가이다. 이것을 미래의 요구와 같은 영감을 주는 단어로 묘사하는지 여부는 아무 소용이 없다. 미래에 대해 예언하고자 하는 것이 몇몇 국가와 관련하여 이미 달성된 것과 실제로 같은지 여부를 신중하게 검토해야 한다. 따라서 이 문제를 더 자세히 살펴보겠다.

§38. 유럽은 충분하지 않다

이러한 방식으로 유럽을 통일하는 데 성공하더라도 그다음 목표는 달성되지 않을 것이라는 점에 주목해야 한다. 확실히 지난 세기 전반기에 아시아와 아프리카는 무시할 수 있는 대륙으로 자주 언급되었으며, 식민지적 착취 대상으로 여겨졌다. 사람들은 이 두 지역에 대해 두려워할 것이 없었다. 그러나 아직도 이 어리석은 생각에 길을 잃는 사람은 없다. 잠든 아시아가 깨어났다. 유럽이 아닌 일본이 이제 아시아를 장악하고 있으며, 지난 4세기 동안 아시아에 피해를 준 유럽에 보상을 요구하는 움직임이 이미 거의 모든 아시아 지역에서 나타나고 있다. 지금까지는 아시아가 유럽을 압도하는 것을 생각하지 못했는데, 이는 유럽이 보유하고 있는 강력한 무장 때문이다. 그에 비해 아시아는 지금까지 완전히 무력했다. 그러나 이미 일본은 러시아 황제를 물리치고, 중국에서 수호자로서 행동할 정도의 실제 권력으로 부상했다. 그렇다고 당신은 평화주의자가 상상하는 것처럼 모든 유럽 국가가 거대한 경찰력을 갖기 위해 그들의 함대와 군대를 폐지해야 한다고 생각하는가? 그리고 당신은 그것의 필연적 결과가 무엇이라고 느끼는가? 일본은 주저 없이 홀로 또는 아시아의 도움으로 이 상황에 관여하여 유럽 전역에 요구하고 주도하는 행동을 하게 될 것이다. 그리고 미국도 이 세계 조직에 들어가면, 마찬가지로 무장하지 않은 상태로 유럽과 함께 이 패권에 굴복해야 할 것이다.

일본이 50년 만에 세계 강국이 된 과정을 생각해볼 때, 모든 유럽과 미국의 함대와 군대가 폐지된 후에 일본이 전 세계를 패권에 복종시키는 데 25년도 필요하지 않으리라고 생각한다. 아시아와 아프리카 전체를 새로운 세계 조직으로 끌어들이는 데 성공할 수 없고, 그곳에서도 모든 해군과 군대가 패배하지 않는 한, 평화주의자들의 이상은 의심할 여지없이 손상을 입게 될 것이다. 이것은 이미 우리가 상상하는 것이 어떻게 허무하게 사라지는지 보여준다. 아무도 아시아와 아프리카가 미국, 유럽과 하나로 통합될 것이라고 믿지 않는다. 네덜란드도 식민 강대국으로서 함대와 군대를 없애기보다 우리 군도에서 방위력을 강화하려는 계획을 세운 것을 다소 슬프게 생각해야 할 것이다.

그러나 여기에 더 많은 무엇이 있다. 모든 국가의 공화국적 연방이 우리의 미래가 될 수 있다고 상상하더라도, 지금까지의 경험은 실제로 이를 통해 칼로 싸우는 것을 끝냈는지를 우리에게 질문한다. 모든 주가 연합된 미국에서 검이 낫으로 바뀌었으며 더 피를 흘리지 않았다고 말할 수 있는가? 그리고 그 피할 수 없는 질문에 대해 너무 실망스러운 대답 외에 무슨 답변이 있겠는가? 내가 이 글을 쓰는 순간, 멕시코에 무슨 일이 일어나고 있는지를 보라. 멕시코는 현재 독립된 주들의 연합체이다. 바하 노르드(Baja Norde), 바하 수르(Baja Sur), 긴타나 로(Guintana Roo), 테픽(Tepic)의 4개 영토를 제외하고 28개 주가 있다. 멕시코는 크기가 거의 200만 제곱킬로미터에 달하는 거대한 지형에 인구는 1,500만 명에 불과한데, 이는 제곱킬로미터 당 8명이다. 반면에 네덜란드는 제곱킬로미터 당 157명이다. 누구든지 자신이 구하는 것을 찾을 수 있는 나라에서는 주민들 사이에 다툼이 없을 것이다. 그리고 그 민족이 내부적으로 자체 소비하는 것은 우리에게 무언가를 보여준다. 조직은 별 소용이 없으며, 너무 강력한 조직은 비참하게 만든다. 재정적으로 돈줄을 붙잡고 있는 유럽조차도 멕시코의 평화주의가 의미하는 바를 체감했다.

만일 멕시코가 유일한 예외일 뿐이라고 화를 낸다면, 그것은 아무것도 아닐 것이다. 그러나 사람들은 그에 대해 더 잘 안다. 미국에서 노예 전쟁은 가장 파멸적인 결과를 낳았고, 미국은 함대와 군대를 확장해야 했다. 멕시코에서 남쪽으로 내려가면 베네수엘라에 도착하는데, 네덜란드도 잘 알고 있듯 남부 동맹 체제에서 쓰디쓴 내전이 계속되어, 어떻게 전개되었는지를 볼 수 있다. 일부 남미 국가에서는 그렇지 않다! 칠레와 페루, 파라과이와 브라질을 생각해보라. 열정이 영혼을 뒤흔들 때 불안하여 칼을 움켜잡는다. 미국 전역에서 마치 영원한 평화에 들어가는 것처럼, 함대와 군대가 거의 끝나가는 것처럼 외치는 곳은 없다. 오히려 모든 국가는 더욱 진지한 국방력 강화를 고안했다. 이는 과도하게 설정된 이상에 대한 좌절이다. 나는 연방이 스페인 식민세력을 꺾고 함대에 의해 하바나를 점령했을 때 미국에 있었다. 거기서 모든 사람이 계산에 얼마나 바빴는지, 언제 그 우월한 힘으로 스페인의 식민지를 정복할 수 있었는지를 들어야 했다. 나는 나이아가라 폭포 근처에 있는 로체스터에서 식민지 착취에 대해 자유롭게 이야기할 때까지 전혀 휴식할 수 없었다.

§39. 지속적인 변화

하나의 국가 연합 또는 연방 국가로 세계의 모든 국가를 통합하는 것에 대한 반대는, 국가 간의 상호 관계가 '지속적인 변화' 속에 있다는 역사적으로 확립된 사실에 있다. 우리 각자가 존재의 다른 시기에 겪는 것, 처음에 그가 약하고 부드럽게 시작하여 점차 성장하다가 마침내 완전한 힘을 얻지만 다시 힘이 줄어들고 약해진 후 마침내 죽는 것은 일반적이다. 이것은 강력한 국가에도 적용된다. 국가도 작게 시작하여 점차 국경을 넓히고, 인구와 권력이 증가한다. 하지만 나중에는 중요성이 감소하고 다른 국가보다 수적으로 적어지며, 마침내 약화된 상태에 처한다. 물론 그러한 기간은 수 세기가 걸리지만, 그러한 과정이 역사의 과정에서 매우 분명하게 관찰될 수 있다는 것은 부정할 수 없다. 1800년대와 1900년대의 유럽 지도를 비교해보면, 한 세기 동안 일어났다고 믿을 수 없을 정도의 큰 변화를 확인할 수 있다. 국경은 변하지 않는 것으로 여길 수 없다. 그로 인해 응집력도 약화되었다. 일단의 국가들이 어떻게 쇠락하고, 다른 국가들의 중요성이 어떻게 증가하는지를 목격할 수 있다. 스칸디나비아의 3개국이 확고한 연방에 도달하는 것이 얼마나 불가능한지, 그리고 덴마크, 노르웨이, 그리고 또 다른 시기에 스웨덴이 어떻게 앞장서고 있는지 살펴보라.

그러므로 모든 세기의 역사적 교훈은 크고 작은 국가들의 인구, 경계, 중요성, 활동이 수 세기에 걸쳐 끝없는 변화를 겪고 있다는 것이다. 이것은 지난 세기에만 그런 것이 아니라 최근에도 그러하다. 그리고 이 역사적 사실을 염두에 두는 사람은 그 누구도 유럽 지도와 세계지도를 보며, 모든 세기 동안 그대로 남아 있을 것으로 보지 않는다. 전쟁이 끊임없이 발생하고 기존 상황이 평화 조약에서 변경되는 한, 세계지도의 이러한 변경 가능성이 남아 있다. 하지만 전쟁의 폐지와 함께 전쟁을 일으킨 원인이 억제되어, 세계지도의 꾸준한 변화가 이토록 계속해서 일어났다고 주장할 수 있는가? 절대로 그렇지 않다. 결국 수 세기 동안 국가들에서 관찰될 수 있는 관계의 변화는 단순히 전쟁의 결과가 아니라 그 성격으로 볼 때 주로 사회적 요인이다.

한 국가가 전성기를 맞이할 때, 그러한 국가에는 거의 모든 분야에서 탁월함이 나타나는 것을 본다. 이들은 예술과 과학, 종교, 도덕, 경제, 기업가 정신에 이르기까지 어느 정도 국가 생활에 흔적을 남긴다. 16세기와 17세기에 우리나라를 예로 들어 오늘날과 비교해보라. 15세기와 16세기 스페인과 포르투갈에 존재하지 않았던 것은 무엇이며, 오늘날 그들이 보여주는 모습은 무엇인가? 이웃 나라 또는 경쟁국에서 일어나는 일조차도 때때로 당신이 선호하는 땅에 멈출 수 없는 영향과 결과를 남긴다. 16세기 중반에 영국은 전혀 중요성이 없었는데, 우리 작은 네덜란드가 그 당시 어떻게 영국을 능가했을까?[352] 그러므로 지금부터 그리고 앞으로 수 세기가 지나도 세계지도가 지금 그대로 남아 있을 것이라고 가정할 수 없다. 이것은 불가능하다. 다양한 민족의 생명력이 오르락내리락하고, 그에 따른 상호 관계와 이를 위한 변화는 어쩔 수 없이 이것의 가능성을 차단한다. 스토아학파의 '모든 것은 변하며, 변치 않고 남아 있는 것은 없다'가 여기에 완벽하게 적용된다.

살아 있는 것은 끊임없이 변한다. 식물계, 동물계, 가족생활을 보면 국가의 삶과 다를 수 없다. 국민의 기초는 늪에 빠뜨려 독살하는 정체된 물이 아니라, 계속 흐르며 그 흐름에 의해 신선함을 유지한다. 이것을 인식한 꾸준한 변화가 조약에 의해 완전한 평화로 해결될 수 있다고 감히 주장할 것인가? 인간의 본성 자체가 이것을 어떻게 반대하는지 느껴진다. 승리한 국가가 쇠퇴하는 국가를 더 좁은 한계로 밀어 넣는 어떠한 시도도 마찬가지로, 위협받는 국가를 최종적이고, 극단적이며 영웅적인 저항을 감행하도록 유도하며, 다시 전쟁이 터지곤 했다. 그 순간 세계지도가 당신에게 제시한 그림은 그 자체로 결코 절대적인 것이 아니다. 그것의 우연성은 누구에게도 부정되지 않을 것이다. 그렇다면 가장 최근의 우연한 결과가 어떻게 모든 시대에 법과 통치로 유지되기를 원하겠는가? 그것은 마치 우리가 얼마나 끊임없이 성장하며 어떤 옷을 입는지를 아는 사람이 죽을 때까지 그 사람의 고정된 모델로, 일정한 나이에 치수를 재어 만든 옷을 우리에게 입히는 것과 같을 것이다. 그것은 함께 성장하는 것을 고려하지 않는 것이다. 따라서 변하지 않는 국가들의 연맹을 생각할 수는 없다. 전 세계를 위한 그러한 국가연맹이라는 생각 속에는 국민의 생명에 따라 처신하지 않는 보수주의가 있다.

§40. 기원의 일치

그러나 여기에서도 전 세계를 위한 하나의 국가 연방에 대해 매혹적이지만 수용할 수 없는 생각에 대한 비판이 아직 끝나지 않았다. 더 큰 통일 국가에서 해체된 최초의 독립 국가가 무엇을 스스로 해결하고 하나로 뭉쳤는지에 대한 질문은 매우 진지하게 다뤄져야 한다. 주로 두 가지 동기를 지적하는데, 즉 '기원의 일치'와 '공통적 위험'이다. 영국에서 잉글랜드와 스코틀랜드의 통합은 아일랜드의 경우보다 훨씬 더 잘 진행되었다. 영국과 아일랜드의 연합이 봉인된 것은 어려운 일이었다. 잉글랜드와 스코틀랜드에는 모두 게르만족이 거주하는 반면, 아일랜드는 켈트족 출신이라는 사실 외에는 다른 방법으로 설명할 수 없다. 여기에 종교의 차이가 추가된다. 종교적 차이는 부족의 차이와 관계있었다. 켈트족은 로마가 제공한 것에서 항상 종교적 만족을 찾았다. 원래 기원이 다른 것은 하나로 합쳐지지 않는다. 이웃 벨기에의 플란데런과 왈롱 사람들은 여전히 그들 사이에 분리의 벽이 세워졌다고 생각한다. 기원이 다른 네 민족이 모인 오스트리아는 여전히 국가적 통일성이 부족하다. 반면 이탈리아에서는 여러 시대에 걸쳐 '미회수된 이탈리아'에 대해 외쳤다. 독일은 공통 기원을 자랑하면서도 이전의 분열을 극복하는 방법을 알지 못했다. 보헤미아의 체코인과 독일인은 끝없는 분쟁의 원인으로 남아 있다. 그리고 지도가 어디로 향하든 간에 인종 집단 간의 긴밀한 통합은 절망적 상태로 남아 있다는 사실을 반복해서 발견하는데, 여기에는 기원의 차이가 매우 크다. 때로는 매우 탄력적으로 성공하기도 했다.

러시아와 핀란드에서 합병은 반대에 부딪혔으나, 그와 반대로 발칸 반도의 국가에서는 수 세기 동안 탈퇴 후에도 원래적 연합이 나타날 수 있다. 그러나 기원에 의한 통일의 구속력은 이제 세계 국가 연방에서 완전히 사라지고, 출신지의 통일성에 관해서는 흑인과 스웨덴인, 중국인과 스페인 사람, 아랍인과 스위스인 그리고 덴마크인과 콥틱인(Kopt) 간의 차이가 모든 긴밀한 결속을 차단한다. 이 매우 독특한 집단이 얼마나 밀접한 관계에 도달할 수 있는지를 보여주기 위해 스위스와 미합중국이 언급되었지만, 이것이 전 세계에서 똑같을 수 있다는 것을 증명하지는 않는다. 스위스는 너무 작고, 고립되어 있어서 법을 제정하는 데 어려움이 있었다. 북미 연합에서 다른 이민자 집단을 통합한 것은 실제로 앵글로색슨족이었다. 이들이 없이는 불가능한 일이었고, 이들의 유형 자체가 수정되었다. 새로운 연합 국가는 연합에서 태어난 독립 국가가 아니며, 연합 생활 외에는 다른 어떤 것도 알지 못한다. 또한 여기서는 언어가 결정적이었다. 연합으로서의 미국 전체는 미국식 억양이기는 하지만 영어를 사용한다.

§41. 공통된 위험

또한 중요한 것은, 지금까지 확립된 국가들의 연합이 거의 어떤 방식으로든 '공통된 위험'에 처해 있다는 사실이다. 우선 좁은 의미로 받아들여진 동맹이 있다. 나폴레옹이 몰락한 후 빈 회의에서 의도된 것과 같은 큰 연합은 특별한 성격을 가질 수밖에 없었다. 나폴레옹은 프랑스가 패권을 갖게 될 세계 제국을 구상했고, 나머지 유럽 국가 전체는 이 계획에 반대하여 연방으로 연합했다. 그러나 이것은 지속될 수 없었다. 프랑스의 패권이 무너지고 가라앉자, 동맹국들은 곧 분쟁에 휩싸였다. 이 새로운 분쟁에서 그들은 매우 뚜렷하게, 또 매우 모순적인 방식으로 움직였다. 동맹은 동유럽과 중유럽에서 이뤄졌다. 러시아가 몰락하자 독일, 오스트리아, 이탈리아의 중유럽 3국이 프랑스, 러시아, 영국을 상대로 대치했다. 그러나 이것은 지속되지 않았다. 그것은 잠시 유지되다가 상황과 관계의 변화에 따라 스스로 분열되었다.

반면에 훨씬 더 깊숙이 침투하여 동맹을 통제하는 것은 마치 국가를 특정 범주로 나누는 것과 같다. 심지어 혈통이 너무 강한 경우에도, 그들은 서로 경쟁하는 '관계'이다. 아시아 민족은 유럽 민족과 다른 방향으로 움직이고, 유럽에서는 3대 민족인 로마인, 게르만인, 슬라브인이 각자의 방향으로 움직이고 있다. 이러한 집단 사이에 긴장이 자연스럽게 발생한다. 유럽에서 슬라브인, 게르만인, 로마인 사이에 충돌이 있듯이 아시아에서도 중국과 일본 사이에 긴장이 있다. 따라서 모든 종족과 부족은 다른 부족이나 종족에 의해 위협을 당할 수 있는 가능성을 가지고 있다. 여기에는 같은 종류의 민족을 하나로 모으는 '조용한 힘'이 있으며, 평화 가운데 함께 사는 것을 추구하게 한다.

여기에서 중간 단계도 발생한다. 러시아와 영국의 관계는 19세기와 완전히 바뀌었다. 종족과 부족 사이의 원시적 투쟁은 두 가지 종류가 있으며, 같은 인종의 사람들은 마침내 항상 상호 지원을 제공할 준비가 되어 있다. 세계 국가 연방의 매혹적인 구상은 돌이킬 수 없을 정도로 비틀거릴 것이다. 하나의 제국으로 합쳐질 수 있는 소규모 국가들의 연합은 쉽지 않다. 합쳐져 단합한 것은 같은 모(母)부족에 속하거나 공동의 위험에 대한 두려움이었다. 전 세계가 인종과 부족의 차이로 분리되어 있고, 경쟁이 인종과 부족을 더 대적하게 한다. 국가 연방이라는 발상도 이러한 관점에서 나타난다. 온 땅의 모든 민족을 하나의 끈으로 묶었다는 환상을 유지하려고 애를 쓰지만, 곧 허영심 속에 압도된 사건을 통해서 잔인하게 깨어지는 모습을 반복적으로 보여주었다.

인류가 하나의 유기적 전체로서 자연적으로 발전할 수 있었다면, 분열은 절대 일어나지 않았을 것이다. 전능하신 하나님께서 창조하신 하나의 유기체로서 모두 함께 번성했을 것이며, 국가라는 기계적 연결조차 필요하지 않았을 것이다. 타락이 우리의 단결을 깨뜨렸고 삶의 다양성은 대립으로 이어졌다. 인간의 마음이 분열되고 논쟁하며, 지배하려는 태도가 나타났고, 유기적 연결이 무너져 결국 기계적 연결만 남았다. 비용이 많이 드는 외과적 지원에도, 정신적-유기적 단결이 상실되었고, 국민 사이와 국가 간의 '영원한 평화'를 더는 상상할 수 없다는 생각이 나타났다.

인간 발명의 산물이 아니라 신성한 재건의 열매로서 우리가 모든 평화주의자와 함께 고대하는 것은 언젠가는 그리스도의 재림을 통해 나타날 것이다. 오직 그리스도만이 그것을 우리에게 가져다 줄 수 있고 가져 올 것이다. 이것은 평화주의자의 강령과 선포를 통해 혹은 선언문과 회의를 통해 결코 이뤄질 수 없다. 한때 자유 국가로서 서로 싸웠던 우리의 지방이 저절로 '국가 연방'으로 평화로운 공존에 이르게 되었다. 이처럼 지구상의 모든 독립 국가들도 점진적으로, 그들의 칼을 하나로 통합하고, 공존하기 시작할 것이다. 모든 전쟁이 자동으로 지속적 평화로 바뀐다는 생각은 자기기만에 불과하며, 역사와 현재 상황의 변하지 않는 증거를 통해 심판을 받을 것이다.

§42. 국민은 정해진 법 아래에서 산다

국제법은 그 본질과 특성을 바꿀 수 없으므로, 그 지배력이 아무리 거룩하더라도 여러 국가에서 자국법을 시행하는 것에 뒤쳐질 것이다. 따라서 우리의 결론은 출발점으로 되돌아간다. 법이 민족들 사이에서도 매우 분명하게 적용되어야 한다는 것은 말할 것도 없다. 사람 사이에도 관계가 있듯이 국가 사이에도 마찬가지다. 이러한 관계는 하나님께서 제정하신 것이어야 한다. 그분은 어떤 특별한 경우에도 그렇게 되기를 원하신다. 따라서 절대적 의미의 국제법이 있다. 법적 관계가 모든 측면에서 정확히 일치하지 않는 것은 우리의 잘못이다. 사람과 사람의 관계가 가족, 가정, 사회, 민족에서 어떻게 될 것인지를 결정하고 판단하시는 분은 오직 하나님이신 것처럼, 국가 간의 관계도 하나님만이 결정하실 수 있다. 이제 국제법은 하나님께서 명령하신 법이다.

그 절대적 법은 대화, 법의식, 합의를 통해 열방 사이에 표현된다. 그러나 그것을 하나님의 이름으로 부여하는, 즉 규정하고 집행하는 기관은 부족하다. '질서 있는' 국가에는 하나님의 공의를 위한 그런 기관이 있지만, 모든 나라를 위한 정부는 세워져 있지 않기 때문에 국가들 상호 간을 위한 것은 아니다. 이는 각 국민과 국가의 경계 내에서 따로 취한 경우이다. 이른바 국내 정부는 하나님의 이름으로 그분이 명령하고 그분의 기관으로 행동한다. 정부는 하나님의 모든 능력의 기관으로서 어떤 사람에게도 속하지 않고 오직 하나님께만 속하는 일을 하고 할 수 있으며, 해야 한다. 하나님만이 어떤 사람의 재산을 압류하고 그의 자유를 제한하거나 옥에 가두며, 마침내 형벌이나 잔인한 전쟁으로 죽이거나 살해당하게 할 권리가 있다. 다음 세 가지, 즉 정부가 당신에게서 세금을 징수하고, 희생하도록 강요하며, 당신을 가두고 당신의 생명도 처분할 수 있다는 것은 본질상 오직 하나님만이 가진 힘이다. 어떤 인간도 그의 동료 인간을 임명하여 이를 집행할 수 없다. 하나님께서 같은 방식으로 이 세 가지 모든 통제 목적을 위해 지정된 정부 공무원들에게 권한을 부여하신 것이다. 이러한 정부의 권한은 국가나 제국의 경계를 넘어가지 않는다. 경계와 관련된 사항은 조약이나 합의에 따라서만 공식적으로 결정될 수 있다. 합의에 따른 이 규정은 이제 절대법의 표현이 될 '수' 있다. 종종 그것은 전통과 법 개념에서 지원을 구할 것이다.

성경의 특별계시가 이것에 대해 밝혀주는 한, 기독교 정부도 이것을 고려해야 한다. 그러므로 어느 정도 조약과 합의는 하나님의 법의 그림자가 될 것이다. 그러나 여기에는 모든 '확실성'이 부족하다. 양자 중 한 편에 대해 불의하거나, 양자 모두에 대해 불의하여 제삼자에게 부담을 주는 조약들이 반복해서 체결되었다. 기존의 조약을 새로운 것으로 대체할 때 그 수정안은 종종 공평하지 않았다. 사람들 간의 합의에 따라 그 합의에 구속되는 경우가 끊임없이 발생한다. 인정해서는 '안 되는' 것을 동의하고 인정했다고 자각하여도, 약속에 대한 법과 비상사태가 말하고 있는 것처럼 국가 간 협약과 합의도 구속력을 지니고 있다. 바로 이러한 이유로 갈등이 발생하는 곳에서 국제법이 역할을 다하고, 법규와 사법 행정이 부족한 곳에서 '중재 재판소'가 기능하며, 평화회의가 전쟁법을 제정하는 것은 매우 바람직하다.

아무리 큰 노력을 기울이고 전쟁에 대한 반대 여론 형성에 힘쓰더라도 국가 간의 법 '집행'은 제약을 가지고 있다는 점을 이해해야 한다. 지구상의 '모든' 민족이 단 하나의 예외도 없이 조약에 의해 동맹을 맺어야 이 새로운 민족의 삶에 태양이 비칠 수 있을 것이다. 그러나 모든 국가가 서명하는 것은 불가능하다. 아름다운 기대를 하지 못하게 되는 것은 슬픈 일이다. 합의된 것을 깨뜨리면 '모든 것이' 다시 불안정해진다. 합의를 위반한 사람을 징계할 힘이 부족할 수도 있다. 앞에서 논의된 세계 경찰은 설립될 수 없거나, 설립된 곳에서도 평화의 모든 이상을 실현하지 못하고, '실패'할 것이다.

이 장에 제시된 국가 간의 상호관계에 대한 논의는 일반적인 이론과 차이를 보인다. 법을 객관적 의미에서 파악함으로써 모든 법의 신적 기원을 무시하려는 노력에 반대하기 때문이다. 누구든지 법적 개념을 주관화해야 하며, 객관적으로 이해할 수 없다.

제11장

남아프리카공화국과
오란녀 자유국

§1. 공화국의 등장

10장의 '§33. 남아프리카공화국'에서 이미 언급했던 케이프에서의 슬픈 사건을 간략하게 설명하려고 한다. 나중에 케이프 식민지로 불리게 된 곳과 유럽의 첫 만남은 1486년 바르톨로메우 디아스(Bartholomeus Diaz)[353]가 리스본을 떠나 그 곳에 도착했을 때 이뤄졌다. 그 후 두 번째 모험을 감행한 선원들이 1497년 무역 관계를 수립했다. 그러나 16세기에 유럽인들은 이 거대한 대륙을 찾지 않았다. 1630년에 영국 선장 두 명이 그곳을 찾았지만, 점령하려는 생각 없이 머물던 땅을 떠났다. 그래서 네덜란드 동인도 회사는 1632년 테이블만(Tafelbaai)을 점령하면서 그 지역을 발견했다.

§2. 케이프에서의 영국인

점령 후 많은 네덜란드 식민지 개척자들이 그곳으로 갔다. 그곳 원주민 여성들과의 혼인을 막기 위해 암스테르담 보육원에서 성인 소녀들이 그곳으로 보내지기도 했다. 네덜란드에서 피난처를 찾았던 많은 난민도 그곳으로 이주했다. 케이프는 네덜란드 식민지 중 아마도 가장 발전된 곳이었다. 그러나 이 초기 상황은 영국이 케이프를 점령한 1795년까지만 지속되었다. 아미앵(Amiëns)[354]에서의 평화협정이 결정되고, 케이프가 네덜란드로 귀속될 것이 결정되었다. 하지만 영국과 프랑스 사이에 다시 전쟁이 발발하자, 영국은 프랑스의 영향력 아래 있는 국가의 식민지를 편하게 점령할 수 있다고 생각했다. 영국은 1806년에 케이프를 최종 점령했고, 그 이후 영국의 식민지로 유지되었다. 영국은 1815년 빈에서 식민지 점령을 다른 강대국들의 관용 아래 인정받을 수 있었다. 이러한 점령 이후 1820년 영국 이민자들의 행렬이 이어졌다. 그들은 네덜란드의 옛 식민지 개척자들과 어울려 살았지만, 곧 두 집단이 함께 어울려 사는 것이 불가능하다는 것이 드러났다. 이 불편한 동거는 심각한 분열로 이어졌다. 영국 총독이 자국민의 편에 섰기 때문에 평화로운 공존을 생각할 수 없는 긴장된 상황이 발생했다.

결국 1836년 네덜란드의 옛 식민지 개척자들의 대부분은 북쪽으로 올라가 발강(Vaal)[355]을 넘어, 그 위의 카펄란트(Kafferland)[356]를 점령했다. 오란녀 자유국 이후 트란스발은 또한 독립적 지위를 가졌다. 이로 인해 영국과 불편한 관계가 되었다. 프레토리우스(A. W. J. Pretorius)[357] 총사령관이 1848년 협상을 시작하여, 1852년 1월 16일 '샌드리버협약'(Conventie van Zandrivier)을 체결했다. 영국은 '발 강 건너 보어인 지역'의 독립과 자립을 인정했다. 이 지역에는 영국의 주권이 미치지 않게 되었다. 제1조는 다음과 같이 선언했다. "여왕 폐하의 대리인은 영국 정부를 대신하여 발 강을 건너는 보어 이주자들에게 자신들의 지식에 따라, 영국 정부의 어떠한 간섭 없이 자신들의 사안을 결정하고, 자신들의 정부를 가질 권리를 보장한다. 발 강 북쪽의 영토는 영국 정부가 침범하지 않을 것이다." 또한 제2조는 분쟁이 발생할 경우, 중재 재판소 시스템을 수용한다는 것을 명시했고, 제3조부터 제9조는 노예제, 무역, 교통, 탄약 조달, 임대료, 토지 소유에 관한 특정 조항을 규정했다. 이것을 통해 보어인과의 탄약 거래가 금지되었다. 이 협약은 곧 영국에서 많은 후회를 낳았다.

보어인들이 세운 두 공화국이 크게 발전하자 기존의 조치를 재검토하려는 시도가 이루어졌다. 1871년 4월 12일 케이프 총독 테오필 셉스턴 경(Sir Theophile Shepstone)[358]은 이 협약을 완전히 무시했다. 두 공화국의 영토를 영국 영토로 선언하고 이를 영국에 병합했다. 프리토리아(Pretoria)[359]에서 공화국의 국기가 병사들에 의해 내려졌고, 그 자리에 영국 국기가 게양되었다. 이 폭력적 행위에 항의하기 위해 런던으로 갔던 대표단이 빈손으로 돌아왔다. 영국 정부가 트란스발 지역 점령에 전념했다는 것이 밝혀졌다.

1879년 12월 10일 하이델베르크[360]에서 폭풍의 신호가 올리고 전쟁이 발발했다.[361] 영국은 이 저항을 극복하려 했지만, 보어인들의 용기는 꺾이지 않았다. 1881년 2월 27일, 스미트(Smit) 장군의 군대가 스피츠코프(Spitskop)와 마주바(Majuba)[362]의 영국군 연대를 압도하면서 영국은 새로운 상황에 직면했다. 8월 8일 프리토리아에서 새로운 협약이 체결되었다. 하지만 보어인들은 이에 만족할 수 없었다. 협약 제1조는 트란스발 영토의 주민들에게 "완전한 자치"를 허용할 것이라고 규정했지만, 문서상으로는 "여왕 폐하의 종주로 종속된다", 또한 "다음 제한 사항이 적용된다"라고 명시되어 있었다. 특히 제2조는 영국 정부가 트란스발에 주재해야 하며, 추가로 "해당 국가의 대외 관계에 대한 감독"을 규정했다. "이러한 모든 협상은 여왕 폐하의 해외 외교관과 영사관을 통해 이루어져야 한다"라는 단서 조항이 추가되었다. 크루허(Kruger), 주베르트(Joubert), 프레토리우스(Pretorius)는 지역이나 민족 협의체의 이름이 아닌 '트란스발 시민들'의 이름으로 이 협약에 서명했다. 마주바의 보어인들은 이 협약에 대해 만족하지 못한 채 집으로 돌아갔다. 하지만 당시에는 더 나은 조건을 기대할 수 없었다. 사람들은 이 협약을 따랐고, 런던 내각의 정신이 케이프에 닿으면 더 나은 미래가 펼쳐질 것이라 기대했다.

§3. 글래드스턴

1880년 글래드스턴(Gladstone)[363]은 그의 네 번째 장관직을 수용했는데, 이것은 트란스발 주민들이 바라는 바였다. 두토이(Du Toit) 장관이 정기적으로 이 새로운 단계에 대해 통보했다. 그래서 교섭단으로서 크루허, 두토이, 스미트 장군이 런던으로 파견되는 전체 과정이 알려질 수 있었다. 1883년 11월 교섭단은 런던의 알버말르 호텔에 머물고 있었다. 이때 크루허의 요청에 따라 베일레르츠 판 블록란트(Beelaerts van Blokland)[364]가 교섭단에 합류했다. 교섭단은 프리토리아 협약을 무효로 하고, 1884년 2월 27일 새로운 협약을 체결하는 데 성공했다. 이 협약은 더 이상 종주권에 대해 언급하지 않았다. 트란스발의 이름은 공식적으로 '남아프리카공화국'으로 변경되었다. 거주자는 특정되지 않았으며, 제3조는 "프리토리아 또는 남아프리카공화국의 다른 곳에 거주하거나 영사관과 유사한 직책을 맡는 영국 공무원은 공화국의 보호와 지원을 받는다"라고 규정했다.

그리고 제4조는 "남아프리카공화국은 여왕 폐하의 승인을 받기 전에 오란녀 자유국을 제외하고는 어떤 주나 국가와도 조약이나 동맹을 맺지 않는다." 그리고 이 조항조차 완화하려는 것처럼 다음 사항이 추가되었다. "조약이 개시된 지 6개월 이후 다른 반대가 없으면, 조약이 적용될 것이다." 이 조항이 포함되지 않는 것이 바람직했다. 이것은 공화국의 자유 주권에 미치지 못하기 때문이다. 이 법은 해외 대사와 영사를 자유롭게 임명할 수 있었다. 크루허, 두토이, 스미트는 큰 이의 없이 2월 27일 알버말르 호텔에서 더비 경(Lord Derby)에게 이 새로운 조항을 포르투갈과 남아프리카공화국의 협상에 즉시 적용하도록 요청했다. 알려진 바와 같이, 로렌조 마르케스(Laurenzo Marquez)[365]의 포르투갈 항구는 트란스발에 가장 중요했다. 그래서 크루허는 포르투갈과의 문제가 바로 해결되어야 한다고 주장했다.

§4. 금광

밝은 미래가 찾아오는 것 같던 시기에 예상치 않게 요하네스버그 (Johannisberg)[366] 근처에 금광이 발견되면서 평온과 평화의 지속이 어려워졌다. 요하네스버그와 프리토리아에 정착한 영국인들 중 일확천금을 노리는 이들이 많았다. 영국위원회에 따르면, 그 수가 2만 6천 명으로 추산되었는데 심지어 보어인들의 수를 넘어서는 것처럼 보였다. 이 금광은 보어인들의 도덕적이고 진지한 성격을 약화시켰다. 그들은 이전에 꿈도 꾸지 못했던 보물을 만나게 되었음을 깨달았다. 인구가 50만 명 미만인 남아프리카공화국의 연간 예산은 약 5천만 길더였다. 하지만 모든 면에서 발전이 이루어지고 거의 모든 사람이 풍요로워졌다. 그러나 발 강을 건널 당시 그들이 상징처럼 가지고 있던 굳건한 정신이 약해졌다. 이 사실을 잘 알고 있던 영국 정부는 블룸폰테인에서 체임벌린(Chamberlain)[367]의 책임 하에 협상을 시작했다. 이 협상은 나중에 드러나겠지만 갈등을 유발하게 된다. 영국 정부는 트란스발에 정착한 영국인에게 투표권을 줄 것을 요구했다. 그러나 크루허는 이를 허용할 수 없었다. 국민회의 자체가 영국 의회로 전환될 가능성이 높았기 때문이었다. 사람들은 아프리카 전역에서 분쟁이 시작될 것을 서서히 느꼈다. 트란스발은 모든 유럽에 놀라움을 준 용기와 용감함을 가지고 이것을 막으려고 노력했다. 미국은 아마도 공격을 막을 수 있었던 것 같다. 내가 1898년 워싱턴에 회견 차 갔을 때, 맥킹리(Mackingly)와 이 사안에 대해 논의할 기회가 있었다. 체임벌린은 그해 가을이 되어서야 모든 위험을 피하려고 미국에 왔다.

결국 전쟁이 일어났다. 보어인들은 잘 싸웠고 영국 보병은 모든 면에서 패배했다. 보어인 군대의 4배 규모였던 영국 군대가 마침내 케이프로 가야 했다. 1년 동안 영국은 철수해야 하는 것처럼 보였다. 그러다가 카펄란트에서 위험이 발생했다. 전쟁을 막기 위해 헤이그에 온 피셔(Fisher)[368]와 볼마란스(Wolmarans)[369]는 카펄란트에 있는 아내와 자녀를 더는 보호할 수 없음을 인정했다. 그들은 나에게 당시 총리로서 영국 정부에 힘을 써줄 것을 여러 방법으로 촉구했다. 1902년 1월에 내각은 이에 대한 나의 조언을 통과시켰다. 랜즈다운(Lansdowne)[370] 경은 그들이 서로의 말을 듣기 전까지는 아무 말도 할 수 없지만, 그가 이 제안을 숙고할 것이라고 미리 알려주었다. 이로 인해 우리는 필요한 조치를 하게 되었다. 영국 정부는 트란스발 연합의 두 대표와 회의를 진행하고자 했다. 당시 사람들은 트란스발에서 굴복해야 했다. 투쟁을 더는 지속할 수 없었다. 그래서 1902년 남아프리카공화국뿐만 아니라, 오란녀 자유국도 정치 현장에서 밀려났다. 오란녀 자유국은 완전한 주권을 소유했기에 더 불명예스러웠다. 당시 남아프리카공화국이 형제적 신의로 구조하러 오기도 했다.

§5. 쓰라린 결말

내가 소중히 간직했던 아름다운 환상 중 하나가 이것으로 파괴되었다. 파렴치한 정치인들이 무력으로 승리를 쟁취했다. 이것은 결코 국제법의 보호 아래서 우리가 안전할 것이라고 생각해서는 안 된다는, 우리나라를 위한 교훈이기도 하다. 국제법과 같은 법은 서면화되지 않고 법정이나 집행자도 없다. 그렇지만 만약 당신이 하나님을 생각한다면 폭력에 굴복하지 않을 것이다. 던 비어 포르투하엘(Den Beer Poortugael)[371] 장군은 미국의 월간지 "더 포럼"(The Forum)에서 남아프리카공화국에서 일어난 일로 20세기가 시작된 것이 얼마나 슬픈 일인지를 지적했다. 1901년 9월호 15쪽에서 남아프리카가 보여주는 장면은 "기독교에 부끄러운 일이다. 잔인한 전쟁이 벌어지고 있으며, 두 개의 작고 평화로운 개신교 공화국은 자신이 항상 문명의 정상에 서 있다고 생각했던 강력한 개신교 국가 영국의 불과 칼에 의해 파괴되고 있다." 체임벌린의 태도가 영국 측의 입장을 잘 보여줬다. 포르투하엘은 거의 모두가 영국이 틀렸음을 인정했다고 말했다. 프루드(Proude)는 그의 '일기'에서 이렇게 말한다. "영국인이 다이아몬드 지역을 장악한 것은 영국 정부가 강제로 이룬 부끄럽고 큰 잘못이었다. 그러나 영국은 여전히 불의의 길을 계속 선택하고 있다."

나의 옛 스승인 로버트 프라윈(Robert Fruin)[372]은 여기서 한 발 더 나아갔다. 1881년에 그는 "트란스발 문제에 대한 네덜란드에서의 한 마디"(A word from Holland on the Transvaal question)에서 셉스턴이 트란스발을 병합했을 때 마지막 편지를 보냈음을 설명했다. 샌드리버협약에서 셉스턴의 명령은 5쪽에 나온다. "'그곳 주민들이 우리의 지배를 바란다는 사실로' 당신이 만족하지 않는 한 어느 지역, 영토 또는 주와 관련하여, 어떠한 병합 명령도 내려서는 안 된다." 프라윈은 1877년에 트란스발이 병합된 것과 같이, 이 또한 "배신과 불의의 행위"라고 말했다. 독일 황제는 크루허에게 잘 알려진 전보를 보냈을 때, 이에 대한 느낌과 그의 대담하고 고귀한 마음을 솔직히 표현했다. 나도 1900년 2월 "두 세계의 논평"(Revue des deux mondes)에서 내 마음에 가득한 비통함을 터뜨리며 다음과 같이 마무리했다. 플레처(A. E. Fletcher)가 그것을 영어로 이렇게 번역했다. "트란스발의 어미 사자가 새끼 사자들에 의해 둘러싸여 있는 한 드라컨부르흐(Drakenburg)의 높은 곳에서 영국에 대항하여 포효할 것이며, 보어인들은 절대 제압당하지 않을 것이다." 나의 글을 번역한 플레처의 글은 16판이나 출간되었다. 엘루트(Elout)는 네덜란드어로 번역했다. 별도로 프랑스어로도 출판되었고 스웨덴어 번역본도 스톡홀름(Stockholm)에서 출판되었다. 나의 항의가 해외에서도 반향을 일으킨 것이다.

트란스발 전쟁은 첫 번째 평화회의가 개최될 때 발발했다. 이것은 국제법에 어두운 그늘을 가져다 주었다.[373] 보른하크는 그의 책 234쪽에서 1881년 조약에서도 종주권이 없어야 한다는 것을 옳게 설명했다. 그는 종주권이 주권을 두 부분으로 나눈다고 지적한다. 반면에 완전히 독립된 두 국가가 조약에 동의하면, 두 국가 중 하나의 외교 관계가 다른 국가와 일치할 수 있다. 지금도 남아프리카공화국에는 새로운 상황에서 보타(Botha)[374]를 따르기를 거부하는 고위 인물들이 있다. 그들은 상처를 가지고 있다. 그들은 국제법 자체가 큰 패배를 겪었다고 깊이 확신한다. 이것이 바로 남아프리카공화국과 오란녀 자유국의 대표들을 평화회의에 초청하지 않은 네덜란드 정부의 행동에 대해 여전히 내가 반대하는 이유이다.

§6. 평화회의

나는 이 사안을 어떻게 공식적으로 변호할 수 있는지 잘 알고 있다. 그러한 회의에 참여하는 것은 외교 정책적 행위라고 말할 수 있다. 트란스발의 외교권은 1889년 2월 27일 협약 제4조에 의해 영국의 손에 넘어갔다. 우리 정부는 양국을 초청할 수 있었다. 영국 정부에 통보하지 않고는 양국이 이 초청에 응할 수 없었다. 영국은 거부 의사의 표현도 없이 이를 아예 무시했다. 남아프리카공화국이 이러한 고통스러운 대우를 받지 않도록 우리 정부가 역할을 했어야 한다는 생각이 자연스럽게 제기되었다. 영국 정부가 그들이 맞닥뜨릴 어려움을 예견했고, 이 사안에 절대 동의하지 않을 것을 우리 정부가 이해하고 있던 것이 간과되어선 안 된다. 이 태도는 공식적인 것이지만, 나는 이것을 옹호하지는 못할 것 같다. 오란녀 자유국과 남아프리카공화국의 명확한 차이에 주목한다면 이것은 곧 분명해질 것이다. 이 둘의 경우는 절대 같지 않았다. 1887년 협약의 제한 조항은 오란녀 자유국에는 적용되지 '않았다'. 수년 동안 오란녀 자유국은 헤이그에 뮐더를 총영사로 두고 우리와 자유롭게 교류했다. 우리 정부가 오란녀 자유국을 소환하고 남아프리카공화국만 남겨두었다면, 적어도 공식적으로는 그 태도에 대해 할 말이 있었을 것이다. 하지만 그렇게 되지 않았다.

오란녀 자유국도 머물러야 했던 것이다. 모든 유럽이 영국의 사악한 폭력적 계획이 이곳을 향하는 것을 예견했다. 우리 정부는 두 공화국 사이의 차이를 인정하지만, 1884년 협약의 제4조를 근거로 첫 번째 평화회의에 크루허 특사의 참석을 승인하지 않았다. 이 조항은 마치 영국이 사전에 동의한 것처럼 남아프리카공화국이 외국 세력과 협상하는 것이 허용되지 않는다고 말하지 않는다. 그러나 이 조항은 조약의 '체결'과 의무에 대해 언급할 뿐, 협상과 논의의 불허에 대해 말하지 않는다. 조약의 체결과 의무를 목적으로 하는 협상과 논의도 언급되지 않았다. 본 조항의 정확한 표현에 따르면, 남아프리카공화국은 조약과 의무가 관건인 외국 세력과의 협의와 논의에 '전적으로 자유로웠다.' 심지어 그러한 논의가 조약 체결로 이어지는 것도 완전히 자유였다.

이 문제에 대한 협상은 합의될 때까지 계속될 수 있다. 그것이 여기까지 왔고, 상호 합의가 체결되는 순간 영국 정부의 승인을 얻어야 했다. 그렇지 않으면 비준이 허용되지 않았다. 비준 신청은 사전에 충분히 준비된 초안의 통보 또는 제출로 간단하게 이뤄졌다. 이것은 공화국의 예민한 부분을 자극하지 않기 위함이었다. 비준은 초안 발표 후 6개월 이내에 반대가 없으면 암묵적으로 주어진다.

1884년 조약에 따라 남아프리카공화국은 다른 세력과 마찬가지로 자유로웠다. 첫째, 강대국이 원하는 대사관과 영사관을 설립하기 위해 베일레르츠 판 블록란트는 여러 정부에 대한 공화국의 특사로 수년간 활동했다. 둘째, 대통령은 국민회의와 합의하여 적절하다고 판단한 주제에 대해 각 외국 정부와 각 주제에 대해 협상을 시작한다. 셋째, 이러한 협상의 목적이 조약 또는 협약의 체결일 수도 있다. 넷째, 잠정적으로 추정된 조약이나 협약이 개념적으로 완전히 준비되어 있고, 비준만 필요로 할 수 있다. 다섯째, 이는 먼저 간단한 심의로 영국 정부의 고시를 거쳐야 한다. 마지막으로 정부가 그 효력에 동의할 수 없는 경우에는 먼저 반대 견해를 밝힐 수 있다. 그런 점에서 제4조는 진행 중인 상황을 영국 정부가 파악하고, 자국의 입장이나 이익에 해를 끼칠 수 있는 조약이나 협약을 막을 기회를 제공한다.

여기에 강조점이 있다. 이 제4조의 의도가 남아프리카공화국을 열등한 질서에 따라 영국의 종주국에 복속시키려는 것이었다면, 1881년 협약과 같은 형태가 선택되었을 것이며, 트란스발이 맺고 있는 모든 외국과의 관계는 영국 정부에 귀속될 것이다. 1881년에 이 협약에 따라 외세를 위한 별도의 이름을 가진 공화국 대신 단지 트란스발이라고 불렸다. 그 당시 외국이란 영국을 뜻했다. 1884년 '종주국'의 자격은 완전히 박탈되고 총독이 임명되지 않았다. 대사, 영사권과 모든 강대국과의 협상의 자유가 공화국에 인정되었으며, 단지 그 협약의 개념을 '통보'하도록 요청받았다. 두 강대국 간의 동맹에서와 마찬가지로, 한쪽이 다른 쪽을 알지 못한 채 특정 사안에 대한 더 이상의 협약을 하지 않을 수 있었다. 다만 이것은 영국에 의해 중단될 수 있었다.

§7. 더 악화된 상황

오란녀 자유국과의 조약 또는 협약과 관련하여 이 유예조항은 제외되었다. 이것은 두 가지를 보여준다. 첫째, 1899년에 우리 정부가 초대하지 않은 오란녀 자유국 자체가 매우 느슨한 유예조항에 구속되지 않았다는 것이다. 둘째, 이 유예조항은 다른 의미가 아니라 영국을 향한 유럽의 위협을 대비하기 위함이었다. 19세기가 끝나기 전, 지난 몇 년 동안 영국과 독일 간의 긴장이 매우 높아졌고, 독일의 케이프 원정 가능성에 대한 소문이 이미 두 번 이상 있었다는 사실을 기억해야 한다. 그 당시에는 '그 협상'이 아직 프랑스와 체결되지 않았다. 따라서 영국은 유럽이 케이프 문제에 개입하는 것에 대해 자주 두려움을 가졌다. 이를 고려하여 영국은 무슨 일이 벌어지고 있는지 파악하기 위해 검증한 후 허용하는 일이 반드시 필요했다. 예상치 않았던 불시의 습격을 경계해야 했던 것이다. 제4조에서 종주권의 권리에 관해서는 의문의 여지가 없으며, 이 조항의 표현 자체는 적절했음에도 그 조항은 영국이 판단한 자체 안전 보장 이외에 달리 해석될 수는 없었다.

이 조항에 대한 해석은 글래드스턴 내각, 특히 더비 경이 1884년에 무엇을 생각하고 있었는지를 분명히 보여준다. 스핏츠코프의 점령은 영국에 특별한 인상을 남겼고, 자유당 내각은 1877년 이후에 일어난 모든 일을 비난했다. 1883년 11월부터 1884년 2월까지 런던에서 진행된 협상은, 나도 초대받은 사람으로서 모든 세부 사항을 알 수 있었듯이 자비롭고 우호적이며 거의 변호하는 분위기였다. 스와질란드(Swaziland)[375]와 서부 북부 국경을 두고 싸워야 했지만, 공화국의 독립에 대한 대화는 거의 바로 끝났다. 남아프리카공화국의 외교 문서 전체 출판물과 같이 영국의 "블루 북"(Blue Book)[376]에서도 이에 대한 증거가 매 면마다 발견된다. 자유당 내각은 이전 행정관들의 견해를 따르는 것을 거부했다. 글래드스턴과 더비는 이 사악한 과거와 작별했다. 크루허는 1887년 2월 런던을 떠나면서 영국 내각에 진심으로 작별을 고했다. 공화국은 영국을 더는 부러워하지 않고, 친구이자 동맹이라는 것을 완전히 확신했다.

앞에서 우리는 이미 크루허가 런던을 떠나기 전에, 더비 경과 함께 리스본으로 여행하는 데 로렌조 마르케스가 문제 되지 않도록 미리 준비했음을 언급했다. 당시 포르투갈 정부는 영국의 가신과 크게 다르지 않았기 때문에, 영국을 떠날 때 이 문제의 해결 가능성으로 인해 그는 크게 기뻐했다. 그러나 그는 여기서 너무 멀리 갔다. 이미 앞에서 언급했지만, 제4조에 대한 관대한 수용은, 그 조항에 따라 영국의 즉각적 개입이 임의적으로 시도될 여지를 가지고 있었다. 남아프리카공화국의 지도자가 너무 선의로 일을 한 것이다. 어쨌든 마주바에서 그 일이 일어났고, 자유당이 셉스턴의 전술을 포기한 것으로 보였으며, 이제 그것을 확신하게 되었다. 그리고 이것이 사실이라면, 우리 정부가 잘못된 판단을 통해 오란녀 자유국이나 남아프리카공화국 모두를 제1차 평화회의에 받아들이지 않기로 결정한 분명한 이유는 무엇일까?

§8. 평화회의 참석 불허

오란녀 자유국을 초청하는 것에 대해서는 '어떤' 이의도 없었지만, 이 일은 성사되지 않았다. 오란녀 자유국을 배제한 것과 관련하여 어떤 사과도 없었다. 남아프리카공화국과 관련된 1884년 조약 제4조에는 그 어떤 언급도 없었기 때문에 평화회의에서 사절단의 참가가 허락되지 않은 것은 문제가 있었다. 평화회의에 대한 초청이 있었지만, '협의에 참여해 달라는' 요청에 지나지 않았다. 누구에 의해서든 사전에 조약이나 협약이 체결되지 않았다. 단지 함께 대화하고 협상하며 상의하는 회의였다. 이러한 논의를 기초로 어떤 조약이나 협약이 이뤄질지를 미리 결정하는 것은 불가능했다. 1899년 회의에서 조약의 초안이 체결되었으나 구속력이 없었다. 열강들의 협의에 대해 동의하는 것도 자율적이어서 가입하지 않은 국가들도 있었다. 1884년 협약의 제4조는 심지어 1899년 협약에 대한 자유로운 가입을 막았다. 그래서 남아프리카공화국은 영국이 모색해야 할 협력을 기다리며 합의를 표명할 수 있었다. 영국이 1899년 조약을 따른다고 할 때, 남아프리카공화국이 이 조약을 받아들일 수 없게 만드는 것은 무엇이었을까? 그리고 체임벌린이 그의 독자적 계획에 비추어 이 일을 할 수 있었을 것이라고 가정한다면, 남아프리카공화국 대표들이 회의에 참석해서 투표를 기권한 것과는 다른 결과가 있었을 것이다. 그러나 제4조의 의미와 목적을 확장한다면, 남아프리카공화국이 영국의 동의가 아니고서는 국제법에 따라 대표자들이 자신들의 의견을 표명할 수 있는 국가 간 평화 논의에 참석하는 데 자유롭지도 않았고, 그럴 권한도 주어지지 않았다고 말할 수 없었을 것이다. 그리고 영국은 회의 결정에 대한 추가 승인 없이 잠정적 역할을 취했을 것이다.

어떤 측면에서 보더라도 당시 우리 정부가 남아프리카의 두 공화국을 소속이 없는 것처럼 집에 머물게 한 근거에 대해서는 완전히 설명할 수 없다. 우리 정부는 어느 정도 러시아 황제의 의견에 얽매여 있었다. 회의는 그에 의해 진행되었으며, 네덜란드 정부는 그의 계획을 더욱 세부적으로 발전시키는 역할만 했다.[377] 그러므로 러시아가 두 공화국을 초청하는 것에 항의했다고 가정해 보면, 네덜란드와 보어인들에게 친밀한 민족적 관련성에도 불구하고, 그들이 즉시 반응하지 않은 것을 이해할 수 있을 것이다. 보어인들의 어려움에 대한 우리 정부의 매우 강한 공감은 그 당시 이 친족 관계로 우리 안에서 각성된 국가적 감정을 거스르고 있었다. 그러나 이것에 대해 공개적으로 알려진 바가 없다. 러시아 측에서도 항의가 없었다는 것이 나의 확신이다. 따라서 그 당시 우리 정부가 보여준 태도에서는 영국의 '위협' 이외에 다른 동기를 찾기 어렵다. 즉, 영국은 공화국 대표자들과 협의했어야 한다면 회의에 참석하지 않을 것이었다.

§9. 영국의 분위기

영국에서는 이미 공화국을 파괴하기 위한 거의 모든 준비가 되어있었다. 스와질란드를 둘러싼 두 번의 분쟁과 2만 명 이상의 영국인의 투표권은 프리토리아를 긴장 상태에 빠뜨렸다. 이것은 영국에 알려졌다. 이 문제는 영국의 자유당 측에 의해 거부되었다. 나는 1898년 12월에 미국에서 런던으로 돌아와 다른 사람들과 함께 당시 보류 중인 문제에 대해 존 몰리와 논의했다. 다른 조심스럽고 신중한 정치가조차도 체임벌린이 자신의 악한 계획을 감히 수행하지 않을 것이라는 확신을 주었다. 내가 그와 이야기한 바로 그날 아침에 그는 체임벌린과 그것을 논의했다. 우리 정부가 남아프리카공화국을 남겨두거나, 영국과 체임벌린을 몰아내어 회의를 결렬시켜야 하는지 딜레마에 직면했다고 가정할 때, 그렇게 선택한 것이 올바른지 아닌지는 여전히 매우 심각한 질문으로 남아 있다.

그렇다면 이 위험한 순간에, 이 논쟁점이 해결될 때까지 회의를 연기하기를 선택하지 않은 이유는 무엇인가? 이것에 굴복하지 않았다면, 영국의 계획이 노출되었을 수 있다. 전쟁이 발발하기도 전에 체임벌린조차 회피했던 영국에 대항하는 '여론'이 형성될 수 있었다. 영국은 남아프리카에서 오만한 계획을 진행할 수 있도록 이미 사전에 면허를 받았다. 란트(Rand)의 금과 다이아몬드로 재물을 쌓은 거부가 이 사악한 일에 어느 정도 손을 댔는지 판단하는 것은 불가능하지만, 당시 네덜란드 정부가 그렇게 함으로써 강하게 위협을 받았던 두 공화국이 전례 없을 정도로 약화된 것은 분명하다. 영국의 위협 아래 유럽은 모든 것을 체념했다. 심지어 네덜란드도 허락할 것이라는 생각이 확산되었다. 더욱 강조되어야 할 것은 헤이그 사람들도, 영국이 우리 보어인들을 발 강 너머로 옮기게 만들고, 그 결과로 케이프를 마치 보상처럼 우리에게서 빼앗은 것을 잘 알고 있었다는 점이다. 샌드리버협약은 트란스발을 완전히 자유롭고 독립적인 곳으로 유지하게끔 했으나 1877년에 이 협약이 용서가 어려운 방식으로 위반되고 무효가 되었다. 1884년 조약은 우리의 용기 부족을 정당화할 수 없음을 분명히 보여주었다.

자기 이익에만 관심을 두는 열강은 회의에 나타나지 않았다. 다른 국가들과 다르게 모든 국가들이 참석할 수 있는 회의에는 참가했다. 오란녀 자유국이나 남아프리카공화국이 특별한 권리에 대한 특정한 서약을 확보하기 위해 어떤 국가와 조약이나 동맹을 맺을 가능성은 없었다. 회의에서는 전쟁의 위험을 피하고 국가 간 우호 관계를 증진하며, 국제 평화의 영속성을 보장하기 위해 할 수 있는 것 외에는 다른 어떤 것도 논의되지 않았을 것이다. 모든 외교관과 정치가는 그 순간, 남아프리카에서 전쟁의 발발이 임박했음을 알고 있었고, 회의 역시 이 전쟁을 반대해야 한다는 것을 알고 경계하는 방향으로 흘러갔다. 그러나 남아프리카공화국이 가치가 없다는 결론 가운데 평화에 대한 거대 담론'만 의논되었다'. 일반 사람들뿐만 아니라 기독교인에게 불쾌감을 안겨 준 회의 결과를 가지고 집으로 돌아왔다. 영국은 두 공화국을 희생 제물로 삼았고, 3년이 지나기도 전에 두 공화국의 흔적을 찾아볼 수 없게 되었다.

§10. 개인적인 관련성

나는 이 고통스러운 사건을 여기서 언급하지 않을 수 없다. 1882년부터 나는 항상 이 중요한 사건에 개인적으로 관여했다. 나는 이것을 잘 알고 있었기 때문에 판단할 자격이 있다. 제1차 평화회의에서 우리 내각에 있던 정치인들은 트란스발에 대해 아무것도 공감하지 못했으며, 두 공화국이 회의에 참석하는 일을 나만큼 환영하지 않았다. 이 슬픈 역사적 결과는 당시 그들이 내린 결정이 정부 권력에 영향을 미쳤는지, 또 케이프에서 네덜란드의 영향력이 감소하는 것을 촉진하지 않았는지에 대한 질문을 가져왔다. 1901년 7월 입각했을 때, 나는 직접 외교부 동료에게 가능한 일을 하도록 설득했다. 당시 내각은 전적으로 볼마란스, 피셔, 드 베트(de Wet)[378]가 원하는 바에 따랐다. 우리 내각이 영국 내각에 기울인 노력의 결과로 페르에이너힝(Vereening)에서 조약이 체결되었다. 보어인들의 학살을 막고, 미래에 더욱 강력하게 회생할 가능성이 배제되지 않았다면, 이 성취에 대해 하나님께 감사했을 것이다. 그것은 이미 1914년 세계대전에서 보타의 잘못된 순응에 반대하는 많은 사람의 저항으로부터 추론될 수 있지만, 잘린 그루터기에서 또 다른 나뭇가지가 어떻게 나왔는지, 적어도 '전적으로' 끊어지지 않은 미래에 대한 희망은 여전히 살아 있다.

내가 앞의 글을 쓴 이후 결국 1914년 봄에 큰 전쟁이 발발했고, 케이프도 이에 연루되었다. 케이프타운의 런던 정부는 독일인을 동아프리카 식민지에서 내보내야 한다고 천명했다. 보타는 케이프 정부의 수장을 자처했다. 이 전쟁을 위해 필요한 준비가 진행되는 동안 트란스발과 오란녀 자유국에서 저항이 발생했고, 드 베트가 주도하여 옛 공화국을 되살리려고 했다.[379] 마리츠(Marits)는 자신의 역할을 했다. 드 라 레이(de la Rey), 드 베트, 푸리에(Fourier) 아래에서 헤르트촉(Hertzog)[380]의 지원 없이 작은 반란이 일어났다. 보타는 드 베트에 패배시키고 감금했다. 이 과정은 네덜란드에 깊은 슬픔을 불러일으켰다. 1902년 보타, 드 베트, 피셔가 나의 방에서 함께 남아프리카공화국의 이익에 대해 논의했을 때, 보타가 드 베트 장군에 대해 격렬히 반대하는 모습이 눈에 선하다. 그 이후 보타는 과거와 거리를 둔 채 영국 여성과 혼인하여, 남아프리카공화국의 부흥을 위한 마지막 희망의 불꽃을 영원히 꺼버린 남자가 되었다. 1902년 나는 그에게 그런 일이 일어날 것이라고 상상하지 못했다. 그러나 '그'는 졌다. 그 대신 드 베트는 역사의 영웅으로 남아 있다. 스멋츠(Smuts)[381]는 보타와 함께한 사악한 천재였다. 다행히 우리나라 전체는 보타가 트란스발과 오란녀 자유국에 대해 어떤 잘못을 했는지를 알고 있다. 아스퀴트(Asquith)가 주장했듯이, 파괴로부터 '작은 국가들'의 독립을 보호하기 위해 착수한 전쟁에서 보타가 영국의 가신으로 봉사하고 있다는 사실은 더욱 수치스러운 것이었다.

제12장

국가와 교회

§1. 두 가지 기본 견해

'국가와 교회'라는 중요한 주제는 10장에서 우리가 도출했던 결론과 직접 연결되어 있다. 교회에서 우리 삶의 지도자이신 예수 그리스도를 믿는데 있어 영적으로 의도된 신앙적 표현 외에 아무것도 보지 못하는 사람은 이것을 찾을 수 없다. 그런데도 교회는 사회와 국가에 대해 규제와 보살핌을 요구하기 때문에 실제 사회와 함께 서 있다. 한편으로 국가, 다른 한편으로 교회는 운영 방식이 완전히 달라 쉽게 구별할 수 있는 두 영역이다. 교회는 마음의 신령함을 위해 있으나, 우리의 삶에서 질서와 통치를 요구하는 다른 모든 것은 국가의 영역에 속한다. 교회가 실제 공동체 생활에서 나타나는 한, 제도적으로는 국가에 복종해야 할 이유가 있다. 프리메이슨 비밀결사대나 영성주의자 단체 혹은 예술가협회는 성격상 주관적 목표를 추구할 수 있어 자유로움을 누릴 수 있다. 그러나 사회생활에서 국가 법의 영향을 받는다. 교회는 신비롭게 영혼을 움직이는 단체로서 자신의 영역에서는 완전한 자유를 주장할 수 있다. 하지만 행렬, 종소리, 교회 건물, 헌금, 혼인 축복 또는 무엇이든 시민으로서 자신을 나타내며 일반 규칙에 속할 경우에는 동등하게 정부에 복종해야 한다.

원리적으로 모든 사람은 교회에서 사람이 아닌 그리스도가 기초이심을 존중하고 그리스도 안에서 하나님 나라의 왕이신 그리스도를 고백한다. 또한 성경에 기초하여, 우리의 왕이신 그리스도의 통치 아래 기다리고 있는 하나님의 나라는 영혼과 육체가 보이지 않는 것과 보이는 것을 포함함을 진심으로 믿는다. 하늘과 땅이 새롭게 되어 고귀한 계시를 가져올 것이고,

물리적·심리적 변화를 보여줄 것이다. 그 자체로 영적인 것이 아니며, 사회적 공생과 우리가 국가적 삶이라고 부르는 것을 확실히 마무리 지을 것이다. 지금 지상에 있는 교회는 다가오는 세계 제국의 예표이며, 따라서 그것은 직접 관련이 있다. 그러므로 다가올 세계 제국의 예표인 교회와, 인간의 외적 사회를 위한 국가 사이에는 부인할 수 없는 연결점이 있다.

교회에는 '본질적으로' 국가의 통제 하에 있는 인간 사회에서 행동하지 않고, 언젠가 모든 국가를 대체하고 그 기능을 장악하며, 모든 것을 포용할 세계 제국의 싹이 그 자체에 내재되어있다. 그러므로 교회에 사분의 일 이하로 할당된 국가의 궁전을 존중하는 것은 완전히 잘못된 것이다. 오히려 국가는 교회가 언젠가 왕이신 그리스도께서 그의 자리를 세우실 왕궁의 기초를 놓는 건물 용지에 세워진 방어벽에 지나지 않는다. 국가는 결속된 상태에서 인간 사회를 돕는 수술 도구이다. 교회는 원래 그곳에 있던 삶의 연결을 회복하기 위해 힘을 다할 것이다. 한 번 잃어버렸지만 다시 올 것이다. 다리가 부러졌던 사람이 완전히 회복되자마자 목발을 버리듯이, 완성이 시작될 때에 현재 상태는 완전히 사라진다. 반대로 종말이 오면 교회는 영원한 지배 하에서 그 어느 때보다 더 영광스럽게 나타날 것이다. 투쟁이 끝나면 국가는 영원히 사라지며, 민족들의 '영원한' 존재를 위한 여명이 밝아올 곳은 국가가 아니라 교회가 될 것이다.

많은 정치인이 성경의 이 계시에 이르지 않고, 오히려 이 모든 성경적 개념에서 벗어나 왜곡된 꿈을 추구하면서 교회와 국가와의 관계를 함부로 변경시킨다. 국가는 입는 옷이며, 교회 안에는 생명의 태에서 형성되고 있는 새 몸의 싹이 숨어 있다. 그 옷을 입은 몸이 보인다고 상상하는 사람은 새 생명의 싹이 스스로 자라도록 내버려 둘 수 없다. 정치가들과 종교 사상가들 사이의 그리스도의 교회의 의미에 대한 논쟁은 원리적일 수밖에 없었다. 국가와 교회 모두를 위한 생명의 발전을 가능하게 하는 '생활 방식'(modus vivendi)을 찾는 데 성공한다면, 그들이 가지고 있는 국가에 대한 잘못된 개념은 교회를 신비로운 욕구를 충족시키기 위한 단체로 격하시키게 된다. 여기서 교회는 특정 활동의 자유를 지니지만, 국가가 정하는 특정 규칙에 구속된다. 반면에 그리스도의 왕권 실현이라는 궁극적 목표를 존중하는 정치인은 인간 사회와 관련하여 교회를 국가보다 높게 평가하며, 그에 대한 국가의 보살핌이 필요하다고 생각한다.

§2. 부활

부활은 기본적으로 이 주장을 뒷받침해준다. 우리의 개인적 죽음이 가시적이고 접촉 가능한 삶으로부터 영원히 분리되어 우리 몸과 이와 관련된 모든 것이 우리를 위해 존재하지 않게 된 후에 '영혼'만 계속된다면, 죽은 자의 부활은 없으며 부활절 역시 그리스도뿐만 아니라 인류라 불리는 모든 사람에게서 사라진다. 죽어 사라진 사람은 이 땅의 생명과는 아무 관련이 없다. 이 땅에서 그들의 존재는 영원히 끝났다. 그들의 지속적 존재는 이 보이는 세상에 중요하지 않으며, 이 지구도 그들에게 중요하지 않다. 죽은 사람은 우리를 떠나 이 세상으로 돌아오지 않는다. 나아가 '그들이' 죽었을 때 이 세상 자체가 결국 없어진 것이다. 이것은 수 세기 동안 계속될 수 있지만, 언젠가 세상의 불 심판에 의해 지구 자체가 파괴되는 종말이 올 것이다. 그런 다음 아무것도 남지 않을 것이다. 이때 죽은 사람들의 영혼에 대해 확언할 수 없다. 이 영혼들은 존재하고, 영적 영역에서 영으로서 존재할 수 있다. 많은 사람이 이것을 받아들이지 않는다. 그러나 우리의 영적 존재가 계속될 것이라고 가정하면, 어떤 경우에도 이것은 보이지 않는 신비가 될 것이다. 우리는 그것에 대해 아무것도 모른다. 지금과 같은 우리의 존재로는 전혀 눈에 띄지 않을 것이다.

이 지구상에 질서를 명령하는 국가는 결코 그것을 '방해할 수' 없다. 영의 영원한 영역이 있다면, 그것은 전적으로 국가 외부에 있는 것이다. 국가는 그것과 아무 관련이 없다. 그것은 모두 '국가의' 손이 닿지 않는 범위이기 때문이다. 국가가 그들의 정서적 필요를 충족시키기 위해 교회에 집착하는 것을 볼 수 있다. 그래서 교회의 등장을 허용하고 신자들을 도울 수 있다. 그러나 국가의 사명은 모든 사람에 대한 지배권, 삶의 통치와 법의 유지이다. 교회도 이 점에서는 예외가 아니다. 오히려 교회와 관련하여 두 배로 경계하고 신중해야 할 이유가 있다. 정치가 또는 국가 권력의 보유자로서 한 명 이상의 정치인이 교회의 영원한 특성과 우주적인 특성을 동시에 인정'할 수' 없기 때문에 잘못된 판단에 기초한 모호한 태도를 보인다. 우리가 관찰한 바와 같이 부활절이 폐지되고, 죽은 자의 부활을 부인하는 것을 출발점으로 본다.

영과 육, 물질과 정신, 현세와 영원의 분리가 '완전히' 이루어진다. 그러면 교회는 영적, 정신적, 영원의 미래에 들어갈 수 있다. 하지만 국가는 이를 수행하지 않으며 할 수도 없다. 죽은 자로부터의 부활이 없고, 새 하늘 아래 반짝일 새 땅도 없기 때문이다. 이것들은 모두 환상이다. 고상한 시는 매력이 넘치지만, 실용적인 정치가는 아무 상관이 없다. 신자들도 불신자들과 함께 죽는다. 그들의 환상 또한 무덤에서 그들과 함께 사라지거나 시체와 함께 화장장에서 잿더미로 증발한다. 죽음 '이후'의 것은 전혀 생각할 수 없다. 현실은 여기서 우리가 인지할 수 있는 것만 소유하고 있다. 실용적 정치가는 시적인 이미지에서 멈추지 않는다. 조만간 지구는 물이나 불로 멸망할 것이다. 이에 대해 교회는 국가만큼이나 무력할 것이다. 마치 다가올 미래에 자신을 최상급 존재로 생각하거나, 이미 이 시대에 자신을 지상에서 더 높은 형태의 존재로 올릴 수 있다고 보는 것 같은 교회의 모든 자아상은 영적 자기기만의 모습이다.

그러한 미래를 영화처럼 눈앞에서 연상할 수는 있지만, 현실적으로 그것을 실현하는 것은 완전한 오해이다. 죽은 사람은 적어도 육체적 형태로 부활하지는 않는다. 죽은 사람은 새로운 육신을 받지 않는다. 이 땅의 갱신도 없다. 교회의 존재 전체에는 그러한 환상의 산물과 공감할 수 있는 어떤 요소도 없다. 교회가 그러한 환상을 다루는 것을 승인한다면 혼자가 될 수 있다. 국가는 시인이 시와 꿈을 좋아하는 것을 금할 수 없지만, 어떤 교회도 죽은 자의 부활에 있는 웅장한 사상을 실제로 발언할 뿐만 아니라 그것을 적용하려면, 더 높은 의무감을 요구받는다. 대다수 국가가 그러한 생각에 저항한다. 죽은 자의 부활은 없다. 죽음으로 끝났다. 새 땅도 없을 것이다.

그렇다면 교회는 조만간 새로운 질서가 나타날 수 있는 싹을 어떻게 품을 수 있는가? 정부가 여전히 부활절을 축하하는 것을 용납하고, 심지어 부활절 다음 날도 공무원들에게 휴일로 준다는 사실은 완전히 다른 의미가 있다. 이것은 확실한 영혼 불멸성을 아직 '계산'할 수 있다는 것을 의미한다. 죽은 후에도 '영혼'(ziel)이라고 불리는 것의 순수한 영적 존속이 가능하다는 의미이다. 또 칸트의 삼원(trits, 三元)인 '하나님, 덕성, 불멸'을 고의로 거절하지 않는다는 것을 의미한다. 더 이상 확실성에 대한 의문이 없다. 불가지론자는 희망에 의해서만 기뻐할 수 있다.

그러나 여기서 다시 강조하는데, 국가가 부활절을 공개적으로 준수한다는 것이 적어도 사흘 만에 그리스도께서 부활하신 것을 믿는다는 것을 의미하지 않으며, 우리에게도 죽음 이후 장차 올 부활을 믿는 것도 결코 아니라는 것이다. 국가와 교회의 관계에 대한 현대 이론은 죽음에서 미래의 부활을 완전히 부인한 데서 비롯되었다. 동시에 우리의 부활을 부인하는 것은 그 자체로 예수님의 부활도 부인하는 것으로 결론지을 수 있다. 국가를 위해 그리고 국가의 영광을 위해 그리스도의 신성한 인격과 신성한 사명도 부인하는 것이다. 그것은 같은 땅, 같은 사람 그리고 우리 세대의 삶이 국가와 정부의 법에 따르며, 후에 완성된 형태로 영광의 왕국을 보게 될 것이다. 하나님 자신에 의해 지상의 교회 안에 영적 싹이 숨겨져 있기 때문이다.

§3. 반성직자주의

시대의 투쟁은 교회와 국가의 공존을 설명하는 이론이 현실과 조화를 이루지 못한다는 사실을 보여준다. 근대 국가 이론을 주장하는 사람들이 국가 영역에서 성직자주의와의 정치적 투쟁을 계속해야 하는 것은 아니지 않은가? 성직자주의(Clericalisme)라는 명칭은 정확히 들어맞는 표현은 아니다. 이것은 성직자(Clerus)라는 단어에서 파생되었다. 로마 가톨릭과 그리스 정교회에서 주도권을 쥔 영적 지위를 지칭한다. 종교개혁 교회들 특히 칼빈으로부터 형성된 개혁교회들의 경우, 그러한 성직자는 완전히 배제된다. 오히려 이 교회들은 성직자의 등장을 원리적으로 반대한다.

그런데 우리나라에서도 금세기의 마지막 25년 이후로, 칼빈주의 계열의 정치가들과 유권자들을 '성직자'(Clericalen)로 칭하는 일이 점점 더 많아지고 있다. 우리는 성직자 자체에 반대할 뿐만 아니라, 교회가 국가 생활에 영향을 주는 지위를 확보하려는 시도도 반대한다. 이 반성직자주의(anti-Clericalisme)는 네덜란드의 정치적 투쟁을 지배하고 있다. 이웃 벨기에와 독일에서도 마찬가지이다. 반성직자주의의 이러한 격렬한 주장은 연금, 미망인의 재산, 또는 그 밖의 무엇이든 여전히 가능한 특정한 교회적 요구를 거부하는 것과 관련이 있으며 다른 의미는 없다.

그러나 역사는 점차 다른 양상을 보여준다. 이른바 성직자들과 반성직자들 간의 투쟁은 점점 더 정치 전체를 지배하고 있다. 유권자는 전체 정치 노선을 따라 서로 반대하는 두 노선으로 나뉜다. 교회의 권리나 가식이 전혀 문제가 되지 않는 곳에도 성직자들과 반성직자들은 항상 큰 정치적 사안에서 서로 대립한다. 학교에서 헌법과의 관련 속에 모든 합법적 수단을 통해 투표뿐만 아니라 학문 분야에서 이 두 가지 견해가 충돌했다.

우리에게 성직자적 또는 반성직자적 정치로 제시되는 것이 무엇이든, 그것은 결코 교회적 이익의 실현이나 거부만을 의미하지 않는다. 관련 조치에 대한 원리가 무엇이며 그 결과가 무엇인지에 대해 정치 전체 분야를 다룬다. 자유주의 지지자들은 이것을 교회의 특별한 권리나 물질적 이익에 관한 것이 아니라, 제도에 대항하는 것으로 생각했다. 그래서 그들은 유권자들, 정치가들, 학자들이 지도력을 발휘하지 못하게 함으로 기독교적 관점에서 활동하지 못하게 하는 것을 목표로 삼았다.

§4. 상호 죄과와 세계 제국

교회와 국가를 완전히 이질적 성격의 두 권력으로서 대립시키는 것은 문제가 아니다. 역사는 이 양자를 적절한 관계로 배치하는 것이 얼마나 어려운가를 잘 보여준다. 서로에게 잘못이 있다. 국가 영웅들은 교회의 정당한 지위를 축소하려 했을 뿐 아니라, 교회 측도 지속적으로 정당한 경계를 넘어 권력을 확장하려고 시도했다. 교황과 황제 간의 오래된 투쟁은 종교개혁 이후에도 수정된 형태이지만 계속되었다. 로마 제국으로부터 중세 시대까지 세계 제국이라는 이념이 지배적 생각으로 역사에 존재했다. 평화주의는 이 생각을 변형된 형태로 다시 살려놓지만, 16세기 이후에는 점점 신뢰를 잃었다. '신성 로마 제국'은 자기 존재를 여전히 지속했지만, 최소한의 지도력도 없을 정도로 겉모습만 남아 있었다. 오토 기르케(Otto Gierke)[382]가 "요한네스 알투지우스"(Johannes Althusius, 2e Auflage, 1902) 235쪽에서 "제국의 선전가들은 '이 땅의 제국'을 단순히 생명 없는 유령으로 끌고 갔다"라고 쓴 것은 너무 심한 표현이 아니었다. 19세기 세계 제국의 이념에 기반을 둔 영감은 완전히 마비되었다. 사람들은 독립 국가로 간주했지만, 정치적 사상은 우리 인류의 통일에는 더 이상 침투하지 않았다.

이제 평화주의에 관한 연구를 통해 비로소 언젠가 우리 인류 전체를 포함하게 될 제국에 주목하는 것이 얼마나 필요한지 다시 깨닫게 되었다. 국제법이 '국제 사회'에 적용되는 법으로 이해되었다. 자연법은 세계 제국의 개념을 되살려 다양한 민족의 주권이 침해되지 않게 했다. 약하지만 경건한 법정 아래에서 우리 인류의 단결을 가져왔다. 고대 역사의 마지막 시대로 거슬러 올라가면, 그 당시 국가와 교회가 지금과는 반대로 서 있었음을 느낄 수 있다. 그 당시에는 전 세계를 포괄하는 제국과 인류 전체를 아우르는 제국이라는 생각이 특별한 힘으로 정치 분야에서 우세했으며, 큰 부분을 차지했다. 로마 제국 외에 아시아나 아프리카에도 매우 큰 세계가 존재했지만, 이것은 중요하지 않았다. 아직 정복되지 않은 부분은 지배적 영향력을 행사하지 못했다. 그리고 민족대이동이 민족 전체를 유럽으로 강제 유입시켰을 때에도 그들은 자연스럽게 기존 민족과 병합되었고, 국가의 '특별한 예외'는 생각하지 않았다. 성경에서 등장하는 묵시적 풍경의 분위기를 조성하는 세계 제국의 이미지는 이제 환상에서만 볼 수 있을 것 같다. 이것은 시적 표현일 뿐만 아니라, 실제 정치에서도 주도적 사상이었다. 사람들은 항상 세계 제국이라는 사상에서 시작했으며, 다른 방식으로 국가 연합을 상상할 수 없었다.

반혁명 국가학 | 원리

§5. 보편적 교회

그리스도의 교회가 가진 본질상 절대적인 '보편' 개념이 세상에 제시되었을 때, 모든 면에서 아브라함주의자들과 이교도들 사이의 반대조차 사라져, 이제 더 이상 그리스인이나 유대인, 스키타이인이나 야만인(Barbarian)간에 차별이 없으며, 그리스도 안에서 모두가 하나인 것이[383] 사실이 되어야만 했고, 세계 제국이라는 생각은 무너졌다고 느꼈다. 제국에 대한 보편적 생각은 야만인 특히 파르티아인과 스키타이인의 동쪽에서 적어도 일정한 한계를 인정했지만, 그리스도의 교회는 이 지구에 관한 한 그런 극단적 한계까지도 넘어 우주 전체를 포함한다. 거룩한 계시에서 세계 개념이 차지하는 영역은 놀랍다. 시편과 예언서에서 '세상의 모든 주민'은 주님을 섬기라는 요청을 계속해서 받고 있다. "땅과 거기에 충만한 것과 세계와 그 가운데에 사는 자들은 다 여호와의 것이로다"(시 24:1).[384]

그분은 한 나라가 아니라 '온 세상을 공의로' 심판하실 것이다.[385] 그리스도는 자신의 복음이 온 세상에 전파될 것이라고 직접 증언하셨다.[386] 그분은 자신을 세상의 빛이라고 부르고, 제자들에게 그분의 복음을 온 세상에 전파하도록 맡기셨다.[387] 십자가에 죽으심은 그분이 전 세계를 위해 목숨을 바친 것이다. 사탄은 그리스도와의 투쟁에서 세상의 왕이라고 불린다.[388] 중보자는 전 세계의 죄를 위해 자신을 희생물로 바쳤다. 하나님은 그리스도 안에서 일부 민족이 아니라 세상과 화해하셨다. 요한일서 4장 14절은 그리스도가 "세상의 구주"로 보냄 받았다고 말씀한다. 그리고 요한계시록 11장 15절에서 우리는 승리의 영광을 듣는데, 이제 '세상 왕국이 우리 하나님의 것이 되었다'. 요한복음 3절 16절에서 우리에게 증거된 바와 같이 하나님께서 "'세상'을 이처럼 사랑하사 독생자를 주셨으니 이는 그를 믿는 자마다 멸망하지 않고 영생을 얻게" 하신다는 것이다. 세계에 대한 개념은 계시록에서도 특히 그러한데, 역사적으로나 열방의 기대에 따라 그리스도의 사명 전면에 등장한다. 수년 동안 신비주의와 지금은 평화주의가 다시 세계적 사고를 받아들였지만, 그것이 개신교를 따르는 민족들 사이에서 가치가 많이 떨어졌다는 것은 부정할 수 없다.

나폴레옹과 함께 최후의 세계 정복자는 멸망하는 것처럼 보였다. 1814년 이래 민족과 제국이라는 이념으로 더 많은 일을 할 수 있었다. 그리고 교회에 관한 한, 부흥 운동과 평화학(Ireniek)[389]이 우리의 생각을 협소한 교회 마당의 벽을 넘어 쳐다보게 했을지 모르지만, 우리 중 누구도 '세계 교회'의 회원이라고 느끼지 않았다. 1618년과 1619년에 도르트레흐트에서 열린 총회에서는 외국 교회의 사절과 대표를 소집함으로써 보편적 교회라는 생각이 존중받았다. 그러나 '국가 교회'(Volkskerk) 즉, 국교회(de nationale Kerk)라는 한 특정 국가의 교회가 전면에 등장했으며, 이전에 그렇게 강력하게 영감을 받았던 높은 이상은 포기되었다. 이런 식으로 정치적이고 교회적인 삶의 환경과 우리의 기독교적 신앙고백 사이에 점점 더 불편한 대립이 등장했다.

우리 그리스도인의 신앙고백은 낙원으로 돌아가서 인류의 일치를 요구했다. 골고다 위에서 이뤄진 그리스도의 희생조차도 그 의미를 잃어, 우리 종족의 일치, 죄의 기원에서의 일치, 그리고 구속 사역에서의 세계 일치도 유지되지 않았다. 일치의 포기와 함께 우리 모든 기독교적 신앙고백은 무너졌다. 우리는 '테 데움'(Te Deum)[390]에서 찬송을 통해 "당신, 영원한 아버지, 당신은 모든 피조물을 함께 모으십니다!"라고 외쳐왔다. 일치 사상은 정치 영역에서 국가사상에 완전히 흡수되었다. 그리고 교회 영역에서 국가 교회가 부각되었는데, 의도하지 않고 원하지 않았지만 스스로 우리 신앙의 뿌리를 도끼로 찍어낸 셈이 됐다. '국가'(nationale) 유형은 하나의 인류에 대한 생각을 밀어냈고, '국가 교회'도 하나의 보편적이고 기독교적 세계 교회라는 사상을 점점 더 옆으로 밀어냈다.

우리의 개혁교회 신앙고백서 제27조는 이렇게 명료하게 고백한다. "우리는 참된 기독교 신자들의 거룩한 집회인 단일 가톨릭 교회 또는 보편 교회를 믿고 고백한다." 그리고 마지막으로 다음과 같이 마무리한다. "거룩한 교회는 특정 장소나 특정 사람에게 묶이거나 매이지 않고, 전 세계로 퍼지고 흩어졌다." 그리고 〈하이델베르크 요리문답〉 54문에 대한 답은 이러하다. "나는 하나님의 아들이 세상의 처음부터 마지막 날까지 모든 인류 가운데서 영생을 위하여 선택하신 교회를 참된 믿음으로 하나가 되도록, 그의 말씀과 성령으로 자신을 위하여 불러 모으고 보호하고 보존하심을 믿는다." 그러나 상황의 압력 아래에서 '세계 교회' 사상이 '국가 교회' 사상에 점점 더 빠져드는 것을 막지는 못했다. 지금도 저명한 신학자들은 이 잘못된 생각을 고수하고 있고, 우리 기독교 신앙고백의 핵심에 어긋나는 일이 얼마나 비생산적인지 느끼지 못하고 있다.

그러므로 우리는 왜곡된 사고의 고리에서 이전에 모든 곳을 지배했던 사고의 고리로 돌아가야 한다. 첫째는 로마 제국에 구현된 세계관을 통해, 둘째는 우리 삶의 전체 모습과 모든 역사가 우주적 사고에 나타난다. 국가 사상은 '이스라엘에서' 크게 승리할 수 있었다. 이스라엘이 멸망한 것은 원래의 자연적 국가 사상을 세계 사상으로 전환하는 거룩한 예술을 이해하지 못했기 때문이었다. 바울의 지도에 의해 교회는 분명한 의식으로 이스라엘의 이러한 오류를 바로잡았다. 국가 교회에 대한 우주 교회의 개념이 로마 제국의 개념과 연결하여 승리했다.

§6. 로마 가톨릭

가톨릭 교회라는 사상이 로마 교회의 사상에 흡수된 것은 매우 유감스러운 일이다. '가톨릭'은 '보편적'이라는 의미 외에 다른 뜻은 없다. 가톨릭 교회는 본질적으로 '국가 교회'에 대항한다. 그러므로 우리의 신앙고백과 교리문답은 가톨릭 사상을 모든 기독교회가 고백해야 한다고 주저 없이 진술하고 있다. 가톨릭이 아닌 교회는 교회가 아니다. 그리스도는 한 '민족'이 아니라 '세상'의 구세주이기 때문이다. 1618년 도르트레흐트 총회는 트렌트 공의회만큼 가톨릭이 되기 위한 것이었다. 그러므로 우리가 우리 자신의 원리에 불충실하지 않고는 가톨릭이라는 명예로운 이름을 로마 교회의 전유물로 줄 수 없다. 성경의 모든 계시는 그것을 금하고 있다. 그러므로 가톨릭 사상이 교황의 교권체제를 통해 처음 생겨난 것처럼 우리에게 제시되어서는 결코 안 된다. 가톨릭 사상은 복음서에서 지배적이고, 사도들의 서신에서 두드러지며, 계시록에서 잠시도 버려지지 않는다. 교황적 교권체제는 그것을 채택했다. 개혁자들도 똑같은 일을 했다. 차이점은 교권체제가 분열을 막기 위해 보편 사상을 높이는 기술을 이해했다는 것이며, 종교개혁 교회는 정말 경솔하게도 그것을 점점 더 버렸다는 것이다.

여기에 '로마'라는 이름이 매우 중요한 역할을 했다. 그리스도 교회의 영적 순수성은 어느 정도 약화되기 시작했고, 당시 강력한 로마 제국은 동로마 교회와 서로마 교회로 분열되었다.[391] 이것은 비잔티움(Byzantium)[392]이 한동안 훌륭하고 중요하게 로마를 능가했음을 뜻한다. 이 역사적 사실은 그리스도 교회의 역사적 과정에 특별한 영향을 미쳤으며, 이로부터 두 가지 결과가 이어졌다. 첫째, 우리가 현재 일반적으로 그리스 정교회라고 부르는 교회가 서방 교회와 분열하면서, 동시에 교권체제의 모든 지배적 권력이 서방에서 출현했다. 한동안 비잔티움이라는 이름은 고대 로마의 이름에서 가져온 영광보다 열등했다. 로마는 지구의 모든 지역에서 두드러지게 남아 있었다. 그러나 로마 제국의 권력이 약해졌고, 반면에 로마 주교의 교회적 영향력이 계속 커지자, 교회의 위계적 수위권이 점차 타락해가는 정치적 통합과 경쟁해야 했다. 한때 강력했던 로마 제국은 분열되었을 뿐만 아니라 점점 더 무너졌다. 전진하는 게르만 민족에 패배를 거듭하면서 그 위신이 추락했고, 정치적 통합권력이 점점 더 약해지는 가운데, '보편적' 특징을 지녔던 교회권력은 점차 정치권력을 초월해야 했다. 첫째, '신성 로마 제국'이 게르만족에게 넘어갔을 때, 변화가 나타날 수 있었다. 실제로 황제와 교황이 서로 더 날카롭게 대립했다. 두 거대한 검이 세상에 출현했다. 그리고 얼마 지나지 않아 베드로의 의자에 앉은 네 명의 남자가, 진귀한 천재성과 역동성을 지닌 채 자신들의 생각을 표현할 수 있었다. 교황이 하나님의 명령과 영감을 통해 그리스도의 대리자로 영예를 받을 만하며, 따라서 모든 세속적 권력은 로마의 법정에 복종해야 한다는 것이다.

§7. 종교개혁

카노사(Canossa)에서 이 제도의 부자연스러움이 드러났다.[393] 이에 대항한 반작용이 여러 새로운 종교개혁의 원인들 중 하나였음을 인정해야 한다. 종교개혁이 순전히 '영적인' 행동으로 남아 있었다면 훨씬 더 큰 규모로 승리를 거두고, 훨씬 더 고상한 특성을 자랑할 수 있었을 것이다. 그러나 역사의 사실을 무시할 수는 없다. 종교개혁에서 발발한 영적 투쟁에는 세계 정치권력을 위한 투쟁이 선행되었다. 바로 이 때문에 종교개혁 초기부터 비영적이고 순전한 정치적 동기가 스며들었고, 그 결과 역시 불가피했다. 이 실수는 종교개혁 이전의 그리스도의 교회가 유사한 실수를 범하지 않았다면, 아마 피할 수 있었을 것이다. 하지만 거기에 결함이 있었다. 계속해서 성직자들은 그들에게 고귀한 사상을 심어주는 것처럼 보였다. 이것은 그리스도의 교회가 처음 등장할 때에는 없었고, 멸시와 압박의 시대를 헤쳐 나가는 한 실현되지 못했다. 그러나 일단 영적 투쟁에서 세계 강대국에 대해 승리를 거두고 모든 곳에서 교회의 권세가 확립된 것으로 간주되자, 인간의 마음은 쟁취한 권력에 대한 탐욕과 유혹에 저항할 수 없었다. 도르트 총회 이후 우리 개혁교회도 마찬가지였다. 다테인(Datheen)[394]과 아 라스코의 시대에 들을 수 있었던 어조를 도르트 이후에 성직자들의 입술에서 들리던 것과 비교하면 이것에 반박할 수 없다. 그리고 그 당시의 공직자들도 5세기와 그 이후의 세기에 같은 결점으로 고통 받기 시작했다. 영향력, 권력, 지배권에 집착한 사람들은 자신의 힘을 더욱 확장하려고 노력했고, 결국 교황이나 황제에게서 패권을 확립하려고 노력했다.

그리스도의 직분을 맡은 자들에게도 존재하는 죄의 본성에 따라 교회도 이것을 스스로 드러냈다. 이 과정은 피할 수 없었으며, 당시 유럽 전체가 같은 방향으로 흘러갔다. 로마 제국의 멸망 이후 사법권은 확고한 기반을 가질 수 없었다. 특히 중앙 제국의 권력은 제후국 사법 권력의 강력한 각성으로 어려움을 겪었다. 게르만 지역에서는 일반문화가 고대 로마의 수준보다 훨씬 낮았다. 로마 제국의 군사적 영광은 점차 희미해졌다. 훈족과 몽골족은 오래전에 정착했다. 십자군 전쟁은 처음에는 무력 충돌의 명성을 다시 얻었지만, 여기에서도 황제의 중심 권력보다는 기사단 중 소수 영웅의 성공이 더 컸다. 어찌되었든 황제와 제국은 더 넓은 범위의 사람들을 지배하지 못했다. 다른 한편 새로 개종한 이교도는 새로운 신앙에 대한 광신을 불러일으켰고, 곧 대중에 대한 성직자의 영적 영향력이 사법권에 대한 경외심을 훨씬 넘어 섰다. 군대가 점점 더 진격할수록 용병들은 겁에 질려 있었고, 국고를 위한 금전 갈취는 더욱 강요되었다. 제국의 압력과 교회 권력의 압력이 저절로 구별되었으며, 성직자의 영향력은 커졌지만 집정관의 영향력은 점점 줄어들었다. 거의 모든 유럽에서 로마 교황의 말이 법인 것처럼 보였고, 마침내 집권 권력이 무너지고 굴복하는 상황을 초래했다.

여기에 이탈리아의 부흥과 르네상스 대학의 부상으로 인해 변화가 생기는데, 무엇보다도 성직자의 자제력 부족이 영적인 약화를 일으켰다. 과신과 부도덕으로 명성을 잃는 경우는 드물었다. 이 과정은 16세기까지 계속되었는데, 그때 이러한 성직자의 쇠퇴와 상반되게 집권 권력은 공고화되었다.

민사 문제에서 더 많은 질서와 규칙성이 요구되면서 자연스럽게 재판관에 대한 지원이 증가했다. 이것은 도시들이 부상하자, 다른 방식으로 고소인에게 제공되기도 했다. 교회 지도자들이 고해성사와 면죄부와 관련하여 부여된 권한을 남용한 것에 대해 양심에 따른 항의가 나타났다. 정부가 그 권위의 일부를 가톨릭 주교로부터 가져오는 것을 교회가 요구함으로써 교회와 국가의 관계가 왜곡되고, 타락했다는 생각이 점차 확산되었다. 성경은 이 둘 사이에 완전히 다른 관계를 요구한다는 확신이 점점 더 깊이 파고들었다. 이대로 있을 수는 없었다.

또한 재세례파의 무정부주의에 빠져서도 안 되었다. 교회 본질의 영적 정화에 대한 갈증이 생겼고, 동시에 시민 분야에서 교회의 권력에 대해 재판관의 독립이 긴급하게 필요했다. 만일 교회 측에서 적시에 관대한 판결이 내려졌다면, 그 분열은 덜 결정적이었을 수 있다. 그러나 이러한 악을 치료하기 위한 교회의 노력이 형식적인 것으로 보이고 지나친 것은 삼가는 것으로 나타나자, 그 균열은 계속 확대되었다. 그리고 마침내 종교개혁을 통해 '교회 자체가' 두 갈래로 갈라지면서, 교황권은 보편적 의미를 상실했고 국가를 지배하려 했던 교회는 이제 다시 국가 권력의 함정에 빠졌다.

§8. 루터

그레고리우스 7세(Gregorius Ⅶ) 이후로 두드러지는 점은, 교회가 국가에 대해

가지는 관계를 국가 생활을 위해 완전히 부적합한 형태로 변화시켰다는 점이다. 루터의 예에서 알 수 있듯이, 1517년부터는 완전히 변화된 관계가 생겨나, 교회가 점점 더 국가에 종속되는 경향이 나타났다. 독일 군주들과 교회, 학문 분야의 지도자들은 당시 로마의 위계적 권력을 깨뜨리려 했다. 영국에서는 로마와 시민 권력 사이에 균열이 있었다. 로마가 함락되자 독일 군주들은 교황파에 대한 황제파의 승리를 축하했다. 스칸디나비아 사람들은 위계적 권력을 옆으로 제치고 비웃었다. 루터와 그의 추종자들은 계속해서 교회 개혁에 집중하기 위해 지원을 필요로 했다. 그래서 루터가 독일 군주들과 동맹을 맺은 것은 당연했는데, 특히 작센에서는 더욱 그랬다. 위계제도에 대항해 더 안정된 지위를 확보하기 위한 공권력과 교권의 일치는 더 많은 비웃음을 자아냈다. 그리스 정교회 국가에서도 같은 방법을 취했기 때문이다. 정교회 국가들에서도 정부가 교회에 대한 통제권을 장악했으나, 그 어떤 개혁도 이끌어내지 못했다. 독일과 스칸디나비아 국가에서도 루터의 영향 아래 있는 사람들은 국가에 의존했다.

그리스 정교회 신앙고백의 황제교황주의적(Caesaro-papistische)[395] 국가들과 독일-루터교 지역 모두에서 군주들은 교회에 대한 권력을 받았을 뿐만 아니라, 교회에 대한 영적 자질까지 획득했다. 러시아 황제들과 마찬가지로 비잔틴 군주들은 급진적 형태로 주교의 역할을 수행했다. 루터도 독일과 스칸디나비아의 군주들이 감독의 지위를 받아 교회의 우두머리로 활동해야 한다는 데 동의했다. 그리스 교회의 해방과 루터교의 종교개혁에서 두 번 모두 로마의 위계제도와 단절된 것은 교회가 군주를 압도한다는 이전의 규칙 때문이었는데, 이제는 정당한 반대 관계가 생겨났고 교회는 국가에 종속되었다.

§9. 칼빈주의자의 첫 번째 입장

오직 개혁교회에서만 교회와 국가의 관계가 달라졌다. 그러나 이러한 변화된 입장은 칼빈 자신이나 그의 첫 추종자들에 의해 처음부터 그런 것은 아니었다. 이와 관련하여 우리의 네덜란드 신앙고백도 아직 이러한 발전의 최종 단계에 도달하지는 않았다. 네덜란드 개혁교회 신앙고백서 제36조는 정부가 시민 문제뿐만 아니라, 교회 문제에서도 주님의 이름으로 행해야 한다고 여전히 강조하고 있다. 그들의 직책은 "경찰(즉, 시민의 질서)을 관찰하고 감시하는 것뿐만 아니라, 신성한 예배를 지키는 것이며, 모든 우상숭배와 거짓 종교를 물리치고 근절하며, 사탄의 나라를 무너뜨리고 예수 그리스도의 왕국을 확장하며, 모든 곳에 복음의 말씀을 전파하는 것인데, 이는 하나님께서 말씀에 명하신 대로 각 사람에 의하여 영광과 섬김을 받게 하려 함이다."

1690년 아 마르크(J. à Marck)[396] 교수는 그의 저서 "기독교 개요"(Compendium Religionis Christianae)[397] 590쪽에서, 시민 정부는 교회와 나란히 서거나 마주보고 서 있지 않고, '교회 안에' 존재한다고 주장했다. 그 책 33장의 머리글에 따르면 그는 '교회정치'만을 취급하며 27개 단락에서 행정부의 교회적 부분을 다룬 후에, 해당 장의 두 번째 부분 28항에서 다음과 같은 말로 시작한다. "이제 우리는 다른 사람과 공유되는 교회 정치로 넘어 간다." 이것은 한 국가의 모든 시민과 거주자가 개혁교회 교인이라면, 시민 행정부는 실제로 어떤 역할도 찾지 못할 것임을 의미한다. 국민 전체에는 교회의 회원이 아닌 사람도 있기 때문이다. 우리가 '국가'의 정치에 관해 다루는 것이 아니라, 비신자가 포함되는 '교회 정치에 관해' 말한다는 것이다. 그에 따르면, 한 교회에는 두 종류의 질서가 있는데, 하나는 말씀과 성례전의 직무를 위한 '특별'(bijzondere) 질서이고, 다른 하나는 '모든' 시민과 관련된 '일반'(de algemeene) 질서이다. 그는 후자도 특별 회원처럼 '교회에' 있다고 단호하게 주장한다. 그는 "모든 시간의 영원한 역사에 관한 것은 '국가정치를 항상 교회 가운데 두는 것'이다"라고 썼다. 그는 다시 32항에서 반복한다. "기독교 '통치자'가 교회 문제에서의 일반적 권한을 가진다는 것을 부정할 수 없다."

또한, 드 모르(B. de Moor)[398]는 1771년 마르크의 "일반 주석"(Commentarius perpetuus, 제4권, 470-487쪽)에서 아무런 주저함 없이 이 표현을 채택했다. 또한, 푸치우스(Voetius)[399]는 그의 "교회정치"(Politica ecclesiastica) 124쪽 이하에서, 발라에우스(Walaeus)[400]는 그의 "교회의 직분과 정부의 감독에 관하여"(de Munere ministrorum

Ecclesiae et Inspectione Magistratus, circa illud)에서, 마찬가지로 리베(Rivet)[401]는 그의 "십계명 강해"(*Explicatio Decalogi*) 제1권 1371-1376쪽에서 같은 견해를 밝힌다.

칼빈은 이 복잡한 주제에 대해 훨씬 더 냉정하게 말했는데, 그의《기독교 강요》제4권 20장 9항에서 정부의 봉사는 십계명 율법의 두 서판까지 확장된다는 진술로 국한했다. 그는 이것이 모든 나라에서 항상 그랬다고 주장한다. 만약 성경에서 그것을 알고 있지 않다면, "우리는 세속 저술가들에게서 그것을 배울 수 있다. 그들 중 누구도 치안판사의 직분을 처리하고, 법을 만들고 경찰에게 명령하는 일을 하지 않기 때문이다. 이 일은 오직 종교와 하나님에 대한 봉사에 의해서만 시작된다." 따라서 모든 이교도 정치가와 철학자들이 판단하는 것처럼, 우리 그리스도인들도 이스라엘의 신정정치와 하나님께서 친히 그 신정정치를 위해 주신 규례에 호소한다.

§10. 중간 입장

이런 식으로 교회가 정부보다 위에 있다는 로마교회의 주장과, 국가를 교회의 주인으로 만드는 루터교회의 견해 사이에 중간 입장이 있는데, 다음 두 가지만 인정된다. 첫째, 하나님의 명예를 유지하는 것은 시민 정부에서도 행정관리의 의무이고, 둘째, 행정관리의 소명은 교회를 지원하고 보호하는 것이다. 우리의 신앙고백 제36조는 실제로 훨씬 더 나아갔다. 정부가 "거룩한 교회 예배를 '도와야 한다'"라는 표현은 매우 유연하지만, 모든 우상숭배뿐만 아니라 모든 거짓 종교를 금지하며, '모든 곳에서' 그리스도의 왕국이 선포'되도록' 행정관리의 훨씬 더 강력한 간섭을 지적한다. 그리고 그 전제는 정부가 아주 작은 세부 사항에서도 하나님의 말씀에 기초하여 고백해야 하는 것이 무엇이며, 어떤 교회가 이 신앙고백을 유지하고 있는 정부로부터 지원을 받아야 하는가를 고려하는 것이다.

당시에는 교회 문제가 점점 더 중대한 정치문제로 대두되었기 때문에, 이것은 자동으로 이루어졌다. 무장한 정치 세력의 지원을 받지 않는 한 신자들은 독립적 교회생활을 시작하거나 발전시킬 수 없었기에, 그것은 행정관리에게서 분리되었다고 선언할 문제가 아니었다. 이는 자신의 교회생활을 파괴하는 것과 마찬가지였기 때문이다. 네덜란드도 전장에서 성직위계제에 저항한 오란녀 공의 지도로 시민군이 목소리를 내지 않았다면, 스페인의 신앙고백을 뒤집지 못했을 것이다. 개혁파를 지지하는 힘이 부족한 런던, 엠던, 프랑크푸르트(Frankfurt), 베젤(Wezel)[402] 등으로 피난을 가야 했다. 시민들의 지원 없이는 그 불안한 시대에 견딜 수 있는 확고한 지위를 '얻을 수' 없었다. 교회가 영적인 무기로 자신의 권위를 방어하는 데 그치지 않고 로마 가톨릭 군주가 필요하면 강제로 종교개혁을 진압하도록 했다면, 처음에는 피난이나 순교로 대처할 수 있었겠지만 행정관리의 보호 없이는 조국이 평화로운 위치에 도달하지 못했을 것이다. 어떤 망명과 순교를 희생했든지, 이제 그 나라에 돌아갈 기회와 자유로운 신앙고백의 기회가 있기 때문에, 교회는 이전 기준으로 새로 부상한 상황을 규제할 힘이 없었다.

재세례파는 개인 신자로서 그리스도의 재림을 준비하기 위해 시민 생활에서 완전히 물러났으나, 스페인 사람들이 어쩔 수 없이 우리를 포기해야 했을 때, 이 입장도 더 이상 지지할 수 없음이 확인되었다. 그러자 새로운 상황이 조성되어야 했다. 교회는 힘을 잃었고, 시민 영주들 스스로 주도권을 쥐게 되었다. 이제 두 가지가 필요했다. 우선, 행정관리는 일반은총에 의해 명예와 미덕의 공존을 다시 구축하고 유지하는 행동을 취해야 했다. 두 번째로, 교회 건물의 사용, 교사들의 소책자, 이단자, 유대인, 불신자에 대한 태도에 관한 명령이 내려져야 했다. 이 점에서 교회는 거의 성공하지 못했지만 독립을 유지했다. 위대한 국가 대회도 1618년 정부의 후원 아래서만 모일 수 있었다.[403] 그 이후에 새로운 모든 국가적 총회는 공화국 정부에 의해 중단되었다. 사람들이 생각한 것보다 더 빠르게 행정관리가 교회를 장악하려는 성향이 등장하기 시작했다.

§11. 마우리츠Maurits[404]의 죽음으로 일어난 전환
이미 1625년에 균형이 기울었고, 국가는 교회에 대한 우위권을 확립했다. 말씀의 종들 사이에서 믿음의 오래된 힘이 깨어 있었다면, 어느 정도의 교회적 자유를 구할 수 있었을 것이다. 그러나 그 반대임이 밝혀졌다. 대부분 목회자는 행정관의 간섭에 아첨하려 했고, 이로 인해 자신의 지위가 높아졌다고 생각했으며, 정부가 얘기하는 것은 무엇이든 거의 그대로 수용했다. 극소수만이 정부의 불법적 수위권(suprematie)에 대한 싸움을 끝까지 계속했지만, 그들은 점점 더 '광대한 심연의 희귀한 물고기들'이 되었다. 루터교의 영향이 작용했으므로 국가 생활에 매우 해로웠다. 국왕 빌럼 1세가 1815년 우리 교회를 완전히 전복시키고 거의 독일, 루터교, 황제교황주의적 교회로 대체했다. 저항은 극소수에 지나지 않았고, 우리 선조들이 한때 세운 기념비적 건물은 거의 쓸모없게 되었다. 우리는 감독의 위계에서 벗어났다. 정부가 황제교황주의적 통치와 같은 영적 성격을 우리에게 부여하지 않았기 때문에 양극단은 모두 피했다. 우리 조상들이 그랬던 것처럼 폭력을 폭력으로 바꾸어야 하지만, 믿음이 부족하여 실행에 옮길 수 없었다. 우리나라 교회는 독일, 스칸디나비아, 영국 국교회보다 정부의 국가 권력으로부터 다소 자유로웠지만, 원리에 대한 투쟁을 더 이상 생각할 수 없었다. 사람들은 점점 더 세계교회와의 접촉점을 잃었다. 그들은 억지로 '국가 교회'가 되었다.

세기적 전환기인 1789년 우리나라에서도 교회와 국가 사이에 변화가 있었고, 폐허로 남아 더 발전해야 할 자체적인 제도적 기준도 없었다. 사람들은 더 이상 로마교회적 성직 교권체제를 따르지 않았지만, 루터교나 황제교황주의자가 되지도 않았고, 국가와 교회 사이의 바른 관계가 꽃필 것이라고 믿었던 칼빈주의적 줄기는 싹둑 잘려버린 그루터기로만 보였다. 교회는 예배와 목사의 돌봄과 관련해 스스로 독립해야 한다는 소명을 이해하지 못했다. 교회 재산과 토지는 자신의 자유를 팔아 버린 야곱의 한 그릇 팥죽이었다. 도덕적 의미 외에는 교회의 규율을 유지하는 것에 대해 더 이상 생각할 수 없었다. 교회는 신학교에 대한 영향력도 모두 상실했다. 따라서 교회의 독립적 성격은 점점 더 상실되었다. 나중에 이 나라와 독일에서 개혁교회의 또 다른 변화가 일어났다면, 칼빈주의는 종말을 고했을 것이다. 개혁교회는 두 나라의 국가생활의 영역에 점점 더 영향력을 잃었다. 우리나라의 귀족 통치와 독일의 소군주의 고통스러운 지배 아래 있을 때, 제네바에서 국가적 삶을 장악했던 자유로운 피는 거의 완전히 막혀 버렸다. 이것은 다른 방식으로 잘 개혁된 모임에 있는 사람들이 파리의 정신을 제네바의 정신과 혼동하고, 자유의 나무 주위에서 춤을 추었음을 설명하는 것이다. 이것은 교회의 독특성을 인정하지 않고, 교회를 교파의 집합개념으로 이해하는 근대 사상이 등장하는 길을 닦았다. 이는 그리스도의 왕권을 근본적으로 부인하는 것과 같았다.

§12. 가시적 교회와 비가시적 교회[405]

'가시적' 교회와 '비가시적' 교회의 구별은, 아무리 정확하더라도 한번 올바른 길에서 벗어나면 악한 방향을 따를 수 있다. 이미 츠빙글리(Zwingli)[406]가 "가시적 교회는 세상에서 그리스도를 고백하는 모든 사람"이라고 지적했다(IV: 58). 그러나 그는 이렇게 덧붙인다. "이들 중에는 그리스도인이라고 잘못 불리는 사람들이 많이 있는데, 이는 그들이 '속에 믿음이 없고 교회에서 택함을 받은 자가 아니기' 때문이다." 참된 교회가 비가시적 교회라 불리는 것은 참된 신자들이 보이지 않게 행동하기 때문이 아니라, 그것이 믿지 않는 사람의 눈에는 보이지 않는다는 의미이다.

비슷한 의미에서 칼빈은 《기독교 강요》 4권 1장 7항에서 다음과 같이 말한다. "성경은 교회에 대해 두 가지 방식으로 말하고 있다. 가시적 교회는 세례 받고 그리스도를 고백하는 모든 사람으로 구성된다. 그리고 비가시적 교회란 진실로 하나님 앞에 택한 자들로만 구성된다." 이것은 두 교회가 아니라 항상 같은 교회를 의미한다. 마레시우스(Maresius)[407]가 "다양한 관점으로"라고 말하는 것처럼(457쪽) 말이다. 그것은 가시적 교회(ecclesia visibilis)가 하늘에서 승리한 교회(ecclesia triumphans)를 의미하는 게 아님을 강조하기 위해 사용되기도 했다. 이 구별은 볼 수 있는 한, 부분적으로는 지금까지 그리스도의 교회와 지상에서의 모습만을 나타내며, 그것이 실제인 것처럼, 즉 성령의 산물로서 부분적으로 그 안에 실재를 전달하지만, 거짓 혼합이 존재한다는 것이다. 피터 마터는 그의 "신학총론"(Loci Communes)[408] 390쪽에서 다음과 같이 썼다. "오직 하나님 앞에서 거룩하고 진실한 사람들만이 교회이다." 그러나 교회에는 하나님으로부터 온 많은 이방인들이 섞여 있다. 그리고 이들은 진짜가 아니라, 겉으로만 교회에 속하기도 한다. 이 교리는 실제로 교회 규율을 완화하게 만들었다. 그토록 많은 수의 위선자들이 교회에 활동한다는 것이 확인되면, 한 사람이 좀 실족했다고 해도 큰 문제로 보이지 않을 수 있다. 마찬가지로 이 교리가 너무 강력하게 전면에 드러난다면, 정부가 원리적으로 교회에 개입하는 것이 좋지만, 보이는 교회의 전체 상태에 관해 관심을 덜 갖게 될 수 있고, 따라서 그것에 대해 덜 성가시게 될 수도 있다.

이와 관련하여 "스타턴오버르제팅"(Statenoverzetting, 이하 국역성경)[409]에서 '교회'라는 단어를 의도적으로 사용하지 않은 것은 주목할 만하다. 원문에 있는 '교회'(Εκκλησία, 에클레시아)라는 단어는 여전히 '회중'(Gemeente)으로 번역되었다. 회중이라는 단어는 여러 방식으로 변화되는데, 우리가 '교회'라고 말할 때 지역교회, 보편 교회를 의미한다. 그리고 순수한 형태로서의 교회에 대해 말할 때도 이 죄 많은 지구상의 삶에서 나타나는 '그런 교회'라고 말한다. 그리스도는 베드로의 고백 위에 교회가 세워질 것이라고 말씀하셨다(마 16:18). "너는 베드로라 내가 이 반석 위에 내 '교회'(에클레시아)를 세우리[라]." 이것은 물론 모든 시대의 보편적 교회를 의미한다. 그러나 국역성경에서도 단수로 '회중'이라고 말한다. 반면에 주님은 마태복음 18장 17절에서 말씀하신다. "만일 그들의 말도 듣지 않거든 '교회'(회중)에 말하고 교회의 말도 듣지 않거든 이방인과 세리와 같이 여기라." 이것은 물론 '지역' 회중을 의미한다. 물론 지역적으로 복수 형태의 회중들을 언급할 때도 당연히 같은 방식으로 표현되었다(참고, 고후 8:18; 계 1:4). 그리고 여기에 인용된 구절에서 볼 수 있는 형태의 보편교회 또는 지역교회에 대한 언급이다.

국역성경에서 '회중'이라는 단어도 같은 방식으로 사용되는데, 이것은 교회의 '영적' 의미이지 지상적 모습은 전혀 아니다. 에베소서 5장 25절 이하는 이렇게 말한다. "그리스도께서 교회를 사랑하시고 그 교회를 위하여 자신을 주심 같이 하라. 이는 곧 물로 씻어 말씀으로 깨끗하게 하사 거룩하게 하시고 자기 앞에 영광스러운 '교회'(한 회중)로 세우사 티나 주름 잡힌 것이나 이런 것들이 없이 거룩하고 흠이 없게 하려 하심이라"(엡 5:25b-27). 또는 에베소서 1장 22절 이하에서 이렇게 말한다. "또 만물을 그의 발아래에 복종하게 하시고 그를 만물 위에 '교회'(회중)의 머리로 삼으셨느니라. 교회는 그의 몸이니 만물 안에서 만물을 충만하게 하시는 이의 충만함이니라"(엡 1:22-23). 만약 지역에서 신앙고백자들의 모임만을 지칭하는 단어로 '회중'을 선택했다면, 회중이라는 단어에 '집합'의 개념이 포함되어 있어서 그렇게 이해했을 것이다. 그것은 구약에 적용되었고, 새 언약에 관해서는 '교회'라는 표현을 피하고, '회중'이라는 단어를 선호했다. 이것은 로마교회가 교회라는 단어를 사용하는 것에 대한 반대임을 부인할 수 없다.

독일, 네덜란드, 플란데런의 '시민적' 의미의 지역 공동체가 도시들의 탄생을 통해 중요한 의미를 획득했다. 영어 번역은 '처치'(Church)라는 단어를 선택했고 프랑스어는 '에글리제'(Eglise)라는 단어를 취했기 때문에 후자에 주목해야 한다. 처치는 우리나라의 '케르크'(Kerk)와 같고, 에글리제는 그리스어 '에클레시아'에서 직접 파생되었다. 반면에 루터는 '게마인데'(Gemeinde)를 선택했다. 더욱 놀라운 것은 케르크라는 단어가 국역성경에서도 나왔으나 '이교도 신전'으로도 사용되었다는 것이다. 사도행전 19장 35절에서 에베소의 위대한 여신 아데미(Diana)의 신전지기를 '교회지기'(Kerkbewaarster)라고 표현한다. 루터의 번역은 이 이상한 표현을 선택하지 않았는데, 이는 그가 '돌보는 자'(Pflegerin)라는 단어를 선택했기 때문이다. 그리고 벵겔(Bengel)은 벨레부르거 성경판(Berleburger Bijbeledities)에서 이것을 더 좋게 수정했다. 국역 성경의 후기 판에서는 성전지기(Kerkbewaarster)가 신전지기(tempelbewaarster)로 번역되었는데, 이것은 가능하고 허용되었다. 그리스어 '네오코로스'(νεωκόρος)가 분명히 나타나기 때문인데, 여기서 '나오스'(ναός)는 '신전'(temple)을 의미한다. 아마도 번역자는 로마 교회의 찬란함과 화려함을 고려했을 것이다. 그래서 여기서 의도적으로 더욱더 '교회'지기라고 말한 것이다. 특히 프랑스에서는 많은 개혁파 교인들이 그들 자신의 교회 건물을 템플이라고 부르기도 했다. 오늘날에도 여전히 그런 풍습이 있다.

§13. 지역 상황

종교개혁이 일어난 장소적 조건은 사람들이 사상을 형성하는 것에 지배적인 영향을 미쳤다. 여기서 두 가지 유형을 발견할 수 있다. 어떤 곳은 한 지역의 교회 전체가 로마 가톨릭을 떠나 종교개혁으로 넘어갔다. 그러나 특히 프랑스와 우리나라, 그리고 종교개혁이 일어난 다른 많은 곳에서는 상대적으로 적은 수의 주민들만 합세했다. 이것은 정부의 분위기에 따라 크게 좌우되었다. 고명하고 유력한 사람들이 정부와 함께 종교개혁에 합세하면 보통 도시 전체가 따랐고, 이에 동의하지 않는 사람들은 다른 곳으로 도피했다. 칼빈은 제네바에서 자유주의자들의 저항에 부딪혔지만, 대부분의 도시 전체가 로마교회와 결별했다. 그 결과, 행정관의 지도로 온 회중이 개혁교회로 개종하였다. 그러나 정부가 로마교회를 선택한 곳은 종교개혁을 더욱 어렵게 했고, 결국 배교자들을 박해하고 채찍질까지 했다. 프랑스에서도 그랬고, 부분적으로 영국에서도 그랬다. 오늘날의 벨기에에서도 그랬고, 처음에는 우리나라에서도 그랬다. 그 결과 촌락과 마을 주민은 대부분 로마교회에 머물렀으며, 소수의 칼빈주의자는 자신의 지위를 유지할 수 없었고 상당수가 잉글랜드나 독일로 도피하게 되었다. 결국 제네바와 다른 곳에서는 시민 교회 전체가 순식간에 넘어갔지만, 우리나라에서 교회 전체는 그대로 로마교회로 남아 있었고, 홀로 행동했던 칼빈주의자들은 도피해야 했다. 그런 점에서 거의 '모든' 주민으로 구성되고 '모두'를 포함하는 교회의 개념과 대중과 대조를 이루는 영감을 받은 소수 신자 집단의 개념을 찾아볼 수 있다.

이것이 잘못된 상황을 초래하기도 했다는 것을 다음 사례를 통해 알 수 있다. 헨트에서 아직 박해가 없었을 때, 모든 교회 건물에 칼빈주의 목사들이 등장했고, 도시 전체가 개혁된 것처럼 보였다. 하지만 1576년 스페인 사람들이 헨트를 점령한 이후, 진정한 개혁파는 잉글랜드와 네덜란드로 도피해야 했고, 도시 전체가 다시 로마 가톨릭이 되었다. 무르데이크(Moerdijk)[410] 위쪽에서도 마찬가지였다. 스페인이 영토의 주인이었던 곳에서 칼빈주의자들은 압박과 두려움 속에 살거나 도피해서 살았다. 하지만 1572년 이후에는 스페인 사람에 의한 추방이 거의 없었다. 마을과 도시 전체가 종교개혁을 선택하면 소수의 예외를 빼고는 전체 지역 교회가 이에 참여할 수 있었다. 대중이 로마 가톨릭으로 남아 있는 곳이면, 어디든지 칼빈주의자들은 순수한 교회개혁을 위해 행동했다. 그러한 곳에서는 확신과 영감을 지닌 신자들만이 종교개혁을 선택했기 때문이다. 이와 달리 대부분의 인구가 로마 가톨릭으로 남아 극소수의 종교개혁 움직임만이 존재하는 곳 중 그 어떤 교회의 치리도 인정되지 않는 곳도 있었다.

이처럼 종교개혁의 영감을 받지 않았지만, 로마교회에 남아 있기를 원하지도 않는 세 번째 유형이 전면에 등장했다. 이것은 인문주의 옹호자들과 시민들의 지지를 받았다. 이들은 이미 17세기 초에 고개를 들었고, 항론파(Remonstrantisme)[411]를 통해 우리에 대한 여론을 변화시켰다. 우리의 신조와 교리문답은 칼빈주의 진영이 작지만 순수했던 초기부터 시작되었다. 마우리츠 왕자가 죽은 후에 우리 방향에서 큰 변화가 일어났다. 그것은 다음과 같다. 칼빈주의 신앙고백에서 발견되는 개념들은 거의 전적으로 성경적 특성을 보여준다. 그러나 이것은 국가 교회가 자리 잡은 후기 상황에 더 이상 적합하지 않았던 것이다.

1618년 도르트레흐트 총회 이후, 피를 흘린 순교자들과 목숨을 잃은 사람들이 확신과 영감을 가지고 분투했던 이상은 묻히고 말았다. 이 숭고한 이상을 조롱하면서 원리도 없는 실천의 산물에 불과한 교회적 상태가 도래하고 말았다. 1619년부터 1798년까지 네덜란드 개혁교회가 한 세기 반 동안 총회를 개최하지 못한 것은 정부가 용납하지 않았기 때문이었다. 도르트레흐트 총회에서도 정부 당국은 성직자의 손을 완전히 묶었다. 이 개혁 신앙을 따르는 정부는 우리에 대한 칼빈주의의 영향을 막고자 했다. 동시에 대부분 말씀의 종들이 정부에 반대하는 개혁원리를 지지할 용기를 잃기도 했다. 교회 건물 없이는 아무것도 할 수 없었고, 목사의 생활비와 모든 종류의 보조금 없이는 살 수 없었다. 정부의 호의를 통해서만 이러한 물질적 생활 수단을 자유롭게 제공받을 수 있었다. 교회 지도자들을 기분 좋게 만든 것은, 세속 권력의 지원을 통해 그들이 시민들에 대한 일정한 지배권을 확보할 수 있다는 것이었다. 수많은 마을에서 말씀의 종인 목사는 권위 있는 사람이 되었다. 거룩한 열정의 불이 꺼지자마자 권력에 대한 욕망이 자연스레 교회생활 속으로 스며들었다. 영적으로 감동을 주던 요소가 시민 뿐만 아니라 우리가 흐젤스카펀이라고 부르는 교회생활에서도 사라진 18 세기가 도래했다. 이로 인해 교회는 더욱 더 가난하게 되었다. 상위 집단의 통제 속에 있던 대학들도 위기에 처했다.

18세기가 끝나가고 19세기가 다가올 무렵, 교회에 조상들의 영감이 희미 하게라도 남지 않은 그런 수치스러운 상황이 발생했다. 아합 왕 시대의 '7 천 명'은 실패하지 않았지만, 대학이나 대도시의 당회는 한때 드 브레(De Bres) 와 다테인에게 영감을 주었던 더 높은 삶의 불꽃을 단 한 번도 일으키지 않 았다. 교회의 권징에는 영혼이 없었다. 따라서 상퀼로트(Sansculottes)[412]를 통해 권력을 잡은 군주들이 목회자의 생활비를 취소했을 때, 교회는 한순간 비 참하게 위축되었다. 그리고 1816년 빌럼 1세 왕이 국가 금지령을 통해 우 리의 '모든' 교회 생활을 간단하게 막았다. 여기저기서 계속된 항의도 전혀 효과가 없었다. 교회에서 시작된 국가가 교회를 집어삼키고 교회의 국가적 의미를 제거한 것이다.

교회와 국가의 관계에 대한 칼빈주의적 노선이 논리적 결과로 이어졌다 면, 이런 슬픈 결말은 없었을 것이다. 이 상황이 구현된 미국이 이것을 잘 보여준다. 칼빈주의는 이상을 실현하고, 잘못된 혼합 없이, 원리가 제대로 작동할 수 있는 새로운 조건의 창조를 외쳤다. 이것은 유럽에서 불가능한 것으로 판명되었다. 과거에는 유럽 전체가 기독교화 되었다. 그만큼 이곳에 는 세례가 일반적이었다. 사람들은 대중 속에서 '신앙을 고백하지' 않았지 만, 마음속에 아무런 저항 없이 성직자들이 고백한 신앙고백을 따랐다. 성 직자의 권력에서 벗어나 세속적 삶을 살겠다는 허락을 받고 싶은 사람은 미사에 참여할 수 없었다. 순수한 종교의 원리를 지키기 위한 조치였다. 각 지역에서 아주 소수의 무리만 그렇게 했다.

북부 독일과 스칸디나비아는 정부의 지도하에 로마교회에 반대하는 대 중을 선택했고 대중은 이 해방을 참으로 찬양했지만, 언제나 그렇듯 내적 성숙 없이 의사(擬似) 기독교로 남았다. 순종과 이방인에 대한 기쁨을 중시하고, 성직자의 전횡에서 해방되기 원하는 마음을 가졌지만 '영적으로는' 이전과 같이 빈약했다. 똑같이 세속적이고 고결한 가치에 무관심하며, 주체적 성향이 부족했다. 종교개혁이 영적 구성원들에 의해 탁월하게 수행되었지만 무관심한 대중 앞에서의 열렬한 주장은 도움이 되지 않았다. 후자는 건드릴 수 없는 상태로 남아 있었다. 정신적 약점은 자신의 지위를 확보하기 위해 이용되었다. 이것은 농민 전쟁[413]에서 잘 드러났다. 교회가 종교개혁을 거친 뒤에도 이러한 찌꺼기가 남아 있었다. 이것은 바뀌지 않았다. 지금도 평신도와 성직자의 대립과 고해성사와 같은 로마의 유산이 남아있다. 이것은 타락으로부터 말씀의 종들과 대학까지 이어진 야만적인 정욕과 그 확장을 막기엔 역부족이었다.

§14. 미국에서의 칼빈주의

칼빈주의가 유럽 국가들에서 일관되게 작동하지 못한 것도 이 때문이다. 교회는 둑과 같은 장애물을 만났는데, 그것을 받아들여야 했다. 그렇지 않으면 정부가 그것을 사슬로 묶어 버렸다. 이것은 또한 16세기에 그토록 아름답게 번성했던 것이 17세기 말에 힘을 잃고 부자연스러운 모습을 보이게 된 이유이기도 하다. 이제 칼빈주의는 아메리카에서만, 특히 미합중국 이후 과거의 후유증에서 벗어났다. 잉글랜드의 장로교인들은 사방에서 어려움을 겪었다. 청교도들은 그 반대편인 신대륙에 교회를 세운 후에야 비로소 안식했다. 그리고 많은 침례교도와 다른 종파 그룹들도 이곳에서 자유롭게 이동할 수 있었다. 미국의 유일한 장점과 그 힘의 원천은 로마교회의 영향으로 형성된 교회 조건의 영향을 받지 않는다는 것이다. 다른 곳에서는 그 영향을 피할 수 없었다. 여기서 추종해야 하는 과거가 아니라, 자신을 건설할 수 있는 열린 영역이 발견되었다. 과거에 잘못 그려진 선으로 묶이지 않았으며, 더 이상 변경할 것이 없어 모든 것이 설계자가 원하고 추구하는 대로 새롭게 계획되고 지정될 수 있었다.

무엇보다 미국은 유럽에서 늘 골칫거리로 남아 있던, 정부에 의해 보증된 교회 재산, 교회 건물, 교회 소유, 교회 소득의 처리와 관련된 난감한 상황에 직면하지 않았다. 수 세기에 걸쳐 모든 국가에서 같은 현상이 발생했다. 왜곡된 교회 생활과 단절하고 싶은 사람은 그곳을 떠날 수 있었다. 하지만 과중한 의무를 짊어져야 했다. 사전에 정한 원칙과 견본에 따라 모든 노력과 비용을 부담해야 했다. 이것을 넘어 그가 떠나온 교회에 지급되었던 비용까지 모두 지불해야 했다. 이것은 영적 우월성이 인정되는 상황에서 훌륭하게 작동했다. 그래서 교회 자산의 발전에 큰 영향을 미쳤다. 이 요소들이 계속 유지되면서 건물, 기금, 수입의 병든 결합이 지속될 수 있었다. 이 심각한 위험은 미국에서 즉시 없어졌다. 그곳에서 교회가 아직 세워져야 하고, 기금이 모금되어야 하며, 급여가 지급되어야 했기 때문이다. 이제 사람들은 자신의 마음 중심과 성실에 따라 일할 수 있었다. 자신의 원리에 따라 '새롭게 창조할' 수 있었다. 그 완성이 가져다 준 만족스러운 결과로서 미합중국에서 국가와 교회 사이에 완전히 새로운, 지금까지 알려지지 않았거나 적어도 아직 실행되지 않은 관계가 생겨났다. 그것은 칼빈주의 원리의 요구에 합치했다.

미국에서 처음으로 만들어진 이 국가와 교회의 관계는 교회들이 국가의 어떤 것으로부터도 그들의 행동에 방해를 받지 않고 완전한 자유를 누리며, 유럽에서 유례를 찾아볼 수 없는 영향력을 행사하는 특징을 지니고 있다. 이러한 자유는 교회가 완전히 자립하여 정부에 단 1달러도 빚지지 않은 결과이다. 이것 때문에 미국 교회가 가난하고 너무 빈약하고 검소한 생활을 하며, 입을 열지 못했는 것인가? 사실은 오히려 그 반대다. 세계 어느 나라에서도 미국 교회보다 교회가 교회로서 필요로 하는 모든 것을 더 잘 제공하는 곳은 없다. 교회에서 어떤 것도 지저분하거나 인색하게 사용되지 않았다. 교회의 모든 것이 번성하고 발전한다. 시카고와 뉴욕의 목사와 교역자들의 사례는 암스테르담이나 베를린의 연금과 비교해 너무 높은 게 아닌가 걱정될 정도다.

미국 교회에 단점도 있음을 부정하지 않는다. 감리교에는 가난한 사람이 너무 많이 있고, 교회가 소수 부유한 가정의 손에 넘어가기도 한다. 특히 부족한 것은 일반적 교회 생활에 참여한다는 인식과 느낌이다. 계급의 차이는 교회에서 절대 합당하지 않다. 그럼에도 불구하고 미국의 교회 생활은 자유롭고, 모든 사람으로부터 공감과 존경을 받는다. 유럽에서 흔히 볼 수 있듯이 높은 곳에서 교회를 내려다보는 것은 미국에는 전례가 없는 일이다. 여론은 교회를 존중하고 사랑한다. 유럽의 어느 나라에서도 교회의 삶이 미국처럼 온화하고 풍부하게 번성하지 않았다. 더 높이 평가되는 것은 청소년들이 교회 생활에 참여한다는 점이다.

§15. 유럽 이민자

여기서 중요한 현상은 유럽의 극소수 교회에서 온 이민자들이 미국에 정착한 후, 곧 매우 유사한 삶을 살게 된다는 것이다. 물론 이것은 시카고와 뉴욕에 이민 온 다수 대중에게는 덜 적용되지만, 작은 마을과 시골에서는 이 '교회적으로 되는 것'이 도착한 이민자들을 위한 규칙이다. 그리고 여기에서 특별한 관심을 끄는 것은 어디에서나 관찰할 수 있는 현상인데, 미국에서는 처음부터 교회 공동체의 비용을 함께 부담한다. 17세기와 18세기에 잉글랜드에서 시작해 교회 생활을 위해 관대하고 기꺼이 희생했던 장로교인과 독립교인들을 이해할 수 있다. 같은 현상이 모든 시대와 모든 나라에서 국가교회로부터 벗어나기 위해 분리해 나간 모든 집단에서 관찰되었다. 우리나라에서도 이것을 보았다.

그러나 이 청교도의 관습에 이민자들이 합류한 것은 매우 놀라운 일이다. 이민자 대부분은 아일랜드, 독일, 러시아, 이탈리아 출신인데, 그곳에서는 개인이 교회생활의 유지를 위해 그 어떤 것도 감당하지 않았다. 예배 전체를 위해 일반 기금과 국가 기부금으로 사용되었던 것이다. 교회에 돈을 지출하는 데 익숙하지 않은 이민자들이 청교도들의 방식을 고집스럽게 거부할까 봐 두려웠을 것이다. 이민자가 전체 인구의 5퍼센트를 조금 넘지 않았다면, 두려워할 일이 덜했을 것이다.

이민자들의 수가 장로교인의 수를 능가하면서 두려움이 발생했다. 유럽의 오래된 관습이 교회 영역에 도입되었고, 심지어 청교도들의 후손들에게서 교회를 위해 그리고 기꺼이 희생하려는 의지가 사라졌다. 그런데 정반대의 상황이 발생했다. 한 세대씩 차례로 이민자들이 들어오며, 완전히 자급적이고, 세상에서 매우 두드러진 교회 생활이 가장 정상적인 일인 것처럼 인식되었다. 그들은 이전에 교회에 거의 이바지하지 않았지만, 미국에 도착한 후에는 그들 자신의 교회를 위해 돈을 지출하는 데 적응하였다. 뿐만 아니라 그들은 미국에서 얻은 다른 명예보다 절대 뒤떨어지지 않게 교회를 드높였다.

미시간, 아이오와, 일리노이, 뉴저지, 기타 지역에 있는 네덜란드 이민자 마을을 방문해보면, 모든 사람이 자신의 교회에 비용을 지출한다는 사실을 알게 될 것이다. 교회는 성도들에 의해 운영되며, 그 정부가 교회를 위해 한 푼도 주지 않는데도 부족한 부분에 대해 걱정하는 것이 우리보다 더 적다. 재정적 독립이 있는 자유교회 사상이 예외적 경우를 제외하고는 다른 국적의 세례를 받은 사람들 사이에서 받아들여질 수 없는 특별한 영국의 개념으로 간주해서는 안 되지 않겠는가? 문자 그대로 미국의 현재 인구는 유럽 모든 민족으로 구성되어 있다. 그럼에도 불구하고 자유롭고 재정적으로 완전히 독립된 교회라는 생각이 대부분의 사람을 사로잡았다. 기꺼이 희생하고 그것에 대해 행복을 느끼며, 거의 모든 분야에서 재정적으로 자신을 위해 저축하는 것이 가장 사랑받는 생각으로 인정받지 못하는 곳에서, 자유로운 국가에 있는 자유로운 교회의 제도가 승리를 보장받은 것은 바로 이 완전히 자발적 희생의 관대함이다.

이민자의 대다수가 사업가이거나 궁핍한 사람들이고, 18세기 이후에는 다른 가정 신들을 추구하던 '영적' 충동에 대해 의문의 여지가 없기 때문에, 이것은 더욱 놀랍다. 네덜란드 식민지 개척자에 관한 한, 이것은 이른바 가장 강력한 '아프스헤이딩 교회의 교인들'(Afgescheidenen)이었던 최초의 이민자들[414]에게 적용될 수 있다. 하지만 이것은 그 이후에 온 다수의 네덜란드 이민자들과 유럽의 다른 지역에서 온 이민자들에게는 해당하지 않는다. 이민을 하면서 단 하나의 종교적 신념을 갖는 것은 불가능하다. 로마 가톨릭 이민자들 사이에서도 같은 현상이 발생했다. 이들 역시 이곳에서 피난처를 찾아야 했다. 또한 그들은 이것을 실행했다. 그리고 그들 교회 무리도 장로교회, 독립교회, 침례교회가 처음부터 그랬던 것처럼 이제 아주 자유롭게 살고 있다.

§16. 풍요함

지금 미국에서의 교회생활이 가난하다고 불평하고 있다면, 이것은 아마도 간접적으로 제도를 변경할 논거로 작용할 것이다. 하지만 이것은 사실이 아니다. 교회의 모든 것을 즐기되 분명 풍요한 면도 있다. 유럽과는 다소 다른 부유함을 관찰할 수 있다. 대개 우리 대륙의 남쪽에서의 교회 생활은 빛을 발한다. 미국이 거의 경쟁할 수 없는 기념비적 건물, 일류 회화, 매우 칭찬할 만한 조각품들이 많이 있다. 몇몇 대성당이 등장했지만, 미국의 교회 건물은 완전히 다른 성격을 띠고 있으며, 지금도 그러하다. 유럽에는 성직자들을 매우 중요하게 부각시키기 위한 두드러진 계획을 찾을 수 있다. 많은 사람은 종종 혼자 남겨져 교회를 거의 방문하지 않지만, 미국은 그런 흔적을 거의 찾을 수 없다.

미국의 교회 건물에는 실질적으로 가구가 비치되어 있다. 추위에 떨지 않으며, 소중한 안도감을 누릴 수 있다. 좌석은 잘 정돈되어 있고, 쉽게 접근할 수 있으며, 모든 가구가 쾌적하게 배치되어 있다. 거의 모든 좌석에서 큰 노력 없이도 설교자가 말하는 것을 들을 수 있다. 교회의 각 회원은 자신과 가족을 위해 개별적으로 지정된 자리를 가지고 있다. 일요일은 영광스러운 날이다. 아침뿐만 아니라 저녁에도 예배당에 가는 관습이 있다. 좋은 노래를 많이 부르며 독창도 많이 허용된다. 종종 교회 건물은 교육, 스포츠, 심지어 회복을 위한 장소로도 사용된다. 멀리 와서 저녁에 예배드리기 원하는 사람들을 위한 것이다. 반면에 어두운 면도 이미 지적했다. 그것은 영지가 교회적으로 너무 많이 분할되어 있으며, 이 결점에 대해 진지한 조치가 취해져야 한다는 것이다.

하지만 반대로 유럽은 어느 곳에서든 교회가 기념비적 화려함에 의해 회중으로부터 고립된다고 말할 수 있다. 미국에서는 회중이 그 성전에 살고 있으며, 교회 건물은 회중을 위한 모든 공동체 생활이 집중되는 중심이다. 유럽의 그리스도인은 모든 것이 자금이나 공공 예산에서 지급되는 관습 때문에 무관심하고 지갑은 옆으로 치워 두었다. 미국에서는 교회가 만인의 사랑을 받고, 만인의 협력을 의지할 수 있는 곳이 되었다. 기껏해야 인구의 사분의 일 이상이 교회에 동조하고 있는 유럽에서는 여전히 그 중요성이 사라지고 있는 슬픈 현상이 미국의 자유교회 제도에서는 반복되지 않았다. 물론 미국에도 불평하는 사람이 있으나, 일반적으로 그곳의 많은 대중이 여전히 교회의 영향을 받고 있으며, 더욱이 그 영향력을 높이 평가한다고 자랑할 수 있다.

§17. 교회의 평화

매력적인 또 다른 특징이 추가되는데, 이는 유럽에 비해 미국에서는 교회 간의 부러움이 고통스럽거나 기분을 상하게 하지 않는다는 사실이다. 유럽에서 교회 간의 상호관계는 일반적으로 실망스럽다. 사람들은 거의 서로 접촉을 하지 않기 때문에, 무관심하게 지나쳐 신앙의 결속이 없다. 오히려 쓰라린 관계가 생겨 기독교적 사랑은 완전히 포기되고, 때로 더 심할 때는 적대적 분위기를 조성하기도 한다. 중부 유럽과 북부 유럽 국가들에 존재하는 반교황주의(Antipapisme)는 모든 응집력을 차단하는 질병이다. 과거가 이것을 설명할 수 있다. 교황권은 자유교회의 원리를 저주했으며, 그 신앙고백을 가장 큰 이단으로 정죄하여, 최소한 18세기까지는 세속 권력에 의해 이 체제의 진행을 폭력으로 중단시켜야 한다고 주장했다. 이로부터 16세기, 17세기 유럽 국가와 제국 간의 상호관계에서 종교적 원리에 엄격하고 이를 밀접하게 묶는 국제정치가 발생했다. 그 후 개신교 국가의 정부는 로마 가톨릭 시민들이 적과 협력하고 있다고 의심해야 했고, 로마교회 국가들도 그 나라의 개신교도들이 적과 내통하는 반역자들이라는 인상을 가질 수밖에 없었다. 그래서 로마교회 측에 의해 성 바르톨로메오 축일의 대학살[415]이 일어났다.

그리고 좀 덜 끔찍하지만 같은 측면에서, 우리 공화국도 자기 보호 차원에서 '헤네랄리테이츨란던'(Generaliteitslanden, 7개로 통합된 지역에 속하지 않은 주들)[416]과 7개 주로 연합된 주에 거주하는 로마 가톨릭 교인들을 가난하게 만들었고, 그들의 영적 자유를 직접적으로 침해했다. 이 영향은 지속되었다. 1853년 이후 상호 간의 격렬한 원한이 줄어들었다고 할 수 있다. 그러나 이것은 종교적 열정의 사악한 불이 우리나라에 타오르고 있는 것이 얼마나 심각한지 보여주었다. 자유주의는 반교황주의를 조직적으로 부추겼고, 계속해서 정치적으로 남용했다. 더욱 안타까운 것은 이러한 역사적 분열이 여기서 그치지 않았다는 것이다.

이 반교황주의에 더하여 이른바 '순수파'(Fijnen)[417]에 대한 적대감이 발생했다. 이들은 확고한 감정을 가지고 순수파라는 명칭에 증오를 담은, 이로써 종교적으로 영향을 미친 국민의 일부였다. 부분적으로 이 분노는 신비주의자, 흐젤스카펀 회원, 엄격한 독단주의자, 야간 학교를 향했지만, 어떤 형태로든 괴로움과 소외감을 안겨주었다. 거만한 경멸이 분리파에 대해 돌아서게 했고, 정부는 그들을 용기병을 동원해 처벌하기까지 했다[418]. 그리고 1886년 돌레앙시(Doleantie)[419]가 발발했을 때, 거의 모든 사람이 좋아하는 언론이나 심지어 '거리 아랍인들'도 조롱하는 무지한 광경을 다시 경험했고, 기록, 욕설, 모독적 중상모략이 교회의 자유를 위한 전사들을 궁지에 몰아넣었다. 벨기에와 프랑스와 다른 로마 가톨릭 국가에서도 같은 투쟁이 반성직자주의라는 이름으로 한 세기 이상 진행되었다. 영국과 스칸디나비아에서의 투쟁만이 신성하지 않은 성격이 조금 덜 했다. 모순을 두려워하지 않은 상태로 유럽의 거의 모든 곳에서 교회와 세계 사이, 교회들 사이에서 건강에 해로운 정신이 있었다. 신랄한 말이 지배하며, 종종 가족의 생계를 어렵게 만들기도 했다.

미국의 교회생활에서 그런 마귀의 정욕이 거의 알려지지 않았다는 점은 매우 흥미롭다. 그들은 확실히 자신의 신념으로 서로 반대한다. 대담하고 강력한 사람은 자신의 신념을 옹호한다. 심각한 논쟁을 서로 아끼지 않는다. 평화학이라는 찬사 아래 작은 모임 안에서만 달콤한 '뒤섞임'(allegaartje)의 흔적을 찾을 수 있다. 그러나 서로에 대한 증오와 비방은 하지 않는다. 한집에 살지 않고 서로 옆집에 살며, 비록 집 모양이 다르고 집에서 말하는 언어가 완전히 달라도 이웃을 존중한다. 이것은 독일이나 우리나라에서처럼 자유교회를 사랑하는 사람은 자기 소유가 아닌 다른 교회의 비용을 충당하기 위해 의무적으로 국세를 내야 하는 상황에 적지 않은 영향을 준다. 자신의 내부를 위해 모든 비용을 지불해야 하지만, 정부가 와서 다른 교회에 지급하기 위해 사용 가능한 돈 일부를 가져가는 것보다 혐오스러운 상황은 상상할 수 없고 법에도 어긋난다. 물론 미국에서는 이것이 잘 알려지지 않았다. 신자는 자신의 교회를 위해 비용을 내지만, 다른 교회에는 단 1센트도 내지 않는다. 이 때문에 미국에서 교회 간의 상호 행복한 관계가 생겨났고, 유럽이 겪은 분쟁에서 벗어날 수 있었다. 그곳의 교회를 알게 되면 마음이 고양되고, 여기에 참으로 이상적인 상황이 있다는 인상을 받는다. 물론 완벽하지는 않지만, 여기에 뭐 하나 추가할 필요가 전혀 없다. 미국에서 따뜻한 공감 능력이 있는 사람이 그곳에 남아 있는 모든 것에 대해 마음을 쏟아낸다면 거의 당신을 낙담시킬 수 있을 것이다. 옛 유럽과 오늘의 미국의 헌법을 비교해볼 때, 미국은 평화와 고요함과 자유교회 제도가 있기에 칭찬을 받을 수 있다. 그것은 또한 다른 이유로 매우 추천할 만한데, 이는 비교 우위에 대한 증거가 작지 않기 때문이다.

§18. 상호관계

국가와 교회의 관계가 무엇인가라는 질문에 대해 여기서 확실한 답을 찾을 수 있다. 우리는 이에 대해 이런 사고방식으로 임해야 한다. 이것은 내가 1898년 12월 뉴욕에서 돌아온 후 확신을 갖고, 1899년 출판한 저서 "다양한 아메리카"(Varia Americana)에서 이미 지적했다. 그리고 나의 강의인 '칼빈주의, 우리나라 헌법의 자유에 대한 기원과 보증'(Het Calvinisme, oorsprong en waarborg van onze constitutioneele vrijheden, 1874)에서 주장한 것이 실제로 실현되었다. 특히 헤르만 바인가르텐(Hermann Weingarten)[420] 박사는 그의 값진 저작인 "잉글랜드의 혁명교회"(Die Revolutionskirchen Englands, Leipzig, 1868)의 14장 '잉글랜드와 전체 종교개혁 기간의 결과와 의미'(430-451쪽)에서 결론을 내린, 이 중대한 주제에 대한 생각이 나에게 많은 영향을 미쳤다. 이 점에 관해서는 나중에 다시 언급하겠다.

이제 국가와 교회 사이의 모든 유효한 연결로부터 해방된 결과에 주목해야 한다. 이것은 완전한 평등 아래서 모든 교회 생활의 해방이 이루어진 미국에서도 마찬가지였다. 바인가르텐이 441쪽에 쓴 내용에 주목해보자. "하나의 계기는 우리 시대가 종교개혁의 전반적 발전과 독일 종교개혁의 첫 10년에 불과한 기간에 탁월한 위치를 제공한 것이다…그 모든 투쟁과 발전의 요인이기 때문에 제쳐 둘 수 있다…청교도는 시작부터 마지막까지 전적으로 기독교 공동체이다." 나아가 "당시 잉글랜드 교회의 역사는 루터교 교회의 역사와 같지 않다…17세기와 거의 16세기 전체에 걸쳐 신학 발전의 역사는 기독교 공동체가 회원을 받아들이는 것과 관련이 있었다. 이 기간의 모든 종교적 투쟁과 성공은 전적으로 기독교인들에게 뿌리를 두고 있으며, 교회에 의해 형성되었다"(442쪽). 그리고 바로 이 때문에 국가와 교회 사이의 변화된 관계가 공적 생활을 지배하는 미국 사회의 위대한 규범이 될 것이다. 국가는 다시 순수한 국가가 되었고, 교회는 자유롭게 날개를 펼치는 교회가 되었다.

여기서 우리는 매우 중요한 질문 앞에 선다. 즉 하나님으로부터 자유하면서도 하나님에게 대항하지 않는 국가가 등장할 수 있는지, 교회가 어떤 식으로든 일정한 형태의 국가 교회와 일치해야 하는지에 관한 것이다. 그때까지는 늘 그렇게 이해되었다. 우리는 아시아나 유럽, 또는 이교도와 마호메트교 사이에서 발전된 국가를 알지 못한다고 말할 수도 있다. 정부는 항상 공적으로 특정 예배와 연관되었으며, 세계는 비잔틴 제국의 영향으로 같은 방향으로 움직였다. 기독교 재산과 국가 교회에 관련된 법이 나타났다. 종교개혁도 이 체계를 깨트리지 않았다. 프랑스, 벨기에, 우리나라에서 그리고 부분적으로 잉글랜드에서, 종교개혁의 아침에, 그 어떤 오래된 상황도 아직 자신을 주장할 수 없었지만, 다른 모든 곳에서 그리고 우리나라에서 너무 빨리 종교개혁 이전보다 훨씬 더 완전한 의미에서 국가 교회의 승인이 법과 규칙이 되었다. 그들은 다른 것을 몰랐고 다른 것을 원하지 않으며, 다른 것을 용납하지도 않았다.

공적으로 인정된 국가 교회 없이 잘 조직된 국가 생활을 상상하는 것은 불가능했다. 이것은 벨기에와 스위스를 제외한 거의 모든 유럽에서 계속되고 있다. 교황청과 화해할 수 없는 갈등 속에 사는 이탈리아조차도 헌법 제1조에서 다음과 같이 고백한다. "보편적이고 사도적인 로마의 종교는 국가의 유일한 종교이다. 다른 종파는 법으로 '관용된다'." 스웨덴은 헌법 제1조에서 국가는 왕이 통치한다고, 그리고 제2조에서 "왕은 항상 변하지 않는 아우크스부르크 신앙고백과 1593년 웁살라(Upsala) 총회에서 채택되고 해석된 대로 순수한 개신교 신앙고백을 해야 한다"라고 명시한다. 덴마크에는 헌법 제3조에 루터파 개신교회가 덴마크 국가 교회이며 국가가 관리한다고 명시되어 있는데, 제5조에 "덴마크의 왕은 루터파 개신교회에 속해야 한다"라고 덧붙였다. 여기서 주목할 점은 이전 헌법이 국가교회(Statskirke)를 언급했는데, 이것이 1866년 처음 덴마크 국가교회(Danske Folke Kirke)로 변경되었다. 여기서 결정적 요인이 정부의 결정이 아니라 국민의 선택임을 표현한다는 점에 주목해야 한다.

이러한 세부적인 변경과 구분을 제외하고도 우리는 여전히 곳곳에서 고대의 이교도 민족들 사이에 발전되어 나중에 이슬람의 규칙이 되었으며, 이스라엘의 초기부터 적용되었던 것, 즉 국가와 정부가 특정 종교에 의해 수행되어 나라에 묶여 있는 것을 발견하게 된다. 국가와 정부를 하나의 특정 종교나 교회에 연결하는 것은 특히 미국의 상태가 더 빨리 형성되기 시작했을 당시, 유럽에서는 정치 분야의 고정된 관습과 규칙이었다. 우리도 그래야만 하고 결국 다른 것이 없음을 알고 있었다. 미국에서는 이 결속이 느슨해졌으며, 그 결과 교회와 국가가 각기 독립된 영역으로 자신의 유기적 삶의 맥락에서 서로에 대해 완전히 자유롭고, 법령으로나 기계적으로는 전혀 연결되지 않는다는 완전히 새로운 생각이 지배했다.

§19. 종교적 기초

이 새로운 관점에서 종교가 교회 안에 갇히고, 국가 건설에 종교적 기초가 더는 존재할 수 없는 것인가? 절대 그렇지 않다. 프랑스 혁명의 노선을 따라 움직인 여러 유럽 국가에서도 그렇지 않다. 1874년 5월 29일 스위스 헌법 서문에서도 "전능하신 하나님의 이름으로!"가 등장한다. 다레스트(Dareste)[421]는 그의 "근대 헌법"(Constitutions modernes, Paris, 1910) 제1권 536쪽에서 단순히 이 표현을 생략했지만, 포제너(Posener)[422]의 "제국가들의 헌법"(Die Staatsverfassungen des Erdballs, Charlottenburg, 1909) 838쪽에서 이 표현은 그대로 사용된다. 우리나라에도 '더 높은 질서'에 대한 모든 기억이 공식 표현에서 사라진 것은 아니다. 국왕이 의회에 보내는 모든 법안에는 항상 서문에 다음과 같은 표현이 추가된다. "우리는 이렇게 하나님의 거룩한 보호를 기원합니다!" 거의 모든 국왕 연설은 의회와 국가에 대한 하나님의 복을 기원함으로 끝맺었다. 일요일과 기독교 휴일도 여전히 공식적으로 시행된다. 그리고 헌법은 그것을 명령하지 않지만, 여전히 왕실은 왕이나 여왕이 '하나님의 은혜'로 통치한다는 선언과 함께 법을 제정한다. 그러나 스위스와 우리나라, 모든 근대 정치가들 대부분은 이런 구식 생활 철학의 유산의 의미를 부정했다. 이와 관련하여 미합중국 정부가 채택한 사항에 주목하는 것이 중요하다. 이것은 크게 세 가지로 나뉜다. 첫째, 지금도 매년 대통령이 서명하는 공적 기도일이 있다. 둘째, 공립 초등 교육의 종교적 성격이다. 셋째, 의회가 소집되면 초청된 성직자가 드리는 기도와 함께 전체 회의가 공식적으로 시작된다. 기도의 날은 미리 정해져 있고, 결코 넘어간 적이 없다. 대통령이 이에 서명하지 않으면 국가의 명예에 손상이 된다.

　미국에도 기도에 무관심하고 경멸하는 사람들이 적지 않았다. 그러나 여론은 기도의 날을 고수했다. 이것이 민족의 구원을 위해 신비로운 영향을 미친다고 생각했기 때문이다. 공립학교에서 종교적 특징을 고수하는 것은 상당히 어려움을 겪었다. 지금까지는 성경으로 학교의 성격을 유지하려는 노력이 중단된 적이 없다. 특히 로마 가톨릭 측에서 이에 반발했다. 사립학교 제도도 규모가 커졌다. 이 점에서도 양보할 수 있을지 의문이다. 그러나 이러한 공립학교의 종교적 성격이 줄어들더라도 미국이 종교 없는 학교를 원하지 않았다는 사실은 분명하다. 기도로 의회를 시작하는 것은 잉글랜드의 관습을 모방한 죽은 형식으로 이해되기도 했다. 그러나 이것은 국가와 국민에 대한 하나님의 최고 통치에 대한 공적인 인정이었고 지금도 여전히 남아 있다. 어떤 식으로도 그 모든 가치를 부인할 수는 없다. 이것은 미합중국이 하나님의 주권을 백성의 주권 안에서 말하게 하려는 의도적 목표를 추구한 것을 보여준다.

§20. 해밀턴과 제퍼슨

아메리카에 있는 잉글랜드 식민지는 제퍼슨의 통치 아래 프랑스 혁명의 원리를 바탕으로 해방을 실현하려 했다. 그러나 워싱턴과 해밀턴은 이에 저항했다. 아메리카 식민지의 해방이 스튜어트, 곧 잉글랜드로부터의 해방과 일치한다고 느꼈다. 잉글랜드에서 처음에 크롬웰과 나중에는 빌럼 판 오란녀 치하에서 일어난 일은 당통(Danton)[423]과 로베스피에르(Robespierre)[424]가 한 일과 아무 관련이 없다. 버크가 말했듯이, "우리의 혁명과 프랑스의 혁명은 거의 모든 세부 사항과 전반적 정신에서 반대다"(Work III, 52 ed. Mc. Lea, London). 존 핸콕(John Hancock)[425]이 "독립선언서"(Declaration of Independence)에서 이것을 길게 설명했다. 아메리카는 "자연법과 자연의 신"에 의해 등장했으며, 사람들은 "창조주로부터 양도할 수 없는 권리를 부여받아" 행동했으며, 그분을 "의도가 올바른 세상의 최고 재판관"이라고 불렀고, 독립선언서는 "신성한 섭리의 보호에 대한 확고한 신뢰"에 의해 선포되었다(Franklin B. Hugh. American Constitution, Albany., 1872, Vol I. 5-8). 나아가 "연합규약" 서문에서도 고백했다. "세계의 위대한 통치자를 기쁘게 하여 입법자들의 마음을 움직이게 하셨다"(19쪽).

여러 주의 헌법 '서문'은 다음과 같다. "오랫동안 우리가 누리도록 허락하신 시민적, 정치적, 종교적 자유에 대해 전능하신 하나님께 감사드리며, 우리의 노력에 대한 그분의 복을 기대한다." 하나님을 "영연방의 주권적 통치자이시며 입법자"로 높인다. 하나님께서 백성들에게 주신 "행정관을 선택할 수 있는 권리"를 고백한다(Vol II. 549-555 참고). 그 당시 혁명 지도자들에게 진지하게 행동한 프랭클린은 그의 동료 평의회 회원들이 그와 함께 무릎을 꿇고 하늘에서 오는 빛을 구하도록 촉구했다. 제퍼슨 휘하의 프랑스인이 이에 반대하면서 1793년 해밀턴과 제퍼슨 간의 투쟁이 시작되었다. 그 투쟁은 원리에 관한 것으로, 홀스트(Holst)[426]는 "미합중국의 헌법과 민주주의" (Verfassung und Democracy der Vereinigten Staten von Amerika, Düsseldorf, 1873) 제1권 96쪽에서 "루소의 글이 미국의 발전에 영향을 미쳤다고 말하는 것은 어리석은 일이다"라고 말하는 것을 주저하지 않았다. 해밀턴 자신도 미국과 프랑스 혁명의 원리가 다르다는 확신을 숨기지 않으며, "프랑스 소설에 나오는 신의를 저버린 아내가 뉴잉글랜드의 품위 있는 청교도 여성과 비슷하지 않은 것과 같다"라는 식으로 비교했다(John F. Morse, Thomas Jefferson, Boston, 1883, 147쪽 참고).

1899년 런던과 뉴욕에서 "칼빈주의"(Calvinism)라는 제목으로 출판한 "스톤 강좌"(Stonelectures)에서 나는 무엇보다도 칼빈의 사무엘상 2장 27절 주석에 호소함으로써 칼빈주의의 기본을 입증했다(Ed. Schipper I 321쪽 참고). 여기서 그는 다음과 같이 썼다. "누구에게도 복종하지 않도록, 그리고 허락을 받지 않고는 아무도 통치할 수 없도록 선택을 허용하는 것이 자유에 있어 가장 바람직한 것이다." 나아가 칼빈은 "국민은 하나님께서 자신의 정부를 선택할 수 있는 권리와 힘을 주시면 감사하라"고 말했다("스톤 강좌"의 70-74쪽 참고). 국민이나 국민의 대표는 권위를 부여할 사람을 임명하는 것 외에 다른 것은 절대 하지 않으며, 그에게 있는 권세는 하나님으로부터 내려온 것으로, 사람이 그에게 맡길 수 없다. 법관을 세우고, 저항이 있을 경우 그들을 힘으로 방어하고, 필요할 경우 사형으로 벌을 내리는 제국은 오직 하나님으로부터 올 수 있다. 이 권력이 하나님으로부터 왕에게 주어지거나 전 국민에게 부여되거나를 불문하고 말이다. "일반 은혜"(Gemeene Gratie, 1902 L 10-284)에서 나는 이 사상에 대해 더 폭넓게 설명했다. 이 진리는 모든 사람과 모든 시대에 걸쳐 유효했으며, 이것만이 그리스도의 교회의 자유를 보장할 수 있다.

물론 황제주의는 교회 위에 군림하고 교회를 경직시킨다. 만일 근대 국가가 그리스도의 교회의 모든 독립적 성격과 더 높은 권리를 부정한다면, 그것은 일반 단체 또는 완전히 평범한 협력 관계의 범주에 속하게 될 것이다. 그 반대의 경우에도 국가는 완전히 무신론자가 되거나 교회의 결속에서 벗어나지 않게 된다. 유일한 좋은 탈출구는 미국에서 실현된 것인데, 완전히 자유로운 교회이다. 이 교회는 전혀 정부에 구속되거나 의존하지 않

반혁명 국가학 | 원리

는다. 이 자유로운 교회 생활처럼 자유롭게 발전하는 시민 사회는 특별은 총 밖에 존재한다. 하지만 시민사회는 그 자체로 국가로서, 일반은총과 그로 인해 하나님의 전능하신 최고 통치자를 인정하는 것과 연결되어 있다.

하나님의 은총을 받는 나라와 국민은 그분의 최고 권위와 권능에 대한 경외심에 매여 있다는 것이 모든 세계와 모든 시대의 사실적 상태가 되었다. 다신교 아래서는 나라와 국민이 민족 신과 연결되었고, 이스라엘 아래서는 왕국이 여호와와 연결되었다. 기독교 민족들 사이에서는 하늘과 땅의 창조주에게 국가 생활이 종속되었고, 이슬람 아래서는 시민권이 알라와 코란에 연결되었다. 행정관리는 무신론에 경의를 표한 적이 없고, 유물론에 경의를 표하지도 않았다. 절대권의 지배는 국민에 의한 독선적인 자치가 아니다. 우리는 우리를 다스리는 전능자의 신민이다. 또한 우리는 국민 전체로 부름과 의무를 받고 있다. 그리고 지금 누가 권위의 요소로 또는 전능자의 종으로 행동하든지, 우리는 자유인이 아니라 하나님의 피조물이다. 우리가 모두 이것을 완전히 인정하고 존경할 때에만 다스리는 권위가 자유롭게 자신의 힘을 발전시킨다.

§21. 하나님의 능력

그리스도의 교회가 있기 전부터, 또 지금도 국가와 정부가 하나님과 결속되어 있다면, 교회와 국가 사이에 자연스럽고, 다른 체계와 비교하여 바람직한 관계가 형성된다. 정부에게 통치권은 교회가 아니다. 그 통치권의 소유권은 전적으로 교회 밖에 있는 모든 이교 국가의 정부의 소유였다. 그리스도께서 지상에 계셨을 때, 그리고 얼마 후 사도들이 교회를 세웠을 때, 그리스도는 로마 황제와 그의 총독에게 주어진 권한이 하나님께서 주신 권세임을 본디오 빌라도에게 직접 증언하셨다.[47] 후에 로마서 13장 1절 이하는, 당시의 모든 이교도의 권한은 하나님께서 정부에 부여한 권력임을 확인했다. 그리스도께서 화해자요 구원자며 영혼의 구주시지만, 특별은혜의 영역은 단독으로 존재하며 통치권은 그것과 완전히 구별되는 영역이다.

정부가 다스리는 국민이 이교도인지 이슬람교인지 또는 기독교인지 아닌지는 행정관에게 영향을 미치지 않는다. 바빌론과 페르시아, 바그다드나 카이로에서 당국이 가지고 있던 것과 같은 종류의 권위였다. 이 모든 경륜의 시대에 교회는 대응 조처를 하는 데 필요한 모든 수단을 갖추고 있다. 그 자체로 완전하다. 기독교인 국민을 통치하는 국가는 더 많은 복종을 고려하고 더 행복한 삶의 상태를 유지하되, 부엌과 실험실을 동시에 책임진 사람이 그리스도 안에 있든지 밖에 있든지 일관성을 유지하는 것 같이 여기도 그러하다. 또한 이교도 방백 중에는 뛰어난 행정가들이 있었던 반면에 많은 기독교 방백들은 그들의 소명을 다하지 못했다. 정부는 자체 기반으로 국가를 건설하고 유지하며, 일반은총은 적법한 정부에 필요한 모든 것을 제공한다. 그리고 이와 관련하여 정부에 요구할 수 있는 것은 정부가 공개적이고 공식적으로 국가 행정을 수행할 때 모든 국민의 감정을 따라야 한다는 것이다. 그리고 정부가 국민을 지원하는 것은 통치자 자신에게서 나오는 것이 아니라, 백성의 이익을 돌보고, 국민 가운데 계신 하나님을 영화롭게 하도록 하나님께서 명령한 힘을 행사하는 것이다.

기독교도 공적 영역에 영향력을 행사해야 하는지에 대해 질문한다면, 답은 그렇다이다. 이는 미국에서도 마찬가지다. 다만 그 영향력은 '헌법적' 방식으로 표현되어야 한다. 통치할 국민이 세례를 받은 기독교 국가라면, 국가가 법으로 어떤 영향력을 행사할 수 있는지 질문해야 한다. 그리스도 교회의 영향력이 행사될 수 있도록, 법과 정의에 따라 행동해야 한다. 정부에 대한 대중의 영향력이 커지면 국가 전체가 파멸될 수도 있다. 그러한 경우 해결책은 대중의 영향력을 차단하고, 군주제나 귀족 체제에 의해 대중 정신을 변화시키는 것이다. 반면 우리나라, 스위스, 스코틀랜드, 미국에서 실제로 국민의 수준이 높으면, 지금도 마찬가지지만, 정부에 대한 영향력은 건전하다. 이러한 영향력이 향상하는 것은 좋은 일이다. 한동안 아테네에서는 그랬다. 로마인은 2세기 이상 그렇게 말했다. 그리고 유럽의 기독교화 이후에 그리스도 교회가 더 나은 도덕을 소개하고 더 높은 수준의 국가를 만들기 위해, 또한 선을 위해 정권에 영향을 미치는 데 성공했다. 국민이 가능한 한 스스로 말하고, 정부가 국민의 지지를 받는 것은 이러한 행동에 기인한다. 바람직한 것은 항상 이 둘이 함께 가는 것이다. 국민에 의해 종교, 윤리, 지식, 기술의 풍부한 발전이 이뤄진다면, 그러한 사람들은 정부에 큰 영향을 미칠 것이다. 알바(Alva)에 대한 우리의 경우와 마찬가지로 여기서 부자연스러운 관계가 발생할 수 있지만, 이것은 지속되지 않는다. 그런 다음 긴장이 있을 것인데, 그 긴장은 파국으로 이어진다. 그리고 원리적으로 역사는 폭군이 패배하고, 국민의 해방이라는 행복한 결과가 이어졌다.

영국에 대한 미국의 식민지 해방전쟁이 시작된 계기가 17세기의 종교운동이었다는 것은 매우 바람직한 일이다. 당시 기독교적 요소는 매우 탁월한 형태를 취했으며, 일반적으로 찬사를 받을 수 있었다. 최초의 13개 주에 다양한 형태로 나타난 기독교의 영향을 역사가 증명한다. 이로부터 자연스럽게 기독교의 영향력이 점점 더 확산되었고, 헌법 체계가 의회에 부여한 중요성도 더욱 풍성해졌다. 새롭게 기독교화된 나라의 보이는 교회가 대부분 이집트의 육식을 갈망하는 국민으로 구성되어 있다면, 그러한 교회의 지도부는 이 무리에 대해 교회로서의 권력을 확장하기 위해 실행 가능한 일을 할 것이다. 그리고 정부는 국민에 대한 후견인 역할을 위해 노력할 것이다. 이는 중세가 시작될 당시 실제로 벌어졌던 현상이다. 이 시대에는 하나의 교회가 전국을 덮고, 성직자들은 백성을 그들의 죄와 남용으로부터 돌아서게 하려고 격렬한 투쟁을 했으며, 이로써 나라의 정부는 교회와 같이 협력했다.

§22. 기독교적 국민의 영향

여기 미국은 상황이 사뭇 달랐다. 하나의 교회가 아니라 여러 교회가 다양한 신앙고백과 다양한 운영형태로 나란히 조직되었다. 그리고 이 교회들에는 종교적으로나 도덕적으로 매우 높은 수준에 있는 국민이 있었다. 여기서는 정부와 교회 간의 유대가 전혀 없었다. 교회가 한 마음과 의도를 가진 것이 아니었고 그 반대의 경우도 마찬가지였다. 국가와 교회의 연결은 국민을 보호하기 위한 것이 아니었고, 그것은 불필요했다. 결국 교회의 사람들은 옛날부터 그러한 후견을 필요로 하지 않았다. 정부 문제에서 국민 자신에게 더 큰 영향력이 허용되는 모든 면에서 바람직한 상황이 시작되었고, 그리스도의 정신은 바로 이 행정부에 속한 국민의 협력으로 전체 나라를 지배하게 되었다.

남북전쟁[428]을 생각해보자. 교회는 정부를 훈계하여 노예제 폐지를 사실로 만드는 데 결코 성공하지 못했을 것이다. 이 폐지에 대한 반대는 너무나 다면적이고 광범위하여 어떤 정치가도 단지 교회의 권고에 따라 감히 그런 대담한 작업을 감행하지 않았을 것이다. 반대로 기독교적 국민정신은 점차 거의 모든 사람에게 영감을 주었고, 그 결과 더 높은 의도의 흐름이 생겼다. 점점 더 많은 사람이 찬성하여 기독교인 국민이 대통령과 의회에 막강한 영향력을 미쳤다. 그들은 남부와의 전쟁에서 물러서지 않고 승부수를 던졌다. 그들은 모든 과도함을 피하지 않았다는 것을 인정하지만, 이제 미국 전역에서 모든 사람이 노예 전쟁에서 탐욕에 대한 기독교인의 긍휼이 요구된다는 것을 인식하고 있었다. 1863년 이전의 상태로 잠시라도 돌아갈 수 없었다. 1863년 1월 1일 링컨의 노예해방 선언[429]은 미합중국 기독교의 승리였다.

미국보다 하원 의원이 더 강력한 위치에 있는 나라는 없다. 미국보다 교회 생활이 하원 의원들에게 더 결정적으로 영향을 미치는 나라도 없다. 미국보다 국가와 교회의 관계에서 더 복 받은 나라는 유럽 전역에 단 한 곳도 없다. 국가의 정부는 그 영광을 하나님께 바치고, 교회 분쟁과 아무 관련이 없으며, 사실상 완전히 자유로운 방향으로 움직인다. 반대로 그리스도의 교회는 방해되는 행동과는 거리가 멀고 가장 풍성한 종류로 삶의 필요를 충족시키며, 재정적으로 누구에게도 의존하지 않는다. 그리고 여론은 대중의 의견과 정부에 의해 용감하게 대통령과 의회에 영향을 미친다. 미국 교회처럼 국민의 삶에 강력하게 영향을 미치는 유럽의 국가 교회는 찾아보기 어렵다.

§23. 바람직한 상태

이곳의 교회들은 국가를 절대 방해하지 않으며, 국가 또한 어떤 상황에도 교회 생활을 방해하지 않는다. 양자 모두 독립과 자립을 완성하였다. 성장과 번영은 경건한 미국인의 가장 열렬한 소망과 일치한다. 서로에 대한 상호 영향에는 제한이 없다. 문자 그대로 하나도 방해하는 요소가 없다. 미국에서는 교회가 국가에 대해 불평하지 않고, 국가도 교회에 대해 불평하지 않는다. 그리스도의 영은 교회 안에서 자유롭게 그리고 교회를 통해 백성을 다스리며, 백성을 대표하여 국가를 다스린다. 국가와 교회는 한 지점에서 서로를 방해하지 않는다. 다툼이나 갈등이 없다. 완전히 다른 방향으로 이동한 로마 가톨릭교회조차도 여기에서 발전할 충분한 기회를 가지고 있었다. 그러나 이 관계를 개혁하려는 계획에 대해 들어본 적이 없다.

물론 이에 대한 불만도 있다. 이 땅에서는 죄의 역사로 인해 완전한 상태에 도달할 수 없다. 악습은 모든 면에서 낙인찍힐 수 있다. 그러나 이 모든 것이 세부 사항에 영향을 미치고, 제도의 실행과 적용에 영향을 미치며, 개인에게도 영향을 미친다. 아메리카도 국가 내 정당 활동이 펼쳐졌다. 공화당 진영과 민주당 진영에서 과거 전통의 후유증이 계속되었고, 새로운 문제가 표면화되었다. 한때 도덕적으로 높은 수준에 있었고 정치에서 매우 순수했던 공화당원들 사이에 경제적 편향성이 생겨, 최근에 패배하게 되었다. 그러나 이 모든 것은 제도 자체가 아니라, 삶의 진동과 변화에 해당한다. 종교 생활에서도 근대의 오류에 빠지는 것을 자주 발견할 수 있었다. 특히 진화론은 오랫동안 단단히 묶어 놓았던 많은 것을 풀어버렸다. 그러나 이것들도 잠시 정상적인 상황을 어지럽히는 질병일 뿐이며, 주 하나님에 대한 신앙고백은 여전히 존중받고 있다. 여기에 항상 유효한 규칙을 적용하고자 한다면, 정상적으로 혹은 비정상적으로 발생하는 규칙을 엄격히 구별해야 한다. 교회와 국가 사이에 관계가 없으며, 미국보다 더 나은 생각을 하게 만드는 것은 복음서가 우리에게 말한 이상과 일치한다.

거의 모든 곳에서, 특히 유럽에서 그리스도께서 우리 가운데 나타나실 때, 그분의 교회의 비천한 상태를 정죄하실 것이다. 그리스도께서 우리에게 다시 오실 때, 과연 자신의 영이 자유롭고 방해받지 않고 움직일 수 있는 영역을 다시 찾으실 수 있을 것인지 의문이 들 정도로, 의심의 여지없이 세계 어느 나라에서도 미국만큼 교회와 국가의 관계가 그리스도에게 걸림돌이 되지 않는 곳은 없다. 따라서 우리나라의 교회 생활에 여전히 영향을 미치고 있는 화해할 수 없는 괴로움이 미국에서는 거의 알려지지 않았다. 모든 기독교 국가에서 교회와 국가의 관계가 현재 미국에서와 같은 관계로 될 수 있다면 다른 어떤 소원도 없을 것이며, 교회는 국민의 국가 생활에 영향을 미치고 축복하는 영향력을 스스로 갖게 될 것이다. 우리가 즉시 추론할 수 있는 것은, 미국에서 정부에 대한 관점은 그리스도 교회의 표상을 통해 신약에서 우리에게 제시된 것과 유사하다는 것이다.

우리의 주장은 곧 이스라엘의 국가 교회로 돌아갈 것이다. 그렇지만 이 주제를 잠시 제쳐두고 신약에서 새로운 기독교회가 어떻게 등장했는지 자문해 보면, 대부분 이미 장로들의 통치 아래 있는 지역 교회들을 발견할 수 있으며, 집사들이 추가되었고 더 나아가 어느 정도 사도들에 의해 인도되었다. 다양한 지역 교회를 하나로 통합하고 함께 행동할 수 있게 해주는 조직은 거의 찾아볼 수 없다. 여기서 참고할 수 있는 것은 사도행전에 있는 총회뿐이다.

사도행전 15장은 우리에게 일반적으로 예루살렘 총회라고 알려진 이야기를 담고 있다. 그 당시 이미 설립된 모든 교회의 대표자들이 총회에 소환되었다는 데는 의문의 여지가 없다. 안디옥 교회만 나머지 사도들의 동의를 얻기 위해 바울과 바나바를 예루살렘으로 보냈다. 예루살렘에 도착한 두 대표는 교회와 사도들과 장로들에게로 향했다. 우리는 특히 야고보와 베드로가 훌륭하게 행동했음을 알 수 있다. 바울과 바나바가 청원한 것은 오직 할례를 받지 아니한 이방인 개종자들에게 세례를 주고, 교회에 편입시키는 것이 적법한지에 대한 판결을 받기 위함이었다. 이 문제에 대한 회의가 대의원 총회에서가 아니라, 예루살렘 교회 회의에서 열렸다. 그 모임에는 첫째로 사도들, 둘째로 장로들, 그리고 셋째로 온 교회가 있었다(22절 참고). 이 회의에서 원리에 대한 문제는 바울의 정신에 따라 과반수가 아닌 만장일치로 논의되고 결정되었다. 이에 유다와 실라가 이 공문을 써서 '우리 사도들과 장로들과 형제들은 안디옥과 시리아와 길리기아의 형제들에게

문안합니다'라는 제목의 편지를 안디옥 교회에 개인적으로 전달하고, '성령과 우리는 꼭 필요한 다음 몇 가지 밖에는 절대 아무 무거운 짐도 여러분에게 지우지 않기로 하였습니다'라고 증언하였다. 따라서 사도들의 지도로 광범위한 교회 집회가 열렸지만, 일반적으로 미국과 스코틀랜드에 있는 모든 교회의 '총회'(the general assembly)라고 하는 집회는 아니었다. 바울도 교회의 설립자요 사도로서의 권위를 가지고 있었지만 유대교의 매듭을 끊지 않고, 오직 예루살렘 교회만이 결단을 내리기로 하여 안디옥에 적용하였다.

사도로서 바울은 지방 교회들 안에서 교회들의 창시자라는 권위를 그의 편지에서 계속 행사하지만, 나머지는 각 지방 교회가 독립적인 조직으로 행동한다. 각 교회에서 직분은 독립적으로 구성되고 점유된다. 설교가 있고 성례가 집행되며, 징계도 시행된다. 헌금은 가난한 교회를 위해 시행했다. 그러나 교회들은 당시 정부의 재정 지원을 거의 활용하지 못했기 때문에 사도 바울도 "내 일에 참여한 교회가 너희 외에 아무도 없었느니라"(빌 4:15)라고 기록할 수 있었다. 사랑의 선물이 그에게 전달되거나 보내졌지만, 나머지에 대해 사도는 천막 만드는 자의 하인으로 밤늦게까지 일함으로써 자신의 생계를 꾸렸다. 사도로서도 그 자신이 설립한 교회 외에는 다른 권위가 없었다. 예를 들어 그는 예루살렘이나 유대에 있는 교회들에 대한 권위가 없었다.

일반적으로 새로 설립된 교회는 다른 교회들과의 형제적 친교 안에서만 강제적 유대 없이 독립성을 유지하며 지낸다. 정부는 이에 대해 말할 권한이 없다. 교회는 시민과 정치 생활에서 하나님의 종으로서 정부를 존중하지만, 이교도 정부를 위한 중보기도 외에는 정부에 대해 언급하지 않는다. 우리 시대에서 교회 생활의 모범을 찾는 사람은, 교회 표상과 가장 유사한 모습이 신약에 나타나며 유럽이 아니라 미국에서만 관찰하게 된다는 것을 알게 될 것이다. 그런데 사도의 권위는 사도행전과 그 당시 바울의 개인 서신에 나타났고, 지금은 신약 성경의 저작 또는 전체 성경에 나타난다. 의심할 여지없이 신약에서 모든 지역 교회는 영적 배경에서 함께하는 하나의 교회로 성도들은 하나님 앞에서 그리스도의 몸으로 유기적으로 연합하여 존재한다. 그리스도는 몇몇 지방 교회의 머리가 아니라, 전체 교회의 머리시다. 그리스도 안에 있는 교회는 '점도 주름도 없는' 교회이다(엡 5:27). 위선자들이 있는 지역 교회와 하나님의 거듭난 자녀들만이 셀 수 있는 '살아 계신 하나님의 교회'가 존속하고 있으며, 칼빈이 '보이는' 교회와 '보이지 않는' 교회를 분리하여 명확히 하려고 한 것이 바로 이 구별이다.

어떤 영적 배경에서 살며 일하는지는 국가 생활과 관련하여 판단될 수 없다. 이것은 옆으로 제쳐두자. 국가에서 자신을 나타내듯이 교회의 '외양에' 초점을 맞춰보자. 미국은 신약에 나타난 교회와 유사한, 교회의 본질적 표상을 잘 나타낸다. 그러므로 칼빈은 이 신약의 교회 표상을 엄격하게 고수했으며, 그가 착수한 새 교회의 모습을 구상했다. 그러나 스스로 실천해야 하는 상황에서 순수한 모습으로 이 인식을 실현하는 데는 성공하지 못했다. 그가 처한 교회 상황에서는 그렇게 할 수 없었다. 역사는 그의 이상을 방해했다. 미국에서 완전히 새로운 상황이 발생했다. 이는 당시 역사의 유산에 기인한 것이 아니다. 칼빈이 이론적으로 구상했던 '자유 국가에서의 자유로운 교회'가 저절로 생겨났고, 이 새로운 세계에서만 순수한 형태가 나타날 수 있었다. 이것은 신약 성경이 말하고 있는 것처럼 미국 장로교인들 사이에서 교회들, 그리고 교회와 국가의 관계에 있어서 놀라운 조화를 보여주고 있다.

§24. 실제 저항

모든 유럽 개혁교회가 본래의 노선에서 완전히 벗어났다는 것을 설명할 수 있다. 두 역사적 경험이 거의 우연처럼 서로 일치한다. 그것은 다음과 같다. 첫째, 교회가 종교개혁으로 넘어갔을 때 교회의 당시 상태이다. 둘째, 여러 교회적 견해가 지나치게 구약적 성격을 지녔다는 것이다. 사람들은 정부에 대해 자유롭지 못했다. 정부가 교회를 지원해야 했다는 관례가 무성했다. 따라서 로마 가톨릭교회 측은 신흥 종교개혁에 대항해 필요할 경우 강력한 팔로 조직을 유지하기 위해 정부에게 지속적으로 의무를 부과했다. 이것은 중대한 결정이 전쟁터에서 내려져야 했거나, 아니면 단두대로 끌려가야 했음을 의미했다. 종교개혁 측에서는 희생자가 되거나 순교자의 입장을 취할 수밖에 없었다. 나중에 밝혀질 것이지만, 재세례파는 처음에 수동적 입장을 취해야 한다는 소명을 받았다고 생각했다. 그러나 칼빈주의자들은 그렇게 생각하지 않았다. 그들은 소극적 저항을 아무리 강하게 밀어붙이더라도 이러한 태도를 견지할 수 없다는 것을 곧 깨닫게 되었다.

그래서 프랑스처럼 스위스에서도, 그리고 스코틀랜드에 못지않게 우리나라에서도 개혁교회 정부는 가능한 한 로마교회 정부들의 권력에 대항해야 했다. 정부 자체를 로마교회적 관점에서 칼빈주의적 관점으로 변환할 기회가 생기자, 그들은 그렇게 하자고 주장하거나 스스로 넘어갔다. 개혁주의 정부의 개입이 없다면 로마교회 세력이 점차 종교개혁 전체를 짓밟고, 하나님 앞에서 그들의 신앙고백의 자유가 끝나리라는 것이 너무나도 분명했다. 만일 네덜란드와 잉글랜드와 독일의 개신교 영주들도 전쟁터에서 그들의 힘을 느끼게 하지 않았다면, 오스트리아와 프랑스와 스페인은 개신교도들에 대해 잔인한 학살과 몰살을 계속했을 것이다. 따라서 그들은 다음과 같은 문제에 직면했다. 형장에서 재세례파처럼 사형되는 것 또는 집권 정부에 반대하는 또 다른 정부 권력을 세우는 것인데, 칼빈주의자는 후자를 선택했다.

§25. 이스라엘의 모범

지금 취해야 할 입장도 이론적으로 정당해야 한다. 이 정당화는 구약에서 도출 가능하다고 생각한다. 그 근거는 두 개의 돌 판에 기록된 십계명이 칼을 든 권세 아래에 있다는 기본 규칙을 가정한 것이다. 이것은 이스라엘이 언약 백성으로서 가진 전적으로 독특하고 특별한 위치를 의미하며, 그리스도의 교회로 옮겨 설명할 수 있다. 두 가지 고려 사항을 생각할 수 있다. 첫째, 택자의 구원이 갈보리에서 시작되었다는 명제는 논의의 대상이어야 했다. 그리스도의 완성된 희생이 어떤 사람을 구원할 가능성을 창조했을 것이라고 가정하는 것은 가능하지 않았다. 에녹, 노아와 아브라함, 다윗, 호세아와 이사야, 스룹바벨과 다니엘도 성도의 영역에서 제외되지 않았다.

그 당시 구약의 종말론에 대한 잘못된 견해가 무엇이든 간에, 구약시대에도 선택된 자들이 있었고 그들이 영원히 잃어버린 바 될 수 없다는 것은 분명한 사실이다. 우리는 히브리서 11장 40절에서 읽는 것처럼 다음 사실에 굳게 서야 한다. 구약의 조상들은 우리 없이 온전할 수 없다. 먼저 그리스도의 승천으로 아버지 집의 구원이 시작되었지만, 구원에서 옛 언약의 택자가 배제될 수 없다. 따라서 구약의 섭리도 그리스도 교회의 역사책의 일부로 포함되었다. 그리고 이와 관련하여 성경이 구약 이스라엘에 관하여 말한 것이 이제 새 언약의 이스라엘, 즉 그리스도의 교회에도 적용된다. 이처럼 이스라엘 국정에 편입된 율법의 섭리와 복음의 섭리는 국가 교회로 이양되었으며, 나아가 기독 정부의 소명은 이스라엘 정부의 소명과 동일시되었다.

둘째, 오해는 메시아의 오심과 지위와 사역에 관한 구약의 예언에 의해 불붙었다. 당연히 그리스도의 교회에 대해 예언된 모든 것은 이스라엘의 카할(Kahâl, 총회)로 존재했던 것에서 비롯되었다. 그리고 그 예언에서 당시 영적으로는 메시아 안에서 처음 계시될 것을 미리 누릴 수 있었다는 생각이 어렴풋이 빛나고 있었다. 세상과는 차이가 있었고, 부분적으로는 적대적이었다. 구약에서는 모든 은혜의 행위가 한 민족에게 제한되었다. 언젠가 실현될 모든 것이 이 한 민족을 위해 희생 제사와 예배에서 상징적으로 묘사되었다. 마치 지상에서 기다리는 것처럼 메시아가 통치할 영광스러운 왕국이 구상되었지만, 그 왕국은 종말의 때에 들어갈 것이다. 영적인 것은 뒤로 밀려났고, 장차 올 영광은 땅의 왕국이 번영하는 모습으로 소개되었다. 타락 직후 낙원을 향한 그리스도의 출현과 사역의 앞선 연대가 연구되었다. 사람들은 세세한 부분까지 상상했는데, 칼빈주의자들의 정교하고 완전한 신앙고백을 고대 교부들 가운데서 찾을 수 있다고 생각했다. '경륜'의 차이가 남아 있었다. 그 경륜의 시대의 내용은 낙원의 약속에서 적용되었다. 구약적 의도는 지나치게 영적이었다. 사람들은 알아채지 못하는 가운데 구약과 신약의 구분이 결국 상상에 불과했다는 결론에 이르렀다.

골고다 십자가의 그림자는 앞쪽뿐만 아니라 뒤쪽으로도 드리워져 있다.

그리스도의 교회는 낙원의 시간부터 지금 그리고 완성까지 하나였다. 그것은 다른 방법이 될 수 없고, 기독교 국가의 정부 또한 구약의 정부에 부여된 것과 같은 소명을 부여받았음을 알게 된다. 이스라엘 왕은 기독교 왕이 고려해야 할 원형이었다. 따라서 개념이 생겨나고 점점 더 침투하게 되는데, 이는 예술에서도 볼 수 있다. 우리 신앙고백의 제36장에서 정부는 시민에 대해 "경찰을 주의하고 감시하기" 위해, 즉 시민 국가에서 좋은 질서를 보장하기 위해 행동해야 할 뿐만 아니라, "거룩한 예배를 지켜 모든 우상숭배와 거짓 종교를 물리치고 근절하며, 적그리스도의 나라를 무너뜨리고 예수님의 나라를 확장하며, 모든 곳에 복음의 말씀을 전파하여, 그분의 말씀으로 명령하신 것처럼 모든 사람으로 말미암아 하나님께서 존귀와 섬김을 받으시게 해야 한다"라고 설명한다. 이제는 정부가 이것을 시행할 수 있도록 주의를 기울여야 한다. '정부'로부터 우리의 신앙고백에 이 문장을 포함하는 것을 허락받는 정도가 아니다. 신학자들과 교회는 이런 요구, 곧 공리(公理)를 정부에 제시한 것이다.

종교에 관한 정부의 간섭이라는 온갖 괴로움을 로마 가톨릭 당국으로부터 겪은 후, 신학자와 교회는 지금처럼 정부로부터 강력한 지원과 보호를 받을 차례라고 판단했다. 그리고 박해자에게 과거의 학대를 갚기를 원했다. 지금은 진지하게 받아들여지지 않지만, 당시에는 수용되었던 입장이다. 이것은 재세례파가 되기를 원하지 않았고, 전장에서 로마 가톨릭에 맞서 싸워야 했지만 개혁주의 정부의 지원 없이는 할 수 없다는 이중 사실에 의해서만 설명될 수 있다. 그러므로 안전한 미래를 보장하기 위해서는 다윗 왕의 방패 아래 있는 이스라엘의 위치가 기독교 국가에 적용되어야 했다. 이 문제에서 로마교회의 풍습을 본받았다는 참으로 놀라운 현상이 나타났다. 30년 전쟁에서 두 종교 세력은 정치적 권력을 바탕으로 서로 대립했다. 물론 더 깊이 파고들면 그 차이는 두드러진다.

로마에는 교회 조직이 정부에 '맞서' 있었다. 로마는 독립적 영적 세력으로서 봉사하는 데 정부를 사용했던 교회였으나, 개신교 정부는 순종해야 하는 유순하고 온유한 교회를 강조했다. 그리고 로마 교회가 이스라엘의 제사장적 요소를 자신의 제사장 조직으로 채택했기 때문에, 개신교는 구약의 상태와 관계로 다시 돌아갈 위험이 덜했다는 점에서 식별할 수 있는 차이가 적지 않았다. 결과적으로 구약의 표상이 로마교회와 개신교의 양쪽에서 유지되었으며, 교회는 정부와 밀접하게 연관되어 있었다. 하지만 로마교회가 행정관리의 우월성에 계속 저항한 것에 반해 개신교회는 민족적 국가교회로 진화하여, 곳곳에서 그리고 왕의 강력한 팔 아래에서 독립성을 잃었다. 로마 교회는 자랑스럽게 머리를 들고 있었으나, 우리 교회는 몸을 굽혀 그 명예를 저버려 자기비하의 죄를 범하고 있다. 1619년 이후 국내외적으로 총회를 개최하기 위해 더 이상 허가를 얻을 수 없게 된 이후, 정부는 교회를 압제했다.

§26. 구약의 빈약한 근거

구약성경을 통해 잘못된 종교를 제재하는 정부의 권한과 의무를 설명하려는 시도는 그 근거가 매우 빈약하다. 신명기 17장 18-20절을 보라. 여기에 보면 이스라엘 왕은 율법 책을 두루마리에 옮겨 적어 평생 자기 옆에 두고 매일 읽어야 한다고 말한다. 그래서 그는 '자기를 택하신 주 하나님 경외하기를 배우며 이 율법의 모든 말씀과 규례를 성심껏 어김없이 지켜야 한다.' 여기서 우리 정부는 무엇을 배울 수 있겠는가? 이스라엘의 율법에는 의식법도 포함되어 있다. 이것을 우리에게도 적용해야 하는가? 그런데 아무도 그것에 대해 생각하지 않는다. '마음이 교만해져서 자기 형제를 업신여기는 일도 없도록' 하라는 말씀만이 우리의 상황에 가장 확실하게 적용될 것이다. 이것이 정부 권력의 부도덕한 남용에 대한 훈계가 아니면 무엇인가? 이스라엘 왕은 제사장 직분을 유지하기 위해 칼로 지켜야 할 의무가 있다. 그렇다면 이것에서 이런 종류의 봉사를 전혀 하지 않는 우리 정부를 위해 무엇을 도출할 수 있을까?

여호수아 1장 7절을 보면 "오직 너는 크게 용기를 내어, 나의 종 모세가 너에게 지시한 모든 율법을 다 지키고, 오른쪽으로나 왼쪽으로 치우치지 않도록 하여라"(새번역)라고 말한다. 이것은 여호수아에게 주어진 특별한 계명이다. 모세가 백성 가운데서 오랫동안 차지한 자리를 여호수아가 인수하여 군중의 영적이며 정치적 지도자가 되었다. 여호수아에게 주어진 이 명령이 이제 모든 방백과 통치자들에게도 적용될 수 있다고 어떻게 추론할 수 있겠는가? 이 특별한 상황에 여호수아에게 주어진 명령의 특수한 성격은 모든 방백과 정사들에게 이 명령이 전달될 가능성을 완전히 차단한다. 특별한 것을 이런 식으로 일반화해서는 안 된다.

열왕기하 11장 11-12절에 대한 호소는 더욱 적은데, 이 부분은 요아스가 왕으로 즉위할 때의 이야기로, 대제사장이 요아스에게 통치의 상징으로 면류관을 씌우고 '증언'을 했다. 이것이 전체 토라(율법서)였다고 가정해보면, 물론 이스라엘 왕은 이스라엘에서 시행된 율법에 제한된다. '십계명'의 율법 사본을 그에게 주어야 한다는 것이 여전히 유효하다면, 십계명의 율법은 오늘날에도 여전히 유효하며, 정부는 오늘날에도 여전히 그렇게 할 의무가 있고, 두 번째 돌판 뿐만 아니라 첫 번째 돌판도 유효하다고 말할 수 있다. 그러나 여기에 대해 아무 언급도 없다. 성경은 그 당시의 것이며, 지금 우리에게 있는 성경은 왕이 즉위할 때 대제사장이 그에게 안수했다고 말할 뿐이다. 여기서 우리 정부가 따를 것이 무엇인가? 더군다나 하나님께서 대제사장에게 그 책을 요아스에게 주라고 명하신 것이 아니라, 그가 대제사장으로서 그렇게 했다는 내용뿐이다.

그래서 시편 2편 10-12절과 72편 10-11절을 읽으면 반복해서 같은 내용을, 즉 특정 국가의 정부에 관한 특별 규정을 발견할 수 있다. 그 특별한 것은 우리의 노선과 다르며, 우리 정부에 대한 그 어떤 것도 도출할 수 없다. 우리 정부에 대해 확고한 결론으로 이어질 수 없는 일반적 범위의 진술이다. 여기에서 추가 해석을 통해 이러한 각 본문을 차례로 설명하는 수고를 할 필요는 없다. 이스라엘의 왕들은 우리의 정부에는 없는 위치에 있었고, 그들이 다스리던 이스라엘 백성은 땅의 모든 백성과 나라에서 구별되어 하나님 나라의 역사적 과정에서 완전히 특별한 봉사를 수행했다. 따라서 이스라엘 왕이 토라의 모든 규정을 이행할 의무가 있다고 가정하더라도 (실제로는 그렇지 않음), 열방의 통치자와 우리나라 통치자에게 이것이 어느 정도 유익이 있을 것인지 분명하게 결론내릴 수 없다.

이스라엘 민족 국가의 신권정치적 성격은 우리 민족국가를 지지하지 않는다. 또한 사람들이 이미 더 호소했던 것, 곧 구약성경에서 정부에게 주어진 명예로운 칭호로부터 아무 것도 추론할 수 없다. 이스라엘 사람들은 자기 민족에 대해 생각하는 것처럼 "왕이 너희의 보호자가 되리라"라고 그리스도의 교회에게 말했다. 그리고 이것으로부터 지금까지도 정부가 여전히 그리스도의 교회를 재정적으로 지원하는 것으로 이해한다. 이사야 40장 10절은 '왕이 너희를 다스릴 것이다'라고 말씀한다. 시편 82편 6절이 재판관들에게 "너희는 모두 신들이고, '가장 높으신 분'의 아들들"(새번역)이라고 하는 것과 이사야 44장 28절이 고레스에게 "너는 내가 세운 목자다 나의 뜻을 모두 네가 이룰 것이다"(새번역)라고 말한 것, 또는 마침내 사무엘상 24장 11절에서 젊은 시절의 다윗이 사울에게 "내 아버지"라고 말한 것이 있다. 여기서 모든 관리는 하나님의 교회가 필요로 하는 모든 일에 아버지다운 보살핌을 베풀어야 한다고 볼 수 있다. 성경에서 도출할 수 있는 것은 정부가 모든 면에서 교회와 그 종들을 존중하고 지원하며 도울 수 있다는 것이다. 그러한 모든 말에서 끊임없이 우리가 할 수 없는 것, 그리고 다시 다루어야 하는 것이 도출되고 있다. 그러나 하나님께서 원하시는 정부와 교회의 관계에 대한 일반적 규칙은 여기서 발견되지 않는다.

§27. 역사적 과정

콘스탄티누스(Constantijns)가 기독교에 입문한 후 이런 영적 흐름은 더 이상 피할 수 없는 것이 되었다. 비잔티움 황실의 기독교화는 그 자체로 너무나 놀라운 사건이었는데, 그것이 그리스도인 모두를 기쁘게 하지는 않았다. 박해는 이제 끝났다. 박해 이전에는 부분적으로 높임과 존귀가 있었다. 그리고 평소와 같이 수천, 수만 명의 이방인이 대성공을 이루는 모든 것과 결합하는 무심한 군중의 특성을 보이며, 기독교 교회로 넘어가는 것이 보였다. 그러나 콘스탄티누스 황제의 세례가 교회와 정부와의 관계에서 내부 부패의 출발점이 되었다는 데에는 의심의 여지가 없다. 그 결과는 여전히 교회의 번영을 짓누르고 있다. 콘스탄티누스의 회심은 박해를 중단시켰을 뿐만 아니라, 교회 지도자와 우두머리에게 권력과 부를 가져다주었다. 그들이 지금까지 고군분투해 온 검소함과 달리 이제 풍요로움이 생겨났고, 주교는 국가 문제에도 영향을 미칠 권위를 얻게 되었다. 극소수를 제외하고 당시의 성직자들은 여기에 있는 유혹을 물리칠 수 없었다. 황제가 이교 철학과 이교도 숭배를 근절하는 것이 확실하다면, 모든 교회 문제에서 최고의 영향력을 부여받았고 교회는 이 부분에서 더 이상 고통을 겪지 않았다. 콘스탄티누스 황제가 잘 알려진 연설에서(Eusebius, De vita Constantini, Lib. IV c. 24 참고) 주교는 교회의 '내부' 문제에 대한 모든 권한을 보유했지만, 콘스탄티누스 자신이 '외적' 문제를 위한 주교로 신성하게 임명되었다라고 규칙을 정했을 때 그에 대한 저항은 너무나 적었다.

따라서 324년 이후 동방 전체 그리스도의 교회에 있던 권위는 실제로 황제에게 넘어갔다라고 말할 수 있다. 그런 다음 점점 더 완전한 의미에서 제국의 통치는 서방에서 비잔티움으로 옮겨갔고, 이로써 비잔틴주의라 불리는 것이 전 동방지역의 근간이 되었다. 오늘날에도 이른바 정교회 또는 그리스 교회라고 하는 것이 이러한 국가 권위의 기초 위에 세워져 있다. 러시아에서 차르는 4세기 콘스탄티누스 황제 때와 같이 항상 교회와 평등한 권력을 가졌다. 세르비아와 불가리아 등에서도 왕은 비슷한 권력을 가지고 있다. 한때 동방에 뿌리를 둔 황제교황주의는 근절되지 않았다. 당시 이전 반세기 동안 동방의 정치 세력이 눈에 띄게 증가하고, 동방의 인구가 서방국가보다 빠르게 증가했다. 유럽이 로마 가톨릭과 개신교에 의존하는 것은 문제가 되지 않지만, 비잔틴주의나 황제교황주의가 기독교인의 삶의 세 번째 중요한 요소로서 앞의 두 가지에 가장 확실하게 추가되어야 했다. 그러므로 국가로부터 위협을 받았을 때, 이것을 막을 수 있었던 사람은 로마의 주교들이었다. 그리스도의 교회는 이러한 정부의 폭정에서 피하려고 했고, 칼빈주의자도 로마의 편에 섰다. 칼빈주의자도 변함없이 로마 편에 있었다.

로마는 여기에서 좀 모호한 편파성에 빠졌고, 정부를 자신에게 복종시킬 뿐만 아니라 동시에 전 세계의 교회를 자기의 주교들에게 의존하도록 만들려고 했다. 이 사실을 결코 잊지 말아야 한다. 이러한 일방적이고 과장된 것에 반대하는 종교개혁이 이루어졌으나, 그것이 그리스도 교회의 자유와 독립을 유지하기 위해, 로마주의자와 칼빈주의자는 원리적으로 항상 같은 처지에 있었다. 미국에서 칼빈주의 원리의 결과로 얻은 것은 그리스도의 교회의 절대적 자유였다. 교회의 자립이라는 원리에 면류관을 씌운 것이다. 콘스탄티누스 시대부터 로마의 주교는 제국의 왕좌를 로마에서 비잔티움으로 옮기는 것을 이용하여, 세속 권력을 희생시키면서 서방의 교회권력을 부풀려 놓았다. 고대 수도에 황제가 없는 것은 이것을 도왔고, 물질 자원의 축적은 교회에 도움이 되었다. 그리고 얼마 지나지 않아 세례를 받을 준비가 된 새로운 민족이 대이동을 통해 유럽 전체를 덮었을 때, 주교는 전 생애에 걸쳐 영향을 미치는 권위를 지니게 되었다. 시민적 권위는 위험 속에 발전했다. 당시 거의 모든 왕조, 심지어 헨리 8세(Henry VIII)[430]치하의 잉글랜드인들도 정부에 대한 교회의 이러한 압력을 심각하게 경험했다.

로마는 교회의 자유와 독립을 옹호했지만, 교회 자체 내의 자유를 희생시켰다. 보편교회의 일치는 영적 조화보다는 외적 조직에서 추구되었다. 그리고 교회와 황제의 관계는 둘 중 하나가 아래에 위치해야 했을 정도로 긴장 관계가 되었다. 종교개혁을 통해 교회의 일치된 유대가 깨어져 분열되고, 정부가 서방과 유럽 중앙에서 일종의 황제교황주의로 지배를 구현했다. 독일에서 황제파와 교황파 간의 오래된 투쟁은 적어도 북서 독일에 관한 한 교황주의의 완전한 패배로 끝났다. 그리고 잉글랜드에서는 별도의 '잉글랜드 교회'(Church of England)가 나타났고, 왕은 '믿음의 수호자'라는 명예 칭호를 받았다. 세 개의 스칸디나비아 제국에서는 황제교황주의가 완전히 승리했다. 그리고 우리나라에서는 항론파 정치인들의 "경건한 질서"(Pietas Ordinum)[431]가 모두 같은 방향으로 흘러갔다.

§28. 지금

18세기 초에 황제교황주의는 개신교 영토 전체를 덮었다. 여기에 수반되어야 할 원리적 변화는 없었다. 로마 교회의 권력은 거의 모든 곳에서 패배했다. 스페인, 바이에른, 오스트리아에서도 인구의 절반은 교회를 '반대' 하고 시민 권력에 '찬성'하는 경향을 보였다. 나머지 유럽 지역, 그리스 정교회 지역과 국가, 개신교 지역에도 교회의 손발을 묶는 규칙이 자주 적용되었다. 이들은 신앙고백을 유지하는 동시에 교회 건물과 공동 주택의 물질적 자산을 같이 유지하려고 시도했다. 이 두 가지 물질적 자산이 손실되면, 개신교는 거의 모든 곳에서 분열될 것이다. 작은 우리나라에서도 교회를 반대하는 개인은 이미 30만 명 이상에 이르렀으며, 독일의 경우 300만 명을 훨씬 넘었을 것이다. 그리스 교회도 이 운명을 피하지 못했다. 독일에서는 루터교회들이 합병하여 하나의 개신교회가 되었다. 프랑스에서는 항상 혁명적 기초 위에서 '교회 결사론'을 채택했다. 잉글랜드에서는 잉글랜드 교회가 점점 더 퓨지주의(Puseisme)[432]를 향하고 있다.

프랑스, 잉글랜드와 스코틀랜드 그리고 우리에게서는 국가교회 외에 자유교회가 등장했다. 16세기에 설립된 최초의 자유교회는 거의 예외 없이 생활비를 받는 국가교회로 합병되었다. 에라스투스주의자(Erastianen)[433]의 집합 제도를 통해 교회에 대한 국가의 이러한 우위를 러시아나 베를린보다 훨씬 더 강력하게 완성했다. 루터교 제도는 왕이 교회에서 '신앙고백자'로 등장하면서 시작되었다. 이 신앙고백 덕분에 그의 높은 지위와 관련하여 존경받는 '총감독'이라는 최고위직에 오를 수 있었다. '경건한 질서'의 지지자들 사이에서 국가는 진정한 제국이었으며, 국가의 영역에서 다른 많은 협회, 단체들과 함께 교회 단체도 나타났다. 그리고 국가 또는 정부는 이제 그 교회의 선(善)과 기타 국가 생활의 구성 요소들의 선을 위해 행동하도록 신성한 책임과 부름을 받았다.

우리 개혁주의 신학자들조차도 명확하지 않았다. 아 마르크(a Marck)와 함께 한 많은 사람이 소개했듯이, 우리나라에도 기독교 사회가 있었다. 기독교 사회는 그리스도의 교회에서 지도력을 찾았다. 이 지역에서 외부 시민 문제를 다루기 위해 교회 아래 정부인 시민 권력이 등장했다. 본질적으로 소시니안주의자(Socinianen)[434]와 하나인 항론파 지도자들은 반대로 국가를 첫째로 두었다. 국가에서 교회가 출현했으며, 결과적으로 교회는 사회의 다른 모든 현상과 마찬가지로 정부의 지도에 맡겨졌다. 이 점에서 교회 결사론은 교회의 고상한 품성을 존중하지 않았다. 황제교황주의 제도에서는 그 자체로 교회가 언제나 거룩한 발현이며, 정부도 그리스도를 위해 교회를 존경하고, 돌보고, 사랑으로 보호한다고 주장할 수 있다. 그러나 소시니안주의와 에라스투스주의 사이에서 생겨난 교회 결사론에서는 그리스도의 교회를 고귀하게 간주하지 않는다. 기독교회나 유대교 회당, 혹은 불교 사원을 상대하든 마찬가지다. 이들은 모두 함께하는 '집합체', 즉 일종의 '단체들'이다. 정부는 이러한 단체들이 명예에 부응하지 못하거나 인간의 자유를 제한하지 않도록 감시해야 한다.

§29. 결론

이 모든 과정은 신약 성경에서 교회가 완전히 자유로운 지역 교회로서 행동하고, 사도적 유대로만 연합되는 사실로 귀결된다. 자금과 건물이 없는 교회, 심지어 사도가 생계를 위해 월급을 받으며 일하는 것을 용납하는 교회이다. 콘스탄티누스 대제와 함께 반전의 시간이 왔다. 교회는 이제 하나가 되어야 하고 부자가 되며, 권력을 가져야 하고 그 목적을 위해 행정부와 결속되어 있어야 한다. 로마는 이에 반대하고 자유를 옹호하지만, 같은 자유를 교황의 속박에 더욱 단단히 묶었다. 그리하여 처음에는 동방, 나중에 종교개혁이 로마 교회에서 떨어져 나갔고, 로마 가톨릭으로 남아 있는 전체 인구의 거의 절반이 충성을 포기하는 일이 벌어졌다. 정부가 무력으로 개혁주의 요소를 지원하지 않았다면 이러한 로마의 권력 붕괴는 생각할 수 없었을 것이다. 그러나 종교개혁 교회는 자유를 거의 완전히 상실했고, 이런 지원에 비해 좋지 않은 결과를 얻었다. 유럽에서 일반적으로 규모가 작은 자유교회를 제외하고 정부가 모든 곳에서 교회를 장악하여 금전적 유대를 통해 권력을 유지하고 있다. 이를 통해 신앙고백의 유지를 어렵게 하고 교회의 기독교적 성격을 위태롭게 만들었다.

§30. 미국에서의 결과

미국 교회는 이러한 유럽인의 비참한 상황과 대비되는 강력한 대안에 해당한다. 중남미에서는 로마교회가 많은 영향력을 가지고 있기 때문에, 아메리카 전체는 아니다. 미국 전체에는 더 이상 국가교회가 존재하지 않고 정부가 교회의 설립이나 교회 정치에 전혀 관여하지 않는다. 모든 교회가 그곳에서 완전한 자유를 누리고 활동할 수 있다. 이 교회들은 정부로부터 1달러도 받지 않고 전적으로 자립하고 있다. 그리고 마지막으로, 이 교회들은 헌법 체계를 통해 그리고 국가를 위한 의원들의 공동 선출을 통해, 법으로 제한되지 않는 공공의 삶, 심지어 국가의 삶에 영향을 미친다.

미국의 교회는 이러한 독특한 상황에 대해 전적으로 칼빈주의에 빚을 지고 있다. 칼빈주의는 미국에서 교회가 전통적 조건에 따라 운영되지 않고, 교회 생활과 국가 생활 모두를 스스로 창조하는 데 영향을 미쳤다. 이것은 그 원리가 가진 의도와 일치했다. 정부와 교회는 모두 각자의 분야에서 완전히 자유롭다. 회원, 언론과 여론, 그리고 나중에는 국가의 대표로서의 의원 외에는 교회에 다른 영향력을 행사하지 않는다. 그것이 바로 칼빈주의가 원하는 것, 교회가 자유로이 활동할 수 있는 곳이다. 하위흐 드 흐로우트(Hugo de Groot)와 그의 추종자들이 우리에게 쇠고랑을 채웠기 때문에, 이것이 우리에게는 불가능했다. 그러므로 칼빈주의의 완전한 싹이 미국에서만 자랄 수 있었던 것이다.

§31. 재세례파

종교개혁 운동에서 완전히 분리된 재세례파는 나중에 이른바 메노나이트(Mennonieten)로 발전했다. 재세례파는 현실을 받아들이기를 거부한 이상주의자였다. 그들은 성경과 완전히 일치한다고 생각하고, 정치에서 거듭난 하나님의 자녀로 간주하는 나라의 거주민과 옛 죄악의 본성에서만 살았던 나머지 사람을 근본적으로 구분했다. 재세례파는 모든 후자들을 하나의 더미에 던져 넣었다. 이들은 여전히 마귀의 권세 아래 살고, 그리스도와 관계가 없고, 구속 사역과도 관련이 없다. 그들의 죄 많은 삶을 정부가 제지할 필요가 있었지만, 경찰, 야전군, 맹세와 같은 것, 그리고 마침내 혼인까지도 이 악마의 상태에서 최소한 어떤 질서를 유지하는 데 도움이 되는 불경한 조력자에 불과했다. 반면에 거듭난 성도는 이 모든 일과 더 이상 관련이 없다. 그들은 접촉하거나 괴롭힘을 받지 않는다. 그는 관계하지 않는다. 이 모든 것들은 재세례파 무리의 신성한 위치에서 멀리 남아 있는 불경한 세상의 독, 그리고 해독제와 관련이 있다. 암스테르담에 나체로 활보하는 자들이 등장했다. 옷이 죄 많은 세상에서는 필요하지만 낙원에는 존재하지 않고, 성도들이 이제 영적으로 다시 낙원에 있게 되면 옷차림은 더 이상 그들에게 의미가 없기 때문이었다. 뮌스터(Munster)는 레이던의 얀(Jan van Leiden)[435]이 이 어리석은 자들을 이끌고 간 무대를 경험했다. 혼인의 유대가 폐지되었고, 여성 공동체가 부활했다. 그리하여 그들은 한 쪽 극단에서 다른 극단으로 떨어졌다. 정부는 이것이 너무나 두렵고 쓰라렸기 때문에 결국 무력으로 그들을 진압하고 근절해야 했다.

그러므로 그 결말은 더 비극적인 것이 되었는데, 원래 재세례파는 매우 경건하고 거룩한 집단을 표방했기 때문이다. 얼마나 많은 재세례파 사람이 경건한 믿음의 용기를 갖고 순교했는지, 그들의 피가 그것을 증언한다. 재세례파가 탄압받은 후에 훨씬 더 작은 규모의 메노나이트파나 재세례파 집단에서는 처음부터 흥미로운 요소가 나타났다. 오늘날 그들은 조상들의 신앙에서 크게 멀어졌고, 근대적 사고가 그들 사이를 지배하지만, 18세기 중반까지 그들은 경건에 뛰어났다. 그들이 자신들을 항상 '이후에 받은' 세례라고 불렀듯이, 그들의 사상은 세례를 그 중심에 두고 있었다. 그들은 세례를 자신의 인격이 그리스도의 몸에 결합되었다는 외적 표징으로, 그리고 중생과 회심의 열매로 여겼다. 어린아이나 아직 나이가 들지 않아 회심하지 않고, 거듭나지 않은 사람이 하나님의 자녀, 택함을 받은 자, 거듭난 자, 회심한 자, 믿는 자라고 고백하지 않으면 세례를 받을 수 없다고 가르쳤다. 그들의 순전한 기독교적 요소는 세상의 삶에서 추출되어 세상과 분리되어야 했으며, 세례 받은 각 사람은 이제 중생한 나머지 사람들과 함께 자신의 영역을 형성해야 했다. 하지만 이것은 교회가 아니었고, 또한 무의미한 일이었다. 3세기 동안 그들은 이른바 로마 교회와 현재 칼빈 교회가 이끄는 것이 무엇인지 보아 왔다. 그래서 그들은 자신을 '교회'라고 부르지 않고 항상 '공동체'라고 불렀다. 이 나라의 메노나이트들은 여전히 자신을 '재세례파 공동체'라고 부른다.

우리는 이 '신자들'에 대해 심각한 어려움을 느낀다. 그들은 중생은 고사하고 거룩한 삶과 확고한 믿음에 대해 아무런 문제의식이 없는 수천 명의 사람에게 성만찬, 세례와 같은 성례전이 일반적으로 행해지는 광경에 괴로워했다. 그 모든 악은 유아 세례에서 생겨났다. 아직 아무것도 모르고 말을 더듬는 어린아이들이 세례를 통해 주님의 몸 안에 있는 것으로 인식되었다. 그들이 나중에 자랐을 때 불행하게도 속았다는 것이 분명해졌다. 그리하여 신자와 위선자들이 그리스도의 교회라 불리는 교회에서 마치 많은 무리처럼 함께 사는 교회적 상황이 발생하였다.

여기서 재세례파는 분리해 나갔다. 이것은 하나님께 좋을 수 없었다. 더 중요한 것은 성례전이 아니라, 물세례 전에 세례를 받은 사람이 성령 세례를 받았는가 하는 큰 생명에 관한 질문이었다. 그래서 그들은 단단한 땅 위에 서 있는 것처럼 보였다. 혼합은 끝날 것이다. 진실한 신자만이 함께하고 그리스도의 몸을 실현할 것이다. 그리고 나머지는 모두 세상으로 떨어질 것이다. 그래서 재세례파는 그 세상의 거룩하지 못한 일에 간섭하지 않았다. 그들은 행정부의 관직을 받아들이지 않고, 맹세하지 않고, 칼도 소유하지 않았다. 이 모든 것은 불경한 세상 삶에 속했고, 하나님의 자녀는 이 모든 존재를 통해 세상에서 가장 확실하게 물러나야 한다고 생각했다. 그것이 너무 아름답고 거룩해 보인다는 것을 깨달았지만, 그에 상응하는 결과에 대한 확신은 없었다. 만약 중생이 실제로 일어났다면, 그리고 결정적으로 증명되고 확정될 수 있다면, 그리고 하나님께서 당신을 자녀로 삼으신 것이 영적 실제로 간주되어야 하는지를 확인해야 한다면, 지상에서 달성할 수 있는 가장 높은 성취일 것이다. 그러면 신자와 불신자 사이의 경계선이 모든 사람의 눈에 보일 것이다. 우리는 실수할 수 없다. 세례는 하나님의 진정한 자녀들에게만 베풀어질 것이었다. 그리고 거룩한 모임에는 그 어떤 유다도 몰래 들어갈 수 없을 것이다.

그러나 이것은 불가능한 것으로 밝혀졌다. 처음에 사람들은 그렇게 생각했고, 매우 진지하게 받아들였다. 그 선택은 매우 엄격하게 취해졌고, 의심할 여지없이 처음에는 진정으로 거듭난 신자들만이 거룩한 영역 안에서 자신과 연합하는 것이 이뤄지는 것처럼 보였다. 하지만 곧 자기기만, 그리고 자기기만을 통해 다른 사람들에 대한 영적 기만이 가능하다는 것이 증명되었다. 영성은 사람들 사이에서 실패할 수 있다는 인식이 점점 더 널리 퍼졌다. 그리고 마침내 거룩한 원리가 육신의 불명예에 빠졌을 때, 마침내 한 사람이 받았던 미혹이 그 무의미함 속에 나타났고, 재세례파 건물이 놓여 있던 전체 기초가 무너졌다.

바로 여기서 칼빈주의자들이 훌륭한 교회구조를 전면에 내세웠던 것이 정당함이 드러났다. 그들은 이제 자칭 로마와 같은 보편교회를 갖게 되었으며, 다른 교회들과의 유대를 잠시도 놓아서는 안 된다는 자기 인식을 가졌다. 그리고 교회에서 정부의 권위를 철회했다. 하지만 성직자와 평신도 사이의 분리에는 실패했는데, 평신도는 교회의 지역적 자유를 무효로 하고 청지기 직분을 가장했다. 두 번째, 황제교황주의, 그리스 정교회와 루터교회 등의 범주에서 완전히 벗어나지 않은 교회가 있었다. 또한, 그리스도의 교회를 타락시키고 경건한 동반자 관계로 축소한 집합제도도 있었다. 재세례파는 세상에서 물러나 성도의 선택을 수용할 수 있다고 생각했다. 그리고 이 다섯 체계의 옆과 반대에 칼빈주의 체계가 놓여 있었다. 이것은 외적으로 결정된 중생이 아니라, 거룩한 세례에 좌우되었고, 훈계와 권징으로 세례를 받은 이들 가운데서 거룩한 품성을 보존하였다. '순수한' 교회는 재세례파를 원했지만, 칼빈주의자들은 교회라는 명칭을 적용하는 것이 불가능하다는 것을 열린 눈으로 바라보고 있었다.

§32. 칼빈주의의 권징

칼빈주의자들도 권징에 의한 정화가 없는 교회를 받아들이기를 단호하게 거부했다. 명목상의 징계는 다시 교회와 세상이 뒤섞이며, 이것은 참 교회를 파멸로 이끌었다. 아메리카 교회는 거침없는 자체 권징의 요구에 따라 자신을 유지했고, 우리나라에서도 이를 통해 부흥하기 시작했다. 국가 개혁교회에서만 여전히 과거가 우리에게 물려준 것과 관련하여 자꾸만 건물, 자금, 목사의 생활비에 대해 어떤 관점을 취해야 하는지에 대한 질문이 제기된다. 이에 대해 자유교회는 항상 다음과 같이 대답한다. 그것이 그리스도에 대한 충성과 맘몬 사이에 있다면 잠시도 주저하지 말아야 한다. 당신의 필요는 공급될 것이다. 이것은 여러 번 입증되었으며, 스코틀랜드와 잉글랜드, 우리나라와 독일에서와 같이 다양한 자유교회가 생명을 유지해 왔다. 그러나 많은 대중이 이 체계를 받아들이려고 쉽게 움직일 것이라 생각하는 것은 잘못이다. 이것은 믿음의 정도와 개인의 기질에 달려 있다. 이것은 불신이 주는 괴로움과도 관련이 있다. 신앙의 본성이 너무 약하고, 기질이 너무 우울하고, 직면하는 성가심을 장악하지 못한다면 사람들은 모든 것에 익숙해지고, 신비주의에 빠져들어 스스로 복종한다. 그러므로 당신이 스스로 수용한 주장을 다른 사람들에게 너무 빨리 제시하지 않도록 주의하라. 물론 16세기 에라스무스(Erasmus)[436]의 입장은 거의 예외 없이 모두 로마교회로 돌아갔지만, 반대로 교회 정화를 열심히 하는 사람은 누구나 신성한 예술도 참을성 있게 기다린다는 것을 염두에 두어야 한다.

관심이 가지 않는 상황을 놀라움을 주는 상황으로 바꾸는 힘이 있다. 국가와 교회의 연결에 대한 우리 자신의 통찰력을 날카롭게 하고, 잃어버린 통찰력을 명확히 하는 것이 중요하다. 정부가 우리에게 강요한 교회 집행부와 하나님의 말씀에 순종해야 하는 것 사이에서, 모든 신자는 세속화된 교회의 말씀에 굴복해서는 안 되며 하나님께 순종하는 법을 배워야 한다. 기금과 목사 생활비가 영적 상태를 얼마나 망치고 있는지 모든 측면에서 알게 된다면, 그는 이 부정한 멍에가 국가 헌법을 통해 그리스도의 교회에 달려 있다는 사실을 묵인해서는 안 된다. 영적 교회와 물질적 지원 사이의 연결을 제거할 탈출구를 찾으려고 노력해야 한다. 모든 사람이 당신의 모범을 따르지 않는다고 해서 불편하게 생각하지 말아야 한다. 여기에는 모든 다른 조건에 대해 열린 눈으로 매우 정확하게 적용될 수 있는 고정된 규칙이 없다. 상황은 매우 다양하며 이러한 상황의 결과는 훨씬 더 자주 발생한다. 서로를 판단하지 말고, 우리의 왕이 모든 사람의 양심에 따라 판단하게 하라. 오직 한 가지 악에 대해서만 당신의 열심으로 최선을 다하라. 그 악이란 하나님의 말씀을 반대하는 것에 조용히 놔두는 것이다. 당신의 양심이 처음에 정죄한 것에 순응하는 것, 간단히 말해서 무관심의 베개 위에서 잠을 자는 것은 의문의 여지가 없이 악이다.

올바른 관계에서 국가와 교회는 나란히 누워있을 뿐만 아니라 함께 살아야 한다. 그러나 자극은 항상 양쪽에서 와야 한다. 한편으로는 당신의 교회를 국가로부터 자유롭게 유지하도록 하고, 다른 한편으로는 국가와 그의 정부에서 그리스도의 교회 구성원으로 행동하도록 해야 한다. 칼빈주의는 교회에 대한 공리이자 국가 생활에 대한 공리이다. 기독교인은 그리스도께 충성을 다하고 민주주의를 유지하며, 국가에 기독교인의 영향력을 행사해야 한다. 운영의 효율성에 있어 교회와 국가 모두에서 칼빈주의와 경쟁할 수 있는 시스템은 없다.

제13장

국가 정당

§1. 정당의 본질에 관한 연구

'부분'이라는 뜻의 라틴어 파르스*(Pars)*에서 파생된 단어인 정당*(partij)*은 국민 전체를 지칭하는 것이 아니라 그 일부를 지칭한다. 일반적으로 다른 부분, 또는 여러 다른 부분에 의해 반대되는 부분을 뜻한다. 예전에는 거의 두 정당만 국가에 용인되는 것처럼 보였다. 그러나 이것은 지난 세기 후반 이후 바뀌었다. 가령 독일 의회에서는 1907년에 14개 이상의 정치 집단이 있었고, 1912년에는 11개로 줄어들었지만 여전히 17개의 할당되지 않은 대표자가 남아 있었다. 원래 요구되었던 정당의 양당제는 미국에서 가장 오래되었다. 공화당과 민주당이 서로 영역을 다툰다. 부분적으로는 노동자에 의해 그리고 지금은 루즈벨트에 의해 더 많은 분열이 일어났다. 우리에게도 다르지 않았다. 처음에는 자유당과 보수당 외에 다른 선택의 여지가 없었는데, 그 이후로 반혁명당, 나중에는 로마 가톨릭당, 다음에는 반혁명당과의 단절을 통해 기독교역사당, 다음에는 급진당, 나중에 자유민주당이 등장하여 현재 자유연합과 자유당 옆에 있다. 왼쪽 옆에는 사민당이 있다. 의회가 아닌 나라에서 이 당은 트리뷴*(Tribune)*의 사람들, 무정부주의자들과 거리를 두었다. 그렇게 우리나라도 과거에는 양당제였다. 하지만 지금은 와해되었다. 그러므로 지금은 이전보다 더 필요한 것을 모색하며, 정당의 존재 이유에 대한 명확한 개념을 형성하는 것이 필요하다.

우리나라에는 이것이 별 관심을 받지 못했지만, 독일에서는 정당 분열이 반복적으로 연구되는 학문적 주제였다. 슈탈은 1848년의 혁명적 혼란 [437] 직후 1851년 "공화국과 교회에 현재 존재하는 정당의 교리와 성격에 관하여"(de doctrina et indole partium, quae nunc in repubüca et ecclesia exstant)라는 강의에서 시작하여 1857년에 이 주제에 대한 강의를 마쳤다. 하지만 그의 생전에는 이것이 출판되지 못했다. 그는 1861년에 사망했고 그의 "정당론"(Partijleer)은 1862년까지 출판되지 않았으며, 1868년에 2판이 출간되었다. 그의 29개 강의는 매우 중요하지만, 여전히 당 체제 자체를 제쳐두고, 반혁명적 입장에서 변증하는 것을 목표로 하고 있다. 그는 첫 번째 강의에서 '혁명'당과 '정당성'당의 서로 반대되는 입장을 주제로 다뤘다. 전체 저작은 거의 400쪽에 달한다. 유념해야 할 것은 국가와 '교회'의 정당들이 독일 국민의 품 안에 있는 동일한 것이 분화된 두 가지 표현형태라는 점이다.

일반적 관점에서 정당의 본질은 이미 지난 세기 전반에 스위스에서 프리드리히 로머(Friedrich Rohmer)[438]에 의해 연구되었다. 그의 형제 테오도르 로머(Theodor Rohmer)[439]는 1844년 취리히에서 "정치 정당론"(Lehre von der politischen Parteien)을 출판했다. 그는 '인간 영혼의 근본 관계'에서 특히 생애의 다양한 시기의 인간 발달과 관련하여 다양한 정치적 성향을 설명했다. 그런 다음 그는 유아기, 사춘기, 청소년기, 남성기, 노년기를 연구했다. 이러한 다양한 삶의 시기에 인간 정신의 매우 다른 구성으로부터 급진주의, 자유주의, 보수주의, 절대주의를 설명할 수 있다고 생각했다. 블룬칠리 박사는 그의 "학문으로서의 정치"(Politik als Wissenschaft, Stuttgart, 1876)에서 이 주제에 대해 자세히 설명했는데, 특히 제5장(497–637쪽)의 마지막에 표 형식의 개요로 4개의 연령대로 정렬된 '급진파, 자유당, 보수당, 절대주의 정당'에 통용되는 다양한 생각들을 소개했다.

콘스탄틴 프란츠는 그의 "국가의 자연론"(Naturlehre der Staten, Leipzig, 1870)에서 정당의 본질에 관해 논했다. 아우구스트 빈터(August Winter)는 그의 책 "독일 상원의 형성에 관해"(Ueber die Bildung der ersten Kammer in Deutschland, Tubingen, 1870)의 78쪽 이하에서 흥미로운 논평을 했다. 폰 몰(R. von Moiil) "국가학 백과사전"(Encyclopaedie der Staatswissenschaften, 2e Auflage, Friburg 1872) 648쪽 이하에서 정당에 대해 논했다. 현 세기 후기의 작가 중 오스트로고르스키(M. Ostrogorski)[440]는 "민주주의와 정당의 조직"(La Democracy et l'organisation des party politiques, Paris, Calman-Levy, 1903)의 8장 '균형' 607쪽

이하에서 영국의 정당 제도가 스스로 죽어가고 있다는 유감스러운 결론에 도달했다. 구스타브 라첸호퍼(Gustav Ratzenhofer)[441]의 "정치의 본질과 목적"(Wesen und Zweck der Politik, Leipzig, 1893)의 제1권 189-220쪽도 참고하라.

또한 루트비히 굼플로비츠(Ludwig Gumplowicz)[442]가 쓴 "국가 이론의 역사" (Geschichte der Staatstheorieën, Innsbrück, 1905)의 462쪽 이하, 그리고 '투쟁하는 정당들과 그 이해관계'(Die Kampfende Parteien und ihre Interressen)도 참고하라. 특히 스트라스부르의 렘(H. Rehm) 교수의 "독일의 정치 정당, 정당론의 기본"(Deutschlands politische Parteien, ein Grundriss der Parteienlehre, Jena, 1912)에서 선거권 제도뿐만 아니라, 1쪽 이하와 36쪽 이하를 더 자세히 살펴보라. 그는 로머와 블룬칠리의 네 부분으로 구성된 정당 제도를 거부한다. 귀족정치와 민주정치를 대결 구도로 놓았던 그로터볼드(Grotewold)의 경우도 마찬가지다. "독일 의회의 정당들"(Die Parteien des Deutschen Reichstag, 1908), 그리고 그는 옐리네크가 "일반 국가론"(Allgemeine Staatslehre, 2nd ed., 1905) 110쪽 이하에서 제안한 세 정당 분할에 합류한다. (이것에 대해 나중에 더 설명하겠다.) 트라이츠커(Treitschke)의 "역사적, 정치적 명제"(Hist. polit. Aufsaetze) 제4판(1871년) 3장, 나아가 레뷔(Revue)의 작품과 "정치 법률 경제 사전"(politiek-juridisch-oeconomishce Woordenboeken)도 참고하라.

우리는 여전히 해럴드 템퍼레이(Harold Temperley)[443]의 "원로원과 상원"(Senates and Upper-Chambers, London, 1910) 1-25쪽뿐 아니라, 지그문트 피그도르(Sigmund Figdor)의 "의회학"(Parlaments wissenschaft, Berlin, 1891) 제2부 '정당 전략'도 언급한다. 피그도르는 이 책에서 연구 주제로 의회에서의 정당의 행동을 의도적으로 선택했는데, 그와 관련하여 정당제도 자체도 자세히 설명했다. 그 작품의 제3부 '의회의 기법'도 풍부하게 구상되었는데, 적어도 제2부는 여기에 적합하다.

§2. 우리나라에는 희소하다

우리가 그것에 관해 탐구하려는 의욕이 거의 없었기 때문에 이 주제에 관한 문헌에 관심을 기울일 필요가 있다. 그 원인은 우리나라의 과거 역사에 있다. 공화국에는 국민을 실질적으로 대표하는 의회가 부족했다. 정부 권력과 그 권력의 통제는 모두 자격을 갖춘 몇 사람들에게 달려있었다. 그들은 그 땅의 영주로 활동했고, 백성은 영주들이 보여 준 것만을 찬양해야 했다. 이 지속 불가능한 제도는 1798년과 그 후 1813부터 1815년 사이에 무너졌다. 하지만 그 후에도 우리 국민의 대다수는 정당 생활을 옹호하기를 꺼리는 해묵은 태도를 견지했다. 언론도 마찬가지였다. 우리나라 사람들은 언론이라고 말하지 않고, 항상 '신문' 또는 쿠란트(Courant)라고 했다. 신문(쿠란트)은 가족 소식에서부터 광범위한 사건사고에 관한 이야기로 충분했다. 그러한 언론의 정치 발언은 권한이 없는 하찮은 사람의 말처럼 들렸다. 파리의 독소적 정신에 감염된 중산층 일부는 다르게 생각했다. 1848년 이전에도 이미 신문의 권위를 정부의 권위 위에 두었다. 하지만 더 높은 지위에 있는 사람들은 그것에 코웃음을 쳤으며, 도시와 시골의 하층 계급 주민은 계속해서 모든 정치적 이야기를 신문의 여백을 채우는 기사로 간주했다. "하를렘머"(Haarlemmer)와 몇몇 시의 신문은 예외였지만, 일반적으로 사람들은 신문과 아무 관련이 없었다. 그 신빙성조차 사방에서 의심받았다. 신문은 단지 불안을 가져다줄 뿐이었다. 그것은 '단지' '그 신문'이었으므로 불필요한 문헌이었다. 이것이 판 에펀(van Effen)[444]의 "스펙타토르"(Spectator)에서 시작된 방식이었다.

그 모든 신문 기사는 시민들을 불만족스럽게 만드는 것 외에 별 효과가 없었다. 정치적으로 순진한 집단은 언론을 지구의 여왕으로 이해하지 못했다. 그리고 언론에 그랬던 것처럼 정당도 마찬가지였다. 흐룬 판 프린스터러는 그의 쿠란트인 "네덜란드인"(Nederlander)을 출간했지만, 구독자를 거의 찾지 못했고 결국 중단해야 했다. 그가 자신의 정당을 창설하려고 했을 때, 그를 이해하는 사람은 극소수에 불과했다. 정치에 기조를 설정한 사람들은 그들의 조롱을 억제할 수 없었다. 거기에 자유당과 보수당이 있었기 때문이다. '부흥 운동' 출신 남자들은 그에게 부분적 공감을 보였으나, 확고한 정당 구성에 대해 그들 역시 아는 바가 없이 그를 반대했다. 많은 다른 사람들이 그를 순수하게 명목상 지원한 '군대 없는 장군'이라고 불렀다. 그의 세 후계자인 퀴허니우스(Keuchenius)[445], 카이퍼(Kuyper), 판 오털로(Van Otterloo)는 1869년부터 1872년까지 그의 나머지 추종자들을 모두 배 밖으로 던져 버렸고 '복구된 독립'이라는 구호를 전국에 퍼트렸다. 당시 그의 후보들에게 준 득표수는 거의 셀 수 없을 정도였다. 그럼에도 불구하고, 거짓된 혼합은 극히 제한적이었고, 비록 작지만 진짜 줄기의 뿌리에서 건강한 새싹이 다시 돋아났다. 그때부터 우리의 반혁명당 최초의 언론이 시작되었다.

§3. 느린 발전

우리만큼 정당 결성에 이렇게 강하게 반대하는 '자기 민족성'을 가진 나라는 없다. 18세기 후반 이 편과 저 편이 치열하게 대치하며 싸웠지만, 프랑스가 우리나라를 정복함으로 모든 편당이 질식되었다. 1813년부터 1815년에는 모든 분열이 사라지고 하나의 민족이 다시 살아났다. 이런 일시적 통일은 북부 주들의 건강하지 않은 일치를 조장하기도 했다. 1830년 통일이 깨어졌고, 다시 남부 지방에 대항해 하나로 일어섰을 때, 모든 것을 다시 같은 생각을 하는 정치사상으로 통합되었다. 그러나 먼저, 1839년부터 1844년까지 사람들은 곰팡이가 핀 것 같은 참을 수 없는 상황을 직시했다. 그때 지식인들은 더 이상 진정할 수 없었다. 토르베커는 흔들리는 마음에서 '찬성 혹은 반대'를 이끌어냈다. 그는 요술 지팡이처럼 정당을 설립했고, 그에게 합류하지 않은 사람들은 자연스럽게 반대 정당으로 맞서게 되었다. 이것은 일시적 저항의 목적으로 함께 뭉친 것이었다. 흐룬 판 프린스터러, 곧 아주 극소수의 사람만이 개방적이고 잘 조직된 강령적 정당 구성을 해야 한다고 생각했다.

'정당'은 '언론'과 마찬가지로 일반대중에게 불명예를 안고 있었다. 사람들은 정당의 활동을 필요악처럼 견뎠다. 나아지고 있는 열병처럼 인내해야 했으며, 피에서 잘못된 물질을 제거하듯이 역할을 할 것이라 생각되었다. 그러나 교육받은 사람들 사이에서는 정당 형성이 정치 생활의 필수조건이라는 것이 인정되지도 않았고 믿어지지도 않았다. 시골에서는 작은 마을의 분쟁과 지역간의 경쟁이 있었고, 대도시에는 중요한 언론이 젊은이들을 일깨우기 시작했다. 그러나 전체 국민 위에는 여전히 안개가 계속 드리워져 있어, 모든 정치적 색깔 구분을 방해했다. 제대로 조직된 정당 생활에 대한 갈증이 없었을 뿐만 아니라, 정당에 감염되는 것은 여전히 조심해야 하는 애매모호한 전염병으로 간주되었다. 정치화에 목마른 신문이 쓰레기통에 버려졌던 것처럼, 정당 생활도 정치적 부패의 나쁜 시간으로 간주하여, 곧 진압과 근절이 예고되었다.

'정당'(partij)이라는 단어는 네덜란드에서 처음부터 부정적으로 들렸다. 정당은 '편파적'(partijdig)이라는 정의롭지 못하다는 개념을 자연스럽게 상기시켰다. '정당 참여자'(partijganger)는 독립성을 잃은 사람을 위한 것이었다. '정당성'(partijschap, 政黨性)은 하나의 정신병이었다. '정당추구'(Partijzucht)는 비애국적이었다. 정당이라는 단어의 거의 모든 구성과 파생어가 좋지 않았다. 정당의 '당수'(partijhoofd)는 게릴라 집단의 지도자를 연상시켰다. 그리고 사람들은 필연적 덕목을 만들었다. 정부에 대한 통제력을 유지하기 위해 1850년 이후 오랜 시간이 흐를 때까지 선거 협회를 설립하고, 때때로 광고지를 보내기까지 하면서, 적절한 정당 구성을 연상시킬 수 있었다. 상황을 자세히 조사한 결과, 1870년대에도 전체 정당은 선거가 다가오자 약 20명을 소집하고 관심 있는 귀족들의 선거 운동을 위해 소액을 할당하여, 지역 신문에 약간의 광고와 꽤 멋진 광고지를 배포했다. 이는 '모든' 유권자가 아니라, 목록에 있는 유권자에게만 해당되었다. 세입자가 관리인을 통해 손짓하게 한 집주인의 침묵도 있었지만, 공공 활동이나 더 높은 의미의 정당 형성에 대해서는 문제가 없었다. 그리고 여전히 매우 짧고 특별한 정강(program)은 일반적으로 크뇌터르데이크(Kneuterdijk)[446]에서 시작되었다. 그리고 여기저기서 직접 수레바퀴를 굴러가게 만든 저명한 힘에 충분히 감사하는 마음이 있지만, 우리나라의 정당 생활은 다른 어느 곳보다 너무 오래 걸렸다고 해도 과언이 아니다. 1848년의 거친 행동에서 반혁명당은 정치적 상황의 요구를 더 잘 충족시킬 방안을 처음으로 생각했다.

§4. 이어지는 발전에 대한 반대

정당 생활을 필요하다고 말하는 것이 정치적 감화에 눈이 멀어 비롯되었다고 생각한다면 큰 실수이다. 그러한 행동 뒤에는 정치적 신념이 있다.

1848년 이후, 지혜자의 돌이 정치 분야에서 영원히 발견되었다고 믿어졌다. 헌법은 이상의 기념비적 모사품이었다. 같은 민족의 자녀요, 한 조국의 자녀로서 이제 우리는 화해하고 화목하게 살아야 한다. 요컨대, 교회적 사상이 일반적 애국 생활에 적용되었다. 교회에는 교부들로부터 우리에게 전해 내려온, 하나님의 거룩한 말씀에 기초하고 호소하는 신앙고백이 있었다. 그 신앙고백에서 하나님의 말씀에 호소함으로써 그 안에 있는 명백한 오류가 지적될 수 없는 한 인내해야 했다. 그런 잘못이 판명되면 바로잡아야 했고, 시정 후에도 하나 된 신앙고백의 요구는 예전처럼 엄정하게 이어졌다. 이따금 푸치우스파(Voetianen)와 코케유스파(Coccejanen)[447]에 대해서만 생각하면 (큰 차이가 있었던 것이 사실이지만) 이것은 유감스럽게도 사실상 거부되었다. 거룩한 사도가 빌립보에 있는 그리스도인들에게 그토록 열렬히 위임한 규칙은 그대로 남아 있다. "여러분은 같은 생각을 품고, 같은 사랑을 가지고, 뜻을 합하여 한 마음이 되어서, 내 기쁨이 넘치게 해 주십시오"(빌 2:2, 새번역). 무엇보다, '뜻을 합하여 한 마음이' 되라고 강조한다. 그리고 이에 "무슨 일을 하든지, 경쟁심이나 허영으로 하지 말고, 겸손한 마음으로 하고, 자기보다 서로 남을 낫게 여기십시오"(빌 2:3, 새번역)로 징벌적 경고가 주어진다.

이로부터 생겨난 감정과 고백의 일치는 논쟁의 여지가 없는 교회적 규칙으로 간주되어야 했고, 신념의 분할이 도전받을 수 있다는 규칙은 이제 더 나쁜 쪽으로 정치 분야로 옮겨갔다. 시민 생활은 외부에만 있었고 내부에는 기독교가 있었다. 두 생활의 표현을 유기적으로 일치시키는 데 그릇되게 집착함으로써, 사람들은 이제 그리스도의 교회에 법으로 확립된 동일한 일치가 시민 영역에서도 적용되어야 한다는 요구를 자연스레 도입했다. 고대 로마와 같은 이교도 국가에서는 평민(Plebejers)과 귀족(Patriciërs)[448]이 서로 대립했을지 모르지만, 기독교 국가에서는 그 대립이 허용될 수 없었다. 그리스도의 교회가 하나인 것처럼 국가도 하나여야 했다. 로마 가톨릭과 항론파는 우리나라 교회에 동의하지 않았다. 따라서 그들은 마치 바구니에서 나온 시민처럼 중요한 직책에 임명되거나 선출될 수도 없었다. 1848년 이후, 교회와 시민 생활 사이의 이러한 연결은 손상되지 않고 계속되었지만,

지금은 반대 상황이 되었다. 1848년, 국가가 지금까지 통일의 가능성을 엿보던 정치적 거울을 깨뜨렸을 때, 네덜란드 국가 개혁교회에도 유사한 성격의 균열이 곧 뒤따랐다. 과거에는 교회의 통일에 근거해 국가의 통일에 대한 요구가 있었던 반면, 이제는 국가에 당과 당이 대적하게 되었으니 그리스도의 교회에도 분당이 생겨나게 된 셈이다. 이전의 정치 생활의 교회화가 지금은 교회 생활의 정치화가 되었다. 우리 측에서 이에 반대하는 구호를 올렸다. 그리스도의 교회에는 신앙고백의 일치가 있어야 하고, 조국에는 원리 대 원리가 있어야 한다. 그러므로 조국 정치의 흐름이 1789년 파리에서 그 추진력을 받는 한, 우리는 우리의 원리를 공유하는 모든 사람과 함께 별도의 정당으로서 그 대열에서 '반혁명당'(Antirevolutionair)으로 일어섰다!

§5. 교회와 국가는 구별된다

'당 짓기'가 그리스도의 교회에서는 성소를 모독하는 일이지만, 더 높은 수준으로 발전한 국민의 정치 영역에서는 필수적 요구 사항이다. 이 요구 사항은 모든 자연 생명체의 다양한 형태의 특성에 기초한다. 하나님의 창조의 풍성함은 다양성에서 빛을 발한다. 또한 사람들 사이에서 다양성은 더 풍부한 삶의 특징이다. 공장은 고정된 모델과 같은 제품을 생산한다. 반면, 붓으로 꽃병을 그리는 작가는 각자의 꽃병에 자신의 느낌이나 장면을 표현한다.

인간 가운데 고귀한 특성을 나타내는 변화의 성격은 모든 하나님의 창조, 모든 자연 세계 그리고 인류에게서 강력하게 작용하고 있다. 사람들은 터무니없게도 천사 세계의 모든 변형을 금지하고 싶어 했다. 천사들의 무리는 뚫을 수 없는 베일 뒤에 숨어 있지만, 천사와 대천사, 스랍과 그룹에 대해 읽은 내용은 이미 풍부한 다양성을 보여준다. 그러나 무엇보다 사람의 자녀들 사이에는 변화가 풍부하고 섬세하다. 이는 남자와 여자의 이중성, 나이, 인종, 국적, 기타 직업의 차이뿐만 아니라 '개별적' 차이에서도 나타난다. 어떤 평범한 작은 어촌 가족의 구성원들을 지켜본다면, 처음에는 그들이 다 똑같다고 생각할 수 있다. 그런데, 그들과 더 친해지고 더 오래 그리고 더 자주 만나 알게 되면, 성격, 성품, 성향의 차이에 대해 점점 더 풍부한 빛이 비칠 것이다. 한 사람 한 사람이 점점 더 명확히 드러난다. 사람들은 나무의 잎사귀 하나 하나도 "똑같은 것은 없다"라고 말한다. 그런데 가장 확실한 것은, 그 말은 모든 인간 삶을 특징짓는 말이다. 어떤 마을에 한 가족의 너댓 명의 아이들의 삶이 단순히 같은 모양의 반복에 불과한 것이라는 착각에 쉽게 빠질 수 있다. 그러나 이러한 피상적 첫인상은 기만이다. 하나님의 창조에는 획일성이 없으며 단조로움은 훨씬 더 적다. 사람들은 무형의 틀을 따라 공장에서 일하기도 하고, 예술가는 그보다 좀 더 풍부한 다양성으로 일하기는 하지만, 하나님께서 창조하신 것 안에는 끝없는 다양성이 있다는 것이 하나님의 기본 원리이다. 그것은 끝없는 다름 속에 표현하시는 하나님의 무한성이다.

우리 인간의 풍부한 다양성은 처음에는 숨겨져 있지만, 나중에는 계속 드러나야 한다는 확고한 규칙이 있다. 어린이집 유아의 방에 들어가면 작은 아이들이 똑같아 보이지 않지만, 삶의 표현에서는 거의 모두 같다. 아이들이 성장하면서 그들은 이미 기질의 차이를 보여준다. 그들이 장난감을 선택하는 것, 그들을 유혹하고 매료시키는 것, 뛰어다니고 말하는 것에서 이것을 보여준다. 소년 소녀들이 거리로 나가면, 그들은 점점 더 각각 걸어간다. 그들이 청년이 되었을 때 좌파는 우파를 끌어들이는 것을 배척하고, 모두가 자신의 견해를 갖기 시작한다. 성인이 되면 개인차는 고착화된다. 그리고 노인들 사이에서 같은 정체성을 찾는 것은 헛되다. 얀은 피트가 아니며 피트는 해인과 아주 다르다. 모든 사람은 고유한 이름을 가지고 있으며, 서로 다르고 또 반드시 그래야 한다. '초자연적'인 요소가 들어왔기 때문에, 다양성은 그리스도 교회의 지위를 지배하지는 않는다. 광선이 부서지는 색깔은 위로부터 결정된다. 반면에 모든 '자연적' 삶은 아래로부터 활동하고 끝없는 다양성이 나타난다. 사람들이 다양한 대륙에서 나란히 사는 것처럼, 사람들은 미개발 국가, 신개발 국가, 선진 국가, 더 고도로 성장한 국가라는 다양한 상태를 고려하고, 그렇게 다시 그 나라의 힘의 발달 정도에 따라 다른 지위를 갖는다. 그리고 세번째, 나이와 교육에 따른 개인이 다양하다는 것을 고려할 때, 확정된 결과는 발전이 낮을수록 다양성(variatiën)이 덜 중요하다는 것이다. 그 반대의 경우, 발전이 더 진행되면, 통찰력, 의견, 신념의 다양성이 증가하는데, 이것은 자연스레 공감(sympathieën)과 반감(antipathieën)을 유발시킨다. 공감은 같은 생각을 하는 사람들과의 결합을 추구하게 만드는 반면, 반감은 다르게 생각하는 사람들에 대해 점점 더 결정적인 입장으로 이끈다.

§6. 더욱 풍부해지는 다양성

다양성은 하나의 민족을 부분으로 나눈다. 정당들도 같은 방식으로 자신을 알린다. 이 법칙에 따르면, 지리적으로나 역사적으로나 무리와 떨어져 외곽에 있는 집단이 그들 자신의 품에서 가장 일치한다는 것을 알 수 있는데, 확실한 지역을 선택한 집단에서는 가정과 농업과 가족 간의 차이가 발생하지만 정당을 형성하지는 않는다. 발전이 고도화될수록 학교와 집단이 사람들 내에서 자체적으로 시작되고, 한 민족이 정치적으로 더 높은 위치에 도달하는 데 성공하면 국가의 정당들은 스스로 등장한다. 동료 시민이 공무에 참여하지 않고, 정부의 절대 권력이 공동의 이익을 통제하는 한 이것은 별 의미가 없다. 그러나 동료 시민이 자신의 장에서 더 많은 목소리를 얻으면, 곧 거의 예외 없이 의견의 차이와 신념의 다양성이 나타나며, 나아가 정당 생활이 생겨난다.

여기서 반대되는 신념이 집단화되면서 창출하는 것이 있다. 압제적인 강압을 통해 이것을 막으려 하는 시도가 있지만, 대중이 발전을 막는 권위에 승리하는 경우가 대부분이다. 그렇지 않으면 다양한 역사적 사례가 보여주듯이, 민족의 몰락으로 끝난다. 따라서 민족의 삶에서 정당 형성 또는 정당 간의 분열은 건강한 정치 생활의 불가피한 요소이다. 이러한 공개적 정당의 투쟁을 내버려 두거나 방지하려 하거나 아무것도 하지 않으려는 국민은 그 미래에 해를 끼친다. 이 점에서 우리 네덜란드인은 다른 부유한 선진국보다 많이 뒤처져 있으므로, 이를 더욱 강조해야 한다. 그 원인은 1648년에서 1848년 사이의 실망스러운 역사에 있다. 또한, 정치 영역에서 건강하고 회복력 있는 정당 생활의 복과 열매를 일깨우고 감사하게 만드는 일에, 너무도 가혹한 교회의 우려를 우리 민족의 삶에 각인시킨 것이 여기에 일조하였다.

정당의 투쟁을 막는 것은 민족의 생명을 죽이는 것이다. 자기 민족 안에 있는 내면적 힘에서 나오는 활기찬 삶을 사랑하는 사람은 원리적으로 정당 생활에 대한 모든 조롱을 역사적 광기를 증거로 삼아 싫어해야 한다. 슈탈은 베를린 강당에서 청중들에게 "정당이 없는 것은 나의 미덕이 아니다!" (1쪽)라고 제대로 외쳤다. 블룬칠리도 그의 "학문으로서의 정치"에서 다음과 같이 매우 진실하게 말했다. "정치 생활이 풍요롭고 자유로울수록 정당은 더욱 분명하게 등장한다. 정치적으로 가장 재능있는 사람은 정당 구성에 대해 가장 잘 교육받은 사람들임을 보여준다…반대파의 투쟁과 마찰만이 가장 위엄 있는 창조물을 만들어 낸다. 이는 정당 구성의 정치적 필요성과 유용성을 증명한다." 뒤이어 블룬칠리는 다음과 같이 올바르게 주장한다. "따라서 정당은 많은 제한과 두려움이 있는 것처럼 심각한 악이나 국가 생활의 질병이 아니라, 반대로 국민의 건강한 정치 생활의 조건이자 표이다" (449쪽). 어느 정당에도 속하지 않는 것은 명예가 아니라 치욕이며, 정당보다 우월하다고 공언하는 정치가는 원리가 없고 모순된 것을 자랑스럽게 여긴다. 따라서 그는 "정당은 국가의 정치계를 움직이는 강력한 내적 동력의 자연적 표현이며 결과물"이라고 결론지었다.

약 1630년과 1790년 사이에 우리나라에 서서히 스며 들어온 약하고 억눌린 정당 생활은 나라와 '국민'이 작은 집단의 손에 넘어가게 했다. 그리고 국민이 다양한 부문의 '국민'으로서 정치에 참여하지 않았다. 이로 인해 야기된 분위기는 아직도 하나 이상의 보수적 영역에서 살아 있다. 우리 가운데서도 반혁명주의자들은 정당으로서 활동할 필요성을 인식하고 있다. 그런데도 조직적으로 정당의 번영을 간섭하고, 저급한 신들에게 관심을 맡기며, 조직을 노동자에게 맡겨두고, 회의는 다른 사람들이 참석하도록 하고, 적은 연회비로 자금을 고갈시킨다.

§7. 항상 정치적이지 않은 정당의 특성

큰 국가에서는 이러한 상황이 덜 발생한다. 그러한 국가에서는 세계적인 문제가 계속해서 발생하기 때문이다. 정치 생활이 그렇게 희미하게 숨을 쉬는 것은 작은 국가일수록 더 많다. 우리나라가 이 점에 대해 열정적이라고 말할 수는 없다. 국가 생활에서 정치적 투쟁에 귀도 눈도 갖지 않는 광범위한 집단이 전통적으로 존재한다는 사실을 고백해야 한다. 확실히 우리의 간척지 생활 역시 이 약점에 영향을 주었다. 사람은 자신을 둘러싸고 있는 간척지를 거의 들여다보지 않으며, 그 너머에 있는 것에는 관심이 없다.

이제 정당이 어떤 반대, 또 어떤 조직과의 동맹 상황에서 행동해야 하는지를 묻기 위해, 정치적 정당과 비정치적 정당을 분명히 구분해야 한다. 정당의 출현은 국가 전체의 정세를 목표로 한다. 어떤 마을, 지역 또는 도시의 상황에 국한되는 정당 구성은 여기에 포함되지 않는다. 심지어 전체 주(州)에 해당하는 정치 운동조차도 정당 생활의 일부로 간주될 수 없다. 마찬가지로 세기에서 세기로 넘어가는 가족의 분쟁이나, 마을이나 작은 도시의 상황을 지배하는 것도 제외된다. 더 이상 정치 생활에 포함되지 않는 잔류 정당의 뒤늦은 성장도 마찬가지다. 하노버(Hannover), 구 토스카나(Toskane), 이탈리아 남부, 포르투갈 등에서는 몰락한 왕실의 전통을 존중하는 적은 수의 무리를 볼 수 있다. 그러나 이러한 전통은 흔적도 없이 사라져, 프랑스의 부르봉 왕가와 나폴레옹 지지자조차도 국가의 일반적 정책에 더 이상 고려되지 않는다. 포르투갈에서는 돈 미구엘(Don Miguel)의 당원에게 그리고 브라질에서는 왕당파에게도 같은 원리가 적용된다. 최근까지 얼스터의 오렌지단(Orangisten)[449]에 대해서도 같은 말을 할 수 있었다. 그들의 활동은 잠시 유럽 전체를 뒤흔들었다. 이러한 집단들이 모두 정치적 특징을 지닌다는 것을 부정할 수는 없지만, 정당으로 인정받을 수는 없다.

농민들에게 반복해서 일어났던 것처럼, 특정 이익을 위해 행동하는 단체도 어느 정도 같은 상황이다. 그러나 이러한 성격의 단체를 이 토론에서 제외하는 것은 좋은 생각이 아니다. 그런 단체들은 대부분 전국에 흩어져 있고, 관심을 두고 있는 사람들이 너무 많지만 투표에서 결과를 얻을 수 없다.

오스트로고르스키는 영국에서 정당들의 실제 정치적 성격이 약해지고 있고, 이른바 코커스(Caucus)[450] 중에 조직 전체가 이익을 추구하다 자폭하는 상황이라고 말하기까지 했다. 그는 이것이 점점 더 약해지고, 심지어 정치적 정당과 정치적 원리 사이에 괴리가 일어나고 있다는 말까지 한다. "우리는 원리와 정치가 분리되는 여명을 본다"(585쪽). 이미 40년 전인 1871년에 트라이츠커(Treitschke)는 그의 "역사적, 정치적 명제"에서 결론에 도달했다.

우리는 이미 로머와 블룬칠리가 나이의 차이, 즉 '급진적'인 학생, '진보적' 젊은이, '보수적' 노인, '절대주의'자 노인으로 정당들을 설명하려고 시도했음을 보았다. 지금은 아무도 그런 구분을 받아들이지 않는다. 나이가 들수록 대부분 정치적으로 변색된다는 한 가지 진실이 있기는 하지만, 나이 차이에 따른 일반적 정당 구분은 사실과 너무나 모순되어 한 순간도 그것에 연연하지 않는다. 슈탈과 카우프만과 파울슨(Paulsen)은 정당을 오직 이익 옹호자로 보는 경향이 있다. 옐리네크는 당사자를 세 집단으로 나눌 것을 독창적으로 제안했다. 첫째는 권력을 잡았으나 패배하여, 이제 '반동적' 반대 입장을 표명하는 정당이다. 둘째는 현재 권력을 잡고 이를 유지하려는, 그래서 '보수적' 정당이다. 셋째는 정권을 차지하려고 노력하는 자들인데, 대중을 이상으로 유혹하려고 시도하는 '급진적' 정당이다. 렘이 정확히 언급한(6쪽), 권력과 전략의 위치에 따라 다양한 정당을 특성화하는 것은 정당이 추구하는 목표와 관계가 없기 때문에 용납될 수 없다.

§8. 원리와 조직

많은 저술가가 이 주제에 대해 당혹스러워하는 것은, 정당 생활이 활발하게 발전하고 조직이 잘 자리 잡은 영국과 미국에서, 두 거대하고 대조적인 정당의 근본적 대립이 이미 많이 줄어들었음을 설명하는 일이다. 정당은 백성 가운데 가족 집단이 가졌던 조직 안에서만 지속적 힘을 발휘할 수 있었다. 미국 사람들은 어린 시절 아버지가 공화당에 속해 있을 경우 자신도 공화당에 속한다. 공화당의 번영은 청년에게 개인적 미래를 약속하지만, 민주당이 복귀하면 그들의 지위와 재산을 상실할 위협을 받게 된다고 생각했다. 따라서 미시시피, 아이오와, 일리노이 주에서는 네덜란드에서 온 이민자들도 공화당에 합류했다. 그들은 민주당이라는 이름조차 거부했다. 그들은 첫 번째 투표에서 공화당의 강령이 그들이 동의할 수 있는 원리에 기초하고 있는지를 거의 깨닫지 못한 채 투표소에 공화당원과 함께 갔다. 시민은 죽고, 정당은 남았다. 그리고 정당은 그 조직 안에서만 정치의 현을 가진다. 사람들은 그 정치 안에서 태어나고, 양육 받고, 그 조직을 떠날 생각을 하지 못한다. 그러나 바로 이것 때문에 정치적 활동은 점점 더 원리적 성격을 잃어버렸다. 사람들을 끌어들이기 위해, 양당은 군중을 흥분시킬 수 있는 것을 점점 더 내세웠으나, 사람들은 정당 생활로부터 벗어났다.

§9. 정도의 차이

정당 형성의 비원리적 동기는 잠시 제쳐두자. 그러면 같은 원리에 따라 사는 국민에게는, 정치적 정당에서 견해의 차이는 '정도의 차이'일 수밖에 없음이 자명해진다. 모든 동포가 원리적으로 같은 토대에 서 있다면, 정부의 형태와 공동으로 고백한 원리의 요구에 따라 좋은 방향으로 국가 전체 헌법의 원리를 개발할 수 있다. 여기에서 어떤 한 사람은 다른 사람보다 기존 국가 생활에서 더 불쾌한 것이 있다고 생각하고, 다른 한 사람은 기존 것을 대신해야 할 것이 다소 벗어나 있다고 의견의 차이가 발생할 수 있다. 그런 다음 기존 조건을 수용하여 이것이 더 발전해야 한다고 함께 판단한다. 기존 것에 대한 인식과 향후 발전 속도가 다를 뿐이다. 한 사람은 기존의 것이 좋지 않다고 생각하여 열광적으로 개선하기를 원하지만, 다른 사람은 기존에 관한 판단을 기초로 더 온건하고 침착하게 앞으로 나아가고자 한다. 세 번째는 개선을 외치는 돌들이 여기저기에 있다는 것을 인정하지만, 여전히 역사적으로 신성하고 합법적 존재를 옹호한다. 이 세 집단은 각각 집단의 다양성을 낳는 정도의 음영이 있을 것이다. 그런데도 우리가 지적한 바와 같이 존재에 대한 세 가지 평가 형식은 어디에나 나타날 것이다.

반면에 일반적 상황에서는 완전히 달라진다. 다른 세 정당이 지금까지 함께 건설된 국가의 공동 기반에서 점차 부분적으로 이동한다. 이것은 이미 중세 말에 위협이 되었고, 자연주의자들이 말할 때 계속되었으며, 19세기 말에 완성되었다. 중세 시대에는 정치 분야에서도, 신은 근본적으로 모든 권력과 권위의 근원으로 간주되어야 한다는 것과, 국가 건설에서 인간은 신 아래에서 유기적인 도구로서만 봉사한다는 것이 일반적인 믿음이었다. 이것이 모든 헌법과 정치학의 원리이자 출발점이었다. 국가가 전능자와의 관계를 규제해야 하는 방식에 대해 황제파와 교황파 사이에 분쟁이 발생했는데, 여기에서 정치가가 하나님의 권세와 권위를 스스로 계산할 것인지, 아니면 전능하신 하나님과 지상의 정부 권력 사이의 관계를 주교와 교황이 지배하는지 여부가 관건이었다. 자신을 기독교화 했다고 생각하지만, 카이사르(시저)의 정당한 후계자인 '로마 황제'(Römischen Kaiser)와 개별 국가와의 관계도 논란의 대상이 되었다. 그러나 국가 건물이 기초한 바로 그 토대와 관련해서는 차이가 없었다. 자연법이 더 강조될 때에도, 인간과 인간의 결속에서 말하는 본성은 처음 신적 의지의 산물로 간주되었다. 알투지우스(Althusius)[451]와 같은 급진적 사례에서 알 수 있듯이 그것은 약해졌지만, 하나님의 권위를 이해하는 것과 관계된 중요한 요소였다. 약간의 의심은 생겼으나 무신론자는 한 명도 없었다. 루소 이전에도 루소보다 더 나쁘고 바로잡을 수 없는 지식인도 있었다. 그렇지만 일반적으로는 대중과 통치자와 학자들은 모든 것에서 하나님을 고려해야 하는 것을 고정된 규칙으로 간주하였고, 이는 국가 영역도 마찬가지였다.

§10. 신적 권위에 대한 존중

이 확신의 일반성은 교회 형태의 일치와 이 형태에 속한 사람들과 관계가 있었다. 이 중요한 동인이 충분히 고려되지 않았다. 성경은 옛날 이스라엘 백성조차 종교적으로 동질 무리라는 개념을 전혀 제공하지 않는다. 형식적으로는 그렇지만 본질에서는 그렇지 않다. 역사적으로 시편과 선지서를 숙고하는 사람은, 몇몇 역사적 순간을 제외하고 다음과 같은 결론에 도달하게 된다. 참된 예배자들은 이스라엘뿐만 아니라 유다에게서도 비교적 작은 무리에 불과했으며, 큰 무리는 "하나님은 없다"(시 14:1)라고 불평하며 부르짖는 사람에게 더 많은 귀를 열었다. 그리고 시편 10편 2-4절은 이렇게 말한다. "악한 자가 교만하여 가련한 자를 심히 압박하오니 그들이 자기가 베푼 꾀에 빠지게 하소서. 악인은 그의 마음의 욕심을 자랑하며 탐욕을 부리는 자는 여호와를 배반하여 멸시하나이다. 악인은 그의 교만한 얼굴로 말하기를 여호와께서 이를 감찰하지 아니하신다 하며 그의 모든 사상에 하나님이 없다 하나이다."

당신이 다윗과 이사야 두 사람에서 받는 인상은, 그들이 건축하는 모든 것을 확실하게 하나님 속에 있는 유일한 기초 위에 두는 사람이 단지 백성의 일부라는 것이다. 이것은 이집트에서 출애굽한 직후에 시작되었고, 몇 가지 중요한 역사적 순간을 제외하고는 계속되었다. 그리고 포로생활에서 돌아온 후 단일한 고백의 삶이 시작된 것도 사실이지만, 골고다는 하나님을 붙잡는 단일함이 어떤 특징(stempel)을 나타내는지를 우리에게 보여준다. 우리로 하여금 멀리서 이 관계가 완전히 역전될 것이라는 미래를 상상하게 하는 요한계시록은, 복 받은 자가 오히려 불신자 곧 사탄의 무리들에게 정복당할 것이라는 최종결과를 알려준다. 사도들의 책에서도 기독교인이 소수이고 그리스와 로마의 대중들이 십자가를 대적하고 있음을 발견한다.

콘스탄티누스 개종까지 순교가 계속 일어났지만, 니케아 공의회와 함께 반전이 일어났다. 그 순간부터 점점 더 많은 국민이 세례를 받고, 기독교는 점차 전 민족이 받아들여야 하는 종교라는 생각이 압도했다. 그러면서 삶의 표현과 제도, 그리고 국가의 설립에도 전 유럽이 기독교적 특징을 보여주었는데, 거기에 거의 모든 사람이 구별 없이 결합되었다. 따라서 구약과 사도들의 문헌이 우리에게 주는 사상이 완전히 부정되었다. 불신에 빠진 세상에서 끝없는 위험 속에 머무는 '주님의 무리'는 없고, 이제는 모든 것이 기독교화 되었다. 개인에게나 본질에 있어서도 아니고 내적으로도 아닌, 인간 사회의 일반적 모습에 등장했다. 형태나 외형적으로는 영광스러운 상태였다. 골고다와는 완전히 반대되는 모습이었다.

§11. 내적 분열

겉모습은 아름다웠지만 내부는 전혀 그렇지 않았다. 분열이 나타났고, 개혁은 내면의 진리로 하여금 거짓된 모습을 이기게 하려고 애를 썼다. 따라서 종교개혁 초기에 시편과 예언서, 복음서와 요한계시록에서 볼 수 있는 것과 같은 상황이 회복되었다. 다소의 사도가 다음과 같이 기록하게 한 조건이 다시 설정되었다. "형제들아 너희를 부르심을 보라 육체를 따라 지혜로운 자가 많지 아니하며 능한 자가 많지 아니하며 문벌 좋은 자가 많지 아니하도다. 그러나 하나님께서 세상의 미련한 것들을 택하사 지혜 있는 자들을 부끄럽게 하려 하시고 세상의 약한 것들을 택하사 강한 것들을 부끄럽게 하려 하시며"(고전 1:26-27).[452] 순교도 돌아왔고, 세상에서는 하나님으로부터의 배교도 증가했다. 예수님이 친히 그분의 교회인 우리에게 말씀하셨던 모습이 새롭게 구현된 것 같았다. 당신 앞에 마태복음 7장 13-14절을 펼쳐 보면, 개혁파의 순교 역사를 알 수 있다. "좁은 문으로 들어가라 멸망으로 인도하는 문은 크고 그 길이 넓어 그리로 들어가는 자가 '많고', 생명으로 인도하는 문은 좁고 길이 협착하여 찾는 자가 '적음'이라." 그 당시는 심한 박해를 받았지만, 거룩하게 새 힘을 얻었다. 예수님이 설계한 그림이 자기 나라에서 시작되어 울려 퍼졌다. 그러나 그 새로워지고 젊어진 상태가 지속되지는 않았다.

작은 무리의 위대한 교수인 칼빈이 다시 한번 전체 인구를 포괄하는 제네바에 교회를 세우기로 작정했다. 그는 프랑스, 스코틀랜드, 우리나라의 균열을 보았지만 모든 구원받은 교회를 하나로 연합하려는 이상을 가지고 있었다. 여기서 중세의 삶을 특징짓던 모든 비진리가 다시 사회에 스며들었다. 제네바뿐만 아니라 스코틀랜드와 우리나라에서도 그랬다. 그 결과 교회가 징계를 포기하게 되었고 고백이 가라앉았다. 그리고 19세기에 신자들이 그리스도의 교회에 작은 더미처럼 함께 숨고, 옛 조국 교회를 근대적 사고에 포기하는 상황이 생겨났다. 이것은 우리나라뿐만 아니라 거의 모든 개혁국가에서 신성한 기초가 점차 국가 건물 아래에서 멀어져, 마침내 '근대 국가'라는 영예로운 칭호 아래 정치 구조에 대한 이념이 되는 원인이 되었다. 그중 가장 중요한 특징은 다음과 같다. "우리의 국가 생활은 하나님과 별개로 전적으로 사람에게서 나온 것이며, 경건은 그것을 즐기는 사람들을 위한 사적인 취미일 뿐이다."

§12. 권위의 근원은 하나님인가 사람인가?

이것은 필연적으로 정치적 사고와 공감 능력을 가진 시민들이 국가 생활의 기반인 서로 대립하는 두 개의 정당으로 나뉘게 했다. 한 정당은 정치 생활이 신의 권위에 의해 다스려져야 한다는, 지금까지 계속해서 믿어 온 생각을 고수했다. 하지만 최근의 신흥 정당은 이 입장에 이의를 제기했으며, 인간의 의지와 통찰에서 유래한 국가의 권위를 주장했다. 그러나 이러한 근본적 대립이 의식적으로, 그리고 결정적으로 모든 곳에서 발생하지는 않았다. 프랑스, 독일, 그리고 우리나라에서는 발생했으나, 미국과 영국에서는 거의 그렇지 않았다. 제퍼슨은 해밀턴과의 투쟁에서 의도적으로 무종교적 입장을 택했지만, 미국의 민주당원들이 불신앙의 정치 이론을 주도하고 있다고 말할 수는 없다. 오늘날에도 그들은 종종 참정권 운동에서 성경에 호소하기를 좋아한다.

영국에서는 휘그당(Whigs)[453]과 토리당(Tories)[454] 모두 신성한 것을 존중하는 것이 관례였다. 그리고 헌법과 헌법학 연구에서 점차 근대적 출발점을 내세우는 것이 원리가 되어갔지만 국민의 도리로서는 계속해서 하나님께 영광과 찬사를 바쳤다. 예를 들어 독일에서도 블룬칠리와 같은 자유주의 정치가들은 여전히 신의 위엄을 생각하곤 했다. 그는 "예수님이 정치적으로 자유주의자라고 할 때, 그리스도가 다시 오시면 현대 자유주의와 쉽게 타협하실 것이다"(*Politik als Wissenschaft*, 603)라고 말하곤 했다.

그리스도는 하나님 나라를 세우기 위해 오셨으며, "예수님은 기회가 있을 때마다 이 의견을 거부하셨다"라고 선언했던 유대인의 주장은 오류다. 이것을 이스라엘의 세계 지배에 적용한다면, 미래에 일어날 일에 대해 예수님이 하신 예언과는 정반대가 될 것이다. 군중을 소외시키지 않기 위해 사람들은 거의 모든 곳에서 근대 국가 자체에 대한 이념을 종교적으로 엿

보기 시작했다. 하지만 옛 상황을 영속시키려는 보수 집단은 여전히 특정 종교에 집착하며, 국가의 권위를 설명하기보다는 자신들의 지위를 강화하고 있다.

이러한 모순 즉, 신의 권위냐 사람의 권위냐는 과거와 현재의 정치적 투쟁 면에서 거의 모든 나라를 뒤흔들었지만, 즉각 확립되지 않은 상태로 정당의 분열을 낳았다. 로마 가톨릭에서도 보수 또는 자유주의 진영과 수년간 논의한 후에야 별도의 정당 구성과 함께 행동해야 할 필요성을 깨달았다. 독일은 더 나은 통찰을 구현하는 중심지가 되었다. 벨기에는 1830년에 자유주의적 헌법을 제정하고 그 아래에 숨었는데, 최근에 학교 투쟁의 경우처럼 '성직자'라는 정당 이름을 실제적으로 선언했다. 슈탈, 폰 클라이스트 렛초우(Von Kleist Retzow)[455], 폰 게를라흐(Von Gerlach)[456]가 의도했던 것은 독일에서 원리적인 정당 분할로 이어지지 않았다.

스위스에서는 일부 칸톤에서 원리적 대립이 나타났다. 실제로 그것은 우리나라에서만 확립될 수 있었다. 개신교인들 사이에서 다루어져야 하는 한, 헌법에서 신적 권위를 옹호하는 사람들은 별도의 정당으로서 흐룬의 주도에 따라 행동했다. 다른 거의 모든 곳에서 신실한 개신교도들은 보수당의 지도 아래 자신을 두는 반면, 젊은 교인들은 민주당원, 때로는 심지어 사회주의자까지 확고한 호의를 가지고 합류했다.

그런데 이러한 불순의 결과로 하나님의 권위와 인간의 권위 사이의 근본적 대립에 반대하는 정당이 형성되었다. 그러나 이것이 충분히 해소되지 않았기에 헌법 연구에서 점점 더 분명히 다뤄졌다. 개신교와 로마 가톨릭은 둘 다 각각 나름대로의 방식이 있기는 하지만, 부인할 수 없는 필요성을 알고 있다. 이것은 이미 여러 국가에서 두 진영에 대한 투표에 협력하도록 이끌었다. 그리고 사람들이 국가 권위를 신적 권위의 속박으로부터 방면(放免)시킬수록, 그리스도의 고백자들 사이에서 이 멸시받는 하나님의 권위를 옹호해야 하는 의무감이 더욱 강하게 깨어났다. 급진주의, 사회주의, 신디컬리즘, 아나키즘, 허무주의의 과도한 유행이 억제되기 시작했다. 교리는 여전히 절대적 인간적 권위 이론에 집착할 수 있지만, 물질주의적 시대

정신의 비종교적 성격은 이미 만족을 멈춘 지 오래다. 그것은 성가심을 불러일으키기 시작했고, 이 모호한 길을 따라 더 미끄러지기보다는 인도인들이 우리에게 신지학(theosophy, 神智學)적 방식으로 제공하는 것을 찾고 있다. 또한 1914년에 발발한 끔찍한 전쟁 중에 종교적 행보가 정치에서 다시 부상했다. 모든 중간 연결을 배제하는 모순에 머뭇거림 없이 접근하더라도 논리는 저절로 사람들을 그 모순으로 몰아간다. 하나님에게서 나오든 인간에게서 나오든 우리가 머리를 숙일 권위는 한 때는 가장 절대적이고 오롯이 지배했던 정치적 지위인데, 그것의 광채는 모든 분야에서 그 자체로 느껴진다.

§13. 색조

많은 나라에서 절대 신이나 절대 인간의 권위를 위해 저항하는 사람이 모두 조직된 같은 당에 합류해야 했던 일은 없었다. 더구나 이렇게 조직된 정당들이 국가 권위의 신적 기원과 인간적 기원을 방어하는 단체로 하나가 되는 일은 더욱 더 없었다. 신적 권위 이론과 인간적 권위 이론 사이의 대립이 모든 정치활동의 근본적 대립을 구성하기 때문에, 그것은 발전 과정에서 변화를 허용한다. 사람들 사이의 성향이 너무나 달라서 모든 민족의 역사적 과거를 하나라고 할 수 없다. 오히려 매우 다르다. 나이의 차이가 행동 양식의 차이를 일으키는 경향이 있고, 사람의 정치적 투쟁에는 이해관계가 많이 연루되어 있다. 공언(公言)된 원리의 충실도에 따라 당원의 수적 차이가 발생하고, 한 국가에서는 한 정당이 거의 자연스레 다수를 획득하지만 다른 국가에서는 미미하다. 한 시대에는 한 정당이, 그 다음 시대에는 다른 정당이 강력하고 영향력 있는 인물을 가졌음을 자랑할 수 있다. 토르베커의 이름과 흐룬 판 프린스터러의 이름만이 우리나라에서 성공을 거둘 수 있었던 것을 생각해보라.

정당 활동에 너무 자주 작용하는 이러한 요인들은 모든 시대와 지역에서 작동했다. 그 결과, 거의 모든 곳에서 정치 발전의 단계가 스스로 상향 조정되었다. 과거로부터 우리에게 속한 것을 '보존'하고, 필요하다고 받아들여졌던 것이 완전히 '전개'되고 한 단계 '전진'함에 따라 실제 더 예리해지는 정도에서의 세 가지 수준으로 등장하는 단계가 있다. 세 가지 정도, 세 가지 단계, 세 가지 변형은 19세기에 점점 더 안정적이고 영구적인 형태로 나타났으며, 사람들은 모든 국가에서 '보수적', '자유적' 그리고 '급진적'으로 자신을 실행 가능한 것으로 제시하는 데 익숙해졌다. 이 세 가지 자연적 변형이 먼저 19세기에 등장했던 것보다 자연스럽지는 않다. 오히려 그것은 더 자유로운 국가 생활이 발전했던 것만큼 오래 되었다. 그러나 이러한 이름이 일반적으로 사용되는 세 종류의 정당은 19세기 초부터 시작된다. 우리는 이미 정당 이름으로 특히 '자유당'이라는 단어가 세르비아인과 대조적으로 1814년 스페인에서만 강제로 사용되었다는 점을 지적했다.

과거에는 역사적 사실, 시간적 상황, 왕조의 갈등 또는 지배적 성격에서 유래한 이름으로 정당을 구별하는 것이 관례였다. 우리는 스히어링어즈(Schieringers) 대 페트코퍼르스(Vetkoopers)[457], 혹선(Hoekschen) 대 대구파(Kabeljauwschen)[458], 케이전(Keezen) 또는 애국자(Patriotten) 대 왕자파(Prinsgezinden)[459]만 생각한다. 그러나 1789년 이후 정치사상에 급진적 혁명이 일어나며 혁명과 복음 반대에 모든 관심이 쏠렸기 때문에 휘그당과 토리당, 공화파(Rondkoppen)[460], 회전(Geuzen)[461], 자코바이트(Jacobieten)[462], 교황파와 황제파, 적장미와 백장미[463], 카를로스파(Carlisten)[464], 마르틴주의자(Martinisten)[465]와 자코뱅당 등과 같은 이름은 점차 사라졌다. 정당의 이름이 더 이상 사람과 사실에 대한 별명이 아니라 파생된 모든 정당에서 발생하는 일반적 변화에 따라 만들어졌다. 대규모 당사국의 과거 폐쇄적 국가적 특징은 더 이상 유지될 수 없었다. 국가 공동체는 공통 원리와 유사한 이해가 모든 국가의 정치적 투쟁을 지배한다는 확신이 중요할 정도로 성장했다. 모든 국가에서 원리와 이해관계의 투쟁은 계속해서 수정되었지만, 헌법에 관한 과학적 연구, 언론이 제공하는 홍보, 끝없는 회의 등에서 학자들은 삶의 같은 흐름을 지속해서 주장했다. 여러 곳이 소란스러웠으며, 따라서 보수, 자유, 급진의 세 기본 사상은 모든 국가에서 수용되었다.

§14. 권리의 다른 분할

이 세 단계를 원리적으로 신적 권위를 옹호하는 정당뿐만 아니라, 인간의 권위를 절대적 특징으로 선택했던 정당에 적용했었다면, 약간의 갈등도 나타나지 않았을 것이다. 분열의 대부분 요인은 보수, 자유, 급진이라는 이 세 가지가 신정정치가들(Theocraten)과 인정정치가들(Anthropocraten) 사이에서 발생한 것에 있다. 우리 같은 작은 나라에서도 하나의 반혁명당에 공언된 원리에 따르는 사람들 중에 진보적 사람들뿐만 아니라 보수파 사람들이 있음을 알고 느낄 수 있다. 우리나라의 로마 가톨릭 국민 사이에서도 마찬가지다. 보수주의자도 있고, 자유주의자도 있고, 급진적 로마 가톨릭 정치가도 있다. 그런데도 교회에서 찾은 신권 원리를 엄격하고 강하게 고수한다. 적어도 흐룬 판 프린스터러 시대 우리 반혁명가들 사이에서도 마찬가지였다. 좌파와 우파의 보수당이 선을 그었고, 양당의 급진파가 이를 지원한 것은 놀라운 일이 아니다. 그 어떤 질문에도 기본 원리가 덜 뚜렷하고 각자의 입장이 활동을 더 많이 지배하는 한, 이러한 차이의 출현은 아주 자연스럽다. 흐룬 판 프린스터러는 자유학교(de vrije school)에 대해 알라르트 피어슨(Allard Pierson)[466]이 지지하면서 양심에 대한 존중을 표현한 것을 매우 자주 칭찬했지 않았는가? 또한 1894년의 참정권 인구조사(het Censuskiesrecht)를 피하려는 열망이 양측 모두에서 매우 강력했기 때문에 타크 판 포르트플리트(Tak van Poortvliet)[467] 장관은 반혁명파 측의 지지를 받았다. 그러나 바로 그때, 그러한 형식적 질문이 마음의 상태에 얼마나 극도로 영향을 미치는지가 명백해졌다. 당시 수치는 좌파 중 급진파가 거의 모든 곳에서 반혁명적 민주당원보다 자유주의적 보수당에 투표하는 것을 선호했음을 보여주었다. 두 개의 주요 정당, 즉 권위의 신적 기원을 지지하는 쪽과 인간적 기원을 지지하는 두 정당으로 나뉘는 것이 바람직해 보였다. 그러나 두 정당이 다시 세 개의 하위 정당으로 보수당, 자유당, 급진당을 지정했어야 할 만큼 명확한 구분이 이뤄지기 어렵다. 이론적으로는 절대적이고 정확하고 순수한 구분이 필요해 보이지만, 실제로는 불가능하다. 삶은 너무 다채롭고 복잡하다. 그래서 정치적 삶도 순수한 선과 정도를 따라 움직이지 않는다. 보수, 자유, 급진이라는 세 가지 이름이 점점 더 좌파 집단에만 거의 독점적으로 적용되었으며, 우파는 세 가지 매우 다른 이름인 반혁명파, 로마 가톨릭과 기독-역사당으로 발전했다.

그러나 이 세 명칭은 세 등급을 의미하지 않는다. 오히려, 각각의 출발점이 있는 하나의 로마 가톨릭과 두 개의 개신교 정당이 두 주요 집단으로 나란히 서 있으며, 그 아래에 정도에 따른 세 가지 변형이 있다. 로마 가톨릭 사이에서 세 부분이 있으며, 개신교 쪽에도 마찬가지이다. 기독-역사당은 가장 오른편에 위치했으며, 역사적으로나 동시대에나 반혁명당에서 칼빈주의자는 민주주의 정신으로 나머지와 구별된다. 실제로 기독 정치인들 사이에서 종교개혁을 통해 16세기에 발생한 차이점을, 그리고 정치 운동에 나타난 세 가지 변화를 주목해야 한다. 그다음으로 보수파와 자유파와 급진파가 있다. 독일에서는 개신교와 로마 가톨릭 측에서 이 세 파를 결합하려는 시도가 있었다. 실제로 슈탈의 추종자 중 일부가 중심부로 이동했다. 슈퇴커(Stöcker)[468]는 이것이 효과가 없을 것으로 생각하고, 정치 투쟁의 경제적 측면에 몸을 던져 더 지지자를 얻었으나 '정치적으로는' 약해졌다. 그래서 우리는 16세기의 전통을 정당화하고, 각각의 조직을 가진 개신교와 로마 가톨릭 정치가가 자체적인 정강에 따라 행동하고, 각각을 지원하는 두 개의 독립적 정당이 발전할 수 있는 유일하고 올바른 길을 택했다.

§15. 협력

이러한 생각에 따라 20세기 세 우파 정당 간에 잘 정돈된 협력이 성사되었다. 1909년에는 좋은 결과가 나왔으나 1913년에는 실패했다. 그렇지만 세 당을 인위적으로 하나로 통합하려는 의도는 없었다. 자신의 원리를 포기하는 것은 영향력을 상실하고 무력하게 되는 결과를 낳는다. 개신교와 로마 가톨릭 정치인은 둘 다 정치적 권위의 기원을 하나님께 두었지만, 하나님께서 어떻게 자신의 권위를 유효하게 만드느냐는 질문에 대한 답이 각기 다르므로 하나로 병합될 수 없었다. 그런 다음 로마 가톨릭 측에서는 주로 그리스도의 대리자를 언급하고, 개신교 정치인은 성경과 일반은총의 권위를 언급한다. 따라서 양측 입장의 요구사항은 '우리가' 로마 가톨릭 동족과 논쟁하지 않고, '그들은' 우리를 이 점에서 자유롭게 내버려둔다는 것이다. 그리고 정치적 상황을 지배하는 그러한 문제, 즉 우리 양측이 각자 자신의 관점과 전신의 전제에서 만장일치로 결론을 내릴 예리하게 표명된 해결책에서 협력을 추구하는 것이다.

1894년 이후, "기독-역사당"을 선택한 사람들과 반혁명당에 속한 흐룬판 프린스터러 측과의 합병은 당연히 생각할 수 있는데, 이는 성경을 가장 높은 권위로 인정하기 때문이다. 칼빈주의와 부흥 운동은 같은 목적의 두 가지 견해이지만, 이 두 정당이 각각 자신의 당을 갖는 것이 더 확실한 이점이 있다. 각종 교회적, 사회적, 개인적 분화가 요동치고 있는데, 반혁명당이 조직과 활동에서 그것에 따라 처신한다면, 크게 약화될 것이다. 그러므로 우리나라의 두 주요 정당이 권위의 근원을 고려할 때 서로 상충되는 신념에 따라 갈라져야 한다는 것이다.

나아가 좌파 진영에서 조직된 정당으로서의 하위구분은 '보수당', '자유당', '급진당'적 요소, 즉 세 가지 단계로 구분할 수 있을 것이다. 반면, 우파는 우선 개신교와 로마 가톨릭 사이의 역사적 구분이 지배적 입장이었지만, 두 주요 정당은 부분적으로는 교회적이고 부분적으로는 단계적 특성을 나타냄으로 합병을 허용하지 않는다. 사회주의는 이러한 맥락에서 설 자리가 없다. 사회주의는 원리의 정당이 아니라 계급 이해의 정당이고, 오로지 이 계급의 이해에 봉사하기 위해 자신의 정치 체제를 환상으로 만들었기 때문이다. 따라서 1914년 전쟁이 발발했을 때, 국제주의라는 이념은 이해하기도 전에 사라졌다는 것을 알 수 있었다. 필요하다면 무정부주의와 허무주의를 원리주의 정당들 사이에서 급진주의의 막다른 분파로 분류할 수 있지만, 이러한 분파들이 '모든' 권위의 절대적 부정에서 출발하는 한 논리적으로 그 근원이 되는 집단에 속할 수는 없다. 오히려 그들은 정당들 사이에서 '어떤' 자리도 차지하거나 추구할 수 '없다'고 말해야 한다.

그러므로 근본적 정치적 성격을 지닌 정당과 관련하여, 우리는 각각 3가지 유형이 있는 두 가지 주요 진영으로 제한해야 한다. 다른 쪽과 우리

쪽 모두 이러한 유형에서 관계가 항상 유지된다. 이것은 몇 유형이 의회에서 과반수를 차지할 수 있었던 기간에는 덜 두드러졌지만, 유형이 중단되고 유형을 결합하는 것보다 의회에서 과반수를 구성할 수 없게 되자 더 심각해졌다. 그 순간부터 의회의 양쪽에서 정당 동맹이 우리나라뿐만 아니라 다른 곳에서도 나타났다. 3개 집단의 합병을 위해 양측의 논의가 있었다. 이는 그 협력을 분명히 보여주었다.

§16. 개별 집단

야당을 정치적 집단으로 평가절하하고 개인적 결과로 축소하려는 반복적 시도는 때로 성공한 것 같지만 결국 파선되고 만다. 1815년부터 1830년까지 이를 주도한 구식 보수파 진영은 1848년 이후 항상 토르베커주의에 대해 말함으로써 분위기를 조성했는데, 새로 등장한 자유주의를 원리적 정당과는 거리가 멀고 토르베커를 개인적으로 추종하는 무리로만 여겼던 것이다. 1848년 이후에 등장한 자유주의자들도 흐룬 판 프린스터러의 지지를 과소평가했다. 그들의 견해에 따르면 반혁명당은 원리적 정당을 형성한 것이 아니라 흐룬이 죽은 후에 그 자체로 해체될, 그의 재능에 대한 경외감으로 모인 집단에 불과했다. 실제로 이러한 개별화된 파벌이 나타나곤 했으므로 그러한 인식은 더욱더 받아들여졌다. 가령 프랑스의 불랑주의자들(Boulangisten)을 생각할 수 있다.

그러나 결과 자체는 모든 불확실성을 보여준다. 불랑제(Boulanger)[469]의 파벌이 쫓겨나자마자, 불랑주의는 증발했고 그는 죽었다. 반면 이 나라에는 토르베커 사후까지 자유주의가 존재했고, 흐룬 판 프린스터러 사후에야 반혁명당이 굳건한 지위를 차지하게 되었다. 그 이후로 우리 당에 관한 한 흐룬주의자들, 그리고 흐룬의 이름이 아무 소용이 없자 카이퍼주의자들이라는 이름으로 다시금 우리 당을 손상시키려는 시도가 반복되었다. 그러나 이 시도 역시 실패라고 볼 수 있다. 흐룬 판 프린스터러가 죽기 전 나에게 전권을 넘겨준 이래 우파는 세 번이나 내각을 구성했고, 우리 당의 정치적 중요성도 함께 커졌다. 덜 고귀한 정치적 속임수가 앞에서 언급한 세 가지 경우 모두에서 실현되었다. 어느 나라든 모든 지도자가 개인의 특징으로 고통 받고 있다는 사실을 부인할 수는 없다. 이는 한편으로는 당에 이익이 될 수 있으나, 다른 한편으로는 불신을 주기도 하며 오래가지 못한다. 그러한 정치가 중 일부는 개인적으로 방해가 되지만, 어떻게 끊임없이 실제 정치 권력이 그들에게서 나오는지 잘 알고 있다. 이 결과는 역사를 만들며, 나아가 그 나라의 당은 지도자가 죽은 이후에도 자연스럽게 지속된다.

§17. 탈피

매우 심각한 어려움은 특히 우리나라에 있는 모든 정치 원리적 정당이 가지고 있는 탈피(afschilfering) 경향에 있다. 즉, 작은 집단 뒤에 개인주의자로 독립하는 것이다. 탈퇴한 정당에 원칙적으로는 계속 속해 있으면서도, 정당의 단결을 희생시키면서 사촌지간과 같은 하나의 작은 정당을 세우기 위해 스스로 마음을 쏟는다. 즉 '오로지' 개인적 야망을 위한 파벌의 우두머리가 되는 잘못을 범하는 것이다. 우리는 죄의 본성이 종종 그런 행동을 낳는다는 사실을 부인하지 않는다. 그런 파벌의 우두머리들과 친밀한 사이였던 사람들은 이것을 너무 빨리 확신했다. 그러나 여전히 그러한 분열된 행동이 야망이나 재치로 변명이 되리라고 상상하는 사람은 실수하는 것이다. 모든 정당 생활은 무의식적으로 파벌을 만들게 된다. 이는 모든 정당 생활이 가진 떼려야 뗄 수 없는 공적인 성격 때문이다.

각 정당은 12개 이상의 정기 간행물을 가지고 발언하고 회의를 진행하고 소집하며, 의회에서 자신의 원리나 이익을 주장한다. 언론이나 집회나 의회의 이러한 공적 업무에서 일부 당원들은 다른 당원들보다 더 앞서 나간다. 이것은 이러한 저명한 당원들이 각자 자신의 개인적 의견을 표현하는 것으로 받아들여진다. 자신의 신념을 표현하는 것은 종종 반대와 비판과 거부를 불러일으킨다. 그리고 일단 이것에 이르면 과반수 표를 얻은 사람은 자신의 편 안에 여전히 작은 반대 집단이 있음을 알게 된다. 패배하게 되면 해당 집단에서 위로를 구한다. 그리고 그 작은 집단에 현명한 통찰력과 정치가가 부족하면, '무릎에 머리를 기대지 말라'는 글귀가 너무나 쉽게 떠오르게 된다. 여기까지 오면 분리가 될지 아니면 그대로 남을지는 우연에 달려 있다. 이것은 좌파에서는 카페이너 판 드 코펠로(Kappeyne v. d. Copello)[470]에게서 나타났다. 그보다 앞서 식민지 장관이었던 프란선 판 드 퓌터(Franssen v. d. Putte)[471]에게서도 이미 나타났다.

빈트헌스(Wintgens)[472]와 니어르스트라츠(V. Nierstrasz)[473]는 모두 보수당이라고 불렸지만, 키를 돌려 항상 배와 다른 방향으로 갔다. 로마 가톨릭 쪽에서는 사람들이 스하이프만(Schaepman)[474]의 행동을 절대로 기뻐하지 않았다. 처음에는 브론스펠트(Bronsveldian)[475] 추종자 무리가, 나중에는 바위턴데이크[476] 추종자(Buytendijkians) 무리가 어떻게 자신을 고립시켰는지를 볼 수 있다. 나아가 최근에도 로마 교회와 우리 간의 관계에서 한 운동이 일어났고, 곧 퀴헤니우스의 아들이 저지른 일이 뒤따랐다. 항상 혼자만의 무언가가 있던 사람이 있는데, 그는 비례 선거에 대한 우리의 열광적 지지자 중 한 사람으로 자신이 공동의 정치적 반대자에 맞서 자신의 정치적 깃발로 자신의 텐트를 쳐야 한다고 믿었다. 그의 이름은 판 쿠츠펠트(C. E. van Koetsveld)[477]이다. 우리는 이 '단독자'(Einspänner)가 대단한 인물이었고, 진정한 확신을 가지고 말했음을 잠시도 의심하지 않는다. 다만 그에게는 개인주의가 너무 강력했다. 이러한 개인주의적 경향이 모든 가정, 모든 교회, 모든 학교와 교사들 사이에, 모든 군대와 지휘관들 사이에 그리고 모든 함대에서 지휘하는 선장들에게 적용된다면, 우리는 지상에서 지옥을 경험할 것이며 우리의 모든 활력은 상실될 것이다.

또한 이것은 우리 몸의 지체와도 같다. 어느 누군가 일방적으로 그 구성원 중 일부를 앞으로 내세우고 일부 기관이 너무 많은 특권을 받거나 학대를 당하게 하면, 모든 구성원과 기관은 정상적으로 협력하는 유기체가 될 수 없다. 여기도 마찬가지다. 개인적 발전 없이 희망을 걸면 전체에 해를 끼치지만, 상호연결을 너무 과소평가하여 개인을 그 위에 빛나게 하는 것은 유기적 공존에 똑같이 치명적 상처를 입힌다. 이것은 잉글랜드 입헌군주제에서 오랫동안 이해되었다. 잉글랜드에서 가장 열성적 정치인들은 적절한 조직이 없으면 모든 군대가 어떻게 분열되고 패배를 자초하는지, 반대로 부분들의 적절한 연합이 어떻게 전체를 승리로 이끌 수 있는지를 잘 알고 있다. 잉글랜드는 과거 다수의 의회에 빚을 지고 있는데, 의회에서 300명 이상의 의원을 가진 정당들이 서로 대면할 때 감히 분리를 시도할 사람은 없다. 이 분리가 체임벌린의 변절에서 나타났지만, 잉글랜드에서 '특별한 예외'는 매우 보기 드문 경우이고 그런 일은 파벌이 아니라 대중 집단과 함께 대규모로 수행된다.

반면 우리나라는 국회의원이 100명에 불과하며 그 절반은 50명인데, 여기서 다시 세 파로 나뉘면 독립적이며 원리적 정당의 의원 수는 적을 수 있다. 자유 연합과 로마 가톨릭이 현재 가장 많으나 4분의 1은 로마 가톨릭 정당에 의해 한 번만 논의되었고, 그다음에는 거의 논의되지 않았다. 우리를 하나로 묶는 유대는 아마도 약할 것이다. 그리고 전통적으로 모든 종류의 집단과 하위 집단에서 우리의 정치를 제한하는 간척지 정신을 추가하면 결과를 예측할 수 있다. 여기서 항상 새로운 파벌의 출현을 경계해야 한다. 역사는 그들이 지속되지 않고 몇 년 후에 완전히 잊혔음을 보여준다. 하지만 정치적 반대자가 자연스럽게 밤에 '단독자'의 창문 아래에서 세레나데를 연이어 부른다. 그래서 사람들의 본성에 있는 것을 되돌리지 못한다. 이 경우에는 더욱 그렇다. 그 결과 빌럼 왕자는 고통을 겪었다. 우리의 모든 과거는 그것으로 인해 산산조각이 났다. 나폴레옹 치하에서 우리에게 닥친 역병조차도 이 악을 근절하지 못했다. 토르베커는 완고한 사람들에게 굴복해야만 했다. 흐룬 판 프린스터러는 결국 군대가 없는 장군처럼 서 있었다. 그리고 그의 사후에도 그 '단독자들'은 항상 정치 분야에서 최고 지위를 구가했다.

양귀비 알뿌리는 항상 잘라내야 한다. 평등 없이는 자유도 없으며, 형제애는 희생양이 된다. 우리나라 정치의 비극적 드라마를 위해 너무 이른 때에 화면을 부서트려서는 안 된다. 그것은 우리가 충분히 진지하게 무장할 수 없던 수 세기 동안 우리 안에 깊이 뿌리 내린 악이었다. 그리고 이미 엉킨 자수를 가능한 한 많이 풀기 위해 모든 종류의 지역적 차이, 교회적 차이, 계층적 차이, 계급적 차이를 추가하는 것 외에 다른 선택이 없었기 때문에 더욱 그렇다. 지역 사회에서 조직의 중요성은 우리 사이에서 더 충분히 인식되어야 한다. 그렇지 않으면 우리는 그것을 적에게 줄 것이다. 우리 나라에서는 우파와 좌파 모두 이 '단독자 됨' 때문에 입지를 잃지 않은 정당을 단 하나도 발견할 수 없으므로 더욱 두려워해야 한다. 우리의 권리에 대한 패배, 압제, 침해, 부상은 우리의 빠른 네 발 달린 친구(말)들을 다시 이용하여 함께 달릴 수 있는 유일한 구제책으로 자주 증명되었다. 우리 시민들은 더 큰 도시에서도 보통 자신의 집에서 산다는 사실에 힘을 얻고 있다. 한 층에 네다섯 가족이 함께 사는 해외 관습은 네덜란드인의 마음에 그리 와 닿지 않는다. 채찍이 사라지지 않는 한, 당신은 당신의 '단독자'의 혼합으로 조국이라는 마차를 끄는 한 쌍을 결코 얻지 못할 것이다.

§18. 원리와 이익

정치적 '원리'와 더불어 공동의 '이익'도 정당 형성으로 이어질 수 있다. 예로부터 몇몇 국가의 농업 집단, 그리고 마르크스가 노동자 계급을 발전시킨 이래로 등장한 형태의 사회주의가 이것을 보여준다. 렘과 다른 사람들이 주장하듯 거의 모든 정당이 그 기원을 상충하는 이해관계에 기인하는 것으로 보는 것에 대해 나는 동의할 수 없다. 나는 이상주의자가 아니다. 정당이 권력을 장악하여 모든 종류의 '이익'을 만족하게 하려고 영향력을 확대하는 데 관심을 두지 않는 정당이 극히 드물다는 점을 인정한다. 한 번도 집권한 적이 없는 야당은 원리적 목표를 추구하는 데 가장 순수하다. 나는 망설임 없이, 카페이너 판 드 코펄로가 학교투쟁에서 우리에게 도전장을 던졌을 때, 우리 정당은 매우 순수했다고 본다. 우리 가운데 기도의 분위기가 일어났다. 거룩한 열정이 배신당한 느낌을 가졌다. 보조금에 대한 언급은 거의 없었다. 우리 중 누군가가 장관급 직위를 맡게 될 것이라고는 아무도 생각하지 못했다. 그들은 유망한 직위를 두고 경쟁하지도 않았다. 그때는 사건에 대한 그리고 사건에 관한 것만 다루었다. 영적으로 타락하지 않고 죽은 애국자 흐룬 판 프린스터러처럼 젊은이들은 '현대 종파 학교'에 다닐 수 있었다. 당시 내가 시작된 조치의 결과를 자세히 살펴볼 기회가 있었다면, 독일인과 같은 '이해관계 정치'가 우리를 거세게 만들지 못했으리라고 생각했을 것이다.

　그러나 1891년 이후 우리가 정당에 입문한 이래로 이러한 이해관계에 대한 집착이 우리 사이에서도 확실한 토론의 대상이 되었다. 이것을 부정하는 것은 사실과 모순된다. 점점 더 많은 사람이 명예가 있는 직위에, 바람직하게는 연간 수입 이상의 직위에 오르기를 열망했다. 학교 이슈에서 모든 종류의 셈법과 견해가 이전의 원리에 대한 불응성을 대체하지는 않더라도 이것이 약화를 가져왔다는 데서 사람들은 곧 알아차렸다. 보조금은 적지 않은 사람들에게 주요 구호가 되었다. 우리는 급여와 연금 인상을 위해 좌파의 노래를 따라 불렀다. 정치적 열의와 사회발전에 대한 헌신의 결실로 많은 사람이 미소를 지었다. 여기서 나는 과장하지 않도록 주의하겠다. 나는 그것이 거의 모든 국가와 모든 정당에서 어떻게 되어 왔고, 어떻게 되고 있는지를 아주 잘 알고 있다. 나는 심지어 자신의 이익을 증진시키는 것이 신성한 원리를 위한 투쟁과 분리될 수 없다는 것을 인정한다. 순교의 날에는 원리 때문에 고통을 받지만, 승리의 시간이 닥치면 그것은 항상 묶여 있었고, 순교는 모든 의식의 이익에 대한 열망으로 대체되었다. 다른 모든 정당에게, 즉 심지어 우리 기독 정당보다 훨씬 더 강한 정당들에게도, 이미 명백한 이유로, 우리 중에는 '서민'이 여전히 압도적으로 다수를 차지하고 있다. 우리 중에는 더 높은 직위를 위해 준비된 사람들의 수가 너무 제한적이라는 사실을 잘 알고 있는 사람들도 있다.

　나는 사익을 증진하려는 열망과 더불어 원리에 대한 고무적 열정이 계속 불타올랐을 뿐만 아니라, 이것이 끊임없이 다시 불붙었다는 점을 감사하게 생각한다. 원리를 위한 모든 투쟁을 위협하는 이해의 간섭에 대해 눈이 먼 것 같은 모습이 그것을 피하는 데 도움이 된다. 이 위험은 상상이 아님을 고백한다. 야당이 이기자마자 이해의 간섭이 불가피했음을 숨기지 않을 것이다. 또한 기독교 정당은 '천사'가 아니라 '사람'과 관계한다. '원리와 이익'은 '영혼과 육체'의 관계에 비례한다. 원리는 보이지 않는 것이며 이익은 관능적 원동력이다. 야당은 거의 보이지 않는 영적 충동에 의존하고, 다른 한편 여당은 가시적인 것을 추구한다. 반대하는 정당이 집권당보다 도덕적으로 더 높은 것은 원리적으로 완벽하게 이해될 수 있으며, 보이지 않는 요소와 보이는 요소 모두에 대한 접근 권한이 부여된다. 수적으로 열세에 접어들어 다시 야당이 된 정당은 자기를 이긴 정당을 마치 자기 자신의 유익에만 관심을 두는 것처럼 말한다. 이렇듯 그 정당이 어떤 일에 전념하지 않는 것처럼 비판하는 것은 입장을 왜곡하는 것이다.

§19. 시장 임명

나는 총리가 되기에 앞서 정세를 파악하기 위해 각 주의 시장이 가진 정치적 성향에 대해 파악하였다. 각 장소와 시장의 이름이 함께 보고되었다. 당시 남홀란트의 180개 이상 시(市)의 시장들 중 11곳은 반혁명당, 3곳은 로마 가톨릭, 3곳은 기독-역사당, 나머지 163곳은 모두 자유당이었다. 프리슬란트에서는 43개 지방 자치 단체 중 자유당 36명, 반혁명당 4명, 그리고 기독-역사당이 3명이었다. 144개의 시가 있는 북홀란트에는 122명의 자유당, 3명의 반혁명당, 3명의 기독-역사당 그리고 6명의 로마 가톨릭 시장이 있었다. 오버르에이설(Overijssel)에는 61개 시에 56명의 자유당, 4명의 로마 가톨릭 그리고 1명의 기독-역사당 시장이 있었고, 반혁명당 시장은 단 한 명도 없었다. 드렌터(Drenthe)에는 33개 시 중 32명이 자유당으로 놀라운 기록을 보였으며, 흐로닝언에는 52개 시 중 니우페켈라(Nieuw-Pekela)만 제외하고 모두 자유당이 차지했다. 제일란트에서만 편향이 덜했는데, 103개의 시 중 79명은 자유당 시장이었고, 24명은 야당 시장 출신으로 12명은 로마 가톨릭, 11명이 반혁명당, 그리고 1명은 기독-역사당 소속이었다. 북브라반트와 림부르흐는 그 당시 조사하지 못했는데, 그 이유는 그러한 정보를 제공할 수 있는 어떤 사상적 동지도 알지 못했기 때문이고, 다른 한편으로 이 두 지방에는 거의 독점적으로 로마 가톨릭 신자들이 거주하기 때문이다. 무르데이크(Moerdijk)에는 자유당 시장이 539명 있었고, 야당은 67명만 있었다. 마카이(Mackay)[478]내각이 야당 시장을 30명 임명했으므로 자유당 쪽은 비자유주의자가 약 40명만 임명된 것으로 계산된다. 그러면서도 내무부의 자유당 장관들이 공석에 대해 왕실에 조언했던 뻔뻔함이 놀랍다.

1900년(내가 조사한 해) 이전 선거 연도의 선거 수치와 이 시장 수치를 대조한 다면, 결과는 야당인 3당이 최소한 10%의 다양한 자유주의 단체와 함께 하나임을 보여준다. 따라서 후보자의 자질이 모순되지 않는다면, 이 소름 끼칠 정도의 불평등을 균등화해야 한다고 지시했다. 1905년 투표가 시행되었을 때 내각이 임명할 후보로 좌파보다 우파 시장이 더 많았다는 것을 보여주는 데는 거의 노력이 필요하지 않았다. 그 목록은 내가 불의를 바로잡기 위해 사용했던 극단적 절제에 근거로 작용했다. 한편, 그 명단에서 나에 대한 기소가 삭제되었다는 사실은 뻔뻔한 편애 '이상 아무것도 아니었다' (nec plus ultra). 자유당 내각의 이전의 영구적인 배타적 정신이 나의 내각의 행동 노선을 지배했다는 모든 결정적 정황은 완전히 숨겨져 있었다. 자유당 내각은 공정의 원리를 포기하지 않았으며, 마치 내 행동은 당파적인 것처럼 신성한 모습을 취했다. 처음으로 판결이 나왔는데 공직 임명의 '이익'이 정당의 원리적 성격을 얼마나 위태롭게 할 수 있는지에 대한 예로서 나는 이 수치를 여기에 포함하는 것이 중요하지 않다고 생각했다.

§20. 기타 임명

그러한 자유당의 비상식성은 시장실에서 초래했다. 자유당의 나머지 사람들이 항상 법과 공정성을 행사하기 위해 노력했다는 주장을 반박하기 위한 근거로, 나는 1900년 초등학교 감찰관의 상황이 어떠했는지를 여기에 추가하고 싶다. 당시 지역구에는 20명의 교육감이, 지역에는 104명의 교육감이 있어 모두 124명이었다. 이 20명의 지역 교육감 중 15명이 자유당이었고 5명만이 우파였으며, 104명의 지역 교육감 중 자유당은 79명 비자유당은 25명에 불과했다. 따라서 124명 가운데 자유당은 94명이며 우리 측은 30명이었는데, 여기서도 앞에서 언급한 내용이 적용된다. 마카이 내각이 이미 일부분 개선했기 때문에 이 내각이 개입하기 전에는 그 특징이 극명했다.

1890년 동쪽 총독직, 서쪽 총독직, 국무회의, 고등평의원, 감사원, 다른 사법 위원회, 김나지움, 중등학교, 그리고 정부에게 임명권이 있는 어떤 기관이든, 우파와 좌파 사이의 관계를 고려한다면 훨씬 더 슬픈 결과를 직면하게 될 것이다. 이러한 기관 대부분은 사실상 네덜란드에서 자유당 외에는 알려진 정당이 없는 것처럼 보였다. 1890년, 1904년, 1913년 이후 우리 가운데 반혁명가들이 있다고 인정한 곳에서 세 개의 우파 내각이 마카이와 카이퍼와 헤임스케르크(Heemskerk)[479] 아래에서 활동한 후, 반혁명당 지지에 대한 '이해관계'가 우리의 '원리'에 대한 사랑과 너무 눈에 띄게 경쟁하기 시작했다. 그들은 약속에 대한 '독점'에 대해 우리에게 일어난 자유당의 좌절을 절대 잊지 않는다. 따라서 '원리'에 더하여 우파와 좌파 모두의 '이해관계'가 주장되었다. 그러나 우리도 결코 성도로서 떠나는 것이 아니다. 좌파와 우파를 비교한다면, 우리 내각 아래에서는 좌파가 항상 힘을 추구했던 배타적 독점에 대해 말할 수 없었다. 그러나 이 차이를 고정시켜야 하고 우리에게 유리하게 계산하는 데 조금도 과장하지 않지만, 집권 중이거나 집권할 가능성이 있는 정당은 항상 직분과 직위의 영역에 해당하는 '이해관계'가 '원리'의 신성한 충동을 깨뜨리는 위험에 처해 있다. 결국, 사람들은 이것을 위해 공개적으로 나오는 것을 부끄러워하지 않는다. 따라서 원리는 주요 지도력을 유지하지만, 당의 영혼은 몸을 희생시키면서 고통 받는다.

결론적으로 정직하게 말하면, 자유당 혹은 좌파 진영에서의 정당제도의 그림자는 우리보다 더 어둡다. 정부에 있는 기간이 길수록 직위와 급여를 노리는 동심원은 더 넓어진다. 이것은 다시 정당을 중립적 정신으로 명예와 지위의 고정 분배자로 보도록 하는 원인이 된다. 특별한 의견이 없는 사람들은 점점 더 여당을 향해 방향을 틀게 된다. 여당이 실제로 중요한 유일한 정당인 것 같은 인식이 발생하며, 그 밖의 모든 것은 덜 중요한 것으로 간주된다. 얼마 지나지 않아 당 혼자만 국가에 공직자를 제공해야 한다는 의견이 모든 면에서 근거를 얻게 된다. 그러므로 내가 지적한 것처럼 노골적으로 편향된 임명 방식을 거의 자연스럽게 초래한 것은 행정부의 집권 기간 중이었다. 우리의 우위가 훨씬 더 강력하다는 부인할 수 없는 사실을 확립했을 때, 나는 1848년부터 1890년까지 거의 반세기 동안 중단되지 않은 행정부가 있다면, 우리 사이에 상황이 어떻게 될 것인지에 대한 질문을 던지며, 균형을 잡았다.

질병은 아직 다른 쪽만큼 진행되지 않았다. 질병에 대한 약이 있듯이 선거에서의 모든 차질도 약이 있다. 마찬가지로, 언론과 회의에서 원리와 관련하여 개인의 신념에서도 삶의 현실이 절박하게 요구하는 것보다 더 큰 영향력을 행사해서는 안 된다고 충분히 주장할 수 있다. 여기에서도 이상과 현실에 대한 정확한 비례가 강조된다. 공직과 직위는 분명히 지위의 이점을 가진 명예일 뿐만 아니라 국가 기관의 한 부분이기도 하며, 원리에 봉사한다. 그리고 원리가 수행하지 않을 수 없는 영향력을 행사하거나, 국가기관에 대한 적극적 영향력을 상실하면, 사람들의 삶에도 영향을 미친다. 그뿐만 아니라 1890년까지 자유주의가 우리를 조국의 가족범위에서 제외했을 때, 반혁명당은 적어도 카페이너의 '예리한 결의안'(Scherpe Resolutie)[480]을 천막 속에 감추었다. 특히 흐룬 판 프린스터러와 같은 사람이 우리에게 나타난 후 셔터를 눌러 다시 완전한 빛이 들어오도록 한 후, 이것이 직무유기였으며 자유주의가 자신의 이익을 얻기 위해 신자들의 이러한 무감각을 이용했다고 말하는 것은 그리 잘못된 것이 아니다.

여기에서 정치체계의 빛을 약화시키는 것은 무엇보다도 정부 집권당의 장기 집권이다. 영국과 미국에서 이것을 눈으로 관찰할 수 있다. 렘의 말처럼, 적어도 이 두 나라에서는 당원들의 이해관계가 한때 그들의 선조들을 하나로 묶었던 원리를 점점 더 바깥으로 밀어낸다. 마지막으로, 아버지와 할아버지의 후손들은 정치적 행동이 어떤 방향으로 향하는 것처럼 보이든 상관없이 항상 공동의 신분적 입장을 지지하는 나라에서 자신들만의 계급을 형성하지 않는 한 다르지 않다고 느낀다. 미시간(Michigan) 주 홀랜드(Holland)에서 열린 회의에서 나는 대부분의 네덜란드 이민자들이 속한 집단의 공화당원들이 해밀턴의 출발점이 약화되고 있음을 지적하도록 허용했다. 그리고 다음 날 아침 민주당 신문에는 내가 동료 시민에게 민주당에 합류할 것을 촉구했다고 나와 있었다. 나는 이미 영국에서 같은 점을 식별할 방법을 지적했다. 그러므로 우리에게는 정치 생활에서 생명줄의 석회화라고 부르는 것에 대한 경고가 충분하지 않다. 정당 생활에 대한 관심은 제쳐 놓을 수 없지만, 기치에 원리를 두고 출발해 우편물과 급여를 찾아 나선 정당은 지도력의 고귀함을 상실하게 된다.

§21. 자금 문제

완전히 다른 성격의 '두 번째 종류의 이해관계'는 정당의 기원과 노력에 영향을 미칠 수 있다. 국가 정부의 필요에 따라 자금을 제공한다. 전체 세금 체계가 주민을 압박한다. 공정하게 할 수도 있고 매우 불공정한 방식으로 압박할 수도 있다. 따라서 납세 의무가 있는 사람은 누구나 이에 대해 자연스럽게 관심을 두게 되며, 소수의 광신도와 열성분자를 제외하고 모든 정당은 정부가 필요한 자금을 어떻게 확보해야 하는지에 대해 예외 없이 진지한 관심을 가진다고 말할 수 있다.

여기서 집단과 계급은 예산 증가의 총합과 관련되므로 필연적으로 그 중요성을 점점 더 느끼게 된다. 그 증가는 실제로 너무 압도적이어서 눈치채지 못할 정도이다. 이와 관련하여 인구 수와 국가 부채의 이자와 상환액을 항상 고려해야 한다. 1849년 우리 국가 예산의 12개 부서에 대한 총액이 6,964만 6,709길더를 넘지 않았다. 17년 후 1866년까지만 해도 원금은 이 정도인 6,921만 7,000길더에 머물렀다. 그러나 1900년 총액은 이미 1억 3,774만 4,000길더에서 이후 1억 5,335만 4,000길더에 이르렀고, 1914년 이전에는 1억 9,535만 5,000길더의 총지출이 주요 예산에만 허용되었다. 우리는 이제 총예산이 2억 3천만 길더이며, 인구는 1830년에 261만 3,487명, 1909년에 585만 8,175명, 그리고 그 이후로 635만 명으로 집계되었다. 1848년 이후로 108퍼센트 증가했으나, 재정은 4배 가까이 지출했다.

이러한 상황에서 집권당은 불가피하게 당 정강에 재정 문제도 포함시켜야 했다. 모든 정당의 정강이 가능한 한 많은 유권자를 끌어들이는 것을 목표로 삼는 것은 자연스럽다. 하지만 재정 계획을 결정할 때, 다양한 유권자 집단의 사적 이익을 고려하는 경향이 강해지는 것은 피할 수 없다. 이것은 직접 수단과 간접 수단 간의 관계에 영향을 미쳤다. 전자는 항상 가장 억제력이 있지만, 다른 한편으로는 소득과 세금으로 내야 할 금액 간의 비례성을 고려해야 한다. 확실히 초기 기간에는 국가와 지방과 지방 자치 단체의 이익을 위해 소득의 차이로 제공할 수 있는 용이성의 다소에 대해 너무 적게 고려했다. 더 부유한 사람들은 너무 적은 돈을 냈고, 덜 부유한 중산층은 너무 많이 냈다.

물론 여기에서 개선해야 할 사항은 사회 상황을 지배하는 경제 규칙과 연결되어야 하지만, 투표권이 확대되고 다양한 정당이 더욱 광범위한 납세자 계층을 다루어야 했기 때문에 문제가 해결될 수 있었다. 유권자들 사이에는 모든 면에서 더 적은 비용을 내거나, 적어도 불균형적으로 더 높은 평가를 받지 않기를 바라는 바람이 있다. 그리고 그러한 이유로 그들은 더 많은 유권자들을 기쁘게 하는 정당에 대해 매우 진지한 관심을 보여주었다. 한쪽은 다른 쪽보다 더 뻔뻔하게 이에 굴복했지만, 어느 쪽도 자유롭지 못했다. 나는 잘하는 사람이 더 많은 몫을 받아야 하고, 가장 낮은 계층에 속하는 불행한 사람은 완전히 면제되어야 한다고 주장했다. 세금에 대한 기여 여부가 유권자가 될 것인지를 결정하는 것은 무시되고 등식에서 제외될 수 있다.

너무 많이 내거나 너무 적게 내는 것에 대한 논의의 중요성은 반혁명당의 당 강령에도 영향을 미쳤다. 전통적으로 '서민'을 수용했던 정당과 그 외에 소수의 자본가에 의해 힘을 얻은 것으로 알려진 정당은 납세 의무에 세심한 주의를 기울여야 한다. 이것은 자연스럽게 정당의 의견 차이를 가져온다. 더 많은 돈을 가진 사람에게 더 많은 부담을 주는 것이 재정에 유리하다고 보는 사람들이 있지만, 더 많은 것을 요구하는 중산층과 부유한 사람들은 재정적인 측면에서 이러한 전환에 반대한다.

§22. 경제적 투쟁

셋째, '이익'은 농업, 공업, 상업, 해운, 어업, 각종 공예 등의 다양한 사회적 기업들 사이의 경제적 투쟁의 '원리'를 후퇴시키겠다고 위협한다. 이를 바탕으로 농업 관련 이해 당사자들을 고정된 조직으로 결속시키고, 농업 진흥을 위해 공동으로 힘을 모으기 위해 끊임없이 노력하고 있다. 독일에서는 이를 위해 이른바 '농업당'이 이미 완전히 독립적으로 행동하여 주요 정당에 영향력을 행사하려고 할 뿐만 아니라, 특히 독일 동부에서는 완전히 독립 정당으로 행동하기도 했다. 선거 결과를 통제하기 위해 반대 또는 지지의 정치적 선택이 둘 이상의 지역구에 의존하게 되었다. 이로 인해 영국과 미국, 독일과 오스트리아에서 토지 문제가 점점 더 전면에 드러났고 헨리 조지(Henry George)[481]가 자신만의 완전히 독특한 이론을 제시했을 때, 곧 공감을 얻어 널리 찬사를 받았다.

인구가 꾸준히 증가함에 따라 토지 소유권이 우발적 통치자들 사이에서 장난처럼 다뤄져선 안 된다는 확신이 점점 더 부상했다. 토지는 주민을 위해 제공되어야 하며, 잉글랜드와 스코틀랜드에서 일반적이었던 것과 같은 조건은 소수의 개인이 토지의 훨씬 더 많은 부분을 획득했을 때 점점 더 보잘것없는 것처럼 보였다. 우리나라에서는 지금까지 이러한 토지 남용이 거의 발생하지 않았기 때문에 그 정도까지는 가지 않았다. 한편 우리나라에서도 대도시는 투자 수단으로 더욱 광범위한 발판을 마련하였다. 이는 약화된 농민의 관점에서, 그리고 이것과 다른 현상으로부터 발생하는 악에 대항하여, 남방에서 농민 연대라는 이름으로 출현한 큰 단체는 이미 우리나라의 더 넓은 지역에 지부를 두고 있었다. 지금까지 연대의 설립이 거의 또는 전혀 이루어지지 않았지만, 정치적 개입으로 이어지는 것이 언제든지 예상될 수 있다. 이것이 정치적 개입으로 이어지는 것은 놀라운 일이다. 이것은 선거에 불순한 혼합물을 만들어 국가 정당의 성격을 약화시킨다.

§23. 관세 문제

1913년 선거의 주요 논점인 관세 문제도 같은 방향으로 나아갔다. 여기서도 그 논쟁은 거의 후보자의 '이익'을 언급하는 것에 집중되었다. 관세 문제는 학문적 검토에도 매우 개방적이었다. 사람들의 공존이 자유 무역으로 이어져야 하는지 아니면 보호로 이어져야 하는지에 대한 근본적 질문은 경제적 차원에서 매우 중요한 문제이다. 이는 민족주의와 세계주의 사이의 투쟁과도 매우 밀접하게 연결되어 있다. 그러나 이 질문에 관한 학문적 연구는, 특정 국가가 어떤 주어진 순간에 무엇을 선택해야 하는지에 대한 일반적인 결론을 제시하지 못했다. 모든 민족을 위한 결정을 즉시 내릴 수 있는 세계 연대를 다루고 있다면, 모든 민족을 위한 절대적 선택을 완벽하게 생각할 수 있을 것이다. 그러나 그런 세계 연대는 존재하지도 않으며 기대할 수도 없다. 각 나라의 정부가 각자의 관세를 개별적으로 결정해야 하므로, 선택은 원리만으로 결정되지 않고 다른 국가에서 허용되는 무역 관행의 선택도 매우 밀접하게 고려되었다. 영국을 제외하고 지구상의 어느 나라도 자유 무역 체제를 도입한 나라가 없었다. 우리나라는 관세 수익도 계속해서 오르고 있다. 보호 무역이 더 많이 적용된 상태이다.

현 상태에서 자유 무역과 보호 무역을 둘러싼 싸움은 강의와 핸드북에서는 원리적으로 다루어졌지만, 선거에서는 거의 독점적으로 다양한 부르주아 집단의 '이익'을 위한 관점에서 다루어졌다. 관세 인상에 대한 반대는 주민들을 일반 상품과 특정 상품(나막신만 생각)의 가격 인상에 놀라게 만들었다. 이것은 많은 유권자들에게 지갑에 대한 두려움을 심어주었고, 1913년 6월과 7월에 이 '이익' 문제가 정치 선거 결과를 얼마나 완전히 지배했는지를 선거구 수치에서 알 수 있다. 대외 무역은 자명한 일이었고 모든 관세를 폐지하는 것이 바람직했다. 로테르담과 암스테르담에 도착한 화물을 독일로 광범위하게 옮겨 실었기 때문에 내륙 무역과 해운도 손실률이 증가할 것을 두려워했다. 낮은 요율 때문에 부분적으로는 매우 특별한 생산 형태로 해결책을 찾았다. 우리 산업의 이 부분은 자유 무역이라는 단어로 권위 있게 표현된다. 반면에 낮은 요율 때문에 정확하게 나타날 수 없었던 다른 산업 부문은 이제 선거에서 권력자 역할을 할 수 없다. 마침내 1913년 6월과 7월에 이 경제적 문제는 선거에서 경제 집단의 '이익'에 완전히 지배되었다. 뿐만 아니라 그것을 통해 정치 영역에서 정치적 투쟁을 수행하는 것이 가능해졌다.

다양한 지역에서 중요한 '이익' 문제로 제기된 관세 문제는, 선거가 법안에 따라 새 내각을 구성하는 것을 불가능하게 만들었으며, 사회주의 내각으로 거의 3배 가까이 기울어지게 한 원인이 되었다. 그리고 그 결과로 마침내 코르트 판 드르 린던(Cort v. d. Linden)⁴⁸² 내각이 탄생했다. 린던은 전쟁에 대한 외교적 행동은 탁월했지만, 우리 국가의 정치적 발전은 정상적인 궤도에서 벗어났다. 원리의 충돌에 대한 '이해관계' 측면의 영향은 이전에도 반복적으로 발생했지만, 1913년 확인된 바와 같이 선거는 마침내 원리적 성격을 '모두' 상실했으며, 거의 전적으로 유권자의 금전적 이해관계에 기초하게 되었다. 그 선거 때문에 지금까지 우리의 정치 생활은 상당히 많이 후퇴했다. 특히 영국을 제외한 다른 모든 국가와의 현저한 대조는 내려진 결정에 어두운 그림자를 드리웠다. 정치적 선거에서 주식 시장을 너무 밀어붙이는 사람은 그 정치적 존재의 신경을 약화시켰다.

§24. 학교 소송 경비

잊지 말아야 할 사실이 있다. 우파 정당들이 부당하게 비난을 받아서 학교 보조금과 재정적 '이해관계'가 우리 정치를 너무 많이 지배하게 된 것은 아니라는 사실이다. 우리는 이것을 전면적으로 반박할 때까지 기다릴 것이다. 1869년부터 우리 학교투쟁, 특히 '예리한 결의안'의 시대를 경험한 사람 누구든지 우리 당 전체와 우리 안에 있었던 거룩한 열정을 인정하지 않는 것은, 나의 관점에서 볼 때 진실하지 못한 변명의 죄를 범하는 것이다. 무엇보다도 식지 않았던 우리 교사들의 모임이 식어 버렸다. 그리고 혜택 문제, 연금 문제, 학비 문제가 너무 큰 역할을 하게 되었다는 인식을 가질 수 있었다. 과거의 깊은 구렁을 가로질러 우리 당의 몇몇 사람들과 그들 중 가장 저명한 사람들이 공립 교사들에게 손을 내밀어 금전적 이자를 공동으로 빚진 것도 보지 않았는가? 양측이 완전히 독자적으로 진행했다면 방해가 덜했을 것이나 그들은 그렇게 하지 않았다. 그들은 뭉쳤고, 공동 의회를 소집하였다. 그때는 '원리'에 대해 침묵하고 공동의 '이익' 증진을 위해 열의를 불태워야 했다.

이제 우리는 농업 문제, 관세 문제와 달리 학교문제가 '법적' 사안임을 이해한다. 모든 민족과 평등한 권리를 가진 두 집단의 거주자들이 그들의 자녀 교육과 같은 민감한 문제에서 충격적이고 눈물 나는 불평등한 대우를 받았다. 한 집단은 거의 모든 것을 공짜로 얻지만 다른 집단은 모든 비용을 스스로 지불한 것은, 법의식의 첫째 요구에 너무나 심하게 어긋난 것이다. 우리 국가 조직에서 이 암 덩어리를 제거하기를 주장하는 사람을 결코 '자기 지갑의 이익'을 위해 탄원하는 것으로 간주할 수 없다. 자유당이 방심하지 않은 때에 제기한 학교문제는 최소한의 효용이 아니라, 완전한 의미의 정치적 문제였고 최고 수준의 문제였다. 다른 나라에서도 이 문제의 역사는 우리의 투쟁을 순수한 이해관계의 문제로 축소시키려는 모든 욕망이 저지른 첫 번째 불의에 더한 두 번째 불의일 뿐이라는 것을 충분히 그리고 풍부하게 증명한다. 이에 대해 모든 전문가가 이의를 제기하지 않을 것이다.

그렇지만 사회적으로 낮은 지위를 받아들였던 우리 교사들의 옛 자기희생이 계속될 수 없다는 것은 부인할 수 없다. 공립 교사들과 사회적으로 조화를 이루고자 하는 열망은 절대 승인되지 않았고, 그에 따라 일어난 전환이 분명히 이해되었다. 사람들은 예전과 같이 널리 퍼진 관 속에 원리의 깃발을 들고 엉뚱한 짓을 했을 뿐이며, 이로 인해 반혁명당의 번영은 파괴될 위기에 놓였다. 이것이 무엇을 의미하는지 이해한다. 1913년 왕의 신년사에서 약속된 교육위원회는 모이지 못했고, 현재 공교육과 특수 교육의 경제적 의미에서 완전한 평등화를 다룬 법안을 기다리고 있다는 소문도 알려지지 않았다. 자유 언론에서 우파와 좌파가 공동으로 수용하는 형평성 체계의 도입 또는 자유주의 측의 양보가 안전할 것이라는 기사가 나왔다. 학교투쟁의 무효화는 자동으로 반혁명당의 파멸로 귀결되기 때문이다. 마치 우리의 정치적 투쟁이 실제로는 그저 그런 것에 지나지 않는 것처럼, 기독교 측에서 한 가지 이상의 진술에 호소할 수도 있었다. 우리가 이 학교투쟁에서 마침내 승리했을 때, 우리 군대의 동원은 저절로 사라지고, 동원 해제 후에도 우리 조직은 해산될 수 있었다.

물론 우리 측의 그러한 모든 주장에 대한 항의는 의심할 여지없이 옳았다. 반혁명 원리는 '오로지' 우리나라에서만 된 것은 아니지만, 학교문제가 우리를 불안하게 만들기 시작했을 바로 그때에 처음으로 언급되었다. 공립학교와 사립학교 사이의 갈등이 아직은 잠잠한 나라에 등장한 슈탈 같은 정치가가 정치 활동 기간 한 번도 일어나지 않았다. 우리의 모든 정치적 의도가 학교문제에 흡수되어 그 청산과 함께 소멸하는 것처럼 생각한 사람이 있었다. 그러나 이것이 전부는 아니다. 1878년 이후에 유일하고 배타적으로 학교문제에서 우리에게 행해진 불의 때문에 눈을 뜬 소수의 사람이 우리에게 합류했으나, 다른 문제들에 관해서는 우리와 계속해서 의견이 달랐다. 그들은 '이해관계'에 의해 움직이지 않았지만, 어떤 '정치적' 원리에 의해 그런 것도 아니었다. 그들을 이끈 것은 법적 충동이었다. 그들은 우리가 부당한 대우를 받았다는 것을 목도했다. 알라드 피어슨이 했던 말이 그들을 달굴 수 있었다. 하지만 '반혁명당 강령'과 학교문제가 통합되기 전에는 그들이 준비운동을 하는 것을 본 적이 없었다. 그들은 이 일에 완전히 성실하게 행동했다. 그들은 저질러진 불의를 바로잡고 싶어 했다. 그들을 확신 있게 행동하게 한 것은 그들의 '이익'이 아니라 상처받은 '정의감' 때문이었다. 그들은 지갑을 채우려 하지 않았으며, 오히려 그것을 비우고 싶은 갈증을 느꼈다. 다만 그들에게 부족했던 것은 기독교 정치와 학교투쟁의 근본적 연관성을 꿰뚫어 보지 못하고, 정치적 행동에 소질이 없고, 깊이 생각하지 못했다는 점이었다.

우리는 그러한 열성 집단이 우리에게 제공한 도움에 감사할 수 있지만, 학교문제가 사라지면 우리의 정치적 투쟁은 그들의 지속적 지원에 의존할 수 없을 것이라 생각한다. 아마도 바로 이 전환점에서 그들의 정치적 양심은 깨어날 것이지만, 그렇지 않더라도 그들이 지원한 것에 대한 감사와 성가심이나 책망 없이 그러한 영혼들과 헤어질 수 있다. 다른 쪽의 계산 오류는 소수에게만 해당하며, 숨길 수 없는 것을 전체 당에 적용해야 한다는 것이었다. 이것은 반드시 실패로 이어질 것이다. 학교문제를 해결한 후 우리 당은 다른 문제를 더 심각하게 다룰 것이며, 곧 전면적 정치 발전의 씨앗이 숨겨져 있음을 보여 줄 것이다. 따라서 학교문제가 보조금에 관한 한 많은 측면에서 우리 중 한 명 이상의 '관심사'로 작용했으며, 원리에 대한 사랑으로 '관심'을 돌리기 위해 유혹에 빠지는 위험조차도 상상과는 거리가 멀다는 것이 밝혀졌다. 정직은 가장 오래 가기 때문에 우리는 그러한 약점을 위장하는 데서 어떤 이점도 본 적이 없다. 학교문제가 정직한 반대자의 눈에는 돈 문제를 넘어서는 '법적 문제'라는 것이 인정된다. 우리의 원리는 이 법적 문제에 최소한 적용되지는 않았지만, 학교문제에서 얻은 승리로 강화된 이것은 곧 국가 생활 전체에서 더욱 강력하게 적용되어야 할 것이다.

§25. 사회주의

끝으로, 내가 이미 말했듯이 '원리'가 '이익'을 숭배하게 만드는 현상들 중에 '사회주의'도 점점 더 전면으로 등장하고 있다. 사회주의가 원리 투쟁을 일으키지 않은 것은 아니지만, 처음부터 사회주의 활동 전체를 주도하는 목표인 '이익'에 봉사하는 것 외에는 거의 수행되지 않았다. 사회적으로 볼 때, 노동 계급은 여러 가지 이유로 부분적으로는 나빠지고, 부분적으로는 상승하여 강화되었다. 그것은 길드의 실종과 함께 이전에 피난처를 찾았던 후원자와의 다른 유기적 연결로부터도 후퇴한 것이다. 20세기를 사반세기 남겨놓고 프랑스에서 출현한 개인주의가 잉글랜드에서는 특히 경영 분야에서 일방적으로 옹호되면서, 자영업자가 자본주의의 무자비한 탐욕에 굴복하기 시작했다. 기술적 발명은 경영자를 개인 노동에서 점점 더 독립적으로 만들면서, 경영자의 위치를 점점 더 강화시켰다. 가내 공업은 이러한 상황을 더욱 악화시켰고, 새로 부상하는 산업 기업의 거대한 규모는 노동자와 고용주 사이의 모든 개인적 접촉을 차단했으며, 일부 기업에서는 처음으로 회사 이사들의 독선적 광기에 희생양이 될 수천 명의 노동자를 고용했다.

나는 18세기 노동자의 상황이 너무 장밋빛처럼 보였다고 주장하지 않지만, 그 당시에는 프롤레타리아(proletariaats)도 아직 자리를 잡지 못했다. 노동 계급의 지위를 훨씬 더 악화시킨 것은 기술적, 상업적, 재정적 의미에서 산업의 엄청난 발전이었다. 실제로 산업계와 상업계는 이 비극적 과정을 후회한다는 점을 인정했으며, 그들 자신의 일방적인 시스템에 의해 생성된 필요를 완화하기 위해 자선 활동을 자주 시도했다. 그렇지만 다윈 이후로는 더욱 그리하여 종종 열광적 생존경쟁의 피할 수 없는 결과로서 적자생존을 설교했고, 일시적으로 많은 불행이 손에 손을 잡고 마침내 굶주림에 이르게 하는 것을 지켜보았다. 니체 같은 사람도 갈망하는 것이 무엇인지 안다. 그러나 여기에는 사회주의 부흥의 한 면만 있을 뿐이다. 이 논쟁에서 고려해야 할 두 번째 요소는, 노동 계급에서 식별할 수 있는 정신의 성숙도가 높아진 것이다.

§26. 두 번째 요인

프랑스 혁명으로 파리에서 시작된 운동은 노동자들을 각성시켰고 점점 더 확장되는 교육은 많은 사람의 눈을 뜨게 했으며, 언론의 거대한 선전은 그들을 기쁘게 했다. 모든 시민의 권리로 이해되는 투표권은 그들을 멸시하던 사람들이 그들을 찾게 만들었고, 삶의 전반적 풍요로움은 노동자들에게 주택과 의복, 생활비와 관련하여 훨씬 더 많은 요구를 하게 만들었다. 나는 18세기 초의 노동자가 훨씬 더 열악하거나 나쁘다고 말하지 않는다. 특히 방직업은 가내수공업으로 가정의 한가운데서 훨씬 더 풍요로운 삶을 누렸다. 비록 노동자의 경제 발전은 낮았지만, 당시 노동자의 영성은 매우 깊었다. 그들의 작은 도서관은 하찮은 것과는 거리가 멀었다. 양피지 제본 시리즈가 그들의 옷장을 장식하곤 했다.

나는 사람들이 이를 지적하는 데에 소홀히 하는 것을 문제라고 생각한다. 나는 노동자의 전반적인 발전이 이제 더 높아졌다는 것을 인식하고 있다. 1789년과 그 이후 몇 년 동안 파리에서 귀족과 성직자를 밀어내고 두 왕실 뒤에서 시민 국가의 주요 요소인 '제3의 신분'과 그에 수반되는 개인주의를 기리기 위해, 사람들이 실제로 세 번째 신분으로만 구성된 것 같은 '국민'이라는 개념이 생겨났다. 실제로 중산층 시민은 이 명예로운 이름인 '제3의 신분'을 당장 차지했다. 그 당시에는 4등급에 대한 문제가 없던 노동자는 자신을 더 높은 위치로 부름을 받은 것으로 간주했다. 그리고 파리 거리의 서민이 왕실 자녀에게 치명상을 먼저 가했을 때, 노동 계급은 스스로 느끼고, 바리게이트에서 자신의 왕좌를 찾고 지위를 넓혀야만 했다.

학교에서의 인식 확장을 통해 자유주의 중산층은 노동자들을 선호했다.

적어도 프랑스 중산층은 성직자를 무장해제하기 위해 이렇게 했다. 처음부터 학교는 명백한 형태로 교회의 경쟁자이자 공격자 역할을 했다. 특히 당시에는 중산층이 무신론에 치우쳤으며, 노동 계급 사이에서 교회의 영향력이 여전히 매우 컸다. 이 영향은 자유주의자들의 기대와 성취를 방해했다. 교회는 군중의 어리석음에서 그 힘을 발견하고, 혁명의 사람들은 계몽의 사도라 생각했다. 이 강령 아래서 하류층 사람들이 승리했다. 언론도 같은 방향으로 움직였다. 프랑스에서는 글을 읽을 수 있는 사람의 비율이 매우 낮았고, 우리나라에서도 불만이 적지 않았다.

학교가 발전하면서 훨씬 더 넓은 범위에서 읽기를 일반화했을 때 책 시장도 일반적인 관심을 받았다. 그리고 기술의 향상과 온갖 장애물의 소멸 덕분에 일간 언론은 예전의 수백 부를 수만 부로 바꾸어 아주 적은 돈으로도 노동자들에게 마을과 시골, 궁전과 세계에서 일어나는 일을 알릴 수 있었다. 이로 인해 그들은 생각하게 되었고, 결과적으로 점차 인격체로 일어나기 시작했다. 여기서 투표권이 미끼 역할을 했다. 권력을 가진 사람은 할 수 있는 한 투표권을 동료의 특권으로 유지하는 것을 바람직하게 생각했지만, 유권자와 목소리 없는 사람을 구분하는 함정의 문은 사반세기가 지날 때마다 20인치씩 떨어질 수밖에 없었고, 곧 그 함정 문이 바닥 아래로 가라앉게 되었다. 유권자인 노동자를 결코 무시할 수 없다는 것을 깨달은 즉시 그들을 찾게 만들었다.

§27. 부의 영향

마지막으로 여기에 위생, 해운, 무역, 농업과 산업의 엄청난 기술 발전, 그리고 미국, 아시아, 심지어 아프리카까지 포함할 수 있는 유럽의 공급이 삶의 발판을 완전히 변화시켰다는 사실이 추가되었다. 시장은 더 풍부해졌고 상점은 점점 더 많은 구매 기회를 제공했다. 기성품의 형태와 세련미는 멋과 적절성을 얻었으며, 사람들은 저렴한 가격에 매료되었다. 이것이 특히 프랑스와 영국에서 온 시민 생활의 자발적 세련미를 우리에게 가져왔을 때, 노동 계급도 이것에 의해 영향을 받을 수밖에 없었다. 욕구가 증가했고 삶의 수준을 올리지 않고는 배길 수 없는 분위기가 고조되었다. 자유 보수당이 개인주의적 이기주의에 덜 휘말렸더라면, 그리고 기독교 측인 빌더르데이크(Willem Bilderdijk)가 프롤레타리아에게 노래할 때 처음부터 그의 말을 더 많이 들었더라면.

가난과 부패, 그 속에서 그대는 쇠약하고 한숨짓는다.
당신의 손에서 엄청나게 부푼 풍요가 열매맺는다.

그리고 그리스도의 교회는 그의 강력한 증언으로 외쳤다.

한 민족이 죄로 멸망할 때에
교회에서는 영혼의 나병이 시작된다.

더 나은 사상(geest)이 19세기에 우리 사이에서 깨어났지만, 슬프게도 기독교 사상가들은 사회적 논쟁을 급진주의에 넘겨버렸다. 흐룬 판 프린스터러는 1848년 이후 질문의 중요성을 실감했다(Nieuwe Oprakeling, Dordrecht, 1827; Kuyper, Het Sociale Vraagstuk en de Christelijk Religie, J. A. Wormser, 1891, 6쪽 및 49~51쪽의 주석). 다 코스타도 그의 책(Werken II, 395)에서 이렇게 노래했다.

빵을 주지 않는 노동을 원망하며, 멍에를 씌우고
자유의 목에 던져진 벽이 있는 곳
밤낮으로 타오르는 열과 자신의 연기로
도시들이 검게 변하고 영혼이 연기에 휩싸인다.

그러나 학교문제는 너무 오랫동안 많은 사람에게 이 강력한 문제를 뒷전으로 미뤄두게 했다. 삶의 충동, 시대의 고통, 다른 사람의 풍요로움에 반대되는 궁핍함으로부터 경제적 문제가 세계무대의 전면으로 등장했으며, 이것이 일상에서 사회민주주의(de Sociaal-democratie)를 일으킨 것이다. 많은 고립된 유토피아주의자들이 특히 쥘 시몽(Jules Simon)[483]이 그의 "저작"(l'Ouvrière, Paris 1861)에서 인상적으로 그렸던 비상사태를 통해 구원을 가져오기 위해 서둘러 온 갖 공산주의 체제를 모색했다. 프루동의 상호주의(Mutualisme), 곧 1870년의 공산주의는 모두 사회적 유기체에 가해진 균열에서 나왔다. 프롤레타리아, 하층 시민 계급, 노동자 계급은 어떤 희생을 치르더라도 생활 조건을 개선해야 했으며, 이 목표가 달성될 수 있다면 모든 제도가 수용되고 모든 폭력 행위가 용서되며 모든 당의 규율이 정당화될 것이라 생각했다. 그 당시 암스테르담 거리에서는 다음과 같은 노래가 들렸다. "우리는 충분히 오랫동안 사랑했고 이제는 마침내 미워하고 싶어." 이는 산산이 부서진 사회 시스템에 대한 절망적 외침이었다. 마르크스는 깊은 통찰을 통해 사회가 병들어 있음을 느꼈고, 이러한 상태를 치료하고 사회적 관심을 촉진하기 위한 체계를 고안할 지력을 갖추고 있음이 입증되었다. 이것은 프롤레타리아가 이전의 모든 계급 구성에 대해 급진적 태도를 갖고, 그들을 파괴한 사회 전체의 변화를 추구하는 방식으로 이어졌다.

그러므로 사회주의에서 원리가 이끄는 사고력의 산물만 존중한다면, 그것은 완전히 잘못된 것이다. 여기서는 원리가 도구로만 사용되었다. 이 유사 원리로 구축된 체계를 사회에서 실낙원의 슬픈 결과를 무효로 할 수 있다고 생각한 고대 유토피아의 새롭고 더 적절한 판에 불과했다. 아메리카에서 이러한 유토피아가 실현되는 상황을 만들려는 시도가 있는 곳마다, 그들은 항상 당시 스페인 지역의 예수회 조직이 유사한 유토피아를 실현하려 했을 때 파라과이에서 경험했던 것을 반복했다. 아주 작은 영역 여기저기에 인위적으로 구현될 수 있던 것이 더 오랜 시간에 걸쳐 더 넓은 영역에서 스스로 와해되었다. 마르크스의 독특한 정신이 자기 창작물을 세계 창조물로 만드는 데 성공했고 점차 인정받았다. 반대를 견제해야 한다는 점을 인정한다 하더라도 현실은 다음과 같았다. 의회에서 사회민주당의 확장이 전국에 분열을 일으켰고, 강한 정신을 침묵시켰고, 체계에 머무는 것보다 체계를 정비하는 것에서 힘을 얻는 집단을 방황케 했다. 1914년 8월 무서운 전쟁이 발발했을 때 마르크스주의의 결과는 갑자기 모든 나라를 비틀

거리고 무너지게 하는 것으로 나타났다. 그들은 어떻게 모든 방위비를 아끼지 않게 하고 함대와 군대가 피를 흘리지 않게 하며, 전쟁이 다시 위협할 때면 모든 나라의 사민당이 즉시 군사적 자만심을 억제하고 단순히 전쟁을 저지할 것이라고 과감하게 주장했는가? 국제 체제가 모든 국가의 시기와 질투를 소멸시킨 것으로 판명될 것이며, 사민당은 평화를 구한 영광을 갖게 될 것이라고 상상했다. 물론 사람들은 이것을 믿었다.

§28. 1789년과의 관련성

실제로 국제노동자협회[484]는 유토피아, 즉 꿈이 인간 삶의 본성을 지배하는 현실보다 더 강력하다는 망상에 빠져 있었다. 반면, 제1차 세계대전이 발발하자 이 모든 유토피아적 상상은 치명적인 결과를 가져왔다. 사회주의 의원들조차 기꺼이 검을 찼고, 적에 대한 민족적 원한을 품고 있는 그들의 언론도 군사적 허세에 뒤떨어지지 않았다. 사회 민주주의는 혁명집단의 정치적 틀로 자기의 색조를 대표했다. 지난 세기 중반에는 자유당원들이 코브덴의 지도 아래 개인주의를 최대한 밀어붙이는 데 성공했다. 사회민주당은 이와 반대되게 집단으로 응집시켜 하나로 만들려 했고, 시민생활의 미래적인 하나된 집단을 통해 노동자 계급의 이익에 봉사할 수 있는 체제를 깨끗이 증류해냈다. 기본 원리는 하나였으며, 이미 자코뱅 그룹에 있었던 것과 매우 유사하다. 따라서 급진파와 자유민주당은 처음부터 사민당과 함께 선거에서 아주 잘 지냈는데, 그들도 옛 자유당의 개인주의에 맞서 싸웠기 때문이다. 이들은 단지 그들에게 '너무 멀리' 나가는 것에 대해 경고를 주었다. 이후 사회주의 쪽으로부터 수정주의자들이 그들의 사상적 동지의 미친 질주를 비난했을 때, 사민당이 1789년의 원리에서 파생된 다양한 싹에 불과하다는 것이 더욱 분명해졌다. '프롤레타리아 만세!'라는 문구만 적힌 현수막을 올리면서 '전 국민'을 위한 체계를 설계했으며, 일부 국민의 경제적 '이익'을 통해서만 그들의 지위를 얻었다.

사민당이 정당하게 과시할 수 있는 제도가 없느냐고 묻는다면, 우리는 조금도 주저하지 않고 '그들은 가지고 있다'라고 대답한다. 다만 그 제도에 더 높은 원리가 구현되어 있지 않다는 것이다. 주된 사상은 국민의 구원이 아니다. '국민'이 거론되고 거듭 영광을 받을지라도 그것은 '소수'의 국민만 의도한 것이며, 그들의 특수한 '이익'을 일방적으로 선호하여 특권을 얻으려 한다. 정당 자체가 1855년 4월 22일에 제정된 제5조 32쪽을 기반으로 '협회'가 되었는데, 이것은 본질적으로 정당 중 어느 곳에서도 취하지 않았던 조치이다. 이런 이유로, 사회민주당의 당원은 해당 협회에 유효한 회원으로 가입한 사람일 뿐이다. 사회민주노동당[485] 후보자들은 마지막 회에 10만 표를 훨씬 넘었다.

그런데 정당이 여전히 1만 5천에서 2만 표 사이에 있다는 것은 다음을 설명한다. 특정 선거에서 선거 과정에 따라 사민당 후보에게 투표한 대다수 유권자는 협회에 하나의 단체로 가입하지 않았으므로 정당에 속하지 않는다. 정당이 가진 제도를 지지하는 것은 원하지 않고, 연금이나 더 나은 급여, 세금 감면 또는 다른 모든 지위 확장, 항상 자신의 '이익' 곧 '물질적' 이익을 원한다. 물론 다른 정당의 후보자들이 자신의 빵 때문에 동료로부터 지지를 받는 경우는 드물다는 점을 감안할 때, 여기서 5명 중 4명이 해당 후보자를 지지하는 유권자라는 것이며, 고의로 당원은 '되지 않고' 오히려 그 체제를 거부한다. 이런 일은 다른 정당에서는 발생하지 않는데, 그 어떤 원리적 정당에도 가능하지 않다. 반혁명당의 후보자들이 로마 가톨릭의 유권자들로부터 수적으로 매우 강력한 지지를 받았다면, 이들은 우리 당에 가입하고 싶어하지도 않고 가입할 수도 없다. 매우 많은 유권자이지만 그런데도 우리 후보자에 대한 투표는 정치 원리의 동지관계를 유지하여, 원리가 양측에서 계속 움직이는 힘이 되도록 하는 결과를 낳는다.

그러나 사회민주노동당에 속하지 않으면서도 후보들을 도운 수많은 유권자에 대해서는 정확히 말할 수 없다. 여기서는 정확히 반대이다. 이러한 매우 눈에 띄는 협력에서 원리는 사라지고 '이익'만 계속해서 후보자와 그에게 투표하는 대다수 유권자를 연결한다. 지금까지 의회에 선출된 사회민주노동당 후보들이 한 일을 살펴보면, 가장 급진적 좌파 통치자 진영이 옹호한 것 외에는 거의 아무것도 하지 않았으며, 그렇지 않은 경우는 정도 차이 외에는 거의 없었다는 결론만 내릴 수 있다. 그들의 호가는 항상 몇 퍼센트 더 높았고, '이익'을 찾는 유권자의 눈에는 그 카드가 거의 항상 으뜸 패[486]였다. 1903년 철도 대파업에서 독립적 역할을 하려고 했지만, 이 노력이 짧은 시도 후에 얼마나 무력하게 가라앉았는지 모른다. 사회민주노동당에게는 길고 가느다란 전체 조각을 찢어놓도록 한 마르크스의 체제가 그들을 과시하고 드러내는 옷이다. 이 당이 의도하는 목적과 관련된 연대는 그당이 내다보고 당의 추종자들에게 보증하는 이해관계로 얽혀있다.

§29. 콜브뤼허주의자들

원리나 경제적 이익이 아니라 전통이나 개인적 유대에 의해 많은 곳에 숨어 있는 소규모 정당 단체에 대해 간단히 설명하겠다. 한때 위트레흐트의 정열적 은행가 콜(Kol)의 후원으로 교회뿐 아니라 정치적으로도 조직되었던 콜브뤼허(Kohlbrugge)[487] 박사의 추종자들을 작은 단체라고 간주할 수 있다. 델프트의 한 인기 작가는 소규모 정기 간행물에서 이 단체의 구상을 옹호했으며, 이 단체의 협력 또는 반대가 투표 결과에서 두 번 이상 확인되었다. 이 작은 정기 간행물의 편집자인 베르나르드(Bernardi)는 글을 쓰는 데 재능이 있었고, 어느 시점에서 그 소문을 퍼뜨리는 재주가 있었다. 흐름에 작은 파도가 있었지만, 그 영향은 지속되고 있었다. 당 위원회를 구성하는 데에는 의문의 여지가 없었지만, 이름에 합당한 선거 단체가 구성되지는 않았다. 여기저기서 몇 명의 네덜란드 국가 개혁교회 목사들이 들어왔는데, 이들은 신학적으로 콜브뤼허 박사의 구상에 동의했으며, 정치 분야에서도 작은 정파를 형성했다. 다음으로 이 모임은 그 첫 번째 기간에 카파도서(Capadose) 박사[488]와 다 코스타에게 합류했으며, 나아가 콜브뤼허 박사가 우리나라를 떠나 엘버펠트(Elberfeld)[489]에 정착한 후 처음으로 절대적 특성을 가지게 되었다.

이 단체는 의회 제도에 대한 부인할 수 없는 혐오감을 특징으로 하며, 사람들에게 완전한 순종을 촉구하고, 매우 일방적으로 우리나라의 정책을 구약에서 알려진 이스라엘의 정치 생활과 연결시키려고 했다. 그러나 이 역시 일방적인 경우가 많았다. 구약의 율법에 속박된 절대적 순종은 항상 전면에 있었고, 이스라엘에서 그토록 강력하게 말했던 대중의 자유에 대한 느낌은 아주 드물게만 일어났다. 원리적 정당은 고려되지 않았다. 콜브뤼허 박사는 자유주의적 편협함의 희생자였다. 그는 야성적 용기로 폭정에 반대했으며, 굴복하기보다는 차라리 홀로서기를 원했다. 그는 고귀한 성품과 드문 재능 덕분에 이것을 할 수 있었다. 그러나 이것 때문에 그는 교회적 유대를 끊었으며, 그리하여 국가 전체에 지속적으로 영향을 미쳤다. 이는 그 자체로 다음과 같은 결과를 낳았다. 죽은 후에 남은 것은 소수의 충실한 무리뿐이었으나, 그들은 그의 사상을 존중하고 그의 정신을 지속하려고 노력했다.

§30. 빌더르데이크 학파

콜브뤼허의 등장은 빌더르데이크의 반향을 불러일으켰다. 흐룬의 원리와 구별될 수 있는 그의 반혁명적 입장은 작은 무리에서 개인적으로 영향을 미쳤다. 빌더르데이크와 그의 반대자들 사이에 아주 큰 대립이 생겨났고, 국가와 국민에 대한 그의 생각은 몇몇 친구에게 큰 매력을 발휘했다. 다 코스타에게도 이것은 적어도 분명했다. 빌더르데이크도 더 확고한 정치적 노선을 가지고 있었다. 1789년 프랑스 혁명에 반대하는 유럽의 행동과 더 많은 관련성을 추구했다면, 확실히 흐룬 판 프린스터러 이전에 현재의 반혁명당의 정신적 아버지이자 영감을 주는 사람이 되었을 것이다. 그러나 빌더르데이크는 너무 감성적이었다. 노선의 견고함이 부족하기도 했다. 그는 종종 종교개혁 때보다 중세에 더 관심을 가졌다. 칼빈주의는 그에게 너무 뻣뻣했다. 또한 그 자신도 끊임없이 경제적으로 어려움을 겪으며, 자신이 발전시킨 논리에 손해를 입히는 루이 왕 편을 선택했다. 그의 시적 전문성과 혁명에서 인간을 우상화하는 것에 대항했던 본심은 높이 평가해야겠지만, 그가 정당을 성장시킬 수 있는 어떤 자료를 가지고 있지 않았음도 인정해야 한다. 따라서 19세기 전반부를 장식한 그의 정치적 영향력은 크지 못했다. 올바른 의미에서 정당의 형성은 빌더르데이크도 콜브뤼허의 경우와 마찬가지였다.

§31. 오란녀 왕가에 대한 반대

카를로스파, 보나파르트주의자들(Bonapartisten)[490], 오를레앙파(Orleanists)[491], 벨프 가문(Welfen) 등의 등장은 역사적으로 강력한 인물이나 왕조의 사적 집단의 후유증으로 설명되는 것과 유사한 성격을 보여준다. 여기에 개인적 이해관계도 한몫했다는 것은 부정할 수 없다. 왕의 혈통인 카를로스파는 항상 그의 집안에서 사라진 왕관을 되찾는 것을 목표로 한다. 나폴레옹주의자들도 그들의 왕조를 복원하는 꿈을 꾸었고, 지금도 꿈꾸고 있다. 부르봉 왕가와 오를레앙주의자도 여전히 미래의 영광을 되살리기를 갈망하고 있다. 벨프 가문은 브룬스베이크에서 굴복했지만, 그들의 지지자들은 아직 죽지 않았다. 영광이 퇴색된 이 가문의 지지자들에게는 지도자가 다시 왕관을 회복하는 것이, 또한 개인적으로도 명예와 권력을 되찾아 집권할 수도 있는 것과 이를 간절히 열망하는 것이 책임으로 전가될 수 있다. 그들 중에는 분명히 그런 사람들이 있다. 항상 그래왔고, 여기에서 그렇게 되어서 안 될 이유는 없다. 그러나 명예 회복에 대한 열망이 모든 사람의 주된 동기라고 생각하는 것은 잘못이다. 많은 사람, 심지어 지도자도 과거의 영웅에게 충성하지 않고 떨어져 나갔고, 다른 집단에 편입되어 이전의 이상을 버리고 잃어버렸던 권력과 명예를 되찾지 못했다. 그러한 추종자들이 정말 개인적으로 충성하고 마음으로 진실하게 이바지했다는 것을 부인한다면, 그 추종자들의 충성심에 손해를 끼치는 것이다.

몰락한 가문이나 군주에 대한 충성은 흔한 현상이 아니다. 주간지 "드 헤라우트"(De Heraut) 1915호에서, 요도쿠스 헤링하(Jodocus Heringa) 박사[492]와 팔름(J. H. v. d. Palm) 박사[493]가 1795년 3월 5일 왕이 스헤이펀닝언(Scheveningen)[494]으로 도피한 지 10일 후, 오란녀 가문에 대해 지혜롭게 말한 것을 본다면 당신은 높은 위치에 있는 사람들(성직자들까지도)이 우리나라의 희망인 왕가에게 폭력을 가할 수 있었던 경솔함에 대해 부끄러워할 것이다. 라인 강과 발 강을 얼리고 프랑스의 상퀼로트를 끌어들였던 한파에 대해 이 두 사람은 기도 가운데 하나님의 은혜의 행위로 영광을 돌려드렸으나, 그리스도의 교회는 하나님께 충분히 따뜻한 감사를 드릴 수 없었다. 헤링하는 기도문에서 '자유, 평등, 박애'라는 구호 아래 '오란녀 왕가와 그 지지자들의 지배'가 하나님의 진노를 불러일으켰고, 이 왕조의 사악한 계획이 실패했음을 감사했다. 오란녀 왕가와 그들에게 충성한 사람들을 독재자로 보았다. 판 드르 팔름은 다음과 같이 말했다. "전능자가 그들에게 명령했고 그들은 순종했다. 물은 다시는 흐르지 않고 얼음이 되어, 우리의 구세주 곧 '폭정의 정복자'가 우리 조국의 심장부를 관통했다."

1848년 잡지에서 멜로우 2세(Mellow II, 빌럼 2세의 별명)[495]를 단두대로 위협했던, "아른헴 신문"(Arnhemsche Courant)의 구독자가 아니라, 1795년 신학 교수인 헤링하와 판 드르 팔름 같은 남자들이 그렇게 부르짖었다. 그들은 그렇게 영광을 받았다. 빌더르데이크도 그의 망명에서 알 수 있듯이 오란녀 왕가에 대한 충성심이 변질되었다. 그래서 나는 나폴레옹에 대한 기억과 하노버의 벨프 가문에 대한 충성심 때문에 그들을 지지하는 가족들이 부여한 것, 곧 모든 도덕적 의도를 정치에서도 요구할 권리를 자각하지 못하는 피상적인 역사가들과는 함께할 수 없다. 단지 정당만 그러한 추종자를 형성하는 것은 아니다. 여기서 우리는 전통에 대한 충실함과 이해관계가 얽혀있지만, 그것의 소멸이 그렇게 확실한지를 말할 수 없는 과거의 후유증에 직면해 있다. 하나님께 찬양을 드릴 것은, 오란녀 왕가에게 가해진 비난이 그 반대임을 증명한다. 그리고 나폴레옹 시대에는 현재 혼인으로 이어진 벨기에 왕조가 여전히 혼인 회복의 희망을 불태우고 있다.

§32. 반유대주의

1880년대 이후 독일에서 관찰할 수 있었던 반유대주의(Anti-Semitische) 단체의 형성은 완전히 성격이 다르다. 거기에는 '기독교 대 유대인', '게르만 대 셈족', '개인주의자 대 국가적 조직'이라는 세 가지 동기가 작용했다. 아돌프 바그너(Adolf Wagner)[496]의 권유로 슈퇴커 박사는 1878년 '기독사회당' 창설에 착수했으며, 폰 존네베르크(Von Sonneberg)와 나우만(Naumann)과 같은 사람들이 합류했다(이들은 학계 사회주의자[497]라고도 불린다). 사람들은 유대인의 '민사상 장애'[498]를 통해 국가의 기독교적 성격을 유지하려고 했다. 이 외에도 알바르트(Ahlwardt)

는 유대인의 영향력에 맞서 싸웠지만, 독일인이 아닌 최초의 개혁당과 협력하여 독일을 아시아-유대인의 영향력 아래 놓이도록 하였다. 이 정당은 1881년 창당했다.

반면, 자신의 천막 아래 모여든 제2의 개혁당은 종교나 인종의 차이가 아니라 중산층의 이익에 의해 주도되었다. 비유대인 대형 상점과 개별적으로 자신의 닻을 내린 사업가들은, 민족적 단일성이 자연스레 유기적 관계를 낳은 유대인 경쟁자들과 견줄 수 없었다. 우리나라 기독교 정당의 명칭은 독일에서 항상 '기독적'인 특징을 짓는 외적 형식을 취한 적이 없다. 우리 네덜란드에서는 인종적 차이가 별로 느껴지지 않는다. 그리고 무역과 산업 분야에서 우리나라에 있는 비유대인은 유대인 경쟁자와 매우 잘 경쟁할 수 있다. 또한 칼빈주의자들은 루터교보다 구약에 점점 더 깊이 몰두하게 되었고 그 결과 '유대인'에 대한 따뜻한 사랑을 느꼈으며, 장차 유대 민족의 부흥에 대해 점점 더 눈이 많이 열리게 되었다.

§33. 금주 투쟁

금주 투쟁이 우리나라에서 강력하게 출현했는데, 이 운동은 자체적 정당 구성으로 이어지지는 않았지만, 확실히 의회 갱신에 관한 정치적 고려보다 표에 더 큰 영향을 미쳤다. 음주는 네덜란드 국민의 근본적 죄로 간주되었고, 스히담(Schiedam)의 몰락을 통해 우리 국민 권력의 유일한 구제책으로 환영을 받았다. 따라서 귀족 훈장보다 단추 구멍에 있는 파란 리본을 더 귀하게 보았다. 주류 사용을 줄이기 위한 부단한 노력은 이러한 일방적 경향때문에 정치적으로 분열된 사람들이 하나로 모였다. 반알코올주의자(anti-alcholist)의 반대 후보를 지지하거나 자신의 정치적 동질성을 위해 투표소에 가는 선택을 하게 되면, 선택의 확고함은 종종 흔들리기도 했다. 그러나 이것은 뒤집을 수 없다. 모든 사람이 자신이 향하고 있는 두세 가지 뚜렷한 목적으로 똑같이 흥분하는 것은 아니다. 알코올과의 싸움에 최선을 다하는 사람은 목표로 삼아야 할 더 높은 것이 없다는 것을 이해한다. 이것은 방어할 만한 것이 아니다. 그것은 고려 사항에서 적절한 비례를 포기하는 것이고 이차 목표를 일차 목표로 높이는 것이며, 일차적 조치라기보다는 이차적 조치이다. 그러므로 이 문제에서는 신중한 처리가 필요하다. 기독교 신앙을 가진 사람들이 중립적 사람들과의 모든 관계를 포기하고 십자가의 깃발 아래 자신들의 엘리트 집단에 합류하겠다고 말하는 것은 기쁜 일이다.

§34. 연금 조합

반알코올주의자나 금주 운동가들과 더불어 '연금 조합'의 사람들이 언급되어야 한다. 연금 조합은 공개적으로 부각되었다. 만인의 연금을 위한 투쟁을 정치적 정당에 맡길 수는 없지만, 이 국가 연금을 획득하기 위해서는 모든 정당의 지지자들이 함께 모여 독립적 단체를 결성해야 했다. 그들은 다른 당사국들과 마찬가지로 이 중대한 문제를 해결하기 위해 자기 정당의 몇몇 저명인사를 일깨웠을 뿐만 아니라, 거의 모든 정당의 지지자들로부터 별도의 무리(leger)를 구성하여 자신들의 하원 의원 후보를 내세우려고 했다. 모든 사람에게 미소를 짓게 하는 목표를 달성하기 위해 이뤄진 '정당' 간의 일시적 협력에 대한 문제는 없었다. 그 목표는 다른 모든 문제를 제쳐두고 전 국민에게 연금 문제를 정치적으로 가장 중요한 문제로 높이는 인식시키는 것이었다.

이 문제를 해결하기 위해 모든 협조자들이 별도의 조직에 통합되었다. 여기에도 원리가 아니라 이해관계가 원동력이라는 사실을 더 이상 언급할 필요가 없지만, 이것만으로는 충분하지 않다. 이런 구성에는 부패 요소가 있었다. 실제로 다른 정치적 문제는 유권자 중 과반수가 세금 인상으로 더 큰 비용을 내는 것보다, 연금에서 더 많은 돈을 받자마자 무관심한 태도로 돌아섰기 때문이다. 하지만 국가재정에서 이 잉여분을 보장할 준비를 하고 싶었기 때문이다. 영국이 보여준 본보기는 우리의 정치 생활에 부정적인 영향을 미쳤고, 주목받지 못한 사람들은 '원리'에 입각한 모든 정치를 경제적 '이익'으로 통합하려는 노선을 따라 움직였다. 이 연금 조합은 스위스에서 말했듯이 '특별한 예외'로만 간주할 수 있으며, 우리 국민의 개인주의적 특성으로 인해 우리나라에서는 너무 빨리 수용되었다.

§35. 파편화

보통 선거권 획득과 비례 대표제 도입을 위한 대담한 시도와 자체 후보자를 지명할 별도의 조직을 만들려는 시도 역시 환영받을 수 없다. 그런데도 투표는 그 자체로 정치적 기능을 생성하므로 정치 체제의 고유한 부분이다. 그러나 이러한 노력 역시 한때 수용되었던 국가 정책 원리의 논리적 발전으로서가 아니라 거의 독점적으로 다수의 유권자를 위한 명백한 수단으로서 점점 더 권장됨에 따라 이익 추구로 바뀌었으며, 특권층에 속하지 않게 될 사람들은 더 많이 소유한 사람들의 금고를 풀기 위해 손에 있는 악기를 연주하게 된다. 성격, 출신, 재능, 도덕적 힘의 차이가 아무리 크더라도, 삶의 커다란 수수께끼에 대한 유일한 해결책으로서 '평등'을 설교하는 목표로 너무 빨리 이끌렸는데, 이는 내적 생명과 삶의 정치적 형태 사이의 연결이 점점 더 찢어지는 것이다. 따라서 오스트로고르스키가 우리 인간 사회의 발전과 진보가 점점 더 고정되고, 위대한 역사적 노선을 떠나 구불구불한 길에서 온갖 종류의 인위적인 연결 속에서 자신을 잃어버리고, 혼란과 당의 지배와 자의성에 이르게 되어 권력에 의한 정의의 지배로 이어질 수 있다고 말한 것은 옳다.

조수(潮水)는 아직 우리 사이에서 그렇게 멀리 가지 않았다. 우리의 정치적 투쟁에서 원리의 출발점은 거듭 등장한다. '우파와 좌파'는 아직 우리나라에서 금기어가 되지 않았다. 눈부신 관심사 한둘이 아니라 원리만 있어도, 우리나라의 선거 대결은 항상 열정과 감동으로 진행된다. 다음은 매년 단 이틀의 휴가가 주어지는데, 후원자에게 4년에 걸쳐 한 번에 이틀의 휴가를 허락해 달라고 요청하여, 투표하는 해에 8일로 늘린 제본업자의 경우이다. 더군다나 이 열성적 선거 운동가는 낮뿐만 아니라 밤늦게까지 8일 동안 아무 일도 하지 않고 선거 운동에만 몰두한 것으로 알려졌다. 그 고무적 열심은 아직 보조금이 없었을 때에 가장 강력했는데, 그때는 열방의 운명에 대한 주님의 위엄을 인정하거나 부인하는 것이 문제일 때였다. 그리고 나중에 원리의 분야에서 부정할 수 없는 침체가 우리 사이에 자리 잡았지만, 1857년부터 1887년의 비상사태를 경험하지 않은 젊은 세대는 정치 생활이 경제 생활에 종속되는 상황에 직면했다. 우리 연구의 첫 부분이 끌어낸 결론은 여전히 계속되고 있다. 실제로 흐룬 판 프린스터러가 그의 구호인 '혁명에 반대하는 복음'에서 표현한 두 가지 정치적 신념 사이에서 네덜란드의 투쟁은 반대 명제적(anti-thetische) 표현으로 이끌렸다. 아쉽게도 그들 가운데 분열이 발생하여, 그들 자신의 정당이 형성되었다. 우파는 반혁명당, 기독-역사당, 로마 가톨릭 당이며, 좌파는 보수적 자유주의, 보편적 자유주의자 그리고 급진적 자유주의자이다. 특정 이익을 목표로 하는 온갖 종류의 작은 집단이 6개나 되었다.

§36. 크고 작은 국가들

우리는 정당제도 자체와 그 조직과 행동 방식을 고려하지 않은채 정당들과 이런 식으로 작별인사를 해서는 안 된다. 정당 생활은 국민의 규모, 본성, 체질, 발전 정도에 따라 열정과 활력의 정도가 다르다. 강대국에 속한 국가의 정쟁(政爭)과 소국 중 한 국가의 유사한 투쟁 사이에도 뚜렷한 차이가 있다. 이 차이를 측정하려면 영국과 노르웨이만 언급하면 된다. 이러한 구별은 국민의 국제적 의미 차이에서 즉시 발생한다. 노르웨이에서 더 급진적으로 가거나 보수당의 모퉁이를 돌면 스웨덴과 덴마크를 이웃으로 여기지만, 유럽 전체에 해를 끼치지는 않는다. 반면에 영국에서는 왼편에서 오른편으로, 또는 그 반대로의 전환이 역사의 흐름을 결정할 수 있다. 이것은 유럽 국가를 지배하는 강대국에서 최고의 재능과 자질을 지닌 사람들이 간혹 정치적 투쟁에 끌린다고 느끼지만, 작은 국가에서는 이러한 지배적 매력이 거의 작동하지 않음을 의미한다. 두 번째 차이는 민족의 본성에서, 심지어 같은 민족에 속한 계급의 구별된 본성에서 발생한다. 도시는 시골보다 정치적으로 더 민감하다. 프랑스인은 정치를 즐기지만, 스페인인은 의회에서 하는 대면싸움이 투우만큼 흥미롭다고 생각한다. 아일랜드인은 일반적으로 스코틀랜드인보다 훨씬 더 뜨겁다. 우리나라에서는 프리슬란트만큼 정치 생활이 강한 지방이 없다.

§37. 이전의 정치적 무감각

같은 결과라도 정치체제에 차이가 발생한다. 우리나라 시의회가 정치에 관여하지 않는 한, 국민은 일의 경과에 대해 냉정한 태도를 유지하곤 했다. 스타트하우더르(Stadhouder)[499]에 대해 찬성하거나 반대하는 것은 18세기에도 여전히 뜨거운 감자가 될 수 있는 딜레마였으며, 귀족정치에 대해서도 찬반양론이 강력하게 제기되었다. 한편, 17세기 초 이 나라의 여론을 들끓게 한 열정은 1794년에는 그 정도의 관심을 불러일으키지는 않았다. 1815년 이후, 그리고 1830년 이후에도 우리나라의 분위기는 거의 무미건조하지만 재미있어서 극히 소수의 '입신출세주의자'(Streber) 무리만이 고삐를 잡았다. 러시아에서도 국민의 발전 정도가 여기에 영향을 미친다는 것을 알 수 있다. 미르(Mir)[500]에서 행복을 느끼는 진짜 러시아인은 페트로그라드[501]에서 무슨 일이 일어나는지 거의 신경 쓰지 않는다. 두마(Doema)[502]가 등장하며 요람처럼 어떤 정치생명이 시작되었지만, 러시아의 정치 투쟁은 여전히 이론적 투쟁으로 남아 있다. 몇몇 도시와 대학을 제외하고 국민은 여전히 외부인들만큼 훌륭하다.

우리나라에서는 17세기 초와 18세기 후반을 제외하고는 정당 생활이 번성한 적이 없었다. 1870년까지만 해도 정치 생활에 관한 관심이 약해 매우 실망스러운 수준이었다. 공적 생활의 모든 단계에서 시, 군, 도에서 아주 소수의 사람이 업무의 방향을 결정한다는 규칙이 있었고, 지금도 남아 있다. 선거 협회에서 남성의 수는 명목상으로 남아 있었으나 아주 적었다. 국회에서 투표율은 훨씬 더 슬펐다. 대부분 100퍼센트에 도달하지 않았고, 여전히 가라앉고 있는 투표수로 동의가 통과되어 후보자가 가결되었다. 이 사회는 갱신되고 하원의 구성과 함께 정책을 결정했다. 그들의 임금은 낮았다. 총선을 위해 이분의 일 톤[503]을 처분할 수 있는 당원은 매우 드물었다. 회의 수는 적었고 참석도 미미했다. 메모와 게시판은 거의 사용되지 않았다. 언론은 모든 권력 투쟁에서 손을 뗐다. 그리고 한 지역에서 기껏해야 20명의 남성이 지휘 감독했다는 증언이 가능했다. 관심이 부족했다. 진행되는 투쟁은 흥미롭지 않았다. 대학, 특히 레이던 대학만이 더 고귀한 목적을 보여주었던 키와 방향을 제시하려 노력했으나, 영국과 미국의 선거 운동과 비교할 수 없는 선거 투쟁은 1878년까지 계속되었다. 심지어 흐룬 판 프린스터러조차도 대중을 움직이는 데 실패했다. 그러기에는 그의 목소리가 너무 약했고 언어와 스타일이 세련되거나 고상하지 못했으며, 조직력이 외적으로 너무 약했고 동포들로부터 받은 지원도 너무 미미했다.

§38. 1878년 이후 우리나라의 부흥

특히 1878년에 카페이너 판 드르 코펠로가 등장한 뒤, 첫 번째 대의원 회의는 더 따뜻한 삶을 가정했다. 그 무서운 해 이후로 반혁명당은 더욱 뿌리를 내리고 그 가지를 펼쳤다. 뿐만 아니라 그 이후로 다른 정당들도 우리의 모범을 본받을 수밖에 없었다는 것이 인정되고 확인되었다. 그러나 정당 생활을 번성하게 만든 것은 주로 투표권의 확대였다. 1848년 이후 투표권을 손에 쥔 부유한 중산층은 여전히 정치적으로 낙후되어 이 계급의 영광의 시대에 대부분의 상류층 사람들, 그다음에는 대부분 변호사들이 정세를 주도했다. 프란선 판 드 퓨터(Fransen v. d. Putte)는 이 점에서 예외였다.

그러나 1887년 이후 더욱 광범위한 참정권이 완전히 다른 집단의 국민을 불러냈을 때, 투쟁의 성격은 곧 완전히 바뀌었다. 한편으로는 물질적 이익에 더 많은 관심을 기울였으나, 다른 한편으로는 대중 생활의 영적 이익에 더 많은 관심을 기울였다. 우리 정당이 19세기 마지막 분기에 부상한 것은 이러한 다른 방향의 출현 때문이다. 16세기, 17세기와 마찬가지로 우리를 확장한 것은 정치가나 학자가 아니라 국민으로부터, 그리고 부분적으로는 빌럼 왕자의 증언에 따르면 '서민' 덕분이다. 1870년 이후와 특히 1878년 이후 더 그랬다. 1순위인 '새로운 인간'(novi homines)은 1878년 이후 별로 등장하지 않았다. 좌파는 우파로 확대되고, 의원 생활도 정밀도가 떨어졌다. 한때 다이아몬드가 반짝이던 곳에서는 이제 반짝이는 금빛으로 만족해야 했으나 정확히 낮은 수준에 관한 토론이 줄어들었기 때문에 의회 수준의 토론은 대중 자체의 토론에 비해 더 많은 관심을 얻었다.

§39. 더 높은 발전

정당의 등장이 필요했던 이유는 당연히 국민 생활의 발전을 위해서이다. 근원적으로 국민의 삶은 다양성의 놀이와 같다. 이러한 다양성은 낮은 발전 단계에서는 뚜껑 안에 있지만, 더 높은 발전에서는 외부로 드러난다. 여기에서 통찰의 차이가 발생한다. 이로부터 여론의 모순도 생긴다. 이것은 의회에서 공식적인 정쟁을 통해 화해를 추구해야 하는 모순이기도 하다. 그러나 건전한 정쟁은 국민 전체의 활력에서 비롯되고, 재능 있는 사람들이 이끄는 능력으로 하나님께서 친히 우리에게 말씀하신 바와 같이 인간 사회의 원리에 강력하게 묶여 있을 때만 나타난다.

정쟁이 정부 권력 획득을 목표로 한다는 것은 논쟁의 여지가 없다. 작은 정당도 결코 한 석만 목표로 하지 않는다는 것을 의미한다. 내가 등장했던 1870년부터 1887년의 헌법 개혁까지, 나는 정부에 우리 사람을 배치하려는 모든 시도에 대해 항상 경고했다. 우리 당 생활의 정맥에 생기는 석회화에 가차 없이 저항해야 했다. 내가 항상 존경하는 재능과 용기를 가진 판 자윌런(Graaf van Zuylen)[504] 백작도 그러한 부주의한 정책을 이끌 수 있는 것으로 보였다. 공언된 원리에 대한 충성심이 절대 의심되지 않았으며, 정치가로서의 정책이 절정에 달했던 륀던 판 산던뷔르흐(Lynden van Sandenburg)[505] 백작의 고귀한 마음을 누구도 의심하지 않았다. 레이던 교수들과 함께 양당을 갈라 놓은 틈을 건너 부주의하게 다리를 놓았으나, 비극적 출구로 이어지고, 또 난파되는 결과가 발생했다. 그러나 이것은 숫자상으로 너무 작아서 내각에 대한 접근이 완전히 차단되지 않은 모든 정당 구성이 '권력'을 놓고 경쟁해야 한다는 사실을 조금도 부정하지 않는다.

내가 개인적으로 그 권력의 소유를 의도하지 않았다는 것은, 1877년부터 1894년 사이의 연구 기간에 자발적으로 의회에서 물러났다는 사실을 통해 분명하게 드러난다. 나는 다른 부름을 느꼈다. 그러나 이것이 1888년 마카이가 부름을 받았을 때, 내가 그에게 한 제안을 거절하지 말라고 강력하게 권고했다는 사실을 바꾸지는 않는다. 1901년, 나 자신이 이 일을 하는 것이 인생 전체를 망쳤다고 해도 그는 거부할 수 없었다. 자신의 노력이 열매를 맺는 것을 보면, 간섭하지 않고 권력을 장악하는 정당은 허용되지 않는 이익을 가지고 노는 것이다. 이 권력 장악이 원리의 포기를 용인하는 것처럼 이해하는 것은 아니다. 여기에 몸을 맡기는 자는 반역자이며, 그의 사상적 동료의 신임을 배신하는 자이다. 이렇게 신뢰에 대한 악용이 일어나지만, 그 일은 항상 스스로 복수한다. 당이 권력을 잡은 것은 자신을 기쁘게 하려함이 아니라, '당을 섬기고' 또 봉사하기 위함이다. 그리고 당의 지도자들과 함께 싸운 원리를 강화하기 위함이다.

§40. 권력 이념

'권력 이념'의 이러한 불가피성은 그리스도 자신에 의해 한편으로는 제국주의와 관련하여 본디오 빌라도에게 표현되었다. 그분은 "위에서 주지 아니하셨더라면 나를 해할 '권한'이 없었으리니"[506]라고 말씀하셨고, 나아가 "하늘과 땅의 모든 권세를 내게 주셨으니"[507]라고 증언했다. 예수님은 결코 원리에만 머물지 않고 항상 동시에 '힘', 곧 육체적 힘과 심령적 힘을 가리키신다. 인자가 땅에서 죄를 사하는 권세가 있다는 것이 확증되었다. 그는 모든 마귀를 다스리는 권세를 가졌다. 생명을 내려놓고 되찾는 힘이다. 예수님은 대제사장적 기도에서도 아버지께서 모든 육체를 다스리는 '권세'를 주셨다고 하셨다. 요한계시록 12장 10절은 종말의 마지막 재앙에서, 하늘에서 음성이 나서 이제 우리 하나님의 구원과 권능과 나라가 이루어지고, 하나님께서 세우신 '그리스도의 권세'가 나타났음을 증거할 것이라고 말한다. 종종 좌파로부터, 그리고 개인적으로 드 버포트(W. H. de Beaufort)[508]가 잘 알려진 소책자에서 내가 '권력에' 관심이 있다고 덧붙였는데, 이는 정당에 대한 열의의 강한 표현에 불과하다. 게다가 1913년 선거는 그와 같은 사람도 잃어버린 권력을 되찾기 위해 무엇을 하고 싶은지를 가장 설득력 있게 보여주었다.

원리적으로 정당은 정치적 신념을 점점 더 많은 청중에게 전달하는 것을 유일한 목표로 하는 그 어떤 철학 학파도 아니다. 정당은 항상 '응용' 국가론과 국가학을 목표로 한다. 그들은 법과 법의 실천에서 자기의 원리를 내세우기 전에는 쉬지 않고 쉴 수도 없다. 이를 달성하는 가장 확실한 수단 중 하나는 의심할 여지없이 그 원리를 국내에, 특히 유권자들에게 도입하는 것이다. 하지만 이는 '수단'에 불과하다. 그 '목적'은 영원한 것인데, 당의 원리를 국가에 입법화하는 것이다. 이것은 '권력'을 장악하지 않으면 생각할 수 없는 것이다. 확실히 원리를 중시하고 원리를 선전함으로써 권력을 잡으면, 그 즉시 원리를 마구간에 쳐 박아 두는 당파가 생겨나기도 했다. 내가 이미 언급한 바와 같이, 길게 보면 미국의 양대 정당이 그러했다. 이것은 정치 분야에서는 그다지 특별한 것이 아니다. 열정이 있고 원리에 대해 분명한 인식을 가진 정당은 정치권력을 획득하기 위해 출발하지만, 그 이상을 실현하는 데 그 권력을 활용할 뿐이다.

§41. 정당의 협력

정당의 '상호 협력' 문제는 이 권력문제와 밀접하게 관련이 있다. 건강한 정치 상황에서는 이런 문제가 발생하지 않아야 한다. 최근에 루스벨트 (Roosevelt)[509]는 공화당에서 분열을 겪었지만, 미국에서 협력에 대한 요구는 아직 발생하지 않았다. 사회주의 쪽에서는 이미 과거에 작은 별도의 활동을 시작했지만 제대로 작동하지 않았다. 반면에 루스벨트는 그다지 중요하지 않은 지지자들을 끌어들였다. 과장하지 않고 말할 수 있는데, 정치 체스 판에서 단지 두 정당만이 경쟁하는 오래되고 순수한 지위는 사실상 어디에도 존재하지 않는다. 심지어 일본이나 중국에도 없다. 명목상으로나 실제로 헌법상으로만 조직화한 정치 투쟁은, 이제 둘이 아니라 여러 정당이 서로 경쟁하면서 협력과 정치적 결합으로 이어질 수밖에 없다. 그 결합은 두 단계로 나뉜다. 즉, 선거에서 결합으로, 그리고 의회에서 투표할 때의 결합이다. 선거에서의 결합은 지금까지 가장 어려웠다. 원리적으로 국회에서의 투표는 구체적 제안이며, 둘 이상의 진영 간의 협력에 동의해야 하는 구성원의 수가 적고, 협의는 '소위원회'(petit Comité)에서 이루어진다.

반면 국내 여론 조사에서는 상황이 사뭇 다르다. 그러나 기꺼이 협력해야 하는 유권자의 수는 양측에서 수만 명이며, 투쟁이 진행 중인 정치적 문제는 일반적 용어로만 고백할 수 있고, 협상은 회의와 언론에서 공개적으로 진행된다. 해당 국가의 선거에서 이 결합을 취소하기 위해 비례대표제가 하러(Hare)에 의해 처음으로 고안되었다. 이미 1878년에 나는 이 아이디어를 지지했다. 선거 제도에 대해 논의할 때 다시 이것을 언급하겠다. 여기에서 이것은 사상적 동지 정신과 자주적 정당 간의 결합을 더 쉽게 만드는 수단으로만 다루었다. 어쨌든 국회에서 먼저 결정을 내리고 소수에 머물지 '말아야' 할 필요성이 있는데, 의회에서도 다르지 않다고 생각할 수 있으므로 결합하기를 원하지 않는 구성원은 멀리하고 투표하지 않는다. 투표장에 참석한 사람은 반드시 투표해야 하며, 백지 투표는 임명 또는 임명을 위한 지명에만 적용된다. 국민의 대표를 선출할 때 유럽 헌법에서 일반적으로 인정하는 이러한 상당한 변화가 가능할지는 아직 장담할 수 없다. 아직은 프랑스도 이 변화에 목마르지 않다. 당분간 정당의 결합은 국회 밖에서도 계속 논의될 예정이다. 우리나라에서 이 새로운 시도는 현재 실험 중이다. 우리는 그 결과를 기다리고 있다.

§42. 동질 정당

일반적으로 정치적 결합은 사실상 원리적으로 하나인 '동질' 정당 사이에서만 상상할 수 있다고 말할 수 있고, 특별한 근거에 의해 자체적으로 조직된다. 이것은 원리적으로 보수, 진보, 급진파처럼 원리의 정도와 적용의 차이 때문이며 거의 모든 곳에서 볼 수 있다. 물론 '우파'는 이러한 정도의 차이 때문이었지만, 영적인 것과 정치적인 것 사이의 연결에서 나타나는 실질적 차이도 마찬가지였다. 로마 가톨릭은 여기에서 우리 개신교와 일치를 목표로 하지만, 우리 중 특정 집단이 여전히 국가 교회에서 '이익'(heil)을 추구하고 있음에도 불구하고, 교회와 국가는 자체 발전과정에 맡겨졌다. 따라서 원리적으로 하나이고 적용 방식만 다른 이러한 모든 정당이 주요 반대론자에 대해 함께 서서 협의를 요청하고, 같은 후보자를 공동으로 입후보할 준비를 했음은 자명하다. 발생한 갈등으로 인해 일시적으로 실행 불가능할 수 있으며, 지도자와 후보자 간의 개인적 분쟁으로 인해 한동안 그러한 계획이 좌절될 수 있지만, 단독으로 절대다수를 획득할 기회가 없는 경우 선거 세력의 연결을 모색하는 것이 원리라고 말할 수 있다.

그 결합은 여러 종류가 될 수 있다. 그것은 지역적 결합에만 국한될 수 있으므로, 일반 동의 없이도 단일 선거구에서 적대적이고 매우 두려워하는 후보자를 몰아낼 목적으로 선거 위원회의 지역 평의회가 합의에 이르거나, 심지어 위원회 간의 그러한 합의가 없더라도 유권자의 그러한 통합은 여전히 달성될 수 있다. 나 자신도 그런 지역 결합을 찾는 영광을 누린다. 재조정 중에 처음 생성되는 결합은 성격상 느슨하다. 자신의 후보자가 중도 탈락한 경우, 한쪽 상대방이 혼자 싸우게 하거나 둘 중 하나를 스스로 선택하여 지원을 제공하고 가장 불행한 후보자를 선택할 수 있다.

어쨌든 그러한 모든 결합은 늘 각종 역겨움의 원인이 되었다. 결합이 세 정당으로 구성되고, 한 정당의 현직 당원이 다른 두 정당으로부터 끝까지 지지를 받는 경우, 당신의 정당은 속한 지역에서 후보자가 패배할 수밖에 없는 위험에 노출된다. 그러면 당신의 정당은 선거구가 열릴 때만 새로운 기회를 얻을 수 있을 뿐만 아니라, 후보자가 사망하거나 사임한 당이 종종 해당 선거구의 주인이라고 주장할 것이라는 사실도 미리 알고 있을 것이다. 빠진 당원의 영향으로 아마도 유리한 점이 너무 많을 것이다. 그런 해당 지역의 선거단체는 전체 선거 절차를 저절로 실행되는 활동으로 본다. 일반적으로 그러한 지역에서는 손실 위험이 없다. 열정이 식고, 자기 정당의 깃발이 창백해지며, 불과 몇 년 만에 그런 지역 정당의 옛 순박한 생명이 사라진다. 당신은 하원에서 당신의 지역구 의원이 당신의 정강(program)에 반대할 뿐만 아니라, 심지어 토론회에서 그것을 비난하는 방법을 몇 번이고 알아차린다. 그렇다면 다음번에 이 결합으로 인해 당신에게 그런 정강 '투쟁자'를 준비시켜야 한다면, 어떻게 해당 지역의 지지자들에게 계속 영감을 줄 수 있겠는가? 당신이 맞는 위험은 결합에 대한 반대에서 상대 정당이 더 원하지 않는 후보자에게 넘어가서 그를 데려오는 것이다.

적어도 이 모든 선거의 폐단이 비례 대표제를 통해 종식될 수 있다면, 이 비례제는 이미 그다지 중요하지 않은 추천서를 수반한다. 우리는 이것을 더욱 강조해야 하는데, 두 개 이상의 정당에서 정도만 다른 후보자가 있다면 거의 항상 가장 원리적 정당이 죽기 때문이다. 우리 측에서는 이미 1878년에 이를 인정했다. 우리 당의 정강 제21조는 이미 우리 당이 "독립성을 침해하지 않고 미리 정의된 강령에 따라 얻을 수 있는 경우에게만 다른 정당과의 협력을 수락한다"라고 명시하고 있다. 따라서 원리적으로 "1차 투표에서는 항상 우리 자신의 후보자와 함께 나오고, 2차 투표에서는 상황에 따라 행동할 것"이라고 명시하고 있다. 그러므로 우리가 동맹을 피하고 제21조에 더 엄격했던 첫 번째 기간에 주목할 만하며, 이후에도 반혁명당은 계속해서 전진했다. 반면 나중에 결합이 관계를 지배하게 되었을 때에 나타난 후회스럽고 실망스러운 결과는 드문 일이 아니었다. 특히 학교문제의 시대적 필요성이 부득이하게 그렇게 만들었고, 이로 인해 일시적으로 의원 수를 줄이는 것이 아니라 원리적으로 강화하라는 엄중한 경고가 있었다.

§43. 청구서 지급

1901년 이전에는 진정한 의미의 '동맹'은 존재하지 않았다. 우리는 갑자기 출현했다. 1905년 우리는 결합을 통해 강해진 것 같았지만, 1913년 매우 심각하게 쇠퇴했다. 그 이유는 분명하다. 일부 정치적 공리를 공유하지만, 정도의 차이가 큰 세 그룹이 결합하여 세 가지 정강을 'A', 'A+B', 'A+C'로 표시하면 일반적인 일의 진행은 다음과 같다. 'A' 정당이 먼저 오고, 'A+B' 정당이 두 번째로 오고, 'A+C' 정당이 마지막에 온다. 따라서 'A+C'를 강령으로 삼고 있는 우리 당이 매번 후퇴를 강요당하는 일이 반복되었다. 이것은 세 개의 우파 정당 중 하나가 '공동' 선거 정강 작성에 협력하기를 단호히 거부했다는 사실에 의해 설명된다. 이 절대적 거부가 1913년에 철회되었는데, 당시에는 공통의 요구로 제기되었던 것이나 여전히 범위가 너무 작고 모호하며 중요하지 않아 진보할 수 없었다. 따라서 확고한 합의에 기초하지 않는 모든 협력을 원리적으로 거부하는 것이 향후 우리 입장의 요구사항이 아닌지 심각하게 고려해야 할 것이다. 그렇지 않으면 항상 자신의 추종자들을 실망시킬 것이다.

더 심각한 것은 진실이라고 공언하는 것에 대한 열정과 진정으로 고백한 것에 대한 열의가 점점 더 사라지고, '원리를 추구하는' 정당에서 '이익을 추구하는' 정당으로 전락하는 것이다. 미래에는 결함이 선거에서든지, 내각에서든지, 내각 단독으로든지, 지속적으로 추천할 만한 것은 세 당이 각각 평등하게 희생하여, 각 세 정당이 모두 각자의 이익을 얻도록 하는 것이다. 그러면 반혁명당은 여러 문제 가운데 한 문제에서는 적어도 로마 가톨릭당과 기독-역사당에 양보해야 한다. 반대로 두 정당도 각자 확정된 문제에서 우리가 원하는 것에 양보해야 할 것이다. 우리 당이 다른 두 당이 원하는 것을 실현하는 데 항상 협력하고, 우리의 요구가 항상 거부되는 것을 보는 것은 명예로운 결함이 아니라 '보조역할'을 하도록 투입되는 것이다. 그것은 비록 형태는 다르지만, 흐룬 판 프린스터러가 1869년 그토록 열렬히 반대했던 위험이다. 수적으로 상당한 손실 없이는 다른 쪽으로 방향을 돌릴 수 없었다. 하지만 그것을 회피했을 때, 흐룬에게 영감을 주어 기록된 표현은 '회복된 독립'이었다. '수적'으로는 잃었지만, '도덕적 국민의 힘에서는 승리했다'라는 것이 매혹적인 구호가 되었는데, 그때 그 도덕적 승리자는 그것을 자신의 깃발에 새겨 넣었다.

§44. 좌파와의 결합

두 가지를 더 주의해야 한다. 첫 번째로, 원리적으로 반대하는 정당과의 모든 결합은 거부해야 한다. 무조건 '예'라고 대답하는 사람들이 있다. 나는 이 감정을 공유할 수 없었다. 그런데 1894년 그러한 결합의 구상은 타크 판 포르트플리트 장관의 선거법 초안에 대한 반혁명당의 상정에서도 구체화되었다. 여기서 나의 의도는 최소한 우파 정당에 맞서 좌파 동맹을 맺는 것이 아니었다. 오히려 나는 여기에서 제안한 참정권의 확장이 불발되기를 우리 반혁명당 전체에 기대하고 있었다. 호주참정권(Huismanskiesrecht, 戶主參政權)은 이미 수년 동안 정강에 존재했었고, 그 순간까지도 어느 한쪽에서도 원리에 입각한 논쟁은 없었다. 타크 판 포르트플리트 장관이 호주참정권을 적어도 바람직한 형태로 제안했다는 것을 인정해야 하지만, 부정할 수 없는 것은 파른콤버 산더르스(Farncombe Sanders)[510]가 지지했던 영국의 자택투표 제도 같은 것이 우리가 최종 목표로 정하고 나가고 있는 선보다 앞서 있었다는 것이다. 그러나 유감스럽게도 그때 자유당 편, 로마 가톨릭당 편, 기독-역사당 편에서 보수적 세 개 편대가 갑자기 어떤 비용을 치르더라도 타크 판 포르트플리트의 법안을 뒤집기 위해 공식적 합의 없이 결합했다. 이 때문에 나는 어쩔 수 없이 반대 측의 반보수적 당과 합해야 했다. 분열은 더 이상 피할 수 없었다. 분명해진 것은 반민주주의적(anti-democratische) 결합이 생겨났다는 것이다. 이것은 우리 편에서는 더 저명한 가족이 '서민'에 반대해 전투를 불렀고, 다른 편에서는 사회적으로 상류층과 하류층 사이의 대립을 전면으로 부상시켰다. 이것은 1894년 가장 격렬한 행동을 취했던 바로 그 우파가 나중에 훨씬 더 광범위한 참정권 확대에 대해 공감을 표했기 때문에 더욱 치명적이었다.

그것만이 문제가 아니었다. 선거 문제가 결정적이었지만 분열은 사회적 성격을 띠었고, 이로 인해 흐룬 판 프린스터러가 그토록 오래 처절하게 겪었던 쓰디쓴 고통이 재발했다. 그 나라의 자본주의와 귀족주의 권력이 십자가의 깃발을 내리고, 시골에서 작은 중산층과 노동자들 사이에서 빌럼 왕 시절처럼 18세기 말과 19세기 초에 일어난 끔찍한 배교 이후 이제는 조상들의 과거를 꼭 붙잡았던 집단을 찾아야 했던 것은 절대로 부정할 수 없다. 그러나 나는 이것이 공식적으로는 아니지만, 비공식적으로 케르데이크(Kerdijk)[511] 등과 성사된 결합이라고 생각한다. 물론 나는 그 결과가 어떠했는지 보여주었던, 우리나라 좌파 급진주의자들이 정통파들에게 가진 혐오가 너무 독했음을 인정한다. 우리는 그들을 지지했지만, 그들은 우리를 지지하지 않고 오히려 공격했다. 그래서 나는 장관으로서 그러한 결합을 미래를 위한 단절로 여겼는지에 관한 드룩커(Drucker)의 질문에 부정적으로 대답했다. 그런데도 1894년 일어난 일은 동등한 노력의 갱신을 유발하는 것으로 간주될 수 없다고 덧붙였다. 그러므로 신중하게 행동하는 것이 바람직하며, 원리적으로 어떤 것도 허용되어서는 안 된다. 그러나 제도를 바꾸지 않고 투표권을 확대하는 등 엄격하게 중립적인 문제에 대해 협력이 필요한 사건이 다시 발생한다면, 1894년과 같이 이것이 허용될 수 있고 바람직할 수 있다고 분명히 생각한다. 로마 가톨릭 정당도 같은 방식으로 생각한다는 사실은 1853년 그들이 토르베커와 결합하고 심지어 그를 마스트리히트(Maastricht)[512]의 국회의원으로 선출했을 때 명백해졌다. 독일 중앙당(Duitsche Centrum)이 사회당 후보들을 몇 번이고 지원했다는 사실은 잘 알려져 있다.

§45. 파당과의 결합

이것은 완전히 다른 성격의 문제인데, 완전히 비원리적으로 특정 이익만을 위해 행동하는 파벌들과의 협력도 허용되느냐이다. 파벌은 다른 나라에서나 우리나라에서 농업 문제, 노령 연금, 주류, 관세 문제 등과 관련하여 어떤 조직으로 발전했다. 이렇게 불완전하게 조직된 파벌이 원리에 의해 주도될 수도 있으며, 당신이 전적으로 동의하는 원리에 의해서도 가능하다. 알코올의 반사회적 효과는 기독교 정당 중 하나에 속한 사람이라면, 누구나 깊이 생각할 것이다. 주류 사용을 제한하거나 전면 금지하는 문제에 대해 사람들의 의견은 다양하겠지만, 알코올은 국민의 생명을 위협하고, 그에 대한 투쟁을 시작한다는 원리는 보편적으로 환영받을 것이다. 따라서 이 투쟁에는 '원리'가 있다. 이는 '정치적' 원리는 아니다. 습관과 남용의 문제도 도덕적이고 종교적 영역에서 매우 심각한 반대를 야기할 수 있다. 그러나 그 윤리적 힘을 주로 한 가지 좋아하는 점에 집중하는 경향이 계속해서 발생하면, 다른 윤리적 위험을 과소평가하는 유혹에 쉽게 빠지는데 그중에 매춘과의 투쟁이 있다.

또한 종교적으로도 마찬가지다. 종교적 영역에서는 진지한 마음을 가진 사람들이 성화에 대해 특정한 편애를 하고, 국가 생활에 몸을 던질 위험이 항상 존재하며, 노동이 아무리 고통스럽다 하더라도 그 가운데서 직업의 거룩함을 엿볼 수 있다. 여기에서도 일방적 태도는 독립적 성화에 대한 열정을 위협한다. 그런 다음 혼자서 모든 것을 할 수는 없으므로, 윤리적이고 종교적 분야의 일반적인 투쟁을 더 유능한 사람들에게 맡기고, 특정 윤리적 또는 종교적 분야에서 악을 목표로 자기의 잘 집중된 힘을 사용하는 것을 선호한다고 한다. 그런 고귀한 투쟁자는 일단 선택된 영역에 서는데, 그것은 경외심을 불러일으키는 방식으로 강력하다. 다만 그들이 선택한 악은 '그' 악이 된다. 이 예언자들의 말을 듣고 있노라면 점차 악과 선에 대한 더 깊고 근본적 개념에 대해서는 거의 무관심하게 되고, 그들이 선택한 골리앗에게 치명상을 입혀 죽이는 데 성공하기만 하면 비참한 상황이 우리를 떠나고 아무 문제가 없는 구원이 우리를 기다리고 있을 것 같은 인상을 받는다.

이것이 술과 노령 연금, 관세 또는 농민 조합에서 추방할 수 있는 적이나, 추월할 수 있는 동맹에 적용되든지 아니면 같은 위험이 정치적 관계의 건강을 위협하게 된다. 편파성이 찾아오는 것이다. 옹호되는 한 이익과 비교할 때, 다른 이해관계가 다가온다. 그리고 특히 나라의 일반 정책은 거의 고려의 대상이 아니다. 그러한 논쟁가와 변증가는 일반 정치 투쟁에 참여하지만, 심각한 뇌수종을 앓고 있는 신입사원처럼 일한다. 그들은 거의 모든 것을 그들이 선호하는 한 가지 관점으로 보며, 그것을 위해 희생한다. 그들은 그것에 전념하며, 다른 모든 것을 부수적인 일로 치부한다. 만일 정치적인 버스에 자기가 원하는 사람과 자리를 차지해 머물고 싶다면, 운전대는 그들의 창고에서 가져와야 한다. 그들이 최선을 다해 모루를 끊임없이 망치로 두드리는 것만으로도 일면 관객들에게 황홀한 음악을 선사한다.

정당이 그러한 일방적 투쟁의 기치 아래 용병 등록에 몰두하면 미래를 잃고 만다. 정당은 그들의 권위의 근원을 설명하는 원리로 살아야 한다. 그러나 내가 앞에서 지적한 것과 같은 질문에 정당이 휘둘려서는 안 된다는 결론은 아니다. 정치적 원리에 대한 일관된 성찰은 사회 복지에 영향을 미치는 모든 질문에 대한 확고한 통찰력과 명확한 관점을 제공할 것이기 때문에 그 반대가 사실이다. 다만 발이 머리를 섬기고자 해야 하고, 마찬가지로 정당에서도 지도부는 항상 정치 원리에 충실해야 한다. 이것을 고수한다면, 의도한 목표의 단일 지점에 힘을 집중하는 새로운 집단이 지속적으로 등장한다는 사실에 환호를 보내야 한다.

노력의 차별화는 종종 효과를 증가시키기도 한다. 일반적인 경우 직관적 관점이 모든 사람에게 부여되는 것은 아니다. 사회적 활동의 전문화에 저항하려는 모든 시도는 실패할 뿐만 아니라, 이윤을 제공할 수 있는 많은 것에 손해를 입힌다. 그리고 정당 제도와 관련하여 모든 것을 결정짓는 것, 즉 정당이 더 특별한 사회 윤리적 문제에 무관심한 것이 그러한 사회적 이해관계의 지지자들이 금지된 것을 하고, 때로는 자신의 후보와 함께 선거에서 한번 자신을 알리기도 하는 이유이다. 따라서 자신의 시대를 이해하려는 건전한 정당은 이러한 사회적 문제 중 어떤 것이 제기되어야 하는지 알기 위해 항상 당원의 말에 귀를 기울여야 한다. 그러나 정당은 그러한 이익에 관해서도 일방적 열광주의에 휘둘리는 것을 허용하지 않고, 자신이 생활하는 원리에서 스스로 끌어낸다는 점을 항상 이해하고 있다. 사회적 이익에 영향을 미치는 그러한 모든 문제는 국가 전체의 위생과 관련이 있음을 잊지 말아야 한다. 우리나라의 반혁명당은 이 점을 절대 간과하지 않았다. 알코올 위험과 관련하여 백신 접종, 일반적 위생과 관세와 관련한 농업 등에 관해서는 절대로 불확실한 소리를 내지 않았지만, 정치 지도부가 이 점들 역시 절대 포기하지 않고, 항상 정치 원리와의 연결을 최우선으로 생각했다.

§46. 정당 조직

다른 정당이나 파벌과의 협력 후에는 저절로 '정당 조직' 문제가 제기된다. 내가 이미 말했듯이 조직은 다른 정당들 사이에서뿐만 아니라, 우리 모임에서도 처음에는 상당히 무시되었다. 1872년 처음으로 좀 더 광범위한 선거 작업에 참여할 수 있었을 때, 나는 실제로 거의 아무것도 알지 못했다. 내가 발견한 것은 최소한의 회원을 가진 비교적 적은 수의 선거 단체뿐이었다. 흐룬 판 프린스터러가 선거 운동을 시작한 당시의 잡지 "네덜란드인"이 중단된 후, 우리에게 언론이라고는 교회 주보 외에는 아무것도 없었다. 1872년 당시 통과한 "드 헤라우트"만이 정치적 토론을 위한 별도의 지면을 갖고 있었다. 스힘멀페닝크 판 드르 오이여(Schimmelpenninck v. d. Oije)[513] 남작이 편집장이 되었는데, 그는 나중에 여왕이 임명한 위트레흐트 주 지방장관이 되었다. 소수의 선거 단체를 위한 공동 활동의 중심이 되는 일종의 중앙 위원회는 찾을 수 없었다. 각자 자신의 나침반을 타고 떠다녔다. 그러나 서너 개의 지방에는 능숙하고 신뢰할 수 있는 항해사들이 있었는데, 그들은 선거협회의 배에 승선했다. 만약 출항할 수 있었다면, 이 영감을 받은 사람들이 우리에게 제공한 것에 감사할 정도로 감사할 수는 없었겠지만, 전국에 조직처럼 보이는 것이 한번에 없어졌다.

하지만, 만약 원한다면, 흐룬 판 프린스터러가 선거철에 개인적으로 접근하면서 신뢰할 수 있는 사람들을 소집하는 습관이 있는 한, 그런 성격의 '무언가'가 있었다. 그는 그들 가운데서 가장 중요한 그의 생각에 관해 설명했고, 그가 가진 구상에 대해 동의를 구했으며, 의회와 논의하기를 선호했다. 전국기독학교교육협회는 교육 협회에 불과하지만, 그런데도 정치적 보조 사역을 수행했다고 말할 수 있었다. 그러나 이 모든 것에도 독립적 정치 조직이 전혀 없었으며, 곧 모든 선거협회(나는 그렇게 부름)는 자신들의 나침반을 가지고 선거의 수역을 떠다녔다. 1872년에는 아직 조직의 필요성이 너무 적었고, 여전히 위트레흐트는 그러한 조직을 설립하기 위해 전국에서 모이라는 첫 번째 소환에 거의 응답하지 않았다. 위트레흐트의 '예술과 학문'이라는 작은 홀 중 하나에서 단지 30명의 사람이 함께 모였지만, 의외의 성공을 거두었다. 의심할 여지없이 자유당은 그 당시에 이미 조금 더 앞서 있었다. 특히 대도시와 북부 지방에는 당시 자유당 측에서 이용할 수 있는 선거인단이 이미 상당히 많았고, 이 선거인단 사이에 상당히 느슨한 연결이 있었음이 분명하지만, 그중에서도 국민에게서 나온 활동은 아직 많이 거론되지 않았다.

사실 그리 크지 않은 정치적 운명 결정자들의 집단이 다가오는 모든 선거를 지휘 감독했고, 일의 진행을 그들이 원하는 노선으로 이끌었다. 특히 지방과 주 선거는 정치적 귀족으로 하여금 권력을 유지하거나 획득하도록 자극했으며, 자연적으로 보수당의 조건에서 그들의 시들고 쇠약해진 동지의식도 마찬가지였다. 1848년 바로 전후에 정치적 생명이 있었다. 1853년 4월에 주교의 선거 운동 개입에 반대하는 운동이 일어나면서 국민의 정치의식이 일어났다. 그러나 60년대에 다시 잠들었고, 70년대가 시작되었을 때 먼저 아처[514]가 우리를 다시 잠에서 깨웠다. 그 이후 정당조직도 우리에게 오늘의 문제가 되었다. 무엇보다도 높은 재산평가로 조직을 저지했다. 1887년에야 한 사람이 70년대부터 우리에 의해 가차없이 사형을 언도받은 후 붕괴된 재산평가가 사회주의자들에 의해 촉진된 것을 발견했다. 또한 우리는 그 당도 (사회주의자들에 의해) 힘을 얻었다고 본다.

이에 반혁명당은 뒤처지지 않고 앞서갔다. 카페이너 판 드 코펠로의 '예리한 결의안'(Scherpe Resolutie)은 우리에게 자극을 주었고, 이미 1878년 우리는 잘 정리되어 우리의 신성한 법을 위하여 무장했다. 그러나 그런 '예리한 결의안'에 대항한 중요한 활동이 당시 이미 등장한 대의원 회의가 아니라, '기독-민족당'에서 나왔다는 약점이 있었다. 나중에 사보르닌 로만(Savornin Lohman)[515]이 기독-역사당에서 은퇴하자, 판 베일란트(Van Bijlandt), 판 데이덤(Van Dedem), 심지어 드 히어르 판 유파스(De Geer van Juffas) 교수가 당시 기독-역사당에 가입했다. 하지만 훨씬 더 일찍 위트레흐트에서는 '분리주의자'가 흐룬 판 프린스터러에 대항했었다. 이 교수가 서두에서, 흐룬이 너무 귀족 출신이고 1894년에 지나치게 민주적 색깔로 반혁명당과 싸우기 위해 기독교 귀족정치와 협력했다는 것을 말하지는 않는다는 것은 이상한 점으로 남아있다.

내가 지적한 세부 사항은, 우리 당의 초기에는 조직에 관한 연구가 거의 이루어지지 않았다는 것이다. 일찍이 1846년에 반혁명당이라고 부를 수 있는 어떤 것이 '알 속에' 있었지만, 1878년이 되어서야 우리 당의 원리 강령이 수립되었다. 사반세기 넘게 사람들은 어떤 방향으로 가야 하는지 알고 있었고, 동쪽으로 보내면 프리메이슨(Vrijmetselaar)이라고 말하지만, 케이프 주변의 포르투갈 사람이든, 16세기 헤임스케르크(Heemskerck)[516]와 함께 노바 젬블라[517] 주변을 항해할 것인지는 아직 비밀이었다. 그것은 톨런스(Tollens)가 그의 '노바 젬블라'에서 노래한 것과 거의 비슷했다.

또 다른 못된 회사가 헤임스케르크에게 달려들려고 했다.

그는 자기 밤을 깨우고, 종일 사색에 잠겨 있다.

그는 지구를 탐구하고, 바다를 항해하며, 그것들을 녹여버린다.

그는 얼어붙은 북쪽을 지나 불타는 동쪽으로 가고 싶어 한다.

그들은 서재에 앉은 채 시민에게 다가가지 않았고, 실천적으로 그리 멀리 나가지 못했다. 결국, '추위 가운데 겨울을 보내면서' 무언가를 얻었다.

§47. 민주적 요소

우리 국가 생활의 '민주주의적' 요소가 우리 사이에 더 강력한 영향을 미치기 시작했을 때, 비로소 우리 정당 조직은 비록 그것이 있어야 할 모습과는 아직 거리가 멀었지만, 스스로 자리를 잡았다. 그 당시 보수주의와 진정한 의미의 민주주의적 열망 사이의 투쟁은 아주 오랫동안 우리 가운데 남아 있었다. '민주주의적'이라는 것은 '중우정치적'[518]인 것과 같은 개념이 아니다. 근본적으로 반대되는 개념이며, 거주민의 하층만이 '국민'을 구성한다는 비뚤어진 견해만큼 당시의 정치 상황을 왜곡한 것은 없다. 국민은 우리 모든 동포의 총체적 복합체를 요약한 이름이다. 정부는 그 정부가 왕족이든, 연방 정부이든, 시의회이든 간에 '국민'과 구별되지만, 일반적인 의미에서 볼 때 '국민은 모든 주민으로 구성되어 있으며', 가장 가난한 노동자와 부유하고 학식 있는 계층, 모든 백작과 남작과 귀족이 모두 함께 이 네덜란드를 구성한다. 따라서 보수적이든 급진적이든 상관없이 '국민' 사이에서 헤아릴 수 없을 만큼 높은 지위에 있는 상위 계층의 주민들과 멸시받는 일반 노동자, 상점주인, 관리 등의 대중을 분리하려는 생각은 잘못이다. 심지어 사회민주당은 그들의 주요 기관을 헛 폴크(Het Volk, 국민)라고 부르기까지 했는데, 결국 노동자 계급과 임금을 받는 계급 전체만을 '국민'(het volk)에 포함시켰다. 그 영역의 바깥에 서 있는 것은 잎과 꽃의 애벌레, 아니 오히려 토속식물(volksplant)의 개화를 가차 없이 가로막는 곤충에 불과했다.

이러한 왜곡된 견해는 1648년경 우리 조상들 속에 깊숙이 파고들었다. 그때 국민을 통치하던 사람들은 영주들이었다. '영주들이 가리키는 대로,

우리는 그것을 칭송해야 한다'라는 문구가 표어가 되었다. 이것은 부유층을 포함한 상류층에 의한 조국의 보수적 지배로 이어졌다. 이 '영주들'이 지배하는 대상을 당시에는 백성이라고 불렀다. 그리고 나중에 이 오해를 받은 집단이 정치적 유대를 풀고 무모하게 목소리를 냈을 뿐만 아니라, 권력을 독점하고자 했을 때 이 혁명적 소동으로 인해 민주주의의 명성은 상실되었다. 나는 이에 대해 처음부터 저항했다. 여기서 '데모스'(dêmos)는 주민의 하위 부분이 아니라, '국민 전체'이다. 헤로도투스가 이미 데모스라는 단어를 부유한 사람, 뚱뚱한 사람과 관계있는 '유다이모네스'(eudaimones), '파케에스'(pacheës)의 반대개념으로 사용했다는 것은 아주 분명하게 확인된 것이다. 하지만 매우 일반적 표현인 '데무 아네르'(dêmou anêr)는 정부와 대조되는 종을 의미했다. 동물 세계에도 대량이라는 의미로 데모스라는 단어를 사용했다. 그리고 그리스인들 사이에서 데모스에 대한 과소평가가 무엇이든 간에, 기독교 국가에서는 이스라엘 '백성'이라는 개념을 통해 열등한 사람들이라는 의미를 철저히 배제했다. 그래서 우리 기독교 사회에서는 절대로 부자와 구별된 하층 노동 계급만을 국민이라고 '정의할 수' 없다. 가게에서 점원이 계산대에 서 있지 않을 때, 손님이 "계십니까!"(Volk!)하고 부르는 것은 이 단어의 일반적 의미를 잘 증명한다.

그러므로 내가 강조하는 것은 이것이다. 나에게 '민주주의'는 권력을 하층 계급에 넘긴다는 의미가 아니다. 오히려 모든 계급과 지위를 포함한 '전체 국민'의 정치 서사에 참여한다는 의미이다. 이것은 정당 조직에 매우 중요한 문제이다. 역사적으로 정당 조직은 두 가지 매우 다른 방향을 택했다. 더 영향력 있고 더 많이 교육을 받은 집단이 그 자리를 차지하기를 바라는 한, 조직은 전 국민이 참여하도록 허용하기를 원했던 것보다 훨씬 더 엄격한 형태를 취했다. 앞에서 언급한 조직에서 선거인단은 대도시에 더 많이 구성되었으나 그 구성원은 여전히 낮은 지위였으며, 회의에는 거의 전적으로 학계나 정치적 지위의 사람들이 참석했고, 하위 계층의 유권자는 양들처럼 따라온다고 간주하였다. 반면에 더 민주주의적 조직에서는 선거인단이 곳곳에 형성되었으며, 때로는 가장 작은 마을에도 노동자와 주인이 모두 이 협회의 회원 자격을 신청했고, 지방 출신의 단순한 사람들과 학식 있는 사람들도 있었다. 사회 통치자들과 사람들이 사방에서 모였다.

우리나라에서 적어도 반혁명당에게는 후자의 방법이 유일하게 그럴듯해 보인다고 말할 필요가 없다. 학자들과 통치자들 사이에서 오직 오아시스만을 자랑할 수 있고, 그 거대한 구성에서 당의 지지자들이 대부분 시골 주민들, 중하층의 서민, 일용직 노동자와 궁핍한 사람들로 구성된 반혁명당에게는 더 넓은 범위의 군중을 지배하고 군림하는 그런 조직은 전혀 쓸모가 없다. 누군가는 그것을 시도할 수 있지만, 누군가는 내가 처음 등장했을 때 하우다[519]와 심지어 암스테르담에서 발견한 것처럼 무의미하고 영향을 받지 않는 선거 단체를 얻었다. 구호도, 정강도, 기관도, 현금도 없는 몇몇 귀족들의 인쇄용 식자기 같은 선거 단체였다. 나는 우리가 따랐던 방법이 더 보수적 분파에 유용할 수 있는지에 관한 판단을 유보한다. 그리고 사람들이 귀족주의적 정치를 우선하여 조직했다는 것을 이해하지만, 나에게 민주주의적이라는 개념은 모든 계급과 지위를 아우르는 것이며 항상 거침없이 요구하는 기구이다. 사실 내가 더 일반적으로 확신할 수 있는 것은, 귀족주의적 조직이 더 높은 지위와 계급만이 대부분의 정치적 영향력을 행사하는 나라에서 자기 자리를 찾는다는 것이다. 그리고 그렇지 않은 국가에서는 모든 정당 중에 새로운 '개발'보다 기존의 '보존'에 더 관심이 있는 작은 집단에 적합하다. 반대로 민주주의 정당 조직은 당연히 전 국민이 참여할 권리가 있으며, 나아가 이것이 사실인 모든 국가에서, 특히 진보적 정치가 발전한 정당에서는 민주주의적 정당 조직이 지배적이다.

§48. 민주주의의 위험들

정당의 민주주의적 조직에 수반되는 위험들을 결코 간과해서는 안 된다. 정당에서 과학적, 사회적, 정치적으로 우월한 지지자들의 의견을 당원에게 강요하는 데 혈안이 된 조직은 사실 추천될 수 없다. 조직의 모임은 훨씬 드물어 상호 협의를 통해 같은 해에 여러 번이라도 어려움 없이 모임을 할 수 있다. 200-300명 이상의 인원이 참석하는 경우는 극히 드물어 진행과 토론이 쉽다. 그러한 회의의 토론은 세부적 질문에 더 깊이 들어갈 수 있다. 그리고 그런 회의에서는 종종 어조가 매우 차분한데, 이는 특히 우리나라에서 열정적으로 젖을 떼기를 선호하는 사람들의 특징이다. 반면에 더욱 민주주의적인 조직, 즉 독점적이거나 주로 소수의 지위에서 형성되지 않고, '모든' 지위에 있는 '전' 국민으로 구성된 조직은 항상 많은 대중과 함께 운영되어야 한다고 강력히 반대한다. 따라서 드문 회의는 대중에게 피해를 줄 수 있다. 그리고 대규모 회의에서는 세부 사항에 대한 깊은 분석과 신중한 고려가 배제되는 경우가 많다.

　또 다른 반론도 놓치지 않고 지적해야 한다. 대중 속에서 스스로 작동하는 민주주의 조직에서는 지도자의 한 사람의 영향력이 토론과 투표를 너무 독점적으로 지배할 위험이 있다. 이것은 미국의 맥킨리(McKinley)[520]와 루스벨트에게서, 그리고 영국에서는 글래드스턴과 체임벌린에게서 볼 수 있다. 그래서 나 역시 야당뿐만 아니라 반혁명당과 대의원회의에서 고삐를 너무 꽉 쥐고 있다는 비난을 받기도 했다. 이점에 일리가 있다는 것은 조금도 부정하지 않겠지만, 이것은 세 가지 상황에서 나오는 자연스러운 결과라고 말하고 싶다. 첫째, 조직이 나에게서 나왔다. 둘째, 내가 거의 반세기 동안 우리 기관지의 편집장이었다. 셋째, 1872년 이래로 너무 빨리 성장했기 때문에 내가 대의원 회의를 이끄는 것이 매우 어려워져 한 번밖에 인도하지 못했다. 이로 인해 때때로 내가 나침반의 한 줄을 놓쳤다는 것을 조금도 부인하지 않는다. 그리고 이것이 특히 당의 다른 저명한 지도자들을 자극했다는 것을 인정한다. 그렇지만 나는 누가 이것에 대해 나에게 강경하게 공격할 때에도, 그도 내가 자주 직면했던 작업이 얼마나 어려웠는지를 고려하라고 말하겠다. 그러므로 나는 조금도 자신을 결백하게 섬겼다고 말하지 않았다. 내가 열심히 노력하지 않았다면, 실험이 잘 이뤄진 정당이라는 배가 침몰할 수 있었다는 것을 정당하게 간청한다.

§49. 자유와 일치

민주주의적 조직은 자동으로 모든 정당에게 어떻게 그리고 어떤 방식으로 그 나라의 당원들이 최대한 많이 참여할 수 있도록 하면서도, 중앙적 활동의 일치가 항상 완전한 수준에서 유지될 수 있는지에 대한 매우 어려운 문제를 제기한다. 정당이 번성하려면 둘 다 필요하다. 전국의 모든 집단이 가장 넓은 범위에 참여할 수 있어야 한다. 하지만 지금까지 분산된 세력은 궁극적으로 하나의 중앙 활동에서 정점에 도달해야 한다. 이 목표는 우리 조직에 '집행부'가 없음을 말함으로써 시도되었다. 우리 선거 단체는 '통치를 받아야' 할 대상이 아니라, '인도를 받아야' 할 자유인이었다. 따라서 중앙 집행부가 없고 '중앙 위원회'가 있다. 즉, 위임자가 아니라 수임자이며, 사명 부여자가 아니라 사명 수혜자이다. 둘째, 매우 유사한 의미에서 회원 총회가 아니라 대의원회의다. 대의원(Deputaat)은 '임무를 맡은 대표자'라는 의미가 있는 교회 영역의 옛 네덜란드 명칭이다. 사람들은 또한 도로와 수역 조사를 위해 위임된 위원회가 개최한 정치적 대의원 심의회에서(Utrechtsch Plakkaatboek의 목록 참고) 알고 있었지만, '대의원'이라는 단어는 여전히 교회 조직에서 바람직하게 사용되었다. 이제 이 단어는 위원(Gecommitteerde)이나 대의원(Afgevaardigde)보다 더 높은 지위를 차지하게 되었으며, 그 이름 자체에서 지역 선거 협회가 입헌 의회였으며, 이 의회의 판결과 별개로 그러나 그 판단과 관련하여 대리인은 중앙회의에서 활동해야 했다. 중앙 위원회는 '통치하는' 곳이 아니라 '섬기는' 곳이었다. 나는 커다란 중앙의회를 전국 수백 개의 작은 집회와 분리하여 생각하기를 원치 않았고, 그 나라의 영혼을 움직인 것을 정치적으로 표현했다.

이것이 몇 시간 동안만 함께 있는 2천 명 이상의 사람들로 구성된 중앙회의에서 저절로 이루어질 수 없다는 것은 분명한 사실이지만, 이것으로 인해 생긴 간격을 메울 조치가 결정되었다. 중앙 위원회가 모든 선거인단에 사전에 서면으로 제안서를 보내 그들이 독립적으로, 그리고 각자의 경우에 따라 평가할 수 있도록 했기 때문이다. 간혹 하원 해산 당시 하루가 너무 짧아서 이 제도가 제대로 작동하지 않을 때도 있었지만, 원리적으로 중앙 위원회의 제안은 적시에 모든 선거인단의 손에 들어왔고, 500에서 600개의 국내 선거 협회는 이러한 제안을 검토하고 평가하여, 비판점을 중앙 위원회에 서면으로 통보했다. 그런 다음 이 위원회는 접수된 반대 의견을 고려하고 평가했으며 필요한 경우 조치를 취했다. 이러한 방식으로 한편으로는 국내 모든 선거인단을 제시간에 파악하고 의제에 대해 알리며, 이에 대한 예비 판단을 유도함으로 목적을 달성한다. 그리고 다른 한편으로는 전국 선거인단 과반수가 제안된 노선을 따를 의향이 있는지 여부는 대의원 회의에 자체적으로 나왔다.

이처럼 완전히 자유로운 기반 위에서 조직되었지만, 그런데도 이 조직은 항상 당의 단결을 매우 강력하게 조명해 왔다. 당의 결정은 거의 구별 없이 항상 만장일치로 내려졌고, 논쟁이 있는 곳에서는 결코 시간문제가 아니었지만, 제안된 결정은 항상 압도적인 다수결로 결정되었다. 지역 조직 단계는 어느 정당도 성숙하게 발전시키지 못했다. 때로는 지방 조직이 둘 이상의 당사자에게 해로운 영향을 미치기도 한다. 우리 당도 일반적으로 충분한 조치를 취하지 않았으며, 한 번은 무죄로 판명되지도 않았다는 점을 인정해야 한다. 가령 제일란트에서 우리 당은 항상 앞장서려고 노력했으나, 결국 이 주의 모든 지역구를 잃게 되었고, 심지어 미덜부르흐(Middelburg)까지 잃었다. 그전에 우리는 4개 지역구를 가지고 있었지만, 1913년에는 한 명도 없었다. 물론 이것은 잘못된 의도 때문도 열의가 부족해서도 아니었다. 지방의 신경을 과도하게 긴장시킴으로써 제일란트와 당의 중심적 활동이 항상 저절로 연결되는 것은 아니었다. 반면에 흐로닝언과 프리슬란트, 그리고 부분적으로는 북홀란트에서는 지방 중간 연결이 필수 불가결했다. 한 지방에서는 중앙 생활이, 다른 지방에서는 지방 생활이 부각된다는 것은 부인할 수 없다. 따라서 지방과의 연관성을 완전히 밝히는 것은 바람직하지 않은 것 같다. 하지만 그 중요성을 과장하지 않으면서 각 지방에서 대표자들에게 지방 상황에 따라 활동하도록 남겨두었다.

§50. 자금 충당

한 정당의 조직을 위해 중요한 것은 자금 문제이다. 우리의 첫 번째 기간인 1870년부터 1887년까지 우리가 거의 독점적으로 하원 의원직에 합류했을 때, 이 사안에 대해 거의 이의가 없었다. 대부분은 4년에 한 번만 더 무거운 짐을 지기만 하면 된다. 또한 중앙 위원회에 위탁된 추가 기부금이 상대적으로 많이 있어서 경비를 아껴 충당할 수 있었다. 특히 헌법 제76조에 따른 유권자의 범위가 1887년 헌법 80조에 명시된 유권자에 비해 훨씬 더 작았다. 그러나 상황이 바뀌었다. 첫째, 그 이후로 유권자 수가 3배 증가했다. 둘째, 주와 시의회 선거도 집계되기 시작했다. 셋째, 1894년 많은 부유한 사람들이 우리를 떠났다. 그리고 넷째, 훨씬 더 광범위한 규모로 발전된 반대 경쟁으로 자금 문제는 모든 정당이 극복하기 가장 어려운 문제 중 하나임이 확실해졌다. 그 이유는 선거에서의 투쟁이 순전히 정치적 성격을 띠고 있는 것만이 아니라, 1913년에서와 같이 '이익'의 문제가 그 투쟁을 쉽게 방해하고 지배하게 되었기 때문이다. 당시 외국 자본가들과 식민 토착 도공들조차도 관세 투사들의 금고를 잔뜩 채워 넣었다는 사실을 부인하기 어렵다. 이해 당사자들은 백배나 되는 재정적 피해를 막기 위해 최소한 1.5톤의 금을 좌파 정당의 이익을 위해 희생했다. 반혁명당과 같이 일반적으로 덜 부유한 정당이 이에 대처할 수 없었음은 물론이다.

그런데 이제부터 우리 당의 확신 있는 지지자들에게 더 큰 희생을 요구해야 한다. 기부금은 아무도 배제되지 않도록 대체로 극히 낮은 금액으로 맞춰졌다. 당 조직에 대한 민주주의적 개념이 자연스레 이바지하는 것은 모든 지위와 계급이 하나의 공동 목표를 향해 움직일 때 모든 사람이 평등하게 같은 기부금을 내는 것이 아니라, 선거 조합의 각 구성원이 자신이 속한 사회적 계급에 따라 기부하는 것이다. 필요한 경우 가장 낮은 기부금은 주당 0.5센트로 떨어질 수 있고, 상위 계층도 연간 10길더 미만으로 유지된다. 그 중간에 4개의 등급이 0.5길더, 1길더, 2.5길더, 5길더의 기부금 종류가 있다. 이 바탕 위에 조직하고 회원 수를 늘리기 위한 노력을 아끼지 않는다면, 일반 지역 선거 전에 먼저 도착하게 될 것이다. 반면에 상원 의원 구성과 하원 의원 구성을 각각 통제하는 지방 또는 일반 선거에 접근한다면, 그러한 적은 기부금으로는 충분하지 않다. 따라서 영국과 미국에서 그러한 총선이 얼마나 다른지 너무나 잘 알려져 있다.

정당이 청구하는 합계는 수백만 길더에 달하고, 다시 수백만 길더에 이른다. 드물지 않게 당원 한 명이 1톤 이상의 금을 제공하며, 좌파와 우파 언론에서 위대한 자본가들이 그러한 엄청난 희생을 감수하도록 설득할 수 있다는 사실이 최근에 밝혀졌고, 기사 작위나 귀족 계급에서 높은 명성을 얻었으며, 정당이 이기면 왕실에서 따랐다. 영국에서는 금전적 요소가 전능해지지 않도록 법적 금지를 도입할 필요가 있었다. 일반적으로 우리는 부유한 사람들 사이에서 계급과 지위에 따라 그러한 헌물을 바치는 경향이 없다. 그런데도 우리 중에 희생하려는 정치적 의지도 꾸준히 높아져야 할 것이다. 알바(Alva)는 10페니를 요구했다. 이스라엘에서 십일조는 여러 방법으로 고정되어 있었다. 그리고 적어도 4년 동안 계산할 때, 우리 사이의 정치적 기여는 연간 수입에서 일정하게 고정된 페니로 설정되지만, 그 후에는 4년에 한 번만 설정된다. 재정적 헌물에서 위축된 정당은 정치적 빈곤에 시달린다. 금전적 요소만 '유일하게' 작용할 수 없다. 이것이 중요 요인이 된 것처럼 정당을 타락시키기까지 하지만, '요인'으로 '고려하면' 재정적 요인을 매우 확실하게 만든다. 이 정치적 다리를 질질 끌게 만드는 정치 정당은 절룩거리며 걷게 된다.

§51. 후보자 지명

'후보자 지명'은 지역구 선거 협회에 전적으로 맡기지 않는 것이 좋을 것이다. 사회민주당에서는 우리와 다른 정당에는 절대로 이뤄질 수 없는 중앙 지도부의 폭정이 지배하고 있다. 그러나 우리나라에서도 지역, 심지어 지역 선거 협회는 그것이 더 큰 조직, 즉 그 나라의 '정당'이 기능하는 구성원이라는 사실을 거의 잊었다는 것을 인정해야 한다. 이 점에 대해 우리 사이에 불평할 것이 별로 없었다. 대체로 중앙 위원회의 집행위원회에 문의하는 것이 좋다. 그러나 협의 없이도 입후보 자체를 기각하는 것이 가능하다고 판단되는 예도 있었고, 지금은 내가 보기에 가능한 한 최대한 선택의 자유를 각 선거구에 맡겨야 하지만, 중앙 위원회와의 협의에서 제외되면, 장기적으로 없어서는 안 될 당의 결속이 파괴될 것이다. 그러한 협의는 정당이 매우 다른 사회 계층에 속하는 구성원으로 구성될 때 더욱 높이 평가되며, 특히 반혁명당이 그렇다. 사민당이 특히 노동자 계급이나 임금을 받는 계급과 다른 사회 집단 사이에 만들어 낸 긴장 속에서, 다른 정당의 구성원들 사이에서도 양측 모두가 쉽게 자기 집단의 후보자를 갖고자 한다. 그런 다음 그러한 욕망이 방종이라고 널리 판단되어 한 지역에서는 노동자 계급에서 후보자를 선택하는 바람이 받아들여졌고, 다른 지역에서는 압도적 다수의 변호사, 제조업체 또는 어쨌든 더 높은 사회적 지위에 있는 사람을 선택하는 것이 받아들여졌다.

그러나 사회적 신분이 낮은 후보자가 있는 선거구에서는 부유층 사이에서 불만이 표출되는 경우가 너무 많았고, 그 반대의 경우 사회적 지위가 높은 후보자의 출마에 대해 항의하는 때도 있었다. 임금 노동자 진영은 선거 협회에서 '자신의' 후보자가 승리하게 하려고 노력했지만 헛수고였다. 굴복하고 나서 실망한 진영이 합류했지만, 그런 잠재적 불화는 간혹 선거에서 우리에게 피해를 줬다. 사회적으로 고위급 유권자들은 종종 협조에 실패하여, 사회적으로 낮은 후보자가 한 정당의 수적 힘에 따라 받아야 하는 것보다 적은 표를 얻었다. 반대로 낮은 계급의 유권자들은 지역구가 더 높은 사회적 후보의 승리를 위해 노력할 때, 때때로 무시당하고 관심을 받지 못한 채로 남아 있었다. 위험은 더욱 심각했다. 상대방은 그런 사소한 견해 차를 알아차릴 정도로 촉각을 곤두세우고, 그것을 감지하는 즉시 기저 집단의 감성을 자극하고 그 집단은 이에 쉽게 휘둘리기 때문이다. 특히 자유 보수당원들은 더 부유한 반혁명 유권자들에게 자기 당원의 몸을 따뜻하게 하려면 무엇을 할 수 있는지 물었고, 사민당은 그들을 다시 자극했다. 우리 당원들은 부귀한 군주의 승리한 병거에 탄 말과 같이 항상 자기 자신을 구속하지 않게 한다. 우리 회원들이 원리에 대한 신성한 열정을 아는 지역에서는 이것이 중요하지 않을 수 있지만, 우리나라 일부에는 이것을 원하는 곳에 위임하는 곳도 있다. 그래서 중앙 위원회의 어떤 영감 같은 것은 사치가 아니다.

§52. 후보자

더욱 주의해야 할 사항이 있다. 한 선거구에서 다른 선거구를 훔치는 것을 선호하는 후보자가 있다. 잘 알려져 있고 일반적으로 인기가 있으므로 자기 주도적인 후보자가 있는데, 그가 일단 후보자가 되면 선전을 할 필요가 거의 없다. 그러한 후보자에게는 많은 말이 필요 없다. 그들은 직접 와서 최고의 옹호자보다 말로 더 많은 영향을 미친다. 그러한 후보자가 둘 이상의 선거구에서 선출되고 선출된 사람이 포기한 선거구에 대해 두 번째 투표가 제공된다. 그런 다음 새로운 후보자를 찾아야 하는데, 그 사람은 아마도 명성을 덜 얻게 될 것이다. 두 번째 대결에서 열정이 부족하여, 실패할 경우 얻었을 자리도 잃게 된다.

그렇기 때문에 여러 지역구 간의 일반적 협의가 항상 바람직하다. 각 선거구는 일반적으로 선거 승리에만 전적으로 의존한다. 사람은 상대 후보를 이기고 권좌에 앉고자 하는 열망으로 불타고 있다. 이것이 성공하면 사람들은 만족하고 국가에서 당의 이익에 대해 더는 묻지 않는다. 반면에 중앙위원회는 다른 자료로 계산한다. 하원의 구성을 고려하고, 하원에서 우리 당이 원하는 결과로 할당된 임무를 수행할 수 있기 위해 구성되어야 하는 요소가 무엇인지 궁금해 한다. 여기서는 지방 협의회에서 선택을 결정하는 것과는 완전히 다른 필수 사항에 대해 논의한다. 모든 정당의 모임에는 훌륭한 연설자이기도 한 하원의 지도자가 필요하고, 그 옆에 그의 부재 시 그를 대신할 수 있는 사람이 필요하다. 또한 모든 모임에는 베틀 푸는 사람, 현미경 관찰자, 계산기와 같은 세부적인 사람이 필요하다. 그리고 요구사항으로 간주되지 않을 수도 있는 잘 구성된 의회 모임은 어떤 정당이든 상관없이, 다양한 분야의 전문성을 가져야 한다. 외무부, 내무부, 법무부, 재무부, 그리고 훨씬 더, 특히 식민지 문제를 위한 사람이어야 한다. 운이 좋으면 약속 없이도 숙고하지 않은 결과로, 이 요구사항이 충족되는 방식으로 매우 잘 해결될 수 있다. 특히 회원이 30명 이상인 초대형 모임의 경우에는 더욱 그러했다.

반면에 소규모 모임에서 한 번 이상 잘못된 사례가 있었다. 그런 이유로 사회민주노동당이 후보자를 위에서부터 지명해야 한다는 관례를 채택했던 것은 아니다. 그러나 그들이 이것에 대해 아무리 많이 말하더라도 목표물에 적중시키는 것이 그 방법의 타당성에 대한 증거는 아니다. 특히 반혁명당이 절대 포기해서는 안 되는 자유임명 요구는 이러한 중앙 집권적 강제 집행을 용납하지 않는다. 당의 근본 원리를 변조하는 것보다 몇 번이고 손해를 보는 것이 낫다. 그러나 모든 면에서 이동의 자유가 존중되는 곳에서 지역구는 당 지도자들과의 건전한 협의를 통해 상하원 모임 구성에서 연결이 끊어지지 않도록 해야 한다. 사실 의원들 외에는 용납하지 않은 기존의 보수주의 관점으로 돌아가야 하는 것은 아니다. '지식'도 있지만, '지혜'도 있다.

§53. 지식과 지혜

잠언과 전도서는 지혜를 강조한다. 지식인의 연구 결과에 모든 권위를 부여해야 하겠지만, 국민을 나타내는 영감도 말할 수 있어야 한다는 요구도 존재한다. 흐룬 판 프린스터러는 퀴허니우스(Keuchenius) 옆에 판 오텔로(Van Otterloo)와 같은 타작을 위한 교사를 추천했다. 그러나 이러한 인정에도 불구하고 상황에 상응하는 비율의 요구는 여전히 유효했다. 이것은 목회자에게도 적용됐다. 흐룬은 변호사 퀴허니우스 외에도 카이퍼 목사를 하원 의원으로 적극적으로 추천했다. 돈너르(Donner)도 처음부터 그를 좋아했다. 그러나 여기서도 좋은 비율에 대한 요구사항이 간과되지 않는다. 과장과 일방적 태도는 여기에 해롭다. 독점은 여기 어떤 그룹에도 속하지 않는다. 실용적 정치가는 영리한 법학자만큼 하원에서 효과적인 '중장보병'(Hopliet, 重裝步兵)[521]이 될 수 있다. 신학, 법학, 경제학은 각각 고유한 방식을 가지고 전체에 필수불가결한 기여를 한다. 1910년 암스테르담에서 키르흐너르(W. Kirchner) 출판사가 발간한 소책자인 "우리의 본능적 삶"(Ons instinctieve leven)에서 나는 '지식'과 '지혜' 사이의 이러한 구분을 더 자세히 설명하려고 시도했다. 이것은 이 책의 제Ⅱ권에서 더 다루겠다. 당분간은 간략한 내용으로 충분하다고 본다.

지역구가 후보자를 지명할 때, 일방적으로 자신의 날개를 펴지 않는 것이 중요하다. 선거를 위해 또한 우리에게 '의회 의원'(Kamerleden)뿐만 아니라, 충분히 잘 구성된 '의회 모임'(Kamerclub)을 제공되어야 한다. 이것은 집행 위원회가 전국 의석 분배를 조정하는 데 '도움을 줄' 때만 달성될 수 있다. 내가 '도움을 준다'라고 말하는 주장은 그 독특한 의미를 박탈하지 않는다. 이탈리아인들은 '도움의 손길'이라고 한다. 그리고 그 '도움의 손길'은 우리에게도 중요하다. 결코 수레가 아니며, 강력한 고삐도 없으며, 종종 구불구불한 어두운 길의 안내자일 뿐이다. 다른 정당과의 협력이 필요할 때마다 이 '도움의 손길'을 더욱 촉구해야 한다. 바로 이 협력이 지역에서 지역으로 갈 수만은 없고, 전국적으로 퍼져야 한다. 정당은 모든 지역 당과 함께 활동하도록 부름을 받았다. 이에 대한 적절한 협의가 배제되어서는 안 된다. 이것을 신경 쓰지 않는 지역은 아직 정치적으로 미성숙하다는 것을 보여주는 것이다. 그리고 누구든지 회의나 언론에서 질서를 요구하는 대신 그러한 단두마차, 그러한 분리주의자, 그리고 그러한 자기만족을 칭찬하는 사람은 정치적으로 아직 풋내기(groen)로 원숙한 흐룬주의자(Groeniaansch-rijp)와는 뚜렷하게 구별된다.

§54. 언론

이와 관련하여 정당 생활을 위한 '언론의 중요성'은 이미 지적되었지만, 이에 대해서 좀 더 논의가 필요하다. 16세기와 17세기에 이 나라의 여론은 '푸른책'(blauw-boeksken)이라는 설교 아래 형성되었다. 이 단어에 포함된 의미에서 언론이란 그 당시에는 존재하지 않았다. 이것은 공적 생활에 대한 신앙의 영향력이 감소했을 때만 발생했으며, 유스투스 판 엡펀(Justus van Effen)이 주도했던 스펙타토르의(Spectatoriale) 출판물을 통해 처음 시작되었다. 하지만 그의 발상이 원조는 아니었다. 그는 애디슨(Addison)[522]등을 따라 했을 뿐이다. 그러나 그는 1731년부터 1735년까지 "홀란트 스펙타토르"(Hollandsche Spectator)라는 제목으로 12권을 출판하면서, 우리나라에서 용감하게 언론을 시작했다. 1749년에 익명으로 뒤따르다가, 12권까지 성장했던 "네덜란드 스펙타토르"(Nederlandsche Spectator)는 비교가 될 수 없었다. 이는 훨씬 덜 중요한 스펙타토르의 시험판에서도 마찬가지였다. 스펙타토르의 코너에 있는 사람들은 이러한 실험이 시작되었을 때 그것이 '설교'와 언론 사이에 있다는 것을 잘 알고 있었다. 가령 "네덜란드 스펙타토르" 제1권 10쪽에서는 연로한 설교자의 한탄을 듣는다. "그런 위엄 있는 설교의 영혼을 울리는 능력만 생각한 다면…이것에서 깨닫지 말아야 할 열매는 무엇입니까? 그러나 우리 설교자 여러분, '우리가 원하는 대로 설교할 수 있지만, 그것을 통해 무언가를 얻는 다고 말할 수는 없습니다'. 그리고 여러분에게 진실을 말하자면, 독자 여러 분, 이것이 제가 저의 직분에서 발견한 가장 큰 슬픔입니다."

설교는 야외 설교[523]에서 있었던 것과 너무나 달랐고 메말라버렸다. 교육 과 훈계로 교화하는 것과는 전혀 다른 것을 요구하는 분위기가 서유럽 전 역에 고조되었다. 스펙타토르 문헌은 이러한 분위기를 조성하고 안내하려 고 노력했으며, 이러한 방식으로 "네덜란드 스펙타토르"는 곧 널리 발전하 게 될 언론의 선구자가 되었다. "네덜란드 스펙타토르"는 2주마다 레이던 의 판 드르 에이크(Van der Eik)에서 나왔고, 적어도 대도시에서는 각 도시에 지 정된 서점에서 구할 수 있었다. 제1권 216쪽의 목록을 보라. 수많은 작은 일간지가 그 당시에 빛을 보지 못한 것은 아니다. 이들은 정치적, 종교적, 윤리적 의미에서 공적 생활을 영위한다는 목표를 세우지 않은 순수한 신문 이었다. 그러나 "네덜란드 스펙타토르"와 함께 균형은 곧 역전되었다. 설교 는 흥미롭게도 16세기와 17세기와 같지 않았고, 온갖 종류의 자유 문학이 그 자리를 차지했다.

점차 언론은 우리나라의 주요 권력 중 하나가 되었다. 과장하지 않고 "일 반 무역신문"(Algemeen Handelsblad)과 "네덜란드 로테르담 신문"(N. Rott. Courant)은 몇 년 동안 우리나라를 지배했다. 그 이후로 언론은 일간지에서도 지식인, 정 치인, 사회인, 경제인, 문학인, 체육인의 레스토랑처럼 전 국민을 위해 봉 사해야 한다는 점에서 더욱 더 그 임무를 떠맡게 되었다. 언론은 항상 6시 면 모든 집마다 준비가 끝나고, 사람들의 행동, 생각, 감정적 움직임의 모든 생산물을 장악했다. 일간 언론이 일일 메뉴를 제공하지 않으면 여론의 간섭이 그렇게 널리 퍼질 수 없었다. 공생하는 세계에서 이런 발전된 힘은 믿을 수 없을 정도이다. 미국이나 영국처럼 앵글로색슨 세계보다 우리나라에는 그 힘이 다소 약하다. 네덜란트에서 가장 크고 성공한 잡지라 할지라도 영어를 사용하는 언론과 경쟁하면 아무것도 아니다. 이것은 의심할 여지없이 부분적으로 앵글로색슨 민족을 특징짓는 독특한 의미로 설명된다. 이런 현상은 프리슬란트에서도 볼 수 있다. 프리슬란트 사람을 앵글로색슨 족에 포함 시킬 수는 없다. 누구나 이것을 더 잘 안다. 우리나라의 다른 지역보다 프리슬란트가 스코틀랜드인과 더 밀접한 관계가 있다는 것은 부인할 수 없다. 농부의 프리슬란트 방언을 사용하는 사람이라면 누구나 스코틀랜드에서 소통할 수 있다. 약간의 정신적 동질관계를 부인할 수 없다. 그리고 이제 플리스트로움(Vliestroom)[524]과 라우버제이(Lauwerzee)[525] 사이에 있는 우리 지역처럼 자동으로 광고 칼럼을 사용하는 지역도 없다는 사실이 놀랍다.

19세기 후반부터 일간 신문이 우리나라에서 여론의 주도권을 쥐고 있다는 사실은 우리 네덜란드 정당 생활의 역사를 설명하는 데 적지 않은 부분을 차지한다. 일간 신문은 출현 당시 거의 전적으로 '영주들', 그리고 자유주의와 보수주의의 손에 있었다. 로마 가톨릭 인구는 5분의 2도 채 되지 않았고, 특별한 일간 신문 언론은 나중에 더 발전했다. 부흥 운동의 인물들은 언론 분야에서는 결과를 거의 나타내지 못했다. 반혁명파는 흐룬 판 프린스터러의 "네덜란드인"이라는 작은 신문이 나타난 것을 보았지만 곧 폐간되었다. 흐룬 판 프린스터러는 50년 이상 언론 관료로서 홍보 활동을 해왔지만, 일간 신문을 반혁명당으로 가져오지는 못했다. 1874년에도 그는 우리 반혁명 언론의 장래를 너무나 암담하게 보았기 때문에 처음 18개월 동안 "드 스탄다르트"의 출판으로 인한 부족을 고려하여, 자신의 방식을 따라 나에게 신문을 중단하고 별도의 정기 간행물을 통해 대중에게 나의 감정을 알릴 것을 진심으로 충고했다. 나는 이 권고를 따르는 적극적인 행동을 찾지 못했다. "드 스탄다르트"는 이제 반세기를 앞두고 있을 뿐만 아니라, 그 이후로 "드 스탄다르트" 주변에서 반혁명적 신문과 도시, 시골에 대한 신문의 감시가 늘어났다. 우리는 적어도 지금은 인정을 받고 있다. 우리는 또한 월간 정기 간행물 중에서 점차 우리의 자리를 차지하기 시작했다. 그리고 일러스트 분야에서 펜 외에 스타일러스도 사용하기 시작했다. 따라서 그런 점에서는 불만은 없다. 아직도 언론, 특히 일간 신문에 우리의 약점이 여전히 숨겨져 있으며, 다른 한편으로 우리의 정치적 힘의 적지 않은 부분은 아직도 '설교'에 숨어 있다.

§55. 우리의 후진성

일간지에서 우리의 상대적으로 빈약한 지위를 설명해야 하는 주요 이유 중 하나는 시골과 대도시의 차이에 있다. 우리나라는 암스테르담, 로테르담, 헤이그에서만 언론을 선보이고 있는데, 이 언론들만이 적어도 어느 정도는 외국의 대형 언론과 견줄 만하다. 네덜란드의 다른 지역과 도시에서 일간 또는 주간별로 발행되는 뉴스 매체는 세 도시의 대형 언론사의 고려 대상이 아니다. 여기에는 세 가지 원인이 있다. 네덜란드인은 최신 저널리스트가 되는 자질에서 탁월하지 않다. 읽기 쉬운 네덜란드어로 글을 쓰는 것은 프랑스, 영국 또는 독일의 일반 시민이 눈 깜짝할 사이에 보도 자료나 보도 기사를 게시할 때 투입해야 하는 것보다 훨씬 더 큰 노력이 필요하다. 이웃과 함께 뗏목 뒤에 서서 주먹을 휘두르며 '말을 하고', 마음속으로 일어나는 일이나 귀에 들어온 일을 한 번에 '기록할 때' 더욱 그렇다. 심리적으로 말과 글로 표현할 때 우리의 정신운동이나 정신분출은 이웃 나라보다 '더 느리다'. 우리 네덜란드 전체 특징은 정신적으로 느린 흔적을 가지고 있다는 점이다.

이것은 수년간 거의 모든 언론이 '유대인의' 손에 있었다는 사실을 통해 쉽게 설명된다. 유대인은 이 점에서 우리에게 부족한 것을 많이 소유하고 있다. 이 때문에 우리나라의 큰 위인은 언론에 중요한 의미를 두지 않는다. 품위 있는 기사는 여전히 도발할 수 있지만, 이 고상한 기사는 소수의 독자만 찾는다. 그리고 서둘러야 할 언론에 대한 나머지 작업을 위해, 그것이 특파원의 자격이든, 기관에 속한 관료의 자격이든, 교육을 잘 받은 연구인이라면 다양한 지식도 없이 펜이나 연필이 가는 데로 쓰는 삼류 작가가 얼마나 치명적인지 가장 잘 안다. 실제 재능을 가진 사람들은 그렇게 고위급 언론계에서 편하지도 않고, 그것에 자신을 바치는 소수의 사람은 낮은 보수가 우리 언론에 어떤 우울한 위치를 제공하는지 너무 빨리 알아차리고, 그의 모든 미래를 잃게 된다. 따라서 필요한 큰 잡지처럼 선발부대는 대도시에서 큰 어려움 없이 함께 읽을 수밖에 없으며, 전국 거의 모든 사람이 곧 세 개의 대도시에서 큰 신문 중 하나를 선택하는 데 익숙해지고, 지역 신문은 주로 지역 뉴스만을 위해 보관되었다.

두 번째로, 우리 민족의 이러한 심리적 특성은 우리나라의 언론이 여전히 거의 전적으로 구독에 의존한다는 사실과 관련이 있다. 간이판매대도 점차 판매 부수가 늘어났지만 규모는 매우 제한적이다. 다른 곳에서 볼 수 있는 것과 같이 숫자로 본 우리나라의 매출은 외국과 비교할 수조차 없다. 네덜란드인은 침착하게 편리함을 좋아해서 아침 식사 시간이나 저녁에 차를 마실 때 집배원이 우편함에 신문을 넣는 소리를 듣고는 안락의자에 그냥 편안히 앉아 읽는다. 충격적인 사건에 대한 소문이 도시를 지나갈 때에는 신문가판대로 달려갈 수 있지만, 그렇지 않으면 그의 정문 안이나 근처에 있는 우편함에서 편지와 함께 불을 켜고 신문을 본다.

세 번째로 덧붙이는 두 가지 특이한 점은 일반적으로 우리 국민이 너무 가정적이어서 그들 가계에 많은 정치적 저명인사가 있다는 것이다. 네덜란드 국민 대다수가 정치적으로 얼마나 무관심한지를 이해하려면, 헝가리나 아일랜드나 북미에서 선거에 참석해 보아야 한다. 많은 가정 신문은 뉴스와 광고를 위한 것이다. 가끔 기고된 글이 주목을 받기도 한다. 외국도 전쟁 시기를 제외하고는 대중을 무감각하게 내버려둔다. 안타까운 사실은 지난 세기의 70년대까지 기독교계의 정치적 무능이 거의 속담이나 마찬가지였다는 것이다. 신문들 사이에 차이가 없었다. 광고란만 집계하고, 그 결과 수치에 따라 잡지의 가치를 측정하였다. 이전에 "성실한 하를렘머"(Oprechte Haarlemmer)가 거둔 성공과 이후의 "오늘의 뉴스"(Nieuws van den Dag)에 대해 생각해 보라. 정말 전형적인 네덜란드식이다. 연재물도 그렇지만 그렇지 않으면 뉴스나 참신함이 쌓이고 한 번에 한 장씩 광고 더미가 쌓인다. 따라서 이 삼중 심리 현상을 생각하는 우리 반혁명당원은 지난 40년 동안 우리가 점차 더 높은 위치에 올랐고, 의도적인 정치사상이 실제로 점차 우리 사이에서 각성했다는 데 깊이 감사한다.

§56. 반혁명적 언론

항상 과정의 행복한 진행을 가로막는 것은 신문이 신문으로서 대가를 치르지 않는 것, 그리고 네덜란드에서 신문의 완전한 발전이 다음 두 가지 방법으로만 가능하다는 것이다. 즉 풍부한 광고 아니면 위대한 자본가들의 공급에 의해서다. 무료 구독은 편집, 인쇄, 용지 비용에 도움이 되지 않는다. 이미 언급했듯이, 우리국민은 일반적으로 외출보다 집에 있기를 선호한다는 사실 외에도, 우리나라에서 광고지면에 호소하는 것을 의심하는 몇 안 되는 부류에 반혁명당이 속한다는 것을 말해둘 필요가 있다. 농부는 광고를 거의 하지 않고 노동자는 전혀 하지 않는다. 작은 세입자는 가족 문제로만 광고하고 작은 공예품이나 상점의 소유자는 아주 드물게 광고한다. 광범위한 기반의 고수익 광고의 큰 흐름은 은행과 전체 화폐 거래, 큰 공장과 일류 창고, 한마디로 우리 가운데서는 찾아보기 어려운 그런 집단에서 나온다. 여기에 우리가 지적한 심리적 현상을 추가하자면, 사람들은 소문을 만드는 것을 오히려 싫어한다. 그러면 해운, 상업, 창고가 번성하는 대도시에서만 더 큰 차원의 신문이 유지될 수 있음을 알게 된다. 여기에 추가로, 정확히는 화폐 시장, 상품 거래, 부유한 중산층에게서 '순수파'로부터 오는 것들에 대한 오랜 반감이 아직 살아 있다. 그렇지 않거나, 혹은 수익성이 보장되더라도 사람들은 우리 언론을 어쩔 수 없이 이용해야 하겠지만, 그들은 언론에 대해 관대하지 않다. 결과적으로 광고하는 자유당의 대시민이 스스로 자유당 일간지 언론을 강화하고, 이것과 경쟁할 기회는 잘 주어지지 않는다.

로마 가톨릭 측에는 여전히 그러한 경쟁을 조직할 수 있었다. 왜냐하면 그들은 두 개의 주를 가지고 있고, 무르데이크 위쪽에 있는 상점의 상당 부분도 그들의 편에 있기 때문이다. 하지만 우리 반혁명당에게는 그러한 협력 요소조차 완전히 막혀 있다. 전국에 흩어져 있고 돈이 유통되는 문제에서 광고하지 않는 농부들로 둘러싸인 우리는 최소한의 의미만 가질 뿐이다. 우리는 이것을 사실로 받아들여야 한다. 그것은 '서민'의 '약점'이다. 빌럼 왕자도 그것을 알고 있었다. 더욱이 우리 반혁명 당원을 위한 두 번째 탈출구는 폐쇄된 것이나 다름없다. 나는 모든 언론 기관을 자신의 이익을 위해 활용하는 우리 측의 대 자본가를 본 적이 없다. 그러나 19세기 전반부에 '부흥 운동'은 기독교의 대의를 위해 백만장자 전 집단을 얻었다. 몇 년 동안 나는 하원의 한 의원이었다. 백만장자들이 대다수를 차지했지만, 금고를 확고하게 장악하여 정치적 이익에 봉사한다는 미국식이나 영국식 생각은 이 부흥 운동 집단에는 완전히 이질적인 것이었다.

여기에서도 영적인 것과 재정적인 것은 두 개의 별도 영역으로 변함없이 분리되었다. 모든 종류의 높은 이익을 위한 기부는 알려져 있었지만 100길더 이상의 기부는 거의 이루어지지 않았다. 일부는 선거에 갔을 때 주식 시장을 조금 더 파고들었지만, 1,000길더를 넘는 경우는 거의 없었다. "드 스탄다르트"에 대한 많은 사람의 사랑이 더 높은 희생을 감수할 만큼 강력하다는 것이 입증된 것은 사실이다. 하지만 다른 곳에서 언론이라는 제단에 쌓이는 것처럼 1톤이나 그 이상의 금이나 백만 길더에 달하는 엄청난 금액을 우리 중에서는 보지 못했다. 공공재와 가족 재산은 별개로 남았다. 우리 가운데 자식 없이 사망한 백만장자가 적지 않은데도, 거의 모든 재산을 조카들에게 물려주었다. 그중 한 사람이 자식 없이 세상을 떠났을지라도 우리 사이의 공익을 위한 막대한 유산 기부는 들어본 적이 없다. 자유당 집단에서 때때로 외국의 호화로운 유사 사례에 대해 들었기 때문에, 이것은 더욱 강조되어야 한다. "드 텔레흐라프"(De Telegraaf)[526]는 짧은 초기 역사에서 보증된 금액을 지적했는데, 이는 우리 반혁명적 언론을 놀라게 했다. 하류층에 있는 우리 기독교인들은 그렇지 않기를 바랐다. 서민 자신은 기꺼이, 관대하게, 비례적으로 베푸는 방법을 알고 있었다. 많은 평범한 기부가 학교, 교회, 선교의 주요 원천이다. 다른 한편으로, 흐룬 판 프린스터러는 이 점에서도 거의 모든 사람보다 앞서 있었다. 전국기독학교교육협회(Christelijk-nationaal

Schoolonderwijs)가 그 증거이다.

§57. 호기심

거리가 아주 멀리 떨어져 있었음에도, 나는 아메리카의 모델에 대해 궁금증을 가지고 있었다. 1876년 봄, 흐룬 판 프린스터러가 묻혔을 때에 나는 깊은 신경 쇠약으로 인해 스위스를 배회했다. 완전히 피폐해졌을 때, 놀랍게도 에글(Aigle)[527]에서 발커르트 아메스호프(Walkert Ameshoff)를 만났다. 그는 나를 보자마자 내게 달려와 말했다. "이미 들으셨나요? 흐룬의 유언장이 공개되었는데, 제가 듣기로는 공익사업, 특히 언론을 위해 당신에게 백만 길더를 남겼다네요." 누구든지 발커르트 아메스호프처럼, 이 놀라운 소문이 절망적인 표정으로 미래를 보고 있던 나를 극도로 긴장시키는 우울증에서 어떻게 소생시킬 수 있었는지를 즉시 이해할 수 있었을 것이다. 그것이 사실이라면, 최소한 우리 언론은 보험에 든 것이었다. 하지만 물론 그 이상은 아무것도 들리지 않는 허구에 불과했다. 흐룬의 영지에서 받은 것은 그의 70세 생일에 몇몇 친구들이 좋아했던 뱀이 있는 말 동상이었다. 물론 나는 아무것도 기대하지 않았다. 다만 그 당시 거짓 소문에 의존하는 온갖 이해관계를 가진 수많은 질문자를 실망시켰다는 사실이 안타까울 뿐이다.

내가 이 유산을 통해 부자가 되어 흐룬과 같은 관대함을 갖게 될 것이라는 공허한 소문이 널리 퍼졌지만, 반대로 "드 스탄다르트"를 위해서뿐만 아니라 개인적으로 생존을 위한 투쟁이 나를 두렵게 했다. 나는 더 이상 목사가 아니었다. 의원직도 포기해야 했다. 교수직(katheder)도 아직 없었다. 나는 말 그대로 공개시장에 나의 신문과 함께 홀로 서 있었다. 상속을 통해 백만장자가 되는 꿈을 잠깐 꾸었지만, 지금 잡지 앞에는 재정부족이 다가오고 있었다. 어떻게 그런 호기심이 우리 언론사의 생태에서 나에게 특징으로 남았는지 사람들은 느낄 것이다. 물론, 세상은 그것에 대해 알지 못했다. 대중 광고는 반혁명적 언론을 제압할 수 없었다. 반혁명당은 '서민'의 당이었고, 그 당으로 남아 있었기 때문이다. 그 한가운데에 백만장자가 부족하지 않았더라도, 언론은 그들을 금을 끌어당겼던 자석으로 간주하지 않았다. 그런 점에서 우리 언론은 작은 발로 서야만 했다. 바로 이 점에서 볼 때, 언론이 공적 업무에 미치는 영향이 매우 눈에 띄게 되었다는 사실에 놀라지 않을 수 없었다. 자유당 언론이 그 강력한 정치적 영향력에 압도당하는 것을 보았다. 그런 점에서 1912년 4월 1일 "드 스탄다르트"가 창립 40주년을 기념할 수 있게 되었을 때, 내 마음은 감사로 가득 찼다. 친애하는 친구가 나에게 액자 자수를 선물로 주었다. 거기에는 독일어로 "하나님께서 지금까지 도우셨고 지금도 도우시며, 앞으로도 도우실 것이다"(Bis hieher hat Gott geholpen; Gott hilft; Gott wird weiter helfen)라고 쓰여 있었다. 나는 이것을 나의 서재 입구 벽에 걸어두었다. 칭찬과 감사의 이 영적 표현은 또한 "드 스탄다르트"에 어느 정도 적합했다. 나의 작은 언론을 통해 얻은 상당한 정치적 결과를 생각할 때, 언론에 항상 극소수의 사람들이 제공하는 도움에 감사를 표한다. 그렇지만 나는 여전히 여기에 신비한 요소가 작용하고 있다고 생각하며, 특히 지극히 높으신 분께 가장 깊이 감사드린다.

§58. 우리 정당 형성에서의 정파

이 장을 마무리하기 전에 우리 네덜란드 전체와 반혁명당 생활의 분파주의에 대해 간단히 언급하겠다. 우리 조국에서는 경직되고 엄격하며 단단히 조여진 정당을 본 적이 없다. 배가 막 진수되면, 계약은 완료된다. 하지만 첫 출항식에 사람들은 필요한 보트들을 다윗의 대(Davids-stangen)에 매달아 놓는다. 그것은 의견 차이가 발생할 때, 선박의 갑판 위에서 일반적인 업무를 위해 최선을 다하기보다 오히려 선박 옆에 작은 배들을 운행하려는 것이다. 네덜란드에는 어떤 정치 정당도 등장하지 않을 수 있고, 등장하더라고 집권하지 못하거나 분리될 수 있다. 토르베커 시대에도 그랬고, 프란선 판 드르 풋턴(F. v. d. Putten)과 고령의 헤임스케르크도 그랬고, 카페이너 판 드 코펠로도 마찬가지였다. 오늘날에도 보수당으로 알려진 자유당, 중도파인 통합자유당, 급진파인 자유민주당, 그리고 그 위에 사회민주당, 트리뷴주의자, 무정부주의자, 그리고 그들 뒤에 있는 노동조합주의자[528]등이 있다. 이것은 우리의 과장된 개인주의에 원인이 있는데, 나라의 간척지 정신(polderaard)으로부터 거주민에게로 옮겨졌다. 또한, 우리 중에서 반혁명당도 주목의 대상이었다.

1894년에 균열이 생겼다. 하나로 유지했던 정당에도 활을 다룰 수 있는 사람은 누구나 바이올린으로 자기가 가장 좋아하는 노래를 연주한다. 게릴라의 우두머리보다 기존 군대의 사령관이 훨씬 나아 보인다. 이제 그 자체로는 위험이 적을 것이다. 정당 생활의 풍요로운 발전 역시 다양성에서 가장 잘 나타나기 때문이다. 그러나 만일 악한 동기가 개입된다면, 여기에 위험이 숨어 들어오게 된다. "너희 중에 누가 최고인가?"라는 질문은 대답할 가치가 없지만, "누가 가장 작은 자로서 섬기는가?"에는 '나'라고 대답해야 할 것이다. 물론 이에 대해 나는 더 자세히 설명할 수는 없다. 내가 떠난 후 우리 당이 어떻게 될 것인가에 대해 나는 하나님께 넘겨드려야 한다. 흐룬이 죽었을 때 우리 반혁명당은 종말을 맞이할 것처럼 보였지만, 실제로는 우리 당이 1878년 초반에야 본격적으로 시작되었다는 생각에 항상 위안을 받았다. 더 심각한 성질의 위험은 모든 주요 정당이 우리를 위협할 때, (우리 사이에 변화를 주는 세 개의 자연적 집단 간의 구분이 있다면) '고등', '중등', '기초' 교육을 받은 형제들 집단 사이의 상호 생활 연대가 너무 약화되어 당 조직 전체가 해산하게 된 것이었다. 상상이 아닌 진짜 위험을 예방하기 위해서는 연결이 절대 필수이다. 따라서 연결은 항상 존재했으며 여전히 존재한다. 실제로 파트리모니움(Patrimonium)[529]이 생겼을 때 이 연결이 끊어지고, 노동자 조직이 다른 두 그룹에 대항할 것이라고 주장했지만, 포에시아트(Poesiat)도 카테르(Kater)도 그러한 분리에 동의하지 않았다. 오히려 그들은 고용주와 노동자가 양측의 회의에서 자신의 의견을 들어야 한다고 주장했다. 과거의 교훈이 가끔 무시되는 것 같아서, 사람들은 흐룬 판 프린스터러와 호비(Hovy), 포에시트과 카테르보다 트뢸스트라(Troelstra)와 스하퍼르(Schaper)에게서 더 높은 지혜를 발견했다고 생각하는 사람들이 있다는 인상을 받는다. 하지만 그 긴장은 성격상 일시적일지라도 도덕적 권리가 있으며, 그러한 불협화음에 귀를 기울일 필요가 있다.

그러나 많은 고민의 원인이 될 수 있는 한 가지 사실에 주의를 기울여야 할 분명한 이유가 있다. 우리 중 지적 발달이 빠른 사람들은 정치 모임, 협회 모임, 상반된 모임 등에 참여하지 '않는' 데 점점 더 익숙해졌다. 우리의 활동 수준은 그들에게 너무 낮다. 이것은 가장 확실한 실수이다. 그리스도께서 우리의 공적 삶에도 계신다면 우리 중에 높은 자도 마땅히 머리를 숙일 줄 알아야 한다. 그리고 그것을 위해 어떤 은사를 가지고 어떻게 봉사해야 하는지를 알고, 사회적 이익을 만들 수 있는 것과 골고다 십자가의 교훈을 이해해야 한다. 다행스럽게도 적어도 국내 반혁명당원들 사이에서는, 당 부패의 시작이 발견될 때 하나님의 권능으로 그러한 부패와 싸우기 위한 복음의 어조가 여전히 강력하게 울려 퍼진다. 결론적으로 반혁명당의 원리와 칼빈주의를 이 첫 권의 마지막 부분에서 별도로 다루고자 한다. 따라서 이 두 가지 각각에 대해 별도의 장을 할애하겠다.

제14장

반혁명당

§1. 정당 이름

앞 장에서 정당 생활의 기원, 존재 이유, 역사적 소명이 내가 바라는 대로 어느 정도 완전하게 설명되었다면, 이제 반혁명당의 개념과 명칭에 더 관심을 기울여야 한다. 정당 생활에 대한 일반적 논의에서 네덜란드의 우리 반혁명당에 특히 더 많은 영향을 미치는 사항이 언급되어야 한다. 우리 당의 칼빈주의적 성격에 관해서는 15장에서 더 자세히 논의할 것이다. 반혁명정당 명칭과 관련하여 많은 오해가 발생한다. 우리 자신과 우리와 관련된 정당들의 반혁명적 성격이 필요하기 때문에 네덜란드와 기타 해외에서 별도의 연구가 수행되고 있다.

정당 이름은 대부분 우연히 발생한다. 그래서 정당 활동의 정치적 원리와 정치적 의도를 특성화하는 데에는 부족함이 있다. 현재 보편적으로 사용되는 정당 이름인 자유당(Liberaal)은 페르디난트 7세(Ferdinand VII) 당시의 노예 지지자들에게 붙여진 별명인 노예(Servile)와 대조적으로 1914년 스페인의 정치적 혼란 속에서 처음 나타났다. 과거에도 '자유'(Liberaal)라는 단어가 잘 알려져 있었지만, 여러 분야에서 고귀한 정신의 성품으로만 나타났다. 국역 성경 시편 47편 10절의 각주 12에 나오는 '귀족'(Edelen)이라는 단어에 대한 설명에서 다음과 같은 진술을 발견한다. "자원자, 자원봉사자, 스스로 자원봉사하는 사람들, 귀족들에게 붙여진 '자유주의자'(Liberalen)라는 이름은 그들의 선량함과 관대함이 만들어지고 치장되기 때문이다." "중세네덜란드어사전" 제4권 450쪽에서 "자유주의라는 단어는 주로 정당을 지정하는 데 사용되어 왔다"라고 명시되지만 이를 어떤 예로도 입증하지 못한다. 반대로 인용된 모든 예는 정치적 자극이 없고 오히려 마음의 안정, 형태의 위엄, 관대함을 나타낸다.

영국에서 토리당과 휘그당이라는 당명은 1680년이 되어서야 정치적으로 의미를 가지게 되었다. 휘그는 원래 스코틀랜드의 칼빈주의 농민들을 조롱하는 이름이었고, 토리는 시민단체가 궁정 파벌을 욕하는 이름이었다. 급진당(Radicaal)이라는 이름은 정도의 차이를 가리키거나 원리적 성격을 띠지 않는다. 사회주의자라는 이름조차 노동자의 마음을 공통으로 의미하지만, 그런데도 마르크스의 추종자와 기독교 사회주의자 모두를 의미하고, 지금은 수정주의자(Revisionisten)도 포함한다.

§2. 반혁명당 명칭

따라서 반혁명당이라는 이름이 주목받지 못하고 그 해석이 불확실한 것도 놀라운 일이 아니다. 더욱이 반혁명(Antirevolutionair)과 혁명에 대한 대항(Contrarevolutionair)은 얽혀서 이해된다. 반혁명은 모든 '대중 봉기'(volksopstand)에 대한 비판으로 자주 이해되기 때문에 명확성이 부족하다. 첫 번째 요점에 관해서, 혁명에 대한 대항은 반혁명과 구별된다. 혁명에 대한 대항은 실제로 일어난 일에 대한 반응으로 이해되는 반면, 반혁명은 1789년에 무너진 '신도 주인도 거부하는(ni Dieu, ni maitre) 잘못된 원리'에 대한 저항만을 가리킨다. 한편으로는 빌더르데이크와 부분적으로 다 코스타가 의도한 것과, 다른 한편으로는 흐룬 판 프린스터러가 의도한 것의 차이로 인해 두 이름의 다양한 용례가 밝혀졌다. 반면에 슈탈은 그의 "법철학 역사"(Geschichte der Rechtsphilosophie, 4th ed., Heidelberg, 1870)와 "법철학 I"(Philosophie des Rechtes I)에서 '혁명에 대한 대항의 선언문 작성자'(Die Schriftsteller der Kontrarevolution, 548-570), 그리고 이 장에서 우리가 보기에 더 일반적으로 반혁명당으로 분류되는 드 마이스트러(de Maistre), 버크, 할러(Haller)[530]의 저술을 논의한다.

똑같이 혼란을 일으키는 두 번째 오해는 반혁명적이라는 단어를 사용할 때, '모든'(elken) 반란, '모든' 봉기, '모든' 혁명이 구분 없이 합법성을 어기는 것이라는 주장이다. '반혁명'이라는 단어의 불명확성은 심지어 그러한 견해를 권장하는 것 같다. 이 나라에서 칼빈주의 운동은 스페인에 대한 저항을 통해 새로운 입지를 마련했다. 그러나 저항은 언제나 정당한 것으로 인정될 수 없다. 그것은 우리 민족의 탄생 시기에만 인정될 수 있었다. 그래서 칼빈주의의 옹호자들이 스스로를 반혁명가로 표현한 것은 많은 사람에게 기이하게 보였다. 더욱이 1813년 봉기로 인해 나폴레옹의 지배로부터 우리의 해방이 이루어졌기 때문에, 이 점에서도 역시 반혁명이라는 이름은 우리 노력의 성격을 조금도 가리지 못했다. 이미 반혁명과 기독-역사적이라는 명확하지 않은 이름의 사용으로 인해 개념의 오싹한 혼란이 더 악화되었는데, 두 이름 모두 점차 20세기에 별도의 정당 이름이 되었다. 그리고 원래 우리 정당의 정강에서와 같이 흐룬 판 프린스터러의 반혁명적인 말과 같은 것으로 이해되었고, 여전히 흐룬의 당에 이 이름이 명예롭게 지정되어 사용 중이다.

이 이름에도 비슷한 어려움이 있다. 독일에는 역사법학파와 국가학파가 있었다. 사비니가 창립자이고 니버(Niebuhr), 돌만(Dohlmann), 바이츠(Waitz), 그나이스트가 뛰어난 대표자이다. 에드먼드 버크, 겐츠(Gentz), 요한 뮐러(Joh. Müller)는 이 학파와 밀접한 관련이 있다. 그리고 역사적 노선을 따라 이동했지만, 여전히 다른 동기의 작용으로 개신교 측의 레오(Leo), 슈탈, 발터(Walter), 로마 가톨릭 측의 보날드, 드 마이스트러, 라메나이스(Lamenais), 폰 할러(Von Haller)와 아담 뮐러(Adam Müller)도 마찬가지였다. 이들은 역사 자료를 매우 진지하게 고려했지만, 사비니 학파로 분류될 수는 없다. 이 목적을 위한 너무도 결정적인 기독교적 요소가 있다. 우리가 흐룬 판 프린스터러에게서 관찰한 것처럼 그들의 관점에서 '역사적'(Historisch)이라는 단어는 종종 '기독교적'(Christelijk)이라는 단어를 접두어로 취하였다. 그러나 이 접두사조차도 밝은 빛을 발하지 않았다. 연역적으로는 아직 기독교적이라는 이름이 '정치적'인 사상에 속하지 않는다.

§3. 혁명에 반대하는 복음

흐룬 판 프린스터러가 무엇보다 염두에 둔 것은 그가 공식으로 표현한 것이다. '혁명에 반대하는 복음!'(Tegen de Revolutie het Evangelie) 이 공식은 우리 신앙
계에 관해서는 실제적 효과가 현저했으나, 정치적 의미에서는 우리에게 필
요한 것을 제공하지 못했다. 복음은 우리에게 정치적 도형을 제공하지 않
는다. 복음은 인간 사이에서 무엇이 옳은지 그른지를 결정하는 것으로서,
하나님의 뜻이 최고임을 가장 확실하게 확립한다. 이 점에서 인간의 의지
를 높였던 프랑스 혁명의 체제와 정반대이다. 그러나 이것은 구약과 대부
분의 이교에서도 마찬가지였다. 이슬람도 같은 방향으로 움직이고 있다. 그
러므로 하나님 뜻의 우월성이 복음의 특징이자 새로움이라고 말할 수는 없
다. 개신교와 로마 가톨릭, 군주제와 공화정 정치가, 칼빈주의 혈통과 러시
아와 같은 황제 교황파 성향의 정치가가 거의 동등하게 하나님 뜻의 우월
성을 열렬히 옹호하는 것을 본다면, 복음에서는 최소한 당신의 정치적 사
상을 더 발전시키기 위한 어떤 도형도 발견되지 않는다. 청교도는 우리나
라의 네덜란드 독립군에 동의했고, 다테인은 크롬웰에, 워싱턴은 부르커
(Burke)에 전적으로 동의했다. 국가당인 왕정주의자, 우리나라의 알바와 파르
마(Parma), 그리고 필립 2세와 구스타브 바사(Gustaaf Wasa)도 모두 이 관점에 동
의했다. 어느 누구도 엄위하신 하나님을 거부하고, 인간이 본래 주권의 소
유자이신 하나님을 대신하기를 의도하지 않았다.

　복음에 대한 호소가 하나님 뜻의 우월성을 확립하는 것 외에 아무 의미
가 없다면, 특별한 '복음적' 특성을 잃어버리고, 당신이 당신의 나라에서 일
정 기간 정치가 해야 하는 경계선을 긋도록 부름을 받을 때 즉시 위험에 빠
지고 말 것이다. "혁명을 반대하는 복음!", 그것은 광범위하고 완전히 독특
한 의미의 구호지만 의미를 지니고 있기도 하다. 순전히 '정치적인' 관점
이 아니라 일반적으로 '인간적인' 관점에서 자신을 바라보고서 우리가 처
한 불만족스러운 상황에 눈을 뜨고 우리 인간 삶의 더 나은 미래에 저항하
는 것에 대한 해결책이 무엇인지 자문해 보면, 특히 18세기 말경 전적으
로 대비되는 두 가지 대답이 나왔다. 신에 대해 알지 못하는 자율적 인간은
'혁명'을 인류의 행복을 보장하는 위대한 수단으로 보았다. 정반대로 신자
는 우리를 구원하고 더 행복한 상태로 인도할 수 있는 것은 혁명이 아니라

'복음'이라는 확고한 확신으로 대답한다. 이렇게 이해하면 '혁명에 반대하는 복음'이라는 웅변적 구호는 우리의 삶의 인식에 깊숙이 침투한다. 그런 복음의 말에서 우리의 죄책감을 말한다. 그것은 골고다의 십자가로 우리를 재촉하며, 우리의 교만과 이기주의와 관능적 정욕을 억제하여, 우리에게 반드시 올 구원의 상태를 예언한다. 그리스도께서 다시 오실 때 들어갈 수 있다. 이간시키는 이기심과 분열의 능력과 대조적으로 복음은 하나님께서 친히 자녀에게 행하시는 사랑의 연합적 능력을 제공한다. 그러므로 이 구호는 하나님을 경외하고 그 앞에 겸손히 절하는 모든 사람을 불러 모은다. 그것은 우리가 얽혀있던 잘못된 모임에서 벗어나는 데 아주 적합하다. 또한 그것은 우리 마음에 더 높은 열정의 불꽃을 일으키기에 다른 어떤 것보다 더 좋다. 그러나 우리가 그 구호에 현혹되어 그리스도인으로 십자가에 무리를 지어 모여들어, 우리의 정치적 행로가 어떻게 될 것인지 구체적으로 자문해 본다면 실망하고 말 것이다.

우리가 하나님의 주권에 동의하지만, 앞으로 나아가야 할 행로를 어떻게 결정할 것인가에 대해서는 복음의 구호만으로는 답을 찾을 수 없다. 여러 나라에서 '지금 무엇을 해야 하는가'라는 질문에 대한 대답은 매우 다양하고 종종 매우 모순적이다. 우리나라에서 빌더르데이크와 다 코스타, 흐룬 판 프린스터러와 판 드르 브뤼헌(Van der Brugghen)[531]은 핵심 요점에서는 벗어나지 않았지만, 거의 대부분의 세부 사항에서 달랐다. 이 나라에 앉아 고민한 것은 프랑스와 스위스에서 결론지어진 것과는 매우 다른 것으로 판명되었다. 미국에서 그리고 부분적으로 영국의 기독 운동은 또 다른 고유의 길을 걸었다. 그리고 독일 기독교계에도 사상가들이 계속 생겨났고, 그들은 각자 자신의 나침반을 따랐다. 슐라이어마허와 슈탈, 게를라흐와 폰 클라이스트 렛초우, 슈퇴커와 파브리(Fabri)는 서로 다른 길을 선택했다. 다 같이 하나님의 주권 앞에 무릎을 꿇고, 뜨겁게 복음을 간절히 구하였으나, 실제 정치에서 한 사람은 다른 사람이 열심과 거룩한 열망에서 간절히 구하는 것을 거듭 반대하였다.

§4. 부흥 운동

'부흥 운동'(De Reveil)은 특히 이러한 통일성과 정치적 통찰의 부족을 촉진시켰는데, 이것은 부흥 운동에 대한 가치 부여에서 간과해서는 안 되는 부분이다. 부흥 운동은 전적으로 '종교적인'(religieuse) 운동이었고 국가의 정치생활에 간접적으로만 영향을 미쳤다는 것을 잊어서는 안 된다. 부흥 운동은 교회적으로도 그렇게 드물지 않게 이뤄졌다. 교회 생활은 18세기 후반에 화석화되었다. 도덕적 능력이 더 이상 발현되지 않았다. 그리고 어디에서나 말씀의 사역자들은 합리주의 아니면 초자연주의에 의존했다. 깡마른 형식주의가 영적인 삶을 질식시켰다. 하나님의 자녀는 완고한 세상사람 속으로 타락했다. 부흥 운동은 이에 대한 반작용으로 등장했다. 영혼을 구하고, 불행을 경감시키고, 영적 빈곤 한가운데서 천상의 소리를 더 많이 내는 것이 부흥 운동가의 일이었다. 종말론적으로 예수님의 재림이 임박했다고 여겨졌다. 나폴레옹이 세인트헬레나섬(St. Helena)으로 유배된 후 신성 동맹이 일어났고 영국과 스위스의 영적 영역이 더 평온하고 평화를 가져올 수 있는 정책을 요구했을 때, 이 부흥 운동가들의 국제적인 무리가 보인 지지는 충분히 이해할 수 있는 것이었다. 그리고 그들은 부흥 운동 자체를 정치적인 미래로 밀어붙이지 않았다. 부흥 운동은 우리에게 제한된 영역에서 영적 물결을 일으켰는데, 일부는 귀족적이고 일부는 민주적인 성격을 가졌다. 이 물결은 스위스와 영국에서 우리에게 왔고 여전히 이국적 성격을 유지했기 때문에 민족적(nationaal)일 수 없었다.

부흥 운동이 우리에게 가져다준 복, 다시 말해 그 당시 우리 칼빈주의 진영이 빠져들었던 전적인 무력감에서 눈을 열게 해 준 것은 아무리 높이 인정해도 충분하지 않을 것이다. 칼빈주의 진영에는 정말로 능력이 더 이상 남아있지 않았다. 그들은 옛 자본에 의존해 살았지만, 더 이상 성장하지 않았다. 오직 콤리만이 새 생명의 섬광을 일깨웠다. 사람들은 걸출한 오웬을 비롯한 스코틀랜드 작가들의 저작을 즐겨 읽었다. 베이츠(Beets)[532]가 한때 '야간학교에서 쫓겨남'(aftrappen van de nachtschool)에 대해 빼고 쓰게 한 것은 매우 부당한 것이었다. 하지만 실제로 반(半) 어둠이 이 모임을 덮었고, '진리의 동지들'(Vrienden der Waarheid)은 싸움을 포기하기 전에 성숙하기 위해 최대한의 인내에 집중해야 했다. 이것을 위장하는 것은 아무 소용이 없다. 명예(eer)는 말로 표현할 수 없는 칼빈주의의 강점에 대한 가장 강력한 증거이며, 우리의 국민 생활은 저절로 놀라운 발전을 이루었다. 부흥 운동은 점점 사라졌으나, 반면에 칼빈주의는 놀랍게도 강력하게 다시 일어났다.

부흥 운동이 쇠퇴한 원인은 정치적 동력의 결핍이었다는 설명이 있다. 잉글랜드 부흥 운동의 한 가지였던 구세군이 네덜란드에 활동을 시작한 것은 네덜란드 부흥 운동의 부활에 별 영향을 주지 못했으며, 오히려 편협한 입장을 더 심화시켰다고 볼 수 있다. 그러므로 부흥 운동은 영적, 선교적, 자선 분야에서 아름다운 성과를 이루었다. 부흥 운동은 신학적으로 감리교적이었고, 윤리적 분야에서는 더 유능한 인물을 잃었다. 슐라이어마허도 이 분야에서 일했고, 당시 우리나라 신자 가문의 최초의 신학자였던 샹테피드 라 소세(Chantepie de la Saussaye)[533]가 부흥 운동의 가장 중요한 부분을 윤리적 방향으로 전환시켰다. 그것은 휜닝(Gunning)이 그에게 신비주의적이고 실천적인 도움을 준 것이다. 하나님께서 부흥 운동에서 우리에게 선물하신 것에 대해 감사하고 가치를 인정하는 점에서, 우리는 부흥 운동의 최고의 추종자들과 경쟁해도 지지 않을 정도일 것이다. 그러나 우리 국민 생활의 미래를 인도하는 힘은 부흥 운동에서 오지 않았다. 부흥 운동은 철학적으로나 신학적으로 너무 유약했으며, 시대의 고통에 대한 감각이 전혀 없고, 정치에 대한 인식은 정말 놀랄 정도로 무기력했다. 그때 50년 동안 반대당이 마침내 목표를 이루었고, 우리는 기독교 쪽으로부터 자신의 정강정책으로 정권을 잡기 위해 요구를 지지했었다.

본래의 부흥 운동의 특성은 이제 거의 흔적이 남아 있지 않다. 한때 영적 생활의 중심 세력이었던 개신교 연맹(De Evangelische alliantie)은 점점 시들어 가고, 더는 관심을 불러일으킬 수 없었다. 새해가 시작될 때마다 그들이 아직 가지고 있는 기도의 날을 조직화하며, 피를 흘리며 조금씩 죽어갔다. 연맹(Alliantie)의 지도부는 압박감으로 인해 결국 성경 비평의 맹공에 굴복했고, 첫 활동과 반대로 성경의 무오를 거부하는 자들을 자신들의 한가운데 받아들였다. 암스테르담 호피(W. Hovy)의 집에서 개최된 회의에서 집행부는 이에 대해 책임을 질 것을 요청받았고, 사과하도록 압박하는 분위기는 고통스러웠다. 다른 방법이 없었다. 부흥 운동은 19세기 초 나폴레옹의 폭정에 대한 반동으로 더 높은 위상을 기대했지만, 모든 부흥 운동이 그랬듯이 일시적인 특징을 보여줄 뿐이었다. 1800년의 위대한 부흥 운동 역시 그 자체로 흐르는 영적 흐름의 파도였다. 오늘날 영국인 개종자들이 귀족 가족들에게 개종을 요청하기 위해 상급 귀족 응접실에서 열리는 기도 모임에 관해 거의 들을 수 없다. 교회 생활에 대한 무관심은 더 이상 부흥 운동 모임에서 문제가 아니었다. 부흥 운동에서 처음 나온 전도(De Evangelisatie)는 훨씬 더 교회적 성격을 띠었다. 사람들은 종종 윤리주의로 방향을 전환했고, 남아 있는 것은 헬드링(Heldring)의 오래된 자리(zetel)에 구심점을 잡았던 자선 활동뿐이었다.

정치 생활과 완전히 동떨어진 채로 머물 수 없었다. 반혁명당이 분열된 후 곧바로 떠나는 당을 수적으로 강화할 준비가 되었다. 그러나 바로 이 때문에 원리의 분야에서 혼란을 일으켜 점점 더 반체제 인사의 입장을 약화시켰다. 이렇게 함께 협력하는 사람들은 관점과 목적의 통일성이 부족했고, 다채로워 보이는 치마 이외의 다른 것은 공개 시장에서 보여줄 수 없었다. 덧붙이자면, 웨슬리(Wesley)[534]와 횟필드(Whitefield)[535] 사이의 오래된 대립(tegenstelling)이 처음부터 부흥 운동을 지배했다. 대부분 사람에게 칼빈주의의 신앙고백은 전도의 영역에서 이뤄지는 왕성한 활동과 양립할 수 없는 것으로 보였다. 선택의 교리는 걸림돌로 남아 있었다. 콤리나 오웬의 추종자들에게는 가려진 혐오감이 있었다. 마침내 호마루스(Gomarus)[536]와 아르미니우스(Arminius)[537] 사이에 섰을 때, 사람들은 아르미니우스를 받아들이지 않으면서, 항상 공개적으로 호마루스도 반대했다. 비록 신앙고백 협회(de Confessioneele vereeniging)가 처음부터 좀 더 화해적 태도를 보였지만, 그것 역시 두 마음이었다. 심지어 나중에 후드마커르(Hoedemaker) 박사는 이것을 고통스럽게 만들었는데, 역사적으로 정당화하지 못했으며 내부에서 현재를 이끄는 힘을 일깨우지도 못했다.

§5. 흐룬의 등장

흐룬 판 프린스터러는 먼저 엘아우트 판 수터르바우더가 사실상 혼자인 상태에서 첨예하게 정치적 노선을 그렸다. 그 자신이 먼저 이곳에 왔다. 그도 원래 부흥 운동의 영적 후계자였다. 이것은 여전히 전국기독학교교육협회라는 그의 프로그램에서 볼 수 있다. 이 프로그램은 거의 순전히 방법론적이다. 흐룬만이 전도와 자선 활동에 멈춰 서지 않았다. 학자로서, 특히 역사가로서 그는 "오란녀 왕가의 자료"(Archives de la maison d'Orange)를 출판하여 우리로 하여금 조상들의 투쟁을 생생하게 만나도록 했다. 이를 통해 흐룬은 우리가 감리교와 부흥 운동 배후에 있는 우리 조상들의 신앙적 활동으로 되돌아가야 한다는 확신을 일깨웠다.

흐룬 판 프린스터러는 이러한 점에서 특히 중요한 인물이다. 수년 동안 그의 부흥 운동에 대한 첫사랑이 칼빈주의가 그에게 일으킨 사랑을 공개적으로 표현하는 것을 방해했기 때문이다. 특히 슈탈은 부흥 운동 정치의 피상성에 눈을 뜨게 되었다. 그의 종교적 배경이 우리 역사를 지배했던 요소와 다르다는 것이 밝혀졌을 때, 그는 자연스럽게 칼빈주의로 휩쓸렸다. 그러나 그는 칼빈주의에 조건 없는 사랑을 다 바치지는 않았다. 선택의 교리는 그에게도 여전히 걸림돌로 남아 있었다. 그러므로 흐룬 판 프린스터러는 수줍은 선의로 나의 등장을 환영하면서, 이 점에서 나와 그가 구분되는 점을 분명히 강조했다. 흐룬 판 프린스터러의 마음속에 있는 칼빈주의와 감리교의 갈등은 그의 삶의 마지막 시간까지 계속되었다. 그는 죽기 며칠 전이 되어서야 마침내 완전한 신앙고백을 표명했으며, 오직 하나님의 측량할 수 없는 선택을 통해서 그의 고군분투한 영혼의 삶이 안식을 찾았다.

§6. 흐룬과 베이츠

따라서 이 상황이 매우 중요하다. 베이츠와 흐룬 판 프린스터러는 형식이 아니라 삶의 활동 그 자체로 싸웠기 때문이다. 그것은 완전히 서로 다른 다양한 정신적 흐름이었는데, 한편으로는 귀도 드 브레스(Guido de Brès)[538]와 마우리츠, 그리고 다른 한편으로는 메를 도비녜(Merle d'Aubigné)[539]로부터 마지막으로 윤리학의 아버지인 슐라이어마허에게서 자신들의 대변인을 발견했다. 1869년에 위트레흐트에서 흐룬과 베이즈 사이에 일어난 일은 비극이고 고통이었지만 불가피한 일이었다. 네덜란드에서 일어난 새로운 기독교적 활동이 한순간이 아니라 두 순간임을 감사한다. 칼빈주의와 부흥 운동은 우리 모두에게 복이 되었으며, 이 두 요소를 충분히 드러내는 자만이 미래에 봉사할 수 있다. 베이즈는 그러지 않았고 그럴 수도 없었다. 따라서 그런 감정 표출이 있었던 것이다. 놀라운 사실은, 언제나 평화를 사랑하고 화해하는 정신이 부흥 운동에 참여한 귀족의 특징인 것처럼 보였지만, 베이즈가 흐룬 판 프린스터러에 대해 화가 나 했던 말은 날카로웠다.

또한 베이즈는 당시 칼빈주의였던 야간학교를 짓밟아 죽여야 한다는 참담한 평가를 내비쳤다. 이 글을 쓴 나는 위트레흐트에 목사로 부임한 직후라서, 더욱 분명히 기억하고 있다. 베이즈가 위트레흐트에서 주재한 당회 (Kerkraadsvergadering)에서 칼빈파 회원과의 논쟁이 너무 커졌고, 이에 의장이 맹렬한 분노로 의사봉을 탁자 위에 던지고 일어나 방을 나갔던 일이 여전히 생생하다. 그 당시에는 반대가 너무 극명했기 때문에, 이러한 관점에서 우리가 정치 분야에서 있어야 할 위치에 아직 이르지 못했다. 그런데도 흐룬 판 프린스터러는 매우 효과적 방식으로 협력할 수 있었던 방법을 주의 깊게 검토했다. 그가 개인적으로 반대를 경험했고, 결국에는 적어도 교회 분야에서 19세기 전반의 칼빈주의가 견딜 수 있도록 허용했던 극심한 반발에 대해 이질적인 것으로 남아 있다는 것이 얼마나 훌륭했는지 감사하며 인정할 것이다. 그 진노는 괴로움이 아니라 두려움에서 일어났다. 선조의 유산을 물려받은 충실한 상속자들은 자신을 속이고, 심지어 자신이 속는 것을 여러 번 보았다. 이것이 확고한 의심을 불러일으켰고, 따라서 그들은 관대해서는 '안 된다고' 믿었다. 디베츠(Dibbetz)와 베흐톨트(Bechtold) 같은 사람을 알고 있는 사람은 그들이 쓴맛의 화신과 정반대라는 것을 안다. 그들보다 더 친근하고 매력적인 사람을 상상할 수 없다. 그들의 지위는 사명감의 결과였다. 그러나 비록 내가 이것을 인정하는 데 잠시도 주저하지 않지만, 불행히도 많은 추종자들이 형제사랑의 깊은 애정을 너무 자주 버렸다는 사실을 숨길 수 없다. 그로 인해 베이츠의 그것처럼 야간학교에 대한 어두운 인식이 교조적이지 않은 시적 분위기로 등장한 계기가 되었다.

베이츠는 그 불친절하고 비타협적인 태도에 대항해 불친절하게 저항하는 잘못을 저질렀다. 우리 상호관계의 발전은 칼빈주의와 부흥 운동을 분리한 역사적-교의학적 반제의 발전이 증명된 점에 기초하여 이뤄졌다. 베이츠가 교수로서 나중에 우리가 바빙크(Bavinck)[540] 교수로부터 받은 것을 줄 수 있었다면, 그는 의심할 여지없이 더 높아졌을 것이다. 그런데도 당시에 발생한 폭풍우가 공기를 정화하기도 했다는 점을 감사하게 생각한다. 안개가 걷혔다. 이제 과거가 어떻게 상호존중을 요구하는 그늘을 만들어 냈는지 분명해진다. 서로 더 잘 알수록 편견은 없어진다. 그리고 그것이 여전히 여러 가지 색깔의 의복을 입든 아니면 여러 가지 빛깔의 '유니폼'을 입든, 지도자들이 그리스도인이라는 이름에 가해지는 공격에 대항하여 신앙고백자들을 한데 모으는 데 성공하는 경우가 거의 없다.

§7. 로마 가톨릭 정당

로마 가톨릭 정당의 영향력을 간과해서는 안 된다. 거의 모든 믿는 개신교도들을 지금 지적할 수 있는 협력보다 훨씬 더 열정적으로 연합시킨 1853년의 '4월 운동'(De April-beweging)[541]도 역사적 성격을 갖지만, 이는 부정적 의미에서이다. 이것은 부흥 운동의 영향을 받은 아이들의 비유를 맞추어 주었다. 19세기 초 유럽 전역에서 부흥 운동은 명백히 반로마 가톨릭적(anti-Roomsch) 성격을 띠고 있었으며, 그 당시부터 '기독교적'(Christelijk)이라는 단어에 붙은 일방적 의미만큼 강력하게 두드러지는 것은 없다. 이것이 일반적 의미에서 십자가의 깃발을 의미하는 것으로 이해되어, 로마와 그리스, 콥트와 네스토리우스 진영이 자동으로 포함되는 것으로 여겨졌다. 반대로 '기독교적'이라는 경칭은 오직 개신교 활동에만 사용되고 인정될 수 있었다. 그러므로 부흥 운동으로부터 매우 활발한 선교 활동이 이방인, 무슬림, 유대인 사이에서가 아니라, 로마 가톨릭 나라 가운데서 시작되었다. 부흥 운동은 이탈리아, 스페인, 포르투갈, 그리고 프랑스에 몸을 던졌다. 실제로 아직 기독교적 요소가 부족한 이 나라들에 강력한 복음 전도를 추진하여, 그 나라들을 기독교로 인도하는 것이 우리의 소명이라고 생각했다. 재정적으로 그들은 모든 면에서 이 나라들에 과거로부터 서서히 스며드는 개신교의 잔재를 지원했다. 왈도파(Waldenzen)[542]는 특히 모든 사랑으로 기뻐했고, 남유럽 국가들의 개혁이 즉시 실행되지 않으면, 부흥 운동은 그의 소명을 포기할 것이라고 확신했다. 이 활동은 주로 스코틀랜드와 영국, 미국에서 왔으며, 우리의 역사적 과거의 반대 효과 때문에 우리나라에서도 즉시 영향을 주었다.

우리의 과거는 한편으로 긍정적이고 다른 한편으로 부정적이라는 이중적 성격을 가졌다. 긍정적으로는 역사적 과거로부터 칼빈주의의 호소가 등장했다. 그러나 그 호소는 부정적으로 반로마적으로 들렸다. 여기에서도 종교개혁은 극명하게 반교황적 성격을 나타냈다. 그 당시 우리 국가의 생존을 파멸로 위협했던 것은 스페인, 필립, 알바 그리고 종교 재판이었다. 당시 순교자들은 감사와 놀라운 존경을 받는다. 한때 네덜란드 독립군의 정신이 말했던 '교황파보다는 차라리 무슬림파'는 여전히 효력이 있었다. 이러한 마음의 분위기가 18세기 중반까지 이 나라에서 지속되었다. 그러자 마음은 다른 반대 방향으로 돌렸지만 잠깐 반교황주의를 되살려야 했는데, 그렇지 않으면 즉시 다시 불타올랐을 것이다. 부흥 운동이 처음부터 그 힘의 적지 않은 부분을 추구했던 것은 우리의 저명한 역사의 이 부정적 요소이다. 유니타스(Unitas)[543]를 필두로 하여 형성된 협회는 로마 가톨릭 상점들과 로마 가톨릭 재산에 반대하는 입장을 취했다고 알려져 있다. 특히 주교적 교권체제(Bisschoppelijke Hiërarchie)의 도입으로 불만이 솟구쳤다.

§8. 1853년의 주교적 교권체제

당시 이 글을 쓴 나도 이와 관련하여 젊음의 열정으로 반교황적 열성에 관해 이야기했다. 스페인의 알바 공작이 다시 성문 앞에 서 있는 것 같았고, 네덜란드 독립군이 다시 출범해야 할 것 같았다. 이 반교황적 행동은 토르베커가 이끄는 자유당이 주교적 교권체제를 복원하는 모험을 감행하면서 우리의 순수 보수주의 정치가들이 호의를 보였을 때에 더욱 그러했다.

1848년에 활동을 추진한 정치가들은 이 나라에서 영향력이 약했다. 그들은 그들의 추종자들과 함께 아주 작은 소수 집단을 형성했다. 따라서 북브라반트와 림부르흐뿐만 아니라 북부 지방에서도 로마 가톨릭 인구를 얻으려는 그들의 시도와 지원은 교권체제를 희생하지 않고는 성사될 수 없었다. 벨기에에서도 성직자들이 자유주의자들과 힘을 합쳐 급진적 헌법 유형을 도입했기 때문에, 로마 가톨릭 측은 이것을 자유주의 원리의 가장 순수한 표현이며, 일종의 속죄로 받아들였을 수 있다. 그러므로 1848년 헌법에는 그쪽에서 조금도 반대가 없었다.

얼마 지나지 않아 네덜란드 정부가 이 나라의 교권체제를 다시 한 번 인정할 것이라는 전망이 나왔을 때, 로마 가톨릭 측은 모든 반대를 무시하고 자유주의와 토르베커를 지지했다. 이에 대해 고백주의자(Confessioneelen), 콜브뤼허주의자, 흐로닝언주의자, 보수주의자, '진리의 동지들', 윤리주의자들은 마치 본능에 의해 움직이는 것처럼 1853년에 날아올랐다. 모두가 한 무리로 함께 일어났고, 토르베커는 실패했다. 교권체제의 도입을 더 이상 중단시킬 수는 없었지만, 더 넓은 범위의 개신교인들은 더 나은 날이 다가오고 있었고, 로마 가톨릭과 자유당을 보편적 기독교의 기치 아래 함께 밀어붙이는 데 성공할 것이라고 생각했다. 오직 흐룬 판 프린스터러만이 이 순전히 부정적 활동에 숨어 있는 위험을 보았다. 그는 불가피한 것처럼 위협적 오만함에 맞서기 위해 자신의 견해에 따라 행동했으면서도 처음부터 교회의 자유를 보호하기 위해 나섰다.

이로 인해 새롭게 나타난 상황은 두 가지 종류의 위험을 동반했다. 첫 번째, 사람들이 저항의 동력을 비로마 가톨릭적, 반로마 가톨릭적, 개신교적이라는 점에서 부정적 의미로 찾았고, 이 때문에 점점 더 프로테스탄트라는 이름 아래 반교황적인 모든 것을 삼켜 버렸다. 그 결과 자신의 개혁주의 신앙고백의 진실성에 대해서는 관심이 점점 더 줄어들었다. 두 번째, 이것은 부흥 운동이 기독교적인 것과 독실한 개신교인을 동등하게 여기는 잘못된 경향으로 굳어졌다. 이는 분명히 좋은 측면도 있지만, 배타적으로 생각하면 잘못된 표현 방식이다. 오늘날도 우리에게 기독교적(Christelijk)이란 믿음의 도장을 찍는 고정된 이름이다. 우리에게는 '기독' 학교가 있고, 모든 종류의 '기독' 협회가 있으며, '기독' 언론이 있고, '기독' 정치도 있다. 그런데 1870년경까지 우리는 로마 가톨릭 학교, 가톨릭 협회, 가톨릭 언론도 이 일반적 이름으로 이해했고, 그래서 기독 정치가 처음에는 로마 가톨릭 정치에 정면으로 맞서게 되었다는 사실을 거의 깨닫지 못했다.

그 후 반전이 일어났다. 카페이너 판 드 코펠로가 등장하기에 앞서 로마 가톨릭 주교는 이 나라의 로마 가톨릭 교도들이 자유당과의 동맹을 취소하고, 특히 교육의 관점에서 반혁명당에 훨씬 더 밀접하게 합류해야 한다는 것을 분명히 깨달았다. 특히, 1878년 카페이너 내각이 발표한 '예리한 결의안'이 상황을 변화시켰다. 이전 로마 가톨릭 지도자들의 상당한 저항 끝에, 마지막으로 스하프만(Schaepman) 박사는 로마 가톨릭이 좌파에서 우파로 전환하도록 계속해서 최선을 다하고 있다. 1874년 내가 하우다에서 국회의원으로 선출되면서 이를 보증했다. 새로운 동맹의 구상이 누렸던 지속적 성공은 곧 놀라운 열매를 맺어 10년 후 마카이 남작에 의해 반혁명-로마 가톨릭이라는 연정 내각이 구성될 수 있었다. 이렇게 예고된 운동이 계속된 결과는 나 자신이 1901년 구성하도록 허용된 이 내각이다. 1908년에 취임한 헤임스케르크 내각 역시 이 연합이 지속되지 않았다면 상상할 수 없었을 것이다. 이전의 반교황주의, 특히 1853년에 그렇게 위험한 방식으로 날카롭게 깎인 것이 결과적으로 점차 마모되었다. 하나님의 기름 부음을 받은 우리 왕 그리스도 안에서 예배하는 전국의 모든 정치적 무리가 선한 믿음과 선한 지식으로 협력하였다.

마지막으로, 적어도 일정한 거리를 유지하고 그들의 반교황주의가 소멸하지 않도록 보호한 것은 기껏해야 화석화된 흐로닝언 학파(Groningen richting)의 작가 몇 명과 소수의 감리교도와 윤리학파 진영(Ethischen)이었다. 1848년부터 1865년까지 로마 가톨릭에 합류한 자유주의자들은 로마 지도자들의 이러한 배도에 크게 불쾌감을 느꼈다. 뿐만 아니라 이번에는 정치적 위협이라는 위험에 직면하게 되면서 곧 깨닫게 되었다. 그들은 특히 '로마와 도르트'(Rome en Dordt)라는 슬로건 아래 우리 역사의 반교황적 성격을 불러 일으키기 위해 가능한 모든 것을 시도한 사람들이었다. 그들이 이 점에서 그다지 성공적이지 않았다는 것은 '개신교와 교황주의'의 초기 대립이 점점 더 '기독교와 인본주의' 사이의 대립으로 대체되었다는 데서 알 수 있다. 사람들은 자유주의자들과 급진주의자들이 원리적으로 기독교와 어떻게 단절되었는지를 점점 더 분명히 발견했다. 이것은 부흥 운동의 시대처럼, 믿는 개신교인 사이에서뿐만 아니라, 적어도 부분적으로는 로마 가톨릭에서도 아직 시들지 않는 기독교적 요소를 상상할 수 있도록 했다. 교회적으로 첨예한 대립은 계속되었지만, 사회적, 정치적으로 네덜란드 독립군 사건은 결국 거의 전 방위적으로 근대적, 무신론적, 물질주의적 흐름에 대한 저항으로 넘어갔다. 이후에 신지학적 경향의 출현도 이것을 방해하지 못했다. 일반적으로 로마 가톨릭처럼 칼빈주의자들 가운데서도 '무장한' 권력이 강하다고 느꼈고, 기독교적 요소의 보존을 위해 우리는 하나의 전투 명령을 따라 함께 행진해야 했다. 그렇게 당시 기독-역사당(Christelijk-Historisch)이라는 용어에서 '기독'(Christelijk)이라는 표현의 의미가 바뀌게 되었다.

§9. 기독-역사당이라는 용어의 첫 사용

독일과 다른 곳에서 일어나고 있는 일에 의해 적지 않은 도움을 받았다. 거기에서도 근대적 세계관에 대한 반대(anti-thése)가 그리스도를 고백한 모든 사람에 의해 결속되어 있었다. 일부는 심지어 폰 클라이스트 렛초우와 폰 게를라흐처럼 로마 가톨릭과 하나의 같은 정당으로 합병하는 데까지 나아갔다. 해외에서 새롭게 등장한 이 운동 이후, 그것이 개신교에서 발생했든 로마 가톨릭에서 발생했든 거의 모든 곳에서 기독교적이라는 일반적 이름으로 언급되었다. 이는 외국의 협력이 필요한 곳에서 개신교와 로마 가톨릭을 모두 포함하여 기독이라는 단어로 이해되는 것과 다르지 않다. 이미 흐룬 판 프린스터러는 기독-역사적 관점을 옹호할 때마다 거의 항상 기독교라는 단어를 이러한 일반적 의미로 받아들였고, 1878년 우리 당의 정강에서도 비슷한 방식으로 해석되었다. 이후 1894년에 반체제 인사들이 자신들을 정당으로 결성했을 때, 반혁명적 이름을 버리고 기독-역사라고만 표현하자는 의견이 그들 사이에서 받아들여졌다. 그러나 그때에도 기독이라는 말은 부흥 운동의 반교황주의적 의미가 아니라, 1870년 이후의 보다 일반적인 의미로 받아들여졌다. 따라서 이제 일반적인 견해가 보편적으로 더 유효한 견해가 되었다고 말할 수 있다. 적어도 정치적 영역에서 '기독'이라는 단어의 반교황주의적 함의는 이제 완전히 사라졌다.

따라서 반혁명과 기독-역사라는 두 용어에 내포된 의미는 신앙적 국민(het geloovige volksdeel)에 대한 개념으로 더 잘 이해되었다. 이제 역사는 이른바 자연법이 논란의 여지가 없음을 나타낸다. 인간이 지각력과 개념적 활용의 도움으로 스스로 만들어 낼 수 있다는 완전히 잘못된 생각에 맞서 절대적이고 유일하게 유효한 정부 체제, 더 나아가 모든 나라에서 세기를 거듭하면서 독특한 체제가 도입되어야 했고, 역사라는 구호에 힘을 실어주었다. 마찬가지로 역사의 흐름을 항해하는 데 나침반을 사용할 필요가 없다고 간주하는 똑같이 잘못된 생각에 반대하여, 기독이라는 단어를 역사 앞에 추가함으로 저항했다. 역사라는 용어는 국가 생활이 수립되어야 했던 체계가 모든 국가와 시대를 위한 하나의 체제를 제공하는 것이 아니라, 가장 깊은 원리가 동일하게 유지되는 곳에서 나라와 시대의 상황에 따라 그 형태가 바뀌었다는 의미로 인식되었다. 더불어 기독이라는 용어는, 국가 생활의 역사적 발전에 두 가지 동기가 영향을 미칠 수 있음을 내포했는데, 하나는 '하나님'께 영광을 돌리고 다른 하나는 '인간'에게 영광을 돌리는 것이다. 그리고 그리스도에 대한 고백을 통해 노를 젓는 사람이 국가라는 배로 하여금 두 번째 방향을 피하고 첫 번째 방향으로 나아가도록 했다.

이런 식으로 문제를 받아들이면, 반혁명적이라는 용어의 의미를 즉시 감지할 수 있다. 모든 국가와 시대의 인간 삶에 하나의 같은 체제를 부과한다는 최우선적 생각은 나중에 실현되었다. 이미 1789년 이전에 전적 지지자를 찾았지만, 무자비한 폭력으로 그것을 국민의 삶에 부과했는데, 지롱드파(Girondijnen)[544]와 자코뱅파가 처음으로 그렇게 했다. 그리고 마찬가지로 파리에서 열린 국민회의의 법령이 제정되기 훨씬 전부터 불경건한 생각이 헌법에 스며들었다는 사실도 인정해야 한다. 하지만 이것은 특정 기독교적 색조가 여전히 국가 생활의 공개적 표현에 보존되어 있다는 사실을 바꾸지 못했다. 반면에 모든 헌법에서 기독교인의 누룩을 분명히 의식적으로 제거하기 위해 파리에서 암호가 유출되었다. 로베스피에르는 여전히 파리의 거리에서 이성을 여신으로 추앙했으며, 그 역시 모든 것을 '인간'에게서 나타나게 하고, 그것을 '인간'으로 국한시키려고 노력했다.

역사적(Historisch)으로나 기독적(Christelijk)으로나 이 두 단어에 대해 18세기 말 파리에서 유럽으로 휩쓴 광기에 대한 고의적 항의가 있었다. '역사적'으로 민족적 생명의 유지가 세계 제국 사상에 반대되었고, '기독교'적으로는 하나님의 영광을 수호하는 것이 자신을 신격화하는 인간의 망상적 자기 상상에 반대하였다. 따라서 기독-역사라는 용어는 반혁명적과 의미가 같다. 그렇지만 여전히 반혁명적이라는 이름에 집착하는 것과 갈라졌다(splitste). '반혁명'이란 당시 프랑스 혁명의 모든 행위와 가식에 대해 항의했지만, 기독-역사는 같은 목적으로 우리의 항의를 두 가지 방식으로 설명했다. 곧 절대자의 허세에 반대하면서 역사적 과정의 권리를 보존하는 동시에, '오직 하나님께 영광'을 모든 인간 삶의 최우선적 기본 원리로 정당화했다.

§10. 반혁명에 대한 첫 번째 견해

첫 번째 용어든 두 번째 용어든 구호보다 더 나을 수 없었다. 반혁명이란 용어가 처음에는 국민이 정부에 대해 제기한 모든 저항을 비난하는 것이 목적이라는 것 외에는 그 어떤 다른 인상도 줄 수 없었다. 전혀 그렇지 않았지만, 용어 그 자체가 의미하는 바를 전혀 나타내지 않았다. 이것은 처음에는 문제가 되지 않았다. 18세기 말부터 19세기 초반에 이르는 20년 동안 유럽인의 삶 전체는 파리에서 일어나고 있는 일에 완전히 지배당해서, 혁명(de Revolutie)이라는 말을 들을 때 파리의 대혁명(Grande Révolution)을 생각하지 않는 사람이 거의 없었다. 국민저항(Volksverzet)이 조화를 받아들였고, '자코뱅의 분노', '국왕 살해', '9월의 학살'(Septembriseurs)[545]에 나타난 분노는 즉시 유럽 전역에 비교할 수 없는 인상을 남겼다.

그렇기 때문에 모든 사람이 '프랑스 대혁명'을 어떻게 이해해야 하는지를 잘 알고 있었다. 그리고 얼마 지나지 않아 젊은 프랑스가 파리를 경악하게 했던 일을 국경을 넘어 모든 이웃 나라에 대해 다시 처음부터 일으키려 했을 때, 파리에서 일어난 격노의 영향은 그 당시에는 거의 아무도 없었던 유럽 상황을 너무나 완벽하게 지배했다. 사람들은 혁명이라는 말을 들었을 때 파리에서 유일하게 성공한 혁명 외에 다른 것을 생각하지 못했다. 미국에서 부분적으로 동시에 일어난 것은 대혁명과 비교하면 소꿉장난이었다. 제퍼슨은 이미 파리의 이론을 미국에 적용하기로 시도했다. 그러나 1793년에 해밀턴은 그러한 모든 의도에 대해 강력하고도 의도적으로 반대했으며, '헌법 전문'에도 "우리가 누릴 수 있도록 허락하신 시민적, 정치적, 종교적 자유에 대해 전능하신 하나님께 감사드리며, 계속해서 우리는 그분이 우리의 노력에 복을 주시기를 기대합니다"라고 적었다. 또한, 당시 미국에서 일어난 일은 파리에서 들은 것에 비하면 별 것 아니었다. 그 당시 미국은 거의 존재감이 없었기 때문에 먼 지역에서의 소문은 거의 전해지지 않았다. 그렇지만 파리에서 일어난 혁명은 당시 모든 사람의 정신과 마음을 가득 채웠다.

그러므로 파리의 광신도들이 의미하는 바에 대한 원리적 반대가 하나 이상의 집단으로 나타나고 스스로 조직되었을 때, 반혁명에 대해 말하는 것은 아주 자연스러웠고, 이 표현의 의미는 동조하는 누구에게나 완전히 명확했다. 따라서 19세기 전반부에 반혁명이라는 명칭은 더 이상의 설명이 필요 없이 정당화되었고, 어떠한 오해도 일으키지 않았다. 그것은 특정한 시기에 생겨난 강령이자 용어였으며, 당시 그 명료성을 스스로 증명했다. 이미 유럽 전역에 울려 퍼진 '마르세예즈'가 모든 오해를 제거했다.

§11. 두 가지 의미의 변화

그러나 그 이후로 여러 상황에 의해 그 용어는 표현력을 상실했다. 우선, 프랑스 혁명에서 발생한 것이 이미 수 세기 이후 추측했었던 것이고, 심지어 프로이센 왕이 옹호했다는 것이 역사적으로 증명 가능하게 되었다. 그런 다음 이미 1830년부터지만 1848년에는 더 일반적이게 된 각종 혁명의 꾸준한 발생이 1789년에 유럽을 공포에 떨게 했던 것으로부터 자연스레 주의를 다른 곳으로 돌렸다. 잊지 말아야 할 점은, 훨씬 더 온건한 형식이기는 하지만, 1789년에 파리에서 승리를 거둔 사상이 그 이후로 자유당이라고 불린 사람들 사이에서 거의 보편적으로 받아들여졌다는 것이다. 심지어 그것은 글래드스턴의 사망 후, 에드먼드 버크의 나라에서조차도 대영제국의 일반 정치를 지배하기 시작했다. 일반 대중은 추상적인 원리에 덜 치우치고 큰 사건에만 크게 감동하여, 단통과 로베스피에르를 이끈 원동력의 완전히 예외적인 본질을 간과하기 시작했고, 이제 중국까지 퍼진 혁명 정신에 훨씬 더 진지한 관심을 기울였다. 당시 대부분 사람들의 눈에는 프랑스 혁명이 위대한 혁명이었다. 하지만 그것은 하나의 혁명으로 전락했고, 마치 오랜 과거에 속한 것처럼 점점 덜 흥미롭게 보였다. 그러므로 우리나라가 자신을 반혁명적이라고 하는 정당이 살아남은 유일한 나라다.

바그너(H. Wagener)[546]의 "국가 및 사회사전"(Staats-und Gesellschaftslexicon)도, 브로크하우스(Brockhaus)[547]의 "대화 사전"(Conversations Lexicon)도, 부흐베르거(Buchberger)[548]의 "교회 사전"(Kirchliches Lexicon)도, 18권의 헤르초크(Herzog)[549]와 플리트(Plitt)[550]의 강력한 "백과사전"(Real Encyclopaedia)도, 콘라트(Conrad)[551]와 렉시스(Lexis)[552]의 "핸드북 사전"(Handwörterbuch, 2e, 1898)도 '반혁명'이라는 단어를 취급한다. 하지만 실제로 헌법을 비롯한 정치학 이론들이 연이어 광범위한 해설을 하는 특집을 보면, 반혁명을 별도의 범주로 제시한 작품은 하나도 없다. 슈탈의 "국가법 철학"(Philosophie des Staatsrechtes, 4e) 제1권 448-570쪽에서만 혁명에 대한 대항 작가들을 별도 범주로 취급하고 있는데, 이 범주에서 드 마이스트러, 버크, 할러만을 논의한다. 그러므로 우리가 반혁명적이라고 부르는 것은 제한적 의미였다. 폴록(Pollock)[553]은 그의 "정치학의 역사"(History of the Science of Politics)에서 그러한 범주에 대해 언급하지 않는다. 폰 할러는 그의 "국가학의 회복"(Restauration der Staatswissenschaften) 여섯 권 중 제1권 37-79쪽에서 혁명의 옹호자들에 대한 간략한 개요를 제공하지만, 그에게서도 반혁명적 범주를 찾을 수 없다. 자카리아도 그의 "국가에 관한 40권의 책들"(Vierzig Bücher vom Staate, 1843)에서 더 이상의 빛을 제공하지 않는다. 렘은 "국가학의 역사"(Geschichte der

반혁명 국가학 | 원리

Staatswissenschaft)에서 '근대'(Neuzeit)에 대해 54쪽만 할애하고, 부르크나 슈탈에 대해서는 언급조차 하지 않는다.

블룬칠리는 그의 "일반 국가법의 역사와 정치 역사"(*Geschichte des Allgemeinen Staatsrechts und der Politik*, 2nd ed. 1867)에서 프랑스 혁명의 반대자들인 버크, 겐츠와 요한 뮐러, 보날드와 다른 로마 가톨릭 학자들, 그리고 625쪽에서 슈탈, 레오, 발터를 다루었고 한 번 이상 반혁명이라는 용어를 사용했으나, 이 사람들이 모두 하나의 범주에 속하지는 않았다. 오히려 그는 이들을 '역사적 정치의 대변인'(Vertreter der Geschichtliche Politik), '가톨릭적 반응과 회복의 정치'(Katholische Reactionairen und Restaurations politik), '종교적-정치적 방향'(Religiös-politische Richtung)이라는 세 범주로 나누었는데, 그 역시 반혁명 국가사상의 범주를 알지 못한다는 것이 이 세 가지 범주에서 이미 나타난다. 이는 "국가학의 간결한 개요" (*Kurtzgefasstes Kompendium der Staatswissenschaften*, Tridiichowitz, Belin, 1904)에서도 다르지 않다. 그리고 굼플로비츠는 그의 "정치 이론의 역사"(*Geschichte der Staatstheorieën*, Innsbruck, 1905)에서 19세기의 헌법에 관한 저술가들을 세 범주로 나눈 것에 대해 335쪽 이하에서 광범위한 논거를 할애하고 있으며, 먼저 드 마이스터, 폰 할러, 슈탈을 언급한다. "국가의 발생과 존재의 근거를 하나님께 두는" 범주로, 그는 이 범주를 '신학적' 범주라고 부르지만 반혁명적 범주는 알지 못한다.

거의 모든 헌법 역사가들이 반혁명이라는 개념은 알지만 반혁명당에 대해서는 언급하지 않는다. 이는 종교 개혁자들 사이에서 루터와 종종 츠빙글리를 반복해서 언급하지만, 칼빈은 원리적으로 단순히 건너뛰었던 것과 비슷하다. 실제로 하체크가 처음으로 "근대 민주주의의 법"(*Das Recht der Moderne Demokratie*, Leipzig, 1909) 5쪽에서 이렇게 말했다. "근대 초기에 종교 개혁가들, 특히 '칼빈주의적 방향'이 이 질문을 다시 제기하도록 남겨두었다." 에른스트 트뢸치(Ernst Troeltsch)[554]는 그의 "기독교 사회윤리"(*Die Sociallehren der Christlichen Kirchen und Gruppen*, Tübingen, 1912) 607쪽에서 네덜란드의 현재 칼빈주의 경향을 포함하는 칼빈주의에 대해 전체 장을 할애하고 있으며, 607-794쪽에 걸쳐 문서로 만들어 잘 다루고 있다. 그러나 이것은 최근에 나온 것이다. 마치 우리 반혁명당이 19세기의 흐름 속에서 전 유럽에 의해 우리의 사상적 동지의 공동재산이 된 이름을 가진 것처럼, 칼빈이 우리에게서 적지 않게 발견되었다는 주장은 오류이다. 우리는 이것에 대해 우리 자신이 인정하고 상대방이 우리에게 반대할 때까지 기다리지 않음을 감사한다. 조직된 국가 정당의 이름으로 반혁명이라는 단어는 '우리나라에서만' 받아들여졌다.

§12. 우리의 고립을 유지하다

우리 당은 이 점에서 이미 고립되어 있지만, 이 고립도 '유지'되어야 한다. 흐룬 판 프린스터러가 없었으면 우리는 보수 진영에서 우리 자신의 원리를 모두 포기하고 해산하고 말았을 것이다. 그는 프랑스 혁명을 지지한 사람들의 원리에 반대함으로써 자신의 지위를 얻었다. 따라서 반혁명이라는 이름이 출생증명서에 등장했다. 그 이름에는 역사적 순간이 있으므로 우리는 그것을 포기해서는 안 된다. 그리고 '기독-역사'라는 거의 비슷한 명칭은 유사한 기원을 자랑할 수 있지만, 반혁명이 그 원리를 더욱 확고하게 표현한다. '역사'라는 이름은 단순히 사비니로부터 인정을 받았다. 그는 우리나라에서 흐룬보다 훨씬 더 일반적 태도를 보였다. 따라서 실제로 보수적이라고 느끼면서도, '역사'라는 명예로 자신을 꾸미는 사람들이 여전히 너무 많다. '역사'라는 이름은 마치 하나의 불변의 법칙이 모든 시대의 모든 민족에게 자연스럽게 적용되는 것처럼, 교리에 반대하는 데 도움이 된다면 어떤 정치 집단의 진입을 위한 문도 열어둔다. 특히 1789년의 사상가들이 이 두 가지 큰 실수에 빠진 한, 역사학파의 비판적 판단도 영향을 주지만, 그들의 불경건한 관점은 비판을 피할 수 있다.

'역사' 앞에 '기독'이란 이름을 둠으로써 그 틈을 메우려는 시도가 있었지만, 이것은 그 이름에 대해 자연스럽게 제기된 이의를 없애지 못했다. 또한 페르디난트 발터(Ferdinand Walter) 교수[555]는 그의 "자연법과 정치"(Naturrecht und Politik, Bonn, 1863)에서 기독교적 관점을 선택했지만, 이 선택의 정확성에 대해서 다음과 같이 주장했다. "기독교는 인간의 정신과 지식에 행사한 권세를 통해 외부의 법질서에 새로운 정신을 불어넣고 독특한 각인을 주었다. 그것은 미래의 경향에서와 마찬가지로 현재의 제도 안에서도 살아 있다." 보다시피 여기에는 정치적 노선이 전혀 계획되어 있지 않다. 슈탈은 더 깊숙이 들어가, 그의 정당 건설을 위해 '기독'이라는 이름을 대리석에 새겼다. 그러나 실제로 이 '기독'이란 정통성에 잠겨 있는데, 그는 왕, 귀족, 군대와 성직자들이 정당성을 지니며, 이에 반대하여 부르주아지, 농민, 노동자들을 혁명 지지자로 간주한다. 따라서 '역사'라는 용어는 원리를 설명할 때 실망스러울 뿐만 아니라, 사용되기 시작한 '기독'이란 접두사는 명확하게 정의된 태도를 보이지 않는다. 그것으로부터 잘 정의된 단 하나의 정치적 사상도 추론할 수 없다. '반혁명'이라는 제목과 함께 '기독-역사'라는 제목의 공통점은 둘 다 독일에서 왔고, 결과적으로 둘 다 권위를 위해 매우 일방적 방식으로 등장했지만, 국민의 자유를 충분히 고려하지 못했다는 것이다.

정당성(Legitimiteit)이 보수주의의 요새 안으로 눈에 띄지 않게 이끌려 들어왔다. 이것이 처음에는 흐룬의 노력으로 우리 네덜란드 보수당의 승인으로 이끌었다. 그러나 그들을 우리 당의 창시자와 연결하는 정치적 유대가 너무 약했기에, 수년 후에 흐룬의 투쟁은 반대하는 동지들과의 투쟁으로 끝났다. 결국 그는 의회 의원직에서 물러나기까지 했고, 1871년에는 쾨헤니우스, 카이퍼, 판 오텔로 세 명 외에는 전국에서 하원의 다른 후보를 지지하지 않았다. 영주 중 그 누구도 그의 눈에서 더 많은 은혜를 얻지 못했다. 이것은 특히 '기독-역사'라는 명칭이 흐룬의 기치 아래 편히 느낄 수 없고, 독일에서 만연한 이 정당 이름의 개념에 현혹된 너무나 많은 사람을 매료시켰기 때문이다. 흐룬은 칼빈주의(Calvinistisch)라는 부제를 그의 정치적 감정의 추가적 표현으로 기록하지 않았다. 혹은 한 명의 인간으로서 반대자들이 물러났다. 그 결과 특히 1871년 이후에 우리 당에서는 '기독-역사'라는 이름이 점점 더 적게 사용되었고, 반혁명적이라는 이름은 점점 더 우리 고유의 이름이 되었다. 이 더욱 대담한 이름마저도 모호함을 겪는 한, 우리의 정치적 의도의 긍정적인 특성을 더 잘 강조하기 위해 반혁명적 칼빈주의라는 명칭이 점점 더 받아들여졌다. 반혁명과 기독-역사는 외부에서 우리에게 왔으나, 칼빈주의는 우리 자신의 과거에서 온 이름이었고 그 자체가 요구되는 긍정적인 내용을 나타냈다.

확실히 우리 당이 등장하자마자 자신을 '칼빈주의적'으로 규정했다면, 처음부터 더 확고하고 견고한 조직을 얻었을 것이다. 그러면 우리 당은 곧 바로 독일에서 취득한 보수주의라는 가면(sluier), 즉 '베일'을 한 얼굴에 민주 당의 표정을 보였을 것이다. 그러나 이것은 아무리 바람직하더라도 불가능 했다. 우선, 흐룬 판 프린스터러 자신도 처음 등장했을 때에 아직 후기 칼 빈주의적 공감이 무르익지 않았다. 그리고 다른 한편, 이미 19세기 전반기 에 옛 칼빈주의자의 후손들이 정치권력으로 활동할 수 있었다는 데는 의문 의 여지가 없다. 그들은 1789년에 정치적으로 상퀼로트에게서 아주 심하게 벗어났다. 그 이후 그들은 신비주의 신학의 영역으로 움츠렸다. 앞에서 본 바와 같이 부흥 운동은 이 상황을 개선하기보다 오히려 악화시켰다. 흐룬 판 프린스터러가 1830년 이후 즉시 칼빈주의 기치를 올렸다면, 그는 의심 할 여지없이 먼저 '군대 없는 야전 사령관'(veldheer zonder leger)이 되었을 것이다. 잠시가 아니라 아예 처음부터 그랬을 것이다. 야전 사령관은 소리로 군대 를 모집하지 않는다. 정치 분야에서 야전 사령관은 국가 전체를 대상으로 하는 분명한 목적을 위해 함성을 질러야 한다. 그것은 '혁명에 반대하는 복 음'이라는 구호에 있었다. 그렇게 반혁명(Antirevolutionair)이라는 이름이 출발했 다. 처음에 거의 표면화되었던 교육 이슈는 그 중요성을 모든 사람이 체감 하도록 했고, 네덜란드 독립군 후손의 칼빈주의적 동맥에서 다시 피를 뽑 은 다음 마침내 우리를 고유한 생명의 뿌리를 가진 정당으로 견고하게 만 들었다.

§13. 구호에 의한 기만을 금지하다

바로 이러한 이유로 우리가 이름이나 구호에 기만당하지 않도록 하는 것 이 더 중요하다. 우리가 혁명에 '반대'하거나 기독교인이기만 하면, 우리의 정치 강령이 자동으로 주어질 것으로 생각하는 사람은 완전히 실수하는 것 이다. 그러면 반혁명이라는 단어도 오용될 것이다. 그렇게 되면 원리적으로 우리가 1789년의 핵심 견해를 거부하고 투쟁할 뿐만 아니라, 1789년부터 1795년에 사람들이 도입하려 시도했고 또 그와 연관된 모든 것들을 우리가 똑같이 동시에 모두 정죄하고 승인하지 않을 것이라는 의미를 가질 수 있다. 마치 우리가 정당으로서, 결정적인 혁명이 발생하기 전에 존경받고 유행했던 것이면 무엇이든 받아들일 것처럼 생각할 것이다. 우리는 이런 식으로 생각하고 판단하는 사람을 '혁명에 대한 대항자'(Contra-revolutionair)라고 부르는 데 익숙하지만, 이미 슈탈의 작품에서 그가 부르크와 드 마이스트러 같은 사람들에게 이 '혁명에 대한 대항'이라는 단어를 어떻게 적용하는지를 살펴보았다. 그러므로 우리가 더욱 명확하게 인식해야 하는 것은, 우리는 반혁명가로서 적어도 '과거에 젖어 평가하는 사람들'이 아니라는 것이다. 그리고 우리는 정치, 교회, 경제적 상태를 프랑스 혁명이 발견했던 것처럼, 적어도 추가 검증 없이 보호한다. 오히려 우리도 18세기에 구성했던 것과 같은 상태에 대해 예리한 비판을 적용하기 원하는데, 여러 면에서 우리의 비판이 1789년의 사람들이 제기한 비판과 자주 일치한다는 점을 주저하지 않고 인정한다.

그렇다. 우리는 사람이 살 수 없을 정도로 국가라는 건물이 무너졌을 때, 시작했어야 할 새로운 건물을 건축하는 데 1789년의 노선과 거의 차이가 나지 않는 건축학적 노선을 따랐다. 우리의 반혁명적 원리는 잘못된 원리, 잘못된 출발점, 잘못된 사상이 당시 모든 정치를 지배했던 것을 반대한다. 그리고 당시 새로 유행하는 사상을 감싸고 있었던 기괴한 복장에도 반대했다. 하지만, 우리가 1789년 이전의 낡고 오래되고 남용에 빠졌던 것들을 찬양한다고 보는 것은 우리를 모욕하는 것이다. 우리가 통치자의 왕국(Regentendom)을 다시 회복하려할 정도로 심각한 향수에 젖었다는 음모를 우리에게 뒤집어씌우는 것은 우리의 의도를 완전히 오해한 것이다. 우리는 하나님으로부터 흘러나온 세계 질서와 인간이 고안한 세계 질서 사이에 있고, 두 입장으로부터 논리적이고 역사적 일관성을 갖춘 이 관점들이 흘러나오는 정치적 결과 사이에 서 있다. '민족' 역사와 관련하여 우리의 정치적 성격을 유지해야 한다. 옛적 통치자의 왕국을 싫어하면서도 이에 대해 많은 독일 반혁명가의 보수-귀족정치 사상을 우리에게 전하고 싶어 하는 사람들이 지금 우리 가운데 있다면, 우리는 절대적으로 손을 내밀지 않으며 오히려 가장 심각하게 생각하고서 이것을 배신하는 민족 역사적 인식의 부족에 저항한다. 이런 식으로 길을 잃은 사람이 누구든 상관없이, 우리는 침묵자 빌럼과 마르닉스(Marix)[556]를 소환한다. 흐룬 판 프린스터러도 그의 촉각을 반복해서 내밀었던 민감한 지점인 '서민'의 옹호자도 포함한다.

§14. 복음은 정치적 정강이 아니다

교회 밖 영역에서 기독교라는 단어를 사용하는 것보다 더 쉽게 오해를 불러일으키는 것도 없다. 그리스도께서 그분 자신이나 그분의 사도들을 통해 우리에게 정치적 영역의 모든 질문에 관한 결정을 즉시 요청하는 그러한 정치적 정강을 복음서나 사도들의 문헌에서 계시하셨다는 것은 매우 잘못된 상상일 수 있다. 그렇게 상상한다면, 마치 베들레헴 이전에 정치적 세계 정강이 있었으나 그때는 실패했으며, 그 대신 예수 그리스도께서 우리에게 완전히 다르고 새로운 것을 주셨고, 지금 그 자리에 있는 기독교적 정강을 주셨는데, 그가 다시 오실 때까지 모든 나라와 모든 시대에 신성한 권위로 적용될 것 같다는 인상을 준다. 정치 작가나 국정 전문가들은 이 정강을 알고 있고, 복음서에서 정리했다고 주장한다. 그렇게 함으로써 모든 믿는 그리스도인이 이 사람들이 제안하는 것에 순순히 따르는 것이 당연하다는 인상을 준다. 기독 사상가들과 기독 정치 전문가들이 추론한 요점들이 각각 분열되고 다르며, 유권자들을 이쪽으로 이끌기 위해 서로 상반되게 조직한다는 것이 분명하다. 자유당 언론인은 우리를 조롱하면서 우리가 '기독교 정치'에 대해 모든 것을 아는 척하는 것이 '사기'에 아주 가깝다고 말하고 있다.

그러므로 우리 가운데 완전히 지지할 수 없는 의미의 기독교 정치에 대해 어떤 문제도 있어서는 안 된다. 확실히 복음서와 사도들의 문헌에는 열방을 위한 포괄적 정강이 나와 있지만, 이것은 지상 정부와 현시대 정부의 국민을 가리키는 것이 아니라, 재림과 함께 먼저 들어갈 수 있는 천국에서 만왕의 왕이 시행하실 정책에 관한 것이다. 많은 사람이 국민에게 도래할 이 왕국이 마치 도덕적 영역의 정화를 의미할 뿐인 것처럼 잘못된 주장을 하고 있다. 오히려 그 왕국의 도래는 존재하는 모든 것을 전복시키고, 완전히 새로운 생명을 가진 존재를 낳을 것이다. 요한계시록에서 노래하는 것처럼, 나라와 민족의 삶에도 매우 강력하게 나타날 것이고 지금과는 전혀다른 정책이 실현될 것인데, 예수님과 그분의 사도들이 제시한 정강과 완전히 일치할 것이다. 그러나 이것은 미래의 음악이다. 지상의 평화와 모든영혼의 할렐루야를 불러일으키는 영광스러운 음악이다.

그러나 현재를 위한 빛은 우리에게 이것을 불붙이지 않는다. 또한 복음서의 내용을 구약의 내용과 비교한다면, 정치에 대해 구약이 신약보다 10배나 더 많이 우리에게 알려준다는 사실은 의심의 여지가 없다. 그러므로특히 스코틀랜드인과 부분적으로 우리 조국의 개혁파 교인들이 정치적 관찰과 계획을 할 때 예수님이나 사도들의 말보다 구약의 본문에 더 많이 호소하고 있다.

§15. 우리의 교의학자들

교의학을 저술한 거의 모든 신학자는 18세기 관례를 따라 교의학적 교리체계에도 '행정관리'에 대한 장을 포함시켰다. 적지 않은 학자들이 이것을'교회론'에서 다루었는데, 그런 의미에서 국민은 거의 완전히 세례를 받았고 그리스도를 고백하는 사람들로 여겨졌다. 그리하여 민족과 교회가 일치했다. 국가 교회에는 이렇게 두 종류의 조직이 존재했다. 첫째는 교회 자체의 '영적' 조직이고, 둘째는 이에 더하여 우리가 교회의 후견이라고 부르는경우가 적지 않은 '외적' 생명을 위한 종속 조직이다. 우리 교의학자들은 이와 관련해 제공하려는 모든 것을 한 절 한 절 성경에 호소함으로써 최선을다해 표현한다. 교의학자들은 한편으로 구약에서 다른 한편으로 신약에서인용하는데, 그런 성경구절을 모두 모아보면 일련의 구약 인용 구절들이 복음서와 서신서의 인용구절들을 완전히 제쳐 놓는다는 것을 알 수 있다. 부분적으로 칼빈 자신이 이 분할에서 그들보다 앞서 있었고, 그의 분할은 그자체로 전적으로 정당했다. 특히 이스라엘의 역사에서 구약이 우리에게 제공하는 정치적 자료는 광범위할 뿐만 아니라 종종 매우 상세하다.

구약에 대한 이 끊임없는 언급은 너무도 눈에 띄어서, 칼빈주의는 이로 인해 자주 비판을 받아왔다. 복음서의 목소리는 너무나도 많이 사라졌고, 베들레헴 이전의 목소리가 너무 마음을 사로잡았다. 실제로 때로는 사람들이 복음서의 의미는 너무나 빠트리고 이스라엘을 너무 강하게 모방한다는 문제에 직면했다. 여전히 가끔 영향을 미치는 부인할 수 없는 해악이다. 이 것은 마치 성경 인용문을 우리의 상황에 맞는 것처럼 임의로 오용한 결과였다. 장소나 경우의 구별이 없이 어떤 특정 상황에 하나님으로부터 이스라엘 정부나 유다 백성에게 주어진 모든 진술을 적용해야 하는 것처럼 생각한 것이다. 잘못 해석된 성경 구절조차도 하나님의 뜻과 규례를 나타내는 것으로 대담하게 오용되었다. 특히 이런 일이 어떻게 예방 접종처럼 상당히 넓은 범위에서 발생했는지 안다. 그러나 우리가 이미 본 것과 같이 프란시스쿠스 유니우스 교수는 그의 정교한 연구에서 그런 오용을 끝내려고 노력했다. 그렇지만 그 또한 성경에 호소하는 이 '잘못된 방식'에 한계를 설정하는 데는 실패했다. 모든 정치의 위대한 '출발점'은 가능한 한 분명하게 구약과 신약에서 선포된다. 우리는 다양한 방향에서 이 위대한 출발점에 동의하거나 동의하지 않을 수 있는 것을 보여주는 신구약의 구절을 찾지만, '추론된' 모든 명제는 시간과 상황에 따라 구부러지고 왜곡된다.

따라서 성경 자체의 영역 내에서 '원리'는 확인되지만, 이러한 원리의 '적용'은 전혀 동일하지 않다. 성경은 사람들이 오랜 세월 여기에 관해 언급했다는 의미에서 자연법을 알지 못한다. 모세와 여호수아 시대는 다윗과 솔로몬 시대에 비해 많은 점에서 크게 달랐다. 씨와 뿌리는 하나지만 가지와 꽃은 다양하다. 세부적 정치 문제에 대한 성경적 단서를 찾는 사람은 신약보다 구약에서 훨씬 더 자신이 좋아하는 것을 발견할 것이다. 그렇지만 그것을 우리의 상황과 시대로 옮길 때, 그 차이를 설명하지 않고는 어떤 결론도 내릴 수 없다. 특히 안식일을 다시 토요일로 정하려고 하는 안식교 신자들이 얼마나 큰 잘못을 저지르고 있는지는 잘 알려졌지만, 성경의 다른 많은 추론에서도 똑같이 비판을 받고 있다. 그래서 하나님께서 저주하신다고 해도 그 어떤 아버지도 자식을 스스로 처형할 생각을 하지 않는다. 이러한 법 적용의 차이는 성경의 범위 밖에서도 관찰할 수 있다. 구약에서는 이혼이 허용되었지만, 예수님은 이를 인정하지 않으셨다. 그러나 이러한 다양성이 아무리 발전하더라도 기독교 정치학에 대해 말하는 것이 예수님이 구약의 폐지와 함께 도입하셨을 새로운 정치학을 말하는 것이 아니라는 것은 확실하다. 정치학에서 '기독교적'이라는 단어는, 기독교 국가에서 하나님 말씀의 권위가 적용되며 구약과 신약 모두에 대해 이 권위를 세우신 분이 바로 그리스도라는 것 외에는 의미가 없다.

§16. 우리의 결론

따라서 우리의 결론은 다음과 같다. 첫째, '혁명에 반대하는 복음'이라는 구호는 모든 대중의 반란이나 정치적 혁명을 비난하는 것이 아니라 1789년의 프랑스혁명에 반대하는 것이다. 그 근본적인 이유는 그것이 일어났다는 사실 때문이 아니라, 이미 3세기 동안의 특별한 지지 끝에 처음 공식적으로 도입된 국가론 때문이다. 거기서는 국민의 행복으로 가는 길이 모든 민족에게 강요되었다. 이에 대항해, 흐룬 판 프린스터러는 '복음'이 우리에게 정교한 정치 기획을 제공하는 것이 아니라는, 우리 인간의 삶에 행복과 구원을 가져다주는 것은 볼테르(Voltaire)[557]의 정치 기획이 아니라 예수 그리스도께서 복음에서 우리에게 주신 삶의 기획이라는 것을 고백하기 위해 복음을 배치했다.

둘째, 우리나라에서 공식적으로 유행하게 된 반혁명당(Antirevolutionaire partij)이라는 이름은 모든 대중 봉기나 모든 혁명을 비난하는 것이 아니다. 우리가 스페인에 대해 일으킨 반란을 생각해볼 때 흐룬의 사상으로는 생각할 수 없던 일이지만, 그것은 1789년의 프랑스 혁명에 전적으로 반대하는 것이다. 이는 행동으로써가 아니라 근본적으로 거부되어야 하는 국가론의 구현으로서이며, 반제적(anti-thetisch) 국가원리를 요구한다. 그러나 프랑스 혁명이 칭송하고 도입하려고 한 모든 것을 거부하거나, 그 혁명에 앞서 혁명 때문에 폐지된 모든 것이 무조건 칭찬할 만하다는 것은 아니다. 이에 따라 반혁명이라는 명칭은 정치가 출발해야 할 원리를 정립하는 데 한정되어 있으며, 이 '원리'에 따라 어떤 특정한 강령도 수립되지 않은 채 나아가야 할 '방향'을 제시하고 있다. 동시에 반혁명적 국가론은 군주제와 공화제, 귀족과 민주적인 형태의 정치와 정치의 다양한 형태를 허용하나, 주권은 항상 기본적으로 전능하신 하나님 안에 존재하며 그분에 의해 귀족과 백성 중의 지도자에게나 백성 자신에게 위탁한다는 점을 분명하게 인정한다.

셋째, 두 번째 용어와 관련하여 '기독-역사'라는 합성 이름은 사비니의 천재성 덕분에 생겨난 '역사학파'에서 유래했다. 이들은 마치 모든 세기의 모든 민족이 그랬던 것처럼 자연론(de natuurleer)에 반대하는 주장을 펼쳤다. 오직 하나의 단일하고 같은 형태의 정부만이 허용될 수 있으며, 마치 이 유일하게 허용되는 정부 형태가 사물의 본성에서 저절로 펼쳐지는 것에 반대하면서, 각 국가는 고유한 성질과 상황에 따라 독특한 형태의 정부를 만들고, 이 국가 형태의 정부는 시간이 지나면서 변화할 수 있고 심지어 변화를 겪어야 했다고 주장했다. 절대적으로 꿈꿔온 헌법 규칙의 가정된 획일성에 대한 이 항의에서 이제 '기독'이라는 단어가 두 번째 용어로 추가되었다. 역사적으로만 유효한 역사적 과정의 결과로 정부 형태의 모든 갱신을 최종적으로 승인할 위험이 항상 존재한다. 1789년 파리에서 일어난 일이 왜 일어나지 않는가? '역사'에는 더 이상 생각할 것 없이 비판적 요소가 부족했으며, 따라서 '기독'이라는 단어를 접두사로 사용하여 시도했다. 기독교 국가에서 기독교 국민은 정치적 영역에서도 그리스도를 제외하고는 고려할 수 없다.

그리스도는 우리에게 구약과 신약성경이 신적 권위로 옷 입혀진 것으로 가르치신다. 성경은 원리를 결정함과 동시에 이스라엘의 역사적 과정을 그리면서 원리에 따라 일어나야 할 방향을 제시했다. 모든 민족과 수 세기에 걸쳐 조정된 정강에 적용될 기독 정치에 대해서는 의문의 여지가 없었다. '기독'을 추가해도 국가의 형태에 관해서는 아무것도 나타내지 않는다. 루터교 국가에서 이 형태는 로마 가톨릭 국가와 다른 형태를 취했으며, 그리스 정교회 국가에서는 칼빈주의 국가와 다른 형태를 취했다. 특히 칼빈주의는 우리의 과거에 흔적을 남겼다. 한편, 칼빈주의와 무관한 부흥 운동이

1789년 이후 이곳에서 부흥을 가져왔다는 점은 결코 놓쳐서는 안 된다. 칼빈주의가 아직 잠들어 있는 동안 부흥 운동이 우리 민족을 깨웠을 때, 이것으로부터 1870년 이후의 칼빈주의 부흥에서 기독 정치의 두 가지 흐름이 우리나라에서 완전한 조정이 없이도 뒤섞이는 그런 상태가 탄생했다.

§17. 국가학

복음과 기독교 말고도, 역사 속에는 독립적 정치권력이 여전히 활동하고 있었으며, 또한 민족들의 정치적 존재의 본질을 지배해 왔다. 이 힘은 부분적으로는 인간의 존재 방식에서, 부분적으로는 경험적 사실에서, 부분적으로는 사상가의 두뇌에서 비롯되었다. 자연, 실제 위기, 철학적 사고가 함께 정치계에 역사적 경과를 제공했고, 이로부터 국가학(Staatswetenschap)이 탄생했다. 여기에는 자연, 상황, 학설이 관련되었다. 그리고 이에 헌신한 연구에서 학문이 점점 더 발전했는데, 국가법과 정치학(staatkunde)이 그것이다. 반혁명 정치학뿐만 아니라, 혁명 정치학도 이런 상황과 역사적 과정, 이런 경험과 학설을 고려해야 한다. 또한 이 과정 속에서 학문의 순간이 관심을 받아야 한다.

특히 슈탈은 그의 "국가와 교회에서 현재의 정당들"(*Die gegenwartigen Parteien in Staat und Kirche*, 21 Aufl. 1868, 312쪽 이후)에서 '기독 국가'(Christlichen Staat)의 개념을 예리하게 특징짓기 위해 또 다른 시도를 했다. 그러나 그의 정의는 '기독'의 특성화가 정치계의 방향을 향하지만, 국가 그 자체를 다루지는 않는 것으로 보인다. 사람들은 "기독 국가"를 원했는데, 그것은 "다시 말해서 기독교를 국교로, 삶의 최고 척도와 목표로 삼고, 기독교 신앙과 관습에 따라 제도와 공적 생활을 결정하고 스며들게 하는 국가이다. 그 표현은 기독교적 혼인과 가정 질서, 기독교인을 위한 공교육, 기독교 공중도덕과 정직성, 기독교 예배의 보호와 증진, 기독교회의 유지 등이며, 공적 국가 교회로서의 고백에 따라 원리적으로 또한 공무원에 대한 기독교 신앙고백을 요구한다." 그러므로 그의 견해로, 국가의 기독교적 성격을 시민들의 기독교적 성격에서만 찾는 것은 실수다. 이와 함께 "국가의 기독교적 활동과 정부의 기독교적 활동"이 요구된다.

국가 제도와 개인 성향의 기독적 성격 사이에는 상호 작용이 있어야 한다. "그 이유는 국가가 종교로부터 도덕적 동인과 시민적 성향을 위한 시민권을 제도의 최고 도덕 기준으로 삼기 때문이다. 자신이 인간의 의지에 의한 것이 아니라, 전체 법이 하나님 아래에 있다는 계명을 받은 것처럼, 그의 첫 의무는 계시된 하나님의 계명에 순종하고, 그 밑에 있는 사람들도 말씀에 순종하도록 요구하는 것이다." 그러므로 그는 계속해서 말한다. "기독 국가의 증진은 합법적 정당의 필수 불가결한 특성이다. 그렇다. 그것이 무엇보다 중요하며, 다른 모든 것은 그것에 기초하고, 그것을 통해서만 칭의와 성화가 가능하다." 나아가 "권위의 신적 힘, 역사의 신성함, 즉 하나님의 작정과 세상을 향한 계획에 기초한 사회 구조를 인정하기 때문에, 그것이 유래한 종교가 공적 타당성을 부인한다면 모든 근거를 잃어버린다"(313-314쪽). 이렇게 "기독"이라는 개념이 어떻게 "계시된 진리에 일치하여"로 넘어가는지를 알 수 있다.

두 번째로, 슈탈의 경우 완전히 다른 자료에 의해 결정된 국가 '기구'의 구조가 어떻게 밖에 머무는지 알 수 있다. 실제로 그의 "기독 국가"는 국가 기관의 구조가 아니라 특성을 나타낸다. 그러므로 슈탈조차도 하나님의 창조질서와 섭리에 대한 신앙고백을 무시하고 "기독 국가"를 옹호하면서, 국가의 존재 '방식'과 국가가 발전해야 할 '방향' 외에는 아무것도 염두에 두지 않는다. 물론 그에게 국가는 기독교적이 아니더라도 충분히 생각할 수 있는 것이다. 기독교적인 것이란 기독교가 출현하기 오래전에 존재했던 국가에 속할 수 있고, 또 속해야 하는 더 높은 자질이다. 단순히 그것이 국가를 위한 것'이냐 아니냐'의 문제가 아니다. 수 세기 동안 기독교적 성격이 전혀 없는 국가들이 있었다. 그러한 국가는 오늘날 아시아와 아프리카에 여전히 존재한다. 그리고 혁명의 정신은 이전에 그것을 자랑하던 많은 국가의 '기독'이라는 칭호를 떨어지게 만들었다.

그러므로 복음은 국가의 구조를 위한 '모형'을 자세히 설명하지 않는다. 그 모형은 우리에게 창조질서와 일반은총을 준다. 우리 인간의 본성에는

타락 후 홍수 전 위협했던 것처럼 혼돈만 있었을 것이다. 그런 다음 일반은
총이라는 붕대가 혼란스러운 균열을 막았다. 일반은총 아래 이교 국가생태
와 이교 국가학이 생겨났다. 이스라엘은 특별은총의 체계로 중간에 끼어들
었다. 그때 그리스도께서 이스라엘에 나타나셨고, 그로부터 복음이 나왔다.
이 복음은 열방의 몸의 구조에 영향을 미치지 않고, 그들의 신앙을 바꾸었
을 뿐이다. '기독교 국가'는 기독교라는 종교 덕분에 국가 생활의 도덕규범
에 관한 한, 낮은 수준에서 높은 수준으로 상승했으며 방향과 노력이 고상
해졌다는 의미로만 말할 수 있고, 또 그렇게 될 수도 있다. 다른 한편, 복음
은 결코 국가 기관의 구조를 건축적으로 설계하고 결정하지 않았다. 복음
서나 사도들의 문헌 어디에도 우리에게 그런 것을 주장할 권리를 부여하지
않는다. 우리가 보게 되겠지만, 모든 것은 오히려 진정한 기독교 신앙이 원
리적으로 국가의 '모든' 시민의 일부가 될 것인지, 아니면 국가 속의 한 집
단이 될 것인지의 문제에 달려 있다. 첫 번째 것을 목표로 하면, 사실 이른
바 기독교 국가법이라고 하는 것이 전체적으로 전제가 된다. 그러나 현실
적으로는 이 전제가 맞지 않는다는 것이 거듭 확인되었다.

따라서 국가는 복음을 삶의 기준으로 삼지 않는 주민도 고려해야 한다.
그리고 이 때문에, 슈탈이 움직이고 있는 노선에 반대하여 국가의 기독교
적 성격이 일부 주민에게 짐으로 작용한다는 심각한 반대의견이 발생한다.
따라서 16세기에 일반적으로 간주되었던 명제(가령, 공적인 신앙고백이 없으면 공직에서 제외
된다 등)는 현재 거의 완전히 상실된 상태이다. 사실상 슈탈 체제와 떼려야 뗄
수 없는 '민사상 장애'는 이제 거의 모든 곳에서 사라졌다. 따라서 이제 '정
당'의 존재 의미가 중요하게 대두되었다. 모든 것을 고려할 때, 정통주의의
기독교 국가에서 원리적 정당 분리는 있을 여지가 없다.

제15장

칼빈주의

§1. 칼빈주의에 대한 새로운 인식

하이델베르크 대학교수인 에른스트 트뢸치 박사는 자신의 연구서인 "기독교 사회윤리"*(Die Social-lehren der Christlichen Kirchen und Grappen, Tübingen 1912, blz. 605)*에서 칼빈주의가 개신교 신학과 정치계에서 점점 더 지배적 요인이 되었다고 주저 없이 말한다. "교회 개혁이 서구 전역으로, 그리고 그곳에서 신대륙으로 퍼진 것은 오늘날 '개신교의 진정한 주요 세력으로 간주되어야 하는' 칼빈주의의 공헌이었다." 그는 미국과 마찬가지로 유럽에서도 칼빈주의를 선택한 민족들이 여러 면에서 주도권을 쥐고 있다고 보았다. "그것은 칼빈주의의 국제적 맥락에서, 그리고 의식적인 확장을 추진하는 교회를 세우는 힘의 적극적인 성격에 있다. 그리고 자기의 종교적 사상으로 서방 민족의 정치 경제적 발전에 뛰어드는 능력이 루터교에는 부족하다."

그는 더 나아가 주저하지 않고 다음과 같이 선언한다. "이러한 다양성은 시간이 지남에 따라 점점 더 강력하게 발전하였고, 오늘날 칼빈주의의 본질에서 볼 때, 기독교회가 근대 민주주의 발전의 불가결한 부분이며 그 자체로 성장했다고 생각한다"(607쪽). 그는 심지어 "오늘날 칼빈주의의 세계적 지위와 사회문화적 의의"(792쪽)에 대해서도 말한다. 특히 네덜란드에서 발전한 신칼빈주의는 그의 관점에서 미래를 약속하는 모습이다. 그리고 그는 내가 칼빈과의 순수한 역사적 연결에 부족하다고 생각하면서도 다음과 같이 인정한다. "역사적, 이론적, 강령적 저술에서 카이퍼는 이 신칼빈주의를 훌륭하며 영적인 것으로 특징지었다"(785쪽).

만약 이런 진술이 피상적 개관으로 나타난다면 가치를 부여할 수 없었겠지만, 트뢸치 교수의 연구가 그렇다고 말할 수 없다. 그가 칼빈주의를 논하는 작업 일부는 605-794쪽으로 거의 200쪽이 넘고 다방면으로 문서화되었다. 우리는 현재 정치에 관한 칼빈주의의 중요성에 대해 이러한 호의적 의견이 여러 방면에서 어떻게 나타나고 있는지를 더 자세히 살펴볼 것이다. 당분간 나는 관심을 너무 돌리지 않고자 하는데, 트뢸치의 이름이 제공하는 권위는 이미 이 장을 시작하는 부분에서 내가 그의 증언에 호소한 것으로 충분할 것이다.

§2. 1648년에서 1870년까지의 휴면기

이와 관련하여 1648년부터 1870년까지 2세기에 걸쳐 네덜란드에서 칼빈주의가 정치 분야에서 거의 언급되지 않은 것은 매우 놀라운 일이다. 흐룬 판 프린스터러는 "오란녀 왕가의 자료" 출판을 통해 그것을 알게 되었고, 그 이후로 그것에 대해 열렬한 탄원을 해왔다. 그러나 이 일에서도 그는 거의 혼자였고, 그와 함께 있더라도 항상 결과에 대한 약간의 소심함이 그의 호의적 판단을 약화시켰다. 이것에 대해 놀라지 말아야 한다. 나 역시 흐룬이 세상을 떠나는 해까지 함께 있었기에 첫 등장에서 같은 망설임을 겪었다. 그가 소천하는 바로 그 순간에야 그의 마지막 망설임이 사라졌다. 1878년 내가 출간한 반혁명당 정강에서도 나는 이를 부정하지 않고, 오해를 피하고자 일부러 칼빈주의라는 이름을 생략하고 "기독 '청교도' 유형"이라고 했다(het Christelijk-puriteinsche type, 5판, 23쪽 이하).

흐룬 판 프린스터러에게도 알려졌던, 칼빈주의에 대한 거부감은 그 당시의 기본 교리인 예정 교리에 있었다. 지금도 적지 않은 수의 집단이 여전히 그렇게 생각하며, 다른 곳에서 신칼빈주의는 펠라기우스주의(Pelagianisme)[558]와 반펠라기우스주의(Semi-Pelagianisme)[559]의 여전히 깨어지지 않은 영향과 씨름해야 했다. 우리나라에서 스홀턴 박사를 수장으로 하여 등장한 결정론자(Deterministen)들은 수는 얼마 되지 않았지만 부흥 운동 멤버들 중에서 영향력이 컸다. 그들은 대부분 감리교적이거나 윤리적인 성격을 띠었는데, 그들의 삶과 세계관과 철학은 하나님 편에서 모든 것을 통제하고 확고한 결정을 내리는데 그 어떤 여지도 주지 않았다. 그래서 "기독-민족"(Christelijk-Nationaal)이 설립되었을 때, 그리고 기독 신앙의 주요 진리를 규정 제1조에서 상당히 광범위한 순서로 열거하며 확정하려 할 때, 우리 선조들에게는 '코르 에클레시아에'(cor ecclesiae), 곧 '교회의 심장'이었던 예정 교리를 흐룬이 누락이나 실수가 아니라 의도적으로 빼버린 것은 주목할 일이다. 감리교적 방식으로 작성된 이 규정의 교리적 조항은 그 당시 흐룬 판 프린스터러가 그의 생각에 '교회의 심장'을 취하지도 않았음을 보여주는데, 사실 그는 이것에 대해 여전히 매우 의심스러워했다. 흐룬의 장점은 예정론에 대한 그의 유보에도 불구하고 정치적 현상으로서의 칼빈주의의 큰 장점에 주목했다는 것이다. 그가 개혁파 신앙고백의 교리적 대립이 '정치' 분야에서는 누가 칼빈주의 노선을 따라 움직이든 그렇지 않든 전혀 차이가 없다는 것을 이미 통찰했음이 분명하다.

§3. 칼빈주의는 신학이 아닌 정치적 이름이다

다른 면에서 보면 그 많은 정치인과 학자들의 공감대는 칼빈주의의 정치적 근본사상을 향하고 있긴 하지만, 그들은 아직도 여전히 동참하는 것을 방해하는 근본적인 실수를 범하고 있다. 그들이 그렇게 하는 이유는 칼빈이 많은 면에서 '신학자'였다는 부인할 수 없는 사실에 있다. 즉, 그의 신학에서 예정론은 전반부에 있을 뿐만 아니라 그의 전체 체계와 행동을 너무 많이 지배했고, 이러한 이유로 '칼빈주의'라는 이름 자체가 그들에게 배타적인 '신학적' 용어에 지나지 않는다는 것이다. 그들에게 '반혁명'이란 정치적 의미를 지닌 이름이고 '기독-역사'라는 명칭도 마찬가지다. 칼빈주의는 그들이 거의 배타적으로 신학적 의미를 부여하는 이름이며, 그때에도 그들의 윤리적이거나 감리교적인 의미에 맞지 않는 것으로 남아 있는 예정론 교리를 가리키는 용어로 사용된다. 다른 한편, 신학적 형용어구로서의 칼빈주의는 도리어 될 수 있으면 피해야 한다고 말해야 한다. 그리스도의 교회는 어느 한 사람의 이름에 얽매이는 것이 허용되지 않기 때문이다. 루터교도들 사이에서는 그렇게 불렸지만, 개혁파는 항상 반대했다.

그러므로 신학적 근거에서 항상 이 용어를 피하고, 그의 교회를 '개혁파' (Gereformeerd) 이외의 다른 이름으로 부르지 않는 것이 바람직할 것이다. '칼빈주의자'는 여기에 존재하지 않고, 교회 '밖의' 삶에만 존재할 권리가 있기 때문이다. 그러나 칼빈주의에 반대하는 사람들은 우리가 '정치적' 영역에서 칼빈주의라는 이름을 존중해야 한다는 것도 항상 반대했다. '정치적' 분야에서 칼빈주의자가 되는 것이 신학 분야에서 예정론의 옹호자가 되어야한다는 요구사항을 절대 수반하지 않는다는 것을 한번 단호하게 언급해야만 한다. 이것은 적어도 반혁명가들이 움직이는 정치적 방향이 주로 예정론이라는 교리에 기인한 경우에게만 해당할 것이다. 이 점에 관해서도 어떤 연관성이 있을 수 있다는 점을 완전히 부정하지는 않지만, 엄밀히 말하자면 예정론은 은혜의 '특별한' 섭리에 속하는 반면 칼빈주의의 '정치' 원리는 오히려 일반은총에 근거를 두고 특별계시의 영향은 매우 부분적으로만 받았다. 종파적 예정론자는 (침례교 일부에 등장한 것처럼) 예정론을 성경에서 전혀 뒷받침할 수 없다는 완고함과 일방적인 방향으로 몰아갔다. 이것 때문에 그들은 칼빈주의자 중 단일 사상이 되기를 원했고, 심지어 매우 넓은 기독교계를 막으면서 오히려 거기에 분개와 증오를 심어주었다. 그리고 칼빈주의적 정치 노선에 끌리기보다는 반발하게 하였으며, 종종 알 가치조차 없어 보였다는 사실을 이해해야 했다. 무엇보다도 자신을 반혁명주의자가 '아니라' 기독-'역사'라고 칭하는 소수의 사람이, 우리의 풍부한 역사적 과거에서 칼빈주의가 출현한 위대한 사건에 거의 감사하지 않을 수 있다는 것이 이상했다.

§4. 여전히 1878년을 피하다

그러므로 만일 내가 1878년 우리 정당관계를 위해 '거기 누구?'(Wer da?)로서 칼빈주의적 이름을 선택했더라면 상황을 완전히 오판한 것이며, 당시 부흥운동에 대한 선전포고로 여겨졌을 것이다. 그것은 1618년 도르트 총회를 현재 상황으로 옮기는 것과 같다. 칼빈주의적 명칭의 채택을 주장하지 않는 것이 당시에는 옳았던 것 같다. 그러나 그렇다고 해서 칼빈의 중요성이 이후의 모든 담론에 숨겨져 있어야 한다고 결론 내릴 수 없다. 이미 "우리의 정강"의 주석에서 칼빈은 반복해서 언급되었다(67, 111쪽 참고). 단지 우리 정책의 칼빈주의적 '기초'가 아직 전면에 나올 수 없었을 뿐이다. 그러나 이제는 그런 망설임이 사라졌다. 트뢸치의 진술에서 명백히 알 수 있듯이, 모든 측면의 사회적, 정치적 칼빈주의는 다시 한번 자신이 명예의 장소에 위치하게 되었음을 발견했다. 특히 1909년에 칼빈 희년(Calvijn's jubeljaar)[560]을 한 국가 이상에서 기념했다. [사람들은 단지 보하텍(Bohatek), 워필드, 랑(Lang), 바빙크, 아놀드와 다른 연구만 생각한다.] 학문 분야에서 칼빈주의의 일반적 중요성이 다시 한번 인식되었고, 내가 1878년에 여전히 강요받았던 사려 깊은 침묵도 소멸하였다. 내가 1874년에 '칼빈주의, 우리 헌법상 자유의 기원과 보장'(Het Calvinisme, oorsprong en waarborg van onze constitutioneele vrijheid)이라는 연설에서 이미 갈망했던 칼빈주의에 대한 탄원은 그 당시에는 전적으로 개인적인 것으로 남아 있었지만, 점차 우리의 사상적 동지들의 이름으로 수행될 수 있었다. 학문계에서 칼빈주의는 점점 더 사람들의 정치적 발전의 주요 요인 중 하나로 간주되었다. 스스로 칼빈의 영적 자녀라 칭하는 우리의 태도는 예정론을 두려워하여 더는 유지되지 않았다. 적어도 일반 정치활동에서는 그 이름을 계속 숨길 것이다.

의심할 여지없이 나는 우리의 사상적 동지들인 기독-역사당과 함께 남아 있으나, 이것은 가장 광범위하고, 가장 명확하지 않으며, 가장 모호한 이름이다. 더욱 구체적으로 말하자면, 우리는 여기 이 나라와 다른 곳에서 모두와 하나라고 느끼는 한, 인간에게서 최고의 권위를 끌어내고 하나님께서 전능한 주권자로 모든 민족을 다스리심을 부인하는 모든 시도를 원리적으로 반대하는 반혁명당이고 또 그렇게 지속하고 있다. 반혁명가들 사이에서 국가 정책의 매우 뚜렷한 규칙은 바로 신적 권위에서 파생되었지만, 빈과 베를린에서, 그리고 워싱턴과 에든버러(Edinburg)와 우리가 사는 곳에서는 매우 다르게 발생했다. 더욱 일반적 의미의 반혁명이라는 이름에 대해 더욱 특수화된 이름이 요구되는데, 우리 당에 관한 한 우리가 반혁명적 형태에서 우리의 다양성을 신칼빈주의로 분류한다면, 바로 여기서 역사적으로 가

반혁명 국가학 |원리|

장 날카롭게 정의되고 가장 순수하게 표현된 자신을 발견할 수 있다.

§5. 신칼빈주의

칼빈주의 앞에 '신'(Neo)을 추가한 것은 오해를 피하기 위해서이다. 칼빈주의뿐만 아니라 원리에 입각한 모든 운동은, 역사적 발전 가운데 그러한 주도적 현상이 발생한 형태가 발전하고 모습이 변하며, 새로 태어난 조건에 계속해서 적응한다는 특징을 가진다. 사람들 대부분이 '사정변경의 원칙' (clausula de rebus sic stantibus)[561]라고 이름붙인 조항은 민법에서 종종 논의되거나, 가끔 논의가 되더라도 대부분 포기되었을 수 있다. 하지만 국제법에는 여전히 그 중요성이 크다. 정체(停滯)란 없다. 우리 주변 사물의 상태와 구성은, 본질에서는 아니지만 현상에서는 끊임없이 변화한다. 이것은 기독교에서도 마찬가지다. 오늘날의 교회 생활에는 사도 시대와 다른 요구사항이 있다. 이것뿐만 아니라 새로 출현한 원리에서 비롯된 결과도 대체로 이 원리의 첫 번째 옹호자에 의해서는 완전히 이해되지 않는다. 그는 발판을 놓는다. 정치 영역에서도 그렇다. 여기에서도 새로운 정치학파의 설립자는 자신을 움직인 동기의 범위를 거의 파악하지 못했다. 무대에서 물러난 후에야 그가 가장 옹호했던 원리가 그 결과를 스스로 해결한다. 칼빈주의도 다를 수 없었다. 칼빈 자신은 그를 인도한 사상에 함축된 내용을 완전히 이해하지도 못했고 완전히 해결하지도 못했다. 여기에 덧붙여 그의 등장 이후 거의 3세기 동안 정치계의 전체 구성은 극적인 변화를 겪었다.

따라서 지금은 그때와 완전히 다른 패턴으로 수를 놓을 필요가 있다. 그렇지 않을 수 없는데, '칼빈으로부터'(issus de Calvin)는 여러 면에서 그를 움직인 동기를 더 올바른 일관성으로 꿰뚫어 보고 상황이 변경될 때 완전히 다른 방식으로 적용되어야 한다. 그 자체로, 제네바와 같은 작은 도시 공화국이 볼 수 있는 것은 강대국을 위한 틀을 제한할 수 없었다. 신칼빈주의에 대해 말함으로써 당신은 칼빈주의가 화석이 아니요 살아 있는 원리의 옹호자라는 것 외에 다른 그 어떤 것을 말하는 것이 아니다. 이런 이유로 칼빈주의는 여전히 탄력적 방식으로 살고 있으므로, 우리 시대의 정치 생활을 위한

'자기 형식'(een eigen vorm)이 만들어져야 한다.

위험은 분명했는데, 우리 자신이 자리하고 있는 반혁명적 입장이 우리로 하여금 독일 정치를 채택하도록 유혹할 수 있다는 것이고, 이는 필연적으로 우리를 보수 진영으로 보냈을 것이다. 하지만 반대로 칼빈주의는 생명의 흐름이 정지되고 후퇴하는 것을 방지하고, 끊임없이 전진하는 데로 이끌도록 부름을 받았기 때문에 다음과 같이 '신'이라는 접두사를 붙여 예리하게 강조하는 것이 바람직하게 보였다. 그리고 복구는 우리의 의도와 거리가 멀고, 오히려 우리는 그 세기의 필요에 따라 20세기에 활발한 행동을 할 수 있도록 군사력을 준비했다.

칼빈과 그의 후손이 제기한 큰 세계적 문제들 세 가지는 다음과 같다. 첫째, 우선 이 경륜의 시대에 '세계 제국'의 기초가 세워져야 하는지 아니면 개별 국가와 국가 집단이 국가적으로만 조직되어야 하는지에 대한 것이다. 둘째, 국가적 일치가 자연적으로 영적 일치와 교회적 일치를 가져왔는지 여부이다. 셋째, 국민과 정부 관계의 초점을 국민에게 두어야 하는지 아니면 정부에 두어야 하는지 여부이다. 이제 나는 삶의 이 세 가지 질문에 대한 정답이 아직 칼빈 자신에게서 만족스러운 의미로 주어지지 않았다는 것을 무조건 인정한다. 그렇지만 이것이 그의 행동의 결과가 그 질문에 확실히 대답한 상황을 만들었다는 사실을 손상시키지는 않는다. 그리고 그것은 항상 역사와 관련하여 가장 깊은 원리에서 논리적으로 흘러나왔다. 이제 그 논쟁을 따라가 보자.

§6. 칼빈과 랑게

"폭군에 대한 저항에 관하여"의 저자가 동료들과 함께 정립한 정치적 입장이 칼빈의 논리와 완전히 반대된다고 판단하는 사람들은, 칼빈이 귀족적 보수주의를 옹호했으며 반대로 위베르 랑게와 그의 사상적 동지들은 민주적 혁명가였다고 주장한다. 이것은 책에 나오는 세 가지 문제 중 세 번째 문제, 즉 국민과 정부와의 관계에 해당한다.

먼저 이 문제를 언급하겠다. 고대 로마의 황제들이 주장했던 권위는 시간이 흐르면서 점차 절대적 성격을 갖게 되었다. 로마 제국은 세계 제국이었고, 제국의 황제는 반신(半神)으로 숭배되었다. 첫 3세기 동안 수많은 기독교인의 순교를 가져온 바로 그 주장이다. 마침내 그것은 오늘날 로마 국가 아래서 공리가 되었다. '군주를 기쁘게 하는 것이 법의 힘을 가진다'(Quod quid principi placuit legis habet vigorem). '신성로마제국'의 후기 황제들은 이러한 절대왕권의 개념을 로마제국의 왕권과 연관시켜 그들 스스로에게 적용했다. 스페인, 프랑스, 잉글랜드 등의 국가의 왕이 된 군주들은 그들의 왕권에 대해서도 '신성로마제국'과 동등한 권위를 주장하는 것보다 나을 수 없다고 생각했다. 이로 인해 '하나님의 은혜로'는 완전히 잘못된 의미로 받아들여졌는데, 특히 1789년 이후 이 신성한 관용구에 대해 문자 그대로 미쳐 날뛰었던 그 모든 독한 아픔의 원인으로 받아들여졌다.

랑게와 그의 동료들은 '하나님의 은혜로'와 왕적 권위에 대한 그런 모든 견해에 대항했다. 그러나 뿌리 깊은 신념에서 나온 칼빈주의의 모든 것은 정반대이다. 칼빈주의는 그와 반대된다. 그러나 처음에는 헌법에 관하여 로마 작가들에 의해, 나중에는 보수 개신교도들에 의해 이것으로부터 완전히 잘못 추론되어, 랑게와 그의 동료들은 1789년 파리에서 승리한 혁명 원리를 뿌렸다. 랑게와 루소가 모두 군주적 절대주의와 확실히 정반대되는 입장에 서 있음은 아주 명확하다. 하지만 '둘이 같은 일을 한다 해도 똑같지 않다'(si duo faciunt idem, non est idem)가 여기에도 적용된다. 수도사도 혼인하지 않고 내시도 혼인하지 않지만, 둘은 혼외 상태 라는 것 외에는 공통점이 없다.

§7. 《기독교 강요》와 주석

따라서 우리가 직면한 첫 번째 질문은 다음과 같다. 칼빈은 절대 군주제 사상을 지지했는가? 선의로 이것을 의미한 사람이 적지 않으며, 지금까지는 사실 칼빈의 《기독교 강요》 제4권의 마지막 장에, 저자가 그러한 의견을 가졌다고 추측할만한 구절이 있다고 설명할 수 있다. 그러나 이제 우리는, 1509년에 태어난 칼빈이 1534년 25세의 나이에 자신의 《기독교 강요》 첫 번째 초안을 이미 완성했고, 그 유명하고 훌륭한 프랑스 왕에게 바치는 헌사와 함께 1535년 8월 1일에 《기독교 강요》 초판을 완성했다는 사실을 간과해서는 안 된다(Brunswijk판의 3부, '서론'의 17쪽 참조). 어린 나이였기에 그 당시 주권이 나아가야 할 선이 예리하게 분별되지 않았고, 절대 패권이라는 숭고한 사상으로 가득 찬 강력한 군주에게 전달될 운명의 글이었기에 다칠 수 있는 것은 최대한 피하려 했다고 보는 것이 더 자연스럽다. 바로 이런 이유로 칼빈의 사상을 알기 위해 오로지 《기독교 강요》만 살펴보는 것은 너무 위험한 일인데도, 칼빈에 원한을 품은 거의 모든 정치 작가들은 이것만 살펴보았다. 이것만으로도 짧은 기간 동안 칼빈에게는 건전한 민주주의적 감각에 대한 눈도 마음도 없었다는 개념이 여전히 모든 대학에 남아 있었다고 설명할 수 있다.

그리하여 칼빈의 이름이 신학자들에게는 그의 예정 교리 때문에, 감리교인들 사이에서는 그의 유연성 부족으로 인해, 부흥 운동의 사람들에게는 그의 엄격함으로 인해, 그리고 젊은 정치가들 사이에서는 그의 강한 보수주의로 인해 불명예에 빠졌다. 사람들은 랑게와 그의 동료들을 칭찬했지만, 칼빈은 원리적으로 랑게와 그의 동료들에 대한 원리적 반대자로서 공격을 받아야 했다. 이제 이런 일반적 오해에 대해 다른 시정 조치는 필요가 없다. 후기의 저작에서 칼빈은 온 마음을 다해 보수주의적 절대주의를 반대했고 원리적으로는 랑게와 다르지 않았음을 분명히 보여주기 때문이다. 그가 프랑스 왕국을 떠나 공화정의 제네바에서 일생의 임무를 수행했다는 바로 그 사실이, 그의 정치적 견해에 대해 더욱 신중한 판단을 촉발시켰어야 했다. 《기독교 강요》 마지막 장 8절에서 이미 칼빈은 공화정 형태의 정부가 군주제보다 그에게 더 매력적이었다고 명시적으로 언급했다. 그가 파리보다 제네바를 선택한 것은 우연이 아니다. 그의 정치적 신념이 여기에 한몫했다. 그가 이곳의 군주들에 대해 어떻게 말했는지 읽어보면 그 중요성을 더 깊이 느끼게 되는 부분이 있다.

"여러 형태의 정부 상황을 고려하지 않고 비교하면 어느 것이 우월한지 판단하기가 쉽지 않은데, 대등한 경우에도 마찬가지다. 군주제는 폭정으로 쉽게 미끄러지지만, 귀족정치 형태의 정부는 극소수에 대한 분파적 지배를 받는 경향이 있고, 국민 정부는 훨씬 더 쉽게 반란에 빠지게 된다. 철학자들이 구별하는 경향이 있는 세 가지 유형의 정부를 비교해 보면, 귀족정치 또는 권위가 완화된 혼합 형태의 정부가 단연코 가장 선호되는 것 같다. 그리고 이는 그 자체 때문이 아니라, 왕이 스스로 통제하여 자신의 왕권을 절대 옳고 그름에서 벗어나지 않는 경우가 매우 드물며, 또한 각 상황에 필요한 것을 파악할 만큼 매우 슬기롭지 않기 때문이다. 따라서 인간의 죄나 악함 때문에 다른 사람에게 지지나 경고할 수 있도록 한 사람 이상이 '국가의 지배권'을 쥐고 있는 것이 더 안전하고 견딜 만하다. 그리고 한 사람이 너무 오만하게 굴면 다른 사람들은 그를 검열하고 주인처럼 억제한다."

프랑스의 최고 왕에게 헌정한 글에서 그리고 의심할 바 없이 그의 공감을 얻기 위한 목적으로, 이렇게 말한 것에서 분명한 용기가 드러났다. 어느 누가 칼빈이 결코 군주처럼 아첨하는 사람이 아니었음을 부인할 수 있겠는가?

§8. 칼빈은 군주제를 반대함

칼빈은 신명기 1장 13절에 대한 그의 주석에서 가장 설득력 있는 방식으로 왕이 권한을 남용할 것을 두려워하여 귀족 형태의 정부가 더 안전하다고 추론하기 원했다. 하지만 귀족 형태의 정부는 '국민으로서' 참여할 수 있는 모든 권리를 박탈했기 때문에, 칼빈이 그렇게 판단하는 것을 이해하지 못했다. 그러나 그 주석에서 칼빈은 모세의 장로 선택에 관하여 자신의 의견을 표현한다. "장로들은 모세의 자의적 선택으로만 뽑힌 것이 아니라, 백성의 투표를 통해 재판관으로 선출되었을 것이다. 이것은 사실상 백성의 가장 바람직한 자유이다. 우리가 권력자에게 복종하도록 요구받지 않고 투표권을 가지는 것은 심판을 받을 때까지 아무도 권력을 행사하지 못하도록 하는 것이다." 그다음 구절(신 1:14)에서 더 강력하게 확인되는 진술이 있는데, 여기서 모세는 "자기 나름대로 백성의 승인을 받기를 기다렸으며, 모든 백성의 승인을 받을 때까지는 아무 일도 행하지 아니하였다"라고 말한다. 여기에는 이것을 라틴어로 예리하고 분명하게 다음과 같이 표현했다. "참석한 사람들의 투표로 선택된다"(Populi suffragiis electi qui iudiciis praesenf). 그리고 "선출로 승인을 받은 자 외에는 아무도 지배하지 못하게 하려 한다"(electionem permitti, ut nemo dominetar, nisi qui probatus fuerit). 그런 다음 14절에서, "모든 사람에게 만족스럽지 않은 누구라 할지라도 공격적 태도를 갖지 않도록 백성의 동의"(populi consensus, nec quicquam agressum esse quod non omnibus placeret)가 요구된다.

그러므로 이 진술 전체는 민주적 의미에서 결정적인데, 보통 선거권의 승인도 이것에서 추론될 수 있었다. 이것은 판사 선출의 문제인데, 배심원과의 특정 유사성을 완전히 부정할 수 없다는 점에 유의해야 한다. 그러나 사법부와 행정부의 절대적 분리가 뒤늦게 이루어졌기 때문에 이것은 너무 멀리 두어서는 안 된다. 이 장로들은 행정관 외에는 아는 바가 전혀 없었다. 그리고 만일 그렇게 한다면, 18세기 말 미국에서 헌법의 머리말에 기댈 때, 국가 형성의 기초로 자리 잡은 것과 완전히 같은 입장을 이 신명기 주석에서 발견할 수 있다. "우리에게 우리 자신의 행정관리를 선출할 수 있는 권한을 주신 하나님의 선하심에 대한 감사로 가득 찬 우리 뉴욕 시민들은 이 헌법을 제정했다"[라페리에르(La Ferrière)[562]의 "유럽과 미국의 헌법"(Const. de l'Europe et de l'Amerique, Paris, 1869, 574) 참고].

미국인도 트란스발의 규칙과 마찬가지로 국민이 판사를 선택할 수 있도록 허용했기 때문에 비교가 훨씬 더 강력하게 진행된다. 마태복음 20장 25절에 대한 주석에서 칼빈은 대부분 정부의 잘못이 '국민의 동의'에 권위를 두는 것보다 공포를 주입하여 통치하는 것을 선호한다는 점에 있다고 단호하게 표현한다. 문자 그대로 그는 다음과 같이 말한다. "비록 왕들이 그들의 권력을 더 많이 누리지만, 그것은 '국민의 동의에 기초한 것이라고 생각하기보다는' 공포를 선호하기 때문이다"(Tametsi enim reges potentia sua magis gaudent eamque terror i esse malunt, quam in populi consensu fundatam esse cet). 이 모든 '국민의 동의'가 모호한 의미로 이해될 수 있다면, 그에게 국민의 동의가 투표에 의한 국민 구성원의 투표를 의미한다는 것은 신명기 1장 13절에 대한 그의 해석에서 완전히 같은 표현을 사용한 것을 통해 분명해진다.

그러면 보수주의는 어디에 있는가? 칼빈에 따르면, 그러한 백성의 선택을 어떻게 해야 하느냐는 질문에 대해 그의 입장도 세 가지로 예리하게 정리된다. 첫째, 그는 이스라엘에게서 발견한 상태를 가장 바람직한 것으로 판단했는데, 이스라엘의 '총회'(Kahal)에서는 누구나 평등했다. 둘째, 그러한 총회는 제네바의 '총회'(Conseil général)에 존재했으며 칼빈은 이것을 바꾸려고 시도하지 않았다. 그는 심지어 '평등'(aequabilitas)을 변호했는데, 나는 이것을 셋째로 본다. 하지만 창세기 12장 5절에 대한 주석에서 그는 이렇게 말한다. "우리의 본성이 죄로 타락하였다는 것은 매우 놀랍다. 그렇지 않으면 모든 사람이 좋은 친구와 함께 살도록 창조되지 않았겠는가? 그러나 한 사람이 다른 사람에 대한 권위를 얻지만, 그런데도 '평등의 가능성은 형제들 사이에 열려 있어야 한다'(servanda tarnen erit inter fratres aequabilitas)." 그는 오해를 없애기 위해 노예 상태에서도 서로 종속되는 것이 배제되지 않는다고 덧붙였다. 이것은 평등한 데서 '형제'에 의존하며, 이 '형제 됨'이 항상 계속되는 것은 아니다. 그러므로 칼빈은 국민의 자유가 중요하기 때문에 주저하지 않고 다음과 같이 말한다. "여기에서 하나님께서 백성의 자유 안에서 우리에게 주신 선물이 얼마나 크며, 그들이 하나님의 선하심으로 말미암아 자유를 받은 데서 주님께서 백성에게 얼마나 은혜로우신지를 알 수 있다. '판사 자신이 법의 적용을 받는 경우' 자신의 '마음대로' 하지 않고 조언과 이성에 따라 통치한다면, 그것은 큰 선물이다. 그들은 결국 자신의 행동에 대한 책임을 져야 하기 때문이다(cuius tandem rationem sunt reddituri)."

§9. 국민의 자유

특히 칼빈은 사무엘상 8장 1-7절과 7-10절에 대한 설교에서 이러한 국민의 자유를 거듭 언급하면서, "자유는 값진 하나님의 선물이었다"(Libertas erat inaestimabile Dei donum)라고 말하고, 다시 그것들을 '특별한 혜택'이라고 부른다. 이것은 이스라엘뿐만 아니라 그들과 연결된 모든 민족을 위한 것이다. 그는 이스라엘처럼 국민의 자유를 누렸던 국가가 왕이 그들을 다스리는 것을 보고자 하는 그릇된 욕망을 발전시키도록 한 것을 명백한 '죄'(zonde)로 책망한다. 칼빈이 이에 대해 얼마나 날카롭게 표현했는지 들어보라. 그는 다음과 같이 말한다. "정부의 추진력은 너무 강력해서 군주들의 눈을 멀게 하는 경향이 있으므로, 하나님께서 그것을 백성에게 부여하기를 기뻐하신다면, 정부의 자유가 얼마나 큰 은총인지 이로부터 추론할 수 있다. 그러므로 여기에서 사무엘이 언급한 것은 그들이 하나님으로부터 받은 귀중한 시민적 자유의 선물을 단번에 포기한 것에 대해 사람들에게 가해진 '형벌'이었다" (Schipper[563] Ed., Tom. II, 122). 물론 이것은 공화정과 입헌군주제 모두를 의미하지만, 외부로부터 모든 협의를 넘어 국민에게 부과된 제국 또는 왕권과는 정반대이다.

그러므로 칼빈만큼 절대 군주제의 위험성을 뚜렷하게 묘사한 사람도, 그러한 절대 군주제의 공포에 대해 강력하게 경고한 사람도 없었다. 그는 절대적 영주를 의미하는 "군주"가(Tom. II, 123) "땅을 널리 황폐하게 만드는 빠르고 강력한 강과 같다. 그들은 모든 것이 왕에게 무상으로 주어진 것이라고 생각하기 때문에, 그들에게 무슨 일이 일어나든지 해야 한다. 그들은 왕조의 이익을 가장 중시하고, 겸손과 사람됨을 잊어버리고, 자기 뜻과 목적을 수행하기 위해 온갖 수단을 생각하여, 자기 마음대로 나라의 일을 처리하며, 그 누구도 그것에 대해 아무것도 할 수 없고 반대할 수 없다. 사실 그들은 감히 입을 열지도 않는다. 아, 수천 명 중 한 명도 안 되는 사람만이 자신의 신하를 인간으로 존중하고, 단순하고 정직하게 자신들보다 백성들의 이익을 추구하는 방식으로 자신을 통제하는 방법을 알고 있다." 게다가, 이 악은 '신하들'에 의해 조금도 덜하지 않는다. '신하들에 대한 궁정의 자질은 대부분 우연히 경험에서 배운다'. 그런 다음 그는 이 사람들이 백성의 가죽을 벗겨내고, 오만, 탐욕, 어리석은 상상으로 백성에 대한 군주의 사랑을 심어주는 대신 백성에 '대항해' 왕이 도발하는 모습을 보여준다. 그리고 이렇게 결론을 내린다. "왕을 올바른 길로 인도해야 했던 신하들이 권력 남용이라는 악의 불을 더욱 타오르게 하는 풀무 역할을 하는 모습을 보라"(esse potius flabella, quibus maius incendium excitetur).

§10. 이스라엘 왕정에 대한 반대

이 강경한 말은 그가 사무엘상 8장에 주어진 '열방'(der volken) 왕들의 모습에 의해 자극을 받아 나온 것인데, 이스라엘에 군주제가 도입될 때 그에 대한 경고가 있었음을 간과해서는 안 된다. 사무엘은 치명적 폭군을 단 한 명도 비판하지 않았다. 그가 제시하는 군주제에 대한 그림은 일반적 절대군주이고, 그는 왕권에 대한 이 무서운 그림을 옛날이나 동양 독재자들의 영역으로 제한하지 않고 오히려 절대왕정을 완전히 보편적인 것으로 소개했다. 사무엘이 왕정으로 이스라엘을 겁주려 했던 과격한 색채를 칼빈이 절대 누그러뜨리지 않았다는 점은 주목할 만한 가치가 있다. 어떤 군주도 그를 능가할 수 없었다. 그러므로 칼빈을 이해하고자 하는 사람들은 그의 정치적 근본사상을 파악하기 위해 《기독교 강요》에만 집착하지 말고, 그의 주석과 설교, 특히 구약을 다루는 부분을 참조해야만 한다.

이 점에서 우리는 더 이상 칼빈에 전적으로 동의할 수 없다. 칼빈과 그의 후대 추종자들은 이스라엘의 국가법적 지위에 대해 성경이 말하는 것에 권위를 부여했다. 당시 '선택된 민족'에게만 유효했던 것을 모든 민족과 모든 시대에 유효한 것으로 본 것이다. 이것은 나중에 칼빈주의 진영의 사람들이 의심의 여지없이 구약에만 너무 일방적으로 집중하고, '세례 받은 민족'에게 정치가 취해야 할 기독교적 성격에는 적절한 주의를 기울이지 않는 태도로 이어졌다. 하지만, 이러한 경고와 함께 모세가 이스라엘에 세운 정치 질서에 대한 호소가, 자연스럽게 절대 군주제 개념을 배제하고 백성의 자유를 전면에 내세웠다는 점에는 이의를 제기하기 어렵다. 지파 분할은 이스라엘 백성에게 유기적 구조를 제공했다. 여기에서 흘러나오는 개념을 프란츠 불(Frantz Buhl)[564] 박사가 "이스라엘의 사회적 관계"(Die sozialen Verhältnisse der Israeliten, Berlin, 1899, 11쪽 이하)에서 정리했다. 그는 베두인의 생활에 주목했다. 부족 생활에서 부족 구성원은 완전한 평등을 이루었고, 소수 구성원의 개별 존재가 아니라 유기적 부족 유대가 규칙과 방향의 정립에 영향을 주었다. 이스라엘의 헌법은 모세에 기초한 신성한 권위를 통해 더 명확하게 정의된 성격을 얻었다. 하지만 이 신적 헌법 안에서 백성의 공통된 삶과 부족이 분리될 수 없었다.

§11. 열방 중의 이스라엘

두 가지 두드러진 점이 있다. 첫째, 부족 생활에는 부족 구성원의 평등이 있었다. 둘째, 여기에는 항상 엄격하고 유기적인 부족의 유대가 수반되었다. 이것은 그들의 민족 생활 자체에서 발생했으며, 그들은 모세의 지도력에 의해 고상하게 되었다. 칼빈도 구약성경에서 이것을 보았으며, 그의 영향이 서유럽의 정치적 발전에 침투하였고 그 견해를 여전히 유지하기 위해 청교도들이 유럽에서 미국으로 옮겨갔음을 인정해야 한다. 구약의 자료에 대한 칼빈의 일방적 집착은 심지어 중부 유럽의 분위기를 조성한 루터교 정신과 서유럽에서 승리한 칼빈주의 정신 사이에 근본적인 차이를 만들었다. 독일과 스칸디나비아 국가에서 종교개혁은 대부분 왕의 지도 아래 진행됐지만, 서쪽에서는 부르봉 왕가, 스튜어트 왕조, 스페인 왕조의 활동에 직면했다. 따라서 루터교 국가에서 시편을 제외하고, 종교와 윤리는 구약성경에 훨씬 관심이 적었고, 사회적 입헌 제도의 규칙은 거의 전적으로 로마 가톨릭적이고 법적인 측면에서 군주와 백성에게 속해 있었다. 이와 반대로 군주적 절대주의에 대항하여 독립적으로 조직된 칼빈주의적 집단에서는, 종종 그 절대군주제에 대한 저항을 위한 신성한 토대를 확보하기 위해 구약성경을 너무 전면에 내세웠다.

칼빈이 귀족정치와 민주정치의 대립이라는 관점에서 제시한 것은 이것과 직접적 관련이 있다. 불은 "원래 히브리 법은 귀족적 법이라고 불려야 한다"라고 말했다. 그는 이 주장을 끝까지 지속했는데 이사야에 대해 이렇게 증언하기까지 한다. "예를 들어, 이사야의 생각은 철저하게 귀족적이다. 그의 설명(3:1 이하)에 따르면, 유다 국가는 모든 경외의 결박이 풀리고 비천한 자가 존귀한 자에 대항해 반란을 일으켜 백성도 마침내 견딜 수 없기에 이르고, 그래서 통치는 처음으로 단정하게 차려입은 사람에게 통치권을 줌으로 무너진다." 그러나 이스라엘에서는 지위가 낮은 사람에 대한 통치로 넘어가서는 안 된다. 이사야와 다른 선지자들도 마찬가지지만, 특히 아모스는 항상 공개적으로 하층민과 심지어 가난한 사람들의 정당한 권리를 변호한다. 이사야는 존귀한 자들이 자기 삶의 죄를 통해, 그리고 하층민에 대한 경멸과 백성의 권리를 짓밟음으로 인해, 그 땅에 저주를 가져왔다고 말한다.

그러므로 민족존재의 귀족적 특성이 구약에서 칼빈주의로 넘어갔는가는 의심의 여지가 없지만, 바로 그 이유 때문에 오해가 있어서도 안 된다. '귀족정치'(Aristocratie)는 원리적으로 '금권정치'(plutocratie)와 다르다. 귀족정치는 돈을 소유한 자에 대한 선호가 아니라, 개인이나 가계의 성장에 나타나는 차이를 목적으로 한다. '최고위인들'이란 '최고 부자들'이 아니라, '최고로 훌륭한 사람들'이며, 무엇이든 간에 모든 평가에서 최고인 사람들이다. 칼빈도 아리스토텔레스로부터 군주제, 귀족제, 민주주의의 세 부분을 이어받았으며, 당시 그리스 세계에서 노동, 공예, 상점으로 살았던 하층 계급이 민법상 완전한 평등을 기반으로 하는 시민으로 인정된 주민이었음을 잊어서는 안 된다. 따라서 '최고위인들'은 종종 아버지가 아들에게 어떤 높은 자질을 물려줄 정도로만 가족적 특성을 보여주었으며, 이것이 특정한 시민적 탁월함이 한 집안에서는 유전되고 다른 집안에서는 정말 예외적 경우를 제외하고는 나올 수 없는 이유이다.

§12. 지금과 다른 귀족정치

그 이유만으로 이사야와 그의 발자취를 따라 칼빈이 귀족정치를 취하는 곳에서, 이 단어를 우리에게 사용가능한 의미로 받아들이자는 것은 아니다. 이와 관련해서 아직 충분히 말하지 않았다. 군주제, 귀족제, 민주제 정부 형태의 이러한 삼중 분할 개념의 두 번째 실수는 '통치'(cratie)의 의미가 충분히 고려되지 않았다는 것이다. 결국 '통치'는 정부의 대표성을 의미하지 않고, 정부의 주도권 행사를 직접적으로 나타낸다. 따라서 원래 '시민의 통치'란 전체 사람들, 즉 모든 시민이 정치모임에서 다수결로 다스리는 것을 말한다. 이것은 적어도 특정 기간 일부 그리스 도시에서 실제로 시행되었는데, 그 도시에는 국민이 왕권을 행사했다. 이것은 보편적이거나 제한된 투표권과는 아무 관련이 없다. 진정한 원조 민주주의에서는 전 국민이 모여 일을 처리했다.

이것은 이스라엘처럼 대부분의 농업 국가에서는 생각할 수 없는 일이었다. 엄밀한 의미에서 민주주의는 광활한 영토에 거주하는 국민에게서는 이뤄질 수 없다. 소통이 극도로 느린 시대에는 함께 모여 회의를 할 수 없기 때문이다. 나사렛 주민이 어떻게 헤브론 주민과 함께 정부를 운영할 수 있겠는가? 더 큰 제국에서의 민주주의란 생각조차 터무니없다. 그러므로 그런 황당무계한 감정의 지지를 칼빈에게 돌리지 않는 것은 지극히 옳다. 칼빈에 따르면 정부는 어느 하나나 모든 사람에게 속한 것이 아니라 '여럿'(plures)에 속하며, 그러한 여럿은 전체 시민 중 가장 견고하고 우수하며 뛰어난 사람이어야 했다. 그렇다면 문제는 이 '귀족들'(edelen)이 자신들을 스스로 순서를 지정할 것인지, 아니면 세습해서 정부를 운영할 것인지, 아니면 모든 국민의 선택으로 이 영예에 부름을 받을 것인지의 여부이다. 이 질문에 도달하면 현재 이해가 되는 의미에서 귀족정치와 민주정치 사이의 대립이 발생한다. 당연히 선택이 일어나야 한다. 모두가 보통 선거로 선택하면 '민주적'(democratisch)이라고 하고, 권력을 가진 자가 자기 무리 안에서 지명을 하는 정치형태는 '전제적'(autocratisch)이라고 부른다. 그러한 이해에 따르면, 제네바에서 칼빈이 채택한 태도에서 볼 때, 선택이 있는 곳에서 그는 가능한 가장 넓은 범위에서의 선택을 선호한 것으로 보인다. 벙게너(Bungener)[565]와 쉬테헬린(Stähelin) 그리고 부분적으로 헤르초크는 그의 "백과사전"에서 제네바에서 칼빈의 입장에 대해 다른 의견을 표명했다. 그러나 "드 스탄다르트" 7099호에 제공된 진술에 대한 비판 이후로 되돌아가는 것은 불필요할 것이다.

§13. 요약

이 주제에 관해서는 이제 언급을 그치고 다만 반복하려 한다. 첫째, 칼빈 자신은 제네바에서 정부에 관여한 적이 없었고, 죽을 때까지 관직 없는 시민으로 남았다. 둘째, 따라서 칼빈은 제네바에서 다른 어떤 헌법도 도입할 수 없었고, 민주적이었던 헌법을 귀족정치적으로 말할 수도 없었다. 셋째, 칼빈은 제네바에서 생활하는 동안 제네바의 헌법을 변경하지 않았다. 넷째,

제네바에는 협의회가 네 개 있는데, 각 협의회의 시장과 대리인은 모든 시민이 투표할 수 있는 '총회'(Conseil Général)에 의해 선출되었다. 다섯째, 모든 시민이 참여한 '총회'가 200인 참사 선거를 철회하고자 했을 때, 칼빈은 이에 반대했다. 이와 관련하여 가버렐(Gaberel)[566]은 "제네바 교회사"(Histoire de l'Eglise de Genève Geneva, 1853) 제1권 431쪽에서 다음과 같이 기술한다. "200인의 평의회 선거가 벌어진 '총회'에서 철회되어야 했을 때, 칼빈은 크게 불만을 품고 행정관리에게 다음과 같이 심각한 항의를 보냈다. 여러분, 대 평의회 의원들의 선택은 일반 평의회에 맡기고, '모든 권력은 시민 의회에서 나온다'라는 공화주의 원리를 어기지 않을 것을 강조합니다."

두 갈리프(Galiffe)[567]가 달리 제안한 것은 사실이지만, 역사적 사실을 변조하는 자들로 너무 잘 알려진 그들의 주장을 근거로 가버렐과 같은 사람의 증언을 잠시 의심하기도 한다. 하지만 두 갈리프와 같은 변조자들(falsarissen)은 입에 올릴 가치도 없다. 하그(Haag)[568]는 그의 "프랑스 개신교"(France Protestante, III, 1099)에서 다음과 같이 말한다. "두 갈리프는 칼빈의 기억에 굴복하려는 사악한 목적을 위해 '짜증날 정도로 잘못된 증거'를 만들어 내었다." 하그와 마찬가지로 헤르민구아르드(Herminguard)와 스트라트부르거(Straatburger)는 칼빈의 저작 판에서, 자신들은 갈리프의 진술과 같은 것을 의도적으로 조사할 수 없다고 생각했다. 그들은 자신들에 대해 중상 모략하는 사람들이 그대로 거짓말을 하도록 내버려 두었다.《기독교 강요》만 보는 편협함에 대해 죄책감을 느끼지 않는 사람이라면 누구나 알 수 있는 것은, 칼빈은 정부의 권력이 '국민의 동의'에 의존하는 것을 매우 선호했다는 사실이다. 그는 심지어 과두 정치인을 "'국민의 동의에 기초하기보다' 권력을 공포로 만드는 것을 선호하는 사람"(qui potentiam suam terrori esse malunt, quam populi consensu fundatam)으로 낙인찍었다(Tom., VI, 230).

§14. 자본과 빈곤

칼빈은 자본을 기반으로 패권을 찬탈하려는 부유한 사람들에 관해 이야기한다. "경쟁적으로 자신을 괴롭히는 자들을 존경하는 것은 전투에서 사형 집행인을 기리기 위해 보는 앞에서 정의와 이성을 치는 것인데, 이를 라틴어로 말하면 다음과 같다. '환심을 사려고 불한당을 찬양하는 사람들은 이성과 정보에서 결핍이 있다'(Ratione et indicio carent, qui suos carnifices ambitose honorant). 그리고 한편으로 당신의 친구 또는 적어도 당신을 화나게 한 적이 없는 다른 사람에게 무례하게 대하는 것이다. 부자에게 아첨하고 공경하는 것이 아니라, 거칠고 불의한 멍에를 메고 있는 사람들에게 아첨하고 존경하는 것만큼 우리의 허영심을 보여주는 것은 없다. 실제로 더 잘 사는 사람 중에는 정의롭고 겸손한 사람들이 있고 모든 불의를 혐오하는 사람들이 있지만, '그러한 사람들은 드물다'(sunt quidem ex divitibus nonnulli aequi et modesti et ab omni iniuria abhorrentes, sed pauci tales reperiuntur)"(Tom., VIII, 3, 87). 그리고 칼빈에게는 이것이 하나의 이론이 아니라 사회적 느낌이었다는 것은, 몇 쪽 뒤에서 그가 노동자들을 고용자(patroons)에 의해 대우하는 것과 같은 맥락에서 말한 것을 통해 분명히 드러난다. 우리는 97쪽을 그렇게 읽는다. "정의롭고 공의로운 사람은 자기의 무거운 짐까지도 돌보는데, 만일 그렇다면 당신이 땀을 흘리는 이웃의 마음을 불쌍히 여기지 않는 것이 얼마나 부끄럽고 완고한 일인가? 그러므로 주님은 일꾼의 품삯이 우리와 동침하는 것을 금하신다. 수고하여 궁핍과 굶주림으로 멸망하지 않게 하는 떡을 우리에게 주는 것보다 더 합당하지 못한 일이 무엇인가?" 따라서 칼빈은 부자들에 관해 '그런데도 여전히 이 일이 일반적으로 일어나고 있다'(Et tamen, et tamen vulgare est hoc portentum)라고 강력한 어조로 덧붙인다. 즉, "그런데 이 가증한 일이 날마다 일어나고 있다. 압제적인 마음으로 인류가 자신들의 이익을 위해 존재한다고 '상상하는' 사람들이 너무 많기 때문이다." 칼빈은 "하나님께서 가난한 자들의 보호자이시며 후원자이시다"(Deus est pauperum tutor et patronus)라고 결론짓는다. 빌더르데이크는 칼빈이 노동 계급에게 외쳤을 때 이렇게 공감했다.

가난과 부패, 그 속에서 그대는 쇠약하고 한숨짓는다
당신의 손에서 엄청나게 부푼 풍요가 열매맺는다

(Nieuwe Oprakeling, Dordrecht 1837, 43쪽 참조)

반혁명 국가학 | 원리

칼빈에게는 세상에서 낮은 자와 큰 자의 올바른 관계가 선택의 문제와 관련되어 있으므로 더욱 더 잘 이해할 수 있다. 칼빈은 다음과 같이 말했다. "하나님은 부자보다 가난한 자와 보잘 것 없는 자를 선택하셨다. 육신의 생각을 고치기 위해, '둘 다 동등하게 되는 것으로' 충분하지 않고, 오히려 뛰어나게 보이는 자들을 열등하게까지 하셨다." 칼빈의 고린도전서 1장 26절 주석에 나오는 더욱 강력한 라틴어 표현을 보자. "하나님께서 모든 것을 동등하게 여기신 이유는 그들의 오만함을 무디게 하는 것만으로는 충분하지 않았기 때문이다"(Non enim satis hoc erat ad retundendam eorum arrogantiam, si omnes Deus aequasset, itaque qui excellere videbantur posthabuit ut vere in ordinem eos redigeret). 이것을 '귀족정치'라고 부를 수 있는 말인가? 물론 칼빈은 가난한 자와 비천한 자들이 자기를 높이고 오만하게 만드는 것을 용납하지 않았다. 오히려 그는 같은 책에서 다음과 같이 명시적으로 덧붙인다. "세상에서 멸시를 받는 자는, 세상에서 크고 높은 것에 모든 자족함을 가라앉히실 때에 주님께서 그들에게 요구하시는 겸손이 얼마나 큰지를 알아야 한다." 언급된 바에 따르면, 칼빈이 고대 민주주의의 확실한 반대자였다는 것이 이것만으로도 확고히 확립되었다. 그 고대 민주주의는 그리스 스타일로 정부(bewind), 행정부(bestuur), 내각(regering)을 전 국민에게 직접 위임했다. 귀족(edelen)은 이 목적을 위해 임명되었는데, 귀족(aristoi)은 부자나 저명한 사람이 아니라, 적절한 의미에서 가장 고귀하고 가장 지식이 풍부하고, 재능 있는 사람들을 의미했다.

그러나 근대적 언어의 의미로 '민주적'을 이해한다면, 칼빈은 확실히 "기독교 민주주의자"(Christelijk democraat)이다. 그는 적어도 귀족정치론자(aristocraat)였기 때문에, 프랑스 혁명의 세 구호 가운데 '평등'조차 허용하지 않았다는 점을 분명하게 말해야 한다. 그러나 동시에 '멸시했다'라는 감정을 언급해야 한다. 즉 하나님께 더 가진 자에게 적용하셨던 '멸시'를 말한다. 칼빈이 청년 시절에 그의《기독교 강요》와 나중에 성경 주석서에서 한 내용을 비교할 때, 그가 젊은 시절에 흔히 발생하는 것처럼 급진적이지 않고 더 보수적으로 넘어간 것이 놀랍다. 반대로, 칼빈은 초기에 이론가로서 말할 때 자신의 민주주의적 동조를 훨씬 더 약하게 공언할 수 없었으며, 반대로 성경을 더 깊이 파고들수록 성경의 증거로 깨달음을 느꼈다. 마치 우리가 사무엘상 7장, 이사야 1장, 고린도전서 1장 그리고 야고보서 2장에서 이것을 소유하고 있고, 그래서 나이가 들어갈수록 기독 민주주의자의 성격을 더 단호하게 드러내게 되었던 것처럼 말이다.

§15. 칼빈주의 수용

신학적으로나 정치적으로나 칼빈주의는 여러 나라에서 수용되었다. 여러 나라에서 높은 지위의 사람들과 더 많은 보수적 요소가 칼빈주의에 대해 첨예하게 등을 돌리기도 했다. 교회뿐만 아니라 국가에서도 격렬하게 싸웠으며 결국 추방되기도 했다. 반대의 경우도 있다. 칼빈의 주도적인 사상은 신학적으로나 정치적으로나 서구의 거의 모든 나라에, 특히 더 단순한 서민 계급이 있는 곳과 시골에서 자리를 잡았다. 분열에는 예외가 없었다. 칼빈주의에 불을 붙이는 저명한 사람들이 항상 있었지만, 이것은 유럽의 다른 나라들처럼 우리와 일부에 불과했다. 비교적 부드러운 형태의 칼빈주의를 선택했던 최초의 오란녀 왕가도 귀족 계급으로부터 매우 적은 지원을 받은 아주 쓰라린 경험을 했으며, 칼빈주의적 사람들이 대부분 '서민'임을 잘 알고 있었다. 이것은 18세기와 19세기에도 계속되었다. 칼빈주의는 이미 국가 정치에서 완전히 밀려났지만, 종교 영역에서는 여전히 지속되었다. 대학이나 상급 교회 모임에서는 지지를 얻지 못했지만, 베이츠가 야간학교라고 언급한 것에서, 그리고 부분적으로 대도시에서, 부분적으로 마을에서, 그리고 스코틀랜드에서 넘어온 콤리에게서, 그리고 다시 학문적 영역에서 전쟁을 벌이기 전까지는 있었다. 그때도 그랬고, 그 정도 비율로 아직 여전히 그렇게 남아 있다.

정치적 의미에서와 마찬가지로 신학적으로도 칼빈주의는 1870년 이래로 우리나라에서 황금기를 다시 경험했다. 처음에는 1870년대에 땅의 위대한 자들이 이제 칼빈주의의 땅에 있는 시골의 작은 자들과 함께 천막을 치는 것처럼 보였다. 그렇지만 그들이 반펠라기우스주의 쪽에 훨씬 더 많은 공감을 느꼈다는 것이 너무 빨리 명백해졌다. 그래서 적어도 우리의 20

세기는 침묵자 빌럼 시대에 그랬던 것처럼 다시 올바르게 되었는데, 마르닉스 판 신트 알더혼더의 후손이 둘러싸고 있는 이 나라의 작은 사람들 아래 있는 넓은 진영이다. 그리스도의 승천 이후에 이미 명백해진 원초적 분열이 거듭 반복되었다. 유대와 예루살렘에서 유명한 사두개인들과 바리새인들을 배척하고, 가버나움의 어부들과 갈릴리 거주민들 가운데에서 홀로 귀를 기울이시는 예수님을 찾았다. 아니면 낙타가 바늘귀로 들어가는 것이 부자가 천국에 들어가기보다 더 쉽지 않겠는가?[569] 우리는 얼마 지나지 않아 고린도에서의 사도 바울에 대해 읽는데, 많은 현자와 귀족들과 귀인들이 갑옷을 입고 그를 대적했으며 그의 말이 더 가난하고 낮은 계급에 의해서만 보상을 받았음을 보게 된다. 빌럼 오란녀는 귀족 연맹에 대해서는 실망스러웠지만, 작은 자들에 의해 위로를 받았다.

18세기 역사는 부유하고 눈에 띄는 모든 것이 길을 잃은 것처럼 보였다. 역사는 조상들의 신앙고백에 충실하게 무언의 '동행'(gezelschap)을 제공한다. 지금도 여전히 부자들과 귀족 계급의 작은 군집(phalanx)이 있다. 이들에게는 선조들의 시대부터 '우리가 이것에 의존한다'(hac nitimur)고 위험을 무릅 쓴, 그들의 변함없는 충성도를 더욱 높이 기리기 위한 집단이 있지만, 나머지 사람들에게서는 칼빈주의의 깃발이 사회생활에서 더 낮아질수록 더 높이 올라가는 것을 발견하게 된다. 3세기 이상 지속되었고 두 대륙에 분명한 목소리를 냈던 교회와 국가 모두에서 이 운동의 정신적 아버지가 원리적으로 이 활동을 주도했던 주된 동기에 반대할 수 없다는 것이 자명하지 않은가? 그 광범위하고 급증하는 민주적 칼빈주의의 흐름은 결코 보수-귀족적 칼빈에게서 나올 수 없었을 것이다. 암소의 새끼는 결코 사자가 되지 않는다.

§16. 제네바의 칼빈

제네바 자체에 관한 한, 로제(Roget)[570] 또한 그의 "칼빈 시대의 제네바 교회와 국가"(L'Eglise et l'Etat à Genève du vivant de Calvin, Geneva, 1867, 89)와 그 이후 그의 위대한 작품 "제네바 시민의 역사"(Histoire du peuple de Genève, Geneva, 1870)에서, 캄프슐트(Kampschulte)[571]가 이미 그를 위해 한 것뿐만 아니라 칼빈이 보수당인 것처럼 비

판한 모든 입장을 억눌렀다. 헤이그의 전기 사전 역시 완전히 잘못된 주장에 대해 책망을 아끼지 않는다. 캄프슐트의 저서 "요한 칼빈, 제네바에서 그의 교회와 국가"(Johann Calvin; seine Kirche und sein Staat in Genf, Leipzig, 1866-'99, I. 414)는 광범위한 논쟁에서 마치 칼빈이 최초의 민주주의적 제네바에서 보수-귀족 연방을 추구한 것처럼 주장한 허구를 완전히 부정했다. 그의 결론은 다음과 같다. "칼빈을 새로운 국가 헌법의 저자로 보고 있는 견해는 잘못된 것이다. 제네바 헌법의 내용은 1541년 이후 기본 형태에 변함이 없다. 오래된 국가 기관, 행정관(Syndiken),[572] 60 평의회, 대 평의회와 일반 평의회까지 그대로 유지되었다." 그리고 다시 415쪽에서 임명과 법령의 개정에 관하여 다음과 같이 말한다. "최근에 실제로 확립된 선거 방식에 기초하여 최종적으로 절차를 정하게 되었고, 그 이후부터는 공직 선거와 공직자 임용에서 이를 준수하게 되었다."

칼빈이 민주적 헌법을 전복시키려는 교활하게 고안된 보수주의적 시도에 대해 얼마나 최선을 다해 저항했는지, 특히 총회에서 위그노의 영향력을 약화시키지 않고자 얼마나 힘써 저항했는지를 기억한다면, 이론적이든 실제적이든 칼빈의 민주주의적 의도를 의심할 방법을 찾기란 불가능할 것이다. 칼빈이 일방적 과장에서 완전히 자유로웠던 것은 아니라고 생각한 비판이 전적으로 오류는 아닐 것이다. 베른에서 통치하고 칼빈의 생애 동안 제네바로 퍼지기를 원했던 귀족 정치적 통치정신(Regentengeest)은, 칼빈이 살아 있는 한 제네바에서 입지를 확보할 수 없었고 1568년까지 자리를 찾지 못하다가, '칼빈이 죽은 지 4년 후'에 부분적으로 승리를 얻을 수 있었다. 몰래 침투하려는 모든 종류의 대중정치(Ochlocratie)에 대항하여 칼빈은 능숙하게 저항했지만, 다른 한편 그는 일반 시민 전체를 권위의 소유자로 존중했다. 당연히 모든 주민이 아니라 시민권을 누리는 사람들만 권위를 소유하는데, 이것은 '로마 시민'에게도 적용되었으며, 우리 정부의 민주적 기반을 의심하는 사람도 의심할 바 없이 태고 때부터 우리 도시 정부의 고유한 것이었다.

당시 유럽 국가 중 제네바 헌법만큼 압도적이고 모든 것을 통제하는 영향력을 시민들에게 부여한 국가는 없었다. 아마도 제네바 헌법은 당시 유럽 전역에서 가장 민주적이었을 것이지만, 칼빈은 이 헌법이 민주적 전제의 단절로부터 보호되도록 도왔다. 칼빈이 아래에서 솟아오르는 정치적 파동에 저항한 적은 단 한 번뿐이다. 가장 강력한 왕을 포함한 모든 정부는 법에 복종해야 했다. '행정관은 스스로 법에 복종해야 한다'(Ipsi magistratus sunt legibus subditi, Schiepper Tom 편집. II, 123). 고위 정부 아래에 있는 하위 행정관은 고위 정부의 독단에 대항해 국민의 자유를 보호할 의무가 있다. 그는 그의 책에서 말한다(Tom. IX, 400). "시민의 자유는 어느 부분에서도 훼손되거나 축소되어서는 안 되며, 이에 소홀히 할 경우 그 행정관은 말을 어기는 사람이고 배신자이다." 이런 일이 발생하면 국가 의회와 지방 의회는 시민의 자유를 위해 용감하게 행동해야 한다. 칼빈은 그의 책에서 다음과 같이 쓰고 있다(Tom. II, 121). "'보살핌을 위임받은 명령이 있을 때' 즉, 국가가 설립되면 실패하는 정부에 명령을 내리고, 국가에 반하는 행위를 하는 경우 이를 억제하는 것이 국가의 소명이며 의무이다. 군주를 그의 직책에 유지하기 위해 그리고 그가 무엇이든 시도한다면, '그를 제지하기 위해'서다(Principem in officio continere, et si quid tentaret, eum coercere). 행정관리 또는 의회가 이에 미치지 못하면 국가 반역죄가 성립된다. 우리는 하나님의 임명으로 수호자의 자리를 차지한 백성의 자유가 속임으로 온다는 것을 안다(Libertatem populi, cuius se Dei ordinatione tutores positos, norunt, fraudulenter prodeunt)" (Tom. I, 120).

§17. 민간 시민의 반란을 거부하다

칼빈은 단 하나의 조건만 굳게 고수한다. 즉 민간 시민은 개인적으로 그리고 자발적으로 '반란을 일으키기보다는' 오히려 가장 심각한 불의를 감내하고, 참아야 한다. 물론 그는 사적인 항의를 조금도 부정하지 않으며, 심지어 그것이 종종 매우 옳을 수도 있다는 점을 인정하기까지 한다. 그는 책에서 다음과 같이 쓰고 있다(Tom. II, 124). "물론 나는 소동과 소요를 일으키는 사람들이 여기에서 종종 좋은 기초 위에 서 있음을 인정한다(Equidem fateor, saepe bono fundamento niti, qui turbas et seditiones excitant). '만일 원리와 근거를 조사한다면'

(si principium et fundamentum inspiciatur) 말이다. 그러나 이것은 '권한 밖에서' 무기를 들고 정부에 반대할 권리를 부여하지 않는다. 민간 시민의 경우, 그들에게는 순종하고 고난당하는 것 이외의 다른 명령이 부여된 적이 없다(nullum aliud quam parendi et patiendi date est mandatum)"(《기독교 강요》, IV, 20 § 31). 칼빈은 처음부터 이것에 대해 한 가지 예외만 허용했다(§ 32 참고). 정부는 하나님과 그의 권위 아래 외에는 통치하지 않으며, 이로부터 자연스럽게 다음의 말이 흘러나온다. "'만일 그분에게 대항하는 명령을 내리면, 그 누구(행정관)도 자리에 없고 여러 명 있을 수도 없다'[Adversum Ipsum si quid imperant, nullo (magistratus) sit nec loco nec numero]. 불순종하는 것도 의무이고, 순종하는 것도 죄가 된다. 사람보다 하나님께 순종하라는 베드로의 권면이 그 요점을 증명한다.[573] 하지만 이 저항은 '수동적'으로 남아 있어야 하고, '적극적인'(actieven) 공격으로 넘어가지 말아야 한다."

"복종하고 고난을 받으며"(Parendum et patiendum)라는 구호는 칼빈의 표어로 남아 있다. 이것은 그의 민주적 출발점과 상충하지 않고 오히려 그것을 확인시켜준다. 그런데도 시민 계급에게는 행정관 임명에 영향을 미치기 위해, 헌법의 수립과 권위의 행사를 검토할 충분한 기회가 주어지는가? 그런 다음 하급 행정관의 의무에 부지런히 헌신하여 평의회와 국가의 신성한 권리에 대한 폭정적 공격을 할 수는 없다. 그리고 그러한 압력이 발생하고 사람들이 그로 인해 고통을 받는 경우, 고통은 일반적으로 사람들 자신의 태만, 게으름, 직무 유기에 대한 정당한 처벌에 불과하다.

§18. 순교인가 반란인가? 비느하스

이로써 칼빈은 두 갈림길에 선다. 순교인가 반란인가? 그리고 지금 이 질문이 제기된다. 역사는 기회를 발견한 서구 모든 나라의 칼빈 추종자들이 순교로 시작했지만, 거의 모두가 마치 자기 뜻대로 결국 '반란을 일으켰음'을 보여준다. 우리는 위그노, 스페인에 대한 우리의 반란, 영국의 크롬웰 휘하의 저항에서 그것을 볼 수 있다. 분명히 여기에 모순이 있다. 칼빈은 민간 시민의 모든 저항을 단호히 거부하고 정죄했는데, 이것은 그의 《기독교 강요》 제4권과 상충하지 않는다. 그럼에도 그의 삶에서 영적-정치적 활동은 다른 결과를 가져왔다. 그러나 이것은 하찮은 빛이 아니다. 그가 비느하스에 대한 주석에서 이렇게 말하는 것을 볼 수 있다.

시편 106편 30-31절에 대한 그의 주석에서 알 수 있듯이 칼빈 자신은 여기에서 서술된 내용이 그가 언급한《기독교 강요》제4권 제20장 제32절과 맞지 않음을 잘 느끼고 있었다. 이는 특히 31절 "이 일은 그의 의로 인정되었다"라는 대목 때문이다. 이것은 민수기 25장 10-11절에서 확실히 나타난다. "여호와께서 모세에게 말씀하여 이르시되 제사장 아론의 손자 엘르아살의 아들 비느하스가 내 질투심으로 질투하여 이스라엘 자손 중에서 내 노를 돌이켜서 내 질투심으로 그들을 소멸하지 않게 하였도다." 시편 106편 30-31절에 대한 주석에서 칼빈은 질문한다. "여기서 재판관의 임명 조건에 반하여 칼을 쥐고 심판을 집행한 사적인 사람의 이러한 열심이 하나님의 승인을 받았을 수도 있다는 것을 어떻게 설명할 수 있는지 질문이 생긴다." 그는 비느하스가 '사적인 사람'으로 행동했음을 인정하고, '제사장의 아들'로서 '반쪽 직분적' 소명을 가졌다고 주장하면서, 탈출구를 찾지 못했다.

칼빈이 볼 때 비느하스는 완전히 개인으로 행동했다. 그러나 그는 칼을 쥐고 정부의 부담 없이 스스로 위험부담을 감수하면서, 자신의 첩과 음행하는 이스라엘 남자를 자발적으로 찔러 죽였다. 절대적 의미에서 사적 사람이라면 절대 칼을 잡아서는 안 되는데, 어떻게 이것이 하나님 편에서 허용될 뿐만 아니라 칭찬과 보상을 받을 수 있는가? 비느하스가 폭군이 아니라 하나님의 율법을 모독한 자에게 복수한 것은 사실이다. 그러나 그는 정부에게만 주어진 처형권을 제 것인 체 했다. 개인으로서 그는 죄인에게 사형을 적용했다. 여기에서 비롯된 진지한 고민 후 칼빈은 어떠한 결론을 내리는가? "나는 일반적 규칙으로 요구될 수 없는 방법(*motus qui ad communem regulam exigi non debent*), 곧 특별하고 비범한 영혼의 움직임이 성도들 안에 일어난다고 대답한다." 모세는 뒤늦게 임명된 것처럼 보이지만, 출애굽기에 따르면 절대 그렇지 않다. 출애굽기 2장 12절에서 그는 이집트인을 죽였는데, 이것은 분명히 하나님의 은밀한 역사를 따라 행한 것이다. 비느하스 영혼의 움직임도 그러했다. 아무도 그가 하나님의 검으로 무장했다고 생각하지 않았지만, 그 자신은 분명히 하나님께서 그에게 부여한 능력을 알고 있었다. 이것으로 볼 때, 직무에 대한 일반적 신적 소명 방식은 그가 성령의 은밀한 영감으로 그가 기뻐하시는 곳에서 그가 택한 자들을 다스리는 것을 방해하지 않는 것으로 보인다.

칼빈은 비느하스에게서는 성령의 감춰진 영감에 대한 신비한 설명을 가정함으로써, 그리고 아마도 그런 일을 하는 다른 사적인 사람들에 대해서는 그들 자신의 죄를 범할 충동 외에는 아무것도 가정하지 않음으로써 이 난제를 해결하려고 노력한다. 그러나 이것이 사실인가? 민수기 25장 7절, 9절, 10-11절에 나오는 이야기에서 비느하스가 특별한 사명을 부여받았다는 것은 한 마디도 언급되지 않는다. 다만 그가 거룩하지 않은 가증한 것을 보고, 갑자기 일어나 창을 들고 두 죄인을 찔러 죽였다고만 말한다. 그리고 그 일이 이루어진 후에야 하나님께서 이 거룩한 열심을 보시고 뒤에서 승인하시고 상을 주셨다는 선포가 나온다. 계명에 순종하거나 혐의가 있다는 언급은 전혀 없었다. 비느하스는 전적으로 자신의 충동으로 행동했다. 구약 성경이 항상 높은 신앙의 표현으로 이 열심을 존중하는 것처럼 그는 열심이었으며, 이 '열심'이야말로 하나님께서 칭찬하신 것이다. 여기에서 혐의를 신비롭게 벗겨줬다는 주장은 증거가 없으며, 비느하스의 이러한 열정이 유니우스 브루투스(Junius Brutus)를 시저에 대한 공격으로 이끌었던 충동과 왜 다른 종류여야 하는지를 보여주는 것도 없다.

그러나 카셀(P. Cassel)[574]은 하르모디우스(Harmodius)와 아리스토게이톤(Aristogiton)[575]이 부분적으로는 개인적인 목적에 이끌려 히파르쿠스(Hipparchus)를 타도했고, 무키우스 스카에볼라(Mucius Scaevola)는 맹목적 전사의 분노에 이끌렸다고 언급한다. 프톨레마이오스(Ptolemeus)를 공격한 테오도루스(Theodorus)도 다르지 않았다. 그러나 비느하스는 그가 본 심오한 죄악으로 공포에 휩싸인 것 같지만, 또한 그에게 일어난 끔찍한 일에 마음 깊은 곳에서 감정에 치우쳐 분노가 치밀어 올랐고, 실제로는 자신의 권력을 초월한 무자비한 충동에 목말랐다는 사실에 기인하기도 한다. 그러한 충동은 대개 자기 자신의 마음에서 발생하지만, 때로는 하나님께서 그 마음에 역사하실 수도 있다. 후자가 비느하스의 경우라고 한다면, 이에 대한 증거를 제시할 수 있다. 민수기 25장 7절 이하는 이것을 보여주지 않는다. 또한 이스라엘의 관점에서, 이러한 행동과 관련해 임의적 충동과 하나님의 감동으로 된 충동을 구별하는 것은 고정된 자료에 근거해서만 사용될 수 있으나, 그러한 자료는 여기에 전혀 없다.

잠언 21장 2절에 따르면 왕의 마음은 시냇물과도 같다. 그러므로 나는 칼빈이 증명할 수 없는 구별을 받아들임으로써 여기에 있는 어려움에서 자신을 구원하려고 시도했다고 볼 수밖에 없다. 자신의 권위로 그러한 살인을 탐내는 광신도들은 항상 영혼의 신성한 충동이 그들을 쉽게 하지 않고, 마침내 그것에 굴복하여 돌진한다고 주장했다. 이것은 모세가 이집트인을 쳤을 때의 경우였다. 마찬가지로 랑게 학파도 불의의 가증한 것에 성스러운 분노를 불러일으켰다.

§19. 에훗의 에글론 습격

그것은 사사기 3장 15-26절이 우리에게 말하고, 마찬가지로 폭군 학살의 지지자들이 일관되게 주장해 온, 에훗이 에글론에게 행한 시도와 다소 다르다. 에훗 역시 정부의 명령을 받거나 정부 자체로 행동하지 않고 에글론을 뒤집어 놓았다. 그는 아직 사사가 아니었으며, 에글론을 죽인 후에 사사가 되었다. 그가 한 일은 개인으로서 한 것이다. 이스라엘 자손이 에훗에게 가서 에글론에게 조공을 바치라고 한 것은 옳았다. 그러나 이것은 공직에 임명된 것이 아니라 한 사람에게 위임된 것일 뿐이었다. 그리고 에글론을 죽이라는 명령이 전혀 언급되지 않았고 종주국으로 에글론을 영예롭게 하기 위한 조공을 전달하고 바치는 임무가 수반되었다. 에글론을 죽이려는 전체 계획은 에훗 자신에게서 나왔다. 그는 무기를 스스로 준비했고, 우리가 거의 공감할 수 없는 방식으로 살인 계획을 실행했다. 그가 갈망하는 것에는 용기가 없었으며 암살자의 교활한 실행만이 있었다.

15절을 보면 다음과 같다. 우선, 이 이야기의 서곡으로 여호와께서 에훗을 이스라엘을 위한 한 구원자로 일으키셨고, 에훗은 에글론에게 올라가 이렇게 말하였다. "임금님께 전해 드릴 하나님의 말씀이 있습니다!"(참고. 삿 3:19) 여기서 에훗에게 특별한 계시가 내려졌는데, 그가 개인으로서가 아니라 하나님의 특별한 위임에 따라 행동했다는 것을 추측할 수 있다. 그러나 이 주장도 성립되지 않는다. 이스라엘 자손이 고통 중에 하나님께 부르짖었다는 것과 주님이 그들에게 구원자를 일으키셨다는 진술은 섭리의 경륜을 가리키는 것일 뿐이지, 의도적 계시에 의한 특별한 부르심을 의미하는 것은 아니다. 페르시아의 왕 고레스는 계시를 받지 못했지만, 섭리적으로 이스라엘을 바빌론에서 구원하도록 부름을 받았다.

그리고 에훗이 에글론에게 "내가 하나님의 명령을 받들어 왕에게 아뢸 일이 있나이다"(삿 3:20)라고 말한 것을 주목해 보라. 여호와의 말씀(een woord van Jehovah)이 아니라, 하나님의 말씀(een woord Gods)이다. 이것은 그가 하나님의 의도적인 임무를 받았다는 증거가 되지 않는다. 오히려 에글론 자신이 신하들에게 그 장소를 떠나라고 명령할 수 있도록 단지 가장한 것뿐이라는 인상을 받는다. 에훗은 에글론과 단둘이 있을 때 그의 시도를 성공시키기 원했고, 그래서 그는 하나님의 말씀에 대해 말했다. 이것은 결코 소설이 아니다. 감히 그런 행동을 하는 것이 자신의 소명이라는 인상을 받는 사람이 있다면, 하나님의 부담에 대해 말하는 것이 결코 이상한 일이 아니다. "하나님께서 이것을 원하신다!"(God wil het)라는 표현이 오늘날 일반적으로 사용되지만, 이스라엘에서는 그 형태가 에훗이 말한 그대로 '하나님께서 이것을 원하신다!' 아니라 "그것은 하나님의 말씀이다!"('t is een woord Gods!)였다.

§20. 여기 영감이 있었는가?

칼빈이 그러한 사건을 이야기할 때 '영감'(靈感)을 가정하는 것은 모순되지 않는다. 단지, 비느하스나 에훗 혹은 모세가 이집트인을 죽였을 때 받은 영감을 영웅들의 영감에 반대되는 직접적 계시로 보는 것은 아니다. 시인의 영감이 있고, 조각가와 예술가의 영감이 있으며, 웅변가의 영감이 있고, 열심당과 민족의 해방자로서의 영감이 있다. 이런 영감은 일반은총에 속하는 것이기 때문에 특별계시에 속하는 이스라엘의 성경의 영감은 원리적으로 그런 영감과 구분되어야 한다. 그러므로 성경에 등장한다는 사실만으로 그런 성격의 이야기마다 특별한 성격의 영감으로 간주되어서는 안 된다. 그러한 영감은 특별한 명령 없이 일반은총의 사실을 진술할 때 발생하는 경우가 많다. 주목할 만한 점은 그러한 광신주의의 표현이 성경에서 그 자체로 정죄받지 않고 종종 승인되기도 한다는 것이다. 바로 이 점에 비추어 볼 때, 종교적 폭군이 통치할 때에도 하나님의 정의를 위한 개인의 복수적 행동이 성경에 의해 절대적인 의미에서 정죄될 것이라고 주장하는 것은 매우 어렵다.

그러므로 우리의 결론은 칼빈이 《기독교 강요》 마지막 부분에서 모든 의사(擬似) 영감을 신성하지 않다고 비난하고, 그가 그렇게 할 수 있다고 생각했던 것과 거의 다르지 않다. 하나님에 의한 열정은 이것에 의해 마비되지 않을 것이지만, 그것은 너무나 시급한 혁명 정신이었다. 따라서 개인이 칼을 잡는 것을 엄격히 금지하지만, 한편으로 독재자에 대한 열심당원이 원리적으로 옳다는 것을 인정하며, 이스라엘의 열광적 광신도에 대한 그의 주석에서 공감을 나타낸다. 시스라를 이긴 야엘의 경우[576]와 마찬가지로 카일(Keil)[577] 교수는 에훗의 행위가 "국민의 적을 파괴하는 모든 방법이 허용되는 것으로 간주되며"(Commentaar op Richteren, 3:23-29, 224), 그러한 왕에 대한 '교활한 암살'이 성령의 명령으로 행해진 것처럼 성경에 나타나지 않는다는 말에 의해 정당화된 느낌이다. 그리고 카일은 에훗과 같은 행위가 우리에게 모범이 되지 않는다고 덧붙이기도 했다. 하지만 카일이 랑게와 그의 학파에서 칼빈보다 훨씬 더 멀리 떨어져 있다는 점에서 칼빈의 주석과 카일의 차이점을 여전히 볼 수 있다.

칼빈의 주석을 주의 깊게 살펴보는 사람은 누구든지 나중의 고통스러운 상황의 압력 아래서 그가 자신의 《기독교 강요》에서보다 훨씬 더 많이 "폭군에 대한 저항에 관하여"에 대한 절대적인 정죄로부터 움츠러들었다는 것을 알게 될 것이다. 거의 기억할 필요가 없는 것처럼, 《기독교 강요》와 주석에서의 이러한 느낌의 차이는 칼빈의 교의학적 주제에도 나타나는데, 정반대의 의미가 아니라 오히려 다양성을 드러낸다. 1534년에서 1535년 사이에《기독교 강요》가 실질적 내용을 받아들였을 때, 위그노에 대한 박해는 그 이후에 일어났던 피의 성격을 아직 취하지 않았기 때문에 이것은 정부와 사람들 사이의 관계와 관련하여 훨씬 더 분명했다. 점점 더 많이, 그리고 마침내 피의 혼인식[578]에서 끔찍하게 적용되었다. 칼빈은《기독교 강요》가 출판되었을 때에는 여전히 그것을 그의 왕에게 바칠 수 있었으나, 주석을 쓰면서는 고국의 잔혹한 종교전쟁에 대한 가슴 아픈 소식에 끊임없이 겁에 질려 있었다.

§21. 칼빈, 랑게 그리고 알투지우스

칼빈이 그의 격동의 두 단계에서 논의한 것 외에 랑게와 그의 동료들이 주목한 바를 놓고 보면, 모든 편차와 차이에도 불구하고 칼빈주의자와 랑게주의자의 기본 입장의 일치를 알 수 있을 것이다. 두 가지가 합쳐져 결국에는 칼빈주의에 관한 이야기만 남게 되었다. 칼빈주의는 점점 쇠퇴하는 보수주의의 선구자가 아니었다. 보수주의는 루터교 국가에서 유래하여 서유럽과 미국에서 찬사를 받게 된 '국민 친화적' 정치 발전에 점점 더 많은 양보를 해야만 했다. 1789년 이뤄진 폰 할러와 슈탈의 항의를 존중하지만, 그들조차도 우리 칼빈주의자들에게 지침이 될 수는 없다. 흐룬 판 프린스터러는 더 민주적인 경향에 대해 경계했으나, 그 역시도 우리의 영광스러운 과거를 생각할 때 슈탈에게 흡수되지 않았고, 다음과 같은 진술을 억제할 수 없었다고 증언한다. '나는 칼빈주의자다! 칼빈주의에만 우리 헌법적 자유의 토대와 보증이 존재한다!'

이와 관련하여 이른바 군주제 반대론이 종교적으로 칼빈의 정신에 영감을 받은 한, 그의 정치적 설명과 일치하지 않지만, 그런데도 출발점을 형성한 노선을 따라 정치적으로 움직였다는 것을 인식하는 것이 중요하다. 그러나 그렇게 함으로써 우리는 자주 저지르던 실수를 다시 저지르지 말아야 한다. 그것은 군주제 반대론자들(Monarchomachen)로 그려졌던 모든 저자들을 똑같이 취급하는 것이며, 칼빈주의의 사상적 동지처럼 대하는 것이다. 특

반혁명 국가학 | 원리

히 기어르크는 "요하네스 알투지우스와 자연법적 국가이론의 발전"(Johannes Althusius und die Entwicklung der naturrechtlichen Staatstheorien, Breslau, 1902)이라는 뛰어난 연구에서 그러한 유혹을 받았다. 그런데도 이 연구는 칼빈주의적 근거의 대표자를 알투지우스에서 발견해야 한다는 인상을 가져다 주었다.

첫째로, 알투지우스는 1557년에 디덴하우-젠(Diedenshausen)에서 태어났으며, 그의 주요 작품은 1603년에 헤르본(Herbonn)에서 처음 출간[579]되었다. 반면에 칼빈의 입장을 논리적 귀결로 이끌어야 했던 정치적 방향의 최고 대표자인 랑게는 1518년에 태어났다. 따라서 알투지우스는 반세기 이후 사람이다. 둘째로, 랑게는 부르고뉴의 비토(Viteaux)에서 태어난 프랑스인이었고, 알투지우스는 독일인이었다. 셋째로, 랑게는 무엇보다도 '종교적'(religieus) 동기에 의해 촉구되었지만, 알투지우스는 거의 전적으로 종교적 투쟁 밖에 있었다. 알투지우스가 분명히 성경을 고려했으나, 여전히 종교적 동기를 그의 체계에 종속된 질서로 다루었다는 사실을 간과해서는 안 된다. 랑게에게는 하나님의 일이 주요동기였으나, 알투지우스에게는 부수적인 것이었다. 랑게와 함께 오트만은 칼빈주의를 정치 세력으로 발전시키는 데 훨씬 더 탁월했으며, 알투지우스는 종속적 위치에 있을 수 밖에 없었다. 오토 기어르크의 연구까지, 알투지우스의 이름은 칼빈주의 학계에서 매우 드물게 언급되었다.

그러므로 알투지우스를 중심으로 칼빈주의 제2기의 발전을 배우려고 하는 것은 확실히 역사적 오류일 것이다. 랑게 자신이 '유니우스 브루투스'라는 가명으로 나온 작품의 저자인지에 대한 질문은 제쳐두자. 뒤플레시스 모르네이(Duplessis-Mornay)[580]가 "폭군에 대한 저항에 관하여"를 저술했다는 사실에 대해서는 할 말이 거의 없다. 베자(Beza)[581]의 경우에는 가능성이 훨씬 적다. 역사적으로 중요한 저작물을 랑게의 이름으로 실행하는 것이 가장 안전하다. 따라서 4권으로 구성된 "역사적.비평적 사전"(Dictionnaire historique et critique)을 저술한 벨(P. Bayle)[582]의 권위 아래 거의 3세기가 걸렸다. 이 책의 세 번째 판은 1720년에 출간되었는데, 그는 심지어 "유니우스 브루투스의 책에 관한 논문"(Dissertation Concernant le livre d'Et. Junius Bruts)라는 제목으로 별도의 연구를 추가했다. 보드리아(Baudrillart)[583]는 그의 작품 "쟝 보댕과 그의 시대"(Jean Bodin et son temps, Paris, 1853)에서 그리고 폴 쟈네(Paul Janet)[584]는 "정치학의 역사"(Histoire de la Science politique, 1913)에서 이 질문을 의도적으로 다시 검토한 결과 같은 결론에 도달했다. 어쨌든 나에게 "폭군에 대한 저항에 관하여"와 랑게를 분리할 이유는 없으며, 이 때문에 나는 당분간 랑게를 정치적 칼빈주의 제2기의 으뜸가는 대표자로 계속 전면에 내세울 것이다.

§22. 세 기간

칼빈은 1564년 5월 27일에 세상을 떠났고, 그의 《기독교 강요》 마지막 장은 1534년에 이르러서야 비로소 빛을 보게 되었다. 1557년에 태어난 알투지우스는 1603년에 처음으로 그의 "정치학"(Politica)을 출판했다. 그리고 이 두 사람 사이에는 1518년에 태어난 랑게가 있다. 그의 주요 저작인 "폭군에 대한 저항에 관하여"는 1579년에 익명으로 발표되었으므로, 칼빈이 죽은 지 15년 후, 그리고 알투지우스의 "정치학"이 빛을 보기 24년 전이다. 이 세 기간을 혼동해서는 안 된다. 칼빈에서 두 번째 시대로 넘어가면서 랑게를 당시 지배적인 정신의 중심으로 간주할 필요가 있다. 칼빈은 프랑스의 위대한 종교전쟁의 시작을 경험할 수 있었다. 첫째는 그가 세상을 떠나기 5년 전인 1559년에 발생하여 1570년까지 지속되었다. 둘째는 유니우스 브루투스의 작품이 출판된 바로 그 해인 1570년부터 1577년에 발생했다. 그리고 셋째는 1577년에 시작되어 1595년에 앙리 4세가 로마 가톨릭을 수용하면서 끝이 났다. 따라서 칼빈은 프랑스에서 일어난 칼빈주의의 위대한 투쟁의 서곡만을 알고 있었다. 알투지우스는 이 세 번째 전쟁이 이미 끝나갈 무렵에 태어났다. 그러나 랑게는 1559년부터 1595년에 이르는 전체 기간을 살았으며, 이러한 전쟁으로 인한 마음의 고통 가운데 그의 "폭군에 대한 저항에 관하여"를 저술했다.

내가 더 강조하는 바는 다음의 사실이다. 카메라리우스(Camerarius)[585]가 종교개혁을 이끌 때 랑게는 오랫 동안 멜랑히톤(Melanchton)[586]의 입김을 받아 비텐베르크에서 살았고, 독일 군주 밑에서 외교관으로 일했다. 그리고 프랑스와 네덜란드에서 종교전쟁이 발발하여 서쪽으로 번져갈 때, 프랑스의 칼빈주의를 불쌍히 여기고 빌럼 판 오란녀 왕자와 긴밀히 접촉했다. 그는 마침내 우리의 소유지에 그의 주요 거점을 세웠으며, 1581년에 앤트워프에서 사망했다. 또한 흐룬 판 프린스터러의 "아카이브 연구"(Archives) 제7권 335쪽 이후를 참고하라. 랑게가 나중에 특히 독일 측에서 나온 혁명가였다면, 결코 빌럼 왕자의 측근이 되지 않았을 것이다. 그러므로 랑게를 칼빈주의 제2기의 조판자(type-zetter)로 보는 것은 정당하며, 따라서 그의 주장이 실제로 어느 정도로 정교하게 적용되는지가 아니라 원리적인지 아닌지를 확인하는 문제가 될 것이다. 혁명가로서 그는 칼빈을 신정주의자로 보며, 정면으로 반대했다. 그의 옆에는 "백성의 법률 사무소 및 관리자에 대한 백성의 사무실"(de Jure Magistratuum in subditos et de officio subditorum erga Magistratus, Genevae, 1573)이라는 저서를 쓴 프란시스쿠스 호토마누스(Franciscus Hottomannus)가 가장 가까이 있었다.

§23. 군주제 반대론자

반면에 보통 군주제 반대론자로 분류되는 사람들의 범위는 훨씬 넓다. 군주제 반대론자라는 뜻의 모나르호마아흐(Monarchomaach)란 이름은 프랑스에서 살았던 스코틀랜드인 바클레이(Barclay, 1546-1608)가 만든 것으로, 그의 작품인 "뷰캐넌, 브루투스, 부처르, 다른 군주제 반대론자에 반하는 왕국과 왕권에 대한 여섯 권의 책"(De regno et de regali potestate adversus Buchanan, Brutum, Boucherium et reliquos Monarchomachos libri sex, 1600)에서 처음 사용되었다. 바클레이는 혁명가들 가운데 루터(vol.Ⅳ,C.20 참고)를 포함시킨 절대주의자(absolutist)였다. 기르케(Gierke)에 의하면(p.4) 바클레이가 의도적으로 이의를 표한 작가를 제외한 조지 뷰캐넌 (George Buchanan)[587], 랑게, 부처르(Boucher) 및 센리스의 로세이우스(Rossaeus) 주교 등은, 1590년 그들의 저서 "이단적이고 불경건한 왕에 관한 기독교 공동체의 정당한 권위에 대하여"(de justa reipublicae Christianae in Regis impios et haereticos authoritate)를 통해 볼 때, 여전히 군주제 반대론자들에 포함된다. 첫째, 이미 언급한 프란시스쿠스 호토마누스, 둘째, "마그데부르크의 세기들"(1576년에 레이던에서 프랑스어로 출판되었고, 이후 1578년에 마그데부르크에서 라틴어로 출판됨), "행정관리에게 맡겨진 권리에 관하여"

(de iure Magistratuum in subditos), 셋째, 1578년 파리에서 6권으로 된 '왕권에 관하여' (de Principatu) 총서를 출판한 마리우스 솔로모니우스(Marius Solomonius), 넷째, 1596년에 "기독교 정치"(Politices Christianae, libri VU)를 출간하였고, 도덕에 관한 저작으로도 잘 알려진 람베르투스 다나에우스(Lambertus Danaeus)[588], 다섯째, 1599년 톨리도(Toledo)에서 "왕과 왕실 제도에 관하여"(De rege et regis institutione)를 출판한 후안 마리아나(Juan Mariana)[589]가 있다. 또한 루터뿐만 아니라 칼빈, 밀턴(Milton)[590], 녹스, 포이네(Poignet), 카트라이트(Cartwright), 파레우스(Pareus)[591], 마르실리우스(Marsilius)[592] 등이 군주론자들 사이에서 언급되었다. 트로이만(Treumann)은 군주제 반대론자에 관한 그의 연구에서 이 문헌에 대한 매우 피상적 개요만을 제공했다.

이미 많은 것이 제시되었기 때문에, 군주제 반대론자를 역사적으로 볼 때 단호한 반(反)칼빈주의자로 간주하는 것은 완전히 잘못된 것이다. 군주제 반대론의 개념에 따르면, 절대 군주제 지지자들은 국민의 자유 특히 종교의 자유를 유지하기 위해 정부의 박해에 반대한 모든 저자의 책을 요약했다. 이제 우리는 이 모든 것 가운데 칼빈주의적 관점에서, 특히 정신적 원리가 여전히 주된 동기였던 두 번째 시대에 이 반대를 수행한 사람들만을 다루고 있다. 그렇다면 랑게가 가장 가까운 사상적 동지와 함께 주장한 정책은 무엇인가? 랑게가 군주제, 곧 왕정을 폐지할 생각을 하지 않았다는 사실은 군주제, 귀족제, 민주제 정부의 세 부분으로 나눈 아리스토텔레스의 정부 형태를 채택한 것에서 명확히 드러난다. 랑게가 의도적으로 민주적 통치를 선호하는 것이 주된 것은 아니다. 오히려 그는 귀족 이론에 동조하였다. 그런데 칼빈도 마찬가지였다. 칼빈이 정권의 부유층을 확고히 하는 데는 전혀 관심이 없는 것처럼, 랑게는 모든 권력을 한 사람에게 넘겨주지 않는 문제일 뿐이라고 끊임없이 지적한다. 그러나 랑게도 귀족정치에 주목했기 때문에, 상급자 다수를 국민의 동의를 통해 위임하는 것은 '다두정치'(Polyarchy)와 다르지 않으며, 이러한 다수(plures)는 그 나라에서 가장 도덕적이고 지적으로 진보하고 유능한 사람들의 소규모 집단에서 나와야 한다. 세습적 권위를 가진 귀족이나 금권귀족제가 아니라 많은 사람이 통치하며, 이러한 '다수'는 출신과 출처가 어떻든 조국의 가장 뛰어난 자손들이어야 한다.

§24. 드 모르De Moor의 교의학과 요약

이와 관련하여 칼빈주의적 전통은 1771년 아 마르크의 "개요"에 대해 출판된 드 모르 교수의 주석에서 발견할 수 있다. 주석 제4권 471쪽에는, 군주가 자신의 명예와 이익을 추구하면 자연히 폭정에 빠지게 된다라고 기록되어 있다. 정확히 랑게의 논제는 귀족정치(Aristocracy), 즉 다두정치는 부자의 이익과 지배를 지향하기 때문에 필연적으로 과두정치(Oligarchy)[593]로 진행된다는 것이다. 그리고 민주주의가 오직 서민이나 하층민의 권력과 이익만을 목표로 한다면, 무정부 상태(Anarchie)로 질이 떨어지게 된다. 따라서 드 모르는 마르크의 발자취를 따라 마르크가 명명한 '혼합 정부'(regimen mixtum)를 선호했다. 이 '혼합'은 그 당시 영국에서처럼 군주제와 귀족적 요소로 구성되어 최고 권력이 왕과 의회에 달려 있다. 그러나 그는 또한 네덜란드 대부분 지역에서와 같이 귀족과 민주주의 요소가 혼합되어 있을 수 있다고 말한다. '행정관리에게 서민의 통치자가 결합되는 곳' 즉, 국민의 권리를 옹호하는 사람들이 정부에 추가되었다. 드 모르는 더 나아가 심지어 영구적인 것과 일시적인 것, 최고와 종속된, 절대적인 것과 제한된 행정관리를 구분하기를 원한다. 그는 이것이 할 수 있는 확고한 선택이라고 생각한다. 종신형 행정관리는 쉽게 폭군으로 전락하며, 임시로 임명된 관리는 그가 '유동적'(ambulatorius)이라고 부르는 것처럼 일반적으로 일에 제대로 개입하기도 전에 사임한다. 따라서 그는 칼빈과 랑게처럼 다양한 정부 형태 사이에서 모든 국가에 대해 하나의 같은 선택을 하는 것이 옳지 않다고 생각한다.

정부의 형태는 시대와 상황에 적응해야 한다. "형태의 선택은 시대와 백성의 형편에 맞추어야 한다"(Accomodanda est forma regiminis ad temporum et populorum ratioem). 이러한 이유로 '혼합'(gemengde) 정부 형태가 일반적으로 선호될 것이다. 너무 한쪽으로 치우친 정부 형태가 당연히 수반하게 될 위험과 불이익을 가장 잘 피할 수 있는 것은 바로 이러한 '혼합'(vermenging)을 통해서이다. 드 모르는 1624년에 출판되었고, 1881년에 바빙크 박사에 의해 재발행된 레이던 교수들의 "순수신학 개요"(Synopsis purioris Theologiae)를 참조했다. 이 연구에서 폴리안드르(Polyander)[594] (Disp., L§ 13, 14 참고)는 당시 레이던 교수들의 느낌처럼 다음과 같이 가능한 한 확고하게 진술했다. "이런 형태의 정부가 유일하게 선하거나 최선이라고 주제넘거나 확고하게 주장해서는 안 된다. 주님은 먼저 모세와 여호수아를 일종의 귀족으로 그의 백성을 위한 대사로 임명하셨고, 여러 자문단을 통해 도와주게 하셨기 때문이다. 그 결과 사사들과 뛰어난 사람들이 그들을 대신하여 활동하게 했다. 그리고 마지막으로, 주님은 사울을 통해 자기 백성에게 군주제를 부여했다…왕국에서 귀족의 혼합이 국가의 활동을 통해 발생하는 것처럼 하위 행정관도 속해 있으며, 같은 회의에서 귀족과 민주주의 요소가 자신의 의결권을 가진 대리인을 통해 함께 행동하는 것으로 보인다"(4723쪽).

이제 폴리안드르는 칼빈의《기독교 강요》(1 IV, c. 20 § 8)에 호소하고 랑게도 이에 전적으로 동의한다. 알스테트와 다나에우스도 다르지 않다. 그리고 적어도 지금까지는 랑게가 군주제의 주요 적수였다고 말할 수는 없다. 폴리안드르, 마르크, 드 모르는 공화국 정부(Gemeenebestelijk bewind) 아래 살았지만, 왕의 존엄에 반대하는 말은 한마디도 하지 않았다. 그들은 독재적이고, 위헌적으로 담금질된 군주제를 거부하는데, 이것은 "혼자 그리고 절대적인 의미로 통치하는 인간 자녀는 야망에 너무 쉽게 자극을 받아 폭정에 빠지기" 때문이었다. 랑게와 그의 동료들은 그 이전의 칼빈을 그와 함께, 그리고 그의 발자취를 따라 그렇게 분명하게 증언했었다. 1513년과 1522년의 훨씬 더 많은 마키아벨리의 "군주의 연설"(Discorsi del Principe)이 국민의 자유를 사랑하는 사람들의 반대를 더 많이 불러 일으켰던 것처럼, 보댕(1530)의 주요 작품인 "공화국에 관한 여섯 권의 책"은 반대를 덜 일으켜 1576년에야 빛을 보았다. 그렇게 왕정보다 공화정이 선호되었다. 하지만 랑게는 이에 상관하지 않았다.

§25. 랑게는 군주제를 반대하지 않았다

랑게는 결정적으로 "잘 임명된 군주제는 다른 모든 좋은 정부 형태의 모든 이점을 그 자체로 통합한다"(Treitschke ed., 157)라고 솔직히 말하면서, 다음과 같이 덧붙였다. "폭정은 모든 나쁜 정부의 악과 폐해를 모아 놓은 것과 같다. 군주정치는 뛰어난 정부를 운영하는 귀족정치와 공통점이 있지만, 반대로 폭정은 가장 나쁜 사람과 가장 무가치한 사람의 조언을 받들어야 하는 과두정치와 공통점이 있다." 랑게는 다음과 같이 계속해서 군주제를 지지하는 자신의 의견을 단호히 표현한다(158쪽). "군주제는 자유 헌법에 따라 모든 영지에서 회의가 열리며 이 회의에서 가장 저명한 의원이 국가의 이익을 위한 고문으로 선출된다. 반대로 민주주의 또는 대중 정치의 폭정은 모든 집회와 영지를 폐할 수 없을 경우 온갖 기술과 예술로 그 안에 가장 나쁜 사람이 앉는 경우가 많다." 그는 다음과 같이 말함으로써 결론을 맺는다. "그러므로 국가의 이익이 결정되는 곳에서는 왕국이 결정되고, 그 반대도 마찬가지이다. 통치자의 이기심이 전면에 나오는 곳에서는 폭정이 지배한다."

랑게가 원리적으로 군주제와 싸운다고 말할 수는 없다. 그는 군주제를 원리로 채택하고 귀족정치나 민주주의와 같은 다른 형태의 정부를 높이지 않는다. 그가 칼빈보다 더 단호하게 군주제를 선호한다고 해도 지나친 말이 아니다. 랑게가 화살을 쏘는 대상은 왕권 자체가 아니라, 오직 왕권의 오용일 뿐이다.

§26. 랑게와 주권

둘째, 이것은 랑게가 하나님의 주권을 온전히 숭배하는 것과 다르지 않다. 고귀한 권위가 인간의 의지에서 비롯된 것처럼 생각하는 지롱드와 자코뱅의 그릇된 관념은 칼빈주의 쪽에서 항상 그리고 무조건 거부됐다. 랑게와 마찬가지로 헌법에 관한 다른 칼빈주의 저술가들도, 이것은 그들이 항상 구약의 이야기에 따라 '이스라엘에서 제정된' 것에 근거하여 자신들의 헌법을 세웠다는 사실을 따랐다. 칼빈주의 정치가는 단 한 명도 프랑스 혁명의 근본적 결함을 범한 적이 없다. '오직 하나님께 영광'은 불변하고 공격할 수 없는 근본 원칙으로 항상 그들에게 남아 있다. 이스라엘 왕국에 대해 랑게는 "모든 정치인이 가장 잘 정리된 국가로 생각하고, 이스라엘에서는 모든 것이 더 높은 곳에 있는 명령에 의해 진행되었다"라고 말했다

(81쪽). 그의 대적들과 함께 있더라도, 그는 권위의 근원이 하나님밖에 없다고 가정한다. 모든 피조물은 하나님께 복종하며, 하나님께서 제정하신 경우를 제외하고는 인간에 대한 인간의 진정한 권위는 결코 있을 수 없다.

그러므로 이 점에서 랑게와 칼빈 사이에는 조금도 차이가 없다. 둘 다 항상 전능하신 하나님께서 만유의 주요 주인이심을 전면에 내세우며, 자연법칙과 함께 성경이 이와 관련하여 우리에게 하나님의 뜻을 계시해 주셨고 지금도 계시를 통해 결정하신다고 말한다. 마찬가지로 구약성경과 이스라엘 군대에 대한 특별한 호소는 둘 모두에게 독특하다.

§27. 교회와 국가에 대한 랑게의 평가

종교와 관련하여 정부가 처한 관계를 판단하는 것도 다르지 않다. 정부가 그리스도의 교회를 그 자체로 남겨둘 수 있다는 생각은 칼빈만큼 랑게에게도 수용되지 않았다. 그는 정부가 교회를 지원하고 보호하도록 부름을 받았다고 믿는다. 둘째 돌판의 계명만이 아니라, 시내산 율법 첫째 돌판의 계명도 정부에 의해 시행되어야 한다. 첫째 돌판의 준수 여부에 대한 우려조차 우선된다. 랑게는 이 하나님의 위엄으로부터 왕의 권세를 도출할 뿐만 아니라, 백성의 권리와 의무도 도출한다. 하나님만이 최고 사령관이시고 창조주이시며, 그분은 군주와 그의 신하들 모두에 대해 모든 면에서 가장 절대적인 의미로 그들의 주님이요 주인이시다. 몸과 소유물과 관련하여 영혼에 대해서도 마찬가지이다. 반면에 정부는 국민의 신체와 재산에 대한 권력을 갖도록 하나님에 의해 임명되었지만 그들의 영혼에 대해서는 권력을 행사하지 않는다. 랑게는 영혼과 육체 사이의 이러한 대립에서 하나님께 복종함으로 인해 국민이 정부에 대항하여 자신을 방어해야 한다는 원리를 도출한다.

이 점에서 랑게는 아직 칼빈주의를 넘어서는 발전을 이루지 못했다. 국가와 교회의 관계에 관한 한 이러한 추가적 발전은 프랑스가 아니라 잉글랜드와 스코틀랜드에서 이루어졌는데, 무엇보다도 랑게에 의한 것이었다. 랑게가 시작한 칼빈주의의 발전은 두 가지 차별성을 가지고 있다. 첫째, 정부가 백성, 하나님과 어떤 관계를 맺는지에 관심을 두고 있다. 둘째, 만일 정부가 하나님께서 주신 규례를 거부한다면, 백성의 권력이 정부에 대항할 수 있고 또 저항해야 한다는 점이다.

§28. 정부와 국민

첫 번째 요점에 관한 그의 전제는 왕이 백성을 위해 존재하지, 백성이 왕을 위해 존재하지 않는다는 것이다. 그가 관찰한 바에 따르면 많은 국가가 왕이 없었고 지금도 없지만, 땅이나 국가가 없는 왕은 없었다(78쪽). 그는 이것을 상상조차 할 수 없다고 말한다. 문제는 이것이다. 하나님께서 왕을 세우셔서 '백성 밖에서' 권위를 부여하셨는가, 아니면 직접적이 아니라 중개자인 백성을 통해 왕권을 왕족들에게 부여하셨는가? 이스라엘의 경우 첫 번째는 사울과 다윗이 운명에 대해 말한 신성한 계시를 통해 직접 왕으로 부름 받았다고 생각할 수 있겠지만, 이스라엘에서도 사울이나 다윗의 '임명'은 백성 밖에서 이뤄지지 않았다. 주권은 하나님으로부터 그들에게 속하지만, 오직 백성의 도구적 동의가 있을 때만 가능하다.

따라서 랑게는 두 가지 결속을 구별한다. 첫째, 정부와 백성을 신의 최고 권위에 묶는 결속이다. 둘째, 군주가 임명되고 취임할 때 군주와 백성 사이에 맺어진 결속이다. 거의 모든 곳에서 그리고 항상 취임식에서는 새로 선출된 군주뿐만 아니라, 왕위를 계승할 수 있는 왕자들의 취임이 있었다. 네덜란드 헌법 제52조와 제53조에 여전히 명시되어 있듯이 이것은 관례였다. 또한 상속을 받은 군주는 백성에게 충성을 맹세해야 하고, 백성은 그들의 대표자들에 의해 군주에게 충성을 맹세했다. 그러한 취임을 통해서만 새로운 통치가 시작된다. 세습 군주제가 있는 거의 모든 국가에서 기름 부음, 선서 또는 취임식에 이르기 전에 이미 행정이 이루어진 것이 사실이다. 이것은 오직 나중의 취임식이 이미 일어난 정부의 행위를 다루는 방식으로만 이해된다. 이는 통치자에게서 더욱 부각된다. 이와 관련하여 랑게는 폴란드에서와 같이 선출된 군주는, 세습 군주와 비교해 자기 추천의 권한을 가질 수 있는데, 세습적 권리는 취임식에서의 가벼운 맹세를 통해 매우 비

현실적 형태로 타락하기 때문이라고 매우 모호하게 지적한다.

§29. 아라곤과 카스티야의 관습

그러므로 그는 아라곤[595]의 고대 관습을 강조한다(144~145쪽). 그 나라에서는 새로운 세습 왕자의 취임식에서 '엘후스티자'(el Justiza)라는 명예 칭호를 지닌 '정의'(el Justiza)의 대표자가 왕보다 높은 왕좌에 앉는 것이 관례였다. 왕세자는 왕자를 취임시킨 하나님의 주권을 대표하는 이 고귀한 분에게 충성과 경의를 맹세했다. 그런 다음 그를 구속할 법과 규정을 큰 소리로 낭독했다. 그러면 스페인의 그란디오(de Grandio van Spanje)는 그에게 이렇게 말했다. "당신과 같은 우리, 참으로 당신보다 더 큰 우리가 선서한 조건으로 당신을 왕으로 선출합니다. 당신과 우리 사이에는 당신보다 더 위대하신 한 분이 다스리십니다."

여기서 그치지 않았다. 랑게는 이 모든 것이 순전히 형식으로만 지나갈 수 있다고 말했다. 따라서 아라곤에서는 왕이 3년마다 같은 예식을 반복해야 하는 관습이 제정되었다. 랑게는, 이것이 아무 소용이 없었다면 한때 교회가 타락한 율리아누스(Julianus)[596]에 대해 내린 것과 같은 저주가 왕에게 선언되었을 것이라고 말한다. 그 저주의 결과는, 봉건 제도에서 파문당한 영주에게 그의 봉신들이 더는 복종하지 않는 것처럼, 신하들이 왕을 위해 다시는 기도를 드리지 않고 더는 충성과 복종에 대한 서약에 구속되지 않는 것이다. 랑게는 카스티야[597]에서도 거의 같았다고 말한다. 의회에 새로 등장한 군주는 처음으로 대중에 대한 자신의 의무를 공개적으로 상기시켰다. 그 후 국가의 이익을 위한 정부의 조건이 그에게 낭독되었다. 그런 다음 왕은 이러한 조건을 충실히 준수하겠다고 맹세해야 했다. 취임식의 형식은 다를 수 있지만, 대체로 그들은 왕이 규정에 따라 영광을 받으며, 하나님 앞에서 엄숙한 맹세로 이 '규정'을 수락할 것을 '맹세'해야 한다는 데 모두 동의했다.

§30. 네덜란드에서

그는 네덜란드의 작은 주들이(그가 개인적으로 방문하여 알게 된) 이러한 형태의 매우 진지한 성격의 취임을 했다고 말한다. 특히 브라반트에서는 사람들이 한 걸음 더 나아갔다. 이 지역에서는 공작의 취임식에서 이전에 그의 의원들과 맺은 모든 조약을 다시 낭독했으며, 그 다음에 정치가는 그가 이 조약에 대한 맹세를 위반할 경우 그를 대신할 다른 공작을 선출할 권리가 있다고 증언하고 그에게 선언했다. 랑게가 특별히 언급했듯이, 그는 필립 2세의 취임식에서도 같은 형태의 동의가 맹세된 것을 중요하게 여겼다. 취임식에서 군주와 그의 신하 사이에 계약, 즉 이중 의무 조약이 있었다. 백성은 군주가 요구에 따라 다스리면 복종할 것을 맹세하고, 군주는 약속에 따라 백성을 다스릴 것을 맹세한다. 그 맹세를 어기는 것은 하나님 앞에서 서로 죄를 짓는 것이다. 또한 한쪽의 맹세는 다른 쪽이 그의 맹세를 얼마나 충실하게 지켰는지에 달려 있다. 자신의 맹세를 어긴 사람은 상대방의 맹세 준수를 요구할 권리를 상실한다. 계약 위반은 그 계약에 대한 구속을 해제한다.

§31. 국민은 군주를 부른다

랑게는 군주가 국민에게 정부의 권리를 빚지고 있다고 주저 없이 선언한다. 군주가 백성을 살리는 것이 아니라, 백성이 군주를 왕위에 앉도록 부르는 것이다. 실제로 군주가 무력으로 한 나라와 그 안에 사는 국민을 굴복시킬 수 있지만, 그때에도 승자는 국민의 대표자들과 합의하는 경향이 있다. 그러므로 비록 하나님께서 왕족들을 세우시고, 그들에게 왕국을 할당하시며, 어떤 땅에서 누가 왕이 될 것인지 결정하지만, 왕족들을 그들의 직책에 직접 임명하고 왕국을 넘겨주는 것은 백성의 대표자들이며, 그들의 투표에 의해 왕의 등장이 유효하게 된다. 하나님께서 다른 나라에는 이스라엘에 대해서처럼 특별한 계시가 아니라 그들의 마음에 간섭하여 그 사람들의 눈을 고정하고 사람들을 선택하도록 정하셨고, 그들에게 권위의 자리를 차지하게 하셨다. 랑게는 이렇게 말한다. "우리는 전에 하나님께서 왕을 세우고 왕에게 왕국을 주시고 왕을 선출한다고 말했다. 그러나 우리는 시민이 왕을 세우고, 왕국을 주고, 그들의 투표로 선거를 승인한다고 말한다"(Ostendimus ante Deum Reges instituere, Regna Regibus dare, Reges eligere. Dicimus jam, populum Reges constituere, Regna üs tradere, electionem suo suffragio comprobare). 우리가 라틴어로 채택한 문구는 여기에서 모든 것이 개별 단어에 관한 것이며, 특히 '설립'(instituere)과 '형성'(constituere) 요소의 구분이 우리 언어로 충분히 명확하게 표현될 수 없기 때문이다. '제도' (Instellen)와 '설치'(aanstellen)는 서로 매우 가깝지만, 하나님 권능의 섭리와 백성에 의한 그 섭리의 집행 사이의 구별을 라틴어처럼 날카롭게 표현하지는 않는다.

다음은 모든 것의 요약이다. 하나님은 전능하심과 자유로우심으로 행하시지만, 그는 백성 안에 존재하는 제도의 '중개'와 그 안에서 자신을 표현하는 백성의 선택을 통해 행하신다. 많은 사람이 보기에 이것은 국민 주권에 해당하는 것처럼 보이지만 그렇지 않다. 적어도 1789년에 국민 주권으로 나타난 것과 그 이후로 항상 아래에 언급된 것을 생각한다면, 그렇지 않다. 오늘날의 의미에서 국민 주권이라는 표현은 인간의 의지에서 가장 깊은 기원을 도출하고, '신도 주인도 부인하는'이라는 의미로 가장 완전히 표현되는 권위를 뜻한다. 이것은 적어도 랑게가 의미하는 바가 아니다. 오히려 그가 원하는 것은 그것과 정반대이다. 그가 주장하는 바는, 모든 최초의 주권은 오직 하나님 안에 있을 뿐 어떤 사람에게도 있지 않으며, 백성 안에 없는 것처럼 군주에게도 없다는 것이다. 하나님은 주권이 원래 인간 위에 자신에게만 있지만, '인간을 통해' 행사될 수 있도록 허용하신다는 것이다. 이를 담당할 사람을 지정하는 것은, 최소한 부분적으로는 국민이 '자신의 도구로' 행하는 것이다. 이것은 세습을 통해 이뤄질 수 있는데, 과거 한 세기 동안의 사람들이 현재 살아 있는 사람들을 위해 이미 그렇게 결정했다.

그러나 토마스 아퀴나스가 이와 관련하여 이미 말한 것처럼 "공익을 목표로 삼지 않고 군주의 개인적 이익을 목표로 하는 폭정 정부는 결단코 부당하므로, 그러한 통치를 방해하는 것은 결코 반란의 성격을 띠지 않는다" (170쪽). 랑게는 "또한 왕과 국민을 같은 선에 세워 생각할 수 없다"라고 말한다. 군주와 그의 가계는 수명이 짧을 수 있지만, 백성은 강과 같다. 천 년이 지나도 바젤[598]을 지나는 것은 항상 같은 라인강이었다. 따라서 국민은 이미 수 세기의 역사를 가지고 있음에도 항상 같은 복종의 과업을 지니고 있다"(82쪽).

§32. 세 가지 요소

따라서 이 세 가지, 즉 전능하신 하나님, 정부 그리고 국민이 최고 권위라면, 랑게는 이 세 가지 요소가 서로 어떤 관계에 있는지 설명한다. 마키아벨리의 경우 가장 대담하고 무자비하며 용감한 옹호자를 찾은 절대주의자들과 함께 간다면, 거의 신에게 있는 것과 같은 주권이 군주에게 양도되고, 따라서 군주가 백성들에 대한 절대적 통제권을 소유하게 되어 백성들은 이에 대해 아무것도 하지 못하게 된다. 그러나 랑게는 원리적으로 이것을 반대하며, 이스라엘을 근거로 두 가지 언약이 맺어졌다고 말한다. 하나는 하나님께서 백성, 군주와 함께 맺은 언약이고, 다른 하나는 군주와 백성이 맺은 것이다. 첫째는 오직 하나님만이 최고의 주님이시며 여전히 그렇다는 것과 군주는 하나님으로부터만 높은 권위를 받을 수 있다는 것을 의미한다. 그러므로 군주의 최고 권위는 그 자체로 규정에, 즉 군주가 십계명의 두 번째 돌 판에 나오는 내용인 하나님의 영광과 백성의 유익을 위해 자신의 권위를 사용해야 한다는 규정에 구속된다. 결과적으로 왕권의 절대적 성격은 이미 소멸하였다. 그것은 하나님의 뜻과 율법에 매인 권위로 남아 있다. 이에 대하여 하나님은 백성에게 하나님의 거룩한 율법의 범위 내에서, 먼저 하나님께 순종하고 그다음에는 군주에게 순종할 의무를 주셨다. 이 언약을 통해 한편으로는 국민과 군주, 다른 한편으로는 국민과 하나님 사이에 유대가 확립되었다. 국민과 군주는 둘 다 하나님께 순종해야 한다.

그 후에 두 번째 언약이 논의된다. 국민과 군주가 둘 다 하나님에게 매인다는 데에서 두 번째 질문이 자동으로 생겨난다. 바로 국민과 군주가 어떻게 '상호' 관계를 설정해야 하는가이다. 랑게는 두 번째 언약 조항을 위해 '법에서' 해결책을 찾는다. 즉 시내산 법이 아니라 국가의 법, 다시 말해 시내산과 자연법이 요구하는 사항을 모두 충족해야 한다. 기본법뿐만 아니라 국가의 법도 일반적으로 그렇게 요약되고 주요 의미로 정리된다. 이렇게 이해된 '법'은 국민에게서 나오며, 이 법에 국민과 군주가 함께 복종한다. 그러므로 그는 군주가 법 위에 있다는 생각을 매우 단호하게 거부한다. 그는 법이 공식적으로 왕을 초월하며, 백성은 왕을 '통하지' 않고는 법을 제정할 수 없음을 부인하지 않는다. 하지만 역사의 제국에서 출현한 군주에 대해 말해보면, 그는 자신의 등장에서 유효한 법을 발견한다는 가정에서 시작하고 자기 권한으로 결코 바꿀 수 없기에, 취임식에서 선서를 통해 법에 자신을 결속한다.

§33. 랑게의 오류

랑게가 이렇게 하려 했다면 올바른 선에 머물렀겠지만, 그는 그러지 않았다. 그는 필요할 경우 군주를 임시 법 집행관, 곧 백성의 '종'(dienaar)으로 삼는 경향이 있었고, 이 점에서 오류를 범했다. 국민이 대리인을 통해 군주의 맹세를 하게 하고 그 맹세로 그를 헌법이나 법률에 구속할 수 있는 권한이 있음을 인정하지만, 군주제에서 이것은 오직 하나님의 뜻을 집행하기 위한 도구적 행위가 될 수 있다. 결국, 하나님께서 국민에게 주권을 부여한 것은 이차적으로 국민이 하나님에게서 받은 권위를 그대로 유지하거나 정부에 넘기기 위함이 아니다. 삶과 죽음, 자유의 박탈, 재산의 몰수 등을 처분하는 고위 권한은 하나님의 권한과 다름이 없으며, 그것을 행사하는 자는 하나님 자신 외에는 어디에서도 그 권한을 받을 수 없다. 이에 대해 국민이 하는 일은 오로지 임명과 조건을 지정하는 것뿐이며, 국민이 지명하는 자는 권위를 수락할 자격이 있다.

랑게는 폭군에 대한 그의 행동, 즉 그의 저작 제목처럼 "폭군에 대한 저항에 관하여"를 흔들리지 않는 출발점으로 설정하려고 시도한 것처럼, 이 점에서 상당히 불순했다. 랑게는 그의 날카로운 논쟁이 오로지 정부가 절대적 의미에서 왕위에 올랐던 국가에만 적용된다는 것을 염두에 두지만, 공화정을 깊게 다루지 않는다.

§34. 영역주권

랑게는 두 언약에 대한 그의 이론을 칼빈주의적 노선을 따라 전개했다. 그는 내가 '영역주권'이라고 부르도록 허용한 것 이외의 다른 방식으로 이 이론을 정당화하려고 시도하지 않았으며, 특히 독일의 주권 이론을 확고하게 옹호했다. 이 관점에 관한 혼돈은 마치 하나님께서 정부에 부여한 주권적 권위가 특정 국가의 주민들에 대한 모든 권위를 포함한 것처럼 생각하는 데에서 비롯되었다. 물론 온 힘을 다해 이에 맞서 싸워야 한다. 창조주이신 하나님 안에는 모든 사람이 복종해야 하는 모든 권위의 '절대적 완전함', 곧 '충만'(plenitudo)이 있다. 그러나 하나님께서 정부에 이 '충만'을 부여하셨고, 그것이 정부 안에서만 작용할 수 있다고 말하는 것은 너무나도 분명히 잘못된 것이다.

이것은 '아버지의' 권위에서 가장 분명하게 나타난다. 이 권위는 우리 인간 사회 전체의 광범위한 기초이다. 그리고 아버지의 권위는 먼저 인간의 법으로 아버지에게 속한 것이 아니라 하나님으로부터 직접 받은 것이다. 정부는 인간 법에서 자녀에 대한 아버지의 권위를 인정하고 확인하며 규율할 수 있지만, 이 권위가 정부의 인간 법을 통해서만 '발생한다고'(ontstaat) 결코 주장할 수 없다. 매우 혁명적인 국가에서 아버지의 권위가 국가법에서 제거되었다고 가정해 보자. 그런데도 아이는 하나님 앞에서 아버지의 권위에 확실히 종속된 채로 남아 있을 것이다. 혼인법도 마찬가지다. 그리고 그리스도의 교회와 양심에 관해서도 마찬가지다. 그것은 과학과 예술, 그리고 어떤 의미에서는 상업과 산업에도 확실히 적용된다. 인간 생활의 이 모든 독특한 영역에는 그들이 따라야 하는 타고난 법칙이 있다. 정부도 이것을 돕고, 심지어 규율할 수도 있다. 그러나 법은 여기에서 '나오지' 않으며, 생명 운동도 이 주권에서 나오지 않는다. 여기서 정부를 잊어버려도 다른 분야에서의 삶은 여전히 그 본래의 법칙을 따를 것이다.

§35. 하급 행정관

두 번째로 '하급 행정관'(magistratus inferiores)에 대한 질문이 있다. 일반적으로 제국의 형성에 앞서 더 작은 사회 구성이 이루어졌다. 일반적으로 이것은 가족과 혈통관계(geslachtsverband)의 역사적 과정이라고 할 수 있다. 원래 가족과 가정은 제국관계나 정부관계(Overheidsverband)에 대한 언급 없이 생겨났다. 첫 단계의 연결은 자연스럽게 가부장적 단위로 이어졌고, 당장은 우리가 정부라고 부르는 것과 관련이 없다. 그리고 역사에서 '지역적' 유대가 풀렸을 때 러시아의 미르와 베르베르(Berber) 또는 카빌런(Kabylen)[599]의 작은 요새에서 볼 수 있는 것과 같은 지역 협정(verbintenissen)이 생겨났다는 것을 보여준다. 이러한 지역 형태는 국가 정부에 의해 설립된 부족이나 혈통관계에 불과했다. 종종 이러한 연합이 아직 존재하지 않았기 때문이다. 그리고 네덜란드가 속한 영역에서와 같이 이미 신성로마제국과 특정 지역 또는 공국에 속한다는 이야기가 있었던 곳과 도시의 출현에서도 비슷한 현상이 발생했다. 확실히 도시들은 출현 당시에 제국이나 지역의 당국으로부터 그런 취지의 인가를 받았다. 그럼에도 불구하고 독일과 우리나라에서 도시로서 등장했던 설립체는 자체적으로 행정을 수행했으며, 입법부의 권위 아래서 내부 삶을 추구하지는 않았다. 따라서 이러한 독일 도시들의 미르와 카빌런 요새에서의 고위 인사 임명은 군주에게서 나온 것이 아니라, 항상 마을의 주민들에게서 나온 것이다.

바로 그것이 칼빈과 그의 동료들, 특히 그중에 랑게가 강조한 것이다. 칼빈과 그의 정신적 추종자들에게 제국은 모든 영역에서 고위 주권이 입법화된 행정 단위가 아니었다. 도시와 지역의 이러한 작은 사회생활의 형성은 자체적인 행정 구조를 만들어 냈고, 사람들은 자신의 행정관 아래에서 살았다. 칼빈은 '하급 행정관', 즉 전국을 다스렸던 고위 정부의 하급 행정관이었다. 일정한 자치권을 누리고 종종 무기를 통해 자신들의 자치권을 침해하려는 자들에 대항하려는 도시 행정권과 지역 행정권이 있었다. 이 모든 도시가 이전에 울타리를 쳤던 높은 성벽은 그 자치권의 유지를 의미했다.

이런 식으로 정부에 대한 두 가지 형태의 반대가 나타났다. 가족, 단체, 재산 등 공동생활의 자율성은 법규(statuut) 또는 명령(ordines)을 통해 방어되었으며, 이러한 명령에서 또는 심지어 그 밖의 독립적 지역 공동체가 그들의 법을 옹호했다. 그리고 이러한 자율권에 대한 옹호가 시, 주, 의회 혹은 국회의 권한으로 점차 거의 대부분 흡수되었다. 그렇지만 불가피하게 굳게 붙잡아야 하는 관점은 이런 모임들이 저항하는 법은 최고 권위(Oppergezag)를 통한 은혜(호의)의 방법을 통해서가 아니고, 국민의 연결 기관들에게 제공되지만 하나님의 방법으로(van Godswege) 백성에게 다가온다는 것이다. 물론 그 규정은 법에 맡겨야 하며 최고 권위자가 이에 대해 말하고 있지만, 가족 조례나 소규모 단체의 자치권이 정부에서 수여한 호의인 것처럼 이해되어서는 안 되므로 되돌려져야 한다. 이것은 '하나님의' 모든 자율권에 적용되며, 하나님께서 다양한 영역의 백성에게 부여한 것이다. 따라서 나는 '영역 주권'과 같은 말을 선호한다. 정부의 '일원론'은 필연적으로 국민의 권리와 자유를 침해한다. 이를 위해 칼빈주의는 항상 '이원성'을 존중하고 지지해 왔다. 하나님의 도구로서 제국 전체에 대해 최고 권위를 행사하는 상위 정부가 있지만, 이 제국 자체는 상위 정부에 기원을 두지 않고 자신의 생활 법칙을 따라 사는 다양한 지역과 일과 모임으로 구성되어 있다.

§36. 헌법의 선구자

이처럼 칼빈주의는 입헌군주제라는 개념의 선구자이자 준비자였다. 국민과 군주 양자의 상호관계와 상호권한을 규정하는 것은 '헌법'이며, 국민이 자신을 유지하고 자치권을 위해 입법권을 존중하는 양자 간의 균형을 유지하는 것은 국회 또는 우리나라의 경우 의회이다. 의회가 고위 정부가 국민에 의해 제공되도록 허용한 안전장치가 아니라는 생각은 칼빈주의적 논증과 배치된다. 이 표현 속에 범신론적 철학에서 원동력을 얻은 독일 '일원론'의 흔적을 찾을 수 있다. 하나님의 규례에 뿌리를 둔 칼빈주의는 일반 은총에 의한 자연법과 성경에 따른 '신성한 법'(jus divinum)에서 '이원론'을 변함없이 계속 주장해 왔으며, 이러한 정치적 근거가 서유럽과 미국에서 거의 완전히 승리했다.

§37. 평등이 아닌 이원성

랑게는 보기 드문 능력으로 하나님의 주권을 옹호했을 뿐만 아니라, 당시의 궁정파(hofkringen), 마키아벨리, 부분적으로는 보댕에 대항해 싸웠다. 그렇지만 국민 권리의 자율적 성격과 그에 따른 국가 행정부의 이원성을 옹호한다는 이유로, 마치 백성이 군주를 자기 손으로 앉힐 수 있는 것처럼 군주를 '국민 뜻의 도구'로 전락시킨 그의 생각은 말로 얼버무릴 것이 아니다. 물론 그가 국민을 원자론적 의미로 이해하지 않고, 조직의 의미로 강력하게 밀어붙임으로써 책임을 줄일 수 있었지만, 그의 사상에는 큰 오류가 있었다. 그것은 군주와 국민의 이원성을 받아들이면서 국민 권위에 속하는 주권을 군주의 주권적 권위의 위에 두었던 것이다. 이것은 결국 하나님께서 정하신 질서를 역전시킬 위험이 있다. 공화국에서도 국민이 아닌 하나님께서 정부에 적절한 권한을 부여한다. 국민 자신은 형벌과 전쟁에서 죽음과 생명을 마음대로 할 수 없고, 국민이 그것을 정부에 수여할 수도 없다. 그러한 권한은 오직 하나님만이 수여할 수 있으며, 공화국 국민은 그 권한을 행사할 사람만 지명할 뿐이다. 국민은 자신의 영역주권으로 권위의 남용을 막고, 높이 있는 권위를 그 범위 내로 제한시킨다. 나타나는 법에 압도적 영향력을 행사할 수 있지만, 정부 없이는 법의 초안도 만들지 못한다. 입법 권한은 정부가 가지는데, 형식과 실행 면에서 초안이 가능하다. 랑게는 이것을 간과한 것이다.

이원성은 두 개의 권력을 나란히 놓고 서로 관계를 맺지만 순위는 다르다. 고위 정부는 계속해서 우월한 자리를 차지하고 있다. 생사를 지배하는 모든 결정은 결코 국민에게 속하지 않으나 여전히 국민으로부터 시작할 수 있다. 계급의 차이가 있는데, 첫 계급은 군주에게서 국민으로 넘겨져서는 안 된다. 시편 82편 6절을 보면 정부가 삶과 죽음에 대한 하나님의 권위를 나타내므로 정부가 하나님이라고 말할 수 있지만, 국민이 하나님이라고는 결코 말할 수 없다. 군주의 주권은 국민을 강하게 만드는 영역주권에는 결여된 권력성향을 포함한다. 사무엘이 하나님의 방법으로 적용한 기름 부음은 백성이 결코 소유할 수 없는 성격을 군주의 주권에 부여했다.

요점은 국민이 고위 정부의 권위로부터 높은 영광을 훔치지 않고, 다른 한편으로는 군주의 권력 남용에 대항하는 보루를 세울 수 있었다는 것이다. 그 보루 뒤에서 시민의 권리는 안전할 것이다. 이것이 바로 칼빈주의가 우리를 인도한 흔적이다. 최고 권위를 가진 자들의 명예가 높지만, 권위의 모든 오용에 대항해 국민의 권리가 보호되었다. 이것이 종교개혁이 직면한 문제였다. 오직 칼빈주의의 노선에서만 이 문제에 대한 정치적 해결책이 있다. 이 점에서 트뢸치 박사가 앞서 지적한 바와 같이 칼빈주의에 돌리는 찬사는 충분히 합당한 것이다. 그리고 랑게는 언급한 부분에서 실수했음에도 이에 대해 매우 가치 있는 공헌을 한 영예를 안고 있다.

§38. 국가와 교회

랑게의 실수는, 국민과 군주의 이원성에서 그가 실제로 군주를 국민의 부하로 만들었다는 사실이다. 군주 위에 더 많은 권위를 가진 쪽으로서의 국민에 대한 인식은 국가와 교회의 비뚤어진 관계에 기인한다. 랑게도 칼빈의 발자취를 따라 이를 옹호했다. 종교개혁이 중세 로마 가톨릭으로부터 넘겨받은 명제에 기초한 관계가 먼저 칼빈주의의 마지막 또는 세 번째 기간에는 완전히 유지될 수 없는 것으로 드러났다. 정부가 우리 앞에서 시민 생활뿐만 아니라 교회와 종교 생활을 돌보는 책임을 맡은 것처럼 행동하면, 정부가 오해하고 하나님의 영광을 훼손할 가능성이 자동으로 열린다. 그리고 종교에 반대하거나 종교의 이름으로 하나님의 계시된 진리에 반대되는 것을 밀어붙이려고 한다.

이런 일이 일어나면 교회의 품에서, 또는 적어도 참 신자들의 무리에서 저항이 나타난다. 그리고 군주가 이제 무력으로 그러한 저항에 맞서려고 하면 종교적 폭정이 일어난다. 서유럽 국가에서 이 극도로 모호한 관계는 16세기 후반에 더욱 분명해졌다. 이탈리아, 스페인, 포르투갈에서 모든 개혁 운동은 곧 정부에 의해 잔인하게 진압되었다. 네덜란드에서 스페인의 권력(oppermacht)은 그들이 보기에 유죄인 종파를 저지하기 위해 격렬하게 노력했다. 영국에는 여전히 이 힘의 표현(krachtsuiting)이 남아 있었지만, 이미 준비가 이뤄지고 있었다. 그리고 종교개혁이 사방에서 이루어졌고 왕실에서도 일시적 지지를 받을 수 있었던 프랑스에서는 이 첫 번째 유리한 기회가 완전히 뒤집혔고, 정부는 곧 이 새로운 사조를 저지하기 위해 무기를 포함하여 사용 가능한 모든 힘을 동원했다. 서유럽 전체는 곧 정부의 강제를 피할 의무가 있는지, 아니면 정부의 폭정에 반대하는 것이 합법적이고 의무인지에 대한 질문에 직면했다.

§39. 칼빈의 체제

칼빈은 이미 1534년에 프랑스 왕에게 헌정하는 《기독교 강요》의 그 유명한 서문에서 이 질문에 대한 자신의 생각을 단호하게 표현했다. 군주가 하나님의 법과 명예에 어긋나는 일을 명령했다면 저항할 의무가 있다. 다만 이 의무는 몇몇 신자가 아니라, '하급 행정관'과 군대에 맡겨졌다. 그러나 정부가 하나님의 법과 명예에 어긋나는 것을 요구하면 소수의 신자라도 순종을 거부할 수밖에 없었다. 《기독교 강요》는 형벌이 뒤따른다면 그들은 순교자로서 이 형벌을 받기를 원하고, 그렇지 않고 기회가 주어진다면 고향을 떠나 다른 곳으로 도망쳐 고향에서 거부당한 자유를 누릴 수 있다고 말한다. 의심의 여지없이 구약은 에훗, 예후, 그 외 다른 사람들과 관련이 있다. 그들은 사적인 신분을 가지고 공개적으로 왕을 대적했지만, 이는 특별한 신적 부르심에 근거한 예외였다. 그러한 소명을 받지 않은 사람은 민간 시민이 아닌 하급 행정관이나 군대에게만 자격이 있는 것을 주제넘게 말해서는 안 된다.

랑게도 이 문제에 대해 칼빈과 생각이 완전히 같았다. 그에 따르면, '참된 종교를 통하여, 하나님의 영광을 위하여, 그리고 순수한 그리스도의 교회를 위하여 일어서는 것'이 정부의 첫 번째 임무이다. 군주로서 이것을 등한시하면 의무에 충실하지 못한 것이고, 역으로 군주로서 거짓 종교를 몰고 와 하나님의 영광을 거슬러 참된 교회를 거짓 교회에 굴복시키는 자는 영적 횡포의 죄를 짓는 것이다. 하급 행정관이나 군대는 즉시 그에게 저항해야 한다. 그리고 민간 시민은 거룩하지 않은 계명에 대한 순종을 거부해야 한다. 그들은 하나님께 순종해야 하고, 불충한 왕에게 순종해서는 안 된다. 신자는 사적 신분으로 모든 거룩하지 않은 계명을 거부하고 조용히 여호와를 섬기다가 집행자가 오면 순교자처럼 머리를 땅에 묻거나 스스로 피난을 떠나 생명을 구해야 한다.

랑게가 가르친 것과 칼빈이 그 이전에 설교한 것은 두 방울의 물처럼 서로 닮았다. 정부가 참된 종교와 참된 교회를 옹호해야 한다는 확신, 즉 정말 필요해서 칼을 들고 일어서야 한다는 확신이 지속되는 한, 칼빈주의 신앙고백은 항상 그렇게 선언했다. 다른 경우는 없었다. 종교와 관계된 정부에 대한 교리는 성경이 우리에게 이스라엘의 상황과 연관된 알도록 가르쳐준 것에서 하나씩 차례대로 도출되었다. 그들은 이스라엘에서 하나님의 백성이 제정한 것으로부터 모든 기독교 국가에서 조직해야 하는 신적 유형과 모범을 보고 존경했다. 이스라엘 치하에서는 시민 생활의 요구사항을 결정할 때 정부가 간섭하는 것이 문제가 없었다. 오히려 평범한 시민 생활의 요구가 이스라엘에 첫 번째와 두 번째로 나타났다. 하나님의 영광과 여호와에 대한 봉사를 수호하라는 이스라엘 왕들의 거룩한 부르심이 항상 전면에 있었다. 이점에서 부족했던 군주는 재빨리 내쳐졌다. 백성의 내부에서 그들에 대한 저항이 잇따랐고, 하나님 여호와는 이방 왕들의 힘을 통해 그러한 방백들을 거듭 벌하셨다.

이것이 중세 전체가 기본 사상으로 생각하는 기독교 국가의 일반 선이었다. 루터와 츠빙글리와 칼빈이 각자 나름의 방식을 추구했지만 종교개혁 시대에도 이러한 생각으로 살았다. 그리고 교황의 권위가 무너지고 대체 권위가 필요하다고 느꼈을 때, 칼빈과 그를 따르는 추종자들은 성경을 기초로 두었다. 구약성경은 주로 정치가 거룩한 땅 위에 구현되도록 하는 반면, 종교 개혁가들은 이스라엘의 역사 안에서부터 우리에게 말을 걸어오는 것에 터전을 마련했다. 재세례파와 같이 시민 생활에서 완전히 고립되는 일은 할 수 없었다. 처음에는 이것이 시도되었으나, 박해가 발생하여 서로 손을 맞잡았을 때, 자기 보호를 염두에 두어야 했고 자기 방어는 저항에 의해서만 확보될 수 있었다. 마침내 반란과 무기를 동원한 전쟁으로 가야했던 저항의 정당화를 위해 사람들은 당시 이스라엘에 일어났던 것에 근거를 두었다. 그것이 우리나라에서도 스페인에 대한 저항으로 나타났다. 프랑스에서도 왕들에 대항한 저항이 일어났고, 그렇게 곧 영국에서 청교도에 대항하여 일어났다. 교황권의 지지는 떨어졌다. 루터교 나라에서 일어난 일의 모방은 정부에게 너무나도 무제한적인 권한을 주었다.

§40. 저항에 관하여

그래서 사람들은 자기 생각을 영적으로 성경을 통해, 특히 정치적으로 구약을 통해 공고화했다. 이로부터 인문주의의 도움으로 스테파누스 유니우스 브루투스라고 불린 랑게의 "폭군에 대한 저항에 관하여"가 필연적으로 탄생하게 되었다. 유니우스 브루투스라는 가명의 선택은 구약성경의 권위 이외에도 또 다른 증거가 필요하다고 느꼈음을 보여주었다. 특히 로마 황제제국 이전 시기, 곧 높이 평가되었던 로마 세계로부터 뭔가를 이끌어 내려했다. 사람들은 고대 무니키피아(Municipia)의 독립적 성격에 호소했는데, 당시에는 하급 행정관이 국가의 개별 지역에서 독립적으로 행동할 수 있었다. 군대 전체가 서약을 어기는 군주에 대한 저항을 조직화하는 것이 가장 최선이었다. 제국의 통일이 위협받지 않았기 때문이다. 그러나 이것이 성공하지 못하면, 그 일은 하급 행정관이 권위를 위임받은 도시, 주 또는 지역에서 하나님의 영광과 그리스도 교회의 온전함과 다가올 양심의 요구를 위해 져야하는 의무가 되었다. 이 법적 토대에 근거하여 당시 프랑스와 우리나라에서 고위 당국자에 대한 참여 배제가 지역적으로나 지방적으로 정당화되었다고 판시되었다.

사실, 랑게가 프랑스에서 옹호한 것은 이 가운데에서 몇몇 시 단체의 해방, 위트레흐트 연합, 연방 정부의 기초에 대한 필립스의 거부에서 정당화되었던 것과 다르지 않았다. 만약 랑게가 양심의 해방, 신앙에 대한 박해의 종식, 그리고 지금은 정화된 교회의 재건을 요구하는 것처럼 보이는 것과 관련하여 자신을 제한했다면, 원래 그가 선택한 땅에 남아 있었을 것이다. 그러나 그는 그럴 수 없었다. 랑게는 교회의 평화를 되살리기 위해 혼자서 할 수 있는 예언자적 인물이 아니었다. 랑게는 완전한 의미의 정치가였으며, 처음부터 정부의 권력 남용과 왕권의 절대주의도 정부의 행정과 관련하여 중단되어야 한다고 생각했다. 따라서 그의 견해에 따르면, 폭군은 더는 신앙의 박해자로서 등장하지 않지만 마찬가지로 시민적 자유와 권리를 공격하고, 모욕하고, 무효로 하는 부정한 본성을 드러낼 수 있었다. 랑게에게는 이것이 왕으로부터의 어떠한 양보도, 최고 권위자의 호의도, 돈을 위해 사거나 궁핍한 군주로부터 강탈당한 특권이 아니었다. 국민의 자유와 권리가 그에게는 영역주권의 영역을 형성했다. 처음에는 군주에게서 배우게 되지만, 군주가 국민에게 호의로 부여한 것이 아닌 모든 독립적 권리를 지니고 있음을 설명한다.

여기에 진리의 요소가 있다. 가정의 아버지는 하나님에게서 '직접' 주어지는 권리와 의무를 가지며, 정부는 이를 인정하고 보호하지만 부여하지는 않는다. 그리고 이 지시와 그에 따른 모든 것이 신성한 신탁과 귀중한 보석을 존중해야 했으며, 이는 군주의 권위와 마찬가지로 모든 민족과 모든 사람의 창조자, 보존자, 통치자로 하나님 자신에게 있는 모든 것을 포용하는 주권에서 파생되었다. 백성이 왕관을 쓴 사람의 권리를 침해할 때 그 권리를 방어해야 했던 것처럼, 백성도 개별적으로가 아니라 전체로서, 즉 행정 관리와 국가와 왕의 권력 남용으로부터 자신의 권리와 자유를 수호함으로써 저항해야 했다. 그리고 백성이 왕실의 권리에 대한 공격으로 반란군이 된 것처럼, 똑같이 신성한 권리와 민중의 자유를 침해한 군주도 폭군이 되었다.

§41. 두 종류의 폭정

군주가 반역자와 반란자에 대해 분노한다면, 하나님으로부터 국민의 자유를 수호하는 임무를 맡은 자도 그렇게 전제군주와 독재자에게 저항해야 한다. 후자는 당시 랑게가 프랑스 국민과 네덜란드 시민을 불러냈던 "폭군에 대한 저항에 관하여"의 생각이었다. 그러나 랑게가 성급하게 전제군주라고 선언한 것은 이것으로부터 도출된 것이 아니었다. 그는 폭군을 두 종류로 구별했다. 하나는 명분 없는 전제군주(tyrannus absque titulo)이고, 다른 하나는 실행하는 전제군주(tyrannus exercitio)이다. 첫 번째는 주권의 찬탈자(usurpator) 즉, 스스로를 임명한 독재자로서 어떤 식으로든 정부에 대한 법적 권리를 주장할 수 없고, 후계자로서나 정돈된 국가로부터도 임명될 수 없다. 명분 없는 전제군주(tyrannus sine titulo)는 외부에서 나라를 침략하고, 정당한 군주를 추방하고, 무력으로 정복한 권위의 소유자로 행동하기 시작한 찬탈자일 수 있다. 당연히 그런 전제군주에게는 아무런 권리가 없다. 그는 아무에게도 존경받지 못한다. 그 앞에는 모든 것이 허락되지만 심지어 그의 삶에 대해 그 누구도 존경할 필요를 느끼지 못한다.

그런데 랑게는 여기에 단서를 붙인다. 찬탈자가 점차 어느 정도 세력을 얻어 사람들이 상당 부분 그를 통치자로 인정하기 시작할 수도 있다. 역사는 처음에 찬탈자로 행동한 자가 점차 백성의 공감을 얻었으며, 그와 그의 후손이 때로는 백성의 축복을 받기까지 하여 나라를 영구히 지배하게 되었음을 여러 번 보여준다. 여기서 과도기 상태가 발생한다. 따라서 이러한 분야에서 승리한 명분 없는 전제군주에 직면하기 전에 그와 함께 있어야 한다는 것이 하나님의 명령이 될 수 있는지를 신중하게 숙고해야 한다. 두 번째 종류의 전제군주는 주권의 찬탈자가 아니라, 본래 적법한 군주이다. 하지만, 그는 백성의 구원 대신 자신의 명예와 이익만 생각하고 백성을 착취하며, 그들의 권리를 짓밟는다. 그가 법에 따라 통치하는 한, 그를 찬탈자로 보아서는 안 된다. 그는 자신의 높은 권위를 하나님의 저주받은 방식으로 인식하는 경우를 제외하고는 결코 폭군이 될 수 없다. 첫 번째 종류의 폭군보다 더욱 신중하게 판단해야 한다. 군주들 역시 백성들과 마찬가지로 불완전하고 죄에 짓눌린 사람들이다. 따라서 우리를 지배하는 모든 군주와 정부가 절대 실패하지 않아야 하며, 의무를 다하지 않거나 국민의 권리를 침해해서는 안 된다고 요구하는 것은 그 자체로 터무니없는 일이다. 우리가 시민 생활과 가정에서 우리 환경의 온갖 죄악된 특성을 인내하며 견뎌야 하는 것처럼, 우리도 겸손하게 우리가 직면하는 정부의 많은 결점, 잘못, 법적 범죄를 감수해야 한다.

군주는 거룩한 하나님이 아니라 매우 불완전한 사람이다. 특히 세습 군주제는 왕위 수행자가 항상 일 순위의 인물이 될 것이라는 보장을 하지 않는다. 대체로 그들에게서 평범함을 볼 수 있다. 그들은 일반 시민보다 훨씬 더 많은 유혹에 노출되어 있다. 높은 곳에서 떨어질 수 있는 영예로운 위치에 있다는 사실을 잊어서는 안 된다. 군주는 자신이 신이 된 것처럼 백성을 다스린다고 상상해서는 안 된다. 그것은 스스로를 '존엄한 신'이라고 부르는 혐오스러운 죄이다. 비록 국민이 그가 그렇지 않다고 매우 강력하게 강조한다고 해도, 흠이 없는 군주를 통치자로 구해서는 안 된다. 그러므로 만약 실패가 악한 의도로 이어지고 국민의 행복을 망치려는 '음모'가 드러나면, 이 경우에만 저항을 말할 수 있다.

그런 상황에서도 극도의 주의를 기울여 진행해야 한다. 가장 먼저 법에 간청할 수 있다. 그 다음 '군대'가 군주를 훈계하고 경고하기 위해 개입할 수 있다. 국민의 존재가 위험에 처하지 않는 한 피할 수 없는 고난은 겸손한 마음으로 견뎌내야 한다. 그리고 먼저 군주가 거의 모든 의무를 소홀히 하고, 하나님의 명령을 무시하고, 국민의 국가 전체를 고칠 수 없도록 파괴하여 나라에 죄악이 대를 이어 증가하고 외부로부터의 위험이 위협하기 시작한다는 것이 명백하다면, 모든 인내는 끝이 난다. 민간 시민이 아닌 국가 권력으로 군주를 폐위하고 다른 정부를 세우며, 필요하다면 혐의가 있는 군주를 강력한 팔로 왕좌로부터 제거하는 것이 의무이자 소명이다. 우리는 영국에서 사람들이 이런 식으로 얼마나 멀리 갔는지를 안다. 비극은 그곳의 단두대로 끝을 보았다. 1789년의 사람들과 맺은 관계가 가져온 결과는 결코 용납될 수 없는 일이었다. 랑게가 옹호한 입장은 여기에 도달하지 않았다. 스페인에 대한 우리의 반란에서 실현되었고 나폴레옹에 대한 우리의 반란에서 반복된 것을 그가 실제로 항상 옹호해 왔다는 사실을 결코 잊어서는 안 된다.

§42. 랑게의 중재와 실패

랑게를 읽는 사람은 자신을 표현하는 그의 냉정하고 신중한 어조에 감탄하지 않을 수 없다. 그는 항상 모든 극단을 피하고 모든 조급함을 삼간다. 그는 원리에 관해서만 가차 없는 태도를 보이는데, 그가 "폭군에 대한 저항에 관하여"를 쓴 상황을 고려한다면 틀림없이 그러해야 했다. 프랑스에서는 이미 분열이 시작되었다. 군주들은 더 이상 어떤 것에도 위축되지 않았고, 종교 재판(Inquisitie)은 비참한 길을 계속 걸었다. 군주 살해뿐만 아니라 미국에서의 대통령 암살까지 순식간에 일어났다. 허무주의는 군주들과 백성에게 아무 짓도 하지 않은 군주의 영부인들에 대한 사악한 음모로 머물지 않고, 오히려 그들이 항상 백성을 위해 목숨을 바치기를 갈망했다. 우리의 존경받는 여왕에게도 몇 번의 시도가 있었다는 것은 알려져 있다. 지난 발칸 전쟁에서 그리스 왕이 살인마의 총에 맞아 쓰러졌으나, 이제 그 광기는 가라앉았다. 이 슬픈 경험이 우리 뒤에 있는 것처럼 랑게의 시대에 국왕 시해가 어린아이의 장난처럼 보였던 것을 잊어서는 안 된다. 아직도 우리 중모든 학교 학생이 발타자르 헤라르츠(Balthasar Gerardts)[600]라는 이름을 알고 있다.

여기서 요점은 종교적 의미와 결부된 전제군주에 대한 저항을 시민적 동기로 인한 방어와 구별하는 것이다. 랑게 자신이 다음과 같이 썼을 때 이러한 구분을 발전시켰다(181쪽 참고). "종교를 위해서만이 아니라 조국과 가족을 위해서도 제단을 위한 것과 같은 동등한 권리로 전제군주에 대항해 무장할 수 있다고 생각할 수 있음이 분명하다." 그의 결론에서는 그렇지 않지만, 군주와 백성 사이의 상호 관계에 대한 가르침에서는 확실히 랑게가 잘못을 범한 것이다. 그의 잘못은 국가 측에서 전제군주에 대항한 저항을 옹호한 것이 아니라, 오히려 하나님에게서 내려온 주권이 먼저 국민에게 있고 그다음 '국민에게서 군주에게 넘어가게' 한 데 있다. 종교의 신성한 영역에 있는 신자의 법과 시민의 법을 동일시하는 것이 악한 시기에 그를 유혹한 것이다.

§43. 부차적인 국가 생활

그의 시대에 정치 영역을 교회적 기준으로 읽으려는 시도가 점점 더 증가했다는 것을 역사적으로 설명할 수 있다. 이것은 이상한 일이 아니었다.

정부의 주요 임무가 기독교 신앙고백과 기독교 예배를 유지하는 것이라면, 정부가 '국가 안에' 있는 교회 생활로 국가를 통치하는 것이 아니라, 교회가 전면에 앞서간다. 그래서 교회 생활을 함께 조직하고, 이것을 할 수 있도록 동시에 시민의 살림살이도 조직하는 믿는 그리스도인만 존재한다. 그럼에도 불구하고, 그 살림살이란 '교회를 위한 보조역할'의 성격에 지나지 않는다. 미혼의 교수가 자신의 서재에 실제 거처를 마련하고 부하 직원들에게 살림살이를 맡기는 것처럼, 신앙생활의 계시가 교회 영역에서 가장 중요하고 시민적 살림살이는 부차적인 성격을 지닐 뿐이다. 이것은 중세에 확립되었고 로마 가톨릭적 분위기에서 칼빈에게로 넘어갔던 견해였다. 이것이 개혁주의 신학자들의 견해이기도 했다는 증거는, 그들이 교리에서 교회 정치를 다루는 장에서 정치를 다루었다는 사실을 통해 가장 분명하게 드러난다. 이것은 드 모르에게서 가장 강력하게 나타난다. 우리가 이미 언급한 바와 같이, 그는 아 마르크의 "기독교 개요"에 대한 그의 주석 여섯째 부분 33장에서 '교회의 정부에 관하여'(Regimine Ecclesiae)라는 제목으로 3개의 주제를 연속적으로 다룬다. 첫째는 교회 행정(1-27쪽), 둘째는 정부(28-35쪽), 그리고 셋째는 사회생활(36-43쪽)이다. 교회는 전체 삶 곧 성전, 시청, 가족과 사회의 상황을 지배했다.

당시에 이런 일은 이상한 것이 아니다. 중세 시대에 황제파와 함께 국가에 1순위를 할당하고 교회에 2순위만 부여하거나 교황파와 함께 두 칼의 교리에 경의를 표하는 선택이 이뤄졌다. 교황의 통치를 전면에 내세우고 정치 생활을 교회에 '봉사하는' 데 부차적인 것으로 보이게 하는 것이다. 독일과 스칸디나비아에서는 종교개혁이 정부에서 시작되었기 때문에 루터교 국가는 황제파를 선택했다. 확실히 이것은 잘못된 선택이었다. 또한 역사의 흐름은 교회가 정치권력에 의존하게 된다면, 그 상황을 버텨낼 수 없음을 증명했다. 루터교 국가에서는 교회 생활의 자유가 불가능했다. 따라서 칼빈은 교황파의 원리를 선택했다는 점에서 운 좋은 발걸음을 내디뎠다. 그러나 교황파 이론이 아니라, '원리'를 염두에 두어야 한다. 칼빈은 루터보다 로마 가톨릭의 하나의 머리를 두는 고위성직자 신분에 더욱 첨예하게 대항했다. 그러나 로마 가톨릭의 교권체제에 맞서 얼마나 치열하게 싸웠는지, 그는 사회에서 교회가 차지해야 하는 고귀한 지위를 위한 투쟁에서는 굴하지 않았다.

§44. 교회에서의 공화정

적어도 기독교 국가에서 사람들은 당시 연방제뿐만 아니라 군주제에서도 국가를 신뢰하는 그리스도인의 조직, 즉 하나님의 백성이라고 불렸던 것 같이 공화국이 있었다. 소수의 유대인이 피난처로 삼을 수도 있었지만, '국민으로서'의 백성은 세례를 받고 신앙을 고백한 백성이었다. 따라서 기독교 국가에서 백성이 있어야 하는 위치는 여호와께서 다윗과 솔로몬 그리고 나머지 왕들 아래에서 취하신 위치에서 정확하게 도출될 수 있었다. 왕권이 일어나기 전에는 모세와 여호수아가 재판관의 권한을 백성에게 행사했다. 불신자들에 대한 침묵의 관용이 허용될 수 있고, 양심의 자유는 침해받지 않을 수 있었다. 그러나 베일에 가려진 미하엘 세르베투스(Michael Servetus)[601]의 장작더미는 칼빈이 교회 마당을 가로지르는 선을 얼마나 날카롭게 그렸는지를 온 세상의 눈앞에서 명백하게 보여주었다. 첫째는 '기독교인'이자 교회 회원이었고, 그 다음에는 사회에서도 기독교 '시민'이었다.

세르베투스의 장작더미를 어둡게 하려는 사람은 누구나 칼빈의 체계를 이해하지 못한다. 둘 중 하나인데, 만약 당신이 일반은총에서 시민 생활을 추론한다면, 신앙에 대한 박해, 정부에 의한 교회 생활 유지, 교회의 고백을 어기는 범죄자를 박해하는 문제는 제기되지 않는다. 반면에 만일 당신이 특별계시로부터 국가의 헌법 제도를 유추한다면, 콘스탄티누스로부터 시작된 오류를 범하고, 행정관리들에게 칼로써 참된 신앙고백을 옹호하고 이단을 박해하고 근절할 것을 요구하게 될 것이다. 이 경우 칼빈이 세르베투스의 화형대에 대한 소송을 단념했다면 겁쟁이가 되었을 것이다.

로마 가톨릭 교회가 종교재판과 이단박해 문제에서 취한 자세도 마찬가지였다. 로마 가톨릭 측은 요구되는 원칙보다 좀 더 나갔을지 모르지만, 정부와 봉신의 역할도 인정해야 했다. 로마의 주교가 그리스도의 대리자로서 그리스도교 신앙의 진리가 어디에서 누구에게서 공격을 받는지를 하나님의 진리를 방패로 방어해야 하는 정부에게 정확히 지적함으로써, 모든 불신앙과 이단에 대해 교회의 영적 은사에서 배제하거나 훈계할 뿐만 아니라 정부의 칼로 징계하고 방어해야 한다. 루터교회에서도 이단 처형대가 얼마나 많이 사용되었는지 잘 알려져 있다.

로마 가톨릭 교회가 한 일이나 제네바나 작센에서 일어난 일을 위에서 내려다보면 안 된다. 정부가 신앙고백을 위해 검을 휘두른다는 원리를 일단 받아들인 사람이, 이단자를 사형에 처한다고 비난하는 것은 모순된다. 결과뿐만 아니라 원리 자체에도 이의를 제기해야 한다. 정부는 설립된 교회에 대해 권위를 행사할 모든 권리를 거부해야 하고, 양심은 자유로워야 하며, 교회는 자신을 자유롭게 조직할 수 있어야 하며, 정부는 그 권리를 보호해야 한다. 그러나 이것이 사실이라면 공화정의 조직은 교회 정부의 조직에서 발생할 수 없다. 이스라엘의 종교적 근거에 기반을 둔 백성의 정치 체제는 기독교 국가에서 '결코' 정부의 모델이 될 수 '없었다'. 국가 설립은 완전히 독립적인 성격이며 자체 뿌리에 기반하고 있다. 그러므로 자체 기반 위에 구축되어야 하지, 결코 교회 제도의 복제가 될 수 없으며 되어서도 안 된다. 그러나 칼빈은 이것을 보지 못했다.

§45. 제2기와 제3기

칼빈주의 제2기에 랑게, 그리고 그와 함께한 오트만과 그의 동료들은 더 자유로운 길에 도달하기 위한 첫 시도를 했다. 이것은 17세기에 영국에서 그리고 영국으로부터 미국에서 계속 발전했던 것처럼, 칼빈주의 제3기가 되어서야 해결되었다. 미합중국에서는 정부가 전적으로 불신앙적이거나 중립적 성격을 지니지 않는다. 프랑스가 교회에 반대한 것처럼 긁거나 물어뜯는 위치에 서 있지 않다. 미국 정부는 자신의 종교적 성격을 유지하는 것에 감사하며, 정부로서 매년 기도의 날을 공고한다. 그러나 이것은 특별계시에서 가져온 것처럼 진리나 교회의 고백을 유지하도록 부름을 받은 것이 아니라, 일반은총에 결부되어 이렇게 하는 것이다. 미국 정부는 자신이 하나님으로부터 자신의 권위를 받았으며 이에 대해 하나님께 책임이 있다고 고백하지만, 교회 생활에는 간섭하지 않는다. 그 결과 미국의 모든 주에서 교회가 더 풍성하게 되고, 더 높이 존경받으며, 모든 면에서 더 자유롭게 움직일 수 있다.

18세기에 우리에게도 잘 자리 잡지 못한 칼빈주의적 발전의 세 번째 시기가 나타난다. 교회운영으로부터 국가운영으로 넘어갈 때(그의 주석 VI부 470쪽 참고), 드 모르는 공화국의 개념을 "신자들과 '다른 사람들과의' 공존"이라고 규정한다. 그는 아 마르크에 덧붙여 말한다. "우리는 다른 사람들과 함께 교회의 통치로 옮겨갈 것이고, 먼저 정치인에게로 간다." 그리고 계속 말한다. "한편으로 그러한 정치적 정부의 필요성은 신자들이 바깥 사람들(corporali, 육적인 사람들)과 공존하기 위해 존재하는데, 이는 교회 공동체가 제공할 수 없는 것이다. 그래서 같은 공화국 안에는 '서로 다른 혼합체들'이 생겨난다. 다른 한편으로 정부의 필요성은 교회에 대한 정부의 일정한 권위를 알고 있었던 모든 시대의 역사에서 비롯된다."

여기서 주의할 것은 에클레시아(Eecclesia)라고 말하지 않고 에클레시암(Ecclesiam)이라고 한 것이다. 이는 정치적 권위가 '교회를' 지배했음을 의미한다. 그런 다음 출애굽기 22장 28절, 시편 82편 6절, 로마서 13장 6절 등 일련의 모든 성경적 진술들이 인용된다. 그리고 이 일련의 진술은 권위를 가진 정부를 교회 영역으로 들어가게 하는 것이 "구약성경 속의 민족국가나 이스라엘 정치제도에만 제한되어서는 안 되며, 여전히 모든 민족에도 적용된다"는 사실을 모든 의심을 파기시키는 논평을 통해 신중하게 결론내리게 한다. 이것이 16세기와 17세기에 거의 모든 우리 교의학자들에 의해 선언되었으며, 그래서 1780년이 되어서 빛을 본 드 모르의 주석서에서도 찾아볼 수 있었다.

§46. 제네바

이제 우리는 이 개념의 혼란에서 무엇이 흘러나왔는지 알게 된다. 칼빈은 교황의 교권체제, 주교 제도와 단절하고, 교회의 운영을 신자들 자신에게 넘겼다. 지역에서 사람들은 매 교회마다 당회(kerkeraad)를 선출했고, 이 당회에 모든 교회의 운영을 맡겼다. 당회는 다른 지역의 교회 당회와 연합해야 했기에, '다수회'(meerdere vergaderingen) 그리고 마지막으로 노회적(Synodaal) 형태로 출현했다. 그러나 모든 교회 조직의 출발점은 항상 신자 자신에게서 찾아야 했다. 정부는 공무원을 교회와 상의해서 택하지 않았다. 영입이나 신자들의 영향력이 있긴 했지만, 신자들의 교회에 운영을 맡기는 외부로부터의 영향력은 전혀 없었다. 이스라엘에서는 할례가 표였고, 성만찬 참여의 허락에서는 세례가 표였던 것처럼 말이다. 사회적 지위나 계층, 부나 빈곤, 공직이나 실직에 대해 묻지 않는다. 문제를 결정하고 증명하는 것은 누가 신자인가 뿐이다. 이것은 마음에 있는 비밀스러운 시금석을 따른 것이 아니다. 그저 외적 신앙고백과 그리스도인의 행실을 따른 것이었다. 이스라엘에서도 그랬었고, 기독교 국가에서도 그랬어야 했다. 제네바의 '시민'도 각종 잘못된 요소를 가지고 있었지만, 믿음과 신앙고백을 특징으로 하는 하나님의 백성이라는 점이 중요했다. 이로부터 그리스도의 교회가 도시나 나라의 정부에서 정치적 조직을 수용했기에, 정치 구성에서 국민 전체의 영향력이 전면에 드러나야 했다.

우리는 칼빈이 제네바 시 정부가 민주적 요소를 등한시한 것에 대해 어떻게 반대했는지를 지적했다. 제네바와 같은 작은 공화국에서는 처음에는 교회 회원과 공화국 회원의 식별이 가능했다. 따라서 칼빈은 자신의 《기독교 강요》에서 주저하지 않고 헌법과 정부의 결정을 계속해서 '국민의 동의'에 연결시킨다. 그러나 이 제도는 당연히 혼합 인구가 많은 공화국이나 왕국에 적용되면서 변경되어야 했다. 칼빈은 그의 《기독교 강요》에서 이 일에 거의 관여하지 않았다. 전체 교회가 교황, 주교적 교권체제와 단절하고 순수한 종교개혁을 진행할 때 가능할 뿐, 다른 방식으로는 상상할 수 없었기 때문이다. 당시 칼빈은 여전히 온 땅에 걸친 그리스도 교회의 일치를 굳게 붙잡고 있었다. 그리고 그는 막 시작된 종교개혁이 모든 나라에서 계속되어, 그의 이상으로 여겼던 교회 외에는 그 어떤 로마 교회도 없을 것이라는 희망을 굳게 믿었다. 16세기 중반에도 그리스도의 교회가 온 땅에 하나되어 영속할 수 있다는 이러한 믿음은 여전히 모든 사람을 지배했다. 교회의 일치는 중세 이전부터 진지하고 활기차게 추진되었고, 중세 내내 그토록 왕성한 노력을 통해 유지되어, 그리스도의 교회에 '다양성'이라는 개념은 더 이상 존재하지 않았다. 일치를 깨뜨리거나 전통과 부딪치는 일은 이단적이거나 분열적인 것이었고, 그것을 정죄하고 끊어버리거나 없애려고 했다. 광신주의와 일방적 신비주의에 속하는 진영이 새로운 교회 형성으로 이어지지는 않았다. 그런 것들은 대부분 개인의 주관주의로 전락했다.

교황의 권력과 주교의 교권체제에 대한 반대가 교회 제도의 일치를 '포기해야' 한다는 사실은, 종교개혁이 처음 일어났을 때 종교개혁 측의 어느 누구도 파악하지 못한 일이었다. 칼빈도 자신의 행동지침이 그렇게 평가되도록 내버려두지 않았다. 다른 한편으로 사람들 특히 칼빈이 즉시 감지한 바는, 교황권이 사라지면 새로운 연합의 확립과 유지가 매우 어려울 것이라는 사실이었다. 이 문제는 성경으로 해결되지 않았다. 구약과 신약은 매우 다른 두 가지 그림을 제시했다. 구약에서 하나님의 백성은 행동하는 것으로 나타났는데, 그들은 영적으로나 시민적으로 하나였으며 그 연합은 신적 권세와 다윗 왕가의 권세라는 두 권세의 일치에 기초를 두고 이뤄졌다. 당시 교회를 언급하기 원했던 한, 구약 교회의 일치는 성전과 왕좌에 있었던 반면, 이스라엘 총회(카할)에서는 백성의 일원으로서 할례를 받은 모든 사람이 완전한 민주적 의미에서 교회의 일치를 강화했다. 반면에 신약 성경에서 교회는 정치권력과 '무관할' 뿐만 아니라, 종종 정치에 의해 억압과 박해를 받기까지 하여 완전히 독립적으로 서 있었다.

또한 초대교회에서도 일치가 거의 보이지 않았다. 사도직과 관련하여 일치에 대한 어떠한 충동이 있었지만, 갈라디아에서 베드로와 바울 사이에 일어난 사건에 따르면 그 일치는 여전히 그 엄밀한 권리를 구현하는 것과는 거리가 멀다. 칼빈 시대부터 그들은 사도행전 15장에 기록된 이른바 예루살렘 공의회를 지적했다. 그러나 예루살렘 공의회는 총회적 성격을 가장 적게 지니고 있다고 말할 수 있다. 교회 총회는 많은 교회의 대표단에 의해 구성되는 경우에 대의원적 성격을 가지는데, 예루살렘 공의회에는 그것이 전혀 없었다.

§47. 예루살렘 공의회

사도들의 지도로 공의회에 모인 것은 예루살렘 교회가 유일하다. 그러나 6절은 사도들과 예루살렘 장로들이 함께 모였다고 말하고, 22절에서는 숙고한 결과 마침내 사도들과 장로들과 온 예루살렘 교회가 좋게 생각했다는 것을 읽을 수 있다. 유다와 실라에게 편지를 맡겨 안디옥 교회에 보내고, 같은 문제에 직면한 시리아와 길리기아의 다른 교회에도 이 편지를 보내기 위해 바울과 바나바는 예루살렘에서 사도의 조언을 구했다. 그리스도인으로 개종한 이방인이 먼저 할례를 받아야만 나중에 교회로 통합될 수 있는가라는 어려운 문제는 안디옥만이 아니라 다른 곳에서도 발생했다. 그러므로 그 당시 이미 설립된 모든 교회의 대표자들이 예루살렘에 모였어야 했으며, 그들이 결정하면 개종한 이방인도 총회에 참석할 수 있었을 것이라는 데는 의문의 여지가 없다. 이 대표들이 주도적인 모임을 선택했다는 것도 확실하다. 그 어려운 문제가 이 대표들의 투표로 결정되었을 것이고, 대표들은 이 결정을 그들과 함께하여 그들의 교회에서 알리고 시행했을 것이다. 예루살렘 공의회는 둘이 아닌 단 하나의 교회만 대표했다. 안디옥도 아니었다.

바울과 바나바는 안디옥 교회에 의해 파견되었지만, 대표가 아니라 단지 질문의 전달자였다. 2절에는 바울과 바나바와 그 밖의 어떤 사람들이 '이 문제를' 놓고, 예루살렘에 있는 사도들과 장로들에게 올라가야 한다는 결정이 내려졌다고 분명히 명시되어 있다. 대표의 모습조차 보이지 않는다. 바울과 바나바는 투표 회원으로 참석하지 않고, 단지 그들의 질문을 전달하고 질문이 어떻게 발생했는지를 설명한다. 조언은 바울이 아니라 베드로와 야고보만이 주었다. 결정이 내려지고 질문에 대한 답이 정해지면, 여러 교회 대표들의 투표가 아니라 사도들의 권위에 따라 사도들이 예루살렘 교회의 머리로 지명한 다음, 한 교회의 장로들과 형제들과 협력하면 문제가 해결된다. 따라서 내려진 결정에는 사도들과 예루살렘 교회만 언급된다. 그들은 스스로가 성령의 기관임을 알고, "우리와 '성령이' 보기에 좋았다"라고 기록할 수 있는 예루살렘 교회의 사도들이요 이제 진정으로 그들의 권위를 다른 교회에도 결정적 권위로 여기는 사람들이다. 그들은 '요구하지' 않고 "그들이 보기에 좋았다"라고 선언한다.

§48. 교회의 일치적 특성

명확하게 정의된 이러한 사실들을 보면, 예루살렘의 이 모임에서 총회적 기관을 위한 필수적인 기초가 세워졌다고 간주한, 제네바로부터 세상에 퍼진 생각이 얼마나 빈약한 것인지를 알 수 있다. 칼빈 이래로 총회로 여겨져 온 이 모임에서는 단 하나의 기본적 특징도 식별될 수 없었다. 여기서 지적해야 할 것은 총회 제도의 중요성을 약화시키는 것이 아니라, 그것이 안디옥의 질문에 대한 답이 가리키는 것과는 '다른 토대'에 놓여 있음을 보여주기 위함이다. 그리스도 자신이나 사도적이나 신약의 역사가 교회 전체를 하나의 제도로 모으는 것에 대해 어떠한 예리한 지시를 내린다고 말할 수 없는 한, 당연히 교황의 교권체제와의 단절이 이뤄지고, 이것은 큰 당혹감을 불러일으켰다. 교권체제는 필연적으로 이전에 어떤 일치를 가져오는 데 성공했고, 이 일치는 시대의 제약을 견뎌냈다. 그들이 이제 로마 가톨릭과 결별할 경우, 교권체제가 사라지고 모든 교회를 하나로 묶을 수 있는 또 다른 유대가 그 자리를 어떻게 대신할 수 있는지에 대한 정말 어려운 질문을 피할 수 없었다.

신약성경이 이 문제에 대해 준비된 해결책을 제시하지 않고, 영적 요인들의 자연적 작용에 더 많이 맡겨졌기 때문에, 칼빈은 자연스럽게 구약성경에 더 호소하기 시작했다. 그런데도 그는 그곳에서 성도의 일치를 발견했는데, 이것은 성례(sacramenteel)에서, 그리고 부분적으로는 정치적 군주제(politiek-monarchaal)로 확립되었다. 그리고 이것에서 칼빈과 그의 추종자들이 구약성경에 너무 일방적으로 의존하는 경향이 있었음을 설명할 수 있다.

구약성경에서 영적 지도자들과 선조들이 등장하지만, 이 영적 지도자들과 관련하여 정치 행정관들이 항상 같은 형태를 띠는 것은 아니었다. 처음에는 족장, 다음에는 모세와 하나님의 부름을 받은 여호수아가 여전히 사사들과 사무엘 아래 있지만, 마침내 다윗이 왕이 되고, 다윗의 자손에서 나올 임마누엘을 가리켜 말하며, 내세에 그의 영적 나라가 구원을 보장함을 가리킨다. 예수님은 대제사장의 기도에서 교회의 일치를 위해 간절히 기도하셨지만,[602] 그 일치가 실생활에서 어떻게 유지되고 표현될 수 있는지에 관해 신약성경은 확정짓지 않은 채로 남겨둔다. 따라서 적어도 다윗과 솔로몬 시대에는 하나님의 백성이 단일체로 존재한다는 매력이 있다.

그리고 이제 이러한 방식으로 본다면, 로마 가톨릭의 대리자가 그들에게서 멀어졌을 때 개혁파가 팔레스타인, 특히 다윗과 솔로몬 통치 아래 있던 하나님 백성의 지위를 지시해야 하는 모본을 어떻게 보았는지 이해가된다. 칼빈주의자가 구약성경을 여기까지 파고들게 된 것은 복음적 감각이 부족해서가 아니었다. 그들을 움직이고 몰아간 것은 교권체제를 버림으로써 그들에게 주어진 교회의 파괴였다. 갑자기 교권제도 없이도 어떻게 교회의 일치를 유지할 수 있는가라는 문제가 생겨났다. 새 언약은 그 연합을 위한 건축 자재를 훨씬 적게 제공했다. 따라서 그리스도의 교회는 이스라엘의 관점에서 본보기를 찾아야 했다. 이 모본을 고려해야만 정부가 참된 교회를 분열과 이단과 사이비로부터 보호하기 위해 칼을 들고 임무를 맡을 수 있기에 더욱 그렇다.

§49. 칼빈과 교회의 일치

칼빈이 정부에게 교회의 유익을 위한 소명이 있다는 것을 설명하고, 교회의 인식을 촉구하며 시작했다는 것은 그리 놀라운 일이 아니다. 교회가 온 땅 위에서 하나가 되어야 하고, 이 요구가 권고될 뿐만 아니라 어떤 반대에도 불구하고 힘을 다해 견지하기 위해서는, 정부의 역할이 간과될 수 없었다. '교황파와 황제파' 그리고 '교황과 황제' 사이의 오래된 논쟁이 자연스럽게 다시 전면에 등장했다. 로마 가톨릭교회는 정부가 영적 문제에서 교회의 결정을 수행해야 한다고 요구했다. 그리스도의 대리자는 최고의 권위를 유지했다. 비록 정부의 민사 문제에 관한 독립성을 어느 정도 부인할 수는 없다. 교회는 국가 자체가 아니어야 하며 국가 안에 있어야 한다. 그러나 그리스도의 교회는 하나의 세계교회 안에 시민 혹은 민간 정부의 집단을 두었는데, 그것들은 교회를 다스릴 수 없었지만 교황의 지배권 아래 그 교회를 섬겨야 했다.

교회의 종교개혁이 루터교의 영향을 받아 이루어진 한, 모든 나라에서 모든 사람이 군주가 고백한 신앙을 따라야 한다는 치명적인 구호인 '그 나라에 그 종교!'(cuius regio, eius religio)로 가장 강하게 표현된 황제교황주의 쪽으로 기울지 않을 수 없었다. 왕위 계승에서 신앙고백의 변화가 있다면, 신하들도 똑같이 종교를 바꾸어야 했다. 프로이센과 뷔르템베르크의 왕이 여전히 교회에서 주교의 명예로운 자리를 차지하고 있는 것처럼, 정부가 주교 좌의 소유자가 될 것이다. 러시아의 황제만큼은 아니지만 비슷한 수준이다. 루터교 국가에서 이러한 지위는 교황과 황제 사이의 오랜 싸움의 결과였으며, 군주 자신이 독일에서 종교개혁을 반대하지 않고 자극하고 촉진하고 수용했다는 사실의 결과였다. 독일에서 발생한 이 불행은 오늘날까지 계속되고 있다.

칼빈은 제네바에서 이를 가까스로 막아냈고, 그의 사상적 동지들은 황제파의 악을 물리칠 수 있었다. 칼빈과 그의 추종자들은 영적 요소의 우위성을 선택했고, 교황파는 그들이 원하는 대로 신성로마 제국의 노선이 아니라 교권체제의 노선을 따라 움직였다. 따라서 잉글랜드의 감독교회를 제외하고 모든 국가의 칼빈주의는 신앙 문제에서 정부의 우위성에 항상 저항했다. 칼빈의 제네바 제3기에 교회가 시민 정부로부터 최종적으로 분리될 때까지, 항상 교회의 일이 주요 사안이었으며, 정부나 시민 행정부는 부차적 사안으로 간주되었다. 정부는 교회를 더 높은 지위로 실질적으로 지원하고, 대적으로부터 교회를 보호하며, 분파와 이단과 불신앙에서 보호할 의무가 있다고 간주되었다. 오직 한 가지 문제, 즉 백성으로서의 국민이 완전히 기독교화될 것인지, 아니면 교회가 시민 황무지에서 오아시스를 형성할 것인지의 문제만 남았다. 후자의 경우에 정부 자체가 교회의 수호자가 되기를 그만두고, 오히려 교회에 반대하며, 적어도 당시에는 박해로 위협했

다. 그러므로 칼빈도 때때로 국가 교회와의 단절을 갈망했지만, 원리적으로
는 그렇지 않았다.

칼빈주의는 두 번째 시기, 특히 랑게 치하에서만 이 목적에 도달했다. 종
교개혁은 그 활동에서 국가 교회에 지나지 않음을 발견했다. 적어도 유럽
에서는 '국가 교회'이며, 그것은 각 국가에 고유한 교회가 있다는 의미에서
가 아니라 '전체 민족'이 유럽의 모든 국가에서 하나의 보편적 기독교 교회
에 속하는 것으로 간주된다. 각 나라의 특별한 종류의 교회라는 의미에서
'국가 교회'는 루터교의 '누구의 지역'(cuius regio) 사상을 정교화한 것으로, 이
는 마치 '국가 교회'(Landskerk)의 회원만이 고유한 국가 민족을 구성하는 것처
럼 다른 사람들은 고유 민족에게 추가되는 종파인 것처럼 여겼다. 칼빈은
그런 교회를 원하지 않았다. 그는 그리스도의 교회에는 하나의 진리에 따
른 오직 하나의 순수한 신앙고백만 용납되어야 한다고 보았다. 그는 기독
교가 세계 종교가 되어야 한다고 생각했다. 모든 나라와 모든 민족에서 하
나의 참 종교가 다스려야 하는데, 적어도 유럽에서는(결국 완전히 기독교화되었다고 간주
할 수 있었던) 하나의 참되고 순수한 종교가 지배하게 될 것을 그는 분명히 알고
있었다.

§50. 프랑스에서의 분열

정부도 하나의 참된 종교에 종속되어야 했다. 종교가 정부에 종속되는
것이 아니었다. 물론 세례가 확장되는 만큼, 교회의 권력도 확장된다. 유대
인과 소수의 인도인이나 중국인을 제외하고는, 그 당시 누구나 세례를 받
았기 때문에 공식적으로 교회 제도가 사실상 온 나라를 포괄하게 되었다.
국민이 정부의 산물이 아니라 정부가 국민의 산물이기에, 정부도 그리스도
께 경배하지 않을 수 없었다. 정부도 교회의 회원이 되기 위해, 그러나 또한
권세를 가진 자로서 가용한 수단을 사용하여 그리스도 교회의 사업과 과업
을 발전시켜야 하는 자신의 의무와 소명을 느껴야 했다. 그래야만 국가에
교회가 있는 것이 아니라, 다양한 시민 국가가 있는 교회라는 기본 개념이
자체적으로 나올 수 있었다.

바로 이것 때문에 칼빈의 종교개혁 원리는 매우 심각한 위험에 처하게 되었다. 그 원리는 예정론에 있었다. 예정은 성경에 기초하여 아니, 그리스도의 확고한 말씀에 기초하여 고백되어야만 했다. 그것은 성질상 거창하지 않고 "청함을 받은 자는 많으나 택함을 입은 자는 적다"[603]라는 규칙에 따라 지배된다. 만일 우리가 교회를 '참된 신자들의 모임'으로 간주하고, 온 나라가 아니라 인구 일부만이 예정된 일부라고 고백한다면, 곧 해결할 수 없는 모순에 직면하게 된다. 정부의 보살핌과 지원을 보장받기 위해서는 교회의 신앙고백적 성격이 유지되어야 한다. 그리고 정부는 이러한 교단적 성격을 바탕으로 참된 교회를 보호하고, 분파와 우상숭배와 불신앙의 모든 확산을 막아야 한다. 그런 다음 우리는 그의 세례에 기초하여 전체 백성을 그리스도인으로 간주하는 것으로 시작해야 한다.

따라서 예외를 제외하고는, 대부분 사람이 그 나라 교회에서 지위를 확보하도록 해야 한다. 양심의 자유는 허용했지만, 자신의 일탈 고백과 다른 방식의 예배를 위한 탄원은 허용되지 않았다. 참된 교회 옆이나 반대에 있는 허세적인 교회의 입장은 이론적으로 인정될 수 없었다. 작은 제네바에서는 이 시스템을 상상할 수 있었다. 그러나 사람들이 이 작은 공화국으로부터 적어도 공식적으로는 여전히 로마 가톨릭 교회의 교권적 형태로 완전히 제한된 위대한 군주제 국가인 프랑스로 이동하자마자 칼빈의 체제는 필연적으로 정치적 분열을 가져올 수 밖에 없었다.

결국, 이 체제는 고위 정부가 신앙을 공격할 경우에, 필요하다면 낮은 정부와 기관들이 압제당하는 신자들을 위해 강력한 무기를 들고 일어서야 한다는 것을 의미했다. 랑게가 매우 분명하게 보았듯이, 이는 통일된 대제국의 파괴로 이어질 수 있다. 그런데도 이 구조 하에서 지방 당국과 지역 정부는 프랑스의 종교전쟁에서 실제로 일어난 것처럼 중앙 정부와 충돌할 수 있다. 칼빈주의가 기조를 잡은 프랑스 일부는 스스로 일어나 군대를 모집하여 진을 쳤다. 어떤 지역들은 그들 스스로 통치하고 있었고, 자기 군대로 대군주국에 대항하여 동맹을 맺었다. 교회 정부와 시민 정부가 다시는 전국적으로 공존할 수 없었지만, 이제 독립된 교회들은 한 나라에서 한 정부 아래 함께 살 수 있게 하고자 교회와 국가를 분리하는 대신 국가의 한 부분을 다른 부분과 분리했다.

§51. 잉글랜드와 미국의 해결책

사람들은 교회의 영역과 국가의 영역 간에 분열이 있음을 느꼈고 이 분열을 표현해야 한다고 보았지만, 양자를 분리하기보다는 떼려야 뗄 수 없는 하나로 남겨두었다. 그러나 지금은 국가의 단일성이 떨어져 나갔고, 하나의 국민을 두 집단이나 부분으로 나누어 각자에게 교회를 주었다. 즉, 하나는 로마 가톨릭이고 다른 하나는 개혁주의 교회이다. 나아가 양자에게 각자 고유한 정치적 독립도 부여했다. 로마 가톨릭으로 남아 있던 프랑스 일부는 이제 왕의 직속이 되었다. 개혁된 나머지는 칼빈주의 지도자들과 장군들의 시민적, 군사적 지도를 받게 되었다. 이 새로운 조건은 필연적으로 칼빈의 기본 원리에서 나온 것이지만, 그것은 칼빈이 죽은 후에야 발생했다. 이 새로운 조건을 체계적으로 설명할 필요성을 느낀 사람은 랑게였고, 이것이 당시 그가 "폭군에 대한 저항에 관하여"에서 기술한 바였다. 그러나 아직 자립과 독립을 주장하여 교회와 국가의 분리는 진행되지 않고 있다.

따라서 두 가지 모순이 남아 있다. 첫째 모순은 세례를 받은 믿지 않는 대중을 습관적으로 계속해서 자신의 기관에 받아들인 교회 자체이다. 둘째 모순은 정치적 정부가 오직 하나의 교회만 인정하고, 그 외의 교회는 단지 관용했다는 것이다. 이 모순의 해결책은 제네바나 프랑스가 아니라 부분적으로는 영국에서, 부분적으로는 미국에서 이루어졌다. 국민 생활의 교회적 측면과 정치적 측면이 서로 분리되었을 때 국가와 교회가 모두 자신의 발로 서게 되었기 때문이다. 이 결과는 칼빈이나 랑게가 예상하지 못한 것이지만, 칼빈이 이미 확고하게 고백한 내용에서 비롯된 것이다. 즉, 두 종류의 존재가 있는데, 하나는 일반은총의 차분한 광채 아래 있고, 다른 하나는 특별계시의 훨씬 더 풍부한 빛 아래 있다. 따라서 종교가 없는 국가와 그 국가에 있는 교회가 합법적인 단체가 아니라, 하나님의 이름으로 일반은총의 보살핌을 받아 그 나라와 그 국가에서 다양한 형태의 교회 생활을 통솔하는 정부인데, 이는 국가와 사회에서 모두 '자기 권리로'(iure suo) 등장했다.

§52. 잉글랜드에서 있었던 일의 경과

헤르만 바인가르텐 박사는 그의 "잉글랜드의 혁명 교회, 잉글랜드 교회와 종교개혁의 내적 역사에의 기여"(Die Revolutions Kirchen Englands, ein Beitrag zur innern Geschichte der Englischen Kirch und der Reformation, Leipzig, 1868)에서 칼빈주의의 세 번째 시기의 발전에 대해 매우 정확하게, 교회 운동과 정치 운동 사이의 적절한 구별을 제시했다. 여기에서 역사적 과정을 자세히 설명하려고 시도한다면 너무 지나칠 것이다. 따라서 중요한 순간만 설명하고자 한다.

1532년, 잉글랜드가 헨리 8세 치하에서 교황의 교권체제와 결별했을 때, 이 강력한 행동은 독일의 황제파가 간직한 최고의 이상을 실현했다. 교회와 국가 사이의 일치는 줄어들지 않았지만, 이제 국가가 더 높은 곳에서 교회를 지배하게 될 것이고, 더는 교회의 높은 지위가 국가를 지배하지 않게될 것이며, 각 나라에서 교회는 고유한 국가적 성격을 갖게 될 것이다. 이것은 그 당시 잉글랜드에서 어떤 영적 개혁도 일어나지 않았다는 말은 아니지만, 이 개혁이 아직 본격적으로 시작되지는 않았다. 헨리 8세가 이룩한 것은 교황의 정치적 권력에서의 해방이었고, 이를 달성하기 위해 잉글랜드 교회를 국유화하였다. 지금도 사용되고 있는 '잉글랜드 교회'(Church of England)라는 이름은 이러한 잉글랜드 국교회의 민족성을 가장 뚜렷하게 표현하고 있다. 독일, 프랑스, 기타 지역에서는 일반 기독교 교회가 남아 있었는데, 그 교회는 누구든지 세례를 통해 자동적으로 속할 수 있었다. 독일에서는 황제교황적 교회가 있게 되었지만 독일 교회는 국유화되지 않았다. 그러나 이것은 잉글랜드에서 일어난 일이었다. 잉글랜드만(스코틀랜드나 아일랜드도 아닌) 국가적 고립으로 물러났다. 헨리 8세는 자기 교회를 가졌고, 민족 교회를 민족 국가와 동일시한 왕이었다. 여기에는 영적 동기가 부족했다. 그가 성취한 것은 정치적 위업이었다. 이로 인해 고위층과 귀족이 최초로 주교와 함께 이 새로운 권력의 소유자가 되었고, 비텐베르크와 제네바의 영적 개혁을 채택하기보다 오히려 그 반대 입장을 취했다.

에드워드 6세(Eduard VI)[604] 치하에서 영적 요소가 실제로 전면에 모습을 나타내었다. 그러나 이 문제에 대해 이반 라스키가 그의 조언자였음에도 에드워드 왕의 이러한 개인적 입장은 잉글랜드 상류층에 충분히 강력하게 전달되지 않았다. 오히려 영적 삶의 갱신은 낮은 계층의 사람들에게 자리 잡았다. 1553년, 에드워드 6세의 뒤를 이은 메리 여왕(Koningin Maria)[605]은 옛 교회 형태와 예배로 다시 물러났다. 실제로 엘리자베스 여왕(Elizabeth I, 1558-1603)[606]이 성공회(Anglicaansche Kerk)를 영적으로 더 순수한 형태로 유지하게 했지만, 1649년까지 제임스 1세(Jacobus I)[607]와 찰스 1세(Karel I)[608]의 영향은 이것을 다시 반대 방향으로 향하게 했다. 1649년부터 일시적으로 이에 대한 반동이 일어났다. 이것은 영적이기보다 정치적 동기로 사람들의 가슴에서 솟아올랐다. 그런 다음 공화국이 시작되었다. 1653년에는 크롬웰이, 그리고 1660년부터 1688년까지는 찰스 2세(Karel II)[609]와 제임스 2세(Jacobus II)[610]가 또다시 현 상태를 되돌리기 위해 노력했고, 마침내 오란녀 왕가의 빌럼 3세(Willem III van Oranje)[611]가 최종 결정을 내렸다. 그 결과 성공회와 반대파 사이에 타협이 이루어져 국가 교회와 함께 자유 교회의 권리가 인정되었고, 적어도 원리적으로는 교회 문제의 정치적 측면은 느슨해졌다. 이에 동의하지 않는 사람들은 미국으로 향했고, 영적인 것과 정치적인 요소의 일치를 회복하려 애썼다. 그렇지만 미국에서는 양자가 완전히 분리되었고 칼빈주의는 이중적 열매를 거두었다. 말하자면 국가 기구는 일반은총에 근거해 교회로부터 자유로웠고, 그렇게 자유로운 국가에서 교회 생활도 모든 측면에서 자유롭게 발전했다. 그 발전은 모든 다양성을 허용했다. 완전한 자급자족이 이뤄졌고, 높고 낮음을 존중하는 가치 부여가 실현되었으며, 사적이고 공적인 영역에서 기뻐할 수 있었다.

§53. 신비주의와 영성주의

이 행복한 결과를 가져온 투쟁의 절정은 1609년 제임스 1세의 의회 취임연설에 가장 분명하게 표현되어 있다. 폰 트라이츠커(Von Treitschke)의 "역사와 정치 논집"(*Historische und politische Aufsätze, Leipzig, 1865, 86쪽 이하*)에 실린 취임 연설에는 다음과 같은 의기양양한 문구가 있었다. "하나님께는 창조와 파괴, 삶과 죽음을 처리하는 능력이 있다. 그분에게 우리의 몸과 영혼이 속해 있다. 이런 힘을 이제 왕들이 소유하고 있다. 그들은 또한 신민의 행동을 지시하고, 그들을 죽일 수도 있으며, 삶과 죽음을 결정하고, 모든 문제를 지시하며, 하나님 외에는 누구에게도 책임을 지지 않으며, 신하를 체스판의 말처럼 다룰 수 있고 백성의 가격을 동전처럼 올리고 내릴 수 있다." 이러한 역설에 직면하여 랑게는 이미 1573년에 "왕이 법의 지배를 받는다면 우리는 왕의 지배를 받을 것이다"라는 역설을 내뱉었다. 이것은 잉글랜드에 그치지 않았다. 여기에는 '개인주의'가 정치적, 교회적 갈등, 부분적으로는 신비주의, 부분적으로는 정치적 자유에 대한 갈증과 뒤섞여 있다. 또한, 독일과 우리나라에서는 종교개혁이 일어나기 전에도 신비주의적 요소가 감지되었는데, 아주 온건한 형태이긴 하지만 토마스 아 켐피스(Thomas à Kempis)[612]의 공동생활형제단(de broederen des gemeenen levens)과 재세례파들에서였다. 그러나 우리 이웃과 마찬가지로 개인주의적 요소는 아직 그렇게 강력하게 작동하지 않았다.

반면에 잉글랜드에서는 개인에게 강력하게 초점을 맞춘 영적 운동이 일어나서 각 사람이 정치적으로나 종교적으로 자신을 증언하게 되었고, 개인 생활에서 그의 환경 전체에 대해 신비주의적 행동이 이어졌다. 이 신비적 자기부정은 모든 질서를 깨뜨리는 영적 흐름의 외적 추진을 초래했다. 멀리서 로마의 교회 전통이 사람들의 마음을 지배하는 동안 국가의 절대 권력은 이것에서 균형을 찾았고, 이는 사람들의 자유에 도움이 되었다. 그러나 이제 이러한 균형이 무너지고 군주가 절대주의를 표방했기 때문에 영성주의가 점점 더 마음속에 자리 잡았다. 신비주의적 영감이 모든 분야에서 개별적으로 표현되었다. 이것은 잉글랜드 헌법에서 절대주의를 깨뜨리는 영적힘으로 나타나 교회 생활의 자유를 구했다. 이 운동은 처음에 청교도주의(puritanistisch)로 나타났고, 곧이어 장로교(Presbyterianisme)와 독립주의(Independentisme)로 분열되었다. 장로교는 이 신비한 동인들의 영향을 약간만 받았을 뿐이다. 그것은 주로 프랑스와 제네바에서 잉글랜드로 침투했는데, 두 번째 시기의 칼빈주의가 잉글랜드에서 입지를 다지는 의미 이상은 아니었다.

장로교는 녹스 치하의 스코틀랜드와 부분적으로 아일랜드의 한 카운티에서 성공했으나, 잉글랜드인의 마음에는 들지 않았다. 의심의 여지없이 장로교 대 독립주의는 건전한 교회 질서를 대표했지만, 잉글랜드에서는 누구라도 성공회(Episcopaat)라는 견고한 교회 질서에 훨씬 더 매력을 느꼈다. 스코틀랜드 장로교는 확실했지만, 잉글랜드에서는 아주 일시적 부흥만 있었다. 공식 인구 조사에 따르면 19세기 중반에는 장로교에 79개의 교회 건물이 있었는데, 1801년에는 이 숫자가 27개로 줄었다. 런던에서는 장로교회의 수는 2개 이하로, 좌석은 1,000개 이하로 떨어졌는데, 1851년 3월 30일 인구 조사에 따르면 런던 교회 출석 인원은 800명을 넘지 않았다. 아주 짧은 기간 동안은 장로교가 잉글랜드에 제대로 뿌리를 내린 것처럼 보였지만, 결코 잉글랜드의 민족적 성격을 얻을 수는 없었다. 런던 장로교 신자의 일부는 여전히 스코틀랜드와 미국 출신 인구의 적지 않은 부분을 차지하고 있다. 건전한 교회 질서를 고수하는 사람은 영국의 성공회 신자이지만, 영적 요소에 우위를 제공하는 사람은 회중주의자이거나 다른 비국교회주의자[613] 또는 독립주의자 진영 중 하나에 속한다. 아주 짧은 순간 동안 장로교인은 이 땅의 지배자처럼 보였지만, 이미 크롬웰 시대에 대부분의 영향력을 잃었다. 이 운동이 스코틀랜드보다 잉글랜드에서 더 자유로운 형성을 이끌었다면, 덜 유감스러웠을 것이다. 그렇지만 마침내 개인주의가 교회의 형성을 통해 매우 혁신적으로 작용하여 모든 신자 모임이 완전히 서게 되었을 때, 그것은 매우 심각한 불편을 수반했다. 모든 교회 가입은 영적이지 않은 가증한 것으로 금지되었다. 영국적 성격의 엄밀한 개인적 본성과 관련된 신비주의가 이에 대한 비난을 받았다.

§54. 크롬웰

17세기에 신비주의적 개인주의가 마음의 긴장을 만들어서 예언주의가 되살아나는 것처럼 보였다. 열정은 모든 차분한 형태를 옆으로 밀어버리고 인간이 성인이라는 자각을 일으키며, 불처럼 피어올랐다. 마침내 잉글랜드

의회가 하나님의 영광을 추구했던 열정적이고 흥분한 광신도들의 모임에 빠지게 되었는데, 국가적 삶의 실제와는 모든 연관성(aansluiting)을 잃어버렸다. 그들 사이에서 이른바 '거룩한 사람들'은 무리를 지어 뒤로 밀렸다. 첫째 집단은 원래 재세례파이다. 둘째 집단은 스스로를 구도자들(the Seekers)[614]이라 부른 자들이다. 셋째는 랜터파(the Ranters)[615]라고 하는 집단이며, 퀘이커 사상도 등장하기 시작했다. 성경은 더 이상 교회 형성의 기초가 될 수 없었고, 신도들의 영적 영감이 부족한 구시대적 입장으로 여겨졌다. 만일 성경적 관점에 기초했다면, 교회 생활은 치명적인 타격을 입었을 것이다.

소생시키는 분은 오직 성령이었으며, 그 성령은 택함을 받은 각 사람의 영혼 속에서 개별적으로 증언하셨다. 그 열정적 영혼의 표출이 일치를 이루면, 사람들은 성령이 영감을 준 것이 확실하다고 서로 확인했다. 기도하는 것조차 죽은 소리를 더듬는 것에 지나지 않았다. 그래서 내적 충동이 말씀에 빛을 비추지 못했다. 잉글랜드 의회에서 이러한 기도의 충동이 어떤 분위기를 조성했는지 알려져 있다. 크롬웰 자신은 적어도 부분적으로는 원래 이 신성하고 모두 원자화된 충동의 영감을 받았다는 사실을 부인할 수 없으나, 거기서 멈추지 않았으며 그의 선언[616]을 통해 교회적 형태에 명예를 부여했다. 그는 잉글랜드라는 국가의 기독교적 성격을 유지하면서, 교회의 자유도 완전히 인정했다. 제36조에는 "공적인 고백을 하는 사람은 형벌이나 다른 방법으로 강요받지 않을 것"이고, 제37조에는 "예수 그리스도로 말미암아 하나님에 대한 믿음을 고백하는 자는 (비록 판결이 다를지라도 공개적으로 발표된 교리, 예배 또는 징계는) 제지되어서는 안 되며, 신앙고백에서 보호되어야 한다"라고 되어 있다.

행동하는 사람으로서 크롬웰은 그 '거룩한 사람들'을 따라갈 수도 내버려 둘 수도 없었다. 그들과의 단절은 마침내 그에게 유럽 개신교의 수호자 지위를 주었다. 동시에 유럽 개신교의 중재자로서의 그의 승리는 진화하고 있던 모든 형태의 영적인 열정에 치명적 타격을 가하였다. 잉글랜드의 운명이 잠시 그의 손에 있었다. 청교도와 성도들이 만들어 낸 이러한 영적 열정은 점차 그 추진력을 잃어버렸고, 정치적 요소가 이 운동에서 분리되어야 하는 순간이 다가왔다. 영적 열정과 정치적 요소는 원래 독립주의에서 가장 밀접하게 결합했지만, 이제 둘은 분리되어 교회 독립주의가 수립되고, 독립적 민주주의적 정치가 출현했다. 마침내 퀘이커교도인 조지 폭스(George Fox)가 다시 한번 열정적 이론의 요소를 제기하여 이 모든 영적 운동이 미국으로 옮겨갈 시간이 마련되었고, 스코틀랜드의 장로교 외에 잉글랜드에는 온건한 비국교도적 성공회가 남게 되었다.

§55. 1689년의 확립

1689년[617]에 우리나라 총독에 의해 그 결과가 나타날 때까지 잉글랜드의 모든 종교 활동은 절정에 이르렀다. 이른바 관용 정책이 추진되었고, 국가와 교회가 서로 나뉠 수 없이 하나라는 원리는 포기되었다. 이제 잉글랜드 국교회가 국가 교회에 맞게 조정되고 그 소속이 아닌 사람을 직무와 대표에서 배제하는 상황으로 변화되었다. 그러나 반대자나 비국교도주의자에게도 종교 단체로서 완전한 거주이전의 자유가 부여되었으며 모든 영적 지배가 배제되었다. 퀘이커교도는 맹세에서 면제되었고 복종 선언으로 충분했다. 그리고 빌럼 3세가 백 년 이상의 전쟁 후 평화를 이루어, 국교회가 아니라 비국교도주의적인 청교도 원리에 따라 종지부를 찍음으로 승리를 거두었다. 정치와 종교는 헨리 8세에 의해 절대적 통일체로 융합되었으나 이제는 완전히 갈라졌다. 청교도, 독립파, 퀘이커교, 장로교와 같은 비국교도주의자들이 처음에는 자신의 정치적 태도를 보였으나, 그들의 정치적 활동은 긍정적인 성격보다 부정적 성격을 더 많이 띠었다.

처음에 그들은 정부를 영적 삶의 주인으로 만드는 모든 정치에 반대하고 자유를 호소했다. 그러나 이 탄원이 마침내 이루어지고 오란녀의 빌럼이 종교적 평화를 공고히 했을 때, 반대파들은 모든 정치에서 이탈하여 그들의 교회나 영적 영역으로 물러났다. 그리스도를 위해서가 아니라 정치적 계산에 따른, 또는 적어도 그들에 대한 정치적 공감에서 생겨난 정치적 요소들이 그들에게서 분리되었다. 휘그당은 토리당에 맞서게 되었고, 모든 혁명적 숨은 동기에서 면할 수 없는 훨씬 더 급진적 요소가 반대자의 관점에 나타났다. 우리나라와 독일에서 재세례파의 미약한 잔재가 메노파나 재세례파에서 관찰되었듯이, 잉글랜드에서도 침례교도의 퀘이커교가 계속되었으나 정치적 의미는 없는 소규모에 불과했다. 한 세기가 넘도록 잉글랜드에서 종교 생활을 불러일으키던 영적 흐름은 다른 어느 나라에서도 찾아볼 수 없을 정도로 점차 줄어들고 있다. 시민 생활과 사회생활은 국가적으로나, 교회적으로나, 정치적으로, 견고한 형태로 공고화되었다. 국가 교회는 높은 특권을 갖지만, 그 옆에 서있는 모든 반대 의견도 완전한 자유를 가진다.

§56. 칼빈과 랑게의 교회적 일치

이 결과를 적절하게 평가하기 위해서는 (칼빈에 의해, 그리고 프랑스 종교전쟁에서 랑게에 의해 형성된 체계화 아래 드러났듯이) 이 전체 활동의 출발점으로 돌아갈 필요가 있다. 교회가 국가 안에서 자신의 영역을 갖는 것이 아니라 시민 가정으로서의 국가가 교회의 한 요소이다. 그 교회는 유대인만을 예외로 하고 전체 사람들을 포함한다. 여기에 구약의 이스라엘 민족 국가의 사례를 적용하면서, 칼빈과 그의 추종자들은 비록 자의적으로는 교회와 정치적 권위를 '최고', 즉 정신적, 지적으로 가장 고위급 지위의 사람의 손에 맡기려고 시도했다. 그럼에도 불구하고, 예정론의 고백과 관련하여 공동 결정권은 이스라엘의 총회(카할)에서 그랬던 것처럼 모든 구성원에게 속한다는 사실을 피할 수 없다. 칼빈은 이것을 '국민의 동의'로 표현할 수 있었고, 랑게는 하나님께서 백성에게 부여한 주권으로 더 존중할 수 있게 되었다.

어쨌든 정치적 영역에 대한 각 사람의 지위는 영적인 것에 대한 그의 지위에 의해 결정되었다. 세례를 받고 성찬을 받은 사람은 누구나 주님의 교회와 시민 사회에서도 자격을 갖추었다. 반면에 교회의 영적 친교 밖에 서있던 사람들에게는 이처럼 기독교화된 시민 사회에서 설 자리가 없었다. 그리고 하나의 교회만이 유효하게 인정되고 지배력을 가졌는데, 신앙고백에서 서로 배타적인 별개의 교회들이 공존하는 것은 터무니없는 일이었다. 진리는 유일하기에 오직 하나의 교회만이 있을 수 있다. 이 견해는 그 하나의 교회가 모든 종파와 반대파의 절대적 배제와 반대를 받지 않고 모든 정부에 의해 지원되고, 유지되어야 한다는 로마 가톨릭 교회의 고백과 같았다. 이 고백은 논리적이며 일관성을 가지고 주장되는 그리스도의 대리에 의해 확증되었다. 이 점에서 양심의 자유조차 존중될 수 없었다.

따라서 그들은 로마 가톨릭 교회와 결별했을 때, 로마 가톨릭 교회가 지향했던 목표를 다른 방식으로 실현하거나 다른 목표를 선택해야 하는 상황에 직면했다. 전자를 택할 경우, 모든 나라에 있는 그리스도의 교회 전체를 교황의 멍에에서 벗어버리고 개신교의 신앙고백에 따라 개혁해야 했다. 로마 가톨릭 교회는 개혁교회 옆에 남아 있어서는 안 되었다. 그런데도 그리스도의 교회는 하나였다. 교회는 교권체제가 입힌 개혁해야 할 더러운 겉옷을 벗어야 했으나, 여전히 하나의 같은 보편적 그리스도의 교회로 남아 있어야 했다. 따라서 무너진 교권체제를 더 나은 통합적 유대로 대체해야 하는 문제가 있었다. 그리고 이전에 정부가 교권체제의 교회를 지원하고 보호하며 모든 종파와 배교로부터 방어하는 임무를 쉬었던 것처럼, 이제 같은 임무가 정부에 남아 있다. 그것은 바로 총회(Synod)를 지원하는 것이다.

정부는 그리스도의 교회에 적용할 사항을 결정할 필요가 없다. 교회는 완전히 독립적으로 자신의 예산을 꾸렸다. 교회는 정부로부터 완전히 독립적으로 구성되어 정부가 유지하고 보호할 것이다. 양심의 자유는 더 존중받을 수 있다. 약간의 관대함은 허용될 수 있다. 특히 세계의 다른 지역에서는 많은 것이 간과될 수 있다. 한 번도 로마 가톨릭 교회에 복종한 적이 없는 동방교회는 일시적으로나마 구제될 수 있었다. 그러나 기독교 국가에서는 오직 하나의 참된 그리스도의 교회의 회원인 사람만이 말할 권리를 가질 수 있었다. 전 세계에 퍼져 있는 모든 국가, 여러 나라에 있는 자체 정부가 그 교회에 대항하고, 교회 생활을 위협하고 강한 팔로 결박하며 심지어 칼로 죽이는 것을 막는 것 외에 다른 어떠한 것도 할 수 없는 유일한 참된 교회였다.

§57. 새로운 교회연합운동의 실패

이제 문제는 개혁파가 교권체제의 유대를 대체할 수 있는 교회적 유대를 찾는 데 성공할지 여부였다. 이것은 완전히 실패했고, 모든 나라의 그리스도의 전체 교회를 대표하는 총회나 공회 모임으로 함께 모이는 것이 불가했다. 그래서 1618년 도르트 총회(이 총회는 마지막에는 국제적 성격을 상실하여 좁은 의미의 국내 총회라고 공표해야 했다)조차 칼빈이 잘못된 기대를 하게 했음이 분명하다. 그가 바랐던 것은 오지 않았다. 유기체로서 교회의 유기적 일치가 온전한 상태로 남아 있다 할지라도, 어떤 제도적 일치도 조롱하는 실제적 '분열' 상태에 곧 직면하게 되었다.

16세기가 끝나기 한참 전에 교권체제는 확실히 강력한 타격을 받았다. 그럼에도 그것은 활력을 가지고 그 기반을 굳건히 지키면서 새로운 힘으로 발전해 나아가고 있음이 분명했다. 종교개혁 이전에는 남유럽 전체에 희망이 별로 남아 있지 않았다. 우리 대륙의 동방 지역에 오래된 비잔틴 제국의 교회가 황제교황주의를 거침없이 지속했다는 것도 마찬가지로 분명했다. 그리고 이미 개혁파를 박해하기 시작한 이런 종류의 황제교황주의자의 악이 어떻게 루터의 소환에 주의를 기울인 독일 국가들에 스며들고 있는지도 곧 분명해졌다. 설상가상으로 칼빈주의는 네덜란드와 스코틀랜드에 영향을 미쳤으나, 일찍이 1572년 프랑스에서 성 바르톨로메오 축일의 학살을 경험해야 했다. 잉글랜드에서는 독립파와 퀘이커교도 때문에 쫓겨났으며, 귀도 드 브레스를 배출한 벨기에에서는 완전히 금지되었다. 심지어 네덜란드에서도 '1796년까지 7개 주 공화국에 속하지 않았던 주들'(Generaliteitslanden)은 이기지 못했다.

17세기에 이것은 교회 제도의 단일성을 유지하는 것을 완전히 불가능하게 만드는 결과를 초래했다. 칼빈은 이것을 경험하지 않았다. 그러나 그의 추종자들은 곧 하나의 제도로서의 교회의 일치가 단지 겉보기에 불과하다는 해결할 수 없는 어려움에 직면하게 되었다. 로마 가톨릭 교회는 끊이지 않는 활력으로 교회 제도를 유지했다. 그리고 원하지 않았지만 종교개혁 자체는 하나가 아니라 많은 교회 제도를 낳았으며, 이들은 고백, 예배, 교회 연대와 공적 활동에서 서로 점점 더 멀리 차이가 났다. 의도했던 것은 달성할 수 없는 것으로 밝혀졌다. 사용했던 수단은 실패했고, 독일, 스위스,

반혁명 국가학 | 원리

네덜란드 일부를 제외하고 유럽 대륙 전체가 다시 로마 가톨릭, 그리스 정교 또는 루터교에 속하게 되었을 때, 이스라엘의 민족 국가에 대한 호소는 더 이상 유지될 수 없었다. 칼빈주의는 이제 그 자체의 원리에 따라 '완전히 다른 교회 생활 제도'를 만들어 내야 했고, 그렇지 않으면 실패할 위기에 놓였다. 그것은 단순히 교회의 원리가 아니라 정치적 활동의 원리였다. 칼빈주의 제2기는 프랑스에서 시도되고 랑게에 의해 체계화된 것으로, 로마 가톨릭 교회를 고수하느냐 칼빈을 따르느냐에 따라 나라가 여러 부분으로 분열되는 결과를 낳았다. 그러므로 이것 역시 여러 나라에서 그리스도의 교회의 규례와 표준이 될 수 없었다.

§58. 잉글랜드와 미국에서의 세 번째 단계

대륙에서의 결과가 실망스럽고 그 활동의 지속이 어려워졌을 때, 잉글랜드에서는 정치적 문제가 엄청난 영적 영향력을 행사했다. 이는 종교개혁의 원리와 관련이 있는 결정적인 것이었다. 독일에서 이런 일이 일어나지 않은 것은 정부가 개혁주의적 영지에서 주도권을 장악했기 때문이다. 다시 완전히 로마 가톨릭 교회가 되었던 벨기에에서도 아니었다. 프랑스도 아니었는데, 쉐벤느(Cevennen)[618]를 제외하고 모든 곳에서 칼빈주의의 힘이 1572년 8월 23일[619]에 사라지는 것을 보았다. 도르트레흐트의 총회가 정부의 굴레 아래 얼마나 고통을 겪었는지, 그리고 그 후 어떻게 매 국가적 총회가 정부에 의해 저지되었는지는 이미 지적했다. 우리나라도 더는 감히 세계 대회를 주도하지 않는다. 그러나 이것은 가장 작은 악이었다. 우리나라에서도 온 국민을 한 교회로 만들려는 시도가 있었는데, 교회 회원의 대다수가 교회의 신앙고백에 동의한다고 말할 수 없게 된 것은 훨씬 더 나쁜 일이었다. 너무 명백한 도덕적 범죄의 경우를 제외하고는 권징이 완전히 사라졌다. 모든 것을 '개혁'이라고 불렀지만 멀리서 보면 그렇지 않았다. 그 이후 18세기 말에는 정부의 억압이 포기되었고, 19세기에는 교회 제도 전체에 적용되는 개혁주의라는 이름에 그동안 어떤 거짓이 숨겨져 왔는지가 드러났다. 그 원인은 다름 아닌 교회와 정치의 부자연스러운 결합에 있었다. 그리고 이로부터 교회나 정치 제도가 국가와 교회의 이러한 부자연스러운 연결의 근본적 오류가 해결되기 전까지는 저절로 극복될 수 없다는 것이 분명해졌다. 이것은 갈등과 투쟁 없이는 생각할 수 없는 일이었다. 강력한 변혁으로 가야 했다. 두 제도의 분리가 완성된 영국에서는, 스튜어트 절대왕가와 청교도의 자유로운 삶의 개념 사이의 원리적 싸움이 두 제도의 해방이 완료될 때까지 이어졌다.

이를 통해 국가와 교회는 각각 기초적 지위를 얻었다. 고대 이스라엘에서 국가라는 건물의 기초는 다름 아닌 영적 건물의 기초였다. 그러나 이것은 이스라엘이 특별계시의 백성으로서 다른 민족들과 나라들에서 완전히 예외적인 위치를 차지했다는 이유에 의해서만 적용되었다. 이 예외는 이스라엘 이외의 다른 나라에는 존재하지 않았으며, 325년[620] 이래 저질러진 믿을 수 없는 실수는 당시 이스라엘의 예외적인 위치를 모든 기독교인에게 이전한 것이다. 이것은 불가능에 도달하는 것이었다. 국가, 국민, 시민 사회의 구성원이든 아니든, 누구든지 세례를 받거나 보이지 않는 것에 대한 신앙고백으로 추방될 수 없다. 그리고 반대로 누가 교회 기관의 회원인지 아닌지에 대한 질문은 개인적 신앙고백 외에는 결코 대답할 수 없었다. 세례는 입문 효과를 가질 수 있으며, 이러한 교회 생활 입문은 성인이 될 때까지만 충분했다. 나이가 들수록 교회 기관을 위하여 항상 신앙고백을 해야 했다. 결정을 내림으로써 국가에 속할 수 있던 것은 아니었다.

따라서 정치적 국민 전체에 대해 어린아이가 국가에 소속됨은 출생이나 귀화에 달려 있다. 하늘에 계신 아버지의 자녀들의 말씀은 국가적 부속물에게서 나올 수 없었고, 신앙고백에서 나와야 했다. 이 두 개의 완전히 다른 영역에 대한 혼란에서 이전의 모든 혼란이 발생했다. 그 둘은 다시 분리되어야 했다. 정치적 삶은 교회 생활과는 완전히 다른 뿌리에서 생겨났다. 그리고 그것이 바로 이 둘 사이에 연결이 설정될 수 있고 또 설정되어야 했던 이유이다. 그렇지만 원리적으로 그 연결은 그들의 고유한 존재의 독립성과 타자성에 대해 완전한 정의를 내려야 했다. 이것은 우리나라에서도 독일에서도 일어나지 않았다. 이것은 칼빈주의 제3기에 이르러서야 처음 도달했다. 영국인들의 강한 개인주의적 민족성은 칼빈주의가 항상 약속했던, 하나님의 손안에서 아름다운 열매를 맺는 수단이었다. 그러나 적어도 일부 사람들이 그렇게 하려고 끔찍한 투쟁을 했음에도 아직 꽃을 피우지는 못했다.

§59. 네덜란드적 특성

바인가르텐 박사는 그의 명확한 역사적 개관에서 다양한 청교도 집단이 연속적으로 등장하는 이중 형태에 관심을 기울였는데, 처음에는 교회적이면서 동시에 정치적이었고, 그 다음에는 정치적 요소를 버리고 오로지 종교적 요소에 집중했음을 설명했다. 그는 제6장 157쪽에서 재세례파를 별도로 다루며, 제7장 159쪽 이하에서는 독립주의자를, 제10장 243쪽 이하에서는 퀘이커교도를 다룬다. 장로교인은 내가 이미 언급했다. 이 모든 종파가 차례로 교회와 정치라는 두 가지 영역에 대해 각자의 견해를 밝히기 시작한 것은 매우 자연스러운 일이었다. 그래서 한동안 혼란이 지속되었지만, 그 제시된 견해들의 본질이 사실로 명백히 드러나기까지는 그리 오래 걸리지 않았다. 각각의 종파는 종교적 분야로 물러났고, 정치적 지향은 교회와 국가를 서로 완전히 분리하는 동시에 모든 종파가 완전한 독립을 달성할 수 있도록 하는 정치 제도를 촉진하는 결과를 가져왔다.

반면에 잉글랜드에서는 원하는 결론에 이르지 못했다. 성공회는 매우 강력한 우위를 점했고, 크롬웰 시대 이후 군주제는 새로운 활력으로 고개를 들었다. 칼빈주의가 영국 정치에서도 그 기본 사상을 계승했다는 데는 의문의 여지가 없다. 성공회도 신앙고백적인 의미에서 칼빈주의적이었지만, 그 신앙고백은 그에 상응하지 않는 예배의 형태로 이어졌다. 그 결과 이제는 퓨지주의와 고교회(High Church)까지 이르게 되었다. 그리고 민주주의적 공감대가 비국교회주의자 사이에서 끓어오르고 있었지만, 빌럼 판 오란녀의 등장 이후에 그들은 거의 항상 휘그당의 편에 섰다. 그들은 정치 분야에서 주도권을 쥘 수 없었다. 그리고 영국에서는 지방 정부가 발전하지 않았기 때문에 그 영향력은 더욱 적었다. 지방 정부와 주 정부는 의회에 집중된, 지배적이고 모든 것을 지배하는 권력에 의해 완전히 정복되었다. 많은 비국

교회주의자들은 점차 자신들의 독창적인 사상에 대한 열의를 잃어버렸다. 엄격한 청교도들은 더 이상 영국에서 편안함을 느끼지 못했으며, 네덜란드를 경유해 미국으로 이주해 그곳에 자유 식민지를 건설하였다.

그리하여 18세기가 끝나기 전에 강력한 미합중국 공화국이 탄생하게 되었다. 그곳에서 그들은 영국이 아니라 옛 네덜란드 사례에 따라 사회를 조직했다. 13세기부터 네덜란드는 자유롭고 자율적인 도시 생활의 중요성을 알고 있었다. 의회 권한은 이것에 대해 우리와 함께 발전한 적이 없다. 이러한 형태의 정치적 결속은 일반적으로 장로교와 청교도의 기본 개념과 완전히 일치했다. 따라서 이른바 필그림파더스(Pilgrim fathers)는 처음부터 우리나라의 도시[621]에서 망명할 곳을 찾았고, 1620년에 네덜란드에서 신대륙으로 건너갔다. 더글러스 캠벨은 "영국, 홀란트, 미국의 청교도"(Puritans in Engeland, Holland and America, London, 1892, Vol 2)[622]에서 훗날 미국에 정착한 청교도 조상들과 다른 국교 반대자들(Dissenters)이 우리나라의 이념을 발전시켜 미국 국가 생활에서 구현하려고 노력했다는 주장을 자세히 설명했다. 특히 제2권 418쪽부터 467쪽에서 네덜란드와 미국 식민지 사이의 정치적 연관성을 설명했다.

§60. 미국에서의 과정의 회복

16세기에 이곳 우리나라에서 성취된 것은 17세기에 더 발전된 형태로 미국으로 옮겨졌고, 18세기 워싱턴 치하에서 고유의 형태로 자리 잡을 수 있었다. 우리나라에서는 칼빈주의의 정치적 전개가 1627년부터 중단되었다. 더 나은 민주적 시민의 발전이 정말 빨리 사라졌고, 권위주의적 통치자의 통치가 뿌리를 내리기 시작했다. 상퀼로트가 프랑스 혁명적 민주주의를 우리나라에 가져왔을 때 칼빈주의를 분쇄하려고 시도한 것은 장 자크 루소의 사상이었다. 우리나라에서 칼빈주의는 흐룬 판 프린스터러 시대에야 그 발걸음을 재개했다. 반면에 미국에서는 1620년 이후의 종교 운동이 시대의 흐름을 주도했고, 칼빈주의가 민주주의 원리를 완전히 발전시켰다.

처음에는 대부분 장로교도였던 청교도들과 필그림들 사이에 어느 정도의 차이가 확실히 있었다. 그러나 캠벨은 에즈라 호이트 바잉톤이 "잉글랜드와 뉴잉글랜드의 청교도"의 41쪽에서 말한 것과 의견을 같이하여, 그들의 민주주의 원리를 위한 노력이 마침내 그들을 하나로 묶었고 이 민주주의적 의도는 칼빈주의에서 빌린 것이라고 말한다. 캠벨은 제2권 10-12쪽에서 칼빈주의가 '그 교리에 있어서 민주주의적이다'라는 논제를 주장했다. 바잉톤은 이점에 동의하면서 다음과 같이 진술한다. "우리가 동의하든 그렇지 않든, 칼빈주의자들이 정부의 자의적 수위권에 반대하여 언제 어디서나 사람들의 권리를 옹호했다는 것은 역사적으로 확실하다." 프라우드(Froude), 뱅크로프트(Bancroft), 티스케(Tiske) 등도 이점에 무조건 동의한다. 그린(J. R. Green)[623] 역시 "영국인의 역사"(History of the English people, 1873)에서 이를 다르게 언급하지 않는다(Ⅲ. 45). "그 땅의 평범한 사람은 하나님의 부름을 받자마자 자신의 성화된 의지에서 왕의 위력보다 강한 힘을 감지했다. 은혜와 선택에 대한 칼빈주의 신앙고백의 산물이자 열매인 큰 무리의 강력한 찬양(verheffing) 속에는, 나중에 생겨나는 인간 평등에 대한 확신의 씨앗이 놓여있었다"(41쪽). 드리스데일 목사는 그의 "영국 장로교의 역사"에서 미국 장로교의 향후 행보에 대해 지나가듯이 간략히 언급했지만, 그 역시 칼빈주의의 민주주의적 성향을 의심할 수 없다고 확신한다(242쪽).

울피아누스(Ulpianus)[624]에 의해 로마법에 통합된 이른바 '왕실법'(Lex Regia)은 국민이 원래 모든 정치권력을 소유했으나 나중에는 절대적으로 군주정에 권위를 양도했다는 명제를 주장했다. 이것은 토마스 아퀴나스조차 받아들인 명제였으나, 미국의 청교도, 장로교, 필그림파더스들은 항상 원리적으로 반대했다. 그리스도의 교회에서는 모두가 형제였으며, 그들의 교회가 헌법의 기초가 되었기 때문에 그들은 시민의 평등을 포기할 수 없었다. 교회는 다양한 모습으로, 지금은 국가로부터 완전히 분리되어 있고, 모든 교회는 평등한 권리를 가지고 있으며, 각 교회는 각자의 수단으로 살았다. 그러므로 양심의 영역에서뿐만 아니라, 교회의 영역에서도 완전한 자유가 존중되었다. 그런데도 종교적 기조는 미국 국가 생활에서 계속 우세했다. 그리고 파리에서가 아니라 제네바에서, 암스테르담에서, 지금은 미국에서 여전히 번성하는 자유로운 시민의 삶이 생겨났다. 미국의 모든 주는 이민자들이 세웠다. 이민자들은 거의 모두 좋은 시민에 속했다. 그들 사이에 낮은 계급이 있다는 것은 말이 되지 않는다. 분명히 그들 모두는 서로 평등하다고 느꼈다. 다른 사람들을 지배할 더 부유하거나 고귀한 계급의 귀족 사상이 더 이상 유지될 수 없었다. 군주제 사상도 마찬가지였다. 독립전쟁까지 잉글랜드의 왕은 그들의 천부적 우두머리로 남아 있었으나, 그들은 그의 왕권 아래 미국에서 완전히 자유로운 기준 위에 자신을 일으켰다. 그리고 워싱턴과 그를 따르던 자들이 독립전쟁에서 미국의 완전한 독립을 쟁취하는 데 성공했을 때, 미국에 새로운 군주국을 수립할 이유는 완전히 사라졌다. 두려워할 외부의 적도 없고, 무력으로 진압해야 할 야만적 시민도 없었으며, 어떤 왕족도 상속권이나 허풍을 주장할 수 없었다. 따라서 공화국은 자체적으로 지정된 정부 형태가 되었다. 해밀턴과 제퍼슨이 이 정부 형태가 칼빈의 종교 사상에 기초해야 하는지 아니면 루소의 혁명적 원리에 기초해야 하는지에 대한 정치적 투쟁을 벌였을 때, 해밀턴의 체제가 대다수 지역에서 우세했다.

§61. 합의

이미 영국에서 이 원리는 존 릴번(John Lilburne)[625]이 이끄는 수평파(Levellers)에 의해 1648년 1월 20일 의회에 이른바 '국민의 동의'(Agreement of the People)로 제출되었다. 이것은 같은 민족의 자손들 사이에 '계약'이 있어야 한다는 확신을 심어주기 위한 것이었고, 이로써 그들은 체제의 절대적 우월성을 제한하기 위해 결속되었다. 이는 법률이 의회의 권한을 약화시킬 수 있으므로, 이를 의회에 맡길 수 없다고 말했다. 따라서 그것은 의회와 독립적으로 유지되고, 의회도 지배하는 계약 안에 확정되어야 했다. 또한 국민에게는 영역주권이 있었다. 그들은 이 점에서 매우 앞서 갔고, 그 계약은 이미 우리가 헌법이라고 부르는 것과 매우 유사했다. 이 헌법은 하나의 하원으로 의회 조직을 규정하고, 행정부의 설립, 의회 회기 기간을 2년으로 설정했다. 그렇게 평등하고 비례적으로 선거구를 분배하고, 하인과 국가 고용자를 제외한 성년에 도달한 모든 남성에 대한 보통 선거권, 종교의 자유, 국가와 교회의 완전한 분리, 일종의 국민투표를 통해 입법부에 제한을 두는 일이 보장되었다. 간단히 말해서, 이 '계약'은 자코뱅이 파리에서 연설하기 100여 년 전에 인민의 권리를 확립하는 완전한 정강을 포함하고 있었다. 그러나 정확히는 청교도와 필그림 사이에서 이 민주주의적인 노력이 훨씬 더 종교적 성격을 띠고 있었다. 1620년에 출항한 메이플라워(Mayflower)호에서 필그림들은 헌법(constitutie)을 제정했는데, 그 내용은 다음과 같다.

"하나님의 이름으로. 아멘! 아래에 서명한 우리는 하나님의 은총으로 대영제국의 왕인 우리의 주권자 제임스 왕의 신하로서 하나님의 영광과 기독교 신앙의 전파와 왕의 영예를 증진하기 위해 이 여정을 시작했으며, 버지니아에 최초의 잉글랜드 식민지를 건설하여 현재 계약에 따라, 하나님 앞에서 그리고 우리 모두 보는 앞에서 상호 연합하여, 좋은 질서를 확립하고, 명시된 목적을 달성하려 한다. 이제 이 조약에 따라 우리는 식민지의 복지에 필요한 것으로 입증될 수 있는 모든 수반되는 조례, 제도, 직책과 함께 모든 선하고, 공평한 법률을 제정하고, 공포할 것이며, 복종과 준수를 약속한다.

주후 1620년 11월 11일
일동 서명"

(B. P. Poor, The federal and State constitutions of the United States, I , 931 참고)

§62. 워싱턴 대 파리

이렇게 형성된 다양한 집단은 1839년 1월 11일 하트퍼드에서 한 동맹을 맺었다. 이것은 국민이 자신의 운명을 스스로 결정해야 한다는 전제하에 진행되었다. 나중에 더 공식화 되었으나 이미 그 당시에 다음과 같이 표현되었다. "그러므로 우리는 하나의 주 또는 공화국(Commonwealth)으로 우리 자신을 단결하고 헌신하며, 우리 자신과 우리의 후계자, 그리고 나중에 우리와 함께 이민자로 합류할 사람들을 위해 언약과 연합으로 함께 합류할 것을 서약한다"(Poore, I , 249 참고). 옛 세계 사람들은 예전과 다른 토대 위에 세워진 것에 대해 논평하지 않았지만, 정착민들은 정치 사회에 부여될 조직의 주인이 되는 새로운 세상에서 그들이 적절하다고 생각하는 대로 완전히 자유롭게 행동할 수 있었던 것이다.

이에 따라 그들의 종교적 영역에서 칼빈주의적 근거는 자연스럽게 민주적 정부 형태를 선택하도록 이끌 수밖에 없었다. 모든 주권자의 하나님은 자신의 정부를 선택하고 자신이 적절하다고 생각하는 대로 국가의 생활을 조직할 수 있는 권한을 국민에게 부여했다. 국민의 자유와 권리에 관한 한, 미국에서 이 칼빈주의 이민자들이 세운 국가 생활은 무신론자인 자코뱅이 곧 파리에서 선언한 것보다 열등하지 않았다. 칼빈주의자들이 미국에서 세우기 시작한 건물은 훨씬 더 확고한 성격을 지녔다. 그 결과 북미에서는 기독교-민주주의에 기초한 국가 생활의 발전이 방해받지 않고 진행되었으며 여전히 시들지 않고 꽃을 피우고 있다. 그에 비해 파리에서는 나폴레옹의 독재가 자코뱅주의를 이어 받았고, 나폴레옹 이후에는 부르봉 왕가가 자신들의 왕권을 프랑스에 다시 휘두르는 일이 발생했다.

칼빈주의의 발전 첫 시기에 방해가 된 것은 당시 일반적으로 통용되는 믿음, 즉 하나의 교회 형태만이 모든 기독교에 적용될 수 있으며, 정부는 이단과 종파주의를 방어하기 위해 모든 나라에 필요하다면, 칼로 하나의 교회를 설립하고 보호하는 소명을 받았다는 생각이었다. 그래서 우리나라에서도 1795년까지 공적인 생활에서 감당할 수 없는 개념이 계속 만연했다. 그러할지라도, 이것은 칼빈으로부터 그 추진력이 나왔고, 그 논리적 결과로서 정교분리와 국가의 존재가 일반은총에 근거해 생성되었음을 잊지 말아야 한다. 이러한 발전의 씨앗은 첫째로 그가 선택교리의 고백을 강조한 데 있고, 둘째로 성령의 증거와 부상하는 신자들의 만인 제사장직과 관련하여 성경에 근거한 모든 공동체 생활의 근거에 있다. 모든 신자는 하나님의 명령이나 명예를 거스르는 정부의 명령에 대항하여 순종을 거부해야 한다. 그리고 하급 행정관은 국민의 양심을 어기는 정부에게 힘으로 저항할 의무가 있으며, 필요하다면 그 권한을 무효화해야 한다. 스페인의 멍에를 벗고 필립 2세를 거부하였다. 그에 비해 같은 시대에 나라를 산산조각 내겠다고 위협했던 프랑스에서 살던 위그노의 저항은 칼빈주의 제2기를 특징지었다. 이 제2기는 후베르투스 랑게를 그것의 정치 사상가로 지정해야 했던 시기이다.

프랑스에서 이러한 저항이 1572년 이후 무너져 더 이상 일어날 수 없게되자, 이 시기 칼빈주의의 마지막 발전은 잉글랜드 땅으로 옮겨졌다. 그러나 부분적으로는 과도한 영적 개인주의와 부분적으로는 성공회가 국민을 지배함으로 인해 더 이상 정치적으로 독립적 발전을 할 수 없게 되었다. 마지막으로 이민을 통해 미국에서 교회적으로나 정치적으로나 기독교 민주주의적 기반 위에서 이 죄와 비참의 경륜 가운데 할 수 있는 한 자유로운 국가에서 자유로운 교회의 이상을 실현한 완전한 발전을 이루었다.

§63. 대조에 대한 추가 해명

이 결과를 1789년 프랑스 혁명이 그 유혈 과정에서 의도한 것과 동일시하는 것은 역사를 왜곡하는 것이다. 나는 이미 이 점에서 제퍼슨과 근본적 투쟁에 참여한 해밀턴에게 이 판단의 확인을 호소했다. 폰 홀츠(Von Holtz)는 그의 "미국 헌법과 민주주의"(Verfassung und Democratie der Vereinigten Staten von America, Dusseldorf, 1873, 96쪽)에서 다음과 같이 썼다. "루소의 글이 미국의 발전에 영향을 미쳤다고 말하는 것은 어리석은 일이다." 해밀턴 자신이 말한 것도 이 의견의 정확성을 증명한다. "프랑스 혁명과 미국 혁명의 차이는 프랑스 소설에 등장하는, 신의를 잃은 아내와 뉴잉글랜드의 품위 있는 청교도 여성의 차이와 같다." 그는 "알렉산더 해밀턴"(Alexander Hamilton, Boston, 1892, 256)에서 헨리 카바트 롯지(Henry Cabat Lodge)에게 보낸 편지에서 이에 대해 더 자세히 설명했다. "나는 파리 총회에서 무신론 교리가 공개적으로 공언된 것을 발견하고 그것이 어떻게 큰 박수로 환영받았는지 들었고, 광신의 칼이 사람들에게 정치적 고백을 강요하기 위해 어떻게 칼집에서 뽑혔는지 보았다. 그리고 같은 시민들이 프랑스 군대에게 복종하도록 요구받았고 이 군대가 자신을 자유의 구세주로 내세웠다는 것과 종교적 예배 기념물을 뒤엎고 훔치기 위해 강도가 뻗어 나가는 것을 보았을 때, 프랑스의 문제와 미국의 문제 사이에 실제적 유사점이 없다는 것을 믿게 되어 기쁘다."프랭클린이 실패했을 때, 미국의 한 대회 모임에서 함께 서서 기도로 하나님의 도움과 지혜를 구하면서 파리의 자코뱅 총회와 비교해보자고 제안한 악명 높은 사실을 상상해보면, 두 목표를 동일시하는 것은 터무니없어 보인다.

에드먼드 버크가 1789년의 프랑스 혁명을 1688년의 빌럼 3세 판 오란녀 치하의 '명예혁명'과 비교하고, 다음과 같은 결론을 내렸을 때, 다른 생각을 하지 않았다고 덧붙일 수 있다. "우리의 혁명과 프랑스 혁명은 '서로 반대되고', 서로 매우 대조적이며, 양자 모두에 영감을 준 각각의 세부 사항과 정신 전반에서 완전히 반대되었다"(Works, Mc. Lean, London, T. Ⅲ, 25쪽). 이 간략한 표시로 충분하기를 바라지만, 나는 나의 "칼빈주의, 6개 주요 강연"(Calvinism, Six Stone Lectures, Edinburgh, T. Clark, 1899, 109-115)을 더 추천한다. 율리우스 하체크 박사는 "일반 국가법"(T. Ⅱ, 1-12)에서 저자 자신이 루소의 편에 있기에 덜 첨예하게 대비시킨다. 그렇지만 그는 또한 필수적 자유가 파리에서 우리에게 온 것이 아니라, 프랑스 혁명 훨씬 더 오래전에 칼빈주의에 의해 우리에게 왔고, 부분적으로는 잉글랜드에서 부분적으로는 미국에서 실현되었다는 것을 모든 경우에 인정한다. 에즈라 호이트 바잉톤, 더글라스 캠벨, 오토 기어르크는 "알투지우스"에서, 바인가르텐은 그의 "잉글랜드 교회의 혁명"에서, 드리스데일은 그의 "장로교 역사"(History of the Presbyterians)에서, 그리고 내가 길게 인용한 트뢸치 박사와 랑크(Rank) 등 거의 모든 중요한 역사가도 다르지 않게 생각했다. 국민의 자유와 권리가 세 시대를 잇는 칼빈주의보다 역사에서 만들어진 하나님의 선물로 존중받는다면, 이보다 더 설득력 있는 탄원은 없다. 무엇보다도 우리의 옛 공화국에서 자유의 정치 원리를 억압하는 원인은, 1627년 이래로 우리나라 정치에서 칼빈주의가 패하고 항론파 정치가 승리했다는 슬픈 사실이다.

§64. 군주제와 공화국

칼빈주의의 투쟁은 결코 왕정에 대한 찬성이나 반대가 아니라, 기독교적 민주주의에 관한 것이었다. 이를 현재의 의미에서 국민의 하위 계층이 분위기를 조성해야 하거나, '시민'이 정부를 책임져야 하는 것처럼 이해해서는 안 된다. 유일하게 올바른 의미는, '전체 시민'이 국가 정부의 각 분야에서, 자신의 권리를 주장할 수 있다는 것이다. 이것은 입헌군주제가 가능하도록 했으며, '고귀하고 부유한' 통치자 아래에서와 같이 절대적인 통치에 이르지 않고 공화정으로도 가능했다. 유일한 규정은 그것이 '다두정치'여야 한다는 것이었고, 그리하여 유기적인 다양한 국민이 각자의 방식으로 국가 생활의 좋은 방향을 보장할 수 있었다.

오늘날 우리나라는 여왕의 통치 아래서 정부 형태가 공화정이라고 불리고 있음에도 불구하고, 한때 통치자 아래 있었을 때보다 칼빈주의의 정치적 기본 사상에 더 가까워졌다. 토마스 아퀴나스와 함께 그가 여전히 '왕실법'을 존중했다는 것은 논쟁의 여지가 없다. 폰 클라이스트 렛초우, 폰 게를라흐, 슈탈과 심지어 할러와 함께라도, 우리는 가장 결정적인 의미에서 반혁명적이다. 그렇지만 일반적인 의미에서 반혁명적 입장은 상당히 엄격하고 가파르며, 거의 절대적인 군주제라 할지라도 반혁명적 관점에서 두 종류의 흐름이 인정되어야 한다. 하나는 절대 군주제이고 다른 하나는 기독-민주적이다. 그리고 이 두 가지 흐름이 갈라지는 곳에서 우리의 역사는 우리를 일깨우는데, 흐룬 판 프린스터러는 파리가 아닌 칼빈주의에서 헌법상의 자유를 보장하기 위해 우리를 앞서갔다. 이러한 의미에서 나 또한 '기독민주주의'를 주창한다.

§65. 결론

따라서 본 장의 결론을 다음과 같이 간략하게 말할 수 있다. 즉, 칼빈은 기독교 정치를 세 시기의 발전을 통해 논리적 결과와 함께 기독 민주주의로 이끈 방향을 취했다. 칼빈이 여전히 제도화된 세계 교회의 사상에 사로잡혀 있었다는 사실은 당시에도 계속 모든 정신을 지배했던 중세 시대의 여파였다. 그는 여전히 정부가 칼로 그리스도의 교회를 방어하고 지원하도록 요청했다. 따라서 미카엘 세르베투스의 장작더미에까지 이른 것은 같은 전통의 논리적 결과였다. 그리스도의 교회가 세계 조직일 뿐만 아니라 우주적 조직이라면, 그 나라의 국가 정부는 세계 교회 정부 안에서 형성된다. 이 두 명제는 모두 칼빈의 것이 아니라, 칼빈이 채택한 것이다. 반면에 칼빈에게는 그리스도의 교회에 속한 선택된 신자라는 지위로서의 신앙고백이야 말로 그들을 확증하는 성령의 증거였다. 그래서 교회의 모든 교권체제, 즉 교황과 주교적 교권체제뿐만 아니라 저명한 사람들의 통치도 거부했다.

교회와 국가가 이러한 관점에서 하나인 한, 이것은 자동으로 정치 분야에서 사람들의 자유와 권리를 존중하게 되었다. 따라서 그는 정부에 대한 국민의 동의를 위해 끊임없이 외쳤으며, 국민에 의한 고위 관리의 선택에 대해 탄원했고, 공화국 형태의 정부를 선호했다. 모든 권위는 하나님의 주권으로부터 흘러나왔지만, 하나님의 주권은 세 가지 형태로 사람들 사이에 내려왔다. 즉, 권력에 대해서는 '정부'의 형태, '국민'에 대해서는 권리와 자유의 형태, 그리고 교회의 신자들에게는 영적 형태이다. 이로써 칼빈은 먼저 교회와 국가를 분리하고, 정부 형태를 민주화하며, 일반은총 안에서 나머지 정부로 이어지는 운동에 동력을 제공해 주었다.

프랑스 종교전쟁과 함께 처음 시작된 두 번째 시기에 칼빈은 이미 사망한 뒤였다(1564년). 교회와 국가의 통일이 정점에 이르렀으며 가장 엄격한 방법으로 통일을 유지하기 위해, 국가는 분열되었고 정치가 전적으로 영적인 동기에 의해 지배되도록 했다. 후베르투스 랑게는 두 번째 기간 동안 오트만과 함께 신자들을 모든 권력의 출발점으로 설정함으로써, 잉글랜드에서 '성도들'(Saints)의 통치를 준비해야 했던 체제를 자세히 설명했다. 따라서 역사가 이미 둘로 나누려 하고 있었던 교회와 국가라는 두 요소가, 랑게와 그의 사상적 동지에게는 서로 얽혀 있었다. 따라서 그는 하나님께서 백성 위에 정부를 세우셨다는 개념 대신, 국민에게서 그 권위의 근원을 찾는 잘못을 범했다.

이 실패는 칼빈주의 제3기 저편으로 파급되었는데, 이것이 바로 잉글랜드 내전에서 일어난 일이다. 그러나 잉글랜드의 이 마지막 과정은 최종 결정에 이를 수 없었다. 당시 잉글랜드 저명인사들 사이에 유행했으며, 그 중에서 감독주의(Episcopalisme)가 그것을 방어하지 못했고 묵인했던 부도덕한 정신은 청교도주의의 분위기를 전환시켰다. 이는 효과가 있었지만, 잉글랜드 국가체제를 근원적으로 바꾸지는 못했다. 청교도, 장로교, 독립회중 그리고 퀘이커교도는 결국 런던에서 패배했다. 빌럼 3세 판 오란녀를 통해 관용이 등장했고 예배의 자유는 있었으나, '민사상 장애'는 지속되었다. 신앙고백서의 서신에 대해 칼빈주의적 잉글랜드 국교회는 중단되었다. 그 의도와 노력은 칼빈주의적이다. 칼빈주의는 스코틀랜드에서는 장로교의 형태로 잉글랜드에서는 독립주의의 형태로 이어졌지만, 그 이후로 그 나라의 '정부'(het bewind)는 더 이상 칼빈주의 사상에 지배되지 않았다.

이것은 결국 미국으로의 이주로 이어졌다. 이 새로운 대륙에 식민지 형태의 새로운 국가가 세워진 것은 이 새로 건설된 국가에서만 가능하며, 칼빈주의는 신 칼빈주의라는 형태로 완전한 발전에 도달했다. 모든 정치는 일반은총에 따라 전능하신 하나님께 구속되어, 정부가 기도의 날을 문서로 공표하고, 교회와 국가의 분리가 완성되었다. 그리고 교회가 만약 자기 자신의 수단으로 생활하고 영적 탁월성으로 자신을 지킨다면, 모든 교회의 제도적 다양성 가운데 완전한 자유를 누린다.

또한, 정치적 관점에서 국민의 권리와 자유는 가장 넓은 의미로 볼 때 해밀턴의 사상적 지지자들에 의해 존중되고 유지되었다. 하지만 하원이 선출한 상원의 참여와 유럽과 달리 대통령에게 책임을 맡기고 의회에 나타나지도 않는 장관직이 대중정치의 부적절성을 누그러뜨리고 배제시켰다. 물론 칼빈주의의 과정에서 이 결과는 영적인 아버지의 이름을 따서 부르는 것과는 거리가 멀었다. 그런데도 이 열매가 그에게서 나온 것인지, 아니면 외국에서 접붙여진 것인지 아닌지를 판단하기 위해서는 그가 과거로부터 채택한 칼빈 체계의 요소가 무엇인지, 그리고 그가 선택하고 그의 시대에 새로운 것을 소개했던 다른 요소는 무엇인지를 자문해 봐야 한다.

기독교 민주주의는 이 물려받은 과거와는 완전히 이질적이고, 한편으로는 칼빈이 옛것으로부터 새롭게 엮어낸 것에서 나온 논리적 귀결에 따라 등장한 것이다. 트뢸치 박사는 칼빈주의가 우리에게 자유 시민 국가와 그 시민 국가 안에서 자유 그리스도 교회 개념을 가져다 준 영광을 가지고 있음을 정당하게 인정했다. 1627년 이후에 우리 선조가 포기했고 통치자들이 이 나라에서 망친 것이, 19세기에 와서야 우리 사이에 새 생명을 불어넣었다. 흐룬 판 프린스터러는 오란녀 가문에 관한 문헌 연구를 통해 그것을 다시 불러일으켰다. "나는 칼빈주의자이다"라는 그의 말은 호응을 얻었고, 교회가 소유하는 것에 대한 개혁주의 신앙고백의 재출현은 자동적으로 우리에게 국가이념에서 칼빈주의의 부활을 가져왔다. 이 갱신이 지속되는지 아닌지는 우리의 충성도에 달려 있다!

요청에 따라 필자는 이전과 같이 조금 덜 알려졌으나 우리 국민의 지도
자들이 읽기에 흥미로울 수 있는 책 몇 권을 소개하고자 한다. 그것은 다음
과 같다. (이 책들은 대부분은 이미 본문에 언급되었다. _역자 주)

Georg Jellineck, *Die Politik des Absolutismus und die des Radikalismus*(절대주의
와 급진주의 정치학), in ausgewählte Schriften.

Anton Menger, *Neue Staatslehre*(신국가론), Jena 1906.

Rud. von Iherinq, *Der Zweck im Recht*(법의 목적), Leipzig 1904.

H. von Müller, *Grundliniën einer Philosophie der Staats-und Rechtslehre*(국가철
학과 법철학의 기초), Berlin 1873.

Conrad Bornhak, *Allgemeine Staatslehre*(일반 국가론), Berlin 1908.

Léon Duguit, *Traite de Droit constitutionel*(헌법 조약), Paris 1911.

Gust. Ratzenhofer, *Wesen und Zweck der Politik*(정치의 본질과 목적), Leipzig 1893.

Ludw, Gumplowicz, *Geschichte der Staatstheorie*(국가 이론의 역사), Innsbruck 1905.

나아가 H. C. Mailfer, *La Démocratie en Europe*(민주주의와 유럽), Paris 1875.

H. W. J. Thiersch, *Ueber den Christlichen Staat*(기독 국가에 관해), Bazel 1875.

Albert Von Krieken, *Die sogenannte organische Staatstheorie*(소위 유기적 국가 이론),
Leipzig 1873.

Dr. H. Ahrens, *Die organische Staatslehre*(유기적 국가론), Wien.

Constantin Frantz, *Die Naturlehre des Staates*(국가의 특성론), Leipzig 1870.

마지막 네 권은 다소 오래되긴 했으나 젊은이들에게 여전히 중요하며 아
렌스의 책은 그렇게 보편적으로 알려지지 않았다.

저자 서문

1 **레이던 대학교**(Universiteit Leiden): 네덜란드에서 가장 오래된 대학교로 레이던 시에 위치해 있다. 이 대학교는 네덜란드가 스페인으로부터 독립한 것을 기념하여, 네덜란드 독립운동을 주도한 빌럼 판 오란녀(Willem van Oranje) 공이 1575년에 설립하였다. 카이퍼는 1855년부터 6년간 이 대학에서 문학과 신학을 공부하였다.

2 **"Quousque tandem"**: 키케로가 카틸리나에 대해 한 연설의 첫 부분에 등장하는 표현이다.

3 **마티아스 드 프리스**(Matthias de Vries, 1820-1892): 네덜란드의 역사가, 언어학자, 문학자.

4 **얀 헨드릭 스홀턴**(Jan Hedrik Scholten, 1811-1885): 네덜란드 개신교 신학자.

5 **알렉산더 슈바이처**(Alexander Schweizer, 1808-1888): 스위스의 개혁파 신학자.

6 **피터 마터 베르밀리**(Peter Martyr Vermigli, 1499-1562): 이탈리아 태생의 칼빈주의 종교개혁가. 이탈리아에서 종교개혁가로 일한 그의 초기 작업 및 개신교권인 북유럽으로의 도피 결정은 다른 많은 이탈리아인에게 영향을 미쳤다.

7 **요한 하인리히 알스테드**(Johann Heinrich Alsted, 1588-1638): 독일의 트란실바니아 작센(Siebenbürger Sachsen) 출신의 칼빈주의 목회자. 백과사전의 아버지라고도 불린다.

8 **흐로닝언**(Groningen): 네덜란드 북부 상공업의 중심 도시.

9 **요하네스 아 라스코**(Johnnes à Lasko/Jan Laski, 1499-1560): 폴란드 출신의 개혁주의자. 장로교 원리를 따랐으며, 독일의 엠덴(Emden) 및 잉글랜드에서 활동했다.

10 나의 연구들: 1862년에 라틴어로 쓴 본 학위논문의 제목은 "*Disquisitio historico- theologica, exhibens Johannis Calvini et Johannis à Lasco de Ecclesia Sententiarum inter se compositionem*"(각 문장의 구성에 관한 요한 칼빈과 요하네스 아 라스코 제시를 통한 역사 신학적 탐구)이다. 이 논문에서 카이퍼는 칼빈보다 진보적인 아 라스코를 더 선호했다.

11 기욤 빌럼 흐룬 판 프린스터러(Guillaume Willem Groen van Prinsterer, 1801-1876): 네덜란드의 정치가이자 역사가. 반혁명당을 창당했으며, 카이퍼의 멘토였다. 내각 비서(1829-1836), 헌법 심사위원회(1840), 하원 의원(1849-1857, 1862-1866) 직을 역임했다.

12 1848년의 헌법 개혁 동안 네덜란드 로마 가톨릭교회는 교회와 국가의 분리라는 맥락에서 네덜란드 내 교회 분열을 결정할 수 있었다. 1853년에 이 법이 적용되었고, 교황 비오 9세(Pius IX)는 네덜란드를 위트레흐트(Utrecht)에 있는 대교구를 포함하여 5개의 교구로 나누었다. 하지만 네덜란드 개신교인들이 이에 대해 적극 반대하였고, 이는 '4월 운동'으로 절정에 달했다. 결국, 빌럼 3세(Willem III)에게 항의서가 제출되자 왕과 토르베커(Thorbecke) 내각 사이에 위기가 닥쳤고, 그 결과로 내각은 사퇴하고 하원은 해산했다. 그후 1853년 5월 17일에 열린 국회 하원 선거에서 토르베커가 이끌던 자유당은 대패하고 보수당이 승리했다.

13 베이스트(Beesd): 네덜란드 중부의 작은 마을. 카이퍼는 이곳에서 1863년부터 1867년까지 처음 목사로 부임해 목회했다.

14 야간학교(Nachtschool): 당시 네덜란드 개혁교회(Hervormde Kerk) 내에서 매우 정통적인 그룹을 가리키는 비유적 표현이다. 이 표현은 설교자이면서 박애주의적 사회운동가였던 오토 헬드링(Ottho G. Heldring, 1804-1876)이 처음 사용한 것으로, 대표적 인물로는 흐룬 판 프린스터러와 빌럼 빌더르데이크(Willem Bilderdijk)가 있다. 그들은 개혁주의적 원리를 교회뿐만 아니라 국가에도 적용하려고 했기에 언론에서는 조롱을 받았으나, 카이퍼는 이 운동에서 소망의 빛을 보았다.

15 1578년: 데이펀터르 포위공격(Beleg van Deventer)은 네덜란드의 80년 독립전쟁 중 1578년 8월 3일부터 11월 19일까지 렌넌베르크(Rennenberg) 백작 헤오르허 판 랄라잉(George van Lalaing) 휘하의 독립군이 네덜란드와 위트레흐트 지역을 스페인의 약탈로부터 더 잘 보호하려는 시도로 데이펀터르 시를 포위한 사건이다. 1572년 이래로, 이 도시는 오스트리아의 돈 후안(Don Juan) 총독을 대신하여 스페인 제국의 독일 폴바일러(Polweiler) 연대에 의해 점령되었다. 랄라잉이 요한 판 든 코른푸트(Johan van den Kornput)의 여러 전

략적 조언을 실행한 후, 도시는 항복 협상을 할 준비가 되었고 1578년 11월 19일에 독립군에 항복했다.

16 **1789년**: 프랑스 혁명(Révolution française, 1789. 5. 5. - 1799. 11. 9.)은 프랑스에서 일어난 시민 혁명이다. 프랑스 혁명은 엄밀히 말해 1830년의 7월 혁명과 1848년의 2월 혁명도 함께 일컫는 말이지만, 대개는 1789년의 혁명만을 가리킨다. 이 1789년의 혁명을 다른 두 혁명과 비교하여 프랑스 대혁명이라고도 부른다.

17 **부흥 운동**(Réveil, 1815-1865): 19세기 유럽 일부에서 일어난 개혁주의 사상과 행동의 국제적 부흥 운동. 네덜란드에서는 빌더르데이크가 이 운동을 일으켰으며, 이삭 다 코스타(Isaäc da Costa)와 흐룬 판 프린스터러는 그의 학생이었다. 이 운동이 시작된 스위스(제네바), 프랑스와 오늘날의 독일 남부에서도 개혁파 부흥이 있었고 영국과도 접점이 있었다.

18 **흐젤스카펀**(Gezellschappen): '모임'이라는 뜻으로, 콘벤티컬스(Conventikels, 집회)나 콜레기아 피에타티스(collegia pietatis, 경건 모임)와 같이 교회 예배와 별도로 성경을 읽고 토론하는 경건한 사람들의 모임을 가리킨다.

19 **존 오웬**(John Owen, 1616-1683): 영국의 비국교도교회 지도자이자 신학자로, '최후의 청교도 신학자'로 평가 받는다. 옥스퍼드 대학교의 학장이었던 그는, 신실한 목회자, 은사 받은 대 설교자, 옥스퍼드 그리스도 교회의 감독, 옥스퍼드 대학교의 부총장, 크롬웰 경의 국목, 한 세대에 걸쳐 가장 많은 신학적 저작을 낸 저자, 어디서나 그리스도의 향기를 풍긴 인격자로 알려져 있다. 찰스 스펄전(Charles H. Spurgeon)은 그를 '청교도의 황태자'로, 제임스 패커(James I. Packer)는 청교도 중에 요한 칼빈과 가장 비슷한 인물로 평가하였다. 카이퍼는 그의 성령론을 능가할 책은 없다고 말하였다.

20 **알렉산더 콤리**(Alexander Comrie, 1706-1774): 스코틀랜드 출신의 네덜란드 개혁파 목사이자, 네덜란드에서 일어난 종교개혁 운동인 나더러 레포르마치(Nadere Reformatie, 1600-1750)의 마지막 대표자 중 한 사람. 그는 개혁주의 교리가 알미니안주의(항론파), 계몽주의 정신과 혼합되는 것을 반대했다.

21 **암스테르담**(Amsterdam): 네덜란드의 최대 도시로, 그 이름은 12세기경 암스텔(Amstel)강 하구에 둑을 쌓아 도시를 건설한 데서 유래되었다. 16세기에는 무역항으로서 유럽 굴지의 도시로 발전하였으며, 지금도 네덜란드 경제, 문화, 산업, 교통의 중심 도시이다.

22 **도르트 총회**(Synode van Dordrecht/Dordt): 1618년부터 1619년까지 도르트레흐트(Dordrecht)에서 네덜란드 개최한 국제 총회로, 항론파에 의해 야기된 논쟁과 분열을 해결하기 위한 것이었다. 이 총회에는 8개의 타국 대표자들

도 초대되었다.

23 **푸른책**(*Blauwboekjes*): 특별히 16-18세기 네덜란드 정부에서 발간한 소책자이다. 정부 정책과 관련된 내용을 정리했으며, 정치적이거나 종교적인 다양한 주제를 다루었다. 푸른책이라는 이름은 표지로 자주 사용되는 값싼 파란색 종이에서 유래되었다.

24 **존 녹스**(John Knox, 1513?-1572): 스코틀랜드의 종교개혁가, 신학자이며 스코틀랜드 장로교회의 창시자. 본디 로마 가톨릭교회의 사제였으나 제네바에서 칼빈에게 배운 뒤, 메리 스튜어트와 투쟁하여 개신교 사상을 정착시켜 장로교 제도를 만들었다.

25 **《일반 은혜》**(*De Gemeene Gratie*, Leiden: D. Donner): 1902년에서 1904년까지 카이퍼가 세 권으로 출판한 도서. 카이퍼의 성경적 세계관과 문화관이 담긴 연구로서, 그가 편집장으로 있던 "드 헤라우트"(*De Heraut*)라는 주간지에 1895년 9월 1일부터 1901년 7월 14일까지 '일반은총'에 대한 일련의 글들을 연재하였던 원고들을 모은 것이다. 영어로는 *Common Grace: God's Gifts for a Fallen World*라는 제목으로 세 권이 모두 출간되었으며, 그중 제1권은 우리말로 번역되어 《일반 은혜 1》(부흥과개혁사)이라는 제목으로 출판되었다. 일반은총은 인간의 타락 후에도 죄의 영향이 극대화되지 않도록 하나님의 제어하시는 은혜가 모든 피조계에 미치는 것을 의미한다.

26 고린도전서 1:26

27 **빌럼 판 오란녀**(Willem van Oranje) 또는 빌럼 1세(Willem I, 1533-1584): 오란녀의 군주, 나사우-딜렌부르크 백작으로 네덜란드의 초대 총독이다. 스페인과 가톨릭에 저항한 네덜란드 독립 전쟁의 지도자였으며, 네덜란드의 국부로 여겨진다. '침묵의 빌럼'이라는 별명으로도 잘 알려져 있다.

28 **서민**(kleyne luyden): 네덜란드 공화국 시대에 귀족, 섭정, 부르주아에 속하지 않은 사람들의 호칭이었다. 그들 중 다수가 일용 노동자, 선원, 방랑자 등 고정 수입이 없는 사람이었다. 그들은 더 친국가적이었던 상류 부르주아 계급과 대조적으로 일반적으로 친군주적이었다. 카이퍼는 1864년부터 첫 목회지인 베이스트에서 목회할 때 이 서민들 가운데서 정통 신앙을 발견했다. 말년에 그는 자신의 '개종'이 주로 특히 피쳐 발투스(Pietje Baltus) 부인을 포함한 정통적 신앙을 가진 성도들과 맺은 관계 덕분이라고 말했다. 카이퍼는 개혁파 상인, 농부, 노동자, 하급 관리들에게도 참정권을 주기 원했다. 이런 식으로 그는 19세기 자유주의로부터 네덜란드를 해방하고 보수 정치를 회복했다. 이로 인해 '서민'은 카이퍼의 전통적인 지지자들을 가리키는 호칭이 되었다.

29 1878년에 카이퍼는 정치로 돌아와, 종교(특히 기독교) 학교에 불이익을 줄 새로운 교육법에 반대하는 청원을 주도했다. 이것이 1879년에 반혁명당 (Antirevolutionaire Partij, ARP)을 창설하는 데 중요한 원동력이 되었다. 카이퍼는 1879년부터 1905년까지 반혁명당의 당수로 있었다.

카이퍼는 반혁명당을 창당하면서 당의 정강(program)으로 1879년에 "우리의 정강"(*Ons Program*, Amsterdam: J. H. Kruyt)을 출간했다. 이 책은 *Our program: a Christian political manifesto*(Harry Van Dyke trans., *Kuyper Translation Society & Acton Institute*, 2015)라는 제목의 영역본으로 출간되었다. 우리나라에서는 영역본을 번역한《아브라함 카이퍼의 정치 강령》(새물결플러스)으로 출간되었다.

30 흐룬 판 프린스터러가 기독학교를 세울 기금을 모으고자 전국기독학교교육협회(de Vereniging voor Christelijk Nationaal Schoolonderwijs, CNS)를 설립하였다. 그 후 카이퍼는 정치 투쟁을 계속하면서 반학교법 규약(het Anti-Schoolwet Verbond)을 세워 갔는데 이것이 후에 반혁명당으로 발전하였다.

31 프리드리히 다니엘 에른스트 슐라이어마허(Friedrich Daniel Ernst Schleiermacher, 1768-1834): 독일의 개신교 신학자이며 철학자. 계몽주의, 경건주의, 낭만주의의 영향을 받아 현대 자유주의 신학을 탄생시켰으며, 자유주의 신학의 아버지라고 불린다. 또한 보편 해석학 발전에 큰 영향을 끼쳤다.

32 든 하흐(Den Haag): 또는 스-흐라펀 하흐('s-Gravenhage)는 네덜란드 서부 북해 해안에 있는 도시로 네덜란드의 행정수도이자 왕실 수도, 정부 소재지이자 남홀란트 지방의 수도이다. 이곳에는 국제사법재판소와 국제형사재판소가 위치해 있다. 한국에는 헤이그로 알려져 있다.

제1장 서론

33 "드 스탄다르트"(*De Standaard*): 1872년부터 1944년까지 네덜란드에서 발행된 반혁명적 일간지. 아브라함 카이퍼가 창립자이자 초대 편집장이었다.

34 콘스탄틴 프란츠(Constantin Frantz, 1817-1891): 독일의 철학자, 홍보인, 수학자, 정치가.

35 아르망 장 뒤 플레시 드 리슐리외 드 프롱사크(Armand Jean du Plessis, cardinal-duc de Richelieu et de Fronsac, 1585-1642) 추기공작: 프랑스의 정치가이자 귀족이며, 로마 가톨릭의 추기경. 1624년부터 사망할 때까지 루이 13세의 재상을 맡았다. 그는 당시 프랑스의 중앙집권을 추진하였고, 그 과정에서 저항하는 위그노(Huguenots)와 지방 귀족들을 제거했다.

36 **올리버 크롬웰**(Oliver Cromwell, 1599-1658): 잉글랜드의 군인, 정치가. 잉글랜드 내전으로 잉글랜드의 군주제를 폐한 1658년 9월 3일부터 죽을 때까지 호국경으로 재직하며 잉글랜드, 스코틀랜드, 아일랜드를 통치했다.

37 **나폴레옹 보나파르트**(Napoléon Bonaparte, 1769-1821): 프랑스 제1공화국의 군인. 1804년부터 1814년, 1815년까지 프랑스 제1제국의 황제였다.

38 **하인리히 루돌프 헤르만 프리드리히 그나이스트**(Heinrich Rudolf Hermann Friedrich Gneist, 1816-1895): 프로이센의 판사이자 정치가. 막스 베버(Max Weber)에게 상당한 영향을 미쳤고, 이토 히로부미를 통해 일본 최초의 헌법 제정에 이바지했다.

39 **율리우스 하인리히 아렌스**(Julius Heinrich Ahrens, 1808-1874): 독일의 법철학자. 그의 이름을 딴 법철학 방향의 주요 대표자이다.

40 **루돌프 폰 예링**(Rudolf von Jhering, 1818-1892): 독일 법학자. 독일 사법체계에 큰 영향을 미쳤다.

41 **자코뱅당**: 프랑스 혁명기에 생긴 정치 파벌 중 하나로 급진적 성향을 가졌다. 정식 명칭은 자유와 평등의 벗, 자코뱅회(Société des Jacobins, amis de la liberté et de l'égalité)이며 클뢰브 데 자코뱅(Club des jacobins)이라는 별칭으로 더 잘 알려져 있다.

42 **피에르-조제프 프루동**(Pierre-Joseph Proudhon, 1809-1865): 프랑스의 사회주의자 정치가, 철학자, 경제학자, 상호주의 철학의 창시자. 그는 스스로를 아나키스트(anarchist, 무정부주의자)라고 선언한 최초의 사람이었다.

43 **미하일 알렉산드로비치 바쿠닌**(Михаил Александрович Бакунин, 1814-1876): 러시아 출신의 철학자이자 아나키즘(anarchism) 혁명가. '아나키즘의 아버지'라고도 불리는데, 당시 유럽에서 산발적으로 나타나던 특정한 혁명적 좌파 세력이 그로 말미암아 자신들을 아나키스트라는 하나의 이름으로 자각하게 되었고, 이로써 아나키즘이 본격적으로 하나의 정치 세력으로 등장하게 되었다.

44 **표트르 크로폿킨**(Пётр Алексеевич Кропоткин, 1842-1921): 러시아의 철학자, 작가, 혁명가로 무정부 공산주의를 옹호한 아나키스트 철학자. 그는 경제학, 사회학, 역사학, 동물학, 정치학, 인간 지리학 등 다방면에서 활동했다.

45 **네탸쉐프스**: 독일의 허무주의 철학자인 프리드리히 빌헬름 니체(Friedrich Wilhelm Nietzsche, 1844-1900)를 잘못 쓴 것으로 보인다.

46 **에른스트 하인리히 필리프 아우구스트 헤켈**(Ernst Heinrich Philipp August Haeckel, 1834-1919): 독일의 유명한 생물학자이자 박물학자. 또한 철학자, 의

사, 교수, 화가이기도 했다. 그는 천여 종의 생물에 학명을 붙였으며 계통학, 분류학, 생태학, 원생생물 연구에 많은 업적을 남겼다. 또한 찰스 다윈(Charles Darwin)의 진화론을 독일에 확산시키는 데 이바지했는데, 훗날 많은 논란을 불러일으킨 반복 발생설을 주창하였다.

47 신명기 27:26; 갈라디아서 3:10

48 마태복음 22:37; 마가복음 12:30; 누가복음 10:27

49 **코르시카**(Corsica): 지중해에 있는 프랑스의 섬으로, 프랑스 본토 남동쪽과 이탈리아 사르데냐(Sardegna) 섬 북쪽에 위치하며 지중해에서 4번째로 큰 섬이다. 중심 도시는 아작시오(Ajaccio)이다.

50 **보르네오섬**(Borneo): 세계에서 세 번째로 큰 섬으로 말레이 제도의 한가운데 자리하고 있다. 인도네시아에서는 칼리만탄섬(Pulau Kalimantan)이라고 부른다. 브루나이, 인도네시아, 말레이시아 세 나라의 영토로 나뉘는데, 이렇듯 한 섬에 세 나라가 함께 있는 것은 보르네오섬이 유일하다.

51 **다약족**(Dayak): 보르네오섬과 타이완의 내륙 벽지에 사는 원주민을 통틀어 부르는 말.

52 **단두마차**(einspänner): 말 한 마리가 끄는 마차. 두 마리보다 한 마리의 말이 끄는 마차를 운전하기가 더 어려운데, 쌍두마차는 한 말의 실수를 일반적으로 다른 말이 보완해주기 때문이다.

53 **샤리아**: 이슬람교의 율법이며 규범체계. 샤리아는 쿠란과 하디스에 나오는 규칙들과 원리들이며, 이후 판례들과 율법으로 편찬되어 샤리아가 되었다.

54 **아다트**: 특히 인도네시아 문화에서 통용되는 불문법(관습법)을 가리키며, 아시아의 다른 이슬람 및 힌두 문화에서도 사용된다. 아다트법은 종종 성문화된 주법 및 종교적 법적 규범과 병행되며 일상과 의식 생활의 모든 영역(관습, 전통, 관습)에 영향을 미친다.

55 **우르프**: 특정 사회의 관습 또는 지식을 가리키는 아랍 이슬람의 용어.

56 **사교적이고 호화로운 생활을 즐기는 사람**: 프랑스어로는 bon vivant(보 비바)로 쓰며 '잘 살기'(good living)로 옮길 수 있다. 주로 맛있는 음식을 먹으면서 쾌락을 즐기는 삶을 의미한다.

57 **이신론**(Deism): 하나님의 초월성은 인정하지만 내재성은 부인하는 기계론적 세계관. 세계를 하나님께서 처음 작동시킨 뒤 저절로 돌아가는 태엽시계장치에 비유하곤 한다.

58 **솔론**(Solon, BC 638-558): 고대 그리스 아테네의 정치가, 입법자, 시인. 그리스

반혁명 국가학 | 원리

의 일곱 현인 중 하나로 꼽힌다. 주전 594년에 아테네 시민들의 합의에 의해 정치 개혁을 위한 집행 조정자로 뽑혔으며, 토지 생산량에 따라 시민을 4등급으로 나누고 각 등급에 따라 참정권과 군사 의무를 정했다.

59 **미힐 드 라위터르**(Michiel Adriaenszoon de Ruyter, 1607-1676): 총 3차에 걸친 잉글랜드-네덜란드 전쟁에서 활약한 네덜란드 제독으로, 네덜란드의 영웅으로 추앙받는다. 잉글랜드-네덜란드 전쟁에서 수많은 전공을 올렸는데, 1667년 템스강까지 침입했던 미드웨이 습격이 가장 유명하다.

60 **"네덜란드 신앙고백"**(*Nederlandse Geloofsbelijdenis*): 네덜란드 최초의 종교개혁자인 귀도 더 브레(Guido de Brès, 1522-1567)가 1561년에 작성한 칼빈주의 신앙고백서. 라틴어로는 Confessio Belgica라고 불린다. Belgica는 벨기에와 네덜란드로 나뉘기 전의 네덜란드 남부 지역을 가리키는 말이며, 이 때문에 네덜란드 신앙고백은 벨직 신앙고백(*Belgic Confession*)으로도 불린다. 네덜란드 신앙고백은 도르트 총회(1618-1619)에서 하이델베르크 요리문답, 도르트 신조와 함께 칼빈주의 신앙고백서로 채택되었다.

61 전자는 십계명과 같은 규범, 후자는 자연법이라고 말할 수 있다.

62 **임마누엘 헤르만 피히테**(Immanuel Hermann Fichte, 1796-1879): 독일 개신교 신학자요 철학자로서 당시 저명한 철학자였던 요한 고틀리프 피히테(Johann Gottlieb Fichte, 1762-1814)의 아들.

63 **"인간학"**(*Anthropologie*): 전체 제목은 "인간학: 인간 영혼에 관한 학문. 자연과학자, 정신과 의사 및 학문적인 교육을 받은 모든 사람들을 위해 과학적인 방법으로 새로운 기초를 놓음"(*Anthropologie: die Lehre von der menschlichen Seele. Neubegründet auf naturwissenschaftlichem Wege für Naturforscher, Seelenärzte und wissenschaftliche Gebildete überhaupt.*, Leipzig: Brockhaus, 1856)이다.

64 **임마누엘 칸트**(Immanuel Kant, 1724-1804): 프로이센의 철학자. 근대 계몽주의를 정점에 올려놓았고 독일 관념 철학의 기반을 확립했다.

65 창세기 2:16

66 창세기 2:24

67 창세기 6:5

68 창세기 9:3

69 창세기 9:5

70 창세기 9:5

71 **아문 크누비스**(Amun-Chnubis): 고대 이집트의 신들 중 하나의 이름.

72 **퓌티아**(Pythia): 델포이(Delphoe)의 신전에서 신탁을 받아 전하던 여사제. 델포이는 고대 그리스의 도시 중 하나로 아폴론의 신전이 있었으며, 그 신전에서 아폴론이 내리던 예언을 델포이의 신탁이라고 부른다.

73 스가랴 4:10

74 출애굽기 20:2

75 출애굽기 20:11

76 창세기 1:2

77 창세기 38:8-10 참고

78 성경전서 새번역 참고

79 **라티푼디아**(latifundia): 라티푼디움(Latifundium)의 복수형. 라티푼디움은 '광대한 토지'라는 뜻의 라틴어로 고대 로마의 대토지소유 제도를 말한다. 로마는 영토 확장과 함께 점령한 토지를 국유화하였으나, 힘 있는 자들이 국유지를 점령하고 사유화함으로써 대토지를 소유하게 되었다.

80 창세기 2:18

81 출애굽기 20:12; 신명기 5:16

82 **메디아**(Media): 구약 성경의 메대. 북서부의 자그로스 산맥의 고원지역에 있었던 고대 국가다. 오늘날 케르만샤 일부와 아제르바이잔, 하메단, 테헤란, 쿠르디스탄 지방에 해당한다. 신바빌로니아와 함께 앗수르를 무너트렸으나 오래 지나지 않아 페르시아 제국에 합병되었다.

83 로마 시대의 시인이었던 오비디우스(Ovidius, BC 43-AD 17 or 18)의 시이다.

84 **하위흐 드 흐로트**(Huig de Groot, 1583-1645): 라틴식 이름으로 휴고 그로티우스(Hugo Grotius)는 네덜란드의 법학자이자 정치가. 국제법의 아버지, 자연법의 아버지로 불린다.

85 **안셀무스**(Anselmus, 1033-1109): 이탈리아의 철학자이자 신학자. 그는 베네딕트회 수도사였으며 캔터베리의 두 번째 대주교가 되었다. 또한 스콜라주의의 창시자로 여겨지며, 이른바 신의 존재론적 증명으로 잘 알려져 있다.

86 《*기독교 강요*》(*Institutio Christianae Religionis*): 종교개혁자 요한 칼빈의 대표적인 저서. 1536년에 6장으로 된 라틴어 초판이 나온 이래, 17장으로 늘어난 증보판이 1539년(라틴어)과 1541년(프랑스어)에 출간되었다. 1543년에는 21장으로 늘어난 증보판이, 1550년에는 약간의 내용을 보충하는 정도의 증보판이 출간되었으며, 최종판은 1559년(라틴어)과 1560년(프랑스어)에 나왔다.

87 **프란시스쿠스 유니우스**(Franciscus Junius, 1545-1602): 프랑스 출신의 개혁파 신

학자. 그는 법학을 공부했으나 나중에는 제네바에서 칼빈과 베자 밑에서 신학을 공부했다. 그의 "참된 신학에 관한 논문"(De Vera Theologia)은 개혁주의 스콜라철학에서 자주 인용되는 저서이다.

제2장 "국가"라는 명칭

88 **지방자치체**(municipium): 무니키피움(municipium) 또는 복수형인 무니키피아(municipia)는 도시나 마을을 뜻하는 라틴어이다. 로마 제국의 도시들로는 무니키피움외에도 콜로니아(colonia), 자유 도시(civitates liberae) 등 다양한 형태가 존재하였는데, 무니키피움은 로마가 제공하는 보호와 면세 특권에 상응하는 책무(munera, 무네라)를 가지는 시민들(municipes, 무니키페스)이 로마와 사회적 계약, 군사적 협력 관계를 맺은 도시였다. 무니키피아는 독자적인 법률과 행정 체제를 유지하면서 로마에 편입된 도시들로, 상당한 자유를 부여받고 로마 제국 내에서 높은 위상을 가졌다. 그러나 212년에 안토니우스 칙령에 의해 제국의 모든 주민들에게 시민권이 부여되면서 무니키피움은 그 특권적인 지위를 상실하게 되고, 로마 속주 행정의 기본 단위가 되는 도시를 가리키는 표현으로만 남게 되었다.

89 **신성로마제국**(Sacrum Romanum Imperium, Heiliges Römisches Reich): 962년에 독일의 오토 1세가 로마 교황에게서 대관을 받은 때부터 시작되어 1806년 해체될 때까지 중앙 유럽에서 발달한 다민족(거의 대부분이 독일계) 영토복합체다. 신성로마제국을 구성한 영토 가운데 중 독일 왕국이 가장 넓었으며, 그 외에 보헤미아 왕국, 부르군트 왕국, 이탈리아 왕국 등이 있었다.

90 교황파와 황제파는 중세 유럽(특히 북이탈리아)에서 각각 교황권과 신성로마제국 황제의 권력을 지지한 파벌들을 가리킨다. 11세기에 촉발된 서임권 분쟁으로 인해 교황을 지지한 벨프(Welf) 가문과 황제를 지지한 호엔슈타우펜(Hohenstaufen) 가문이 독일 황제 자리를 놓고 12-13세기에 치열하게 싸웠다. 이들의 분쟁이 이탈리아로 건너와서 벨프 가문의 이름은 구엘프(Guelfi)로, 호엔슈타우펜 가문의 성인 바이블링겐(Waiblingen)이 기벨린(Ghibellini)으로 변형되었다.

91 **니콜로 마키아벨리**(Niccolò Machiavelli, 1469-1527): 르네상스 시대의 이탈리아 사상가, 정치철학자. 레오나르도 다 빈치(Leonardo di ser Piero da Vinci)와 함께 르네상스인의 전형으로 알려져 있다.

92 **장 보댕**(Jean Bodin, 1530-1596): 프랑스의 종교 개혁기의 법학자이자 사상가. 고등 법원 소속 변호사로서 리옹의 로마법 교수였으며, 경제 사상사적으로 중요한 위치를 가진다.

93 프로이센(Preußen): 1947년까지 독일 북부에 있었던 주. 1918년까지는 베를린을 수도로 한 호엔촐레른가의 왕국이었다.

94 군주제 반대론(Monarchomachen): '군주와 싸우는 사람들'을 의미하는 이 용어는 스코틀랜드 왕당파이자 로마 가톨릭인 법학자 윌리엄 바클레이(William Barclay, 1546-1608)가 1600년에 그리스어 μόναρχος(군주, 유일한 통치자)와 동사 μάχομαι(싸우다)를 합쳐서 만든 경멸조의 단어이다. 군주제반대론자들(Monarchomachs, 프랑스어로 Monarchomaques)은 16세기 말에 군주제에 반대한 프랑스 위그노 이론가들로, 군주와 백성 간의 계약을 주장하여 사회계약론의 선구자로 여겨져 왔다. 이들은 개신교도들에 대한 대학살이 자행된 성 바르톨로메오의 날로부터 1년 후인 1573년과 1584년 사이에 가장 활발히 활동했다.

대표적인 인물들로 프랑수와 오트만, 테오도르 드 베즈(Théodore de Bèze), 브루투스(S. J. Brutus), 필리프 드 모르네이 뒤 플레시스(Philippe de Mornay du Plessis), 조지 뷰캐넌(George Buchanan)이 있다.

95 "마그데부르크의 세기들"(Centuriae Magdeburgenses): 이 책의 전체 제목은 "마그데부르크의 세기 또는 신약의 교회사"(Centuriae Magdeburgenses Seu Historia Ecclesiastica Novi Testamenti)이다. 요한 살로몬 젬러(Johann Salomon Semler)와 지그문트 야콥 바움가르텐(Siegmund Jakob Baumgarten)에 의해 1759년에 출판되었다.

96 위베르 드 랑게(Hubert de Languet, 1518-1581): 프랑스의 외교관이자 개혁가였으며 작센의 아우구스투스 1세를 섬기는 국무장관이었다. 율리우스 브루투스(Julius Brutus)라는 가명으로 활동했다. 외교에서 그의 주요 사상은 시민 및 종교의 자유를 수호하며 개신교를 보호하고 전파하는 것이었다. 그는 대표작인 "폭군에 대한 저항에 관하여"에서 봉기에 대한 의지가 합법화되는 경우를 설정하고 민중의 주권 교리를 공식화했다. 또한 개신교회의 연합을 위해서도 큰 노력을 기울였다.

97 "폭군에 대한 저항에 관하여"(de Vindiciae contra tyrannos): 1579년에 바젤에서 출판된 영향력 있는 위그노 소책자. 이 책은 백성이 왕에게 어떻게 반응해야 하는지에 관한 네 가지 질문과 답을 제시한다.

98 프랑수아 오트만(François Hotman, 1524-1590): 라틴식 이름으로 프란시스쿠스 호토마누스(Franciscus Hottomannus)는 프랑스의 개신교 변호사이자 작가로서 절대 군주제에 맞서 싸운 법학자. '최초의 근대 혁명가'로 불린다.

99 요한 판 올던바르너펠트(Johan van Oldenbarnevelt, 1547-1619): 스페인으로부터의 독립을 위한 네덜란드의 80년 전쟁에서 중요한 역할을 했으며 네덜란

드 동인도회사의 설립자. 그는 7개 연합 네덜란드 공화국을 통치했으며, 오랫동안 마우리츠(Maurits) 왕자(빌럼 1세의 아들)와 함께 일했다. 그러나 말년에 네덜란드 공화국을 분열시킨 종교적-정치적 논쟁에서 알미니안주의(항론파)를 지지했는데, 이로 인해 정치적 재판을 받은 후 참수되었다.

100 **코르넬리스 킬리안**(Cornelis Kiliaan, 1529-1607): 남부 네덜란드의 사전 편찬가, 언어학자, 번역가, 시인.

101 **"어원"**(Etymologicum): 킬리안의 대표저작인 본서는 현대 네덜란드어 사전의 시효가 된다. 전체 제목은 라틴어로 *Etymologicum Teutonicæ linguæ: sive dictionarium Teutonico-Latinum, præcipuas Teutonicæ linguæ dictiones et phrases Latine interpretatas et cum aliis nonnullis linguis obiter collatas complectens*이다. 1599년에 안트베르펜(Antwerpen)에 위치한 플랑탱-모레투스(Plantin-Moretus)에서 출판되었다.

102 **야콥 페르담**(Jacob Verdam, 1845-1919): 레이던 대학교의 네덜란드어 및 중세 네덜란드어 교수. 그의 "중세 네덜란드어 사전"(*Middelnederlandsch Woordenboek*)은 1911년에 출판되었다.

103 **의회**(Staten-Generaal): '스타턴헤네랄'은 네덜란드 의회의 정식 명칭. 양원제를 채택하고 있으며, 상원은 제1원(Eerste Kamer), 하원은 제2원(Tweede Kamer)으로 불린다. 의사당은 던 하흐에 있다.

104 **에밀 막시밀리앙 폴 리트레**(Émile Maximilien Paul Littré, 1801-1881): 프랑스의 문헌학자, 사전 편찬자. 르 리트레(le Littré)라고 불리는 프랑스어 사전으로 가장 잘 알려져 있다.

105 **국가평의회**(Raad van State): 1531년에 설립된 네덜란드의 헌법 기관으로 정치 행정 업무를 수행하는 네덜란드 국가 최고 평의회 중 하나로 든 하흐에 소재한다. 정부의 중요한 자문기관 및 시민과 정부 간의 분쟁을 관장할 수 있는 최고 사법 기관 역할을 한다. 구성원은 왕실, 정치, 비즈니스, 외교, 군사 등의 영역에서 경험이 있는 사람들을 왕이 임명하여 이뤄진다.

106 **카를 5세**(Karl V, 스페인어로 Carlos I, 1500-1558): 신성로마제국 황제로, 1519년부터 1556년까지 신성로마제국을 통치했다.

107 **주의회**: 지방 국민을 대표하는 집합체로 지방 행정부에 의해 구성되는 지방 정부를 통제한다.

108 **대표위원회**: 네덜란드의 12개 주에 있는 행정 기관으로 지방의 일상적인 관리이다.

109 네덜란드는 1848년부터 1917년까지 교육 시스템을 둘러싸고 이념적으로

매우 격렬한 투쟁을 했는데 이를 학교투쟁(de schoolstrijd)이라고 부른다. 이 투쟁은 종교 학교(특히 기독교학교)에 대한 공적 자금의 균등화를 둘러싼 역사적 갈등이었는데, 결국 사교육과 공교육 사이의 전반적인 평등을 가져왔다. 이 과정에 카이퍼는 매우 중요한 역할을 했으며, 1917년 헌법을 개정하면서 모든 사립학교와 대학도 공립과 동등하게 정부로부터 전액 지원을 받게 되었다. 이러한 경우는 세계에서 네덜란드가 유일하다. 네덜란드 기독교 교육 철학과 학교투쟁 그리고 교육 재정 정책에 대해 더 자세한 내용은 다음을 참고하라. 최용준, "A Research on the Philosophy of Christian Education in the Netherlands: A Historical Approach" 신앙과 학문 21(2) (통권 67호), 231-257. "네덜란드 교육의 재정정책에 관한 고찰: 역사적 접근" 기독교 대안학교의 재정(서울, 예영, 2017) 65-102쪽.

제3장 국가의 본질

110 **헤르만 렘**(Hermann Rehm, 1862-1917): 독일의 법학자. 그의 "일반 국가론" (*Allgemeine Staatslehre*)은 1899년에 프라이부르크(Freiburg)에서 출간되었다.

111 **모나코**: 정식 명칭은 모나코 공국이다. 프랑스 남부에 위치한 작은 도시 국가이며, 세계의 주권 국가 중에서 바티칸 시국에 이어 두 번째로 영토가 작다.

112 **리히텐슈타인 공국**(Fürstentum Liechtenstein): 오스트리아와 스위스 사이에 있으며, 왕자가 이끄는 준 입헌군주국이다. 왕자의 광범위한 권한은 준 대통령제에서 대통령의 권한과 같다.

113 **힐베르쉼**(Hilversum): 네덜란드의 북홀란트(Noord-Holland)에 위치한 도시로, 각종 방송국이 모여 있는 곳이다.

114 **로버트 레드슬롭**(Robert Redslob, 1882-1962): 프랑스-독일 헌법 및 국제변호사. 그의 의회 내각제 이론은 바이마르 헌법에 지대한 영향을 미쳤다.

115 **프리드리히 율리우스 슈탈**(Friedrich Julius Stahl, 1802-1861): 독일의 법철학자, 변호사와 정치인이었다.

116 **브룬스베이크**(Brunswick): 독일 니더작센(Niedersachsen) 주에 있는 도시인 브라운슈바이크(Braunschweig)를 네덜란드식으로 읽은 이름이다. 1918년까지 브라운슈바이크 공국의 수도였고, 1945년까지는 브라운슈바이크 주의 주도였다.

117 누가복음 17:20-21, 개역개정

118 요한계시록 7:9-10

119 **리하르트 로테**(Richard Rothe, 1799-1867): 독일의 개신교 신학자.

120 **요한 카스파 블룬칠리**(Johann Kaspar Bluntschli, 1808-1881): 스위스 바덴(Baden) 출신의 법학자이자 정치가. 취리히 대학, 뮌헨 대학, 하이델베르크 대학에서 가르쳤다. 프란시스 리베르(Francis Lieber), 에두아르 르네(Édouard René de Laboulaye)와 함께 최초의 국제법과 전쟁 규범 중 하나를 개발했다.

121 **퀘이커**(Quaker): 17세기에 영국의 조지 폭스(George Fox)가 창시한 기독교파로, 하나님 앞에서 떤다는 데서 이름이 유래되었다. 오늘날 정식 명칭은 Religious Society of Friends라고 불린다. 퀘이커교는 올리버 크롬웰의 종교적 관용정책으로 크게 확산하였으나, 이후 찰스 2세가 국가교회 정책을 펼치면서 정부로부터 탄압받았다. 퀘이커 교도들은 윌리엄 펜(William Penn, 1644-1718)이 북아메리카 식민지로 불하받아 세운 펜실베니아(Pennsylvania)에서 종교의 자유를 허용받았다.

122 **부어던**(Woerden): 네덜란드 위트레흐트주의 서쪽, 그린 하트(Groene Hart) 동쪽에 있는 도시. 부어던 공성전(Het Beleg van Woerden)은 80년 독립전쟁 동안 1575년 9월 8일부터 1576년 9월 10일까지 펼쳐진 포위 공격이었다. 1년 이상의 포위 공격 끝에 플란데런 군대는 포위를 중단했다.

123 **나르던**(Naarden): 네덜란드 북홀란트에 있는 도시. 1572년에 스페인 군대는 평화 제안을 듣기 위해 이 도시에 모인 700여명의 주민을 총으로 학살하고 마을에 불을 질렀다.

124 **어머니 보호 및 성 개혁 협회**(Bund für Mutterschutz und Sexualreform): 법적, 경제적, 사회적 측면에서 어머니가 가지는 여성의 위치를 개선하기 위해 독일에서 1904(or 1905)년에 설립되었다.

125 **교황 비오 9세**(Pius IX): 제255대 교황(재위 1846-1878). 1869년에 제1차 바티칸 공의회를 소집하여 교황 무류성과 성모 마리아의 원죄 없는 잉태를 교의로 확정하였다.

126 **헥토르 트뢰브**(Hector Treub, 1856-1920): 레이던 대학과 암스테르담 대학의 산부인과 교수.

127 **알버트 하흐펠트**(Albert Hachfeld): 학술 출판 회사 Athenaion 및 Rütten & Loening Verlag의 소유자.

128 **1914년의 격렬한 전쟁**: 제1차 세계대전을 가리킨다. 이 전쟁은 1914년 7월 28일 오스트리아가 세르비아에 선전포고로 시작되어, 1918년 11월 11일 독일의 항복으로 끝났다. 이 전쟁으로 병사만 900만 명 이상이 사망했다.

129 미국 철강 재벌인 앤드루 카네기(Andrew Carnegie, 1835-1919)가 든 하흐(헤이

그)에 있는 평화궁의 건설 자금을 기부했다. 평화궁 건설에는 당시 미화로 150만 달러(현재 가치로는 약 4천만 달러)가 소요되었다. 평화궁에는 국제사법 재판소, 헤이그 국제법 아카데미, 평화궁 도서관이 있다.

130 제1차 세계대전이 발발한 것을 가리킨다.

131 **워털루**(Waterloo): 벨기에 왈룬 브라반트(Walloon Brabant)지방에 위치한 자치 체로 브뤼셀(Bruxelles)의 남쪽 가까이에 위치한다. 1815년 재기한 나폴레옹 이 마지막으로 패배한 전투가 벌어진 브레인 알류드(Braine-l'Alleud)의 북동 쪽에 위치한다.

132 **바그다드**(Baghdad): 현재 이라크의 수도로, 카이로, 테헤란, 이스탄불에 이 어 서아시아에서 네 번째로 큰 대도시이다. 주후 762년경 아바스 왕조에 의해 계획도시로 세워졌으며, 주후 8세기경에는 장안, 콘스탄티노플과 함 께 세계적인 대도시 중 하나로 번성하였다. 16세기 이후에는 오스만제국 의 지배하에 있다가 1917년 영국군에 의해 점령되으며, 1921년 이라크 왕 국의 독립과 함께 수도가 되었다.

133 **페즈**(Fès/Fez): 모로코에서 세 번째로 큰 도시이자 마라케시, 메크네스, 라바 트를 포함하는 4개의 왕도(王都) 중 가장 오래된 도시.

134 **그라나다**(Granada): 스페인 안달루시아 지방에 있는 그라나다도의 도청 소재지. 이베리아반도에서 이슬람 세력이 차지한 마지막 근거지였으나, 1492년 이사벨 여왕에 의해 함락되었다.

135 **에드워드 기번**(Edward Gibbon, 1737-1794): 영국의 역사가, 작가, 국회의원. 그 의 가장 중요한 저서인 《로마제국 쇠망사》(The History of the Decline and Fall of the Roman Empire)은 1776~1788년 사이에 6권으로 출판되었으며, 글의 질, 주요 출처의 사용, 조직화된 종교에 대한 논쟁적 비판으로 잘 알려져 있다.

136 **토머스 매콜리**(Thomas Babington Macauly, 1800-1859): 영국의 역사가이자 휘그 당 정치가. 주로 인도에 서구 교육 시스템을 도입했으며 수필가이자 평론 가로서 동시대 및 역사적 사회 정치적 주제에 대해 광범위한 글을 썼다. 그의 "영국사"(History of England)는 휘그 역사학의 획기적이고 모범적인 사례로 평가받는다.

137 창세기 6:5

138 창세기 6:6

139 창세기 9:13-16

140 야고보서 1:15

141 고린도전서 13:4-13

142 요한복음 17:21, 새번역

143 튀로스(Tyros): 그리스 펠로폰네소스 반도 아르카디아 지역에 있는 관광 도
시이자 옛 해군 도시이다.

144 카르타고(Carthago): 튀니지의 수도인 튀니스의 동북쪽에서 약 15km에 위치
한 도시. 고대에 카르타고는 주전 9세기에 도시 국가로 건국된 뒤, 서부
지중해를 장악한 카르타고 제국의 중심지가 되었다. 주전 146년에 로마와
벌인 제3차 포에니 전쟁에서 패배하여 속주 아프리카가 되었고, 주전 149
년에 조약 위반을 빌미로 로마의 손에 완전히 멸망하였다.

145 조지 워싱턴(George Washington, 1732-1799): 미국의 군인이자 정치가. 1775년
부터 1783년까지 벌어진 미국 독립 전쟁에서 대륙군 총사령관으로 활동
하였으며, 미국의 초대 대통령(재임 1789-1797)이 되었다.

146 에드먼드 버크(Edmund Burke, 1729-1797): 아일랜드 더블린 출신의 영국의 정
치인이자 정치철학자, 연설가.

147 토머스 제퍼슨(Thomas Jefferson, 1743-1826): 미국의 정치인. 미국 독립 선언서
의 초안을 작성했고(1776), 미국의 세 번째 대통령(재임 1801-1809)이 되었다.

148 알렉산더 해밀턴(Alexander Hamilton, 1755-1804): 미국의 법률가이자 재정가,
정치인, 정치 사상가. 미국 건국의 아버지 중 한 명으로 꼽히며, 1787년 미
국 헌법의 제정에 공헌하였다. 연방주의자였으며, 조지 워싱턴 정부에서
재무장관을 역임했다(1789-1795).

149 장 자크 루소(Jean-Jacques Rousseau, 1712-1778): 스위스 제네바 출신으로 프랑
스에서 활동한 계몽주의 철학자. 사회계약론자이자 직접민주주의자, 공화
주의자였다.

150 《사회계약론》(Du Contrat Social ou Principes du droit politique): 루소의 대표작으로
1762년에 네덜란드에서 출판되었다. 전체가 4편으로 구성되며, '일반의지
론'과 '사회계약론'을 이론적 기반으로 한다. '일반의지'란 자유와 평등을
지향하는 인간의 의지를 말하는데, 이것이 주권의 기초가 된다. 법이나 정
부도 여기서 생겨나며, 따라서 주권 또한 절대적이다. 루소가 구상한 국가
는 의회주의 국가가 아니라 직접민주제 국가이다. 각 개인은 자유와 평등
을 최대한으로 확보하면서 공동 이익을 지키기 위해 하나의 약속을 하고
국가를 형성하는데, 이 약속이 '사회계약'이다. 사회계약은 주권자인 개개
인이 서로 맺는 약속이며, 지배자에 대한 국민의 복종을 뜻하지 않는다.

제4장 국가의 개념

151 고트프리트 빌헬름 라이프니츠(Gottfried Wilhelm Leibniz, 1646-1716): 독일의 철학자이자 수학자. 책을 쓸 때 라틴어, 프랑스어, 독일어 등 다양한 언어를 사용하였다.

152 *Nouv. Ess.*: 전체 도서명은 *Nouveaux Essais sur L'entendement humain*(인간 이해에 관한 새로운 에세이)이며 1704년에 출판되었다.

153 크리스티안 볼프(Christian Wolff, 1679-1754): 독일의 계몽 철학자, 수학자, 변호사.

154 *Vern. Ged.*: 전체 도서명은 *Vernünftige Gedanken von Gott, der Welt und der Seele des Menschen, auch allen Dingen überhaupt, den Liebhabern der Wahrheit mitgetheilet*(진리를 사랑하는 자들에게 하나님과 세상과 사람의 혼과 만물에 대한 이성적인 생각을 전함)이며, 1719년에 출판되었다.

155 게오르크 빌헬름 프리드리히 헤겔(Georg Wilhelm Friedrich Hegel, 1770-1831): 관념 철학을 대표하는 독일의 철학자. 칸트의 이념과 현실의 이원론을 극복하여 일원화하고, 정신이 변증법적 과정을 거쳐 자연 · 역사 · 사회 · 국가 등의 현실이 되어 자기 발전을 해가는 체계를 종합 정리하였다.

156 페르난도 알바레스 데 톨레도 이 피멘텔 데 알바 데 토르메스(Fernando Álvarez de Toledo y Pimentel, III duque de Alba de Tormes, 1507-1582) 공작: 스페인의 귀족, 군인, 외교관. 주로 알바 대공(Gran Duque de Alba)으로 불린다. 그는 국왕 카를로스 1세(이자 신성로마 황제 카를 5세)와 그 후계자 펠리페 2세의 고문관으로서, 밀라노 공국 총독(1555-1556), 나폴리 왕국 부왕(1556-1558), 네덜란드 총독(1567-1573), 포르투갈 왕국 부왕 겸 무관장(1580-1582)을 역임했다. 네덜란드 독립전쟁 당시에는 스페인 군대의 총사령관이었다.

157 스튜어트 왕가(House of Stuart): 14세기부터 스코틀랜드의 왕실이었고 17세기부터 영국의 왕실이 되었다. 1603년 튜더 왕가(House of Tudor)의 엘리자베스 1세가 후사 없이 죽은 뒤, 스코틀랜드 왕 제임스 6세가 헨리 7세의 후예라는 이유로 즉위하여 잉글랜드 왕 제임스 1세가 되었다. 이후 스튜어트 왕가는 6대가 이어졌다.

158 프리드리히 칼 폰 사비니(Friedrich Carl von Savigny, 1779-1861): 독일의 로마법학자. 근대 사법의 기초를 닦았다.

159 파울 라반트(Paul Laband, 1838-1918): 독일 법학자이자 독일제국의 헌법학자.

160 빌럼 빌더르데이크(Willem Bilderdijk, 1756-1831): 네덜란드의 역사가, 언어학자, 시인, 변호사.

161 **이삭 다 코스타**(Isaäc da Costa, 1798-1860): 암스테르담의 시인이자 역사가.

162 **피터 야콥 엘아우트 판 수터르바우더**(Pieter Jacob Elout van Soeterwoude, 1805-1893): 네덜란드 판사이자 반혁명 정치가.

163 이런 의미에서 흐룬 판 프린스터러는 1847년에 *Ongeloof en revolutie*(불신앙과 혁명)이라는 책을 출간했다.

164 **로베르트 폰 몰**(Robert von Mohl, 1799-1875): 독일의 법학자이자 정치가. 1827년부터 1846년까지 튀빙엔 대학교에서 국가학 교수로 재직하였으며, 프랑크푸르트 국민의회와 독일제국 제국의회를 비롯한 여러 의회의 의원을 역임하였다.

제5장 국민

165 요한계시록 7:9; 11:9

166 **시오니즘**(Zionism): 팔레스타인 지역에 유대인 국가 건설을 목적으로 한 민족주의 운동.

167 **로스차일드**(Rothschild) 가문은 독일-유대계 혈통의 국제적인 금융 기업 가문이다. 독일 프랑크푸르트 출신인 마이어 암셀 로스차일드(Mayer Amschel Rothschild, 1744-1812)가 회사를 설립하여 다섯 아들에게 사업을 나누어 맡겼고 최초의 국제 금융은행을 설립하여 막대한 부를 축적하였다. 로스차일드 가문은 19세기에 세계에서 가장 부유한 가문으로 자리매김했다.

168 **알레포**(Aleppo): 시리아 북부의 도시로 시리아의 가장 큰 주인 알레포 주의 주도.

169 **메디나**(Medina): 사우디아라비아의 서부 헤자즈 지방에 있는 도시로, 마디나 주의 주도이다. 메카 북쪽으로 약 350km 지점에 있는 성지이며 무함마드가 주후 622년 메카에서 추방당하여 헤지라를 행한 곳이며 무함마드의 묘가 있다.

170 **베두인**: 옛날부터 중동의 사막에서 유목 생활을 하는 아랍 민족으로 그 수가 약 100만 명에 달한다. 종교는 이슬람교이고 아랍어 계통의 몇 가지 언어를 사용한다.

171 **와하브주의**(Wahabism): 오스만 제국 쇠퇴기인 18세기에, 무하마드 이븐 압달 와하브(Muhammad ibn Abd al-Wahhab, 1703-1792)가 벌인 와하브 운동의 사상이다. 이슬람 교파 중 하나인 수니파에게서 시작된 와하브 운동은, 이슬람교의 타락과 형식주의를 비판하며 쿠란의 가르침을 그대로 따르는 순수 이슬람화를 주장하는 근본주의 운동이었다. 이 운동으로 인해 와하브

왕국이 성립되었고 오늘날 사우디아라비아로 이어졌다.

172 **쿠르드족**(Kurd): 터키의 아나톨리아 반도 동남부 및 이란, 이라크, 시리아 등이 접경을 이루는 쿠르디스탄(약 30만 의 산악지대)에 주로 거주하는 이란계 민족. 인구는 약 4,300만 명으로 독자적인 국가를 이루지 않은 민족 중 가장 많은 수이다. 종교는 대부분 이슬람교 수니파이며 기타 야지디교 등이 있다. 언어는 인도유럽어족 이란어파에 속하는 쿠르드어를 독자 언어로 사용한다. 주된 생업은 목축으로 서아시아 이외의 다른 민족처럼 유목민으로 생활해 왔다.

173 **올라 포드리아**(olla podrida): 문자적인 뜻은 '잡탕'이며 고기와 채소를 큰 냄비에 함께 넣어 끓여내는 스페인식 스튜. (편집자 주)

174 **왈롱**(Wallonie): 벨기에 남부에 있는 지역이며 프랑스어와 독일어를 공용어로 사용한다. 의회 소재지는 나뮈르(Namur)이다.

175 **플란데런**(Vlaanderen): 벨기에의 북부에 있는 지역으로 의회 소재지는 브뤼셀. 네덜란드어에 속하지만 좀 더 부드러운 플란데런어를 공용어로 사용한다.

176 **호헨촐레른가**(Haus Hohenzollern): 브란덴부르크 선제후, 프로이센 왕, 독일 황제(프랑켄 계), 호헨촐레른 공국의 통치자와 루마니아의 왕(슈바벤 계)을 배출한 가문이다.

177 **합스부르크 군주국**(Habsburgermonarchie) 또는 **합스부르크 제국**(Habsburgerreich): 오스트리아 대공 카를 5세가 페르디난트 1세에게 스페인을 제외한 나머지 영지들을 넘겨준 이후 오스트리아계 합스부르크가 지배하는 영지 전체를 가리킨다. 지금의 오스트리아와 헝가리, 체코와 슬로베니아, 크로아티아 등을 포함하였다.

178 **존 몰리**(John Morley, 1838-1923): 영국의 자유당 정치가로 작가 및 신문 편집자이기도 하다.

179 **트란스발 공화국**(Transvaal Republic): 1902년까지 발(Vaal)강 북부에 있던 나라로, 1852년에 아프리카너(Africaner, 남아프리카공화국에 정착한 네덜란드인들)에 의해 건국되었다.

180 시편 1:2

제6장 영토

181 **헨리 버클**(Henry Thomas Buckle, 1821-1862): 영국 역사가. '과학사의 아버지'라고 불린다.

182 **티에라 델 푸에고**(Tierra del Fuego) 제도: 스페인어로 '불의 땅'이란 뜻으로 남아메리카 대륙 남쪽 끝에 있는 군도이다. 대륙과는 마젤란 해협을 사이에 두고 떨어져 있다. 제도의 최남단은 혼 곳이다.

183 **헤네하우언**(Henegouwen): 프랑스어로 에노(Hainaut)로 더 알려진 벨기에 남부 왈롱 지방에 있는 주로 주도는 몽스(Mons). 북쪽에서부터 시계 방향으로 서플란데런 주, 동플란데런 주, 플람스브라반트 주, 브라방왈롱 주, 나뮈르 주, 프랑스와 접하며 7개 행정구와 69개 지방 자치체를 담당한다.

184 **마르세예즈**(La Marseillaise): 프랑스의 국가(國歌). 1795년 7월 14일에 한 번 지정되었고, 제3공화국 출범 이후 두 번째로 지정되어 현재까지 이른다. 1792년 4월에 숙소에서 클로드 조제프 루제 드 릴(Claude Joseph Rouget de Lisle)이 작사 및 작곡했다고 한다.

185 **빌헬무스**(Het Wilhelmus): 네덜란드의 국가(國歌).

186 **자바**(Java): 자와섬(Pulau Jawa)은 인도네시아의 섬으로, 면적은 138,794km^2로 세계에서 13번째 크기이다. 서쪽 끝에 인도네시아의 수도인 자카르타가 있다.

187 **드렌터**(Drenthe) 주: 네덜란드 북동부에 있는 주로, 주도는 아선(Assen)이다. 남쪽으로는 오버레이설주, 서쪽으로는 프리슬란트주, 북쪽으로는 흐로닝언주, 동쪽으로는 독일의 니더작센주와 접한다.

188 마태복음 13:3-8

189 **펠뤼어**(Veluwe): 네덜란드 헬데를란트(Gelderland) 지방에 있는 숲이 우거진 산등성이며 면적은 1,100km^2에 달한다. 삼림 지대, 덤불, 일부 작은 호수 및 유럽에서 가장 큰 모래 드리프트를 포함한 다양한 풍경이 특징이다.

190 **구아노**(guano): 바닷새의 배설물이 산호초 섬의 바위에 쌓여 화석처럼 굳은 광물질. 무기질이 많아 비료로 쓰인다. 주요 산지는 남미(칠레, 페루, 에콰도르)와 오세아니아(나우루 등)이다.

191 **아르메니아 공화국**(줄여서 아르메니아): 카프카스 지방에 있는 내륙국. 수도는 예레반이며, 공용어는 아르메니아어이다. 조지아, 아제르바이잔, 터키, 이란과 국경을 접한다. 1921년 아르메니아 소비에트 사회주의 공화국이 수립되었고, 이듬해 소비에트연방에 가입했다. 1990년 8월에 주권을 선언하고 1991년 12월 독립국가연합에 가입하였다.

192 **티롤**(Tirol): 오스트리아 서부에 있는 주이며 주도는 인스브루크(Innsbruck).

193 **하를렘머미어**(Haarlemmermeer): 네덜란드 서부, 북홀란트 지방에 있는 자치체. 이곳은 19세기에 호수를 매립해 만든 간척지로, 하를렘머미어라는 이

름 자체가 하를렘(Haarlem)의 호수라는 뜻이다.

194 자위더르제(Zuiderzee): 중세 후반부터 1932년까지 존재했던 네덜란드 북부의 내해. 1932년 아프슬라위트데이크(Afsluitdijk)라는 방조제가 완성되면서 둘로 분할되었는데, 분할된 이후 닫힌 부분은 에이슬미어(Ijsselmee), 닫히지 않은 부분은 바던제이(Waddenzee)라고 불린다.

195 라인강(독일어로 Rhein, 네덜란드어로 Rijn)**:** 유럽의 매우 중요한 강이다. 길이가 1,230km에 달하며 스위스와 독일을 거쳐 네덜란드로 흐른다. 라인이라는 이름은 켈트어로 '흐르는 것'이라는 뜻의 Renos에서 유래되었다. 수상 교통이 매우 활발하다.

196 엘베강(Elbe): 폴란드, 체코의 국경지대에 있는 리젠 산맥을 수원으로 하는 강. 체코 북부, 독일 동부를 흘러 함부르크 부근에서 북해에 흘러든다.

197 베제르강(Weser): 독일 북서 지역을 흐르는 강으로, 베라강과 풀다강이 합류해 이루어진 강이다.

198 테베: 나일강 상류에 위치한 고대 이집트의 도시로 당시 정치 문화의 중심지였다.

199 아부 하메드(또는 아부 하마드): 나일 강의 거대한 S자형 굽힘의 중심에 세워진, 나일 강 오른쪽 제방에 위치한 수단의 마을. 하르툼에서 북쪽으로 철로로 약 555km 떨어져 있다.

200 스헬더강(Schelde): 350km에 달하는 강으로 프랑스 북부 구이(Gouy)의 프랑스 코뮌에서 발원하여, 벨기에 서부와 네덜란드의 남서 지방을 흐른다. 고대 영어에서 얕은 천(Shallow)를 묘사할 때 쓰던 형용사에서 지금의 이름이 유래했다고 추측되고 있다. 가장 큰 항구로 안트베르펀(Antwerpen) 항구가 있다.

201 마스강(네덜란드어/독일어로 Maas, 프랑스어로 Meuse)**:** 프랑스 샹파뉴아르덴 지방에서 발원하여 네덜란드와 벨기에 일대를 지나 북쪽으로 흐르는 강. 라인 강 하류와 함께 삼각주를 형성한다. 이 강과 라인 강 사이에 로테르담이 위치한다. 곳곳에 주변 강과 연결되는 운하가 많아 수상 교통이 활발하다.

202 폼머른(Pommern): 발트해 남부 해안의 역사적인 지역으로, 일부분은 독일에 일부분은 폴란드에 속한다.

203 살로니카(Saloniki): 테살로니키(Thessaloniki)라고도 불린다. 그리스에서 아테네 다음가는 도시이자 그리스령 마케도니아 지방의 중심 도시이다. 경제, 산업, 상업, 정치면에서 제2의 중심지이며 남동부 유럽의 교통 요지이다.

204 엠덴(Emden): 독일 북부 니더작센 주에 있는 동프리슬란트의 주요 도시로,

북해로 흐르는 엠스 강 하구에 위치하며, 네덜란드 국경과 가깝다. 16-17
세기 네덜란드 개신교도들이 종교 난민으로 대량 이주하면서 크게 발전
하여 유럽의 주요 무역항이 되었다. 19세기에 운하가 개통되어 현재까지
도 독일의 중요한 항구 도시이다. 다음을 참고하라. 최용준, "엠든(Emden)
의 종교개혁과 변혁에 관한 역사적 고찰"〈신앙과 학문〉제22권 4호 (통권
73호) 197-225.

205 무역, 과학, 군사, 미술 등에서 세계 최고였던 네덜란드의 황금시대(De
　　 Gouden Eeuw)를 의미한다.

206 계절노동자: 30년 종교전쟁 후 1650년부터 1914년까지 사회적인 어려움으
　　 로 인해 독일의 경제적으로 취약한 지역에서 네덜란드로 계절을 따라 이
　　 주해 다니던 노동자를 말한다.

207 라인란트(Rheinland): 독일과 프랑스, 룩셈부르크, 벨기에, 네덜란드 사이의
　　 국경으로부터 라인강에 이르는 지역을 가리킨다. 현재 프랑스령인 알자
　　 스-로렌 정도를 제외하고는 독일 영토의 일부이다.

208 하르츠(Harz): 독일 북부의 가장 높은 산맥으로 니더작센(Niedersachsen), 작
　　 센안할트(Sachsen-Anhalt), 튀링엔(Thüringen)의 교차점에 있다.

209 헨트(Gent): 벨기에 남플란데런 주의 주도이자 가장 큰 도시로 중세 시대에
　　 는 북유럽에서 가장 인구가 많고 부유한 도시였다. 현재는 항구와 많은 대
　　 학교가 자리하고 있으며, 브뤼허와 함께 벨기에의 가장 아름다운 도시 1,
　　 2위를 다투고 있다.

210 브뤼허(Brugge): 벨기에의 도시이며 관광지로 잘 알려져 있다. 중세의 모습
　　 을 간직하고 있는 구시가지는 유네스코 세계문화유산으로 지정되었으며
　　 '북부의 베네치아'라고도 불린다. 중세에는 유럽에서 가장 큰 도시 중 하
　　 나였으나 현재 인구는 11만 명 정도이다.

211 네덜란드의 식민지였던 인도네시아를 가리킨다. (편집자 주)

212 프랑스에서 일어난 시민 혁명을 말한다.

213 베튀어(Betuwe): 네덜란드 헬데를란트 주의 남서쪽에 위치한 지역. 남쪽으
　　 로는 바알(Waal)강과, 북쪽으로 니더라인(Nederrijn)강과 렉(Lek)강에 접한다.

214 마르세이유(Marseille): 지중해 연안에 위치한 프랑스에서 두 번째로 큰 도시
　　 이자 프랑스와 지중해 모두에서 가장 큰 항구이다.

215 아라스(Arras): 프랑스 북부 파드칼레(Pas-de-Calais)주의 주도.

216 얼스터(Ulster): 아일랜드 섬의 전통적인 네 지방 중 하나로, 가장 큰 도시는

벨파스트(Belfast).

217 **사라예보**(Serajewo)**의 공포**: 1914년 6월 28일 사라예보(현재 보스니아 헤르체고비나의 수도)에서 오스트리아-헝가리 제국의 황위 계승자인 대공 부부가 청년 보스니아라는 민족주의 조직의 조직원인 가브릴로 프린치프에게 암살된 사건이다. 이 사건으로 제1차 세계대전이 발발하게 되었다.

제7장 중앙 정부

218 **콘라트 보른하크**(Conrad Bornhak, 1861-1944): 독일의 법률 및 헌법 역사가.

219 창세기 2:24

220 **모권제**(matriarchy): 부권제(가부장제)와 반대되게 어머니 또는 여성 최연장자가 가족의 우두머리가 되는 사회 조직.

221 **신맬서스주의**(Neo-Malthusianism): 한정된 자원으로 인해 인구 억제가 필요하다고 주장하는 점에서 기본적으로 토머스 맬서스(Thomas Malthus)의 논리를 계승한다. 하지만 맬서스가 악덕으로 여긴 피임법을 중요한 정책수단으로 채택하며, 식량만이 아니라 식량을 포함한 자원 일반의 한계를 주장한다는 점에서 차이를 보인다.

222 **게오르크 옐리네크**(Georg Jellinek, 1851-1911): 19세기 오스트리아와 독일을 대표하는 공법학자, 헌법학자, 행정법학자.

223 고린도전서 13:9-12

224 **만국평화회의**(Internationale vredesconferenties): 네덜란드 헤이그에서 1899년과 1907년 두 차례 열린 국제평화회담. 1915년으로 예정된 세 번째 회의는 제1차 세계대전의 발발로 취소되었다. 제네바 협약과 함께 헤이그 협약은 국제법에서 전쟁 및 전쟁 범죄에 관한 법률에 대한 최초의 공식 선언 중 하나였다.

225 **국제연맹**(國際聯盟): 각각 주권을 유지하는 다수의 주권 국가들의 연합. 이는 조약의 체결 등을 통해 약한 정도의 결집력으로 국가 간의 통합을 이룬다. 국제법상 국가 연합 자체는 연방과 달리 하나의 주권 국가로 인정되지 않는 경우가 많다.

226 **프란츠 불**(Frants Peder William Meyer Buhl, 1850-1932): 덴마크의 동양학 및 구약학자.

227 **아이스키네스**(Aeschines, BC 389-314): 고대 그리스의 정치가이자 다락방 연설가 중 한 명.

228 폴 프레데리크 지라르(Paul Frédéric Girard, 1852-1922): 프랑스의 그리스학 및 고고학자였다.

229 마르쿠스 유니우스 브루투스(Marcus Junius Brutus, BC 85-42): 로마 공화정 말 기의 정치인. 퀸투스 세르빌리우스 카이피오 브루투스(Quintus Servilius Caepio Brutus)라고도 불린다. 율리우스 카이사르의 암살자 중 한 사람으로 더 잘 알려져 있다.

230 가이우스 카시우스 롱기누스(Gaius Cassius Longinus, BC 85-42): 로마 공화정 말 기의 정치인이자 군인. 율리우스 카이사르 암살의 주동자이며 마르쿠스 브루투스의 매제였다.

231 하인리히 고타드 폰 트레이츠케(Heinrich Gotthard von Treitschke, 1834-1896): 독 일의 역사가, 정치 언론인, 의회 의원.

232 빌헬름 리하르트 바그너(Wilhelm Richard Wagner, 1813-1883): 독일의 오페라 작 곡가, 극작가, 극 연출가, 지휘자, 음악 비평가와 저술가.

233 페테르 파울 루벤스(Peter Paul Rubens, 1577-1640): 독일 태생의 벨기에 화가. 역동성, 강한 색감, 관능미를 추구하는 17세기 바로크양식의 대표적인 화 가로 초상화, 풍경화, 신화나 사실을 바탕으로 그린 역사화를 주로 그렸 다. 〈십자가에서 내려지는 그리스도〉라는 제단화로 유명하다.

234 헬무트 폰 몰트케(Helmuth von Moltke, 1800-1891): 프로이센 및 독일의 육군 원수로, 30년간 프로이센 육군의 참모총장을 지냈다. 군대의 운용을 현대 화한 인물로 평가받는다.

235 프랭클린 허(Franklin B. Hough, 1822-1885): 미국의 과학자이며 역사가. 미국 산림청의 전신인 미국 산림과의 초대 국장이었다.

236 존 플라벨 모스(John Flavel Morse, 1801-1884): 미국 오하이오주의 정치인.

237 창세기 4:19-24

238 요한 프리드리히 블루멘바흐(Johann Friedrich Blumenbach, 1752-1840): 독일의 의 사, 자연주의자, 생리학자. 비교과학 분야에서 동물학과 인류학의 주요 창 시자이기도 하다.

239 린나이우스(Carolus Linnaeus, 1707-1778): 스웨덴의 식물학자 칼 폰 린네(Carl von Linné)를 가리킨다. 생물 분류학의 기초를 놓는 데 가장 큰 기여를 했으 며, '현대 식물학의 시조'로 불린다.

240 장 퀴비에(Jean Cuvier, 1769-1832): 프랑스의 동물학자이자 정치가. 동물계를 4부문 15군으로 나눈 분류표를 작성하였다.

241 **인종학**(ethnography): 문화기술지(文化記述誌) 또는 민속지학(民俗誌學). 인간 사회와 문화의 다양한 현상을 현장에서 정성적, 정량적 조사기법을 사용해 조사, 기술하여 연구하는 학문이다.

242 제1차 세계 대전의 발발을 가리킨다.

243 예레미야 27:6, 개역개정

244 예레미야 27:7

245 **스베덴보리주의**(Swedenborgianism): 엠마누엘 스베덴보리(Emanuel Swedenborg, 1688-1772, 스웨덴의 과학자, 루터교 신학자)의 신학에서 영향을 받은 개신교 종파 또는 기독교계 신흥종교. 스베덴보리는 그리스도로부터 새로운 계시를 받았다고 주장했으며, 하나님께서 그동안의 기독교회 대신 예수 그리스도를 신으로 공경하는 새 교회를 세울 것이라고 예언했다.

246 마태복음 10:29

247 마태복음 10:30

제8장 주권

248 **코리파**(Corypha) **나무**: 인도, 말레이시아, 인도네시아, 필리핀, 뉴기니 및 호주 북동부에 서식하는 야자수. 잎이 잎자루에 둥근 부채꼴 모양으로 달려 있어 우산 야자수라고도 불린다.

249 **융프라우**(Jungfrau): 스위스 베른의 남동쪽에 있는 알프스의 고봉(해발 4,166m).

250 **오이겐 에를리히**(Eugen Ehrlich, 1862-1922): 오스트리아 법학자이자 법사회학자. 현대 법률 사회학 분야의 창시자 중 하나로 알려져 있다.

251 **시민효과**(effectus civilis): 대학 학위를 인정하는 네덜란드의 독특한 법적 상태를 말한다. 아브라함 카이퍼가 설립한 자유대학교는 1905년에야 '시민효과'를 받았다.

252 **자유대학교**(Vrije Universiteit te Amsterdam, 약칭 VU): 1880년 10월 20일에 설립된 이후, 암스테르담 대학교(UvA)와 함께 암스테르담에서 가장 큰 두 대학 중 하나이다. 이름에 있는 '자유'는 '국가'와 '교회'로부터의 자유, 곧 독립을 의미한다. 카이퍼는 본문에서 언급하는 개교 연설을 당시 시내에 있는 신교회(Nieuwe Kerk)에서 전했다. 그 연설이 국내에서 《아브라함 카이퍼의 영역주권》(다함)으로 출판되었다.

253 **요한 토르베커**(Johan Rudolph Thorbecke, 1798-1872): 19세기 네덜란드의 가장 중요한 자유주의 정치인 중 한 명. 1848년에 사실상 혼자서 헌법 개정안을

작성하여 왕의 권한을 줄이면서 주지사에게 더 많은 권한을 부여했고, 국민에게 더 많은 종교적, 개인적, 정치적 자유를 보장했다.

254 레옹 뒤귀(Léon Duguit, 1859-1928): 프랑스의 공법학자. 사회 현상을 경험적으로 취급하여 형이상학을 철저하게 배척하는 견해에서 전통적인 공법 논리, 특히 독일의 권력주의적 이론과 프랑스의 개인주의적 이론을 날카롭게 비판했다. 사회 연대 관계를 기초로 하여 공법 이론을 주권과 권리의 관념을 부정하고 공무의 관념을 중심으로 구성하려했다.

255 페트루스 롬바르두스(Petrus Lombardus, 1096-1160): 스콜라 신학자이자 파리의 주교. 중세 기독교 신학의 표준서였던 *Libri Quattuor Sententiarum*(네 권으로 된 명제집)을 썼다.

256 성 로베르토 벨라르미노(Roberto Francesco Romolo Bellarmino, 1542-1621): 예수회에 소속된 이탈리아의 추기경. 브루노와 갈릴레이의 이론을 반박하고 가톨릭교회를 변호했다.

257 프란시스코 수아레스(Francisco Suarez, 1548-1617): 스페인의 신(新)스콜라학파의 대표적 철학자.

258 르 실론(Le Sillon): 마르크 상니어(Marc Sangnier, 1873-1950)에 의해 시작된 프랑스 정치 및 종교 운동으로, 가톨릭을 프랑스 공화당과 사회주의 이상에 일치시키려 했다.

259 조제프 드 메스트르(Joseph de Maistre, 1753-1821): 프랑스의 저술가이며 반계몽주의의 대표적 사상가. 절대 군주정과 교황 무오권을 옹호하면서 기독교에 대한 합리주의적 거부가 프랑스 혁명이라는 혼란을 초래했다고 주장했다.

260 루이 가브리엘 드 보날드(Louis Gabriel Ambroise Vicomte de Bonald, 1754-1840): 프랑스의 반혁명적 철학자이자 정치가. 프랑스 사회학이 등장할 존재론적 틀을 형성하는 데 기여했다.

261 자크 베니뉴 보쉬에(Jacques-Bénigne Bossuet, 1627-1704): 프랑스의 가톨릭 신학자. 개신교를 배격하고 프랑스 가톨릭교회의 독립을 주장했으며 전제 정치와 왕권신수설을 지지했다. 대표적인 저서로는 *Discours sur l'histoire universelle*(보편적 역사에 관한 변론)이 있다.

262 에피쿠로스주의(Epicureanism): 그리스의 철학자 에피쿠로스가 창시한 학파로, 철학을 행복 추구의 수단으로 생각하였다. 그들은 행복이 일종의 정신적 쾌락이며, 그것을 구하며 얻는 것이 인생의 목적이라고 보았다. 또한 국가는 각 사람이 서로를 지킬 필요에서 계약을 맺은 단체에 불과하다는

사회계약설적인 주장을 하였다.

263 베른(Bern): 스위스 연방의 사실상 수도이다. 취리히, 제네바, 바젤에 이어 스위스에서 네 번째로 큰 도시이다.

제9장 국가의 목표

264 바코 판 페룰람(Baco van Verulam): 영국의 철학자이자 정치인 프랜시스 베이컨(Francis Bacon, 1561-1626)을 말한다. 영국 경험론의 시초이자 데카르트와 함께 근대 철학의 문을 열었다.

265 애덤 스미스(Adam Smith, 1723-1790): 스코틀랜드 출신의 정치경제학자이자 윤리철학자. 그의 대표작인 《국부론》(An Inquiry into the Nature and Causes of the Wealth of Nations)은 자본주의와 자유 무역에 대한 이론을 제공하며, 오늘날의 경제학을 태동시켰다.

266 리처드 코브덴(Richard Cobden, 1804-1865): 영국의 급진 및 자유주의 정치인. 제조업자, 자유 무역과 평화 운동가이기도 했다.

267 요세프 외트뵈시(József baron Eötvös de Vásárosnamény, 1813-1871) 남작: 헝가리의 작가이자 정치가.

268 프리드리히 빌헬름 요제프 폰 셸링(Friedrich Wilhelm Joseph von Schelling, 1775-1854): 독일의 관념론 철학자. 피히테의 주관적 관념론에 반대하여 객관적 관념론을 주장했다.

269 칼 크리스티안 프리드리히 크라우제(Karl Christian Friedrich Krause, 1781-1832): 독일의 철학자. 과학, 예술 및 사회 형성에 대한 광범위한 작업을 남겼다. 그의 사상은 크라우스주의(Krausism)로 알려졌는데, 완전하고 포괄적인 철학 체계 자체라기보다 광범위한 문화 운동이다. 1874년에 일어난 스페인 왕정복고에 큰 영향을 미쳤다.

270 율리우스 카를 하체크(Julius Karl Hatschek, 1872-1926): 독일의 헌법, 행정 및 국제변호사. 1909년부터 1926년까지 괴팅엔에 있는 게오르크-어거스트 대학에서 가르쳤다.

271 프리드리히 빌헬름 크리스티안 칼 페르디난트 폰 훔볼트(Friedrich Wilhelm Christian Carl Ferdinand von Humboldt, 1767-1835): 독일의 철학자, 교육학자, 정치가. 베를린 대학교의 공동설립자이기도 하다.

272 칼 푈리츠(Karl Heinrich Ludwig Pölitz, 1772-1838): 독일의 철학자, 역사가.

273 칼 빌헬름 프리드리히 폰 슐레겔(Karl Wilhelm Friedrich von Schlegel, 1772-1829):

독일의 낭만주의 시인, 평론가, 학자. 친형 아우구스트 빌헬름 슐레겔(August Wilhelm von Schlegel, 1767-1845)과 함께 낭만주의 잡지 "아테네움"(*Athenaeum*)을 창간했다.

274 로마서 11장 36절 상반절의 "만물이 주에게서 나오고 주로 말미암고 주에게로 돌아감이라"(개역개정)는 말씀을 의미한다.

275 시편 84:3

제10장 국제 관계

276 **토비아스 미카엘 카럴 아서르**(Tobias Michael Carel Asser, 1838-1913): 네덜란드의 법학자. 1899년에 열린 제1차 만국평화회의에서 상설중재재판소 결성에 이바지한 공로로 1911년에 알프레드 헤르만 프리트(Alfred Hermann Fried)와 노벨평화상을 공동 수상하였다.

277 **표트르 1세 벨리키**(Пётр I Великий, 1672-1725): 러시아 제국 로마노프 왕조의 황제(재위 1682-1725). 서구화 정책과 영토 확장으로 루스 차르국을 러시아 제국으로 만들었다.

278 **카를로스 칼보**(Carlos Calvo, 1824-1906): 법률 연구에 전념한 아르헨티나의 역사가.

279 **프리드리히 하인리히 게프켄**(Friedrich Heinrich Geffcken, 1830-1896): 독일의 변호사, 정치인, 외교관, 홍보인.

280 **루이 르노**(Louis Renault, 1843-1918): 프랑스의 법학자, 중재 재판관, 법률가. 1907에 에르네스토 테오도로 모네타(Ernesto Teodoro Moneta)와 함께 노벨평화상을 수상했다.

281 **알베르 조프레 드 라프라델**(Albert Geouffre de Lapradelle, 1871-1955): 프랑스 법학자. 군축, 영해에 대한 권리, 먼로 독트린의 국제적 측면 같은 국제 문제에 관해 많은 책을 출판했다.

282 **니콜라스 소크라테 폴리티스**(Nicolas Socrate Politis, 1872-1942): 그리스의 정치가이자 외교관. 국제연방 규약의 초안 작성에 참여하고, 연방 업무(특히 무기 제한 시도)에 적극적으로 참여했다.

283 **앙리 봉피스**(Henry Bonfils, 1835-1897): 프랑스의 법학자.

284 **오란녀 자유국**(Oranje-vrijstaat): 남아프리카공화국 오렌지강과 발강 사이에 위치했던 나라.

285 제1차 세계대전의 발발을 의미한다.

286 **코르넬리스 판 폴런호우펀**(Cornelis van Vollenhoven, 1874-1933): 네덜란드의 교수. 동인도제도의 법체계에 관한 연구로 잘 알려졌다.

287 **라파엘 발드마르 에리히**(Rafael Waldemar Erich, 1879-1946): 핀란드의 교수, 외교관, 정치인. 총리를 역임했다.

288 요엘 3:10은 미가 4:3과 표현상으로는 반대된다. 하지만 더 넓은 의미에서 미가 4:3이 말하는 '이스라엘의 구원'과 요엘 3:10이 말하는 '세상에 대한 심판'은 하나님의 구원에 대한 양면적인 표현이다. 따라서 아브라함 카이퍼가 요엘 3:10을 인용함으로써 미가 4:3이 가리키는 사실의 다른 측면을 말하는 것으로 볼 수 있다. (편집자 주)

289 **하인리히 아우구스트 빌헬름 마이어**(Heinrich August Wilhelm Meyer, 1800-1873): 독일의 개신교 신학자. 신약 주석을 출판했다.

290 **아우구스트 빌헬름 헤프터**(August Wilhelm Heffter, 1796-1880): 독일의 법학자.

291 **에머리히 드 파텔**(Emmerich de Vattel, 1714-1767): 스위스 출신의 국제변호사.

292 **조셉 치티**(Joseph Chitty, 1775-1841): 영국의 변호사이자 법률 저술가.

293 **알폰스 피에르 옥타브 리비에르**(Alphonse Pierre Octave Rivier, 1835-1898): 스위스 변호사이자 법 역사가.

294 **아돌프 라손**(Adolf Lasson, 1832-1917): 독일의 유대인 철학자.

295 **사르데냐**(Sardegna): 이탈리아의 서쪽에 위치한 섬. 1720년에 사보이아 공국이 이 섬을 점령한 뒤에 세운 사르데냐 왕국은 통일 이탈리아 왕국의 전신이 된다.

296 **동맹**(alliance): 둘 이상의 나라들이 방위나 공격을 위해 조약에 따른 공동 행동을 맹약하는 국제 협정이다. 역사상 유명한 동맹의 예로는 대 나폴레옹 동맹(1793-1814), 독일·오스트리아·이탈리아의 3국 동맹, 영·일 동맹, 불·소 동맹, 일본·독일·이탈리아의 3국 동맹 등이 있다.

297 **연방제**(federation, federal state): 국가의 권력이 중앙 정부와 주에 동등하게 분배된 정치 형태로, 2개 이상의 주권이 결합하여 국제법상 단일적인 인격을 가지는 복합 형태의 국가.

298 **삼국동맹**: 영국, 러시아, 프랑스가 제1차 세계대전 이전에 형성한 비공식적 이해관계를 의미한다.

299 **플리싱언**(Vlissingen): 네덜란드 남서부의 스헬트(Scheldt)강과 북해 사이에 위치한 항구도시. 전략적 위치로 인해 17세기에는 동인도회사(VOC) 선박의 주요 항구였다. 네덜란드 해군(Koninklijke Marine)의 선박 대부분이 건조되

는 스헬트조선소로 유명하다.

300 카보우르 백작 카밀로 벤소(Camillo Benso Conte di Cavour, 1810-1861): 이탈리아의 정치가로 주세페 가리발디(Giuseppe Maria Garibaldi), 주세페 마치니(Giuseppe Mazzini)와 함께 이탈리아 통일의 3걸이라고 불린다. 1847년에 잡지 "리소르지멘토"(*Risorgimento*)를 발간하여 사보이아가를 중심으로 하는 이탈리아의 통일을 제창하였다. 그 후 사르데냐 왕국 의원을 거쳐 우파 정당의 당수, 농무상, 재무상 등을 지냈다. 1859년에 프랑스군의 원조를 얻어 오스트리아군을 무찌르고 이탈리아 중부와 북부를 점령했다. 1861년에 가리발디를 원조하고, 그해에 비토리오 에마누엘레 2세(Vittorio Emanuele II)를 즉위시키며 이탈리아 왕국을 건설했다.

301 신분변동(capitis diminutio): 로마법에서 사용된 전문 용어로서, 개인의 이전 상태와 법적 능력이 전부 또는 일부 소멸함을 가리킨다. 두격감소(deminutio)라고도 불린다.

302 연합규약(Articles of Confederation): 정식 명칭은 Articles of Confederation and Perpetual Union(연합과 영속적 연방에 관한 규약). 미국 독립 전쟁에서 13개 식민지의 상호 우호 동맹을 정한 약관으로, 미국 헌법 비준 이전에 존재한 최초의 헌장이다. 1789년에 미국 헌법(Constitution of the United States)으로 대체되었다.

303 알렉시 샤를 앙리 클레렐 드 토크빌(Alexis Charles Henri Clérel de Tocqueville, 1805-1859): 프랑스의 정치철학자 역사가. 저서로는 *De la démocratie en Amérique* (미국의 민주주의), *L'Ancien Régime et la Révolution*(구체제와 프랑스혁명)이 있다.

304 게오르크 바이츠(Georg Waitz, 1813-1886): 독일 역사가, 정치가.

305 대니얼 웹스터(Daniel Webster, 1782-1852): 미합중국의 정치가, 법률가.

306 존 윌리엄 버지스(John William Burgess, 1844-1931): 미국의 정치과학자였다.

307 로저 셔먼 볼드윈 포스터(Roger Sherman Baldwin Foster, 1857-1924): 미국의 변호사.

308 칼 살로모 자카리아 폰 링엔탈(Karl Salomo Zachariae von Lingenthal, 1769-1843): 독일의 법학자.

309 존 소머즈(John Somers) 남작 1세: 휘그당원 국회의원으로, 권리장전을 작성한 중심인물이다. (편집자 주)

310 제임스 에드윈 소롤드 로저스(James Edwin Thorold Rogers, 1823-1890): 영국의 경제학자, 역사 및 자유 정치인.

311 **벤저민 프랭클린**(Benjamin Franklin, 1706-1790): 계몽 사상가이며 미국 건국의 아버지 중 한 명. 특별한 공적 지위에는 오르지 않았지만 프랑스군과의 동맹에서 중요한 역할을 했고, 미국의 독립에도 이바지했다. 또한 피뢰침, 다초점 렌즈 등을 발명하였다. 달러화의 인물 중 대통령이 아닌 인물은 알렉산더 해밀턴(10달러)과 벤저민 프랭클린(100달러) 두 명뿐이다.

312 **제임스 브라이스**(James Bryce, 1838-1922): 영국의 역사가, 법학자, 정치가.

313 **가짜 인공 장식품**: 프랑스 혁명의 인본주의적 세계관을 암시한다.

314 **욕야카르타**(Yogyakarta): 인도네시아 욕야카르타 특별주의 주도. 인도네시아 독립전쟁 당시(1945-1949)에는 인도네시아의 임시 수도였다. 전통적으로 자바 미술의 중심지였으며, 바틱, 무용, 연극, 음악, 시, 와양(그림자 연극) 등의 문화가 발달했다.

315 **수라카르타**(Surakarta): 인도네시아 자와퉁아(Jawa Tengah)주의 도시. 마타람 술탄국이 1745년에 이곳을 수도로 삼으면서 자바 섬의 문화 중심지로 발전했다.

316 **파르티아**(Parthia): 고대 메소포타미아 지역에 세워졌던 이란계 국가. 주전 3세기 중반에 파르니 족장 아르사케스가 현재 이란의 동북부 지역인 파르티아 지방에서 셀레우코스 제국에 반기를 들어 건국하였다. 미트리다테스 1세 때에는 셀레우코스 제국을 공격하여 영토를 확장하였고, 전성기인 서기 2세기 후반에는 영토가 남쪽으로 유프라테스 강 북안, 북쪽으로 현재의 터키 동남부, 동쪽으로 현재의 이란 동부에까지 이르렀다. 또한 비단길 한복판에 있어 교역의 중심지로 번창했다.

317 **스키타이**(Scythia): 약 주전 9세기에서 4세기까지 중부 유라시아 스텝(steppe)의 넓은 지역에서 거주했던 유라시아 유목민. 이란계에 속한다.

318 **포트 아서**(Port Arthur): 뤼순(旅順)의 옛 이름. 중국 랴오닝성(遼寧省) 랴오둥반도(遼東半島) 남서단에 있는 뤼다시(旅大市)의 한 구(區)로, 예로부터 해상 교통의 요지였다. 제2차 세계대전 후 뤼다시(旅大市)에 편입, 현재는 다롄(大連)에 속하여 중국 해군의 군항(軍港)이 되었다.

319 **메르브**(Merw): 실크로드의 남쪽 길과 북쪽 길이 톈산산맥의 서쪽에서 만나는 오아시스 도시. 아케메네스 왕조의 마르기아나 총독령이었고, 지금은 투르크메니스탄에 속해 있다.

320 **지브롤터**(Gibraltar): 지중해의 대서양 방향 입구로, 이베리아반도 남부에 있는 영국의 해외 영토이다. 북쪽으로는 스페인의 안달루시아 지방과 접하고 있다.

321 세바스토폴(Севастополь): 크림반도 남서부에 있는 항구도시로 크림반도 최대의 도시.

322 보어인들(Boeren): 보어(boer)는 네덜란드어로 '농부'란 뜻으로, 보어인은 17세기에 남아프리카공화국으로 이주한 네덜란드 개신교 농민들을 가리킨다.

323 희망봉(Kaap): 아프리카대륙 서남쪽 가장 끝에 위치한 돌출된 지형을 가리킨다. 네덜란드어로 카아프, 영어로 케이프(Cape)라고 부르는데, 그 중요도로 인해 '곶' 또는 '갑'이라는 뜻의 보통 명사가 고유명사로 굳어진 것이다. 희망봉을 경유하는 항로는 이집트의 수에즈 운하가 개통되기 전까지 유럽과 아시아를 연결하는 유일한 항로였으며, 현재도 주요하게 이용되고 있다.

324 미카도(Mikado, 帝): 일본의 군주인 천황의 별칭. 한국의 '임금님'과 유사한 단어이다. 일본의 대중문화 작품에서 천황이 등장할 때 종종 사용되며, 오늘날에도 일본인들이 일상적으로 사용하는 표현이다. 일본어로 동일하게 읽히는 御門으로 표기하기도 한다.

325 암본(Amböina): 인도네시아의 한 섬으로, 말루쿠주의 주도이다.

326 상트페테르부르크(Санкт-Петербург): 러시아의 북서쪽 네바강 하구에 있는 연방 시이며, 발트 해의 핀란드만에 접해 있다. 표트르 대제가 네덜란드의 영향을 받아 건설한 도시이다. 네바강 삼각주에 형성된 자연 섬과 및 운하로 인해 생긴 수많은 섬 위에 세워졌으며, '북유럽의 베네치아'라고도 불린다.

327 보헤미아(Bohemen): 현재 체코 공화국을 구성하고 있는 세 지방 중의 하나로 서부와 중부 지역에 해당한다.

328 스티마르컨(Stiermarken): 오스트리아 동남부에 있는 슈타이어마르크(Steiermark)주를 가리킨다. 주도는 그라츠(Graz)이다.

329 혼베드(Honved): 헝가리어로 군인을 뜻하며, 1867년부터 1918년까지 오스트리아-헝가리의 4개 군대 중 하나였다.

330 카페 가문(Capétiens directs): 로베르가에서 갈라져 나온 유럽의 귀족 가문 중 하나로, 987년부터 1328년까지 중세 프랑스 왕국을 다스렸다.

331 부르봉 가문(Maison de Bourbon): 카페 왕조의 한 계열로 루이 9세의 마지막 아들 클레르몽의 백작인 로베르 드 프랑스(Robert de France)에게서 시작되었다.

332 물라토(Mulatten, mulatto): 중남 아메리카에 사는 백인과 흑인의 혼혈 인종을 가리키는 표현이다.

333 **메스티조**(Mestiezen, mestizo): 라틴 아메리카에 사는 유럽인과 아메리카 토착민의 혼혈을 가리키는 표현이다.

334 **콰드론**(Quadronen, quadroon): 물라토와 백인 사이에서 태어난 혼혈(혈통의 1/4은 흑인, 3/4는 백인)을 가리키는 표현이다.

335 **슬레이스베이크**(Sleeswijk): 독일어로 슐레스비히(Schleswig)는 독일 북부 슐레스비히홀슈타인(Schleswig-Holstein) 주에 있는 도시.

336 **트리에스트**(Triëst): 이탈리아어로 트리에스테(Trieste)는 이탈리아 동북부의 프리울리베네치아줄리아(Friuli Venezia Giulia) 주에 있는 주도이며, 슬로베니아 국경 근처에 있는 항구도시이다.

337 **바덴**(Baden): 독일 서남부의 역사적 지역. 뷔르템베르크(Württemberg)와 함께 바덴뷔르템베르크(Baden-Württemberg)주를 형성하고 있다.

338 **타히티**(Tahiti): 남태평양 프랑스령 폴리네시아에 속한 소시에테 제도에서 가장 큰 섬. 수도는 북서 해안에 있는 파페에테(Papeete)이다. 프랑스의 화가 폴 고갱이 말년을 보냈던 곳으로 유명하다.

339 **오토 에두아르트 레오폴트 폰 비스마르크 쇤하우젠 후작**(Otto Eduard Leopold Fürst von Bismarck-Schönhausen, 1815-1898): 독일을 통일하여 독일제국을 건설한 프로이센의 외교관이자 정치인.

340 **안남**(安南, Anam): 현재의 베트남 북부로부터 중부까지를 가리키는 명칭. 당나라가 하노이에 설치한 안남도호부에서 이름이 유래했다. 프랑스의 식민 지배 시기에는, 인도차이나 연방을 구성하는 보호국인 완조(阮朝, 응우옌 왕조) 지배하의 베트남 중부 지역을 가리켰다.

341 **키레나이카**(Cyrenaika): 리비아의 동부 지역을 가리키는 명칭. 최대 도시는 벵가지이다.

342 **니잠**(Nizam): 영역의 관리자를 의미하는 Nizam-ul-Mulk가 축약된 칭호.

343 **마다가스카르**(Madagascar): 아프리카 동쪽에 있는 제일 큰 섬나라. 수도는 안타나나리보(Antananarivo)이다.

344 **타마타바**(Tamatava): 안타나나리보에서 북동쪽으로 215*km* 떨어진, 마다가스카르 동부와 인도양 연안에 있는 마다가스카르 최대의 항구도시이며 마다가스카르에서 두 번째로 큰 도시다.

345 **자크 샤를 르네 아실 뒤셴**(Jacques Charles René Achille Duchesne, 1837-1918) 장군: 19세기의 프랑스군 장교.

346 **키와**(Khiwa): 인도 펀자브주 잘란다르 지역의 나코다르에 있는 마을.

347 크라쿠프(Kraków): 마워폴스카주의 주도이며, 1600년에 달하는 오랜 역사를 가진 폴란드 제2의 도시이다. 17세기 초반에 바르샤바로 수도를 옮길 때까지 폴란드-리투아니아 연방의 수도였으며, 폴란드의 학문, 경제, 문화 및 예술 생활의 주요 중심지 중 하나였다. 현재 유네스코 세계유산으로 지정되어 있다.

348 이오니아 제도(Jonische eilanden): 그리스의 섬 지역으로, 일곱 개의 주요 섬과 더불어 수많은 작은 섬들이 있다.

349 파리조약(de vrede van Parijs): 크림 전쟁(Crimean War, 1853.10.16-1856.3.30)을 종결시킨 조약. 1856년 3월 30일에 러시아 제국, 오스만 제국, 사르데냐 왕국, 프랑스, 영국이 체결하였다. 이 조약에 의해 흑해 일대의 영역이 중립지역으로 선포되었고, 모든 군 관련 함선의 항해가 중지되었다.

350 케디브(Khedive): 1867년부터 1914년까지 이집트 총독의 직함명.

351 메흐메드 알리(Mehemmed-Ali): 무함마드 알리(1769-1849)는 오스만제국의 이집트 총독이었으며, 이집트 마지막 왕조인 무함마드 알리 왕조의 창시자.

352 16-17세기에 네덜란드는 세계 무역을 제패하면서 모든 분야에서 황금시대라고 불리는 번영을 구가하였다.

제11장 남아프리카공화국과 오란녀 자유국

353 바르톨로메우 디아스(Bartolomeu Dias, 1450경-1500): 포르투갈의 탐험가로, 아프리카를 지나는 인도 항로를 개척했다. 그는 주앙 2세로부터 전설상의 기독교국이었던 에티오피아를 발견할 것을 명령받아 아프리카 서해안 탐험을 계획하게 된다. 1487년에 배 3척으로 탐험을 떠나, 1488년에 2척의 배로 아프리카 남단에 도달하였다. 그해 말 폭풍으로 거의 2주간 표류한 뒤 아프리카 남동쪽을 지나 인도로 향하는 길을 발견하게 된다. 그러나 선원들이 폭동을 일으키려고 하자 할 수 없이 회항하였다. 회항하는 길에 그는 폭풍우에 시달렸던 지역에서 오늘날 희망봉으로 불리는 곳을 발견하여 '폭풍의 곶'이라는 이름을 붙였으나, 이후 주앙 2세가 희망봉으로 이름을 바꾸었다.

354 아미앵(Amiëns): 프랑스 솜(Somme) 주의 주도. 1802년 3월 25일에 이곳에서 프랑스와 영국 사이에 평화 조약(아미앵 조약)이 맺어졌다. 그 조약 중에 영국이 남아프리카공화국 인근의 식민지를 네덜란드(당시 바타비아 공화국)에 반환한다는 내용이 명시되었다.

355 발강(Vaal): 남아프리카공화국에서 가장 큰 강인 오렌지강의 지류.

356 **카펄란트**(Kafferland): 영어로 카프라리아(Kaffraria)는 오늘날 남아프리카의 이스턴 케이프(Eastern Cape of South Africa)의 남동쪽 부분을 가리킨다.

357 **안드리스 빌헬무스 야코부스 프레토리우스**(Andries Wilhelmus Jacobus Pretorius, 1798-1853): 보어인의 지도자. 줄루족과의 전투를 승리로 이끌고, 나탈리아 공화국과 트란스발 공화국 건립에 이바지하였다. 남아프리카공화국의 행정수도인 프리토리아는 그의 이름을 딴 것이다.

358 **테오필 셉스턴 경**(Sir. Theophilus Shepstone, 1817-1893): 1877년 트란스발을 영국에 병합시킨 영국의 남아프리카 정치가.

359 **프리토리아**(Pretoria): 남아프리카공화국의 3개 수도 중 하나로, 행정부 소재지이자 남아프리카공화국에 있는 모든 외국 대사관의 호스트 역할을 한다. 입법 수도는 케이프타운, 사법 수도는 블룸폰테인이다.

360 **하이델베르크**: 독일이 아니라 남아프리카공화국에 있는 하이델베르크를 가리킨다.

361 1880년 12월 16일부터 1881년 3월 23일까지 영국과 트란스발의 보어인 사이에 일어난 전쟁으로, 제1차 앵글로-보어 전쟁이라고도 한다. 보어인의 승리로 끝나 1881년 8월 3일 프리토리아 협약에 의해 남아프리카공화국의 궁극적인 독립을 가져왔으나 얼마 후 2차 전쟁(1899-1902)이 발발했다.

362 **마주바 언덕 전투**(Battle of Majuba Hill): 1차 앵글로-보어 전쟁의 향방을 가른 최종 전투. 이 전투에서 보어인들이 큰 승리를 거두었다.

363 **허버트 존 글래드스턴**(Herbert John Gladstone, 1854-1930): 영국의 자유당 정치인. 내무장관(1905-1910)과 남아프리카공화국 총독(1910-1914)을 역임했다.

364 **헤라드 야콥 테오도르 베일레르츠 판 블록란트**(Gerard Jacob Theodoor Beelaerts van Blokland, 1843-1897): 네덜란드의 정치인. 남아프리카공화국의 유럽 대사(1884-1897), 하원의장(1888-1891)을 역임했다.

365 **로렌조 마르케스**(Laurenzo Marquez): 현재 모잠비크의 수도인 마푸토(Maputo)의 옛 이름.

366 **요하네스버그**(Johannesburg): 남아프리카공화국의 최대 도시. 오래 전부터 금을 산출하는 광공업 도시로, 화학·섬유·피혁 공업이 발달했다.

367 **조셉 체임벌린**(Joseph Chamberlain, 1836-1914): 영국의 정치가. 남아프리카공화국에서 2차 보어 전쟁(1899-1902)을 일으킨 주 인물이었다.

368 **아브라함 피셔**(Abraham Fischer, 1850-1913): 남아공의 정치가. 오렌지강 식민지(Orange Riveer Colony)의 유일한 총리였으며, 식민지가 사라진 뒤에는 새로 구성된 남아프리카 공화국의 내각에 합류했다.

369 안드리스 다니엘 베이난드 볼마란스(Andries Daniël Wynand Wolmarans, 1857-1928): 남아프리카 공화국의 정치가. 네덜란드 개혁교회의 지도자이기도 했다.

370 헨리 찰스 케이스 페티-피츠모리스 랜즈다운(Henry Charles Keith Petty-Fitzmaurice, 5th Marquess of Lansdowne, 1845-1927): 영국 정치가. 전쟁 담당, 외무장관을 지냈고, 캐나다 총독, 인도 총독, 국무장관을 역임했다.

371 디더릭 야코부스 든 비어 포르투하엘(Diederik Jacobus den Beer Poortugael, 1800-1879): 네덜란드의 장교이자 시인. 빌럼 기사단의 기사였다.

372 로버르트 야코부스 프라윈(Robert Jacobus Fruin, 1823-1899): 네덜란드의 역사가, 레이던 대학교의 네덜란드 역사 교수.

373 트란스발 전쟁과 첫 번째 평화회의는 모두 1899년에 일어났다.

374 루이 보타(Louis Botha, 1862-1919): 제2차 보어 전쟁 당시 트란스발 군대의 총사령관이자 남아프리카공화국의 초대 총리.

375 스와질란드(Swaziland): 독립 50주년을 기념하여 2018년 4월 19일에 국호를 에스와티니(Kingdom of Eswatini)로 변경했다. (편집자 주)

376 블루 북(Blue Book): 영국에서 블루 북은 매우 다양한 책을 가리키는데, 여기서 카이퍼가 언급하는 책은 1822년부터 대영제국의 각 식민지 총독이 다양한 세부 사항을 매년 수집한 연감 보고서로 여겨진다.

377 1899년에 네덜란드의 헤이그에서 개최된 제1차 만국평화회의는 러시아의 차르였던 니콜라스 2세의 제안으로 개최되었다.

378 크리스치안 루돌프 드 베트(Christiaan Rudolf de Wet, 1854-1922): 남아프리카공화국의 장군, 정치인.

379 제2차 보어 전쟁 이후, 보타는 1902년 평화 협상에서 보어인을 대표하여 영국과의 평화를 달성하기 위해 페르에이너힝(Vereeniging) 조약에 서명했다. 1906년 12월 6일 트란스발에 자치권이 부여되고 1907년 2월 첫 번째 선거에서 국민당(Het Volk Party)이 승리한 이후, 그는 총리로서 정부를 구성하도록 요청받았으며, 런던에서 열린 식민지 총리 회의에도 참여했다. 남아프리카공화국이 1910년 지배 지위를 얻었을 때, 보타는 첫 번째 총리가되었다. 그리고 1911년에 또 다른 전쟁 영웅인 얀 스멋츠(Jan Smuts)와 함께 남아프리카당(SAP)을 결성했다. 하지만 그가 영국과 너무 화해하는 것으로 여긴 당 내부의 반란과 헤르트촉이 이끄는 국민당의 반대에 직면했다.

380 제임스 베리 뮤니크 헤르트촉(James Barry Munnik Hertzog, 1866-1942): 남아프리카공화국의 정치인이자 군인. 그는 2차 보어 전쟁 동안 장군이었으며,

1924년부터 1939년까지 남아프리카공화국의 총리가 되었다. 아프리카인
들이 영국 문화의 영향을 받는 것을 막기 위해, 평생에 걸쳐 아프리카 문
화의 발전을 장려했다.

381 **얀 크리스티안 스멋츠**(Jan Christian Smuts, 1870-1950): 남아프리카공화국의 정
치가, 군사 지도자와 철학자. 다양한 군부직과 내각직을 거쳤으며, 남아프
리카공화국의 총리(1919-1924, 1939-1948)를 역임했다.

제12장 국가와 교회

383 **오토 프리드리히 폰 기르케**(Otto Friedrich von Gierke, 1841-1921): 게르만법에서
볼 수 있는 독일 고유의 단체법을 역사적으로 연구한 독일의 법학자.

384 갈라디아서 3:28

385 개역개정; 참고. 시편 89:11

386 시편 67:4; 96:13; 98:9; 이사야 11:4; 42:3

387 마태복음 24:14

388 요한복음 9:5; 마태복음 28:19-20; 마가복음 16:15; 사도행전 1:8

389 요한복음 12:31

390 **평화학**(Ireniek): 모순되는 신학적 경향의 공통점을 찾으면서 두 극단 사이
에서 화해의 태도를 보이려는 학문. 그 이름은 평화를 뜻하는 그리스어 에
이레네(εἰρήνη)에서 유래했다. 19세기에 베이츠(Beets), 두데스(Doedes), 판 오
스터제(Van Oosterzee)와 같은 위트레흐트 학파의 신학자 그룹은 근대주의
자와 우파 정통파 사이에 있었기 때문에 평화주의적인 사람들(irenischen)이
라고 불렸다.

391 **테 데움**(Te Deum): '우리는 당신을 주님으로 찬미하고 받들겠습니다'(Te
Deum laudámus: te Dominum confitémur)라는 라틴어로 시작되는 오래된 찬송가.

392 1054년에 로마를 중심으로 한 서로마교회와 콘스탄티노플을 중심으로 한
동로마교회 간에 일어난 분열을 교회의 대분열(The Great Schism) 또는 동서
교회의 분열이라고 한다. 이 분열은, 수 세기 동안 성령의 기원에 관해 벌
여온 필리오쿼(Filioque) 논쟁으로 대변되는 신학적 견해 차이 및 정치적인
권력 다툼에 의한 갈등의 결과였다. 다음을 참고하라. 최용준, 《하나됨의
비전》(IVP).

393 **비잔티움**(그리스어로 Βυζάντιον, 라틴어로 Byzantium): 오늘날 터키 이스탄불의 옛
이름. 주전 667년 고대 그리스의 메가라의 주민들이 식민지 도시로 건설

한 뒤, 왕이었던 뷔자스(뷔잔타스)의 이름을 따 비잔티움이라 불렀다. 후대에 콘스탄티노플이란 이름으로 비잔티움(동로마) 제국의 수도가 되었으며, 비잔티움 제국이 멸망한 뒤 투르크족의 술탄 메흐메트 2세가 정복하여 오스만제국의 수도가 되었다.

394 카노사(Canossa)의 굴욕을 가리킨다. 카노사의 굴욕은 1077년 1월 28일, 신성로마제국의 하인리히 4세가 자신을 파문한 교황 그레고리오 7세를 만나기 위해 이탈리아 북부의 카노사 성으로 가서 용서를 구한 사건이다. 교회의 성직자를 임명하는 서임권을 둘러싸고 독일 왕과 교황이 서로 대립하던 중에 발생했으며, 교황 권력이 황제 권력보다 우위에 서게 되는 상징적 사건이라 할 수 있다.

395 피터르 다테인(Pieter Datheen, 1531경-1588): 네덜란드의 칼빈주의 신학자.

396 황제교황주의(Caesaro-papistische, caesaropapism): 황제(세속의 권위)를 나타내는 Caesar와 교황(교회의 권위)을 나타내는 Papa를 조합해서 만든 말로, 황제가 교황보다 더 높은 권위를 가지고 교회에 영향을 미치던 상태를 나타내기 위해 근대에 만들어진 용어이다. 일반적으로 동로마 제국과 관련해서 많이 사용되지만, 역사적으로 교회에 대해 초월적 지배권을 가진 세속 권력자의 통치 체제를 가리킬 때도 쓰인다.

397 요하네스 아 마르크(Johannes à Marck, 1656-1731): 네덜란드의 개혁파 신학자이자 교회사가.

398 "기독교 개요"(*Compendium Religionis Christianae*): 전체 책명은 *Compendium theologiae christianae didactico-elencticum. Immixtis problematibus pluribus et quaestionibus recentioribus adauctum*이다. 흐로닝언에서 1686년에 출판되었다. 제2판은 *Positionum theologicarum centuriae decem*이라는 부제와 함께 암스테르담에서 1690년에 출간되었다.

399 베른하르트 드 모르(Bernhard de Moor, 1709-1780): 네덜란드 개혁주의 신학자.

400 히스베르투스 푸치우스(Gisbertus Voetius, 1589-1676): 나더러 레포르마치를 대표하는 네덜란드의 개혁파 정통주의 신학자. 개혁파 정통주의는 개혁파 안에서 스콜라적 방법론으로 신학을 구성한 신학적 흐름을 말한다.

401 안토니우스 발라에우스(Antonius Walaeus, 1573-1639): 네덜란드 칼빈주의 목사 및 신학자.

401 앙드레 리베(André Rivet, 1572-1651): 프랑스의 위그노 신학자.

402 베젤(Wezel): 라인강과 리페강 사이에 있으며, 노르트라인베스트팔렌(Land Nordrhein-Westfalen)주의 뒤셀도르프(Düsseldorf) 행정구역에 속하는 한자

(Hansa)동맹 도시. 종교개혁의 영향으로, 1540년 부활절에 주의 만찬이 시민의 희망에 따라 '두 가지 형태로' 공작 판사와 평의회 의원 대부분과 1,500명의 시민에게 베풀어졌다. 그날 이후로 베젤은 개신교 도시로 여겨져 많은 개신교 난민이(특히 네덜란드에서) 이동해 왔으며, 결국 1564년에 개혁파 교단으로 개종했다. 1568년 네덜란드 난민 공동체가 맺은 베젤 협약(Wesel Convention)은 네덜란드와 독일 개신교 교회의 구성에 상당한 영향을 미쳤다.

403 도르트 총회를 의미한다.

404 **마우리츠 판 나사우**(Maurits van Nassau, 1567-1625): 네덜란드 공화국의 세습 총리이자 왕자로 아버지 빌럼 1세의 뒤를 이어 즉위했다. 그는 전략ㆍ전술 및 공병술을 발전시켜 네덜란드 육군을 당대 유럽에서 가장 근대적 군대로 육성했다.

405 이 주제에 대해서는 최용준, "아브라함 카이퍼의 교회관", 신앙과 학문 제 17권 2호(통권 51호), 229-254를 참고하라.

406 **울리히/훌드리히 츠빙글리**(Ulrich/Huldrych Zwingli, 1484-1531): 스위스 취리히의 종교개혁자. 그는 성경이 하나님의 영감에 의한 말씀이며, 그 권위는 어떠한 종교회의나 교부들의 주장보다 더 높음을 강조했다.

407 **마레시우스**(Maresius): 사무엘 드 마레(Samuel Des Marets, 1599-1673). 프랑스의 개신교 신학자이다.

408 **"신학총론"**(*Loci Communes*): 조직신학의 주제로 조직된 그의 성경 주석에서 발췌한 편집본으로, 표준 칼빈주의 신학 교과서가 되었다.

409 **스타턴오버르제팅**(Statenoverzetting): 네덜란드 도르트 총회(1618-1619)에서 번역하기로 결정하여 1637년에 출판된 화란어역 성경. 스타턴버르탈링(Statenvertaling, SV) 혹은 스타턴베이벌(Statenbijbel)으로도 불린다. 잉글랜드의 킹제임스 성경처럼 국가가 주도하여 번역한 성경이다.

410 **무르데이크**(Moerdijk): 네덜란드 북브라반트 지방에 있는 자치체.

411 **항론파**(Het Remonstrantisme): 야코부스 아르미니우스(Jacobus Armninius)의 신학을 지지하는 네덜란드의 개신교도를 지칭한다. 1610년에 그들은 알미니안주의(Arminianism)의 다섯 항변을 네덜란드 국가에 제시하였는데, 이는 네덜란드 개혁교회가 채택한 칼빈주의에 동의하지 않는다는 신학적이고도 정치적인 의사표명이었다.

412 **상퀼로트**(Sansculotte): '퀼로트를 입지 않은 사람'이라는 의미로, 프랑스 혁명을 주도한 사회 계층이다. 당시 파리에서 빈곤층에 속했던 수공업자, 장

인, 소상인, 근로자 등 무산 계층 시민이 주가 되었다. 급진적인 혁명을 추구하는 민중을 지칭하는 표현으로 사용되기도 한다.

413 **독일 농민 전쟁**은 1524년부터 1525년까지 중앙 유럽의 독일어권 지역을 뒤흔든 민란이다. 30만 명의 농민들이 봉기했으나, 빈약한 무장상태 및 귀족들의 강경한 진압으로 인해 10만여 명이 학살당하고 농민군의 패배로 끝났다.

414 **아프스헤이딩**(Afscheiding): '분리'라는 뜻을 가진다. 1834년에 네덜란드 국가개혁교회(Hervormde Kerk)의 오류를 고치기 위해 개혁교회가 처음으로 분리된 사건이다. 아프스헤이딩으로 인해 기독개혁교회(Christelijke Gereformeerde Kerk)가 형성되었고, 분리해 나간 교인들 중 일부는 정부의 박해를 피해 가장 먼저 미국의 뉴욕과 미시간으로 이주했다.

415 **성 바르톨로메오 축일의 대학살**: 1572년 8월 24일부터 10월까지 로마 가톨릭교회 추종자들이 위그노(프랑스 개신교도)들을 학살한 사건을 가리킨다. 메디치가의 카타리나가 아들 샤를 9세 대신 후견 정치를 하고 있던 당시, 개신교 지도자인 나바라의 앙리가 샤를 9세의 누이와 혼인함으로 화해의 길이 열리려 하였다. 그러나 이 혼란을 이용해 카타리나와 기즈 가문의 사람들이 1572년 8월 23일과 24일 밤에 참석한 위그노들을 살해하는 계획을 세우고 실행했다. 이 '파리의 유혈 혼인식'에서 위그노의 지도자였던 가스파르 드 콜리니(Gaspard II de Coligny) 제독도 희생되었으며, 지방에서도 위그노에 대한 대량 학살이 잇달았다. 희생자의 수는 약 3만 명에서 7만 명으로 추산된다.

416 **헤네랄리테이츨란던**(Generaliteitslanden): 1796년까지 7개 주 연합에 가담하지 않은 나머지 주들을 가리킨다.

417 **순수파**(Fijnen): 17세기 네덜란드 개신교도들 사이에서 욕설 또는 명예로운 의미로 사용된 단어. 당시 교회가 관용을 중요시하며 영적으로 쇠퇴하고 있다고 생각하고 그에 대한 조처를 취한 이들로, 주로 경험적이고 체험적인 신앙을 강조하는 경건주의 그룹을 가리킨다.

418 **용기병 박해**(Dragonnades, 1683-1686): 독실한 가톨릭교도인 프랑스 왕 루이 14세가 용병들을 동원하여 개신교인들을 무자비하게 박해한 사건. 아프스헤이딩에서도 그러한 일이 일어났다.

419 **돌레앙시**(Doleantie, '슬픔'이라는 뜻): 1886년에 아브라함 카이퍼의 주도로 일어난 네덜란드 개혁교회(Nederlands Hervormde Kerk)의 분열을 일컫는 용어. 이것은 개혁교회의 첫 번째 분리인 아프스헤이딩 이후, 두 번째로 일어난 분리이다.

420 헤르만 게오르크 빌헬름 헤르만 바인가르텐(Hermann Georg Wilhelm Hermann Weingarten, 1834-1892): 독일 개신교 교회 역사가.

421 로돌프 다레스트 드 라 샤반(Rodolphe Dareste de La Chavanne, 1826-1911): 프랑스의 법률 역사가이자 행정관리.

422 파울 포제너(Paul Posener, 1875-?): 독일의 법학자.

423 조르주 쟈크 당통(Georges Jacques Danton, 1759-1794): 프랑스 혁명기의 정치가. 로베스피에르, 마라와 함께 '프랑스 대혁명의 3대 거두'로 불린다.

424 막시밀리앙 프랑수아 마리 이지도르 드 로베스피에르(Maximilien François Marie Isidore de Robespierre, 1758-1794): 프랑스의 부르봉 왕조 및 프랑스 대혁명기의 정치인, 철학자, 법률가, 혁명가, 작가. 프랑스 혁명을 주도한 인물로, 공포 정치를 행하다가 테르미도르의 쿠데타로 반대파에 의해 처형당했다.

425 존 핸콕(John Hancock, 1737-1793): 미국 혁명의 지도자로, 1776년 독립선언서의 서명자이자 매사추세츠 주지사였다.

426 헤르만 에두아르드 폰 홀스트(Hermann Eduard von Holst, 1841-1904): 독일계 미국인 역사가.

427 요한복음 19:11

428 미국 남북전쟁(American Civil War): 1861년 4월, 노예제를 지지하던 남부 주들이 모여 남부연합을 형성하며 미합중국으로부터의 분리를 선언하면서 벌어진 전쟁이다. 1865년에 남부 연합군의 패배로 끝이 났으며, 미국 전역에서 노예제를 폐지하게 된 중요한 계기가 되었다.

429 노예해방 선언(Emancipation Proclamation): 미국의 노예 해방에 관하여 1863년 1월 1일에 에이브러햄 링컨(Abraham Lincoln) 대통령이 발표한 선언이다. 당시 북부에 대항해 반란 상태에 있던 남부 여러 주의 노예를 즉시 전면적으로 해방한다는 내용이다. 실제로 노예 해방은 1865년에 미국 수정헌법 제13조가 비준됨으로써 이루어졌다.

430 헨리 8세(Henry VIII, 1491-1547): 잉글랜드의 국왕(재위 1509-1547)이자, 아일랜드의 영주(1541-1547)이다. 헨리 7세의 둘째 아들로, 형 아서 튜더가 요절하여 왕세자가 되었다. 형수인 왕비 캐서린과 혼인해 딸 메리 튜더를 두었지만, 아들이 없다는 이유로 혼인한 지 20년 만에 별거하였다. 그리고 1520년대 초부터 자신의 정부였던, 왕비의 궁녀 출신 앤 불린과 혼인하려고 하였다. 그러나 교황 클레멘스 7세가 캐서린과의 혼인 무효화를 허락하지 않아 로마 교황청과 오래도록 갈등을 겪었다. 그 뒤 그는 교황과의 결별을

선언하고, 1534년에 수장령(首長令)을 내려 잉글랜드 교회를 로마 가톨릭교회로부터 분리시켜 영국 국교회를 세웠다.

431 **"홀란트 및 서프리슬란트의 경건한 질서"**(*Ordinum Hollandiae ac Westfrisiae pietas*): 저명한 국제법학자이자 항론파인 흐로티우스가 1613년에 출간한 교회 정치에 관한 책이다. 1610년대에 네덜란드 정치의 주요 쟁점이었던 칼빈주의-알미니안주의 논쟁과 그 결과에 대해 다룬 첫 번째 출판물로, 1609년에 사망한 아르미니우스의 신학적 견해의 유산인 다섯 가지 항의(1610)에 대해 논평했다.

432 **퓨지주의**(Puseyisme): 에드워드 퓨지(Edward Bouverie Pusey, 1800-1882)의 견해를 따르는 입장으로, 에드워드 퓨지는 옥스퍼드대 히브리어 교수로 재직한 영국의 성직자로 옥스퍼드 운동의 주요 인물에 속한다. 옥스퍼드 운동은 영국 국교회 중 고교회파에서 시작된 운동으로, 교회의 독립성 및 교부의 전통 및 중세의 예전을 새롭게 회복시켜 적용해야 한다고 주장했다.

433 **에라스투스주의**(Erastianen): 스위스의 의사이자 신학자인 토마스 에라스투스(Thomas Erastus, 1524-1583)의 견해를 따르는 입장을 가리킨다. 에라스투스는 교회의 징계인 수찬 정지를 반대하고, 교인이 지은 죄는 반드시 세속 정부가 치리해야 한다고 주장했다.

434 **소시니안주의**(Socinianism): 16-17세기 이탈리아 출신의 신학자 파우스토 파올로 소치니(Fausto Paolo Sozzini, 1539-1604)의 이름을 딴 기독교 교리체계로, 삼위일체와 그리스도의 신성을 부인하였다. 이들은 폴란드 개혁교회에 영향을 주었으며, 같은 시기에 트란스베니아 유니테리안 교회에서도 활발하게 활동했다.

435 **레이던의 얀**(Jan van Leiden, 1509-1536): 독일 출신의 네덜란드 재세례파 지도자. 그는 1533년에 뮌스터로 이주하여 영향력 있는 선지자가 되어, 그 도시를 재세례파가 다스리는 천년왕국으로 만들었다. 1534년 9월에 스스로 새 예루살렘의 왕이 되었다고 선언하며 반란을 일으켰다. 그러나 1535년 6월에 프란츠 폰 발데크(Franz von Waldeck) 주교의 도시 포위 공격에 반란은 진압되었고, 그는 1536년 1월 22일 도시의 중앙 시장에서 고문을 받아 사망했다.

436 **데시데리우스 에라스무스**(Desiderius Erasmus, 1466-1536): 네덜란드 출신의 로마 가톨릭교회 성직자이자 신학자, 인문주의자로, 종교개혁 운동에 영향을 주었다.

제13장 국가 정당

437 1848년에 네덜란드는 헌법 개혁(Grondwetherziening)을 통해 현재 의회민주주의 제도의 기초를 마련했다. 당시 혁명의 압력을 받은 빌럼 2세는 자유주의 의회 반대파의 몇 가지 요구에 동의했다. 그리하여 하원은 훨씬 더 많은 영향력을 얻었고, 직접 선출되었다.

438 프리드리히 로머(Friedrich Rohmer, 1814-1856): 독일계 스위스 철학자, 정치가.

439 테오도르 로머(Theodor Rohmer, 1820-1856): 스위스의 정치 저널리스트이자 작가.

440 모이세이 오스트로고르스키(Моисей Яковлевич Острогорский, 1854-1921): 러시아 정치학자. 막스 베버(Max Weber), 로버트 미셸(Robert Michels)과 함께 정치 사회학, 특히 정당 체계 및 정당에 관한 이론 분야의 창시자 중 한 사람이다. 비교 정당제도에 관한 연구로 알려져 있다.

441 구스타프 라첸호퍼(Gustav Ratzenhofer, 1842-1904): 오스트리아의 장교이자 철학자, 사회학자.

442 루트비히 굼플로비치(Ludwig Gumplowicz, 1838-1909): 폴란드의 사회학자, 법학자, 역사가, 정치학자. 그라츠 대학교에서 헌법 및 행정법을 가르쳤다. 국가의 기원과 발전의 본질을 구성하는 것으로 보이는 상황을 최대한 정확하고 체계적으로 인식한 최초의 학자였다.

443 해럴드 템퍼레이(Harold William Vazeille Temperley, 1879-1939): 영국 역사가.

444 유스투스 판 에펀(Justus van Effen, 1684-1735): 네덜란드의 작가, 언론인. 영어 잡지인 "스펙테이터"(*The Spectator*)를 모방하여 네덜란드어로 된 *Hollandsche Spectator*를 출간했다. 이것은 계몽주의 당시 네덜란드에서 중요한 신문(또는 초기 잡지)였다.

445 레비누스 빌헬무스 크리스티안 퀴허니우스(Levinus Wilhelmus Christiaan Keuchenius, 1822-1893): 네덜란드의 변호사, 정치인, 행정가.

446 크뇌터르데이크(Kneuterdijk): 헤이그의 중심에 있는 거리. 그 이름은 하흐서 베이크(Haagse Beek) 근처의 제방(dijk)과 작은 새인 크뇌터르(kneuter)에서 유래했다.

447 푸치우스파(Voetianen)와 코케유스파(Coccejanen): 17세기 네덜란드의 주요 신학자인 히스베르투스 푸치우스와 요한너스 코케유스의 견해를 각각 따른 사람들이다. 푸치우스에 대해서는 미주 400번을 참고하라. 요한너스 코케유스(Johannes Coccejus, 1603-1669)는 17세기 개혁주의에 큰 영향을 끼친 신학자이자 문헌학자이다. 윌리엄 에임스(William Ames)에게서 영향을 받은 그

는 성경을 언약을 중심으로 이해하면서, 구약은 그림자이고 신약이 완성이라는 언약신학을 주장했다. 특별히 구약의 안식일과 신약의 주일에는 연속성이 없다는 코케유스의 주장으로 인해, 푸치우스와 코케유스는 언약과 안식일 교리에 관해 치열한 논쟁을 벌였다. 그리고 그 갈등은 18세기까지 네덜란드 개혁교회를 푸치우스파와 코케유스파로 갈라놓았다.

448 **평민**(Plebejers)**과 귀족**(Patriciërs): 카이퍼가 말하는 평민과 귀족은 고대 로마의 '시민'을 이루는 두 계급이었다. 라틴어로 평민은 플레브스(Plebs), 귀족은 파트리키(Patricii)라고 불린다. 로마 초기에는 플레브스가 중산층 이하의 계급을 의미했는데, 파트리키와 달리 공직을 갖거나 종교 의식에 참여하는 것이 허용되지 않았다. 그러나 로마 제국이 거대해지면서 플레브스는 로마 시민을 가리키는 일반적인 표현이 되었다.

449 **오렌지단**(Orange Order): 북아일랜드에서 가장 큰 추종자를 가진 개신교 형제단으로, 1795년에 설립되었다. 스코틀랜드와 영연방 곳곳에 지회를 두고 영향력을 행사하고 있으며, 미국과 토고에도 지회가 있다.

450 **코커스**(Caucus): 특정 정당이나 운동의 지지자 또는 구성원의 모임. 정확한 정의는 국가와 정치 문화에 따라 다르다.

451 **요하네스 알투지우스**(Johannes Althusius, 1563-1638): 독일의 법학자이자 정치 철학자. 사회계약설을 주장했다.

452 고린도전서 1:26-27, 개역개정

453 **휘그당**(Whig Party): 잉글랜드의 정당으로, 그 기원은 찰스 2세 시대(1678-1681)에 벌어진 왕위 계승 문제로 거슬러 올라간다. 당시에 로마 가톨릭이었던 왕의 동생 요크 공작 제임스의 즉위에 반대한 사람들을 가리켜 Whiggamore라고 말한 데서 시작되었다. 휘그(Whig)는 스코틀랜드 방언으로 '말을 타고 돌아다닌다'라는 뜻으로 추측된다.

454 **토리당**(Tory Party): 찰스 2세 시대 당시, 왕의 아우이자 가톨릭교도인 요크 공작 제임스의 즉위를 인정하는 사람들을 가리켜 Tory라고 부른 것에서 시작되었다.

455 **한스 휴고 폰 클라이스트 렛초우**(Hans Hugo von Kleist Retzow, 1814-1892): 프로이센의 정치인.

456 **루트비히 프리드리히 레오폴드 폰 게를라흐**(Ludwig Friedrich Leopold von Gerlach, 1790-1861): 프로이센의 장군.

457 **스히어링어즈**(Schieringers)**와 페트코퍼르스**(Vetkoopers): 중세 후기 프리슬란트와 호로닝언의 분쟁을 일으킨 두 정당의 이름이다. 14세기 중반에 프리슬

란트에서 시작된 경제 침체로 인한 한 세기 이상(1350-1498) 내전을 벌였으며, 결국 이른바 '프리지아 자유'의 종말로 이어졌다.

458 **혹선**(Hoekschen)과 **대구파**(Kabeljauwschen)﹕14세기 후반과 15세기 전반에 분쟁과 불화로 네덜란드를 황폐화시킨 두 정당의 이름이다. 1349년 로드베이크(Lodewijk) 황제의 아내인 마가레타 판 헤이너하우번(Margaretha van Henegouwen)은 금전적 보상을 위해 그녀의 아들 빌럼에게 네덜란드군을 양도했는데, 빌럼이 요구받은 조건을 충족시키지 못하자 어머니와 아들 사이에 내전이 일어나면서 두 정당이 탄생했다. 혹선은 빨간 모자로, 대구파는 회색 모자로 서로를 구별했다.

459 **애국자파**(Patriotten)**와 왕자파**(Prinsgezinden)﹕18세기 후반 네덜란드에 정치적 혼란을 일으킨 두 집단이다. 18세기 네덜란드가 영국과의 무역 경쟁 및 전쟁(제4차 잉글랜드-네덜란드 전쟁, 1780-1784)에서 열세를 보이는 위기에 처하자 새로운 정치 집단이 등장했다. 그때까지 거의 목소리를 내지 못했던 시민들은 빌럼 5세(Willem V)를 독재자로 보았고, 국가가 멸망할 위기에 대해 책임지라고 요구하였다. 이들은 스스로를 '애국자'라고 불렀는데, 그들의 지도자 중 하나였던 코르넬리스(케이스) 더 헤이슬라르[Cornelis(Kees) de Gijselaar]의 이름을 따서 케이전(Keezen)이라고도 불렀다. 이에 반대해 빌럼 5세를 지지하는 왕자파가 등장했다. 1795년에 프랑스가 애국자파를 지원해 구정권을 전복시키며 결국 공화국은 막을 내렸다.

460 **공화파**(Rondkoppen)﹕영국 크롬웰 공화당(1642-1647)원들을 가리키는 별명으로, 그들이 머리를 짧게 잘라 둥근 머리(Roundheads)를 한데서 비롯되었다. 이들은 의회에 국가(왕국)의 행정 관리에 대한 최고 통제권을 부여하는 것을 목표로 삼았다. 영국 내전(1642-1651) 동안 의회를 지지하며, 잉글랜드 왕 찰스 1세 및 그를 지지하는 왕당파(카발리에)와 맞서 싸웠다.

461 **회전**(Geuzens)﹕1566년부터 네덜란드에서 스페인의 통치에 반대한 칼빈주의 네덜란드 귀족 연합이 취한 이름이다. 그들 중 바다에서 작전을 수행하여 바터르회전(Watergeuzen)이라고 불린 무리가 가장 성공적이었다. 80년 독립전쟁 중 1572년에 이들은 브리엘(Briel)을 함락시켜 북부 네덜란드를 정복함으로서, 독립된 네덜란드 공화국을 수립하려는 반군에게 육지의 첫 발판을 제공했다.

462 **자코바이트**(Jacobite)﹕1688년 영국에서 일어난 명예혁명에 반대한 세력의 통칭이다. 그들은 추방된 스튜어트 왕조의 제임스 2세와 그 직계 남손의 복위를 지지하며 정권을 동요시켰다. 자코바이트라는 이름은 제임스(James)의 라틴어 이름인 야코부스(Jacobus)에서 나온 것이다.

463 적장미와 백장미: 적장미는 붉은 장미를 문장으로 삼은 영국의 랭커스터 가문을, 백장미는 흰 장미를 문장으로 삼은 요크 가문을 가리킨다. 15세기에 이 두 가문이 잉글랜드 왕위를 놓고 벌인 전쟁이 장미 전쟁(Wars of the Roses, 1455-1485)이다. 이 전투 과정에서 많은 제후와 기사가 몰락했으며, 랭커스터 가문 출신이자 튜더 왕조의 시초인 헨리 7세에 의해 절대 왕정이 시작되었다.

464 카를로스파(Carlismo): 스페인의 왕당파 중 카를로스 데 몰리나 백작(카를로스 4세의 차남)의 혈통을 옹립하려 한 전통주의 세력이다. 1830년대에 가장 강성했으며, 1898년에 미서전쟁에서 스페인이 미국에 패배하여 대부분의 해외 식민지를 잃자 부활하여 여러 차례 전쟁을 일으켰다. 1930년대 스페인 내전에서도 주요 세력으로 참여했다.

465 마르틴주의자(Martinisten): 기독교 신비주의의 한 형태인 마르티즘(Martinism)을 따르는 사람들이다.

466 알라르트 피어슨(Allard Pierson, 1831-1896): 네덜란드의 신학자, 역사가, 미술사가로 급진적 비판을 주도했다.

467 요한너스 타크 판 포르트플리트(Johannes Pieter Roetert Tak van Poortvliet, 1839-1904): 네덜란드 정치인. 자유당원으로 카페이너 내각에서 장관으로 일했다.

468 슈퇴커(Stöcker): 아돌프 슈퇴커(Adolf Stoecker, 1835-1909). 반유대주의를 주도한 정치가이자 루터교 신학자이다. 카이저 빌헬름 1세의 독일 궁정 목사였으며 1878년 기독사회당을 창당하였다.

469 조르주 에르네스 장마리 불랑제(Georges Ernest Jean-Marie Boulanger, 1837-1891): 프랑스 제3공화국의 군인이자 정치인. 그의 지지기반은 파리를 비롯한 도시의 노동자 계층과 농촌의 전통주의적 로마 가톨릭교도와 왕당파들이었다. 그는 보불전쟁의 복수를 해야 한다는 공격적 민족주의를 주장했다. 이를 '복수주의'라고 하며, 불랑제 본인도 '복수 장군'(Général Revanche)이라는 별명을 얻었다. 그러나 1889년 9월 선거에서 참패한 이후 불랑제의 정치적 영향력은 급속히 사라졌다.

470 얀 카페이너 판 드 코펠로(Jan Kappeyne van de Copello, 1822-1895): 네덜란드의 자유주의 정치인. 1877년부터 1879년까지 네덜란드 총리를 역임했다.

471 이삭 프란선 판 드 퓌터(Isaäc Dignus Fransen van de Putte, 1822-1902): 네덜란드 정치인. 1866년에 잠시 총리를 지냈고, 이후 식민 장관(1863-1866, 1872-1874)을 지냈다.

472 요한 빈트헌스(Johan Peter Abraham Wintgens, 1770-1847): 네덜란드 개혁교회 목회자.

473 **요하네스 니어르스트라츠**(Johannes Leonardus Nierstrasz, 1824-1878): 네덜란드의 정치인. 하원의원(1868-1877)을 지냈다.

474 **헤르만 스하이프만**(Herman Johannes Aloysius Maria Schaepman, 1844-1903): 네덜란드의 로마 가톨릭 사제, 정치가, 시인.

475 **코르넬리우스 브론스펠트**(Cornelius Bronsveld, 1905-1980): 네덜란드 로마 가톨릭 대주교.

476 **시몬 바위턴데이크**(Simon Hendrik Buytendijk, 1820-1910): 네덜란드 가톨릭 사제. 카이퍼를 비판했다.

477 **코르넬리스 엘리자 판 쿠츠펠트**(Cornelis Eliza van Koetsveld, 1807-1893): 네덜란드의 작가이자 설교자.

478 **아이네아스 마카이**(Aeneas baron Mackay, 1838-1909) 남작: 네덜란드의 총리 (1888-1891)를 지낸 정치가.

479 **테오 헤임스케르크**(Theo Heemskerk, 1852-1932): 네덜란드의 정치인. 반혁명당 소속으로 네덜란드 총리(1908-1913)를 역임했다. 특히 빈곤 및 예방 접종법의 창시자였다.

480 **예리한 결의안**(Scherpe Resolutie): 원래 1617년 8월 4일 요한 판 올던바르너펠트의 주도로 네덜란드가 채택한 법령이었다. 이 결의안의 이름은 마우리츠 왕자가 레이니어 파우(Reynier Pauw)에게 보낸 편지에서 따온 것인데, 항론파와 반항론파 간의 갈등으로 결국 마우리츠 왕자와 판 올던바르너펠트는 대립하게 되었다.

여기서 카이퍼가 이를 언급하는 배경은 다음과 같다. 카페이너가 총리로 재직할 당시 제정한 초등 교육에 관한 새로운 법률은 학교 건물의 품질, 교사의 임금 및 교육에 대해 더 높은 요구를 했다. 이는 초등학교의 재정적 부담을 가중시켰는데, 국고보조금은 공립학교에게만 주어졌으며 따라서 보조금 없이는 재정적 부담을 감당할 수 없는 기독 사립학교를 효과적으로 제거하려던 것임을 뜻한다. 이로 인한 학교 투쟁의 하나로, 반혁명당과 가톨릭 의원들의 거센 반대와 시민들의 청원이 이어졌다. 그러나 카페이너는 마음을 바꾸지 않았다.

481 **헨리 조지**(Henry George, 1839-1897): 미국의 정치경제학자로, 단일세(Single tax)라고 불리는 토지 가치세를 주장했다. 대표 저서인 *Progress and Poverty*(진보와 빈곤, 1879)은 산업화한 경제에서 나타나는 경기변동의 본질과 빈부격차의 원인을 분석하고 그에 대한 처방으로서 토지 가치세를 제시하고 있다. 그는 자본과 토지를 구분하지 않는 마르크스주의를 비판하였으며, 지공주

의(地公主義, Georgism)라고 불리는 경제학파의 형성에 영향을 끼쳤다. 지공주의란 개인이 자신의 노동 생산물을 사적으로 소유할 권리는 있지만, 자연에 의해 주어지는 것(가령 토지, 넓게 보면 환경을 포함)은 모든 사람에게 공평히 귀속된다는 견해이다.

482 피터르 코르트 판 드르 린던(Pieter Wilhelm Adrianus Cort van der Linden, 1846-1935): 네덜란드의 정치인. 네덜란드 총리(1913-1918)를 지냈다.

483 쥘 프랑수아 시몽(Jules François Simon, 1814-1896): 프랑스의 정치가이자 철학자. 프랑스 제3공화국의 공화당 지도자 중 한 명이었다.

484 국제노동자협회(International Workingmen's Association, IWA): 또는 비공식 명칭으로 '제1인터내셔널'(First International)은 1864년 9월 28일 영국 런던에서 결성된 최초의 국제적인 노동 운동 조직으로, 1863년의 폴란드 봉기 탄압에 항의하는 집회를 계기로 결성되었다. 1866년 스위스 제네바에서 제1차 대회가 열렸으며, 다양한 아나키스트, 사회주의자, 공산주의자들이 참여했다. 마르크스는 제1인터내셔널의 결성 선언문과 규약을 작성하여 적극적으로 지도했으며, 1870년에는 마르크스파가 주도권을 장악하였다. 그러나 1871년 프랑스에서 수립된 파리 코뮌이 붕괴한 이후 쇠퇴하였고, 결국 1876년에 해체되었다.

485 사회민주노동당(Sociaal-Democratische ArbeidersPartij, S.D.A.P): 1894년에 설립된 네덜란드의 유서 깊은 대표 좌파 정당으로, 빔 코크(Wim Kok) 등 여러 총리를 배출했다. 현재는 1946년에 설립된 네덜란드 노동당(Partij van de Arbeid, PvdA)이 그 전통을 잇고 있다.

486 으뜸패(troef): 트릭-테이킹 류의 카드 게임에서 다른 카드보다 등급이 높은 카드.

487 헤르만 콜브뤼허(Hermann Friedrich Kohlbrugge, 1803-1875): 19세기 네덜란드의 개혁주의 신학자(아버지는 독일인).

488 아브라함 카파도서(Abraham Capadose, 1795-1874): 네덜란드 목사, 의사이자 칼빈주의 작가. 유대인이었던 그는 1822년에 기독교로 개종했으며, 그는 다 코스타(da Costa)와 빌럼 더 클레르크(Willem de Clercq)와 함께 네덜란드 부흥 운동(Reveil)의 일원으로 활동했다.

489 엘버펠트(Elberfeld): 독일 부퍼탈(Wuppertal)시의 시 자치구로서 1929년까지 독립 도시였다.

490 보나파르트주의자: 좁은 의미로는 보나파르트 왕가 치하의 프랑스 제국을 복고시키려 시도하는 사람을 말하며, 넓은 의미로는 권위주의적 중앙집권

을 옹호하고 대중에 영합하는 수사를 사용해 철권 통치자나 군사 독재자를 지지하는 사람을 가리킨다.

491 **오를레앙파**: 프랑스의 우익 정파로, 프랑스 혁명 와중에 정통왕당파에 대항하여 출현했으며 1830년부터 1848년까지 집권하기도 했다. 나폴레옹 3세가 제정 복고를 하면서 국외 망명 신세가 되었다. 제정이 무너진 후, 1870년 왕정복고가 이뤄지지 않고 프랑스 제3공화국이 수립되면서 소멸하였다.

492 **요도쿠스 헤링하**(Jodocus Heringa, 1765-1840): 네덜란드의 개혁파 신학자이다.

493 **요하네스 헨드리쿠스 판 드르 팔름**(Johannes Hendricus van der Palm, 1763-1840): 네덜란드 언어학자로 레이던 대학교의 동양 언어 및 히브리 고대 유물, 신성한 시와 수사학 교수, 교육학자, 개혁파 교회 목사 및 신학자, 성경 번역가, 정치가, 웅변가였다.

494 **스헤이펀닝언**(Scheveningen): 네덜란드 남홀란트주의 도시인 헤이그를 구성하는 8개 구 가운데 하나인 휴양 도시이다.

495 **빌럼 프레이더릭 헤오르허 로더베이크**(Willem Frederik George Lodewijk, 1792-1849): 오란녀-나사우(Orange-Nassau)의 왕자, 네덜란드 왕, 룩셈부르크 대공, 림부르흐(Limburg) 공작(1840-1849).

496 **아돌프 바그너**(Adolf Wagner, 1835-1917): 독일의 경제학자이자 정치가. 공공재정 학자이고 농업주의를 옹호했으며, 지도적인 학계 사회주의자(Kathedersozialist)였다.

497 **학계 사회주의자**: 급진적 목표를 공언만 할 뿐 실현하려는 조치를 취하지 않는 사람을 가리키는 표현이다.

498 **민사상 장애**(civil-disability): 범죄로 유죄 판결을 받아 법적 권리나 특권이 박탈된 사람의 상태를 말한다. 유죄 판결을 받은 범죄자는 유죄 판결 시 부과되는 형과 별개로 다양한 민사상 장애를 가질 수 있다.

499 **스타트하우더르**(Stadhouder): 저지대 국가의 통치자를 가리키며, 문자 그대로 궁내관이라는 뜻이다. 그 유래는 영국의 국왕대리경(Lord Lieutenant)과 비슷하며, 중세에는 왕의 대리인으로 임명되는 일종의 총독 내지 통감이었다. 이후 저지대의 독립의식이 발생하면서 국가 원수의 칭호가 되었다.

500 **미르**(Mir, Мир): 러시아의 농촌 공동체. 농민들은 관습을 따라 보유지를 일정 기간씩 재분할하여 경작해 왔고 납세에 대해 연대 책임을 졌다. 미르는 1861년 알렉산드르 2세의 농노 해방 때 토지 공유의 새로운 주체로서 채용되었고, 동시에 행정의 최하부로 재편되었다. 그러나 그 법제적 근거가

1906년 스톨리핀의 농지개혁법으로 사라지면서 토지의 사유제가 진전되었다. 다른 면으로는 몰락 농민이 된 임금 노동자 계급이 사회적으로 성장하기 시작했다.

501 페트로그라드: 상트페테르부르크를 뜻한다.

502 두마(Doema, дума): 러시아의 의회 체제를 일컫는다.

503 이분의 일 톤: 5만 길더이다. 1톤은 10만 길더를 의미한다.

504 판 자월런 판 네이어펠트(Van Zuylen van Nijevelt): 로테르담 지역의 귀족.

505 콘스탄테인 테오도르 판 린던 판 산던뷔르흐(Constantijn Theodoor van Lynden van Sandenburg, 1826-1885): 네덜란드 총리로 재임(1879-1883)했다.

506 요한복음 19:11

507 마태복음 28:18

508 빌럼 헨드릭 드 버포트(Willem Hendrik de Beaufort, 1845-1918): 네덜란드의 자유주의 정치인.

509 프랭클린 델러노 루스벨트(Franklin Delano Roosevelt, 1882-1945): 미국의 32번째 대통령(재임 1933-1945). 미국의 역대 대통령 가운데 가장 존경을 받으며, 유일하게 4번 연임한 대통령이다. 루스벨트는 뉴딜 정책을 통해 미국이 대공황에서 벗어날 수 있게 했다. 제2차 세계대전에는 연합군에 동참하여 나치 독일과 이탈리아 왕국과 일본 제국을 상대로 전쟁을 수행하여 승리로 이끌었다. 하지만 스탈린에 대해 취한 자세는 이후 역사가들에게 비판의 대상이 되기도 하였다. 세계 평화를 위한 국제 조직을 염원했으며, 이는 사후에 국제 연합의 결성으로 결실을 이루었다.

510 파른콤버 산더르스(Antonie Jacob Willem Farncombe Sanders, 1833-1896): 네덜란드의 정치인.

511 아르놀두스 폴락 케르데이크(Arnoldus Polak Kerdijk, 1846-1905): 네덜란드의 정치인.

512 마스트리흐트(Maastricht): 네덜란드 남부의 도시로, 림부르흐주의 주도.

513 스힘멀페닝크 판 드르 오이여(Schimmelpenninck van der Oye): 많은 행정관을 배출한 주트펀(Zutphen) 출신의 가문이다.

514 아처(Atjeh) 주: 수마트라 섬 북단에 있는 인도네시아의 특별 행정구역이며, 주도는 반다아체이다. 동남아시아에서 이슬람이 가장 먼저 전파된 지역이며, 17세기에 믈라카 해협 일대에서 가장 강력하고 부유했다. 1873년부터 1904년(혹은 1914)까지 아처 술탄국과 네덜란드 사이에 전쟁이 벌어졌다.

네덜란드는 동인도에서 벌인 이 최후의 전쟁에서 잘 조직된 아쳐의 군대를 맞아 고전을 면치 못했고, 겨우 승리하여 당시 인도네시아 지역에서 완전한 군사적 패권을 장악하게 되었다.

515 **알렉산더 프레데릭 드 사보르닌 로만**(Alexander Frederik de Savornin Lohman, 1837-1924): 20세기 초 기독–역사당의 가장 중요한 지도자 중 한 명.

516 **야콥 판 헤임스케르크**(Jacob van Heemskerck, 1567-1607): 네덜란드의 탐험가이자 제독.

517 **노바 젬블라**(Nova-Zembla): 러시아 북부의 북극해와 유럽의 최북단, 유럽의 최동단 지점인 케이프에 있는 군도. 동양으로 가는 새로운 항로를 찾던 네덜란드 탐험가 빌럼 바런츠(Willem Barentsz)와 야콥 판 헤임스케르크가 1594년에 이곳 서쪽 해안에 도착했다. 그들은 1596년의 후속 탐험에서 북부 곶을 돌고 북동부 해안에서 겨울을 보냈다. 하지만 많은 선원이 추위를 이기지 못하고 이곳에서 동사했다.

518 **중우정치**(衆愚政治, ochlocracy): 민주주의의 단점을 부각시킨 표현으로, 다수의 어리석고 난폭한 민중이 이끄는 정치를 말한다. 경멸조로 떼법(mob rule, mob justice)이라고도 불린다.

519 **하우다**(Gouda): 남홀란트 주의 서부 네덜란드 도시로, 1272년에 시 자격이 주어졌다. 하우다 치즈, 파이프 담배, 15세기에 지어진 시청이 유명하다.

520 **윌리엄 매킨리**(William McKinley Jr., 1843-1901): 미국 제25대 대통령(재임 1897-1901).

521 **중장보병**(重裝步兵, Hoplite): 주로 창과 방패로 무장한 고대 그리스 도시 국가의 시민병으로, 그리스어로는 호플리테스(ὁπλίτης)라고 한다. 호플리테스 병사들은 적은 인원으로 효율적으로 교전하기 위해 팔랑크스(φάλαγξ)라는 밀집 대형을 사용했다.

522 **조지프 애디슨**(Joseph Addison, 1672-1719): 영국의 수필가, 시인, 극작가, 정치인, 문학자. 옥스퍼드 대학교 졸업 후 국회의원이 되었고, 1711년에 리처드 스틸(Richard Steele, 1672-1729)과 함께 "스펙테이터"(*Spectator*)라는 잡지를 창간했다.

523 **야외 설교**(Haghepreeken, Hagenpreken): 종교개혁 초기에 야외의 넓은 공개 장소에서 행해진 설교를 말한다. 이 표현은 1619년에 처음 사용되었는데, 당시 로마 가톨릭 교회에서는 복음 설교를 들을 수 없었기 때문이다.

524 **플리스트로옴**(Vliestroom): 네덜란드 플리란트섬(Vlieland)과 북동쪽의 터르스헬링(Terschelling) 사이에 있는 바다다. 중세 시대에는 에이설강(IJssel)의

하구였다.

525 **라우버제이**(Lauwerszee): 네덜란드 북부에 있던 바다. 흐로닝언과 프리슬란
트 주의 경계를 흐르는 라우버스(Lauwers)강의 이름을 땄다. 중세 초기부터
형성되기 시작되어 11-12세기 동안 크게 확장되었다. 1969년 5월 25일에
둑을 쌓아 지금은 라우버스호수(Lauwersmeer)로 불린다.

526 **"더 텔레흐라프"**(*De Telegraaf*): 네덜란드에서 가장 큰 일간 아침 신문으로,
다른 신문인 "더 쿠란트"(*De Courant The Gazette*)를 시작한 헨리 틴달(Henry
Tindal)에 의해 설립되었다. 첫 번째 호는 1893년 1월 1일에 발간되었다.

527 **에글**(Aigle, 프랑스어로 독수리): 스위스의 보(Vaud) 주에 있는 역사적 도시다.

528 **노동조합주의자**(Syndicalisten): 노동조합이 현재의 경제 체제를 전복시키고
다수의 이해를 반영하는 사회를 운영할 수 있는 잠재적 주체라고 여긴다
(노조민주주의). 노동조합주의 체제에서 산업은 협동 연합과 상호부조에 의
해 운영될 것이다. 각 지역의 노동조합지상주의자들은 노동거래소를 통해
다른 노동조합지상주의자들과 의사소통하며, 노동거래소는 상품의 분배
를 협조적으로 결정한다.

529 **파트리모니움**(Patrimonium): '부모의 유산'이라는 뜻으로, 1876년에 설립된
기독교인 노동자들의 협회이다.

제14장 반혁명당

530 **칼 루트비히 폰 할러**(Karl Ludwig von Haller, 1768-1854): 베른의 스위스 헌법 변
호사, 정치인, 홍보인, 경제학자.

531 **유스티누스 판 드르 브뤼헌**(Justinus van der Brugghen, 1804-1863): 네이메이헌
(Nijmegen)의 변호사이자 판사. 또한 반혁명당원이자 부흥 운동의 지지자
로 정치 및 교육 분야에서 활동했다.

532 **니콜라스 베이츠**(Nicolaas Beets, 1814-1903): 네덜란드의 작가, 시인, 설교자, 교
수. 힐데브란트(Hildebrand)라는 가명으로도 알려져 있다. 위트레흐트 대학
교에서 교회사 교수로 재직(1874-1884)하면서 다양한 사회 및 문화 기관의
이사회 회원으로서 많은 사회적 활동을 했다.

533 **피에르 다니엘 샹테피 드 라 소세**(Pierre Daniel Chantepie de la Saussaye, 1848-
1920): 네덜란드의 신학자이자 종교 학자. 암스테르담 대학교와 레이던 대
학교에서 강의했다.

534 **존 웨슬리**(John Wesley, 1705-1791): 영국의 신학자, 설교자이다. 영국 국교회
에서 서품을 받은 사제였던 그는, 국교회 내에 경건 운동을 통한 국교회의

갱신을 꾀했다. 이 경건 운동이 이후에 감리교(Methodist Church)로 이어지게 된다. 그의 사역과 저술은 감리교뿐만 아니라 19세기 성결 운동과 20세기 오순절 운동 및 기독교 사회복지 운동에 큰 영향을 끼쳤다.

535 **조지 휫필드**(George Whitefield, 1714-1770): 영국의 칼빈주의 신학자이자 설교자. 존 웨슬리와 함께 감리교 운동을 시작하였고, 개혁주의적 감리교 신학의 기틀을 다졌다.

536 **프란치스쿠스 호마루스**(Franciscus Gomarus, 1563-1641): 네덜란드의 칼빈주의 신학자. 그는 아르미니우스의 교리를 인간의 자력 구원을 강조했던 펠라기우스주의라고 보았으며, 도르트총회에서 아르미니우스와 추종자들의 교리에 맞서 칼빈주의 예정론을 변증했다.

537 **야코부스 아르미니우스**(Jacobus Arminius, 1560-1609): 네덜란드 신학자. 레이던 대학교에서 신학 교수로 재직했으며, 알미니안주의의 중심인물이다. 그는 하나님의 절대 주권과 이중 예정론을 반대했고 인간의 의지를 강조했다. 그가 죽은 이후에 그의 신학에 대한 대응으로 도르트 총회에서 칼빈주의의 5대 교리인 도르트 신조가 작성되었다.

538 **귀도 드 브레스**(Guido de Brès, 1522-1567): 네덜란드의 종교개혁가로 칼빈과 베자의 제자. 스페인 종교재판소에 의해 45세에 발렌시엔느에서 순교했다. 그가 편집하고 출판한 벨직 신앙고백서(1561)는 지금도 벨기에와 네덜란드를 비롯해 전 세계의 개혁교회에서 함께 사용되고 있다.

539 **장 앙리 메를 도비녜**(Jean-Henri Merle d'Aubigné, 1794-1872): 스위스의 개신교 목사이자 종교개혁 역사가.

540 **헤르만 바빙크**(Herman Bavinck, 1854-1921): 네덜란드 정통 개혁주의 신학자, 목사, 교수, 정치가. 아브라함 카이퍼, 클라스 스킬더(Klass Schilder)와 함께 19세기 말 20세기 초의 네덜란드 개혁주의 신학을 대표하는 인물로, 레이던 대학교에서 수학하였고 캄픈(Kampen) 대학교와 암스테르담 자유대학교에서 교수로 재직했다. 대표적인 저서들로는 《개혁교의학》(Gereformeerde Dogmatiek, 기독교문서선교회), 《하나님의 큰 일》(Magnalia Dei, CLC), 《믿음의 확신》(De Zekerheid Des Geloofs, CH북스) 《헤르만 바빙크의 일반은총》(De Algemeene Genade, 다함)등이 있다.

541 **4월 운동**(April-beweging): 1853년 교황 비오 9세가 전개한 주교적 교권주의 (bisschoppelijke hiërarchie)의 부활에 맞서 네덜란드의 개신교회 보수파가 펼친 저항 운동이었다.

542 **왈도파**(Waldenzen): 12세기 말 리옹의 종교개혁가인 피에르 부드(Pierre

Vaudès, 1140-1206경)에 의해 프랑스 남부에 세워진 신앙공동체. 종교개혁이 있기 400년 전에 이미 '오직 성경'을 비롯한 개혁파의 신학관을 가지고 있었는데, 이는 "왈도파 신앙고백서"에서 잘 드러난다. 왈도파는 로마 가톨릭교회로부터 수 세기동안 이교도로 몰려 박해와 학살을 당하였고, 이를 피해 베스트팔렌(Westfalen), 사부아(Savoie), 피에몽(Piémont) 등지로 피난을 갔다. 현재도 왈도파는 이탈리아에서 그곳의 감리교회와 함께 하나의 교회 공동체인 왈도파 개신교회(Chiesa Evangelica Valdese)로 명맥을 잇고 있다.

543 **유니타스**(Unitas): 개신교 형제교회(De Evangelische Broedergemeente)로 알려진 유니타스 프라트룸(Unitas Fratrum)의 줄임말이다. 18세기 독일의 종교개혁자인 친첸도르프(Zinzendorf)백작에 의해 시작된 헤른후트(Herrnhut)파 곧 모라비안 형제단에서 이어져 내려온 기독교 단체이다. 세계에 퍼져 있으며, 네덜란드에도 주요 도시에 정착했다.

544 **지롱드파**(Girondijnen): 프랑스혁명 시기의 정치 파벌 중 하나. 온건한 개혁 성향을 보였으며, 자코뱅당에 속해 있을 때는 클럽 내 우파로 분류되었다. 주요 지도자로는 피에르 베르니오(Pierre Victurnien Vergniaud, 1753-1793), 자크 피에르 브리소(Jacques Pierre Brissot, 1754-1793), '지롱드파의 여왕'이라는 별명을 가진 잔느 마리 롤랑(Jeanne Marie Roland, 1754-1793) 등이 있다.

545 **9월의 학살**(Massacres de Septembre): 프랑스 혁명 기간인 1792년 9월 2일부터 며칠에 걸쳐 파리의 감옥에서 일어난 학살 사건이다. 당시 살해된 사람은 1,300여 명에 이른다. 같은 시기에 프랑스 전국의 다른 도시에서도 일련의 사건이 일어나 150여 명이 희생되었다.

546 **프리드리히 빌헬름 헤르만 바그너**(Friedrich Wilhelm Hermann Wagener, 1815-1889): 프로이센의 변호사, 각료, 정치인.

547 **프리드리히 아놀드 브로크하우스**(Friedrich Arnold Brockhaus, 1772-1823): *Konversations lexicon*(대화 사전)의 편집자. 이후에, 이 책은 역사가 가장 오래되고 다른 백과사전들에 큰 영향을 준 브로크하우스 백과사전이 되었다.

548 **미하엘 부흐베르거**(Michael Buchberger, 1874-1961): 로마 가톨릭 사제. 레겐스부르크의 74대 주교로 잘 알려져 있다.

549 **요한 야콥 헤르초크**(Johann Jakob Herzog, 1805-1882): 스위스-독일의 개신교 신학자. 바젤대학교와 베를린 대학교에서 신학을 공부하고 바젤대학교에서 박사 학위를 취득한 후(1830), 로잔 아카데미에서 역사신학 교수로 재직(1835-1846)했다. 그 후 할레 대학교에서 교수로 재직했고, 1854년부터는 에어랑엔 대학교에서 교회사 교수로 재직했다.

550 **구스타프 레오폴드 플리트**(Gustav Leopold Plitt, 1836-1880): 독일의 개신교 신학자. 1854년부터 1858년까지 에어랑엔 대학과 베를린 대학에서 신학을 공부한 후, 에어랑엔 대학에서 신학 교수가 되었다. 1877년부터 1888년까지 요한 야콥 헤르초크와 함께 *Realenzyklopädie für protestantische Theologie und Kirche*(백과사전)을 출판했다.

551 **요하네스 에른스트 콘라트**(Johannes Ernst Conrad, 1839-1915): 독일의 정치 경제학자. 할레 대학교의 경제학 교수였으며, 1911년에는 할레 대학교에 새로 설립된 협동조합 연구소의 소장이 되었다.

552 **빌헬름 렉시스**(Wilhelm Lexis, 1837-1914): 독일의 통계학자, 경제학자, 사회 과학자.

553 **프레드릭 폴록**(Frederick Pollock, 3rd Baronet PC, FBA, 1845-1937): 영국의 법학자.

554 **에른스트 트뢸치**(Ernst Troeltsch, 1865-1923): 독일의 자유주의 신학자, 철학자, 사회학자. 1894년에 하이델베르크 대학교 신학 교수, 1915년에는 베를린 대학교 교수를 지냈다. 신학, 종교학, 윤리학, 역사철학, 문화사, 정신사, 종교사회학 등 다방면에 방대한 저서를 남겼다.

555 **페르디난트 발터**(Ferdinand Walter, 1794-1879): 독일의 법학자. 프로이센의 국회의원이었고, 본 대학교의 교수였다.

556 **필립스 판 마르닉스 판 신트 알더혼더**(Filips van Marnix, heer van Sint-Aldegonde, 1540-1598): 남네덜란드 출신의 백작. 네덜란드 국가인 빌헬무스의 작사가인 것으로 여겨진다.

557 **볼테르**(Voltaire)라는 필명으로 널리 알려진 프랑수아-마리 아루에(François-Marie Arouet, 1694-1778)는 프랑스의 계몽주의 작가이다. 대표작으로 철학 소설 《캉디드》(*Candide*)가 있다.

제15장 칼빈주의

558 **펠라기우스주의**(Pelagianism): 영국 태생의 기독교 수도사였던 펠라기우스(Pelagius, 360?-418)가 주장한 견해다. 그는 인간의 본성은 원죄에 의해 오염되지 않았다고 주장했다. 따라서 인간은 하나님의 도움 없이 자신의 의지로 선과 악을 선택할 수 있고 선하게 살 수 있다고 보았다. 물론 그는 하나님의 은총이 모든 선한 행위를 도와준다고 믿었으나, 인간은 자기의 노력으로 구원을 얻을 수 있다고 보았다. 이런 견해는 인간이 원죄로 인해 하나님의 은혜가 없이 스스로를 구원하지 못한다는 어거스틴의 견해와 반대되었고, 후에 이단으로 정죄 되었다.

559 반펠라기우스주의(Semi-pelagianism): 어거스틴의 원죄론과 은총론에 펠라기우스의 사상을 혼합시킨 것으로, 구원에서 하나님과 인간이 협력한다는 견해를 주장한다. 인간은 원죄로 인해 스스로 구원에 이를 수는 없지만, 구원을 향해 상당한 수준에는 이를 수 있는 존재이며, 거기에 하나님의 은총이 더해짐으로써 마침내 구원에 이르게 된다고 가르쳤다. 즉 자기의 구원을 위해 스스로 노력하는 자에게, 하나님은 은혜를 베푸셔서 구원의 완성에 이른다는 것이다. 이 사상 역시 529년 제2차 오렌지 공의회(Second Council of Orange)에서 이단으로 정죄되었다.

560 칼빈 희년(Calvijn's jubeljaar): 칼빈 탄생 400주년을 의미한다.

561 사정변경의 원칙(clausula de rebus sic stantibus): 법률행위에서 그 기초가 된 사정이 그 후에 당사자가 예견하지 못하거나 예견할 수 없었던 중대한 변경을 받게 되어, 당초에 정해진 행위의 효과를 그대로 유지하거나 강제할 때 대단히 부당한 결과가 생기는 경우에는, 당사자가 그러한 행위의 결과를 신의성실의 원칙에 맞도록 적당히 변경할 것을 상대방에게 청구하거나 계약을 해제.해지할 수 있다는 원칙이다.

562 루이 에두아르 줄리앙 라페리에르(Louis-Édouard Julien-La Ferrière, 1841-1901): 프랑스의 법률 고문이자 행정관리로, 1886년부터 1898년까지 부통령을 역임했다.

563 얀 야콥스 스히퍼(Jan Jacobsz Schipper, 1616-1669): 암스테르담의 서점 및 인쇄업자. 특히 칼빈의 저작을 많이 편집하여 출간했다.

564 프란츠 페더 윌리암 메이어 불(Frants Peder William Meyer Buhl, 1850-1932)은 덴마크의 동양학 및 구약 학자이다.

565 로렌스 루이 펠릭스 벙게너(Laurence Louis Félix Bungener, 1814-1874): 프랑스계 스위스 개신교 성직자.

566 장 가버렐(Jean Gaberel, 1810-1889): 스위스의 신학자이자 역사가.

567 두 갈리프: 쟈크 갈리프와 존 갈리프를 말함. 쟈크 갈리프(Jacques Augustin Galiffe, 1773-1853)는 스위스 역사가이자 계보학자이다. 존 갈리프(John-Barthélemy-Gaifre Galiffe, 1818-1890)는 스위스의 역사가로, 제네바 대학에서 민족사를 가르쳤다.

568 유진 하그(Eugene Haag, 1808-1868): 프랑스 개신교 역사가이자 신학자.

569 마태복음 19:24, 마가복음 10:25, 누가복음 18:25

570 아메디 로제(Amédée Roget, 1825-1883): 제네바의 역사가.

571 프란츠 빌헬름 캄프슐트(Franz Wilhelm Kampschulte, 1831-1872): 독일의 역사가.

572 **행정관**(Syndiken): Syndic의 복수형. Syndic은 특정 국가에서 다양한 권한을 가진 정부 관리에게 적용되는 용어이다. 또한 대학, 기관 또는 기타 법인에게서 특정한 기능이나 권한을 위임받은 사람을 가리키기도 한다.

573 사도행전 5:29

574 **파울루스 스테파누스 카셀**(Paulus Stephanus Cassel, 1821-1892): 독일의 유대인 작가이자 저널리스트. 기독교 신학자.

575 **하르모디우스**(Harmodius)**와 아리스토게이톤**(Aristogeiton): 주전 514년에 폭군 히파르코스(Hiparchus)를 암살한 것으로 알려진 고대 아테네인들이다. 하지만 투키디데스(Thucydides)에 따르면 히파르코스는 폭군이 아니라 장관이었다. 그들은 아테네의 폭군 히피아스(Hipias)도 죽이려 했으나 실패한 것으로 전해진다.

576 사사기 4:17-22

577 **요한 프리드리히 칼 카일**(Johann Friedrich Karl Keil, 1807-1888): 독일 루터교의 구약 주석 학자. 프란츠 델리취(Franz Delitzsch)와 함께 구약성경 주석을 발간했다.

578 **피의 혼인식**: 성 바르톨로메오 축일의 대학살을 의미한다.

579 제목은 *Politica Methodice digesta et exemplis sacris et profanis illustrata: Cui in fine adjuncta est Oratio panegyrica de utilitate, necessitate et antiquitate scholarum. Herbonae Nassoviorum*(1603)이다

580 **필리프 뒤플레시스 모르네이**(Philippe Duplessis-Mornay, 1549-1623): 프랑스의 개혁신학자이자 정치가이다.

581 **베자**(Beza): 테오도르 드 베즈(Théodore de Bèze, 1519-1605). 종교개혁가, 인문주의자, 개신교 신학자, 성서번역자, 교수, 외교관, 시인. 푸아시 회의(Colloque de Poissy)와 종교전쟁(Guerres de Religion) 기간에 개혁파 진영의 대변인으로 활약했다. 유럽에서 개혁신학의 원리에 대해 가장 탁월했던 사람으로, 칼빈의 뒤를 이어 제네바 아카데미(Académie de Genève)를 이끌었다.

582 **피에르 벨**(Pierre Bayle, 1647-1706): 프랑스의 계몽주의 철학자이자 작가, 개신교 사상가. 후에는 네덜란드 로테르담의 신학대학에서 철학·역사 교수를 지냈다. 주요 저서인 "역사적.비평적 사전"(*Dictionnaire historique et critique*, 3권, 1697)은 18세기 사상에 커다란 영향을 미쳤다고 평가받는다.

583 **앙리 조제프 레온 보드리야**(Henri Joseph Léon Baudrillart, 1821-1892): 프랑스의 경제학자이자 저널리스트.

584 **폴 쟈네**(Paul Alexandre René Janet, 1823-1899): 프랑스의 철학자이자 작가.

585 **요아킴 카메라리우스**(Joachim Camerarius, 1500-1574): 독일의 고전 학자. 1530년에 뉘른베르크의 대리인으로 아우크스부르크 의회에 파견되어, 그곳에서 멜랑히톤이 아우크스부르크 신앙고백을 작성하는 것을 도왔다.

586 **필리프 멜랑히톤**(Philipp Melanchthon, 1497-1560): 독일의 신학자. 루터의 종교개혁 운동의 동료로서 개신교의 확립을 위하여 투쟁하였다. 1519년 루터와 함께 라이프치히 논쟁에 참여했으며, 비텐베르크 대학의 교수로 있으면서 개신교 신학의 기초를 세우는 데 노력하였다.

587 **조지 뷰캐넌**(George Buchanan, 1506-1582): 스코틀랜드의 역사가이자 인문주의 학자. 스코틀랜드 종교개혁 동안, 왕권 강탈에 대한 그의 저항 사상이 널리 전파되었다.

588 **람베르투스 다나에우스**(Lambertus Danaeus): 프랑스의 법학자이자 칼빈주의 신학자인 람베르 다노(Lambert Daneau, 1530경-1590경).

589 **후안 드 마리아나**(Juan de Mariana SJ, 1536-1624): 스페인 예수회 사제, 스콜라주의자, 역사가. 군주제 반대론자였다.

590 **존 밀턴**(John Milton, 1608-1674): 영국의 시인이자 청교도 사상가. 올리버 크롬웰 밑에서 오랫동안 외교 비서관을 지냈다. 그는 영국의 문호 셰익스피어에 버금가는 작가로 평가받는데, 대표작은 기독교 성격의 서사시 《실낙원》(Paradise Lost)이다. 존 밀턴은 이 책을 40세에 실명한 이후 구술로 기록했다.

591 **다비드 파레우스**(David Pareus, 1548-1622): 독일의 개혁개신교 신학자이자 개혁가.

592 **마르실리우스**(Marsilio da Padova, 1275-1342): 중세의 정치 철학자. 이탈리아 파도바대학교에서 의학을, 파리 대학교에서는 오컴의 윌리엄(William of Ockham)에게서 신학과 철학을 배웠다. 그는 파리에서 의학, 철학, 신학을 가르쳤으며, 1313년에 파리 대학교 총장이 되었다. 그는 루트비히에게 헌정한 논쟁적인 저작인 *Defensor pacis*(평화의 수호자)를 통해 중세적인 교황과 황제의 주권주의를 탈피하여 근대적인 국민주권론를 펼쳤다.

593 **과두정치**(Oligarchy, 寡頭政治): 소수의 우두머리가 국가의 최고 기관을 조직하여 다스리는 독재적인 정치 체제.

594 **요한너스 폴리안드르**(Johannes Polyander, 1568-1646): 네덜란드의 개혁주의 신학자.

595 **아라곤 왕국**(Reino de Aragón): 중세 및 근세에 이베리아 반도에 있던 왕국으로, 오늘날 스페인의 아라곤 자치 지방에 해당한다.

596 플라비우스 클라우디우스 율리아누스(Flavius Claudius Julianus, 331-363): 최후의 비기독교인 로마 황제(재위 361-363). 쇠락하는 로마 제국을 부흥시키고자 로마의 전통을 부활시켜 개혁하려고 노력했는데, 이 때문에 후대 기독교에게는 '배교자 율리아누스'라고 평가받았다.

597 카스티야 왕국(Reino de Castilla): 중세에 이베리아반도 중앙부에 있던 왕국. 레콩키스타(Reconquista)에서 주도적 역할을 했으며, 훗날 아라곤 왕국과 통합하여 통일 스페인 왕국을 이루었다.

598 바젤(Basel): 스위스에서 세 번째로 인구가 많은 도시. 스위스의 북서쪽 라인강 변에 자리하며 독일과 프랑스의 국경과 접해 있다.

599 카빌런(Kabylen): 카빌리아(Kabylia)라고도 함. '카빌레스(Kabyles)의 땅'이라는 의미로, 알제리 북부에 있는 지역이다.

600 발타자르 헤라르츠(Balthasar Gerardts, 1557경-1584): 1584년 7월 10일 델프트(Delft)에서 한 쌍의 권총으로 빌럼 1세를 암살한 자. 암살 이후 체포되어 재판을 받아 처형되었다.

601 미하엘 세르베투스(Michael Servetus, 1509 혹은 1511-1553): 스페인 아라곤 출신의 의학자이자 신학자. 1548년에 프랑스로 귀화했다. 그는 천문학, 신학, 약학 등에도 관심이 있었다. 당시 스페인이 로마 가톨릭으로의 강제 개종을 거부한 유대인과 이슬람교도(무어인)에게 저지른 잔악한 행위와 로마 가톨릭의 도덕적 타락을 목도하고서, 역사와 성서를 연구하여 *De Trinitatis erroribus libri vii*(삼위일체론의 오류, 1531)라는 책을 출간했다. 그는 기독교가 주후 첫 3세기 동안에 부패하였으며, 콘스탄티누스와 후계자들이 성서에 없는 삼위일체를 공식 교리로 채택했다고 여겼다. 하지만 삼위일체 교리를 반대한 이유로 로마 교회와 개신교회로부터 정죄 받았다. 결국 1553년 10월 27일 제네바 시의회로부터 삼위일체와 유아세례를 부인했다는 죄목으로 산채로 화형 당하였다.

602 요한복음 17:21-23

603 마태복음 22:14

604 에드워드 6세(Edward VI, 1537-1553): 헨리 8세와 그의 제2 계비인 제인 시모어(Jane Seymour) 사이에서 태어난, 잉글랜드 및 아일랜드의 국왕(1547-1553). 그의 치세 동안 예전 통일법 제정과 성공회 기도서 발표 등에 의해 성공회의 탈로마 가톨릭화가 진행되었다.

605 메리 여왕(Koningin Maria): 메리 1세. 스코트인의 여왕 메리(Mary, Queen of Scots, 1542-1587)는 잉글랜드와 스코틀랜드의 공동 왕이 되는 제임스 1세(스

반혁명 국가학 | 원리

코틀랜드의 제임스 6세)의 어머니. 로마 가톨릭으로 스튜어트왕가 출신의 스코틀랜드의 여왕(재위 1543-1567)이자 프랑스의 왕비였다. 남편인 프랑수아 2세가 사망한 뒤 1561년에 스코틀랜드로 귀국하여 여왕으로 통치했으나, 귀족들과의 권력 다툼에서 패하여 잉글랜드로 망명하였다. 18년간 망명 생활 끝에 반역행위에 연루되어 1587년에 참수당했다.

606 **엘리자베스 1세**(Elizabeth I, 1533-1603): 1558년부터 1603년까지 잉글랜드 및 아일랜드 왕국을 다스린 개신교 여왕. 16세기 초반 대내외적인 문제들로 인해 유럽의 후진국이었던 잉글랜드를 세계 최대의 제국으로 발전시켰다.

607 **제임스 1세**(James I, 1566-1625): 잉글랜드와 스코틀랜드 왕국의 왕. 모친인 스코틀랜드 여왕 메리 1세의 뒤를 이어 스코틀랜드의 군주 제임스 6세(James VI)로 즉위하였으며, 잉글랜드 여왕 엘리자베스 1세의 종손 자격으로 잉글랜드 왕 제임스 1세로 즉위하였다. 그는 킹제임스 성경을 편찬했으나, 의회를 해산시키고 청교도를 영국 국교회로 개종할 것을 강요하기도 했다. 이로 인해 1620년에 청교도들은 신앙의 자유를 찾아 메이플라워호를 타고 북아메리카 신대륙으로 이주했다.

608 **찰스 1세**(Charles I, 1600-1649): 1625년부터 1649년까지 잉글랜드를 통치한 국왕. 왕권신수설을 지지했고, 절대 권력을 가지려 했으며, 로마 가톨릭을 옹호하는 정책을 펼쳤다. 이로 인해 잉글랜드 의회와 깊은 갈등을 겪었다. 1649년 올리버 크롬웰에 의해 폐위됨과 동시에 처형되었다.

609 **찰스 2세**(Charles II, 1630-1685): 1660년부터 1685년까지 잉글랜드를 통치한 왕. 아버지 찰스 1세가 청교도 혁명으로 처형된 뒤 스코틀랜드에서 즉위하였으나, 던바(Dunbar) 전투와 우스터(Worcester) 전투에서 올리버 크롬웰에게 패하고 프랑스로 망명하였다. 1660년의 왕정복고를 통해 귀국하여 이듬해에 즉위하였다. 그는 비국교도를 탄압하고, 왕권을 확대하는 정책을 취하였으며 의회와 심하게 대립하였다. 이에 의회는 로마 가톨릭교도들의 공직 진출을 제한하는 법을 제정하여 왕의 전제정치에 대항하였다.

610 **제임스 2세**(James II, 1633-1701): 영국 스튜어트 왕조의 왕(재위 1685-1688)으로 찰스 2세의 동생. 청교도 혁명 중에 프랑스로 망명했다가, 1660년 왕정복고를 통해 왕으로 돌아왔다. 전제정치를 펼쳤고 잉글랜드 종교개혁 이후 탄압받던 로마 가톨릭교회의 회복에 힘을 썼는데, 이 때문에 개신교 신도들이 대부분인 의회와의 대립이 심해졌다. 결국 1688년에 명예혁명이 일어나자 프랑스로 망명하였다.

611 **오란녀 왕가의 빌럼 3세**(Willem III van Oranje): 잉글랜드의 윌리엄 3세(William III, 1652-1702). 나사우 백작, 브레다 남작, 네덜란드 공화국 총리, 잉글랜드

왕국·스코틀랜드 왕국·아일랜드 왕국의 국왕이었다. 스코틀랜드 국왕으로서는 윌리엄 2세(William Ⅱ)이다. 명예혁명을 통해 아내인 메리 2세와 함께 잉글랜드의 공동 통치자가 되었다.

명예혁명(Glorious Revolution)은 1688년에 잉글랜드 의회와 네덜란드의 오란녀 공 빌럼이 연합하여 제임스 2세를 퇴위시킨 사건이다. 오란녀 공 빌럼은 잉글랜드의 윌리엄 3세로 즉위하였는데, 이때 한 방울의 피도 흘리지 않고 명예롭게 이루어졌다고 해서 명예혁명이라 불린다. 이 혁명으로 인해 잉글랜드는 의회민주주의가 시작되었으며, 이후 어떠한 잉글랜드 왕조도 의회를 무시하고서 권력을 행사할 수 없게 되었다.

612 **토마스 아 켐피스**(Thomas à Kempis, 1380-1471): 기독교 사상가. 캄펀에서 태어나, 일생을 츠볼러(Zwolle)에 가까운 아그네텐베르크 수도원에서 보냈다. 그곳에는 데보티오 모데르나(Devotio Moderna) 운동을 일으킨 네덜란드의 사상가 히어트 흐로우터(Geert Grote)와 그의 제자 플로렌티우스 라데베인스가 창설한 '공동생활 형제단'이 활동하고 있었는데, 켐피스도 형제단에 입회하였다. 후진 양성을 위한 지도서를 몇 가지 썼는데,《그리스도를 본받아》(De Imimitatione Christi)가 가장 널리 알려졌다. 더 자세한 내용은 최용준, "데보티오 모데르나(Devotio Moderna) 운동에 관한 역사적 고찰" 신앙과 학문 제24권 3호 (통권 80호) 29-60을 참고하라.

613 **비국교회주의자**(Nonconformist): 영국 국교회의 법령에 따르지 않던 자들을 통칭한다. 이들은 주로 청교도로 불리었으며, 통일령을 위반했다는 이유로 핍박받았다.

614 **구도자들**(the Seekers): 1620년대에 등장한 영국의 집단으로, 당시 조직된 모든 교회가 부패했다고 여겼으며 하나님의 계시를 기다리는 것을 선호했다. 월터(Walter), 토마스(Thomas), 바르돌로메오 레게이트(Bartholomew Legate)라는 세 형제의 설교에서 영감을 받은 것으로 여겨지며, 그들 중 많은 수가 나중에 퀘이커교에 가입했다.

615 **랜터파**(Ranters): 영연방(Commonwealth, 1649-1660) 시대에 설립된 종파로, 교회에서 이단으로 간주되었다. 그들은 신이 본질에서 모든 피조물 안에 있다는 범신론적 사상을 주장하였으며, 교회, 성경, 현재 사역과 봉사의 권위를 부인하고, 그 대신 사람들 안에 있는 예수님의 말씀에 귀를 기울일 것을 호소했다. 그들은 순종이라는 개념 자체를 거부하였는데, 이 때문에 정부에 큰 위협으로 여겨졌다.

616 **크롬웰의 선언**: 잉글랜드 보호령을 수립하고, 1653년 12월부터 1657년 5월까지 대영제국을 통치한 문서로, 근대 국가가 채택한 최초의 상세한 성문

헌법이다. 이 문서는 의회 실패 후 정부에 법적 근거를 제공하기 위한 것이었는데, 잉글랜드 내전의 여파로 사실상 올리버 크롬웰과 그의 장군들의 권력을 정당화했다. 존 람베르트(John Lambert)가 42개 조항으로 초안을 작성했으며, 1653년 12월 16일에 크롬웰이 승인했다.

617 **1689년**은 권리장전이 제정된 해이다. 1688년에 일어난 명예혁명(Glorious Revolution)으로 1689년에 작성된 권리장전(Bill of Rights)은 국왕의 권리를 명시한 문서인 대헌장(Magna Carta), 국민의 인권과 권리에 관한 선언인 권리청원(Petition of Rights)과 함께 헌정사상 가장 중요한 의미가 있는 의회 제정법이다.

618 **쉐벤느**(Cevennen): 프랑스의 개신교도인 위그노 가운데 해외로 도피하지 못한 교도들이 박해를 피해 숨어 지낸 프랑스 남부 산악지역.

619 **1572년 8월 23일**: 성 바로톨로메오 축일의 대학살이 일어난 날.

620 **325년**: 니케아 공의회(First Council of Nicaea)가 개최된 해.

621 **우리나라의 도시**: 영국 청교도들은 미국으로 가기 전에 네덜란드의 레이던에 정착하여 40여 년을 살았는데, 지금도 그 흔적이 남아 있다.

622 앞에서 언급된 더글라스 캠벨의 "홀란트, 영국, 미국의 청교도"(The Puritan in Holland, England and America)를 카이퍼가 잘못 언급한 것으로 보인다.

623 **존 리처드 그린**(John Richard Green, 1837-1883): 영국의 역사가.

624 **도미티우스 울피아누스**(Domitius Ulpianus, 170?-228): 3세기 페니키아 출신의 고대 로마의 법학자. 주요 저서로 Libri ad edictum(고시주해)가 있다.

625 **존 릴번**(John Lilburne, 1614-1657): 영국 남북 전쟁(1642-1651) 당시에 활동했던 영국 수평파(Levellers)의 일원. 그는 정부와 인권법에 따라 부여받은 법과 반대되게, 모든 인간이 태어나면서 받는다는 의미의 선천적 권리(Freeborn rights)라는 단어를 새로 만들어 냈다. 그가 활동했던 수평파는 대중 주권, 연장된 참정권, 법 앞의 평등 및 종교적 관용을 약속한 정치 운동이었다. 평등한 자연권을 강조하고, 팸플릿, 청원 및 군중에 대한 음성 호소를 통해 대중에게 다가가는 특징을 가졌다.

국제제자훈련원은 건강한 교회를 꿈꾸는 목회의 동반자로서 제자 삼는 사역을 중심으로
성경적 목회 모델을 제시함으로 세계 교회를 섬기는 전문 사역 기관입니다.

반혁명 국가학 | 원리

초판 1쇄 인쇄 2023년 11월 13일
초판 1쇄 발행 2023년 11월 25일

지은이 아브라함 카이퍼
옮긴이 최용준·임경근

펴낸이 오정현
펴낸곳 국제제자훈련원
등록번호 제2013-000170호 (2013년 9월 25일)
주소 서울시 서초구 효령로68길 98 (서초동)
전화 02) 3489-4300 **팩스** 02) 3489-4329
이메일 dmipress@sarang.org

ISBN 978-89-5731-886-7 04230

※ 책값은 뒤표지에 있습니다. 잘못된 책은 구입하신 곳에서 교환해 드립니다.